de Gruyter Texte

berlin-brandenburgische
AKADEMIE DER WISSENSCHAFTEN

Nag Hammadi Deutsch

NHC I–XIII, Codex Berolinensis 1 und 4,
Codex Tchacos 3 und 4

Studienausgabe

3., überarbeitete und erweiterte Auflage

Eingeleitet und übersetzt
von Mitgliedern des Berliner Arbeitskreises
für Koptisch-Gnostische Schriften

Herausgegeben von
Hans-Martin Schenke †, Ursula Ulrike Kaiser
und Hans-Gebhard Bethge

Unter Mitarbeit von
Katharina Stifel und Catherine Gärtner

De Gruyter

Diese Studienausgabe enthält die leicht gekürzte Fassung von:

Nag Hammadi Deutsch
1. Band: NHC I,1–V,1
2. Band: NHC V,2–XIII,1, BG 1 und 4

Eingeleitet und übersetzt von Mitgliedern des Berliner Arbeitskreises
für Koptisch-Gnostische Schriften
Herausgegeben von Hans-Martin Schenke †, Hans-Gebhard Bethge
und Ursula Ulrike Kaiser

Berlin-Brandenburgische Akademie der Wissenschaften
Die griechischen christlichen Schriftsteller der ersten Jahrhunderte (GCS)
Neue Folge · Band 8 und 12 (Koptisch-Gnostische Schriften II und III)
© Copyright 2001 and 2003 by Walter de Gruyter GmbH & Co. KG, 10785 Berlin

ISBN 978-3-11-031234-8
e-ISBN 978-3-11-031235-5

Library of Congress Cataloging-in-Publication Data
A CIP catalog record for this book has been applied for at the Library of Congress.

Bibliografische Information der Deutschen Nationalbibliothek
Die Deutsche Nationalbibliothek verzeichnet diese Publikation in der Deutschen
Nationalbibliografie; detaillierte bibliografische Daten sind im Internet über
http://dnb.dnb.de abrufbar.

© 2013 Walter de Gruyter GmbH, Berlin/Boston
Umschlaggestaltung unter Verwendung eines Fotos (NHC XI,1 p. 18) von Uwe-Karsten Plisch
Druck und Bindung: Hubert & Co. GmbH & Co. KG, Göttingen
♾ Gedruckt auf säurefreiem Papier
Printed in Germany

www.degruyter.com

Geleitwort

Christoph Markschies

Die Geschichte der Berliner „Griechischen Christlichen Schriftsteller"[1] kann als ein Beispiel dafür genommen werden, daß gerade in den sogenannten „Langzeitvorhaben" an Akademien der Wissenschaften immer wieder nach neuen und noch effizienteren Methoden gesucht worden ist, die solchen Vorhaben gestellten Aufgaben zu erfüllen. Was die Aufgabe des Akademieprojektes „Griechische Christliche Schriftsteller" ist, das 1891 an der damaligen Königlich Preußischen Akademie der Wissenschaften begründet wurde und unverändert an ihrer Nachfolgeeinrichtung, der Berlin-Brandenburgischen Akademie der Wissenschaften, fortbesteht, sagt die Bezeichnung des Unternehmens: In großen kritischen Ausgaben mit historisch orientierenden Einleitungen und Registern sollen diejenigen Werke ediert werden, die ursprünglich im griechischsprachigen Teil des antiken kaiserzeitlichen Christentums entstanden sind und nicht von den anderen großen Editionsreihen herausgegeben worden sind bzw. herausgegeben werden; für die ersten drei Jahrhunderte wird Vollständigkeit angestrebt. Die beständige Modernisierung der Arbeit an der so beschriebenen Aufgabe im Laufe von reichlich hundert Jahren kann an diversen Details illustriert werden[2], ein Zeichen dafür ist der mehrfache Wechsel der Verlage, die die „Griechischen Christlichen Schriftsteller" und ihr Archiv, die „Texte und Untersuchungen zur altchristlichen Literatur", publizieren: Der erste Band erschien in der Leipziger „Hinrichs'schen Verlagsbuchhandlung", der vorliegende Band erscheint nun wie die künftigen Editionen und Nachdrucke wichtiger älterer Ausgaben im Berliner Verlag Walter de Gruyter. Angesichts vieler Veränderungen, die die Berliner Kirchenväterausgabe ebenso wie andere Unternehmungen der Akademie zu Berlin prägen, erscheint es dem derzeit Verantwortlichen wichtig, auch die Kontinuitäten zu betonen: Schon der zweite Leiter der Reihe, der Berliner Kirchen-

---

[1] Ausführliche Literaturhinweise bei Christoph Markschies: Einleitung. In: Adolf von Harnack: Protokollbuch der Kirchenväter-Kommission der Preußischen Akademie der Wissenschaften 1897-1928. Diplomatische Umschrift von Stefan Rebenich. Einleitung und kommentierende Anmerkungen von Christoph Markschies. Berlin / New York 2000, 1-11, hier 2.

[2] Vgl. die Bemerkungen zu Drittmittelfinanzierung und institutioneller Professionalisierung bei Markschies (s. vorige Anmerkung) 7-9.

historiker Hans Lietzmann (1875-1942)[3], hatte für die gleichfalls von der Preußischen Akademie unternommene Ausgabe der Werke des Athanasius von Alexandrien eine Zusammenarbeit mit dem Verlagshaus De Gruyter begründet und plante den Übergang auch der „Griechischen Christlichen Schriftsteller" in die Verantwortung dieses Verlages.

Daß mit dem vorliegenden Band die von Carl Schmidt (1868-1938) begründete Reihe der „Koptisch-Gnostischen Schriften" nach längerer Pause fortgesetzt wird, ist ebenfalls ein Zeichen der Kontinuität inmitten aller Veränderung[4]. Der „Berliner Arbeitskreis für Koptisch-Gnostische Schriften" hat sich unter den nicht gerade einfachen Bedingungen in der damaligen „Hauptstadt der DDR" mit dem großen koptischen Textfund von Nag Hammadi beschäftigt und neben einer ganzen Reihe von wissenschaftlichen Textausgaben mit ausführlichem philologischem wie inhaltlichem Kommentar in der zweiten Reihe des Unternehmens, den „Texten und Untersuchungen", auch die erste wissenschaftliche deutsche Gesamtübersetzung erarbeitet, die mit dem vorliegenden Band nun zu erscheinen beginnt. Ein zweiter Band folgt demnächst, die Herausgeber Hans-Martin Schenke und Hans-Gebhard Bethge sind dem Unternehmen „Griechische Christliche Schriftsteller" seit langem eng verbunden. Ein weiteres Zeichen der Kontinuität ist es schließlich, daß die koptischen Texte einer gnostischen Bibliothek in einer Reihe erscheinen, deren Titel bereits deutlich macht, daß es sich eigentlich um Übersetzungen *griechischer* Originale handelt, die – unabhängig von ihrem exakten und vielfach umstrittenen Verhältnis zu den vielfältigen Strömungen des antiken Christentums – als wichtige Quellen für diese Religion in Anspruch genommen werden können. Die dadurch ebenso angelegte wie ermöglichte Wahrnehmung der Gnosis im Kontext antiker Religiosität, in einer Reihe neben den Werken eines Clemens Alexandrinus, Origenes oder Eusebius, entspricht dem Interesse der ersten beiden Leiter der Berliner Kirchenväterausgabe.

Das gelegentlich spannungsvolle Nebeneinander von Kontinuität auf der einen und Modernisierung auf der anderen Seite setzt engagierte Leiter und Mitarbeiter eines Projektes voraus. So haben auch unter schwierigen politischen Umständen im zwanzigsten Jahrhundert, die der Edition von „Kirchenvätern" gewiß nicht günstig gesonnen waren, engagierte Wissenschaftler in Berlin den Zusammenbruch des Unternehmens verhindert. Aus der Fülle der Namen sind neben Hans Lietzmann Kurt Aland (1915-1994[5]) und Kurt Treu zu nennen (1928-1991[6]), dann aber auch Albrecht Dihle und Jürgen Dummer, die die „Griechischen Christlichen Schriftsteller" durch die schwierigen Zeiten nach 1989 hindurch geführt haben.

---

[3]   Wilhelm Schneemelcher: Art. Lietzmann. In: TRE Bd.21. Berlin / New York 1991, 191-196; vgl. auch die Reihe der seit 1996 im Verlag erscheinenden „Hans-Lietzmann-Vorlesungen".

[4]   Zur Editionsgeschichte von GCS Koptisch-Gnostische Schriften I vgl. die Vorworte von Walter C. Till und Hans-Martin Schenke in der vierten Auflage von 1981, III-VIII und Hans-Martin Schenke: Carl Schmidt und der Papyrus Berolinensis 8502. In: Peter Nagel (ed.): Carl-Schmidt-Kolloquium an der Martin-Luther-Universität 1988. (Wissenschaftliche Beiträge der Martin-Luther-Universität Halle-Wittenberg 1990/23 (K 9).) Halle/S. 1990, 71-88.

[5]   Ekkehard Mühlenberg: Art. Aland, Kurt. In: RGG[4] Bd.1. Tübingen 1998, 265.

[6]   Jürgen Dummer: Kurt Treu†. Gnomon 66 (1994), 380-383.

Der Begründer des Unternehmens, Adolf von Harnack (1851-1930), hatte die Vorstellung, daß man die griechischen christlichen Schriftsteller der ersten drei Jahrhunderte innerhalb weniger Jahre edieren könne und so gemeinsam mit dem Wiener Parallelunternehmen für die lateinischen Texte die maßgeblichen Quellen der „archäologischen Schicht" des Christentums in kurzer Zeit in Ausgaben zur Verfügung stellen könnte, die auf Jahrhunderte Bestand haben würden. Das Vorwort zum ersten Band der Reihe aus dem Jahre 1897 spricht von „etwa fünfzig Bänden zu 30-40 Bogen" und erwartet, „dass die Ausgabe in etwa 20 Jahren vollendet ist"[7]. Das Pathos der vorletzten Jahrhundertwende ist der Gegenwart ebenso abhanden gekommen wie solche großen Hoffnungen. Und dennoch bleibt angesichts des ersten Bandes im ebenso neuen wie alten Verlag die Erwartung, daß auch in gewandelter Gestalt die Edition griechischer christlicher Schriftsteller nicht nur der Orientierung über Vergangenheit, sondern auch über die Gegenwart dienen kann. Das entspräche dann auch den Absichten der verschiedenen Leiter des Unternehmens seit Harnack.

Ein gewisses Problem bei der Benutzung der Reihe „Griechische Christliche Schriftsteller" stellt die Zählung der Bände dar: Bis 1969 konnten die meisten Bände in *doppelter Weise* gezählt werden, nämlich zum einen als Teil einer Werkausgabe (z.B. GCS Hippolyt I/1) und zum anderen nach einer auf der Rückseite des Innentitels angegebenen Zählung „in der Reihenfolge des Erscheinens" (im Beispiel: GCS 1). Die korrekte Zitation hätte also beide Angaben mitteilen müssen (im Beispiel: GCS Hippolyt I/1 = GCS 1). Mit Band 53 (Gregor von Nazianz: Briefe. Hg. v. P. Gallay. Berlin 1969) wurde diese verwirrende Dopplung von Seiten des Unternehmens aufgegeben, um nach der politischen Wende in Deutschland 1989/1990 als „Neue Folge" wieder aufgenommen zu werden. Diese „Neue Folge" begann 1995, mit der Edition der Kirchengeschichte des Socrates durch Günther Christian Hansen zu zählen (GCS.NF 1), zuletzt erschien die neue Edition von GCS Hippolyt I/1 (Hg. v. M. Richard. Berlin 2000), zugleich Band 7 der „Neuen Folge". Da die damaligen Leiter des Unternehmens für die Wiedereinführung der doppelten Zählung den guten Grund anzuführen wußten, daß trotz der offiziellen Abschaffung der Zählung „in der Reihenfolge des Erscheinens" diese durch Bibliotheken fortgesetzt wurde und teilweise handschriftlich in die Exemplare eingetragen wurde, ist auch für diesen Band eine mehrfache Zählung beibehalten worden. Er ist der achte Band der „Neuen Folge", zugleich der zweite Band der „Koptisch-Gnostischen Schriften" und der erste Band des Werkes „Nag Hammadi Deutsch". Eine Beibehaltung der bisherigen Praxis schien den Verantwortlichen sinnvoller als eine nochmalige Änderung, und sie bitten für diese Entscheidung herzlich um Verständnis. Eine Aufstellung der im Rahmen der Edition erschienenen Bände mit allen Zählungen findet sich in der jüngst vorgelegten Edition des „Protokollbuchs der Kirchenväter-Kommission der Preußischen Akademie der Wissenschaften 1897-1928" (Berlin 2000, 163-173). Die Vorlage für diese Aufstellung wurde dankenswerterweise von Markus Vinzent unter tätiger Mithilfe von Ursula Peters und Marie-Luise Werlitz erstellt.

Berlin und Heidelberg, im Juli 2001

---

[7] Hippolytus Werke. 1. Bd.: Exegetische und homiletische Schriften. Hg. im Auftrage der Kirchenväter-Commission der Königl. Preußischen Akademie der Wissenschaften v. G.N. Bonwetsch / H. Achelis. (GCS Hippolyt I.) Leipzig 1897 (unpaginiert).

Inhaltsverzeichnis

Vorwort zur Studienausgabe

Hans-Gebhard Bethge / Ursula Ulrike Kaiser

Mit der Publikation der Studienausgabe von *Nag Hammadi Deutsch* – zuerst erschienen in den Jahren 2001 und 2003 (GCS NF 8 und 12) – wird einem verbreiteten Wunsch vieler an diesen wichtigen Texten Interessierter, darunter zahlreichen Studentinnen und Studenten, entsprochen. Dieses Buch ist kein vollständiger Nachdruck der zweibändigen Ausgabe. Auf Bitten des Verlages hin wurden die Einleitungen und Literaturangaben zu den einzelnen Texten gekürzt und beschränken sich nun auf knappe Angaben zu den wesentlichen Einleitungsfragen ohne eine nähere Diskussion der bisweilen kontroversen Forschungslage. Die Übersetzungen blieben bis auf eine Ausnahme (s.u.) weitestgehend unangetastet; kleinere Modifikationen lagen in der Verantwortung der jeweiligen Autorinnen und Autoren. Entfallen sind aber nahezu alle Anmerkungen. Lediglich einige Fußnoten, die die Übersetzung direkt betreffen, wurden beibehalten. Weggefallen sind auch das Stellen- und das Sachregister. Wichtige seit den Jahren 2001 bzw. 2003 erschienene Publikationen konnten dagegen neu in die Literaturangaben aufgenommen und Druckfehler aus der zweibändigen Edition korrigiert werden.

Wirklich neu in diesem Band sind die Einleitung und die Übersetzung der sechsten Schrift aus Nag-Hammadi-Codex II, die nun von Cornelia Kulawik stammen, die im Frühsommer des Jahres 2006 eine Neuausgabe des koptischen Textes und der Übersetzung dieser Schrift veröffentlich hat und im freundlichen Einverständnis mit der vormaligen Bearbeiterin des Textes, Christina-Maria Franke, in der vorliegenden Studienausgabe die Präsentation von NHC II,6 übernommen hat.

Im Frühjahr 2007 werden der koptische Text und Übersetzungen des *Codex Tchacos* veröffentlicht, der außer dem „Evangelium des Judas" und einem bisher nicht bekannten Text Parallelversionen von zwei Nag-Hammadi-Schriften enthält (1ApcJac und EpPt). Auf Besonderheiten dieser Texte kann hier zwar nur marginal eingegangen werden, wir danken jedoch Prof. Dr. Rodolphe Kasser und Prof. Dr. Gregor Wurst für die wertvollen und hilfreichen Informationen, die sie uns in der Schlußphase der Entstehung dieser Publikation zukommen ließen.

Ein sehr herzlicher Dank gebührt Dr. Uwe-Karsten Plisch. Er hat nicht nur die mühevolle Arbeit der Kürzungen der Einleitungen von Hans-Martin Schenke übernommen, der im September 2002 verstorben ist, sondern hat darüber hinaus bei der Lösung zahlreicher Fragen, bis hin zu Details, seine Kompetenz eingebracht, was dieser Studienausgabe sehr zugute kommt.

Dieses Buch könnte nicht zu diesem Zeitpunkt erscheinen, wenn nicht Katharina Schwarz unter Hintanstellung anderer Vorhaben in zeitaufwendiger und engagierter Weise die Druckvorlage erarbeitet hätte. Ihr gilt daher unser besonderer Dank. Frau Dott. Dr. Lic. theol. Silvia Pellegrini und Brigitte C. Weigel haben in der Zeit der Entstehung dieses Bandes, vor allem in der Schlußphase, immer wieder dazu beigetragen, daß dieses Vorhaben im geplanten Zeitrahmen zum Abschluß kommen konnte. Auch ihnen sei dafür hier herzlich gedankt.

Unser aufrichtiger Dank gilt erneut Prof. Dr. Christoph Markschies, der über den immer wieder intensiven Gedankenaustausch zu zahlreichen Fragen hinaus das Werden dieses Buches engagiert begleitet und gefördert hat. Die fruchtbare und bereichernde Zusammenarbeit mit ihm hat auch bei diesem Projekt ihre Spuren hinterlassen. Danken möchten wir auch Dr. Albrecht Döhnert, der seitens des Verlages Walter de Gruyter unser Vorhaben in förderlicher Weise sowie stets mit Geduld und Verständnis betreut hat.

Berlin, im Januar 2007

Vorwort zur 2. Auflage der Studienausgabe

Hans-Gebhard Bethge / Ulrike Kaiser

Nur knapp drei Jahre nach dem ersten Erscheinen präsentieren wir hier die zweite und verbesserte Auflage der Studienausgabe von *Nag Hammadi Deutsch*. Das Interesse, das die Texte bei einem größeren Kreis von Leserinnen und Lesern gefunden haben, freut uns sehr. Die zweite Auflage bot Gelegenheit, Druckfehler und kleinere Ungereimtheiten im Layout der ersten Auflage zu korrigieren und die Literaturangaben erneut zu aktualisieren. Bei Texten, wo der inzwischen größtenteils publizierte Codex Tchacos[8] Parallelversionen bietet (1ApcJac und EpPt) konnte dies zumindest in einigen Anmerkungen bereits berücksichtigt werden.

Gleichzeitig haben wir die Gelegenheit genutzt, im Rahmen des durch die erste Auflage festgelegten Seitenumfangs für die Präsentation der einzelnen Schriften teilweise noch Anmerkungen zu ergänzen, Übersetzungen (v.a. im Fall von EvThom) leicht zu modifizieren und in wenigen Fällen kleinere Zusätze bei den Einleitungen hinzuzufügen, wo der Raum dies zuließ. Allein bei EvMar als der vorletzten Schrift des gesamten Bandes ist durch die Ergänzung von *variae lectiones* aus den erhaltenen griechischen Fragmenten dieser Schrift eine Druckseite hinzugekommen, so daß auch die letzte Schrift im Band, ActusPt, nun eine Seite später anfängt und endet. Ansonsten ist im Interesse einer parallelen Nutzung von erster und zweiter Auflage nebeneinander – etwa in Seminaren – der Bezugsrahmen bei den Seitenzahlen der gleiche geblieben. Leichte Verschiebungen im Umbruch kann es innerhalb der ersten und letzten Seite der Präsentation einer Schrift aber geben.

Von einer Umstellung auf die neue Rechtschreibung haben wir vorerst Abstand genommen – kleinere Unregelmäßigkeiten, die uns bei der Einarbeitung neuerer Textabschnitte dabei unterlaufen sein mögen, bitten wir zu entschuldigen. Eine komplette Umstellung aller Beiträge hätte die Mühen der erneuten Durchsicht aller einzelnen Beiträge, die die zweite Auflage mit sich brachte, vergrößert und vor allem verlängert. Angesichts der fast ausverkauften ersten Auflage war uns jedoch an einem zügigen Erscheinen der zweiten Auflage gelegen. Hierbei hat uns erneut in überaus kompetenter und zuverlässiger Art und Weise Katharina Schwarz unterstützt, der an dieser Stelle unser besonderer Dank gilt.

---

[8] Zur Edition s. Allgemeines Literaturverzeichnis.

Es bleibt zu hoffen, daß sich auch die zweite Auflage der Studienausgabe von *Nag Hammadi Deutsch* einer regen Nachfrage erfreuen darf und zu lohnenden Erkenntnissen und gutem Nutzen bei der Lektüre führen möge.

Berlin, im Dezember 2009

Vorwort zur 3. Auflage der Studienausgabe

Hans-Gebhard Bethge / Ursula Ulrike Kaiser

Es ist für uns eine Freude, erneut eine überarbeitete und zugleich erweiterte Auflage der bewährten Studienausgabe von *Nag Hammadi Deutsch* vorlegen zu können.

Die größte Veränderung gegenüber den bisherigen Auflagen dieser Publikation und auch gegenüber der zweibändigen Ausgabe (GCS NF 8 [2001] und 12 [2003]) besteht darin, dass wir hier zusätzlich Einleitungen und Übersetzungen der Texte des Codex Tchacos (CT) präsentieren können, die in den Nag-Hammadi-Codices nicht enthalten sind (EvJud und Allogenes). Wir sind Prof. Dr. Gregor Wurst (Augsburg) sehr dankbar, dass er diese Aufgabe kurzfristig übernommen und damit zu einer Erweiterung des Profils dieser Veröffentlichung beigetragen hat.

Bei den beiden Nag-Hammadi-Schriften, die auch im CT enthalten sind (1ApcJac und EpPt) sind wir in differenzierter Weise verfahren. Da in EpPt die Unterschiede teilweise beträchtlich sind, wurde in Anmerkungen noch mehr als in der 2. Auflage auf die Besonderheiten der Parallelversion verwiesen. Im Falle von 1ApcJac wurden u.a. unter Berücksichtigung der CT-Version nicht wenige der Lakunenfüllungen, die der Übersetzung zugrunde lagen, präzisiert oder neu ermöglicht. Auf eine synoptische, jeweils beide Versionen komplett berücksichtigende Darbietung wird in dieser Studienausgabe entsprechend dem besonderen Charakter dieser Publikation bewußt verzichtet. Dies erfolgte jedoch im ersten Band der im vergangenen Jahr erschienen Sammlung „Antike christliche Apokryphen in deutscher Übersetzung" (ACA, s. Allgemeines Literaturverzeichnis).

Nicht wenige weitere Nag-Hammadi-Schriften werden zu den Apokryphen gerechnet und haben daher, größtenteils verantwortet durch die gleichen Mitwirkenden wie in diesem Buch, ebenfalls Eingang in die ACA gefunden, jeweils mit ausführlichen Literaturangaben, umfänglichen Einleitungen und zahlreichen Anmerkungen. Dies betrifft folgende Nag-Hammadi-Texte: EpJac, EV, EvThom, EvPhil, LibThom, ÄgEv, Dial, SJC, 1ApcJac, 2ApcJac, EpPt, EvMar, EvJud und Allogenes. Andere NH-Texte werden in den Folgebänden enthalten sein.

Wie schon vor drei Jahren so werden auch in der hier vorgelegten dritten Auflage von *Nag Hammadi Deutsch* noch stehengebliebene Druckfehler korrigiert und an einigen Stellen Präzisierungen bei Übersetzungen geboten. Selbstverständlich wurden auch die Literaturangaben sowohl im Allgemeinen Literaturverzeichnis als auch bei den Einzelschriften aktualisiert. An wenigen Stellen gibt es auch Modifikationen bei den nach wie vor bewußt knappgehaltenen Einleitungen. Diese führen aber nur zu marginalen Verschiebungen im Umbruch innerhalb der ersten und der letzten Seite der Präsentation einer Schrift, so dass eine parallele Nutzung früherer Ausgaben der Studienausgabe weiterhin möglich bleibt. Wir danken den Bearbeiterinnen und Bearbeitern für ihre Mithilfe bei der Überarbeitung. Eine Umstellung auf die neue Rechtschreibung haben wir auch hier aus den gleichen Gründen wie schon bei der zweiten Auflage noch nicht vorgenommen.

Bei der Vorbereitung und technischen Umsetzung der nun vorliegenden dritten Auflage hat uns Catherine Gärtner in monatelanger aufwändiger Arbeit ebenso zuverlässig wie sachkundig geholfen. Für ihre überaus wichtigen Aktivitäten, die das planmäßige Erscheinen dieses Buches ermöglicht hat, sind wir ihr zu großem Dank verpflichtet.

Wir hoffen, daß auch diese neue Auflage der Studienausgabe von *Nag Hammadi Deutsch* das Interesse an den hier versammelten, bedeutenden Texten weckt, mehrt und vertieft.

Berlin, im April 2013

Editorische Vorbemerkungen

Hans-Gebhard Bethge / Ursula Ulrike Kaiser

Das Projekt „Nag Hammadi Deutsch" verdankt sich der Zusammenarbeit vieler verschiedener Menschen und so sind auch die einzelnen Beiträge von unterschiedlichem Charakter. Dies ist durchaus beabsichtigt, denn es war nicht unser hauptsächliches Bestreben, ein hohes Maß an Uniformität zu erreichen. Es erwies sich vielmehr hin und wieder als erforderlich, entsprechend der Spezifik der einzelnen Schriften und den damit verbundenen Problemen, die Einleitungen und die Übersetzungen in spezieller Weise zu gestalten. Die Umsetzung lag im Ermessen der jeweiligen Autorinnen und Autoren. Sie sind selbstverständlich auch in voller Weise dafür verantwortlich.[9] Für die Studienausgabe haben sie dankenswerter Weise die Aufgabe auf sich genommen, die umfangreicheren Einleitungen der Erstausgabe von „Nag Hammadi Deutsch" den Erfordernissen gemäß zu kürzen (siehe dazu auch das Vorwort). Zur konkreten Präsentation der Texte im vorliegenden Band ist noch folgendes zu bemerken:

Einige Schriften aus dem Fund von Nag Hammadi sind titellos überliefert. In der Forschung haben sie dennoch – teilweise höchst unterschiedliche – Namen erhalten, unter denen sie inzwischen bekannt sind. Solche uneigentlichen Titel erscheinen in der Überschrift in Anführungszeichen (z.B. „Vom Ursprung der Welt"). Werden bei einer Schrift zwei namentliche Angaben zur Verfasserschaft gebracht, gibt der erste Name die Verantwortlichkeit für die Einleitung an, während der zweite die Übersetzerin bzw. den Übersetzer nennt.

Die gebrauchten Abkürzungen richten sich vorrangig nach den Abkürzungsverzeichnissen der Theologischen Realenzyklopädie[10] und des Exegetischen Wörterbuches zum Neuen Testament[11]. Eine Übersicht über die Schriften aus Nag Hammadi und dem Co-

---

[9]   Das betrifft u.a. die bisweilen schwierige Entscheidung, ob die Namen hypostasierter Figuren besser nur transkribiert oder aber in deutscher Übersetzung (also „Sophia" oder „Weisheit", „Ennoia" oder „Denken" etc.) zu präsentieren seien. Es betrifft auch den Entschluß für oder gegen die Verwendung inklusiver Sprache zur Wiedergabe von Pluralformen des koptischen Maskulinums (i.e. „Jüngerinnen und Jünger" statt „Jünger", „Geschwister" statt „Brüder" etc.).

[10]   Siegfried M. Schwertner: Theologische Realenzyklopädie. Abkürzungsverzeichnis. 2., überarb. und erw. Aufl. Berlin 1994.

[11]   Hg. von Horst Balz und Gerhard Schneider. 3 Bde. 2., verb. Aufl. mit Literatur-Nachträgen. Stuttgart / Berlin / Köln 1992.

dex Berolinensis Gnosticus und deren Abbreviaturen ist unten, im Anschluß an diese
Vorbemerkungen und das allgemeine Literaturverzeichnis, zu finden.[12] Darüber hinaus
(bzw. in wenigen Fällen abweichend von den genannten Abkürzungsverzeichnissen)
werden folgende Abkürzungen und Sonderzeichen (Sigla) verwendet:

ACA	Antike christliche Apokryphen in deutscher Übersetzung
BCNH.C	Bibliothèque copte de Nag Hammadi. Section «Concordance»
BCNH.É	Bibliothèque copte de Nag Hammadi. Section «Études»
BCNH.T	Bibliothèque copte de Nag Hammadi. Section «Textes»
BG	Codex Berolinensis Gnosticus 8502 bzw. PapBerol (Papyrus Berolinensis)
Cod.	Codex (Hinweis auf eine Lesung im Originalmanuskript)
CT	Codex Tchacos
NH	Nag Hammadi
NHC	Nag-Hammadi-Codex
NHD	Nag Hammadi Deutsch (Bd.1 und 2 = GCS NF 8 und 12)
p.	*pagina* (Seite im Originalmanuskript)
Q	Spruch- bzw. Logienquelle[13]
UAW	„Unbekanntes altgnostisches Werk" (Codex Brucianus)
(...)	Erläuternde Zusätze in der Übersetzung
[...]	Textlücke (Lakune) im Originalmanuskript
{...}	Tilgungen
<...>	Konjekturen bzw. vermuteter Textausfall
†...†	Textverderbnis

Eckige und spitze Klammern umschließen in der Regel ganze Wörter. Im Falle von
Textresten werden sie gesetzt, wenn es für die Lakunenfüllung mehrere Möglichkeiten
gibt (z.B. zu Beginn von EvThom 65,1). Wo die Ergänzung dagegen auf Grund vorhandener Reste eindeutig ist, wird in der Regel auf die Setzung eckiger Klammern verzichtet. Wo außerhalb von Lakunen nicht zuzuordnende Buchstaben bzw. Reste von solchen
vorhanden sind (z.B. im Dial), wird dies in den Übersetzungen der Übersichtlichkeit
wegen nicht vermerkt.

Die Kennzeichnung von Lakunen erfolgt bei der Mehrzahl der präsentierten Texte
standardisiert, so daß die drei Punkte innerhalb der eckigen Klammer nichts über die
tatsächliche Größe der Lücke (oder den Umfang eines vermuteten Textausfalls) aussa-

---

[12] Zu den koptischen Dialekten und den gebräuchlichen Sigla vgl. Wolf-Peter Funk: Dialects
Wanting Homes. A Numerical Approach to the Early Varieties of Coptic. In: Jacek Fisiak (ed.):
Historical Dialectology. Berlin 1988, 149-192 und Rodolphe Kasser: A Standard System of Sigla
for Referring to the Dialects of Coptic. Journal of Coptic Studies 1 (1990), 141-151.

[13] Zu Q gehört im wesentlichen der gemeinsame Stoff im Lukas- und Matthäusevangelium, der keine
Markus-Parallele hat. Wo in der vorliegenden Studienausgabe Stellen aus dieser Quelle zitiert oder
erwähnt werden, liegt die lukanische Kapitel- bzw. Verszählung zugrunde.Vgl. James M. Robinson / Paul Hoffmann / John S. Kloppenburg: The Critical Edition of Q. Synopsis including the
Gospels of Matthew and Luke, Mark and Thomas with English, German, and French Translations
of Q and Thomas. Leuven 2000, sowie Paul Hoffmann / Christoph Heil (Hg.): Die Spruchquelle
Q. Studienausgabe Griechisch und Deutsch. Darmstadt / Leuven 2002.

gen. Bei einigen besonders schlecht erhaltenen Texten ist die Zahl der fehlenden Zeilen jedoch genau angegeben[14] bzw. wird auf die ungefähre Zahl fehlender Sätze verwiesen[15]. Um eine Orientierung in der Übersetzung einer so fragmentarischen Schrift wie „Melchisedek" (NHC IX,1) überhaupt zu ermöglichen und den Grad der Textzerstörung zumindest annähernd zu verdeutlichen, war es hier außerdem nötig, abweichend von der sonstigen Textpräsentation, Zeilennummern anzugeben sowie eckige Ergänzungsklammern zuzulassen, die nur Teile von Worten einschließen.

In den Übersetzungen wird jeweils der Beginn einer neuen Seite im Originalmanuskript angegeben, z.B.: *(p.111)*. Auf die Angabe von Zeilen haben wir in der Erstausgabe von NHD verzichtet, weil sie in einer Übersetzung bisweilen schwierig präzise anzugeben sind und außerdem den Textfluß unterbrechen. Die Kritik, daß auf diese Weise eine Lokalisierung der Stellen im Originaltext oder anderen Übersetzungen schwieriger ist, können wir jedoch gut nachvollziehen. Eine Einfügung von Zeilenzahlen – etwa in Fünferschritten – hätte das Erscheinen der Studienausgabe allerdings deutlich verzögert und ist aus diesen Gründen unterblieben.

Für einige Nag-Hammadi-Schriften existieren in der wissenschaftlichen Literatur Einteilungen in kleinere Einheiten. Im Falle des EvThom und EvPhil sowie bei Dial und Silv werden sie auch hier berücksichtigt, in anderen Fällen unterbleibt es, weil sich dies in der Forschung (noch) nicht durchgesetzt hat. In einigen Übersetzungen helfen von den Bearbeiterinnen und Bearbeitern hinzugefügte Zwischenüberschriften, den literarischen und inhaltlichen Charakter der betreffenden Schriften besser zu erfassen.

Das allgemeine Literaturverzeichnis benennt grundlegende Publikationen, die nach unserer Überzeugung von besonderer Wichtigkeit sind. Es ist nicht das Bestreben, und es besteht auch keine Notwendigkeit, hier Vollständigkeit zu erreichen. Die Literaturangaben zu den einzelnen Schriften mußten sich innerhalb des knapp bemessenen Raumes der Studienausgabe auf wenige Titel beschränken. Wir verweisen für weitere wissenschaftliche Literatur daher ausdrücklich auf die umfangreicheren Angaben in „Nag Hammadi Deutsch" Bd. 1 und 2 (GCS NF 8 und 12) sowie auf die von David M. Scholer erarbeiteten Bände „Nag Hammadi Bibliography"[16].

Berlin, im Januar 2007, Dezember 2009 und April 2013

---

[14] So bei 1ApcJac; 2ApcJac; ApcAd; AuthLog; OgdEnn; Zostr; TestVer; Inter; Protennoia; EvJud; Allogenes.
[15] So bei Mar; ExpVal; Allog; Hyps.
[16] Literaturangabe: s. Allgemeines Literaturverzeichnis.

Allgemeines Literaturverzeichnis

Textausgaben und Übersetzungen

Barnstone, Willis / Meyer, Marvin (ed.): The Gnostic Bible. Boston / London 2003.

Brankaer, Johanna / Bethge, Hans-Gebhard: Codex Tchacos. Texte und Analysen. (TU 161.) Berlin / New York 2007.

The Facsimile Edition of the Nag Hammadi Codices. Published under the Auspices of the Department of Antiquities of the Arab Republic of Egypt in Conjunction with the United Nations Educational, Scientific and Cultural Organization. 12 Bde. Leiden 1972-1984.

Die Gnosis. Bd. 1: Zeugnisse der Kirchenväter. Unter Mitwirkung von Ernst Haenchen und Martin Krause eingel., übers. und erl. von Werner Foerster. Zürich / Stuttgart 1969. Bd. 2: Koptische und mandäische Quellen. Eingel., übers. und erl. v. Martin Krause und Kurt Rudolph. Mit Registern zu Bd. 1 und 2 versehen und hg. v. Werner Foerster. Zürich / Stuttgart 1971.

The Gospel of Judas. Together with the Letter of Peter to Philip, James, and a Book of Allogenes from Codex Tchacos. Critical Edition. Coptic text edited by Rodolphe Kasser and Gregor Wurst. Introduction, Translation and Notes by Rodolphe Kasser [u.a.]. Washington D.C. 2007.

Janssens, Yvonne: Évangiles gnostiques. Dans le corpus de Berlin et dans la Bibliothèque Copte de Nag Hammadi. Traduction française, commentaire et notes. (HoRe 15.) Louvain-la-Neuve 1991.

Layton, Bentley: The Gnostic Scriptures. A New Translation with Annotations and Introductions. London 1987. (Paperback Edition 1995)

Leipoldt, Johannes / Schenke, Hans-Martin: Koptisch-gnostische Schriften aus den Papyrus-Codices von Nag-Hamadi. (ThF 20.) Hamburg-Bergstedt 1960.

Markschies, Christoph / Schröter, Jens (Hg.): Antike christliche Apokryphen. Bd. I: Evangelien und Verwandtes. 2 Teilbände. Hg. in Verb. mit Andreas Heiser. Tübingen 2012 (= ACA I/1 bzw. I/2).

The Nag Hammadi Scriptures. The International Edition. Ed. by Marvin Meyer. San Francisco 2007.

Robinson, James M. (ed.): The Nag Hammadi Library in English. Translated and Introduced by Members of the Coptic Gnostic Library Project of the Institute of Antiquity and Christianity, Claremont, Cal. 4th rev. ed. Leiden / New York / Köln 1996.

Schmidt, Carl: Koptisch-gnostische Schriften. Bd. I: Die Pistis Sophia. Die beiden Bücher des Jeû. Unbekanntes altgnostisches Werk. 4., um das Vorwort erw. Aufl. hg. v. Hans-Martin Schenke. (GCS 45.) Berlin 1981.

Till, Walter C. / Schenke, Hans-Martin: Die gnostischen Schriften des koptischen Papyrus Berolinensis 8502. Hg., übers. und bearb. v. Walter C. Till. 2., erw. Aufl. bearb. v. Hans-Martin Schenke. (TU 60.) Berlin 1972.

Weiterhin sei auf folgende Reihen verwiesen:

– Die komplette Edition aller Nag-Hammadi-Schriften im Rahmen des von James M. Robinson geleiteten „Coptic Gnostic Library Project", erschienen in der Serie „Nag Hammadi Studies" (NHS) bzw. „Nag Hammadi and Manichean Studies" (NHMS).

- Die Textausgaben samt Kommentierung im Rahmen des Projektes „Bibliothèque copte de Nag Hammadi" (BCNH.T).
- Publikationen und Kommentierungen ausgewählter Nag-Hammadi-Texte durch Mitglieder des Berliner Arbeitskreises für koptisch-gnostische Schriften in der Reihe „Texte und Untersuchungen zur Geschichte der altchristlichen Literatur" (TU).

Die entsprechenden Veröffentlichungen dieser Reihen werden, zusammen mit anderen wichtigen Editionen, in der Regel in den Literaturangaben zu den einzelnen Schriften genannt.

Konkordanzen, Wörterbücher, Grammatiken

Bibliothèque copte de Nag Hammadi. Section „Concordances" (BCNH.C). Sainte-Foy / Québec / Louvain / Paris 1992 ff.

Crum, W[alter] E[wing]: A Coptic Dictionary. Oxford 1939. Nachdruck 2000.

Lambdin, Thomas O.: Introduction to Sahidic Coptic. Macon 1983.

Lampe, G. W. H.: A Patristic Greek Lexicon. Oxford 1961.

Layton, Bentley: A Coptic Grammar. Revised and Expanded. 3rd ed. Wiesbaden 2011.

Liddell, Henry George / Scott, Robert / Jones, Henry Stuart: Greek-English Lexicon. With a Supplement. Reprint of the 9th ed. 1940, rev. by Henry Stuart Jones. Oxford 1996.

Plisch, Uwe-Karsten: Einführung in die koptische Sprache. Sahidischer Dialekt. (Sprachen und Kulturen des christlichen Orients 5.) Wiesbaden 1999.

Polotsky, Hans-Jakob: Grundlagen des koptischen Satzbaus I u. II. (ASP 27 u. 29.) Decatur 1987 / Atlanta 1990.

Shisha-Halevy, Ariel: Coptic Grammatical Chrestomathy. A Course for Academic and Private Study. (OLA 30.) Leuven 1988.

Siegert, Folker: Nag-Hammadi-Register. Wörterbuch zur Erfassung der Begriffe in den koptisch-gnostischen Schriften von Nag-Hammadi. Mit einem deutschen Index. Einf. von Alexander Böhlig. (WUNT 26.) Tübingen 1982.

Smith, Richard: A Concise Coptic-English Lexicon. 2nd ed. Atlanta 1999.

Strasbach, Marie-Odile / Barc, Bernhard: Dictionaire inversé du copte. (CBCo 2.) Louvain 1984.

Till, Walter C.: Koptische Dialektgrammatik. Mit Lesestücken und Wörterbuch. Nachdruck der 2., neugestalteten Aufl. 1961. München 1994.

Till, Walter C.: Koptische Grammatik (Saïdischer Dialekt). Mit Bibliographie, Lesestücken und Wörterverzeichnissen. 6. Aufl. Leipzig 1986.

Westendorf, Wolfhart: Koptisches Handwörterbuch. Bearbeitet auf Grund des Koptischen Handwörterbuches von Wilhelm Spiegelberg. Heidelberg 1977.

Weiteres

Aland, Barbara: Was ist Gnosis? Studien zum frühen Christentum, zu Marcion und zur kaiserzeitlichen Philosophie. (WUNT 239.) Tübingen 2009.

Bethge, Hans-Gebhard / Emmel, Stephen / King, Karen L./ Schletterer, Imke: For the Children, Perfect Instruction. Studies in Honor of Hans-Martin Schenke on the Occasion of the Berliner Arbeitskreis für Koptisch-Gnostische Schriften's Thirtieth Year. (NHMS 54.) Leiden / Boston 2002.

Bousset, Wilhelm: Hauptprobleme der Gnosis. (FRLANT 10.) Göttingen 1907.

Colpe, Carsten: Heidnische, jüdische und christliche Überlieferung in den Texten von Nag Hammadi. JAC 15, 1972, 5-18; JAC 16, 1973, 106-126; JAC 17, 1974, 109-125; JAC 18, 1975, 144-165; JAC 19, 1976, 120-138; JAC 20, 1977, 149-170; JAC 21, 1978, 125-146; JAC 22, 1979, 98-122; JAC 23, 1980, 108-127.

Dunderberg, Ismo: Beyond Gnosticism. Myth, Lifestyle, and Society in the School of Valentinus. New York 2008.

Jonas, Hans: Gnosis und spätantiker Geist. Teil 1: Die mythologische Gnosis. Mit einer Einführung zur Geschichte und Methodologie der Forschung. 4., verb. und erw. Aufl. (FRLANT 51.) Göttingen 1988. Teil 2: Von der Mythologie zur mystischen Philosophie. 1. u. 2. Hälfte. Hg. v. Kurt Rudolph. (FRLANT 159.) Göttingen 1993.

King, Karen L.: What is Gnosticism? Cambridge, Mass./ London 2003.

Klauck, Hans-Josef: Apokryphe Evangelien. Eine Einführung. Stuttgart 2002.

Lahe, Jaan: Gnosis und Judentum. Alttestamentliche und jüdische Motive in der gnostischen Literatur und das Ursprungsproblem der Gnosis. (NHMS 75.) Leiden 2012.

Logan, Alastair H.B.: The Gnostics. Identifying an Early Christian Cult. London / New York 2006.

Luttikhuizen, Gerard P.: Gnostic Revisions of Genesis Stories and Early Jesus Traditions. (NHMS 58.) Leiden 2006.

Markschies, Christoph: Die Gnosis. (Wissen in der Beck'schen Reihe 2173.) 3. Aufl. München 2010.

Markschies, Christoph: Gnosis und Christentum. Berlin 2009.

Pagels, Elaine: The Gnostic Gospels. New York 1979. Dt. Übers.: Versuchung durch Erkenntnis. Die gnostischen Evangelien. Aus dem Amerikanischen von Angelika Schweikhart. 2. Aufl. (Suhrkamp-Taschenbuch 1456.) Frankfurt 1989.

Pearson, Birger A.: Ancient Gnosticism. Traditions and Literature. Minneapolis 2007.

Rasimus, Tuomas: Paradise Reconsidered in Gnostic Mythmaking. (NHMS 68.) Leiden 2009.

Roukema, Riemer: Gnosis and Faith in Early Christianity. London 1999.

Rudolph, Kurt: Die Gnosis. Wesen und Geschichte einer spätantiken Religion. 4. Aufl. Göttingen 2005.

Schenke-Robinson, Gesine / Schenke, Gesa / Plisch, Uwe-Karsten (Hg.): Der Same Seths. Hans-Martin Schenkes Kleine Schriften zu Gnosis, Koptologie und Neuem Testament. (NHMS 78.) Leiden 2012.

Scholer, David M.: Nag Hammadi Bibliography 1948-1969. (NHS 1.) Leiden 1970.

Scholer, David M.: Nag Hammadi Bibliography 1970-1994. (NHMS 32.) Leiden / New York / Köln 1997.

Scholer, David. M./ Wood, Susan E.: Nag Hammadi Bibliography 1995-2006. (NHMS 65.) Leiden / New York / Köln 2008.

Thomassen, Einar: The Spiritual Seed – The Church of the „Valentinians". (NHMS 60.) Leiden / Boston 2006.

Tröger, Karl-Wolfgang: Die Gnosis. Heilslehre und Ketzerglaube. (Herder spektrum 4953.) Freiburg / Basel / Wien 2001.

Turner, John D./ McGuire, Anne Marie (ed.): The Nag Hammadi Library after Fifty Years. Proceedings of the 1995 SBL Commemoration. (NHMS 44.) Leiden / New York / Köln 1997.

Williams, Michael, A.: Rethinking Gnosticism. An Argument for Dismantling the Dubious Category. Princeton 1999.

Weiterhin sei auf diese Reihe verwiesen: Bibliothèque copte de Nag Hammadi. „Section Études". (BCNH.É) Sainte-Foy / Québec / Louvain / Paris 1981ff.

Übersicht über die Schriften aus Nag Hammadi, dem Codex Berolinensis und dem Codex Tchacos

Codex, Traktat	Seiten, Zeilen	Titel	Abkürzung
I,1	A,[1]-B,8	Das Gebet des Apostels Paulus (Precatio Pauli)	PrecPl
	(+ B,9-10)	(+ Kolophon)	
I,2	p.1,1-16,30	„Der Brief des Jakobus" („Epistula Jacobi (apocrypha)")	EpJac
I,3	p.16,31-43,24	„Evangelium Veritatis"	EV
I,4	p.43,25-50,18	„Der Brief an Rheginus" (Die Abhandlung über die Auferstehung)	Rheg
I,5	p.51,1-138,27	„Tractatus Tripartitus"	TractTrip
II,1	p.1,1-32,9	Das Apokryphon des Johannes	AJ
II,2	p.32,10-51,28	Das Evangelium nach Thomas	EvThom
II,3	p.51,29-86,19	Das Evangelium nach Philippus	EvPhil
II,4	p.86,20-97,23	Die Hypostase der Archonten	HA
II,5	p.97,24-127,17	„Vom Ursprung der Welt"	UW
II,6	p.127,18-137,27	Die Erzählung über die Seele (Exegesis de Anima)	ExAn
II,7	p.138,1-145,19 (+ p.145,20-23)	Das Buch des Thomas (+ Kolophon)	LibThom

VII,4	p.84,15-118,7 (+ p.118,8-9)	Die Lehren des Silvanus (+ Kolophon)	Silv
VII,5	p.118,10-127,27 (+ p.127,28-32)	Die drei Stelen des Seth (+ Kolophon)	StelSeth
VIII,1	p.1,1-132,6 (+ p.132,7-9)	Zostrianus (+ Kryptogramm)	Zostr
VIII,2	p.132,10-140,27	Der Brief des Petrus an Philippus (Epistula Petri ad Philippum)	EpPt
IX,1	p.1,1-27,10	Melchisedek	Melch
IX,2	p.27,11-29,5	„Die Ode über Norea"	OdNor
IX,3	p.29,6-74,30	„Das Zeugnis der Wahrheit" („Testimonium Veritatis")	TestVer
X	p.1,[1]-68,18	Marsanes	Mar
XI,1	p.1,[1]-21,35	Die Auslegung der Erkenntnis (Die Interpretation der Gnosis)	Inter
XI,2	p.22,1-44,37	„Valentinianische Abhandlung" („Expositio Valentiniana")	ExpVal
XI,3	p.45,[1]-69,20	Allogenes	Allog
XI,4	p.69,21-72,33	Hypsiphrone	Hyps
XII,1	p.15,1-34,28	Die Sextussprüche	Sextus
XII,2	p.53,19-60,30	„Evangelium Veritatis"	EV
XIII,1	p.35,1-50,24	Die dreigestaltige Protennoia	Protennoia
XIII,2	p.50,25-34	„Vom Ursprung der Welt"	UW
BG 1	p.[1?-6] 7,1-19,5	Das Evangelium nach Maria	EvMar
BG 2	p.19,6-77,7	Das Apokryphon des Johannes	AJ
BG 3	p.77,8-127,12	Die Weisheit Jesu Christi (Die Sophia Jesu Christi)	SJC
BG 4	p.128,1-141,7 (+ p.142)	Die Tat des Petrus (Actus Petri) (+ Kolophon)	ActusPt
CT 3	p.33,1-58,28	Das Evangelium des Judas	EvJud
CT 4	p.59,1-66,24	[Buch des Allogenes]	Allogenes

Einführung

Hans-Martin Schenke

Mit diesem ersten Teil eines zweibändigen Werkes wird ein seit langer Zeit gehegter Plan des Berliner Arbeitskreises für koptisch-gnostische Schriften endlich Wirklichkeit. Allerdings hat sich der Name des Projekts in der langen Zeit zwischen Verheißung und Erfüllung geändert. Ursprünglich lief der Plan unter dem Arbeitstitel „Koptisch-gnostische Schriften, Band 2 und 3". Damit war das Werk also als direkte Fortsetzung von Carl Schmidts berühmter Übersetzung der Texte der Codices Askewianus und Brucianus (Pistis Sophia, Die beiden Bücher des Jeû, Unbekanntes altgnostisches Werk) gedacht, die unter dem Titel „Koptisch-gnostische Schriften. Erster Band" veröffentlicht wurden. Mit diesem hohen Vorbild hängt es auch zusammen, daß wir uns soviel Zeit gelassen haben. Wir wollten keine schnelle, und vielleicht voreilige, deutsche Gesamtübersetzung der Nag-Hammadi-Schriften liefern, sondern sozusagen die endgültige. Und dafür brauchten wir die bestmögliche durchgehende Textbasis für das gesamte Material. So haben wir mit der konkreten Arbeit gewartet bis zum Abschluß der kritischen englischsprachigen Edition: „The Coptic Gnostic Library", weil der in dieser Ausgabe gebotene koptische Text nicht nur auf jeweiliger, oftmals mehrfacher Kontrolle der Originale in Kairo beruht, sondern auch unter Heranziehung alter Fotografien, die zum Teil noch kleine Textstücke bieten, die inzwischen verloren gegangen sind, erarbeitet worden ist, und weil nur die Mitarbeiter dieses amerikanischen Teams alle schwer lesbaren Stellen auch unter ultraviolettem Licht haben kollationieren können. Dementsprechend war dann das Erscheinen des letzten Bandes dieser Reihe, das war die wegen widriger Umstände verzögerte Ausgabe des Codex VII durch B. A. Pearson im Jahre 1996, der „Startschuß" für unser Unternehmen.

Wenn auch die deutsche Übersetzung der Nag-Hammadi-Texte das eigentliche Ziel unseres Vorhabens darstellte, so haben wir es doch für sinnvoll erachtet, auch die Übersetzung der vier Schriften aus dem Codex Berolinensis (Gnosticus) 8502 in diese Publikation miteinzubeziehen, nämlich das leider nur teilweise erhaltene EvMar, das AJ in der Kurzversion, die SJC und ActusPt. Dieses ursprünglich 142 Seiten umfassende und wohl aus dem 5. Jh. n. Chr. stammende Manuskript im sahidischen Dialekt des Koptischen, das sich seit über 100 Jahren im Besitz der Papyrussammlung der Staatlichen Museen Berlin / Preußischer Kulturbesitz befindet, gehört zu den wichtigsten Originalzeugnissen der Gnosis. Die *editio princeps* durch Walter C. Till erfolgte 1955.[17] Von besonderer Bedeutung ist es, daß mit dem AJ und der SJC Paralleltexte zu entsprechenden Nag-Hammadi-Schriften vorliegen.

Die Nag-Hammadi-Texte, also der Hauptgegenstand dieses unseres Übersetzungswerkes,[18] finden sich in koptischen Papyrushandschriften mit hauptsächlich gnostischem Inhalt und haben ihren Namen nach der oberägyptischen Stadt Nag Hammadi bekommen, in deren Nähe sie im Dezember 1945 zufällig entdeckt worden sind. Der Fundort liegt auf dem rechten Nilufer am Fuße des Gebel et-Tarif, 10 km nordöstlich der Nilbrücke von Nag Hammadi. Der Fund bestand aus 13 Codices (bzw. den Resten von solchen), die, wie es heißt, in einem großen Krug vergraben waren und sich jetzt im Besitz des Koptischen Museums zu Kairo befinden. Die Erhellung der Fundumstände im einzelnen ist schwierig, aber eigentlich sachlich ohne Belang; und der Weg, auf dem die Codices schließlich zum Eigentum des Koptischen Museums wurden, war verschlungen und langwierig.

Der koptische Dialekt, in dem die Mehrzahl der in den Papyrusbüchern enthaltenen Texte geschrieben sind, ist ein facettenreiches Sahidisch: Neben Texten, die mehr oder weniger dem eigentlichen sahidischen Standard entsprechen, gibt es nicht nur solche die mehr oder weniger extreme oberägyptische Züge tragen, sondern auch welche, die – unter der Oberfläche – so typisch unterägyptische Strukturen zeigen, daß man sogar damit rechnen muß, daß sie innerkoptische „Übersetzungen" aus dem Bohairischen sind. Demgegenüber liegt eine kleinere Anzahl von Texten in einer charakteristischen Spielart des Lykopolitanischen (*L6*) vor. In allen Fällen aber handelt es sich um Übersetzungen, und zwar, wie für fast alle Schriften einmütig angenommen wird, (letztlich) aus dem Griechischen.

Nach den Kriterien der Paläographie und den Indizien, die die Urkunden liefern, die sich als Makulatur in der Kartonage der Ledereinbände fanden, stammen die Nag-Hammadi-Codices etwa aus der ersten Hälfte des 4. Jh. n. Chr. Wie alt die durch sie bezeugten Werke sind, ist damit noch nicht gesagt. Aber für deren Entstehungszeit gibt es kaum äußere Anhaltspunkte, so daß man also in fast allen Fällen auf (vage) innere Kriterien angewiesen ist, die, wie vieles andere mehr, dann jeweils in den Einleitungen zu den Übersetzungen der einzelnen Texte noch zu diskutieren sind. Auch muß der Entstehungsort keineswegs Ägypten gewesen sein. Für einzelne Texte, wie z.B. EvThom oder EvPhil, weisen die Spuren vielmehr eindeutig nach Syrien.

Wie die Sammlung der 13 Codices zustande gekommen ist, bleibt unbekannt. Die Verschiedenheit im Dialekt, im Format und in der Einbandmanufaktur macht jedenfalls die Herstellung der einzelnen Codices am gleichen Ort und zur selben Zeit ziemlich unwahrscheinlich. Man kann nicht einmal voraussetzen, daß diese Sammlung schließlich wirklich die Bibliothek, sei es einer Institution, sei es einer Person oder Personen-

---

[17] Inzwischen in zweiter Auflage: Walter C. Till / Hans-Martin Schenke: Die gnostischen Schriften des koptischen Papyrus Berolinensis 8502. Hg., übers. und bearb. v. Walter C. Till. 2., erw. Aufl. bearb. v. Hans-Martin Schenke. (TU 60.) Berlin 1972.

[18] Die folgenden Ausführungen basieren weitgehend auf meinem Artikel „Nag Hammadi" in der TRE, Bd. 23, 731-736.

gruppe, war. Im Dunkeln bleibt auch, warum und wann die Bücher vergraben worden sind.

Bei einem ersten kurzen Blick auf das Panorama der hier in Übersetzung vorgelegten Nag-Hammadi-Texte wäre vor allem auf folgende Sachverhalte hinzuweisen: Für eine Anzahl der Texte ist in der betreffenden Handschrift kein Titel angegeben oder erhalten. Einige Texte sind mehrfach vertreten, und zwar AJ dreimal, EV, UW, ÄgEv, Eug je zweimal, wobei allerdings bei EV und UW diese zweite Version nur in kleinen Resten erhalten ist. Für einige Texte existieren noch Parallelen anderswo, und zwar für AJ und SJC je eine im Papyrus Berolinensis (Gnosticus) 8502 (BG); für 1ApcJac und EpPt je eine in einem Papyrus-Codex, der sich noch auf dem Antiquitäten-Markt befindet und also zur Zeit unzugänglich ist; für UW eine, allerdings fragmentarische, in London (BM Or. 4926[1]); für ein Kapitel von Silv ebenfalls eine in London (BP Or. 6003). Zwischen einzelnen Schriften der Sammlung bestehen deutliche literarische Beziehungen, z.B. ist Eug die (Prosa-)Vorlage für SJC (Dialog) und dürften HA und UW zum Teil von ein und derselben Quelle abhängen. Von einigen Texten der Sammlung ist das griechische Original wohlbekannt, und zwar gilt das für NHC VI,5 (als einem Stück aus Platons Staat [588a-589b]), für PrecHerm und für Sextus. Von einem Text kennen wir die lateinische Übersetzung des griechischen Originals, und zwar von Askl. Von anderen Texten gab es bisher nur griechische Fragmente, und zwar von EvThom und SJC. Wieder andere Texte waren praktisch nur dem Namen nach bekannt, sei es aus der antihäretischen christlichen Literatur, wie bei EV und EvPhil, sei es aus neuplatonischer Polemik, wie bei Zostr und Allog. Bei den weitaus meisten Texten war jedoch vor dem Fund nicht einmal ihre Existenz bekannt.

Die Texte lassen sich, je nach Perspektive, in vielfältiger Weise gruppieren. Aber die Titel, soweit vorhanden, sind für die formale Gruppierung nach Textgattungen wenig hilfreich. Die mehrfach vorkommenden, klar kenntlichen und definierbaren Textsorten sind: Gebet, Brief, Dialog, Spruchsammlung, Weisheitslehre, Homilie, Abhandlung, Himmelsreise, Offenbarungsrede. Bei dem Versuch sachlicher Gruppierung kommt man kaum ohne ein variables Einteilungsprinzip aus. In dieser Textsammlung, die ja wegen ihrer gnostischen Inhalte berühmt geworden ist, gibt es nun keineswegs nur gnostische Texte. Von den nicht-gnostischen Texten sind einige auch nicht christlich, und zwar NHC VI,5, Eug und Sextus, während andere ein nicht-gnostisches Christentum verschiedener Prägung vertreten, und zwar ActPt, AuthLog und Silv. Eine weitere auffällige Randerscheinung ist ein Block von drei hermetischen Texten am Ende von Codex VI, bestehend aus OgdEnn, PrecHerm und Askl. Aus der großen Gruppe der allgemein christlich-gnostischen Texte lassen sich als deutlich valentinianische Texte die folgenden erkennen: PrecPl, TractTrip, EvPhil, 1ApcJac, ExpVal und PrecVal. Das EV steht vielleicht an der Grenze, weil es vermutlich bei den Valentinianern in Gebrauch war, denn der TractTrip scheint es in bestimmten Partien vorauszusetzen und zu kommentieren. Es ist aber kaum valentinianischer Herkunft. Mit den christlich-gnostischen Texten berührt sich eine weitere, in sich sehr geschlossene Gruppe eindeutig gnostischer Texte, insofern als einige von ihnen deutliche christliche Züge aufweisen. Allerdings gehören zu dieser Gruppe auch andere Texte, die eine nicht-christliche Gnosis repräsentieren. Die ganze Gruppe umfaßt: AJ, HA, ÄgEv, ApcAd, StelSeth, Zostr, Melch,

OdNor, Mar, Allog und Protennoia. Nach der Rolle, die der Adamssohn Seth in ihnen spielt, und unter kritischer Aufnahme einer alten häresiologischen Bezeichnung nennt man sie „sethianisch". Der Leittext dieser Gruppe ist das (unter Einschluß von BG) vierfach vertretene AJ. Ein anderer wichtiger Text dieser Gruppe ist der Zostr, von dem ein Stück, wie M. Tardieu entdeckt hat, eine Parallele bei Marius Victorinus (Adversus Arium 1,49,9-50,21) hat. Es bleiben bei einer solchen Einteilung schließlich vier Texte übrig, die sich, aus ganz verschiedenen Gründen, keiner der genannten Gruppen zuordnen lassen, und zwar sind das Brontê, Noêma, ParSem und Hyps.

Was nun die Bedeutung der hier in Übersetzung vorgelegten Textsammlung anbelangt, so liegt sie hauptsächlich auf dem Felde der Religionsgeschichte und besteht in der zutage getretenen ungeahnten Fülle gnostischer Originaltexte als wiederauferstandener Zeugen einer epochalen, aber von der werdenden Großkirche verfolgten und ausgerotteten religiösen Bewegung der Spätantike. Der wissenschaftliche Wert geht jedoch weit darüber hinaus, betrifft auch andere Bereiche wie z.B. die koptische Linguistik, die Papyrus-Kodikologie und die frühchristliche Literaturgeschichte. Innerhalb des weiteren Rahmens der Religionsgeschichte liegt die Bedeutung der Nag-Hammadi-Texte aber natürlich auf dem engeren Gebiet der Gnosisforschung. Andererseits ist nicht alles Gefundene von gleichem Wert. Mancher würde vielleicht ganz gern auf einige der ja sowieso unkontrollierbaren Himmelsbeschreibungen verzichten, wenn dadurch z.B. die nur trümmerhaft erhaltene Schrift Inter, in der es um die Ordnung irdischer Gemeindeverhältnisse im Geiste weitergedachter paulinischer Theologie geht, sozusagen durch ein Wunder, wiederhergestellt werden könnte. Auch bietet der Fund vieles von dem nicht, was man auch gern wiederhätte, also z.B. keine Originalwerke der großen gnostischen Schulhäupter wie Valentinus, Basilides oder Karpokrates. Der Fund stammt eben nicht aus Rom oder Alexandria, sondern aus der ägyptischen Provinz. Dennoch ist der Fund reich genug, und seine wirkliche Auswertung wird noch lange Zeit in Anspruch nehmen. Von dem, was im einzelnen schon jetzt sichtbar geworden ist, sei hier noch das Folgende hervorgehoben.

Ob gnostisch oder nicht, zunächst einmal bereichern und ergänzen die Nag-Hammadi-Schriften einfach schon das Dossier der sogenannten neutestamentlichen Apokryphen in erheblichem Maße. Als solche neutestamentlichen Apokryphen innerhalb der Nag-Hammadi-Texte wären einerseits zu rechnen: EvThom, EvPhil, LibThom, EpJac, Dial, 1ApcJac, 2ApcJac und EpPt, andererseits ActPt, ApcPl und ApcPt. Die Nag-Hammadi-Texte erweitern auch die Kenntnis von der Geschichte der Weisheitstradition ganz wesentlich. Es gibt eine ganze Reihe nicht-gnostischer und gnostischer Nag-Hammadi-Schriften von wesenhaft weisheitlicher Bestimmtheit, das sind vor allem EvThom, LibThom, Brontê, AuthLog und Silv. Sie lassen uns nicht nur die gnostischen Metamorphosen der jüdischen und christlichen Weisheit studieren, sondern zeigen uns auch, besonders im Silv, denjenigen Typ des Christentums, der Jesus primär als die Weisheit Gottes versteht, in einer Reinheit wie nirgends sonst.

Was die Vexierfrage nach dem Ursprung der Gnosis anbelangt, so bringen die Nag-Hammadi-Schriften zwar keine endgültige und unbezweifelbare Entscheidung; einen gnostischen Originaltext aus eindeutig vorchristlicher Zeit gibt es nicht darunter. Aber sie beweisen doch, daß die Gnosis in ihrem Wesen ein „vor-christliches" Phänomen ist.

Und zwar ergibt sich diese Erkenntnis vor allem aus der Analyse der oben genannten Gruppe der „sethianischen" Texte. Außerdem sind diese Texte wichtig für die Geschichte der Gnosis. Sie führten zur Entdeckung einer ganz bestimmten Spielart der Gnosis, die ein Phänomen darstellt, das man dem Valentinianismus hinsichtlich der Größenordnung und Relevanz sehr wohl an die Seite stellen kann. Sie zeigt uns nämlich eine in den Sog der Gnosis geratene Taufbewegung in vorchristlicher Form und sowohl ihre sekundäre Begegnung mit dem Christentum als auch ihre Interaktion mit der neuplatonischen Philosophie.

Auch über den Valentinianismus als einen anderen Strang der Gnosis, dessen Geschichte man verfolgen kann, vermittelt die schon genannte Gruppe der valentinianischen Nag-Hammadi-Texte einen erheblichen Zuwachs an Wissen. Besonders bemerkenswert ist dabei, daß man durch den sog. TractTrip erstmals von der Existenz eines, wohl zum Zwecke der Anpassung an die Kirchenlehre, revidierten Valentinianismus erfährt, an dem das Auffällige die Delegierung der ganz verschiedenen Funktionen von Sophia, Achamoth, Christus und Soter an ein und dieselbe Gestalt ist, die Logos genannt wird.

Neue Aspekte für das Verständnis des gnostischen Simonianismus ergeben sich möglicherweise aus der synoptischen Betrachtung von drei Schriften, und zwar Brontê, AuthLog und ExAn, die miteinander verwandt sind und doch einander insofern ergänzen, als ein und derselbe Seelenmythos in der ersten dialektisch, in der zweiten ethisch und in der dritten mythologisch und exegetisch zur Sprache kommt. Die Analyse dieser Dreiergruppe könnte zu der Erkenntnis führen, daß diese Schriften vielleicht viel simonianischer sind als das von den Kirchenvätern als Simonianismus vorgeführte Phänomen. Dabei könnte der mehr oder weniger berechtigte Zweifel am gnostischen Charakter von Texten dieser Dreiergruppe denjenigen Forschern, die den historischen Simon noch nicht für einen Gnostiker halten, sehr entgegenkommen. Übrigens werden die Berichte der altkirchlichen Bestreiter der Gnosis durch die Nag-Hammadi-Texte keineswegs nur korrigiert und ergänzt, sondern an entscheidenden Punkten auch bestätigt.

Was die Erschließung der Texte betrifft, so ist die erste und grundlegende Phase mit ihrer Pionierarbeit praktisch abgeschlossen. Gleichwohl vollzog und vollzieht sich die hier vor allem gemeinte Editionsarbeit ungleichmäßig; und nicht nur in dem Sinne, daß manche Texte mehrfach und manche bis vor kurzem noch gar nicht ediert waren, sondern auch hinsichtlich des Wertes der einzelnen Ausgaben. Es geht in dem Prozeß nicht nur vorwärts. Bei vielen Neu-Editionen kommt z.B. der objektiv inzwischen erreichte Fortschritt in der Lesung der Texte durch eine unerklärliche Nachlässigkeit bei der Drucklegung kaum zum Zuge. Das liegt nur zum Teil daran, daß in den kleinen Gruppen von Koptologen, die die Nag Hammadi-Forschung betreiben, die nachwachsenden Interessenten gleich mit in die Forschung einbezogen werden müssen. Zugleich erweist es sich offenbar als fast unmöglich, bestimmte, dem Kundigen evidente, Mißverständnisse und Fehler aus der „Steinzeit" der Nag Hammadi-Forschung zu korrigieren.

Was hingegen die eigentliche Auswertung und Fruchtbarmachung der Nag-Hammadi-Texte anbelangt, so hat deren Prozeß kaum erst begonnen. Dabei ergaben sich aber auch schon bestimmte Probleme von solcher Größenordnung, daß es sich lohnt, gleich hier schon auf sie hinzuweisen. Bei der Verwandtschaft von Nag-

Hammadi-Texten untereinander und mit solchen von außen, hat sich bei den „sethiani-schen" und den valentinianischen je ein beherrschendes Problem ergeben. Bei der „se-thianischen" Textgruppe geht es um die Frage, ob die Verwandtschaft der betreffenden Texte untereinander etwa nur ein rein literarisches Phänomen ist, oder ob sie, wie oben vorausgesetzt, doch eine soziologische Basis in einer bestimmten gnostischen Men-schengruppe hat. Die Entscheidung hängt wesentlich von der Deutung der Taufe in die-sen Texten ab; die Untersuchung des sethianischen Taufdossiers durch J.-M. Sevrin dürfte das Einschwenken der Forschung in die zweite Richtung gesichert haben. Beim Phänomen des Valentinianismus in den Nag-Hammadi-Schriften ist die Bestimmung des valentinianischen Charakters einzelner Schriften umstritten. Vor allem beim EV ist die große Mehrheit der Forscher, im Unterschied zu der oben vertretenen (und weiter unten dann zu begründenden) Auffassung, vom valentinianischen Ursprung überzeugt. Vielen gilt übrigens auch der Rheg als valentinianisch. Die ersten Herausgeber des Co-dex I (damals „Codex Jung" genannt), die das gesamte Buch für valentinianisch hielten, haben, wenn auch nicht einmütig, valentinianischen Charakter sogar der EpJac zuer-kannt. K. Koschorke hält schließlich auch noch Inter für eine valentinianische Schrift.

Gibt es sowohl bezüglich der Meinungen in der Forschung (als auch der Kompetenz, mit der diese begründet werden,) nach wie vor Unterschiede, so wird auch innerhalb einer Forschungs*gruppe* wie dem Berliner Arbeitskreis für koptisch-gnostische Schrif-ten, als dem Autor dieses Übersetzungswerkes, keine völlige Konformität der Ansichten herrschen, und muß dies auch nicht. Der Berliner Arbeitskreis hat ja schon so etwas wie eine kleine Geschichte hinter sich.[19] So jedenfalls kommt es, daß die an diesem Projekt beteiligten Personen verschiedenen Generationen der Gruppe angehören. Wenn sich zeigt, daß die einzelnen Beiträge trotz vielfältigen Bestrebens nach Vereinheitlichung in mancher Hinsicht doch verschieden geblieben sind, so könnte der gewichtigste Unter-schied in einem verschiedenen Grade von „Vorsicht" im Umgang mit dem Text beste-hen; die jüngeren Autoren werden sich wohl erheblich vorsichtiger und also „konserva-tiver" vorstellen als die älteren. Aber obgleich jeder Mitarbeiter für seinen Beitrag allein die volle Verantwortung trägt, hat es in der Phase der Vorbereitung und Herstellung doch auf den verschiedenen Stufen mancherlei Kommunikation unter wechselseitigem Lesen, Prüfen und Kritisieren der Entwürfe und sonstiger gegenseitiger Hilfe gegeben.

Was die Anordnung der übersetzten Texte anbelangt, so waren wir auch schon ein-mal der Meinung, daß es eigentlich an der Zeit sei, sie in sachlicher Neuordnung darzu-bieten. Aber wegen der oben schon zur Sprache gekommenen Überschneidungen der betreffenden Kategorien und der schwierigen Frage der jeweiligen Abgrenzungen sind wir von dieser Idee doch wieder abgekommen und geben die Texte also, abgesehen von den mehrfach vorhandenen, die synoptisch dargeboten werden, „traditionell" in der Reihenfolge der Codices und der in ihnen jeweils enthaltenen Schriften wieder.

---

[19] Vgl. Hans-Martin Schenke: The Work of the Berliner Arbeitskreis. Past, Present, and Future. In: John D. Turner / Anne Marie McGuire (ed.): The Nag Hammadi Library after Fifty Years. Pro-ceedings of the 1995 SBL Commemoration. (NHMS 44.) Leiden / New York / Köln 1997, 62-71.

Das Gebet des Apostels Paulus (NHC I,1)

Hans-Gebhard Bethge / Uwe-Karsten Plisch

Literatur

Kasser, Rodolphe [u.a.], 1975: Oratio Pauli Apostoli. In: Kasser, Rodolphe [u.a.]: Tractatus Tripartitus Partes II et III. Oratio Pauli Apostoli. Evangelium Veritatis. Supplementum photographicum. Bern, 243-260.

Mueller, Dieter, 1985a: The Prayer of the Apostle Paul. Introduction. Text and Translation. In: Attridge, Harold W. (ed.): Nag Hammadi Codex I (The Jung Codex). Introductions, Texts, Translations, Indices. (NHS 22.) Leiden, 5-11.

Mueller, Dieter, 1985b: The Prayer of the Apostle Paul. Notes. In: Attridge, Harold W. (ed.): Nag Hammadi Codex I (The Jung Codex). Notes. (NHS 23.) Leiden, 1-5.

Einleitung

Das „Gebet des Apostels Paulus" gehört zu den Schriften, deren Existenz und deren Text erst – und bisher nur – durch den Fund von Nag Hammadi bekannt geworden sind. Der Text findet sich auf dem Vorsatzblatt zu NHC I, das diesem nach Abschluß des Schreibens von TractTrip hinzugefügt wurde. Nur am Schluß des Textes (B,7f.) findet sich der Titel, ΠΡΟCΕΥΧΗ ΠΑΥΛΟΥ ΑΠΟCΤΟΛΟΥ, dem ein Kolophon (B,9f.) folgt. Das Gebet erhält somit eine apostolische Dignität, die darüber hinaus dann wohl auch auf den gesamten NHC I bezogen sein soll.

Der Text der PrecPl liefert bezüglich der Fragen nach Zeit, Ort und Verfasserschaft keine konkret verwertbaren eindeutigen Informationen. Im Hinblick auf die Abfassungszeit liegt der terminus ante quem wegen der relativ sicheren Datierung des gesamten NHC I vor 350, die Schrift dürfte freilich wesentlich älter sein. Wenn man einerseits die Nähe zur valentinianischen Schule für besonders markant hält, wird man die PrecPl nicht vor der zweiten Hälfte des 2. Jh., besser aber vielleicht noch in das 3. Jh. datieren können. Wenn man jedoch andererseits primär eine Affinität zur Paulus-Schule gegeben sieht, ist die Datierung eher offen. Der Verfasser ist unbekannt, ebenso der Abfassungsort. Bei einer vermuteten Zugehörigkeit zur valentinianischen Gnosis wird man hinsichtlich des Ortes an Städte bzw. Regionen der Wirksamkeit des Valentinianismus denken können.

Die Schrift ist deutlich dreigeteilt: A,[1f.]3-11; A,11-25; A,25-B6. Es folgt ein griechischer Kolophon (B7-10). Daß der Text – entsprechend dem nachgestellten Titel – ein Gebet, näherhin ein Bittgebet mit abschließender Doxologie, ist, unterliegt keinem Zweifel. Eine noch nähere Bestimmung ist freilich schwierig. Dennoch hat die Annahme, daß der Text ein Sterbegebet ist, auf Grund einer gewissen Nähe zum Gebet des Jakobus am Ende der 2ApcJac einiges für sich. Nicht zu beantworten ist die Frage, ob die PrecPl ursprünglich lediglich ein Teil eines umfänglichen, jetzt nicht mehr erhaltenen Textes gewesen ist. Dabei kann man an eine der 2ApcJac vergleichbare Schrift ebenso denken wie an eine spezielle Ausprägung innerhalb der Gattung der Acta-Literatur. Im Kontext einer solchen Schrift wäre dann das Gebet durch eine bestimmte Situation bzw. ein besonderes Ereignis veranlaßt gewesen.

Eine explizite Benutzung von Quellen ist nicht erkennbar. Die Sprache des Textes läßt eine gewisse Nähe zur Sprache der Psalmen und besonders zu Paulusbriefen bzw. Zeugnissen des Paulinismus erkennen, wie z.B. die offenkundige Anspielung auf 1 Kor 2,9 zeigt. Die bisherige Forschung hat darüber hinaus Affinitäten zu Anrufungen in Zaubertexten sowie insbesondere zu Gebeten im Corpus Hermeticum aufgezeigt. Eine besondere Nähe besteht überdies zu einer hymnischen Passage von StelSeth (NHC VII,5 p.118,30-119,1). Wenn eine direkte literarische Beziehung auch ziemlich unwahrscheinlich ist, kann doch die Möglichkeit einer gemeinsamen Quelle gegeben sein. PrecPl ist zweifellos eine gnostische Schrift. Eine gewisse Nähe zu Zeugnissen der valentinianischen Schule ist an einigen Stellen recht deutlich. Der Text kann somit valentinianischen Ursprungs sein, zumal sich ja auch sonst valentinianische Gnostiker auf Paulus berufen.

Übersetzung

(Vorsatzblatt A) [... *(etwa 2 Zeilen fehlen)* ... dein] Licht,
erweise mir deine [Barmherzigkeit!
Mein] Erlöser, erlöse mich, denn [ich] bin der Deine,
    der [durch dich] hervorgekommen ist!
Du bist [mein] Verstand (Nous), bring mich hervor!
Du bist meine Schatzkammer, öffne (dich) mir!
Du bist meine Fülle (Pleroma), nimm mich bei dir auf!
Du bist <meine> Ruhe, verleihe mir das Vollkommene,
    das nicht ergriffen werden kann!

Ich flehe dich an, der du existierst und der du präexistent bist,
    in dem Namen, [der] über allen Namen ist,
    durch Jesus Christus, [den Herrn] der Herren, den König der Äonen.
[Verleihe] mir deine Gaben, die dich nicht gereuen,
    durch den Menschensohn, den [Geist], den Fürsprecher[20] [der Wahrheit]!
Verleihe mir die Vollmacht, dich [zu] bitten!
Verleihe (mir) [Heilung] meines Leibes, wenn ich dich bitte durch den Evangelisten,
    [und] erlöse meine ewige Lichtseele und meinen Geist!
Und den [Erst]geborenen der Fülle (Pleroma) der Gnade -
    [offenbare] ihn meinem Verstand (Nous)!

---

[20] Fürsprecher = παράκλητος.

Gewähre, was kein(es) Engels Auge [gesehen] und kein(es) Archonten Ohr gehört hat
    und was in kein(es) Menschen Herz gelangt ist,
    der engelgleich und gemäß dem Bilde des psychischen Gottes entstanden ist,
    als er geschaffen wurde von Anfang -
    weil ich den Glauben und die Hoffnung habe!
Und lege mir deine geliebte, auserwählte und gesegnete Größe auf,
    den Erstgeborenen, den Erstgezeugten *(Vorsatzblatt B)*
    und das [wunderbare] Geheimnis deines Hauses,
    [denn] dein ist die Kraft [und] die Herrlichkeit
    und der Lobpreis und die Größe für immer und ewig.

[Amen].

Griechischer Kolophon (B,7-10)

Gebet des Apostels [Paulus].
In Frieden.
Christus ist heilig.

„Der Brief des Jakobus" (NHC I,2)

Judith Hartenstein / Uwe-Karsten Plisch

Literatur

Hartenstein, Judith, 2000: Die zweite Lehre. Erscheinungen des Auferstandenen als Rahmenerzählungen frühchristlicher Dialoge. (TU 146.) Berlin.

Hartenstein, Judith, 2007: Dattelpalme, Weizenkorn und Ähre (Parabeln im apokryphen Jakobusbrief). EpJac NHC I p.7,23-35; 8,10-27; 12,18-31. In: Zimmermann, Ruben (ed.): Kompendium der Gleichnisse Jesu. Gütersloh, 941-951.

Kirchner, Dankwart, 1990: Brief des Jakobus. In: NTApo I[6], 234-244.

Plisch, Uwe-Karsten, 2004: „Im Sande verscharrt wie ich". Einige Bemerkungen zur Epistula Jacobi apocrypha (NHC I,2). In: Sprachen, Mythen, Mythizismen (FS Walter Beltz). (Hallesche Beiträge zur Orientwissenschaft 32/01, Teil 3.) Halle, 659-674.

Rouleau, Donald, 1987: L'Épître apocryphe de Jacques (NH I,2). (BCNH.T 18.) Québec, 1-161.

Williams, Francis E., 1985a: The Apocryphon of James. Introduction, Text and Translation.In: Attridge, Harold W. (ed.): Nag Hammadi Codex I (The Jung Codex). Introductions, Texts, Translations, Indices. (NHS 22.) Leiden, 13-53.

Williams, Francis E., 1985b: The Apocryphon of James. Notes. In: Attridge, Harold W. (ed.): Nag Hammadi Codex I (The Jung Codex). Notes. (NHS 23.) Leiden, 7-37.

Einleitung

Die EpJac ist nur in einer einzigen Abschrift, als zweite Schrift von NHC I (p.1,1-16,30) erhalten. Es handelt sich um die Übersetzung einer ursprünglich griechischen Schrift in den lykopolitanischen (subachmimischen) Dialekt des Koptischen. Die Datierung der EpJac ist äußerst umstritten, die Ansätze gehen vom frühen 2. oder sogar 1. bis zum späten 2. oder 3. Jh. Aber in der vorliegenden Form ist sie wohl frühestens Ende des 2. Jh. entstanden, auch wenn sie ältere Traditionen verarbeitet. Als Abfassungsort sind Syrien und Ägypten im Gespräch.

Den Rahmen der Schrift bildet ein Brief des Jakobus an einen nicht mehr mit Sicherheit rekonstruierbaren Adressaten (p.1,1-2,7 sowie 16,12-30). Einiges spricht dafür, den Namen zu [Kerin]thos, dem bei Irenäus (IrenHaer 1,26,1; 3,3,4; 3,11,1) erwähnten Gnostiker, zu ergänzen. Im Brief erläutert Jakobus die Übersendung einer von ihm verfaßten „Geheimlehre" (Apokryphon p.1,10), die dann den Hauptteil der Schrift ausmacht (p.2,7-16,11): Jesus erscheint nach seiner Auferstehung seinen zwölf Jüngern (p.2,7-39) und gibt dann Jakobus und Petrus im Gespräch ausführliche

Belehrungen (p.2,39-15,6), bevor er wieder geht und Jakobus und Petrus eine visionäre Himmelsreise erleben (p.15,6-28).

Die EpJac ist eine christliche Schrift, die auch andere christliche Traditionen wie z.B. Evangelien kennt, aber sie kritisch sieht. Dies zeigt z.B. die Abfassung von Schriften in der Eingangsszene – bevor die eigentlich relevante Belehrung erfolgt, von der die anderen Jünger ausdrücklich ausgeschlossen sind. Unklarer ist das Verhältnis zu gnostischen Vorstellungen: Die EpJac enthält keine typischen mythologischen Ausführungen, sondern anderer Jesusüberlieferung ähnlichen Stoff, z.B. Gleichnisse. Aber die Terminologie, die Hochschätzung des Jakobus und der esoterische Charakter der Schrift spricht für einen gnostischen Hintergrund. Ein eindeutiges Indiz wäre der Name Kerinth.

Die Zielgruppe der Schrift kommt in ihr selbst als die „Kinder" vor, eine später dazugekommene, aber im voraus angekündigte Gruppe, die allein zum vollkommenen Verständnis fähig ist und auf die auch Jakobus für seine Erlösung angewiesen ist (p.15,38-16,19). Sie befindet sich wohl in einer bedrängten Situation – in der EpJac ist das Martyrium ein wesentliches Thema (p.5f). Den Jüngern wird konkretes Leiden angekündigt, das dem Vorbild des Leidens Jesu entspricht. Sie werden geradezu aufgefordert, das Martyrium zu suchen.

Auffällig ist der ironische oder sogar paradoxe Stil der EpJac zur Abgrenzung von anderen Meinungen: Es gibt einzelne Aufforderungen, die der eigentlichen Absicht der EpJac genau entgegenstehen, ohne daß dies deutlich gemacht würde. Dies spricht für eine Geschlossenheit der Zielgruppe, die sich ihrer Positionen vergewissert. Für Außenstehende – auch für uns heute – ist die EpJac dagegen oft nicht ohne weiteres verständlich.

Übersetzung

Briefanfang (p.1,1-2,7)

(p.1) [Jakobus ist es], der [an den Schüler Kerinth schreibt]. Der Friede [sei mit dir aus] Frieden, [Liebe aus] Liebe, [Gnade aus] Gnade, [Glaube] aus Glauben, Leben aus heiligem Leben.

Du hast mich gebeten, dir eine Geheimlehre zu übermitteln, <die> mir [samt] Petrus durch den Herrn offenbart worden ist. Ich vermochte nun nicht, dich abzuweisen, noch auch mit dir zu reden, so [habe ich] sie in hebräischer Schrift [aufgeschrieben]. Ich übermittle sie dir, (und) zwar dir allein, weil du nämlich ein Diener der Erlösung der Heiligen bist. Sei umsichtig und hüte dich, vielen von diesem Buch zu erzählen. Der Erlöser wollte diese (Geheimlehre) nicht (einmal) uns allen, seinen zwölf Jüngern, erzählen. Selig aber, die erlöst werden durch den Glauben an diese Lehre.

Ich habe dir aber vor zehn Monaten eine andere Geheimlehre übermittelt, die mir der Erlöser offenbart hatte. Verstehe nun aber jene so, wie sie mir, Jakobus, offenbart worden ist. Diese *(p.2)* aber – [da] auch ich [sie noch nicht (vollständig) erkannt habe und sie auch für dich und] die Deinen offenbart wurde, [sei] nun [umsichtig] und suche [nach ihrer Lehre]! So [wirst du die] Erlösung [erlangen. Nach all diesem] sollst du [sie (sing.) auch offenbaren!]

Erscheinung des Erlösers vor den Jüngern (p.2,7-39)

[Als] aber alle zwölf Jünger zugleich beisammen saßen und als sie sich an das erinnerten, was der Erlöser einem jeden von ihnen gesagt hatte – sei es im Verborgenen, sei es
öffentlich – und als sie es zu Büchern [ordneten], schrieb ich, was in [jener (Geheimlehre)] steht. Siehe, da erschien der Erlöser – [nachdem] er von [uns] gegangen war und
[wir] auf ihn gewartet hatten – und zwar 550 Tage nachdem er von den Toten auferstanden war.

Wir sagten zu ihm: „Bist du weggegangen und hast du dich von uns entfernt?"

Jesus aber sagte: „Nein, aber ich werde weggehen zu dem Ort, von dem ich gekommen bin. Wenn ihr mit mir kommen wollt, so kommt!"

Sie antworteten alle und sagten: „Wenn du uns befiehlst, kommen wir mit."

Er sagte: „Wahrlich, ich sage euch: Niemand wird jemals in das Reich der Himmel
eingehen, wenn ich es ihm befehle, sondern (ihr werdet eingehen,) weil ihr erfüllt seid.
Überlaßt mir Jakobus und Petrus, damit ich sie erfülle."

Und nachdem er die beiden gerufen hatte, nahm er sie beiseite. Den Übrigen befahl
er, sich (weiter) mit dem zu beschäftigen, womit sie (gerade) beschäftigt waren.

Gespräch des Erlösers mit Jakobus und Petrus (p.2,39-15,6)

Der Erlöser sagte (zu Jakobus und Petrus): „Ihr seid begnadet worden *(p.3)* [durch den
Vater, meine Worte zu empfangen]. Wenn [auch die übrigen Jünger meine Worte in ih-
re] Bücher [geschrieben] haben, als ob [sie verstanden hätten – hütet] euch! Un[ver-
ständig nämlich haben sie sich] bemüht. Wie [die Unverständigen haben] sie gehört,
und [wie ...][21] haben sie nicht verstanden. Wollt ihr nicht erfüllt werden? Auch euer
Verstand ist <trunken>. Wollt ihr nicht nüchtern werden? So schämt euch nun! Wenn
ihr wach seid und wenn ihr schlaft, erinnert euch: *ihr* habt den Menschensohn gesehen,
mit *ihm* habt ihr gesprochen, auf *ihn* habt ihr gehört. Wehe denen, die den Menschensohn (nur) gesehen haben! Selig, die den Menschen nicht gesehen haben, und die, die
nicht mit ihm zusammen waren, und die, die nicht mit ihm gesprochen haben, und die,
die nichts durch ihn gehört haben! Euer ist das Leben! Bedenkt nun: Er hat euch geheilt,
als ihr krank wart, damit ihr herrschet. Wehe denen, die von ihrer Krankheit genasen,
denn sie werden wiederum in die Krankheit zurückfallen! Selig, die nicht erkrankt waren und die Genesung erkannten, ehe sie erkrankten! Euer ist das Reich Gottes. Deshalb
sage ich euch: Werdet erfüllt und laßt keinen Raum in euch leer! Wer (in euch) eindringt, wird euch auslachen können."

Da antwortete Petrus: „Siehe, dreimal (schon) hast du zu uns gesagt: *(p.4)* [,Werdet
erfüllt', aber] wir sind (doch schon) erfüllt."

Der [Erlöser antwortete und sprach]: „Deshalb [sage ich] zu euch: [,Werdet erfüllt'],
damit [ihr] nicht [abnehmt. Diejenigen] aber, [die abnehmen], werden nicht [erlöst wer-
den]. Denn das Erfülltwerden ist gut und [das Abnehmen] ist schlecht. So, wie es nun

---

[21] Andere mögliche Ergänzung und Übersetzung: „und [wie die Tauben]".

gut ist, daß du abnimmst, dagegen schlecht, daß du dich füllst, so nimmt der Erfüllte ab und der Entleerte wird nicht voll, wie (andererseits) der Entleerte sich füllt, dagegen der Erfüllte zur Genüge vollendet wird. Es ziemt sich nun, (in dem Maße) abzunehmen, wie es möglich ist, daß ihr euch füllt und so sich zu füllen, wie es möglich ist abzunehmen, damit ihr [euch] mit Überfluß [füllen] könnt. [Werdet] also voll des Geistes! Nehmt aber ab an Verstand (Logos)! Denn der <zur> Seele <gehörende> Verstand (Logos) ist eben auch seelisch."

Ich aber antwortete und sprach zu ihm: „Herr, wir vermögen dir zu gehorchen – wenn du willst. Denn wir haben unsere Väter, unsere Mütter und unsere Dörfer verlassen und sind dir nachgefolgt. Sorge nun dafür, daß wir nicht vom Teufel, dem Bösen, versucht werden!"

Der Herr antwortete und sprach: „Was ist euer Verdienst, wenn ihr den Willen des Vaters tut, wenn euch nicht von ihm als Zugabe gegeben wird, daß ihr vom Satan versucht werdet? Wenn ihr aber vom Satan gequält und verfolgt werdet und ihr seinen (sc. des Vaters) *(p.5)* Willen tut – ich [sage] (euch): Er wird euch lieben, er wird euch mir gleich machen, und er wird euer gedenken, denn ihr wart (schon) in seiner Vorsehung Geliebte gemäß eurer Erwählung. Wollt ihr nicht aufhören, das Fleisch zu lieben und euch vor dem Leiden zu fürchten? Oder wißt ihr nicht, daß ihr noch mißhandelt, unrechtmäßig angeklagt, ins Gefängnis gesperrt, ungesetzlich verurteilt, grund<los> gekreuzigt und im Sande verscharrt werden werdet, wie ich selbst durch den Bösen? Ihr untersteht euch, auf Fleischliches Rücksicht zu nehmen – ihr, die der Geist wie eine Mauer umgibt! Wenn ihr die Welt betrachtet, wie lange sie <vor> euch bestand und wie lange sie noch nach euch bestehen wird, werdet ihr finden, daß euer Leben (wie) ein einziger Tag ist und euer Leiden (wie) eine einzige {...} Stunde. Die Guten nämlich werden nicht in die Welt hineinkommen. Verachtet also den Tod und tragt (vielmehr) Sorge um das Leben! Erinnert euch an mein Kreuz und meinen Tod, und ihr werdet leben!"

Ich antwortete aber und sprach zu ihm: „Herr, verkünde uns nicht das Kreuz und den Tod! Diese nämlich sind dir fern."

(p.6) Der Herr antwortete und sprach: „Wahrlich, ich sage euch: Man wird nicht erlöst werden, wenn man nicht an mein Kreuz glaubt. [Denn] die, die an mein Kreuz geglaubt haben, derer ist das Reich Gottes. Suchet also nach dem Tode wie die Toten, die nach dem Leben suchen! Denn das, wonach sie suchen, wird sich ihnen offenbaren. Was aber ist es (denn), das ihnen Sorge bereitet? Wenn *ihr* euch der Angelegenheit des Todes zuwendet, wird er euch die Erwählung lehren. Wahrlich, ich sage euch: {...} Keiner von denen, die sich vor dem Tod fürchten, wird erlöst werden. Denn derer, die getötet werden, ist das Reich <Gottes>. Werdet besser als ich und gleicht (so) dem Sohn des Heiligen Geistes!"

Darauf fragte ich ihn: „Herr, auf welche Weise können wir denen prophezeien, die von uns verlangen, daß wir ihnen prophezeien? Denn zahlreich sind die, die uns bitten und von uns erwarten, einen Spruch (Logos) zu hören."

Der Herr antwortete und sprach: „Wißt ihr nicht, daß mit Johannes das Haupt der Prophetie entfernt wurde?"

Ich aber sprach: „Herr, {...} ist es denn möglich, das Haupt der Prophetie abzuschlagen?"

Der Herr sprach zu mir: „Wenn ihr wißt, was ‚Haupt' bedeutet und daß die Prophetie vom Haupt ausgeht, dann begreift (auch), was es bedeutet: ‚Ihr Haupt wurde abgeschlagen'. *(p.7)* Früher habe [ich] zu euch in Gleichnissen geredet und ihr habt's nicht begriffen. Jetzt wiederum rede ich offen mit euch und ihr versteht (immer noch) nicht. Aber *ihr* dientet mir als Gleichnis unter Gleichnissen und als offenbares (Beispiel) im offenen (Gespräch). Beeilt euch, erlöst zu werden, ohne daß ihr (zuvor) aufgefordert werdet! Sondern seid selbst eifrig bemüht, und wenn es möglich ist, kommt selbst mir zuvor! Denn so wird euch der Vater lieben. Haßt die Heuchelei und die böse Gesinnung! Denn die (böse) Gesinnung ist es, die die Heuchelei hervorbringt. Die Heuchelei ihrerseits ist fern der Wahrheit. Laßt das Reich der Himmel nicht verdorren! Denn es gleicht einem Dattelpalmen<schößling>, dessen Früchte um ihn herum gefallen waren. <Sie> ließen Blätter hervorgehen und als diese gewachsen waren, ließen sie den Ursprung vertrocknen. So verhält es sich auch mit der Frucht, die aus ein und derselben Wurzel hervorkam. Nachdem sie (sc. die Frucht) eingepflanzt worden war, wurden durch viele (eingepflanzte Früchte weitere) Früchte hervorgebracht. Es wäre freilich gut, wenn es (dir) jetzt gelänge, diese Neugepflanzten aufzuziehen – du würdest es (sc. das Reich der Himmel) finden. <Da> ich so verherrlicht worden bin vor dieser Zeit, warum haltet ihr mich zurück, wenn ich mich beeile zu gehen? *(p.8)* Denn nach der [Trauer] habt ihr mich genötigt, noch weitere 18 Tage bei euch zu bleiben wegen der Gleichnisse. Es genügte für Menschen, <die> auf <die> Lehre hörten, daß sie ‚die Hirten', ‚das Säen', ‚das Bauen', ‚die Lampen der Jungfrauen', ‚den Lohn der Arbeiter' und ‚die Doppeldrachmen und die Frau' verstehen. Seid eifrig bemüht um das Wort (Logos)! Das Wort (Logos) nämlich – sein erster Aspekt ist der Glaube, der zweite die Liebe, der dritte sind die Werke. Aus diesen nämlich entsteht das Leben. Denn das Wort (Logos) gleicht einem Weizenkorn. Nachdem jemand dieses gesät hatte, vertraute er ihm. Und nachdem es gewachsen war, liebte er es, da er anstelle eines (Korns) viele Körner sah. Und nachdem er (die Ernte) vollbracht hatte, wurde er erlöst, da er es zu Nahrung verarbeitet hatte. Ferner ließ er (etwas) zum Säen übrig. So auch könnt ihr für euch das Reich der Himmel empfangen. Wenn ihr dieses nicht durch Erkenntnis (Gnosis) empfangt, könnt ihr es nicht finden. Deshalb sage ich euch: Seid nüchtern! Geht nicht fehl! Oftmals habe ich sowohl zu euch (allen) miteinander geredet, als auch zu dir allein, o Jakobus, habe ich gesagt: Sei um Erlösung bemüht! Ich habe dir aufgetragen, mir nachzufolgen, und ich habe dich belehrt über (deine) Aufgabe vor den Archonten. Seht: Ich bin herabgekommen, ich habe geredet und ich habe mich abgeplagt und meine Krone davongetragen, *(p.9)* damit ich euch errette. Ich bin nämlich herabgekommen, um bei euch zu wohnen, damit auch ihr bei mir wohnen könnt. Und als ich fand, daß eure Häuser kein Dach hatten, wohnte ich, als ich herabkam, in den Häusern, die mich aufnehmen konnten. Deshalb vertraut mir, o meine Brüder! Begreift, was das große Licht ist! Der Vater bedarf meiner nicht. Denn ein Vater bedarf nicht eines Sohnes, sondern der Sohn ist es, der des Vaters bedarf. Ich bin auf dem Weg zu jenem. Denn der Vater des Sohnes bedarf euer nicht. Hört auf das Wort (Logos)! Begreift die Erkenntnis (Gnosis)! Liebt das Leben und niemand wird euch verfolgen, noch wird euch jemand bedrängen, wenn nicht ihr euch selbst! O ihr Elenden, ihr Unseligen, ihr Heuchler gegenüber der Wahrheit, o ihr Lügner wider die Erkenntnis (Gnosis), o <ihr> Übertreter <des> Geistes! Bis jetzt noch bringt ihr es fertig zu hören, obwohl es euch zukommt, zu reden von Anfang an? Noch jetzt bringt ihr es fertig zu schlafen, obwohl es euch zukommt, zu wachen von Anfang an, damit das Reich der Himmel euch zu sich nimmt? *(p.10)* Wahrlich, ich sage euch: Eher gerät ein Heiliger in Verunreinigung oder ein Lichtwesen in die Finsternis, als daß ihr zur Herrschaft gelangt – oder nicht gelangt. Ich habe mich an eure Tränen, eure Trauer und euern Schmerz erinnert. Sie sind fern von uns. Jetzt aber: Ihr, die ihr außerhalb des Erbes des Vaters seid – weint dort, wo es nötig ist, und trauert, und verkündigt gebührend das Gute, daß der Sohn aufsteigt! Wahrlich, ich sage euch: Wäre ich zu denen gesandt worden, die auf mich hören und hätte ich mit jenen geredet, ich würde niemals von der Erde aufsteigen. Nun also, scheut euch künftig vor jenen! Siehe, ich werde mich von euch entfernen und (hinauf)gehen und will nicht länger bei euch bleiben, wie auch ihr selbst (es) nicht wolltet. So folgt mir nun eilig nach! Deshalb sage ich euch: Um euretwillen kam ich herab. *Ihr* seid die Geliebten. Ihr werdet unter vielen die Urheber des Lebens sein. Ruft den Vater an! Bittet Gott vielmals, und er wird euch geben! Selig, der euch bei sich gesehen hat. Er wird verkündigt unter den Engeln und verherrlicht unter den Heiligen. Euer ist das Leben. Freut euch und jubelt als *(p.11)* Kinder Gottes. Bewahrt [seinen] Willen, damit ihr erlöst werdet! Laßt euch von mir zurechtweisen und rettet euch (so selbst)! Ich bitte für euch beim Vater und er wird euch viel vergeben."

Als wir dies hörten, wurden wir froh. Denn <wir> waren traurig geworden über das, was <er> zuvor gesagt hatte.

Als er aber sah, daß wir uns freuten, sprach er: „Wehe euch, die ihr eines Beistandes bedürft! Wehe euch, die ihr Gnade nötig habt! Selig, die freimütig geredet und sich die Gnade selbst erworben haben. Vergleicht euch mit Fremden: Wie leben sie vor eurer Stadt? Warum seid ihr beunruhigt, wenn ihr euch selbst vertreibt und euch von eurer Stadt entfernt? Weshalb verlaßt ihr von euch aus euern Wohnort und bereitet ihn (so) für die, die darin wohnen wollen? O ihr Abgesonderten und Fliehenden! Wehe euch, denn man wird euch ergreifen! Oder denkt ihr vielleicht über den Vater, daß er menschenfreundlich sei, oder daß er sich durch Bitten (plur.) umstimmen läßt, oder daß er sich einem wegen eines (anderen) gnädig erweist, oder daß er einen erhört, der bittet? Er kennt nämlich das (menschliche) Wollen und wessen das Fleisch bedarf. (Oder denkt ihr vielleicht,) daß es nicht (das Fleisch) ist, das nach der Seele verlangt? Denn ohne die Seele kann der Leib nicht sündigen, (so) wie *(p.12)* die Seele nicht ohne [den] Geist erlöst werden kann. Wenn aber die Seele vom Bösen erlöst wird und auch der Geist erlöst wird, wird der Leib sündlos. Denn der Geist ist es, der die Seele aufrichtet, der Leib aber ist es, der sie tötet, das heißt, sie selbst tötet sich. Wahrlich, ich sage euch: Er wird keiner Seele die Sünde vergeben, noch dem Fleisch die Schuld. Denn keiner von denen, die das Fleisch getragen haben, wird erlöst werden. Meint ihr denn, viele hätten das Reich der Himmel gefunden? Selig, der sich als ‚Vierter' in den Himmeln gesehen hat."

Als wir dies hörten, wurden wir traurig.

Als er aber sah, daß wir traurig wurden, sprach er: „Ich sage es euch deshalb, damit ihr euch erkennt. Denn das Reich der Himmel gleicht einer Ähre, die auf einem Felde wuchs. Und als diese reif geworden war, streute sie ihre Frucht aus. Und erneut füllte sie das Feld mit Ähren für ein weiteres Jahr. Ihr selbst, beeilt euch, euch eine lebendige Ähre zu ernten, damit ihr durch das Reich gefüllt werdet! Und solange ich noch bei euch bin, richtet eure Aufmerksamkeit auf mich und gehorcht mir! Wenn ich mich aber von euch entferne, erinnert euch an mich! Erinnert euch aber an mich, denn <als> ich bei euch war, habt ihr mich nicht erkannt. Selig, die mich erkannt haben. Wehe denen, die gehört und nicht geglaubt haben! Selig, die *(p.13)* nicht gesehen und (doch) [geglaubt] haben! Aber noch [rede] ich euch [zu]. Denn ich erscheine euch, indem ich ein Haus baue, das euch sehr nützt, weil ihr Schatten unter ihm findet, wie es (auch) das Haus eurer Nachbarn zu stützen vermag, wenn es einzustürzen droht. Wahrlich, ich sage euch: Wehe denen, derentwegen ich hinab zu diesem Ort gesandt wurde! Selig, die hinauf zum Vater gehen. Noch tadle ich euch, o ihr Seienden. Macht euch denen gleich, die nicht sind, damit ihr mit denen zusammen seid, die nicht sind! Laßt nicht das Reich der Himmel in euch veröden! Seid nicht hochmütig wegen des erleuchtenden Lichtes, sondern seid so zueinander, wie ich selbst zu euch (war)! Ich habe mich für euch unter den Fluch begeben, damit ihr erlöst werdet."

Petrus aber antwortete darauf und sprach: „Manchmal drängst du uns zum Reich der Himmel, ein andermal jedoch weist du uns ab, Herr. Manchmal redest du uns zu, ziehst uns zum Glauben und verheißt uns das Leben, ein andermal jedoch stößt du uns zurück vom Reich der Himmel."

Der Herr aber antwortete und sagte zu uns: „Ich habe euch den Glauben viele Male dargeboten, mehr aber noch habe ich mich dir, *(p.14)* [o Jakobus], offenbart, aber ihr habt mich nicht verstanden. Jetzt wiederum sehe ich, daß ihr oftmals froh seid, und zwar, wenn ihr euch über [die] Verheißung des Lebens freut. Ihr seid aber traurig und betrübt, wenn ihr über das Reich belehrt werdet. Ihr aber – durch den Glauben [und] die Erkenntnis habt ihr (doch) das Leben empfangen. Verachtet also die [Zurückweisung], wenn ihr sie hört! Wenn ihr aber die Verheißung hört, jubelt umso mehr! Wahrlich, ich sage euch: Wer das Leben empfangen wird und glaubt an das Reich, wird es niemals verlassen; auch dann nicht, wenn der Vater ihn verfolgen will. Bis hierher will ich dies zu euch sagen. Jetzt aber werde ich zu dem Ort hinaufgehen, von dem ich gekommen bin. Ihr aber, als ich mich beeilte zu gehen, habt ihr mich hinausgeworfen, und anstatt mich zu begleiten, habt ihr mich verfolgt. Richtet aber eure Aufmerksamkeit auf die Herrlichkeit, die mich erwartet! Und wenn ihr euer Herz geöffnet habt, so hört die Lobgesänge, die mich oben in den Himmeln erwarten! Denn heute muß ich (den Platz) zur Rechten meines Vaters einnehmen. Ich habe zu euch das letzte Wort gesprochen und werde mich von euch trennen. Denn ein Geist-Wagen hat mich aufgenommen. Und ab jetzt bin ich im Begriff, mich auszuziehen, damit ich mich (neu) bekleide. Gebt acht: Selig, die den Sohn verkündigt haben, bevor er herabkam, damit, wenn ich gekommen bin, ich (auch wieder) aufsteige. Dreimal selig *(p.15)*, die durch den [Sohn] angekündigt wurden, bevor sie wurden, damit euch ein Anteil bei ihnen erwächst."

Nachdem er dies gesagt hatte, ging er weg.

Jakobus und Petrus: himmlische Schau (p.15,6-29)

Wir aber knieten nieder; ich und Petrus, und wir dankten. Und wir sandten unser Herz hinauf zu den Himmeln und hörten mit unseren Ohren und sahen mit unseren Augen das Geschrei von Kriegen und Trompetenklang und große Unruhe. Und als wir {...} von jenem Ort weg hinauf gelangten, sandten wir unseren Verstand (Nous) noch weiter hinauf. Und wir sahen mit unseren Augen und hörten mit unseren Ohren Lobgesänge und Preislieder der Engel und Jubel von Engeln und himmlischen Größen. Sie lobsangen und auch wir jubelten. Danach wollten wir auch unseren Geist nach oben senden, hinauf zur Größe. Und als wir uns hinaufbegaben, ließ man uns weder etwas sehen noch hören. Denn die übrigen Jünger riefen nach uns.

Jakobus und Petrus: Gespräch mit den Jüngern (p.15,29-16,11)

Sie fragten uns: „Was habt ihr vom Meister gehört?" und: „Was hat er euch gesagt?" und: „Wohin ist er gegangen?" Wir aber antworteten ihnen: „Er ist hinaufgegangen", und: „Er hat uns ein Versprechen gegeben und uns allen das Leben verheißen und hat uns Kinder, die nach uns kommen, offenbart, [uns] befehlend, *(p.16)* daß wir sie lieben sollen, da wir ihretwegen [erlöst] würden." Und als sie (das) hörten, glaubten sie zwar an die Offenbarung, zürnten aber wegen denen, die geboren werden sollten. Da ich sie nun nicht zum Ärgernis werden lassen wollte, schickte ich jeden einzelnen an einen anderen Ort. Ich selbst aber ging hinauf nach Jerusalem um zu beten, damit ich Anteil (an der Erlösung) erhielte mit den Geliebten, denen, die (noch) erscheinen werden.

Briefschluß (p.16,12-30)

Ich bete aber, daß durch dich der Anfang gemacht werde. Denn so werde ich erlöst werden können, wie (auch) jene Licht empfangen werden durch mich, durch meinen Glauben und durch einen anderen, der besser ist als meiner. Ich wünsche (geradezu), daß der Meine geringer ist. Sei nun darauf bedacht, dich jenen anzugleichen und bete darum, daß du Anteil bei ihnen erhältst! Denn außer dem, was ich gesagt habe, hat der Erlöser bezüglich jener (plur.) keine Offenbarung mitgeteilt. Wir verkünden Anteil (an der Erlösung) zusammen mit denen, für die verkündet worden war, die, die der Herr sich zu Kindern gemacht hat.

„Evangelium Veritatis" (NHC I,3/XII,2)

Hans-Martin Schenke

Literatur

Attridge, Harold W./ MacRae SJ, George W., 1985a: The Gospel of Truth. Introduction. Text and Translation. In: Attridge, Harold W. (ed.): Nag Hammadi Codex I (The Jung Codex). Introductions. Texts. Translations, Indices. (NHS 22.) Leiden, 55-117.

Magnusson, Jörgen, 2006: Rethinking the Gospel of Truth. A Study of its Eastern Valentinian Setting. (Acta Universitatis Uppsaliensis.) Uppsala.

McCree, John Woodrow, 2004: Valentinus and the "Gospel of Truth" in their biblical and cultural matrix. New York.

Wisse, Frederik, 1985: The Gospel of Truth. Appendix: Fragments. In: Attridge, Harold W. (ed.): Nag Hammadi Codex I (The Jung Codex). Introductions. Texts. Translations, Indices. (NHS 22.) Leiden, 119-122.

Einleitung

Ob wir mit der titellosen Schrift, die wir nach ihrem Incipit: „Evangelium Veritatis" (EV) oder: „Das Evangelium der Wahrheit" nennen, in glücklicher Weise endlich in den Besitz eines Textes gekommen sind, von dessen Existenz wir schon vor der Auffindung und Erschließung der Nag-Hammadi-Papyri aus der patristischen Literatur wußten, oder eben nicht, diese Frage zielt auf eines der ganz großen Probleme, vor die uns dieser NH-Text stellt. Dabei geht es konkret um die Identität unseres NH-Textes und eines nach Irenäus (IrenHaer 3,11,9) von den Valentinianern verfaßten Evangeliums dieses Namens. Der Text, den wir jetzt haben, findet sich vollständig erhalten an dritter Stelle von Nag-Hammadi-Codex I. Die Sprache, in der der ganze Codex I, und also auch die in ihm enthaltene Kopie des EV, überliefert ist, ist eine Spielart des lykopolitanisch-koptischen Dialekts (*L6*). Eine sahidische Version, die dasselbe EV, allerdings in einer anderen Textform bot, war früher einmal die zweite Schrift von NHC XII, ist aber jetzt nur in so spärlichen Resten erhalten, daß ihre Einbeziehung in die folgende Übersetzung sich nicht lohnt. In dieser Übersetzung des Textes aus Codex I sind aber diejenigen Sätze, die sich mit den sahidischen Fragmenten decken, durch Kursivdruck hervorgehoben.

Nach der *communis opinio* ist nun der titellose NH-Traktat mit dem von Irenäus erwähnten Evangelium identisch. Das ist freilich nur eine Hypothese. Ob sie auch wahrscheinlich ist, ob es sich dabei also um mehr als eine Möglichkeit handelt, muß immer noch dahingestellt bleiben.

Das EV ist eine ganz besondere und eben auch besonders viel diskutierte Schrift. Ihre Besonderheit zeigt sich auch darin, daß die Frage, welches ihre Ursprache gewesen sein mag, vom Chor der Forscher nicht *uni sono* mit: „Griechisch" beantwortet wird. Daß Griechisch auch im Falle des EV die Sprache ist, in der das Original einst entworfen wurde, ist dennoch zwar die Meinung der Mehrzahl oder fast aller; aber es gibt hier eben zwei ganz gewichtige Gegenstimmen. Nach Fecht ist das EV nämlich ein original koptisches Produkt; und Nagel hat die Auffassung begründet, daß seine Ursprache Syrisch gewesen sei. Von diesen beiden Gegenthesen stellt die syrische Variante wohl die größere „Versuchung" dar. Während die in unseren Händen befindlichen Kopien koptischer Übersetzungen (wie der ganze Nag-Hammadi-Fund) aus der ersten Hälfte des 4. Jh. stammen, kann als Entstehungszeit des Urtextes das 2. Jh. als sicher gelten. Das Problem ist nur die genauere Plazierung innerhalb dieses Rahmens. Und die hängt von der Lösung der Verfasserfrage ab. Denn wer Valentinus selbst, und zwar in seiner vor-gnostischen Periode, für den Verfasser hält, muß notwendigerweise für die erste Hälfte des 2. Jh. plädieren. Eine ähnliche Programmierung gibt es für die Frage des Entstehungsortes: Diejenigen, die an Valentins Autorschaft glauben, haben einen natürlichen Hang dazu, die Heimat in Alexandria zu sehen. Für die anderen gibt es keine besonderen Indizien, es sei denn, daß man der „syrischen Spur" folgt und sich von Nagels linguistischen Argumenten und den Oden Salomos (siehe unten) nach Syrien führen läßt. Wer Valentinus selbst nicht für den Verfasser des EV halten kann, ist wenigstens der Meinung, daß der Text valentin*ianisch* sei. Unmöglich ist das natürlich nicht; und es gibt Verbindungslinien zwischen unserem Text und wirklich valentinianischen Texten bzw. Darstellungen valentinianischer Lehren durch die kirchlichen Gegner. Aber wissen und sehen können wir das nicht. Denn es ist eine von allen anerkannte Tatsache, daß das EV eben keine konkreten und spezifisch valentinianischen Lehren und Motive aufweist. Bei dem Versuch, den inneren Charakter des EV von seinen ganz spezifischen Ideen und Motiven aus zu bestimmen, kommt man zu einem ganz anderen Ergebnis, nämlich daß es eine Verwandtschaft zwischen dem EV und den Oden Salomos gibt und daß also der Verfasser des EV dem Milieu zuzurechnen ist, in dem dieses Liederbuch wurzelt.

Aus der unbefangenen Art, in der der Verfasser von sich selbst in der ersten Person spricht und aus der Art, wie er seine Hörer direkt anspricht, läßt sich erschließen, daß es sich bei EV um eine Homilie handelt.

Übersetzung

Das Evangelium der Wahrheit bedeutet Freude für die, denen es vom Vater der Wahrheit gnädig gewährt worden ist, ihn zu erkennen (und zwar) durch die Kraft des Wortes, das aus jener Fülle gekommen ist, die im Denken und im Verstand des Vaters vorhanden ist; dies (Wort) ist der, der als „Erlöser" bezeichnet wird; dieser Ausdruck bezieht sich auf das Werk, das er ausführen wird zur Erlösung derer, die *(p.17)* unwissend über den Vater waren, während der Ausdruck „Evangelium" sich auf die Erfüllung der Hoffnung bezieht und meint, daß die, die nach ihm suchen, ihn endlich auch finden.

Weil alles nach dem, aus dem sie hervorgegangen waren, suchte – und dabei war doch alles innerhalb von ihm, dem Unbegreiflichen und Undenkbaren, der über jedes Denken erhaben ist –, verursachte die Unkenntnis in bezug auf den Vater Furcht und

Schrecken. Die Furcht aber verdichtete sich wie Nebel, so daß niemand mehr sehen konnte. Aus diesem Grunde kam die Täuschung zur Macht und brachte in törichter Weise diesen ihr eigenen Stoff hervor. Weil sie die Wahrheit nicht kannte, nahm sie in einer Nachbildung ihren Wohnsitz und stellte (dort), so schön sie eben konnte, den Ersatz der Wahrheit her.

Dies nun war keine Herabminderung für ihn, den Unbegreiflichen und Undenkbaren. Denn etwas Nichtiges war die Furcht, das Vergessen und die Nachbildung der Lüge, während die Wahrheit, die (ja allein) Bestand hat, unveränderlich und unerschütterlich ist und auch nicht schöner gemacht werden kann. Deswegen sollt ihr die Täuschung verachten! <Denn, wie sie kein Sein hat (?),> so hat sie auch keine Wurzel.

Sie nahm (also) ihren Wohnsitz in einem Nebel, (wo sie) den Vater (nicht sehen konnte), und war (dort) damit beschäftigt, (nichtige) Werke, Vergessenheiten und Schrecknisse herzustellen, um durch diese die Wesen der Mitte anzulocken und gefangenzunehmen.

Das aus der Täuschung stammende Vergessen war nicht *(p.18)* offenkundig. Sie ist kein [...] beim Vater, und das Vergessen ist nicht entstanden beim Vater. Wenn es nun zutrifft, daß es (überhaupt) entstanden ist, dann (war es) seinetwegen. Was aber in ihm entsteht, ist die Erkenntnis, die sich auch mitteilte, damit das Vergessen aufgelöst und der Vater erkannt werde. Da das Vergessen entstanden ist, weil der Vater nicht erkannt wurde, wird dann, wenn der Vater erkannt wird, das Vergessen hinfort nicht mehr vorhanden sein.

Den Vollkommenen hat sich dies Evangelium von dem, wonach sie suchen, durch die Barmherzigkeit des Vaters mitgeteilt. Durch dies verborgene Geheimnis hat Jesus Christus die erleuchtet, die auf Grund des Vergessens in der Finsternis sind. Er erleuchtete sie und zeigte (ihnen) einen Weg. Dieser Weg aber ist die Wahrheit, über die er sie belehrte.

Deswegen wurde die Täuschung auf ihn zornig und verfolgte ihn. Sie geriet durch ihn in Bedrängnis und wurde zunichte gemacht. Er wurde an ein Holz genagelt und wurde (so) zu einer Frucht der Erkenntnis des Vaters. Sie richtete freilich nicht zugrunde, dadurch daß sie gegessen wurde. Vielmehr ließ sie die, die davon aßen, zum Sein kommen. Es freuten sich, ihn gefunden zu haben, alle, die er in sich fand und die ihn in sich fanden.

Was den Unbegreiflichen und Undenkbaren betrifft, den Vater, ihn, der vollkommen ist, ihn, der alles geschaffen hat, so ist alles in ihm und bedarf alles seiner. Obgleich er ihre Vollendung in sich behalten hatte, sie, die er dem All nicht gegeben hatte, war der Vater nicht mißgünstig. Was für eine Mißgunst ist es denn, die zwischen ihm und seinen Gliedern bestehen könnte? Denn wenn *(p.19)* dieser Äon ihre [Vollendung empfangen] hätte, hätten sie nicht kommen können [...] Vater. Er behält ihre Vollendung in sich und gibt sie ihnen (nur) als Rückkehr zu ihm, mit Erkenntnis und Vollendung. Er ist es, der alles geschaffen hat; und in ihm befindet sich alles; und alles bedurfte seiner.

Wie bei einem, den welche (noch) nicht kennen und der (doch) will, daß sie ihn kennenlernen und liebgewinnen, so (ist es auch bei dem Vater). Denn was ist das, dessen das All bedurfte, wenn nicht die Erkenntnis in bezug auf den Vater.

Er wurde zu einem Führer, der geduldig war und sich gern in jedem Lehrhaus auf-
hielt. Er trat (dort) in die Mitte und nahm das Wort als Lehrer. Es kamen zu ihm solche,
die sich selbst für Weise hielten, um ihn auf die Probe zu stellen. Er aber wies sie zurecht, weil sie töricht waren, und sie begannen ihn (dafür) zu hassen, weil sie nicht
wahrhaft verständig waren.

Nach allen diesen kamen auch die kleinen Kinder zu ihm, denen die Erkenntnis des
Vaters vorbehalten ist. Nachdem sie gestärkt worden waren, lernten sie die Erschei-
nungsweisen des Vaters kennen. Sie erkannten und wurden erkannt. Sie wurden verherrlicht und verherrlichten auch selbst.

In ihrem Herzen wurde das lebendige Buch der Lebenden entrollt, das im Denken
und im Verstand *(p.20)* [des] Vaters geschrieben worden ist und seit dem Beginn der
Grundlegung des Alls zu dem, was an ihm unbegreifbar ist, gehört, das (Buch), das
niemand zu nehmen vermag, weil festgesetzt war, daß jeder, der es nehmen würde, getötet wird. Nichts hätte sich enthüllen können unter denen, die an die Rettung geglaubt
haben, wenn jenes Buch nicht hervorgetreten wäre. Deswegen war der barmherzige und
treue Jesus geduldig im Ertragen der Leiden, die nötig waren, um jenes Buch zu nehmen, weil er weiß, daß sein Tod Leben für viele ist.

Wie bei einem Testament, ehe es geöffnet wird, das Vermögen des verstorbenen
Hausherrn unbekannt ist, so war auch das All verborgen, solange der Vater des Alls unsichtbar blieb, obgleich es doch etwas ist, das aus ihm stammt, (aus) ihm, durch den jeder Weg kommt. Deswegen (gilt:)

Jesus zeigte sich.
Er bekleidete sich mit jenem Buche.
Man nagelte ihn an ein Holz.
Er veröffentlichte den Befehl des Vaters an dem Kreuz.

Was ist das doch für eine große Lehre!

Er begibt sich hinab zum Tode,
obgleich er mit dem ewigen Leben bekleidet ist.
Nachdem er sich der zerrissenen Lumpen entledigt hatte,
zog er die Unvergänglichkeit an,
die niemand ihm entreißen kann.

Als er die nichtigen Wege der Schrecknisse betrat, kam er vorbei an allen, die infolge
des Vergessens nackt waren, als einer, der (mit) Wissen und Vollendung (bekleidet)
war, und las die (Namen) vor, die in [ihm (geschrieben)] waren *(p.21)* [... Als er ...] belehrt[e] [er] alle, die die Lehre empfangen sollten. Diejenigen aber, die die Lehre empfangen sollten, sind die Lebendigen, die aufgeschrieben sind im Buch der Lebendigen.
Sie werden über sich selbst belehrt. Sie empfangen sie (sc. die Lehren) vom Vater. Sie
kehren wieder zu ihm zurück.

Weil die Vollendung des Alls im Vater liegt, ist es notwendig, daß das All zu ihm
aufsteigt. Dann, wenn <jeder> erkennt, empfängt er das, was ihm gehört, und nimmt es
an sich. Denn jedem, der unwissend ist, fehlt etwas. Und es ist etwas Wichtiges, was
ihm fehlt, weil ihm gerade das fehlt, was ihn vollenden würde. Weil die Vollendung des
Alls im Vater liegt und es nötig ist, daß das All zu ihm aufsteigt und jeder empfängt,

was ihm gehört, hat er (sc. der Vater) es vorher aufgeschrieben, nachdem er es bereitet hatte, um <es> denen zu geben, die aus ihm hervorgekommen sind.

Die, deren Namen er vorhergewußt hat, die wurden schließlich gerufen, wie es auch nur ein Wissender sein kann, wenn der Vater seinen Namen ausgesprochen hat. Denn einer, dessen Name nicht genannt worden ist, ist unwissend. Wahrlich, wie soll einer hören, wenn sein Name nicht gerufen worden ist? Denn einer, der unwissend ist bis zum Ende, ist ein Gebilde des Vergessens. Und er wird mit ihm aufgelöst. Wenn nicht, weswegen haben jene verächtlichen Wesen *(p.22)* weder einen Namen noch das Vermögen zu sprechen? Folglich stammt ein Wissender von oben. Wenn er gerufen wird, hört und antwortet er. Er wendet sich dem zu, der ihn ruft, und steigt zu ihm auf. Und er erkennt, wie er gerufen wird. Weil er wissend ist, tut er den Willen dessen, der ihn gerufen hat, will er ihm gefallen und kommt er (schließlich) zur Ruhe. <Jeder> bekommt seinen Namen. Jeder, der solches Wissen erlangt, erkennt, woher er gekommen ist und wohin er geht. Er erkennt (es) wie einer, der betrunken war und sich von seiner Trunkenheit bekehrte: Nachdem er zu sich selbst zurückgefunden hatte, brachte er sein Eigentum in Ordnung.

Er (sc. Jesus) brachte viele aus der Täuschung zurück. Er führte sie bis zu ihren Wegen, von denen sie abgewichen waren, als sie der Täuschung erlagen wegen der Tiefe dessen, der jeden Weg umgibt, während es nichts gibt, was ihn umgibt.

Es war über die Maßen erstaunlich, daß sie in dem Vater waren, ohne ihn zu erkennen, und daß sie selbst in der Lage waren, (ihn) zu verlassen, weil sie nicht vermochten, den zu begreifen und zu erkennen, in dem sie waren.

Denn wenn sein Wille nicht aus ihm herausgetreten wäre, <...>. Denn er zeigte sich zum Zwecke einer Erkenntnis, mit der alle ihre Gaben übereinstimmen; und das ist die Erkenntnis des lebendigen Buches, das sich den *(p.23)* Äonen entrollt hat bis zum Ende [seiner Schriftzeichen], während es so aussieht, als ob es keine Plätze von Stimmen (sc. Vokale) sind und auch keine Schriftzeichen, denen ihre Laute fehlen (sc. Konsonanten), was ja zur Folge hätte, daß man sie liest und an Törichtes denkt. Vielmehr sind sie Schriftzeichen der Wahrheit, sie, die selbst sprechen und sich erkennen, wobei jedes Schriftzeichen ein vollkommener <Gedanke> ist, wie ein ganzes aus Schriftzeichen bestehendes Buch. Sie wurden aufgeschrieben kraft der Einheit, da der Vater sie für die Äonen schrieb, damit sie durch seine Schriftzeichen den Vater erkennen.

> Während seine Weisheit dies Wort ersann
> und seine Lehre es aussprach,
> hat seine Erkenntnis es enthüllt.
> Während sein Schutz eine Krone auf ihm ist
> und seine Freude mit ihm übereinstimmt,
> hat seine Herrlichkeit es erhoben,
> hat seine Art es enthüllt,
> hat seine Ruhe es aufgenommen,
> hat seine Liebe es mit einem Körper bekleidet
> und hat seine Treue es umfangen.

So geht das Wort des Vaters aus im All als die Frucht *(p.24)* seines Herzens und als eine Gestalt seines Willens. Nun trägt es alle, indem es sie erwählt. Und wiederum empfängt es die Gestalt von allen, indem es sie reinigt. (Und dies Wort, das) sie zum Vater (und) zur Mutter zurückkehren läßt, ist Jesus, <der Sohn> der Grenzenlosigkeit und der Süße.

Wenn der Vater seinen Busen entblößt – sein Busen aber ist der Heilige Geist – und wenn er seinen Schoß enthüllt – sein Schoß ist sein Sohn –, so geschieht es zu dem Zweck, daß die Äonen durch das Innere des Vaters ihn erkennen und aufhören, sich mit der Suche nach dem Vater zu plagen, auf daß sie in ihm zur Ruhe kommen und erkennen, daß dies die (wahre) Ruhe ist.

Nachdem er (Jesus) den Mangel gefüllt hatte, löste er die Gestalt auf. Seine (des Mangels) Gestalt ist die Welt, sie, in der er (Jesus) diente. Denn wo Neid und Streit herrschen, ist Mangel. Wo aber die Einheit herrscht, ist Vollendung. Da der Mangel entstanden ist, weil der Vater nicht erkannt wurde, wird dann, wenn der Vater erkannt wird, der Mangel hinfort nicht mehr vorhanden sein. Wie im Falle der Unwissenheit eines Menschen, dann, wenn er erkennt, seine Unwissenheit sich von selbst auflöst (oder) wie die Finsternis sich auflöst, wenn das Licht *(p.25)* erscheint, so löst sich auch der Mangel in der Vollendung auf. Hinfort ist also die Gestalt nicht mehr zu sehen. Vielmehr wird sie sich auflösen in der Verbindung mit der Einheit. Denn jetzt befinden sich ihre Werke in gleichem Zustand. Wenn die Einheit <jeden> Weg vollenden wird, wird sich jeder in der Einheit empfangen und sich in Erkenntnis reinigen aus der Vielzahl von Arten hinein in eine Einheit, während er die Materie in sich verschlingt wie Feuer, und die Finsternis durch Licht, den Tod durch Leben.

Wenn es nun zutrifft, daß dies jedem von uns geschehen ist, ziemt es sich folglich für uns, daß wir vor allem darauf achten, daß dies Haus heilig und ruhig wird für die Einheit. (Es ist) wie bei Leuten, die irgendwo auszogen und irgendwo Gefäße haben, die nicht (mehr) gut sind, solche, die zerbrochen werden (müssen). Und der Hausherr erleidet keinen Schaden, sondern freut sich; denn anstelle der schlechten Gefäße sind es die gefüllten, die vollendet werden.

Denn dies ist das Gericht, das von oben gekommen ist *(p.26)* und jeden gerichtet hat, das da ist (wie) ein gezücktes, zweischneidiges Schwert, das auf dieser und jener Seite schneidet. Als das Wort, das in dem Herzen derer ist, die es sagen, hervortrat – es ist nicht nur eine Stimme, sondern es wurde zum Leib –, da entstand ein großes Durcheinander unter den Gefäßen; denn die einen wurden geleert und die anderen gefüllt, denn die einen wurden versorgt und die anderen ausgegossen, die einen wurden gereinigt und die anderen zerbrachen. Alle Wege kamen ins Schwanken und gerieten durcheinander; denn sie hatten keine Festigkeit und auch keinen Bestand, so daß die Täuschung geängstigt ist, weil sie nicht weiß, was sie tun soll, und betrübt, traurig und sich verzehrend, weil sie nichts weiß. Da sich ihr die Erkenntnis genähert hat, die ihre Vernichtung und die aller ihrer Gaben bedeutet, ist die Täuschung leer und ist nichts (mehr) in ihr.

Die Wahrheit trat hervor. Alle ihre Gaben erkannten sie. Sie küßten den Vater wahrhaftig mit einer vollkommenen Kraft, die sie mit dem Vater vereinigt. Denn jeder, der die Wahrheit liebt <, liebt auch den Vater>. Denn die Wahrheit ist der Mund des Vaters. Seine Zunge ist der Heilige Geist. Wer sich verbindet *(p.27)* mit der Wahrheit, der verbindet sich mit dem Mund des Vaters. Von seiner Zunge wird er den Heiligen Geist empfangen; und dies ist dann die Erscheinung des Vaters und seine Enthüllung für seine Äonen.

Er ließ in Erscheinung treten, was an ihm verborgen ist, und erklärte es. Denn wer ist es, der erfaßt, wenn nicht der Vater allein? Alle Wege sind Gaben von ihm. Sie haben erkannt, daß sie aus ihm hervorgegangen sind wie Kinder, die in einem erwachsenen Menschen sind und wußten, daß sie noch keine Gestalt empfangen hatten und noch nicht mit einem Namen versehen waren. Der Vater gebiert jeden (von ihnen erst) dann, wenn sie die Form seiner Erkenntnis empfangen. Sonst können sie, obgleich sie in ihm sind, ihn nicht erkennen. Der Vater aber ist vollkommen, sofern er jeden Weg, der sich in ihm befindet, kennt. Wenn er will, läßt er das, was er will, erscheinen, indem er ihm Gestalt gibt und ihn mit einem Namen versieht. Ja, er gibt ihm einen Namen und läßt (so) solche, die, bevor sie entstanden, in Unkenntnis über den sind, der sie geschaffen hat, entstehen.

Ich meine allerdings nicht, daß solche, die noch nicht entstanden sind, gar nichts sind. Sie befinden sich vielmehr *(p.28)* in dem, der wollen wird, daß sie entstehen, sobald er es will und die Zeit dazu kommt. Bevor alle Dinge in Erscheinung getreten sind, weiß er aber, was er hervorbringen wird. Die Frucht aber, die noch nicht in Erscheinung getreten ist, weiß nichts und tut auch nichts. So stammen alle Wege, die selbst in dem Vater sind, aus dem Seienden, der sich selbst aufgerichtet hat aus dem Nichtseienden. Denn wer keine Wurzel hat, hat auch keine Frucht. Sondern, wenn er bei sich denkt: „Ich bin entstanden", so wird er sich auch durch sich (selbst) auflösen. Deswegen wird das, was überhaupt nicht war, auch nicht entstehen. Was ist nun das, was er will, daß er es denkt? Folgendes: „Ich bin entstanden wie ein Schatten oder eine Einbildung." Wenn das Licht über dem Schrecken, den jener erfahren hat, aufgeht, weiß er, daß es nichts ist.

So waren sie unwissend über den Vater, insofern als er es ist, *(p.29)* den sie nicht sahen. Weil dies Schrecken, Bestürzung, Schwachheit, Zweifel und Spaltung hervorrief, gab es bei ihnen viele Wahnvorstellungen, die eben dadurch zur Wirkung kamen, und eitle Torheiten. (Es ist,) wie wenn sie sich dem Schlafe hingeben und sich in unruhigen Träumen finden: Entweder ist es ein Ort, zu dem sie fliehen, oder sie sind kraftlos, wenn sie (zurück)kommen, nachdem sie jemanden verfolgt haben, oder sie sind inmitten von Schlägereien, oder sie empfangen von anderen Schläge, oder sie sind von hochgelegenen Orten herabgestürzt, oder sie fliegen hinauf durch die Luft, wobei sie aber keine Flügel haben. Manchmal wiederum (ist es), als ob es Leute gibt, die sie töten wollen, obwohl aber niemand da ist, der sie verfolgt; oder sie selbst töten die, die ihnen nahestehen, denn sie sind mit ihrem Blut befleckt. (So geht es) bis zu dem Augenblick, an dem diejenigen, die durch alle diese Dinge gehen, erwachen. Sie, die in allen diesen Schrecknissen waren, können nichts mehr (davon) sehen, weil derlei Dinge nichts waren. So warfen sie die Unwissenheit von sich wie den Schlaf, weil sie nicht der Meinung sind, daß er etwas ist. Und sie sind auch in bezug auf seine Werke *(p.30)* nicht der Meinung, daß sie Werke sind, die Bestand haben. Vielmehr verlassen sie sie wie einen Traum in der Nacht und sind in bezug auf die Erkenntnis des Vaters der Meinung, daß sie das Licht ist. So verhielt sich jeder schlafend, solange er unwissend war. Und so soll er sich aufrichten, als ob er erwacht wäre. Und Heil dem Menschen, der wieder erwachen wird!

Und selig ist der, der die Augen der Blinden geöffnet hat. Und es folgte ihm der Geist, der (so) geschwind ist, weil er ihn aufweckte. Nachdem er dem, der da ausgestreckt auf dem Boden lag, seine Hand gegeben hatte, ließ er ihn fest auf seinen Füßen stehen; denn er hatte sich noch nicht erhoben. Die Erkenntnis des Vaters und die Erscheinung seines Sohnes gab ihnen die Fähigkeit des Begreifens. *Denn als sie ihn sahen und hörten, veranlaßte er, daß sie von ihm kosteten, daß sie ihn rochen und daß sie den geliebten Sohn anfaßten, wobei er sich dadurch kundtat, daß er sie über den Vater, den Unbegreiflichen, belehrte, und ihnen einblies, was immer in jenem Denken ist, und so seinen Willen erfüllte. Viele wandten sich ihm zu, nachdem sie das Licht empfangen hatten. (p.31) <Andere taten es nicht (?)>, denn sie waren fremd, sahen seine Gestalt nicht und konnten ihn (also) nicht erkennen.*

Die Materie <wunderte sich (?)>, daß er sie in einer fleischlichen Gestalt durchquerte, ohne daß etwas seinen Gang hindern konnte – denn die Unvergänglichkeit bedeutet Ungreifbarkeit –, während er noch einmal in neuen (Weisen) redete, seit er über das, was im Herzen des Vaters ist, redet, und so eine Rede vortrug, der nichts mehr fehlt.

Durch seinen Mund sprach das Licht, und seine Stimme ist es, die das Leben geboren hat. Er gab ihnen Denken, Klugheit, Mitleid, Erlösung und den Geist der Kraft aus der Grenzenlosigkeit und Süßigkeit des Vaters, nachdem er die Züchtigungen und Strafen hatte aufhören lassen. *Denn sie sind es, die sich verirrt hatten im Angesicht von solchen, denen das Mitleid fehlt, in der Täuschung und in <den> Fesseln. Und mit Macht löste er sie, und er beschämte sie mit der Erkenntnis.*

Er wurde zum Weg für die, die sich verirrt hatten,
und zur Erkenntnis für die, die unwissend sind,
zur Entdeckung für die, die suchten,
und zur Befestigung für die, die ins Wanken gebracht worden waren,
zur Reinigung für die, die besudelt waren;

wobei er es ist, der mit dem Hirten gemeint ist, der *(p.32)* die neunundneunzig Schafe verließ, die sich nicht verirrt hatten. Er kam und suchte nach dem, das sich verirrt hatte. Er freute sich, als er es fand. Denn die neunundneunzig bedeuten eine Rechnungsweise, die ganz mit der linken Hand erfolgt. Sobald aber das eine gefunden werden wird, geht die ganze Rechnungsweise auf die Rechte über, so daß auf diese Weise etwas, dem das eine fehlt – das heißt die ganze Rechte, die das heranzieht, dem etwas fehlt, und es von der linken Seite nimmt –, die Rechte verändert, und so ergibt die Rechnungsweise (schließlich) hundert. Es ist das Symbol für das, was (sonst) ihre (hörbaren) Bezeichnungen ausdrücken.

Der Vater ist mit jenem (Mann) gemeint, der, obgleich es Sabbat war, als das Schaf, das er gefunden hatte, in die Grube fiel, sich um dasselbe mühte. Er erhielt das Schaf am Leben, dadurch daß er es aus der Grube heraufbrachte, – damit ihr wißt, ihr Kinder des Wissens, was der Sabbat ist, an dem die Erlösung nicht untätig sein darf, damit ihr aus dem Tage heraus redet, der oben ist und keine Nacht kennt, und aus dem Lichte heraus, das nicht untergeht, weil es vollkommen ist.

Redet nun aus dem Herzen heraus, denn ihr seid der vollkommene Tag; und es wohnt in euch das Licht, das nicht untergeht! Redet über die Wahrheit mit denen, die nach ihr verlangen, und über das Wissen zu denen, die gesündigt haben in ihrer Täuschung! *(p.33)* Stärkt den Fuß der Gestrauchelten, und streckt eure Hände nach den Kranken aus! Speist die Hungrigen, den Leidenden verschafft Linderung, richtet alle auf, die aufstehen wollen, und weckt die Schlafenden! Denn ihr seid die Klugheit, die (wie ein Schwert) gezückt ist. Wenn die Stärke sich so verhält, wird sie noch stärker. Richtet euer Augenmerk auf euch selbst! Richtet euer Augenmerk nicht auf anderes, nämlich das, was ihr von euch entfernt habt! Was ihr erbrochen habt, kehrt nicht dazu zurück, um es zu essen! Seid nicht mottenzerfressen! Seid nicht wurmzerfressen, denn ihr habt ihn schon abgeschüttelt! Werdet nicht zur Wohnstätte für den Teufel, denn ihr habt ihn schon zunichte gemacht! Befestigt nicht eure Hindernisse, oh ihr, die ihr fallt, als ob das etwas Rechtschaffenes wäre! Denn es ist nichts. Der Ungesetzliche wird sich mehr Gewalt antun als dem Gesetz. Denn jener tut seine Werke, weil er ein Ungesetzlicher ist <, gegen sich selbst>. Dieser aber, weil er ein Gerechter ist, tut er seine Werke an anderen. Vollbringt ihr nun den Willen des Vaters, denn ihr stammt aus ihm!

Denn der Vater ist süß; und in seinem Willen ist Gutes. Er hatte Kenntnis von dem Eurigen genommen, so daß ihr auf ihm zur Ruhe kommt. Denn an den Früchten erkennt man das Eurige.

Denn die Kinder des Vaters *(p.34)* sind sein Geruch. Denn sie stammen aus der Anmut seines Antlitzes. *Deswegen liebt der Vater seinen Geruch und läßt ihn überall hingelangen. Und wenn er sich mit der Materie vermischt, teilt er seinen Geruch dem Licht mit; und durch seine Ruhe macht er ihn in jeder Weise jedem Geräusch überlegen. Denn nicht die Ohren sind es, die den Geruch riechen, sondern der Geist-Odem ist es, der die Fähigkeit des Riechens besitzt. Und er zieht ihn für sich zu sich und versinkt in den Geruch des Vaters, er gewährt ihm also Schutz und nimmt ihn hinauf zu dem Ort, von dem er gekommen ist, aus dem ersten Geruch, der (dann) erkaltet ist. Und es ist ein beseeltes Gebilde, das kaltem Wasser gleicht, wenn es gefroren ist (?), und sich in lockerer Erde befindet, worüber diejenigen, die es sehen, denken, daß es (nur) Erde ist. Danach verdampft es wieder, wenn ein Windzug es (heraus)zieht, und wird heiß. Die Gerüche nun, die erkaltet sind, stammen aus der Trennung. Deswegen kam der Glaube. Er hob die Trennung auf. Und er brachte die heiße Fülle der Liebe, damit die Kälte nicht wiederkehrt. Vielmehr herrscht (nun) die Einheit des vollkommenen Denkens.*

Dies <ist> das Wort der guten Botschaft vom <Kommen> der Fülle für solche, die da warten auf die (p.35) Erlösung, die von oben kommen soll. Ihre Hoffnung, auf die sie warten, wartet <(auch) auf sie>, deren Bild das Licht ist, in dem es keinen Schatten gibt. (Es ist,) als ob dann die Fülle im Begriff ist zu kommen. Es ist nicht so, daß der <Mangel> der Materie entstanden ist durch <... durch> die Grenzenlosigkeit des Vaters, der (nur) im Begriff ist, dem Mangel Zeit zu gewähren. Gleichwohl könnte niemand sagen, daß der Unvergängliche so kommen würde. Vielmehr wurde die Tiefe des Vaters immer größer, doch das Denken der Täuschung war nicht bei ihm zu Hause. Es ist (wie) etwas, das umgefallen ist, etwas, das leicht wieder aufgerichtet werden kann, *wenn der gefunden wird, der gekommen ist zu dem, was er zurückbringen will. Denn solches Zurückkehren wird Buße genannt.*

Zu dem Zweck hat die Unvergänglichkeit einen Hauch ausgestoßen und ist dem, der gesündigt hatte, gefolgt, daß dieser zur Ruhe komme. Denn die Vergebung ist das, was (allein) übrig bleibt für das Licht im Mangel, das Wort der Fülle. Denn der Arzt eilt dahin, wo Krankheit ist, weil eben das sein Wille ist. Der nun, dem etwas fehlt, verbirgt das nicht; denn der eine hat das, was der andere braucht. Ebenso ist es die Fülle, die (selbst) keinen Mangel hat, aber den Mangel auffüllt, die (p.36) er durch ihn mitgeteilt hat, um aufzufüllen, woran er Mangel hat, damit er nun die Gnade empfange. Denn als er Mangel hatte, besaß er die Gnade nicht. Deswegen war Verminderung da, wo es die Gnade nicht gibt. Sobald das, was vermindert war, (von ihm) genommen wurde, enthüllte sich das, woran er Mangel hatte, als Fülle, das heißt als die Entdeckung, daß das Licht der Wahrheit, das über ihm aufstrahlte, unwandelbar ist.

Wegen der Ankunft Christi wurde über ihn in ihrer Mitte (so) geredet: „Sucht, auf daß alle, die in Verwirrung geraten sind, eine Möglichkeit zur Rückkehr bekommen und er sie mit der Salbung salbe!" Die Salbung bedeutet das Erbarmen des Vaters, der sich ihrer erbarmen will. Die er aber gesalbt hat, sind solche, die sich vollendet haben. Denn die gefüllten Gefäße sind es, die gesalbt werden. Sobald aber die Salbung bei einem sich lösen wird, leert es sich. Und die Ursache dafür, daß es mangelhaft wird, ist die Stelle, von der die Salbung weichen wird. Denn dann läßt ein Windzug und die Kraft dessen, was mit ihm kommt, es auslaufen. Aber bei einem, das makellos ist, wird kein Siegel entfernt noch wird etwas ausgegossen; sondern woran es Mangel hat, damit füllt es der Vater wieder, weil er vollkommen ist.

Er ist gut. Er kennt seine Pflanzungen; denn er ist es, der sie in seinem Paradies gepflanzt hat. Sein Paradies aber ist sein Ruheort.

Dies *(p.37)* ist die Vollendung im Denken des Vaters, und dies sind die Worte seines Überlegens. *Jedes seiner Worte ist die Angelegenheit seines Willens und die Enthüllung seines Sprechens. Seit sie Tiefen seines Denkens sind, hat der Logos, der zuerst herauskam, sie enthüllt, und (das tat auch) ein Verstand, der den Logos aussprach, und eine schweigende Gnade. Er wurde „Denken" genannt, weil sie in ihr waren, ohne schon enthüllt worden zu sein. Es geschah nun, daß er zuerst herauskam, als der Wille dessen, der (es) gewollt hatte, wollte.*

Der Wille aber ist es, worin der Vater ruht. Und nichts entsteht ohne das, was ihm gefällt, noch entsteht irgend etwas ohne den Willen des Vaters. Jedoch ist sein Wille unerreichbar. Der Wille ist seine Spur. Doch wird niemand ihn erkennen, noch ist er so beschaffen, daß sie ihre Aufmerksamkeit auf ihn richten könnten, damit sie ihn begreifen. Sondern wenn er will, ist es dies, was er will, auch wenn ihnen der Anblick überhaupt nicht gefällt <...> vor Gott, dem Willen, dem Vater. Er kennt ihrer aller Anfang und ihr Ende. Denn an ihrem Ende wird er sie zur Rede stellen. Das Ende aber ist der Empfang des Wissens über das, was verborgen ist. Das aber ist der Vater, *(p.38)* er, aus dem der Anfang gekommen ist, er, zu dem alle zurückkehren werden, die aus ihm hervorgegangen sind. Sie traten aber in Erscheinung zum Ruhm und zur Freude seines Namens.

Der Name des Vaters aber ist der Sohn. Er ist es, der zuerst dem einen Namen gab, der aus ihm hervorging, und doch sich selbst gleich bleibt. Und zwar gebar er ihn als Sohn und gab ihm seinen eigenen Namen. Er ist es, bei dem der Vater alle Dinge vorhanden sein läßt. Er hat den Namen, er hat den Sohn. Ihn (den Sohn) können sie erkennen. Der Name aber ist unsichtbar, weil er selbst das Geheimnis des Unsichtbaren ist, das in Ohren eindringt, die durch ihn ganz damit erfüllt sind. Gleichwohl sprechen sie den Namen des Vaters nicht aus, wohl aber ist er sichtbar in einem Sohn.

So also (gilt:) der Name ist groß. Wer ist es nun, der ihn mit Namen nennen kann, ihn, den großen Namen, außer ihm selbst, dem der Name gehört, und (außer) den Kindern des Namens, in denen der Name des Vaters zur Ruhe kam und die selbst wiederum in seinem Namen zur Ruhe kamen? Weil der Vater ungeworden ist, ist er es selbst, der sich ihn als Namen geboren hat, ehe er die Äonen schuf, damit über ihrem Haupte der Name des Vaters als gültig prange; das ist der wahre Name, *(p.39)* der bestätigt ist durch seinen Befehl in der vollkommenen Kraft. Denn dieser Name gehört nicht zu den Worten, noch besteht sein Name in Benennungen, sondern er ist unsichtbar. Er gab ihm allein den Namen, weil er allein ihn sah und er allein es ist, der die Kraft hatte, ihm den Namen zu geben. Denn wer nicht vorhanden ist, hat auch keinen Namen. Was für ein Name soll denn dem gegeben werden, der nicht vorhanden ist? Wer aber vorhanden ist, ist zusammen mit seinem Namen vorhanden. Und er allein kennt ihn, <und er> allein <ist in der Lage,> ihm einen Namen zu geben. Der Vater ist es. Der Sohn ist sein Name. Er hat ihn also nicht im Werk verborgen, sondern er war (schon) vorhanden. Der Sohn allein gab Namen. Der Name ist also der des Vaters, wie der Name des Vaters der Sohn, das Erbarmen, ist. Denn wo wird er einen Namen finden außer beim Vater?

Doch vielleicht wird einer bei seinem Freunde sagen: „Wer ist es, der dem einen Namen geben wird, der vor ihm da war? Als ob denn die Nachkommen den Namen nicht *(p.40)* von denen empfangen, die sie geboren haben." Zuerst müssen wir nun die Frage bedenken, was das für ein Name ist. Denn er ist der wahre Name. Er ist also der Name aus dem Vater, denn er ist es, der als gültiger Name vorhanden ist. Er empfing nun den Namen nicht als Darlehen wie andere in Entsprechung dazu, wie jeder geschaffen werden wird. Dieser aber ist der gültige Name. Es gibt keinen anderen, der ihn ihm gegeben hat, sondern er ist unbenennbar und unaussprechlich, allerdings nur bis der Vollkommene ihn selbst sagte. Und er ist es, der die Fähigkeit hat, seinen Namen zu sagen und ihn zu sehen.

Als es ihm nun wohlgefiel, daß sein Sohn sein aussprechbarer Name sei, und als der, der aus der Tiefe gekommen war, ihm diesen Namen gegeben hatte, redete er über das, was von ihm verborgen ist, weil er weiß, daß der Vater ohne Falsch ist. Zu dem Zweck sandte er diesen ja aus, daß er über den Ort und seine Ruhestätte, aus der er gekommen war, redet *(p.41)* und die Fülle preist, die Größe seines Namens und die Süßigkeit des Vaters.

Jeder wird über den Ort reden, aus dem er gekommen ist, und (über) den Anteil, durch den er seine Aufrichtung empfangen hat. Er wird sich beeilen, um wieder zu ihm zurückzukehren und um zu nehmen von jenem Ort, wo er sich hingestellt hatte, von jenem Ort kostend, sich ernährend und wachsend.

Und sein eigener Ruheort ist seine Fülle. Alle Gaben des Vaters sind nun Dinge von Fülle, und er ist die Wurzel aller seiner Gaben (und zwar) da, wo er alle aufsprießen ließ und ihnen ihre Grenzen setzte. Jede ist nun deutlich sichtbar, damit <sie> durch ihren eigenen Gedanken <vollendet würden (?)>. Denn der Ort, auf den sie ihren Gedanken richten, jener Ort ist ihre Wurzel, die sie über alle Höhen hinaus bis zum Vater trägt.

Sie haben (dann) sein Haupt als Erquickung für sich und es wird ihnen gewährt, ihm so nahe zu sein, daß man sagen könnte, sie hätten Anteil an seinem Gesicht durch so etwas wie Küsse. Solcherlei Dinge sind aber nicht *(p.42)* deutlich sichtbar. Denn sie haben sich nicht selbst überstiegen noch kam bei ihnen das Lob des Vaters zu kurz. Sie denken auch nicht gering über ihn, weder daß er bitter sei, noch daß er zornig sei, sondern daß er ohne Falsch, unerschütterlich und süß sei, einer, der jeden Weg kennt, bevor sie entstanden sind, und der nicht belehrt zu werden brauchte.

So sind die, die (etwas) aus der Höhe von der unmeßbaren Größe besitzen, ausgestreckt nach dem einen einzigen und (zwar) dem Vollkommenen, der ihnen eine Mutter ist. Und sie gehen nicht hinab zur Unterwelt, noch haben sie Neid oder Murren, noch gibt es Tod in ihnen. Vielmehr ruhen sie in dem, der (in ihnen) ruht. Und in bezug auf die Wahrheit sind sie weder müde noch gehindert. Vielmehr sind sie selbst die Wahrheit. Und der Vater ist in ihnen, und sie sind in dem Vater als solche, die vollkommen und ungeteilt in dem wahrhaft Guten sind, wobei sie in keiner Hinsicht irgendeinen Mangel, sondern (nur) Ruhe haben als solche, die frisch im Geiste sind. Und sie werden auf ihre Wurzel hören, während sie mit Dingen beschäftigt sind, in denen einer seine Wurzel finden und an seiner Seele keinen Schaden erleiden wird.

Das ist der Ort der Seligen, das ist ihr Ort. Die übrigen nun mögen in ihren Orten zur Kenntnis nehmen, daß ich, *(p.43)* nachdem ich in dem Ruheort gewesen bin, über nichts anderes mehr reden kann. Sondern er ist es, in dem ich sein werde, und (zwar) um jederzeit mit dem Vater des Alls und den wahren Brüdern beschäftigt zu sein, sie, über die sich die Liebe des Vaters ergießt und in deren Mitte kein Mangel an ihm besteht. Sie sind es, an denen es wahrhaft deutlich wird, daß sie im wahren und ewigen Leben sind und daß sie über das Licht reden, das vollkommen und erfüllt ist mit dem Samen des Vaters und das in seinem Herzen und in der Fülle ist. Darüber freut sich sein Geist und preist den, in dem er war. Denn er ist gut, und seine Kinder sind vollkommen und seines Namens würdig. Denn was den Vater betrifft, so sind es solche Kinder, die er liebt.

„Der Brief an Rheginus" (NHC I,4) (Die Abhandlung über die Auferstehung)

Hans-Martin Schenke

Literatur

Layton, Bentley, 1979: The Gnostic Treatise on Resurrection from Nag Hammadi. Edited with Translation and Commentary. (HDR 12.) Missoula.

Markschies, Christoph, 1992: Valentinus Gnosticus? Untersuchungen zur valentinianischen Gnosis mit einem Kommentar zu den Fragmenten Valentins. (WUNT 65.) Tübingen, 356-361.

Ménard, Jacques É., 1983: Le Traité sur la Résurrection (NH I,4). (BCNH.T 12.) Québec.

Peel, Malcolm L., 1985a: The Treatise on the Resurrection. Introduction. Text and Translation. In: Attridge, Harold W. (ed.): Nag Hammadi Codex I (The Jung Codex). Introductions, Texts, Translations, Indices. (NHS 22.) Leiden, 123-157.

Einleitung

Die Schrift, die wir kurz „Rheginusbrief" nennen (Rheg), war vor der Auffindung und Erschließung der Nag-Hammadi-Papyri nicht bekannt. Sie findet sich an vierter Stelle von Nag Hammadi Codex I. Dieser (wie der ganze Nag-Hammadi-Fund) aus der ersten Hälfte des 4. Jh. stammende Codex ist übrigens im Zusammenhang damit, daß die Hauptmenge seiner Blätter für längere Zeit im Besitz des C. G. Jung Instituts, Zürich, war, zunächst unter dem Namen „Codex Jung" bekannt geworden. Auch die Zählung seiner Schriften war bis zur Erkenntnis und Anerkenntnis, daß das „Gebet des Apostels Paulus" nicht an das Ende, sondern an den Anfang gehört, eine andere (Rheg früher also I,3). Die Sprache, in der der ganze Codex I, und mit ihm also auch unsere eine Kopie des Rheg, überliefert ist, ist eine Spielart des lykopolitanisch-koptischen Dialekts (*L6*). Als Ursprache des Rheg muß das Griechische gelten, obgleich sich eindeutige äußerliche Hinweise dafür nicht finden. Wohl aber kann das der Vergleich der Gedankenführung des Rheg mit den zeitgenössischen griechischen Parallelen, besonders den Schriften des Clemens von Alexandrien, zeigen.

Unsere Schrift enthält weder explizit noch implizit eine Datierung. Als mutmaßliche Abfassungszeit kommt aber praktisch nur das 2. Jh. n. Chr. in Frage. Dafür spricht nämlich, daß diese Zeit den natürlichen Kontext der Gedanken des Rheg darstellt. Ob man dabei etwas konkreter wird und z.B. das letzte Drittel dieses Jahrhunderts ins Auge faßt, hängt entscheidend von der Bestimmung des inneren Charakters der Schrift ab. Für eine Vorstellung von der Heimat bzw. dem Abfassungsort unseres Textes könnte die Stelle p.44,18f. von Bedeutung sein, falls sie nämlich wirklich Palästina meint und auch noch „echt" ist. Wo immer auch der Autor unseres Schreibens zu suchen sein mag (vielleicht darf man sich wegen des mutmaßlichen geistigen Kontextes einfach Ägypten vorstellen), der Bestimmungsort des Schreibens wäre dann jedenfalls Palästina gewesen, und eben von dort aus könnte es dann auch verbreitet worden sein.

Der literarischen Form nach ist Rheg das Corpus eines Briefes (also ein Brief ohne Präskript), den ein (deswegen) im Dunkeln bleibender Verfasser an seinen Schüler, einen gewissen, sonst unbekannten Rheginus, der wohl in Palästina wohnend vorausgesetzt wird (p.44,18f.), schreibt. Dabei beruft sich der Verfasser zwar für seine Lehre auf direkte Offenbarung durch Jesus Christus (p.49,37-50,1), zitiert aber dennoch ausdrücklich den Apostel (Paulus) (p.45,24f.) und verweist auf ein Evangelium (p.48,7f.). Von daher erscheint der jetzige Titel, „Die Abhandlung über die Auferstehung", und zwar ob die Briefform nun echt oder fingiert ist, als deutlich sekundär.

Mit der Briefform und dem Thema zusammenhängend, aber daraus allein nicht erklärbar, ist der argumentierende, beinahe rationale, um ein vernünftiges Nacheinander bemühte Stil unserer Schrift. Man muß den Text mit den Augen eines heidnischen oder christlichen Platonikers des 2. Jh.n.Chr. lesen, der die Stilform der Diatribe beherrscht und das Dunkel lichtet sich. Was also zunächst wie ein aussichtsloser Versuch erschien, den neuen gnostischen Gedanken, daß die Auferstehung schon geschehen sei, mit der (letztlich aus dem Judentum) ererbten Vorstellung einer Auferstehung des Fleisches zu verbinden, erweist sich in Wirklichkeit als reine Darlegung der gnostischen Position zu dieser Frage, in der nur nach der Manier der Diatribe andere Auffassungen als Probleme und zum Zwecke der Widerlegung bzw. Abweisung aufgenommen sind. Die Widersprüche des Textes sind daher nur scheinbar.

Der Rheginusbrief ist durch den besonderen Charakter der das Feld lange beherrschenden *editio princeps* mit einer Hypothek belastet. Deren Verfasser, getrieben von dem Wunsch, der Codex „Jung" möge sich als ganzer als valentinianisch erweisen, haben versucht, den valentinianischen Charakter auch für Rheg zu behaupten, ja wollten ihn sogar dem Valentinus selbst zuschreiben. Mit bloßen Begriffen kann man allerdings keine gnostische Schrift identifizieren, weder als valentinianisch noch als irgendeiner anderen Spielart angehörig; das geht vielmehr nur mit Hilfe ganzer Vorstellungskomplexe. Und Tatsache ist, daß ein typisch valentinianischer Vorstellungskomplex sich in unserer Schrift nicht findet.

Für die nähere Identifizierung der besonderen Spielart von Gnosis, die unser Text repräsentiert und voraussetzt, gibt es nur einen wirklichen Ansatzpunkt. Dieser eine Ansatzpunkt ist ein ganz auffälliger, beiläufiger Gebrauch von ⲡⲧⲏⲣϥ „das All" in p.46,38 und p.47,26. Es mag nun so scheinen, als ob, von IrenHaer I,2,6 und Hippolyt Ref 8,12; 10,17 aus, hinter unserer Schrift eine Konzeption sichtbar würde, in der die Motive „das All", der Same, die Menschheit, Sohn des Menschen, Werden gegenüber Sein und Auferstehung ganz eng und eigenartig miteinander verknüpft sind, und zwar etwa so: „das All" ist der Same und ist die Menschheit; von ihnen gilt im Prinzip und eigentlich nicht das Werden, sondern das Sein; der Soter als Sohn des Menschen vermittelt den dennoch ins Werden Geratenen die Auferstehung als Rückkehr zum ursprünglichen und eigentlichen Sein.

Der Inhalt von Rheg ist eindeutig christlich-gnostisch, und zwar geht es um eine gnostische Usurpierung bzw. um ein gnostisches Verarbeiten des Begriffs der Auferstehung. Es wird eine gnostische Konzeption der Auferstehung entwickelt, wie sie im Prinzip bereits hinter der Parole ἀνάστασιν ἤδη γεγονέναι (2 Tim 2,18) der in den Pastoralbriefen bekämpften Häretiker stehen dürfte. Ein anderer besonderer Aspekt des Inhalts von Rheg ist die Benutzung von Gedanken einer Solartheologie im Abschnitt p.45,28-39.

Ein letzter Aspekt gilt einem Abschnitt aus dem letzten Teil von Rheg (p.48,6-19), in dem der schon erwähnte Hinweis auf ein Evangelium vorkommt und in dem auch die Logik bisher gänzlich undurchsichtig war. Es wird aber alles sofort klar, wenn man (mit Layton) in der Wendung „mit ihm" dieses Element nicht auf Elias, sondern auf Jesus bezieht. Aber das hat zur Folge, daß das Evangelium, auf das Bezug genommen wird, keines der uns bekannten, kanonischen oder extra-kanonischen, sein kann, sondern ein solches gewesen sein dürfte, in dem die sogenannte Verklärung noch eine Ostergeschichte war.

Übersetzung

Es gibt Leute, mein Sohn Rheginus, die vieles lernen wollen. Sie haben dies zum Ziel, wenn sie ungelöste Probleme aufgreifen. Und wenn sie darin erfolgreich sind, halten sie große Dinge von sich. Ich glaube aber nicht, daß sie ihren Stand innerhalb des Wortes der Wahrheit gefunden haben. Es ist vielmehr ihre Ruhe, wonach sie suchen. Was diese betrifft, so haben wir sie durch unseren Erlöser, unseren Herrn Christus empfangen. *(p.44)* Wir haben sie empfangen, als wir die Wahrheit erkannten und auf ihr zur Ruhe kamen.

Aber da du uns so höflich nach dem, was (zu wissen) notwendig ist hinsichtlich der Auferstehung, fragst, schreibe ich dir; denn sie ist etwas Notwendiges. Und viele glauben nicht an sie; aber wenige sind es, die sie finden. Deswegen wollen wir eine Erörterung darüber anstellen!

Wie hat der Herr die Dinge gehandhabt? Als er im Fleisch war und nachdem er sich als Gottessohn geoffenbart hatte, wandelte er in eben dem Land, in dem du wohnst, und redete über das Gesetz der Natur; ich nenne es aber „den Tod". Der Sohn Gottes aber, lieber Rheginus, war ein Menschensohn. Und er umfaßte sie beide, da er die Menschheit und die Gottheit besaß, damit er durch den Umstand, daß er ein Gottessohn war, den Tod besiege und damit durch den Sohn des Menschen die Wiederherstellung (Apokatastasis) in das Reich der Fülle (Pleroma) hinein geschehe, da er zuerst als Same der Wahrheit von oben stammte, bevor diese Einrichtung erfolgte; in ihr sind zahlreiche Herrschaften und Gottheiten entstanden.

Ich weiß, daß ich die Lösung *(p.45)* in schwierigen Dingen mitteile. Aber es gibt nichts Schwieriges innerhalb des Wortes der Wahrheit. Sondern <...>, da er <wegen> der Lösung hervorgetreten ist, um nichts verborgen zu lassen, vielmehr um schlechthin alles über das Entstehen zu offenbaren. Die Auflösung des Bösen und die Offenbarung der Wertvollen, das ist die Hervorbringung der Wahrheit und des Geistes. Die Gnade gehört zur Wahrheit. Der Erlöser hat den Tod verschlungen. Du sollst nicht unwissend sein! Denn er hat die vergängliche Welt niedergelegt und hat [sie] eingetauscht für einen unvergänglichen Äon. Und er ist auferstanden, dadurch daß er das Sichtbare verschlang durch das Unsichtbare, und hat uns den Weg zu unserer Unsterblichkeit eröffnet.

Dann also, wie der Apostel von ihm gesagt hat: „Wir haben mit ihm gelitten, und wir sind mit ihm auferstanden, und wir sind mit ihm zum Himmel aufgestiegen."

Wenn wir aber sichtbar in dieser Welt existieren, tragen wir sie (wie ein Gewand). Von jenem sind wir Strahlen. Und während wir von ihm umfangen werden bis zu unserem Untergang – das ist unser Tod in diesem Leben –, werden wir von ihm zum Himmel hinaufgezogen, wie Strahlen von der Sonne, ohne daß wir von irgend etwas zurückgehalten werden können. Dies ist die geistige Auferstehung; *(p.46)* sie verschlingt die seelische und ebenso auch die fleischliche.

Wenn aber jemand da ist, der nicht glaubt, ist es nicht möglich, ihn zu überzeugen. Denn es ist ein Grundsatz des Glaubens, mein Sohn, und nicht des Überzeugtwerdens (zu sagen:) „Der Tote wird auferstehen."

Und: Gibt es einen, der glaubt, unter den hiesigen Philosophen? Ja, er wird auferstehen! Und der hiesige Philosoph soll nicht <an> einen, der sich selbst zurückwendet, glauben. Und wegen unseres Glaubens <...>.

Wir haben nämlich den Sohn des Menschen erkannt und sind zum Glauben gekommen, daß er auferstanden ist von den Toten. Und dieser ist es, von dem wir sagen: Er ist zur Auflösung des Todes geworden.

Wie das Objekt des Glaubens groß ist, sind auch die Glaubenden groß: Das Denken derer, die gerettet sind, wird nicht vergehen. Der Verstand derer, die ihn erkannt haben, wird nicht vergehen. Deswegen (gilt:) Wir sind erwählt für die Rettung und die Erlösung, da wir von Anfang an bestimmt worden sind, nicht in die Unverständigkeit der Unwissenden zu fallen, sondern zur Verständigkeit derer, die die Wahrheit erkannt haben, zu gelangen.

Die Wahrheit nun, die bewahrt wird, kann nicht aufgelöst werden, noch wird sie es. <Der> Zusammenhalt (des Reiches) der Fülle (Pleroma) ist stark. Das, was sich herauslöste und zur Welt wurde, ist wenig. Das aber, was festgehalten wird, ist das All; es ist nicht *(p.47)* entstanden; es war einfach da.

Folglich zweifle nicht betreffs der Auferstehung, mein Sohn Rheginus! Denn: Wenn du nicht im Fleisch existiert hast (und) Fleisch angenommen hast, als du in diese Welt kamst, weswegen sollst du das Fleisch nicht (wieder)bekommen, wenn du zu dem Äon aufsteigst? Etwas Besseres als das Fleisch ist es, was ihm Ursache des Lebens ist. Was deinetwegen entsteht, ist es etwa nicht dein? Was dein ist, ist es etwa nicht mit dir verbunden?

Aber, während du hier bist, was ist es, das dir fehlt? Ist es das, was du zu erfahren begehrt hast: die „Nachgeburt" des Leibes, nämlich das Alter? Und bist du Vergänglichkeit?

Die Abwesenheit ist für dich von Nutzen. Denn du wirst nicht (ab)geben, was wertvoll ist, wenn du scheidest. Das, was schlecht ist, schwindet dahin; aber es schuldet Dank. Nichts also erlöst uns von hier. Aber das All, das heißt wir, wir sind gerettet; wir haben die Rettung von Anfang bis Ende empfangen. Laßt uns so denken! Laßt (es) uns so annehmen!

Aber etliche wollen bei dem Fragen nach dem, wonach sie fragen, wissen, ob der Gerettete, wenn er seinen Leib verläßt, sofort gerettet sein wird. Niemand soll daran zweifeln!

<Wie> also werden die sichtbaren Glieder, die tot sind, *nicht (p.48)* gerettet werden? Denn die lebendigen Glieder, die in ihnen sind, würden auferstehen. Was also ist die Auferstehung? Es ist das fortwährende Offenbarwerden derer, die (schon) auferstanden sind!

Wenn du dich nämlich erinnerst, im Evangelium gelesen zu haben, daß Elia und Mose zusammen mit ihm (Jesus) erschienen, denke nicht, daß die Auferstehung eine Illusion ist! Sie ist keine Illusion, sondern [etwas] Wahres. Viel eher ist es angebracht zu sagen, daß die Welt eine Illusion ist, eher als die Auferstehung, sie, die zustande gekommen ist durch unseren Herrn, den Erlöser, Jesus Christus.

Worüber aber belehre ich dich jetzt? Die Lebenden werden sterben. In was für einer Illusion leben sie! Die Reichen sind arm geworden, und die Könige sind gestürzt. Alles verwandelt sich. Eine Illusion ist die Welt.

Laß mich nun nicht noch mehr gegen die Dinge (der Welt) sagen! Aber mit der Auferstehung verhält es sich in keiner Weise so. Denn sie ist die Wahrheit.

Es ist das, was festen Bestand hat,
und das Offenbarwerden dessen, was ist.
Und es ist der Austausch für die Dinge
und eine Verwandlung in Neuheit.

Denn:

Die Unvergänglichkeit *(p.49)* [fließt] herab auf die Vergänglichkeit,
und das Licht fließt herab auf die Finsternis,
wobei es sie verschlingt,
und die Fülle vollendet den Mangel.

Dies sind die Symbole und die Vergleiche für die Auferstehung.

Das ist es, was das Gute hervorbringt.

Folglich verstehe nicht mehr nur bruchstückhaft, lieber Rheginus, und wandle nicht mehr nach diesem Fleisch, um der Einheit willen! Sondern mach' dich nur los von den Teilungen und den Fesseln, und schon besitzt du die Auferstehung! Wenn nämlich das, was sterblich ist, von sich selbst weiß, daß es sterben wird, und das eintritt – selbst wenn einer viele Jahre in diesem Leben zubringt –, weswegen siehst du nicht, daß du selbst schon auferstanden bist, und das tritt ein?! Wenn du die Auferstehung besitzt, aber doch weiter so tust, als ob du noch sterben würdest, obgleich jenes (Sterbliche) weiß, daß es schon gestorben ist, weswegen verzeihe ich (es) denn, wenn nicht (wegen) deiner Ungeübtheit!

Jeder muß sich in vielerlei Weise üben und von diesem Element erlöst werden, damit er nicht mehr in die Irre geht, sondern sich selbst wiederempfängt (als) den, der präexistiert.

Das, was ich aus der Neidlosigkeit meines *(p.50)* Herrn Jesus Christus empfangen habe, [habe ich] dir und deinen Brüdern, meinen Kindern, mitgeteilt, ohne etwas auszulassen von dem, was zu eurer Festigung nötig ist. Wenn aber in der Darbietung der Abhandlung etwas geschrieben steht, das (zu) tief ist, so will ich es euch auf Anfrage gern erklären.

Jetzt aber sollst du niemandem, der zu dir gehört, etwas vorenthalten, das nützlich sein kann. Viele warten auf eben das, was ich dir (hier) schreibe. Diesen gilt meine Lehre über <...> den Frieden in ihnen und die Gnade. Ich grüße dich, und (mit mir tun das alle,) die euch in Bruderliebe lieben.

Subscriptio (p.50,17f.)

Die Abhandlung über die Auferstehung

„Tractatus Tripartitus" (NHC I,5)

Hans-Martin Schenke

Literatur

Attridge, Harold W./ Pagels, Elaine H., 1985a: The Tripartite Tractate. Introduction. Text and Translation. In: Attridge, Harold W. (ed.): Nag Hammadi Codex I (The Jung Codex). Introductions, Texts, Translations, Indices. (NHS 22.) Leiden, 159-337.

Attridge, Harold W./ Pagels, Elaine H., 1985b: The Tripartite Tractate. Notes. In: Attridge, Harold W.(ed.): Nag Hammadi Codex I (The Jung Codex). Notes. (NHS 23.) Leiden, 217-497.

Dubois, Jean-Daniel, 1995: La sotériologie valentinienne du *Traité tripartite* (NH I,5). In: Painchaud Louis / Pasquier, Anne (ed.): Les textes de Nag Hammadi et le problème de leur classification. Actes du colloque tenu à Québec du 15 au 19 Septembre 1993. (BCNH.É 3.) Québec / Louvain / Paris, 221-232.

Nagel, Peter, 1998: Der Tractatus Tripartitus aus Nag-Hammadi-Codex I (Codex Jung). Neu übers. (Studien und Texte zu Antike und Christentum 1.) Tübingen.

Painchaud, Louis / Thomassen, Einar, 1989: Le Traité tripartite (NH I,5). (BCNH.T 19.) Québec.

Schenke, Hans-Martin, 1978: Zum sogenannten Tractatus Tripartitus des Codex Jung. ZÄS 105, 133-141.

Einleitung

Die titellose Schrift, die man wegen ihrer zwei eindeutigen graphischen Einschnitte[22] „Tractatus Tripartitus" (TractTrip) nennt, war vor der Auffindung und Erschließung der Nag Hammadi-Papyri nicht bekannt. Sie findet sich an fünfter Stelle von Nag-Hammadi-Codex I. Dieser Codex ist übrigens im Zusammenhang damit, daß die Hauptmenge seiner Blätter für längere Zeit im Besitz des C. G. Jung Instituts, Zürich, war, zunächst unter dem Namen „Codex Jung" bekannt geworden. Auch die Zählung seiner Schriften war bis zur Erkenntnis und Anerkenntnis, daß das „Gebet des Apostels Paulus" nicht an das Ende, sondern an den Anfang gehört, eine andere (TractTrip früher also I,4). Die Sprache, in der der ganze Codex I, und mit ihm also auch unsere Kopie des TractTrip, überliefert ist, ist eine Spielart des lykopolitanisch-koptischen Dialekts (*L6*). Als Sprache, in der der TractTrip ursprünglich abgefaßt worden ist, hat man, wie meist bei der koptischen Literatur und wie es also im allgemeinen auch bei den Nag-Hammadi-Texten geschieht, das Griechische anzunehmen. Während die uns allein

---

[22] In der Übersetzung durch * * * * * gekennzeichnet.

vorliegende Kopie einer koptischen Übersetzung erst aus der ersten Hälfte des 4. Jh. stammt, darf man sich für die Abfassung des griechischen Originals, und zwar wegen der Eigenart des in dieser Schrift bezeugten revisionistischen Valentinianismus, das 3. Jh. vorstellen, vielleicht sogar schon die erste Hälfte. In der Frage nach dem Abfassungsort kommt man über die „grobmaschige" Alternative, im Westen oder im Osten, nicht hinaus. Was die Frage nach dem Verfasser anbelangt, so kennen wir ihn nicht. Er ist also ein Anonymus.

Die Bestimmung der Textsorte des TractTrip hat von der größten speziellen Merkwürdigkeit dieses Textes auszugehen. Das gemeinte Phänomen springt einem schon mit dem ersten Wort des Textes in die Augen, das da lautet (aber nicht übersetzt werden kann): ϫⲉ. Dieses merkwürdige, unmotiviert scheinende ϫⲉ findet sich, den Text offensichtlich gliedernd, immer wieder auch innerhalb der drei „Teile". Daß dieses ϫⲉ nur die zur Einführung der direkten (oder indirekten) Rede gebrauchte Konjunktion sein kann, zeigen gelegentlich davor stehende (stehengebliebene) Wendungen wie ⲉⲩϫⲟⲩ ⲙ̄ⲙⲁⲥ oder ⲥⲉϫⲟⲩ ⲙ̄ⲙⲁⲥ (= „sie sagen"; p.51,19f.; 106,26; 114,1-4). Diese Einführungen repräsentieren, trotz ihres nur gelegentlichen Erscheinens, dennoch das Gerüst der ganzen Schrift. Man hat also das rahmende ϫⲉ des TractTrip grammatisch des näheren als eine Ellipse für ⲡⲉϫⲁⲩ ϫⲉ bzw. ⲡⲁϫⲉⲩ ϫⲉ etc. (= „sie sagen, daß ...") zu deuten. Die Exzerpt-Theorie erweist sich für die Exegese geradezu als segensreich, sofern man nun weiß, woran es liegt, wenn der Gedankenfaden so oft abreißt, bzw. wenn man so die Freiheit gewinnt, sich offenbar fehlende Zwischengedanken hinzuzudenken. Wenn aber der TractTrip formal als ein solches Exzerpt zu bestimmen ist, dann liegt der Inhalt unseres Textes in einem doppelten Rahmen vor. Über einer Fassung im typischen Wir-Stil der Abhandlung, der freilich gelegentlich auch in den Ich-Stil übergehen kann, liegt noch das Referats- bzw. Exzerptschema des „Sie sagen, daß ..." oder: „..., wie sie sagen, ..."

Von daher kann man nun sogar fragen, ob nicht gelegentlich einmal auch eine andere Formulierung in der 3. Pers. plur. vielleicht gar nicht zum Inhalt, sondern auch noch zum zweiten Rahmen gehört, wie z.B. in p.128f. Und andererseits wird man schließlich noch erwägen dürfen, ob nicht eine ganz bestimmte, einzelne Formulierung im Ich-Stil, die sowieso überaus merkwürdig ist und offenbar ganz außerhalb des Gedankenzusammenhangs steht, gar nicht (mit) zum ersten Rahmen gehört, sondern doch vielleicht noch eher als ein Signum des Epitomators aufzufassen wäre, der hier nun, gegen Ende des Textes, kritisch zu seiner fast abgeschlossenen Arbeit Stellung nimmt (p.137,20-23).

Vielleicht ist unser Text aber nun nicht nur kein „Tractatus", sondern auch kein „Tripartitus". Die offenkundige Dreigeteiltheit der uns vorliegenden Abschrift hat nämlich keinen zureichenden Grund im Profil des Inhalts selbst, der eben keineswegs dreigeteilt ist, wie schon rein äußerlich die Kürze des „zweiten Teils" zeigt. Vielleicht sind die betreffenden Zäsuren einfach aus dem Bedürfnis entstanden, die wenigen relativ konkreten Seiten, in der Mitte der langen Schrift, mit der Bezugnahme auf die Urgeschichte der Genesis herauszuheben. Unser Text wäre nach alledem also nur ein (langes) Exzerpt aus einem (noch längeren) Traktat eines uns unbekannten Valentinianers.

Der TractTrip ist eine mit der ausführlichen Form von IrenHaer 1,1-8 oder der abgekürzten Form von NHC XI,2 etwa synchron laufende „natürliche" Entfaltung eines valentinianischen Systems, das, weil einzelne seiner spezifischen Züge sich bald in dieser, bald in jener der bekannten Ausprägungen des Valentinianismus wiederfinden, im bisherigen Spektrum des Valentinianismus nicht ohne weiteres lokalisierbar ist. Einar Thomassen hat nun als erster gesehen und m.E. überzeugend begründet, daß es sich im wesentlichen um ein System in der sonst überhaupt nicht belegten Ausprägung, die der Valentinianismus in der sogenannten *orientalischen* Schule gewonnen hat, handelt. Der springende Punkt ist dabei die Auffassung, daß die Kirche und der Leib des Erlösers rein pneumatisch sind. Außerdem haben wir es vermutlich mit einem – wohl zum Zwecke der Anpassung an die Kirchenlehre – *revidierten* Valentinianismus zu tun. Das Auffälligste an diesem Revisionismus ist die (scheinbare oder wirkliche) Delegierung der ganz verschiedenen Funktionen von Sophia, Achamoth, Christus und Soter an ein und dieselbe Gestalt, die Logos genannt wird. Dadurch wird der Logos nun zu einer Parallelerscheinung zu der Sophiagestalt bestimmter nicht-valentinianischer Systeme, gewissermaßen als „die eine Kraft, nach oben und nach unten geteilt, sich selbst erzeugend, sich selbst vermehrend, sich selbst suchend, sich selbst findend, ihre eigene Mutter, ihr eigener Vater, ihre eigene Schwester, ihre eigene Gattin, ihre eigene Tochter, ihr eigener Sohn, Mutter, Vater, eines, des Alls Wurzel" (Hippolyt Ref 6,17,3).

Übersetzung

(p.51) Bei allem, was wir über die Erhabenen sagen können, ziemt es sich, daß wir bei dem Vater beginnen, der ja die Wurzel von allem ist. Von ihm ist es uns gnädig gewährt worden, über ihn zu reden.

Er war schon da, ehe irgend etwas anderes außer ihm selbst entstand. Der Vater ist einzig wie eine Zahl.

Er ist der erste und der, der er selbst ist, (aber) nicht wie ein alleiniger. Oder wie wäre er sonst Vater? Denn jedem „Vater" folgt notwendig der Begriff „Sohn". Ja, der einzige, der selbst der Vater ist, ist wie eine Wurzel samt Baum, Zweigen und Früchten.

Sie sagen über ihn:

Er ist ein wirklicher Vater, der unnachahmlich und unveränderlich ist.

Deswegen (sagen sie):

Er ist wirklich einzig und göttlich. Er hat keinen Gott; und es gibt keinen, den er zum Vater hat. Denn er ist ungezeugt; (das heißt:) weder hat ihn ein anderer gezeugt, noch hat ihn ein anderer geschaffen. Denn wer der Vater von einem (anderen) bzw. sein Schöpfer ist, hat auch selbst einen Vater und einen, der ihn geschaffen hat. Er kann zwar Vater und Schöpfer von dem, der aus ihm entstanden ist bzw. den er geschaffen hat, sein <, aber er kann nicht ...>. Denn er ist nicht in Wirklichkeit Vater oder Gott, weil da *(p.52)* einer ist, der [ihn] gezeugt [und] geschaffen hat. In Wirklichkeit also ist alleiniger Vater und Gott ein solcher, den kein anderer gezeugt hat, während er es ist, der alles gezeugt und geschaffen hat. Er ist ohne Anfang und ohne Ende.

Er ist nicht nur ohne Ende – er ist *deswegen* unsterblich, *weil* er ungezeugt ist –, sondern auch unerschütterlich (und zwar:) in dem, als was er ewig ist, in dem, was er selbst ist, in dem, worin er fest besteht, und in dem, worin er groß ist. Weder wird er sich selbst entfernen von dem, worin er ist, noch wird ein anderer ihn gewaltsam dazu bringen, daß er ein Ende setzt, das er niemals wollte. Er hat keinen, der ihm im Sein zuvorgekommen wäre. Dementsprechend ist er selbst auch nicht veränderlich. Weder kann ein anderer ihn entfernen von dem, als was er ist, von dem, was er selbst ist, von dem, worin er ist, und von seiner Größe, so daß er nicht entfernt werden kann. Es ist auch nicht möglich, daß ein anderer ihn irgendwie verändert, entweder um ihn zu vermindern oder um ihn zu verändern oder um ihn zu verringern. Weil er so in voller Wirklichkeit der Unwandelbare und Unveränderliche ist, ist er mit dem Unwandelbaren bekleidet.

Nicht dies allein ist es, wodurch er „einer, der keinen Anfang hat," und „einer, der kein Ende hat," genannt wird, weil er ungezeugt und unsterblich ist. Sondern wie er keinen Anfang und kein Ende hat in der Weise seines Seins, so ist er unerreichbar *(p.53)* in seiner Größe, unaufspürbar in seiner Weisheit, unfaßbar in seiner Macht und unerforschlich in seiner Freundlichkeit.

In Wirklichkeit ist er allein, der Gute, der ungezeugte Vater und der vollkommen Makellose – ist er derjenige, der angefüllt ist von all seinen Erzeugnissen, allen Tugenden und allem, was wertvoll ist. Und er hat etwas noch Größeres, nämlich die Neidlosigkeit, auf daß erfunden werde, wie er, der da hat, alles, was er hat, auch hingibt, ohne daß das Maß überschritten werden könnte, und keinen Schaden durch das, was er gibt, erleidet, wie er reich ist an dem, was er gibt, und befriedigt ist durch das, war er schenkt.

Dieser ist nun so beschaffen und von solcher Art, und dieser Große ist von solcher Größe.

Es gibt von Anfang an keinen anderen bei ihm; oder einen Ort, an dem er sich befindet, oder aus dem er gekommen ist, oder in den er zurückkehren wird; oder eine Urform, <deren> er sich bei seinem Wirken als Vorbild bedient; oder eine Mühe, die er hat als Begleiterscheinung dessen, was er tut; oder eine Materie, die ihm vorgegeben ist und aus der er schafft, was er schafft; oder eine Substanz in seinem Inneren, aus der heraus er erzeugt, was er erzeugt; oder einen Gehilfen, der mit ihm wirkt an dem, woran er wirkt. In solcher Weise zu reden, ist Torheit. Sondern (man soll von ihm reden) als einem, der gut ist, makellos, vollkommen *(p.54)* und erfüllt, und der selbst das All ist.

Keiner der Namen, die man kennt oder die man nennt oder die man sieht oder die man fühlt – keiner von ihnen ist passend für ihn, auch wenn sie überaus glänzend, ehrend und herrlich sind. Vielmehr kann man diese zwar aussprechen ihm zu Ehren und zum Ruhme nach der Fähigkeit eines jeden aus dem Kreise derer, die ihn preisen. Ihn selbst aber, wie er ist und wie er sich befindet und wie er aussieht, kann kein Verstand erkennen, und kann keine Rede beschreiben und kann kein Auge sehen, und kann kein Körper fühlen – wegen seiner unaufspürbaren Größe und seiner unerreichbaren Tiefe und seiner unermeßlichen Höhe und seiner unfaßbaren Weite. Dies ist die Natur des Ungezeugten: sie befaßt sich nicht mit etwas anderem, noch ist sie verbunden in der Weise dessen, was begrenzt ist; sondern er hat seinen Bestand ohne Aussehen und Gestalt, über welche man beim Erkenntnisstreben nachdenkt, als ob auch der Unerreichbare daraus bestünde. Wenn er unerreichbar ist, dann folgt daraus der Schluß, daß er unerkennbar ist.

Er, der unbegreiflich ist für jedes Denken, unsichtbar für jedes Ding, unaussprechlich für jede Sprache, unberührbar für jede Hand – er ganz allein ist es, der sich erkennt hinsichtlich der Art seines *(p.55)* Seins, seines Aussehens, seiner Größe und seiner Beschaffenheit. Und sofern er vermag, sich zu begreifen, sich zu sehen, sich zu benennen,

sich zu fühlen, ist er es, der existiert als Verstand für sich selbst, als Auge für sich
selbst, als Mund für sich selbst, als Gestalt für sich selbst. Und (er ist zugleich) das, was
er erkennt, was er sieht, was er spricht, was er fühlt <...> sich selbst der Unbegreifliche,
der Unaussprechliche, der Unfaßbare, der Unveränderliche in seiner Wonne, Lust,
Wahrheit, Freude und Ruhe. Was er begreift, was er sieht, was er spricht, was er denkt,
übersteigt jede Weisheit und übertrifft jeden Verstand und übertrifft jede Herrlichkeit
und übertrifft jede Schönheit und jede Güte und jede Größe und jede Tiefe und jede
Höhe.

Dieser also, der unerkennbar ist in seiner Natur und dem all die Größen, die ich zuvor
genannt habe, gehören, – wenn es zutrifft, daß der aus der Fülle seiner Freundlichkeit
heraus die Erkenntnis schenken will, um erkannt zu werden, so ist er dazu durchaus in
der Lage. Er hat seine Kraft, die in seinem Willen besteht. Jetzt aber hält er <sich>
selbst zurück in Schweigen – er, der der Größte ist, sofern er die Ursache für die Erzeugung aller Wesen zu ihrem ewigen Sein ist.

(p.56) Es ist in Wirklichkeit so, daß er sich selbst als einen Unaussprechlichen zeugt,
sofern er allein ein sich selbst Zeugen<der> ist, (und zwar) dadurch daß er sich begreift
und daß er sich erkennt, wie er ist. Es ist einer, der seiner Bewunderung, Verherrli-
chung, Wertschätzung und Ehrung würdig ist, den er hervorbringt wegen der Grenzenlosigkeit seiner Größe, der Unerforschlichkeit seiner Weisheit, der Unermeßlichkeit
seiner Macht und seiner nicht auszukostenden Freundlichkeit. Dieser ist es, der sich in
dieser Zeugungsweise darstellt als ein Wesen voller Herrlichkeit und Ehre, Wunderbar-
keit, Liebe; er ist es, der sich auch selbst verherrlicht, bewundert, verehrt und liebt; (er
ist) dieser, der einen Sohn hat, der bei ihm ist und ihm gegenüber schweigt, der da ist
der Unaussprechliche im Unaussprechlichen, der Unsichtbare <im Unsichtbaren>, der
Unfaßbare <im Unfaßbaren>, der Unbegreifliche im Unbegreiflichen. So existiert er in
ihm in Ewigkeit. Der Vater ist, wie wir zuvor gesagt haben, in Ungezeugtheit. Der, in
dem er sich selbst erkennt und den er (so) gezeugt hat, der existiert mit einem Gedanken, er, der dieser Gedanke von ihm ist, nämlich seine *(p.57)* Erkenntnis, er, der [...]
seines ewigen Bestehens ist, nämlich – und zwar in Wirklichkeit – <das> Schweigen,
die Weisheit und: – die Gnade, die auch in Wirklichkeit so genannt wird.

Wie [der] Vater in Wirklichkeit existiert (als) der, vor dem es keinen [anderen gibt],
und (als) [der], außer [dem] es keinen anderen Ungezeugten gibt, so existiert auch der
Sohn in Wirklichkeit (als) der, vor dem es keinen anderen und nach dem es keinen anderen gibt. Es <gibt> <k>einen Sohn vor ihm. Deswegen ist er ein Erstgeborener und
ein Eingeborener: der Erstgeborene, weil es keinen vor ihm gibt; der Eingeborene aber,
weil es keinen nach ihm gibt. Und er hat seine Frucht, die unerkennbar ist wegen des
Ausmaßes ihrer Größe. Doch er wollte, daß er erkannt werde, wegen des Reichtums
seiner Güte. Und die unaussprechliche Kraft – er offenbarte sie. Und das reiche Ausmaß
seiner Neidlosigkeit – damit verband er sie.

Nicht nur der Sohn existiert von Anfang an; sondern auch die Kirche existiert von Anfang an. Wer sich nun denkt, daß die Erkenntnis, daß der Sohn eingeboren ist, der Behauptung widerspricht – wegen des Geheimnisses der Sache ist es aber nicht so. Denn
wie *(p.58)* der Vater ein einziger ist und sich offenbarte als Vater für sich selbst, so

wurde auch der Sohn erfunden als Bruder für sich selbst in Ungezeugtheit und Anfangs-
losigkeit. Er aber bewundert sich selbst [als] Vater und [preist], ehrt und [liebt sich];
und auch er, in dem er <sich> selbst als Sohn erkennt, (tut das) entsprechend den Bestimmungen: „ohne Anfang" und „ohne Ende". In dieser Weise ist die Sache etwas
Feststehendes. Als unzählbare und grenzenlose sind seine Erzeugnisse unteilbar. Die,
die existieren, sind entstanden aus ihm, dem Sohn, und dem Vater – wie bei Küssen,
übrigens, von Leuten, die einander in lauterer und unersättlicher <Liebe> küssen, der
Kuß ein einziger ist und (das Küssen) doch aus vielen Küssen besteht – das ist die Kirche aus vielen Menschen, die vor den Äonen existiert, die in Wirklichkeit: „die Äonen
der Äonen" genannt wird, das ist die Natur der heiligen, unvergänglichen Geister, auf
der der Sohn ruht, weil sie sein Eigentum ist, wie der Vater auf dem Sohn *(p.59)* ruht.

[...] existiert die Kirche in den Bestimmungen und Eigenschaften, in denen der Vater
und der Sohn existieren, wie ich von Anfang an gesagt habe. Deswegen besteht sie in
den unzählbaren Erzeugnissen von Äonen. Und in Unzählbarkeit zeugen sie auch
[selbst] in den Eigenschaften und den Bestimmungen, in denen [sie (die Kirche) exis-
tiert]. [Denn] diese [sind ihre (sc. der Kirche)] Verfassung, die sie einander gegenüber
[praktizieren] und auch (gegenüber) [denen], aus denen sie hervorgegangen sind, <und>
gegenüber dem Sohn, um dessentwillen sie herrlich sind. Deswegen ist es nicht möglich, daß ein Verstand ihn begreift – er war die Erfüllung jenes Ortes. Auch kann kein
Wort sie bezeichnen, denn sie sind unaussprechlich, unbenennbar und unbegreiflich. Sie
selbst aber sind es, die sich benennen lassen können, um sich zu begreifen. Denn sie
sind nicht ausgesät in diese (hiesigen) Orte.

Die zu jenem Ort gehören, sind unaussprechlich (und) unzählbar unter (den Bedingungen) eben dieser (hiesigen) Einrichtung.

Und es ist die Weise und das Ausmaß, die Freude, der Jubel des Ungezeugten, Namenlosen, Unbenennbaren, Unbegreifbaren, Unsichtbaren, Unfaßbaren. Es ist die Fülle der
Vaterschaft, so daß ihr Überfluß zum Erzeugen [...] der Äonen wird.

(p.60) Sie waren ewiglich in dem Gedanken.

Der Vater ist wie ein Gedanke für sie und (wie) <ein> Raum. Als die Erzeugnisse aber
selbständig geworden waren, wollte der, der alle Gewalt hat, ergreifen und herausbringen [das, was] mangelhaft geworden ist in dem [...]. [Er brachte] heraus die, die [... in]
ihm. Aber, weil er ist, [wie] er ist, [ist er] eine Quelle, die nicht schwächer wird durch
das Wasser, das reichlich aus ihr quillt. Solange sie in dem Gedanken des Vaters sind,
das heißt: (solange) sie in der verborgenen Tiefe sind, kannte die Tiefe zwar sie, vermochten sie aber nicht, die Tiefe, in der sie waren, zu erkennen, und vermochten sie
auch nicht, sich selbst zu erkennen, auch nicht etwas anderes zu erkennen. Das heißt:
sie waren zwar bei dem Vater, sie waren aber nicht für sich (selbst) da. Sondern sie hatten ihr Sein nur wie ein Same, (das wird gesagt,) damit deutlich wird, daß sie existierten
wie ein Embryo. Wie das Wort hat er sie gezeugt: es ist vorhanden wie ein Same, ehe
die, die er zeugen sollte, entstanden. *(p.61)* Aus diesem Grunde hat der Vater ihnen
[auch] vorherbestimmt, nicht nur, daß sie für ihn entstünden, sondern auch, daß sie für
sich selbst entstünden, daß sie also in [seinem] Gedanken entstünden wie eine gedankli-

che Substanz, daß sie aber auch für sich entstünden. [Er] säte einen Gedanken aus, als ob es ein Same von [Besamung] wäre. Damit [sie] begreifen, [was es ist, das] ihnen gehört, [schenkte] er ihnen gnädig [die] erste Formung; damit sie [aber] verstehen, wer der Vater ist, der [ihnen] gehört, gab er ihnen den Namen des Vaters unter einer Stimme, die ihnen zuruft, daß jeder, der existiert, durch jenen Namen existiert, <den> sie haben, sobald sie ins Dasein treten.

Die Erhabenheit aber besteht in dem Namen, der ihnen unbekannt ist. Während das Kind aber in der Form eines Embryo existiert, hat es, was es braucht, auch wenn es noch nie seinen Erzeuger gesehen hat. Deswegen war es ihre einzige Aufgabe, nach ihm zu suchen, weil sie einerseits begreifen, daß er existiert, andererseits aber herausfinden wollen, was es ist, das existiert. Aber weil der Vater vollkommen gut ist (, gilt:) wie er ihnen nicht ewig zugemutet (?) hat, daß sie nur in seinem Denken existieren, sondern es ihnen auch verliehen hat, daß sie selbst existieren, so wird er es ihnen auch gnädig gewähren, daß sie erkennen, was es ist, das existiert, das heißt, den, der sich ewiglich selbst erkennt. *(p.62)* [...] Form, zu [erkennen], was es ist, das existiert, wie <die>, die hier gezeugt werden, wenn sie geboren werden, im Lichte sind, um die (Eltern) zu sehen, die sie gezeugt haben.

Der Vater hat alles hervorgebracht, wie (man) ein kleines Kind (hervorbringt), wie den Tropfen einer Quelle, wie die Blüte eines [Weinstocks], wie eine [Blume], wie eine Pflanzung von [...], die (alle) der [Ernährung], des Wachstums und der Selbständigkeit bedürfen. Er hielt sie (sc. die Form der Erkenntnis?) zurück für eine günstige Zeit. Er, der schon im Anfang an sie gedacht hatte, besaß sie zwar von Anfang an und sah sie, aber er verschloß sie vor denen, die zuvor aus ihm hervorgekommen waren. Nicht aus Neid (geschah das), sondern damit die Äonen ihre Selbständigkeit nicht gleich im Anfang empfingen, (damit) sie nicht entrückt würden in die Herrlichkeit beim Vater und bei sich selbst dächten, daß sie dies (Sein) aus sich heraus hätten. Sondern wie es ihm gefallen hatte, ihnen zu gewähren, daß sie überhaupt entstehen, ebenso (wird es ihm gefallen, ihnen zu gewähren,) daß sie selbständig werden. Als es ihm gefiel, gab er ihnen das vollkommene Denken betreffs der ihnen gegenüber erwiesenen Güte.

Der nun, den er hatte erscheinen lassen als Licht für die, die aus ihm selbst hervorgegangen waren, der, nach dem sie sich nennen, er ist der erfüllte, vollkommene und makellose Sohn. Er brachte ihn so hervor, daß er verbunden war mit dem, der von ihm ausging, *(p.63)* [...] während er mitver[herrlicht] wird [durch] das All, [wie] jeder [ihn] empfangen kann, obgleich dies nicht seine Größe ist, bevor sie ihn in ihm empfangen. Sondern er existiert als Teil, der [er] ist, auf seine Weise, in seiner Art und in seiner Größe, während es ihm möglich ist, [daß] sie ihn sehen und über [das], was von ihm [erkennbar ist], reden, weil sie ihn tragen und auch er sie trägt.

Sie vermögen, [ihn] zu erreichen, [während] der Unvergleichliche aber so ist, wie er ist. Damit der Vater von einem jeden gepriesen werde und sich selbst offenbare, und während er in seiner Unaussprechlichkeit verborgen und unsichtbar ist, bewundern sie ihn im Verstand. Deswegen liegt die Größe seiner Erhabenheit darin, daß sie über ihn sprechen und ihn sehen und daß er offenbar wird als einer, dem sie lobsingen werden wegen des Übermaßes seiner Freundlichkeit in der Gnade von [...]. Und wie {...} die Bewunderungen der Schweigeakte ewige Geburten sind, diese wiederum vernünftige Erzeugnisse sind, so sind auch die Bestimmungen des Logos geistige Hervorbringungen. Diese beiden (Arten) also, da sie zu einem Logos gehören, *(p.64)* sind [Samen], Gedanken seiner Erzeugnisse und ewige lebende, sichtbare Wurzeln.

Sie sind Erzeugnisse, die aus <ihm> hervorgegangen sind, insofern sie vernünftige und geistige Erzeugnisse sind (– bestimmt) zum Ruhm des Vaters.

Es bedarf keiner Stimme – [sie sind (ja)] verständige und vernünftige Geister –, noch ist es nötig, für das, was sie [tun] wollen, zu [wirken]. Sondern wie [er] war, so sind auch [die], die aus ihm hervorgegangen sind, sofern sie alles, was sie wollen, hervorbringen. Und das, was sie begreifen, was sie nennen, worauf sie sich zubewegen, worin sie ruhen, wem sie lobsingen, indem sie (es) damit preisen, das haben <sie> zu Kindern. Denn dies ist ihre zeugende Kraft, wie sie bei denen ist, aus denen sie hervorgegangen sind, entsprechend ihrer gegenseitigen Hilfe, insofern als sie einander helfen, wie es Ungezeugte tun.

Der Vater besitzt wahrlich, gemäß dem, worin er allen als ein unerkennbarer und unfaßbarer überlegen ist, solche Größe und (solches) Ausmaß, daß, wenn er sich sogleich und plötzlich allen Erhabenen der Äonen, die aus ihm hervorgegangen waren, offenbart hätte, sie zugrunde gegangen wären. Deswegen behielt er seine Kraft und seine Unberührbarkeit zurück in dem, *(p.65)* worin er ist, [als einer,] der unsagbar [und] unnennbar [ist] und erhaben über jeden Verstand und jede Rede. Dieser aber hat sich selbst ausgedehnt. Und das, was er ausgebreitet hat, das ist es, was allen Festigkeit, Raum und Wohnung gegeben hat, wie denn ein Name von ihm lautet: „Der, durch den", weil er der Vater des Alls ist und aus seinem Mitgefühl für die Seienden es in ihr Denken säte, daß [sie] nach ihm suchen müßten. Der Reichtum von [...] liegt darin, daß sie begreifen, daß er existiert, und folglich danach suchen, was es ist, das existierte. Dieser aber wurde ihnen gegeben zum Genuß, zur Nahrung, zum Jubel und zur Vermehrung der Erleuchtung, das ist sein Mitgefühl, seine Erkenntnis und seine Verbindung mit ihnen, das ist der, der „der Sohn" genannt wird und es auch ist, der das All ist und der, von dem bekannt ist, wer er ist und <...>, das ihm angezogen ist. Dieser ist es, in dem er „Sohn" genannt wird und von dem begriffen wird, daß er existiert und daß sie nach ihm suchten. Der eine ist der als Vater Existierende und der, über den man nicht sprechen kann, und der, den man nicht begreift; der andere ist es, der zuerst entstand.

Niemand kann ihn begreifen oder ihn gedanklich erfassen. Oder kann man sich etwa dort dem Erhabenen, dem ersten wirklichen Sein nähern? Sondern alle Namen, <mit denen> er begriffen wird *(p.66)* {...} oder die für ihn gebraucht werden, werden zum Lobpreis hervorgebracht, als eine Spur von ihm, gemäß der Kraft eines jeden von denen, die ihn lobpreisen. Der also, der aus ihm aufgestrahlt ist, dadurch daß er sich ausdehnte, um das All zu erzeugen und zur Erkenntnis zu bringen, er [...] wahrhaftig all diese Namen, und er ist in Wirklichkeit allein der erste Mensch des Vaters, nämlich der, den ich (folgendermaßen) [nenne]:

Die Gestalt des Gestaltlosen,
der Körper des Unkörperlichen,

das Aussehen des Unsichtbaren,
das Wort des Unaussprechlichen,
der Verstand des Unverstehbaren,
die Quelle, die aus ihm geflossen ist,
die Wurzel derer, die gepflanzt sind,
der Gott derer, die vorhanden sind,
das Licht derer, die er erleuchtet,
die Liebe zu denen, die er geliebt hat,
die Vorsehung für die, die er zuvor ersieht,
die Weisheit für die, die er weise gemacht hat,
die Kraft für die, denen er Kraft gibt,
die Versammlung derer, bei denen er anwesend ist,
die Enthüllung dessen, wonach gesucht wird,
das Auge der Sehenden,
der Atem der Atmenden,
das Leben der Lebendigen,
die Einheit derer, die mit allem vermischt sind.

Während sie alle in dem einzigen sind, wobei er sich selbst ganz bekleidet, und (zwar) in seinem einzigen Namen, wird er damit niemals genannt. Und auf diese einzigartige Weise sind sie zugleich dieser einzige und sie alle. Weder ist er abgetrennt als etwas Körperliches, noch ist er zerteilt in die Namen, in denen er besteht. (Sonst würde ja gelten:) Die eine Sache ist dieser so Beschaffene, und eine andere Sache ist *(p.67)* jener [anders Beschaffene. Weder] verändert er sich durch [...], noch verwandelt er sich in [die Namen], in denen er besteht. (Sonst würde ja gelten:) Er ist jetzt dieser, er ist jener ein andermal; eine Sache ist dieser jetzt, und eine andere Sache ist jener ein andermal. Vielmehr ist er es als Ganzer für immer; [er ist] jeder von allen zugleich ewiglich. Er ist das, was sie alle sind, er, der Vater von allen; er ist auch sie alle.

Er ist es, der Erkenntnis für sich selbst ist, und er ist jede seiner Eigenschaften und Kräfte, und <er ist> Auge für alles, was er erkennt, wenn er sich in sich selbst ganz sieht als einen, der einen Sohn und (eine) Gestalt hat. *Deswegen* sind seine Kräfte und seine Eigenschaften unzählbar und unhörbar, (nämlich) *wegen* der Zeugung, <in> der er sie zeugt. Unzählbar und unzertrennlich sind die Zeugungen seiner Worte, seine Befehle und alles von ihm. Er kennt sie, er, der es selbst ist, wie sie in diesem einzigen Namen existieren, während sie alle redend in ihm sind. Und er bringt (sie) hervor, damit sie in Einzigkeit existierend erfunden werden hinsichtlich jeder Eigenschaft. Und auch die Menge offenbarte er nicht dem All auf einmal, und seine Gleichheit offenbarte er nicht denen, die aus ihm hervorgegangen waren.

Alle also, die aus ihm hervorgegangen sind, <das> sind die Äonen der Äonen, *(p.68)* [als] Hervorbringungen, (als) die ihrer Natur nach zeugungsfähigen Erzeugnisse, auch sie <gaben> in ihrer zeugungsfähigen Natur dem Vater Lobpreis, demgemäß wie er für sie Ursache ihrer Aufstellung geworden war; das ist es, was wir schon zuvor gesagt haben.

Er macht die Äonen zu Wurzeln, Quellen und Vätern.

Der, dem sie Lobpreis spenden, <durch den> sind sie gezeugt worden.

Er besitzt Einsicht und Weisheit. Und sie erkannten {...}, daß sie aus der Einsicht und der Weisheit des Alls hervorgegangen waren. Sie hätten einen gleichen Lobpreis hervorgebracht: „der Vater ist der, der selbst das All ist", wenn sie sich aufgeschwungen hätten, um Lobpreis zu spenden als je einzelne (Kraft) der Äonen. Deswegen sind sie beim Gesang zum Lobpreisen und in der Kraft der Einzigkeit dessen, aus dem sie hervorgegangen waren, eine Verbindung, eine Einmütigkeit und Einzigkeit miteinander eingegangen. Es wurde ein Lobpreis veranstaltet, der des Vaters würdig war, durch die Fülle der Vereinigung, (ein Lobpreis,) der von einer einzigen Gestalt ist, obgleich er aus vielen besteht, weil sie ihn zum Lobpreis des Einzigen hervorbrachten und weil sie auszogen zu dem, der selbst das All ist. Dies also *(p.69)* war ein Tribut an [...] den, der das All hervorgebracht hatte, als eine Erstlingsgabe der Unsterblichen und (zwar) eine ewige, weil er, nachdem er aus den lebendigen Äonen als Vollkommener und Erfüllter hervorgegangen ist, wegen des [Vollkommenen] und Erfüllten, sie erfüllt und vollkommen gemacht hat, sie, die Lobpreis gespendet haben in Vollkommenheit aus der Gemeinschaft heraus. Denn wie sie dem makellosen Vater Lobpreis spenden, so erwidert er den Lobpreis gegenüber denen, die ihm Lobpreis spenden, [um] sie durch das, was er selbst ist, zu offenbaren.

Die Ursache, die ihnen für den Zweiten Lobpreis[23] zuteil wurde, ist das, was über sie vom Vater zurückgebracht wurde, als sie die Gnade erkannten, in der sie durch den Vater füreinander Frucht hervorbrachten, so daß sie, wie sie als ein Lobpreis für den Vater hervorgebracht worden waren, so auch, um als Vollkommene offenbart zu werden, offenbar wurden als solche, die durch die Lobpreisung wirken.

Väter des Dritten Lobpreises waren <sie> entsprechend der Unabhängigkeit und der Kraft, die mit ihnen erzeugt worden war, ohne daß sie in jedem einzelnen von ihnen sind, um in Einzigkeit Lobpreis zu spenden dem, was er will.

Der Erste und der Zweite sind es also, und so sind sie beide vollkommen und erfüllt.

Sie sind Offenbarungen des vollkommenen und erfüllten Vaters und (der) Vollkommenen, die hervorgekommen sind, als dem Vollkommenen Lobpreis gespendet wurde. Aber die Frucht des Dritten sind Lobpreisungen durch den Willen eines jeden der Äonen und (durch) jede der Eigenschaften <des> Vaters und <seiner> Kräfte. Sie existiert *(p.70)* [in] einer vollkommenen Fülle in [dem Maße, das] aus Übereinstimmung stammt, wie aus etwas, das einem jeden der Äonen entspricht, das, was er will, und das, wozu er fähig ist, wenn er darin dem Vater Lobpreis spendet.

Deswegen sind sie Verstandeskräfte von Verstandeskräften; sie werden erfunden werden als Worte von Worten, als Älteste von Ältesten, als Stufen von Stufen, die verschieden hoch sind im Vergleich zueinander; und jeder von denen, die Lobpreis spenden, hat seinen Platz, [seine] Höhe, seine Wohnung und seine Ruhe, die in dem Lobpreis besteht, den er hervorbringt.

---

[23] Hier (wie auch im folgenden) hypostasiert vorzustellen.

Alle, die dem Vater Lobpreis spenden, besitzen ihre Zeugungen ewiglich. Sie zeugen entsprechend der gegenseitigen Hilfe, wobei die Hervorbringungen grenzenlos und unermeßlich sind; und es gibt keinen Neid auf seiten des Vaters gegenüber denen, die aus ihm hervorgegangen sind, darum daß sie zeugen wie er und nach seinem Vorbild; er ist es ja, der in allen ist, zeugend und sich offenbarend; und wen immer er will, den macht er zum Vater – sie, deren Vater er selbst ist – und zum Gott – sie, deren Gott er selbst ist –, die macht er zum All – sie, <deren> All er selbst ist. All diese großen Namen *(p. 71)* bestehen in Wirklichkeit in jenem Ort, sie, an denen die Engel, die in der Welt entstanden sind, und die Archonten teilhaben, ohne allerdings den Ewigen gleichzusein.

Die ganze Einrichtung der Äonen hat also Liebe und Streben zu dem ganzen und vollkommenen Finden des Vaters. Und das ist ihre ungehinderte Vereinigung. Obgleich der Vater sich selbst ewig offenbart, wollte er es nicht, daß sie ihn erkennen, sofern er sich gibt, um zu veranlassen, daß sie ihn begreifen, um ihn zu suchen, während er sich in dem, worin er unerforschlich präexistiert, bewahrt.

Er, [der] Vater, ist es, der den Äonen Anlaß [und] Wurzel gegeben hat, so daß sie Etappen sind auf dem Weg, der zu ihm wie zu einer Schule des rechten Verhaltens führt, er hat [ihnen] ausgebreitet: Glauben und Gebet gegenüber dem, den man nicht sieht, eine feste Hoffnung auf den, den man nicht begreift, eine fruchtbare Liebe, die hinblickt auf das, was sie nicht sieht, eine willkommene Klugheit des Verstandes ewiglich, Seligpreisung, das ist der Reichtum und die <Freiheit>, und Weisheit dessen, der den Lobpreis des Vaters liebt, für ihr Denken.

Den erhabenen Vater erkennen sie *(p. 72)* durch seinen Willen, das ist der Geist, der im All weht und ihnen ein Denken gibt, damit sie nach dem Unerkennbaren suchen, wie jemand durch einen Wohlgeruch veranlaßt wird, nach der Sache zu suchen, um derentwillen dieser Wohlgeruch da ist. (Doch ist das Gleichnis unvollkommen,) da der Wohlgeruch des Vaters diese (Wohlgerüche) als unwürdige übertrifft. Denn seine Freundlichkeit versetzt die Äonen in unaussprechliche Lust; und sie gibt ihnen ein Denken, damit sie sich verbinden mit dem, der will, daß sie ihn erkennen in Einheitlichkeit und daß sie einander helfen im Geist, der in sie gesät ist. Sie befinden sich unter einem sehr schweren Gewicht, wobei sie neu werden in Unaussprechlichkeit, ohne die Fähigkeit zu haben, sich in Unkenntnis von dem (Platz), an dem sie eingesetzt sind, zu trennen. Weil sie, die Schweigenden, nicht reden können über die Herrlichkeit [des] Vaters, hat der, der reden kann, auf daß sie in ihm gestaltet werden, [sich] (zwar) offenbart, ohne aber daß er aussagbar ist. Sie haben <ihn> als einen im Denken Verborgenen. Weil es aus diesem stammt, schweigen die Äonen zwar über den Vater (, nicht sagend), wie er ist hinsichtlich seiner Gestalt, seiner Art und seiner Größe, *(p. 73)* während sie aber gewürdigt worden sind, diesen zu erkennen durch seinen Geist.

Er ist unbenennbar und unerreichbar. Durch seinen Geist, der die Fährte des Suchens nach ihm ist, gibt er sich ihnen, damit sie ihn begreifen und über ihn reden.

Jeder der Äonen ist ein Name, <das ist> jede seiner Eigenschaften und der Kräfte des Vaters. Da er in vielen Namen besteht, (die) in Verbindung und Übereinstimmung miteinander (sind), ist es möglich, daß sie ihn aussagen, wegen des Reichtums des Wortes, wie der Vater ein einziger Name ist. Weil er ein einziger ist, ist er aber unzählbar hinsichtlich seiner Eigenschaften und der Namen.

Also, die Hervorbringung von allem, was existiert, aus dem Existierenden ist nicht erfolgt wie eine Abtrennung voneinander, als ob es <eine> Loslösung von ihrem Erzeuger wäre. Vielmehr gleicht ihre Erzeugung einem sich Ausbreiten, bei dem [der] Vater sich zu denen, die er liebt, ausbreitet, damit [die], die aus ihm hervorgegangen sind, wieder er selbst werden.

Wie der Äon jetzt, obgleich er ein einziger ist, geteilt ist in Zeiten, und die Zeiten geteilt sind in Jahre, die Jahre geteilt sind in Jahreszeiten, die Jahreszeiten aber in Monate, die Monate aber in Tage, die Tage in Stunden, und die Stunden in Augenblicke, so *(p. 74)* ist auch der Äon der Wahrheit, obgleich er ein einziger ist, vielfältig, indem er verherrlicht wird mit den kleinen und mit <den> großen Namen, wie ein jeder die Fähigkeit hat, ihn zu erfassen. <Entsprechend> (ist er) aber auch wie eine Quelle, die bleibt, was sie ist, (und doch) ausströmt in Ströme, Seen, Flüsse und Kanäle; (bzw.) wie eine Wurzel, die sich erstreckt unter Bäumen und Zweigen mit seinen (des jeweiligen Baumes) Früchten; (bzw.) wie ein menschlicher Leib, der in Unteilbarkeit geteilt ist in Glieder von Gliedern, (in) erste Glieder und letzte, in große [und] kleine.

Die Äonen aber sind hervorgebracht worden gemäß der dritten Frucht durch die Eigenmächtigkeit des Willens und durch die Weisheit, die er ihnen für ihr Denken geschenkt hatte. Sie wollen nicht Lobpreis spenden [gemeinsam mit] dem, was aus Übereinstimmung stammt [und] hervorgebracht worden ist mit dem Ziele [lob]preisender Worte von einer jeden der Vollkommenheiten, noch wollen sie Lobpreis spenden gemeinsam mit dem All, noch wollen sie (es) gemeinsam mit einem anderen, der schon über die <Stufe> oder den Ort von jenem hinaus gelangt ist, außer wenn er von ihm, der da ruht in dem erhabenen Namen und in dem erhabenen Ort, empfängt, <was er> gewollt hat. *(p. 75)* Er wird ihn sich hinaufnehmen zu dem, was höher ist als er, und der, der zu ihm aufsteigen wollte, wird sich sozusagen selbst erzeugen, und durch jenen wird er sich erzeugen mit dem, was er selbst ist, er wird selbst neu werden gemeinsam mit dem, das über ihn gekommen ist von seinem Bruder, er wird ihn sehen und ihn um (eben) diese Sache bitten. Damit es nun so geschieht, sagt ihm nichts darüber derjenige, der Lobpreis spenden wollte, außer eben dieses.

Es gibt eine Grenze (Horos) des Sprechens, die in (dem Reich) der Fülle zu dem Zweck gezogen ist, daß sie wohl schweigen über die Unerreichbarkeit des Vaters, aber doch sprechen über den, den sie erreichen wollen. Es kam über einen der Äonen zu versuchen, die Unbegreifbarkeit zu erreichen und ihr Lobpreis zu spenden und erst recht der Unaussprechlichkeit des Vaters. [Sofern] er ein Logos der Einheit ist, ist er einer, obgleich er nicht aus der Übereinstimmung von allen stammt, auch nicht aus dem, der sie hervorgebracht hat; denn der, der das All hervorgebracht hat, <ist> der Vater.

Dieser Äon war einer von denen, denen die Weisheit gegeben worden war, in dessen Denken jeder einzelne präexistiert. Durch das, was er will, werden sie hervorgebracht werden. Zu dem Zweck empfing er eine Natur von Weisheit, daß er untersuche die verborgene Einrichtung, da sie eine Frucht von Weisheit ist.

Der eigenmächtige Wille, der erzeugt worden war mit dem All, war Ursache für diesen so beschaffenen Einen, um das zu tun, *(p. 76)* was er will, ohne daß einer ihn zurückhält.

Die Bestrebung dieses Logos war also etwas Gutes, sofern er sich daran machte, dem Vater Lobpreis zu spenden. Und doch wagte er sich an ein Unternehmen, das größer war als die Kraft (, die er besaß), weil er etwas, das vollkommen ist, hervorbringen wollte durch eine Übereinstimmung, in der er nicht war, und ohne daß er den Befehl dazu hatte.

Dieser Äon war ein letzter, <den> <sie> hervorgebracht hatten entsprechend einer gegenseitigen Hilfe, und ein kleiner, was sein Ausmaß betrifft. Und bevor er etwas anderes erzeugte zum Lobpreis des Willens und unter Übereinstimmung von allen, handelte er hochsinnig aus überschwenglicher Liebe (und) begab er sich zu dieser (Grenze (Horos)), die um die vollkommene Herrlichkeit herum gezogen ist.

Es ist nicht ohne den Willen des Vaters geschehen, daß dieser Logos hervorgebracht worden ist, noch wird er sich ohne ihn an sein Werk machen. Vielmehr hatte der Vater ihn hervorgebracht für die (Werke), von denen er weiß, daß sie entstehen müssen.

Der Vater und das All zogen sich also von ihm zurück, damit die Grenze (Horos), die der Vater bestimmt hatte, fest werde.

Er stammt nicht aus dem Erreichen (?) der Unerreichbarkeit, sondern aus dem Willen *(p. 77)* des Vaters, und zwar damit auch die Werke entstünden, die entstanden sind in Bezug zu einer zukünftigen Heilsordnung – wenn sie <nicht> nötig gewesen <wäre>, wäre sie nicht entstanden –, in der Offenbarung (des Reiches) der Fülle. Also deswegen dürfen (wir) nicht die Unruhe, die <die> des Logos ist, anklagen, sondern wir müssen über [die] Unruhe des Logos sagen, daß sie der Anlaß einer Heilsordnung, die kommen soll, ist.

Der Logos brachte sich selbst hervor als einen, der als ein einziger vollkommen ist, zum Lobpreis des Vaters, den er liebt und dem er dadurch wohlgefällt. Die (Dinge) aber, die er empfangen und erreichen wollte, erzeugte er als Schatten, Truggestalten und Nachbildungen.

Er vermochte es nicht zu ertragen, in [das] Licht zu blicken, sondern er blickte in [die] Tiefe und zweifelte. Aus diesem Grunde ist es eine Trennung, was er erlitt, und eine Abwendung. Auf Grund des Zweifels und <der> Trennung (kommt) Vergessen und Unwissenheit über sich selbst und <über das> Seiende.

Sein Sich-Erheben und seine Erwartung, den Unerreichbaren erreichen zu können, verfestigte sich ihm und blieb in ihm. Die Leiden aber, die ihm (da)hinein folgten, als er außerhalb seiner selbst geriet, entstanden aus dem Zweifel.

Den †...† des †...† der Herrlichkeiten des Vaters, dessen Erhabenheit grenzenlos ist, diesen aber erreichte er nicht, denn er <vermochte> ihn nicht zu erfassen.

Der, der sich also selbst hervorbrachte *(p. 78)* als ein Äon von Einzigkeit, der floh hinauf zu dem Seinigen und zu dem, was ihm verwandt war in (dem Reich) der Fülle. Er verließ das, was im Mangel entstanden ist, [und] die (Dinge), die aus ihm mittels einer Vorstellung hervorgegangen sind, als ob es nicht die Seinigen wären.

Als der, der sich selbst hervorbrachte, sich <selbst> als einen Vollkommeneren hervorgebracht hatte, wurde er schwach wie ein weibliches Wesen, das von seiner Männlichkeit verlassen worden ist.

Auf Grund dessen, was selbst mangelhaft geworden ist, existierten (nun) [die], die entstanden waren aus seinem Denken und [seinem] Hochmut; auf Grund dessen [aber], was vollkommen ist an ihm, verließ er es und versetzte er [sich] hinauf zu dem Seinigen und existierte (nun) als Fülle, sofern er existiert als eine Erinnerung für sich (daran), daß er gerettet [wurde] durch (?) den, der ihn gezogen hatte (?).

Der, der in die Höhe geflohen war, und der, der ihn zu sich gezogen hatte, waren nicht untätig, sondern, indem sie eine Frucht in (dem Reich) der Fülle hervorbrachten, zerstörten sie die (Dinge), die im Mangel entstanden waren.

Die, die entstanden sind aus dem hochmütigen Gedanken, sie sind den Wesen der Fülle ähnlich, deren Nachahmungen, Abbilder, Schatten und Erscheinungen sie sind, die verlassen sind vom Logos und vom Licht, sie, die dem nichtigen Gedanken zugehören, sofern sie überhaupt keine Geschöpfe sind. Deswegen *(p. 79)* wird auch ihr Ende wie ihr Anfang sein; (sie stammen) aus dem, was nicht existierte, um wieder zurückzukehren zu dem, was nicht sein wird. Sie aber an sich selbst sind es, die in sich bleiben als größer, mächtiger, und auch viel [herrlicher] als die Namen, [die] ihnen [beigelegt] sind, sie, die Schatten [von ihnen] sind, die schön sind in Nachahmung. Denn [das Aussehen] des Abbildes empfängt seine Schönheit von dem, wovon es ein Abbild ist.

Sie dachten von sich selbst, daß sie alleinige Seiende und Anfangslose sind, weil sie keinen anderen sehen, der vor ihnen existiert. Deswegen waren sie bekannt für den Ungehorsam und die Aufstände, weil sie sich nicht demütigten vor dem, um [dessentwillen] sie entstanden waren.

Sie wollten einander befehlen, sich übertreffend [in] ihrer eitlen Ruhmsucht, während der Ruhm, den sie haben, eine Ursache enthält [für] die Einrichtung, die entstehen sollte.

Sie sind also Abbildungen der Erhabenen, (mit der Folge,) daß sich jeder von ihnen zur Herrschsucht hinreißen läßt entsprechend der Größe des Namens, zu dem er als Schatten gehört, indem er sich einbildet, größer zu sein als der jeweils andere.

Das Denken dieser anderen war also nicht untätig, sondern nach dem Vorbild <von denen>, deren Schatten sie sind, (und die) alles, an was sie dachten, zum Kind haben, *(p. 80)* hatten auch sie die (Gedanken), mit denen sie an sich dachten, zu Abkömmlingen. Aus [diesem Grunde] geschah es, daß viele aus ihnen hervorgingen als Abkömmlinge, die kampflustig, streitbar, Unruhestifter, selbstgefällig, ungehorsam und herrschsüchtig waren – und alle übrigen derartigen (, die) aus diesen (stammen).

Der Logos also wurde zur Ursache derer, [die] entstanden [sind]. Er geriet [immer] mehr in Ratlosigkeit und verlor die Fassung: Statt Vollkommenheit sah er Mangel, statt

Verbindung sah er Abstand, statt Bestand [sah] er Unruhen, statt [Ruheplätzen] Aufstände. Er [kann] auch weder rückgängig machen, daß sie den Aufruhr [lieben], noch
kann [er] es vernichten. Er war [ganz] kraftlos geworden, nachdem seine Ganzheit und
seine [Erhabenheit] ihn verlassen hatten.

Die also, die entstanden waren, ohne sich selbst erkannt zu haben, erkannten auch die
Wesen der Fülle nicht, aus denen sie hervorgegangen sind, noch erkannten sie den, der
zur Ursache ihres Entstehens geworden ist.

Der Logos also, existierend in derartigen unbeständigen Verhältnissen, konnte nicht
noch einmal etwas wie Hervorbringungen bewerkstelligen, solche, die <als> herrliche
Wesen der Fülle existieren, die entstanden sind zum Lobe des Vaters, sondern er brachte *(p.81)* geringe, schwächliche Gebilde hervor, die gehindert sind durch die Leiden,
durch die auch er selbst gehindert ist. [Die] Nachahmung dieses Zustandes ist es, was
etwas Einziges zuwege gebracht hat, diese, die zur Ursache der Dinge, die nicht selbst
präexistieren, geworden ist.

Solange <brachte> der, der diese so Beschaffenen, die bedürftig waren, hervorgebracht
hatte, <sie> in den Mangel, bis er diese, die um seinetwillen, (aber) ohne Vernunft, entstanden sind, verurteilte. Das ist die Verurteilung, die zu einem zum Verderben führenden Gericht wurde, insofern als sie sich gegen sie wendet, das heißt gegen die, die sich
gegen das Gericht gewandt haben, [während] der Zorn ihnen folgt. Dabei ist es aber ein
Helfer und Erlöser für ihre (irrige) Meinung und ihren Aufstand, insofern als aus ihm
die Einkehr [stammt], die auch Buße genannt wird. Der Logos wandte sich zu einer
[anderen] Meinung und zu einem anderen Denken, indem [er] sich vom Bösen abkehrte
und sich dem Guten zuwandte. Der Einkehr folgte die Erinnerung an die Seienden und
das Gebet für den, der sich zu sich selbst zurückwendet im Guten.

Er, der in (dem Reich) der Fülle ist, ist es, der ihn zuerst angerufen hat und sich (an ihn)
erinnert, dann seine Brüder – einer nach dem anderen und (zwar) jeweils mit dessen
Nächstem –, dann alle (zusammen); vor diesen allen aber der Vater. *(p.82)* Dieses Gebet der [Anrufung] war nun eine Hilfe, um ihn <zu sich> selbst und dem All zurückzu-
bringen.

Es war eine Ursache für ihn, um sich der Präexistierenden zu erinnern, daß diese sich
seiner erinnerten – das ist die Erinnerung, die von fern her ruft und ihn zurückbringt.

Dieses ganze Gebet von ihm und diese Erinnerung waren zahlreiche Kräfte, <wie> es
auch jene Grenze (Horos) ist; denn es gibt nichts, was unwirksam ist, bei ihm im Denken.

Diese Kräfte also waren viel besser und größer als die (Kräfte) der Nachahmung. Denn
jene, die der Nachahmung, sie gehören zu einer [finsteren] Substanz. Aus einer Vorstellung von Nachahmung und (aus) einem überheblichen und [eitlen] Denken sind sie entstanden. Diese aber, sie stammen aus jenem Denken, das sie im Voraus erkannte.

Jene also sind welche, die wie in einem <Rausch> und einem schweren Schlaf sind; sie
sind wie die, die unruhige Träume haben, solche, die ein Schlaf verfolgt, während die
Träumenden eingeschlossen sind. Die anderen aber sind ihm wie welche von Licht, die

den Aufgang der Sonne erwarten, nachdem es geschehen ist, daß sie in ihm wahrhaft angenehme Träume gesehen haben.[24] Was sie betrifft, *(p.83)* so ist schon geschwunden †...† Hervorbringungen des Gedankens. Sie besaßen nichts Besonderes mehr [in] ihrem Wesen, und sie besaßen auch keine besondere Herrlichkeit mehr.

<Sie> sind den Präexistenten nicht ebenbürtig. Wenn sie andererseits vorzüglicher waren [als] die Nachahmungen, dann war es allein dies, wodurch sie erhabener sind als sie: daß sie (nämlich) aus einer guten Gesinnung stammen – denn sie gingen nicht hervor aus dem Leiden, das entstanden war –, das ist die gute Gesinnung <von> dem, der nach dem Präexistenten suchte, nachdem er angerufen und sich selbst zum Guten gebracht hatte. Und er hat ihnen den Vorsatz eingesät, sich suchend und anrufend dem gepriesenen Präexistenten zuzuwenden. Und er hat ihnen eine Erinnerung [an ihn] und eine Überlegung eingesät, damit sie sich erinnern, daß es einen gibt, der größer ist als sie und der vor ihnen da ist, ohne daß sie wußten, was es ist, das da existierte. Indem sie das Wohlgefallen und die Liebe zueinander aus jener Erinnerung heraus hervorbrachten, wirkten sie in der Einheit und Einmütigkeit, wie sie aus der Einheit und Einmütigkeit ihr Sein empfangen hatten.

Sie nun suchten sie aus Herrschsucht zu überwältigen, weil sie viel herrlicher waren *(p.84)* als die ersten, die sich gegen sie erhoben. Jene hatten sich nicht gedemütigt. Sie dachten von [sich], daß sie aus sich selbst Seiende und Anfangslose wären, die (ihrerseits) zuerst (anderes) [hervor]bringen, ihrem Gebären gemäß. Es kämpften gegeneinander die beiden Abteilungen im Streit um die Herrschaft, auf Grund der Art ihres Seins, so daß sie in Mächten und Materien versanken, nach der Bestimmung des Kampfes gegeneinander, wobei sie selbst [auch] die Herrschsucht haben und auch alle anderen derartigen (Laster). Auf Grund dieser (Dinge) zieht die eitle Ruhmsucht sie alle zur Begierde der Herrschsucht hin, während keiner von ihnen sich <an den> Erhabenen erinnert und sie ihn nicht bekennen.

Die [Kräfte] dieser Erinnerung waren vorbereitet in den <Namen> des Präexistenten, von denen sie Abbilder sind.

Die Ordnung von diesen so Beschaffenen besaß die Übereinstimmung mit sich selbst und untereinander. Sie war aber in der Verteidigung gegen die Ordnung der (Kräfte) der Nachahmung, während die Ordnung der (Kräfte) der Nachahmung im Angriff liegt gegen die Abbilder und (es) gegen sich selbst tut wegen ihrer Wut. *(p.85)* Aus diesem Grunde [geschah] es [...] eigene [...] gegeneinander für (?) [...] die Notwendigkeit sie gesetzt hat [...] auch, damit sie obsiegen [...] er ließ nicht davon ab [...] ihr(en) Neid, [ihre] Mißgunst, (den) Zorn, die Ungerechtigkeit, die Begierde und die Unwissenheit, obsiegend, indem sie verschiedene Materien erzeugen und Kräfte von jeder Art, in großer Zahl und miteinander vermischt, während der Logos es ist, der für sie zur Ursache der Erzeugung wurde, obgleich sein Verstand (Nous) auf die Offenbarung der [Hoffnung] wartet, die ihm oben zuteil werden soll.

---

[24] Vgl. EV NHC I,3 p.28,32-30,14.

Der Logos, der in Unruhe geraten war, besaß die Hoffnung und die Erwartung des Erhabenen. Von den (Kräften) des Schattens wandte er sich in jeder Weise ab, da sie gegen ihn stritten und sehr aufrührerisch gegen ihn waren; er kam aber zur Ruhe auf den
(Kräften) der Erinnerung. Und diesen, der auf diese Weise hinaufeilt und sich in der erhabenen Bestimmung befindet, wobei er dessen, der mangelhaft wurde, gedenkt, den
gebar der Logos in Unsichtbarkeit unter denen, die gemäß der Erinnerung entstanden
waren, gemäß dem, der bei ihnen war, bis das Licht ihm als Lebensspender erstrahlte
aus der Höhe – dies (Licht), das erzeugt wurde aus der Erinnerung der Bruderliebe der
präexistenten Wesen der Fülle.

Der Fall, der geschehen war, den nahmen die leidensunfähigen Äonen des Vaters des
Alls auf sich, als wäre es ihr eigener, in Fürsorge, Güte und in großer Freundlichkeit.
(p.86) [... das] All, daß sie belehrt werden über [... durch] den Einen, [...] durch den [...]
alle [Festigkeit erlangen], um die Mängel zu heilen.

Die [Ordnung, die] ihm zuteil [wurde], entstand durch <den>, der in die Höhe geflohen
war und der es ihm von sich brachte und aus der ganzen Fülle. Der, der in die Höhe geflohen war, wurde zum Bittenden für den mangelhaft Gewordenen gegenüber der
Hervorbringung der Äonen, die geschehen war in Entsprechung zu den Seienden. Sie
aber, als er sie bat, stimmten zu mit Freude und Liebe, weil sie einverstanden waren mit
übereinstimmendem Wohlgefallen, um Hilfe zu erweisen dem, der mangelhaft geworden [war]. Sie kamen zusammen und baten den Vater in angemessenem Denken, daß
die Hilfe erfolgen möge von oben durch den Vater zu seiner Ehre, da der mangelhaft
Gewordene nicht anders vollkommen werden könnte, wenn es der Fülle des Vaters, die
ihn zu sich gezogen hatte, nicht gefiele, sich zu offenbaren und (es) dem mangelhaft
Gewordenen zu geben. Aufgrund der Zustimmung also in freudigem Willen, die erfolgte, wurde die Frucht hervorgebracht: ein Erzeugnis der Übereinstimmung, ein Einziger,
der (Sohn) des Alls, (ein Wesen,) das die Erscheinungsweise des Vaters offenbart, an
das die Äonen dachten, als sie Lobpreis spendeten und um die Hilfe für ihren Bruder
baten in der Absicht, zu deren (Durchführung) der Vater sich mit ihnen verband, als sie
mit Willen und in Freude die Frucht hervorbrachten. So trat das Wohlgefallen der Offenbarung seiner Verbindung mit ihnen – das ist der Sohn seines Willens – in Erscheinung. *(p.87)* Der Sohn der Zufriedenheit des Alls gab ihnen sich (selbst) zum Gewand,
das, wodurch er dem mangelhaft Gewordenen die Vollendung gab und die Festigkeit
den (schon) Vollkommenen, er, der in Wirklichkeit „Erlöser" heißt, und „der Heiland",
„der Wohlgefällige", „der Geliebte", „der Erbetene", „der Christus", „das Licht der Ge-
ordneten" – denen entsprechend, aus denen er hervorgebracht worden war, insofern als
er versehen mit den Namen der (ewigen) Ordnungen in Erscheinung trat. Oder welches
ist denn der Name, mit dem man ihn noch nennen könnte, außer „der Sohn", wie wir es
vorher schon gesagt haben, weil dieser die Erkenntnis des Vaters ist, der erkannt werden wollte?

Es ist nicht nur so, daß die Äonen die Erscheinungsweise des Vaters, dem sie Lobpreis
spendeten, erzeugten – was vorher geschrieben ist –, sondern sie erzeugten auch ihre
eigene.

Die Lobpreis spendenden Äonen erzeugten ihre Erscheinungsweise und ihr Aussehen. Sie erzeugten sie als ein Heer für ihn, wie es ein König hat. Weil die (Kräfte) der Erinnerung Zusammenhalt und Wohlgefallen an Verbindung besaßen, gingen sie hervor als eine Gestalt, die aus vielen Gestalten besteht, damit der, dem geholfen werden soll, die sieht, die er um Hilfe gebeten hat, und auch den sieht, der sie ihm gewährt hat.

Die Frucht der Übereinstimmung mit ihm, über die wir schon vorher gesprochen haben, ist versehen mit der Macht über alles. Denn der Vater hat alles in ihn hineingelegt, sei es das Vergangene, sei es das Gegenwärtige, sei es das Zukünftige. *(p.88)* Er war dazu fähig. Er offenbarte das, was er in ihn gelegt, aber ihm nicht ausgeliefert, sondern ihm nur anvertraut hatte. Er leitete die Verwaltung des Alls in der Vollmacht, die ihm zuvor gegeben war, samt der Kraft zum Tun. So begann er und führte er aus seine Offenbarung.

Dieser, in dem der Vater war, und dieser (selbe), in dem das All war, tat es zuerst an dem, der mangelhaft war im Sehvermögen. Er zeigte sich denen, die nach ihrem Sehvermögen verlangten, durch den Aufgang jenes vollkommenen Lichtes. Er erfüllte ihn zuerst mit der unaussprechlichen Freude. Er erfüllte ihn für sich mit etwas Vollkommenen. Und er gab ihm auch das Einzelne. Denn dies ist die Bestimmung der Ersten Freude. Und <er> säte auch auf unsichtbare Weise in ihn einen Logos, der zur Einsicht bestimmt ist. Und er gab ihm eine Kraft, um von sich abzutrennen und loszulösen die, die ihm ungehorsam sind. So zeigte er sich selbst für ihn. Denen aber, die seinetwegen entstanden waren, offenbarte er sich, als ob er an ihnen (nur) vorüberging. <Er> tat (es) ihnen mit einem Schlag, als er sich ihnen als Netz offenbarte, das sich (schnell) wie der Blitz wieder zurückzieht. Und den Streit, den sie miteinander hatten, beendete er und ließ ihn aufhören *(p.89)* in dieser Offenbarung. Das <Netz>, über das sie nicht Bescheid wußten und das sie nicht erwarteten, <fing sie>, ohne daß sie es erkannten. Deswegen wurde ihnen Furcht eingeflößt. Sie stürzten hin, weil sie die Wucht des Lichtes, das ihnen entgegenkommt, nicht ertragen konnten. Für die zwei Ordnungen aber war das, was erschienen war, ein Schlag. Und zwar so: Die (Kräfte) der Erinnerung sind es, <die> mit einem kleinen (Namen) <benannt wurden>, weil sie eine kleine Erinnerung daran haben, daß sie den Erhabenen haben (und daß) er vor ihnen existiert, und (weil) sie welche haben, die in sie die Erwartung des Erhabenen gesät haben, der sich offenbaren wird. Deswegen hießen sie seine Offenbarung willkommen und erwiesen sie ihm göttliche Ehre. Sie wurden zu einsichtsvollen Zeugen für <ihn>. Sie bekannten, daß das Licht, das erschienen war, stärker ist als ihre Widersacher. Die (Kräfte) der Nachahmung aber erschraken sehr, weil sie im Voraus nichts darüber hatten hören können, daß es eine solche Erscheinung gibt. Deswegen stürzten sie in die Tiefe der Unwissenheit, die das ist, was „die äußerste Finsternis"[25] genannt wird, und „das Chaos", „die Unterwelt", „der Abgrund". Er verlieh das Obere der Ordnung der (Kräfte) der Erinnerung, weil sie stärker geworden ist als sie. Sie wurden gewürdigt, Herrscher zu werden über die unaussprechliche Finsternis, weil es das ist, was ihnen zukommt, und weil es das Los ist, das auf sie gefallen ist. Er verlieh es ihnen, weil auch sie nützlich werden sollten für den zukünftigen Heilsplan, *(p.90)* der <ihnen> unbekannt war.

---

[25] Vgl. Mt 8,12; 22,13; 25,30 und EvPhil 65; 69d.

Es besteht ein [großer] Unterschied zwischen der Offenbarung gegenüber dem, der entstanden und (dann) mangelhaft geworden ist, und gegenüber denen, die entstehen sollten um seinetwillen. Denn diesem offenbarte er sich in seinem Inneren, bei ihm seiend, das Leiden mit ihm teilend, ihn allmählich zur Ruhe führend, ihn wachsen lassend, ihn nach oben leitend, sich ihm schließlich ausliefernd zum Genuß der Schau. Jenen hingegen, die draußen sind, offenbarte er sich im Vorbeigehen und mit Wucht; und er zog sich sogleich wieder zurück, ohne daß er sich ihnen zu schauen gab.

Als der mangelhaft gewordene Logos zu leuchten begann, nahm seine Erfüllung ihren Anfang. Er entfloh denen, die ihn zuvor beunruhigt hatten. Er löste die Verbindung mit ihnen. Er legte jenes hochmütige Denken ab. Er empfing die Verbindung der Ruhe, als sich ihm beugten und vor ihm demütigten die, die ihm zuvor ungehorsam waren. Und <er> freute sich über die Heimsuchung seitens seiner Brüder, die ihn heimgesucht hatten. Er spendete aber Lob und Preis denen, die sich zu seiner Hilfe offenbart hatten, dankend dafür, daß er denen, die sich gegen ihn erhoben hatten, entkommen war, ehrerbietig staunend über die Größe und die, die sich ihm bestimmungsgemäß offenbart hatten. Er erzeugte lebendige Abbilder der lebendigen Gestalten, Schöne von Guten, Seiende von den Seienden, die ihnen zwar an Schönheit gleichen, aber ihnen nicht wirklich ebenbürtig sind, weil sie nicht aus einer Übereinstimmung zwischen dem, der sie hervorgebracht *(p.91)* hat, und dem, der sich ihm offenbart hat, stammen. Aber in Weisheit und Verständnis wirkt er, weil er sich die Vernunft (Logos) ganz zueigen macht. Deswegen nun sind die, die aus ihm hervorgegangen sind, groß, wie der Seiende wahrhaft groß ist.

Nachdem er die Schönheit derer, <die> sich ihm offenbart hatten, bewundert hatte, bekannte er den Dank für ihre Heimsuchung. Der Logos tat sein Werk durch die, von denen er die Hilfe erlangt hatte, für die Befestigung derer, die um seinetwillen entstanden waren, und damit sie etwas Gutes empfangen möchten, wobei er meinte, darum bitten zu sollen, daß die eben dazu festgesetzte Heilsordnung alle, die aus ihm hervorgegangen waren, erreiche. Deswegen sind die, die er nach dem Vorsatz hervorgebracht hatte, {...} (wie) Fahrzeuge – die denen gleichen, die entstanden sind und offenbart wurden –, damit sie lauter Orte durchqueren <in den> Werken, die unten sind, auf daß sie einem jeden sein Land geben, das (für ihn) bestimmt ist, wie er (es) ist (für das betreffende Land). Dies ist ein Umsturz für die (Kräfte) der Nachahmung, eine Wohltat aber für die (Kräfte) der Erinnerung, eine Offenbarung wiederum für die, die aus der Bestimmung stammen, die etwas einziges wurden, das leidensfähig ist, obgleich sie (erst) Samen sind, die noch nicht selbst entstanden sind.

Der also, der sich offenbart hat, war eine Erscheinungsweise des Vaters und der Übereinstimmung. Es war ein Gewand, (gewebt) von jeder Gnade, und eine Speise, bestimmt für die, die der Logos hervorgebracht hatte, als er anrief und die Herrlichkeit und die Ehre empfing, *(p.92)* die, mit der er ehrend Lobpreis gespendet hat, und als er auf die blickte, um die er gebeten hatte, damit er sie vollende durch die Abbilder, die er hervorgebracht hatte.

Der Logos vermehrte sehr die gegenseitige Hilfe und die Hoffnung auf die Verheißung, so daß sie Freude haben nebst tiefer Ruhe und unbefleckter Lust. Er erzeugte die, an die er sich zuvor erinnert hatte, ohne daß sie mit ihrer Vollkommenheit bei ihm waren, jetzt, wo der (Gegenstand) der Schau bei ihm ist. Doch er bleibt in der Hoffnung und im Glauben an den Vater, der in allen Dingen vollkommen ist, während er ihm zwar sichtbar, jedoch noch nicht mit ihm verbunden ist, damit die, die entstanden sind, nicht vernichtet werden durch den Anblick des Lichtes. Denn sie können diese große und erhabene Art nicht ertragen.

Aber der Gedanke des Logos, der ihn zu seiner Festigkeit zurückgebracht hatte und Herr geworden war über die, die um seinetwillen entstanden waren, wurde „Äon" genannt, und „Ort" (sc.) für alle, die er hervorgebracht hatte gemäß der Bestimmung. Und er wird auch „Versammlung des Heils" genannt, weil er ihn von der Zerstreuung heilte, die der vielfältige Gedanke ist, und ihn zurückbrachte zu dem einzigen Gedanken, wie er auch „Aufbewahrungsort" genannt wird wegen der Ruhe, die er empfing, indem er (sie) sich selbst gab. *(p.93)* Und er wird auch „Braut<gemach?>" genannt wegen der Freude über den, der sich, auf Hoffnung hin, als Frucht der Übereinstimmung dargebracht hat und sich ihm offenbart hatte. Er wird auch „Königreich" genannt wegen der Befestigung, die er erhielt, jubelnd über die (empfangene) Macht über seine Feinde. Und er wird „die Freude des Herrn" genannt wegen des Jubels, [den er] anzog, während das Licht bei ihm war und ihm das Entgelt für das Gute gibt, das in ihm ist, und den Gedanken der Freiheit.

Der Äon also, über den wir vorher gesprochen haben, ist oberhalb der zwei Ordnungen derer, die einander widerstreiten; er hat keinen Anteil an denen, die herrschen, und er ist unverbunden mit den Leiden und den Schwächen, (das heißt) den (Kräften) der Erinnerung bzw. den (Kräften) der Nachahmung.

Der, in dem sich der Logos also niedergelassen hatte als einer, der vollkommen ist in der Freude, war ein Äon, der die Gestalt der Sache selbst hatte, aber auch die Struktur der Ursache; das ist der, der sich offenbart hatte. Er (sc. der Äon) ist so ein Abbild derer, die in (dem Reich) der Fülle sind, (das heißt) derer, die entstanden sind aus dem Reichtum des Genusses des Seienden in Freude. Sie aber, die Erscheinungsweise dessen, der sich offenbart hat im <Wohlgefallen>, in der Schau und in der Verheißung hinsichtlich dessen, das er erbeten hatte, besaß die Bezeichnung (Logos) des Sohnes, sein Wesen, seine Kraft und seine Gestalt; das ist es, <was> er gewollt hatte und woran er Wohlgefallen hatte; *(p.94)* das ist es, worum gebeten worden war in Liebe. Er war Licht. Und er war Wille zur Berichtigung. Und er war Offenheit für Lehre. Und er war Auge für eine Schau der (Dinge), die er besitzt von den Erhabenen. Und er war Weisheit für sein Denken gegenüber denen, die unterhalb der Heilsordnung sind, und Logos zum Reden, und die Vollendung der Werke von solcher Art. Und diese sind es, die mit ihm gestaltet wurden, und zwar nach dem Bilde der Fülle, so daß sie ihre Väter haben, die es sind, die sich offenbart haben, so daß jeder ein Merkmal einer jeden dieser Gestalten ist, die männliche Gestalten sind, weil sie nicht aus dem Leiden stammen, das die Weiblichkeit ist, sondern aus dem, der das Leiden schon verlassen hat, den Namen der „Kirche" besitzend. Denn übereinstimmend gleichen sie der Übereinstimmung in der Versammlung derer, die sich offenbart haben.

Dieser, fürwahr, der nach dem Bilde des Lichtes entstanden ist, er selbst ist vollkommen, da er ein Bild des einzigen, wirklichen Lichtes ist – er, der das All ist. (Auch) wenn er geringer war als der, von dem er ein Abbild war, so besitzt er doch dessen Unteilbarkeit, und zwar weil er eine Erscheinungsweise des unteilbaren Lichtes ist. Die hingegen, die entstanden sind nach dem Bilde eines jeden der Äonen, sind zwar hinsichtlich des Wesens in (Übereinstimmung mit) dem, was wir zuvor gesagt haben, hinsichtlich der Kraft aber sind sie nicht gleich, weil sie in einem jeden {...} von ihnen ist. In der Verbindung untereinander haben sie zwar die Gleichheit, jeder *(p.95)* einzelne aber hat das (jeweils) Seinige nicht abgetrennt. Deswegen sind sie Leidenschaften – denn Leidenschaft ist ein Leiden –, weil sie nicht Erzeugnisse aus der Übereinstimmung der Fülle sind, sondern schon aus dem, der den Vater noch nicht empfangen hat oder die Übereinstimmung mit seinem All und dem Willen. Es war nützlich für den zukünftigen Heilsplan, weil ihnen bestimmt war, daß sie die unteren Orte durchziehen müßten, ohne aber daß die Orte ihren Einzug sogleich und schnell zu ertragen vermögen, außer einzeln bei jedem, wobei ihr Einzug notwendig ist, weil alles durch sie erfüllt werden sollte.

Sie alle nun schlechthin, die Präexistenten, die Gegenwärtigen und die Zukünftigen; deren Schau empfing der Logos, als er betraut wurde mit dem Heilsplan für alle Vorhandenen. Einige zwar sind schon in den Werken, indem sie dafür nützlich sind, daß diese entstehen, die zukünftigen Samen aber hat er in sich auf Grund der Verheißung, die das gewesen ist, wodurch er schwanger wurde, weil sie die (Verheißung) zukünftiger Samen ist. Und er brachte seine Nachkommenschaft hervor – das ist die Offenbarung dessen, wodurch er schwanger wurde. Der Same der Verheißung wird aber bewahrt für einige Zeit, damit die, die bestimmt waren, bestimmt sein würden für eine Aussendung durch das Kommen des Erlösers und seines Gefolges, die die ersten sind, zu Erkenntnis und Lobpreis des Vaters.

Es ist nötig – auf Grund *(p.96)* des Gebetes, das er sprach, und der Einkehr, zu der es um dessentwillen kam –, daß die einen zugrunde gehen, die anderen tun, was gut für sie ist, wieder andere aber abgesondert werden. Zuerst bereitete er die Strafe für die Ungehorsamen, wobei er sich der Kraft dessen bediente, der sich offenbart hatte und von dem er die Macht über das All erhalten hatte, um das Untere von sich abzutrennen und auch sich selbst gesondert vom Erhabenen einen Platz anzuweisen, bis er den Heilsplan für alle außen Befindlichen bereitet und jedem das Land gibt, das ihm zukommt.

Als der Logos das All ordnete, setzte er sich (selbst) zuerst als Anfang ein, als Ursache und Führer dessen, was entstanden ist, nach dem Vorbild des Vaters, der zur Ursache der präexistenten Einsetzung geworden ist. Danach richtete er die präexistenten Bilder her, die er in Dank und Lobpreis hervorgebracht hatte. Dann ordnete er den Ort derer, die er dem Lobpreis entsprechend (hervor)gebracht hatte, der „Paradies" genannt wird und „Genuß" und „Wonne, angefüllt mit Nahrung" und „Wonne <der> Präexistenten", und zwar von jedem Gut, das in (dem Reich) der Fülle ist, das Abbild gebend. Dann ordnete er das Reich, so daß es wie eine Stadt ist, die angefüllt ist mit allem Schönen – das ist die Bruderliebe und die große Neidlosigkeit –, (das Reich,) das erfüllt ist *(p.97)* von den heiligen Geistern und [den] starken Kräften, <in dem> die als Bürger leben, die der Logos hervorgebracht hatte und sich (dadurch) kraftvoll befestigte. Dann (ordnete er) den Ort der Kirche, die hier versammelt ist, in Ähnlichkeit mit der Kirche, die in den Äonen ist, die dem Vater Lobpreis spenden. Danach (ordnete er) den Ort des Glaubens und des Gehorsams, (die) [aus] der Hoffnung (kommen und) die [der Logos] empfangen hatte, als <ihm> das Licht erschien. Dann (ordnete er den Ort) der Bestimmung; das ist das Gebet [und] die Anrufung – denen die Vergebung folgte – und das Wort über den, der sich offenbaren wird.

Alle geistigen Orte sind durch eine geistige Kraft von den (Kräften) der Erinnerung getrennt, wobei die Kraft in einem Abbild dessen besteht (sc. des Horos), der die (Region der) Fülle vom Logos trennt, während die Kraft, die bewirkt, daß sie über die Zukunft weissagen, zuläßt, daß die (Kräfte) der Erinnerung, die entstanden sind, den Präexistenten <...>, ohne zuzulassen, daß sie sich verbinden mit denen, die entstanden sind durch eine Schau derer, die bei ihm sind.

Auch die (Kräfte) der Erinnerung, die außerhalb von ihm ist, sind untergeordnet. Sie bewahren auch das Bild dessen, was zur Fülle gehört, besonders aber wegen der Teilhabe an den Namen, durch die sie geordnet sind.

Die Einkehr ist den (Kräften) der Erinnerung untergeordnet; und auch das Gesetz des Gerichtes ist ihnen untergeordnet – welches die Verurteilung und der Zorn ist. Diesen ist wiederum die Kraft untergeordnet, die die Unteren von ihnen abtrennt, indem sie sie weit weg wirft und nicht zuläßt, daß sie *(p.98)* sich über die (Kräfte) der Erinnerung und die Einkehr ausbreiten; das ist die Furcht, die Ratlosigkeit, das Vergessen, die Verblüffung, die Unwissenheit und die, die als Nachahmung aus einer Vorstellung entstanden sind. Und auch sie werden mit diesen erhabenen Namen genannt. Die, die untergeordnet wurden, <haben> keine Kenntnis von denen, aus denen sie in hochmütigem Denken, Herrschsucht, Ungehorsam und [Lügenhaftigkeit] hervorgegangen sind.

Jede <der> beiden Ordnungen nannte er also mit einem Namen; so werden einerseits die (Kräfte) der Erinnerung und die (Kräfte) des Gleichnisses „die Rechten" genannt und „<die> Seelischen", „die Feurigen", „die Mittleren", und werden andererseits die (Kräfte) des hochmütigen Gedankens und die (Kräfte) der Nachahmung „die Linken" genannt und „<die> Materiellen", „die Finsteren", „die Letzten".

Nachdem der Logos jeden in seiner Ordnung begründet hatte, seien es die Bilder oder die Gleichnisse oder die Nachahmungen, bewahrte er den Äon der Bilder rein von all seinen Widersachern als einen Ort der Freude. Den (Kräften) der Erinnerung aber offenbarte er den Gedanken, dessen er sich (selbst) entledigt hatte, mit der Absicht, daß (dies)er sie zur Teilhabe am Materiellen zieht zum Zwecke einer Einrichtung für sie und eines Wohnortes, damit sie auch einen Anlaß zur Verminderung durch ihren Zug zum Bösen hervorbringen, damit sie sich nicht im Übermaß erfreuen an der Herrlichkeit in ihrer Umgebung und in der Verbannung bleiben müssen, sondern damit sie auf ihr Leiden blicken, an dem sie leiden, *(p.99)* damit sie anhaltendes Begehren hervorbringen und Trachten nach dem, der sie von der Schwachheit heilen kann. Über jene aber, die die (Kräfte) der Nachahmung sind, setzte er den schöpferischen Logos ein, damit (dies)er sie zur Form bringt. Er setzte über sie auch das Gesetz des Gerichtes ein. Au-

ßerdem setzte er über sie [die] Kräfte ein, die die Wurzeln [in] der Herrschsucht hervor-
gebracht hatten. Er [setzte sie ein] als solche, die über sie herrschen, damit durch die
Befestigung des weisen Logos bzw. durch die Drohung des [Gesetzes] bzw. durch die
herrschsüchtige Kraft die Ordnung bewahrt wird (und zwar) mit Hilfe derer, die das
Böse in ihr verringert haben, bis der Logos mit ihnen zufrieden ist als solchen, die dem
Heilsplan nützen können.

Die Übereinstimmung in der Herrschsucht bei den beiden Ordnungen ist dem Logos
wohlbekannt. Diesen und allen anderen gewährte er ihr Verlangen. Er gab einem jeden
den Rang, der ihm zukommt. Und es wurde befohlen, daß jeder zum Archonten eines
Ortes und eines Werkes wird, und daß er dem weicht, der höher ist als er, auf daß er
<den> übrigen Orten befiehlt in einem Werk, das im Los des Werkes ist, das zu ergrei-
fen ihm zugekommen ist auf Grund der Art des Seins, so daß es Befehlende gibt und
Gehorchende, in Positionen von Herrschaft und von Sklaverei, bei den Engeln *(p.100)*
und den Erzengeln, weil die Werke vielfältig und verschieden sind. Jeder der Archonten
mit seinem Geschlecht und seinem Wert, denen (sc. dem Geschlecht und dem Wert)
sein (sc. des Archonten) Los ihn zugeordnet hat, dementsprechend, wie sie (sc. die
Archonten) in Erscheinung getreten waren, bewahrte (es), da er mit dem Heilsplan betraut worden war. Und es gibt keinen, der ohne Befehl ist; und es gibt keinen, der ohne
König ist, von dem [Ende] der Himmel bis zum Ende der [Erde], bis hinab zu denen,
die auf der [Erde] wohnen, und (zu) denen, die unter der Erde sind. Es gibt Könige, es
gibt Herren und die, denen sie Befehle erteilen, so daß die einen Strafe austeilen, die
anderen Urteile fällen, wieder andere beruhigen und heilen, wieder andere belehren,
wieder andere bewahren.

Über alle Archonten setzte er einen Archonten ein, dem keiner Befehle erteilt, der ihrer
aller Herr ist; das ist die Erscheinungsweise, die der Logos in seiner Erinnerung nach
dem Bilde des Vaters des Alls hervorgebracht hat. Deswegen ist er mit jedem <Namen>
(sc. des Vaters) geschmückt, weil er ein Abbild von ihm ist, im Besitz aller
Vollkommenheiten und aller Herrlichkeiten. Er wird nämlich auch „Vater" genannt und
„Gott", „Demiurg", „König", „Richter", „Ort", „Wohnung" und „Gesetz".

Dessen also bediente sich der Logos wie einer Hand, um das Untere zu ordnen und zu
bewirken; und er bediente sich seiner wie eines Mundes, um das auszusprechen, was
geweissagt werden sollte.

Als er sah, daß das, was er gesagt und bewirkt hatte, groß, gut und staunenswert war,
freute er sich und jubelte, als ob *(p.101)* er mit seinen Gedanken es sei, der es sagt und
tut, weil er unwissend darüber ist, daß die Bewegung seiner Hand vom Geist stammt,
der ihn auf eine bestimmte Weise auf das hin bewegt, was er will.

Was durch ihn entstand, das hatte er gesagt, und es entstand nach dem Bilde der geistigen Orte, die wir in dieser Rede schon behandelt haben, als wir über die Bilder sprachen.

Er wirkte nicht nur, sondern er zeugte auch selbst, eingesetzt als Vater, [seinen] eigenen
Heilsplan und die Samen. (Dies geschah) aber [durch den] oberen [Geist], der [durch
ihn] zu den unteren Orten herabkommen wird. Nicht nur (das); er spricht auch geistige

Worte, als ob sie von ihm seien; (aber in Wirklichkeit erfolgen sie) in Unsichtbarkeit durch den Geist, der da ruft und größere (Worte) hervorbringt, als es dessen eigenem Wesen entspricht.

Auf Grund seines Wesens, weil er ein „Gott" und „Vater" ist (und) auch (das, was) alle übrigen geehrten Namen (besagen), dachte er von ihnen, daß sie aus seinem Wesen stammen. Er errichtete eine(n Ort der) Ruhe <für> die, die ihm gehorsam sind. Die aber, die ihm nicht gehorsam sind, (bestimmte er) auch zu Strafen. Bei ihm befindet sich aber auch ein Paradies und ein Königreich und auch alles übrige, was es in dem Äon, der vor ihm ist, gibt, obgleich jene den „Siegel(abdrücke)n" überlegen sind wegen des (irrtümlichen) Gedankens, der mit diesen verbunden ist und *(p.102)* einem Schatten oder einer Decke gleicht, daß er, sozusagen, nicht sieht, wie die Seienden (wirklich) sind.

Er setzte sich Demiurgen ein und Diener, die ihm helfen bei dem, was er tun und sagen will.

An jedem Ort, wo er wirkte, hinterlegte er seine Erscheinungsweise, so daß er in seinem Namen geordnet ist, während er wirkt und sagt, was er denkt {...}.

[Er] stellte in seinen Orten Bilder auf von dem Licht, das erschienen war, und von [denen, die] geistig [sind], als ob sie aus seinem Wesen stammen.

Sie waren also überall durch ihn geordnet, während sie „gesiegelt" (?) sind durch die Erscheinungsweise dessen, der sie gegründet hat. Und sie wurden eingerichtet (als) Paradiese, Königreiche, Ruhe(orte), Verheißung(sorte) <durch ihn> und seine vielen Diener, (und zwar) willentlich. Und obgleich diese (ihre) Herren und Mächte sind, sind sie doch eingesetzt für den, der (eigentlich) Herr ist, (nämlich für) den, der sie eingesetzt hat.

Nachdem er ihm so zugehört hatte, hat er geziemend die Lichter, die den Ausgangspunkt <der> Einrichtung bilden, eingesetzt über die Ordnung der Unteren. Bewegt hat ihn in besagter Weise der unsichtbare Geist, damit er *(p.103)* wiederum bereit ist, den Heilsplan auszuführen durch seinen eigenen Diener, (durch) den, dessen er sich selbst wiederum bediente wie einer Hand und wie eines Mundes und, wie wenn noch jemand bei ihm wäre. Die (Dinge), die er (hervor)bringt, (sind) Ordnung, Drohung [und] Schrecken, damit die, die eine Unachtsamkeit [...] begangen haben, zuschanden würden. (Dies ist die) Ordnung, [zu] deren Bewahrung [sie eingesetzt] sind, solange sie gefesselt sind mit den [Fesseln der] Archonten, die über sie eingesetzt sind, an ihrem Ort.

Der ganze Bestand der Materie ist dreigeteilt. Die [ersten] Kräfte, die der geistige Logos unter Einbildung und Hochmut hervorgebracht hat, [die] setzte er in die erste, geistige Ordnung. Diejenigen nun, die diese in der Herrschsucht hervorbrachten, die setzte er in das Land der Mitte, weil es herrschsüchtige Kräfte sind, damit sie Herr seien und mit Zwang und Gewalt über die untere Einrichtung herrschen. Diejenigen aber, die aus dem Neid und der Eifersucht entstanden sind, und alle übrigen Erzeugnisse von solcher Bestimmung, die setzte er in eine dienende Ordnung, wo sie die Letzten regieren und über alle Existierenden und (über) alles Gebären herrschen. (Das sind) die, von denen die Leiden stammen, sie, die sofort zugrunderichten, sie, die ungeduldig auf Erzeugung aus sind und dann zu nichts Bestimmtem da sind (?) an dem Ort, aus dem sie stammen und zu dem sie wieder zurückkehren werden. Und deswegen setzte er herrschende Kräfte über sie, die [dauernd] an der Materie wirken, damit *(p.104)* die Erzeugnisse derer, die entstehen, auch dauerhaft würden. Dies nämlich ist ihre Herrlichkeit.

* * * * *

Was ist die Gestalt der flüssigen Materie? Eine Ursache ist die Blindheit, die von jenen Kräften stammt, [...] alle in ihr sehen, wie ihre [...] bei ihnen hervorbringen und [zerstören].

Der Gedanke, der seinen Platz mitten zwischen den Rechten [und] den Linken hat, ist Kraft von [...]. Alles, was die [...] tun wollen, wobei sie sie sozusagen hervorbringen, wie ein von einem Körper (geworfener) Schatten diesem folgt, das sind die Wurzeln der sichtbaren Geschöpfe.

Die ganze Bereitung der Ordnung der Bilder, Gleichnisse und Nachahmungen erfolgte derentwegen, die der Nahrung, der Lehre und der Formung bedürftig sind, damit die Kleinheit allmählich wachse. <Sie sind entstanden> wie durch die Abbildung eines Spiegels. Denn deswegen hat er den Menschen zuletzt geschaffen, nachdem er ihm zuvor die (Dinge) bereitet und besorgt hatte, die er um seinetwillen geschaffen hatte.

Die Schöpfung des Menschen ist auch wie die von allem übrigen. Der geistige Logos setzte sie auf unsichtbare Weise in Gang, während er sie durch den Demiurgen *(p.105)* und seine Dienstengel vollendete, aber auch jener Gedanke nebst seinen Archonten bei der Bildung mitwirkte, mit dem Erfolg, daß er wie ein irdischer Schatten war, damit er wie [die, die] an allem Mangel haben, sei. Und zwar ist er [eine] Bereitung von ihnen allen, der Rechten und der Linken, wobei jede einzelne dieser Ordnungen [den Menschen so] formte, [wie er selbst war.

[Die Form, die] der Logos hervorbrachte, [war] in dem Maße mangelhaft, wie er (selbst) in Leiden [geraten] war. Sie war ihm nicht ähnlich, weil er sie in [Vergessenheit], Unwissenheit, [...] und allen übrigen Leiden hervorgebracht hatte, als er (ihm) die erste Form gab.

Der Logos <brachte> durch den Demiurgen, aber ohne daß der es wußte, <etwas hervor>, um ihn darüber in Kenntnis zu setzen, daß es etwas Erhabeneres gibt, und damit er verstehe, daß er dessen bedürfe, nämlich das, was der Prophet (Mose) „Lebensodem" nannte, und die [...] des erhabenen Äons und [das] Unsichtbare. Und das ist die lebendige Seele, die das Vermögen, das zuvor tot war, lebendig machte. Denn jenes Tote ist die Unwissenheit.

Wir müssen also behaupten, daß die Seele des ersten Menschen von dem geistigen Logos stammt, obgleich der Schöpfer denkt, daß es ihm gehört, weil durch ihn wie (aus) einem Mund der eingeblasene (Hauch) kam. Es sandte aber auch der Schöpfer Seelen herab, (und zwar) etwas aus seiner Substanz, weil auch [er] die Zeugungsfähigkeit besaß; *(p.106)* denn er stammt ja aus der Ähnlichkeit des Vaters. Auch die Linken brachten eine Art von Menschen hervor, die ihnen zugehören, weil sie die Nachahmung des †...† besitzen.

Das geistige Wesen ist eines und von einer einzigen Gestalt, [...] seine(s) Leiden(s) die vielfältige Bestimmung ist. Das Wesen dieser Seelischen aber, dessen Bestimmung ist zweifach, insofern als es <die> Erkenntnis und das Bekenntnis des Erhabenen besitzt und <zugleich> dem Bösen zugeneigt ist [wegen der] Hinneigung des Gedankens. Das materielle Wesen aber, dessen Drang ist vielfältig und von vielerlei Art. Eine Schwachheit aber war es, was entstanden ist in vielfacher Hinneigung.

Der erste Mensch aber ist ein gemischtes Gebilde und ein gemischtes Geschöpf, sowohl eine Einrichtung der Linken und der Rechten als auch einer von geistiger Vernunft (Logos), dessen Gesinnung zweigeteilt ist, (gerichtet auf) jede der Wesenheiten, denen <er> seine Existenz verdankt. Aus diesem Grunde wird wiederum gesagt, daß ihm ein Paradies gepflanzt wurde, auf daß er Speise von dreierlei Bäumen esse, weil es ein Garten von dreifacher Ordnung ist und er es ist, der Genuß bietet.[26]

Der Adel des erlesenen Wesens, das in ihm ist, war viel erhabener als <die> Schöpfung und fügt<e> ihnen (den Archonten) Schaden zu. Aus diesem Grunde ließen sie drohend einen Befehl ergehen und brachten gleichzeitig eine große Gefahr über ihn, *(p.107)* die im Tode besteht. Nur den Genuß der bösen (Speisen) – davon erlaubte er ihm zu essen; und von dem anderen Baum, der das andere (sc. das Gute) besaß, erlaubten sie ihm nicht zu essen, am allerwenigsten von dem (Baum) des Lebens,[27] damit [er nicht] eine Ehre erlangt, [die der ihren gleich ist], und damit [...] sie [...] durch die böse Kraft, die „die Schlange" genannt [wird]. Sie ist aber listiger als alle (anderen) bösen Kräfte. Sie (sc. die Schlange) verführte den Menschen durch die Bestimmung der (Kräfte) der Erinnerung und der Begierden. Sie (sc. die Begierde = Eva) ließ ihn das Gebot übertreten, damit er sterbe. Und von dem ganzen Genuß, den es an jenem Ort gibt, vertrieben sie ihn.[28]

Dies ist die Vertreibung, die sie ihm antaten, daß sie ihn vertrieben von den Genüssen der (Kräfte) der Nachahmung und der (Kräfte) der Ähnlichkeit – was (in Wirklichkeit) ein Werk der Vorsehung ist, damit es sich finde, daß es nur eine kurze Zeit ist, bis der Mensch den Genuß der guten (Dinge) bis in Ewigkeit empfängt, in denen der Ruheort sich befindet. Dies ist es, was der Geist in seiner Voraussicht bestimmte, nämlich daß der Mensch dies große Übel kennenlernt, welches der Tod ist, der (seinerseits) die vollständige (?) Unwissenheit über das All ist, daß er auch alle jene Übel kennenlernt, die aus diesem (Übel) entstehen, und daß er nach den Begierden, die in diesen obwalten und (nach) den Sorgen (endlich) von dem größten *(p.108)* Gut, nämlich (von) dem ewigen Leben, empfängt, welches in der vollkommenen Erkenntnis des Alls und in der Teilhabe an allem, was gut ist, besteht. Wegen der Übertretung des ersten Menschen kam der Tod zur Herrschaft und wurde zum Gefährten aller Menschen, um sie zu töten, gemäß der Offenbarung seiner [Herrschaft], die ihm eigen ist, solange sie ihm [zur]

---

[26] Vgl. Gen 2,8f.
[27] Vgl. Gen 2,16f.; 3,22.
[28] Vgl. Gen 3,1-5.23-24.

Herrschaft gegeben ist,[29] wegen <des> zuvor genannten Heilsplans der Liebe das Vaters.

* * * * *

Jede der (beiden) Ordnungen also, [die] Rechten und die Linken, wenn sie miteinander zusammengebracht werden durch den Gedanken, der zwischen ihnen liegt, ihn, der ihnen eine gemeinsame Verwaltung aufgibt, geschieht es, daß sie beide im Eifer dieselben Werke tun, indem die Rechten sich den Linken angleichen und auch die Linken sich den Rechten angleichen. Und manchmal, wenn die böse Ordnung in unverständiger Weise beginnt, etwas Böses zu tun, dann eifert die <verständige> Ordnung mit ungerechtem Aussehen danach, auch ihrerseits das Böse zu wirken, als ob sie eine ungerechte Kraft wäre. Manchmal aber hebt umgekehrt die verständige Ordnung an, Gutes zu bewirken, während sich ihr die <unverständige> Ordnung angleicht und danach eifert, es auch zu tun. Ebenso ist es mit denen, die so durch diese Dinge *(p.109)* bestehen: Sie sind in Gleichheit zu den Dingen, die einander nicht gleichen, entstanden, wobei es für die Unbelehrten unmöglich war, die Ursache der seienden Dinge zu erkennen. Aus diesem Grunde erklären sie (es) auf verschiedene Weise; einige sagen: „Die Seienden haben ihr Sein durch eine Vorsehung" – das sind die (Leute), die ihr Augenmerk auf die Beständigkeit der Bewegung und die Zuverlässigkeit der Schöpfung richten; andere sagen: „Etwas Fremdes ist es" – das sind die (Leute), die ihr Augenmerk auf die <Verschiedenheit> und die Gesetzlosigkeit der Kräfte und die Bosheit richten; andere sagen: „Was zum Werden bestimmt ist, ist das, was das Sein hat" – das sind die (Leute), die sich mit dieser Sache beschäftigt haben; andere sagen: „Etwas Naturgemäßes ist es"; andere sagen: „Etwas Zufälliges (?) (ist es)". Die große Menge aber (nämlich die vielen Leute), die (nur) bis zu den sichtbaren Elementen gelangt sind, haben nicht mehr erkannt als sie.

Die, die weise gewesen sind bei den Griechen und den Barbaren, gelangten (nur) zu den Kräften, die entstanden sind durch falsche Vorstellung und törichtes Denken <und> zu denen, die aus diesen hervorgegangen sind durch gegenseitiges Zusammenstoßen und (durch) die Art des Abfalls und nun in ihnen wirkten. Und so sprachen sie in Nachahmung und Überheblichkeit und einem Denken, das mit Einbildung behaftet ist, über diese (Dinge), die sie für Weisheit hielten, während die <Nachahmung> sie betrog. Während sie dachten, die Wahrheit erlangt zu haben, *(p.110)* haben sie den Irrtum erlangt – nicht durch die (zu) geringen Namen allein; sondern die Kräfte selbst vermitteln, um sie zu hindern, den Eindruck, als ob sie das All seien. Aus diesem Grunde kam es dazu, daß die Ordnung verworren war und gegen sich selbst stritt, (nämlich) wegen der hochmütigen Streitsucht eines [der] Erzeugnisse des Herrschers, der [...] (und) der vor ihm da war. (Und eben) deswegen ist noch niemand aufgetreten, der mit seinen Kollegen übereingestimmt hätte. Es gibt nichts Festes: weder Philosophien noch medizinische Wissenschaften, noch rhetorische Wissenschaften, noch musische Wissenschaften, noch technische Wissenschaften; sondern es sind nur Meinungen und Erkenntnisversuche. Es

---

[29]   Vgl. Röm 5,12.14; 6,9.

geschah, daß das <Geschwätz> die Oberhand gewann und daß <sie> verwirrt waren wegen der Unerklärbarkeit <derer>, die herrschen und ihnen die Gedanken eingeben.

Die (Dinge), die aus dem <Schaffen> von Hebräern entstanden sind, diese sind es, die von den <Kräften der> Materie, die das Vorbild der Griechen <bewahren>, geschrieben sind. (Das sind) die Kräfte derer, die gedacht haben, sie alle den rechten Kräften zuzuweisen, die sie alle dazu bewegen, daß sie <mit den> Worten und einem Abbild von ihnen denken. Und sie griffen zu, wie um die Wahrheit zu erreichen, und bedienten sich (dabei) der vermischten Kräfte, die in ihnen wirken. Danach erreichten sie die Ordnung der Unvermischten, <bevor> sie den einen einzigen erreichten, der nach dem Bilde {...} des Vaters eingesetzt ist, sofern er nicht unsichtbar ist *(p.111)* in seiner Natur. Vielmehr ist es Weisheit, mit der er bedeckt ist, damit er das Gepräge des wahrhaft Unsichtbaren bewahre. Deswegen haben es viele Engel nicht erlangt, ihn zu sehen. Und auch die Menschen des hebräischen Geschlechts, die wir schon genannt haben, nämlich die Gerechten und die Propheten, haben nichts gedacht und nichts gesagt {...} aufgrund von bloßer Einbildung oder infolge von Nachahmung oder infolge eines verdunkelten Denkens, sondern jeder (hat gedacht und geredet) aus der Kraft, die in ihm wirkt. Und hörend auf das, was sie gesehen und gehört haben, haben sie es <getreulich> ausgesprochen, wobei sie die verbindende (?) Übereinstimmung miteinander haben nach [dem] Vorbild derer, die in ihnen wirken, und die Verbindung und die Übereinstimmung miteinander bewahren, besonders in dem Bekenntnis dessen, der erhabener ist als sie. Ja, es gibt einen, der größer ist als sie, (das ist) der, der eingesetzt wurde, weil sie seiner bedürfen, nachdem der geistige Logos ihn zusammen mit ihnen gezeugt hat als einen, der des Erhabenen bedarf, in Hoffnung und Erwartung entsprechend der Erinnerung. Das ist der Same der Erlösung und ein erleuchtender Logos, nämlich die Erinnerung; und seine Erzeugnisse und seine Hervorbringungen sind die Gerechten und die Propheten, die wir schon vorher genannt haben. Sie bewahren das Bekenntnis und das Zeugnis ihrer Väter über den, der groß ist, diese, die *(p.112)* in der Erwartung des Erhofften und Gehörten lebten, weil in [sie] <der> Same des Gebets und der Suche gesät ist. Dieser ist es, der in viele gesät ist, (nämlich in) die, die nach der Befestigung gesucht haben. Er ist offenbar und er drängt sie dazu, daß sie den Erhabenen lieben und daß sie diese (Dinge) verkünden als von einem einzigen (Gott) redend. Und ein einziger war es, der in ihnen wirkt, wenn sie reden; verschieden aber sind ihre Gesichte und ihre Worte infolge der Vielzahl derer, die ihnen die Schau und das Wort vermittelt haben. Deswegen verwerfen diejenigen, die auf das Gesagte gehört haben, nichts davon, sondern nachdem sie das, was geschrieben steht, empfangen haben, deuten sie es (nur) verschieden. (Und so) gründeten sie zahlreiche Häresien, die bis jetzt bei den Juden bestehen. Die einen sagen: „Einer ist Gott, der (sich in den) alten Schriften verkündet hat"; die anderen sagen: „Viele sind es"; die einen sagen: „Etwas Einfaches ist Gott, und er war ein Wesen mit ungeteiltem Sinn hinsichtlich seiner Natur"; die anderen sagen: „Sein Tun ist verbunden mit der Begründung des Guten und des Bösen"; wieder andere sagen: „Er ist der Schöpfer von dem, was entstanden ist"; nochmals andere aber sagen: „Durch *(p.113)* seine Engel hat er (es) geschaffen".

(Es gibt) also viele derartige Meinungen. Die Vielfältigkeit und die Vielgestaltigkeit der Schriften ist es, was ihnen <...> gab, Gesetzeslehrer <...>. Die Propheten selbst aber haben nichts aus sich selbst heraus gesagt, sondern jeder von ihnen (hat geredet) auf Grund dessen, was er gesehen und gehört hat, bei der Verkündigung des Erlösers. Das ist es, was (jed)er verkündigt hat, wobei das Hauptstück ihrer Verkündigung das ist, was einer über die Ankunft des Erlösers gesagt hat, nämlich die *bewußte* Ankunft. Ob nun die Propheten *über* ihn reden, als ob er auftreten wird, oder ob (es ist,) als ob der Erlöser (*selbst*) durch ihren Mund redet, und (ob sie sagen), daß der Erlöser kommen und gnädig sein wird denen, die ihn nicht kannten, so kamen sie alle doch in keiner Weise miteinander überein. Jeder aber (redete) auf Grund der Sache, aus der er die Fähigkeit empfing, um über ihn zu reden, und (über) den Ort, den er gesehen hatte, weil er dachte, daß er aus ihm hervorgebracht werden soll und daß er aus jenem Ort kommen wird. Keiner von ihnen wußte (wirklich), woher er kommen würde bzw. aus wem er hervorgebracht werden soll. Sondern dies allein ist es, worüber zu reden sie gewürdigt wurden, nämlich *worin* er geboren werden sollte und *worin* er leiden sollte. Darüber aber, worin <der> Logos, der in das Fleisch kam, präexistiert und worin er in alle Ewigkeit ungezeugt und leidensunfähig ist, *(p.114)* (davon) kam ihnen nicht<s> in den Sinn. – Und dies ist die Lehre, zu der sie befähigt wurden, um über sein Fleisch, das sich offenbaren sollte, folgendermaßen zu reden: Es ist ein Erzeugnis aus ihnen allen. Zuallererst aber (sagen sie) stammt es aus dem geistigen Logos, der die *Ursache* des Gewordenen ist. Der, durch den der Erlöser sein Fleisch empfing, war mit ihm schwanger geworden, als ihm das Licht erschien, so wie das Wort seine Erscheinung als Same verheißen hatte. Denn ein Same der Seienden ist der Seiende, der aber zuletzt hervorgebracht worden ist. Dieser aber, über den der Vater bestimmt hatte, daß sich die Offenbarung der Erlösung in ihm vollziehen sollte, das heißt die Erfüllung der Verheißung, dem wurden alle Organe beim Abstieg ins Leben zuteil, mit deren Hilfe er herabstieg, während sein Vater (nur) einer ist; ja, er allein ist es, der ihm in Wahrheit Vater ist, der seiner Natur nach Unsichtbare, Unerkennbare und Unerreichbare, der Gott ist durch seinen eigenen Willen, (durch) seine Gnade und (durch) den, der sich selbst dahingab, auf daß sie ihn sehen, erkennen und erreichen können.

Dies ist es, was unser Erlöser aus Mitleid *freiwillig* wurde, nämlich genau dasselbe, was die, um derentwillen er sich offenbarte, in *ungewolltem* Leiden geworden sind. Sie wurden zu Fleisch und Seele; das ist es, was sie ewiglich gefangenhält und zwar mittels sterblicher <Gefängnisse>. Diejenigen aber, die *(p.115)* auf unsichtbare Weise [zu] unsichtbaren Menschen [geworden] sind, die belehrte er über sich ebenfalls in unsichtbarer Weise.

Er nahm nicht nur den Tod derer auf <sich>, die er zu erlösen gedachte; sondern auch ihre Niedrigkeit, zu der sie dadurch abgestiegen waren, daß sie nach Leib und Seele <geboren> wurden, [nahm] er [an]. Aus diesem Grunde ließ er sich empfangen und gebären als ein Kind von Leib und Seele.

Unter all den anderen, an denen <die>, die gefallen waren und doch das Licht empfangen, Anteil hatten – unter denen kam es dazu, daß er der erhabenste ist, weil er sich in Sündlosigkeit, Unversehrtheit und Unverdorbenheit hatte empfangen lassen. Er wurde ins Leben hineingeboren und ist (nun) im Leben, weil es für diese und jene durch eine Leidenschaft und eine unbeständige Gesinnung des Logos, der in Unruhe geraten war, festgelegt worden war, daß sie als Leib und Seele entstehen sollten. Dieser aber ist es, der den auf sich genommen hat, der die, die wir zuvor genannt haben, <trägt>.

Er war entstanden aus der leuchtenden Vision und der unverrückbaren Erinnerung des Logos, der sich selbst bekehrt hat, nachdem er in Unruhe geraten war, auf Grund des Heilsplanes. Auf diese Weise haben diejenigen Körper und Seele angenommen, die zusammen mit ihm gekommen sind mit (der Aufgabe von) Aufrichtung, Einrichtung und Gericht über die Werke. Auch an sie war ja gedacht worden, um sie kommen zu lassen.

Als an den Erlöser gedacht wurde, kamen (auch) sie. Und zwar <kamen sie>, als er (es) erkannte. Ja, es kam dazu, daß auch sie in dieser Hervorbringung nach dem Fleisch viel erhabener waren als die, die im Mangel hervorgebracht worden waren. *(p.116)* Denn auch sie wurden gleichermaßen leiblich hervorgebracht zusammen mit <dem> Leib des Erlösers durch die Offenbarung und die Verbindung mit ihm. Auch diese anderen sind Wesen von ein und derselben Substanz; und zwar ist es die geistige. Die Heilsordnung aber ist verschieden, entweder so, oder anders. Etliche gingen hervor aus Leidenschaft und Teilung und bedürfen der Heilung. Andere stammen aus der Bitte, die Leidenden heilen zu dürfen, und sind eingesetzt, um den Gefallenen beizustehen; das sind die Apostel und die Evangelisten. Ja, die Jünger des Erlösers sind Lehrer für die, die der Lehre bedürfen. Weswegen haben nun auch sie Anteil bekommen an den Leiden, an denen Anteil bekommen hatten, die aus Leidenschaft hervorgebracht worden waren, wenn sie doch zusammen mit dem Erlöser von der Heilsordnung so hervorgebracht worden sind, daß sie einen Leib haben, der keinen Anteil an den Leiden bekommen hat?

Der Erlöser selbst war dem Leibe nach ein Abbild von einem einzigen, der das All ist. Deswegen bewahrte er die Gestalt der Unteilbarkeit, aus der die Leidensunfähigkeit stammt. Sie jedoch sind Abbilder von jedem einzelnen, der sich offenbart hat. Deswegen nehmen sie auf sich die Teilung durch das Vorbild, nachdem sie gestaltet worden waren für die Pflanzung, die sich unten befindet, die es auch ist, *(p.117)* die Anteil hat an der Bosheit, die in den Orten wohnt, zu denen sie gelangt sind. Denn der Wille {...} hielt alle unter der Sünde, damit nach jenem Willen er sich aller erbarme und sie gerettet würden,[30] wobei es ein einzelner ist, der dazu bestimmt ist, Leben zu spenden, während alle übrigen d(ies)er Rettung bedürfen. Deswegen hat aus solchen (Gründen) <die> Gnade mit der Verteilung der Gaben begonnen, die von denen verkündigt worden sind, für die es sich um Jesu willen ziemt, (sie) den übrigen zu verkündigen, solange <dieser> Same der Verheißung Jesu Christi vorhanden ist, an <dessen> Offenbarung und Verbindung wir mitgewirkt haben. Die Verheißung brachte nun ihre Belehrung mit sich und ihre Umkehr zu dem (Ort), an dem sie ihr Sein haben von Anfang an, aus dem sie (auch) den Tropfen haben, um zu ihm zurückzukehren, was „die Erlösung" genannt wird. Ja, sie ist die Befreiung aus der Gefangenschaft und der Erwerb der Freiheit. (Es ist) die Gefangenschaft derer, die zu Sklaven geworden waren für die Unwissenheit, als sie in ihren Orten herrschte. Die Freiheit aber ist die Erkenntnis der Wahrheit, die schon

---

[30] Vgl. Röm 11,32.

besteht, ehe es zur Unwissenheit kam, und (sie) herrscht bis in Ewigkeit ohne Anfang und ohne Ende; sie ist etwas Gutes, und sie ist Erlösung von den Werken, und sie ist Befreiung von der Natur der Sklaverei, in der (alle) diejenigen gelitten haben, die hervorgebracht worden waren aus einem niedrigen Gedanken der Torheit, das ist etwas, was zum Bösen geht *(p.118)* infolge des Gedankens, der sie zur Herrschsucht hinab[zieht]. Sie empfingen aber den Schatz, der in der Freiheit besteht, aus dem Reichtum der Gnade, die die Kinder heimgesucht hat; das bedeutet Beseitigung der Leidenschaften und ihre Vernichtung, (und zwar) derjenigen (Leidenschaften), die der Logos von sich selbst zuvor abgeschüttelt und von sich abgetrennt hatte, der für sie (so) zur Ursache ihrer (Eigen-)Existenz geworden ist, während er ihre Vernichtung für <das> Ende der Heilsgeschichte aufhob, und sie also bestehen ließ, (und zwar) weil sogar sie nützlich waren für das, was bestimmt war.

Die Menschheit gelangte in den Zustand, der Substanz nach dreifach zu sein: (bestehend aus) der geistigen (Substanz), der seelischen (Substanz) und der materiellen (Substanz), und spiegelt damit der Struktur nach die Verfassung jenes Dreifachen wider, nämlich <die> des Logos, diejenige, aus der das Materielle, das Seelische und das Geistige hervorgebracht wurde. Jede einzelne der Substanzen des Dreifachen wird auf Grund ihrer Frucht erkannt werden. Sie waren nicht schon vorher erkannt worden, sondern (wurden es erst,) als der Erlöser, der (nur) die Heiligen erleuchtete, zu ihnen kam und jeden einzelnen offenbart hat als das, was er ist.

Die geistige Gattung, da sie wie Licht von Licht und wie Geist von Geist ist, ist, als ihr Haupt erschien, sogleich zu ihm geeilt, ist sogleich zum Leib für ihr Haupt geworden und empfing sogleich die Erkenntnis aus der Offenbarung. [Die] seelische Gattung aber, da sie (nur) Licht von Feuer ist, ließ sich Zeit mit der Erkenntnis *(p.119)* dessen, der sich ihr offenbarte, erst recht {...} damit, im Glauben zu ihm zu eilen. Obgleich sie vielmehr durch eine Stimme belehrt wurde, <war> sie damit zufrieden, gemäß der Verheißung nicht weit von der Hoffnung entfernt zu sein, nachdem sie gewissermaßen wie ein Angeld die Gewißheit des Zukünftigen empfangen hatte. Die materielle Gattung aber ist in jeder Hinsicht etwas Fremdes, da sie Finsternis ist, die sich vom Schein des Lichtes abwendet, weil seine Erscheinung sie auflöst; da sie seine <...> nicht annahm, ist sie vielmehr <...> und Haß gegenüber dem Herrn, der sich (als solcher) entlarven sollte.

Die geistige Gattung wird die Erlösung gänzlich (und) in jeder Hinsicht empfangen. Die materielle (Gattung) aber wird das Verderben in jeder Hinsicht empfangen (und zwar) wie einer, der sich ihm (sc. dem Verderben) widersetzt. Die seelische Gattung aber, da sie etwas in der Mitte Befindliches ist, (sowohl) hinsichtlich ihrer Entstehung als auch (hinsichtlich) ihrer Existenz, ist von doppelter Beschaffenheit entsprechend ihrer Bestimmung zum Guten und Bösen. Sie nimmt jene Hervorbringung auf sich als etwas, das zweideutig ist <...> und auch das volle Streben nach den guten (Dingen). Diejenigen, die der Logos nach dem Bilde des Präexistenten hervorgebracht hatte, (die Geschöpfe) seiner Erinnerung, als er sich an den Erhabenen erinnerte und um die Erlösung bat, <die> haben die Erlösung auf unzweideutige Weise. Sie werden gänzlich gerettet werden [wegen] der erlösenden Erinnerung, dementsprechend, was aus ihm hervorgebracht wurde. Ebenso ist es auch mit [denen], die diese aus [sich] hervorgebracht haben, *(p.120)* sei es Engelschaft, sei es Menschheit. Entsprechend dem Bekenntnis, daß es einen gibt, der viel erhabener ist als sie, und entsprechend der Bitte und der Suche nach ihm werden auch sie die Erlösung derer, die <sie> hervorgebracht haben, erreichen, weil diese aus dieser guten Verfassung stammen. Sie wurden eingesetzt zum Dienst an der Verkündigung, daß die Ankunft des Erlösers bevorsteht und daß seine Offenbarung schon gekommen ist. Ob Engel oder Mensch, nachdem <sie> zum Dienst an diesen (Dingen) gesandt worden <waren>, empfingen sie die Substanz ihres Seins im Werk. Diejenigen aber, die aus dem herrschsüchtigen Gedanken stammen, die, die entstanden sind aus dem Angriff derer, die ihm widerstreiten, das sind die, die dieser Gedanke hervorgebracht hat. Aus diesem Grunde also, da sie Verwirrte sind, werden sie ihr Ende gewissermaßen in zweideutiger Weise empfangen. Die, die sich aus der Liebe zu einer Herrschaft, die ihnen ja nur für kurze Zeit gegeben ist, befreien, den Herrn der Herrlich-keit[31] verherrlichen und ihren Zorn verlassen werden, die werden den Lohn ihrer Demut, der in dem Bleiben bis in Ewigkeit[32] besteht, empfangen. Die aber, die wegen der Begierde der Ruhmsucht hochmütig sein, den nur zeitlichen Ruhm lieben und vergessen werden, daß die Gewalt, mit der sie betraut worden sind, sich nur auf die kurze Zeit, die sie haben, beschränkt, und wegen dieses Vorwandes nicht bekannt haben, daß der Sohn Gottes *(p.121)* der Herr des Alls und der Erlöser ist, und sich nicht von dem Zorn und der Angleichung an das Böse befreit haben, diese werden ein Verdammungsurteil für ihre Unwissenheit und ihre Unverständigkeit empfangen, das ist das Erleiden. Zusammen mit denen, die in die Irre gingen, (werden) alle die von ihnen (verurteilt), die sich abgewendet haben und noch <Schlimmeres getan haben>, so daß sie dem Herrn dieselben unziemlichen Dinge antun, die ihm auch die linken Kräfte angetan haben, bis hin zu seinem Tode. Sie beharren bei dem Gedanken: „Wir werden Herrscher des Alls sein, wenn der, der als König des Alls verkündet worden ist, getötet werden kann", während sich bemüht haben, dies zu tun, die Menschen und die Engel, (und zwar) die, die nicht aus der guten Verfassung der Rechten stammen; sondern eine aus der Verwirrung stammende (Verfassung) ist es (, aus der sie stammen). Und sie haben sich im Voraus die Ehre erwählt, obgleich das ein nur zeitlicher Wunsch ist, und die Begierde. Der Weg von ewiger Ruhe führt durch die Demut zur Erlösung derer von den Rechten, die erlöst werden sollen. Nachdem sie den Herrn bekannt, den Gedanken an das, was für die Kirche gut ist, gefaßt und den Hymnus derer, die demütig sind, mit ihr angestimmt haben, werden sie für all das Wohlgefällige, was sie ihr zu tun vermögen, um Anteil zu nehmen an ihren Leiden und ihren Mühen nach dem Vorbild derer, die wohl wissen, was für die Kirche gut ist, die Gemeinschaft in Hoffnung empfangen, – und dies betrifft *(p.122)* die Menschen und die Engel. Entsprechend führt der Weg derer, die aus der Ordnung der Linken stammen, in die Irre, nicht nur weil sie den Herrn verleugnet und bösen Rat wider ihn gehalten haben, sondern weil ihr Haß, ihre Eifersucht und ihr Neid auch gegen die Kirche gerichtet sind. Und das ist der Grund für die Verdammung derer, die ins Wanken geraten sind und sich haben hinreißen lassen, die Kirche auf die Probe zu stellen.

---

[31] Vgl. 1 Kor 2,8.
[32] Vgl. Mt 24,13.

Die Erwählung aber ist ein Leib und eine Substanz mit dem Erlöser, und sie ist wie (be-stimmt für) ein Brautgemach, wegen ihrer Einzigkeit und ihrer Zuneigung zu ihm. Denn vor allen (anderen) Wegen kam Christus um ihretwillen. Die Berufung aber nimmt den Platz derer ein, die sich <vor> dem Brautgemach freuen und die glücklich sind und frohlocken über die Vereinigung des Bräutigams mit der Braut. Der Platz, der also der Berufung zukommen wird, ist der Äon der Bilder, da, wo der Logos noch nicht mit (dem Reich) der Fülle verbunden war. Und darüber freut sich und ist glücklich und da-rauf hofft der Mensch der Kirche. Es trennte Geist, Seele und Leib nach dem Heilsplan <der>, der daran denkt, daß es ein einziger war, in dem der Mensch sein Sein hat – er, der das All und sie alle ist, der die Hervorbringung aus dem Vater in dem Maße besitzt, wie die *(p.123)* Orte sie empfangen können, und der die Glieder besitzt, von denen wir schon gesprochen haben. Als die Erlösung verkündigt wurde, nahm der vollkommene Mensch sogleich die Erkenntnis an, um sich eilends zu seiner Einzigkeit hinzuwenden, zu dem Ort, aus dem er stammt, um sich wieder in Freude dorthin zu wenden, zu dem Ort, aus dem er stammt, zu dem Ort, aus dem er hervorgebracht worden ist. Seine Glie-der bedurften jedoch eines Ortes der Belehrung, wie er in den Orten vorhanden ist, die so geschaffen sind, daß er durch sie wie ein Spiegel gestaltet wird nach den Bildern und den ersten Prägungen, bis alle Glieder des Leibes der Kirche <versammelt sind> an demselben Ort und zugleich die Wiederherstellung (Apokatastasis) empfangen. Nach-dem sie sich als dieser heile Leib offenbart haben, <wird> die Wiederherstellung (Apokatastasis) in (das Reich) der Fülle hinein <erfolgen>. Dieses hat ein erstes Wohl-gefallen mittels einer Übereinstimmung untereinander, welches das Wohlgefallen ist, das dem Vater gilt, bis sie alle eine Erscheinungsweise in bezug auf ihn empfangen. Die letzte Wiederherstellung (Apokatastasis) aber <wird erfolgen>, nachdem das All sich in dem offenbart hat, der der Sohn ist, (und) der die Erlösung ist, nämlich der Weg zum unfaßbaren Vater und die Hinwendung zum Präexistenten, und nachdem sich alle wirk-lich in dem offenbart haben, der der Unerkennbare, Unaussagbare, *(p.124)* Unsichtbare und Unbegreifbare ist, so daß es die Erlösung empfängt; sie ist nicht nur eine Befreiung von der Herrschaft der Linken; sie ist auch nicht nur eine Erlösung von der Gewalt der Rechten, von denen allen wir dachten, daß wir ihre Sklaven bzw. Kinder seien, und von denen niemand loskommt, ohne ihnen sogleich wieder zu verfallen; sondern die Erlö-sung ist ein Wiederaufstieg und <... mit> den Stufen, die in (dem Reich) der Fülle sind, und mit allen, denen Namen gegeben worden sind und die sie verstehen gemäß der Kraft eines jeden der Äonen, und (die Erlösung ist) ein Eingehen zu dem, der schweigt, dem Ort, wo es keiner Stimme bedarf, auch nicht dessen, daß man erkennt, auch nicht dessen, daß man begreift, auch nicht, daß man erleuchtet wird, sondern (wo) es lauter Dinge sind, die leuchten, ohne daß es dessen bedarf, daß sie erleuchtet werden.

Nicht nur die Irdischen bedürfen der Erlösung, sondern auch die Engel bedürfen der Er-lösung und des Bildes, und auch die Wesen der Fülle der Äonen und die wunderbaren, leuchtenden Kräfte. (Das sei gesagt,) damit wir nicht in Verlegenheit kommen hinsicht-lich von etwas anderem! Ja sogar der Sohn, der als [Vorbild] der Erlösung des Alls ein-gesetzt ist, [bedurfte] der Erlösung, *(p.125)* (er,) der der Menschgewordene ist und sich selbst einem jeden gegeben hat (als) das, dessen wir bedürfen – wir im Fleisch, die (wir) seine Kirche sind. Dieser nun –, als er zuvor die Erlösung durch den Logos empfing, der auf ihn herabgekommen war, empfingen auch alle übrigen, die ihn annahmen,[33] die Erlösung durch ihn. Denn die, die den empfangen haben, der empfangen hat, haben auch das empfangen, was in ihm ist.

Von den Menschen, die im Fleisch sind, ausgehend begann er, die Erlösung zu spenden, (nämlich) seinen Erstgeborenen und seine Liebe, den Sohn, der ins Fleisch gekommen ist, während die Engel im Himmel gewürdigt worden sind, Glieder einer Gemeinschaft zu sein, um in ihm unten auf der Erde ein Gemeinschaft zu bilden. Deswegen wird er „die engelhafte Erlösung des Vaters“ genannt, er, der die getröstet hat, die um seiner Erkenntnis willen für das All gelitten haben. Denn ihm war diese Gnade zuteil geworden vor einem jeden (anderen).

Der Vater kannte ihn im Voraus, weil er in seinem Denken war, bevor irgend etwas entstanden war, und weil er auch diejenigen hatte, denen er ihn offenbarte. Er legte den Mangel auf den, der in Zeiten und Fristen bleibt, zur Ehre seine(s Reiches de)r Fülle. Weil sie unwissend über ihn sind, hat sein Hervorbringen einen Grund in seinem Wohlgefallen [...] *(p.126)* von ihm. Wie der Empfang der Erkenntnis über ihn eine Offenbarung seiner Neidlosigkeit und die Offenbarung des Reichtums seiner Güte ist – das ist die zweite Herrlichkeit –, so wurde er einerseits als Ursache der Unkenntnis erfunden, andererseits als Erzeuger der Erkenntnis.

In verborgener und unerreichbarer Weisheit bewahrte er die Erkenntnis bis zuletzt, bis sich alle auf der Suche nach Gott, dem Vater, abgemüht haben, den niemand durch seine eigene Weisheit und Kraft fand, während er sich dahingibt, damit sie durch etwas, das höher ist als Denken, sein großes Geschenk, das er gegeben hat, erkennen und die Ursache, die er gegeben hat, welches der unaufhörliche Dank ihm gegenüber ist, der durch die Unerschütterlichkeit seines Ratschlusses sich bis in Ewigkeit denen gegenüber offenbart, die sich des seiner Natur nach unerkennbaren Vaters als würdig erwiesen haben, damit sie nach seinem Willen Erkenntnis über ihn erlangen, weil sie auch zur Erfahrung der Unwissenheit und ihrer Leiden gelangt waren.

Was diejenigen anbelangt, an die er im Voraus gedacht hatte, daß sie die Erkenntnis und die Güter, die in ihr sind, erlangen sollten, so war es der Plan der Weisheit des Vaters, daß sie die bösen Dinge kosten und sich in (dem Kampf mit) ihnen üben sollten, nach Art einer kurzfristigen [..., auf daß sie die guten Dinge] bis in [alle] Ewigkeit [genössen]. *(p.127)* Dabei tragen sie den Unterschied zu ihren Widersachern, die fortwährende Zurückweisung und die Anklage durch sie als einen Schmuck und ein wunderbares Zeichen der Erhabenen, das sichtbar werden sollte.

Die Unwissenheit derer, die unwissend sein werden über den Vater, war etwas, das von ihnen selbst kommt. Das, was ihnen die Erkenntnis über ihn gab, war eine Kraft von ihm, die sie erlangen sollten.

Die Erkenntnis wird in Wirklichkeit „die Erkenntnis alles Denkbaren“ genannt und „der Schatz“ und – was dem noch hinzugefügt werden muß, um klarer zu erkennen – „die Offenbarung des zuvor Erkannten“ und „der Weg zu dem Wohlgefallen und zu dem

---

[33] Vgl. Joh 1,12.

Präexistenten"; das ist die Verleihung von Größe an diejenigen, die in der Heilsordnung des Willens ihre eigene Größe verlassen haben, damit das Ende werde, wie der Anfang ist.

Was die Taufe, die es in Wirklichkeit gibt, anbelangt, zu der alle herabsteigen und in der sie ihr (wahres) Sein finden werden, so gibt es keine andere Taufe außer jener allein, die die Erlösung ist, (das ist jene Taufe) auf Gott, den Vater und den Sohn und den Heiligen Geist (und die vollzogen wird), nachdem das Bekenntnis auf Grund von Glauben an jene Namen erfolgt ist, diese (Namen), [die] ein einziger Name des Evangeliums sind. *(p.128)* Dabei vertrauen sie den (Worten), die ihnen gesagt worden sind, (des Inhalts,) daß sie (sc. Vater, Sohn und Heiliger Geist) existieren; und auf Grund dessen besitzen diejenigen die Erlösung, die geglaubt haben, daß sie existieren. Das bedeutet: die in Unsichtbarkeit geschehende Erlangung des Vaters und des Sohnes und des Heiligen Geistes, nachdem sie im Glauben, der keinen Zweifel kennt, für sie Zeugnis abgelegt haben, und indem sie sie in fester Hoffnung ergreifen, damit es geschehe, daß die Erfüllung dessen, woran sie geglaubt haben, die Rückkehr zu ihnen ist und (daß) der Vater mit ihnen ist. Der Vater ist einer, der Gott, den sie bekannt haben im Glauben, und der, der eine Verbindung mit sich schenkt durch Erkenntnis.

Die Taufe, von der wir zuvor gesprochen haben, wird „Kleid" genannt, <das>, was diejenigen nicht ausziehen, die es anziehen werden, und das diejenigen, die die Erlösung empfangen haben, tragen. Und sie wird „die Befestigung der Wahrheit" genannt, die, bei der es kein Fallen gibt in (ihrer) Unbeugsamkeit und Unerschütterlichkeit, wobei sie jene ergreift und jene sie ergreifen, jene, die die Wiederherstellung (Apokatastasis) empfangen haben. Sie wird „Schweigen" genannt wegen der Ruhe und der Unerschütterlichkeit. Sie wird auch „Brautgemach" genannt wegen der Übereinstimmung und der Ungeteiltheit derer, [die] erkannt [haben], daß sie ihn erkannt haben. Und sie wird *(p.129)* auch „das nicht untergehende und unfeurige Licht" [genannt], nicht insofern als sie Licht spendet, sondern insofern als die, die sie auf sich genommen haben, zu Licht gemacht werden, das sind zugleich jene, die sie (*qua* Licht) ihrerseits auf sich genommen hat. Und sie wird auch „das ewige Leben" genannt, das heißt, das unsterbliche. Und sie wird einfach und in Wirklichkeit nach all dem Wohlgefälligen genannt, das in ihr ist in Unteilbarkeit und Unverletzlichkeit und Makellosigkeit, und ohne Hinneigung zu dem, was denen gehört, die einen Anfang genommen haben. Denn welche andere (Weise) gibt es, um sie damit zu bezeichnen, außer der Bezeichnung „etwas, das alles ist". Das heißt, auch wenn sie mit diesen unzählbaren Namen {...} bezeichnet wird, wurden sie nur ausgesprochen zum Zwecke einer derartigen Aussagbarkeit für sie, obgleich sie erhabener ist als jedes Wort und erhabener als jeder Ruf und <erhabener> als jeder Verstand und erhabener als jedes Ding und erhabener als jedes Schweigen. So ist es {...} mit denen, die zu dem gehören, was sie ist. So wird das gefunden, was sie ist in Unaussprechlichkeit und Unerkennbarkeit zur Entstehung unter denen, die erkennen durch den, den sie erlangt haben, das ist der, den sie gepriesen haben.

(p.130) Auch wenn es noch viel mehr Möglichkeiten gibt, wie wir über die Erwählung in angemessener Weise der Ausführung reden könnten, so ist es doch notwendig, daß wir noch einmal über das, was die (Kräfte) der Berufung – denn dies ist die Weise, wie

die Rechten genannt werden – betrifft, <sprechen>, und ist es nicht nützlich, wenn wir
nicht an sie erinnern? Wir haben über sie gesprochen, als ob das am Anfang in begrenz-
ter Weise Gesagte genügt. Wie haben wir – so stückweise – geredet? Nun, ich habe gesagt: Alle, die aus dem Logos hervorgegangen sind – sei es aus der Verurteilung der
Bösen, sei es aus dem Zorn, der gegen sie gerichtet ist, und (aus) der Abkehr von ihnen,
die zugleich die Hinwendung zu den Erhabenen ist, und (aus) der Bitte und (aus) der
Erinnerung an die Präexistenten nebst Hoffnung und Glauben, daß er die Erlösung
durch das gute Werk [erlangt] – (sie) wurden für würdig befunden, weil sie Wesen aus
den guten Zuständen waren, und weil sie die Ursache ihrer Zeugung in einem Beschluß,
der aus dem Seienden stammt, haben. Ferner (habe ich gesagt): Bevor der Logos sich
selbst in Unsichtbarkeit (und) absichtsvoll mit ihnen befaßt hatte, hat der Erhabene ihm
noch diesen Gedanken gegeben, weil sie ihm [gehorsam] geworden waren, *(p.131)* den,
der zur Ursache ihres Entstehens geworden ist. Sie haben sich nach <ihrer> Heilung
nicht überhoben, als ob es niemanden vor ihnen gäbe, sondern sie bekennen, daß sie einen Ursprung ihrer Entstehung haben. Und sie möchten eben diesen erkennen, der der
vor ihnen Bestehende ist. Darüber noch hinaus (habe ich gesagt): Sie verehrten die Offenbarung des Lichtes (, die) wie ein Blitz (war,) und sie bezeugten, daß es erschienen
ist zu ihrer Erlösung.

Nicht nur die aus dem Logos Hervorgegangenen sind diejenigen, von denen wir sagen,
daß sie das gute Werk erlangen werden; sondern auch die, die diese ihrerseits, den guten Zuständen entsprechend, hervorgebracht haben, werden entsprechend dem Reichtum der Gnade an dieser Ruhe Teil bekommen. Und was diejenigen betrifft, die durch
die Begierde der Herrschsucht hervorgebracht worden sind und die jenen Samen, nämlich die Herrschsucht, in sich tragen; so werden den Lohn der guten (Taten) diejenigen
empfangen, die mit denen zusammengewirkt haben, die den Vorsatz zu den guten (Taten) haben, wenn sie (es) mit Entschluß wollen, und wenn sie beabsichtigen, die Sucht
nach nichtigem und nur zeitlichem Ruhm hinter sich zu lassen, und [wenn sie] den Befehl des Herrn *(p.132)* der Herrlichkeit [ausführen] anstelle der Ehre, die nur eine kleine
Zeit währt; und sie werden das ewige Reich ererben.

Jetzt aber ist es nötig, daß wir die Ursachen und die Wirksamkeiten der ihnen erwiesenen Gnade mit den Anlässen verknüpfen, wobei es nötig ist, daß wir (noch einmal) sagen, was wir schon zuvor gesagt haben, hinsichtlich der Erlösung aller Rechten, sowohl
der Unvermischten, als auch aller derer, die sich vermischt haben, um sie [mit]einander
zu verbinden, und (hinsichtlich) der Ruhe – [das] ist die Enthüllung der Art ihres Glaubens –, damit wir eben dies in angemessener Lehre ordnen. Denn wenn wir das Reich,
das in Christus ist, bekennen, (so dient das) zur Befreiung von dieser gesamten Vielfalt
und der Ungleichheit und der Veränderlichkeit. Denn das Ende wird wieder annehmen
das Sein eines einzigen, wie auch der Anfang ein einziger ist. (Das ist) da, wo es weder
Mann noch Frau gibt, noch Sklave oder Freien, noch Beschneidung oder
Unbeschnittenheit, weder Engel noch Mensch, sondern wo alles in allem Christus ist.[34]
Wie kann etwas, das vorher nicht da war, als zum Sein kommend erfunden werden?
Oder <wie> kann einer, der <von> Natur {k}ein Sklave ist, bei einem *(p.133)* Freien

---

[34] Vgl. Gal 3,28; Kol 3,11.

Wohnung nehmen? Ja, sie werden die direkte Schau von Angesicht zu Angesicht empfangen, so daß sie nicht (mehr) nur mittels eines kurzen Wortes allein auf eine Stimme
hin glauben, daß dies die Weise ist, die (wirklich) ist.

Die Wiederherstellung (Apokatastasis) zu dem, was war, ist eine einzige. Und wenn einige hochmütig sind, (so ist es) wegen der Heilsordnung; sie sind eingesetzt worden als
Ursache dessen, was entstanden ist; sie sind von großer Wirkung als natürliche (Kräfte)
und sie wollen (es) jener wegen (auch sein). Sie werden das Reich, die Befestigung
[und] die Erlösung empfangen, seien sie Engel [oder] Menschen. Das also sind die Ursachen.

Die, die im Fleisch erschienen waren, glaubten ihm, ohne zu zweifeln, daß er der Sohn
des unerkannten Gottes ist, über den zuvor nicht geredet worden war und der nicht gesehen werden konnte. Und sie verließen ihre Götter, denen sie zuvor gedient hatten, und
die Herren, die im Himmel und auf der Erde sind. Diese nun haben bezeugt, daß er, als
<er> noch nicht gen Himmel gefahren, sondern noch ein Kind war, schon angefangen
habe zu predigen, und (daß,) während er [als] toter Mensch im Grabe lag, die Engel
meinten, daß er lebendig sei, [und sie so] das Leben von ihm [empfangen hätten],
(p.134) (als) von einem, der gestorben war. Diese erwiesen ihre zahlreichen Dienste, die
sie zuvor liebten, und ihre Wundertaten, die im Tempel geschahen, (jetzt) einem anderen. Dieses Bekenntnis hat Kraft. Diese {...} vollzogen es dadurch, daß sie zu ihm eil-
ten.

Jene Zurüstung, die sie angenommen hatten, verleugneten sie um dessentwillen, der an
jenem Ort nicht abgetrennt wurde; vielmehr nahmen sie Christus an, von [dem] sie
meinten, daß er an dem [erhabenen] Ort sein würde, dem Ort, aus [dem] sie mit ihm zusammen gekommen sind, aus einem Ort von Göttern und Herren. Die, denen sie dienten, während sie sie besorgten und ihnen zu Willen waren, <deren> Namen, die diese
leihweise empfangen hatten, gaben sie dem, der mit ihnen in Wirklichkeit genannt wird.
Diese aber machten nach seiner Himmelfahrt die Erfahrung zu erkennen, daß er ihr
Herr sei, der selbst keinen Herrn über sich hat. Sie übergaben ihm ihre Reiche. Sie erhoben sich von ihren Thronen. Sie setzen ihre Kronen ab. Dieser aber offenbarte sich
ihnen – aus den Gründen, die wir zuvor genannt hatten – als Erlösung und als die [Be-
kehrung zum] guten Denken bis [...] *(p.135)* Freund[...] und die Engel [...] und das vielfach Gute, [das] sie an ihr getan (?) hatten. So wurden sie betraut mit den Diensten, die
das Gute bewirken für die Erwählten, wobei sie das von ihnen erlittene Unrecht zum
Himmel hinauf bringen, (und so) ließen sie sie ewig ungedemütigt und unverführt in der
[Schöpfung] kämpfen (?), während sie ihretwegen verweilen, bis alle ins Leben eingegangen sind und das Leben wieder verlassen haben, wobei ihre [Körper] auf der Erde
bleiben; und sie dienen allen ihren [...] und machen [sich] zu Teilhabern an ihren Leiden, ihren Verfolgungen und ihren Bedrückungen, die besonders über die Heiligen gebracht wurden.

Was die Diener des Bösen betrifft, so wird die Kirche, obgleich [die] Bosheit zerstört
werden muß <...> [in Festigkeit], auf Grund der [Gemeinschaft], die höher ist als jede
Welt – das ist ihr guter Gedanke und die Freundschaft – ihrer als guter Freunde und
treuer Knechte gedenken, nachdem sie erlöst worden ist; sie [wird ihnen] das Entgelt

[geben] – das ist die [Freude], die im Braut[gemach] herrscht und die [..., die] in ihrem Hause ist [...], die in dem Gedanken ist [...] und das, was sie schuldet [...] *(p.136)* Christus, der bei ihr ist, [...] Erwartung des [Vaters des] Alls; und sie wird ihnen Engel als Geleiter [und] Helfer erzeugen.

Die Äonen werden ihres Gedankens, der angenehm und hilfreich für sie war, gedenken <und> ihnen ihr Entgelt geben [für] alles, woran sie denken werden. Es ist eine Hervorbringung von ihnen, damit, wie Christus [...] Willen, der [die] großen Höhen für die Kirche hervorbrachte [und] sie ihr gab, <so> auch sie es sei, die zu einem Gedanken für diese werden wird und (zwar) für einen (solchen), der ihnen [ihre] ewigen Wohnorte gibt, in denen sie sein werden, wenn sie das [Herab]ziehen des Mangels [verlassen], als sie die Kraft der Fülle durch die Größe der Neidlosigkeit und [der] Güte des präexistenten Äons nach oben zog. Dies ist die Natur der ganzen Erzeugung derer, die [der ...] besitzt, während er ihnen leuchtet [als das Licht], das erschienen war. [...] wie sein [...], der sein wird [...] wie sein [...] der Unterschied allein, [der] unter denen [besteht], die [...] wurden [...] *(p.137)* [...] die, welche [...] durch [...] Wert, wie [wir zuvor] gesagt [haben], während die Materiellen zu (ihrem) Verderben bis zum Ende übrig bleiben werden, weil sie ihren [...] nicht geben werden. Wenn sie wieder zu dem [...] zurückkehr[t]en, wie sie [...] waren, ohne [...] zu sein, sondern nützlich gewesen wären [...] Zeit, in der sie zwischen ihnen gewesen [sind], ohne zuvor [...], dann [würden sie ...], um etwas anderes zu tun [mit ihrer Macht], <die> sie in der Zurüstung haben, [um] gegen sie zu [streiten]. Denn obgleich ich beharrlich diese Worte gebrauche, [habe ich] seine Gedanken [nicht verstanden]. [...] Größe *(p.138)* [...] alle [...] Engel [...] Worte, [durch] einen Trompeten[stoß], der den großen und vollkommenen Erlaß im schönen Osten ankündigen wird, im Braut[gemach], das [ist] die Liebe Gottes, des [Vaters ...], gemäß der Kraft, die [...] der Größe [...] der Güte seiner [...], wenn er sich den Größen [...] seiner Güte offenbart. [Sein aber ist] der Lobpreis, die Macht [und die Herrlichkeit] durch Jesus Christus, den Herrn, den Erlöser und Heiland von allen, denen das Erbarmen der Liebe gilt, (und) durch [seinen] Heiligen Geist, von nun an bis in Ewigkeit, bis in [alle] Generationen, bis in alle Ewigkeiten. Amen.

Das Apokryphon des Johannes (NHC II,1; III,1; IV,1 und BG 2)

Michael Waldstein

Literatur

Camplani, Alberto / Gianotto, Claudio, 2012: L'*Apocrifo di Giovanni* nel quadro dello gnosticismo primitivo. Adamantius 18, 59-150.

Barc, Bernard / Funk, Wolf-Peter, 2012: Le Livre des secrets de Jean. Recension brève (NH III, 1 et BG, 2). (BCNH.T 35.) Leuven.

King, Karen L., 2006: The Secret Revelation of John. Cambridge, Mass./ London.

Krause, Martin / Labib, Pahor, 1962: Die drei Versionen des Apokryphon des Johannes im Koptischen Museum zu Alt-Kairo. (ADAI.K 1.) Wiesbaden.

Till, Walter C./ Schenke, Hans-Martin, 1972: Die gnostischen Schriften des koptischen Papyrus Berolinensis 8502. (TU 60.) 2., erw. und bearb. Aufl. Berlin.

Waldstein, Michael / Wisse, Frederik, 1995: The Apocryphon of John. Synopsis of Nag Hammadi Codices II,1; III,1; and IV,1 with BG 8502,2. (NHMS 33.) Leiden.

Einleitung

Das Apokryphon des Johannes (AJ), ein zentraler Text der „Sethianischen Gnosis", ist in vier Handschriften überliefert. NHC III,1 und BG 2 bezeugen voneinander unabhängige koptische Übersetzungen eines kürzeren griechischen Urtextes des AJ. NHC II,1 und IV,1 sind in ihrem Dialekt leicht verschiedene Abschriften ein und derselben koptischen Übersetzung eines längeren griechischen Urtextes.

Irenäus (IrenHaer 1,29) faßt um 180 einen Teil des AJ oder seines unmittelbaren Vorläufers zusammen. Der Monolog der Vorsehung am Ende der Langversion (NHC II,1 p.30,11-31,27 par.), der auch der „Dreigestaltigen Protennoia" (NHC XIII,1) bekannt ist, könnte nach Inhalt und Sprache viel früher sein, eventuell schon aus dem 1. Jh. stammen. Wenn die Rahmenhandlung sekundär ist, gilt dies auch von der durch den Rahmen gegebenen apokalyptischen Gattung. Das AJ ist ein Traktat, der auch für sich allein stehen könnte. Der zweite Teil enthält zwar Elemente eines Dialogs. Wenn man aber den katechetischen Dialog (NHC II,1 p.25,16-27,32 par.) als sekundär in Klammern setzt, bleiben nur drei Fragen des Johannes übrig (NHC II,1 p.13,17-18 par.; p.22,10-11 par. und p.22,21-22 par.), wobei diese Fragen keineswegs den Fortgang der Argumentation dominieren. Daß Irenäus nur einen

Teil des AJ zusammenfaßt, könnte als Hinweis darauf verstanden werden, daß dieser Teil einmal allein stand und sekundär mit einem anderen Werk zusammengefügt wurde. Das AJ besteht tatsächlich aus zwei deutlich verschiedenen Teilen. Der erste (NHC II,1 p.2,26-13,13 par.) ist ein stark philosophisch durchformter Traktat, der zweite (NHC II,1 p.13,13-31,27 par.) ein kritischer Midrasch zu Gen 1-7. Die Parallelen zu IrenHaer 1,29 beschränken sich allerdings nicht auf den ersten Teil (bis NHC II,1 p.13,13), sondern erstrecken sich auch auf wichtige Elemente am Anfang des zweiten Teils (bis NHC II,1 p.14,13 par.).

Eventuell auch für eine ursprüngliche Trennung sprechen Unterschiede in der Eschatologie der beiden Teile. Wenn man NHC II,1 p.8,28-9,23 par. und p.25,16-27,32 par. miteinander vergleicht. Der zweite dieser Texte ist allerdings eine klar innerhalb des zweiten Teils abgehobene Einheit, ein katechetischer Dialog in sieben Fragen, der sich stilistisch vom umliegenden Text stark unterscheidet. Wenn man ihn heraushebt, fügen sich die angrenzenden Texte relativ gut zusammen. Er wurde wohl sekundär eingefügt und gedanklich nicht voll integriert.

Gegen eine Scheidung der zwei Teile des AJ spricht allerdings ihre enge gegenseitige Beziehung. Der erste Teil öffnet die doppelte Bühne, auf der das gesamte Drama sich abspielt: die obere Welt des Lichtes und die untere Welt des von Licht durchbrochenen Dunkels. Er führt auch die wichtigsten *dramatis personae* vor, die göttliche Triade von Vater, Mutter und Sohn, ihren Hofstaat mit der zwielichtigen Protagonistin „Weisheit" und schließlich die Fehlgeburt der Weisheit, Jaldabaoth. Er erzählt die Handlung, die an der Wurzel des ganzen Dramas liegt: den Fall der Weisheit und den Raub himmlischer Geistsubstanz durch Jaldabaoth. Der zweite Teil, der auf derselben doppelten Bühne spielt, entspricht dem ersten in einer gegenläufigen Bewegung: Abstieg und Aufstieg. Die geraubte himmlische Substanz wird wieder gegen den zunehmenden Widerstand Jaldabaoths befreit. Auch der Übergang zur literarischen Technik des Midrasch im zweiten Teil paßt in diese übergreifende Einheit. Während der erste Teil die vor der Genesis liegende Geschichte erzählt, von der Moses und der ihn inspirierende Jaldabaoth keine Ahnung haben, setzt der zweite Teil mit der Genesis ein. Genau dieser Bruch zwischen Traktat und Midrasch gehört zur Einheit des Werkes.

Die Frage, ob es eine vor- oder nichtchristliche Schicht im Hauptteil des AJ gibt, ist zu verneinen. Auch wenn das AJ ein christlich tangierter Text ist, ist damit sein zentrales Anliegen noch nicht angesprochen. Die das AJ bewegende Frage stammt nicht aus einer spezifisch christlichen Spannung, sondern aus der Spannung zwischen der eifersüchtig gehüteten Ausschließlichkeit des Gottes Israels und einem mittelplatonischen Gottes- und Menschenbild, in der das erste göttliche Prinzip sich neidlos verströmt und die tiefste Identität aller geistigen Wesen ausmacht. Das ist ein hellenistisch-jüdisches Problem, nicht ein spezifisch christliches.

Die Langversion ist wahrscheinlich eine Überarbeitung der erhaltenen Kurzversion. Die Überarbeitung ist unpolemisch; sie führt zumeist Details in derselben Richtung weiter aus. Eine Ausnahme bildet eventuell die Zeugung des göttlichen Sohnes, des dritten Gliedes der göttlichen Urtriade. Das könnte eine Korrektur sein, die dem männlichen Prinzip die aktive Rolle bei der Zeugung zuteilt.

Das Hauptinteresse der Redaktion gilt den zwei weiblichen Figuren Vorsehung (Pronoia) und Nachsehung (Epinoia), deren Rolle betont und weiter ausgefeilt wird. Andere Teile und Aspekte des Textes sind weniger bearbeitet. Teil der Umarbeitung mit dem besonderen Interesse an Vorsehung und Nachsehung ist der in NHC II,1 p.30,11-31,27 par. neu eingefügte Monolog der Vorsehung. Im Kontext (nicht im Monolog selbst) identifiziert sich Jesus ausdrücklich mit dieser Vorsehung, während er in der Kurzversion mit dem männlichen Selbsterzeugten, dem Sohn der Vorsehung Barbelo, identifiziert wird. In eine ähnliche Richtung geht NHC II,1 p.23,26-27 par., wo Jesus sich mit der

Nachsehung identifiziert, die Adam und Eva vom Baum der Erkenntnis belehrt. Diese neue Identifikation Jesu mit Vorsehung und Nachsehung ist aber nicht vollständig neu: Schon in der Rahmenhandlung der Kurzversion identifiziert sich Jesus mit der ganzen Triade von Vater, Mutter und Sohn (BG 2 p.21,19-21). Gedanklich relativ wenig bringt der längste in der Langversion eingefügte Text (NHC II,1 p.15,29-19,10 par.). Er enthält zusätzliche Information über die Erschaffung von Adams seelischem Leib.

Die im AJ bezeugte Ideenwelt war nach Irenäus (IrenHaer 1,11,1) ein Ausgangspunkt der valentinianischen Gnosis. Diese Abhängigkeit ist plausibler als die in der Forschung vorgeschlagene umgekehrte Abhängigkeit des AJ von valentinianischer Spekulation.

Das religionsgeschichtliche Profil des AJ ähnelt in einigen Punkten Philo von Alexandrien, besonders im Kombinieren mittelplatonischer und jüdischer Anschauungen im Gottesbild und Menschenbild. Anders als bei Philo spielen aber Vorstellungen der hellenistischen Zauberkunst im AJ eine große Rolle, besonders in der Beschreibung der unteren Welt. Die Beschreibung des übergöttlichen Vaters (NHC II,1 p.2,26-4,15 par.) ist eine streng durchkomponierte philosophische Abhandlung, die große Ähnlichkeit mit erhaltenen mittelplatonischen Traktaten aufweist. Die darauf folgende Entfaltung der göttlichen Triade kombiniert weitere mittelplatonische Elemente mit spezifisch jüdischen Vorstellungen des göttlichen Hofstaates, in dem die Engel Gott liturgisch zu Diensten stehen und ihn verherrlichen. Vater, Mutter und Sohn bezeugen eine sonst im Mittelplatonismus kaum belegte aber bei Plotin breit ausgearbeitete Triade. Biblische Genealogie (besonders Adam und Seth) spielt eine große Rolle, kombiniert mit platonischer Exemplarlehre.

Ein höchst kritischer Midrasch zu Gen 1-7 dominiert den zweiten Teil des AJ. Explizit wird festgehalten: „nicht wie Moses sagt". Der Gott, der nach Gen Schöpfer der Welt ist, ist die ungestaltete, unwissende Fehlgeburt der Weisheit, Jaldabaoth, der auch den Teufelsnamen Samael trägt (NHC II,1 p.11,18). Das von Jaldabaoth eingerichtete System sexueller Zeugung verdunkelt das Licht der Erkenntnis und versklavt den Menschen. Dieser Handlungsablauf bezeugt eine intensive Auseinandersetzung innerhalb hellenistisch-jüdischer Tradition, in der der exklusive Anspruch des Gottes Israels von einigen Intellektuellen als gegen die (nach mittelplatonischer Anthropologie konzipierte) Göttlichkeit des Menschen gerichteter Neid zurückgewiesen wird. Aus dieser entschiedenen Zurückweisung erklärt sich die seltsame Kreuzform, in der das AJ eine hellenistisch-jüdische Gottesvorstellung in zwei Stücke teilt: in einen oberen Gott, der persönlich als der mittelplatonische Urgrund identifiziert wird, aber doch wesentliche Züge des Gottes Israels beibehält, und den unteren Gott Jaldabaoth, der persönlich als der Gott Israels (und als der Teufel) identifiziert wird, aber doch wesentliche Züge des platonischen Demiurgen beibehält.

Übersetzung

NHC III,1	BG 2	NHC II,1 / NHC IV,1

Das Apokryphon des Johannes.

Rahmenhandlung

1. Johannes und Arimanios

(p.1) Die Lehre [des] Heilands und [die Offenbarung] der Geheimnisse [und der] im Schweigen verborgenen Dinge, [jener nämlich, die] er Johannes, [seinen] Jünger, lehrte.

(p.1) [...]jener Tage [...] Johannes [der Bruder des Jakobus ...] die [Söhne des Zebedaios,] zum Tempel [hinaufgegangen] war, [da trat] ein [Pharisäer namens Arimanias ...

(p.19) Es geschah aber an einem jener Tage, als Johannes, der Bruder des Jakobus, sie sind die Söhne des Zebedaios, zum Tempel hinaufgegangen war, da trat ein Pharisäer namens Arimanias zu ihm hin und sagte zu ihm:

Es geschah [aber eines Tages], als Johannes, [der Bruder] des Jakobus, sie sind die Söhne des Zebedaios, zum Tempel hinaufgegangen war, da [trat] ein Pharisäer namens Arimanios zu ihm hin [und] sagte zu ihm:

„Wo ist dein Meister, dem du nachgefolgt bist?"

„[Wo] ist dein Meister, [dem] du nachgefolgt bist?"

Er sagte zu ihm: „An den Ort, von dem er gekommen ist, dorthin ist er wieder zurückgekehrt."

Da sagte ich zu ihm: „An den [Ort], von dem er gekommen war, [dorthin] ist er [zurückgekehrt]."

Der Pharisäer sagte [zu ihm]: „Durch Irrtum hat euch dieser Nazarener in die Irre geführt, [eure Ohren mit Lüge gefüllt] *(p.20)* und [eure Herzen] verschlossen. Er hat euch [von] den Überlieferungen eurer [Väter] abgewandt."

Der Pharisäer [sagte zu mir]: „[Durch Irrtum hat] euch [dieser Nazarener] in die Irre geführt; [eure Ohren mit Lügen] gefüllt und [eure Herzen] verschlossen. [Er hat euch] von den Überlieferungen eurer Väter abgewandt."

...] hat euch in die Irre geführt [...
... eure Herzen] verschlossen. Er hat euch von den Überlieferungen eurer Väter abgewandt."

[Als] ich das hörte, wandte ich mich vom Tempel ab einem bergigen Ort [...]
Ich trauerte sehr in meinem Herzen und sagte: „Wie [...

Ich, als ich das hörte, wandte ich mich vom Tempel ab und dem Berg zu, einem wüsten Ort. Ich trauerte sehr in meinem Herzen und sagte: „Wie wurde denn der Heiland eingesetzt? Warum wurde er in die Welt gesandt von seinem Vater, der ihn gesandt hat? Wer ist sein Vater? Welcher Art ist jener Äon, zu

[Als ich, ich Johannes], das hörte, [wandte ich mich] vom Tempel ab, [einem Berg und wüsten Ort zu]. Ich trauerte [in meinem Herzen und sagte: „Wie [wurde] der Heiland [eingesetzt]? Warum [wurde er in die Welt gesandt] von [seinem Vater? Wer ist sein] Vater, der [ihn gesandt hat? Welcher Art ist

wurde] er in die Welt gesandt von [seinem] Vater [...

NHC III,1	BG 2	NHC II,1 / NHC IV,1
...] wir [gehen] werden [...	dem wir gehen werden?" Er sagte zu uns: „Dieser Äon ist von der Gestalt jenes unvergänglichen Äons", aber belehrte uns nicht über den letzteren, welcher Art er ist.	jener] Äon, [zu dem wir gehen werden]? Denn was meinte er [darüber als er zu uns sagte]: „Dieser Äon, zu dem [wir gehen werden, hat die] Gestalt des [unvergänglichen] Äons", uns aber nicht über den letzteren belehrte, welcher Art er ist.

2. Johannes und Jesus

	Sogleich, als ich diese Dinge bedachte, öffneten sich die Himmel und die ganze Schöpfung strahlte in einem Licht *(p.21)* [unter dem] Himmel und die [ganze] Welt [wurde erschüttert]. Ich fürchtete mich und [starrte hin] und siehe, es [erschien] mir ein Kind und es [änderte] seine Erscheinung in die eines alten Mannes [während] das Licht in ihm [war. Während ich] es [anstarrte, verstand] ich [dieses] Wunder nicht, ob es wegen des Lichtes eine [Erscheinung] mit vielen Gestalten war – denn ihre Gestalten [erschienen] durch [einander] – oder ob es eine einzige Erscheinung mit drei Gesichtern war.	Sogleich, [als ich diese Dinge bedachte], siehe, [es öffneten sich die Himmel und die ganze] Schöpfung unter dem Himmel strahlte und die [Welt] wurde erschüttert. *(p.2)* [Ich fürchtete mich und siehe, ich] sah im Licht [ein Kind] bei mir [stehen]. Während ich [es] anstarrte, [wurde] es wie ein alter Mann. Dann [änderte] er seine Erscheinung in die eines Dieners. Da war [nicht eine Vielheit] vor mir, sondern eine [Erscheinung mit] mehreren Gestalten im [Licht], und [die Gestalten] erschienen durcheinander und die [Erscheinung] hatte drei Gestalten.
(p.2) ...] vielen [Gestalten im Licht], während die Gestalten durch [einander] erschienen [...] wahr [...	[Er sagte zu mir]: „Johannes, [warum] wunderst und [fürchtest] du dich? Du bist doch [nicht] unvertraut mit [dieser Erscheinung]? Sei nicht kleinmütig. Ich bin der, der immer bei [euch] ist. Ich bin [der Vater], ich bin die Mutter, ich [bin der Sohn]. Ich bin der *(p.22)* ewig Seiende, der Unbefleckte [und der] Unvermischte. [Nun bin ich gekommen], um dich zu lehren [was] ist und was [war] und was sein wird, damit [du] die unsichtbaren und die sichtbaren Dinge [erkennst] und	[Er] sagte zu mir: „Johannes, Johannes, warum wunderst und fürchtest [du dich]? Du bist doch nicht unvertraut mit dieser Erscheinung? Das heißt, [sei] nicht kleinmütig. Ich bin der, der [bei euch ist] alle Zeit. Ich [bin der Vater], ich bin die Mutter, ich bin der Sohn. Ich bin der Unbefleckte und der Unvermischte. [Nun bin ich gekommen, um dich zu lehren,] was ist [und was war] und was [sein] wird, [damit du die] nicht offenbaren [und die offenbaren Dinge erkennst, und dich zu
(p.3) ...] damit [... un]sichtbar [...] und [...		

NHC III,1	BG 2	NHC II,1 / NHC IV,1
	[dich zu belehren] über den vollkommenen [Menschen]. Nun also, erhebe dein [Gesicht], höre und [empfange die Dinge, die ich] dir heute sagen werde, [damit] du deinerseits die darüber belehrst, die mit dir eines Geistes sind, die [aus] dem unerschütterlichen Geschlecht [des] vollkommenen Menschen [sind]."	belehren über das unerschütterliche Geschlecht] des vollkommenen Menschen. Nun [also, erhebe dein Gesicht, damit du] die Dinge, über die ich [dich] heute [belehren werde, empfängst und deine] Geistes-[gefährten darüber belehrst], die [aus] dem [unerschütterlichen] Geschlecht des vollkommenen Menschen sind."
	Da [bat ich darum] zu erkennen. Er sagte zu mir:	[Da bat ich darum, es] zu [erkennen, und er sagte] zu mir:

Erster Teil: Theogonie und Kosmogonie

1. Obere Theogonie: die Triade von Vater, Mutter und Sohn

1.1. Die Einheit, der Vater

NHC III,1	BG 2	NHC II,1 / NHC IV,1
	„[Die Einheit], da sie ein Einzigursprung ist, über dem [kein] anderer Ursprung [existiert, ist] Gott [und] Vater des Alls, [der] Heilige, der Unsichtbare, der über dem All [ist], der [als] seine Unvergänglichkeit [existiert, als] *(p.23)* reines Licht, in das kein Augenlicht schauen kann. Er ist der Geist.	„Die Einheit [ist ein Einzigursprung], über [dem nichts] ist. [Er existiert als Gott] und Vater des [Alls, der Unsichtbare], der über dem [All] ist, [der als] Unvergänglichkeit [existiert, als] reines Licht, in das kein [Auge] schauen kann. [Er ist der] unsichtbare [Geist].
(p.4) ...] nichts [...] vor ihm [...] braucht [...	Es ist nicht richtig, ihn als einen Gott zu denken oder etwas derartiges, denn er ist mehr als ein Gott. Er ist ein Ursprung, über dem kein Ursprung ist, denn nichts existiert vor ihm. Auch braucht er sie (plur.) nicht. Er braucht nicht das Leben, da er ewig ist. Er braucht nichts, da er nicht vollendet werden kann, – so daß ihm nicht etwas fehlte und er vollendet werden müßte – sondern er ist immer ganz Vollendung. Er ist Licht.	Es ist nicht richtig, ihn als einen Gott [zu denken] oder etwas derartiges, denn er ist mehr als ein Gott, da nichts über ihm ist, weil niemand *(p.3)* [über] ihn Herr ist, [denn er existiert] nicht in etwas, das weniger ist [als er, denn das All] existiert in ihm, [denn er ist der, der sich] selbst [begründet].[35] [Er ist ewig], denn er braucht [nichts], denn [er] ist ganz Vollendung. [Es fehlte ihm] nichts, daß er durch [es] vollendet werde,

---

[35] „Denn ... begründet" fehlt in NHC II,1.

NHC III,1	BG 2	NHC II,1 / NHC IV,1
		sondern er ist immer ganz vollkommen; im [Licht].
	Er ist unbegrenzbar, da niemand vor ihm ist, um ihn zu begrenzen. Er ist der Unerforschliche, da niemand vor ihm ist, um ihn zu erforschen. Er ist der Unermeßliche, da niemand ihn gemessen hat, so als ob er vor ihm wäre. Er ist der Unsichtbare, da *(p.24)* niemand ihn gesehen hat. Er ist der Ewige, da er immer existiert. Er ist der Unaussprechliche, da niemand ihn erfaßt, um so von ihm zu sprechen. Er ist der Unnennbare, da niemand vor ihm ist, um ihm einen Namen zu geben.	Er ist [unbegrenzbar], da niemand [vor ihm] ist, um ihn zu begrenzen. Er ist unerforschlich, [da] niemand vor ihm ist, [um ihn zu erforschen. Er ist] unermeßlich, da niemand [vor ihm war, um] ihn [zu messen. Er ist unsichtbar, da niemand ihn] gesehen hat. [Er ist ewig], da er ewig [existiert]. Er ist [unaussprechlich, da] niemand ihn erfassen konnte, um [von ihm] zu sprechen. Er ist unnennbar, da [niemand vor ihm ist], um [ihm] einen Namen zu geben.
(p.5) ... da niemand vor] ihm ist, um [ihm] einen Namen zu geben.		
[Er ist das] unermeßliche [Licht, der Klare], der heilig und rein ist, [unaussprechlich], vollkommen [in Unvergänglichkeit.	Er ist das unermeßliche Licht, der Klare, der heilig und rein ist, der Unaussprechliche, der vollkommen und unvergänglich ist.	Er ist [das unermeßliche Licht], das klar, heilig und rein ist. Er ist unaussprechlich, [vollkommen] in Unvergänglichkeit.
Er ist nicht] Vollkommenheit, er ist nicht [Seligkeit], er ist nicht [Gottheit], sondern er ist etwas diesen [Überlegenes]. Er [ist] nicht unbegrenzt, [er ist nicht begrenzt], sondern er ist etwas [Überlegenes]. Er ist [nicht] körperlich, er ist nicht [un]körperlich. Er ist [nicht groß], er ist nicht klein. Er ist nicht [quantifizierbar], denn er ist weder ein Geschöpf, noch qualifizierbar. Es ist gänzlich unmöglich, daß irgend jemand ihn erkennt. Er ist nicht irgend eines unter (anderen) Seienden, sondern er ist etwas Überlegenes, nicht dadurch, daß er überlegen ist, sondern dadurch, daß er er selbst ist.	Er ist nicht Vollkommenheit, noch Seligkeit, noch Gottheit, sondern er ist etwas diesen weit Überlegenes. Er ist weder unbegrenzt noch begrenzt, sondern er ist etwas diesen Überlegenes. Er ist nämlich nicht körperlich, er ist nicht unkörperlich. Er ist nicht groß, er ist nicht klein. Er ist nicht quantifizierbar, denn er ist nicht ein Geschöpf, noch kann irgend jemand ihn erkennen. Er ist überhaupt nicht etwas, das existiert, sondern er ist etwas ihnen Überlegenes, nicht dadurch, daß er überlegen ist, sondern *(p.25)* dadurch, daß er er selbst ist.	(Er ist) [nicht] in Vollkommenheit, noch in Seligkeit, noch in Gottheit, sondern er ist weit überlegen. Er ist nicht körperlich, [noch] ist er unkörperlich. Er ist nicht groß, noch ist er klein. Man kann [nicht] sagen: Was ist seine Quantität? oder: Was ist seine Qualität? denn niemand kann [ihn erkennen]. Er ist nicht irgend eines unter (anderen) [Seienden, sondern er ist] weit überlegen, [nicht] dadurch, daß [er überlegen ist], sondern dadurch, daß er das ist, was er selbst ist.
Er hat nicht an den Äonen teilgenommen. Zeit existiert nicht für ihn. Denn wer an einem Äon teilnimmt – dann ist es	Er hat nicht an einem Äon teilgenommen. Zeit existiert nicht für ihn. Denn wer an einem Äon teilnimmt – andere	[Er nimmt] nicht an den Äonen teil, noch an der Zeit. Denn wer an einem Äon teilnimmt, der vorbereitet war (...) Er erhielt

NHC III,1	BG 2	NHC II,1 / NHC IV,1
ein anderer, der ihn vorher vorbereitet hat. Zeit wurde ihm nicht zugeteilt, da er nicht von einem anderen empfängt. *(p.6)* Er ist ohne [Mangel. Niemand ist vor] ihm, so daß er [von ihm empfinge. Er strebt sich im Licht] selbst allein [an]. Er wird [das reine Licht, die] unmeßbare Größe betrachten.	haben für ihn vorbereitet. Zeit wurde ihm nicht zugeteilt, da er nicht von einem anderen empfängt, der zuteilt. Er ist ohne Mangel. Es ist überhaupt niemand vor ihm. Er ist der, der sich im vollkommenen Licht selbst allein anstrebt. Er wird das reine Licht, die unmeßbare Größe betrachten.	nicht Anteil an der Zeit, [da] er nichts von einem anderen erhält, [denn es wäre etwas als] Darlehen [Empfangenes]. Denn [ohne Mangel ist], der vor ihm ist. Er sieht sich in *(p.4)* [seinem] Licht selbst an. Denn der [...] ist Größe. [Ihm] gehört unmessbare [Reinheit].
(Er ist) [der Ewige (als) derjenige, der] die Ewigkeit [gibt; das Licht (als) derjenige, der] das Licht [gibt]; das Leben (als) [derjenige, der das Leben gibt]; der Selige (als) derjenige, der [die Seligkeit gibt]; die Erkenntnis (als) derjenige, [der die Erkenntnis gibt; der] Gute (als) derjenige, der immer [das Gute] tut; – nicht dadurch, daß [er besitzt, sondern] dadurch, daß er das Geschenk gibt – [die Gnade, die das] unermeßliche Licht [gibt].	(Er ist) der Ewige (als) derjenige, der die Ewigkeit gibt; das Licht (als) derjenige, der das Licht gibt; das Leben (als) derjenige, der das Leben gibt; der Selige (als) derjenige, der die Seligkeit gibt; die Erkenntnis (als) derjenige, der Erkenntnis gibt; der immer Gute (als) derjenige, der Gutes gibt, (als) derjenige, der Gutes tut; – nicht dadurch, daß er besitzt, sondern dadurch, daß er gibt – das Erbarmen, das sich erbarmt; die Gnade, die Gnade – (nämlich) das unermeßliche Licht – gibt.	Er ist eine Ewigkeit gebende Ewigkeit. Er ist ein Leben gebendes Leben. Er ist ein Seligkeit gebender Seliger. Er ist Erkenntnis gebende Erkenntnis. [Er ist] ein Güte gebendes Gut. [Er ist] Erbarmen und Erlösung [gebendes Erbarmen]. Er ist Gnade gebende Gnade – nicht weil er es besitzt, sondern weil er [das] unermeßliche, unbegreifliche Licht gibt.

1.2. Die Grenzen des Wissens

Was soll ich dir über diesen [Unbegreiflichen] sagen? Das (Gesagte) ist (nur) das Bild des Lichtes. So wie ich verstehen können werde – denn wer versteht ihn je –, werde ich mit dir sprechen. So wie ich verstehen können werde, werde ich sprechen. Sein Äon ist unvergänglich, ruhend, still im Schweigen, derjenige, der vor allem ist. Er ist das Haupt aller Äonen, weil seine Güte alle Äonen versorgt, wenn noch etwas außer ihm existiert. Niemand von uns erkennt die Attribute dieses Unermeßlichen außer *(p.7)* [dem, der in ihm wohnte], der [es uns mitgeteilt hat].	*(p.26)* Was soll ich dir über ihn, den Unbegreiflichen, sagen? Das (Gesagte) ist (nur) das Bild des Lichtes. Bis zu dem (Punkt), den ich (noch) verstehen können werde – denn wer wird ihn je verstehen –, so werde ich mit dir sprechen können. Sein Äon ist unvergänglich, in Ruhe existierend, im Schweigen still seiend, derjenige, der vor allem ist. Er ist das Haupt aller Äonen, wenn noch etwas außer ihm existiert. Denn niemand von uns erkannte die Attribute dieses Unermeßlichen außer dem, der in ihm wohnte. Er hat sie uns mitgeteilt.	[Wie spreche ich] mit dir über ihn? [Denn] sein [Äon] ist unvergänglich, ruhend, im [Schweigen] existierend, [still existierend], vor [allem] existierend, [denn er] ist das Haupt [aller] Äonen [und] er gibt ihnen Kraft in seiner Güte. [Wir erkennen] nämlich nicht [die unaussprechlichen Dinge und] wir verstehen nicht die [unermeßlichen Dinge] außer dem, der [aus] ihm in Erscheinung trat, nämlich (aus) [dem] Vater. Er hat es uns [allein] mitgeteilt.

NHC III,1	BG 2	NHC II,1 / NHC IV,1

1.3. Die Mutter Barbelo(n) tritt in Erscheinung
und verrichtet ihren liturgischen Dienst

[Er] betrachtet sich [selbst allein in dem Licht], das [ihn] umgibt, [nämlich die Quelle] des [lebendigen] Wassers, [das Licht voll] Reinheit [und die] Quelle [des Geistes], die [lebendiges] Wasser von [sich] ausströmt. Er versorgte [alle] Äonen und ihre Welten. In jeder [Richtung] betrachtet er sein eigenes Bild im reinen Lichtwasser, das ihn umgibt.

Da wurde seine Ennoia (Denken) wirklich und [sie] trat in Erscheinung und stand ihm zu Diensten in seinem [Licht]-glanz. Sie ist die Macht, die vor dem All [ist], die Vorsehung (Pronoia) [des] Alls, die im Licht [des Bildes] des Unsichtbaren scheint, die vollkommene Macht, Barbelon, der vollkommene Äon, die Herrlichkeit, die ihn verherrlicht, weil sie durch ihn in Erscheinung getreten war. Da verherrlichte sie [ihn].

Sie ist die erste Ennoia (das erste Denken), [sein] Bild. Sie wurde ein erster [Mensch], der der jungfräuliche Geist ist, *(p.8)* der [dreifach männliche, der dreifach] besungene, [der dreifach benannte, der dreifach] mächtige, der mann[weibliche, nicht alternde Äon, der aus sei-

Er betrachtet sich selbst in seinem eigenen Licht, das ihn umgibt, nämlich die Quelle lebendigen Wassers, das Licht voll Reinheit. Die Quelle des Geistes strömte vom lebendigen Wasser des Lichtes. Er versorgte alle Äonen und *(p.27)* Welten. In jeder Richtung betrachtete er sein eigenes Bild, indem er es im reinen Lichtwasser sah, das ihn umgibt.

Da wurde seine Ennoia (Denken) wirklich und sie trat in Erscheinung und stand ihm {...} im Lichtglanz zu Diensten. Sie ist die Macht, die vor dem All ist, die in Erscheinung getreten war. Sie ist die vollkommene Vorsehung (Pronoia) des Alls, das Licht, das Abbild des Lichtes, das Bild des Unsichtbaren, die die vollkommene Macht ist, Barbelo, der Äon, der in Herrlichkeit vollkommen ist, die ihn verherrlicht, weil sie durch ihn in Erscheinung getreten war. Sie betrachtete ihn.

Sie ist die erste Ennoia (das erste Denken), sein Bild. Sie wurde ein erster Mensch, der der jungfräuliche Geist ist, der dreifach männliche, der *(p.28)* dreifach mächtige, der dreifach benannte, der dreifach gezeugte, der mannweibliche, nicht alternde Äon, der aus seiner Vorse-

Er betrachtet sich [selbst] in seinem Licht, das [ihn] umgibt, nämlich die Quelle lebendigen Wassers. Er versorgt [alle] Äonen. In jeder Richtung [betrachtet] er sein Bild, indem er es in der Quelle des [Geistes] sah. Er legte sein Verlangen in das Licht[wasser], [das in der] Quelle des [reinen Licht]wassers ist, [das] ihn umgibt.

Da wurde [seine Ennoia (Denken)] wirklich und sie wurde offenbar, diese [nämlich], die vor ihm im [Glanz] seines Lichtes in [Erscheinung getreten] war. Diese ist die erste [Macht, die vor] dem All [war] und [die] aus seinem Denken [in Erscheinung getreten war], die [die Vorsehung (Pronoia) des Alls ist] – ihr Licht [scheint so wie sein] Licht – die [vollkommene] Macht, die [das] Bild des unsichtbaren jungfräulichen Geistes ist, der vollkommen ist. [Die erste Macht], die Herrlichkeit der Barbelo, die *(p.5)* vollkommene Herrlichkeit unter den Äonen, die Herrlichkeit der Offenbarung, verherrlichte den jungfräulichen Geist und pries ihn, weil sie durch ihn in Erscheinung getreten war.

Dies ist das erste Denken, sein Bild. Sie wurde der Schoß des Alls, denn sie war vor ihnen allen, Metropator, der erste Mensch, der heilige Geist, der dreifach männliche, der dreifach mächtige, der dreifach benannte mannweibliche und der ewige Äon unter den Unsichtbaren und

NHC III,1	BG 2	NHC II,1 / NHC IV,1
ner Vorsehung (Pronoia)] her-vorkam.	hung (Pronoia) hervorkam.	der erste, der hervorkam.

1.4. Ausweitung Barbelos zur Fünfheit und Zehnheit mit liturgischem Dienst

Barbelon [bat] ihn, ihr Vor[erkenntnis zu geben]. Da nickte er zustimmend. Als er zustimmend genickt hatte, trat die [Vor]erkenntnis für ihn in Erscheinung, und zusammen mit dem Denken (Ennoia), das die Vorsehung (Pronoia) ist, [stand] sie [zu Diensten]. Sie verherrlichte den unsichtbaren [Geist] und die vollkommene Macht, [Barbelon], weil sie durch sie (sing.) entstanden war.

Weiter bat sie, ihr Unvergänglichkeit zu geben, [und] er nickte zustimmend. Als er zustimmend genickt hatte, trat die Unvergänglichkeit in Erscheinung, und zusammen mit dem Denken (Ennoia) und der Vorerkenntnis stand sie zu Diensten, indem sie den unsichtbaren Geist und Barbelon verherrlichten, weil sie durch sie (sing.) entstanden waren.

Da bat sie, ihr ewiges Leben zu geben, und er nickte zustimmend. Als er zustimmend genickt hatte, trat das ewige Leben in Erscheinung, und es stand zu Diensten, indem es ihn und Barbelon verherrlichte, weil *(p.9)* [sie] durch sie (sing.) aus dem In-Erscheinung-Treten des unsichtbaren Geistes entstanden [waren].

Barbelo bat ihn, ihr Vorerkenntnis zu geben. Da nickte er zustimmend. Als er zustimmend genickt hatte, trat die Vorerkenntnis in Erscheinung, und zusammen mit dem Denken (Ennoia), das die Vorsehung (Pronoia) ist, stand sie zu Diensten, indem sie den Unsichtbaren und die vollkommene Macht, Barbelo, verherrlichte, weil sie durch sie (sing.) entstanden waren.

Weiter bat diese Macht, ihr die Unvergänglichkeit zu geben, und er nickte zustimmend. Als er zustimmend genickt hatte, trat die Unvergänglichkeit in Erscheinung, und zusammen mit dem Denken (Ennoia) und der Vorerkenntnis stand sie zu Diensten, indem sie den Unsichtbaren und Barbelo verherrlichte, weil sie durch sie (sing.) entstanden war.

Da bat sie, ihr *(p.29)* das ewige Leben zu geben. Er nickte zustimmend. Als er zustimmend genickt hatte, trat das ewige Leben in Erscheinung, und sie standen zu Diensten, indem sie ihn und Barbelo verherrlichten, weil sie durch sie (sing.) aus dem In-Erscheinung-Treten des unsichtbaren Geistes entstanden waren.

<Sie>[36] bat den unsichtbaren jungfräulichen Geist – das heißt Barbelo – ihr Vorerkenntnis zu geben. Da gab er einen zustimmenden Blick. Als er aber [den zustimmenden Blick gegeben] hatte, wurde die Vorerkenntnis offenbar, und zusammen mit der Vorsehung (Pronoia) stand sie zu Diensten – sie stammt aus dem Denken des unsichtbaren jungfräulichen Geistes –, indem sie ihn [und] seine vollkommene Macht, Barbelo, verherrlichte, weil sie durch sie (sing.) entstanden war.

Sie bat weiter, ihr [Unvergänglichkeit] zu geben, und er gab einen zustimmenden Blick. Als er [den zustimmenden Blick gegeben] hatte, wurde die Unvergänglichkeit offenbar, und zusammen mit dem Denken und der Vorerkenntnis stand sie zu Diensten, indem sie den Unsichtbaren und Barbelo verherrlichte, weil sie durch sie (sing.) entstanden waren.

Da bat Barbelo, ihr ewiges Leben zu geben, und der unsichtbare Geist gab einen zustimmenden Blick. Als er den zustimmenden Blick gegeben hatte, wurde das ewige Leben offenbar, und [sie standen zu Diensten][37] und verherrlichten den unsichtbaren Geist und Barbelo, durch die (sing.) sie entstanden waren.

---

[36] NHC II,1: „Er bat ...“
[37] „... und sie standen zu Diensten" fehlt in NHC IV,1.

NHC III,1	BG 2	NHC II,1 / NHC IV,1
		Da bat sie weiter, ihr Wahrheit zu geben, und der unsichtbare Geist[38] gab einen zustimmenden Blick. Als er den zustimmenden Blick gegeben hatte, wurde die Wahrheit offenbar und sie standen zu Diensten, indem sie den unsichtbaren, *(p.6)* vorzüglichen Geist und seine Barbelo verherrlichten, durch die (sing.) sie entstanden waren.
Diese sind die Fünfheit von Äonen des Vaters, die der erste Mensch ist, das [Bild des] Unsichtbaren. Das ist Barbelon mit dem Denken (Ennoia) und der Vorerkenntnis und der Unvergänglichkeit und dem [ewigen] Leben. Das ist die mannweibliche Fünfheit, die die Zehnheit der Äonen des Vaters ist.	Das ist die Fünfheit von Äonen des Vaters, die der erste Mensch ist, das Bild des Unsichtbaren. Das ist Barbelo mit dem Denken (Ennoia) und der Vorerkenntnis und der Unvergänglichkeit und dem ewigen Leben. Das ist die mannweibliche Fünfheit, die die Zehnheit der Äonen – das nämlich ist der Vater – des ungezeugten Vaters ist.	Das ist die Fünfheit von Äonen des Vaters, die der erste Mensch ist, das Bild des unsichtbaren Geistes. Das ist die Vorsehung (Pronoia), die Barbelo ist, und das Denken und die Vorerkenntnis und die Unvergänglichkeit und das ewige Leben und die Wahrheit. Das ist die mannweibliche Fünfheit, die die Zehnheit der Äonen ist, nämlich der Vater.

1.5. Der Sohn: Zeugung, liturgischer Dienst und Salbung

Barbelon schaute inständig in das reine Licht hinein. Sie wandte sich ihm zu und gebar einen Funken von Licht nach der Erscheinung des seligen Lichtes, aber er ist nicht gleich an Größe. Das ist der Einziggeborene (Monogenes), der aus dem Vater in Erscheinung trat, der göttliche Selbsterzeugte (Autogenes), der erstgeborene Sohn aller (Söhne) des Vaters.	Barbelo schaute inständig in ihn, das reine Licht, hinein. *(p.30)* Sie wandte sich ihm zu und gebar einen Funken von seligem Licht, aber er ist ihr nicht gleich an Größe. Das ist der Einziggeborene (Monogenes), der aus dem Vater in Erscheinung trat, der göttliche Selbsterzeugte (Autogenes), der erstgeborene Sohn des Alls des Geistes des reinen Lichtes.	Er schaute in Barbelo hinein mit dem reinen Licht, das den unsichtbaren Geist und seinen Glanz umgibt, und sie empfing von ihm. Er zeugte einen Funken von Licht in einem Licht, das der Seligkeit ähnlich ist, das aber nicht gleich ist an Größe. Das war ein Einziggeborener von Metropator, der in Erscheinung getreten war, nämlich sein[39] Einziggeborener, das reine Licht.
Da jubelte der große unsichtbare Geist über das Licht, das aus der ersten Macht – die seine Vorsehung (Pronoia), Barbelon, ist – in Erscheinung getreten	Der unsichtbare Geist jubelte über das Licht, das entstanden war, das zuerst aus der ersten Macht – die seine Vorsehung (Pronoia), Barbelo, ist – in Er-	Der unsichtbare jungfräuliche Geist jubelte über das Licht, das entstanden war, das zuerst aus der ersten Macht seiner Vorsehung (Pronoia), die Bar-

---

[38] Statt „der Unsichtbare Geist" liest NHC IV,1 „er".
[39] NHC IV,1: „der Einziggeborene".

NHC III,1	BG 2	NHC II,1 / NHC IV,1
war. Er salbte ihn mit seiner eigenen Salbung / Güte, *(p.10)* so daß er vollkommen wurde und kein Mangel an Salbung / Güte vorhanden war, da er mit der Salbung / Güte des unsichtbaren Geistes, der (diese Salbung / Güte) über ihn ausgegossen hatte, gesalbt worden war. Er empfing die Salbung von dem jungfräulichen Geist <der> Salbung, und er stand ihm zu Diensten, indem er den unsichtbaren Geist und den, aus dem er in Erscheinung getreten war, verherrlichte.	scheinung getreten war. Er salbte ihn mit seiner Salbung / Güte, so daß er vollkommen wurde und kein Mangel an Salbung / Güte in ihm war, da er ihn mit seiner Salbung / Güte gesalbt hatte – der des unsichtbaren Geistes, den er über ihn ausgegossen hatte. Er empfing die Salbung von dem jungfräulichen *(p.31)* Geist, und er stand ihm zu Diensten, indem er den unsichtbaren Geist, aus dem er in Erscheinung getreten war, mit der vollkommenen Vorsehung (Pronoia) verherrlichte.	belo ist, in Erscheinung getreten war. Er salbte ihn mit seiner Salbung / Güte, bis er vollkommen wurde und keiner Salbung / Güte ermangelte, da er ihn mit der Salbung / Güte des unsichtbaren Geistes gesalbt hatte. Er stand ihm zu Diensten, während er über ihn ausgoß. Sogleich, als er vom Geist empfangen hatte, verherrlichte er den heiligen Geist und die vollkommene Vorsehung (Pronoia),[40] durch die (sing.) er in Erscheinung getreten war.
Da bat er, ihm einen Mitarbeiter zu geben, den Verstand. Der unsichtbare Geist nickte zustimmend. Der Verstand trat in Erscheinung. Er stand zusammen mit dem Gesalbten / Guten / Christus zu Diensten, indem er ihn und Barbelon verherrlichte.	Da bat er, ihm ein Ding zu geben, den Verstand. Der unsichtbare Geist nickte zustimmend. Der Verstand trat in Erscheinung. Er stand zusammen mit dem Gesalbten / Guten / Christus zu Diensten, indem er ihn und Barbelo verherrlichte.	Da bat er, ihm einen Mitarbeiter zu geben, nämlich den Verstand, und er gab gerne[41] einen zustimmenden Blick. Während der unsichtbare Geist den zustimmenden Blick gab, *(p.7)* wurde der Verstand offenbar und stand zusammen mit dem Gesalbten / Guten / Christus zu Diensten, indem er ihn und Barbelo verherrlichte.
Alle diese entstanden in Schweigen und Gedanken.	Alle diese entstanden in Schweigen und Gedanken.	Alle diese entstanden in Schweigen und Gedanken.

2. Obere Kosmogonie: das All

2.1. Schöpfung des Alls und Einsetzung des Selbsterzeugten in seinen liturgischen Dienst

Der unsichtbare Geist wollte etwas durch das Wort machen, und sein Wille wurde wirklich. Er trat in Erscheinung und stand zusammen mit dem Verstand und dem Licht zu Diensten und verherrlichte ihn. Das Wort folgte dem Willen, denn durch	Der unsichtbare Geist wollte etwas machen, und sein Wille wurde wirklich. Er trat in Erscheinung und stand zusammen mit dem Verstand und dem Licht zu Diensten und verherrlichte ihn. Das Wort folgte dem Willen, denn durch das Wort hat	Der Verstand wollte durch das Wort des unsichtbaren Geistes etwas machen, und sein Wille wurde wirklich. Er wurde mit dem Verstand und dem Licht offenbar und verherrlichte ihn. Das Wort folgte dem Willen, denn durch das Wort hat der

---

[40] NHC II,1 wiederholt die Worte: „von dem Geist, verherrlichte er den heiligen Geist und die vollkommene Vorsehung (Pronoia)".

[41] NHC II,1: „gerne" fehlt.

NHC III,1	BG 2	NHC II,1 / NHC IV,1
das Wort hat der Gesalbte / Gute / Christus, der göttliche Selbsterzeugte (Autogenes), das All erschaffen. Das ewige Leben mit dem Willen und der Verstand mit der Vorerkenntnis standen zu Diensten, indem sie *(p.11)* den unsichtbaren Geist und Barbelon verherrlichten, da sie durch sie (sing.) entstanden waren.	der Gesalbte / Gute / Christus, der göttliche Selbsterzeugte (Autogenes), das All erschaffen. Das ewige Leben mit dem Willen und der Verstand mit der Vorerkenntnis *(p.32)* standen zu Diensten, indem sie den unsichtbaren Geist und Barbelo verherrlichten, da sie durch sie (sing.) entstanden waren.	Gesalbte / Gute / Christus, der göttliche Selbsterzeugte (Autogenes), das All erschaffen. Das ewige Leben mit[42] dem Willen und der Verstand mit der Vorerkenntnis standen zu Diensten und verherrlichten den unsichtbaren Geist und Barbelo, da sie durch sie (sing.) entstanden waren.
Dann vollendete der große unsichtbare Geist den göttlichen Selbsterzeugten (Autogenes), den Sohn der Barbelon, damit er dem großen unsichtbaren Geist zu Dienste stehe – der göttliche Selbsterzeugte (Autogenes), der Gesalbte / Gute / Christus, den er mit großer Ehre geehrt hatte, da er durch ein erstes Denken (Ennoia) entstanden war, er, den der unsichtbare Geist als Gott über das All gesetzt hatte. Er unterwarf ihm die Wahrheit, die in ihm ist, damit er das All erkenne, er, dessen Name denen, die würdig sind, mitgeteilt werden wird.	Dann vollendete er durch den Geist den göttlichen, ewigen Selbsterzeugten (Autogenes), den Sohn der Barbelo, damit er ihm zu Diensten stehe, ihm, dem ewigen, jungfräulichen unsichtbaren Geist des göttlichen Selbsterzeugten (Autogenes), des Gesalbten / Guten / Christus, den er mit großer Ehre geehrt hatte, da er durch sein erstes Denken (Ennoia) entstanden war, er, den der unsichtbare Geist als Gott, als wahren Gott, über das All gesetzt hatte. Er gab ihm alle Gewalt und unterwarf ihm die Wahrheit, die in ihm ist, damit er das All erkenne, er, dessen Name denen, die seiner würdig sind, mitgeteilt werden wird.	Dann vollendete der heilige Geist den[43] göttlichen Selbsterzeugten (Autogenes), seinen und Barbelos Sohn,[44] damit er zu Diensten stehe dem großen und unsichtbaren jungfräulichen Geist des göttlichen Selbsterzeugten (Autogenes), des Gesalbten / Guten / Christus, den er mit großer Stimme geehrt hatte. Er trat durch die Vorsehung (Pronoia) in Erscheinung. Da setzte der unsichtbare jungfräuliche Geist den göttlichen, wahren Selbsterzeugten (Autogenes) über das All, und er unterwarf ihm alle Gewalten und die Wahrheit, die in ihm ist, damit er das All erkenne, er, der mit einem über alle Namen erhabenen Namen benannt wurde, denn dieser Name wird denen, die seiner würdig sind, mitgeteilt werden.

2.2. Die vier Erleuchter und ihr liturgischer Dienst

Aus dem Licht, das der Gesalbte / Gute / Christus ist, und der Unvergänglichkeit, durch die Gabe des unsichtbaren Geistes,	Aus dem Licht, das der Gesalbte / Gute / Christus ist, und der Unvergänglichkeit, durch den göttlichen *(p.33)* [Geist], traten	Denn aus dem Licht, das der Gesalbte / Gute / Christus ist, und der Unvergänglichkeit, durch die Gabe des Geistes mit

---

[42]   NHC II,1: „in".
[43]   NHC IV,1: „... vollendete mit dem göttlichen ...".
[44]   NHC IV,1 wiederholt : „da sie durch sie (sing.) entstanden waren. Der heilige Geist vollendete den göttlichen Selbsterzeugten (Autogenes), seinen und Barbelos Sohn."

NHC III,1	BG 2	NHC II,1 / NHC IV,1
traten seine vier großen Lichter durch den göttlichen Selbsterzeugten (Autogenes) in Erscheinung, damit sie ihm zu Diensten stehen. Die drei sind der Wille und das ewige Leben und das Denken (Ennoia). Die vier aber sind die Gnade, die Einsicht, die Wahrnehmung und die Klugheit.	die vier großen Lichter durch den göttlichen Selbsterzeugten (Autogenes) in Erscheinung, damit sie ihm zu Diensten stehen. Die drei sind der Wille und das Denken (Ennoia) und das Leben. Die vier aber sind die Gnade, die Einsicht, die Wahrnehmung und die Klugheit.	den vier [großen] Erleuchtern,[45] aus dem göttlichen Selbsterzeugten (Autogenes) <...> Er erwartete, daß *(p.8)* sie ihm zu Diensten stünden. Die drei sind der Wille, das Denken (Ennoia) und das Leben. Die vier Mächte aber sind die Einsicht, die Gnade, die Wahrnehmung und die Klugheit.
Die Gnade ist bei dem ersten großen Licht, Armozel, der der *(p.12)* Engel des ersten Äons ist. Drei Äonen sind mit ihm: die Gnade, die Wahrheit, die Gestalt.	Die Gnade ist bei dem ersten großen Licht, Harmozel, der der Engel des Lichtes des ersten Äons ist, bei dem drei Äonen sind: die Gnade, die Wahrheit, die Gestalt.	Die Gnade aber ist bei dem Äon-Erleuchter Armozel, der der erste Engel ist. Dieser Äon aber, es sind drei weitere Äonen mit ihm: die Gnade, die Wahrheit, die Gestalt.
Das zweite Licht ist Oroiael, den er im zweiten Äon einsetzte, bei dem drei Äonen sind, nämlich: die Vorsehung (Pronoia), die Wahrnehmung und die Erinnerung.	Das zweite Licht ist Oroiael, den er bei dem zweiten Äon einsetzte, bei dem drei Äonen sind, nämlich: die Vorsehung (Pronoia), die Wahrnehmung und die Erinnerung.	Der zweite Erleuchter ist Oriael, der über den zweiten Äon eingesetzt wurde. Mit ihm sind drei weitere Äonen: die Nachsehung (Epinoia), die Wahrnehmung und die Erinnerung.
Das dritte Licht, <Daveithe>, wurde im dritten Äon eingesetzt, bei <dem drei Äonen sind>, nämlich: die Einsicht, die Liebe und die Idee.	Das dritte Licht ist Daveithe, den er über den dritten Äon einsetzte, bei dem drei Äonen sind, nämlich: *(p.34)* die Einsicht, die Liebe und [die Idee].	Der dritte Erleuchter ist Daveithai, der über den dritten Äon eingesetzt wurde. Mit ihm sind drei weitere Äonen: die Einsicht, die Liebe und die Idee.
Das vierte Licht, <Eleleth> wurde im vierten Äon eingesetzt, bei dem drei Äonen sind, nämlich: die Vollkommenheit, der Friede und die Weisheit (Sophia).	Das vierte Licht ist [Ele]leth, den er über den vierten Äon einsetzte, bei dem drei Äonen sind, nämlich: die Vollkommenheit, der Friede und die Weisheit (Sophia).	Der vierte Äon wurde über den vierten Erleuchter, Eleleth, eingesetzt. Mit ihm sind drei weitere Äonen: die Vollkommenheit, der Friede und die Weisheit (Sophia).
Das sind die vier Lichter, die dem göttlichen Selbsterzeugten (Autogenes) zu Diensten stehen, die zwölf Äonen, die dem Kind zu Diensten stehen, durch die Gabe und das Wohlgefallen des großen Selbsterzeugers (Autogenetor), des Gesalbten / Guten / Christus, durch die Gabe und das Wohlgefallen des unsichtbaren Geistes. Das sind die	Das sind die vier Lichter, die dem göttlichen Selbsterzeuger (Autogenetor) zu Diensten stehen, die zwölf Äonen, die dem Kind zu Diensten stehen, dem großen Selbsterzeuger (Autogenetor), dem Gesalbten / Guten / Christus, durch das Wohlgefallen des göttlichen unsichtbaren Geistes. Die zwölf Äonen gehören dem Sohn, dem Selbster-	Das sind die vier Erleuchter, die dem göttlichen Selbsterzeugten (Autogenes) zu Diensten stehen; das sind die zwölf Äonen, die dem Kind des Großen, des Selbsterzeugten (Autogenes), des Gesalbten / Guten / Christus, zu Diensten stehen, durch den Willen und die Gabe des unsichtbaren Geistes. Die zwölf Äonen gehören dem

---

[45]   NHC II,1: „durch die Gabe des Geistes der vier Leuchter."

NHC III,1	BG 2	NHC II,1 / NHC IV,1
zwölf Äonen. Sie gehören dem Sohn, dem Selbsterzeugten (Autogenes).	zeugten (Autogenetos).	Sohn, dem Selbsterzeugten (Autogenes).
	Alle Dinge wurden gefestigt durch den Willen des heiligen Geistes, durch den Selbsterzeugten (Autogenes).	Das All wurde fest durch den Willen des heiligen Geistes, durch den Selbsterzeugten (Autogenes).

2.3. Die Bewohner der vier Erleuchter und ihr liturgischer Dienst

Aus der Vorerkenntnis des vollkommenen Verstandes, durch die Gabe und das Wohlgefallen des großen unsichtbaren Geistes, *(p.13)* in der Gegenwart des Selbsterzeugten (Autogenes), der vollkommene, wahre, heilige Mensch, der erste, der in Erscheinung trat <...> Er wurde ‚Adamas‘ benannt und wurde bei seinem ersten Äon eingesetzt mit dem großen göttlichen Selbsterzeugten (Autogenes), dem Gesalbten / Guten / Christus, im ersten Äon, bei Harmozel; und seine Mächte waren mit ihm.

Da gab ihm der Unsichtbare eine unüberwindbare geistige Macht.

Er aber sprach: „Ich verherrliche und preise den unsichtbaren Geist. Deinetwegen haben alle Dinge Sein, (und) in dich (wenden sie sich zurück). Ich preise dich und den Selbsterzeugten (Autogenes) und den Äon, die Drei, den Vater, die Mutter, den Sohn, die vollkommene Macht.“

Sein Sohn Seth wurde im zweiten Äon eingesetzt bei dem zweiten Licht, Oroiael.

In den dritten Äon wurde der Same des Seth gesetzt, die Seelen der Heiligen, die im Äon

Aus der Vorerkenntnis mit dem vollkommenen Verstand, durch Gott, *(p.35)* durch das Wohlgefallen des großen unsichtbaren Geistes mit dem Wohlgefallen des Selbsterzeugten (Autogenes), der vollkommene, wahre Mensch, der erste im Erscheinen <...> Er gab ihm den Namen ‚Adam‘ und setzte ihn über den ersten Äon, bei dem großen göttlichen Selbsterzeuger (Autogenetor), dem Gesalbten / Guten / Christus, bei dem ersten Äon, Harmozel; und seine Mächte waren mit ihm.

Da gab ihm der Unsichtbare eine unüberwindbare geistige Macht.

Er sprach: „Ich verherrliche und preise den unsichtbaren Geist, denn deinetwegen sind alle Dinge entstanden (und) in dich (wenden sich) alle Dinge (zurück). Ich aber preise dich und den Selbsterzeugten (Autogenes) und die drei Äonen, den Vater und die Mutter und den Sohn, die vollkommene Macht.“

Er setzte seinen Sohn Seth *(p.36)* über das zweite Licht, Oroiael.

In den dritten Äon wurde der Same des Seth gesetzt, die Seelen der Heiligen, die ewig sind,

Aus der Vorerkenntnis des vollkommenen Verstandes, durch die [Offenbarung] des Willens des unsichtbaren Geistes und dem Willen des Selbsterzeugten (Autogenes), der vollkommene Mensch, die erste Offenbarung und die Wahrheit <...> Der jungfräuliche Geist nannte ihn ‚Pigera Adamas‘. Er setzte ihn über *(p.9)* den ersten Äon mit dem Großen, dem Selbsterzeugten (Autogenes), dem Gesalbten / Guten / Christus, und seinen Mächten.

Da gab ihm der Unsichtbare eine geistige unüberwindbare Macht.

Er aber sprach und verherrlichte und pries den unsichtbaren Geist und sprach: „Deinetwegen ist das All entstanden, und in dich wird das All sich zurückwenden. Ich aber werde dich preisen und verherrlichen und den Selbsterzeugten (Autogenes) und die drei Äonen, den Vater, die Mutter, den Sohn, die vollkommene Macht.“

Er setzte seinen Sohn Seth über den zweiten Äon vor den zweiten Erleuchter, Oroiel.

In den dritten Äon wurde der Same des Seth gesetzt über den dritten Erleuchter, Daveithai.

NHC III,1	BG 2	NHC II,1 / NHC IV,1
waren, mit dem *(p.14)* dritten Licht, Daveithe.	im dritten Licht, Daveithe.	Die Seelen der Heiligen wurden (dorthin) gesetzt.
In den vierten Äon wurden die Seelen derer gesetzt, die ihre Fülle erkannten, aber nicht sofort umkehrten, sondern eine Weile zögerten und nachher umkehrten. Sie werden bei dem Licht Eleleth bleiben, nachdem sie zu diesem Ort gesammelt wurden, und den unsichtbaren Geist verherrlichen.	In den vierten Äon wurden die Seelen derer gesetzt, die ihre Vollkommenheit erkannten, aber nicht sofort umkehrten, sondern eine Weile zögerten. Schließlich aber kehrten sie um. Sie werden bei dem vierten Licht bleiben, das sie mit sich verbunden hat, und den unsichtbaren Geist verherrlichen.	In den vierten Äon wurden die Seelen derer gesetzt, die die Fülle nicht erkannten und nicht sofort umkehrten, sondern eine Weile zögerten und nachher umkehrten. Sie sind zu dem vierten Erleuchter, Eleleth, gekommen. Das sind die Geschöpfe, die den unsichtbaren Geist verherrlichen.

3. Untere Theogonie: die Weisheit und ihr Sohn Jaldabaoth

3.1. Der Fehler der Weisheit (Sophia)

Unsere Mitschwester, die Weisheit (Sophia), die ein Äon ist, dachte einen Gedanken aus sich selbst im Denken (Enthymesis) des Geistes und der ersten Erkenntnis. Sie wollte ihr Abbild aus sich in Erscheinung bringen. Ihr Gedanke war nicht unwirksam, und ihr Werk kam als unvollkommenes heraus, ohne Prägung von ihrer Gestalt, – denn sie hatte es ohne ihren Gatten gemacht –, so daß es keine Prägung von der Erscheinung der Mutter hatte. Der Geist hatte nicht zugestimmt und hatte nicht zustimmend genickt, und ihr Gatte, der jungfräuliche Geist der Männlichkeit, hatte nicht mit (ihr zusammen) zugestimmt. Obwohl sie aber ihren Gatten nicht gefunden hatte, nickte sie zustimmend ohne die *(p.15)* Zustimmung des Geistes und das Wissen ihres eigenen Gatten.	Unsere Mitschwester, die Weisheit (Sophia), die ein Äon ist, dachte einen Gedanken aus sich selbst und im Denken des Geistes und der ersten Erkenntnis. Sie wollte das [Abbild] *(p.37)* aus sich in Erscheinung bringen, obwohl der Geist nicht zugestimmt und nicht zustimmend genickt hatte, und auch ihr Gatte, der männliche jungfräuliche Geist, nicht mit (ihr zusammen) zugestimmt hatte. Aber sie fand ihren Gatten nicht, als sie zustimmend nickte ohne die Zustimmung des Geistes und das Wissen ihres eigenen Gatten.	Die Weisheit (Sophia) der Nachsehung (Epinoia) aber, die ein Äon ist, dachte einen Gedanken aus sich selbst und dem Denken des unsichtbaren Geistes und der Vorerkenntnis. Sie wollte ein Abbild aus sich in Erscheinung bringen ohne Wunsch des Geistes – er hatte nicht mit zugestimmt – und ohne ihren Gatten und ohne sein Nachdenken. Obwohl die Person ihrer Männlichkeit nicht mit zugestimmt hatte und sie ihren Gatten nicht gefunden und ohne den Willen des Geistes und das Wissen ihres Gatten nachgedacht hatte, brachte sie (ewas) hervor.

3.2. Die Geburt Jaldabaoths

Sie war vollkommen wegen des geschlechtlichen Reizes, der in ihr war. Ihr Gedanke war nicht unwirksam, und ihr Werk kam	Als sie wegen der geschlechtlichen (Macht), die in ihr war, herausschwoll, konnte ihr Gedanke nicht unwirksam bleiben,	*(p.10)* Wegen der unüberwindlichen Macht, die in ihr ist, blieb ihr Gedanke nicht unwirksam, und ein Werk kam aus ihr her-

NHC III,1	BG 2	NHC II,1 / NHC IV,1
als unvollkommenes hervor, ohne Gestalt von ihrer Gestalt zu besitzen, – denn sie hatte es ohne ihren Gatten gemacht –, so daß es keine Prägung von der Erscheinung der Mutter hatte. Sie sah es in ihrer Erwägung, daß es eine andere Gestalt annahm, das Gesicht eines Löwen, das Gesicht einer Schlange. Seine Augen leuchteten mit Feuer.	und ihr Werk kam hervor, ohne vollkommen zu sein, fremd in seiner Erscheinung, da sie es ohne ihren Gatten gemacht hatte. Es glich der Erscheinung der Mutter nicht, da es eine andere Gestalt hat. Sie sah es in ihrer Erwägung als es die Prägung einer anderen Erscheinung annahm und das Gesicht einer Schlange und das Gesicht eines Löwen besaß. Seine *(p.38)* <Augen> leuchteten mit Feuer.	vor, das unvollkommen war und verschieden von ihrer Erscheinung, da sie es ohne ihren Gatten gemacht hatte. Es war der Erscheinung der Mutter unähnlich, da es eine andere Gestalt hat. Als sie ihren Wunsch (verwirklicht) sah, nahm es eine veränderte Prägung an, (die) einer löwengesichtigen Schlange. Seine Augen waren wie blitzende, leuchtende Feuer.

3.3. Die Entfernung und Inthronisierung Jaldabaoths

Sie warf es (sc. das Werk) weg von sich, aus diesen Orten heraus, daß kein Unsterblicher es sehen möge, da es in Unwissen geboren war. Sie verband eine leuchtende Wolke mit ihm und setzte einen Thron in die Mitte der Wolke, damit niemand es sehen möge außer dem heiligen Geist, der die Mutter aller Lebendigen genannt wird. Sie gab ihm den Namen Jaldabaoth. Das ist der erste Herrscher, der eine große Macht von *(p.16)* der Mutter nahm.	Sie warf es (sc. das Werk) weg von sich, aus diesen Orten heraus, daß keiner der Unsterblichen es sehen möge, da sie es in Unwissen geboren hatte. Sie verband eine leuchtende Wolke mit ihm und setzte einen Thron in die Mitte der Wolke, damit niemand es sehen möge außer dem heiligen Geist, der Leben (Zoe) genannt wird, die Mutter aller Lebendigen. Sie gab ihm den Namen Jaldabaoth. Das ist der erste Herrscher. Er nahm eine große Macht von der Mutter.	Sie warf es (sc. das Werk) weg von sich, aus diesen Orten heraus, daß niemand unter den Unsterblichen es sehen möge, denn sie hatte es in Unwissen erschaffen. Sie umgab es mit einer leuchtenden Wolke und setzte einen Thron in die Mitte der Wolke, damit niemand es sehen möge außer dem heiligen Geist, der die Mutter aller Lebendigen genannt wird. Sie nannte seinen Namen Jaltabaoth. Das ist der erste Herrscher, der eine große Macht von seiner Mutter nahm.
Da entfernte er sich von ihr und bewegte sich von Ort zu Ort, <weg von> dem Ort, in dem er geboren war. Er bemächtigte sich anderer Orte und schuf sich einen Äon von Lichtfeuersflammen, in dem er jetzt (lebt).	Er entfernte sich von ihr und bewegte sich weg von dem Ort, in dem er geboren war, *(p.39)* bemächtigte sich eines anderen Ortes, und schuf sich einen Äon, der mit leuchtendem Feuer flammt, in dem er jetzt (lebt).	Da entfernte er sich von ihr und bewegte sich weg von den Orten, in denen er geboren war. Er bemächtigte sich und schuf für sich andere Äonen mit einer Flamme leuchtenden Feuers, die jetzt noch existiert.

4. Untere Kosmogonie: die Welt Jaldabaoths

4.1. Jaldabaoth zeugt zwölf Engel

Er kopulierte mit der Unwissenheit, die mit ihm ist, und zeugte die Gewalten, die unter ihm sind, die zwölf Engel, und für	Da kopulierte er mit der Arroganz, die mit ihm ist, und zeugte die Gewalten, die unter ihm sind, die zwölf Engel, für jeden	Da war er erstaunt in seiner Arroganz, die in ihm ist, und zeugte sich Gewalten.

NHC III,1	BG 2	NHC II,1 / NHC IV,1
jeden von ihnen einen Äon nach dem Vorbild der Unvergänglichen. Sie schufen sich sieben Engel und für die Engel drei Mächte nach der Ähnlichkeit des ersten Vorbilds, das vor ihm ist. Die Gewalten, die aus dem Urzeuger, dem ersten Herrscher der Finsternis und der Unwissenheit, in Erscheinung traten, zusammen mit den Gewalten, waren in Unwissenheit über den, der sie gezeugt hatte. Ihre Namen waren die folgenden:	seinen (eigenen) Äon nach dem Vorbild der unvergänglichen Äonen. Für jeden von ihnen schuf er je sieben Engel und für die Engel drei Mächte, die alle unter ihm sind, 360 Engelwesen mit seiner dritten Macht, nach der Ähnlichkeit des ersten Vorbilds, das vor ihm ist. Die Gewalten aber –, als sie *(p.40)* aus dem Urzeuger, dem ersten Herrscher der Finsternis, durch die Unwissenheit dessen, der sie gezeugt hatte, in Erscheinung traten, waren ihre Namen die folgenden:	
Der erste ist Haoth; der zweite ist Harmas, der das Auge des Feuers ist; der dritte ist Galila; der vierte ist Jobel; der fünfte ist Adonaios; der sechste ist Sabaoth; der siebte ist Kainan Kasin, *(p.17)* der die Sonne genannt wird; der achte ist Abiressia; der neunte ist Jobel; der zehnte ist Armoupiael; der elfte ist Adonin; der zwölfte ist Belias.	Der erste ist Jaoth; der zweite ist Hermas, der das Auge des Feuers ist; der dritte ist Galila; der vierte ist Jobel; der fünfte ist Adonaios; der sechste ist Sabaoth; der siebte ist Kainan und Kae, der Kain genannt wird, der die Sonne ist; der achte ist Abiressine; der neunte ist Jobel; der zehnte ist Harmoupiael; der elfte ist Adonin; der zwölfte ist Belias.	Der Name des ersten ist Athoth, den die Geschlechter [den Erntenden] nennen; der zweite ist Harmas, der [das Auge] des <Feuers>[46] [ist]; der dritte ist Kalila Oumbri; der vierte ist Jabel; der fünfte ist Adonaiou, der Sabaoth genannt wird; der sechste ist Kain, den die Geschlechter der Menschen die Sonne nennen; der siebte ist Abel; der achte ist Abrisene; der neunte ist Jobel; *(p.11)* der zehnte ist Armoupieel; der elfte ist Melcheir Adonin; der zwölfte ist Belias, der über dem Abgrund der Unterwelt ist.
		(Vgl. NHC II,1 p.12,26-33)
Sie haben eine Reihe verschiedener Namen von den Begierden und Zorngefühlen. (Andererseits), um es zu vereinfachen, sind die Namen all dieser verdoppelt, da ihnen (auch) von den oberen Herrlichkeiten Namen gegeben wurden. Da sie (sc. die Gewalten) der Wahrheit entsprechend benannt wurden, offenbaren sie (sc. die letzteren Namen) ihre Natur. Saklas aber	Sie haben aber alle eine Reihe verschiedener Namen von der Begierde *(p.41)* und dem Zorngefühl. Aber sie haben (auch) eine andere Reihe von Namen, (also insgesamt) eine doppelte Reihe (von Namen), die ihnen gegeben wurden. Die letzteren wurden ihnen von der Herrlichkeit des Himmels gegeben. Diese Namen aber entsprechen der Wahrheit, die ihre Natur offen-	

---

[46]   NHC II,1: ⲕⲱϩ („Neid") statt ⲕⲱϩⲧ („Feuer"); NHC IV,1: Textlücke.

NHC III,1	BG 2	NHC II,1 / NHC IV,1
benannte sie nach ihren (erste-ren) Namen im Hinblick auf das Trugbild zusammen mit ihren (plur.) Mächten. So schrumpfen sie also und werden schwach durch die von den Herrlichkei-ten (gegebenen Namen); durch die letzteren werden sie stark und wachsen.	bart. Saklas aber benannte sie nach ihren (ersteren) Namen im Hinblick auf ein Trugbild zu-sammen mit ihrer (plur.) Macht. Nach und nach schrumpfen sie durch die (ersteren Namen); durch die letzteren aber werden sie stark und wachsen.	

4.2. Jaldabaoth setzt sieben Könige ein

Da befahl er, daß sieben über die Himmel herrschten und fünf über den Abgrund und die Un-terwelt.	Da befahl er, daß sieben Könige über die Himmel herrschten und fünf über den Abgrund und die Unterwelt.	Er setzte auch sieben Könige ein über die sieben Himmel, jeder entsprechend einem Fir-mament des Himmels, und fünf über die Tiefe des Abgrunds, damit sie herrschten. Er gab ih-nen Anteil an seinem Feuer, aber er entsandte nichts von der Lichtmacht, die er von seiner Mutter genommen hatte, denn er ist unwissende Finsternis. Als das Licht sich mit der Finsternis vermischt hatte, brachte es die Finsternis zum Leuchten. Als aber die Finsternis sich mit dem Licht vermischt hatte, verfins-terte sie das Licht und es wurde weder hell noch dunkel, sondern schwach.
		Der Herrscher, der schwach ist, hat drei Namen. Der erste Name ist Jaltabaoth, der zweite ist Saklas und der dritte ist Sa-mael. Er ist frevlerisch in seiner Arroganz, die in ihm ist, denn er sprach: ‚Ich bin Gott, und es gibt keinen anderen Gott außer mir', denn er ist unwissend über seine Stärke, den Ort, von dem er gekommen war.
		Die Herrscher schufen sie-ben Mächte für (jeden von) sich, und die Mächte schufen sich je sechs Engel, bis es 365 Engel waren.

NHC III,1	BG 2	NHC II,1 / NHC IV,1
Diejenigen, die über die sieben Himmel herrschen – ihre Namen der Herrlichkeit sind die folgenden: Der erste ist Aoth, das Löwengesicht; der zweite ist Eloaios, das Eselsgesicht; der dritte ist Astophaios, *(p.18)* das Hyänengesicht; der vierte ist Jazo, das löwengesichtige Schlangengesicht; der fünfte ist Adonaios, das Schlangengesicht; der sechste ist Adonin, das Affengesicht; der siebte ist Sabbadaios, das leuchtende Feuergesicht. Das ist die Siebenzahl der Woche. Das sind diejenigen, die über die Weltordnung herrschen.	Die Namen der Herrlichkeit derer, die über die sieben Himmel herrschen, sind die folgenden: Der erste ist Jaoth, das Löwengesicht; der zweite ist Eloaios, das Eselsgesicht; der dritte ist Astaphaios, *(p.42)* das Hyänengesicht; der vierte ist Jao, das siebenköpfige Schlangengesicht; der fünfte ist Adonaios, das Schlangengesicht; der sechste ist Adoni, das Affengesicht; der siebte ist Sabbataios, das leuchtende Feuersflammengesicht. Das ist die Siebenzahl der Woche. Das sind diejenigen, die über die Weltordnung herrschen.	Die Leiber aber, die zu den Namen gehören, sind die folgenden: Der erste ist Athoth, er ist ein Schafgesicht; der zweite ist Eloaiou, er ist ein Eselsgesicht; der dritte ist Astaphaios, er ist ein [Hyänen]gesicht; Der vierte ist Jao, er ist ein [Schlangen]gesicht mit sieben Köpfen; der fünfte ist Sabaoth, er ist ein Schlangengesicht; der sechste ist Adonin, er ist ein Affengesicht; der siebte ist Sabbede, er ist ein leuchtendes Feuergesicht. Das ist die Siebenzahl der Woche.
Jaldabaoth, der Sakla ist, der so vielgestalig ist, daß er sich, wie er will, in jedem Gesicht zeigen (kann), teilte ihnen dann etwas von seinem Feuer mit. Von dem reinen Licht aber, das die Macht ist, die er von der Mutter weggezogen hatte, gab er ihnen nichts. Aus diesem Grund war er Herr über sie (plur.). Wegen der Herrlichkeit des Lichtes der Macht, die in ihm ist von seiner Mutter, deswegen also nannte er sich Gott über sie, wodurch er seinem Ursprung, von dem er entstanden war, ungehorsam war.	Jaldabaoth, Sakla, der so vielgestalig ist, daß er sich, wie er will, in jedem Gesicht zeigen (kann), teilte ihnen etwas von seinem Feuer mit, das ihm gehört, und von seiner Macht. Von dem reinen Licht aber, das er von der Mutter weggezogen hatte, und der Macht gab er ihnen nichts. Aus diesem Grund wurde er der Gesalbte / Gute / Christus über sie (plur.). Wegen der *(p.43)* [Herrlichkeit, die in] ihm ist von der Macht des Lichtes seiner Mutter, deswegen also [ließ] er sich Gott über sie nennen, wodurch er seinem Ursprung, aus dem er entstanden war, ungehorsam war.	Jaltabaoth aber hatte eine Vielzahl *(p.12)* von Gesichtern, mehr als alle von ihnen, so daß er, wie er will, (jedwedes) Gesicht vor sie alle bringen konnte, wenn er inmitten der[47] Seraphim ist. Er teilte ihnen etwas von seinem Feuer mit. Aus diesem Grund wurde er Herr über sie. Wegen der Macht der Herrlichkeit, die er vom Licht seiner Mutter hatte, nannte er sich Gott. So war er dem Ort, von dem er gekommen war, nicht gehorsam.
Da verband er Mächte mit Gewalten. Dadurch, daß er sprach, entstanden sie, und er gab ihnen Namen. Er setzte ein [...	Da verband er mit den Gewalten die sieben Mächte. Dadurch, daß er sprach, entstanden sie, und er gab ihnen Namen. Er setzte Gewalten ein. Er begann von oben. Die erste ist die Vorsehung (Pronoia) mit dem ersten, Jaoth. Die zweite <ist> die	Da verband er mit den Gewalten, die um ihn waren, die sieben Mächte in seinem Denken. Dadurch, daß er sprach, entstanden sie, und er gab jeder Macht Namen. Er begann von oben. Die erste ist die Salbung / Güte mit dem ersten, Athoth.
(p.19-20 fehlt)		

---

[47]　NHC II,1: unbestimmter Art.

NHC III,1	BG 2	NHC II,1 / NHC IV,1
	Göttlichkeit mit dem zweiten, Eloaios. Die dritte ist die Salbung / Güte mit dem dritten, Astaphaios. Die vierte ist die Flamme mit dem vierten, Jao. Die fünfte ist die Königsherrschaft mit dem fünften, Sabaoth. *(p.44)* Die sechste ist die [Einsicht] mit dem sechsten, Ad[oni]. Die siebte ist die Weisheit (Sophia) mit dem siebten, Sabbataios.	Die zweite ist die Vorsehung (Pronoia), mit dem zweiten, Eloaio. Die dritte ist die Göttlichkeit mit dem dritten, Astraphaio.[48] Die vierte ist die Herrschaft mit dem vierten, Jao. Die fünfte ist die Königsherrschaft mit dem fünften, Sabaoth.[49] Die sechste ist die Eifersucht mit dem sechsten, Adonein. Die siebte ist die Weisheit (Sophia) mit dem siebten, Sabbateon.
	Diese haben ein Firmament entsprechend jedem Himmel und einen Äon nach dem Vorbild der Äonen, die von Anfang an waren nach dem Vorbild der Unvergänglichen.	Diese haben ein Firmament entsprechend jedem Äonenhimmel. Es wurden ihnen Namen gegeben entsprechend der Herrlichkeit der Himmlischen, für die [Zerstörung der] Mächte. In den Namen, die ihnen von ihrem Erstzeuger gegeben wurden, war eine Macht. Die Namen aber, die ihnen entsprechend der Herrlichkeit der Himmlischen gegeben wurden, waren für sie Zerstörung und Machtlosigkeit. So haben sie also zwei Namen.

4.3. Die Weltordnung ist besser als ihr Schöpfer

Nachdem er aber alle Dinge erschaffen hatte, ordnete er sie[50] nach dem Vorbild der ersten Äonen, die entstanden waren, damit er *(p.13)* sie nach dem Vorbild der Unvergänglichen schüfe, nicht, weil er die Unvergänglichen gesehen hatte, sondern die Macht in ihm, die er von seiner Mutter genommen hatte, war es, die ein Abbild der Weltordnung in ihm erzeugte.

---

[48] NHC IV,1: „Die dritte ist Astraphaio." Auch NHC II,1 hatte ursprünglich diesen kürzeren Text, der später korrigiert wurde.
[49] NHC II,1: „Sanbaoth".
[50] NHC II,1: „Er ordnete alle Dinge ...".

NHC III,1	BG 2	NHC II,1 / NHC IV,1

4.4. Jaldabaoth als eifersüchtiger Gott

Er sah aber die Schöpfung unter ihm und die Schar der Engel unter ihm, die aus ihm entstanden waren, und er sprach: ‚Ich bin ein eifersüchtiger Gott, und es gibt keinen anderen Gott außer mir', wodurch er schon den Engeln unter ihm ein Zeichen gab, daß es einen anderen Gott gibt. Denn wenn es keinen anderen gäbe, auf wen wäre er eifersüchtig?

Als er aber die Schöpfung um sich sah und die Schar der Engel um sich, die aus ihm entstanden waren, sprach er zu ihnen: ‚Ich bin ein eifersüchtiger Gott, und es gibt keinen anderen Gott außer mir'. Indem er das aber verkündete, gab er den Engeln unter ihm ein Zeichen, daß es einen anderen Gott gibt. Denn wenn es keinen anderen gäbe, auf wen wäre er eifersüchtig?

Zweiter Teil: Soteriologie und Anthropogonie: Kritischer Midrasch zu Genesis 1-7

1. Reue und Wiederherstellung der Weisheit

Die Mutter begann daraufhin, **(p.45)** sich ‚hin und her zu bewegen', als sie sich ihres Mangels bewußt wurde, da ihr Gatte nicht mit ihr übereingestimmt hatte, als sie von ihrer Vollkommenheit getadelt wurde."

Ich aber sagte: „Christus, was ist das ‚Sich-hin-und-her-Bewegen'?"

Er aber lächelte und sagte: „Denkst du, daß es so war, wie Moses gesagt hat ‚über den Wassern'? Nein, sondern sie sah die Bosheit und die Abtrünnigkeit, die durch ihren Sohn entstehen würden. Sie kehrte um, und während sie sich in der Finsternis des Unwissens ‚hin und her bewegte' begann sie, sich zu schämen. Da wagte sie es nicht zurückzukehren, sondern ging hin und her. Das Hin-

Die Mutter begann daraufhin, sich ‚hin und her zu bewegen'. Sie wurde sich ihres Mangels bewußt, als der Glanz ihres Lichtes abnahm. Sie wurde dunkel, weil ihr Gatte nicht mit ihr übereingestimmt hatte."

Ich aber sagte: „Herr, was ist das ‚Sich-hin-und-her-Bewegen'?"

Er aber lächelte und sagte: „Denke nicht, daß es so war, wie Moses gesagt hat ‚über den Wassern'. Nein, sondern, als sie die Bosheit, die geschehen war, und den Diebstahl, den ihr Sohn begangen hatte, sah, kehrte sie um, und Vergessen kam über sie in der Finsternis des Unwissens, und sie begann, sich zu schämen. [Sie wagte es aber nicht] zurückzukehren, sondern bewegte sich[51] mit einer Bewe-

---

[51] „Sie wagte aber ... bewegte sich" fehlt in NHC II,1.

NHC III,1	BG 2	NHC II,1 / NHC IV,1
	und-her-Gehen aber ist das ‚Hin-und-her-Bewegen‘.	gung. Die Bewegung aber ist das ‚Hin-und-her-Bewegen‘.
	Als *(p.46)* der Überhebliche eine Macht [von] der Mutter nahm, war er unwissend über vieles, das seine Mutter überragte. Er sagte nämlich über seine Mutter, daß sie allein existierte. Er sah die große Menge von Engeln, die (plur.) er erschaffen hatte. Er <erhob> sich über sie.	Da nahm der Überhebliche eine Macht von seiner Mutter. Er war nämlich unwissend und dachte, daß es niemanden gäbe außer seiner Mutter. Als er aber die Menge der Engel sah, die (plur.) er erschaffen hatte, erhob er sich über sie.
(p.21) ...] Gatte [...] kehrte sie um und weinte sehr. Da wurde das Gebet [ihrer Umkehr] erhört, und ihre Brüder beteten [für sie]. Der heilige unsichtbare Geist nickte zustimmend und goß einen heiligen Geist von ihrer (plur.) Fülle auf sie (sing.) herab, während der Gatte herab kam, um ihre (plur.) Mängel richtig zu stellen. Durch eine Vorsehung (Pronoia) erlaubte er ihm, ihre (sing.) Mängel richtigzustellen. Sie wurde aber nicht zu ihrem Äon [gebracht], sondern [wegen des Unwissens], das [aus ihr in Erscheinung getreten war, ist sie] im neunten (Äon), [bis sie] ihren Mangel [richtiggestellt hat.	Als aber die Mutter erkannte, daß die Fehlgeburt der Finsternis nicht vollkommen war, da ihr Gatte nicht mit ihr übereingestimmt hatte, kehrte sie um und weinte sehr. Da hörte er das Gebet ihrer Umkehr, und die Brüder beteten für sie. Der heilige unsichtbare Geist nickte zustimmend. Als *(p.47)* der unsichtbare Geist zustimmend genickt hatte, goß er einen Geist von der Fülle auf sie (sing.) herab. Ihr (sing.) Gatte kam herab zu ihr, um ihre (sing.) Mängel richtigzustellen. Durch eine Vorsehung (Pronoia) entschied er sich, ihre (sing.) Mängel richtig zu stellen. Nicht zu ihrem eigenen Äon wurde sie aber gebracht, sondern wegen des großen Unwissens, das aus ihr in Erscheinung getreten war, ist sie im neunten (Äon), bis sie ihren Mangel richtiggestellt hat.	Als die Mutter erkannte, daß das Gewand der Finsternis nicht vollkommen war, wußte sie, daß ihr Gatte nicht mit ihr übereingestimmt hatte. Sie kehrte *(p.14)* mit viel Weinen um. Da wurde das Gebet ihrer Umkehr erhört, und die ganze Fülle pries den unsichtbaren jungfräulichen Geist um ihretwillen. Er gab einen zustimmenden Blick. Als aber der unsichtbare Geist einen zustimmenden Blick gegeben hatte,[52] goß der heilige Geist (etwas) von ihrer (plur.) ganzen Fülle auf sie (sing.) herab. Denn ihr (sing.) Gatte kam nicht (aus sich heraus) zu ihr, sondern er kam durch die Fülle zu ihr, um ihren (sing.) Mangel richtigzustellen. Er brachte sie aber nicht zu ihrem eigenen Äon,[53] sondern über ihrem Sohn, damit sie im neunten (Äon) sei,[54] bis sie ihren Mangel richtig gestellt hat.

2. Die erste Schöpfung Adams, der seelische Adam

2.1. Die Offenbarung des ersten Menschen

NHC III,1	BG 2	NHC II,1 / NHC IV,1
Da kam eine Stimme] zu ihr: ‚[Es existierte der] Mensch und	Eine Stimme kam zu ihr: ‚Es existiert der Mensch und der	Da kam eine Stimme aus dem Himmel der erhabenen Äonen:

---

[52] „Er gab ... gegeben hatte“ fehlt in NHC II,1.
[53] NHC II,1: „Sie wurde aber nicht zu ihrem eigenen Äon gebracht ...“
[54] NHC IV,1: „... damit sie der neunte (Äon) werde ...“

NHC III,1	BG 2	NHC II,1 / NHC IV,1
der [Menschen]sohn.' Der [erste Herrscher], Jaldabaoth, [hörte. Er wußte nicht], daß die Stimme [von oben] gekommen war. [Der heilige] und vollkommene Vater, [der erste Mensch], erschien ihnen. [Der] Selige [offenbarte] ihnen seine Erscheinung.	Menschensohn.' Der erste Herrscher, Jaldabaoth, hörte. Er dachte, daß die Stimme nicht etwas [von oben] Gekommenes sei. *(p.48)* Der heilige und vollkommene Vater, der erste Mensch, [belehrte] sie (plur.) über sich selbst in menschlicher Erscheinung. Der Selige offenbarte ihnen seine Erscheinung.	,Es existiert der Mensch und der Menschensohn.' Der erste Herrscher, Jaltabaoth, hörte und dachte, daß die Stimme von seiner Mutter war {...}, und er wußte nicht, woher sie gekommen war. Der heilige und vollkommene Metropator, die vollkommene Vorsehung (Pronoia), das Bild des Unsichtbaren, der der Vater des Alls ist, durch den alles entstanden ist, der erste Mensch, lehrte sie (plur.), denn er offenbarte seine Erscheinung in menschlicher Gestalt. Der ganze Äon des ersten Herrschers zitterte, und die Grundfesten des Abgrunds erbebten. Die Unterseite der Wasser über der Materie wurde Licht durch die Offenbarung dieses Bildes, das geoffenbart wurde.
(p.22) Die ganze [Herrscherschar] der Gewalten neigte sich darauf nach unten, und sie <sahen> [im Wasser] die Gestalt des Bildes.	Die ganze Herrscherschar der sieben Gewalten neigte sich darauf nach unten, und sie sahen im Wasser die Gestalt des Bildes.	Als alle Gewalten und der erste Herrscher schauten, sahen sie, daß die ganze Region der Unterseite Licht wurde. Durch das Licht sahen sie im Wasser die Gestalt des Bildes.

2.2. Die Erschaffung des seelischen Menschen

[Sie sagten also] zueinander: ,Laßt [uns den Menschen schaffen] nach dem Bild Gottes [und] nach seinem Gleichnis'. Und sie schufen (ihn) [aus] sich selbst mit [all] ihren Mächten. Sie bildeten ein Gebilde aus sich. Jede der Mächte schuf durch ihre (sing.) Macht [eine Seele]. Sie schuf durch ihr (sing.) Bild selbst, das sie gesehen hatte, in der [Nachahmung dessen, der von] Anfang an [war, des vollkommenen Menschen]. Da sag-	Da sagten sie zueinander: ,Laßt uns den Menschen schaffen nach dem Bild Gottes und dem Gleichnis'. Sie schufen (ihn) aus einem jeden von ihnen mit all ihren Mächten. Sie bildeten ein Gebilde aus sich und aus [einer jeden der Mächte. *(p.49)* Durch] die Macht [schufen sie die Seele]. Sie schufen sie (sc. die Seele) durch das Bild, das sie gesehen hatten, in Nachahmung dessen, der von Anfang an war, des vollkommenen Menschen.	*(p.15)* Da sagte er zu den Gewalten, die bei ihm waren: ,Kommt, laßt uns den Menschen machen nach dem Bild Gottes und nach unserem Gleichnis, damit sein Bild ein Licht für uns werde'. Sie schufen durch ihre jeweiligen Mächte, je nach den Merkmalen, die er ihnen gegeben hatte.[55] Jede der Gewalten trug ein Merkmal bei in der Gestalt des Bildes, das sie (sing.) in seelenhafter Form[56] gesehen hatte. Sie schuf

---

[55] NHC II,1: „... die ihnen gegeben worden waren."
[56] NHC II,1: „... in seiner seelenhaften Form ..."

NHC III,1	BG 2	NHC II,1 / NHC IV,1
ten sie: ‚[Laßt uns ihn Adam nennen], damit [sein Name und] seine Macht [uns] ein Licht [werde.'	Da sagten sie: ‚Laßt uns ihn Adam nennen, damit sein Name und seine Macht uns ein Licht werde.'	ein Wesen nach dem Gleichnis des ersten, vollkommenen Menschen. Da sagten sie: ‚Laßt uns ihn Adam nennen, damit sein Name uns eine Lichtmacht werde.'

2.3. Schöpfung der Teile von Adams seelischem Leib

Die Mächte begannen von] (dem Bild) unten (zu erschaffen). [Die erste ist die Göttlichkeit]: (Sie schuf) eine Knochen[seele. Die zweite] ist die Herrschaft: [eine Sehnenseele. Die dritte ist zugleich die Salbung / Güte und die Flamme: eine fleischliche Seele und die ganze Anordnung *(p.23)* des Leibes]. Die vierte ist die Vorsehung (Pronoia): eine [Mark]seele. Die fünfte ist die Königsherrschaft: [eine Blut]seele. Die sechste ist [die] Einsicht: eine Zahnseele mit [dem] ganzen Leib. Die siebte ist die Weisheit (Sophia): eine Haarseele. Sie ordneten den ganzen Menschen, und ihre Engel standen ihnen zu Diensten. Aus den Seelen, die sie vorbereitet hatten, schufen die Gewalten die Substanz der [Seelen], die [Glieder] mit den Gelenken.	Die Mächte begannen von (dem Bild) unten (zu erschaffen). Die erste ist die Göttlichkeit: Es (sc. was sie schuf,) ist eine Knochenseele. Die zweite ist die Salbung / Güte: Es ist eine Sehnenseele. Die dritte ist die Flamme: Es ist eine Fleischseele. Die vierte ist die Vorsehung (Pronoia): Es ist eine Markseele und die ganze Anordnung des Leibes. Die fünfte ist die Königsherrschaft: *(p.50)* Es [ist] eine [Blut]seele. [Die] sechste ist die Einsicht: Es ist eine Hautseele. Die siebte ist die Weisheit (Sophia): Es ist eine Haarseele. Sie ordneten den ganzen Leib und ihre Engel standen ihnen zu Diensten. Aus den (Seelen), die zuerst durch die Gewalten vorbereitet wurden, <schufen sie> die Substanz der Seele, die Ordnung der Glieder der Gelenke.	Die Mächte begannen (zu erschaffen). Die erste, die Salbung / Güte, schuf eine Knochenseele. Die zweite aber, die Vorsehung (Pronoia), schuf eine Sehnenseele. Die dritte, die Göttlichkeit, schuf eine Fleischseele. Die vierte aber, die Herrschaft, schuf eine Markseele. Die fünfte, die Königsherrschaft, schuf eine Blutseele. Die sechste, die Eifersucht, schuf eine Hautseele. Die siebte, die Weisheit (Sophia), schuf eine Haarseele. Die Schar der Engel stand[57] ihnen zu Diensten. Sie empfingen von den Gewalten die sieben Substanzen der Seele, um die Ordnung der Glieder und die Ordnung des Rumpfs und die geordnete Zusammensetzung jedes einzelnen der Glieder zu erschaffen.

2.4. Weiteres zur Erschaffung des seelischen Adams[58]

Der erste begann, den Kopf zu schaffen.

> Eteraphaope Abron schuf den Kopf;
> Meningestroeth schuf das Gehirn;
> Asterechmen das rechte Auge;

---

[57]   Cod.: plur. NHC IV,1: „Alle, die Schar der Engel, standen ...“
[58]   Text nur in NHC II,1 und IV,1.

NHC III,1	BG 2	NHC II,1 / NHC IV,1
		Thaspomocham das linke Auge;
		Jeronymos das rechte Ohr;
		Bissoum das linke Ohr;
		Akioreim die Nase; *(p.16)*
		Banen Ephroum die Lippen;
		Amen die Zähne;
		Ibikan die Stockzähne;
		Basiliademe die Mandeln;
		Achcha das Mandelzäpfchen;
		Adaban den Nacken;
		Chaaman die Wirbel;
		Dearcho den Hals;
		Tebar die rechte Schulter;
		N[...] die linke Schulter;[59]
		Mniachon[60] den rechten Ellenbogen;
		[...]e den linken Ellenbogen;[61]
		Abitrion den rechten Unterarm;
		Euanthen den linken Unterarm;
		Krys die rechte Hand;
		Belyai die linke Hand;
		Treneu die Finger der rechten Hand;
		Balbel die Finger der linken Hand;
		Kriman[62] die Nägel der Hände;
		Astrops die rechte Brust;
		Barroph die linke Brust;
		Baoum das rechte Schultergelenk;
		Ararim das linke Schultergelenk;
		Areche[63] den Bauch;
		Phthaue den Nabel;

---

[59] NHC IV,1: „Tebar die linke Schulter" (rechte Schulter und Engel N[...] sind ausgefallen).

[60] NHC II,1: „Mniachor".

[61] NHC II,1: „Mniarchon den linken Ellenbogen" (rechter Ellenbogen und Engel [...]e sind ausgefallen).

[62] NHC II,1: „Krima".

[63] NHC II,1: „Arech".

NHC III,1	BG 2	NHC II,1 / NHC IV,1
		Senaphthi[64] den Unterleib;
		Arachethopi die rechten Rippen;
		Abedo[65] die linken Rippen;
		Barias die rechte Hüfte;
		Phnouth die linke Hüfte;[66]
		Abenlenarchi das Mark;
		Chnoumeninorin die Knochen;
		Sesole[67] den Magen;
		Agromauma das Herz;
		Bano die Lungen;
		Sostrapal die Leber;
		Anesimalar die Milz;
		Thopithro das Gedärm;
		Biblo die Nieren;
		Roeror die Sehnen;
		Taphreo die Wirbelsäule des Leibes;
		Ipouspoboba die Venen;
		Bineborin die Arterien;
		Aatoimenphephi[68]: ihnen gehören die Geister in allen Gliedern;
		Entholleia (schuf) das ganze Fleisch;
		Bedouk die rechte Hinterbacke (?);
		Arabeei die linke <Hinterbacke;
		... den> Penis;
		Eilo die Hoden;
		Sorma die Schamteile;
		Gorma und Ochlabar den rechten Oberschenkel;
		Nebrith den linken Oberschenkel;
		Pserem die Muskeln des rechten Beins;
		Asaklas den Muskel des linken (Beins);

---

[64] NHC II,1: „Senaphim".
[65] NHC II,1: „Zabedo".
[66] NHC II,1: „Barias die linke Hüfte" (rechte Hüfte und Engel Phnouth sind ausgefallen).
[67] NHC II,1: „Gesole".
[68] NHC II,1: „Aatoimenpsephi".

NHC III,1	BG 2	NHC II,1 / NHC IV,1
		Jormaoth[69] das rechte Bein;
		Emenyn das linke Bein;
		Knyx das *(p.17)* rechte Schienbein;
		Typelon das linke Schienbein;
		Achiel das rechte Knie;
		Phneme das linke Knie;[70]
		Phioutrom den rechten Fuß;
		Boabel seine Zehen;
		Trachoun den linken Fuß;
		Phikna seine Zehen;
		Miamai die Zehen der Füße;
		Labernioum <...>[71].
		Die über diese eingesetzten (Engel) sind sieben:
		Athoth,
		Armas,
		Kalila,
		Jabel,
		Sabaoth,
		Kain,
		Abel.[72]
		Diejenigen, die Teil für Teil in den Gliedern wirken, sind die folgenden:
		der Kopf: Diolimodraza;
		der Nacken: Jammeax;
		die rechte Schulter: Jakouib;
		die linke Schulter: Ouerton;
		die rechte Hand: Oudidi;
		die linke: Arbao;
		die Finger der rechten Hand: Lampno;
		die Finger der linken Hand: Leekaphar;
		die rechte Brust: Barbar;
		die linke Brust: Imae;
		der Brustkasten: Pisandraptes;

---

69 NHC II,1: „Ormaoth".
70 NHC IV,1: Die Engel Phneme und Phiouthrom mit zugehörigen Körperteilen sind ausgefallen.
71 NHC II,1 und IV,1: Der 72. Körperteil (je zwei Engel und Körperteile für jeden der 36 Dekane des Zodiak = 72) ist ausgefallen.
72 NHC II,1: Die Engel Sabaoth, Kain und Abel sind ausgefallen.

NHC III,1	BG 2	NHC II,1 / NHC IV,1
		das rechte Schultergelenk: Koade;
		das linke Schultergelenk: Odeor;
		die rechten Rippen: Asphixxix;[73]
		die linken Rippen: Synogchouta;
		der Bauch: Arouph;
		der Schoß: Sabalo;
		der rechte Oberschenkel: Charcharb;
		der linke Oberschenkel: Chtao;[74]
		alle Genitalien: Thabinoth;[75]
		das rechte Bein: Choux;
		das linke Bein: Charcha;
		das rechte Schienbein: Aroer;
		das linke Schienbein: Toechtha;
		das rechte Knie: Aol;
		das linke Knie: Charaner;
		der rechte Fuß: Bastan;
		seine Zehen: Archentechtha;
		der linke Fuß: Marephnounth;
		seine Zehen: Abrana.
		Sieben, 7, haben Macht über alle diese:
		Michael;
		Ouriel;
		Asmenedas;
		Saphasatoel;
		Aarmouriam;
		Richam;
		Amiorps.
		Diejenigen, die über den Wahrnehmungen stehen: Archendekta;
		und derjenige, der über den Aufnahmen steht: Deitharba-thas;

---

[73] NHC II,1: „Asphixix".
[74] NHC II,1: „Chtaon".
[75] NHC II,1: „Bathinoth".

NHC III,1	BG 2	NHC II,1 / NHC IV,1
		und derjenige, der über der Vorstellungskraft steht: Oummaa;

und derjenige, der über der Vorstellungskraft steht: Oummaa;

und derjenige, der über der Zusammensetzung steht: *(p.18)* Aachiaram;[76]

und derjenige, der über der gesamten Bewegungsenergie steht: Riaramnacho.

Die Quelle der Dämonen, die im ganzen Leib sind, werden als vier festgesetzt:

Hitze;

Kälte;

Nässe;

Trockenheit.

Die Mutter all dieser aber ist die Materie.

Derjenige, der Herr über die Hitze ist: Phloxopha;

und derjenige, der Herr über die Kälte ist: Oroorrothos;

derjenige, der Herr über die Trockenheit ist: Erimacho;

derjenige, der Herr über die Nässe ist: Athyro.

Die Mutter all dieser, Onorthochrasaei,[77] steht in ihrer Mitte, denn sie ist unmeßbar, und sie ist mit allen von jenen vermischt. Sie ist wahrhaft die Materie, denn durch sie (sing.) werden sie (plur.) ernährt.

Die vier Anführer der Dämonen sind (die folgenden):

Ephememphi gehört zur Lust;

Joko zur Begierde;

Nenentophni zur Trauer;

Blaomen zur Angst.

Die Mutter aller sind sieben ,Wahrnehmungen nicht im Zustand der Erregung'.

---

[76] NHC IV,1: „Achiaram".
[77] NHC IV,1: „Onorthochras".

NHC III,1	BG 2	NHC II,1 / NHC IV,1
		Aus den vier Dämonen entstanden Leidenschaften:

Aus den vier Dämonen entstanden Leidenschaften:
aus der Trauer (entstanden) Neid, Eifersucht, Schmerz, Aufruhr, Wehen, Reue, Sorge, Erniedrigung und so fort;
aus der Lust aber entstehen großes Übel, leerer Stolz und ähnliche Dinge;
und aus der Begierde (entstehen) Zorn, Wut und Bitterkeit und bittere Liebe und Unersättlichkeit und ähnliche Dinge;
aus der Furcht aber entstehen Entsetzen, Kriecherei, Pein, Scham.

All diese sind in einer Weise nützlich, aber auch schlecht. Die Einsicht in ihre Wahrheit ist Anaro, die das Haupt der stofflichen Seele ist, *(p.19)* denn sie ist zusammen mit sieben ,Wahrnehmungen nicht im Zustand der Erregung'.

Das ist die Zahl der Engel; zusammen machen sie 365 aus. Sie alle arbeiteten daran, bis Glied für Glied der seelische und der stoffliche Leib durch sie vollendet war. Es gibt nun noch andere, die über die übrigen Leidenschaften (herrschen), von denen ich nicht zu dir gesprochen habe. Wenn du sie kennen willst – es steht im Buch des Zoroaster geschrieben.

3. Die zweite Schöpfung Adams: Der geistbegabte Adam in der Materie

3.1. Der seelische Leib bleibt reglos

NHC III,1	BG 2	NHC II,1 / NHC IV,1
[Der ganze Leib wurde geschaffen], zusammengefügt [durch die Schar der Engel, von denen ich] früher [gesprochen habe]. Aber er [blieb] lange Zeit lose	Der ganze Leib wurde geschaffen, zusammengefügt durch die Schar der Engel, von denen ich früher gesprochen habe. Aber er blieb lange Zeit untätig, da die	Alle Engel und Dämonen arbeiteten, bis sie den seelischen Leib geschaffen hatten. Aber ihr Werk war lange Zeit völlig untätig und unbeweglich.

NHC III,1	BG 2	NHC II,1 / NHC IV,1
unten (liegen), [da] die sieben [Gewalten] ihn nicht aufrichten konnten, noch konnten es die anderen [3]60 Engel, die die Gelenke [zusammengestellt] hatten.	sieben Gewalten ihn nicht aufrichten konnten, noch konnten es die anderen 360 Engel, die *(p.51)* [die zusammenpassenden Glieder] zusammengesetzt hatten.	

3.2. Rettung (1): Der gestohlene Geist wird Adam eingehaucht

[Die Mutter] wollte nun die Macht (wieder)erlangen, [die] sie dem Herrscher in sexueller Begierde [gegeben] hatte. [In] Unschuld flehte sie zum Vater, [dessen] Erbarmen groß ist, und zu den fünf Lichtern. *(p.24)* In einem heiligen [Plan] sandte er <den Selbsterzeugten (Autogenes)> mit seinen vier Lichtern in der Gestalt der Engel des ersten Herrschers. [Sie berieten] ihn in der Absicht, die Macht der Mutter von ihm zu erlangen, und sagten zu ihm: ,Blase deinen Geist in sein Gesicht hinein, und das Werk wird sich erheben.' Da blies er einen Geist, der die Macht der Mutter ist, in sein Gesicht hinein, aus dem ersten Herrscher heraus in den Leib hinein. [Sofort] bewegte er sich [und wurde stärker] als er.	Da [wollte sie die] Macht [(zu-rück)gewinnen], die sie dem Herrscher der sexuellen Begierde gegeben hatte. Sie kam aus Unschuld und flehte zum Vater des Alls, dessen Erbarmen groß ist, und zum Gott des Lichtes. In einem heiligen Plan sandte er den Selbsterzeugten (Autogenes) und die vier Lichter in der Gestalt der Engel des <ersten> Herrschers. Sie berieten ihn in der Absicht, die Macht der Mutter aus ihm herauszuholen, und sagten zu ihm: ,Blase mit dem Geist, der in dir ist, in sein Gesicht hinein, und das Werk wird sich erheben.' Da blies er auf ihn mit seinem Geist, der die Macht aus der Mutter ist, in den Leib hinein. *(p.52)* [Sofort] bewegte er sich.	Als die Mutter die Macht (zu-rück)gewinnen wollte, die sie dem ersten Herrscher gegeben hatte, flehte sie zum Metropator des Alls, dessen Erbarmen groß ist. In dem heiligen Plan sandte er die fünf Erleuchter auf den Ort der Engel des ersten Herrschers herab. Sie berieten ihn in der Absicht, die Macht der Mutter herauszuholen, und sagten zu Jaltabaoth: ,Blase mit dem Geist, der in dir ist, in sein Gesicht hinein, und sein Leib wird sich erheben.' Da blies er mit seinem Geist, der die Macht der Mutter ist, in sein Gesicht hinein. Er wußte (es) nicht, da er in Unwissenheit ist. Die Macht der Mutter ging hinein, aus Altabaoth heraus in den seelischen Leib hinein, den sie nach dem Gleichnis dessen, der von Anfang an war, gemacht hatten. Er bewegte sich, und der Leib wurde stark und leuchtete.

3.3. Eifersucht (1): Adam wird in die unterste Materie gebracht

[Die übrigen] Gewalten [wurden eifersüchtig, weil er] durch sie alle [entstanden war und sie dem] Menschen ihre Mächte [gegeben hatten] und er ihre Seelen – der sieben Gewalten – besaß und [ihre] Mächte. [Sein] Denken war [denen, die] ihn gemacht hatten, überlegen und auch dem ersten Herrscher. Sie verstanden, daß er [frei] war von	Sofort [wurden die übrigen] Gewalten [eifersüchtig], weil er durch sie alle entstanden war und sie dem Menschen die Mächte gegeben hatten, die in ihnen waren, und er die Seelen der sieben Gewalten besaß und ihre Mächte. Seine Weisheit war ihnen allen und dem ersten Herrscher überlegen. Sie verstanden, daß er frei war von	Sofort wurden *(p.20)* die übrigen Gewalten eifersüchtig, weil er durch sie alle entstanden war und sie dem Menschen ihre Macht gegeben hatten und seine Einsicht größer war als die (derer), die ihn gemacht hatten und größer als der erste Herrscher. Als sie nun verstanden, daß er Licht war und mehr denken konnte als sie und frei war von

NHC III,1	BG 2	NHC II,1 / NHC IV,1
Bosheit, weil er [weiser war] als sie, und daß er zum Licht gekommen war. Da nahmen sie ihn und [brachten] ihn in die untersten Regionen [der ganzen] Materie.	Bosheit, weil er weiser war als sie, und eingegangen war in das Licht. Da nahmen sie ihn und brachten ihn in die untersten Regionen der ganzen Materie.	Bosheit, nahmen sie ihn und warfen ihn hinunter[78] in die untersten Regionen der Materie.

3.4. Rettung (2): Die Nachsehung (Epinoia) wird in Adam verborgen

Der selige Vater, da er [ein Wohltäter] *(p.25)* und barmherzig ist, [erbarmte sich] der Macht [der Mutter], die sie aus dem Herrscher herausgebracht hatten. [Sie waren daran,] Herr über den Leib zu werden. Er sandte seinen wohltätigen und erbarmungsvollen Geist als Helfer zum [ersten], der herabgekommen war – ihm wurde der Name [Adam] gegeben –, (nämlich) die Nachsehung (Epinoia) des Lichtes, die von ihm ‚Leben‘ (Zoe) genannt wurde. [Sie hilft dem] ganzen [Geschöpf], indem sie [sich zusammen mit ihm abmüht, indem sie ihn in seiner] Fülle wiederherstellt, indem sie ihn aufklärt über den Abstieg [seines] Mangels und ihn belehrt über seinen [Aufstieg].	Der selige Vater aber ist ein barmherziger Wohltäter. Er erbarmte sich der Macht *(p.53)* [der Mutter, die sie aus dem ersten Herrscher herausgeholt hatten,] damit sie (sing.) über den Leib Macht gewinnen würde. Er und sein großes Erbarmen sandte den guten Geist als Helfer zum ersten, der herabgekommen war, dem der Name Adam gegeben wurde, (nämlich) die Nachsehung (Epinoia) des Lichtes, die von ihm ‚Leben‘ (Zoe) genannt wurde. Sie hilft dem ganzen Geschöpf indem sie sich zusammen mit ihm abmüht, indem sie ihn in seinem eigenen Tempel wiederherstellt, indem sie ihn aufklärt über den Abstieg seines Mangels und ihn belehrt über seinen Aufstieg.	Der selige Metropator aber, der Wohltäter und Barmherzige, erbarmte sich der Macht der Mutter, die sie aus dem ersten Herrscher herausgebracht hatten, und ferner damit sie Macht über den seelischen und sinnlich wahrnehmbaren Leib gewinnen würden. Durch seinen wohltätigen Geist und sein großes Erbarmen sandte er einen Helfer zu Adam, (nämlich) eine Nachsehung (Epinoia) von Licht, die aus ihm (stammt), die ‚Leben‘ (Zoe) genannt wird. Sie hilft dem ganzen Geschöpf, indem sie sich zusammen mit ihm abmüht, indem sie ihn in seiner Fülle wiederherstellt, indem sie ihn aufklärt über den Abstieg des Samens und ihn belehrt über den Weg seines Aufstiegs, den Weg auf dem er heruntergekommen war.
Die Nachsehung (Epinoia) [des Lichtes] war also in ihm verborgen, [damit] die Herrscher (sie) nicht erkennen, [sondern] unsere gemeinsame Schwester, die [uns ähnlich ist], die Weisheit (Sophia), ihren Mangel durch die Nachsehung (Epinoia) des Lichtes wiederherstellen würde.	Die Nachsehung (Epinoia) des Lichtes war in ihm verborgen, damit die Herrscher (sie) nicht erkennen, sondern *(p.54)* unsere [Schwester, die Weisheit (Sophia), die] uns [ähnlich ist], ihren Mangel durch die Nachsehung (Epinoia) des Lichtes wiederherstellen würde.	Die Nachsehung (Epinoia) des Lichtes war in Adam verborgen, damit die Herrscher (sie) nicht[79] erkennen, sondern die Nachsehung (Epinoia) eine Wiederherstellung des Mangels der Mutter sein würde.

---

[78] „... hinunter" fehlt in NHC II,1.
[79] NHC IV,1: ohne Negation „... damit (die Herrscher sie) erkennen ...“

NHC III,1	BG 2	NHC II,1 / NHC IV,1

3.5. Eifersucht (2): Adam wird mit den vier Elementen verbunden

Da *(p.26)* leuchtete der Mensch wegen des [Schattens] des Lichtes, das in ihm ist, und er [war] denen, die [ihn] gemacht hatten, überlegen. Es neigte sich [aber] die [ganze] Herrscherschar nach unten. Sie sahen, daß der Mensch ihnen [überlegen] war.

Da faßten sie einen [Beschluß] mit den Engeln, den Herrschern und den übrigen Mächten. Dann mischten sie [Lufthauch und] Feuer, gemischt <mit> Wasser [und] Flamme, [mit den vier] Winden, die mit [Feuer] bliesen und sich miteinander [verbanden. Sie bewirkten eine] große [Verwirrung. Sie brachten ihn] in [den Schatten des Todes. Sie machten wieder] ein weiteres, neues Gebilde [aus] Erde und Wasser und [Feuer] und Lufthauch, d.h. [aus] der Materie der Finsternis und der [Begierde] und ihrem gefälschten [Geist].

Das ist unsere Fessel. Das ist das Grab des Gebildes des Leibes, mit dem die Räuber den Menschen umgaben, die Fessel des Vergessens. [Auf diese] Weise wurde der Mensch sterblich. Das ist der erste Abstieg *(p.27)* und seine erste Trennung.

Da es nun in ihm war, erweckte [das] Denken (Ennoia) des präexistenten Lichtes sein Denken.

Da leuchtete der Mensch wegen des Schattens des Lichtes, das in ihm ist, und sein Denken war denen, die ihn gemacht hatten, überlegen. Sie aber neigten sich nach unten und sahen den Menschen: Er war ihnen überlegen.

Da faßten sie einen Beschluß mit der ganzen Engelschar der Herrscher und ihren übrigen Mächten. Dann mischten sie Feuer und Erde mit Wasser und Flamme. Sie packten sie und die vier Winde, die mit Feuer wehten, und verbanden sie miteinander und *(p.55)* [bewirkten eine große] Verwirrung. [Sie brachten ihn] in den Schatten des Todes. Sie machten wieder ein weiteres Gebilde, aber aus Erde und Wasser und Feuer und Lufthauch, d.h. aus der Materie und der Finsternis und der Begierde und dem gegnerischen Geist.

Das ist die Fessel. Das ist das Grab des Gebildes des Leibes, mit dem sie den Menschen umgaben als Fessel der Materie. Das ist der erste, der herunterkam, und die erste Trennung.

Da es aber in ihm war, erweckte das Denken (Ennoia) des ersten Lichtes sein Denken.

Da trat der Mensch in Erscheinung wegen des Schattens des Lichtes, das in ihm ist, und sein Denken war denen, die ihn gemacht hatten, überlegen. Als sie hinunter blickten, sahen sie, daß sein Denken ihnen überlegen war.

Sie faßten einen Beschluß mit der Herrscherschar und der Engelschar. Dann nahmen sie Feuer und Erde *(p.21)* und Wasser und mischten sie alle zusammen mit den vier feurigen Winden, und sie schlugen sie zusammen und bewirkten eine große Verwirrung. Sie brachten ihn in den Schatten des Todes, um ihn wieder zu bilden aus Erde und Wasser und Feuer und dem Lufthauch, der aus der Materie (kommt), die das Unwissen der Finsternis und der Begierde ist, und ihrem gefälschten Geist.

Das ist das Grab des Gebildes des Leibes, mit dem die Räuber den Menschen umgaben, die Fessel des Vergessens. Er wurde ein sterblicher Mensch. Das ist der erste, der herunterkam, und die erste Trennung.

Die Nachsehung (Epinoia) des Lichtes aber, die in ihm war, sie ist es, die sein Denken erweckt.

4. Das Paradies

4.1. Der Baum des Lebens

Der erste Herrscher [nahm] ihn und [brachte] ihn in das Para-

Der erste Herrscher nahm ihn und brachte ihn in das Paradies,

Die Herrscher nahmen ihn und brachten ihn in das Paradies. Sie

NHC III,1	BG 2	NHC II,1 / NHC IV,1
dies, von [dem] er sagte: ‚Es ist das (Paradies) seiner Lust‘, aber in Wirklichkeit, um ihn zu betrügen. Ihre Nahrung [war] nämlich bitter, ihre [Schönheit] gesetzwidrig, ihre Nahrung Betrug, ihre Bäume [Gottlosigkeit, ihre Frucht unheilbares Gift] und [ihr Versprechen Tod] für sie. Der Baum [aber, den sie gepflanzt hatten (mit den Worten)]: ‚Er ist der des Lebens‘ – ich [werde] euch belehren, was das [Geheimnis] ihres ‚Lebens‘ ist, nämlich ihr gefälschter [Geist], der aus ihnen gegenseitig kommt, damit sie ihn (sc. Adam) nach hinten abwendeten, [so daß] er seine Fülle nicht erkenne. Jener Baum [ist] von folgender [Art]: Seine Wurzel ist bitter, [seine] Äste sind Schatten des [Todes], seine Blätter Haßgefühle *(p.28)* und Betrug, seine Salbe eine Salbe der Bosheit, seine Frucht Gelüst nach dem Tod, und sein Samen sproß [aus] Finsternis. Die ihn kosten – [ihr] Wohnort ist die Unterwelt.	*(p.56)* von [dem] er sagte: ‚[Es ist eine Lust] für ihn‘, aber in Wirklichkeit, um ihn zu betrügen. Ihre Lust ist nämlich bitter, ihre Schönheit gesetzwidrig, ihre Lust Betrug, ihr Baum Gottlosigkeit, ihre Frucht ein unheilbares Gift und ihr Versprechen Tod für ihn. Ihr Baum aber, den sie gepflanzt hatten (mit den Worten): ‚Er ist der Baum des Lebens‘ – ich werde euch über das Geheimnis ihres ‚Lebens‘ belehren: es ist der gefälschte Geist, der aus ihnen kommt, damit er ihn (sc. Adam) abwende, so daß er seine Vollkommenheit nicht erkenne. Jener Baum ist von folgender Art: Seine Wurzel ist bitter, seine Äste sind Schatten des Todes, seine *(p.57)* Blätter Haß und Betrug, sein Parfüm eine Salbe der Bosheit, seine Frucht das Gelüst nach dem Tod, und sein Samen trinkt von <Finsternis>. Die ihn kosten – die Unterwelt ist ihr Wohnort.	sagten zu ihm: ‚Iß‘, das heißt: ‚in Faulheit‘. Ihre Lust ist nämlich bitter, ihre Schönheit gesetzwidrig, ihre Lust Betrug, ihre Bäume Gottlosigkeit,[80] ihre Frucht unheilbares Gift und ihr Versprechen Tod. Der Baum ihres ‚Lebens‘, den sie in der Mitte des Paradieses gepflanzt hatten – ich werde euch aber belehren, was das Geheimnis ihres ‚Lebens‘ ist, nämlich der Plan, den sie zusammen gemacht haben, der das Bild ihres Geistes ist. Seine Wurzel ist bitter, seine Äste sind Tod, sein Schatten ist Haß, Betrug ist in seinen Blättern, seine Blüte ist die Salbe der Bosheit, seine Frucht ist der Tod, Gelüst ist sein Same, und er wächst in der Finsternis. Die *(p.22)* von ihm kosten – ihr Wohnort ist die Unterwelt, und die Finsternis ist ihre Ruhestätte.

4.2. Der Baum der Erkenntnis

Der [Baum aber], der von [ihnen] ‚die Erkenntnis von Gut und [Böse]‘ genannt wird, der die Nachsehung (Epinoia) des Lichtes [ist], in bezug auf die sie das Gebot gaben: ‚Iß [nicht] von ihr‘, das heißt, nicht [auf sie zu hören], da [es (sc. das Gebot) gegen ihn (sc. Adam) erlassen wurde, damit er nicht nach oben] zu [seiner Fülle blicke und sein von seiner Fülle]	Der Baum aber, der von ihnen ‚für die Erkenntnis von Gut und Böse‘ genannt wird, der die Nachsehung (Epinoia) des Lichtes ist, in bezug auf die sie das Gebot gaben, nicht zu essen, das heißt, nicht auf ihn zu hören, da das Gebot gegen ihn (sc. Adam) erlassen wurde, damit er nicht nach oben zu seiner Fülle blicke und sein Entblößtsein von seiner Fülle erkenne – ich aber stellte	Der aber, der von ihnen ‚der Baum der Erkenntnis von Gut und Böse‘ genannt wird, der die Nachsehung (Epinoia) des Lichtes ist, vor dem sie (stehen)blieben, damit er (sc. Adam) nicht nach oben, zu seiner Fülle, blicke und die Nacktheit seiner Verunstaltung erkenne – ich aber stellte sie (plur.) (wieder) her, so daß sie aßen.“

---

[80] NHC IV,1 wiederholt : „ihre Schönheit gesetzwidrig, ihre Lust Betrug, ihre Bäume Gottlosigkeit“.

NHC III,1	BG 2	NHC II,1 / NHC IV,1
Entblößtsein [erkenne] – ich aber stellte [Adam] (wieder) her, so daß er aß."	sie (plur.) (wieder) her, *(p.58)* so daß sie aßen."	
[Ich sagte zu ihm]: „Herr, war es nicht die Schlange, [die] ihn belehrte?"	Ich sagte zu ihm: „Christus, war es nicht die Schlange, die sie (sing.) belehrte?"	Ich sagte zum Heiland: „Herr, war es nicht die Schlange, die Adam lehrte zu essen?"
Er lächelte und [sagte]: „Die Schlange erschien ihnen [zugunsten der] Zeugung in Lust, die die Befleckung [des] Verderbens ist, damit er (sc. Adam) [ihr] (sc. der Schlange) nützlich [sei].	Er lächelte und sagte: „Die Schlange belehrte sie (sing.) über die Zeugung in Lust, Befleckung und Verderben, weil diese ihr (sc. der Schlange) nützlich sind.	Der Heiland lächelte und sagte: „Die Schlange lehrte sie (plur.) essen von dem Übel der Zeugung in Lust des Verderbens, damit er (sc. Adam) ihr nützlich sei.

4.3. Die Erschaffung der Frau

Er (sc. der erste Herrscher) wußte, [daß] er (sc. Adam) ihm ungehorsam war, denn er war [weiser] als er. Da wollte er *(p.29)* die Macht aus ihm (wieder)gewinnen, und er warf eine ‚Ekstase' über Adam."	Er (sc. der erste Herrscher) wußte, daß sie (sc. die Nachsehung (Epinoia) des Lichtes) ihm nicht gehorchen würde, denn sie war weiser als er. Da wollte er die Macht, die ihm (sc. Adam) von ihm gegeben worden war, herausholen, und er legte ein Vergessen über Adam."	Er (sc. der erste Herrscher) wußte, daß er (sc. Adam) ihm ungehorsam war, wegen des Lichtes der Nachsehung (Epinoia), die ihn in seinem Denken richtiger machte als der erste Herrscher. Da wollte er die Macht, die er selbst ihm gegeben hatte, herausholen, und er brachte ein Vergessen über Adam."
Ich aber sagte zu ihm: „Herr, was ist die ‚Ekstase'?"	Ich sagte zu ihm: „Christus, was ist das Vergessen?"	Ich sagte zum Heiland: „Was ist das Vergessen?"
Er lächelte und sagte: „Denkst du, daß es so ist, wie Moses gesagt hat: ‚Er ließ ihn einschlafen'? Nein, sondern er verschleierte seine Wahrnehmung mit Wahrnehmungslosigkeit. Er sagte ja durch den Propheten: ‚Ich werde die Ohren ihrer Herzen [beschweren], damit sie nicht verstehen noch sehen.'	Er aber sagte: „Nicht so, wie Moses gesagt hat: ‚Er ließ ihn einschlafen', sondern er verschleierte seine Wahrnehmung mit einem Schleier. Er beschwerte ihn mit *(p.59)* Wahrnehmungslosigkeit. Er sagte ja durch den Propheten: ‚Ich werde die Ohren ihrer Herzen beschweren, damit sie nicht verstehen und nicht sehen.'	Er aber sagte: „Es ist nicht so, wie Moses geschrieben hat und du gehört hast – er sagte nämlich in seinem ersten Buch: ‚Er ließ ihn einschlafen' –, sondern in seiner Wahrnehmung. Er sagte ja durch den Propheten: ‚Ich werde ihre Herzen beschweren, damit sie nicht achtsam sind und nicht sehen.'
[Da verbarg sich die Nachsehung (Epinoia) des Lichtes in ihm, und] in einer [Begierde wollte er (sc. der erste Herrscher) sie] aus seiner [Rippe herausbringen]. Die Nachsehung (Epinoia) ist dasjenige, [das unfaßbar] ist. Die Finster-	Da verbarg sich die Nachsehung (Epinoia) des Lichtes in ihm, und in seiner Begierde wollte er (sc. der erste Herrscher) sie aus der Rippe herausbringen. Sie aber, die Nachsehung (Epinoia) des Lichtes, da sie etwas Unfaßbares ist	Da verbarg sich die Nachsehung (Epinoia) des Lichtes in ihm. Der erste Herrscher wollte sie aus seiner Rippe herausbringen. Die Nachsehung (Epinoia) des Lichtes ist aber unfaßbar. Obwohl die Finsternis ihr nachstellte, konnte sie sie

NHC III,1	BG 2	NHC II,1 / NHC IV,1
nis stellte [ihrem] Licht nach, konnte das Licht aber nicht erreichen. Er wollte die Macht [aus] ihm herausbringen und machte noch einmal ein [Gebilde] mit einer weiblichen Gestalt. [Er] richtete sie vor ihm auf, [nicht wie] Moses gesagt hat: ‚Er nahm eine Rippe und [schuf] eine Frau und stellte sie ihm zur Seite'.	– obwohl die Finsternis ihr nachstellte, konnte sie sie nicht erreichen. Er wollte die Macht aus ihm herausbringen, um noch einmal ein Gebilde zu machen mit einer weiblichen Gestalt. Er richtete <sie> vor ihm auf, nicht wie Moses gesagt hat: ‚Er nahm eine Rippe und schuf die Frau ihm zur Seite'.	nicht erreichen. Er brachte einen Teil seiner Macht aus ihm heraus und machte ein weiteres Gebilde mit einer weiblichen Gestalt nach dem Bild der Nachsehung (Epinoia), die ihm erschienen war. Dann brachte er *(p.23)* den Teil, den er von der Macht des Menschen genommen hatte in das weibliche Gebilde, und nicht wie Moses gesagt hat ‚seine Rippe'.

4.4. Die Wirkung der Frau auf Adam

(p.30) Sofort wurde er (sc. Adam) nüchtern von der Trunkenheit des Todes. Die Nachsehung (Epinoia) hob den Schleier, der auf seinem Herzen lag. Sofort erkannte er seinen Geschlechtsverkehr[81] und sprach: ‚Du bist endlich Bein von meinem Bein. Du bist Fleisch von meinem Fleisch.' Darum wird der Mann [seinen] Vater und seine Mutter verlassen und sich an seine Frau binden, und die zwei werden ein Fleisch, [denn] der Gatte [der Mutter] wurde ausgesandt, um ihren Mangel richtigzustellen. [Deshalb nannte Adam sie] ‚die [Mutter der Lebendigen]'.	Sofort wurde er (sc. Adam) nüchtern von der Trunkenheit der Finsternis. *(p.60)* Die Nachsehung (Epinoia) des Lichtes hob den Schleier, der auf seinem Herzen lag. Sofort, als er seine Wesenheit[81] erkannte, sprach er: ‚Das ist endlich Bein von meinem Bein und Fleisch von meinem Fleisch.' Darum wird der Mann seinen Vater und seine Mutter verlassen und sich an seine Frau binden, und die zwei werden ein Fleisch, denn der Gatte der Mutter wird ausgesandt, und sie wird wiederhergestellt. Deshalb gab ihr Adam den Namen ‚die Mutter aller Lebendigen'.	Er (sc. Adam) sah die Frau neben sich. Sofort erschien die Nachsehung (Epinoia) des Lichtes, und sie hob den Schleier, der auf seinem Herzen lag. Da erkannte er sein Mitbild[82] und sprach: ‚Das ist endlich Bein von meinem Bein und Fleisch von meinem Fleisch.' Darum wird der Mann seinen Vater und seine Mutter verlassen und sich an seine Frau binden, und die zwei werden ein Fleisch, denn sein(e) Gatt(in) wird zu ihm gesandt, und er wird seinen Vater und seine Mutter verlassen.[83]

4.5. Adam und die Frau werden über die Erkenntnis belehrt

Unsere Schwester, die Weisheit (Sophia), kam in Unschuld herab, um ihren Mangel richtigzustellen. Deshalb wurde sie von der Vorsehung (Pronoia) der

---

[81] NHC III,1 liest ϭⲩⲛⲟⲩⲥⲓⲁ („Geschlechtsverkehr" oder „Mitwesenheit"). Die Parallele in BG 2 liest ⲟⲩⲥⲓⲁ („Wesenheit").

[82] NHC II,1: „Bild".

[83] NHC II,1 wiederholt : „und sich an seine Frau binden, und die zwei werden ein Fleisch, denn sein(e) Gatt(in) wird zu ihm gesandt und er wird seinen Vater und seine Mutter verlassen."

NHC III,1	BG 2	NHC II,1 / NHC IV,1
		Autorität des Himmels ‚Leben‘ (Zoe) genannt, d.h. ‚die Mutter der Lebendigen‘. Durch sie (sing.) haben sie die vollkommene Erkenntnis gekostet.
[Durch die] Herrschaft der [Höhe und die Offenbarung] der Erkenntnis [belehrte sie (plur.)] die Nachsehung (Epinoia). Vom Baum [in Gestalt] eines Adlers lehrte sie [sie (plur.)], von der Erkenntnis zu essen, damit [sie] ihre Fülle [erkennen, denn] beiden war das Verfallen in [Unwissenheit] (zugestoßen).	Durch die Autorität der Höhe und die Offenbarung belehrte ihn die Nachsehung (Epinoia) über die Erkenntnis. *(p.61)* Vom Baum in Gestalt eines Adlers lehrte sie ihn, von der Erkenntnis zu essen, damit er seine Fülle erkenne, denn beiden war das Verfallen der Unwissenheit (zugestoßen).	Ich erschien in Gestalt eines Adlers vom Baum der Erkenntnis, der die Nachsehung (Epinoia) aus der Vorsehung (Pronoia) des reinen Lichtes ist, um sie (plur.) zu belehren und sie aus der Tiefe des Schlafs zu erwecken, denn sie waren beide im Verfallen. Da erkannten sie ihre Nacktheit. Die Nachsehung (Epinoia) erschien ihnen als Licht und erweckte ihr Denken.

4.6. Jaldabaoth verflucht Adam und die Frau und vertreibt sie aus dem Paradies

Jaltabaoth bemerkte nun, [daß] sie sich von ihm entfernten, und er [verfluchte sie]. Über die [Frau] fügte er außerdem hinzu: ‚Dein Mann wird [über dich] herrschen‘, [denn er] kennt das Geheimnis nicht, [das] *(p.31)* durch den heiligen Ratschluß der Höhe [entstanden war]. Sie fürchteten sich aber, ihn zu verfluchen und seine Unwissenheit seinen Engeln gegenüber bloßzustellen. Er warf sie (plur.) aus dem Paradies hinaus und bekleidete sie (plur.) mit dunkler Finsternis.	Jaldabaoth bemerkte, daß sie sich von ihm entfernten, und er verfluchte sie, während er über die Frau außerdem hinzufügte, daß der Mann über sie herrschen werde, denn er kennt das Geheimnis nicht, das durch den heiligen Ratschluß der Höhe entstanden war. Sie fürchteten sich aber, ihn zu verfluchen und seine Unwissenheit bloßzustellen. Alle seine Engel warfen *(p.62)* [sie (plur.)] aus dem Paradies hinaus. Er bekleidete ihn mit dunkler Finsternis.	Als aber Aldabaoth bemerkte, daß sie sich von ihm entfernten, verfluchte er seine Erde. Er fand die Frau *(p.24)*, wie sie sich für ihren Mann bereitmachte. Er wurde Herr über sie, denn er kannte das Geheimnis nicht, das durch den heiligen Ratschluß der Höhe entstanden war. Sie aber wagten es nicht, ihn zu beschuldigen. Er stellte das Unwissen, das in ihm ist, vor seinen Engeln bloß. Da warf er sie (plur.) aus dem Paradies hinaus und bekleidete sie mit dunkler Finsternis.

5. Jaldabaoth richtet das sexuelle System ein

5.1. Jaldabaoth vergewaltigt die Frau und zeugt Jave und Eloim, auch Kain und Abel genannt

Dann sah er die Jungfrau bei Adam stehen. Jaldabaoth war voll Unwissenheit und wollte einen Samen aus ihr erwecken.	Dann sah Jaldabaoth die Jungfrau, die bei Adam stand. Er war voll Unwissenheit, so daß er einen Samen aus ihr erwecken wollte.	Da sah der erste Herrscher die Jungfrau, die bei Adam stand, und (er sah), daß die Nachsehung (Epinoia) des Lebenslichtes in ihr in Erscheinung trat. Aldabaoth war voll Unwis-

NHC III,1	BG 2	NHC II,1 / NHC IV,1
		senheit. Als die Vorsehung (Pronoia) des Alls (das) erkannte, sandte sie einige, und sie rissen ,das Leben (Zoe)' aus Eva heraus.
[Da] schändete er sie und zeugte den [ersten] Sohn und ebenso den [zweiten]: Javai, das Bärengesicht, und Eloim, [das Katzengesicht]. Einer [ist] gerecht, [der andere] ist ungerecht. [Eloim ist der] Gerechte, Javai ist der [Ungerechte. Den] Gerechten setzte er über Feuer und [Lufthauch], und den Ungerechten setzte er über Erde und [Wasser]. Diese werden [bei] allen Geschlechtern Abel und [Kain] genannt.	Er schändete sie und zeugte den ersten Sohn und ebenso den zweiten: Jave, das Bärengesicht, und Eloim, das Katzengesicht. Einer ist gerecht, der andere ist ungerecht. Eloim ist der Gerechte, Jave ist der Ungerechte. Den Gerechten setzte er über Feuer und Lufthauch, und den Ungerechten setzte er über Wasser und Erde. Diese werden bei allen Geschlechtern der Menschen *(p.63)* Kain und Abel genannt.	Da schändete sie der erste Herrscher und zeugte in ihr zwei Söhne, den ersten und den zweiten, Eloim und Jave. Eloim ist ein Bärengesicht und Jave ein Katzengesicht. Der eine ist gerecht, der andere ist ungerecht. Jave ist gerecht, Eloim ist ungerecht. Jave setzte er über Feuer und Wind und Eloim setzte er über Wasser und Erde. Er benannte diese aber mit den Namen Kain und Abel mit Absicht auf Betrug.
Bis auf den heutigen Tag blieb der [Geschlechtsverkehr] infolge des ersten Herrschers bestehen. In Adam hinein [pflanzte] er begierliche Sexualität, *(p.32)* so daß sie (plur., sc. Jave und Eloim) aus diesem Wesen durch ihren gefälschten Geist ihr Bild zeugten.	Bis auf den heutigen Tag entstand der eheliche Geschlechtsverkehr infolge des ersten Herrschers. In Adam pflanzte er sexuelle Begierde, so daß sie (sing., sc. die Begierde) aus seinem Wesen (stammt), das aus ihrem (plur.) gefälschten <Geist> ein Bild zeugt.	Bis auf den heutigen Tag blieb also der Geschlechtskehr infolge des ersten Herrschers. In der zu Adam Gehörenden (sc. Eva) pflanzte er begierliche Sexualität. Durch Geschlechtsverkehr aber erweckte er die Zeugung des Bildes der Leiber, und er versorgte sie (plur.) mit seinem gefälschten Geist.
Die zwei Herrscher setzte er über Ursprünge, so daß sie über das Grab herrschen.	Die zwei Herrscher setzte er über die Ursprünge, so daß sie über das Grab herrschen.	Die zwei Herrscher setzte er über viele[84] Ursprünge, so daß sie über das Grab herrschten.

5.2. Seth

Er erkannte seine eigene Gesetzlosigkeit und zeugte Seth nach dem Geschlecht der Höhe bei den Äonen.	Er erkannte das Wesen, das ihm gleicht. Adam zeugte Seth.	Als aber Adam das Bild seiner eigenen Vorerkenntnis erkannte, zeugte er das Bild *(p.25)* des Menschensohnes. Er nannte ihn Seth nach der Art des Geschlechts in den Äonen.

5.3. Rettende Wirksamkeit der Mutter (1.Teil)

Auf ähnliche Weise sandten sie der Mutter ihren (sing.) eigenen	In der Art des Geschlechts, das im Himmel in den Äonen ist, so	Auf ähnliche Weise sandte auch die Mutter ihren Geist des Bil-

---

84   NHC II,1: „viele" fehlt.

NHC III,1	BG 2	NHC II,1 / NHC IV,1
Geist, um diejenigen zu erwecken, die ihm nach [der] Prägung der Fülle ähnlich sind, und [sie] aus dem Vergessen und der Bosheit [des] Grabes zu bringen. [Auf diese Weise blieben] sie eine Weile, während sie [für den] Samen arbeitete, so daß, wenn der heilige Geist [von den] großen Äonen [kommt], er ihre Mängel für [die rechte Ordnung] des Äons richtigstelle, damit [er] eine [heilige] Fülle werde und sie so keinen Mangel hätten."	sandte die Mutter den (Geist), der ihr gehört. Der Geist kam zu ihr herab, um das Wesen, das *(p.64)* ihm nach der Prägung der Fülle gleicht, zu erwecken, um sie (plur.) von dem Vergessen und der Bosheit des Grabes zu erwecken. Auf diese Weise blieb er eine Weile und arbeitete für den Samen, so daß, wenn der Geist von den heiligen Äonen kommt, er ihren Mangel richtigstelle, um den Äon wiederherzustellen, damit er eine heilige Fülle werde und so kein Mangel in ihm sei."	des, das ihr ähnlich ist, und in der Nachprägung derer, die in der Fülle sind,[85] denn sie wird einen Wohnort vorbereiten für die Äonen, die herabkommen werden. Er gab ihnen vom Wasser des Vergessens zu trinken, durch den ersten Herrscher, damit sie nicht erkennen, woher sie stammen. So blieb der Same eine Weile und arbeitete, so daß, wenn der Geist von den heiligen Äonen kommt, er ihn aufrichte und von dem Mangel heile, damit die ganze Fülle heilig und ohne Mangel werde."

5.4. Einschub: Katechetischer Dialog in sieben Fragen über die Rettung der Seelen

1. Frage: Werden alle gerettet?

Dann sagte ich: „Herr, werden die [Seelen] eines jeden [zum reinen] Licht gerettet werden?"	Da sagte ich: „Christus, werden die Seelen aller im reinen Licht weiter leben?"	Da sagte ich zum Heiland: „Herr, werden alle Seelen in das reine Licht gerettet werden?"
Er sagte [zu mir]: „Du bist in die Betrachtung [großer] *(p.33)* Dinge eingetreten, die anderen schwer zu erklären sind außer denen nur, die aus dem unerschütterlichen Geschlecht stammen.	Er sagte zu mir: „Du bist in eine Betrachtung großer Dinge eingetreten, so wie sie anderen schwer zu erklären sind außer *(p.65)* denen, die aus jenem unerschütterlichen Geschlecht stammen.	Er antwortete und sagte zu mir: „Groß sind die Dinge, die in deinem Denken aufgestiegen sind, denn es ist schwer, sie anderen zu erklären außer denen, die aus dem unerschütterlichen Geschlecht stammen.
Diejenigen, auf die der Geist des Lebens kommt und sich mit der Macht verbunden hat, werden vollkommen gerettet. Sie werden dieser großen Lichter würdig sein. Dort nämlich werden sie gereinigt von aller Bosheit und von allen Banden der Schlechtigkeit, da sie ihr [Herz] an nichts [hingeben] außer an die unvergängliche Versammlung und von nun an ihr Augenmerk auf sie richten ohne Zorn oder Eifersucht, [ohne Neid oder] Begierde oder Über-	Diejenigen, auf die der Geist des Lebens kommt, nachdem sie sich mit der Macht verbunden haben, werden gerettet. Sie werden vollkommen und werden würdig sein, in diese großen Lichter einzutreten. Sie werden nämlich würdig sein, dort von aller Bosheit und von allen Versuchungen der Schlechtigkeit gereinigt zu werden, da sie ihr Herz an nichts hingeben außer dieser unvergänglichen Versammlung und ihr Augenmerk gewiß auf sie richten werden	Diejenigen, auf die der Geist des Lebens herabkommen wird und (mit denen) er sein wird mit der Macht, werden gerettet und werden vollkommen und der Größe würdig. Sie werden an jenem Ort gereinigt von aller Bosheit und den Sorgen der Schlechtigkeit, da sie dann keine Sorge haben außer der Unvergänglichkeit allein, auf die sie von hier an ihr Augenmerk richten ohne Zorn oder Eifersucht, oder Begierde oder Unersättlichkeit von allem. Sie wer-

---

85   NHC II,1: „derer, die in der Fülle ist (sic)".

NHC III,1	BG 2	NHC II,1 / NHC IV,1
sättigung. [Von] all diesen werden sie nicht erfaßt, [außer] dem Zustand [des Fleisches], dessen sie sich bedienen, während sie erwartungsvoll Ausschau halten auf [die Stunde], in der sie [von] den Aufnehmern [in die Würde] des ewigen, unvergänglichen Lebens [und des] Rufs aufgenommen werden, da sie alles erdulden und alles [ertragen], damit sie den Wettkampf [vollenden] und [das] ewige Leben erben."	ohne Zorn oder Eifersucht, ohne Furcht oder Begierde oder Übersättigung. Von all diesen werden sie nicht erfaßt, noch von irgendeinem unter ihnen, außer dem Fleisch, *(p.66)* dessen sie sich bedienen, während sie erwartungsvoll Ausschau halten, auf daß sie herausgebracht und von den Aufnehmern in die Würde des ewigen, unvergänglichen Lebens und des Rufs aufgenommen werden, da sie alles erdulden und alles ertragen, damit sie den Wettkampf vollenden und das ewige Leben erben."	den von nichts erfaßt, außer dem Zustand des Fleisches, das sie tragen, während sie erwartungsvoll Ausschau halten auf den Augenblick, in dem sie *(p.26)* von den Aufnehmern heimgesucht werden. Solche sind des ewigen Lebens und des Rufs würdig, da sie alles erdulden und alles ertragen, damit sie den Wettkampf[86] vollenden und ewiges Leben erben."

2. Frage: Werden Seelen ohne Werke gerettet?

Ich aber [sagte] zu ihm: „Herr, diejenigen, die diese (Werke) nicht getan haben, wo sind ihre Seelen? *(p.34)* Oder wohin werden diejenigen gehen, in die der Geist des Lebens und die Macht eingegangen sind? Werden sie gerettet oder nicht?"	Ich sagte: „Christus, wenn sie diese (Werke) nicht tun, was werden die Seelen, in die die Macht und der Geist des Lebens eingegangen sind, tun, damit auch sie gerettet werden?"	Ich sagte zu ihm: „Herr, die Seelen derer, die diese Werke nicht vollbracht haben, auf die die Macht und der Geist des Lebens gekommen sind, werden sie [zurückgewiesen]?"
Er sagte zu mir: „Diejenigen, in die der Geist des Lebens eingegangen ist, werden ganz sicher gerettet werden. Sie fliehen vor dem Bösen. Die Macht geht nämlich in jeden Menschen ein, denn ohne sie könnten sie nicht stehen. Nachdem der Mensch geboren ist, wird dann der [Geist] zu den gefälschten Geistern gebracht. Wenn nun der Geist des [Lebens kommt] – da er stark ist, stärkt er [die Seele], die die Macht ist, und [sie wird nicht] irregeführt in die Bosheit.	Er sagte zu mir: *(p.67)* „Diejenigen, in die der Geist des Lebens eingegangen ist, werden ganz sicher leben und aus dem Bösen herauskommen. Die Macht geht nämlich in jeden Menschen ein, denn ohne sie könnten sie nicht stehen. Nachdem sie (sc. die Seele) geboren ist, wird dann der Geist des Lebens zu ihr gebracht. Wenn also dieser starke Geist des Lebens gekommen ist, stärkt er die Macht, das heißt die Seele, und sie verirrt sich nicht in die Bosheit.	Er antwortete und sagte zu mir: „Wenn der Geist auf sie herabkommt,[87] werden sie ganz sicher gerettet werden. Sie werden verwandelt werden. Die Macht wird nämlich auf jeden Menschen herabkommen, denn ohne sie kann niemand gerade stehen. Nachdem sie geboren sind, wenn der Geist des Lebens zunimmt und die Macht kommt, um jene Seele zu stärken, dann kann niemand sie mit Werken der Bosheit irreführen.

---

[86] NHC II,1 liest ⲀⲅⲀⲐⲞⲚ („Gutes") statt ⲀⲐⲖⲞⲚ („Wettkampf").

[87] Der Text von „werden sie [zurückgewiesen]" bis „herabkommt" fehlt in NHC II,1.

NHC III,1	BG 2	NHC II,1 / NHC IV,1
[Derjenige, in] den [der] gefälschte Geist [eingeht], wird [von ihm] verführt und irregeführt."	Diejenigen aber, in die der gefälschte Geist eingeht, <werden> von ihm verführt und irregeführt."	Diejenigen aber, auf die der gefälschte Geist herabkommt, werden von ihm verführt und irregeführt."

3. Frage: Wohin gehen diese Seelen?

Ich aber [sagte]: „Herr, die Seelen [dieser (Menschen)], wenn [sie] aus dem Fleisch herausgekommen sind, wohin [werden sie gehen]?"	Ich aber sagte: „Christus, die Seelen dieser (Menschen), *(p.68)* wenn sie aus dem Fleisch herausgekommen sind, wohin werden sie gehen?"	Ich aber sagte: „Herr, die Seelen dieser (Menschen), wenn sie aus ihrem Fleisch herausgekommen sind, wohin werden sie gehen?"
Er aber lächelte und [sagte]: „Wenn die Seele, die die Macht ist, [stärker wird] als der gefälschte Geist – [denn die] Seele, die von der Bosheit flieht, ist stark –, wird sie gerettet durch die *(p.35)* unvergängliche Fürsorge und zur Ruhe der Äonen gebracht."	Er aber lächelte und sagte: „Zu einem Ort der Seele, die die Macht ist, die dem gefälschten Geist weit überlegen geworden ist. Diese (Seele) ist stark und sie flieht von Werken der Bosheit, und durch die unvergängliche Fürsorge ist sie gerettet und wird zur Ruhe der Äonen hinaufgebracht."	Er aber lächelte und sagte zu mir: „Die Seele, in der die Macht größer werden wird als der schändliche Geist – diese ist stark und flieht von der Bosheit, und durch die Heimsuchung des Unvergänglichen ist sie gerettet und wird zur Ruhe der Äonen hinaufgebracht."

4. Frage: Was geschieht mit unwissenden Seelen?

Ich aber sagte: „Herr, diejenigen, die überhaupt nicht erkannt haben, was sind ihre Seelen, oder wohin werden sie gehen?"	Ich aber sagte: „Christus, diejenigen, die das All nicht erkannt haben, was sind ihre Seelen, oder wohin werden sie gehen?"	Ich aber sagte: „Herr, diejenigen, die nicht wußten, wem sie zugehören, wo werden ihre Seelen sein?"
Er sagte zu mir: „Über diesen ist der gefälschte Geist schwer geworden, als sie strauchelten, und auf diese Weise wurde ihre Seele beschwert, zu den Werken der Bosheit verführt und in das Vergessen gebracht. Auf diese Weise, nachdem sie des Leibes [entkleidet] wurden, werden sie den Gewalten übergeben, die [durch] den ersten Herrscher entstanden sind. (Diese Gewalten) [bringen] sie (plur.) wieder in (körperliche) Teile und verkehren mit ihnen, bis sie [vom Bösen und [Vergessen gerettet] sind [und] Wissen [erlangen]. Auf diese Weise [werden sie vollendet und] gerettet."	Er sagte zu mir: „Über diesen hat sich der gefälschte Geist vermehrt, als *(p.69)* sie strauchelten, und auf diese Weise beschwert er ihre Seele, verführt sie (sing.) zu den Werken der Bosheit und wirft sie in das Vergessen. Auf diese Weise, nachdem sie nackt geworden ist, übergibt er sie den Gewalten, die durch den Herrscher entstanden sind. (Diese Gewalten) werfen sie (plur.) wieder in Fesseln und verkehren mit ihnen, bis sie vom Vergessen gerettet sind und sie (sing.) Erkenntnis erlangt und so vollendet und gerettet wird."	Da sagte er zu mir: „In diesen hat sich der schändliche Geist *(p.27)* vermehrt, als sie sich verirrten, und auf diese Weise beschwert er die Seele, verführt sie (sing.) zu den Werken der Bosheit und wirft sie hinunter in Vergessen. Nachdem sie aus (dem Leib) herauskommt, wird sie den Gewalten übergeben, die durch den ersten Herrscher entstanden sind. (Diese Gewalten) binden sie (sing.) mit Ketten, werfen sie ins Gefängnis und verkehren mit ihr, bis sie vom Vergessen erwacht und Erkenntnis erlangt."

NHC III,1	BG 2	NHC II,1 / NHC IV,1

5. Frage: Wie werden unwissende Seelen verwandelt?

Ich aber [sagte zu ihm]: „Herr, und wie wird die Seele wieder [klein], so daß sie in die Natur der Mutter oder des Mannes [eingelassen wird]?"

Er aber freute sich, [als ich] ihn fragte, und sagte: [„Du bist] selig, weil [du] ihm (sc. meinem Wort) gefolgt bist. Sie wird einem anderen gegeben, *(p.36)* wo der Geist des Lebens ist. Sie folgt ihm nach, gehorcht durch ihn und wird gerettet. Von nun an gehen sie in kein Fleisch ein."

Ich aber sagte: „Christus, wie schrumpft die Seele immer mehr und geht wieder hinein in die Natur der Mutter oder des Mannes?"

Er aber freute sich, als ich ihn fragte, und sagte: *(p.70)* „Du bist selig um deines Verstehens willen. Aus diesem Grund also werden sie dem anderen, in dem der Geist des Lebens ist, gegeben, um ihm Folge zu leisten. Dadurch, daß sie ihm gehorcht, wird sie gerettet. Von nun an geht sie in kein weiteres Fleisch ein."

Ich aber sagte: „Herr, wie kann die Seele kleiner und kleiner werden und in die Natur der Mutter oder in den Mann zurückkehren?"

Da freute er sich, als ich das fragte, und sagte zu mir: „Du bist wahrhaft selig, denn du hast verstanden. Jene Seele wird dazu gebracht, einer anderen zu folgen, in der der Geist des Lebens ist. Sie wird durch jenen gerettet. Sie wird nicht in ein weiteres Fleisch geworfen."

6. Frage: Was geschieht mit abgefallenen Seelen?

Ich aber sagte: „Herr, diejenigen, die erkannt haben und sich wieder abgewandt haben, wo sind ihre Seelen, oder wohin werden sie weggehen?"

Er sagte zu mir: „(Zu) dem Ort, an den sich die Engel der Armut zurückziehen werden, denen keine Umkehr gekommen ist. [Sie] werden aufbewahrt für den Tag, an dem jeder, der den heiligen Geist mit einer ewigen [Lästerung] gelästert hat, bestraft wird, indem [sie mit] ewiger Pein gepeinigt werden."

Ich sagte zu ihm: „Diejenigen aber, die erkannt haben, (und) sich abgewandt haben, wo sind ihre Seelen?"

Er sagte zu mir: „Sie werden an den Ort gehen, an den sich die Engel der Armut zurückziehen werden, denen keine Umkehr gekommen ist. Sie werden aufbewahrt für den Tag, an dem jeder, der den heiligen Geist gelästert hat, bestraft wird. Sie werden *(p.71)* mit ewiger Strafe gepeinigt."

Da sagte ich: „Herr, diejenigen auch noch, die erkannt haben und sich zurückgezogen haben, wohin werden ihre Seelen gehen?"

Dann sagte er zu mir: „Der Ort, an den die Engel der Armut gegangen sind – sie werden an jenen Ort gebracht –, der Ort, an dem es keine Umkehr gibt. Sie werden aufbewahrt für den Tag, an dem diejenigen, die den heiligen Geist gelästert haben, gepeinigt werden. Sie werden mit ewiger Strafe bestraft."

7. Frage: Woher kommt der gefälschte Geist?

[Ich aber] sagte: „Christus, [woher ist] der gefälschte [Geist gekommen?"

Ich aber sagte: „Christus, woher ist der gefälschte Geist gekommen?"

Ich aber sagte: „Herr, woher ist er gekommen, der schändliche Geist?"

(Ende des Einschubs)

NHC III,1	BG 2	NHC II,1 / NHC IV,1

5.5. Rettende Wirksamkeit der Mutter (2. Teil)

Da sagte er: „Am Anfang, [als die Mutter] – als ich im [heiligen Geist] in diejenige hinein sah, deren [Erbarmen] reich ist, [zusammen mit dem] heiligen Geist, der sich [mit uns] abmühte, der die Nachsehung (Epinoia) des Lichtes ist, [die mit] ihren Nachkommen [war]; da [erweckte] sie das Denken der Menschen des unerschütterlichen [Geschlechts] des vollkommenen [Lichtes *(p.37)* des Menschen].

Er sagte zu mir: „Als die Mutter, deren Erbarmen reich ist, zusammen mit dem heiligen Geist, dem Barmherzigen, der sich mit uns abmühte, der die Nachsehung (Epinoia) des Lichtes ist mit ihren Nachkommen, der das Denken der Menschen des Geschlechts des vollkommenen Menschen des ewigen Lichtes erweckt <...>

Da sagte er zu mir: „Der Metropator, dessen Erbarmen reich ist, der heilige Geist in jeder Gestalt, der Barmherzige, *(p.28)* der sich mit euch abmüht, der die Nachsehung (Epinoia) der Vorsehung (Pronoia) des Lichtes ist, erweckte den Samen des vollkommenen Geschlechts und sein Denken und das ewige Licht des Menschen.

5.6. Jaldabaoth und seine Engel zeugen das Schicksal

Da erkannte der [erste] Herrscher, daß sie ihn [in] der Erhabenheit ihrer Weisheit übertrafen, und er wollte sich ihres Planes bemächtigen, da er unwissend war, nicht wissend, daß [sie] weiser waren als er. Er heckte [einen] Plan aus und zeugte das Schicksal (Heimarmene).

Da erkannte der erste Herrscher, daß sie ihn in der Erhabenheit ihrer Weisheit übertrafen, und er wollte sich ihres Planes bemächtigen, da er unwissend war. Er wußte nicht, *(p.72)* daß sie weiser waren als er. Er heckte einen Plan mit seinen Mächten aus, und sie zeugten das Schicksal (Heimarmene),

Als der erste Herrscher erkannte, daß sie ihm an Erhabenheit überlegen waren und höher als er dachten, da wollte er sich ihres Denkens bemächtigen, da er nicht wußte, daß sie ihm im Denken überlegen waren, und daß er sie nicht ergreifen können werde. Er heckte einen Plan aus mit seinen Gewalten, die seine Mächte sind, und zusammen begingen sie Ehebruch mit der Weisheit (Sophia), und das bittere Schicksal (Heimarmene) wurde von ihnen gezeugt, das die letzte der gefälschten Fesseln ist.

Es ist so beschaffen, daß sie ineinander verfälscht werden. Es ist härter und stärker als diejenige, mit der sich die Götter und die Engel und die Dämonen und alle Geschlechter bis heute vereinigt haben. Denn aus jenem Schicksal sind in Erscheinung getreten: jede Art von Sünde, Ungerechtigkeit und Lästerung, die Fessel des Ver-

NHC III,1	BG 2	NHC II,1 / NHC IV,1
		gessens, das Unwissen und jedes strenge Gebot mit schweren Sünden und großen Ängsten. Auf diese Weise wurde die ganze Schöpfung blind gemacht, so daß sie den Gott, der über allem ist, nicht erkennen. Wegen der Fessel des Vergessens waren ihre Sünden verborgen, denn sie sind mit Maßen und Zeitabschnitten und Zeitpunkten gebunden, da es Herr ist über alles.
Mit Maßen und Zeitabschnitten und Zeitpunkten [band er] die Götter des Himmels, die Engel, die Dämonen, [und die] Menschen, so daß jeder [in seinen (sc. des Schicksals)] Fesseln [ist] und es [Herr über das All] sei – ein Gedanke, der pervers und [ungerecht] <ist>.	und mit Maßen und Zeiten banden sie die Götter des Himmels, die Engel, die Dämonen und die Menschen, so daß alle in seinen (sc. des Schicksals) Fesseln sind, damit es Herr über jeden sei – ein böser und perverser Gedanke.	

5.7. Die Flut

NHC III,1	BG 2	NHC II,1 / NHC IV,1
Da bereute er [das, was durch ihn] geschehen war. Er heckte den Plan aus, eine Flut über [alle Nachkommenschaft des] Menschen zu bringen. Aber die [Größe der] Vorsehung (Pronoia) hatte einen Gedanken, der die Nachsehung (Epinoia) ist. Sie erschien dem [Noe, und er] predigte den Menschen. Sie [glaubten] ihm nicht.	Da bereute er alles, das durch ihn geschehen war. Er heckte den Plan aus, eine Flut über alle Nachkommenschaft des Menschen zu bringen. Aber die Größe der Vorsehung (Pronoia), die die Nachsehung (Epinoia) des Lichtes ist, *(p.73)* belehrte Noe. Er predigte den Menschen, aber sie glaubten ihm nicht.	Da bereute er alles, das durch ihn geschehen war. Diesmal heckte er einen Plan aus, eine Flut über die *(p.29)* Schöpfung des Menschen zu bringen. Aber die Größe des Lichtes der Vorsehung (Pronoia) belehrte Noe, und er predigte dem ganzen Samen, die Menschenkinder sind. Diejenigen aber, die ihm fremd waren, hörten nicht auf ihn.
Es ist nicht, wie Moses gesagt hat: Sie verbargen sich in einer [‚Arche'], sondern sie beschirmten sich an einem Ort, *(p.38)* nicht nur Noe allein, sondern auch andere Menschen aus dem unerschütterlichen Geschlecht. Sie gingen in einen Ort hinein und wurden von einer Lichtwolke beschirmt.	Es ist nicht, wie Moses gesagt hat: Er verbarg sich in einer ‚Arche', sondern <er> beschirmte sich an einem Ort, nicht nur Noe, sondern einige Menschen aus dem unerschütterlichen Geschlecht. Sie gingen in einen Ort hinein und wurden von einer Lichtwolke beschirmt.	Es ist nicht, wie Moses gesagt hat: Sie verbargen sich in einer ‚Arche', sondern sie verbargen sich an einem Ort, nicht nur Noe, sondern auch viele andere Menschen aus dem unerschütterlichen Geschlecht. Sie gingen in einen Ort hinein und verbargen sich in einer Lichtwolke.
Sie erkannten die Herrschaft der Höhe – [auch] zusammen mit denen, die mit ihm waren –, während das Licht auf sie	Er erkannte seine Herrschaft – zusammen mit denen, die mit ihm waren – im Licht, das auf sie schien, denn die Finsternis	Er erkannte seine Autorität, und diejenige, die dem Licht zugehört, war mit ihm. Sie schien auf ihn, denn er hatte

NHC III,1	BG 2	NHC II,1 / NHC IV,1
schien, denn eine [Finsternis] fiel auf jeden auf der Erde.	fiel auf alles auf der Erde.	eine Finsternis über die ganze Erde gebracht.

5.8. Geschlechtsverkehr der Engel mit den Menschentöchtern: Der gefälschte Geist

Er heckte mit seinen Engeln einen [Plan] aus. Er sandte seine Engel zu den Menschen[töchtern], damit [sie sich] Nachkommen aus ihnen [erweckten] und sich [Lust bereiteten].	Er heckte mit seinen Engeln einen Plan aus. *(p.74)* Sie sandten ihre Engel zu den Menschentöchtern, damit sie sich zur Lust Nachkommen aus ihnen erweckten.	Er heckte mit seinen Mächten einen Plan aus. Er sandte seine Engel zu den Menschentöchtern, damit sie sich einige von ihnen für sich nähmen und sich zur Lust Nachkommen aus ihnen erweckten.
Das erste Mal [waren sie nicht erfolgreich]. [Als sie keinen] Erfolg [hatten], entschieden sie [miteinander], den gefälschten Geist zu schaffen, in Nachahmung [des Geistes], der herabgekommen war.	Erst waren sie nicht erfolgreich. Da kamen sie auf den Plan, den gefälschten Geist zu schaffen, da sie sich an den Geist erinnerten, der herabgekommen war.	Erst waren sie nicht erfolgreich. Als sie aber nicht erfolgreich waren, versammelten sie sich wieder und heckten zusammen einen Plan aus. Nach dem Bild des Geistes, der herabgekommen war, schufen sie einen schändlichen Geist, um durch ihn die Seelen zu schänden.
Ihre [Engel verwandelten] sich [in] die Erscheinung ihrer (sc. der Menschentöchter) Gatten, um sie mit (dem) Geist [zu füllen], der [in ihnen] war, voll der Finsternis, die aus dem Bösen stammt.	Die Engel verwandelten <ihr> Aussehen in die Erscheinung <ihrer (sc. der Menschentöchter) Gatten>, während sie sie als Gatten mit (dem) Geist erfüllten, der sich mit ihnen in der vom Bösen stammenden Finsternis vermischt hatte.	Die Engel veränderten sich in ihrer Erscheinung nach der Erscheinung ihrer (sc. der Menschentöchter) Paargenossen und füllten sie mit dem Geist der Finsternis, den sie für sie gemischt hatten, und mit Bösem.
Sie brachten ihnen Gold [und] Silber und Geschenke und [Gegenstände *(p.39)* aus Kupfer] und Eisenmetall und jedes Ding der Art. Sie führten sie in Ablenkungen, [so daß sie] sich nicht an ihre unerschütterliche Vorsehung (Pronoia) erinnerten.	Sie brachten ihnen Gold und Silber und Geschenke und Metalle, wie Kupfer und Eisen und alle Arten. *(p.75)* Sie führten sie in Versuchung, so daß sie sich nicht an ihre unerschütterliche Vorsehung (Pronoia) erinnerten.	Sie brachten Gold und Silber und ein Geschenk und Kupfer und Eisen und Metall und jede Art von Dingen. Sie führten die Menschen, *(p.30)* die ihnen nachgefolgt waren, in große Sorgen, da sie sie in viele Irren verführten. Sie wurden alt ohne Muße. Sie starben, ohne irgendeine Wahrheit gefunden und den Gott der Wahrheit erkannt zu haben. So wurde die ganze Schöpfung auf immer versklavt, von der Grundlegung der Welt bis jetzt.
Sie nahmen [sie] und zeugten Kinder aus [der] Finsternis durch ihren gefälschten Geist.	Sie nahmen sie und zeugten Kinder aus der Finsternis durch ihren gefälschten Geist. Ihr Herz	Sie nahmen Frauen und zeugten Kinder aus der Finsternis nach dem Bild des schändli-

NHC III,1	BG 2	NHC II,1 / NHC IV,1
Ihre Herzen schlossen sich, und [sie wurden] hart mit der Härte [ihres] gefälschten Geistes bis [jetzt].	schloß sich, und sie wurden hart mit der Härte des gefälschten Geistes	chen Geistes. Ihre Herzen schlossen sich, und sie wurden hart mit der Härte des schändlichen Geistes bis jetzt.

6. Erlösung durch die Mutter / Jesus: Monolog der Vorsehung

Die selige Vatermutter aber, die reich an Erbarmen ist, in ihrer Nachkommenschaft nimmt sie Gestalt an. [Ich ging zuerst (...)

Die Selige aber, nämlich die Vatermutter, die reich an Erbarmen ist, in ihrer Nachkommenschaft nimmt sie Gestalt an. Ich ging zuerst (...)

Ich aber, die vollkommene Vorsehung des Alls, formte mich in meiner Nachkommenschaft um.[88] Ich existierte zuerst, wandelnd auf allen Wegen, denn ich bin der Reichtum des Lichtes; ich bin die Erinnerung der Fülle. Ich ging in den Herrschaftsbereich der Finsternis, und ich hielt durch, bis ich in die Mitte des Gefängnisses eintrat. Da wurden die Grundfesten des Chaos erschüttert. Ich aber verbarg mich vor ihnen wegen ihrer Bosheit, und sie erkannten mich nicht.

Wiederum kehrte ich zurück, ein zweites Mal, und wandelte.[89] Ich kam von denen, die dem Licht zugehören, welches ich bin, die Erinnerung der Vorsehung (Pronoia). Ich trat ein in die Mitte der Finsternis und das Innere der Unterwelt, um meinen Auftrag zu erfüllen. Da wurden die Grundfesten des Chaos erschüttert und waren daran, auf jene zu fallen, die im Chaos sind, und sie zu zerstören. Ich rannte wieder hinauf zu meiner Lichtwurzel, damit sie nicht vor der Zeit zerstört würden.

Ein drittes Mal noch wandelte ich – ich bin das Licht, das im Licht existiert, ich bin die Erin-

---

[88] NHC IV,1: „ich formte *ihn* in meine Nachkommenschaft um". Vgl. Gal 4,19.
[89] NHC IV,1: „und wandelte" fehlt.

NHC III,1	BG 2	NHC II,1 / NHC IV,1
		nerung an die Vorhersehung –, um einzutreten in die Mitte der Finsternis und das *(p.31)* Innere der Unterwelt, und ich glühte in meinem Angesicht mit dem Licht der Erfüllung ihres Äons. Ich trat ein in die Mitte ihres Gefängnisses – das ist das Gefängnis des Leibes –, und ich sagte: ‚Der Hörer, er möge erwachen vom tiefen Schlaf!' Da weinte er und vergoß Tränen. Bittere Tränen wischte er sich ab und sagte: ‚Wer ist es, der meinen Namen ruft, und woher ist mir diese Hoffnung gekommen, während ich in den Ketten des Gefängnisses liege?' Ich sagte: ‚Ich bin die Vorsehung (Pronoia) des reinen Lichtes, ich bin das Denken des jungfräulichen Geistes, das dich zum geehrten Ort erhebt. Richte dich auf und erinnere dich daran, daß du der bist, der gehört hat, und folge deiner Wurzel, die ich bin, der Erbarmungsvolle, und hüte dich vor den Engeln der Armut und den Dämonen des Chaos und all denen, die dich fesseln, und hüte dich vor dem tiefen Schlaf und dem Umkreis des Inneren der Unterwelt.' Ich richtete ihn auf und besiegelte ihn im Licht des Wassers mit fünf Siegeln, damit von diesem Tag an der Tod nicht mehr Macht über ihn habe.

Rahmenhandlung: Johannes und Jesus

(Ich ging zuerst) hinauf] zu dem vollkommenen Äon. [Ich habe sie (sc. diese Worte)] dir [gesagt], damit du [sie nieder-	(Ich ging zuerst) hinauf zu dem vollkommenen Äon. Ich sage dir aber diese (Worte), damit du sie niederschreibst und im Gehei-	Siehe, jetzt werde ich hinaufgehen zum vollkommenen Äon. Ich habe für dich alles in deinen Ohren zu Ende geführt. Ich habe

NHC III,1	BG 2	NHC II,1 / NHC IV,1
schreibst und im Geheimen] deinen Gleichgeistern [gibst, denn das] ist das Geheimnis [des] unerschütterlichen Geschlechts.	men deinen Gleichgeistern gibst, denn dieses Geheimnis gehört dem unerschütterlichen Geschlecht.	dir aber alle Dinge gesagt, damit du sie niederschreibst und sie im Geheimen deinen Geistesgefährten gibst.
Diese Mutter war [noch einmal vor mir] gekommen. [Alle] Dinge [hat sie] in der Welt [getan]. Sie hat den Mangel [richtiggestellt].	*(p.76)* Die Mutter aber war noch einmal vor mir gekommen. Das aber hat sie in der Welt getan: Sie hat ihren Samen richtiggestellt.	*(Vgl. NHC II,1 p.23,20-22)*
Ich werde [euch jetzt] weiter [verkünden], was im Kommen ist, denn [ich habe dir diese (Worte) gegeben], um sie niederzuschreiben und [in] Sicherheit zu bewahren."	Ich werde euch verkünden, was geschehen wird, denn ich habe dir diese (Worte) gegeben, um sie niederzuschreiben und damit sie sicher bewahrt werden."	Der Heiland gab ihm diese (Worte), damit er sie niederschreibe und in Sicherheit bewahre."
Dann sagte er zu mir: „[Verflucht] sei jeder, der sie weitergibt *(p.40)* um ein Geschenk aus Silber oder [Gold] oder um Speise oder um Getränk oder um Kleidung oder um anderes dergleichen."	Dann sagte er zu mir: „Verflucht sei jeder, der diese (Worte) weitergibt um ein Geschenk oder um Speise oder um Getränk oder um Kleidung oder um anderes dergleichen."	Da sagte er zu ihm: „Verflucht sei jeder, der diese (Worte) weitergibt um ein Geschenk oder um Speise oder um Getränk oder um Kleidung oder um anderes *(p.32)* dergleichen."
Er vertraute [ihm] dieses Geheimnis an, und [sogleich] entschwand er ihm. Er aber [stand] vor seinen Mitjüngern und begann, ihnen [über] die Dinge zu erzählen, die der Heiland [ihm] gesagt hatte.	Er vertraute ihm dieses Geheimnis an, und sogleich entschwand er ihm. Er *(p.77)* aber ging zu seinen Mitjüngern und begann, ihnen zu erzählen, was ihm vom Heiland gesagt [worden] war.	Diese (Worte) wurden ihm in einem Geheimnis gegeben und sogleich verschwand er vor seinem Antlitz. Er aber ging zu seinen Mitjüngern und verkündete ihnen[90] die (Worte), die der Erlöser ihm gesagt hatte. Jesus (ist) der Christus. Amen.

Subscriptio

Das Apokryphon des Johannes	Das Apokryphon des Johannes	Das Apokryphon nach Johannes

---

[90] NHC IV,1: „sagte zu ihm".

Das Evangelium nach Thomas (NHC II,2)

Jens Schröter / Hans-Gebhard Bethge

Literatur

Bethge, Hans-Gebhard u.a., 1997: Evangelium Thomae Copticum. In: Aland, Kurt (ed.): Synopsis Quattuor Evangeliorum. 15. Aufl. 2. Druck. Stuttgart, 517-546.

Frey, Jörg / Popkes, Enno Ezard / Schröter, Jens (ed.), 2008: Das Thomasevangelium. Entstehung – Rezeption – Theologie. (BZNW 157.) Berlin / New York.

Gathercole, Simon, 2012: The Composition of the Gospel of Thomas: Original Language and Influences. (SNTS.MS 151.) Cambridge.

Goodacre, Mark, 2012: Thomas and the Gospels. The Making of an Apocryphal Text. London.

Nordsieck, Reinhard, 2006: Das Thomasevangelium. Einleitung – Zur Frage des historischen Jesus – Kommentierung aller 114 Logien. 3. Aufl. Neukirchen-Vluyn.

Plisch, Uwe-Karsten, 2007: Das Thomasevangelium. Originaltext mit Kommentar. Stuttgart.

Pokorný, Petr, 2009: A Commentary on the Gospel of Thomas. From Interpretations to the Interpreted. (Jewish and Christian Texts in Contexts and Related Studies 6.) Wiona Lake.

Einleitung

Das einzige nahezu vollständige Exemplar mit dem Titel "Evangelium nach Thomas" ist die koptische Übersetzung eines ursprünglich griechischen Textes. Es stammt aus der ersten Hälfte des 4. Jh. und findet sich unter den 1945 in Nag Hammadi gefundenen Texten als zweite Schrift im Codex II. Fragmente griechischer Exemplare des EvThom aus dem 3. Jh. sind bereits an der Wende vom 19. zum 20. Jh. in Oxyrhynchus entdeckt worden. Diese stammen von unterschiedlichen Manuskripten und sind offenbar auch nicht mit demjenigen Text identisch, der dem Übersetzer des koptischen Textes vorgelegen hat. Es ist also mit verschiedenen Versionen des EvThom zu rechnen, die in Umfang, Anordnung und Wortlaut der einzelnen Worte und Gleichnisse differierten. Ebenfalls aus dem 3. Jh. stammen die ältesten Erwähnungen eines „Evangelium nach Thomas" bei den altkirchlichen Theologen Hippolyt und Origenes. Ob sie eine Schrift dieses Namens tatsächlich kannten, muß allerdings unsicher bleiben. Deutlich ist dagegen, daß das EvThom von den ersten externen Bezeugungen an als häretisch eingestuft, also nicht zum Bestand der für die Kirche verbindlichen Schriften gerechnet wird.

Im EvThom finden sich sowohl solche Überlieferungen, die zum ältesten Bestand der Jesusüberlieferung gerechnet werden, als auch solche aus einer jüngeren Überlieferungsphase. Zur ersten Kategorie gehören z.B. die Seligpreisungen der Armen, Verfolgten und Hungrigen in Spruch 54; 68 und

69, das Wort über den Verwandtenhaß (Spruch 55; vgl. 101), die Bitte um Sendung der Arbeiter in die Ernte (Spruch 73) oder das Wort über den blinden Blindenführer (Spruch 34). Zur zweiten Gruppe sind dagegen der programmatisch am Beginn stehende Spruch über das Suchen und Finden (Spruch 2; vgl. 92) zu rechnen, der das Eindringen in die wahre Bedeutung der Lehre Jesu, die sich nur den Eingeweihten erschließt, fordert, weiter der Verweis auf den Ursprung des Menschen als Ort seiner Herkunft und wahren Bestimmung (Spruch 18; 49), schließlich die Bezeichnung der Welt als einer "Leiche" (Spruch 56; vgl. 80) sowie die hiermit verbundene Aufforderung, sich der Welt zu enthalten (Spruch 27) und stattdessen den Weg zurück zum Vater zu suchen. Im EvThom stehen also ältere und jüngere Jesusüberlieferungen nebeneinander und interpretieren sich gegenseitig. Dabei läßt sich in manchen, aber nicht in allen Fällen eine Kenntnis der synoptischen Evangelien vermuten. Wichtiger ist jedoch, daß das EvThom durch die Zusammenstellung dieser Überlieferungen eine eigene Sicht auf die Bedeutung Jesu und seiner Lehre entwickelt.

Im Blick auf die Abfassungszeit läßt sich vermuten, daß die erste derartige Zusammenstellung von Jesusüberlieferungen unter der Autorität des Thomas um die Mitte des 2. Jh. erfolgte. Eine genauere Eingrenzung ist nicht möglich und auch nicht sinnvoll, denn es ist zu vermuten, daß verschiedene Versionen einer solchen Schrift existierten, die über einen längeren Zeitraum entstanden.

Die Nähe des EvThom zur syrischen Textüberlieferung der Evangelien sowie die nach Syrien wiesende Tradition der mit dem Namen des Thomas verbundenen Überlieferung legen eine Entstehung des EvThom im syrischen Raum nahe. Später ist es offenbar nach Ägypten gelangt, dort ins Koptische übersetzt und schließlich in die in Nag Hammadi gefundenen Codices aufgenommen worden. Das EvThom könnte demnach ein Zeugnis für eine in Syrien entstandene Linie der Rezeption der Jesusüberlieferung darstellen.

Der Verfassername „Didymos Judas Thomas" ist ein Pseudonym. Die Identifikation von Judas und Thomas erklärt sich daher, daß Thomas in der syrischen Überlieferung verschiedentlich auch den Namen "Judas" trägt. Wichtiger für das EvThom ist jedoch, daß der Name „Thomas", der aramäischen Ursprungs ist, eine Entsprechung zu dem griechischen Wort für „Zwilling" darstellt. Dies ist vermutlich so zu erklären, daß das Eindringen in die Bedeutung der Worte Jesu im EvThom zugleich als Einswerden mit Jesus verstanden wird, wofür Thomas als „Zwilling" Jesu und derjenige, der die Worte Jesu aufgeschrieben hat, als Paradigma steht.

Das EvThom präsentiert sich als Sammlung von Einzelworten, die mitunter auch in kleine Szenen oder Dialoge eingebettet sind. Charakteristisches Merkmal dabei ist die stereotype Einleitung mit „Jesus spricht". Sie ist den einzelnen Überlieferungen sekundär vorangestellt worden und unterbricht manchmal sogar Zusammenhänge, die ursprünglich zwischen diesen bestanden haben. Dadurch wird der Blick auf die einzelnen Worte bzw. Gleichnisse gelenkt, deren Bedeutung es zu erfassen gilt. Angaben, die das Wirken Jesu in einen zeitlichen oder geographischen Kontext einordnen, sind dagegen nur insoweit vorhanden, als sie bereits an einzelnen der verarbeiteten Überlieferungen hafteten. Das EvThom lässt sich demzufolge der Gattung Spruch- oder Chriensammlung zuordnen. Zu dieser Gattung gehören etwa auch die jüdischen „Sprüche der Väter" (Apophthegmata Patrum, Pirke Awot), Sammlungen von Worten jüdischer Weiser, oder die Aussprüche und Taten griechischer Philosophen, die von Diogenes Laertius zusammengestellt wurden. Durch die Wahl dieser Gattung kommt zum Ausdruck, daß die Bedeutung Jesu in seinen Worten gesehen wird, wogegen die konkreten Umstände, unter denen sich sein Wirken und Geschick ereigneten, in den Hintergrund treten.

Am Beginn des EvThom ist von den "verborgenen Worten des lebendigen Jesus" die Rede, die Thomas aufgeschrieben hat und deren Bedeutung zu finden vor dem Tod bewahrt. Damit ist ein für das Verständnis der Schrift wichtiges Signal gegeben: Die Worte Jesu weisen den Weg zur Erlösung, ihre Bedeutung liegt aber nicht offen zutage, sondern erschließt sich erst tieferem Eindringen in ihre verborgene Wahrheit. Diese besteht darin, daß der Ursprung des Menschen im „Königreich des Vaters" liegt, das zwar über die Erde ausgebreitet ist, von den meisten Menschen jedoch nicht erkannt wird (Spruch 113). Den Weg zurück zum Ursprung weisen die Worte Jesu, durch deren Hören man ihm, der den wahren Menschen repräsentiert, gleich wird (Spruch 108). Dazu ist es notwendig, sich von der „Welt" und ihren Gütern zu trennen und in der Vereinzelung zu leben (Spruch 27; 49 u.ö.). Zum Ethos des EvThom gehören weiter die Forderung der Bruderliebe (Spruch 25), die Verachtung des Reichtums (Spruch 63; 78; 81; 95) und das Friedenhalten untereinander (Spruch 48). Jüdische Traditionen werden dagegen abgelehnt (Spruch 14) oder ethisch umgedeutet (Spruch 6; 27; 53), stellen also nicht mehr den maßgeblichen Horizont für die Interpretation der Jesusüberlieferungen dar. Mythologische oder im engeren Sinn „gnostische" Vorstellungen sind dagegen nur in Ansätzen vorhanden. Das Konzept der in der Welt von ihrem Ursprung entfremdeten, dies zudem nicht erkennenden Menschen, die der Sendung eines Erlösers aus dem oberen Bereich bedürfen, der sie mit ihrer wahren Herkunft bekannt macht und ihnen den Weg dorthin weist, hat vielfältige Analogien in Texten, die für gewöhnlich als „gnostisch" bezeichnet werden. Es fällt aber ebenso auf, daß im EvThom kein mythologisches System von Gottheiten und deren Emanationen entworfen wird, kein oberster Gott genannt wird, der dem Schöpfergott gegenübersteht usw. Die Anklänge an „gnostisches" Gedankengut erlauben es deshalb allenfalls, von „Jesusüberlieferung auf dem Weg zur Gnosis" zu sprechen.

Übersetzung[91]

Incipit (p.32,10-12) und „1" (p.32,12-14)

Dies sind die verborgenen Worte, die der lebendige Jesus sagte, und Didymos Judas Thomas schrieb sie auf. Und er sprach: „Wer die Deutung dieser Worte findet, wird den Tod nicht schmecken."

2   *(p.32,14-19)* (1) Jesus spricht(:) „Wer sucht, soll nicht aufhören zu suchen, bis er findet. (2) Und wenn er findet, wird er bestürzt sein. (3) Und wenn er bestürzt ist, wird er erstaunt sein. (4) Und er wird König sein über das All."

3   *(p.32,19-33,5)* (1) Jesus spricht: „Wenn die, die euch vorangehen, (zu) euch sagen: ‚Siehe, im Himmel ist das Königreich!', dann werden euch die Vögel des Himmels zuvorkommen. (2) Wenn sie (zu) euch sagen: ‚Es ist im Meer', dann werden euch die Fische zuvorkommen. (3) Vielmehr: Das Königreich ist innerhalb von euch und außerhalb von euch."

---

[91]   Die Übersetzung von EvThom in der zweibändigen Ausgabe von NHD verdankte sich Hans-Gebhard Bethge (federführend), Christina-Maria Franke, Judith Hartenstein, Uwe-Karsten Plisch, Hans-Martin Schenke und Jens Schröter. Sie ist hier im Wesentlichen übernommen, bei einigen Sprüchen freilich modifiziert worden und entspricht nun weitgehend der im Kommentar von Uwe-Karsten Plisch gebotenen.

(4) „Wenn ihr euch erkennt, dann werdet ihr erkannt werden, und ihr werdet begreifen, daß ihr die Kinder des lebendigen Vaters seid. (5) Wenn ihr euch aber nicht erkennt, dann existiert ihr in Armut, und ihr seid die Armut."

4 *(p.33,5-10)* (1) Jesus spricht: „Der Mensch, alt in seinen Tagen, wird nicht zögern, ein kleines Kind von sieben Tagen über den Ort des Lebens zu befragen, und er wird leben. (2) Denn viele erste werden letzte sein. (3) Und sie werden ein einziger sein."

5 *(p.33,10-14)* (1) Jesus spricht(:) „Erkenne, was vor deinem Angesicht ist, und das, was für dich verborgen ist, wird sich dir enthüllen. (2) Denn es gibt nichts Verborgenes, das nicht offenbar werden wird."

6 *(p.33,14-23)* (1) Seine Jünger fragten ihn, (und) sie sagten zu ihm: „Willst du, daß wir fasten? Und in welcher Weise sollen wir beten und Almosen geben? Und auf welche Speisen sollen wir achtgeben?"

(2) Jesus spricht: „Lügt nicht. (3) Und tut nicht das, was ihr haßt. (4) Denn alles ist enthüllt vor dem Angesicht <der Wahrheit>[92]. (5) Denn es gibt nichts Verborgenes, das nicht offenbar werden wird. (6) Und es gibt nichts Verhülltes, das ohne Enthüllung bleiben wird."

7 *(p.33,23-28)* (1) Jesus spricht(:) „Selig ist der Löwe, den der Mensch essen wird, und der Löwe wird Mensch sein. (2) Und abscheulich ist der Mensch, den der Löwe essen wird, und der Löwe wird Mensch sein."

8 *(p.33,28-34,3)* (1) Und er spricht: „Der Mensch gleicht einem verständigen Fischer, der sein Netz ins Meer warf. Und er zog es herauf aus dem Meer, gefüllt mit kleinen Fischen. (2) Unter ihnen fand der verständige Fischer einen großen, guten Fisch. (3) Er warf alle kleinen Fische herab ins Meer, (und) er wählte den großen Fisch ohne Mühe. (4) Wer Ohren hat zu hören, soll hören."

9 *(p.34,3-13)* (1) Jesus spricht: „Siehe, ein Sämann zog aus. Er füllte seine Hand (mit Saatgut), (und) er warf (es aus). (2) Einiges fiel auf den Weg. Die Vögel kamen, sie pickten es auf. (3) Anderes fiel auf den Fels, und es trieb keine Wurzel hinab in die Erde, und es ließ keine Ähren gen Himmel sprießen. (4) Und anderes fiel unter die Dornen, sie erstickten die Saat, und der Wurm fraß sie. (5) Und anderes fiel auf gute Erde, und sie brachte gute Frucht hervor (und) trug sechzigfältig und hundertzwanzigfältig (Frucht)."

10 *(p.34,14-16)* Jesus spricht: „Ich habe Feuer in die Welt geworfen, und siehe, ich bewahre es, bis es lodert."[93]

11 *(p.34,16-25)* (1) Jesus spricht: „Dieser Himmel wird vergehen, und der (Himmel) oberhalb von ihm wird vergehen. (2) Und die Toten sind nicht lebendig, und die, die lebendig sind, werden nicht sterben. (3) In den Tagen, als ihr Totes verzehrt habt, habt ihr es lebendig gemacht. Wenn ihr im Licht seid, was werdet ihr tun? (4) An dem Tage,

---

[92] Cod.: „des Himmels". Konjektur nach PapOxy 654,38.
[93] Oder: „ich bewahre sie (sc. die Welt), bis sie brennt".

als ihr einer wart, seid ihr zwei geworden. Wenn ihr aber zwei geworden seid, was werdet ihr tun?"

12 *(p.34,25-30)* (1) Die Jünger sprachen zu Jesus: „Wir wissen, daß du von uns gehen wirst. Wer ist es, der (dann) über uns herrschen wird?"[94] (2) Jesus sprach zu ihnen: „Woher (auch immer) ihr gekommen seid – zu Jakobus dem Gerechten sollt ihr gehen, um dessentwillen der Himmel und die Erde entstanden sind."

13 *(p.34,30-35,14)* (1) Jesus sprach zu seinen Jüngern. „Vergleicht mich (und) sagt mir, wem ich gleiche." (2) Simon Petrus sprach zu ihm: „Du gleichst einem gerechten Boten." (3) Matthäus sprach zu ihm: „Du gleichst einem (besonders) klugen Philosophen." (4) Thomas sprach zu ihm: „Lehrer, mein Mund <vermag> es ganz und gar nicht zu ertragen zu sagen, wem du gleichst." (5) Jesus sprach: „Ich bin nicht dein Lehrer. Denn du hast getrunken, du hast dich berauscht an der sprudelnden Quelle, die ich ausgemessen habe." (6) Und er nahm ihn, (und) er zog sich zurück, (und) er sagte ihm drei Worte. (7) Als Thomas aber zu seinen Gefährten kam, befragten sie ihn: „Was hat dir Jesus gesagt?" (8) Thomas sprach zu ihnen: „Wenn ich euch eines von den Worten sage, die er mir gesagt hat, werdet ihr Steine aufheben (und) auf mich werfen, und Feuer wird aus den Steinen herauskommen (und) euch verbrennen."

14 *(p.35,14-27)* (1) Jesus sprach zu ihnen: „Wenn ihr fastet, werdet ihr euch Sünde hervorbringen. (2) Und wenn ihr betet, werdet ihr verurteilt werden. (3) Und wenn ihr Almosen gebt, werdet ihr Schlechtes für euren Geist (plur.) tun."

(4) „Und wenn ihr in irgendein Land geht und wandert von Ort zu Ort (und) wenn sie euch aufnehmen, (dann) eßt das, was man euch vorsetzen wird. Die Kranken unter ihnen[95] heilt! (5) Denn was in euren Mund hineingehen wird, wird euch nicht unrein machen. Vielmehr das, was aus eurem Mund herauskommt, das ist es, was euch unrein machen wird."

15 *(p.35,27-31)* Jesus spricht: „Wenn ihr den[96] seht, der nicht von einer Frau geboren wurde, werft euch nieder auf euer Angesicht (und) huldigt ihm. Jener ist euer Vater."

16 *(p.35,31-36,5)* (1) Jesus spricht: „Vielleicht denken die Menschen, daß ich gekommen bin, Frieden in die Welt zu werfen. (2) Doch sie wissen nicht, daß ich gekommen bin, Zwistigkeiten auf die Erde zu werfen: Feuer, Schwert, Krieg. (3) Es werden nämlich fünf in einem Haus sein: Es werden drei gegen zwei sein und zwei gegen drei, der Vater gegen den Sohn und der Sohn gegen den Vater. (4) Und sie werden dastehen als einzelne."

17 *(p.36,5-9)* Jesus spricht: „Ich werde euch das geben, was kein Auge gesehen und was kein Ohr gehört hat und was keine Hand berührt hat und was nicht in den menschlichen Sinn gekommen ist."

---

[94]   Wörtl.: „Wer ist es, der (dann) über uns groß sein wird?"
[95]   Oder: „in ihnen (sc. den Gebieten)".
[96]   Oder: „einen".

18 *(p.36,9-17)* (1) Die Jünger sprachen zu Jesus: „Sage uns, wie wird unser Ende sein?" (2) Jesus sprach (:) „Habt ihr denn schon den Anfang entdeckt, daß ihr jetzt nach dem Ende fragt? Denn wo der Anfang ist, dort wird auch das Ende sein. (3) Selig ist der, der im Anfang stehen wird. Da wird er das Ende erkennen, und er wird den Tod nicht schmecken."

19 *(p.36,17-25)* (1) Jesus spricht: „Selig ist, wer war, bevor er wurde. (2) Wenn ihr mir zu Jüngern werdet (und) auf meine Worte hört, werden euch diese Steine dienen. (3) Denn ihr habt fünf Bäume im Paradies, die sich nicht bewegen im Sommer (und) im Winter, und ihre Blätter fallen nicht ab. (4) Wer sie erkennen wird, wird den Tod nicht schmecken."

20 *(p.36,26-33)* (1) Die Jünger sprachen zu Jesus: „Sage uns, wem das Königreich der Himmel gleicht!" (2) Er sprach zu ihnen: „Einem Senfkorn gleicht es. (3) <Es> ist der kleinste von allen Samen. (4) Wenn es aber auf die Erde fällt, die bearbeitet wird, bringt sie einen großen Zweig hervor, (und) er wird zum Schutz für die Vögel des Himmels."

21 *(p.36,33-37,19)* (1) Maria sprach zu Jesus: „Wem gleichen deine Jünger?" (2) Er sprach: „Knechten gleichen sie, denen ein Feld anvertraut ist, das ihnen nicht gehört. (3) Wenn die Herren des Feldes kommen, werden sie sagen: ‚Laßt uns unser Feld.' (4) Sie (aber) sind nackt vor ihrem Angesicht, um sie (d.h. ihre Kleider) ihnen zu überlassen, damit sie ihnen ihr Feld geben."

(5) „Deshalb sage ich: Wenn der Hausherr erfährt, daß der Dieb im Begriff ist zu kommen, wird er wachsam sein, bevor er kommt (und) wird ihn nicht eindringen lassen in sein Haus, seinen Herrschaftsbereich, daß er seine Habe wegnehme. (6) Ihr aber, seid wachsam gegenüber der Welt! (7) Gürtet eure Lenden mit großer Kraft, damit die Räuber keinen Weg finden, um zu euch zu kommen."

(8) „Denn das Notwendige, auf das ihr (sehnsüchtig) wartet, wird gefunden werden.[97] (9) Es möge in eurer Mitte ein verständiger Mensch sein! (10) Als die Frucht reif war, kam er in Eile mit seiner Sichel in der Hand, (und) er erntete sie. (11) Wer Ohren hat zu hören, soll hören."

22 *(p.37,20-35)* (1) Jesus sah kleine (Kinder), die gestillt wurden. (2) Er sprach zu seinen Jüngern: „Diese Kleinen, die gestillt werden, gleichen denen, die in das Königreich eingehen." (3) Sie sprachen zu ihm: „Werden wir denn als Kleine in das Königreich eingehen?" (4) Jesus sprach zu ihnen: „Wenn ihr die zwei zu einem macht und wenn ihr das Innere wie das Äußere macht und das Äußere wie das Innere und das Obere wie das Untere, – (5) und zwar damit ihr das Männliche und das Weibliche zu einem einzigen macht, auf daß das Männliche nicht männlich und das Weibliche nicht weiblich sein wird – (6) wenn ihr Augen macht anstelle eines Auges und eine Hand anstelle einer Hand und einen Fuß anstelle eines Fußes, eine Gestalt anstelle einer Gestalt, (7) dann werdet ihr eingehen in [das Königreich]."

---

[97] Möglich ist auch – in Verbindung mit 21,6f. – folgende Übersetzung: „Denn den Besitz, nach dem ihr ausschaut, werden sie finden."

23 *(p.38,1-3)* (1) Jesus spricht: „Ich werde euch auserwählen, einen aus tausend und zwei aus zehntausend. (2) Und sie werden dastehen als ein einziger."

24 *(p.38,3-10)* (1) Seine Jünger sprachen: „Zeige uns den Ort, an dem du bist, weil es für uns nötig ist, daß wir nach ihm suchen." (2) Er sprach zu ihnen: „Wer Ohren hat, soll hören! (3) Es existiert Licht im Inneren eines Lichtmenschen, und er[98] erleuchtet die ganze Welt. Wenn er nicht leuchtet, ist Finsternis."

25 *(p.38,10-12)* (1) Jesus spricht: „Liebe deinen Bruder wie dein Leben! (2) Behüte ihn wie deinen Augapfel!"

26 *(p.38,12-17)* (1) Jesus spricht: „Den Splitter, der im Auge deines Bruders ist, siehst du, den Balken aber, der in deinem Auge ist, siehst du nicht. (2) Wenn du den Balken aus deinem Auge herausziehst, dann wirst du deutlich (genug) sehen, um den Splitter aus dem Auge deines Bruders herauszuziehen."

27 *(p.38,17-20)* (1) „Wenn ihr euch nicht der (ganzen) Welt enthaltet, werdet ihr das Königreich nicht finden. (2) Wenn ihr nicht die (ganze) Woche zum Sabbat macht, werdet ihr den Vater nicht sehen."

28 *(p.38,20-31)* (1) Jesus spricht: „Ich stand in der Mitte der Welt, und ich erschien ihnen im Fleisch. (2) Ich fand sie alle trunken. Niemanden unter ihnen fand ich durstig. (3) Und meine Seele empfand Schmerz über die Kinder der Menschen, weil sie blind sind in ihrem Herzen, und sie sehen nicht; denn leer kamen sie in die Welt (und) suchen auch wieder leer aus der Welt herauszukommen. (4) Doch jetzt sind sie trunken. Wenn sie (jedoch) ihren Wein(rausch) abschütteln, dann werden sie umdenken."

29 *(p.38,31-39,2)* (1) Jesus spricht(:) „Wenn das Fleisch entstanden ist wegen des Geistes, ist es ein Wunder. (2) Wenn aber der Geist wegen des Körpers (entstanden ist), ist es ein wunderbares Wunder."

(3) Jedoch wundere ich mich darüber, wie dieser große Reichtum in dieser Armut Wohnung genommen hat.

30 *(p.39,2-5)* (1) Jesus spricht: „Wo drei Götter sind, sind es Götter.[99] (2) Wo zwei oder einer ist, bin ich mit ihm."

31 *(p.39,5-7)* (1) Jesus spricht(:) „Kein Prophet ist willkommen in seinem Dorf. (2) Ein Arzt heilt nicht die, die ihn kennen."

32 *(p.39,7-10)* Jesus spricht: „Eine Stadt, auf einem hohen Berg erbaut (und) befestigt, kann nicht fallen, noch wird sie verborgen sein können."

33 *(p.39,10-18)* (1) Jesus spricht(:) „Was du hören wirst mit deinem Ohr {mit dem anderen Ohr}[100], verkündige es auf euren Dächern. (2) Denn keiner zündet eine Lampe

---

[98] Möglich ist auch die Übersetzung „es erleuchtet... Wenn es nicht leuchtet...".
[99] Der koptische Text ist möglicherweise korrupt, mit PapOxy 1,23f. kann gelesen werden: „Wo drei sind, sind sie gottlos."
[100] Der Text ist wahrscheinlich aufgrund von Dittographie als korrupt anzusehen. Es gibt zwei Möglichkeiten, den vorliegenden Text sinnvoll zu verstehen: Entweder: „...mit deinem Ohr, verkündige

an (und) stellt sie unter ein Getreidemaß, auch stellt er sie nicht an einen verborgenen Ort. (3) Vielmehr stellt er sie auf den Leuchter, damit ein jeder, der hereinkommt und herausgeht, ihr Licht sieht."

34 *(p.39,18-20)* Jesus spricht: „Wenn ein Blinder einen Blinden führt, fallen beide hinab in eine Grube."

35 *(p.39,20-24)* (1) Jesus spricht(:) „Es ist nicht möglich, daß jemand in das Haus des Starken hineingeht (und) es gewaltsam nimmt, es sei denn, er fesselt dessen Hände. (2) Dann wird er sein Haus ausplündern."

36 *(p.39,24-27)* Jesus spricht(:) „Tragt nicht Sorge vom Morgen bis zum Abend und von der Abendzeit bis zum Morgen, was ihr anziehen werdet."

37 *(p.39,27-40,2)* (1) Seine Jünger sprachen: „Wann wirst du uns erscheinen, und wann werden wir dich sehen?" (2) Jesus sprach: „Wenn ihr euch entkleidet, ohne daß ihr euch geschämt habt, und nehmt eure Kleider (und) legt sie unter eure Füße wie kleine Kinder (und) trampelt darauf, (3) dann werdet [ihr] den Sohn des Lebendigen sehen, und ihr werdet euch nicht fürchten."

38 *(p.40,2-7)* (1) Jesus spricht: „Viele Male habt ihr begehrt, diese Worte zu hören, diese, die ich euch sage, und ihr habt niemand anderen, sie von ihm zu hören. (2) Es wird Tage geben, da werdet ihr nach mir suchen, (und) ihr werdet mich nicht finden."

39 *(p.40,7-13)* (1) Jesus spricht: „Die Pharisäer und die Schriftgelehrten haben die Schlüssel der Erkenntnis empfangen, (doch) sie haben sie versteckt.[101] (2) Weder sind sie hineingegangen noch haben sie die gelassen, die hineingehen wollten. (3) Ihr aber, seid klug wie die Schlangen und lauter wie die Tauben!"

40 *(p.40,13-16)* (1) Jesus spricht(:) „Ein Weinstock wurde außerhalb (des Weinbergs) des Vaters gepflanzt. (2) Und weil er nicht befestigt ist, wird er ausgerissen werden mit seiner Wurzel (und) wird zugrunde gehen."

41 *(p.40,16-18)* (1) Jesus spricht: „Wer (etwas) in seiner Hand hat – ihm wird gegeben werden. (2) Und wer nichts hat – auch das Wenige, was er hat, wird von ihm genommen werden."

42 *(p.40,19)* Jesus spricht: „Werdet Vorübergehende."

43 *(p.40,20-26)* (1) Es sprachen zu ihm seine Jünger: „Wer bist du, daß du uns dies sagst?"(2) „Begreift ihr (denn) nicht aus dem, was ich euch sage, wer ich bin? (3) Aber ihr seid wie die Juden geworden! Sie lieben den Baum, (doch) sie hassen seine Frucht. Oder sie lieben die Frucht, (doch) sie hassen den Baum."

44 *(p.40,26-31)* (1) Jesus spricht: „Wer den Vater lästern wird – ihm wird vergeben werden. (2) Und wer den Sohn lästern wird – ihm wird vergeben werden. (3) Wer aber

---

es auf euren Dächern in (jemand) anderes Ohr" oder: „...mit deinem (einen) Ohr (und) mit (deinem) anderen Ohr, verkündige..." (als wortspielerische Umschreibung für „mit beiden Ohren").

[101] Oder: „... weggenommen und sie versteckt."

den Heiligen Geist lästern wird – ihm wird nicht vergeben werden, weder auf der Erde noch im Himmel."

45 *(p.40,31-41,6)* (1) Jesus spricht(:) „Trauben werden nicht von Dornengestrüpp geerntet noch werden Feigen vom Kameldorn gepflückt, denn sie geben keine Frucht. (2) Ein guter Mensch bringt Gutes aus seinem Schatz (hervor). (3) Ein schlechter Mensch bringt Übles aus dem[102] schlechten Schatz, der in seinem Herzen ist, hervor, und zwar redet er Übles. (4) Denn aus dem Überfluß des Herzens bringt er Übles hervor."

46 *(p.41,6-12)* (1) Jesus spricht: „Von Adam bis zu Johannes dem Täufer gibt es unter den von Frauen Geborenen keinen, der Johannes den Täufer übertrifft, so daß sich seine Augen nicht senken müssen." (2) „Ich habe aber (auch) gesagt: ‚Wer unter euch klein werden wird, wird das Königreich erkennen und wird Johannes übertreffen.'"

47 *(p.41,12-23)* (1) Jesus spricht: „Es ist unmöglich, daß ein Mensch auf zwei Pferde steigt und zwei Bogen spannt. (2) Und es ist unmöglich, daß ein Knecht zwei Herren dient. Oder[103] er wird den einen ehren und den anderen wird er schmähen."

(3) „Kein Mensch trinkt alten Wein und begehrt sogleich, neuen Wein zu trinken. (4) Und neuer Wein wird nicht in alte Schläuche gefüllt, damit sie nicht zerreißen, auch wird alter Wein nicht in (einen) neuen Schlauch gefüllt, auf daß er ihn nicht verderbe. (5) Ein alter Lappen wird nicht auf ein neues Gewand genäht, weil ein Riß entstehen wird."

48 *(p.41,24-27)* Jesus spricht: „Wenn zwei miteinander Frieden schließen in ein und demselben Hause, (dann) werden sie zum Berg sagen: ‚Hebe dich weg', und er wird sich wegheben."

49 *(p.41,27-30)* (1) Jesus spricht: „Selig sind die einzelnen, die Erwählten. Denn ihr werdet das Königreich finden. (2) Denn ihr stammt aus ihm (und) werdet wieder dorthin gehen."

50 *(p.41,30-42,7)* (1) Jesus spricht: „Wenn sie zu euch sagen: ‚Woher stammt ihr?', (dann) sagt ihnen: ‚Wir sind aus dem Licht gekommen, dem Ort, wo das Licht entstanden ist aus sich selbst, [sich] hingestellt hat und in ihrem (pl.) Bild[104] erschienen ist.' (2) Wenn sie zu euch sagen: ‚Seid ihr es?'[105], (dann) sagt: ‚Wir sind seine Kinder, und wir sind die Erwählten des lebendigen Vaters.' (3) Wenn sie euch fragen: ‚Was ist das Zeichen eures Vaters unter euch?', (dann) sagt ihnen: ‚Bewegung ist es und Ruhe.'"

51 *(p.42,7-12)* (1) Es sprachen zu ihm seine Jünger: „Wann wird die <Auferstehung>[106] der Toten geschehen, und wann wird die neue Welt kommen?" (2) Er sprach zu ihnen: „Die (Auferstehung), die ihr erwartet, ist (schon) gekommen, aber ihr erkennt sie nicht."

---

[102] Wörtl.: „seinem".
[103] Oder: „Sonst..."
[104] Vielleicht: „in <unserem> Bild".
[105] Möglicherweise zu emendieren zu: „<Wer> seid ihr?"
[106] Cod.: „Ruhe".

52 *(p.42,12-18)* (1) Es sprachen zu ihm seine Jünger: „24 Propheten haben in Israel gesprochen, und alle haben durch dich gesprochen." (2) Er sprach zu ihnen: „Ihr habt den Lebendigen von euch gestoßen, und ihr habt angefangen, von den Toten zu sprechen."

53 *(p.42,18-23)* (1) Es sprachen zu ihm seine Jünger: „Ist die Beschneidung von Nutzen oder nicht?" (2) Er sprach zu ihnen: „Wenn sie von Nutzen wäre, würde sie ihr Vater beschnitten aus ihrer Mutter zeugen. (3) Jedoch die wahre Beschneidung im Geist hat alles gewonnen.[107]"

54 *(p.42,23-24)* Jesus spricht: „Selig sind die Armen. Denn euch gehört das Königreich der Himmel."

55 *(p.42,25-29)* (1) Jesus spricht: „Wer nicht seinen Vater hassen wird und seine Mutter, wird mir kein Jünger sein können. (2) Und wer nicht seine Brüder und seine Schwestern hassen wird (und) nicht sein Kreuz tragen wird wie ich, wird meiner nicht würdig sein."

56 *(p.42,29-32)* (1) Jesus spricht: „Wer die Welt erkannt hat, hat eine Leiche gefunden. (2) Und wer die(se) Leiche gefunden hat, dessen ist die Welt nicht würdig."

57 *(p.42,32-43,7)* (1) Jesus spricht: „Das Königreich des Vaters gleicht einem Menschen, der [guten] Samen hatte. (2) Sein Feind kam in der Nacht. Er säte Lolch unter den guten Samen. (3) Der Mensch ließ sie (die Knechte) nicht den Lolch ausreißen. Er sprach zu ihnen: ‚Daß ihr nur nicht geht, um den Lolch auszureißen[108] (und) ihr (dann) den Weizen (gemeinsam) mit ihm ausreißt.' (4) Denn am Tage der Ernte wird der Lolch offenbar[109] werden; er wird herausgerissen (und) verbrannt werden."

58 *(p.43,7-9)* Jesus spricht: „Selig ist der Mensch, der sich abgeplagt[110] hat. Er hat das Leben gefunden."

59 *(p.43,9-12)* Jesus spricht: „Schaut aus nach dem Lebendigen, solange ihr lebt, damit ihr nicht sterbt und ihn (dann) zu sehen sucht. Und ihr werdet (ihn) nicht sehen können."

60 *(p.43,12-23)* (1) <Er sah> einen Samaritaner, der ein Lamm (weg)zunehmen suchte, als er nach Judäa ging. (2) Er sprach zu seinen Jüngern: „Jener stellt dem Lamm nach." (3) Sie sprachen zu ihm: „Damit er es töte (und) esse." (4) Er sprach zu ihnen: „Solange es lebt, wird er es nicht essen, sondern (erst dann,) wenn er es getötet hat (und) es eine Leiche geworden ist." (5) Sie sprachen: „Auf andere Weise wird er es nicht tun können." (6) Er sprach zu ihnen: „Sucht auch ihr nach einem Ort zur Ruhe für euch, damit ihr nicht zur Leiche werdet (und) ihr verzehrt werdet."

---

[107] Wörtlich: „… hat völligen Gewinn (bzw. Nutzen) gefunden."
[108] Im Ms. liegt eine Textverderbnis vor.
[109] Oder: „sichtbar".
[110] Oder: „gelitten".

61   *(p.43,23-34)* (1) Jesus sprach: „Zwei werden ruhen auf einem Bett. Der eine wird sterben, der andere wird leben." (2) Salome sprach: „Wer bist (denn) du, Mann? Du hast als <Fremder>[111] auf meinem Bett Platz bekommen und hast von meinem Tisch gegessen." (3) Jesus sprach zu ihr: „Ich bin der, der aus dem stammt, der (stets) mit sich eins ist.[112] Mir ist gegeben worden von dem, was meines Vaters ist." (4) „Ich bin deine Jüngerin!"

(5) Deswegen sage ich: Wenn (ein)er <mit sich eins> ist[113], wird er sich mit Licht füllen. Wenn (ein)er aber mit sich uneins ist[114], wird er sich mit Finsternis füllen.

62   *(p.43,34-44,2)* (1) Jesus spricht: „Ich sage meine Geheimnisse denen, die [meiner] Geheimnisse [würdig sind]."

(2) „Was deine Rechte tun wird – deine Linke soll nicht wissen, was sie tut."

63   *(p.44,2-10)* (1) Jesus spricht: „Es war ein reicher Mann, der viele Güter hatte. (2) Er sprach: ‚Ich werde meine Güter gebrauchen, daß ich säe, ernte, pflanze (und) meine Scheunen mit Frucht fülle, damit ich nicht an etwas Mangel habe.' (3) Dies war es, was er in seinem Herzen dachte. Und in jener Nacht starb er. (4) Wer Ohren hat, soll hören."

64   *(p.44,10-35)* (1) Jesus spricht: „Ein Mensch hatte Gäste. Und als er das Mahl bereitet hatte, schickte er seinen Knecht, damit er die Gäste einlade. (2) Er kam zu dem ersten (und) sprach zu ihm: ‚Mein Herr lädt dich ein.' (3) Er sprach: ‚Ich habe Geld(forderungen) gegenüber Kaufleuten. Sie kommen zu mir am Abend. Ich werde gehen (und) ihnen Anweisungen geben. Ich entschuldige mich für das Mahl.' (4) Er kam zu einem anderen (und) sprach zu ihm: ‚Mein Herr hat dich eingeladen.' (5) Er sprach zu ihm: ‚Ich habe ein Haus gekauft, und man bittet mich für einen Tag. Ich werde keine Zeit haben.' (6) Er ging zu einem anderen (und) sprach zu ihm: ‚Mein Herr lädt dich ein.' (7) Er sprach zu ihm : ‚Mein Freund wird heiraten, und ich bin es, der das Mahl bereiten wird. Ich werde nicht kommen können. Ich entschuldige mich für das Mahl.' (8) Er kam zu einem anderen (und) sprach zu ihm: ‚Mein Herr lädt dich ein.' (9) Er sprach zu ihm: ‚Ich habe ein Dorf gekauft. Da ich gehe, die Abgaben zu bekommen, werde ich nicht kommen können. Ich entschuldige mich.' (10) Der Knecht ging. Er sagte seinem Herrn: ‚Die, die du zum Mahl eingeladen hast, haben sich entschuldigt.' (11) Der Herr sprach zu seinem Knecht: ‚Gehe hinaus auf die Wege. Die, die du finden wirst, bringe mit, damit sie Mahl halten.' (12) Die Käufer und die Händler [werden] nicht eingehen zu den Orten meines Vaters."

65   *(p.45,1-16)* (1) Er sprach: „Ein [Wucherer][115] besaß einen Weinberg. Er gab ihn Bauern, damit sie ihn bearbeiteten (und) er von ihnen seine Frucht bekomme. (2) Er schickte seinen Knecht, auf daß die Bauern ihm die Frucht des Weinbergs gäben.

---

[111] Der Text im Ms. („wie aus einem") ist wahrscheinlich korrupt.
[112] Oder: „der (sich immer) gleich ist."
[113] Cod.: „zerstört ist". Alternativübersetzung: „Wenn (ein)er (Gott) <gleich> ist, ..."
[114] Oder: „... ein (von Gott) Getrennter wird".
[115] Die Textlücke erlaubt auch die Ergänzung „[gütiger] Mensch".

(3) Sie packten seinen Knecht, sie schlugen ihn, (und) fast hätten sie ihn getötet. Der Knecht ging (zurück), (und) er sagte es seinem Herrn. (4) Sein Herr sprach: ‚Vielleicht haben <sie ihn> nicht erkannt[116].‘ (5) Er schickte einen anderen Knecht, (und) die Bauern schlugen (auch) den anderen. (6) Dann schickte der Herr seinen Sohn (und) sprach: ‚Vielleicht werden sie Achtung vor meinem Sohn haben.‘ (7) Jene Bauern (aber), weil sie wußten, daß er der Erbe des Weinbergs ist, ergriffen ihn, (und) töteten ihn. (8) Wer Ohren hat, soll hören.“

66 *(p.45,16-19)* Jesus spricht: „Zeigt mir den Stein, diesen, den die Bauleute verworfen haben. Er ist der Eckstein.“

67 *(p.45,9-20)* Jesus spricht: „Wer alles erkennt – wenn es ihm an einem mangelt, hat es ihm (schon) an allem gemangelt.“[117]

68 *(p.45,21-24)* (1) Jesus spricht: „Selig seid ihr, wenn sie euch hassen (und) euch verfolgen. (2) Doch sie (selbst) werden keinen Platz finden an dem Ort, an dem sie euch verfolgt haben.“

69 *(p.45,24-29)* (1) Jesus spricht (:) „Selig sind die, die verfolgt wurden in ihrem Herzen. Jene sind es, die den Vater wahrhaft erkannt haben.“

(2) „Selig sind die, die Hunger leiden, damit der Leib dessen gesättigt wird, der (es) wünscht.“

70 *(p.45,29-33)* (1) Jesus spricht(:) „Wenn ihr jenes in euch erzeugt, (dann) wird das, was ihr habt, euch erretten. (2) Wenn ihr jenes nicht in euch habt, (dann) [wird] das, was ihr nicht in euch habt, euch töten.“

71 *(p.45,34-35)* Jesus spricht: „Ich werde [dieses] Haus [zerstören], und niemand wird es (wiederum) erbauen können [außer mir].“

72 *(p.46,1-6)* (1) Ein [Mensch sprach] zu ihm: „Sage meinen Brüdern, daß sie den Besitz meines Vaters mit mir teilen sollen.“ (2) Er sprach zu ihm: „O Mensch, wer hat mich zum Teiler gemacht?“ (3) Er wandte sich um zu seinen Jüngern (und) sprach zu ihnen: „Bin ich etwa ein Teiler?“

73 *(p.46,6-9)* Jesus spricht: „Die Ernte ist zwar groß, es sind aber wenige Arbeiter da. Bittet aber den Herrn, daß er Arbeiter zur Ernte aussende.“

74 *(p.46,9-11)* Er sprach: „Herr, es sind viele rings um den Brunnen, aber nichts[118] ist im <Brunnen>[119].“

75 *(p.46,11-13)* Jesus spricht(:) „Viele stehen vor der Tür, aber die einzelnen sind es, die in den Hochzeitssaal hineingehen werden.“

---

[116] Cod.: „Vielleicht hat er sie nicht erkannt.“

[117] Möglicherweise zu emendieren: „Wer alles erkennt, doch selbst Mangel hat, <er> hat überall Mangel.“

[118] Oder: „niemand“.

[119] Cod.: „Krankheit“.

76   *(p.46,13-22)* (1) Jesus spricht: „Das Königreich des Vaters gleicht einem Kaufmann, der Ware hatte und eine Perle fand. (2) Jener Kaufmann ist klug. Er verkaufte die Ware (und) kaufte sich einzig die Perle. (3) Sucht auch ihr nach dem Schatz[120], der nicht verdirbt, der bleibt, wo keine Motte hinkommt um zu fressen und kein Wurm zerstört."

77   *(p.46,22-28)* (1) Jesus spricht: „Ich bin das Licht, das über allem[121] ist. Ich bin das All. Aus mir ist das All hervorgegangen. Und zu mir ist das All gelangt."

(2) „Spaltet ein Stück Holz – ich bin da. (3) Hebt den Stein auf, und ihr werdet mich dort finden."

78   *(p.46,28-47,3)* (1) Jesus spricht: „Weshalb seid ihr herausgegangen aufs Land? Um ein Schilfrohr zu sehen, das durch den Wind bewegt wird, (2) und um einen Menschen zu sehen, der weiche Kleidung trägt [wie eure] Könige und eure Vornehmen? (3) Diese sind es, die weiche Kleidung tragen, und sie werden die Wahrheit nicht erkennen können."

79   *(p.47,3-12)* (1) Eine Frau in der Menge sprach zu ihm: „Heil dem Leib, der dich getragen hat und den Brüsten, die dich ernährt haben." (2) Er sprach zu [ihr]: „Heil denen, die das Wort des Vaters gehört haben (und) es wahrhaft beachtet haben. (3) Denn es wird Tage geben, (an denen) ihr sagen werdet: ‚Heil dem Leib, der nicht empfangen hat und den Brüsten, die keine Milch gegeben haben.'"

80   *(p.47,12-15)* (1) Jesus spricht: „Wer die Welt erkannt hat, hat den Leichnam[122] gefunden. (2) Wer aber den Leichnam gefunden hat, dessen ist die Welt nicht wert."

81   *(p.47,15-17)* (1) Jesus spricht: „Wer reich geworden ist, soll König sein. (2) Und wer Macht hat, soll (ihr) entsagen."[123]

82   *(p.47,17-19)* (1) Jesus spricht: „Wer mir nahe ist, ist dem Feuer nahe. (2) Und wer mir fern ist, ist dem Königreich fern."

83   *(p.47,19-24)* (1) Jesus spricht: „Die Bilder sind dem Menschen sichtbar, aber das Licht in ihnen ist verborgen im Bild. (2) {...} Das Licht des Vaters wird sich offenbaren, aber sein Bild ist verborgen durch sein Licht.

84   *(p.47,24-29)* (1) Jesus spricht(:) „Wenn ihr euer Abbild seht, freut ihr euch. (2) Wenn ihr aber eure Bilder sehen werdet, die vor euch entstanden – weder können sie sterben noch erscheinen –, wieviel werdet ihr ertragen?"

85   *(p.47,29-34)* (1) Jesus spricht: „Aus einer großen Kraft und einem großen Reichtum ist Adam entstanden. Aber er wurde euer nicht würdig. (2) Denn wenn er euer würdig gewesen wäre, (dann) [hätte er] den Tod nicht [geschmeckt]."

---

[120] Wörtlich: „seinen Schatz".
[121] Oder: „über allen".
[122] Vgl. Spruch 56. Während dort von ⲡⲧⲱⲙⲁ die Rede ist, findet sich hier ⲥⲱⲙⲁ.
[123] Oder: „soll (sie) ablehnen", „verschmähen", „verleugnen".

86   *(p.47,34-48,4)* (1) Jesus spricht: [„Die Füchse haben] ihre Höhlen, und die Vögel haben ihr Nest. (2) Aber der Menschensohn hat keinen Ort, sein Haupt hinzulegen (und) auszuruhen."

87   *(p.48,4-7)* (1) Es sprach Jesus: „Elend ist der Leib, der an einem Leibe hängt. (2) Und elend ist die Seele, die an diesen beiden hängt."

88   *(p.48,7-12)* (1) Jesus spricht: „Die Boten werden zu euch kommen und die Propheten, und sie werden euch das geben, was euch gehört. (2) Und ihr euerseits gebt ihnen das, was in eurer Hand ist (und) sagt zu euch: ‚Wann werden sie kommen (und) das Ihre nehmen?'"

89   *(p.48,13-16)* (1) Jesus spricht: „Weshalb wascht ihr die Außenseite des Bechers? (2) Versteht ihr nicht, daß der, der die Innenseite geschaffen hat, auch der ist, der die Außenseite geschaffen hat?"

90   *(p.48,16-20)* (1) Jesus spricht: „Kommt zu mir, denn mein Joch ist sanft, und meine Herrschaft ist mild. (2) Und ihr werdet Ruhe finden für euch."

91   *(p.48,20-25)* (1) Sie sprachen zu ihm: „Sage uns, wer du bist, damit wir an dich glauben." (2) Er sprach zu ihnen: „Ihr prüft das Angesicht des Himmels und der Erde; doch der, der vor euch ist – ihn habt ihr nicht erkannt, und diese Gelegenheit wißt ihr nicht zu erproben."

92   *(p.48,25-30)* (1) Jesus spricht: „Sucht, und ihr werdet finden. (2) Aber das, was ihr mich damals gefragt habt, was ich euch an jenem Tage nicht gesagt habe, will ich euch jetzt sagen, doch ihr sucht nicht danach."

93   *(p.48,30-33)* (1) "Gebt das Heilige nicht den Hunden, damit sie es nicht auf den Misthaufen werfen. (2) Werft nicht die Perlen den Schweinen hin, damit sie <sie> nicht zu [Dreck][124] machen."

94   *(p.48,33-34)* (1) Jesus [spricht](:) „Wer sucht, wird finden. (2) [Wer anklopft] – ihm wird geöffnet werden."

95   *(p.48,35-49,2)* (1) [Jesus spricht:] „Wenn ihr Geld habt, gebt (es) nicht gegen Zins. (2) Vielmehr gebt [es] dem, von dem ihr es nicht (zurück)erhalten werdet."

96   *(p.49,2-6)* (1) Jesus [spricht]: „Das Königreich des Vaters gleicht [einer] Frau. (2) Sie nahm ein wenig Sauerteig. [Sie] verbarg ihn im Mehl (und) machte daraus große Brote. (3) Wer Ohren hat, soll hören."

97   *(p.49,7-15)* (1) Jesus spricht: „Das Königreich des [Vaters] gleicht einer Frau, die einen [Krug] trägt, angefüllt mit Mehl. (2) Während sie auf [einem] langen Weg ging, brach der Henkel des Kruges, (und) das Mehl verströmte hinter ihr [auf] dem Weg. (3) Sie (jedoch) wußte (es) nicht; sie hatte kein Missgeschick[125] wahrgenommen.

---

[124] Verschiedene (andere) Ergänzungen sind möglich, z.B.: „damit sie <sie> nicht [zunichte] machen" oder: „damit sie <sie> nicht in [Stücke] brechen."

[125] Oder: „Not". Mögliche Konjektur: „sie hatte nichts bemerkt, <während sie> sich abmühte."

(4) Als sie in ihr Haus gelangt war, stellte sie den Krug auf den Boden, (und) fand ihn leer."

98 *(p.49,15-20)* (1) Jesus spricht(:) „Das Königreich des Vaters gleicht einem Menschen, der einen mächtigen[126] Menschen töten wollte. (2) Er zückte das Schwert in seinem Hause (und) stach es in die Wand, damit er erfahre, ob seine Hand stark (genug) sei. (3) Dann tötete er den Mächtigen."

99 *(p.49,21-26)* (1) Die Jünger sprachen zu ihm: „Deine Brüder und deine Mutter stehen draußen." (2) Er sprach zu ihnen: „Die hier, die den Willen meines Vaters tun, diese sind meine Brüder und meine Mutter. (3) Sie sind es, die eingehen werden in das Königreich meines Vaters."

100 *(p.49,27-31)* (1) Sie zeigten Jesus eine Goldmünze und sprachen zu ihm: „Die zum Kaiser gehören, fordern von uns Steuern." (2) Er sprach zu ihnen: „Gebt dem Kaiser, was des Kaisers ist. (3) Gebt Gott, was Gottes ist. (4) Und das, was mein ist, gebt mir."

101 *(p.49,32-50,1)* (1) „Wer nicht seinen [Vater] und seine Mutter hassen wird wie ich, wird mir nicht [Jünger] sein können. (2) Und wer seinen [Vater und] seine Mutter [nicht] lieben wird wie ich, wird mir kein [Jünger] sein können. (3) Denn meine Mutter [...][127], meine wahre [Mutter] aber gab mir das Leben."

102 *(p.50,2-5)* Jesus spricht [:] „Wehe ihnen, den Pharisäern, denn sie gleichen einem Hund, der auf dem Futtertrog der Rinder schläft[128], denn weder frißt er noch [läßt] er die Rinder fressen."

103 *(p.50,5-10)* Jesus spricht: „Selig ist der Mensch, der weiß, an welcher Stelle[129] die Räuber eindringen werden, damit [er] aufstehe, seinen [Herrschaftsbereich] sammle und seine Lende(n) gürte, bevor sie hereinkommen."

104 *(p.50,10-16)* (1) Sie sprachen zu [Jesus]: „Komm, laßt uns heute beten und fasten!" (2) Jesus sprach: „Was ist denn die Sünde, die ich getan habe, oder worin wurde ich besiegt? (3) Aber wenn der Bräutigam aus dem Brautgemach herauskommt, dann soll man fasten und beten."

105 *(p.50,16-18)* Jesus spricht: „Wer den Vater und die Mutter erkennen[130] wird, den wird man Hurensohn nennen."

106 *(p.50,18-22)* (1) Jesus spricht: „Wenn ihr die zwei zu einem macht, werdet ihr Menschensöhne[131] werden. (2) Und wenn ihr sagt: ‚Berg, hebe dich weg‘, wird er sich wegheben."

---

[126] Oder: „vornehmen".

[127] Die Lakune kann folgendermaßen gefüllt werden: „Denn meine Mutter, die [mich geboren] hat, [hat mich zerstört.]" Oder: „Denn meine Mutter hat [mich getäuscht.]".

[128] Oder: „liegt".

[129] Oder: „in welchem Teil (der Nacht)".

[130] Möglichweise: „<nicht> erkennen".

107 *(p.50,22-27)* (1) Jesus spricht: „Das Königreich gleicht einem Hirten, der hundert Schafe hat. (2) Eines von ihnen verirrte sich, das größte. Er ließ die neunundneunzig, (und) er suchte nach dem einen, bis er es fand. (3) Nachdem er sich abgeplagt hatte, sprach er zu dem Schaf: ‚Ich liebe dich mehr als die neunundneunzig.'"

108 *(p.50,28-30)* (1) Jesus spricht: „Wer von meinem Mund trinken wird, wird werden wie ich. (2) Ich selbst werde zu ihm werden, (3) und was verborgen ist, wird sich ihm offenbaren."

109 *(p.50,31-51,3)* (1) Jesus spricht: „Das Königreich gleicht einem Menschen, der in seinem Feld einen verborgenen Schatz hat, [der] ihm nicht bekannt ist. (2) Und [nachdem] er gestorben war, hinterließ er ihn seinem [Sohn]. Der Sohn (aber) wußte (davon ebenfalls) nichts. Er nahm jenes Feld, (und) verkaufte [es]. (3) Und der es gekauft hatte, kam, (und) während er pflügte, [fand er] den Schatz. Er begann Geld zu geben gegen Zins, wem er wollte."

110 *(p.51,4-5)* Jesus spricht: „Wer die Welt gefunden hat (und) reich geworden ist,[132] soll der Welt entsagen."[133]

111 *(p.51,6-10)* (1) Jesus spricht: „Die Himmel werden sich aufrollen und die Erde vor euch.[134] (2) Und wer lebendig ist aus dem Lebendigen, wird den Tod nicht sehen."

(3) Ist es nicht so, daß Jesus sagt: „Wer sich selbst gefunden hat, dessen ist die Welt nicht wert?"

112 *(p.51,10-12)* (1) Jesus spricht: „Wehe dem Fleisch, das an der Seele hängt. (2) Wehe der Seele, die am Fleische hängt."

113 *(p.51,12-18)* (1) Seine Jünger sprachen zu ihm: „Das Königreich – an welchem Tage wird es kommen?" (2) „Nicht im Erwarten wird es kommen! (3) Sie werden nicht sagen: ‚Siehe, hier!' oder ‚Siehe, dort!'. (4) Vielmehr ist das Königreich des Vaters ausgebreitet über die Erde, und die Menschen sehen es nicht."

114 *(p.51,18-26)* (1) Simon Petrus sprach zu ihnen: „Maria soll von uns weggehen, denn die Frauen sind des Lebens nicht wert." (2) Jesus sprach: „Siehe, ich werde sie ziehen, auf daß ich sie männlich mache, damit auch sie ein lebendiger, euch gleichender, männlicher Geist werde." (3) (Ich sage euch aber): „Jede Frau, wenn sie sich männlich macht, wird eingehen in das Königreich der Himmel."

Subscriptio (p.51,27f.)

Das Evangelium nach Thomas

---

[131] Oder: „Kinder des Menschen", „Menschenkinder".

[132] Möglicherweise: „Wer die Welt finden (und) reich werden <wird>".

[133] Oder: „... soll die Welt verleugnen", „... ablehnen", „... verschmähen."

[134] Möglicherweise: „und die Erde <wird vergehen> (oder: verbrennen) vor euch."; vgl. Spruch 10f.

Das Evangelium nach Philippus (NHC II,3)

Hans-Martin Schenke

Literatur

Isenberg, Wesley W./ Layton, Bentley, 1989: The Gospel According to Philip. Introduction, Critical Edition, Translation, Appendix. In: Layton, Bentley (ed.): Nag Hammadi Codex II, 2-7. Bd. 1: Gospel According to Thomas, Gospel According to Philip, Hypostasis of the Archons, and Indexes. (NHS 20.) Leiden, 129-217.

Schenke, Hans-Martin, 1997: Das Philippus-Evangelium (Nag-Hammadi-Codex II,3). Neu herausgegeben, übersetzt und erklärt. (TU 143.) Berlin.

Einleitung

Die Existenz des Evangeliums nach Philippus bzw. *eines* Evangeliums nach Philippus (EvPhil) wird direkt bezeugt einerseits von Epiphanius andererseits und später von Timotheus von Konstantinopel und Ps.-Leontius von Byzanz. Nach Epiphanius ist es im 4. Jh. bei libertinistischen Gnostikern Ägyptens im Gebrauch; er bringt auch ein wörtliches Zitat daraus. Nach Timotheus und Ps.-Leontius benutzen es neben dem unmittelbar vorher genannten Thomas-Evangelium auch die Manichäer. Als ein indirektes Zeugnis für die Existenz des / eines EvPhil kann man eine Stelle der Pistis Sophia verstehen (44,14-47,8), insofern als dort Philippus neben Thomas und Matthäus als Schreiber der Lehren und Taten Jesu erscheint. Die Identität des so bezeugten EvPhil mit dem uns erhaltenen ist freilich problematisch. Denn das von Epiphanius zitierte Stück findet sich nicht im überlieferten Text. Während das EvPhil der „Gnostiker" des Epiphanius sich einer Identifikation mit unserem EvPhil deutlich widersetzt, gibt es solche Schwierigkeiten bei dem EvPhil der Manichäer und dem von der Pistis Sophia vorausgesetzten EvPhil nicht. Ja, in diesem Fall könnte der bezeugte bzw. vorausgesetzte Zusammenhang mit dem Thomas-Evangelium eine Identifikation mit unserem EvPhil, das in der Handschrift ja unmittelbar hinter dem Thomas-Evangelium steht, durchaus empfehlen. Trotz der oben erwähnten Schwierigkeit darf es m.E. als wahrscheinlich gelten, daß es immer nur *ein* EvPhil gegeben hat und alle Bezeugungen das uns bekannte meinen. Unser EvPhil hat einen so ausgeprägten eigenen Charakter und ist von solcher Faszination, daß man sich schwer vorstellen kann, wie sich daneben eine andere Schrift mit dem gleichen Titel hätte behaupten sollen. Das wirklich vorhandene EvPhil ist nur in koptischer Übersetzung überliefert und auch nur in einer einzigen Kopie. Auf Grund der vorhandenen Indizien darf man wohl für diesen Codex (und somit für die vorliegende koptische Kopie des EvPhil) eine Entstehung in der ersten Hälfte des 4. Jh. annehmen. Die in Nag-Hammadi-Codex II erhaltene

Kopie präsentiert uns das EvPhil nicht in unversehrter Gestalt, so kommen mehr oder weniger typische Versehen vor, die weder der Kopist noch ein Korrektor bemerkt haben. Der eigentliche Mangel dieses unseres einzigen Textzeugen besteht jedoch darin, daß die Papyrusblätter, die den Text enthalten, am oberen, besonders aber am unteren Rand nach der Mitte der Schrift hin an Umfang zunehmende, nach dem Ende hin wieder abnehmende Beschädigungen aufweisen. Die dadurch entstandenen Textlücken sind zwar nach Möglichkeit ergänzt worden. Aber es bleiben eben Lücken, die der Wiederherstellung trotzen.

Die uns erhaltene koptische Fassung des EvPhil dürfte eine Übersetzung aus dem Griechischen darstellen. Und das Griechische ist dann wohl auch als die Ursprache, in der das EvPhil abgefaßt worden ist, anzusehen. Wieviel Zeit zwischen der Abfassung dieses griechischen Originals und der Entstehung unseres Textzeugen liegt, kann man nur schätzen. Der einzige Richtpunkt auf der anderen Seite ist die Wirksamkeit des christlichen Lehrers und Schulhauptes Valentinus (etwa 138-158 in Rom) und das Aufkommen der nach ihm genannten gnostischen Richtung des Valentinianismus, weil das EvPhil nämlich eindeutig valentinianische Vorstellungen enthält. Da deren Charakter und die Art, wie sie erscheinen, eine gewisse Entwicklung der valentinianischen Schule vorauszusetzen scheinen, wird man aber für die mutmaßliche Abfassungszeit nicht zu nahe an der Zeit des Valentinus selbst bleiben dürfen. Doch könnte das EvPhil noch im 2. Jh. abgefaßt worden sein. Die Bestimmung des Abfassungsortes ist noch schwieriger. Die klarsten Indizien weisen nach Syrien, vor allem das Interesse an syrischen Wörtern bzw. syrischen Etymologien (Sprüche 19. 47. 53). Hinzu kommt schließlich noch der mehrschichtige Zusammenhang mit dem sicher in Syrien beheimateten Thomas-Evangelium. Wenn die syrische „Spur" stimmt, dann ist aber Ostsyrien, d.h. ein echt zweisprachiges Milieu wie in Edessa eher in Betracht zu ziehen als einfach die Gegend um Antiochia herum in Westsyrien.

Was für eine Art von Text das EvPhil seinem Wesen nach eigentlich repräsentiert, das ist, bzw. war lange Zeit hindurch, durchaus umstritten. Es geht dabei allerdings im wesentlichen um eine einfache Alternative: Florilegium oder fortlaufender Textzusammenhang. Es sieht jetzt so aus, als habe sich im Laufe der Arbeit an der Erschließung des EvPhil die Auffassung vom Florilegiums- bzw. Anthologiecharakter des Textes bestätigt und als sei sie bereits im Begriff, sich allgemein durchzusetzen. Was in diesem Florilegium gesammelt worden ist, sind teils kürzere, teils längere theologische Aussagen zu Fragen der (valentinianischen) Sakramente (Taufe, Salbung, Eucharistie, Erlösung sowie das Mysterium des Brautgemachs) und der Ethik. Sie stehen unvermittelt, oder nur durch Ideenassoziation bzw. Stichwortanschluß verbunden, nebeneinander, gelegentlich sogar ohne expliziten Bezugspunkt, und repräsentieren ihrerseits ganz verschiedene Textsorten mit ihren verschiedenen Stilen: Aphorismus, Logion, Vergleich, Bildwort, Gleichnis, Paränese, Polemik, Exegese, Predigt, Abhandlung. Das Verständnis der vorliegenden Anthologie als Evangelium, und zwar nach Philippus, findet nur im Untertitel seinen Ausdruck. Wie lange nach seiner Konzipierung unser Florilegium im Verständnis seiner Benutzer zum Philippus-Evangelium geworden ist, ist unbekannt. Daß dieser als Evangelium verstandene Text dem Philippus zugeschrieben worden ist, hängt sicher damit zusammen, daß dies der einzige im Text namentlich, wenn auch nur einmal (Spruch 91) genannte Apostel ist. Das würde für eine sekundäre Zuschreibung auch ausreichen; im kanonischen Matthäus-Evangelium z.B. kommt Matthäus auch nicht viel öfter vor. Dieser Philippus wiederum, auf den die im Text enthaltene Lehre zurückgeführt wird, ist nicht bloß irgendein Name oder neutestamentlicher Schatten, sondern die diesen Namen tragende komplexe und attraktive Gestalt der frühchristlichen Tradition. Neben die lange bekannten Zeugnisse dieser Philippustradition (Philippus-Erzählungen der Apostelgeschichte, Philippus als Dialogpartner im Johannes-Evangelium, Philippus-Akten) tritt als neuer wichtiger Zeuge jetzt der sogenannte „Brief des Petrus an Philippus" (NHC VIII,2). Wahrscheinlich hat es überhaupt *nur einen* Jünger und Apostel mit Namen Philippus gegeben. Das NT dürfte (gegenüber der späteren kirchlichen Tradition), im Unrecht sein, wenn es diesen Jünger in einen Apostel und einen Evangelisten „zweigeteilt" hat. Wenn man die Zuweisung unseres Textes an Philippus nun in dieser größeren Perspektive der Philippustradition sieht, kann sich schon von vornherein die Erwägung aufdrängen, ob nicht in unserem Text dem damaligen Benutzer als solches wohl erkennbares Gut der Philippustradition enthalten ist. Dieser zunächst ganz allgemeine Verdacht hat schließlich zu der Hypothese geführt, die als Quelle des EvPhil mit „imaginären" (nämlich alten und *verlorengegangenen*) Philippus-Akten rechnet, deren *Missionsreden* der „Autor" des EvPhil exzerpiert hat. Die so gewonnenen „Kerygmata" des Philippus könnten dann vom Exzerpisten von vornherein als das „Evangelium" des Philippus gemeint gewesen sein, und der Name des Philippus brauchte dieser Epitome überhaupt nicht erst *hinzugefügt* zu werden, sondern hinge wurzelhaft mit der Entstehung des Textes zusammen. Unser EvPhil repräsentiert eine ganz besondere Art des Christentums. Es ist ein gnostischer, und zwar ein valentinianischer Text: von einem Valentinianer für Valentinianer aus valentinianischem Textgut kompiliert, als Evangelium benutzt zunächst von valentinianischen Gemeinden. Gleichwohl ist er nur in dem Maße und Grade valentinianisch, wie es bei einem Text solcher Sorte möglich ist. Die Charakterisierung des EvPhil als valentinianisch ergibt sich daraus, daß sich in ihm eindeutig valentinianische Theologumena finden bzw. daß das Charakteristischste und sozusagen Profilbestimmende der sich in ihm findenden Lehren und Vorstellungen valentinianisch ist. Wiewohl von valentinianischem Charakter, läßt sich das EvPhil aber nicht auf eine bestimmte valentinianische Schule zurückführen und festlegen. Auch müssen nicht alle gnostischen Elemente, die sich in ihm finden, valentinianisch sein. Man hat vielmehr von vornherein damit zu rechnen, daß auch Gedankengut anderer gnostischer Richtungen in das EvPhil eingeflossen ist, wie es ja auch sehr bald von nichtvalentinianischen Gnostikern gebraucht werden konnte. Trotz seines gnostisch-valentinianischen Gesamtcharakters gibt es im EvPhil aber vieles, was nicht spezifisch gnostisch und nicht spezifisch valentinianisch ist. Und das betrifft auch die weitaus größere Menge des in ihm enthaltenen Gutes. Es sind dies zum einen wirklich nicht-valentinianische Stoffe, zum anderen Anschauungen und Praktiken, in denen sich die Valentinianer nicht von der werdenden Großkirche unterschieden. Von besonderer Wichtigkeit ist das EvPhil in dieser Perspektive für die Überlieferung und Anwendung der Herrenworte, für die Rede in Vergleichen und Gleichnissen und überhaupt für die katechetische Tradition und Praxis der frühen Christenheit.

Übersetzung

1   *(p.51,29-52,2)* Ein hebräischer Mann bringt Hebräer hervor; und solche Leute werden „Proselyten" genannt. Ein Proselyt kann aber keine Proselyten hervorbringen. [Denn die einen] sind so, wie sie [entstehen] und bringen noch andere hervor. [Den anderen] [aber] muß [es] schon genügen, daß sie (überhaupt) entstehen.

2   *(p.52,2-6)* Der Sklave trachtet einzig und allein danach frei zu werden. Nicht aber trachtet er nach dem Vermögen seines Herrn. Der Sohn dagegen (hat) nicht nur (den Vorzug), daß er Sohn ist, sondern er wird auch noch das Erbe des Vaters übernehmen.

3a *(p.52,6-11)* Diejenigen, die die Toten beerben, sind selbst tot; und es sind (nur) die Toten, die sie beerben. Diejenigen, die den Lebendigen beerben, sind lebendig; und sie beerben den Lebendigen – und die Toten.

3b *(p.52,11-13)* Tote erben nichts. Wie sollte denn einer, der tot ist, erben?

3c *(p.52,13-15)* Wenn der Tote den Lebendigen beerbt, wird (dies)er (davon) nicht sterben, sondern wird vielmehr der Tote zum Leben kommen.

4a *(p.52,15-18)* Ein heidnischer Mensch stirbt nicht. Denn er hat niemals gelebt, so daß er sterben könnte. Wer zum Glauben an die Wahrheit gekommen ist, der hat das Leben gefunden. Und ein solcher schwebt in der Gefahr zu sterben.

4b *(p.52,18f.)* Denn: er lebt, seit Christus gekommen ist.

5 *(p.52,19-21)* Geschaffen wird der Schmuck. Geschmückt werden die Städte. Weggeschafft wird, wer tot ist.

6 *(p.52,21-24)* Als wir Hebräer waren, waren wir Waisen und hatten (nur) unsere Mutter. Als wir aber Christen wurden, bekamen wir Vater und Mutter.

7 *(p.52,25-32)* Die im Winter säen, werden im Sommer ernten. Der Winter ist die(se) Welt. Der Sommer ist der andere Äon. Laßt uns in der Welt säen, damit wir im Sommer ernten!

Deswegen (gilt auch): Es geziemt sich für uns, im Winter nicht zu beten. Was auf den Winter folgt, ist der Sommer.

Wenn jemand aber (doch) im Winter erntet, wird er (gar) nicht (wirklich) ernten, sondern (die Saat nur) ausreißen.

8 *(p.52,32-35)* Weil ein solcher keine Frucht [...] bringen kann, kommt sie nicht nur [...] hervor, sondern ist auch am Sabbat [...] unfruchtbar.

9a *(p.52,35-53,4)* Christus ist gekommen, um die einen loszukaufen, andere zu retten, (wieder) andere zu erlösen. Die fremd waren, sind es, die er loskaufte. Er machte sie zu den Seinigen.

9b *(p.53,4-6)* Und er nahm das Seinige zurück, das er freiwillig als Pfand hinterlegt hatte.

9c *(p.53,6-10)* Nicht nur, daß er, als er erschien, die Seele dahingab – als er es wollte. Sondern, solange die Welt besteht, gab er die Seele dahin. Zum Zeitpunkt, da er es wollte, da erst trat er hervor, um sie zurückzunehmen.

9d *(p.53,10-13)* Weil sie als Pfand hinterlegt worden war, war sie unter die Räuber geraten und gefangen genommen worden. Er aber rettete sie.

9e *(p.53,13f.)* Sowohl die Guten in der Welt erlöste er als auch die Bösen.

10a *(p.53,14-20)* Das Licht und die Finsternis, das Leben und der Tod, die Rechten und die Linken sind Brüder voneinander. Es ist nicht möglich, daß sie sich voneinander trennen. Deswegen sind weder die Guten gut, noch sind die Bösen böse, ist weder das Leben lebendig, noch ist der Tod tödlich.

10b *(p.53,20-23)* Deswegen: Ein jegliches wird sich auflösen in seinen Uranfang. Diejenigen aber, die erhaben sind über die Welt, sind unauflöslich; sie sind ewig.

11a *(p.53,23-35)* Die Namen, die den Weltmenschen mitgeteilt werden, verursachen eine große Irreführung. Denn sie wenden ihren Sinn weg von dem Feststehenden (und) hin zu dem Nichtfeststehenden. So erfaßt, wer (den Namen) „Gott" hört, nicht das Feststehende, sondern er erfaßt das Nichtfeststehende. Ebenso verhält es sich auch mit (den Namen) „Vater", „Sohn", „Heiliger Geist", „Leben", „Licht", „Auferstehung", „Kirche" [und] allen anderen (Namen). Man erfaßt nicht das Feststehende, sondern man erfaßt das [Nicht]feststehende. [Jedoch] hinweisen können sie auf das Feststehende.

11b *(p.53,35-54,5)* Die Namen, [die sie] hören, gehören zu d(ies)er Welt. [Möge niemand sich täuschen! Würden sie] zu dem (anderen) Äon gehören, so würden sie in d(ies)er Welt niemals genannt werden, noch wären sie unter die Dinge d(ies)er Welt geraten. Sie haben ein Ende in dem (anderen) Äon.

12a *(p.54,5-10)* Ein einziger Name vermag in der Welt nicht ausgesprochen zu werden: der Name, den der Vater dem Sohn zuerkannt hat. Er ist über alle (anderen Namen) erhaben – und das ist der Name des Vaters. Denn der Sohn wäre nicht Vater geworden, wenn er sich nicht mit dem Namen des Vaters bekleidet hätte.

12b *(p.54,10-13)* Was diesen Namen betrifft – die, die ihn haben, erfassen *ihn* zwar, sprechen aber nicht über *ihn*. Die ihn aber nicht haben, können *ihn* (auch) nicht erfassen.

12c *(p.54,13-18)* Aber die Wahrheit ließ Namen in der Welt entstehen um unseretwillen, die wir sie nicht erkennen können ohne die Namen. Eine einzige ist die Wahrheit. Und doch ist sie vielgestaltig – und zwar unseretwegen, um (uns) diesen einen, so weit wie möglich, erkennen zu lassen durch vieles.

13 *(p.54,18-31)* Die Archonten wollten den Menschen verführen, weil sie sahen, daß er eine Verwandtschaft mit dem wahrhaft Guten besaß. Sie nahmen den Namen des Guten und legten ihn dem Unguten bei, um ihn durch die Namen zu verführen und sie an das Ungute zu binden und dann, als ob sie ihnen eine Gnade erwiesen, sie zu veranlassen, sich aus dem „Unguten" zu entfernen und sich in das „Gute" zu begeben, das sie dafür hielten. Denn sie wollten den Freien nehmen und ihn sich zum Sklaven bis in Ewigkeit machen.

14a *(p.54,31-35)* Es gibt Mächte, die dem Menschen [Nutzen] bringen, ohne zu wollen, daß er [gerettet wird], damit ihr Bestand von [Dauer] sei. Denn wenn der Mensch [gerettet] wird, finden [keine] Opfer mehr statt.

14b *(p.54,36-55,5)* [...] und es wurden Tiere den Mächten dargebracht; denn Tiere waren (auch) diejenigen, *denen* dargebracht wird. Sie wurden lebend dargebracht; bei der Darbringung aber kamen sie zu Tode. Der Mensch (dagegen) wurde Gott als Toter dargebracht und kam (dabei) zum Leben.

15 *(p.55,6-14)* Bevor Christus gekommen war, gab es kein Brot in der Welt, geradeso wie das Paradies, der Ort, wo Adam war, viele Bäume zur Nahrung für die Tiere, aber kein Korn zur Nahrung für den Menschen hatte. Der Mensch ernährte sich wie ein Tier. Doch als Christus, der vollkommene Mensch, kam, da brachte er Brot vom Himmel, damit der Mensch sich nähre mit der Nahrung des Menschen.

16a *(p.55,14-19)* Die Archonten dachten, daß sie durch ihre Kraft und ihren Willen täten, was sie tun. Aber der Heilige Geist bewirkte heimlich alles durch sie, wie er wollte.

16b *(p.55,19-22)* Die Wahrheit wird überall gesät, sie, die von Anfang an existiert. Und viele sehen, wie sie gesät wird. Wenige aber sind es, die sehen, wie sie geerntet wird.

17a *(p.55,23-27)* Einige sagten: „Maria ist schwanger geworden vom Heiligen Geist". Sie irren sich! Sie wissen nicht, was sie sagen! Wann wäre jemals ein Weib von einem Weibe schwanger geworden?

17b *(55,27-33)* Maria ist die Jungfrau, die keine Macht besudelt hat.

Für die Hebräer, das heißt (für) die Apostel und die Apostelanhänger, ist es in höchstem Maße verdammungswürdig.

Diese Jungfrau, die keine Macht besudelt hat, [ist] eine [...]. Die Mächte haben sich (selbst) besudelt.

17c *(p.55,33-36)* Und der Herr [hätte] nicht gesagt: „Mein [Vater, der da ist im] Himmel", wenn [er] nicht (noch) einen anderen Vater gehabt hätte; sondern er hätte einfach gesagt [: „Mein Vater"].

18 *(p.55,37-56,3)* Der Herr sagte zu den Jüngern[: „Ihr sollt wegnehmen] aus jedem Haus und sollt einbringen in das Haus des Vaters! Im Hause des Vaters aber dürft ihr *nicht* stehlen und wegnehmen!"

19 *(p.56,3-13)* „Jesus" ist ein verborgener Name. „Christus" ist ein offenbarer Name. Deswegen gibt es (das Wort) „Jesus" in keiner Sprache, sondern ist (in jeder Sprache) sein Name „Jesus", so wie er (eben) genannt wird. Was „Christus" dagegen betrifft, so lautet sein Name auf Syrisch „Messias", auf Griechisch aber lautet er „Christus". Überhaupt haben alle anderen (Völker) ihn entsprechend der Sprache eines jeden von ihnen. „Der Nazarener" ist der offenbare (Name) des (in ihm enthaltenen) verborgenen (Namens).

20 *(p.56,13-15)* Christus hat alle in sich: sowohl Mensch, als auch Engel, als auch Geheimnis, und den Vater.

21 *(p.56,15-20)* Diejenigen, die behaupten, daß der Herr zuerst gestorben und (dann) auferstanden sei, irren sich. Denn er ist zuerst auferstanden und (dann) gestorben. Wenn einer nicht zuerst die Auferstehung erlangt, muß er dann nicht sterben? So wahr Gott lebt, würde jener (sterben)!

22 *(p.56,20-26)* Niemand wird eine bedeutende und wertvolle Sache in einem bedeutenden Gegenstand verbergen. Aber oft hat jemand unzählige Zehntausende in einen Gegenstand vom Werte eines Hellers gelegt. Entsprechend verhält es sich mit der Seele. Sie ist eine wertvolle Sache und geriet in einen geringwertigen Leib.

23a *(p.56,26-32)* Einige fürchten sich davor, entblößt aufzuerstehen. *Deswegen* wollen sie auferstehen im Fleisch. Und sie wissen nicht (, daß da gilt): Die mit dem [Fleisch] bekleidet sind, sind es, die entblößt sind; die sich (von ihm) entblößen [können, sind es, die] nicht entblößt sind.

23b *(p.56,32-57,8)* „Fleisch [und Blut können] das Reich [Gottes] nicht erben." Welches ist das (Fleisch), das nicht erben kann? Das (Fleisch), das wir an uns tragen! Welches aber ist das, das doch erben kann? Es ist das (Fleisch) Jesu – nebst seinem Blut! Deswegen sagte er: „Wer mein Fleisch nicht essen wird und nicht trinken wird mein Blut, hat kein Leben in sich." Was bedeutet das? Sein Fleisch ist das Wort und sein Blut ist der Heilige Geist. Wer dies empfangen hat, hat Nahrung, und hat Trank *und Kleidung.*

23c *(p.57,9-19)* Ich tadele die anderen, die behaupten, daß es (sc. das Fleisch) nicht auferstehen kann. „Ei, wirklich? Sind denn beide im Unrecht?" Du behauptest, daß das Fleisch nicht auferstehen kann. Aber sage mir doch, was auferstehen kann, und wir werden dich respektieren! Du erwiderst: „Der Geist!" <...> im Fleisch. Und zwar ist dieser eine *etwas zum Licht Gehöriges* im Fleisch; (und) ist dieser andere *etwas zur Vernunft Gehöriges,* das im Fleisch ist. Denn, was du auch nennen magst, du nennst doch nichts, was außerhalb des Fleisches wäre. Es ist nötig, in diesem Fleisch aufzuerstehen, weil jede Sache sich in ihm befindet.

24 *(p.57,19-22)* In dieser Welt sind die, die die Kleider *anziehen,* besser als die Kleider. Im Himmelreich sind die *Kleider* besser als die, die sie angezogen haben.

25 *(p.57,22-28)* „Durch Wasser und Feuer wird alles gereinigt" – das Sichtbare durch das Sichtbare, das Verborgene durch das Verborgene. Es gibt etwas, das verborgen ist durch das Sichtbare. Es gibt Wasser im Wasser; es gibt Feuer im Salböl.

26a *(p.57,28-58,10)* Jesus hat unbemerkt alle (Gestalten) angenommen. Denn er zeigte sich nicht so, wie er war; sondern so, wie [sie] ihn [würden] sehen können, zeigte er sich. [Diesen] allen [aber] zeigte er sich: Er [zeigte] sich den Großen als Großer. Er zeigte [sich den] Kleinen als Kleiner. Er [zeigte sich] [den] Engeln als Engel und den Menschen als Mensch. Deswegen blieb jedem verborgen, wer er wirklich war. Die einen sahen ihn und dachten dabei, daß sie sich selbst gesehen hätten; <...>. Jedoch, als er seinen Jüngern in Herrlichkeit auf dem Berge erschien, war er nicht klein. Er wurde groß; aber groß machte er auch die Jünger, damit sie ihn in seiner Größe sehen könnten.

26b *(p.58,10-14)* Er sagte an jenem Tage in der Danksagung: Der du den vollkommenen Erleuchter mit dem Heiligen Geist vereinigt hast, vereinige die Engel auch mit uns als den Abbildern!

27a *(p.58,14-15)* Achtet das Lamm nicht gering! Denn ohne es gibt es keine Möglichkeit, den König zu sehen.

27b *(p.58,15-17)* Niemand wird beim König eintreten dürfen, wenn er nackt ist.

28 *(p.58,17-22)* Der Himmlische hat mehr Kinder als der Irdische. Wenn die Kinder Adams (so) zahlreich sind, obgleich sie sterben, um wieviel mehr die Kinder des vollkommenen Menschen, die nicht sterben, sondern immerfort erzeugt werden.

29 *(p.58,22-26)* Der Vater bringt Kinder hervor. Und das Kind kann keine Kinder hervorbringen. Denn das Gezeugte kann nicht zeugen. Vielmehr bekommt das Kind Geschwister, und nicht Kinder.

30a *(p.58,26-30)* Alle, die in der Welt gezeugt werden, werden aus der Natur gezeugt. Und die anderen [ernähren sich] von dem, woraus sie gezeugt werden.

30b *(p.58,31-59,2)* Der Mensch [empfängt die] Ernährung aus der Verheißung (einzugehen) zu [dem Ort] oben. [Wenn er] sie aus dem Munde [... würde, dem Ort], aus dem das Wort gekommen ist, würde er sich aus dem Munde ernähren und vollkommen werden.

31 *(p.59,2-6)* Denn die Vollkommenen werden durch einen Kuß schwanger und gebären. Deswegen küssen auch wir uns gegenseitig. Wir empfangen die Schwangerschaft aus der Gnade, die wir untereinander haben.

32 *(p.59,6-11)* Drei (Frauen) hatten ständigen Umgang mit dem Herrn: seine Mutter Maria, <seine> Schwester und Magdalena, die „seine Gefährtin" genannt wird. Denn „Maria", so heißt seine Schwester; und seine Mutter heißt so; und seine Gefährtin heißt so.

33 *(59,11-18)* „Der Vater" und „der Sohn" sind einfache Namen; „der Heilige Geist" ist ein doppelter Name. Denn *sie* sind überall: sie sind oben, sie sind unten; sie sind im Verborgenen, sie sind im Sichtbaren. Der Heilige Geist: er ist in der Sichtbarkeit, er ist unten; er ist im Verborgenen, er ist oben.

34a *(59,18-23)* Den Heiligen wird von den bösen Mächten *gedient.* Denn sie sind blind gemacht worden durch den Heiligen Geist, damit sie denken, daß sie den Menschen, die zu ihnen gehören, dienen, wenn sie es den Heiligen gegenüber tun.

34b *(59,23-27)* Deswegen: Ein Jünger bat den Herrn eines Tages um eine irdische Sache. Er sagte zu ihm: „Bitte deine Mutter, und sie wird dir geben – aus fremdem Eigentum."

35 *(p.59,27-31)* Die Apostel sagten zu den Jüngern: „Unser ganzes Opfer soll mit ‚Salz' versehen sein!" Sie nannten [die Weisheit] „Salz". Ohne sie [wird] kein Opfer wohlgefällig.

36 *(p.59,31-60,1)* Die Sophia [ist] aber unfruchtbar [und ohne] Kinder. Deswegen wird sie [„...."] von Salz [..."] genannt. Wo [sie] ge[...] werden wird [...] wie sie, [da ...] der Heilige Geist [...]. [Und] ihre Kinder sind zahlreich.

37 *(p.60,1-6)* Was der Vater hat, gehört dem Sohn. Und was den Sohn betrifft – solange er ein Kind ist, kann ihm das, was ihm gehört, nicht anvertraut werden. Wenn er zum Mann geworden ist, wird sein Vater ihm alles, was er hat, übergeben.

38 *(p.60,6-9)* Ihr Verlorenen! Was der Geist hervorbringt, das geht durch ihn auch wieder verloren. Deswegen (heißt es): Durch ein und denselben Hauch entzündet sich das Feuer und verlischt es.

39 *(60,10-15)* Das eine ist Echamoth, und etwas anderes ist Echmoth. Echamoth ist die Weisheit schlechthin. Echmoth aber ist die Weisheit des Todes, das heißt die Weisheit {...}, die den Tod *kennt*, die „die jüngere Weisheit" genannt wird.

40a *(p.60,15-26)* Es gibt Tiere, die dem Menschen gehorchen, wie das Rind, den Esel und (viele) andere von dieser Art.(Und) es gibt andere (Tiere), die nicht gehorchen und abgesondert in den Einöden leben. Der Mensch pflügt den Acker mit den Tieren, die gehorchen. Und dadurch ernährt er sich selbst und die Tiere, seien es die gehorsamen, seien es die ungehorsamen. So verhält es sich auch mit dem vollkommenen Menschen. Durch die Mächte, die gehorchen, „pflügt" er; für alle bereitet er vor, daß sie fortbestehen.

40b *(p.60,26-34)* Deswegen nämlich hat alles Bestand, seien es die Guten, seien es die Bösen, die Rechten und die Linken: Der Heilige Geist weidet jeden und herrscht über alle Mächte – [die] gehorsamen und die ungehorsamen nebst den abgesonderten. Denn er [will] sie auch fürderhin einsperren, damit [sie, auch] wenn sie (es) wollen, nicht [entweichen] können.

41 *(p.60,34-61,5)* [„Der, der] gebildet worden ist (sc. Adam), ist [schön." – Doch, dann] würdest du finden, daß seine Kinder Gebilde von edler Abkunft sind. Wenn er nicht gebildet, sondern gezeugt worden wäre, dann würdest du finden, daß sein Same von edler Abkunft ist. Nun aber ist er gebildet worden und pflanzt sich durch Zeugung fort. Was für eine „edle" Abkunft ist das?!

42a *(p.61,5-10)* Zuerst kam der Ehebruch, danach der Mörder (Kain). Und zwar wurde er im Ehebruch gezeugt. Denn er war der Sohn der Schlange. Deswegen wurde er zum Menschentöter, wie (es) auch sein Vater (war). Und so tötete er seinen Bruder (Abel).

42b *(p.61,10-12)* Jeder Beischlaf aber, der vollzogen worden ist zwischen solchen, die einander nicht gleichen, ist Ehebruch.

43a *(p.61,12-18)* Gott ist ein Färber. Wie die guten Farben, die „die echten" genannt werden, mit den Dingen, die durch sie gefärbt wurden, „sterben", so verhält es sich mit denen, die Gott gefärbt hat: Weil seine Farben unsterblich sind, werden sie durch seine Drogen unsterblich.

43b *(p.61,19-20)* Gott aber tauft die, die er tauft, mit Wasser.

44a *(p.61,20-32)* Es ist unmöglich, daß jemand etwas von dem Feststehenden sieht, es sei denn, daß er jenem gleich wird. Nicht so wie der Mensch, wenn er in der Welt ist, die Sonne sieht, ohne Sonne zu sein, und den Himmel, die Erde und alle übrigen Dinge sieht, ohne jene zu sein, (nicht so) verhält es sich in der (Sphäre der) Wahrheit. Sondern: du sahst etwas von jenem Ort und wurdest zu jenem. Du sahst den Geist und wurdest zu Geist. Du sahst Christus und wurdest zu Christus. Du sahst den [Vater] und wirst zum Vater werden.

44b *(p.61,32-35)* Deswegen (heißt es): Du siehst [hier] alle Dinge und [siehst] (dabei) dich selbst nicht. Dort aber siehst du dich. Denn was du (dort) siehst, das wirst du [werden].

45 *(p.61,36-62,2)* Der Glaube empfängt; die Liebe gibt. [Niemand kann] [empfangen] ohne den Glauben. Niemand kann geben ohne Liebe.

46 *(p.62,2-6)* Deswegen (gilt): Um zu empfangen, glauben wir; und, um wahrhaft geben zu können, <müssen wir lieben>. Denn, wenn jemand gibt, (aber) nicht mit Liebe, hat er keinen Nutzen von dem, was er gegeben hat. (Und) jeder, der (die Taufe) empfangen hat, (aber) nicht <im Glauben an> den <Namen des> Herrn, ist noch ein Hebräer.

47 *(p.62,6-17)* Die Apostel, die vor uns waren, nannten <den Herrn> (eben)so: „Jesus, den Nazoräer, Messias", das heißt: „Jesus, den Nazoräer, Christus". Der letzte Name ist „Christus". Der erste ist „Jesus". Der mittlere ist „der Nazarener". Messias hat zwei Bedeutungen: „Christus" (d. h. „der Gesalbte") und „der Gemessene". Jesus heißt auf Hebräisch „der Erlöser". Nazara ist „die Wahrheit". „Der Nazarener" bedeutet folglich „<der Mann der> Wahrheit". „Christus" (d. h. „der Gesalbte") ist es, der gemessen wurde. „Der Nazarener" und „Jesus" sind es, die <ihn> gemessen haben.

48 *(p.62,17-26)* Wenn eine Perle in den Schmutz geworfen wird, {...} wird sie nicht geringer an Wert, noch wird sie (erst), wenn sie mit Balsamöl gesalbt wird, wertvoll werden. Sondern sie hat immer den(selben) Wert in den Augen ihres Besitzers. Ebenso verhält es sich mit den Kindern Gottes, wo sie auch sein mögen. Sie haben noch den(selben) Wert in den Augen ihres Vaters.

49 *(p.62,26-35)* Wenn du sagst: „Ich bin ein Jude", wird niemand wanken. Wenn du sagst: „Ich bin ein Römer", wird niemand verwirrt werden. Wenn du sagst: „Ich bin ein Grieche", „ein Barbar", „ein Sklave", „[ein] Freier", wird niemand in Unruhe geraten. [Wenn] du [sagst]: „Ich bin ein Christ", wird [jener] zittern. O, daß ich [einen] solchen (Herrn) hätte, dessen Namen zu [hören jener] nicht ertragen kann!

50 *(p.62,35-63,4)* Gott ist ein „Menschenfresser". Deswegen wird ihm der Mensch geopfert. Bevor der Mensch geopfert wurde, wurden Tiere geopfert. Denn das waren (gar) keine Götter, denen (da) geopfert wurde.

51 *(p.63,5-11)* Glasgefäße wie Tongefäße entstehen mit Hilfe von Feuer. Aber, wenn Glasgefäße zerbrechen, werden sie von neuem geschaffen. Denn sie sind durch ein Blasen entstanden. Wenn aber Tongefäße zerbrechen, fallen sie der Vernichtung anheim. Denn sie sind ohne ein Blasen entstanden.

52a *(p.63,11-14)* Ein Esel, der einen Mühlstein drehte, legte hundert Meilen zu Fuß zurück. Als er losgemacht wurde, merkte er, daß er noch an demselben Platz war.

52b *(p.63,15-21)* Es gibt Menschen, die viele Wegstrecken zurücklegen und doch keinerlei Ziel näherkommen. Als der Abend sie überraschte, sahen sie weder eine Stadt noch ein Dorf, weder etwas Künstliches noch etwas Natürliches (zum Unterschlüpfen). Da ist keine (helfende) Macht; da ist kein Engel. Vergeblich haben die(se) Elenden sich abgemüht.

53 *(p.63,21-24)* Die Eucharistie ist Jesus. Denn <sie> heißt auf Syrisch „Pharisatha", was „das Ausgebreitete" bedeutet. Denn Jesus wurde zu einem, der gekreuzigt ist – der Welt.

54 *(p.63,25-30)* Der Herr ging in die Färberei des Levi. Er nahm zweiundsiebzig (Stoffe von verschiedenen) Farben und warf sie in den Kessel. Er zog sie alle weiß (wieder) heraus. Und er sagte: „So ist der Menschensohn zum Färber geworden."

55a *(p.63,30-33)* Die Weisheit, [die] die Unfruchtbare genannt wird, sie ist die Mutter [der] Engel und [die] Gefährtin des [Heilandes].

55b *(p.63,33-64,5)* Der [Heiland liebte] Maria Magdalena mehr als [alle] Jünger, [und er] küßte sie [oft]mals auf ihren [Mund]. Die übrigen [Jünger] [...]. Sie sagten zu ihm: „Weswegen liebst du sie mehr als uns alle?" Der Heiland antwortete und sprach zu ihnen {...}: „Weswegen liebe ich euch nicht so wie sie?"

56 *(p.64,5-9)* Ein Blinder und ein Sehender, die beide zusammen im Dunkeln sind, unterscheiden sich nicht voneinander. Sobald das Licht kommt, wird der Sehende das Licht sehen, doch der Blinde wird im Dunkeln bleiben.

57 *(p.64,9-12)* Der Herr sprach: „Wohl dem, der ist, ehe er wurde." Denn der, der ist, der ist gewesen und wird sein.

58a *(p.64,12-19)* Die hohe Stellung des Menschen ist nicht sichtbar, sondern liegt im Verborgenen. Deswegen ist er Herr über die Tiere, die stärker und größer sind als er nach Maßgabe des Sichtbaren und des Verborgenen. Und dies gibt ihnen den Bestand. Wenn der Mensch sich aber von ihnen trennt, töten sie einander und zerfleischen sie einander.

58b *(p.64,20-22)* Und sie fraßen einander, weil sie keine Nahrung fanden. Jetzt aber haben sie Nahrung gefunden, weil der Mensch die Erde zu bearbeiten begann.

59 *(p.64,22-30)* Wenn jemand ins Wasser hinabsteigt, wieder heraufkommt, ohne etwas empfangen zu haben, und sagt: „Ich bin ein Christ", so hat er den Namen als Darlehen empfangen. Wenn er aber den Heiligen Geist empfängt, so besitzt er den Namen als Geschenk.

Wer ein Geschenk erhalten hat, dem wird es nicht weggenommen. Wer aber etwas als Darlehen erhalten hat, von dem wird zurückgefordert.

Dies ist die Weise, die auf uns zutrifft.

60a *(p.64,30-35)* Wenn irgend etwas auf geheimnisvolle Weise geschieht – [das] Geheimnis der Hochzeit [ist] groß. Denn [ohne] sie würde die Welt [nicht] bestehen. Denn [der] Bestand der Welt [sind die Menschen]. Der Bestand [der Menschen] aber [ist die] Hochzeit.

60b *(p.64,35-65,1)* Erkennt, [welch große] Kraft die [un]besudelte Beiwohnung besitzt! Ihr Abbild hat eine von [Besudelung] (bestimmte).

61a *(p.65,1-12)* Unter den Gestalten von unreinem Geist gibt es männliche und weibliche. Die männlichen sind es, die sich mit den Seelen vereinigen, die in einer weiblichen Gestalt wohnen. Die weiblichen aber sind diejenigen, die sich mit denen, die in einer männlichen Gestalt sind, verbinden – wider die Natur. Und niemand kann diesen entfliehen, weil sie ihn festhalten, falls er nicht eine männliche und eine weibliche Kraft empfängt, nämlich den Bräutigem und die Braut. Man empfängt (sie) aber aus dem abbildhaften Brautgemach.

61b *(p.65,12-26)* Sobald die törichten Weiber einen Mann allein dasitzen sehen, kommen sie zu ihm, scherzen mit ihm und besudeln ihn. Ebenso, wenn törichte Männer ein schönes Weib allein dasitzen sehen, überreden sie es und tun ihm Gewalt an, weil sie es besudeln wollen. Wenn sie aber den Mann und sein Weib beieinander sitzen sehen, können die Weiber nicht zu dem Mann eingehen, noch können die Männer zu dem Weibe eingehen, <noch kann irgend jemand (anderes) es wagen, zu dem Mann oder der Frau einzugehen.> Ebenso verhält es sich, wenn das Abbild und der Engel sich miteinander vereinigt haben {...}.

61c *(p.65,27-35)* Wer in der Lage ist, der Welt zu entkommen, und nicht länger festgehalten werden kann auf Grund dessen, daß er in der Welt *war*, der ist offensichtlich erhaben über die Begierde des [... und] (über) die Furcht. Er ist Herr über die [...]. Er ist dem Neid überlegen. Wenn es so ist, daß [er ...] ergriffen und erwürgt wird, wie könnte [er] dann den [großen greifenden Mächten] entkommen, wie könnte er [sich vor ihnen verbergen]?

61d *(p.65,35-66,4)* [Oft]mals sind da Leute, die [sagen:] „Wir sind Gläubige", damit [sie keinen] un[reinen] Geist und Dämon [sehen]. Wenn sie nämlich den Heiligen Geist besäßen, würde kein unreiner Geist sie belästigen.

62 *(p.66,4-6)* Du sollst dich vor dem Fleisch nicht fürchten, du sollst es aber auch nicht lieben! Wenn du dich vor ihm füchtest, wird es dich beherrschen. Wenn du es liebst, wird es dich verschlingen und dich ersticken.

63a *(p.66,7-9)* Und so ist er (der Mensch) entweder in dieser Welt oder in der Auferstehung oder in den mittleren Örtern. Es sei ferne, daß ich in ihnen erfunden werde!

63b *(p.66,9-16)* In dieser Welt gibt es Gutes und Böses. Ihr (der Welt) Gutes ist nicht gut. Und ihr Böses ist nicht böse. Es gibt aber etwas Böses nach dieser Welt, das in Wahrheit böse ist, (nämlich) das, was „die Mitte" genannt wird. Das ist der Tod.

63c *(p.66,16-20)* Solange wir uns in dieser Welt befinden, geziemt es sich für uns, uns die Auferstehung zu erwerben, damit wir, wenn wir uns vom Fleisch entkleiden, in (dem Ort) der Ruhe erfunden werden und nicht in der Mitte umherschweifen.

63d *(p.66,20-21)* Fürwahr, viele verirren sich auf dem Wege.

63e *(p.66,21-23)* Fürwahr, es ist gut, die Welt zu verlassen, ehe man sündigt.

64   *(p.66,23-29)* Da gibt es die einen; sie wollen weder noch können sie. Die anderen aber, wenn sie (bloß) wollen, haben keinen Nutzen, weil sie nicht ausgeführt haben. Macht denn Wollen sie zu Sündern? Aber wenn sie nicht wollen! Die Gerechtigkeit wird sich vor beiden verbergen. Und (also ist es) nicht das Wollen und (auch) nicht das Ausführen (, was je für sich die Gerechtigkeit erwirbt, sondern nur beides zusammen).

65   *(p.66,29-67,1)* Ein Apostelanhänger sah in einem Gesicht, daß einige (Menschen) in einem feurigen Gebäude [ein]gesperrt waren und, mit feurigen [...] gefesselt, dalagen [...] feurigen [...] sie mit [feurigen Geißeln]. Und es wurde ihnen gesagt [: „Diese hätten ihre Seelen] retten können, [aber] sie haben nicht gewollt. (So) haben sie [diesen Ort der] Strafen erlangt" - der die äußerste Finsternis genannt wird; denn sie [ist dort].

66   *(p.67,2-9)* Aus Wasser nebst Feuer sind die Seele und der Geist entstanden. Aus Wasser nebst Feuer mit Licht ist der Sohn des Brautgemachs (entstanden). Das Feuer ist das Salböl, das Licht ist das Feuer. Ich meine nicht dieses Feuer, das keine Gestalt besitzt, sondern das andere, dessen Aussehen weiß ist, das in Schönheit strahlt und die Schönheit verleiht.

67a   *(p.67,9-12)* Die Wahrheit kam nicht nackt in die Welt. Vielmehr ist sie gekommen in Symbolen und Bildern. Sie (sc. die Welt) kann sie nicht anders empfangen.

67b   *(p.67,12-14)* Es gibt eine Wiedergeburt und ein Abbild der Wiedergeburt. Es ist nötig, *wahrhaftig* wiedergeboren zu werden durch das *Abbild*.

67c   *(p.67,14-18)* Von welcher Art ist die Auferstehung und das Abbild? Durch das Abbild muß sie auferstehen! Das Brautgemach und das Abbild? Durch das Abbild müssen sie eingehen in die Wahrheit, welches die Wiederherstellung ist!

67d   *(p.67,19-22)* Es geziemt sich für die, die nicht nur den *Namen* des Vaters, des Sohnes und des Heiligen Geistes erwerben, sondern <sich> *diese selbst* erworben haben. Wenn man *sie* sich nicht erwirbt, wird einem auch der *Name* entrissen werden.

67e   *(p.67,23-27)* Man empfängt sie aber in der Salbung mit dem [Balsam] der Kraft des Kreuzes. Diese (Kraft) nannten die Apostel „[die] Rechte und die Linke". Ein solcher ist nämlich nicht mehr ein Christianus, sondern ein Christus.

68   *(p.67,27-30)* Der Herr [bereitete] alles in verborgener Weise: Taufe, Salbung, Eucharistie, Erlösung und Brautgemach.

69a   *(p.67,30-35)* Des[wegen] sagte er: „Ich bin gekommen, um [das Untere] gleich dem Oberen [und das] Äußere gleich dem [Inneren] zu machen; [und, um] sie an jenem Orte [zu vereinigen, wirke ich an] diesen Orten" – durch Symbole [und Bilder].

69b   *(p.67,36-38)* Diejenigen, die sagen: „[Es gibt ...], es gibt einen von oberhalb [seiner]", irren sich.

69c   *(p.67,38-68,4)* [Denn], was den betrifft, der sichtbar ist [...], jener ist es, der „der Untere" genannt [wird]. Und, was den betrifft, dem das Verborgene gehört, jener ist es, der sich über ihm befindet.

69d *(p.68,4-8)* Denn mit Recht wird von dem Inneren, dem Äußeren und dem, was außerhalb des Äußeren ist, gesprochen. Deswegen hat der Herr das Verderben „die äußerste Finsternis" genannt. Es gibt keine andere außerhalb von ihr.

69e *(p.68,8-17)* Er sagte: „Mein Vater, der im Verborgenen ist". Er sagte: „Geh' in deine Kammer, verschließ' deine Tür hinter dir und bete zu deinem Vater, der im Verborgenen ist", das heißt: der, der innerhalb von allem ist. Was aber innerhalb von allem ist, ist die Fülle. Darüber hinaus gibt es nichts anderes innerhalb davon. Dieser ist es, von dem gesagt wird: „Der, der oberhalb von ihnen ist."

70 *(p.68,17-22)* Vor Christus kamen welche irgendwo heraus, wo sie nicht mehr hineingehen konnten. Und sie gingen irgendwo hinein, wo sie nicht mehr herauskommen konnten. Nun aber ist Christus gekommen. Die hineingegangen waren, brachte er heraus. Und die herausgekommen waren, brachte er hinein.

71 *(p.68,22-26)* Als Eva [mit] Adam (zusammen) war, gab es keinen Tod. Als sie sich [von] ihm trennte, trat der Tod ins Dasein.– Wenn er wieder hineingeht und er ihn bei sich aufnimmt, wird kein Tod mehr sein.

72a *(p.68,26-29)* „Mein Gott, mein Gott, warum {...} [hast] du mich verlassen?" <Der Herr> sprach diese (Worte) am Kreuz. Denn an jener Stelle trennte er sich.

72b *(p.68,29-30)* [Der Herr] wurde geboren aus dem, was [nicht vergänglich ist,] (und zwar) durch Gott.

72c *(p.68,31-37)* Der [Herr] ist von den Toten [auferstanden. Er kam nicht, wie er] war, sondern [sein Leib] war [ganz] vollkommen [geworden. Er besteht aus] Fleisch. Aber dieses [Fleisch] ist wahres Fleisch. [Unser Fleisch aber] ist kein wahres Fleisch, sondern [ein] abbildliches [Fleisch] des wahren.

73 *(p.69,1-4)* Es gibt kein Brautgemach für die Tiere, noch gibt es das für die Sklaven oder für eine besudelte Frau. Vielmehr gibt es das (nur) für freie Männer und Jungfrauen.

74 *(p.69,4-8)* Durch den Heiligen Geist werden wir zwar wieder*geboren*, gezeugt aber werden wir durch Christus – (in der Taufe) mit beidem. Wir werden *gesalbt* durch den Geist. Nachdem wir (so) hervorgebracht worden waren, wurden wir vereinigt.

75 *(p.69,8-14)* Niemand kann sich sehen, sei es im Wasser, sei es im Spiegel, ohne Licht. Andererseits kannst du auch nicht sehen im Licht ohne Wasser oder Spiegel. Deswegen ist es nötig, mit beidem zu taufen: mit dem Licht und (mit) dem Wasser. Das Licht aber ist die Salbung.

76a *(p.69,14-25)* Es gab drei zur Opferdarbringung vorgesehene Gebäude in Jerusalem. Das eine, das sich zum Westen hin öffnet, wird „das Heilige" genannt. Das andere, das sich zum Süden hin öffnet, wird „das Heilige *des* Heiligen" genannt. Das dritte, das sich zum Osten hin öffnet, wird „das Heilige *der* Heiligen" genannt, wo nur der Hohepriester eintreten darf. Die Taufe ist das „heilige" Haus. [Die] Erlösung (ist) „das Heilige *des* Heiligen". „Das Heilige *der* Heiligen" ist das Brautgemach.

76b *(p.69,25-29)* Die [Taufe] führt zur *Auferstehung* [in der] Erlösung. Die Erlösung (führt *da*zu) im Brautgemach. [Das] Brautgemach aber (führt *da*zu) in dem, was höher ist als [sie], zu [dem] wir gehören. Du kannst nichts finden, was ihm [gleicht].

76c *(p.69,29-70,1)* [Diejenigen, die ...], sind die, die [in Geist und Wahrheit] anbeten. [Sie beten nicht in] Jerusalem [an. Es gibt Leute in] Jerusalem, die [zwar in] Jerusalem [anbeten], die [aber] warten [auf die Mysterien], die genannt [werden: „das] Heilige der Heiligen", [das, dessen] Vorhang zerriß. [Nichts] anderes [ist unser] Brautgemach als das Abbild [des Brautgemachs, das] oben ist.

76d *(p.70,1-4)* Deswegen zerriß sein Vorhang von oben bis unten. *Denn* es war für einige notwendig, von unten <zu fliehen> und nach oben zu gehen.

77 *(p.70,5-9)* Wer das vollkommene Licht angezogen hat, den können die Mächte nicht sehen und sind (also) nicht in der Lage, ihn zurückzuhalten. Man wird sich dies Licht aber anziehen in dem Mysterium der Vereinigung.

78 *(p.70,9-17)* Hätte die Frau sich nicht vom Mann getrennt, wären sie und der Mann nicht gestorben. Die Trennung von ihm ist zum Ursprung des Todes geworden. Deswegen ist Christus gekommen, um die Trennung, die von Anfang an bestand, zu beseitigen und sie beide wieder zu vereinigen, und um denen, die in der (Zeit der) Trennung gestorben sind, Leben zu geben und sie zu vereinigen.

79 *(p.70,17-22)* Die Frau vereinigt sich aber mit ihrem Gatten im Brautgemach. Die sich aber im Brautgemach vereinigt haben, werden sich nicht mehr trennen. Deswegen trennte sich Eva von Adam, weil sie sich nicht im Brautgemach mit ihm vereinigt hatte.

80 *(p.70,22-34)* Die Seele Adams ist aus einem Hauch entstanden. Ihr Paargenosse ist der Geist. Der, <der> ihm diesen (Geist) gegeben hat, war seine Mutter.

Die Seele wurde ihm [genommen] und durch eine(n) [...] ersetzt.

Da er, als er sich vereinigt hatte, Worte [sprach], die zu hoch für die Mächte waren, beneideten sie ihn [und] trennten [die] geistige Vereinigung [...] die, die verborgen ist [...] Anlaß [...] ihnen selbst [...] Brautgemach, damit [...].

81a *(p.70,34-36)* Jesus offenbarte [im] Jordan die Erfüllung [des] Himmel[reiches].

81b *(p.70,36-71,3)* Der, der vor dem All [geboren worden war], wurde *wieder* geboren. Der, [der] zuvor gesalbt [worden war], wurde *wieder* gesalbt. Der, [der] erlöst worden war, wurde *wieder* erlöst.

82a *(p.71,3-10)* Fürwahr, es ist nötig, ein Geheimnis auszusprechen! Der Vater des Alls vereinigte sich mit der Jungfrau, die herabgesunken war. Und ein Feuer leuchtete für ihn an jenem Tage und enthüllte das große Brautgemach. Deswegen (gilt): An jenem Tage entstand *sein* Leib. (Danach) verließ er das Brautgemach (wieder).

82b *(p.71,10-13)* Wie jeder, der <im Brautgemach> entstanden ist, <entstanden ist> aus Bräutigam und Braut, so brachte Jesus alles (wieder) in Ordnung in ihm (sc. dem Brautgemach) durch diese (sc. Bräutigam und Braut).

82c *(p.71,13-15)* Und: Es ist nötig, daß jeder der Jünger in seine Ruhe eingeht.

83a *(p.71,16-18)* Adam ist aus zwei Jungfrauen entstanden: aus dem Geist und aus der jungfräulichen Erde.

83b *(p.71,18-21)* Zu dem Zweck wurde Christus aus einer Jungfrau geboren, daß er den Fehltritt, der am Anfang geschehen war, wieder in Ordnung bringe.

84 *(p.71,22-34)* Zwei Bäume wachsen im Paradies. Der eine macht zu [Tieren]; der andere macht zu Menschen. Adam [aß] von dem Baum, der zu Tieren machte. [Er] wurde zum Tier und zeugte Tiere. Deswegen verehren die Kinder Adams die [Tiere]. Der Baum, [dessen] Frucht [er aß], ist der [Baum der Erkenntnis]. Des[wegen] wurden [die Sünden zahlreich. Hätte er] die [Frucht des anderen Baumes] gegessen, [die] Frucht vom [Baum des Lebens, der] zu Menschen macht, [würden die Tiere] den Menschen verehren.

85 *(p.71,34-72,4)* [Wie] Gott [im Paradies (o. ä.)] den Menschen erschuf, [auf daß der] Mensch Gott <ehre>, so erschaffen in der Welt die Menschen Götter und verehren ihre Schöpfungen. Es würde sich geziemen, daß die Götter die Menschen verehren.

86 *(p.72,4-17)* Wie es die Wahrheit gibt bezüglich der *Werke* <des Menschen, so gibt es auch die Wahrheit bezüglich der *Kinder* des Menschen. (Sie lautet:) Die Werke> des Menschen entstehen aus seiner Kraft. Deswegen werden sie „die Kräfte" genannt. Das sind seine Werke. Was seine Kinder betrifft, so sind sie aus eine(m Zustand de)r Ruhe heraus entstanden. Deswegen (gilt): Seine Kraft wohnt in seinen Werken. Die Ruhe aber ist sichtbar in den Kindern. Und du wirst finden, daß dies bis zum Ebenbild herabreicht. Ja, dies ist der ebenbildliche Mensch: Aus seiner Kraft heraus tut er seine Werke. Aber aus eine(m Zustand de)r Ruhe heraus zeugt er seine Kinder.

87 *(p.72,17-22)* In dieser Welt helfen die Sklaven den Freien. Im Himmelreich werden die Freien die Sklaven bedienen: Die Kinder des Brautgemachs werden die Kinder der Hochzeit bedienen.

88 *(p.72,22-29)* [Die] Kinder des Brautgemachs haben ein [und dieselbe] Beschaffenheit: die Ruhe. Wenn [sie (alle) bei]einander [sind], brauchen sie nicht (mehr) gleichzu*werden*. [Sie besitzen] die Anschauung [...] Wahrnehmung. Mehr sind sie [...] unter denen, die da sind in dem [...] die Herrlichkeiten der Herrlichkeiten [...] sie nicht.

89 *(p.72,29-73,1)* [Es] war [nötig, daß Jesus] ins Wasser hinab[stieg, um es zu erfüllen] und zu reinigen. [Dementsprechend wurden] alle [erfüllt], die [die Taufe] in seinem Namen [empfangen] haben. Denn er sagte [: „Auf diese Weise] sollen wir alle Gerechtigkeit erfüllen."

90a *(p.73,1-5)* Diejenigen, die behaupten, daß sie zuerst sterben und (dann erst) auferstehen werden, irren sich. Wenn sie nicht zuerst die Auferstehung erlangen, solange sie noch leben, werden sie, wenn sie sterben, nichts empfangen.

90b *(p.73,5-8)* Ebenso sagen sie auch über die Taufe folgendes: „Die Taufe ist groß; denn, wenn sie sie empfangen, werden sie leben."

91   *(p.73,8-15)* Der Apostel Philippus sagte: Joseph der Zimmermann pflanzte einen Garten, weil er Holz für sein Handwerk brauchte. Er ist es, der das Kreuz hergestellt hat von den Bäumen, die er gepflanzt hatte. Und: Es hing sein Same an dem, was er gepflanzt hatte. Sein Same war Jesus; die Pflanzung aber war das Kreuz.

92   *(p.73,15-19)* Aber der Baum des Lebens steht mitten im Paradies. Und zwar (ist es) der Ölbaum. Von ihm kam die Salbung. Durch sie (kam) die Auferstehung.

93a   *(p.73,19-23)* Diese Welt ist ein Aasfresser. Alle Dinge, die man in ihr ißt, <sind tot; und die, die sie essen,> sterben selbst auch. Die Wahrheit ist ein Lebendfresser. Deswegen wird niemand von denen, die sich von der [Wahrheit] nähren, sterben.

93b   *(p.73,23-27)* Aus jenem Ort ist Jesus gekommen und hat Nahrung von dort gebracht. Und denen, die (es) wollten, gab er (davon) [zu essen], damit sie nicht (mehr) sterben.

94a   *(p.73,27-74,2)* Gott pflanzte ein Paradies. Der Mensch [wohnte in dem] Paradies. Es gibt etliche [..., die] existieren zusammen mit etlichen [...] Gottes. In [dem ...] die, die in [ihm] sind [... wie (?)] ich will. Jenes Paradies [ist der Ort, wo] mir gesagt werden wird: „[... Iß] dies, oder iß [dies] nicht, [wie du] willst!" Dies (ist) der Ort, wo ich alles essen werde.

94b   *(p.74,2-12)* *Dort* befindet sich der Baum der Erkenntnis: *jener* hat Adam getötet; hier *aber* der Baum der Erkenntnis: er hat den Menschen lebendig gemacht. Der *Nomos* war der Baum. *Er* vermag (nur) die Erkenntnis des Guten und des Bösen zu vermitteln. Weder befreite *er* ihn von dem Bösen, noch versetzte *er* ihn in das Gute. Vielmehr brachte *er* den Tod über die, die von *ihm* „aßen". Denn dadurch, daß *er* sagte: „dieses dürft ihr essen, dieses sollt ihr nicht essen", wurde *er* zum Ursprung des Todes.

95a   *(p.74,12-18)* Die Salbung ist der Taufe überlegen. Denn auf Grund der Salbung wurden wir „Christen" genannt, nicht wegen der Taufe. Auch Christus ist wegen der Salbung (so) genannt worden. Denn: Der Vater salbte den Sohn. Der Sohn aber salbte die Apostel. Die Apostel aber salbten uns.

95b   *(p.74,18-20)* Wer gesalbt ist, besitzt alles. Er besitzt die Auferstehung, das Licht und das Kreuz.

96a   *(p.74,21-22)* Was den Heiligen Geist betrifft, so gab der Vater ihm diesen in dem Brautgemach, und er empfing (ihn da).

96b   *(p.74,22-24)* Der Vater nahm Wohnung in dem Sohn und der Sohn in dem Vater. Das ist [das] Himmelreich.

97   *(p.74,24-36)* „Trefflich hat der Herr gesagt: ‚Es gingen einige lachend hinein in das Himmelreich und kamen [lachend] heraus.'" Und ein [anderer] (sagte): „Ein Christ [ist es]." [Er] sagte [nun] wiederum (:) „Und sogleich, [nachdem dieser] ins Wasser [herabgestiegen war], kam er [herauf als Herr] über alles. [Des]wegen ist [nicht die Erlösung etwas] zum Lachen. Sondern [weil er] diesen [Fetzen] verachtete, [ging er lachend hinein] in das [Himmel]reich. Wenn er [den Leib] verachtet und ihn wie etwas zum Lachen verschmäht, [wird er] lachend heraus[kommen]."

98   *(p.74,36-75,2)* So ist es auch bei dem Brot, dem Kelch und dem Öl, auch wenn es etwas anderes gibt, das erhabener ist als diese.

99a   *(p.75,2-10)* Die Welt entstand durch ein Versehen. Denn der, der sie geschaffen hat, wollte sie unvergänglich und unsterblich schaffen. Er scheitert und erreichte nicht, was er gehofft hatte. Denn die Unvergänglichkeit ist nicht der Welt zu eigen, wie die Unvergänglichkeit auch dem, der die Welt geschaffen hat, nicht zu eigen ist.

99b   *(p.75,10-13)* Denn die Unvergänglichkeit ist nicht den Dingen zu eigen, sondern den Kindern. Und kein Ding kann Unvergänglichkeit empfangen, wenn es nicht zum Kinde wird.

99c   *(p.75,13-14)* Wer aber nicht die Fähigkeit besitzt zu empfangen, um wieviel weniger kann er geben?

100   *(p.75,14-21)* Der Kelch des Gebets <, über dem gedankt wird,> enthält sowohl Wein als auch Wasser. Er ist als Zeichen *des Blutes* {...} eingesetzt und füllt sich mit Heiligem Geist. Und zwar ist es *das (Blut)* des ganz vollkommenen Menschen. Wenn wir dies trinken, werden wir uns den vollkommenen Menschen aneignen.

101   *(p.75,21-25)* Das lebendige Wasser ist ein Leib. Es ist nötig, daß wir den lebendigen Menschen anziehen. *Zu dem Zweck* entkleidet sich, wer zum Wasser herabsteigt, *daß* er jenen anziehe.

102a   *(p.75,25-29)* Ein Pferd bringt ein Pferd hervor. Ein Mensch bringt einen Menschen hervor. Ein Gott bringt einen Gott hervor. Ebenso stammen Bräutigame und [auch] Bräute aus dem [Bräutigam und der Braut].

102b   *(p.75,30-76,4)* Es gab keinen Juden [...] aus den Griechen [...] war. Und [...] aus den Juden [...] zu Christen. [Es entstand ein anderes Geschlecht], und diese [Seligen] wurden genannt [:] „das auserwählte [geistige] Geschlecht", „der wahre Mensch", „der Menschensohn" und „der Same des Menschensohnes." Dieses wahre Geschlecht wird *in der Welt* (so) genannt.

102c   *(p.76,4-6)* Diese sind der Ort, wo die Kinder des Brautgemachs sind.

103   *(p.76,6-9)* Die Vereinigung besteht (nur) in dieser Welt <aus> Mann und Weib – der Ort für die Kraft und die Schwäche. In dem (anderen) Äon ist die Gestalt der Vereinigung eine (ganz) andere.

104a   *(p.76,9-12)* Wir nennen sie aber mit diesen Namen. Es gibt aber andere. Sie sind höher als alle Namen, die genannt werden. Und sie sind höher als der wirksamste.

104b   *(p.76,12-14)* Denn wo Gewalttätigkeit ist, da sind auch die, die der Gewalt überlegen sind.

104c   *(p.76,14-17)* Jene sind nicht der eine und der andere. Sondern sie beide sind ein und derselbe. Dies ist es, was in keines Fleisches Herz kommen kann.

105 *(p.76,17-22)* Muß nicht jeder, der alles besitzt, dies alles auch kennen? Die einen, wenn sie es nicht kennen, werden auch nicht genießen, was sie besitzen. Die es aber kennengelernt haben, werden es auch genießen.

106 *(p.76,22-31)* Der vollkommene Mensch kann nicht nur nicht festgehalten, sondern auch nicht gesehen werden. Denn wenn er gesehen wird, wird er festgehalten werden. Niemand kann sich diese Gnade anders erwerben, als [daß] er das vollkommene Licht anzieht [und] selbst zu vollkommenem Licht wird. Wer [es an]gezogen hat, wird [in (den Ort der) Ruhe ein]gehen. Dies ist das vollkommene [...].

107a *(p.76,31-33)* [Es ist nötig,] daß wir [gänzlich ...] werden, bevor wir [die Welt ver]lassen.

107b *(p.76,33-77,1)* Wer alles empfangen wird, [sich aber nicht] von diesen Orten [(trennen)], kann jenen Ort [nicht (erreichen)], sondern wird [zur] Mitte [gehen] als ein Unvollkommener. Nur Jesus kennt das Ende von diesem.

108 *(p.77,2-7)* Der heilige Mensch ist ganz und gar heilig einschließlich seines Leibes. Wenn es nämlich so ist, daß er, sobald er das Brot nimmt, es heilig macht, oder (daß) er den Kelch oder alles Übrige, das er nimmt, reinigt, wie sollte er dann nicht auch den Leib reinigen?

109a *(p.77,7-11)* Wie Jesus das Wasser der Taufe erfüllt hat, so hat er es vom Tod entleert. Deswegen (gilt): wir steigen zwar ins Wasser hinab; wir steigen aber nicht in den Tod hinab.

109b *(p.77,11-15)* Wir sollen nicht durch den Geist der Welt entleert werden. Wenn er weht, läßt er den Winter kommen. Wenn der Heilige Geist weht, kommt der Sommer.

110a *(p.77,15-31)* Wer die Erkenntnis der Wahrheit besitzt, ist frei. Der Freie aber sündigt nicht. Denn (es heißt): „Wer die Sünde tut, der ist der Sklave der Sünde." Mutter (des Freien) ist die Wahrheit, die Erkenntnis aber ist der <Vater>. Die, denen es *nicht* erlaubt ist zu sündigen, sind es, die die Welt <„Sklaven"> nennt. Solche, denen es {...} *erlaubt* ist zu sündigen, <sind es, die die Welt> „Freie" <nennt>.

„Die Erkenntnis" der Wahrheit „erhebt", das heißt: sie macht sie frei und bewirkt, daß sie sich über alles hinwegsetzen. „Die Liebe aber erbaut." Wer aber freigeworden ist durch die Erkenntnis, ist um der Liebe willen ein Sklave für die, die [die] Freiheit der Erkenntnis noch nicht aufnehmen konnten. Die Erkenntnis [aber] macht sie tauglich (dazu), indem sie [sie] frei werden [läßt].

110b *(p.77,31-35)* Die Liebe [sagt von] nichts, daß es ihr [gehört, obgleich doch alles] ihr gehört. Sie [sagt] nicht [: „Jenes ist meins"] oder: „dieses ist meins", [sondern: „alles,] was [mir] gehört, gehört dir."

111a *(p.77,35-78,7)* Die geistige Liebe ist Wein und Wohlgeruch. Es [genießen] sie alle, die sich mit ihr salben werden. Es genießen (sie) auch diejenigen, die in ihrer Nähe stehen, solange die Gesalbten dastehen. Wenn die mit Salbe Gesalbten sich von ihnen zurückziehen und weggehen, bleiben jene, die nicht gesalbt sind und nur in ihrer Nähe stehen, wieder in ihrem (eigenen) Gestank zurück.

111b *(p.78,7-12)* Der Samariter gab dem Verwundeten nichts außer Wein und Öl. Das bedeutet nichts anderes als die Salbe. Und sie heilte die Wunden. Denn (es heißt): „Die Liebe bedeckt eine Menge von Sünden."

112 *(p.78,12-25)* Wen eine Frau liebt, dem sind die (Kinder), die sie hervorbringen wird, ähnlich. Wenn ihren Gatten, sind sie ihrem Gatten ähnlich. Wenn es ein Ehebrecher ist, sind sie dem Ehebrecher ähnlich. Oftmals geschieht es, wenn eine Frau mit ihrem Gatten gezwungenermaßen schläft, ihr Herz aber bei dem Ehebrecher ist, mit dem sie sich sonst vereinigt, daß sie das (Kind), das sie gebären wird, so gebiert, daß es dem Ehebrecher ähnlich ist. Ihr aber, die ihr mit dem Sohn Gottes verbunden seid, sollt nicht die Welt lieben, sondern ihr sollt den Herrn lieben, damit das, was ihr hervorbringen werdet, nicht der Welt, sondern dem Herrn ähnlich wird!

113 *(p.78,25-79,13)* Der Mensch gesellt sich zum Menschen. Das Pferd gesellt sich zum Pferde. Der Esel gesellt sich zum Esel. Die Arten sind es, die sich [zu] ihren Artgenossen gesellen. Ebenso gesellt sich der Geist zum Geiste, und vereinigt sich das Wort mit dem Worte, [und] vereinigt sich [das Licht mit dem Lichte]. Wenn [du] zum Menschen wirst, ist es [der Mensch], der dich lieben [wird]. Wenn du [zum Geiste] wirst, ist es der Geist, der sich mit dir verbinden wird. [Wenn] du zum Worte wirst, ist es das Wort, das *(p.79)* sich zu dir gesellen wird. Wenn [du] zum Lichte wirst, ist es das Licht, das sich mit dir vereinigen wird. Wenn du zu (einem von) den Oberen wirst, werden die Oberen auf dir ruhen. Wenn du zum Pferde wirst oder zum Esel oder zum Rind oder zum Hund oder zum Schaf oder zu einem anderen von den Tieren, die außen sind, und (von) denen, die unten sind, kann dich weder der Mensch noch der Geist, weder das Wort noch das Licht lieben, können weder die Oberen noch die Inneren in dir ruhen und hast du keinen Anteil an ihnen.

114 *(p.79,13-18)* Wer gegen seinen Willen Sklave ist, kann frei werden. Wer frei geworden ist durch die Gnade seines Herrn und sich selbst in die Sklaverei verkauft hat, kann nicht mehr frei werden.

115 *(p.79,18-30)* Die Landwirtschaft der Welt geschieht durch viererlei. Es wird in die Scheune eingebracht durch Wasser, Erde, Wind und Licht. Und die Landwirtschaft Gottes geschieht ebenso durch vier: durch Glaube, Hoffnung, Liebe und Erkenntnis. Unsere Erde ist der Glaube: dieser ist es, in dem wir Wurzel fassen. Das Wasser [aber] ist die Hoffnung: sie ist es, durch die wir uns ernähren. Der Wind ist die Liebe: <sie> ist es, durch <die> wir wachsen. Das Licht aber [ist] die Erkenntnis: sie ist es, durch die wir [reifen].

116a *(p.79,31-33)* Die Gnade ist [vierfältig: sie ist] irdisch; sie ist [himmlisch; ...] höchsten Himmel [...] in [...].

116b *(p.79,33-80,4)* [Wohl] dem, der [noch nie] eine Seele [betrübt] hat! Das trifft auf Jesus Christus zu. Er kam überall hin und legte (doch) niemandem eine Last auf. Deswegen (gilt): Wohl dem, der (auch) so beschaffen ist! Denn er ist ein vollkommener Mensch.

117 *(p.80,4-8)* Denn was dies betrifft, so teilt uns das Wort darüber mit, wie schwer es ist, es zustande zu bringen. Wie können wir dieses große (Unterfangen) vollbringen? Wie wird man einen jeden erquicken?

118 *(p.80,8-23)* Vor allem geziemt es sich nicht, jemanden zu betrüben – sei es ein Großer, sei es ein Kleiner, ein Ungläubiger oder ein Gläubiger – sodann (geziemt es sich nicht), die zu erquicken, die im Wohlstand schwelgen. Es gibt welche, denen es von Nutzen ist, einen, dem es gut geht, zu erquicken. Wer das Gute tut, vermag diese nicht zu erquicken. Denn er nimmt nicht auf sich, was ihm gefällt. Er vermag aber (auch) nicht, (sie) zu betrüben, es sei denn, er bewirkt, daß sie sich selbst in Bedrängnis bringen. Und doch betrübt sie einer, der sich gut verhält, zuweilen. Es liegt nicht an ihm, sondern ihre Schlechtigkeit ist es, was sie betrübt. Wer die Natur (dazu) besitzt, erfreut den Guten. Einige aber werden durch diesen böse betrübt.

119 *(p.80,23-81,14)* Ein Hausherr hatte jeglichen Besitz erworben: Kinder, Sklaven, Vieh, Hunde, Schweine, Weizen, Gerste, Spreu, Gras, [...], Fleisch und Eicheln. Er war [aber] klug und kannte die Nahrung von jedem. Den Kindern legte er [fertiges] Brot [und Fleisch] vor. [Den] Sklaven aber legte er [... und] Mehl [vor]. Und dem Vieh [warf er Gerste], Spreu und Gras vor. [Den] Hunden warf er Knochen vor. [Und den Schweinen] warf er Eicheln vor und Pampe. Ebenso verhält es sich mit dem Jünger Gottes. Wenn er klug ist und sich auf die Jüngerschaft versteht, werden ihn die körperlichen Erscheinungsformen nicht täuschen, sondern wird er auf die Beschaffenheit der Seele eines jeden blicken und (entsprechend) mit ihnen reden. Es gibt viele Tiere in der Welt, die menschengestaltig sind. Wenn er diese erkennt, wird er den Schweinen Eicheln zuwerfen. Dem Vieh aber wird er Gerste, Spreu und Gras zuwerfen. Den Hunden wird er Knochen zuwerfen. Den Sklaven wird er das Vorläufige geben. Den Kindern wird er das Vollkommene geben.

120a *(p.81,14-19)* Es gibt den Menschensohn, und es gibt den Sohn des Menschensohnes. Was den Menschensohn betrifft, das ist der Herr. Und der Sohn des Menschensohnes ist derjenige, der in der Kraft des Menschensohnes schafft.

120b *(p.81,19-21)* Der Menschensohn empfing von Gott die Fähigkeit zu schaffen. Er besitzt (auch) die Fähigkeit zu zeugen.

121a *(p.81,21-28)* Wer die Fähigkeit zu schaffen empfangen hat, ist (selbst) ein Geschöpf. Wer die Fähigkeit zu zeugen empfangen hat, ist (selbst) etwas Gezeugtes. Wer schafft, vermag nicht zu zeugen. Wer zeugt, vermag (auch) zu schaffen. Es wird freilich (auch) von einem, der schafft, gesagt, daß er „zeugt". Jedoch ist sein „Erzeugnis" ein Geschöpf, [weil] die(se) „Erzeugnisse" nicht seine Kinder, sondern die [Werke] sind.

121b *(p.81,28-34)* Wer schafft, arbeitet im Sichtbaren und ist auch selbst sichtbar. Wer zeugt, zeugt im [Verborgenen] und ist selbst verborgen, [indem] er das Ebenbild [... Wiederum] (gilt): Wer schafft, schafft (Werke) [im] Sichtbaren. Wer aber zeugt, [zeugt] Kinder im Verborgenen.

122a *(p.81,34-82,10)* [Niemand kann] wissen, wann [der Mann] und die Frau sich miteinander vereinigen, außer ihnen selbst. Denn ein Geheimnis ist die Hochzeit der Welt für die, die eine Frau genommen haben. Wenn schon die Hochzeit der Besudelung so geheim ist, um wieviel mehr ist die unbesudelte Hochzeit ein echtes Geheimnis! Sie ist nichts Fleischliches, sondern etwas Reines, etwas, das nichts mit der Begierde zu tun hat, sondern mit dem Willen, etwas, das keine Angelegenheit der Finsternis oder der Nacht ist, sondern etwas, das eine Angelegenheit des Tages und des Lichtes ist.

122b *(p.82,10-17)* Wenn eine Hochzeit entblößt, wird sie zur Hurerei. Und die Braut treibt nicht nur Hurerei, wenn sie den Samen eines anderen Mannes empfängt, sondern auch (schon) wenn sie ihr Schlafgemach verläßt und gesehen wird. Sie soll sich nur ihrem Vater und ihrer Mutter zeigen, und dem Freund des Bräutigams und den Kindern des Bräutigams.

122c *(p.82,17-23)* Diesen ist es erlaubt, an jedem Tag in den Hochzeitssaal einzutreten. Die anderen aber mögen sich danach sehnen, wenigstens ihre (der Braut) Stimme zu hören und (den Duft) ihre(r) Salbe zu genießen. Und sie mögen sich nähren von den Brosamen, die vom Tische fallen, wie Hunde.

122d *(p.82,23-26)* Bräutigame und Bräute gehören zum Brautgemach. Niemand kann den Bräutigam und die Braut sehen, wenn [er] nicht zu einem solchen (sc. Brautgemach) wird.

123a *(p.82,26-29)* Als Abraham [aber erlangt] hatte zu sehen, was er sehen sollte, beschnitt [er] das Fleisch der Vorhaut, wodurch er uns zeigt, daß es nötig ist, das Fleisch zu vernichten.

123b *(p.82,20-83,11)* [Die meisten (Dinge) der] Welt haben nur solange Bestand und Leben, wie ihr [Inneres] verborgen ist. [Wenn es] sicht[bar] wird, sterben sie. Entsprechend dem deutlichen [Beispiel] des Menschen: [Solange] die Eingeweide des Menschen verborgen sind, ist der Mensch am Leben. Wenn sich seine Eingeweide zeigen und aus seinem Leib heraustreten, muß der Mensch sterben. Ähnlich ist es auch bei dem Baum: Solange seine Wurzel verborgen ist, sproßt er und wächst (?). Wenn seine Wurzel sich zeigt, vertrocknet der Baum. So verhält es sich mit allen Arten, die es in der Welt gibt, nicht nur mit den sichtbaren, sondern auch mit den verborgenen. Denn solange die Wurzel der Bosheit verborgen ist, ist sie stark. Wenn sie aber erkannt wird, löst sie sich auf. Und wenn sie sichtbar wird, geht sie zugrunde.

123c *(p.83,11-30)* Deswegen sagt das Wort: „Schon ist die Axt an die Wurzel der Bäume gelegt" – (aber) nicht um (sie) abzuschneiden. Was abgeschnitten werden wird, sproßt wieder. Vielmehr gräbt die Axt tief hinab, bis sie die Wurzel heraufbringt. Jesus aber riß die Wurzel vollständig aus, andere aber teilweise. Was uns aber betrifft, so soll jeder von uns nach der Wurzel der Bosheit, die in ihm ist, graben und soll sie mit ihrer Wurzel aus seinem Herzen reißen. Sie wird aber ausgerissen werden, wenn wir sie erkennen. Wenn wir aber unwissend sind in bezug auf sie, dann schlägt sie Wurzel in uns und bringt ihre Früchte in unserem Herzen. Sie beherrscht uns. Wir leisten ihr Sklavendienste. Sie nimmt uns gefangen, so daß wir tun, was wir [nicht] wollen, und, was wir wollen, [nicht] tun. [Sie] ist mächtig, weil wir sie nicht erkannt haben. Solange [sie] existiert, wirkt sie.

123d *(p.83,30-84,14)* Die Un[wissen]heit ist die Mutter von [allem Bösen]. Die Unwissenheit wird im [Tode] enden. [Denn] die, die aus der Un[wissen]heit stammen, waren weder, noch [sind sie], noch werden sie sein. [Die aber zur Wahrheit gehören,] werden vollendet werden, wenn die ganze Wahrheit sichtbar wird. Denn mit der Wahrheit verhält es sich (nur in Umkehrung) wie mit der Unwissenheit: Solange sie verborgen ist, ruht sie in sich; wenn sie aber ans Licht tritt und erkannt wird, wird sie gepriesen, insofern als sie mächtiger als die Unwissenheit und der Irrtum ist. Sie schenkt die Freiheit. Das Wort sagte: „Wenn ihr die Wahrheit erkennt, wird die Wahrheit euch frei machen." Die Unwissenheit leistet Sklavendienste. Die Erkenntnis ist Freiheit. Wenn wir die Wahrheit erkennen, werden wir die Früchte der Wahrheit in uns finden. Wenn wir uns mit ihr verbinden, wird sie unsere Vollendung empfangen.

124 *(p.84,14-21)* Jetzt halten wir uns an die sichtbaren Dinge der Schöpfung und sagen, daß *sie* die starken und angesehenen sind, die verborgenen Dinge aber die schwachen und unbedeutenden. Ebenso (halten wir uns jetzt an) die sichtbaren Dinge der Wahrheit (und sagen, daß) sie schwach und unbedeutend sind, die verborgenen Dinge aber stark und angesehen. Die Geheimnisse der Wahrheit sind aber offenkundig Symbole und Abbilder.

125a *(p.84,21-85,21)* Das Schlafgemach aber ist verborgen. Es ist das Allerheiligste. Der Vorhang war zuerst geschlossen. Wie könnte Gott sonst die Schöpfung besorgen? Wenn aber der Vorhang zerreißt und das Innere sich zeigt, <...,> wird aber dieses Haus einsam zurückgelassen werden, oder wird es vielmehr vernichtet werden. Da wird (auch) alles Göttliche [von] hier fliehen, (allerdings) nicht bis in das Allerheiligste hinein. Es kann sich nämlich nicht mit dem unvermischten [Licht] und der [mangel]losen Fülle mischen. [Viel]mehr wird es unter den Flügeln des Kreuzes [und unter] seinen Armen wohnen. Diese Arche wird [ihre] Rettung sein, wenn die Wasserflut sie zu verschlingen droht. (Nur) wenn jemand zum Stamm der Priesterschaft gehört, so können diese in das, was innerhalb des Vorhangs ist, zusammen mit dem Hohenpriester eingehen. *Deswegen* zerriß der Vorhang nicht nur oben, sonst wäre nur das Obere aufgetan worden; noch ist es nur unten, daß er zerriß, sonst hätte er nur das Untere enthüllt; sondern er zerriß von oben bis unten. Das Obere tat sich uns auf <zusammen mit> dem Unteren, *damit* wir eingehen könnten in das Verborgene der Wahrheit. Dies ist in Wahrheit das Angesehene und Starke. Wir werden aber dort eingehen durch verächtliche Symbole und Dinge, die schwach sind. Sie sind allerdings verächtlich angesichts der vollkommenen Herrlichkeit. Es gibt Herrlichkeit, die Herrlichkeit übersteigt; es gibt Macht, die Macht übersteigt. Deswegen (heißt es): das Vollkommene hat sich uns aufgetan zusammen mit dem Verborgenen der Wahrheit, das Allerheiligste hat sich uns enthüllt, das Schlafgemach hat uns eingeladen.

125b *(p.85,21-29)* Solange es verborgen ist, ist die Schlechtigkeit zwar nichtig, ist aber (noch) nicht aus der Mitte des Samens des Heiligen Geistes entfernt worden. (Und so) sind sie (noch) Sklaven (unter der Herrschaft) der Bosheit. Wenn es sich aber enthüllt, dann wird das vollkommene Licht sich über jeden ergießen und werden alle, die sich in ihm befinden, [die Salbung empfangen]. Dann werden die Sklaven frei sein [und] erlöst werden die Gefangenen.

126a *(p.85,29-31)* „[Jede] Pflanze, [die] nicht mein himmlischer Vater gepflanzt hat, [wird] ausgerissen [werden]."

126b *(p.85,31-32)* Was getrennt ist, wird sich vereinigen; was [leer ist,] wird sich füllen.

126c *(p.85,32-86,4)* Alle, die im Begriff sind, in das Schlafgemach [einzutreten], werden ihre [Lampe] anzünden. Denn [es] gleicht einer Hochzeit, die im [Verborgenen geschieht. Eine solche] vollzieht sich bei Nacht. Das Feuer [leuchtet] bei Nacht und erlischt. Die Mysterien *dieser* Hochzeit aber werden vollendet am Tage und im Licht. Jener Tag oder sein Licht gehen niemals unter.

127a *(p.86,4-12)* Wenn einer zum Sohn des Brautgemachs wird, wird er das Licht empfangen. Wenn einer es nicht empfängt, solange er hier ist, kann er es an dem anderen Ort nicht empfangen. Wer jenes Licht empfangen wird, kann nicht gesehen werden, noch kann er festgehalten werden. Und niemand kann einen solchen belästigen, nicht einmal wenn er (noch) in der Welt wandelt, und erst recht nicht wenn er die Welt verläßt.

127b *(p.86,12-18)* Er hat die Wahrheit schon in den Abbildern empfangen. Die Welt ist (ihm) zum Äon geworden. Denn der Äon ist das, was ihn erfüllt. Und als solcher ist er ihm allein sichtbar. (Sonst aber) ist er verborgen, aber nicht in der Finsternis und der Nacht, sondern in einem vollkommenen Tage und einem heiligen Licht.

Subscriptio (p.86,19)

Das Evangelium nach Philippus

Die Hypostase der Archonten (NHC II,4)

Ursula Ulrike Kaiser

Literatur

Barc, Bernard, 1980: L'Hypostase des Archontes. Traité gnostique sur l'origine de l'homme, du monde et des Archontes (NH II, 4). (BCNH.T 5.) Québec / Louvain.

Bullard, Roger A., 1970: The Hypostasis of the Archons. The Coptic Text with Translation and Commentary. With a Contribution by Martin Krause. (PTS 10.) Berlin.

Kaiser, Ursula Ulrike, 2006 (im Druck): Die Hypostase der Archonten (NHC II,4). Neu hg., übers. und erkl. (TU 156.) Berlin.

Layton, Bentley, 1974. 1976: The Hypostasis of the Archons or *The Reality of the Rulers*. A Gnostic Story of the Creation, Fall, and Ultimate Salvation of Man, and the Origin and Reality of His Enemies. Newly Edited from the Cairo Manuscript with a Preface, English Translation, Notes, and Indexes. HTR 67, 351-425. HTR 69, 31-101.

Layton, Bentley, 1989: The Hypostasis of the Archons. Critical Edition and Translation. In: Layton, Bentley (ed.): Nag Hammadi Codex II, 2-7. Bd. 1: Gospel According to Thomas, Gospel According to Philip, Hypostasis of the Archons, and Indexes. (NHS 20.) Leiden, 234-259. 321-336.

Einleitung

Die Schrift mit dem Titel „Die Hypostase der Archonten" ist (bislang) nur in einer einzigen Abschrift als vierte Schrift in Codex II von Nag Hammadi erhalten und wird auch in der uns bekannten antiken Literatur sonst nirgends erwähnt. Eine Identität der HA mit einem „Ersten Buch der Noraia" und einen „Ersten Logos der (N)Oraia", auf die in NHC II,5 verwiesen wird (p.102,10f.24f.), ist ebenso wenig gegeben, wie eine Übereinstimmung mit dem bei Epiphanius (Haer 26,1,3) genannten Buch „Noria", auch wenn Norea als Offenbarungsempfängerin und jungfräuliche Menschheitsmutter in der HA eine große Rolle spielt.

Wie fast alle Nag-Hammadi-Schriften ist auch die HA keine ursprünglich koptische Schrift, sondern eine Übersetzung aus dem Griechischen. Die Originalfassung entstand vermutlich im 3. Jh. n. Chr. Ähnliche Traditionen, wie die in der HA verarbeiteten, weist vor allem die im Codex folgende Schrift NHC II,5 auf, zum Teil auch das „Apokryphon des Johannes" (NHC II,1; III,1; IV,1 und BG 2). Möglicherweise haben diese Schriften zumindest partiell auf gleiche Quellen zurückgegriffen, eine Rekonstruktion dieser Quellen auf der Grundlage eines Textvergleiches bleibt allerdings höchst spekulativ (vgl. zu einer solchen Rekonstruktion Barc). Die HA greift besonders in ihrer ersten Hälfte auf biblisches Material zurück (v.a. Gen 1-6 in Auszügen), wobei auch hier die Quellenfrage differenziert zu behandeln ist. Für manche Auslegungen der frühen Menschheitsgeschichte lassen sich Parallelen aus den bereits erwähnten und auch anderen gnostischen Schriften bringen. Erkennbar sind ebenso auch frühjüdische Traditionen, die neben eher ungewöhnlichen und so nirgendwo anders bekannten Interpretationen der biblischen Urgeschichte stehen (vgl. besonders die Erzählung von der Sintflut mit der besonderen Rolle, die der Archont der Heerscharen, Sabaoth, und die Tochter Evas, Norea, hier spielen; aber auch die Behandlung der Geschichte von Kain und Abel).

Der Entstehungsort der HA läßt sich nur schwer auf eine bestimmte Region der antiken Welt eingrenzen. Unbekannt ist ebenso, wer die Schrift verfaßt hat. Die Einleitung der HA zeigt mit dem Hinweis auf die Autorität des „großen Apostels" (Paulus) und dem folgenden Zitat aus Eph 6,12 (p.86,23-25) jedoch, daß sie einem sich als christlich verstehenden Milieu entstammt, in dem auch ihre Rezipienten zu suchen sind. Versuche, den Anfang und das Ende von NHC II,4 sowie einen Verweis auf den vollkommenen Menschen in der Mitte der Schrift (p.91,2) als christliche Rahmung bzw. Glosse abzutrennen und den verbleibenden Rest als nichtchristliche gnostische Schrift zu proklamieren, sind nicht überzeugend, da sich indirekte Verweise auf paulinisches Gedankengut z.B. auch im Zusammenhang mit der Erschaffung des Menschen finden (vgl. Kaiser: Komm. zu p.88,11-17). Außerdem ist zu bedenken, daß schon allein die thematische Konzentration auf die Urgeschichte, auf Kosmogonie, Anthropogonie und untere Theogonie, wie die HA sie aufweist, kaum erwarten läßt, daß dezidiert als christlich erkennbare Elemente im Überfluß vorhanden sind. Vielmehr sollte für den Zeitraum des dritten Jahrhunderts n. Chr. die Rezeption der biblischen Schöpfungsgeschichte als solcher durchaus als ein mögliches Merkmal für eine *christliche* Schrift in Betracht gezogen werden.

Die HA läßt sich des Weiteren als gnostische Schrift charakterisieren. Dies zeigt sich u.a. in der negativen Bewertung der Schöpfung und ihres Schöpfergottes, auf dessen Entstehung v.a. der zweite Teil der HA ausführlicher eingeht. Hier begegnen viele Erzählzüge und -motive, wie sie auch aus den Theogonie- und Kosmogoniedarstellungen anderer, als gnostisch angesehener Schriften bekannt sind. Erlösung ist für den Menschen in dieser minderwertigen Welt aus der Erkenntnis der eigenen reinen Abstammung von Norea, der jungfräulich unbefleckten Tochter Evas, und damit der geistigen Zugehörigkeit zu der oberen Lichtwelt zu erlangen.

Übersetzung

Einleitung (p.86,20-27)

Über die Hypostase der Mächte.[135]
   Im Geist des Vaters der Wahrheit hat uns der große Apostel über die Mächte der Finsternis gesagt: „Unser Kampf ist nicht gegen Fleisch und [Blut], sondern gegen die Mächte der Welt und die Geistwesen des Bösen."
   [Ich habe] (dir) dies gesandt, da du nach der Hypostase [der] Mächte gefragt hast.

---

[135] Oder: „Über das Sein der Mächte".

Samaels Selbstüberhebung und die Einsetzung seiner Kinder (p.86,27-87,11)

Ihr Oberster ist blind. [Aufgrund seiner] Macht und seiner Unwissenheit [und seiner] Überheblichkeit hat er in seiner [Arroganz (?)] gesagt: „Ich bin Gott. Es gibt keinen [außer mir]."

Als er dies sagte, sündigte er gegen [das All], und diese Rede reichte hinauf *(p.87)* zur Unvergänglichkeit. Und siehe, eine Stimme kam aus der Unvergänglichkeit und sprach: „Du irrst, Samael", das heißt: ‚Gott der Blinden'. †Seine Gedanken waren blind.†[136]

Er warf seine Macht fort, um zu <ergreifen ... wegen>[137] der Blasphemie, die er ausgesprochen hatte. Er verfolgte es[138] bis hinunter zum Chaos und dem Abgrund, seiner Mutter, durch die Pistis Sophia.

Und sie setzte seine Kinder ein, ein jedes gemäß seiner Macht, dem Vorbild der Äonen oben entsprechend. Denn vom Verborgenen aus(gehend) wurde das Offenbare gefunden.

Das Spiegelbild der Unvergänglichkeit (p.87,11-23)

Die Unvergänglichkeit blickte herab zu den Regionen der Wasser. Ihr Bild erschien in den Wassern. Und die Mächte der Finsternis verliebten sich in sie. Aber sie waren nicht in der Lage, jenes Bild, das ihnen in den Wassern erschienen war, zu ergreifen, ihrer Schwäche wegen; denn die Seelischen können die Geistigen nicht ergreifen, denn sie sind von unten, es (sc. das Bild) aber ist von oben.

Die Unvergänglichkeit blickte deshalb herab zu den Regionen, damit sie nach dem Willen des Vaters das All mit dem Licht vereinige.

Die Formung des Menschen (p.87,23-88,3)

Die Archonten faßten einen Beschluß und sprachen: „Kommt, laßt uns einen Menschen aus Staub von der Erde erschaffen!" Sie formten ihr [Gebilde] zu einem Menschen <ganz> von Erde.

Diese Archonten aber, der weibliche [Körper], den sie haben, ist (zugleich) ein tiergesichtiger [männlicher].

Sie hatten (also) [Staub] von der Erde genommen und [ihren Menschen] geformt, ihrem eigenen Körper entsprechend und [nach dem Bild] Gottes, das [ihnen] in den Was-

---

[136] Es ist mit einem Übersetzungsfehler zu rechnen. Der ursprüngliche griechische Text besagte vermutlich: „Er verblendete ihre Gedanken" (vgl. 2 Kor 4,4).

[137] Die Lesart des Codex ist grammatisch und inhaltlich schwierig. Es ist mit Textausfall zu rechnen und etwas zu ergänzen, wie: „Er warf seine Macht fort, um <das Licht> zu <ergreifen, das erschienen war aufgrund> der Blasphemie, die er ausgesprochen hatte", wobei von „aufgrund" (ετβε) die ersten beiden Buchstaben im Text vorhanden sind.

[138] Sc. das Licht: s. Anm. 137.

sern erschienen war. Sie sprachen: „[Kommt, laßt] es (sc. das Bild Gottes) uns ergreifen in unserem Gebilde, [damit] es sein Ebenbild sieht [und sich in es verliebt] *(p.88)* und wir uns seiner (sc. des Bildes Gottes) bemächtigen in unserem Gebilde!“, wobei sie infolge ihrer Machtlosigkeit die Macht Gottes nicht erkannten.

Die Beseelung und Belebung des Menschen (p.88,3-17)

Und er (sc. Samael) blies in sein Gesicht, und der Mensch wurde beseelt (und blieb liegen) auf der Erde viele Tage lang. Sie konnten ihn aber ihrer Machtlosigkeit wegen nicht aufrichten. Sie blieben dabei, wie die Wirbelwinde (zu blasen), um jenes Bild zu erjagen, das ihnen in den Wassern erschienen war. Sie erkannten aber seine Macht nicht, nämlich wer es sei. All dies geschah aber nach dem Willen des Vaters des Alls.

Danach sah der Geist diesen beseelten Menschen auf der Erde (liegen). Und der Geist kam aus dem Land Adamantine. Er kam herab und wohnte in ihm, und jener Mensch wurde zu einer lebenden Seele. Er nannte seinen Namen: Adam, denn er wurde auf der Erde kriechend gefunden.

Die Benennung der Tiere (p.88,17-24)

Eine Stimme kam aus der Unvergänglichkeit zur Hilfe für Adam. Und die Archonten versammelten alle Tiere der Erde und alle Vögel des Himmels und brachten sie zu Adam, um zu sehen, wie Adam sie nennen werde, und damit er (auf diese Weise) jedem der Vögel und allen Tieren einen Namen gebe.

Adam im Paradies (p.88,24-89,3)

Sie nahmen Adam und setzten ihn in das Paradies, damit er [es] bebaue und es bewahre. Und die Archonten geboten ihm: „Von [jedem] Baum, der im Paradies ist, wirst du essen, aber vom Baum der Erkenntnis des Guten und des Bösen eßt nicht und [berührt] ihn auch nicht, denn an dem Tag, an dem ihr [von] ihm essen werdet, werdet ihr sterben.“

Sie [...] dies, und sie verstehen das, was [sie] ihm [sagten], nicht. Vielmehr: Nach dem Willen des Vaters *(p.89)* sagten sie dies auf solche Weise, daß er äße †und daß Adam sie ansähe wie ein [gänzlich] materieller (Mensch).†[139]

---

[139] Der überlieferte Text ist problematisch. LAYTON (1989, 240f.) schlägt als Emendation vor: „... und daß Adam sie <nicht> ansähe ...“.

Die Erschaffung der Frau (p.89,3-17)

Die Archonten berieten miteinander und sagten: „Kommt, laßt uns einen Schlaf über Adam bringen!" Und er schlief ein. Der Schlaf aber ist die Unwissenheit, die sie über ihn brachten, und er schlief ein.

Sie öffneten seine Seite in der Art einer lebenden Frau. Und sie bauten seine Seite auf mit Fleisch an ihrer Stelle. Und Adam wurde ganz seelisch. Und die geistige Frau kam zu ihm, redete mit ihm und sprach : „Steh auf, Adam!" Und als er sie sah, sagte er:

> „Du bist es, die mir das Leben gab.
> Du wirst die ‚Mutter der Lebenden' genannt werden.

Denn:

> Sie ist meine Mutter, sie ist die Ärztin
> und die Frau und die, die geboren hat."

Die Verfolgung der geistigen Frau (p.89,17-31)

Da kamen die Mächte zu ihrem Adam. Und als sie sein Ebenbild sahen, wie sie mit ihm sprach, wurden sie von großer Erregung ergriffen. Und sie verliebten sich in sie. Sie sprachen zueinander: „Kommt, laßt uns unseren Samen auf sie herabwerfen!" Sie verfolgten sie, doch sie lachte über sie in ihrer (plur.) Dummheit und ihrer (plur.) Blindheit. Und sie wurde unter ihren Händen[140] ein Baum und ließ (nur) ihren Schatten, [der] ihr glich, bei ihnen. Und sie befleckten [ihn] mit Schmutz. Und sie befleckten das Siegel[141] ihrer Stimme. Daher werden sie selbst verurteilt werden von ihrem (plur.) Gebilde [und seinem (sc. des Gebildes)] Abbild.

Die Übertretung des Gebots (p.89,31-90,19)

Es kam nun die Geistige [in] (Gestalt) der Schlange, des Unterweisers. Und er [belehrte sie[142]] und sprach: „Was hat er zu euch [gesagt]: ‚Von jedem Baum im Paradies wirst du (mask.) essen, aber [vom Baum] *(p.90)* der Erkenntnis des Bösen und des Guten eßt nicht'?"

Die irdische Frau sprach: „Er hat nicht nur gesagt: ‚Eßt nicht,' sondern: ‚Berührt ihn nicht, denn an dem Tag, an dem ihr von ihm essen werdet, werdet ihr sterben.'"

Und die Schlange, der Unterweiser, sagte: „Ihr werdet nicht sterben, denn er sagte euch dies, weil er neidisch war. Vielmehr werden eure Augen sich öffnen, ihr werdet sein wie die Götter und Böses und Gutes erkennen." Und die Unterweiserin wurde von

---

[140] Oder: „ihretwegen", doch ist ᚾⲧⲟⲟⲧⲟⲩ hier tatsächlich am besten in engem Zusammenhang mit seinem etymologischen Ursprung ⲧⲱⲣⲉ („Hand") zu verstehen.

[141] Oder auch: „den Abdruck".

[142] Sing., sc. die irdische Frau (vgl. Gen 3,1).

der Schlange hinweggenommen und ließ sie (sc. die Schlange) allein zurück als ein
(bloßes) Erdenwesen.

Und die irdische Frau[143] nahm von dem Baum, aß und gab auch ihrem Mann bei ihr.
Und die Seelischen aßen, und ihre Unvollkommenheit offenbarte sich in ihrer Unwissenheit. Und sie erkannten, daß sie nackt gewesen waren hinsichtlich des Geistigen. Sie
nahmen Feigenblätter und gürteten mit ihnen ihre Lenden.

Die Vertreibung aus dem Paradies (p.90,19-91,11)

Dann kam der große Archont und sagte: „Adam, wo bist du?", denn er wußte nicht, was
geschehen war. Und Adam sagte: „Ich hörte deine Stimme und fürchtete mich, denn ich
war nackt. Und ich habe mich versteckt." Der Archont sagte: „Warum hast du dich versteckt, es sei denn, daß du von dem Baum gegessen hast, von dem ich dir gebot: ‚Allein
von ihm iß nicht'? – Und du hast (doch) gegessen!" Adam sagte: „Die Frau, die du mir
gegeben hast, [gab] mir, und ich habe gegessen." Und der anmaßende [Archont] verfluchte die Frau. Die Frau sagte [: „Die] Schlange war es, die mich täuschte, (und deshalb) habe ich gegessen." [Sie wandten sich] der Schlange zu und verfluchten ihren
Schatten, [der] machtlos ist, wobei sie nicht erkannten, [daß] es sich um [ihr (plur.)]
(eigenes) Gebilde handelte.

Seit jenem Tag *(p.91)* ist die Schlange unter dem Fluch der Mächte. Bis der vollkommene Mensch kommt, ist jener [Fluch] über die Schlange gekommen.

Sie wandten sich ihrem Adam zu, nahmen ihn und warfen ihn aus dem Paradies mit
seiner Frau. Es gibt nämlich keinen Segen bei ihnen, denn auch sie sind unter dem
Fluch. Und sie warfen die Menschen herab zu großen Ablenkungen und Mühsalen des
irdischen Lebens, damit ihre Menschen irdisch würden und keine Zeit hätten, am heiligen Geist festzuhalten.

Kain und Abel (p.91,11-30)

Danach gebar sie Kain, ihren (plur.)[144] Sohn. Und Kain bebaute die Erde. Wiederum erkannte er seine Frau, abermals wurde sie schwanger und gebar Abel. Und Abel war ein
Schafhirte.

Und Kain brachte von den Früchten seines Feldes dar, Abel aber brachte ein Opfer
von seinen Lämmern dar. Und Gott blickte auf die Gaben Abels, nahm aber die Gaben
Kains nicht an.

Und der fleischliche Kain verfolgte Abel, seinen Bruder. Und Gott sagte zu Kain:
„Wo ist Abel, dein Bruder?" Er antwortete: „Bin ich etwa der Hüter meines Bruders?"
Gott sagte zu Kain: „Siehe, die Stimme des Blutes deines Bruders – es (sc. das Blut)
schreit herauf zu mir. Du hast gesündigt mit deinem Mund. Es wird sich (wieder) zu dir

---

[143] Wörtlich: „die fleischliche Frau".
[144] Gemeint sind nach den Ereignissen in p.89,17-31 die Archonten.

wenden. Jeder, [der] Kain töten wird, wird eine siebenfache[145] Vergeltung auslösen. Du aber wirst seufzend und zitternd auf der Erde leben."

Die weiteren Nachkommen Adams und Evas (p.91,30-92,3)

Und Adam [erkannte] sein Ebenbild Eva. Und sie wurde schwanger und gebar dem Adam [Seth]. Und sie sagte: „Ich habe durch Gott [einen anderen] Menschen geboren anstelle [Abels]."

Wiederum wurde Eva schwanger und gebar [Norea]. Und sie sagte: „Er (sc. Gott) hat [mir eine Jungfrau] gezeugt *(p.92)* als Hilfe [für] die vielen Generationen von Menschen. Dies ist die Jungfrau, die die Mächte nicht befleckten."

Die Sintflut (p.92,3-18)

Dann begannen die Menschen sich zu vermehren und besser zu werden. Die Archonten berieten sich miteinander und sprachen: „Kommt, laßt uns eine Sintflut machen mit den Händen und alles Fleisch vom Menschen bis zum Tier vernichten!"

Als der Archont der Heerscharen[146] aber von ihrem Beschluß erfuhr, sprach er zu Noah: „Mache dir eine Arche aus einem Holz, das nicht fault, und verstecke dich in ihr – du und deine Kinder und die Tiere und die Vögel des Himmels von Klein bis Groß. Errichte sie auf dem Berg Sir!"

(N)Orea aber kam zu ihm und wollte die Arche besteigen, doch er ließ sie nicht. (Da) blies sie in die Arche hinein und verbrannte sie. Wieder baute er die Arche, zum zweiten Mal.

Noreas Begegnung mit den Archonten (p.92,18-93,2)

Die Archonten trafen sie (sc. Norea) und wollten sie betören. Ihr Oberster sagte zu ihr: „Deine Mutter Eva kam zu uns." Aber Norea wandte sich ihnen zu und sagte zu ihnen: „Ihr seid die Archonten der Finsternis, ihr seid verflucht und habt auch meine Mutter nicht erkannt. Vielmehr habt ihr euer eigenes Ebenbild erkannt. Denn ich bin keine von euch, sondern bin von denen, die nach oben gehören, <gekommen>."

Und der anmaßende Archont wandte sich um in (all) seiner Kraft. Und sein Blick wurde wie schwarzes [Feuer]. Er wurde dreist ihr gegenüber und [sagte] zu ihr: „Du mußt uns dienstbar sein [wie] auch deine Mutter Eva. Denn sie gaben mir [...]."

---

[145] Wörtl.: „sieben" (vgl. Gen 4,15 LXX: ἑπτά).
[146] Gemeint ist Sabaoth: vgl. p.95,23f.

Norea aber wandte sich um mit der Kraft des [Geistes (?)]. [Sie] rief mit lauter Stimme [hinauf zu dem] Heiligen, dem Gott des Alls *(p.93)*: „Hilf mir vor den Archonten des Frevels und errette mich aus ihren Händen – schnell[147]!"

Die Erscheinung Eleleths (p.93,2-32)

Der Engel kam von den Himmeln herab und sagte zu ihr: „Weshalb schreist du herauf zu Gott? Weshalb bist du (so) dreist gegenüber dem heiligen Geist?" Norea sagte: „Wer bist du?" – Die Archonten des Frevels hatten sich (inzwischen) von ihr entfernt.

Er sprach: „Ich bin Eleleth, die Einsicht, der große Engel, der vor dem heiligen Geist steht. Ich wurde gesandt, um mit dir zu sprechen und dich zu retten aus der Hand jener Gesetzlosen. Und ich werde dich belehren über deine Wurzel."

Jener Engel aber – ich werde nicht von seiner Macht sprechen können. Sein Aussehen ist wie das erlesene Gold und sein Gewand ist wie der Schnee. Nein, mein Mund wird es nicht ertragen können, von seiner Macht und dem Aussehen seines Angesichts zu sprechen.

Eleleth, der große Engel, sagte zu mir: „Ich", sagte er, „bin die Klugheit. Ich bin einer von den vier Lichtgebern, die vor dem großen unsichtbaren Geist stehen. Denkst du, daß diese Archonten Macht über dich haben? Keiner von ihnen vermag etwas gegen die Wurzel der Wahrheit. Denn ihretwegen (sing.) †offenbarte[148] er (sc. der Geist) sich in den letzten Zeiten. Und sie[149] werden über diese Mächte herrschen. Und diese Mächte werden dich nicht beflecken können zusammen mit jenem Geschlecht, denn eure Wohnung ist bei der Unvergänglichkeit, dem Ort, wo der jungfräuliche Geist ist, (dem Ort,) der über den Mächten des Chaos und ihrer Welt ist."

Noreas Frage nach dem Ursprung der Archonten (p.93,32-96,17)

Ich meinerseits sagte: „Herr, belehre mich über die [Macht] dieser Mächte: [Auf welche Weise] sind sie geworden und aus welchem Sein[150] [und] *(p.94)* aus welcher Materie? Und wer ist es, der sie und ihre Macht erschaffen hat?"

Und der große Engel Eleleth, die Klugheit, sagte zu mir:

Sophias eigenmächtiges Werk (p.94,4-19)

„Oben, in grenzenlosen Äonen ist die Unvergänglichkeit. Die Sophia, die die Pistis genannt wird, wollte allein, ohne ihren Gefährten, etwas vollbringen. Und ihr Werk wurde ein himmlisches Abbild.

---

[147] Wörtlich: „sogleich". Das Wort ließe sich syntaktisch auch dem folgenden Satz zuordnen: „Sogleich kam der Engel herab..."

[148] Möglicherweise ist zu emendieren und „wird er sich offenbaren" zu lesen.

[149] Vermutlich sind die Kinder des Lichts gemeint: vgl. p.96,17-97,21.

[150] Griech.: ὑπόστασις; s. auch Anm. 135.

Es gibt einen Vorhang zwischen denen, die nach oben gehören, und den Äonen, die unten sind. Und es entstand ein Schatten unterhalb des Vorhangs. Und dieser Schatten wurde zu Materie.

Und jener Schatten wurde in einen Teil von einer Region (des Chaos) geworfen. Und das von ihm[151] Geformte wurde zu einem Werk in der Materie gleich einem Fehlgeborenen. Er nahm Gestalt an aus dem Schatten. Er wurde zu einem anmaßenden Ungeheuer, einem Löwen ähnlich – androgyn ist er, wie ich zuvor gesagt habe –, denn er ist aus der Materie hervorgegangen.

Samaels Hochmut und Fall (p.94,19-95,13)

Er öffnete seine Augen und sah große, grenzenlose Materie. Und er wurde überheblich und sagte: ‚Ich bin Gott, und es gibt keinen anderen außer mir.' Als er dies sagte, sündigte er gegen das All. Und eine Stimme kam von oberhalb der eigenmächtigen Herrschaft und sprach: ‚Du irrst, Samael', das heißt: Gott der Blinden.

Und er sprach: ‚Wenn es einen anderen vor mir gibt, soll er sich mir offenbaren!' Und sogleich streckte die Sophia ihren Finger aus und brachte das Licht hinein in die Materie. Und sie verfolgte es bis hinunter zu den Regionen des Chaos. Und sie kehrte zurück, hinauf [zu ihrem] Licht. Wieder [vereinigte sich] die Finsternis [mit] der Materie.

Jener Archont erschuf sich, da er andro[gyn] ist, (selbst) einen großen Äon, **(p.95)** eine grenzen[lose] Größe. Und er gedachte, sich Kinder zu erschaffen, und erschuf sich sieben Kinder, androgyn wie ihr Vater[152]. Und er sagte seinen Kindern: ‚Ich bin der Gott des Alls!' Und Zoe, die Tochter der Pistis Sophia rief ihm zu: ‚Du irrst, Sakla', dessen Deutung Jaltabaoth ist.

Sie blies in sein Gesicht hinein und ihr Atem wurde ihr zu einem feurigen Engel. Und jener Engel band Jaldabaoth und warf ihn hinunter in den Tartaros unterhalb des Abgrunds.

Sabaoths Erhöhung (p.95,13-96,3)

Als sein Sohn Sabaoth aber die Macht jenes Engels sah, zeigte er Reue. Er verurteilte seinen Vater und seine Mutter, die Materie. Es erfaßte ihn Abscheu vor ihr. Er sang aber Lobpreis hinauf zur Sophia und ihrer Tochter Zoe. Und die Sophia und Zoe entrückten ihn nach oben und setzten ihn ein über den siebenten Himmel, die Unterseite des Vorhangs zwischen oben und unten. Und er wurde der Gott der Heerscharen, Sabaoth, genannt, denn er ist über den Heerscharen des Chaos, weil die Sophia ihn (über den siebenten Himmel) eingesetzt hat.

<Nachdem> dies geschehen war, schuf er sich einen großen Cherubim-Wagen mit vier Gesichtern und zahllos viele Engel, damit sie (ihm) dienten, und Psalter und Kitharen. Und die Sophia nahm ihre Tochter Zoe und ließ sie Platz nehmen zu seiner Rechten, damit sie ihn unterrichte über die, die [im] achten (Himmel) sind. Und den

---

[151] Sc. dem Schatten (kopt. fem.). Auch ein Bezug auf die Sophia in Zeile 5 wäre möglich.
[152] Wörtl.: „... mit ihrem Vater".

Engel [des Zorns] stellte sie zu seiner Linken. [Seit] jenem [Tag] wurde [seine Rechte] *(p.96)* ‚Leben' genannt, und die Linke wurde zum Beispiel des Frevels der eigenmächtigen Herrschaft oben. Vor ihnen waren sie.[153]

Jaldabaoths Neid (p.96,3-17)

Als Jaldabaoth ihn aber in dieser großen Herrlichkeit und dieser Höhe sah, wurde er neidisch auf ihn. Und der Neid wurde zu einem androgynen Werk. Und dies wurde der Ursprung des Neides. Und der Neid brachte den Tod hervor, und der Tod brachte seine (eigenen) Kinder hervor. Und er[154] setzte ein jedes von ihnen über seinen Himmel ein. Alle Himmel des Chaos füllten sich mit ihren Zahlen.

Dies alles aber geschah nach dem Willen des Vaters des Alls gemäß dem Vorbild all derer oben, damit die Zahl des Chaos sich vervollständige.

Siehe, ich habe dich (2. sing. fem.) belehrt über das Vorbild für die Archonten und (über) die Materie, in der es hervorgebracht wurde, und (über) ihren Vater und ihre Welt."

Die Kinder des Lichts (p.96,17-97,21)

Und ich sagte: „Herr, gehöre etwa auch ich zu ihrer Materie?"

„Du gehörst mit deinen Kindern zu dem Vater, der seit Anfang an ist. Von oben sind ihre Seelen gekommen, aus dem unvergänglichen Licht. Daher werden die Mächte sich ihnen nicht nähern können, des Geistes der Wahrheit wegen, der in ihnen wohnt. Und alle, die diesen Weg erkannt haben, sind Unsterbliche inmitten der sterblichen Menschen. Doch wird sich jener Same nicht sogleich offenbaren, sondern (erst) nach drei Generationen wird er sich offenbaren. Er †hat[155] sie von der Fessel der Täuschung durch die Mächte befreit."

Da sagte ich: „Herr, wie lange noch?"

Er sagte zu mir: „[Wenn] der wahre Mensch in ihren Gebilden[156] [den Geist der] Wahrheit offenbart, den der Vater *(p.97)* gesandt hat,

[dann] wird jener sie belehren über alle Dinge. Und er wird sie salben mit dem Salböl des ewigen Lebens, das ihm gegeben wurde von dem Geschlecht, das keinen König hat.

Dann werden sie das blinde Denken von sich werfen. Und sie werden den von den Mächten stammenden Tod zertreten. Und sie werden zu dem grenzenlosen Licht aufsteigen, wo dieser Same ist.

---

[153] Die Bezüge der in diesem Satz vorkommenden Pronomina sind unklar.
[154] Sc. Jaldabaoth; möglich wäre auch der Tod.
[155] Lies vermutlich: „<wird> sie ... befreien".
[156] Sc. in den von den Archonten erschaffenen Menschen.

Dann werden die Mächte ihre Zeiten hinter sich lassen (müssen). Und ihre Engel werden über ihre Zerstörung weinen. Und ihre Dämonen werden über ihren Tod trauern.

Dann werden alle Kinder des Lichts die Wahrheit und ihre[157] Wurzel in Wahrheit erkennen, und den Vater des Alls und den heiligen Geist. Sie alle werden mit einer einzigen Stimme sagen: Gerecht ist die Wahrheit des Vaters. Und der Sohn ist über allem und durch alle von Ewigkeit zu Ewigkeit.[158]

Heilig, heilig, heilig.

Amen."

Subscriptio (p.97,22f.)

Die Hypostase der Archonten.[159]

---

[157] Plur., sc. der Kinder des Lichts; vgl. oben p.93,13.

[158] Oder: „Gerecht ist die Wahrheit des Vaters; und der Sohn ist über dem All. Und durch alle von Ewigkeit zu Ewigkeit: ..."

[159] Oder: „Das Sein der Archonten"; s. auch Anm. 135.

„Vom Ursprung der Welt" (NHC II,5)

Hans-Gebhard Bethge

Literatur

Bethge, Hans-Gebhard, 1975: „Vom Ursprung der Welt". Die fünfte Schrift aus Nag-Hammadi-Codex II. Neu hg. und unter bevorzugter Auswertung anderer Nag-Hammadi-Texte erklärt. Theol. Diss. Berlin (unveröffentlicht).

Layton, Bentley / Bethge, Hans-Gebhard / Societas Coptica Hierosolymitana, 1989: Treatise Without Title On the Origin of the World. Introduction, Critical Edition, Translation, 2 Appendices. In: Layton, Bentley (ed.): Nag Hammadi Codex II, 2-7. Bd. 2: On the Origin of the World, Expository Treatise on the Soul, Book of Thomas the Contender. (NHS 21.) Leiden [u.a.], 11-134.

Painchaud, Louis, 1995a: L'Écrit sans titre. Traité sur l'origine du monde (NH II,5 et XIII,2 et Brit.Lib. Or. 4926 [1]) avec deux contributions de Wolf-Peter Funk. (BCNH.T 21.) Québec / Louvain / Paris.

Einleitung

Die in NHC II insgesamt recht gut erhaltene titellose Schrift, die auf Grund maßgeblicher Teile ihres Inhaltes in der Forschung zumeist den Titel „Vom Ursprung der Welt" (bzw. „On the Origin of the World" bzw. „L'Écrit sans titre. Traité sur l'origine du monde") hat, gehört zu den NH-Texten, die koptisch mehrfach überliefert sind. NHC XIII bietet mit p.50,25-34 den Beginn der Schrift, wobei der Wortlaut im Wesentlichen dem von NHC II p.97,24-98,5 entspricht. Außerhalb des Nag-Hammadi-Schrifttums ist eine nur fragmentarisch erhaltene Parallelversion in lykopolitanischem Dialekt des Koptischen bekannt, die in der British Library aufbewahrt wird (Ms.Or. 4926[1]). Die Ursprache der Schrift ist, wie auch bei anderen Nag-Hammadi-Texten, Griechisch.

Der Verfasser der Schrift ist uns namentlich nicht bekannt. Gleichwohl läßt sich das Profil des Verfassers in bestimmten Grenzen erkennen. Er verfügt über rhetorische Kenntnisse und erweist sich als ein literarisch gebildeter, aus vielen Quellen und Traditionen schöpfender sowie gut argumentierender Schriftsteller.

Der Abfassungsort ist dem Text nicht direkt zu entnehmen, dennoch gibt es einige Anhaltspunkte. Das bemerkenswerte Neben- und Miteinander von gnostischen und nicht-gnostischen Inhalten von ganz verschiedenen frühjüdischen Traditionen, christlichen und manichäischen Elementen, Gedanken aus der griechischen Philosophie, Figuren aus der griechischen bzw. hellenistischen Mythologie,

Kenntnisse aus den Bereichen von Magie und Astrologie sowie die klar erkennbaren ägyptischen Elemente lassen kaum an einen anderen Ort als Alexandria denken.

Die Abfassungszeit ist nur annähernd zu bestimmen. Dies hängt auch mit der Beantwortung der Frage zusammen, ob UW das Produkt einer u.U. mehrstufigen Entwicklung ist oder als – im Prinzip – in einem Akt geschaffenes Werk zu verstehen ist. Bei der ersten Annahme kann man für den Beginn des Entstehungsprozesses bereits das 2. Jh. erwägen. Die griechische Urfassung des uns im Nag-Hammadi-Schrifttum vorliegenden Werkes kann wegen der Nähe einiger Textpassagen zu manichäischen Zeugnissen freilich im letzten Drittel des 3. Jh. angesetzt werden.

UW weist mit den hauptsächlich behandelten Themen Urzeit und Endzeit insgesamt einen durchdachten Aufbau auf. Wobei es hauptsächlich um theogonische Sachverhalte, kosmogonische zu großen Teilen an Gen 1f. sowie frühjüdischen Konzeptionen orientierte und anthropogonische Geschehnisse sowie die Paradiesgeschichte geht. Darauf folgen – nach einem allegorischen Exkurs und allegorischen Systematisierungen – Darlegungen, die Aspekte der irdischen Geschichte betreffen. Die Schrift hat sodann einen eschatologischen Abschluß. Der Aufbau zeigt deutlich Kenntnisse bzw. den Einfluß antiker Rhetorik.

UW gibt – als titellose Schrift – im Text selbst keinen expliziten Hinweis auf eine bestimmte Textsorte im Hinblick auf das Ganze des Textes. In der Forschung wird UW weiterhin als Traktat bezeichnet. Es wurden in außerordentlich hohem Maße Quellen und Traditionen verarbeitet bzw. auf diese zurückgegriffen. Dabei handelt es sich offenkundig um höchst heterogenes Material, was sich nicht zuletzt daran zeigt, daß es im Text immer wieder zu Spannungen und Unausgeglichenheiten kommt. Im Text finden sich – in quasi wissenschaftlicher Weise – einige ausdrückliche Verweise auf literarische Werke. Diese vom Autor herangezogenen Texte lassen sich jedoch nicht bzw. schwerlich mit bereits bekannten Werken identifizieren. Es ist auch nicht unbedingt damit zu rechnen, daß es sich dabei jeweils um Zeugnisse der Gnosis handelt.

Ganz offenkundig besteht eine enge Verbindung zwischen UW und HA (NHC II,4). Deutliche Parallelen, oft bis hin zu Details und Ähnlichkeiten im Stil, belegen die Nähe beider Schriften. Allerdings gibt es auch Differenzen, etwa im Hinblick auf den jeweiligen literarischen Charakter und bezüglich nicht weniger Einzelheiten, so daß mit einer direkten literarischen Beziehung nicht zu rechnen ist. Beide Schriften können freilich auf gleichem Quellenmaterial basieren. Dabei ist in erster Linie an eine gnostische Genesisparaphrase zu denken, vielleicht darüber hinaus an eine mit dem Namen der Norea verbundene Schrift, die mit einem der oben genannten Werke identisch sein kann, vielleicht aber auch von diesem zu unterscheiden und als eine Apokalypse zu bestimmen ist. Eine enge Beziehung besteht zwischen Eug (NHC III,3; V,1) und UW, freilich besonderer Art und nicht im Sinne einer gegenseitigen literarischen Abhängigkeit. Es gibt ein teilweise gemeinsames Vokabular, Gemeinsamkeiten bei den dramatis personae und eine vergleichbare rhetorische Disposition mit gemeinsamen rhetorischen termini technici.

An vielen Stellen von UW ist sichtbar, daß über Inhalte von Gen 1-3 hinaus verschiedenartige frühjüdische Traditionen zugrunde liegen, wie sie vor allem aus äthHen, aber z.B. auch aus Jub, ApkMos oder VitAd bekannt sind, aber auch in literarischen Werken enthalten gewesen sein könnten, die nicht (mehr) erhalten sind. Im Schlußteil der Schrift (p.125,32ff.) wird auf Traditionen zurückgegriffen, wie sie aus zahlreichen apokalyptischen Texten bekannt sind. Eine durchgehende Orientierung an bestimmten Schriften ist dabei allerdings nicht erkennbar. Durch diese Hereinnahme einer großen Fülle von höchst heterogenem Material ist UW religionsgeschichtlich nicht einfach einzuordnen. Die sehr unterschiedlichen Tendenzen, die den verarbeiteten Quellen und Traditionen zugrunde liegen, bringen es mit sich, daß eine eindrucksvolle Vielfalt zu konstatieren ist, was möglicherweise auch daher rührt, daß UW ein gewachsener Text sein kann.

Ohne Zweifel ist UW ein gnostisches Werk. Dies belegen die grundlegende Weltanschauung ebenso wie zahlreiche typische Motive und Termini sowie anthropologisch-deterministische Aussagen, wie sie besonders deutlich in p.127,14-17 zum Ausdruck kommen. Eine Zuweisung von UW zu einer der bekannten gnostischen Schulrichtungen bzw. zu einem System ist allerdings nicht möglich. Zu den religionsgeschichtlichen Besonderheiten gehören auch einige Aussagen im allegorischen Exkurs p.122,1-123,2, wo mit dem Phönix und den beiden Stieren sowie dem Verweis auf das „Paradies Gottes" ausdrücklich ein Bezug zu Ägypten hergestellt wird.

UW ist zwar im Hinblick auf den Umfang stark an der Urzeit interessiert, orientiert sich aber letztlich doch auf die Endzeit. Dies zeigt sich nicht nur am Schluß der Schrift, sondern auch an vielen Stellen im urgeschichtlichen Teil, wo bereits das Ende im Blick ist, vorgestellt freilich nicht als Endgericht. Das Schicksal der Menschheit steht dabei weniger im Mittelpunkt als die Vernichtung des Demiurgen, der Archonten und besonders der Finsternis sowie die unterschiedlichen Grade von endzeitlicher Erlösung. Der schließliche Endzustand, herbeigeführt v.a. durch die Wirksamkeit der Pistis Sophia, macht eine Wiederholung des in UW Geschilderten unmöglich.

UW ist in vielerlei Hinsicht eine wichtige und bedeutende gnostische Schrift. Schon durch ihren Umfang ermöglicht sie interessante Einblicke in das Denken, das methodische Vorgehen und die Argumentation eines hochgebildeten Autors, der sich damit an eine Öffentlichkeit wendet, in werbender oder apologetischer Absicht. Der Text ist sicher nicht für den quasi internen Gebrauch in einer gnostischen Gruppierung geschaffen. UW zeigt das hohe Vermögen eines gnostischen Verfassers bzw. – wenn man mit einem mehrstufigen Entstehungsprozeß rechnet – mehrerer Autoren, höchst unterschiedliches, uns z.T. nicht bekanntes Material zu einem eindrucksvollen Ganzen zu integrieren. Es ist sehr deutlich zu sehen, daß die grundlegende gnostische Weltanschauung Vorrang vor der mythologischen Konkretion hat, in der sie zum Ausdruck gebracht wird. UW kann uns eine Vorstellung davon vermitteln, in welcher Weise gnostische Texte auch für nichtgnostische Leserschaft attraktiv waren. Die Dialogfähigkeit mit anderen geistigen bzw. religiösen Richtungen und das Vermögen, nicht wenig davon in eigene Überzeugungen zu übernehmen bzw. diesen dienstbar zu machen, helfen uns zu verstehen, daß bzw. warum die Gnosis eine so hohe Bedeutung und Attraktivität erlangt hat.

Übersetzung

Prolog (p.97,24-98,11)

Weil alle – die Götter der Welt und die Menschen – behaupten, daß es nichts vor dem Chaos gebe, will ich nun beweisen, daß [sie] sich alle geirrt haben, weil sie [das Wesen] des Chaos und seine Wurzel nicht kennen. [Dies ist der] Beweis. Wenn es wahr ist, daß eine Übereinstimmung [unter] *(p.98)* allen Menschen hinsichtlich des Chaos (insoweit) besteht, daß es Finsternis ist, ist es (sc. das Chaos) freilich etwas aus einem Schatten (Stammendes). Man hat es „Finsternis" genannt. Der Schatten aber ist etwas aus einem Werk Stammendes, das seit dem Anfang existiert. Es ist nun offenbar, daß es (sc. das Werk) existierte, bevor das Chaos entstand, das (seinerseits) aber dem ersten Werk gefolgt ist. Laßt uns aber eindringen in die Wahrheit, aber auch in das erste Werk, aus dem das Chaos gekommen ist, und so wird (endgültig) der Beweis der Wahrheit offenbar werden.

Protologie: Urzeit (p.98,11-121,35)

Theogonie (p.98,11-108,2)

Als aber die Natur der Unsterblichen aus dem Unendlichen vollendet worden war, da ging aus der Pistis eine Gestalt hervor, die man „Sophia" nennt. Sie (sc. die Gestalt) wollte (und) es entstand ein Werk, das dem Licht gleicht, das im Anfang existiert. Und sogleich trat ihr (sc. der Pistis Sophia) Wille in Erscheinung als etwas, das wie der Himmel aussieht, das eine unausdenkbare Größe besaß, das sich zwischen den Unsterblichen und denen befindet, die (später) nach ihnen wie <...> entstanden, <das> ein Vorhang ist, der die Menschen und die Himmlischen trennt.

Der Äon der Wahrheit aber hat keinen Schatten in seinem <Inneren,> denn das unermeßliche Licht ist überall in ihm. Was aber außerhalb von ihm ist, ist Schatten. Man nannte es „Finsternis". Aus ihr trat (später) eine Macht in Erscheinung als Herrscher über die Finsternis. Den Schatten aber nannten die Kräfte, die nach ihnen entstanden sind, „das grenzenlose Chaos". Aus ihm sproß [jegliches] Göttergeschlecht hervor, [der eine wie] der andere nebst dem ganzen Ort, so [daß der Schatten] dem ersten *(p.99)* Werk folgte (und) in Erscheinung trat.

Der Abgrund stammt (also) aus der Pistis, über die wir gesprochen haben.

Da nahm der Schatten wahr, daß es einen gibt, der stärker ist als er. Er wurde neidisch, und nachdem er schwanger geworden war von sich selbst, gebar er sogleich den Neid.

Damals trat (also) der Ursprung des Neides in allen Äonen und ihren Welten in Erscheinung. Jener Neid aber wurde als Fehlgeburt erfunden, in der kein Geist war. Er entstand wie ein Schatten in einer großen wäßrigen Substanz. Dann warf man den Zorn, der aus dem Schatten entstanden war, in einen Teil des Chaos.

Damals trat <eine> wäßrige Substanz in Erscheinung, das heißt, das, was in ihm (sc. dem Schatten) eingeschlossen war, floß heraus, so daß es offenbar war im Chaos.

Wie bei einer, die in (zu) kurzer (Zeit) gebiert, all ihr Unnützes (heraus)fällt, so ist die (wäßrige) Materie, die aus dem Schatten entstanden war, zur Seite geworfen worden. Und die (wäßrige) Materie durchbrach die Grenzen des Chaos nicht, sondern blieb im Chaos, und zwar in einem Teil von ihm.

Als das aber geschehen war, da kam die Pistis und erschien über der Materie des Chaos, die weggeworfen war wie eine Fehlgeburt, denn in ihr (sc. der Fehlgeburt) war kein Geist.

Jenes (Chaos) insgesamt ist nämlich grenzenlose Finsternis und ein grundloses Wasser.

Als die Pistis aber sah, was auf Grund ihres Mißgriffes entstanden war, geriet sie in Erschütterung. Die Bestürzung jedoch trat als ein fürchterliches Produkt in Erscheinung. Es floh aber, [um] im Chaos [zu bleiben]. Sie aber wandte sich zu ihm, (und) [hauchte] in sein Gesicht im Abgrund, [der] *(p.100)* unterhalb aller Himmel ist.

Als die Pistis Sophia aber wollte, daß jene (Fehlgeburt), die keinen Geist besaß, Prägung empfinge durch eine Gestalt, (die sich in ihr bildete,) und daß sie (sc. die Gestalt) herrsche auch über die Materie und alle ihre Kräfte, da trat zuerst ein Archont aus den Wassern in Erscheinung, der Löwengestalt hatte und mannweiblich war, der (zwar) große Gewalt besaß, aber nicht wußte, woher er stammt. Als die Pistis Sophia jedoch sah, wie er sich in der Tiefe der Wasser bewegte, sagte sie zu ihm: „Jüngling setze über zu diesen Orten" – wovon die Auflösung „Jaldabaoth" lautet.

Damals kam es zum Ursprung der Sprache, die zu den Göttern, Engeln und Menschen gelangte. Und was immer durch die Sprache entstand, setzten die Götter, Engel und Menschen ins Werk.

Der Archont Jaltabaoth (sic) nun ist in Unwissenheit über die Macht der Pistis. Er hat ihr Gesicht nicht gesehen, sondern hat (nur) das Bild im Wasser gesehen, das mit ihm redete. Und nach jenem Ruf nannte er sich (selbst) „Jalda<ba>oth". Die Vollkommenen aber nennen ihn „Ariael", weil er von Löwengestalt war.

Als dieser aber entstanden war als Inhaber der Gewalt über die Materie, da kehrte die Pistis Sophia nach oben zu ihrem Licht zurück.

Als der Archont seine Größe sah – nur er selbst war es, den er sah, (und) er sah (sonst) nichts anderes außer Wasser und Finsternis –, da dachte er, daß [er] allein es sei, der existiert. Sein [Gedanke] nahm Gestalt an im Wort, (und) das trat *(p.101)* als ein Geist in Erscheinung, der sich auf den Wassern hin- und herbewegte.

Nachdem aber jener Geist in Erscheinung getreten war, sonderte der Archont die wäßrige Substanz zu einem Teil, und das Trockene wurde zu einem anderen Teil gesondert. Und aus d e r Materie schuf er sich einen Wohnort. Er nannte ihn „Himmel". Und aus d e r Materie schuf der Archont (sodann) einen Fußschemel. Er nannte ihn „Erde".

Danach faßte der Archont (sc. Jaldabaoth) einen Gedanken gemäß seiner Natur, und durch das Wort schuf er einen Mannweiblichen. Er öffnete seinen Mund (und) belebte ihn. Nachdem seine Augen geöffnet worden waren, sah er seinen Vater und sagte zu ihm: „i". Sein Vater aber nannte ihn „Jao". Daraufhin schuf er den zweiten Sohn (und) belebte ihn. Der öffnete seine Augen (und) sagte zu seinem Vater: „e". Sein Vater nannte ihn „Eloai". Daraufhin schuf er den dritten Sohn (und) belebte ihn. Der öffnete seine Augen (und) sagte zu seinem Vater: „as". Sein Vater nannte ihn „Astaphaios".

Dies sind die drei Söhne ihres Vaters.

(Im Ganzen) traten im Chaos sieben als Mannweibliche in Erscheinung. Sie haben ihren männlichen Namen und ihren weiblichen Namen.

Der weibliche Name (sc. des Jaldabaoth) lautet: „die Pronoia der Sambathas", das heißt, der Siebenheit.

Sein (erster) Sohn aber wird „Jao" genannt, sein weiblicher Name lautet: „die Herrschaft".

Sabaoth: sein weiblicher Name lautet: „die Gottheit".

Adonaios: sein weiblicher Name lautet: „das Königtum".

Eloaios: sein weiblicher Name lautet: „die Eifersucht".

Oraios: sein weiblicher Name lautet: „[der] Reichtum".

Astaphaios aber: sein [weiblicher] Name *(p.102)* lautet „die Weisheit".

Dies [sind die sieben] Kräfte der sieben Himmel des [Chaos].

Sie entstanden aber als Mannweibliche entsprechend dem unsterblichen Vorbild, das vor ihnen existiert, gemäß dem Willen der Pistis, damit das Bild dessen, der von Anfang an existiert, bis zum Ende bestimmend sei.

Du wirst die Wirkung dieser Namen und die Kraft der Männlichen in (dem Buch) „Die Erzengellehre des Propheten Mose" finden, die Namen der Weiblichen aber im „Ersten Buch der Noraia".

Weil aber der Archigenetor Jaldabaoth über gewaltige Kräfte verfügte, schuf er für jeden einzelnen seiner Söhne durch das Wort schöne Himmel als Wohnorte und je Himmel große Herrlichkeiten, die siebenfach erwählt sind: Throne, Wohnstätten und Tempel, Wagen und jungfräuliche Geister <...> auf etwas Unsichtbares samt ihren Herrlichkeiten – jeder einzelne hat das in seinem Himmel –, (dazu außerdem noch) mächtige Heere von Göttern und Herren und Engeln und Erzengeln, unzählige Zehntausende, damit sie (den Söhnen) dienen.

Die Darstellung davon kannst du genau(er) im „Ersten Logos der Noraia" finden.
Sie wurden aber von diesem Himmel bis hinab zum sechsten Himmel vollendet, dem der Sophia (sc. des Astaphaios).

Der (sichtbare) Himmel und seine Erde wurden zerstört von dem Erschütterer, der unterhalb von ihnen allen ist. Und die sechs Himmel erzitterten. Die Kräfte des Chaos wußten nämlich, wer der ist, der den Himmel, der unterhalb von ihnen ist, vernichtet hatte. Als aber die Pistis die Schandtat der Erschütterung bemerkte, schickte sie ihren Hauch, [fesselte ihn] und warf ihn hinab in den Tartaros.

[An] jenem [Tage] wurde der Himmel samt seiner Erde wieder errichtet *(p.103)* durch die Sophia des Jaldabaoth, die unterhalb von ihnen allen ist.

Als sich aber die Himmel samt ihren Kräften und ihrer ganzen Einrichtung (wieder) gefestigt hatten, (da) überhob sich der Archigenetor und ließ sich verehren vom ganzen Heer der Engel. Und alle <Götter> und ihre Engel lobpriesen und verherrlichten ihn. Er aber freute sich in seinem Herzen und rühmte sich immerfort, indem er zu ihnen sagte: „Ich bedarf niemandes." Er sagte: „Ich bin Gott, und kein anderer existiert außer mir."

Als er das aber sagte, da versündigte er sich gegen alle Unsterblichen <Unvergänglichen>, und die(se) bewahrten ihm (diese Sünde bis zum Endgericht).

Als nun die Pistis die Gottlosigkeit des großen Archonten sah, geriet sie in Zorn. Sie war unsichtbar (und) sagte: „Du irrst dich, Samael." – Das bedeutet: „der blinde Gott." – „Ein unsterblicher lichter Mensch existiert vor dir. Dieser ist es, der sich in euren Gebilden offenbaren wird. Er wird dich zertreten, wie Töpferton zertreten wird. Und du wirst mit den Deinigen hinabfahren zu deiner Mutter, dem Abgrund. Denn am Ende eurer Werke wird der ganze Mangel aufgelöst werden, der aus der Wahrheit hervorgegangen ist. Und er wird vergehen und wird sein, als wäre er nie gewesen."

Als die Pistis das gesagt hatte, ließ sie in den Wassern ihr Bild ihrer Größe sichtbar werden. Und so(dann) kehrte sie nach oben zu ihrem Licht zurück.

Als aber Sabaoth, der Sohn des Jaldabaoth, den Ruf der Pistis gehört hatte, pries er [sie. Er] verurteilte den Vater [und die Mutter] *(p.104)* infolge des Wortes der Pistis.

[Er] pries sie, weil sie ihnen Kenntnis über den unsterblichen Menschen und sein Licht gegeben hatte. Die Pistis Sophia aber streckte ihren Finger aus und goß über ihn Licht von ihrem Licht zur Verurteilung seines Vaters. Als Sabaoth nun Licht empfangen hatte, erhielt er eine große Macht gegenüber allen Kräften des Chaos. Seit jenem Tage wurde er „der Herr der Kräfte" genannt.

Er begann, seinen Vater, die Finsternis, und seine Mutter, den Abgrund, zu hassen. Es erfaßte ihn Ekel vor seiner Schwester, dem Gedanken des Archigenetor, der sich auf den Wassern hin- und herbewegt. Wegen seines Lichtes aber fingen alle Mächte des Chaos an, ihn zu beneiden. Und als sie in Aufregung geraten waren, führten sie einen großen Krieg in den sieben Himmeln.

Da, als die Pistis den Krieg sah, sandte sie dem Sabaoth aus ihrem Licht(reich) sieben Erzengel. Sie entrückten ihn in den siebten Himmel. Sie stellten sich vor ihn als Diener. Weiterhin sandte sie ihm noch drei Erzengel. Sie bestimmte ihm die Königsherrschaft oberhalb von jedem einzelnen, damit er oberhalb der zwölf Götter des Chaos sei.

Als aber Sabaoth den Ort der Ruhe für seine Umkehr erhalten hatte, gab ihm die Pistis noch ihre Tochter Zoe, (ausgestattet) mit großer Macht, damit sie ihn belehre über alle, die in der Achtheit existieren.

Weil er (nun) aber Macht hatte, schuf er sich zuerst einen Wohnort. Es ist ein großer, der überaus herrlich ist, der siebenmal (so groß) ist wie alles, was sich [in den] sieben Himmeln befindet.

Vor *(p.105)* seinem Wohnort aber schuf er sich einen großen Thron, der sich auf einem viergesichtigen Wagen befindet, der „Cherubin" genannt wird. Der Cherubin aber hat acht Gestalten an jeder der vier Ecken: Löwengestalten und Rindergestalten und Menschengestalten und Adlergestalten, so daß sich alle Gestalten auf 64 Gestalten belaufen, und sieben Erzengel stehen vor ihm. Er ist der achte und hat Macht. Alle Gestalten (zusammen) betragen 72. Von diesem Wagen empfingen nämlich die 72 Götter ihre Prägung, (und zwar) erhielten sie ihre Prägung, damit sie über die 72 Sprachen der Völker herrschen. Bei jenem Thron aber schuf er andere Engel von Drachengestalt, die „Seraphin" genannt werden und ihn allezeit preisen.

Darauf schuf er eine Engelkirche – unzählige Tausende und Zehntausende (gehören zu ihr) –, die der Kirche in der Achtheit gleicht, und (er schuf) einen Erstgeborenen, der „Israel" heißt, das heißt: „der Mensch, der Gott sieht", und (er schuf) einen anderen, namens „Jesus Christus", der dem Soter gleicht, der sich oben in der Achtheit befindet. Er sitzt zu seiner Rechten auf einem herrlichen Thron. Zu seiner Linken aber sitzt die Jungfrau des Heiligen Geistes auf einem Thron und preist ihn. Und vor ihr stehen die <sieben> Jungfrauen, während 30 (andere Jungfrauen) ihm <mit> Zithern und Harfen [und] *(p.106)* Trompeten in den Händen Lobpreis spenden. Und die ganzen Heere der Engel preisen und verehren ihn.

Er sitzt aber auf einem Thron, den eine lichte große Wolke verhüllt. Und niemand war bei ihm in der Wolke außer der Sophia, <der (Tochter) der> Pistis, die ihn über alle, die in der Achtheit existieren, belehrte, damit die Abbildung von jenen geschaffen würden (und) damit ihm die Königsherrschaft erhalten bliebe bis zum Ende der Himmel des Chaos und ihrer Kräfte.

Die Pistis Sophia aber trennte ihn von der Finsternis. Sie rief ihn nach rechts von sich. Den Archigenetor aber stellte sie links von sich.

Damals wurde „Rechtes" „Gerechtigkeit" genannt, „Linkes" aber hat man „die Ungerechtigkeit" genannt.

Deswegen nun empfingen sie (selbst) alle eine Ordnung für die Kirche der Gerechtigkeit, und die Ungerechtigkeit <ist> eingesetzt über alle <ihre> Geschöpfe.

Als der Archigenetor des Chaos nun seinen Sohn Sabaoth sah und die Herrlichkeit, in der er sich befand, (als er sah,) daß er erwählt ist vor allen Gewalten des Chaos, da wurde er neidisch. Und als er (dabei) zornig wurde, da erzeugte er den Tod aus einem Tod. (D)er wurde über den sechsten Himmel eingesetzt. Sabaoth war (ja) von jenem Ort entrückt worden. Und so wurde die Zahl der sechs Mächte des Chaos (wieder) voll. Daraufhin vereinigte sich der Tod, da (auch) er mannweiblich war, mit seiner (eigenen weiblichen) Natur und zeugte sieben mannweibliche Kinder.

Dies sind die Namen der Männlichen: der Neid, der Zorn, das Weinen, das Seufzen, das Klagen, das Jammern, das Stöhnen.

Dies aber sind die Namen der Weiblichen: der Zorn, das Leid, die Lust, das Seufzen, der Fluch, die Bitterkeit, der Streit. (Auch) sie vereinigten sich miteinander, und jeder einzelne zeugte sieben, so daß sie *(p.107)* 49 mannweibliche Dämonen zählen.

Ihre Namen und ihre Wirkungen wirst du im „Buch des Solomon" finden.

Und diesen gegenüber schuf Zoe, die sich bei Sabaoth befindet, sieben gute mannweibliche Kräfte.

Die Namen der Männlichen sind diese: der Neidlose, der Selige, der Freudvolle, der Wahrhaftige, der Mißgunstlose, der Geliebte, der Glaubwürdige.

Was die Weiblichen betrifft, (so) sind ihre Namen diese: der Friede, die Freude, der Jubel, die Selig<keit>, die Wahrheit, die Liebe, die Treue. Und von diesen stammen viele gute und unschuldige Geistwesen ab.

Ihre Wirkungen und ihre Wirkungsweisen wirst du in (dem Buch mit dem Titel) „Die Gestalten der Heimarmene des Himmels, die sich unterhalb der Zwölf befinden", finden.

Als der Archigenetor aber das Abbild der Pistis in den Wassern sah, da wurde er sehr traurig, besonders, als er hörte, daß ihre Stimme der ersten Stimme glich, die ihn aus den Wassern herausgerufen hatte. Und als er erkannte, daß es die war, die ihm den Namen gegeben hatte, seufzte er und empfand Scham über seine Verfehlung. Und als er zuverlässig erfuhr, daß ein unsterblicher lichter Mensch vor ihm existiert, geriet er in große Verwirrung darüber, daß er vorher zu allen Göttern und ihren Engeln gesagt hatte: „Ich bin Gott, und es gibt keinen anderen außer mir." Denn er war in Furcht geraten, daß sie erkennen könnten, daß ein anderer vor ihm existiert (und) daß sie ihn verachten könnten.

Er aber, uneinsichtig wie er war, achtete die Verurteilung gering, und er erdreistete sich (und) sagte: „Wenn einer *(p.108)* vor mir existiert, (dann) möge er sich zeigen, damit wir sein Licht sehen!"

Und siehe, sogleich kam Licht aus der Achtheit oben und passierte (herabsteigend) alle Himmel der Erde.

Anthropogonie und Paradiesgeschichte (p.108,5-121,35)

Als der Archigenetor sah, daß das Licht schön und strahlend war, wunderte er sich und empfand große Scham. Als dieses Licht erschien, da wurde eine überaus wundersame Menschengestalt in ihm sichtbar, doch niemand konnte sie sehen außer dem Archigenetor selbst und der Pronoia (, seiner Paargenossin), die bei ihm war. Ihr Licht jedoch wurde allen Kräften des Himmels sichtbar. Deswegen gerieten sie alle durch sie (sc. die Menschengestalt) in Erregung.

Als die Pronoia diesen Gesandten sah, da verliebte sie sich in ihn. Er aber haßte sie, weil sie in der Finsternis war. Sie aber wollte ihn umarmen (und) konnte es nicht. Als sie ihre Liebe nicht befriedigen konnte, goß sie ihr Licht über die Erde aus.

Damals wurde jener Gesandte „Licht-Adam" benannt, dessen Übersetzung lautet: „der lichte Blutmensch". Und die Erde, über die sich (ihr Licht) ausgebreitet <hatte,> (wurde genannt:) „Heiliger Adamas", dessen Übersetzung lautet: „die stählerne heilige Erde".

Damals fingen alle Mächte an, das Blut der Jungfrau zu verehren. Die Erde aber wurde infolge des <Blutes> der Jungfrau gereinigt.

Erst recht aber war das Wasser gereinigt worden durch das Bild der Pistis Sophia, das sich dem Archigenetor in den Wassern gezeigt hatte. Mit gutem Grund hat man also gesagt: durch die Wasser. Weil das heilige Wasser alles belebt, *(p.109)* reinigt es (all)es auch.

Aus diesem ersten Blut trat der Eros mannweiblich in Erscheinung. Seine Männlichkeit ist „Himireris", weil er Feuer aus dem Licht ist. Seine Weiblichkeit, die bei ihm ist, ist eine Blutseele, etwas aus der Substanz der Pronoia. Er ist von solch großer Schönheit, daß er Gefallen findet über alle Geschöpfe des Chaos hinaus.

Dann als alle Götter und ihre Engel den Eros sahen, da verliebten sie sich in ihn. Als er sich aber in ihnen allen (wirksam) zeigte, setzte er sie in Brand.

Wie an einer einzigen Lampe viele Lampen entzündet werden können und es doch ein und dasselbe Licht ist, die Lampe aber nicht schwächer wird, so verbreitete sich auch der Eros unter allen Geschöpfen des Chaos und wurde (doch) nicht schwächer.

Wie aus der Mitte zwischen dem Licht und der Finsternis der Eros in Erscheinung trat – inmitten der Engel und Menschen vollendete sich der Beischlaf des Eros –, so erblühte (auch) auf der Erde (selbst) die erste Lust.

Die Frau folgte der Erde.

Die Hochzeit folgte der Frau.

Die Geburt folgte der Hochzeit.

Die Auflösung folgte der Geburt.

Nach jenem Eros sproß der Weinstock empor aus dem Blut, das auf der Erde ausgegossen war. Deshalb erwecken sich die, die ihn (sc. den Wein) trinken, die Begierde nach dem Beischlaf.

Nach dem Weinstock sprossen ein Feigenbaum und ein Granatapfelbaum auf der Erde empor – samt den übrigen Bäumen nach ihrer Art, die ihren Samen in sich tragen aus dem *(p.110)* Samen der Mächte und ihrer Engel.

Dann schuf die Gerechtigkeit das schöne Paradies. Es liegt außerhalb des Kreises des Mondes und des Kreises der Sonne in dem üppigen Land, das im Osten inmitten der

Felsen liegt. Und die Lust wohnt inmitten der schönen prächtigen Bäume. Und der Baum des unvergänglichen Lebens, wie er durch den Willen Gottes in Erscheinung getreten ist, steht im Norden des Paradieses, um die Seelen der Heiligen unsterblich zu machen, die herauskommen werden aus den Gebilden der Armut am Ende des Äons. Das Aussehen des Baumes des Lebens aber ist wie das der Sonne. Und seine Zweige sind schön. Seine Blätter sind wie die der Zypresse. Seine Frucht ist weiß wie die Weintrauben. Seine Höhe erreicht den Himmel.

Und bei ihm steht der Baum der Erkenntnis, der die Kraft Gottes besitzt. Seine Herrlichkeit ist wie die des (Voll-)Mondes, wenn er stark leuchtet. Und seine Zweige sind schön. Seine Blätter sind wie die Feigenblätter. Seine Frucht ist wie die der guten (und) prächtigen Dattelpalmen. Dieser (Baum) aber steht im Norden des Paradieses, um die Seelen aus dem von den Dämonen (bewirkten) Vergessen zu erwecken, damit sie (einerseits später) herantreten zum Baum des Lebens und (auch von) seine(r) Frucht essen und (damit sie andererseits sogleich) die Mächte und ihre Engel verurteilen.

Die Wirkung dieses Baumes steht (folgendermaßen) beschrieben in dem „Heiligen Buch":

„Du bist der Baum der Erkenntnis,
der im Paradies steht,
der, von dem der erste Mensch gegessen hat,
(so daß) er seinen Verstand öffnete
(und) sein Ebenbild liebgewann.
Er hat *(p.111)* verurteilt andere, fremde Bilder,
er hat sich geekelt vor ihnen."

Nach diesem aber sproß der Ölbaum hervor, der die Könige und die Hohenpriester der Gerechtigkeit, die in den letzten Tagen auftreten werden, reinigen wird. Der Ölbaum war aber in Erscheinung getreten durch das Licht des ersten Adam wegen der Salbung, die sie (sc. die Könige und Hohenpriester der Gerechtigkeit) empfangen <werden>.

Die erste Seele aber liebte den Eros, der bei ihr war, (und) hat ihr Blut über ihn und die Erde ausgegossen. Aus jenem Blute aber erblühte zuerst die Rose auf der Erde, (und zwar) am Dornbusch, zur Freude des Lichtes, das in dem Dornbusch in Erscheinung treten wird.

Danach sprossen auch die (anderen) schönen und wohlriechenden Blumen auf der Erde empor nach ihrer Art aus (dem Blut) jeder einzelnen der jungfräulichen Töchter der Pronoia. – Als sie sich in den Eros verliebt hatten, hatten (auch) sie ihr Blut über ihn und über die Erde ausgegossen. –

Danach sprossen alle Pflanzen auf der Erde empor nach ihrer Art, den Samen der Mächte und ihrer Engel (in sich) habend.

Danach schufen die Mächte aus den Wassern alle Tiere nach ihrer Art und die Kriechtiere und die Vögel nach ihrer Art, den Samen der Mächte und ihrer Engel (in sich) habend.

Vor allen diesen (Dingen) aber, als (d)er (Licht-Adam) am ersten (Schöpfungs-)Tag erschienen war, blieb er etwa zwei Tage lang auf der Erde. Er ließ die Pronoia, die unten ist, in (ihrem) Himmel und machte sich daran, hinaufzusteigen zu seinem Licht, und sogleich entstand die Finsternis (wieder) über der ganzen Welt. *(p.112)*

Als aber die Sophia, die im Himmel unten ist, (es) wollte, da empfing sie Macht von der Pistis und schuf große Leuchten und alle Sterne und setzte sie an den Himmel, damit sie über die Erde leuchten und (damit) sie (durch ihren Lauf) mittels Zeichen (lange) Zeiten und Augenblicke, (also) Jahre und Monate und Tage und Nächte und Augenblicke und alles übrige vollenden.

Und auf diese Weise wurde der ganze Ort am Himmel geordnet.

Als aber der Licht-Adam in sein Licht eingehen wollte – das heißt, in die Achtheit –, da konnte er es nicht wegen der Armut, die sich mit seinem Licht vermischt hatte.

Dann schuf er sich einen großen Äon, und in jenem Äon schuf er sich sechs Äonen und ihre Welten, die (ebenfalls) sechs betragen, die siebenmal erwählter sind als die Himmel des Chaos mit ihren Welten.

Alle diese Äonen aber mit ihren Welten befinden sich in dem grenzenlosen (Bereich), der zwischen der Achtheit und dem Chaos unter ihr liegt, und zählen (doch noch) zu der Welt, die die der Armut ist.

Wenn du die Ordnung von diesen kennenlernen willst, dann kannst du sie beschrieben finden im „Siebenten Kosmos des Propheten Hieralias".

Bevor aber der Licht-Adam zurückgekehrt war, hatten ihn die Mächte im Chaos gesehen. Sie spotteten über den Archigenetor, weil er gelogen hatte, als er sagte: „Ich bin Gott. Es existiert keiner vor mir".

Als sie zu ihm (sc. dem Archigenetor) kamen, sagten sie: „Ist etwa dieser der Gott, der (seinerzeit die Ordnung) unser(es) Werk(es) verdorben hat?" Er antwortete und sagte: „Ja. Wenn ihr (aber) wollt, daß er unser Werk nicht (wieder) verderben kann, (dann) kommt, laßt uns einen Menschen schaffen von der Erde nach dem Bilde unseres Leibes und nach dem Aussehen *(p.113)* von jenem (Licht-Adam), damit (d)er (irdische Mensch) uns diene, auf daß jener (Licht-Adam), wenn er sein Abbild sieht, es liebe. Er wird (dann) nicht mehr unser Werk verderben, sondern wir werden uns die, die aus dem Licht geboren werden, zu Sklaven machen" – für die ganze Zeit dieses Äons.

Dies alles aber war geschehen gemäß der Vorsehung der Pistis, damit der Mensch in Entsprechung zu seinem Urbild in Erscheinung trete (und) sie (sc. die Archonten) aus ihrem (eigenen) Gebilde heraus verurteile.

Und ihr Gebilde wurde zu einer Umzäunung für das Licht.

Dann kam den Mächten die Erkenntnis, den Menschen zu erschaffen.

Es kam ihnen (jedoch) die Sophia Zoe zuvor, die(jenige), die bei Sabaoth ist. Und sie verlachte ihren Entschluß, weil sie Blinde sind – in Unwissenheit schufen sie ihn (sc. den Menschen) gegen sich selbst – und nicht wissen, was sie da zu tun im Begriff sind.

Deswegen (also) ist sie ihnen zuvorgekommen. Sie schuf zuerst ihren Menschen, damit er ihr (sc. der Archonten) Gebilde belehre, wie es (sc. das Gebilde) sie (sc. die Archonten) verachten soll und auf diese Weise auch vor ihnen gerettet werden wird.

Die Erzeugung d(ies)es Lehrers aber erfolgte auf diese Weise: Als die Sophia (Zoe) einen Lichttropfen fallen ließ, fiel er auf das Wasser. Sogleich trat der Mensch in Erscheinung, (und zwar) mannweiblich.

Jener Tropfen formte <es> (sc. das Wasser) zuerst zu einem weiblichen Leibe. Danach gestaltete er (sc. der Tropfen) sich in dem Leibe, der in Erscheinung getreten war, wie in der Mutter, (und) er vollendete sich innerhalb von zwölf Monaten.

Es wurde ein mannweiblicher Mensch geboren, der, den die Griechen „Hermaphrodites" nennen. Seine Mutter aber nennen die Hebräer „Lebens-Eva", das bedeutet: die Lehrerin des Lebens.

Ihr Kind aber ist der Sprößling, der Vollmacht hat – später nannten ihn die Mächte *(p.114)* „das Tier" – , um ihre (sc. der Archonten) Gebilde zu verführen. Die Deutung für „das Tier" ist „der Lehrer". Es wurde nämlich klüger erfunden als sie alle.

Eva ist also die erste Jungfrau, die ohne Mann zum ersten Mal gebar. Sie war ihr eigener Arzt. Deswegen heißt es im Bezug auf sie, daß sie gesagt habe:

„Ich bin der Teil meiner Mutter,
    und ich bin die Mutter,
ich bin das Weib,
    (und) ich bin die Jungfrau,
ich bin die Schwangere,
    (und) ich bin die Ärztin,
    (und) ich bin die Hebamme.
Mein Gatte ist es, der mich gezeugt hat,
    und ich bin seine Mutter,
    und er ist mein Vater und mein Herr.
Er ist meine Kraft,
    (und) was er will, sagt er vernünftig.
Ich bin (zwar selber noch) im Werden,
    aber ich habe (doch schon) einen vollmächtigen Mann geboren."

Dieses aber wurde nach dem Willen des Sabaoth und seines Christus den Seelen enthüllt, die (später) in die Gebilde der Mächte kommen werden, und deswegen hat die heilige Stimme gesagt: „Werdet zahlreich und nehmt zu. Seid Herr über alle Geschöpfe." Und diese sind es, die nach ihrer Bestimmung gefangen wurden vom Archigenetor, und die so eingekerkert wurden in die Gefängnisse der Gebilde (der Archonten) – am Ende des Äons.

Zu jener Zeit aber, da machte der Archigenetor seinen Gefährten (s)einen Vorschlag betreffs des Menschen. Dann ließ jeder einzelne von ihnen seinen Samen mitten auf den Nabel der Erde fallen.

Damals bildeten die sieben Archonten den Menschen so, daß sein Leib zwar ihrem Leib glich, seine Gestalt aber dem (Licht-)Menschen glich, der ihnen erschienen war. Seine Gestaltung erfolgte gemäß dem Anteil eines jeden (Archonten). Ihr oberster aber schuf das Gehirn und das Mark.

Dann offenbarte er (sc. der Demiurg) sich als vor ihm (Existierender). Er (sc. der von den Archonten gebildete Mensch) wurde *(p.115)* zu einem seelischen Menschen, und man nannte ihn „Adam", das heißt „der Vater", nach dem Namen dessen, der vor ihm war.

Als sie Adam aber fertiggestellt hatten, legte er (sc. der Demiurg) ihn hin als ein (lebloses) Ding, weil er Gestalt gewonnen hatte wie die Fehlgeburten, insofern als kein

Geist in ihm war. Wegen dieser Sach(lag)e fürchtete der große Archont, als er sich an das Wort der Pistis erinnerte, daß der wahre Mensch in sein Gebilde einginge und Herr würde über ihn.

Deswegen ließ er sein Gebilde vierzig Tage lang ohne Seele. Und er entfernte sich (und) ließ es liegen.

Am vierzigsten Tag aber sandte die Sophia Zoe ihren Hauch hinein in Adam, in dem (noch) keine Seele war. Er begann, sich auf der Erde zu bewegen. Und (doch) konnte er sich (noch) nicht aufrichten.

Als die sieben Archonten aber kamen (und) ihn sahen, gerieten sie in große Unruhe. Sie traten an ihn heran, sie ergriffen ihn, und er (sc. der Demiurg) sprach zu dem Hauch, der in ihm war: „Wer bist du, und von wo bist du hierher gekommen?" Er antwortete (und) sprach: „Ich bin gekommen in der Kraft des (Licht-)Menschen zur Zerstörung eures Werkes."

<...> Als sie das hörten, priesen sie ihn, weil er ihnen Ruhe gab vor der Furcht und der Sorge, in der sie waren. Dann nannten sie jenen Tag „die Ruhe", weil sie sich ausruhten von ihren Mühen.

Als sie aber sahen, daß Adam sich nicht aufrichten konnte, da freuten sie sich. Sie nahmen ihn, setzten ihn in das Paradies und kehrten nach oben in ihre Himmel zurück.

Nach dem Tag der Ruhe sandte die Sophia ihre Tochter Zoe, die (Lebens-)Eva genannt wird, als Lehrerin, um Adam, in dem keine Seele war, zu erwecken, damit (er und) die, die er zeugen würde, Gefäße des [Lichtes] würden.

[Als] *(p.116)* diese Eva ihr Ebenbild daliegen sah, erbarmte sie sich seiner und sagte: „Adam, lebe! Erhebe dich von der Erde!" Sogleich wurde ihr Wort zum Werk. Denn als Adam sich erhob, öffnete er sogleich seine Augen. Als er sie sah, sagte er: „Dich wird man ,die Mutter der Lebendigen' nennen, weil du es bist, die mir das Leben gegeben hat."

Dann erfuhren die Mächte, daß ihr Gebilde lebendig (war) und sich erhoben hatte. Sie gerieten in große Bestürzung. Sie sandten sieben Erzengel, um nachsehen zu lassen, was geschehen war.

Sie (sc. die Archonten) kamen zu Adam. Als sie Eva mit ihm reden sahen, sprachen sie zueinander: „Was ist das für eine lichte (Gestalt)? Sie gleicht ja jener Gestalt, die uns im Licht erschienen war. Kommt jetzt, laßt uns sie packen und mit unserem Samen befruchten, damit sie, wenn sie befleckt ist, nicht zu ihrem Licht nach oben zurückgehen kann, die hingegen, die sie gebären wird, uns untertan seien. Laßt uns aber Adam nicht sagen, daß er nicht jemand von uns ist, sondern laßt uns einen Schlaf über ihn bringen und laßt uns ihm in seinem Schlummer mitteilen, daß sie aus seiner Rippe entstanden sei, damit die Frau sich unterordne und er über sie Herr sei."

Da machte sich Eva, weil sie (ja doch) eine (himmlische) Kraft war, lustig über ihren Beschluß. Sie blendete ihre (sc. der Archonten) Augen, sie ließ heimlich ihr Abbild dort bei Adam.

Sie (selbst) ging in den Baum der Erkenntnis hinein. Dort blieb sie. Sie (sc. die Archonten) aber suchten, ihr zu folgen. Sie ließ sie merken, daß sie in den Baum hineingegangen war, (selbst) Baum geworden war. Als sie aber in große Furcht geraten waren, da ergriffen sie, <blind> wie sie waren, die Flucht.

Danach, als sie (sc. die Archonten) zu sich kamen von der Ohnmacht, kamen sie wieder [zu Adam. Und] als sie das Abbild jener bei ihm sahen *(p.117)*, gerieten sie in Unruhe, weil sie meinten, diese sei die wahre Eva. Und sie erdreisteten sich, auf sie einzudringen, sie zu packen (und) ihren Samen auf sie herabzuwerfen.

Sie taten das mit Verschlagenheit, indem sie (sie) nicht nur physisch besudelten, vielmehr (taten sie das auch) durch eine Beschmutzung, bei der sie den ersten Abdruck ihrer (sc. der Lebens-Eva) Stimme befleckten, die (zuvor) zu ihnen gesagt hatte: „Was ist es, das vor euch existiert?", damit sie (auch) diejenigen befleckten, die sagen: „Durch das Wort <...>", wobei sie geboren werden am Ende durch den wahren Menschen.

Und sie wurden getäuscht, weil sie nicht wußten, daß es, als sie (auch) ihren (eigenen) Leib befleckt hatten, (nur) das (Ab)bild war, das die Mächte und ihre Engel auf jede Weise befleckt hatten.

Sie wurde zuerst schwanger mit Abel von dem ersten Archonten, und die übrigen Kinder gebar sie durch (Adam und) die sieben Mächte samt ihren Engeln.

Aber dieses alles geschah gemäß der Vorsehung des Archigenetor, damit die erste Mutter in sich allen Samen so erzeuge, daß er vermischt ist (und) daß er eingefügt ist in die Heimarmene des Kosmos mit ihren Gestalten und (in) die (ihr eigene) Gerechtigkeit.

Ein Heilsplan entstand in Bezug auf Eva, damit die Gebilde der Mächte zu Umzäunungen für das Licht würden. Dann (nämlich) wird es (sc. das Licht) sie (sc. die Archonten) verurteilen mittels ihrer Gebilde.

Der erste Adam des Lichtes ist also pneumatisch. Er ist in Erscheinung getreten am ersten Tag.

Der zweite Adam ist psychisch. Er trat in Erscheinung am [sechsten] Tag, der, der „Aphrodite" genannt wird.

Der dritte Adam ist irdisch, das ist der Gesetzesmensch, der [in Erscheinung getreten] ist am achten Tag, [nach der] *(p.118)* Ruhe der Armut, (an dem Tag,) der „Sonntag" genannt wird.

Die Nachkommenschaft aber des irdischen Adam wurde zahlreich (und) erfüllte (die Erde). Sie brachte in sich alle Kenntnisse des psychischen Adam hervor. Aber das All blieb in Unwissenheit.

Danach, so will ich (nun) fortfahren, als die Archonten aber sahen, wie er und seine Gefährtin umherirrten, in Unwissenheit wie das Vieh, da freuten sie sich sehr.

<...> Als sie erkannten, daß der unsterbliche Mensch sie nicht außer Acht lassen würde, daß sie sich vielmehr auch vor der fürchten müßten, die zum Baum geworden war, gerieten sie in Verwirrung (und) sagten: „Ist vielleicht das Wesen, das uns geblendet hat und uns belehrt hat über die Befleckte, die ihm (ja) gleicht, der wahre Mensch, so daß wir (durch dieses Wesen) besiegt werden könnten?"

Dann hielten sie Rat zu siebt. Sie kamen zu Adam und Eva mit Furcht. Sie sagten ihm: „Alle Bäume im Paradies, die für euch geschaffen sind, deren Frucht dürft ihr essen. Der Baum aber der Erkenntnis, – hütet euch, von ihm zu essen. Wenn ihr (von ihm) eßt, (dann) werdet ihr sterben." Nachdem sie (sc. die Archonten) ihnen große Furcht eingeflößt hatten, kehrten sie nach oben zu ihren Mächten zurück.

Dann kam der, der weiser ist als sie alle, der, den man „das Tier" genannt hat. Und als er das Abbild ihrer (beider) Mutter, Eva, sah, sagte er zu ihr: „Was hat Gott (da) zu euch gesagt: ‚Eßt nicht von dem Baum der Erkenntnis'?" Sie sagte: „Er hat nicht nur gesagt: ‚Eßt nicht von ihm', sondern (auch): ‚Berührt ihn nicht, damit [du (sic) nicht] stirbst'." Er sagte zu ihnen: „Fürchtet euch nicht! Ihr werdet [nicht] des Todes [sterben. Er weiß] nämlich, daß, wenn ihr von ihm eßt, *(p.119)* euer Verstand nüchtern werden wird und ihr wie Götter sein werdet, weil ihr den Unterschied kennt, der zwischen den bösen Menschen und den guten besteht. Er hat euch das nämlich gesagt, weil er neidisch ist, damit ihr nicht von ihm eßt."

Eva aber vertraute den Worten des Lehrers. Sie schaute hinauf zu dem Baum. Sie sah, daß er schön und prächtig war (und) fand Gefallen an ihm. Sie nahm von seiner Frucht, sie aß, gab auch ihrem Gatten, auch er aß. Da wurde ihr Verstand aufgetan.

Als sie nämlich gegessen hatten, erstrahlte ihnen das Licht der Erkenntnis. Als sie die Scham angelegt hatten, erkannten sie, daß sie entblößt gewesen waren von der Erkenntnis. Als sie nüchtern geworden waren, sahen sie, daß sie nackt waren (und) liebten einander. Als sie sahen, daß ihre Bildner von Tiergestalt waren, ekelten sie sich vor ihnen. Sie kamen zu großer Erkenntnis.

Als die Archonten merkten, daß sie (sc. die Menschen) ihr Gebot übertreten hatten, da kamen sie unter Erdbeben und großer Drohung in das Paradies zu Adam und Eva, um die Wirkung der Hilfe (des Lehrers) zu sehen.

Da gerieten Adam und Eva in große Bestürzung. Sie versteckten sich unter den Bäumen, die im Paradies waren. Weil die Archonten nicht wußten, wo sie (sc. Adam und Eva) waren, sprachen sie: „Adam, wo bist du?" Er sagte: „Ich bin hier. Aus Furcht vor euch habe ich mich versteckt, nachdem ich von Scham ergriffen wurde." Sie sagten aber zu ihm in Unwissenheit: „Wer hat dir von der Scham gesagt, die du angezogen hast, es sei denn, daß du von dem Baum gegessen hast?" Er sagte: „Die Frau, die du mir gegeben hast, die war es, die mir gegeben hat, und ich habe gegessen." Da [sagten] sie [zu ihr] *(p.120)*: „Was hast du getan?" Sie antwortete (und) sprach: „Der Lehrer hat mich angestachelt, und ich habe gegessen."

Dann gingen die Archonten zu dem Lehrer. Ihre Augen wurden (aber) durch ihn verdunkelt, so daß sie ihm nichts tun konnten. Sie verfluchten ihn (bloß), weil sie machtlos waren. Danach gingen sie zu der Frau. Sie verfluchten sie und ihre Kinder. Nach der Frau verfluchten sie Adam und die Erde seinetwegen und (auch) die Früchte. Und alle Dinge, die sie geschaffen hatten, verfluchten sie. Es gibt keinen Segen bei ihnen. Es ist (nämlich) nicht möglich, daß etwas Gutes aus dem Bösen hervorgebracht wird.

Damals machten die Mächte die Erfahrung, daß wahrhaftig einer, der stark ist, vor ihnen ist. (Doch) sie begriffen nichts, außer, daß sie (sc. Adam und Eva) ihr Gebot nicht gehalten hatten. Sie brachten einen großen Neid in die Welt hinein, nur wegen des unsterblichen Menschen.

Als die Archonten aber ihren Adam gesehen hatten, war er zu einer anderen Erkenntnis gekommen, und sie wollten ihn auf die Probe stellen. Sie versammelten alles Vieh und zwar die Tiere der Erde und die Vögel des Himmels. Sie brachten sie zu Adam, um zu sehen, wie er sie benennen würde. Als er sie sah, gab er ihren (sc. der Archonten) Geschöpfen Namen.

Sie (sc. die Archonten) gerieten in Verwirrung, daß Adam nüchtern geworden war aus aller Angst. Sie versammelten sich, hielten Rat (und) sagten: „Siehe, Adam ist wie einer von uns geworden, so daß er den Unterschied von Licht und Finsternis kennt. Jetzt nun, damit er nicht verleitet werde wie beim Baum der Erkenntnis (und) auch noch hingehe zum Baum des Lebens, von ihm esse, unsterblich werde, [Herr] werde, uns verachte, [uns] und unsere ganze Herrlichkeit gering [schätze] – danach wird er [uns und unsere] Welt verurteilen –, kommt, laßt uns ihn hinabwerfen *(p.121)* aus dem Paradies auf die Erde, den Ort, aus dem er hervorgebracht worden ist, damit er von jetzt an nicht mehr fähig sei, etwas besser zu verstehen als wir."

Und so warfen sie Adam (heraus) aus dem Paradies samt seiner Frau.

Und das, was sie getan hatten, genügte ihnen (noch) nicht, sondern sie fürchteten sich (immer noch). Sie gingen hinein zum Baum des Lebens, versahen ihn (sc. den Weg zu ihm) mit großen Schrecknissen, (nämlich mit) feurigen Lebewesen, die „Cherubin" genannt werden, und stellten ein flammendes Schwert zwischen sie, das fortwährend ganz furchtbar kreist, damit niemals einer von den Erdenmenschen hineingehe zu jenem Ort.

Danach, als die Archonten Adam (noch immer) beneideten, wollten sie ihre (sc. der Menschen) Zeiten verringern, (doch) sie konnten es nicht wegen der Heimarmene, die von Anfang an festgesetzt ist. Begrenzt waren nämlich ihre Zeiten: für jeden einzelnen (Menschen) tausend Jahre entsprechend dem Lauf der Sterne. Weil die Archonten aber nicht imstande waren, das zu tun, verringerte jeder einzelne von den Übeltätern (ihre Lebenszeit) um zehn Jahre, und diese ganze Zeit betrug 930 Jahre, und diese (gehen dahin) in Trauer und Schwachheit und schlimmen Mühsalen. Und darauf lief das Leben hinaus – von jenem Tag bis zum Ende des Äons.

Dann, als die Sophia Zoe sah, daß die Archonten der Finsternis ihre (der Sophia Zoe) Ebenbilder verfluchten, wurde sie unwillig. Und nachdem sie versehen mit allen Kräften aus dem ersten Himmel herausgekommen war, verjagte sie die Archonten aus [ihren] Himmeln und warf sie hinab in den sündigen [Kosmos], damit sie dort auf der Erde seien als böse Dämonen.

Allegorischer Exkurs und Summarien (p.122,1-123,2)

[Sie sandte den Vogel], *(p.122)* der im Paradies war, damit er (jeweils) die tausend Jahre in ihrer (sc. der Archonten) Welt verbringe: ein beseeltes Lebewesen, das „Phönix" heißt. Es tötet sich selbst und belebt sich selbst wieder, als Zeugen des Gerichtes an ihnen, weil sie Adam und seinem Geschlecht Unrecht getan hatten – bis zum Ende des Äons.

Drei Menschen gibt es – und ihre Geschlechter sind auf der Welt bis zum Ende des Äons –, den pneumatischen und den psychischen und den choischen.

Ihnen entsprechen die drei Phönixgestalten <des> Paradieses: die erste [ist] unsterblich, die zweite lebt tausend Jahre, die dritte wird, wie im *„Heiligen Buch"* geschrieben steht, (vom Feuer) verzehrt.

So gibt es auch drei Taufen: die erste ist geistlich, die zweite ist (von) Feuer (und) die dritte ist (von) Wasser.

Wie (der) Phönix offenbar ist als Zeuge gegen die Engel, so wurden die wasserreichen (Gebiete) in Ägypten zum Zeugen für die, die herabsteigen zur Taufe eines wahren Menschen.

Die beiden Stiere in Ägypten haben ein Mysterium: die Sonne und den Mond. Sie sind Zeugen für Sabaoth, denn <er ist> über ihnen. Die Sophia (des Astaphaios) hatte den Kosmos empfangen, seit dem Tag, als sie Sonne und Mond schuf und (so) ihren Himmel versiegelt hatte – bis zum (Ende des) Äons.

Der Wurm aber, der aus dem Phönix geboren worden ist, ist wiederum ein Mensch. Es ist über ihn geschrieben: „Der Gerechte wird sprießen wie ein Phönix." Und der Phönix tritt (so) in Erscheinung, daß er zuerst lebendig ist, (dann) stirbt (und schließlich) wieder aufersteht. (So) ist er ein Zeichen für den (Menschen), der am Ende des [Äons] erschienen ist.

Diese großen Zeichen sind nur in Ägypten in [Erscheinung] getreten, in keinem anderen Land, (und) es *(p.123)* bedeutet, daß es dem Paradiese Gottes gleicht. –

Laßt uns (nun) wieder zu den Archonten kommen, über die wir (schon) gesprochen haben, um ihren Erweis darzulegen.

Zwischenzeit (p.123,4-125,32)

Als die sieben Archonten nämlich aus ihren Himmeln auf die Erde herabgeworfen waren, schufen sie sich Engel, das waren viele Dämonen, damit sie ihnen dienten. Diese aber lehrten die Menschen viele Irrtümer und Magie und Giftmischerei und Götzendienst und Blutvergießen und Altäre und Tempel und Opfer und Trankopfer für alle Dämonen der Erde. Dabei haben sie die Heimarmene als ihre Mitarbeiterin, diese, die gemäß der Übereinstimmung entstanden ist durch die Götter der Ungerechtigkeit und der Gerechtigkeit.

Und als sich die Welt auf diese Weise ablenken ließ, war sie die ganze Zeit über in Irrtum befangen. Alle Menschen nämlich, die auf der Erde sind, dienten den Dämonen seit der Grundlegung bis zum Ende (des Äons) – die Engel (dienten) der Gerechtigkeit und die Menschen (dienten) der Ungerechtigkeit. (Und) so ließ sich die Welt ablenken, (geriet) in Unwissenheit und Vergessenheit. Sie gingen alle in die Irre bis zur Parusie des wahren Menschen. –

Möge es für euch bis hierher genügen! Danach werden wir (besonders) auf unsere Welt eingehen, damit wir (die Erörterung über) ihren Zustand und ihre Einrichtung sorgfältig zum Ziele führen.

Dann wird offenbar werden, wie der Beweis dessen, was verborgen ist, <in> dem, was offenbar ist, gefunden wurde – seit der Grundlegung bis zum Ende des Äons.

Ich will aber zu den Hauptpunkten kommen, die den unsterblichen Menschen [betreffen]. Ich werde [darüber] sprechen, aus welchem Grunde all die Seinigen hier sind.

[Als] viele Menschen entstanden waren aus [dem Einen], *(p.124)* der aus der Materie entstanden war, und als die Welt schon (mit ihnen) angefüllt war, da übten die Archonten die Herrschaft über sie aus, das bedeutet: Sie hielten sie nieder in Unwissenheit.

Welches ist die Ursache? Diese ist es: Weil der unsterbliche Vater weiß, daß ein Mangel aus der Wahrheit entstanden war oben in den Äonen und ihrer Welt, deswegen sandte er, als er die Archonten des Verderbens außer Kraft setzen wollte durch ihre Gebilde, eure (himmlischen) Ebenbilder in die Welt des Verderbens, das sind die arglosen, kleinen, seligen Geister. Sie sind nicht fremd für die Gnosis.

Die ganze Gnosis ist nämlich in einem Engel, der (lange) vor ihnen (sc. den Geistern) in Erscheinung getreten ist. Dieser steht vor dem Vater und ist nicht unvermögend, ihnen die Gnosis zu geben. {...}

Sobald sie in der Welt des Verderbens in Erscheinung treten, werden sie zuerst das Wesen der Unvergänglichkeit enthüllen – zur Verurteilung der Archonten und ihrer Kräfte.

Als die seligen (Geister) nun in <den> Gebilden der Mächte in Erscheinung traten, da wurden sie (sc. die Archonten) neidisch auf sie. Infolge des Neides aber mischten die Mächte ihnen ihren Samen bei, um sie zu beflecken, ohne es (jedoch) zu können.

Als nun die seligen (Geister) leuchtend in Erscheinung traten, zeigten sie sich (dabei) verschieden, und jeder einzelne von ihnen offenbarte von seinem Land aus seine Gnosis für die Kirche, die unter den Gebilden des Verderbens in Erscheinung getreten ist. Es fand sich, daß sie (sc. die Kirche) jeglichen Samen hat infolge des Samens der Mächte, der [ihr beigemischt] worden war.

Dann erschuf der Erlöser [eine Einheit] aus ihnen allen. Und die Geister der einen [erweisen sich (zwar) als] erwählt und selig, *(p.125)* aber von unterschiedlicher Erwählung, und zahlreiche andere sind königslos und erhabener als jeder, der vor ihnen war.

Folglich gibt es vier Geschlechter. Drei sind es, die gehören zu den Königen der Achtheit. Das vierte Geschlecht aber ist eines ohne König, vollkommen, das oberhalb von ihnen ist.

Denn diese werden eingehen zu dem heiligen Ort ihres Vaters, und sie werden zur Ruhe kommen in Erquickung und ewiger unaussprechlicher Herrlichkeit und unaufhörlicher Freude. Sie sind aber als Unsterbliche (schon jetzt) Könige im sterblichen (Bereich). Sie werden die Götter des Chaos und ihre Kräfte verurteilen.

Der Logos nun, der höher als jeder ist, wurde allein zu diesem Zweck gesandt, daß er über das Unerkannte predige. Er sprach: „Es gibt nichts Verborgenes, was nicht offenbar ist, und das Unerkannte wird gewußt werden."

Diese aber wurden geschickt, um das Verborgene zu offenbaren und die sieben Mächte des Chaos und ihre Gottlosigkeit (bloßzustellen). Und auf diese Weise wurden sie (bereits) zum Tode verurteilt.

Als die Vollkommenen nun alle in Erscheinung getreten waren in den Gebilden der Archonten und als sie die Wahrheit offenbart hatten, die nicht ihresgleichen hat, wurde jegliche Weisheit der Götter zuschanden, wurde ihre Heimarmene als verurteilung(swürdig) befunden, erlosch ihre Kraft, wurde ihre Herrschaft beendigt, wurde ihre Pronoia [samt] ihrer Herrlichkeit zu etwas [Nichtigem].

Endzeit (p.125,32-127,14)

Vor dem Ende [des Äons] wird der ganze Ort durch einen großen Donner erschüttert werden. Dann werden die Archonten trauern und [sich fürchten vor ihrem] *(p.126)* Tod. Die Engel werden ihre Menschen betrauern, und die Dämonen werden ihre Zeiten beweinen. Und ihre Menschen werden über ihren Tod trauern und schreien.

Dann wird der Äon anfangen zu zittern. Seine Könige werden trunken werden durch das flammende Schwert, und sie werden einander bekriegen, so daß die Erde trunken wird durch das Blut, das vergossen ist. Und die Meere werden aufgewühlt werden durch jene Kriege.

Dann wird die Sonne finster werden, und der Mond wird sein Licht verlieren. Die Sterne des Himmels werden ihre Bahn verlassen, und ein großer Donner wird kommen infolge einer großen Kraft, die oberhalb aller Kräfte des Chaos ist, (nämlich an) dem Ort, wo das Firmament des Weibes ist. Wenn jene das erste Werk vollbracht hat, wird sie das kluge Feuer der (Heils-)Planung ablegen und törichten Zorn anziehen.

Dann wird sie die Götter des Chaos verjagen, diese, die sie geschaffen hatte, samt dem Archigenetor. Sie wird sie hinabwerfen in den Abgrund. Sie werden ausgelöscht werden durch ihre Ungerechtigkeit. Sie werden nämlich wie die Vulkane sein, und sie werden einander fressen, bis sie durch ihren Archigenetor vertilgt werden. Sobald er sie vertilgt hat, wird er sich gegen sich selbst wenden und (sich) selbst vertilgen, bis er vertilgt ist.

Und ihre (sc. der Archonten) Himmel werden aufeinander fallen, und ihre Kräfte werden (ver)brennen. Auch ihre Äonen werden zerstört werden.

Und sein (sc. des Archigenetor) Himmel wird herabstürzen und sich spalten. Sein [...] wird auf die Erde herabstürzen, [und die Erde wird] sie (plur.) [nicht] tragen können. Sie werden [herab]stürzen in den Abgrund, und der Abgrund wird zerstört werden.

Das Licht wird [die] Finsternis [bedecken] und wird sie austilgen. Sie wird sein wie etwas *(p.127)*, das nie gewesen ist. Und das Werk, das die Finsternis zur Folge hatte, wird sich auflösen, und der Mangel wird ausgerissen werden mit seiner Wurzel (bis) hinab zu der Finsternis. Und das Licht wird nach oben zu seiner Wurzel zurückkehren.

Und die Herrlichkeit des Ungezeugten wird in Erscheinung treten und alle Äonen erfüllen, wenn die(se) Prophetie und die(se) Kunde von denen, die Könige sind, offenbar wird und unter denen in Erfüllung geht, die „vollkommen" genannt werden. Die aber, die nicht vollkommen waren im ungezeugten Vater, werden ihre Herrlichkeiten in ihren Äonen und in den Königreichen der Unsterblichen empfangen. Sie werden aber niemals zur Königslosigkeit gelangen.

Abschluß (p.127,14-17)

Denn es ist notwendig, daß ein jeder an den Ort (zurück)geht, von dem er (her)gekommen ist. Jeder einzelne wird nämlich durch seine Handlung und seine Erkenntnis seine (wahre) Natur offenbaren.

Die Erzählung über die Seele (NHC II,6)

Cornelia Kulawik

Literatur

Franke, Christina-Maria, 2001: Die Erzählung über die Seele (NHC II,6), in: Schenke, Hans-Martin / Bethge, Hans-Gebhard / Kaiser, Ursula Ulrike (Hg.): Nag Hammadi Deutsch, eingeleitet und übersetzt von Mitgliedern des Berliner Arbeitskreises für koptisch-gnostische Schriften, Bd.1. (GCS.NF 8.) Berlin / New York, 263-278.

Kulawik, Cornelia, 2006: Die Erzählung über die Seele (NHC II,6). Neu herausgegeben, übersetzt und erklärt. (TU 155.) Berlin / New York.

Layton, Bentley / Robinson, William C. jr., 1989: The Expository Treatise on the Soul. Introduction, Critical Edition and Translatio. In: Layton, Bentley (ed.): Nag Hammadi Codex II,2-7 Vol.2. (NHS 21.) Leiden [u.a.], 135-198.

Lundhaug, Hugo, 2010: Images of rebirth. Cognitive Poetics and Transformational Soteriology in the Gospel of Philip and the Exegesis on the Soul. (NHMS 73.) Leiden / Boston.

Sevrin, Jean-Marie, 1983: L'exégèse de l'âme (NH II,6). (BCNH.T 9.) Québec.

Einleitung

Die „Erzählung über die Seele" (ExAn) ist die 6. Schrift aus Codex II des Handschriftenfundes von Nag Hammadi. Vor der Entdeckung der koptischen Handschriften war dieser Text unbekannt. Somit ist die ExAn nur in dieser einen Kopie in koptischer Sprache überliefert. Der Text der ExAn befindet sich in einem gut erhaltenen Zustand. Nur an den unteren 4-5 Zeilen lassen sich Beschädigungen feststellen, die aber das Gesamtverständnis der Schrift nicht beeinträchtigen. Das Ausmaß der Textzerstörung ist durch die Schrift hindurch gleichbleibend. Nach der in der Forschung üblichen Paginierung befindet sich die ExAn im Codex II auf den Seiten p.127-137 und gehört so mit einem Umfang von nur 10 Papyrusseiten zu den eher kürzeren Texten aus dem Nag-Hammadi-Fund.

Die Schrift ist in einem regional gefärbten oberägyptischen Sahidisch verfaßt. Die vorliegende koptische Version der ExAn ist mit aller Wahrscheinlichkeit eine Übersetzung aus dem Griechischen. Hierfür sprechen konkrete sprachliche Indizien. Aber auch das geistige Universum dieser Schrift ist im griechischen Milieu beheimatet.

Im ersten Teil der Schrift (p.127,19-135,4) wird das Schicksal der Seele in mythologischer Sprache erzählt: Die Seele befand sich in der himmlischen Welt beim Vater, war eine Jungfrau und mannweiblich. Doch aus nicht näher benannten Gründen fällt die Seele herab in diese Welt, in einen Körper und ist nun weiblicher Natur. In dieser Welt ergeht es der nun weiblichen Seele schlecht. Sie wird von Räubern überfallen, mißbraucht und gibt sich schließlich der Prostitution hin. Stets in der Hoffnung, ihren wahren Ehemann zu finden, läuft sie immer wieder anderen Männern hinterher. Doch diese täuschen sie, mißbrauchen sie und verlassen sie am Ende. Aus diesen Verbindungen empfängt sie nur taube, blinde und kranke Kinder. Schließlich erkennt die Seele ihre Zwangslage, ihre erbärmliche Situation in dieser Welt. So weint und bereut sie und fleht zum himmlischen Vater, daß er ihr helfen möge. Dieser hat Erbarmen und sendet ihr nun ihren wahren himmlischen Bräutigam, der zugleich ihr Bruder ist. Nun kann die wahre Hochzeit stattfinden und in ihrer Verbindung werden sie „zu einem einzigen Leben" (p.132,35). Die ursprüngliche Androgynität wird wieder hergestellt. Nun gebiert die Seele gute Kinder und zieht sie auf. Durch diese wahre Hochzeit wird die Seele wiedergeboren und kann in die himmlische Welt zurückkehren. Im zweiten Teil der Schrift (p.134,4-137,26) folgt eine Ermahnung an die Hörer- bzw. Leserschaft, die mit der 1. Pers. Plural angesprochen wird. So sollen auch wir „seufzen und Reue zeigen über das Leben, das wir geführt haben." (p.135,8f.). Dann wird der himmlische Vater Erbarmen mit uns haben.

Beide Teile der Schrift, die Erzählung in mythologischer Sprache und die Ermahnung, sind durchwoben mit zahlreichen Zitaten sowohl aus der Septuaginta als auch aus frühchristlicher Überlieferung. Damit wird die dargebotene Seelenlehre ebenso wie die Paränese untermauert und abgestützt. Interessant ist, daß auch Homer herangezogen wird und das Schicksal der Seele mit dem von Odysseus und Helena verglichen wird.

Während die frühere Forschung stärker daran interessiert war, innerhalb der ExAn verschiedene literarische Schichten zu bestimmen und einen „gnostischen Mythos" aus der Erzählung herauszuschälen, konnte in der neueren Forschung in großem Umfang gezeigt werden, wie eng in ExAn Erzählung, Zitate und Paränese miteinander verknüpft sind und sich sprachlich beeinflussen. Der Text ist in sich kohärent und sollte daher als literarische Einheit in den Blick genommen werden.

Der Aufbau der Schrift und der Sprachstil legen es nahe, bei der ExAn an eine Predigt zu denken. Die Hörerinnen und Hörer werden zunächst mit einer Erzählung in bildhafter Sprache in die Predigt hineingenommen. Immer wieder werden hierbei biblische Zitate eingeflochten. Doch besonderes Gewicht kommt der Paränese am Ende der Predigt zu. Die Hörerinnen und Hörer werden entlassen mit einem zusammenfassenden Aufruf zur Reue (μετάνοια) und einer Doxologie, die sich auch am Schluß anderer Predigten finden läßt.

Der Verfasser des Textes ist unbekannt. Eine genauere Datierung der ExAn ist schwierig und bleibt hypothetisch. In der Forschung wird die Schrift überwiegend in das späte 2. Jh. bzw. an den Beginn des 3. Jh. datiert. Hierfür spricht, daß sich in ExAn zahlreiche Parallelen zum Denken des Origenes aufweisen lassen: Hier sind beispielhaft die Brautmystik des Origenes, aber ebenso die Auslegung Homers und die Aufnahme mittelplatonischer Vorstellungen zu nennen.

Nicht nur der Vergleich mit Origenes, sondern auch zahlreiche Bezüge u.a. zu Philo und Clemens Alexandrinus stellen die ExAn in das alexandrinische Geistesmilieu. Der Autor setzt bei seiner Hörer- bzw. Leserschaft eine griechisch-hellenistische Bildung voraus, wie u.a. durch die Verwendung Homers deutlich wird. Dies läßt auf ein geistiges Zentrum in einer größeren Stadt schließen, so daß Alexandria als Abfassungsort nahe liegt.

Die ExAn ist von einer hellenistischen Geisteshaltung geprägt und so versteht der Autor den christlichen Glauben vor dem Hintergrund platonischer Vorstellungen: Die Seele ist unsterblich, nicht nur, weil sie nach dem Tod weiter existiert, sondern auch weil sie vor dem irdischen Leben in der himmlischen Welt „beim Vater" war. Durch ihren Fall ins Leben ist sie den Widrigkeiten der Materie ausgesetzt und verliert so das Wissen von der göttlichen Welt. Aufgabe der menschlichen Seele während des Lebens ist es, sich dieser himmlischen Realität wieder zu erinnern und sich „von der äußeren Befleckung" zu reinigen, um zu Gott aufsteigen zu können. Da die Seele mit dem Göttlichen wesenseins ist und sie ursprünglich in Androgynie mit ihrem himmlischen Bräutigam verbunden war, besteht die Erlösung der Seele darin, sich mit dem Göttlichen wieder zu vereinigen, was die ExAn mit dem Bild der himmlischen Hochzeit beschreibt. Nach platonischer Vorstellung ist die Seele unsterblich, da sie Anfang und Quelle der Bewegung ist. Diese Vorstellung wird in der ExAn aufgegriffen, indem die Seele im erlösten Zustand nun wieder fähig ist, sich selbst zu bewegen. Doch zugleich sind in der ExAn die jüdisch-christlichen Vorstellungen fest verankert und können kaum nur als spätere Zusätze – vor allem in Form der Zitate – angesehen werden: Die Seele vermag sich nicht selbst zu erlösen, sondern sie ist auf die Rettung durch ihren himmlischen Vater angewiesen. Wenn sie aufrichtig bereut, wird Gott Erbarmen haben, denn er liebt die Menschen und ist gütig. Er offenbart sich in den Heiligen Schriften und sandte der Seele ihren wahren Bräutigam, den Erstgeborenen, der ihr Erlöser ist. Dabei werden die Jesusworte der neutestamentlichen Überlieferung als „Worte des Erlösers" eingeführt. Die Schrift ist somit einem platonisierenden hellenistischen Christentum zuzuweisen. In ihr vollzieht sich eine Synthese aus platonischer Philosophie und jüdisch-christlichem Denken: Die Taufe bedeutet die Reinigung der Seele, die Auferstehung von den Toten den Aufstieg zum Himmel. Das Seelenschicksal, welches durch biblische Überlieferung bezeugt wird, läßt sich auch bei Homer wiederfinden.

Die ExAn kann nicht als „gnostische Schrift" bezeichnet werden. Denn Gott ist in der ExAn – anders als in vielen Zeugnissen der „Gnosis" – kein vollkommen jenseitiger, ferner Gott, sondern er nimmt stets Anteil am Schicksal der Seele. Es ist nicht erkennbar, daß die Schöpfung einem anderen Gott, einem Demiurgen, zugeschrieben wird. Des Weiteren ist in der ExAn keine ausgeprägte Tendenz zum Dualismus ersichtlich und auf die Septuaginta wird durchgehend positiv zurückgegriffen. Neben der Schwierigkeit des Gnosisbegriffes an sich legen diese Beobachtungen es nahe, bei ExAn nicht von einer „gnostischen" Schrift zu sprechen. Das negative Weltverständnis allein, welches die ExAn durchzieht, kann kaum als Indiz für „Gnosis" gewertet werden, da sich dieses nicht auf „gnostische" Texte beschränken läßt.

Innerhalb der Nag-Hammadi-Texte steht sicher AuthLog (NHC VI,3) der ExAn am nächsten. Beide Schriften thematisieren das Seelenschicksal und schöpfen dabei vermutlich häufig aus ähnlichen Traditionen. Eine engere Verbindung mit dem Philippus-Evangelium, die wegen des Motivs des Brautgemaches in der Forschung immer wieder herausgestellt wurde, ist dagegen nicht ersichtlich. Der Gebrauch der Hochzeitsmetaphorik als Ausdruck der Beziehung zwischen Christus und der Seele ist nicht auf den Valentinianismus beschränkt, sondern in der patristischen Literatur verbreitet. Hier steht die ExAn z.B. der Brautmystik des Origenes wesentlich näher.

Die ExAn ist somit als christliche Schrift zu bezeichnen, die im Rahmen des antiken Christentums mit einer alexandrinischen Prägung wahrgenommen werden sollte.

Übersetzung

Titel (p.127,18)

Die Erzählung über die Seele

Die Weiblichkeit der irdischen Seele (p.127,19-22)

Die Weisen, die vor uns waren, gaben der Seele einen weiblichen Namen. Wahrhaft ist sie auch ihrer Natur nach weiblich. Sie hat auch ihre Gebärmutter.

Vom göttlichen Ursprung der Seele, ihrem Fall und ihrer Lage in der Welt (p.127,22-128,26)

Solange sie sich allein beim Vater befand, war sie jungfräulich und mannweiblich ihrer Gestalt nach. Als sie aber herabfiel in (einen) Körper (und) in dieses Leben kam, da fiel sie in die Hände vieler Räuber. Und die Frevler warfen sie sich gegenseitig zu [und hielten sie fest]. Einige zwar mißbrauchten sie [mit Gewalt], andere aber (mißbrauchten sie), indem sie sie mit einem trügerischen Geschenk überredeten. Schlichtweg, sie wurde befleckt und [zerstörte *(p.128)* ihre] Jungfräulichkeit. Und sie prostituierte sich mit ihrem Körper. Und sie gab sich einem jeden (preis). Und dabei meinte sie, daß der, den sie gerade umschlingen wollte, ihr Ehemann sei. Jedes Mal wenn sie sich gewalttätigen, treulosen Ehebrechern preisgegeben hatte, so daß sie sie mißbrauchen konnten, dann seufzte sie sehr und bereute.

Sie aber wird zu einer armen, einsamen Witwe, die keine Hilfe hat. Nicht einmal ein Ohr hat sie in ihrem Leid. Denn nichts hatte sie von ihnen gewonnen außer Schändungen, die sie ihr angetan hatten bei der Vereinigung mit ihr. Und die, die sie von den Ehebrechern geboren hat, sind Taube und Blinde. Und sie sind krank. Ihr Verstand ist verwirrt.

Die Reue der Seele und die Barmherzigkeit des Vaters (p.128,26-129,5)

Wenn aber der Vater im Himmel sich ihrer annimmt, wenn er herabblickt auf sie und sieht, wie sie seufzt wegen ihrer Leidenschaften und der Schande und wie sie Reue zeigt über ihre Prostitution, die sie getrieben hat und wenn sie beginnt, [seinen Namen] anzurufen, daß er ihr helfe, [indem sie nun betet aus] ihrem ganzem Herzen und spricht[:] „Rette mich, mein Vater, denn siehe, ich will [dir] Rechenschaft darüber geben, [daß ich] mein Haus *(p.129)* [verlassen habe] und entflohen bin aus meinem Jungfrauengemach, laß mich wieder dir zugewandt sein" – wenn er sie in diesem Zustand sieht, dann wird er beschließen, sie seines Erbarmens zu würdigen. Denn zahlreich sind die Schmerzen, die über sie gekommen sind, weil sie ihr Haus verlassen hat.

Auslegung durch die Schriften (p.129,5-131,13)

Über die Prostitution der Seele nun weissagt der Heilige Geist an vielen Stellen. Denn er spricht durch den Propheten Jeremia:

> *„Wenn der Ehemann seine Frau entläßt und sie geht und nimmt einen anderen, kann sie sich ihm etwa von jetzt an (noch) zuwenden? Hat jene Frau sich nicht durch eine Befleckung befleckt? „Und du hast dich prostituiert mit vielen Hirten und hast dich (nun) mir zugewandt", spricht der Herr. „Erhebe deine Augen auf das, was richtig ist und sieh, wo du dich prostituiert hast. Hast du nicht an den Wegen gesessen und das Land durch deine Prostitution und deine Schlechtigkeiten befleckt? Und du hast viele Hirten genommen – dir zum Fehltritt. Du warst schamlos mit einem jeden. Du hast nicht hinauf gerufen zu mir als Hausgenossen oder als Vater oder Vertrauter deiner Jungfräulichkeit."* (Jer 3,1-4)

Wiederum steht geschrieben beim Propheten Hosea:

> *„Kommt, haltet Gericht mit eurer Mutter, denn sie wird für mich nicht Ehefrau sein, und ich werde für sie nicht Ehemann sein. Ich werde ihre Prostitution von meinem Angesicht fortnehmen und werde ihren Ehebruch zwischen ihren Brüsten fortnehmen. Ich werde sie nackt lassen, wie an dem Tag, an dem sie geboren wurde. Und ich [werde] sie einsam machen wie ein Land, [in dem] es kein [Wasser] gibt. Und ich werde sie kinderlos machen unter [Durst. Ich] werde mich ihrer Kinder nicht erbarmen, denn sie sind Kinder der Prostitution, weil sich ihre Mutter prostituierte. Und sie brachte [ihre Kinder in Schande]. (p.130) Denn sie sagte: „Ich werde mich prostituieren für die, die mich lieben, für jene, die mir mein Brot gaben und mein Wasser und meine Mäntel und meine Kleider und meinen Wein und mein Öl und alles, was mir nützlich ist." Deshalb, siehe, ich werde sie (plur., sc. ihre Wege) verschließen, damit sie nicht vermag, ihren Ehebrechern hinterherzulaufen. Und wenn sie nach ihnen sucht und sie nicht findet, wird sie sagen: „Ich werde mich meinem früheren Ehemann zuwenden, denn mir erging es in jenen Tagen besser als jetzt."* (Hos 2,4-9)

Wiederum spricht er durch Ezechiel:

> *„Es geschah nach vielen Schlechtigkeiten", spricht der Herr, "daß du dir ein Bordell erbaut und dir einen schönen Platz in den Straßen geschaffen hast. Und du hast dir Bordelle an jedem Weg erbaut. Und du hast deine Schönheit zerstört. Und du hast deine Beine ausgespreizt auf jedem Weg. Und du hast deine Prostitution gesteigert. Du hast dich prostituiert für die Söhne Ägyptens, für die, die dir Nachbarn sind, die von großer Fleischeslust."* (Ez 16,23-26)

Wer aber sind die Söhne Ägyptens, die von großer Fleischeslust, wenn nicht das Fleischliche und das Sinnliche und die Dinge der Erde, (all) dieses, wodurch sich die

Seele befleckt hat an diesen Orten, indem sie Brot von ihnen annahm, indem sie Wein annahm, indem sie Öl annahm, indem sie Kleider annahm und das andere nutzlose Zeug, womit man den Körper umgibt, (all) dieses, was sie für nützlich hält.

Was diese Prostitution betrifft, so gaben die Apostel des Erlösers die Weisung:

„Hütet euch vor ihr. Reinigt euch von ihr. " (vgl. Apg 15,29)

Dabei sprechen sie nicht allein von der Prostitution des Körpers, sondern mehr von der der Seele. [Deshalb] schreiben die Apostel an [die Gemeinden] Gottes, damit [Prostitution] dieser *(p.131)* Art nicht unter uns geschehe. Aber der große [Kampf] richtet sich gegen die Prostitution der Seele. Aus ihr kommt gewöhnlich auch die Prostitution des Körpers. Deshalb sagt Paulus, wenn er an die Korinther schreibt:

„Ich habe euch in dem Brief geschrieben: Verkehrt nicht mit Unzüchtigen, (damit meine ich) nicht allgemein die Unzüchtigen dieser Welt oder Habsüchtige oder die Räuber oder die Götzendiener, sonst müßtet ihr aus der Welt herausgehen. " (1 Kor 5,9-10)

Ebenso sagt er auf geistliche Weise:

„Denn unser Kampf richtet sich für uns nicht gegen Fleisch und Blut, " wie er gesagt hat, *„sondern gegen die Weltenherrscher dieser Finsternis und die Geister der Bosheit. "* (Eph 6,12)

Die Seele erhält ihre ursprüngliche Beschaffenheit zurück (p.131,13-27)

Solange die Seele hin und her rennt und sich vereinigt mit (je)dem, den sie trifft und sich befleckt, erleidet sie die Dinge, die ihr verdientermaßen widerfahren. Wenn sie aber die Bedrängnisse wahrnimmt, denen sie ausgesetzt ist, und vor dem Vater weint und bereut, dann wird der Vater mit ihr Erbarmen haben und ihre Gebärmutter von dem Äußeren abwenden; er wird sie wieder nach innen wenden (und) die Seele wird ihre ursprüngliche Beschaffenheit (zurück)erhalten. Denn mit <ihr> (der Gebärmutter) verhält es sich nicht wie bei den Frauen. Denn die Gebärmutter des Körpers ist im Inneren des Körpers wie auch die Eingeweide. Die Gebärmutter der Seele aber zieht sich außen herum, wie die Schamteile des Mannes außen sind.

Die Reinigung der Seele als Taufe (p.131,27-132,2)

Wenn sich nun die Gebärmutter der Seele nach dem Willen des Vaters nach innen wendet, wird sie getauft und sogleich gereinigt von der äußeren Befleckung, die ihr anhaftete, wie jene [Kleider, die] schmutzig sind, ins [Wasser] getan und gewendet werden, bis ihr Schmutz herausgebracht wird und sie gereinigt sind. Die Reinigung der Seele aber besteht darin, ihre *(p.132)* [Jugend], ihre frühere Natur, zurückzubekommen (und) sich wieder umzuwenden. Dies ist ihre Taufe.

Der Vater sendet der Seele ihren Bräutigam (p.132,2-10)

Dann wird sie beginnen zornig auf sich selbst zu sein, wie die, die gebären, sich in der Stunde, da sie das Kind entbinden, im Zorn gegen sich selbst wenden. Aber weil sie eine Frau ist (und) es ihr unmöglich ist, allein Kinder hervorzubringen, sandte der Vater ihr aus dem Himmel ihren Mann, der ihr Bruder ist, der Erstgeborene. Dann kam der Bräutigam herab zur Braut.

Die Erneuerung der Seele zur Brautschaft (p.132,10-23)

Sie ließ ihre frühere Prostitution hinter sich (und) reinigte sich von den Befleckungen der Ehebrecher. Sie erneuerte sich aber zur Brautschaft. Sie reinigte sich in <dem> Brautgemach (und) füllte es mit Wohlgeruch. Sie setzte sich darin nieder und wartete auf den wahren Bräutigam. Sie läuft nicht mehr auf den Marktplatz, um sich mit dem, den sie begehrt, zu vereinigen. Vielmehr wartete sie geduldig auf ihn, (denn sie wußte nicht), an welchem Tag er kommen würde (und) fürchtete sich (zugleich) vor ihm. Denn sie kannte nicht seine Gestalt. Sie erinnert sich nicht mehr seit der Zeit, da sie aus dem Haus ihres Vaters fiel. Aber nach dem Willen des Vaters <...>. Sie träumte aber von ihm wie Frauen, die Männer lieben.

Das Kommen des Bräutigams (p.132,23-27)

Da nun kam der Bräutigam nach dem Willen des Vaters herab zu ihr in das Brautgemach, welches vorbereitet war. Und er schmückte das Hochzeitsgemach.

Die fleischliche und die spirituelle Hochzeit (p.132,27-35)

Denn jene Hochzeit ist nicht wie die fleischliche Hochzeit, (wo) die, die im Begriff sind, sich miteinander zu vereinigen, jener Vereinigung (schnell) überdrüssig werden. Und wie eine Last lassen sie die Unrast der Begierde hinter sich und [wenden ihr Gesicht] voneinander [ab]. Aber [nicht so] ist diese Hochzeit. Sondern wenn sie [miteinander] zur Vereinigung [kommen], werden sie zu einem einzigen Leben.

Auslegung durch die Schriften (p.133,1-10)

(p.133) Deswegen spricht der Prophet über den ersten Mann und die erste Frau:

> *„Sie werden zu einem einzigen Fleisch werden."* (Gen 2,24)

Denn früher waren sie miteinander vereinigt beim Vater, bevor die Frau den Mann verlor, der ihr Bruder ist. Diese Hochzeit hat sie wieder miteinander verbunden. Und die

Seele vereinigte sich wahrhaftig mit ihrem Geliebten, ihrem natürlichen Herrn – wie geschrieben steht:

„Der Herr der Frau nämlich ist ihr Ehemann. " (Gen 3,16; 1 Kor 11,1; Eph 5,23)

Die Seele schmückt sich für ihren Bräutigam (p.133,10-15)

Sie erkannte ihn aber allmählich. Und sie freute sich wiederum und weinte vor ihm, als sie der Hilflosigkeit ihrer früheren Witwenschaft gedachte. Und sie schmückte sich mehr, damit es ihm gefalle, bei ihr zu bleiben.

Auslegung durch die Schriften (p.133,15-31)

Der Prophet aber spricht in den Psalmen:

„Höre, meine Tochter, siehe und neige dein Ohr und vergiß dein Volk und das Haus deines Vaters. Denn der König hat deine Schönheit begehrt, denn er ist dein Herr. " (Ps 44,11-12 LXX)

Denn er fordert von ihr, daß sie ihr Gesicht von ihrem Volk und der Menge ihrer Ehebrecher abwendet, in deren Mitte sie früher war, und sich allein an ihren König hält, ihren natürlichen Herrn und daß sie das Haus des irdischen Vaters, bei dem es ihr schlecht erging, vergißt, sich aber erinnert ihres himmlischen Vaters.

So wurde es auch zu Abraham gesagt:

„Geh aus deinem Land und von deiner Verwandtschaft und aus dem Haus deines Vaters! " (Gen 12,1)

Die Vereinigung und vollkommene Geburt (p.133,31-134,6)

So, nachdem die Seele sich wiederum [geschmückt] hatte in ihrer Schönheit, [freute sie sich], ihren Geliebten zu treffen. Und [auch er] liebte sie. Und nachdem sie sich mit ihm vereinigt *(p.134)* hatte, empfing sie den Samen von ihm, welcher der Geist ist, der belebt, damit sie gute Kinder durch ihn gebiert und sie aufzieht. Denn dieses ist die große, vollkommene, wunderbare Geburt.

So vollendet sich diese Hochzeit nach dem Willen des Vaters.

Die Wiedergeburt der Seele (p.134,6-15)

Es ziemt sich aber, daß die Seele sich selbst gebiert und daß sie wiederum wird, wie sie früher war. Die Seele bewegt sich nun selbst. Und sie empfing das Göttliche vom Vater, um sich zu erneuern, damit sie wiederum zu dem Ort gebracht wird, an dem sie von An-

fang an war. Dies ist die Auferstehung von den Toten. Dies ist die Erlösung von der Gefangenschaft. Dies ist der Aufstieg, der hinauf zum Himmel führt. Dies ist der Weg, der
hinauf zum Vater führt.

Auslegung durch die Schriften (p.134,15-135,4)

Deswegen spricht der Prophet:

> *„Meine Seele, lobe den Herrn, und alles, was in mir ist, seinen heiligen Namen.*
> *Meine Seele, lobe Gott, der vergeben hat alle deine Gesetzlosigkeiten, der geheilt*
> *hat alle deine Krankheiten, der erlöst hat dein Leben vom Tod, der dich gekrönt*
> *hat mit Barmherzigkeit, der sättigt dein Begehren mit Wohltaten. Deine Jugend*
> *wird sich erneuern wie die eines Adlers. "* (Ps 102,1-5 LXX)

Wenn sie sich nun erneuert, wird sie hinaufgehen, den Vater lobend und ihren Bruder,
durch den sie errettet wurde. So wird die Seele durch die Wiedergeburt errettet werden.
Diese aber ist weder durch Askese zu erlangen, noch durch (bestimmte) Techniken,
[auch nicht] durch schriftliche Lehren. Vielmehr ist es die Gnade des [Vaters]. Vielmehr ist es das Geschenk [Gottes, der sich erbarmt]. Denn diese Sache kommt von
[oben].

(p.135) Deshalb [ruft] der Erlöser aus:

> *„Niemand wird zu mir kommen können, wenn nicht mein Vater ihn zieht und*
> *bringt ihn zu mir. Und ich selbst werde ihn auferwecken am letzten Tag. "* (Joh 6,44)

Die Notwendigkeit unserer Umkehr (p.135,4-15)

Es ziemt sich also (für uns), zum Vater zu beten und zu ihm hinaufzurufen mit unserer
ganzen Seele – nicht äußerlich mit den Lippen, sondern im Geist, der im Inneren ist, der
aus der Tiefe gekommen ist – indem wir seufzen und Reue zeigen über das Leben, das
wir geführt haben und die Sünden bekennen und das nichtige Herumirren erkennen, in
dem wir uns befanden, und die nichtige Hast und weinen, als ob wir in Finsternis und
Woge wären, und trauern über uns selbst, damit er sich über uns erbarmt, und uns hassen, wie wir jetzt sind.

Auslegung durch die Schriften (p.135,15-136,16)

Wiederum spricht der Erlöser:

> *„Selig sind die, die trauern, denn sie sind es, die Erbarmen finden werden. Selig*
> *sind die, die hungrig sind, denn sie sind es, die satt werden sollen. "* (Mt 5,4.6 par.)

Wiederum spricht er:

„Wenn einer nicht seine Seele haßt, wird er mir nicht nachfolgen können."
(Lk 14,26)

Denn der Anfang der Rettung ist die Umkehr. Deshalb:

„Vor der Ankunft Christi kam Johannes [und] predigte die Taufe der Umkehr."
(vgl. Apg 13,24)

Die Umkehr aber geschieht in Trauer und Leid (des) Herzen(s). Der Vater jedoch ist
menschenliebend (und) gut. Und er erhört die Seele, die hinauf zu ihm ruft, und sendet
ihr das rettende Licht.
Deswegen spricht er durch den Geist im (Buch des) Propheten:

*„Sage den Kindern meines Volkes: [Wenn] eure Sünden [von der Erde bis zum]
Himmel reichen und wenn sie [rot] wie die Scharlachbeere und schwärzer als ein
(p.136) [Jutesack] sind [und] ihr euch zu mir wendet mit ganzer Seele und zu mir
sagt: „Mein Vater", werde ich euch erhören wie ein heiliges Volk."* (1 Clem 8,3)

Wiederum (heißt es) andernorts:

*„So spricht der Herr, der Heilige Israels: Wenn du dich umwendest und seufzt,
dann wirst du errettet werden. Und du wirst erkennen, wo du warst, als du ver-
trautest auf das, was nichtig ist."* (Jes 30,15)

Wiederum spricht er andernorts:

*„Jerusalem hat sehr geweint: Erbarme dich meiner! Er wird sich erbarmen der
Stimme deines Weinens; und als er (es) sah, erhörte er dich. Und der Herr wird
euch Brot in Bedrängnis und Wasser in Qual geben. Sie werden nicht mehr zurückkehren von jetzt an, um sich dir zu nähern, <die> Betrüger. Deine Augen
werden die Betrüger sehen."* (Jes 30,19f.)

Die Notwendigkeit unseres Gebets (p.136,16-27)

(Und) so ziemt es sich, daß wir zu Gott beten in der Nacht und am Tag, indem wir die
Hände ausstrecken, hinauf zu ihm – wie die, die in der Mitte des befahrenen Meeres
(treiben), zu Gott beten aus ganzem Herzen, ohne Heuchelei. Denn die, die in Heuchelei
beten, täuschen sich selbst. Denn Gott prüft die Nieren und erforscht das Herz im In-
nersten, um den zu erkennen, der der Rettung würdig ist. Denn niemand ist der Rettung
würdig, wenn er noch den Ort der Täuschung liebt.

Auslegung durch Homer und Psalm 6 (p.136,27-137,22)

Deswegen ist beim Dichter geschrieben:

*„Odysseus saß auf der Insel, weinte und trauerte, wendete sein Gesicht ab von den
Worten der Kalypso und ihren Täuschungen (und) begehrte, seine Stadt und*

Rauch aus ihr emporsteigen zu sehen . Und [wenn er] nicht Hilfe aus dem Himmel [erhalten hätte], hätte er nicht [zurückkehren können] in seine Stadt." (Hom Od 1,48-59.76-87)

Wiederum sagt auch [Helena:]

(p.137) „ *Mein [Herz] hat sich von mir gewandt. Ich will wieder zu meinem Haus gehen.* " (Hom Od 4,259-261)

Sie seufzte nämlich und sagte:

„Aphrodite ist es, die mich getäuscht und mich aus meiner Stadt entführt hat. Meine einzige Tochter habe ich verlassen und meinen guten, klugen, schönen Ehemann." (Hom Od 4,261f.)

Denn wenn die Seele ihren vollkommenen Ehemann verläßt wegen der Täuschung der Aphrodite, die in der irdischen Zeugung liegt, dann wird sie Schaden nehmen. Wenn sie aber seufzt und bereut, wird sie zu ihrem Haus zurückgebracht werden.

Denn auch Israel wäre einst nicht heimgesucht worden, um aus dem Land Ägypten, aus dem Haus der Knechtschaft, herausgeführt zu werden, wenn es nicht zu Gott geseufzt und geweint hätte wegen der Qual seiner (Fron-)Arbeiten.

Wiederum steht geschrieben in den Psalmen:

„Ich bin sehr müde geworden in meinem Seufzen. Ich werde mein Bett und meine Decke während der Nacht mit meinen Tränen überfluten. Ich bin alt geworden unter allen meinen Feinden. Entfernt euch von mir, ein jeder, der gesetzlos handelt. Denn siehe, der Herr hat das Geschrei meines Weinens erhört. Und der Herr hat meine Bitte erhört." (Ps 6,7-10)

Conclusio (p.137,22-26)

Wenn wir wahrhaftig umkehren, wird Gott – langmütig und von großer Barmherzigkeit – uns erhören. <Diesem> gebührt die Herrlichkeit bis in alle Ewigkeit. Amen.

Subscriptio (p.137,27)

Die Erzählung über die Seele

Das Buch des Thomas (NHC II,7)

Hans-Martin Schenke

Literatur

Kuntzmann, Raymond, 1986: Le Livre De Thomas (NH II,7). Texte établi et présenté. (BCNH.T 16.)
Québec.

Layton, Bentley / Turner, John D., 1989: The Book of Thomas the Contender Writing to the Perfect.
Introduction, Critical Edition and Translation. In: Layton, Bentley (ed.): Nag Hammadi Codex II,
2-7. Bd. 2: On the Origin of the World, Expository Treatise on the Soul, Book of Thomas the Contender. (NHS 21.) Leiden [u.a.], 171-205.

Schenke, Hans-Martin, 1989: Das Thomas-Buch (Nag-Hammadi-Codex II,7). Neu hg., übers. und
erkl. (TU 138.) Berlin.

Einleitung

Die Schrift, die wir nach der ersten Hälfte ihres Schlußtitels „Das Buch des Thomas" (LibThom) nennen, ist in der altchristlichen Literatur überhaupt nicht bezeugt. Wir haben von ihrer Existenz nur
durch die zufällige Wiederauffindung ihres Textes selbst erfahren. Allerdings stellt der entdeckte Text
nur eine koptische Übersetzung dar (der Dialekt ist ein stark regional gefärbtes oberägyptisches
Sahidisch) und ist auch nur in einer einzigen Kopie erhalten. Er findet sich als siebente und letzte
Schrift in Nag-Hammadi-Codex II. Als Ursprache haben wir allerdings das Griechische anzunehmen.
Mit geringerer Sicherheit läßt sich die Frage nach dem Ursprungsort dieser literarischen Schöpfung
beantworten. In ihrer vorliegenden Gestalt, d.h. als „Buch des Thomas", verweist sie durch die ihren
literarischen Rahmen prägende Judas Thomas-Tradition auf deren Heimat, Ostsyrien. Was hingegen
die in LibThom enthaltene Tradition anbelangt, so läßt diese sich am besten aus alexandrinischem Milieu erklären. Für die Beantwortung der Frage nach der Abfassungszeit des ursprünglichen LibThom
gibt es kaum einen greifbaren Anhalt. Das einzige, was man sagen kann, ist, daß sein Incipit das Thomas-Evangelium voraussetzt und LibThom also erst nach dem Thomas-Evangelium entstanden sein
kann; aber das Alter des Thomas-Evangeliums ist ja selbst umstritten. Allerdings verliert das Problem
der Datierung von LibThom an Bedeutung angesichts der sogleich zu eröffnenden literarkritischen
Perspektive.

LibThom präsentiert sich in der äußeren Form eines Dialogs zwischen dem auferstandenen Jesus
und Judas Thomas über Fragen der Ethik und Eschatologie. Dieser Dialog ist aber sehr merkwürdig
und macht dem Verständnis die größten Schwierigkeiten. Der Dialog hört mitten im Text (p.142) auf

und geht über in einen Monolog Jesu. Schlußtitel und Incipit widersprechen einander. Thomas trägt in der Tradition auch niemals den Titel „der Athlet". Die Reaktionen des Thomas gehen weit über das erträgliche Maß von Jüngerunverständnis hinaus. Jesus und Thomas reden völlig aneinander vorbei. Hinzu kommt, daß in vielerlei Hinsicht und an vielen Stellen der Inhalt gar nicht zum Dialograhmen paßt. Es ist nun eben dieser Rahmen von LibThom, der für alle jetzigen Merkwürdigkeiten verantwortlich ist, weil er nämlich sekundär dem Material aufgenötigt wurde. Man vermag den Rahmen auch ohne große Schwierigkeit auszublenden und sieht dann sogleich, daß der Text eigentlich wohlverständlich, schön und bedeutend ist. Der „entrahmte" Text erweist sich als eine platonisierende hellenistisch-jüdische Weisheitsschrift. In diese Perspektive kann nun auch der Schlußtitel von LibThom einbezogen werde. Er ist zweiteilig und lautet korrekt: „Das Buch des Thomas. Der Athlet schreibt an die Vollkommenen". Dieser Titel besteht also aus zwei syntaktisch selbständigen Aussagen, von denen die zweite zudem die typische Form eines Briefpräskripts hat. Und so erhebt sich die Frage, ob diese formale Merkwürdigkeit am Ende etwa unmittelbar mit der Überlagerung des Inhalts der Schrift zusammenhängt. Der erste Titel „Das Buch des Thomas" deckt die Schrift, wie sie jetzt ist, ab, bzw. ist speziell an ihrem jetzigen dialogischen Rahmen orientiert. Während es keine immanent notwendige Verbindung vom ersten Titel hinüber zum zweiten gibt, enthält der zweite Titel mit den Begriffen des Athleten und der Vollkommenen gerade Vorstellungen, die für den der Rahmung unterliegenden Stoff ganz zentral sind. D.h. der zweite Titel erscheint geeignet, die Vorlage von LibThom abzudecken. Und im Licht des Materials bekommt sogar die unscharfe Bezeichnung „der Athlet" klare Konturen. Denn in dem Bereich, aus dem die mutmaßliche Vorlage stammen dürfte, also aus dem Bereich platonisierender jüdischer Weisheit, gibt es nur einen Athleten, und das ist der Patriarch Jakob. Es darf daher vermutet werden, daß der zweite Schlußtitel von LibThom der ursprüngliche Titel der Grundschrift gewesen ist und daß also diese Grundschrift sich als (pseudepigrapher) Brief des Athleten (Jakob) an die Vollkommenen (unter seinen Nachkommen) präsentiert habe.

Ein noch offenes Problem des inneren Charakters von LibThom ist die Bestimmung seiner Christlichkeit. Dabei muß die erste Frage sein, ob LibThom, also das Werk in seiner jetzigen Form, eigentlich christlich-gnostisch genannt werden kann. LibThom scheint durchaus zu den Schriften zu gehören, die keine eindeutig und spezifisch gnostischen Anschauungen enthalten. Wenn man ihm trotzdem den christlich-gnostischen Charakter nicht einfach ganz absprechen kann oder mag, so, weil es sich nun einmal in der Form eines Offenbarungsdialogs präsentiert, und wegen seiner Einbettung in die syrische Judas-Thomas-Tradition, die als ganze unter gnostischen Einfluß gekommen zu sein scheint, sowie speziell wegen ihrer literarischen Abhängigkeit vom Thomas-Evangelium, das ja eindeutig mit gnostischen Akzenten „versetzt" ist. Die zweite Frage betrifft den Umfang des christlichen Gutes im LibThom. Zunächst findet sich, außer im Rahmen, auch mitten im Text einmal ein Passus, der eindeutig christlich ist (p.141,10-13). Aber dieses Stück kann eine genauere Exegese als redaktionelle Einfügung erweisen, die auf derselben Ebene liegt wie der Dialograhmen. Problematischer und interessanter ist, daß es zweifellos nun auch noch eine Reihe von Wendungen und Sätzen gibt, die sich mit Aussagen des Neuen Testaments so stark berühren, daß man sie auf den ersten Blick als Reflex dieser Passagen ansehen möchte. Es handelt sich dabei um drei Parallelen zu Joh 3 (in p.138,21-36; 140,5-18), um die Einführungsformel „Wahrlich, ich sage euch" (p.142,27.29f.), um die zweite und dritte Seligpreisung (p.145,3-8) und um jene Ermahnung, die die Schlußverheißung einleitet: „Wachet und betet, daß ihr nicht im Fleisch bleibt, sondern daß ihr der bitteren Fessel des Lebens entkommt" (p.145,8-10). Aber die als Quelle in Frage kommenden neutestamentlichen Wendungen repräsentieren möglicherweise selbst übernommenes, (vom Judentum) ererbtes Gut. D.h. sie sind selbst nicht spezifisch christlich, so daß es durchaus vorstellbar wäre, daß die genannten Stellen aus LibThom ihr vertraut anmutendes Aussehen gar nicht dem Christentum, sondern dessen Fundamenten direkt verdanken. Die große Masse des Stoffes repräsentiert deutlich ganz andere, wesentlich nichtchristliche, ja dem Christentum fremde Traditionen und Vorstellungen.

Der Inhalt von LibThom ist Paränese. Sein Anliegen ist die Propagierung einer asketischen Lebensführung, insbesondere die Propagierung sexueller Enthaltsamkeit. Die Beschreibung der Höllenstrafen nimmt einen breiten Raum ein. Dieser Komplex verbindet LibThom mit der (vulgär-christlichen) Offenbarung des Petrus und zeigt, daß beide aus derselben Tradition schöpfen.

Übersetzung

(p.138) Die geheimen Worte, die der Heiland zu Judas Thomas sprach und die ich, Matthäus niedergeschrieben habe; ich war vorbeigekommen und hatte sie miteinander reden hören.

Der Heiland sprach: „Bruder Thomas, höre mir zu, solange du noch Gelegenheit dazu in der Welt hast, auf daß ich dir mitteile, was du in deinem Herzen zu ergründen gesucht hast.

Weil aber gesagt wurde, daß du mein Zwilling und mein einzig wahrer Freund[160] bist, (deshalb) ergründe dich selbst und erkenne, wer du bist, wie du bist und wie du sein wirst! Weil du mein Bruder genannt wirst, darfst du nicht in Unkenntnis über dich selbst bleiben. Und ich weiß, daß du zu erkennen begonnen hast. Denn du hast schon erkannt, daß ich die Erkenntnis der Wahrheit bin. Während du also mit mir gewandelt bist, hast du schon, wiewohl noch unwissend, Erkenntnis erlangt. Und du sollst (später) einmal ‚der (Mensch), der sich selbst erkennt' genannt werden. Denn wer sich selbst nicht erkannt hat, hat gar nichts erkannt. Wer aber sich selbst erkannt hat, hat auch schon Erkenntnis über die Tiefe des Alls erlangt. Deswegen also hast du (allein), mein Bruder Thomas, erblickt, was vor den Menschen verborgen ist, nämlich das, worüber sie, wenn sie es nicht bemerken, zu Fall kommen."

Thomas aber sprach zu dem Herrn: „Deswegen also bitte ich dich, daß du mir noch vor deiner Himmelfahrt sagst, wonach ich dich frage. Und nur wenn ich von dir (die Wahrheit) über das, was verborgen ist, höre, kann ich darüber auch reden. Und mir ist bewußt, daß es schwer ist, die Wahrheit vor den Menschen zu tun."[161]

Der Heiland antwortete und sagte: „Wenn schon das, was ihr sehen könnt, vor euch verborgen ist, wie könnt ihr dann von dem hören, was nicht zu sehen ist? Wenn es für euch schon schwer ist, die in der Welt sichtbaren Werke der Wahrheit zu tun, wie wollt ihr dann die (Werke) der erhabenen Größe und der Erfüllung, die ja nicht sichtbar sind,

---

[160] Thomas wird damit als Lieblingsjünger bezeichnet. Nagel möchte dagegen hinter der betreffenden koptischen Wendung ein mißverstandenes „mein Mitstreiter" sehen (vgl. Peter Nagel: Thomas der Mitstreiter (zu NHC II,7: p.138,8). In: Mélanges offerts à M. Werner Vycichl. Genève 1980, 65-71).

[161] Vgl. zum „Tun der Wahrheit" Joh 3,21; 1 Joh 1,6.

tun?[162] Wie also wollt ihr ‚Täter (der Wahrheit)' genannt werden? Deswegen (gilt): Ihr seid Anfänger! Und: Ihr habt das Maß der Vollkommenheit noch nicht erreicht."

Thomas aber antwortete und sprach zu dem Heiland: „Sprich zu uns über die Dinge, von denen du sagst, daß sie für uns nicht sichtbar, [sondern] verborgen sind!"

Der Heiland sprach: „[Jeder] Leib [ist auf dieselbe Weise entstanden, in] der die Tiere gezeugt werden (– nämlich) [ohne Vernunft. Folglich] ist er auf diese Weise auch sichtbar, (nämlich) wie [ein Geschöpf], das [nach einem anderen Geschöpf trachtet]. [Deswegen] aber [existieren] die oberen Wesen [nicht in der gleichen Weise] wie die, die sichtbar sind; sondern [sie] *(p.139)* leben aus ihrer eigenen Wurzel. Und ihre Früchte sind es, was sie ernährt. Diese sichtbaren Leiber aber essen von den Geschöpfen, die ihnen gleichen. Deswegen verändern sich ja die Leiber. Was sich aber verändert, wird zugrunde gehen und verschwinden und hat keine Hoffnung auf Leben mehr. Denn der Leib ist tierisch. Wenn nun bei den Tieren der Leib zugrunde geht, so werden auch diese Gebilde zugrunde gehen. Stammt er etwa nicht aus dem Beischlaf wie der (Leib) der Tiere? Wenn aber auch er aus diesem hervorgegangen ist, wie kann er besser sein als sie? Deswegen also (gilt): Ihr seid unmündig! <Wie lange soll es noch dauern,>[163] bis ihr vollkommen werdet <?>"

Thomas aber antwortete: „Deswegen sage ich dir, o Herr: Wer über Dinge redet, die nicht zu sehen und (nur) schwer zu erklären sind, der gleicht solchen (Bogenschützen), die in der Nacht mit ihren Pfeilen eine Zielscheibe zu treffen suchen. Sie schießen zwar ihre Pfeile ab wie Leute <, die ... (nicht wissen, was sie tun (?)) ...>[164]. Denn das Ziel ist es, was sie treffen wollen; aber das ist ja gar nicht zu sehen. Wenn aber das Licht hervorkommt und es die Finsternis verhüllt, dann wird der Erfolg eines jeden sichtbar sein. Du aber, unser Lichtglanz, bist es, der leuchtet, o Herr!"

Jesus sprach: „Nur kraft des Lichtes gibt es das Licht."

Thomas ergriff das Wort und sagte: „Herr! Das sichtbare Licht, das doch um der Menschen willen scheint, weswegen geht es nicht nur auf, sondern auch wieder unter?"

Der Heiland sprach: „O seliger Thomas! Ja, allein um euretwillen scheint dies sichtbare Licht, aber nicht damit ihr an diesem Ort bleibt, sondern damit ihr euch aus ihm zurückzieht. Wenn aber alle Auserwählten das tierische Wesen abgelegt haben, dann wird (auch) dies Licht nach oben, in seine Heimat, zurückkehren. Und die Heimat wird es (wieder) aufnehmen, weil es ein guter Diener war."

Dann fuhr der Heiland fort und sprach:

„Ei, du unaufspürbare Liebe des Lichtes!

Ach, du bitteres Feuer!

Du entfachst in den Leibern und dem Mark der Menschen einen Brand, der bei Nacht und (auch) am [Tage] in ihnen brennt. Du verzehrst die Glieder der Menschen, [läßt] ihre Herzen trunken werden und ihre Seelen in Verwirrung geraten. [Du übst (deine)

---

[162] Vgl. zum Satzschema Joh 3,12.
[163] Der Text ist hier grammatisch einwandfrei, aber semantisch korrupt. Es ist eine Auslassung zu vermuten.
[164] Textverderbnis im Ms.

Macht] an [ihnen aus], in den Männern und in den Frauen, [am] Tage [und in der] Nacht. Du erregst sie mit einer [Erregung], die verborgen und offenkundig [erregt]. Denn [wenn] die Männer [in Erregung] geraten, [zieht es sie zu den Frauen hin] und die Frauen zu [den Männern.]
[Deswegen wird] *(p.140)* gesagt:

‚Jeder, der bei der echten Frau Weisheit nach der Wahrheit fragt,
der wird sich Flügel bereiten,
damit er fliegen kann,
wenn er fliehen muß vor der Begierde,
die die Geister der Menschen verbrennt.‘

Und:

‚(Jeder, der bei der echten Frau Weisheit nach der Wahrheit fragt,)
der wird sich Flügel bereiten,
(damit er fliegen kann,)
wenn er fliehen muß vor jedem sichtbaren Geist.‘“

Thomas antwortete und sagte: „O Herr! Das ist es überhaupt, weswegen ich dich frage wie <... (einen Lehrer (?)) ...>[165], (nämlich) weil ich erkannt habe, daß du (allein) es bist, was uns von Nutzen ist, so wie du sagst.“

Der Heiland antwortete wiederum und sprach: „Deswegen müssen wir[166] zu euch reden. Denn dies ist die Lehre für die Vollkommenen. Wenn ihr also vollkommen sein wollt, müßt ihr euch nach diesen (Worten) richten. Wenn (ihr euch) nicht (nach ihnen richtet), ist euer Name ‚Unwissend‘. Denn es ist nicht möglich, daß ein Verständiger mit einem Toren zusammenwohnt. Denn der Verständige ist angefüllt mit aller Weisheit. Für den Toren aber ist das Gute und das Böse gleich. Denn der Weise wird sich von der Wahrheit nähren und ‚wird sein wie der Baum, der am Wildbach wächst‘.[167]

Es gibt ja Leute, die Flügel haben, wenn sie dem, was sichtbar ist, nachjagen, dem, was weit von der Wahrheit entfernt ist. Denn das, was sie leitet – das ist das Feuer –, wird ihnen ein Trugbild der Wahrheit vorspiegeln [und] ihnen in [vergänglicher] Schönheit leuchten. Und es wird sie durch finsteres Vergnügen einfangen, sie durch stinkende Lust wegführen. Und es wird sie durch die unstillbare Begierde blind machen. Und es wird ihre Seelen verbrennen und für sie wie ein Pfahl sein, der ihnen im Herzen steckt, ohne daß sie ihn herausziehen könnten, und wie eine Trense im (Pferde-)Maul, die sie lenkt entsprechend dem ihm eigenen Trachten.

Ja, es hat sie gefesselt mit seinen Ketten. Und all ihre Glieder hat es gebunden mit der bitteren Fessel der Begierde nach dem Sichtbaren, das (doch) vergehen, sich wandeln und wechseln wird. Nach dem Gesetz der Anziehung wurden sie von oben herabgezogen. Fortwährend werden sie getötet, (und zwar) dadurch, daß sie zu allen Tieren der Unreinheit hingezogen werden.“

---

[165] Textverderbnis im Ms.
[166] Vgl. das ebenso plötzliche „wir“ in Joh 3,11.
[167] Vgl. Ps 1,3 LXX.

Thomas antwortete und sprach: „Es ist offenkundig. Und [es] ist auch gesagt worden: ‚[...] die, die nicht kennen [... der] Seele.‘“

Der [Heiland] antwortete und sagte: „[Wohl] dem weisen Mann, der [nach der] Wahrheit suchte. Denn,] als er sie gefunden hatte, ließ er sich *(p.141)* auf ihr für immer zur Ruhe nieder und fürchtete sich nicht mehr vor denen, die ihn verwirren wollten.“[168]

Thomas antwortete und sprach: „(Demnach) ist es für uns von Nutzen, o Herr, zur Ruhe zu kommen in dem, was uns gehört?“

Der Heiland sprach: „Ja, es ist das, was sich geziemt. Und (zwar) ist es gut für euch, weil das, was von den Menschen in Erscheinung tritt, sich auflösen wird. Denn (es heißt:) ‚Das Gefäß ihrer Fleischlichkeit wird sich auflösen.‘ Aber auch wenn es zerfällt, wird es noch zur Erscheinungswelt, (d.h.) zum Bereich des Sichtbaren, gehören. Und dann wird das sichtbare Feuer ihnen Pein bereiten. Wegen der Liebe zum Glauben, die sie vor langer Zeit gehabt haben, werden sie noch einmal in die Erscheinungswelt eingebracht werden. Diejenigen aber, die sehen können, sind nicht in der Erscheinungswelt. Ohne die erste Liebe werden sie zugrunde gehen. <...>[169] für kurze Zeit in der Sorge d(ies)es Lebens und in der Glut des Feuers, bis das, was die Erscheinung ausmacht, aufgelöst wird. Dann werden mißgestaltete Gespenster entstehen und für immer drinnen in den Gräbern auf den Leichen verweilen – unter Peinigung und Vernichtung der Seele.“

Thomas aber antwortete und sprach: „Was haben wir gegenüber diesen (Menschen) zu sagen? Was sollen wir zu den blinden Menschen sagen? Was für eine Lehre sollen wir an jene elenden Sterblichen vermitteln, die da sagen: ‚Wir wollten Gutes erlangen, und nicht Fluch.‘ Vielmehr werden sie aufs neue [sagen]: ‚Wenn wir nicht im Fleisch geboren worden wären, hätten wir keine [Freveltat] kennengelernt.‘“

Der Heiland sprach: „Wahrlich, was jene anbelangt, so halte sie nicht für Menschen, sondern betrachte sie als Tiere! Denn wie die Tiere einander fressen, so ist es auch bei solchen Menschen, [daß sie] einander „fressen“. Aber sie sind der [Königsherrschaft] verlustig gegangen. Denn: Sie lieben das Vergnügen des Feuers und sind (daher) Sklaven des Todes. Sie jagen den Werken der Unreinheit nach und vollbringen die Begierde ihrer Väter. Sie werden in den Abgrund hinabgeworfen und gezüchtigt werden auf Grund der Notwendigkeit (, die sich aus) der Bitterkeit ihrer bösen Natur (ergibt). Denn: ‚Sie werden gepeitscht werden, daß sie sich kopfüber zu dem Ort hinstürzen, den sie nicht kennen.‘

Und sie werden nicht mit Ausdauer von ihren Gliedern [ablassen], sondern [du wirst][170] schwach werden! Und sie freuen sich über [jenen Brand, wobei sie] die Raserei und den Wahnsinn [lieben]. Denn sie sind [Toren]. [Sie] streben [nach] Sinnesverwirrung, ohne [ihre Raserei] zu erkennen, wobei sie [glauben], klug zu sein. [Sie...die] Liebe zu ihrem Körper [...], *(p.142)* wobei ihr Sinn auf sie (selbst) gerichtet ist, während ihr Gedanke bei ihren Händeln weilt. Es ist aber das Feuer, was sie verzehren wird.“

---

[168] Vgl. EvThom 2 par.

[169] Textverderbnis bzw. Anakoluthie. Es fehlt so etwas wie: „Sie wandeln“; vgl. Lk 8,14; 21,34.

[170] Zum plötzlichen Wechsel zur 2. Pers. sing. vgl. Schenke 1989, 141-145.

Thomas antwortete aber und sprach: „Herr! Wie wird es dem, was in sie hineingeworfen worden ist, ergehen? Ja, ich sorge mich sehr um sie. Denn viele sind es, die ihnen entgegenstehen."[171]

Der Heiland antwortete und sprach: „Was ist es, das dir selbst deutlich ist?"

Judas, der Thomas genannt wird, sprach: „Du, Herr, bist es, dem es zukommt zu reden, mir aber, dir zuzuhören."

Der Heiland antwortete: „Höre auf das, was ich dir sagen werde und glaube an die Wahrheit! Der, der sät, und das, was gesät wird, werden aufgelöst werden durch ihr Feuer – in dem Feuer und dem Wasser – und werden sich verbergen in den Gräbern der Finsternis. Und nach langer Zeit werden die Früchte der schlechten Bäume öffentlich bestraft werden, (und zwar) dadurch, daß sie durch den Mund der Tiere und der Menschen „getötet" werden, (und auch) durch die Gelegenheit der Regenfälle, der Winde, der Luft und des Gestirns, das oben leuchtet."

Thomas antwortete aber: „Du hast uns wahrlich überzeugt, o Herr. Wir haben im Herzen eingesehen, und es ist (uns nun) klar, daß es [so ist] und (daß) dein Wort ohne Einschränkung ist. Aber jene Worte, die du zu uns sagst, sind für die Welt etwas zum Lachen und etwas, worüber man die Nase rümpft. Sie werden ja (gar) nicht verstanden. Wie können wir denn hingehen, um sie zu verkündigen, da wir ja in der Welt [nichts] gelten?"

Der Heiland antwortete und sprach: „[Wahrlich], ich sage euch: Wer eure Rede hören und sein Gesicht abwenden oder die Nase darüber rümpfen oder gleichermaßen die Lippen verziehen wird – wahrlich, ich sage euch: der wird dem Herrscher oben, der über alle Mächte als ihr König herrscht, übergeben werden, und der wird jenen verwerfen und von oben in den Abgrund hinabstoßen lassen, und er wird in einen engen und finsteren Raum eingesperrt werden. Er kann sich also nicht umdrehen oder bewegen wegen der großen Tiefe des Tartaros und der [drückenden Bitterkeit] der Unterwelt. Wer sich verläßt [auf das], was zu ihm hin[gebracht] wird, [wenn sie ...], dem [wird seine] Raserei nicht verziehen werden. Er [wird sein Urteil empfangen. Wer] euch verfolgt [hat, wird jenem] Engel, dem Tartarouchos, übergeben [werden, bei dem flammendes] Feuer [ist], das sie verfolgt, *(p.143)* [während] Feuergeißeln Funken über Funken sprühen lassen, immer ins Gesicht hinein bei dem, der verfolgt wird. Wenn er nach Westen flieht, wird er das Feuer finden. Wenn er sich nach Süden wendet, wird er es auch dort finden. Wenn er sich nach Norden wendet, kommt ihm wieder der Schrecken lodernden Feuers entgegen. Er findet aber nicht den Weg nach Osten, um dorthin zu fliehen und gerettet zu werden. Denn er hatte ihn nicht gefunden zur Zeit, da er im Leibe war, so daß er ihn (wieder)finden könnte am Tage des Gerichts."

Dann fuhr der Heiland fort und sagte:

„Wehe euch, ihr Gottlosen, die ihr keine Hoffnung habt, die ihr euch verlaßt auf etwas, das keinen Bestand hat!

---

[171] Dieser Abschnitt ist von seinem Inhalt und seinen Bezügen her schwierig in den Kontext einzuordnen; vgl. Schenke 1989, 145-147.

Wehe euch, die ihr eure Hoffnung auf das Fleisch setzt und auf das Gefängnis, das zerfallen wird – wie lange wollt ihr noch schlafen? – und auf die ‚Unvergänglichen‘, von denen ihr meint, daß sie nicht vergehen werden!

Wenn eure Hoffnung sich auf die Welt gründet und euer Gott dieses Leben ist, dann werdet ihr eure Seelen zugrunde richten.

Wehe euch angesichts des Feuers, das in euch brennt! Denn es ist unersättlich.

Wehe euch auf Grund des Rades, das sich im Kreise dreht – in euren Gedanken!

Wehe euch ob des Brandes, der in euch ist! Denn er wird in sichtbarer Weise euer Fleisch verzehren und in unanschaubarer Weise eure Seelen spalten und euch dazu bringen <, daß ihr> untereinander <...>[172].

Wehe euch, ihr Gefangenen! Denn ihr seid festgebunden in den Höhlen. Ihr lacht und freut euch bei dem, was von wahnsinniger Lächerlichkeit ist. Ihr begreift nicht euer Verderben, noch begreift ihr das, worin ihr seid, noch habt ihr erkannt, daß ihr in der Finsternis und im Tode seid. Vielmehr seid ihr trunken vom Feuer und angefüllt mit Bitterkeit. Euer Sinn ist euch verwirrt wegen des Brennens, das in euch ist. Und süß ist euch das Gift und der Stich eurer Feinde. Und die Finsternis ist für euch aufgegangen wie das Licht. Denn: Eure Freiheit habt ihr ausgeliefert an die Knechtschaft; ihr habt eure Sinne finster gemacht. Und eure Gedanken habt ihr ausgeliefert an die Torheit; und angefüllt habt ihr eure Gedanken mit dem Rauch der Feuers, das in euch ist. Und verborgen [hat sich] euer Licht in der [finsteren] Wolke. Und das Gewand, das ihr tragt, habt ihr [liebgewonnen, obgleich es] besudelt ist. Und ihr seid in Besitz genommen worden [von] der Hoffnung, [die es] nicht gibt. Und wer es ist, dem [ihr] Glauben geschenkt habt, wißt ihr [nicht. Und ihr] seid alle in euern [Fesseln. Und ihr] rühmt euch, als ob [ihr in Freiheit wärt. Und] *(p.144)* ihr habt eure Seelen im Wasser der Finsternis untergehen lassen. Ihr seid gelaufen entsprechend euren eigenen Lüsten.

Wehe euch, die ihr ins Verderben geraten seid und nicht das Licht der Sonne seht, die alles richtet, die auf alles hinblickt! Denn sie wird sich gegen alle Taten wenden (, die) zur Unterwerfung der Feinde (dienen)! Und ihr nehmt auch nicht den Mond wahr, wie er bei Nacht und am Tage herabblickt und die Leichen eurer Gemetzel sieht.

Wehe euch, die ihr den Verkehr mit der Weiblichkeit und das unzüchtige Zusammensein mit ihr liebt!

Und:

Wehe euch ob der Machthaber eures Leibes! Denn jene werden euch ins Unglück stürzen.

Wehe euch ob der Wirkungen der bösen Dämonen!

---

[172] Textverderbnis im Ms.

Wehe euch, die ihr eure Glieder ins Feuer treibt! Wer ist es, der euch einen erquickenden Tau[173] fallen lassen wird, damit d(ies)er ein so gewaltiges Feuer in euch mit eurem Brande auslöscht? Wer ist es, der euch gewähren wird, daß die Sonne über euch aufgeht, um die Finsternis, die in euch ist, aufzulösen und um die Finsternis und das schmutzige Wasser zu verhüllen?

Die Sonne und der Mond werden euch Wohlgeruch schenken – nebst der Luft, dem Winde, der Erde und dem Wasser. Denn wenn die Sonne jene Leiber nicht bescheint, werden sie in Fäulnis geraten und vergehen, wie es auch bei Lolch oder Gras geschieht. Wenn die Sonne ihn bescheint, wird er stark und erstickt er den Weinstock. Wenn aber der Weinstock schon stark ist und auf jenen Lolch Schatten wirft und überhaupt auf alles Gras, das mit ihm zusammen aufwächst, [wenn er sich ausstreckt] und breit wird, dann erbt er allein den Boden, auf dem er wächst, und bemächtigt er sich jeder Stelle, auf die er Schatten geworfen hat. Dann also, wenn er zunimmt, bemächtigt er sich des ganzen Bodens und gedeiht er seinem Besitzer und gewinnt er sein Wohlgefallen über die Maßen. Denn (dies)er hätte große Strapazen auf sich nehmen müssen wegen des Lolchs, bis er ihn ausgerissen hätte. Aber nun hat der Weinstock selbst ihn dort beseitigt. Und (zwar) hat er ihn erstickt, ist er abgestorben und zu Erde geworden."

Dann fuhr Jesus fort und sprach zu ihnen:

„Wehe [euch]! Denn ihr habt die Lehre nicht angenommen. Und die, die [sie annehmen wollen], werden Mühe haben, wenn sie verkündigen. [Denn ihr werdet ihnen nachstellen], und lauft (dabei) in [eure eigenen Netze. Ihr] werdet sie hinabsenden [vor Löwen[174] und] werdet sie täglich töten, *(p.145)* damit sie vom Tode auferstehen.

Wohl euch, die ihr im voraus die Fallen erkennt und vor dem, was fremd ist, flieht!

Wohl euch, die ihr geschmäht und nicht geachtet werdet! Um der Liebe willen, die euer Herr zu euch hegt.

Wohl euch, die ihr weint und bedrängt werdet von denen, die keine Hoffnung haben! Denn ihr werdet losgemacht werden aus jeglicher Fessel.

Wachet und betet, daß ihr nicht im Fleisch bleibt, sondern daß ihr der bitteren Fessel des Lebens entkommt!

Und wenn ihr betet, werdet ihr Ruhe finden, <...>[175], daß ihr die Mühsal und die Schmach hinter euch gelassen habt.[176] Denn wenn ihr den Mühen und den Leidenschaften des Leibes entkommt, werdet ihr von seiten des Guten einen Ruheort erhalten. Und

---

[173] Der feuerlöschende Tau ist ein Motiv aus der Tradition von den drei Jünglingen im Feuerofen; vgl. Dan 3,50 LXX.

[174] Motiv aus der Tradition von Daniel in der Löwengrube; vgl. Dan 6,6.8.13.18 LXX; Bel et Draco 31-32 LXX.

[175] Textverderbnis im Ms. Es fehlt ein Ausdruck wie: „und ihr werdet erstaunt sein".

[176] Vgl. EvThom 2 par.

ihr werdet mit dem Herrscher herrschen – ihr verbunden mit ihm, und er verbunden mit
euch, von nun an bis in alle Ewigkeit." Amen.

Subscriptio (p.145,17-19)

Das Buch des Thomas.
Der Athlet schreibt an die Vollkommenen.

Kolophon[177] (p.145,20-23)

Gedenkt auch meiner in euren Gebeten, meine Brüder!
Friede den Heiligen und den Pneumatikern!

---

[177] Der Kolophon beschließt den gesamten Codex II, nicht allein dessen letzte Schrift.

Das heilige Buch des großen unsichtbaren Geistes (NHC III,2; IV,2) (Das ägyptische Evangelium)

Uwe-Karsten Plisch

Literatur

Böhlig, Alexander / Wisse, Frederik (in cooperation with Pahor Labib), 1975: Nag Hammadi Codices III,2 and IV,2. The Gospel of the Egyptians (The Holy Book of the Great Invisible Spirit). (NHS 4.) Leiden.

Schenke, Hans-Martin, 1974: Das sethianische System nach Nag-Hammadi-Handschriften. In: Nagel, Peter (ed.): Studia Coptica. (BBA 45.) Berlin, 165-172.

Sevrin, Jean-Marie, 1986: Le dossier baptismal séthien. (BCNH.É 2.) Québec, 80-144.

Einleitung

„Das heilige Buch des großen unsichtbaren Geistes", das nach (s)einem sekundären Untertitel (NHC III p.69,6) auch „Das ägyptische Evangelium" heißt (abgekürzt ÄgEv), war bis zur Entdeckung zweier koptischer Versionen innerhalb des Handschriftenfundes von Nag Hammadi unbekannt. Die Schrift ist nicht mit dem vor allem von Clemens Alexandrinus (ExcTheod 67,2; Strom 3,45 u.ö.) erwähnten und zitierten Ägypterevangelium identisch.

Die beiden Versionen der Schrift stellen zwei voneinander unabhängige koptische Übersetzungen dar, wobei die Sprache der Version in Codex III (p.40,12-69,20) weitestgehend einem standardisierten Sahidisch (mit einigen mittelägyptischen Einfärbungen) entspricht, während die Version in Codex IV (p.50,1-81,2) ein stark nördlich beeinflußtes Sahidisch zeigt. Die unterschiedlichen Sprachtypen lassen auf eine jeweils unterschiedliche regionale Herkunft der koptischen Texte schließen. Zugleich bieten die Versionen interessante Einblicke in die koptische Übersetzungspraxis. Beide Textzeugen weisen zum Teil starke Beschädigungen bis hin zu fehlenden Seiten auf, jedoch betreffen die Zerstörungen nur selten parallele Textpassagen, so daß es insgesamt recht gut möglich ist, dem Text der Schrift zu folgen beziehungsweise fehlenden Text in der einen Version mittels vorhandenen Textes der anderen zu rekonstruieren.

Schon die bloße synoptische Betrachtung der beiden koptischen Versionen von ÄgEv macht deutlich, daß es sich bei ihnen um Übersetzungen aus dem Griechischen handelt. Auch bei dem am Ende von Codex III erhaltenen Kolophon, der den weltlichen Namen des Schreibers - Concessus (gräzisiert / koptisiert: Gongessos) und seinen vermutlichen Taufnamen – Eugnostos – nennt, dürfte es sich um eine Übersetzung aus dem Griechischen handeln; der Kolophon geht also wahrscheinlich bereits auf einen griechisch schreibenden Schreiber, nicht erst auf einen koptischen (Ab-)Schreiber zurück. Die beiden voneinander unabhängigen koptischen Übersetzungen basieren ihrerseits auf voneinander abweichenden griechischen Vorlagen.

Der Entstehungsort der Schrift ist unbekannt. Der sekundäre Untertitel „Das ägyptische Evangelium" besagt zunächst nur, daß die Schrift sich offenbar in Ägypten großer Beliebtheit erfreute, was durch die Tatsache, daß es von ihr zwei unabhängige Übersetzungen in die ägyptische Sprache gegeben hat, noch unterstrichen wird. Der Inhalt der Schrift liefert kaum Indizien, die Rückschlüsse auf ihren Entstehungsort zuließen. Das ist jedoch angesichts des Charakters der Schrift auch nicht allzu verwunderlich. In Codex III p.44,25 wird die Kraft des großen Christus „Ainon" genannt, was mit der in Joh 3,23 so bezeichneten Taufstelle Johannes des Täufers zu tun haben könnte, auch werden mehrfach Sodom und Gomorra erwähnt. Doch sind dies ebenso literarische wie geographische Topoi, die ernsthafte Rückschlüsse auf den Entstehungsort nicht erlauben.

Für die mutmaßliche Entstehungszeit ist mit dem Alter der Codices des Nag-Hammadi-Fundes eine Obergrenze, die Mitte des 4. Jh., gegeben. Da die Schrift ein ausgefeiltes mythologisches System teils beschreibt, teils voraussetzt, wird man mit der Datierung nicht zu weit zurückgehen dürfen. Andererseits ist ein gewisser Zeitraum für den Weg des Textes vom Griechischen in das Koptische zu veranschlagen. So dürfte „Das heilige Buch des großen unsichtbaren Geistes" etwa im 3. Jh. entstanden sein. Damit ist freilich noch nichts über das Alter der in ÄgEv aufbewahrten Traditionen und der in ÄgEv eingegangenen Texte gesagt.

Die tatsächliche Verfasserschaft läßt sich nicht ermitteln. Die Schrift selbst nennt am Ende den großen Seth, die zentrale Erlösergestalt der Sethianer, der allerdings zugleich Gegenstand des Textes ist, als (mythologischer) Verfasser, der das Buch in 130 Jahren geschrieben und dann auf einem Berg verborgen habe.

ÄgEv ist kein Evangelium, weder im Sinne der neutestamentlichen Gattung, noch im Sinne der Gattung der den neutestamentlichen Evangelien vergleichbaren apokryphen Texte, noch auch ist es im Wortsinne frohe Botschaft. Die am Schluß der Schrift genannte mythologische Verfasserschaft Seths, verbunden mit der Niederlegung der Schrift an einem geheimen Ort, ist ein typisches Element gnostischer geheimer Offenbarungsschriften. Der eigentliche Titel der Schrift – Das heilige Buch des großen unsichtbaren Geistes – deckt am ehesten den Inhalt des umfänglichen ersten Teils der Schrift ab: ein mythologischer Abriß, der von der Entstehung der himmlischen Welt als einer Hervorbringung des obersten Vaters handelt und in einen kurzen Abriß der sethianischen Heilsgeschichte mündet, die ihren Höhepunkt in der Einsetzung der himmlischen Taufe durch Seth hat. Mit der Einsetzung der Taufe sind Stichwort und Überleitung für den zweiten, etwas kürzeren Teil von ÄgEv gegeben, einer Art sethianischer Taufliturgie, die wiederum Gebete, Hymnen und Bekenntnisse enthält.

Bei dem heiligen Buch des großen unsichtbaren Geistes handelt es sich um einen Text der sethianischen Gnosis, der mit AJ, HA, ApcAd, OdNor, Mar und Protennoia des näheren zu den mythologisch orientierten (im Unterschied zu den eher platonisch-philosophisch orientierten) sethianischen Texten gehört. Mit dem Christentum ist ÄgEv insofern und insoweit in Berührung gekommen, als darin Christus als eine Konkretion Seths adaptiert ist. Auch der Kolophon zeugt von der Berührung der Rezipienten von ÄgEv mit dem Christentum. Ihrem Wesen nach ist die Schrift jedoch nicht christlich. Die Breite, mit der das Thema der Taufe im zweiten Teil von ÄgEv entfaltet wird, läßt sich angemessen nur auf dem Hintergrund eines realen soziologischen Phänomens, einer in einer Gruppe täuferisch gesinnter Menschen wirklich praktizierter Taufe verstehen. Dies deutlich vor Augen zu führen, macht einen großen Teil der Bedeutung von ÄgEv aus. Angesichts seines Inhaltes, seines Umfangs und seiner doppelten Bezeugung dürfte „Das heilige Buch des großen unsichtbaren Geistes" einer der zentralen Texte der mythologisch orientierten sethianischen Gnosis gewesen sein.

Übersetzung

NHC III,2	NHC IV,2

Incipit

(p.40,12) Das Buch der heiligen (sing.) [...] des großen unsichtbaren [Geistes.

[*(p.50,1)* Das heilige Buch] der [... des] großen [unsichtbaren Geistes].

Einleitung

Der] Vater, dessen Name unaussprechlich ist, [ist es, der herauskam] aus den Höhen [der Vollendung, das] Licht des Lichtes [der lichten Äonen], das Licht des [Schweigens der Pronoia] <und> der Vater des Schweigens, das [Licht] des Wortes <und> der Wahrheit, das Licht [der *(p.41)* Unvergänglichkeiten, das] Licht, das kein Ende hat, [das] Aufscheinen aus den lichten Äonen des Vaters, der nicht offenbar ist, kennzeichenlos, alterslos, unverkündbar, der Äon der Äonen, selbstgezeugt, selbsthervorgebracht, (sich) selbst zeugend, fremd, der wahrhaft wahre Äon.

Der Vater, [dessen Name unaussprechlich ist, ist es], der [hervorkam aus den] Höhen, das Licht [der] Vollendung, das ewige Licht der Äonen, das Licht in Schweigen, in Voraussicht (Pronoia) und Schweigen des Vaters, das Licht in Wort und Wahrhaftigkeit, [das] unvergängliche Licht, das unermeßliche [Licht], das [ewige], hervorgekommene Licht der Äonen des Vaters, der unsagbar ist und kennzeichenlos und unverkündbar, der Äon [der] Äonen, das Erzeugnis aus sich selbst und das Aufscheinen aus sich selbst und der Fremde, die unerklärbare Kraft des unsagbaren Vaters.

Die Hervorbringungen des Vaters

Drei Kräfte [kamen] aus ihm hervor: der Vater, die Mutter, der Sohn – [aus] dem

Drei Kräfte kamen aus ihm heraus, welche sind: der Vater, die Mutter, der Sohn,

NHC III,2	NHC IV,2
lebendigen Schweigen, dem Aufscheinen aus [dem] unvergänglichen Vater. Diese sind es, die herauskamen, und zwar [aus] dem Schweigen des unbekannten Vaters.	die Aufscheinungen aus sich selbst, aus einem lebendigen [Schweigen] des unvergänglichen Vaters. Diese kamen *(p.51)* hervor aus einem Schweigen [des un]sagbaren [Vaters.
[Und] aus jenem Ort kam Domedon Doxomedon hervor, [der Äon der] Äonen und das [Licht] einer jeden [ihrer (plur.)] Kräfte. [Und] so kam der Sohn [heraus als] vierter, die Mutter als [fünfte, der Vater] als sechster. Er war [nicht ...], sondern unrühmbar, [dieser], der kennzeichenlos ist unter all [den Kräften], Herrlichkeiten und [Unvergänglichkeiten].	...] Doxomedon Domedon, der Äon der [Äonen], das [Licht] kam von dort hervor, [das ist] das Herauskommen [einer jeden] ihrer (plur.) Kräfte. [Und so] kam [der Sohn] heraus als vierter. Die Mutter aber ist die fünfte, der Vater [der sechste. In einem Zeichen ..., sondern ist] kennzeichenlos. [Dieser aber war] kennzeichenlos [unter] lauter [Kräften (und) unvergänglichen] Herrlichkeiten.
Aus jenem Ort [kamen] die drei Kräfte hervor, *(p.42)* die drei Achtheiten (Ogdoaden), die der Vater in Schweigen und seiner Voraussicht (Pronoia) [hervorbringt] aus seinem Schoß, als da sind: der Vater, die Mutter, der Sohn.	Aus ihm kamen drei [Kräfte] hervor, welche drei Achtheiten (Ogdoaden) sind; diese, die der Vater aus seinem Schoß hervorbrachte in Schweigen und Voraussicht (Pronoia), als da sind: der Vater, die Mutter, [der Sohn].
Die <erste> Achtheit (Ogdoas), um [derent]willen das dreifach männliche Kind hervorkam, die die Ennoia ist und [der] Logos und die Unvergänglichkeit und das ewige [Leben], der Wille, der [Verstand (Nous)] und das Vorherwissen (Prognosis): der mann[weibliche] Vater.	Die erste Achtheit (Ogdoas), [jene], um derentwillen das dreifach männliche Kind herauskam, [die] die Ennoia und das Wort [und] das unvergängliche, ewige Leben, Wille, Verstand (Nous) *(p.52)* [und Vorher]wissen ist: [der mann]weibliche [Vater].
Die zweite Ogdoas-Kraft: die Mutter, die jungfräuliche Barbelon, Epititioch, [...]ai, Memeneaimen, [... die] über dem Himmel ist, Karb[...], die unauslegbare Kraft, die unsagbare Mutter, [sie schien auf] aus sich selbst heraus [...] und sie kam hervor und stimmte überein mit dem Vater [des Lebens und des] Schweigens.	Die zweite Kraft, die [eine] Achtheit (Ogdoas) ist: [die Mutter], die jungfräuliche, [männliche Barbelo ...]kaba, Adone, [...] der, der über den Himmel gesetzt ist [...] Akroboriaor [...] die unauslegbare und un[sagbare] Kraft [... sie schien auf aus sich] selbst und [kam] hervor und stimmte überein [mit] dem Vater des lebendigen Schweigens.
Die dritte Ogdoas[-Kraft]: der Sohn des [schweigenden Schweigens] und die Krone des schweigenden Schweigens [und] die Herrlichkeit des Vaters und die [Tugend der *(p.43)* Mutter]. Dieser brachte aus dem Schoß die sieben Kräfte des gro-	[Die] <dritte> Kraft aber, die eine Achtheit (Ogdoas) ist: der Sohn des Schweigens – [Schweigen] sowohl als auch Erkenntnis [des Vaters] und Tugend [der] Mutter. Dieser [brachte] aus seinem Schoß sieben Kräfte des großen Lichtes

NHC III,2	NHC IV,2
ßen Lichtes der sieben Stimmen hervor. Und das [Wort] ist ihre Vollendung.	der sieben Stimmen hervor, die aus ihnen stammen. Das Wort [ist] ihre Erfüllung.

Dies sind die drei [Kräfte], die drei Achtheiten (Ogdoaden), die der [Vater] mittels seiner Voraussicht (Pronoia) aus seinem Schoß [hervor]brachte, er brachte sie hervor an jenem Ort.

[Dies] sind drei Kräfte, d.h. drei Achtheiten (Ogdoaden), *(p.53)* die der Vater [aus seinem Schoß hervorbrachte] in [Schweigen und] in seiner [Voraussicht (Pronoia)] an jenem Ort.

Der Äon Domedon-Doxomedon

Domedon Doxomedon, der Äon der Äonen, kam hervor und der [Thron], der in ihm ist, und die Kräfte, [die] ihn umgeben, die Herrlichkeiten und die [Unvergänglichkeiten. Der] Vater des großen Lichtes, der aus dem Schweigen [herauskam], ist der [große] Doxomedon-Äon, in dem [das dreifach männliche] Kind [sich] ausruht. Und der Thron seiner [Herrlichkeit] wurde [in ihm] errichtet, [der], auf dem sein nicht offenbarer Name auf der [...] Tafel [geschrieben steht].

Das Wort ist eines, [der Vater des Lichtes] des Alls, der heraus[kam] aus dem Schweigen, während er sich ausruht im Schweigen; der, dessen *(p.44)* Name in einem [unsichtbaren] Symbol (verborgen) ist; und [ein] verborgenes, unsichtbares Geheimnis kam hervor:

ιιιιιιιιιιιιιιιιιιι[ιιι]
ΗΗΗΗΗΗΗΗΗΗΗΗΗΗΗΗΗΗ[ΗΗ
Ο]ΟΟΟΟΟΟΟΟΟΟΟΟΟΟΟΟΟΟΟΟ
Υ[ΥΥΥ]ΥΥΥΥΥΥΥΥΥΥΥΥΥΥΥΥΥΥ
ЄЄЄЄ[...]ЄЄЄЄЄЄЄЄЄЄЄЄЄЄЄЄ
ΑΑΑΑΑΑΑ[ΑΑΑΑ]ΑΑΑΑΑΑΑΑΑΑΑ
ωωωωωωωωω[ωωω]ωωωωωωωωωωωω

Und [so] priesen die drei Kräfte den [großen], unsichtbaren, un[benenn]baren, jungfräulichen, unanrufbaren Geist und [seine] männliche Jungfrau. Sie baten [um eine] Kraft.

Der [Ort], da Doxomedon erschien, [der] Äon der Äonen, [und die Throne, die in ihm sind, [und die Kräfte, die] sie umgeben samt [Herrlichkeit und Unvergänglichkeit. Der Vater des] großen [Lichtes kam heraus aus] einem [... der große] Doxomedon-[Äon], in dem [das dreifach männliche] Kind [ruht. Und] der [Thron] seiner Herrlichkeit [wurde] darin [errichtet; der], auf dem [sein] unaussprechlicher [Name] auf der [... Tafel geschrieben worden war. ... der Äon], der [... das Wort ...] der Vater [und das Licht von] all diesen; [der, der aus] Schweigen stammt und [der, der] hervorkam [aus Schweigen]; der, der [in Schweigen ruht]; der, [dessen Name in einem unsichtbaren Symbol (verborgen) ist ... *(p.54)* ... Ein unsagbares Geheimnis] kam heraus:

[ιιιιι]ιιιιιιιιιιιιι[ιιιιιι]
ΗΗΗ[Η]ΗΗ[Η]ΗΗΗΗΗΗ[ΗΗΗ]ΗΗ[ΗΗ]Η
ΟΟΟΟΟΟΟΟ[ΟΟΟΟΟΟΟ]ΟΟΟΟΟΟ
ΥΥΥ[ΥΥΥΥΥ]ΥΥΥΥΥΥ[ΥΥΥΥΥΥΥ]Υ
ЄЄЄЄЄ[ЄЄЄЄЄЄЄЄ]ЄЄЄЄЄЄ[ЄЄ
ΑΑΑΑΑΑΑΑΑ]ΑΑΑΑ[ΑΑΑΑΑΑΑΑΑ
ωωω]ω[ωωωωωωωωωω]ωωωωωω[ωωωωωωωωωω]

Und so brachten [die drei] Kräfte dem großen, [unsichtbaren und unvergänglichen, unbenennbaren, jungfräulichen] Geist des [Vaters und der männlichen] Jungfrau, [der Barbelo], Lobpreis dar. <Sie> baten [um eine Kraft].

NHC III,2	NHC IV,2
Es kamen hervor ein [Schweigen in] einem lebendigen Schweigen, [Herrlichkeiten] und Unvergänglichkeiten in den Äonen [... Äon(en)], Zehntausende, die hinzugefügt wurden, [...] dreifach Männliche(n), die drei(fach) männliche Nachkommen[schaft (?)], die [männlichen] Geschlechter, [und sie] füllten den großen Doxomedon[-Äon mit] der Kraft des Wortes des [ganzen Pleroma].	Ein [lebendiges, schweigendes Schweigen erschien] in einer Kraft [... Herrlichkeiten] und [Unvergängliche]. Der Äon, der [... der] Äonen, *(p.55)* der gesetzt ist [über die Geheimnisse], die [zehntausende sind], die dreifach [Männlichen, die] dreifach männlichen [Nachkommen] und die männlichen Geschlechter, die [Herrlichkeiten des Vaters, die] Herrlichkeiten des großen [Christus und die] männlichen Nachkommen. Die [Geschlechter] füllten den großen [Äon] Doxomedon [mit Kräften eines] Wortes des lichten Pleroma.
Dann [pries] das dreifach männliche [Kind, der große] Christus, den [der große unsichtbare] Geist gesalbt hat (und) [dessen] Kraft „Ainon" [genannt wurde], den großen unsichtbaren Geist [und seine] männliche Jungfrau [Joël und] das schweigsam schweigende Schweigen und die [Größe ...	Dann [brachte] das [dreifach männliche] Kind, [der] große [Christus], den [der große unsichtbare Geist] gesalbt hatte (und) [dessen] Kraft [Ainon genannt wurde], Lobpreis dar dem [großen unsichtbaren Geist und der männlichen] Jungfrau [Joël (und) dem Schweigen] eines [schweigenden] Schweigens, der Größe, die [... un]aussprechlich [... unsagbar ... der man nicht] antworten kann, [un]auslegbar, der [Ersterschienene] und unverkündbar, un[... *(p.56)* ...] wunderbar [ist ... un]sagbar [...], der (Inhaber) aller großen Größen [des] schweigenden Schweigens an jenem [Ort].
(p.45-p.48 sind zerstört)	Das dreifach [männliche Kind] brachte Lobpreis dar und erbat [eine Kraft] von dem [großen, unsichtbaren, jungfräulichen] Geist. Da erschien an [jenem] Ort [... der Herrlichkeiten] sieht [...] Schätze in [... unsichtbare] Geheimnisse [...] des Schweigens, [... die männliche Jung]frau [Jouël]. Dann [erschien das Kind des Kindes]: Esephech.
	Und [so] wurde vollendet: der [Vater die] Mutter der Sohn die fünf Siegel die unbesiegbare Kraft,

NHC III,2	NHC IV,2
	die der große [Christus] aller Unvergänglichkeiten ist. *(p.57)* [...] heilig [...] das Ende [... Un]vergänglich[keiten] und [die Herrlichkeiten (?) ...] Kräfte sind sie und [herrlich] und unvergänglich [...] sie kamen heraus [... *(Zeilen 8-12 zerstört oder beschädigt)* ...]. Dieser brachte [Lobpreis dar] dem versteckten, verborgenen [...] verhüllt [... *(Zeilen 17-21 zerstört oder beschädigt)* ...] die Äonen [...] Thron[...] und [...] jeder [...] zahllose zehntausende [...] umgaben sie, *(p.58)* [Herrlichkeiten] und Unvergängliche [...]. Und [... des] Vaters [und] der Mutter [und] des Sohnes und [des] ganzen [Pleroma], das ich zuvor [erwähnt habe, und die] fünf Siegel [und das Geheimnis] der [Geheimnisse]. Sie erschienen [... *(Zeilen 9-12 zerstört oder beschädigt)* ...] der gesetzt ist [über ...][178] und die Äonen [... wahrlich in Wahrhaftigkeit ... *(Zeilen 16-20 zerstört oder beschädigt)* ...] und die ewigen Äonen [wahrlich] in Wahrhaftigkeit. Dann [kam] eine [...] heraus in [Schweigen] und [lebendigem Schweigen des] Geistes [und] ein Wort [des] Vaters und [ein Licht ... die fünf] *(p.59)* Siegel, die der Vater aus seinem Schoß hervorbrachte (und) sie durchquerte alle Äonen, die ich zuvor genannt habe. Und sie errichtete herrliche Throne und zahl[lose] zehntausende Engel, die sie (plur.) umgaben, [Kräfte und unvergängliche] Herrlichkeiten, die [lobsangen] und verherrlichten, indem [sie] alle mit einer [einzigen Stimme] lobpriesen in einer Form [mit einem] niemals verstummenden [Ruf ... den] Vater und die [Mutter

---

[178] Oder: „die gesetzt sind [über ...]".

NHC III,2	NHC IV,2

	und den] Sohn [...
	alle] Pleromata,
	[die ich zuvor genannt habe] – das ist [der großen] Christus, der aus einem [Schweigen] stammt, das ist das [unvergängliche] Kind,
	    Telmaël Telmachaël
	    [Eli Eli]
	    Machar Machar
	    [Seth, die wahrlich] in [Wahrheit] lebendige Kraft
	und die männliche [Jungfrau], die bei [ihm ist]: Jouël, [und] Esephech, der Besitzer [der Herrlichkeit], das [Kind] des Kindes [und die Krone] seiner Herrlichkeit [...] der fünf [Siegel, das] Pleroma, [das ich zuvor genannt habe. *(p.60)* Von] dort [kam hervor] das große, selbstentstandene, lebendige [Wort, der Gott] in Wahrhaftigkeit, die ungeborene Natur; der, dessen Namen ich nennen werde: [...]aia[...] thaothosth[...], der [der] Sohn des [großen] Christus ist, der der Sohn [des un]sagbaren Schweigens ist. Er [kam heraus] aus dem großen [unsichtbaren] und unvergänglichen [Geist]. Der [Sohn] des Schweigens mit [Schweigen] erschien [... *(Zeilen 14-16 zerstört oder beschädigt)* ... und die] Schätze [seiner] Herrlichkeit.
	[Dann] erschien er im offenbaren [...]. Und er [errichtete] die vier [Äonen]. Durch ein Wort errichtete [er] sie. Er brachte dem großen, [un]sichtbaren, jungfräulichen Geist [Lobpreis] dar, [dem Schweigen] des [Vaters] in [Schweigen des] lebendigen Schweigens eines Schweigens – dort, wo der Mensch [ruht ...] durch [...

NHC III,2	NHC IV,2

Adamas' Werden und Wirken

Es kam *(p. 49)* hervor aus] jenem [Ort] die [Wolke des] großen Lichtes, die lebendige Kraft, die Mutter der heiligen Unvergänglichen (plur.), die große Kraft, die Mirothoë. Und sie gebar den, dessen Namen ich nenne:

ïͤn ïͤn ͤaꞁ ͤaꞁ ͤaꞁ
ïen ïen ea ea ea
– dreimal (zu rezitieren).

Denn [dieser], Adamas, das leuchtende Licht, ist es, der aus dem Menschen (stammt; und) der erste Mensch ist es, durch den alles geworden ist und alles auf ihn hin und ohne den nichts geworden ist. Der unerkennbare und unerfaßbare Vater kam hervor. Er kam von oben hinab zur Beseitigung des Mangels. Dann vereinigten sich der große Logos, (d.h.) der göttliche Autogenes, und der unvergängliche Mensch Adamas miteinander. Ein Logos entstand bei dem Menschen.

Und der Mensch selbst ist durch ein Wort entstanden. Er pries den großen, unsichtbaren, unerreichbaren, jungfräulichen Geist und die männliche Jungfrau und das dreifach männliche Kind *(p. 50)* und die männliche [Jungfrau] Jouël und Esephech, der die Herrlichkeit [umfaßt], das Kind des Kindes und die Krone seiner Herrlichkeit und den großen Doxomedon-Äon samt den Thronen, die in ihm sind, und den Kräften, die ihn umgeben, die Herrlichkeiten und Unvergänglichkeiten samt ihrer ganzen Fülle (Pleroma), wovon ich zuvor gesprochen habe, und die luftartige Erde, den Gottesaufnehmer, wo die heiligen Menschen des großen Lichtmenschen

Dann] kam aus *(p. 61)* jenem Ort die [große Wolke] des Lichtes heraus, eine lebendige [Kraft], die Mutter der heiligen Unvergänglichen (plur.), der großen Kräfte [...]. Und sie gebar [den, dessen] Namen ich [nennen] will.

[Du bist einer]!
Du bist einer!
Du bist einer!
[... ea ea] ea

Denn [dieser, Adamas], ist [ein Licht], da er aufschien [aus Licht. Er ist] das Auge des [Lichtes. Dieser] nämlich [ist] der erste [Mensch], um dessentwillen alle diese (Dinge) sind, [auf] den [hin] alle (Dinge) sind und [ohne den nichts ist]: der [Vater], der [herauskam], unermeßlich [und unerkennbar]. Er kam [von oben] herab zur Tilgung [des] Mangels. Dann [wurden] das [große], selbstentstandene, [göttliche] Wort und der un]vergängliche Mensch [Adamas] zu einer Mischung, [die der Mensch ist].

Und [der Mensch] ward durch ein [Wort. Er brachte] Lobpreis dar [dem großen, unsichtbaren] und unerreichbaren und] jungfräulichen [Geist und der männlichen] Jungfrau, [der Barbelo, und dem] dreifach männlichen [Kind und der männlichen Jungfrau Jouël *(p. 62)* und dem Kind] Esephech, dem Besitzer [der] Herrlichkeit, und <dem Kind> des [Kindes] und der Krone seiner Herrlichkeit [und den] großen Doxomedon-Äonen [und den] Thronen, die darin sind, und [den Kräften, die] sie umgeben, [Herrlichkeiten] und [Un]vergänglichkeiten, und [dem ganzen Pleroma], das ich zuvor [genannt habe, und der Erde der] Luft, dem [Got-

NHC III,2	NHC IV,2
des Vaters des lebendigen schweigenden Schweigens, Gestalt annehmen, den Vater und ihre (plur.) ganze Fülle (Pleroma), wie ich zuvor gesagt habe.	tesaufnehmer], wo die [heiligen] Menschen [des] Lichtes des Vaters [des Schweigens Gestalt annehmen,] und der lebendigen, schweigenden Quelle, dem Vater und ihrer (plur.) ganzen Fülle (Pleroma), wie ich zuvor gesagt habe.
Der große Logos, der göttliche Autogenes, und der unvergängliche Mensch Adamas priesen und erbaten eine Kraft und eine ewige Stärke für den Autogenes zur Vervollständigung der vier Äonen, damit durch sie (plur.) [...] *(p. 51)* die Herrlichkeit und Kraft des unsichtbaren Vaters der heiligen Menschen des großen Lichtes, das in die Welt kommt, wobei sie (sc. die Welt) das Abbild der Nacht ist, sich offenbare.	[Das] große, [selbstentstandene], göttliche Wort und [der unvergängliche] Mensch Adamas [brachten Lobpreis dar] und [erbaten] eine Kraft und [ewige Stärke] und Un[vergänglichkeit für den] Autogenes zur [Vervollständigung] der vier [Äonen, damit] durch sie (plur.) die [Herrlichkeit und Kraft] des [...] Vaters [der] heiligen [Menschen] des [großen Lichtes], das [zur nachtgleichen] Welt [hinabkommt], sich offenbare.
Der unvergängliche Mensch Adamas erbat ein Kind für <sich> aus sich selbst, damit es zum Vater des nicht wankenden, unvergänglichen Geschlechtes werde, damit durch es (sc. das Geschlecht) das Schweigen und die Stimme sich offenbare und durch es der tote Äon sich aufrichte, damit er sich auflöse.	Dann [erbat] der unvergängliche, [große Mensch Adamas] *(p. 63)* für sich einen Sohn aus [sich] selbst, [damit] er zum Vater [des] nicht wankenden und [unvergänglichen] Geschlechtes werde und um seinetwillen (sc. des Geschlechtes) [das Schweigen und die Stimme] erscheine und um seinetwillen der [tote] Äon [sich aufrichte, damit] er sich auflöse.

Die vier Erleuchter

Und so kam von oben her die Kraft des großen Lichtes heraus, die Prophania, und sie brachte die vier großen Erleuchter hervor: Harmozel, Oroiaël, Daveithe, Eleleth und den großen, unvergänglichen Seth, den Sohn des unvergänglichen Menschen Adamas. Und so vollendete sich die vollkommene Siebenheit (Hebdomas), die in verborgenen Geheimnissen *(p. 52)* existiert. Wenn sie [verherrlicht wird], wird sie eine Elfheit von Achtheiten (Ogdoaden).	[Und so] kam [die] Kraft hervor, die große [Kraft des] großen Lichtes, <die> [Erscheinung. Und sie (sc. die Kraft)] brachte die vier [Erleuchter] hervor: Harmozel, Oroiaël, [Daveithe], Eleleth und den [großen, unvergänglichen] Seth, den Sohn [des großen], unvergänglichen Menschen [Adamas]. Und so wurde [die] vollkommene Siebenheit (Hebdomas), [die] in einem [Geheimnis verborgener] Geheimnisse existiert, vollendet; die, die verherrlicht wurde [...], nachdem sie zu [einer Elfheit]

NHC III,2	NHC IV,2

| | von Achtheiten (Ogdoaden) wurde, damit [sie vollendet werde in] vier Achtheiten. |

Und der Vater nickte, und das ganze Pleroma pflichtete den Erleuchtern bei, und ihre Paargenossen kamen heraus zur Vollendung der Achtheit (Ogdoas) des göttlichen Autogenes:
- die Gnade für das erste Licht, Harmozel
- die Wahrnehmung (Aisthesis) für das zweite Licht, Oroiaël
- die Einsicht (Synesis) für das dritte Licht, Daveithe
- die Verständigkeit (Phronesis) für das vierte Licht, Eleleth.

Dies ist die erste Achtheit (Ogdoas) des göttlichen Autogenes.

Und der Vater nickte, und das ganze Pleroma pflichtete den Lichtern bei, und die Paargenossen kamen heraus:
- zuerst der große Gamaliel <für> das erste große Licht, Harmozel
- und der große Gabriel <für> das zweite große Licht, Oroiaël
- und der große Sam(b)lo für das große Licht Daveithe
- und der große Abrasax für *(p. 53)* [das große Licht] Eleleth.

Und deren Paargenossen kamen hervor nach dem Willen des Ratschlusses des Vaters:
- die Erinnerung für den großen ersten, Gamaliel
- die Liebe für den großen zweiten, Gabriel
- der Friede für den dritten, den großen Samblo
- das ewige Leben für den großen vierten, Abrasax.

So vollendeten sich die fünf Achtheiten (Ogdoaden), (insgesamt) vierzig, erfüllt von einer unerklärbaren Kraft.

[Und] der Vater stimmte zu, [und] das [Pleroma der] Erleuchter pflichtete [bei], und [Paargenossen erschienen zur] Vervollständigung der Achtheit *(p.64)* [des] göttlichen Autogenes:
- [die Gnade] für den ersten Erleuchter, Harmozel
- die Wahrnehmung (Aisthesis) für den [zweiten] Erleuchter, Oroiaël
- [die Erkenntnis] für den dritten Erleuchter, Daveithe
- die [Verständigkeit für den] vierten Erleuchter, Eleleth.

Dies ist die [erste Achtheit] des [göttlichen Autogenes].

Und [der Vater stimmte zu], und das ganze Pleroma [der] Erleuchter [pflichtete] bei. Diener kamen heraus:
- [der erste], <der> große Gamaliel [des großen] Erleuchters [Harmozel
- und der große Gabriel [des großen] zweiten [Erleuchters, Oroiaël]
- der große Samblo [des großen] dritten [Erleuchters], Daveithe
- Abrasax für [den großen] vierten [Erleuchter], Eleleth.

Und Paargenossen kamen heraus nach einem [...] Ratschluß des [Vaters:
- die Erinnerung] für den ersten, [(den) großen Gamaliel]
- die Liebe [für den zweiten], (den) großen Gabriel
- [der Friede für den] großen dritten, [Samblo]
- *(p.65)* das ewige Leben für den großen vierten, Abrasax.

Und so vollendeten sich die fünf Achtheiten (Ogdoaden), die vollkommene Vierzig, die unerklärbare [Kraft.

NHC III,2	NHC IV,2
Dann priesen der große Logos, der Autogenes, und das Wort des Pleroma der vier Lichter den großen, unsichtbaren, unanrufbaren, jungfräulichen Geist und die männliche Jungfrau und den großen Doxomedon-Äon samt den Thronen in ihnen und die Kräfte, die sie umgeben, und Herrlichkeiten und Mächte, und die Kräfte des dreifach männlichen Kindes und die männliche Jungfrau Jouël und Esephech, *(p. 54)* der die [Herrlichkeit] umfaßt, [das Kind] des Kindes und die Krone seiner Herrlichkeit, das ganze Pleroma und all jene Herrlichkeiten (und) jene unendlichen Pleromata und jene unbenennbaren Äonen, damit sie (erst) den Vater benennen, denn er ist der vierte, und (dann) das unvergängliche Geschlecht, um den Samen des Vaters zu nennen: „Der Same des großen Seth".	Dann brachten] das große, [selbstentstandene] Wort und das ganze Pleroma [der vier] Erleuchter Lobpreis dar dem [großen, unsichtbaren] und un[vergänglichen, unbenennbaren, jungfräulichen Geist] und der männlichen [Jungfrau] und den großen [Doxomedon-]Äonen und den Thronen, die [in] ihnen sind, und den Kräften, die sie umgeben samt Herrlichkeiten und [Kräften] und Mächten, und dem dreifach [männlichen Kind] und der männlichen [Jungfrau] Jouël und Esephech, [dem Besitzer] der Herrlichkeit, und [der Krone] seiner Herrlichkeit und [dem] ganzen [Pleroma] und [allen] Herrlichkeiten, die in den [un]ermeßlichen Pleromata sind, und [den] unbenennbaren [Äonen, damit] sie [den Vater „der Vierte"] nennen, und das [nicht wankende, unvergängliche] Geschlecht [des Vaters, und (zwar)], damit sie [es] nennen: „[Der] Same des großen [Seth".
Da wankte alles, und Zittern ergriff die Unvergänglichen.	Da wankten] all diese, *(p. 66)* [und] Verwirrung ergriff die Un[vergänglichen].

Christus und die Kirche

Da kam das dreifach männliche Kind von oben hinab unter die Ungezeugten und die Selbsthervorgebrachten und die im Gewordenen Entstandenen. Die Größe kam hervor, die ganze Größe des großen Christus, und er errichtete Throne in Herrlichkeit, zahllose zehntausende in den vier Äonen, um sie herum zahllose zehntausende Kräfte und Herrlichkeiten *(p. 55)* und Unvergänglichkeiten. Und so kamen sie hervor.	Als das dreifach männliche [Kind] von oben herauskam, hinab [zu den Un]gezeugten und den Selbsthervorgebrachten und hinab zu jenen, die hinab in das Geschaffene [gezeugt wurden], kam [der] Große heraus, der (Inhaber) [aller] Größen [des] großen Christus. Und er errichtete Throne der Herrlichkeit [in den vier] Äonen, [und] unzählige [zehntausende Kräfte umgaben] sie, [Herrlichkeiten] und Unvergänglichkeiten. [Und so] kam er heraus.
Und die unvergängliche, geistige Kirche wurde zahlreich in den vier Lichtern des großen, lebendigen Autogenes, des	Und [die un]vergängliche, die geistige [Kirche] erhob sich in den vier Erleuchtern des [großen], selbstentstandenen, [le-

NHC III,2	NHC IV,2
Gottes der Wahrheit, und sie priesen lobsingend und verherrlichend mit einer einzigen Stimme, in einer Form, mit einem Mund ohne Pause:	bendigen Wortes des Gottes] der Wahrheit, und sie alle [priesen] lobsingend und verherrlichend [mit einer Stimme], in einer [einzigen] Form, mit einem niemals verstummenden Ruf:

- den Vater und die Mutter und den Sohn samt ihrer ganzen Fülle (Pleroma), wie ich zu<vor> gesagt habe
- die fünf Siegel, die der Zehntausenden
- und die Herrscher über die Äonen
- und die Träger des Ruhmes der Heerführer.

<Ihnen> wurde die Vollmacht erteilt, sich denen, die würdig sind, zu offenbaren.

Amen.

- [den Vater] und die Mutter und den Sohn [samt] ihrer [Fülle, die ich zuvor] erwähnt habe
- [... die fünf Siegel], die [über die Zehntausenden] gesetzt sind
- und jene, die [über die Äonen herrschen]
- und die Heerführer, [die] die Herrlichkeit [tragen.

Ihnen] wurde der Befehl erteilt, sich jenen, die würdig sind, [zu offenbaren. *(p.67)*
Amen].

Seth und sein Same

Da pries der große Seth, der Sohn des unvergänglichen Menschen Adamas, den großen, unsichtbaren, unanrufbaren, unbenennbaren, jungfräulichen Geist und die <männ>liche <Jungfrau und das dreifach männliche Kind und die männliche> Jungfrau Jouël und Esephech, der die Herrlichkeit umfaßt, und die Krone seiner Herrlichkeit, das Kind des Kindes *(p. 56)* und die großen Doxomedon-Äonen und das Pleroma, das ich zuvor genannt habe. <Und> er erbat seinen Samen.

Da kam aus jenem Ort Plesithea heraus, die große Kraft des großen Lichtes, die Mutter der Engel, die Mutter der Lichter, die Mutter von Herrlichkeit, die vierbrüstige Jungfrau, Frucht bringend aus der Gomorra-Quelle und (aus) Sodom, das die Frucht der Gomorra-Quelle, die

Da [brachte] der große Seth, der Sohn [des] unvergänglichen Menschen Adamas, [Lobpreis dar] dem [großen], unsichtbaren [und unvergänglichen und] unbenennbaren, [jungfräulichen] Geist und der männlichen [Jungfrau] und dem dreifach männlichen [Kind und der] männlichen Jungfrau [Jouël ...

(Zeilen 10-26 zerstört oder beschädigt)

NHC III,2	NHC IV,2
darin ist, ist.[179] Sie (sc. die Stadt Sodom) kam heraus durch den großen Seth. Da jubelte der große Seth über die ihm von dem unvergänglichen Kind geschenkte Gabe, und er empfing seinen Samen von der vierbrüstigen Jungfrau und setzte ihn bei sich ein im vierten Äon im dritten großen Licht, Daveithe.	... durch] den großen [Seth. Er jubelte] über die [ihm durch] das unvergängliche [Kind ... Gabe. Er empfing seinen Samen] durch [... *(p.68)* ...] die vierbrüstige Jungfrau, den er bei [sich] einsetzte [im] vierten Äon im [großen] dritten Erleuchter, [Daveithe.

Die Entstehung der Weltherrscher

Nach fünftausend Jahren sprach das große Licht Eleleth: Es möge einer herrschen über das Chaos und die Unterwelt! Und eine Wolke offenbarte sich, *(p.57)* [deren Name lautet:] Hylische Sophia. [...] sie blickte auf die [Gegenden des Chaos] (und) ihr Gesicht war wie [... in] ihrer Gestalt [...] Blut.	Aber] nach fünf[tausend Jahren sprach] der große [Erleuchter] Eleleth: [Es möge einer herrschen] über das Chaos [und die Unterwelt]! Und [eine Wolke] kam heraus [...
	(Zeilen 11-25 zerstört)
Und [der große] Engel Gamaliel sprach [zum großen Gabriel], dem Diener [des großen Erleuchters] Oroiaël, [er sprach: Es möge ein] Engel herauskommen, [damit er] herrsche über das Chaos [und die Unterwelt]!	
Da [brachte] die [(mit ihnen) vereinigte] Wolke [aus] den zwei Monaden [der ... das kleine] Licht [hervor]. [... Engel], den sie in der Wolke oben eingesetzt hat. [Dann sah] Sakla, der große [Engel], den großen Dämon, [der bei ihm war, Nebrouel]. Und [die beiden] wurden [zu einem] zeugenden Geist der Erde [und brachten] helfende Engel [hervor].	... die (mit ihnen) vermischte Wolke aus den zwei Monaden der ...] das kleine [Licht hervor. ... den sie eingesetzt hat ...] kam heraus aus [... *(eine Zeile zerstört)* ... sah] *(p.69)* Sakla, der große [Engel], jenen, der bei ihm war, Nebrouel, [den großen] Dämon. Und [die beiden wurden zu] einem zeugenden Geist [der Erde. Die zwölf Engel ...
Sakla [sprach] zu dem großen [Dämon] Nebrouel: Es mögen die zwölf Äonen ent-	*(Rest der Seite zerstört)*

---

[179] Der zu Grunde liegende Gedanke scheint zu sein: Die Gomorra-Quelle liegt innerhalb Sodoms, das aus dieser Quelle hervorgegangen ist. Vgl. auch unten NHC III,2 p.60,9-16. Sodom als Heimat der Gnostiker (Sethianer) ist auch sonst bezeugt; vgl. Hans-Gebhard Bethge: Die Ambivalenz alttestamentlicher Geschichtstraditionen in der Gnosis. In: Tröger, Karl-Wolfgang (ed.): Altes Testament – Frühjudentum – Gnosis. Berlin 1980, 99f.

NHC III,2	NHC IV,2
stehen im [...] Äon, Welten [...]. Der gro-ße Engel [Sakla] sprach durch den Willen des Autogenes *(p.58)*: [...] die Zahl von sieben [...]. Und er sprach zu den [großen Engeln]: Macht euch auf, [auf daß jeder] von euch herrsche über sein[...].	
Jeder [dieser] zwölf [Engel] machte sich auf. [Der erste] Engel ist [Athoth. Eben dieser] ist es, [den die großen (?) Geschlechter] der Menschen [...] nennen. [Der] zweite ist Harmas, [der das Auge des Feuers] ist. Der dritte [ist Galila. Der] vierte ist Jobel. [Der fünfte ist] Adonaios, der (auch) Sabaoth [genannt wird]. Der sechste [ist Kain, den alle Geschlechter der] Menschen „die Sonne" nennen. Der [siebente ist Abel], der achte Akiressina, der [neunte Joubel]. Der zehnte ist [Har-moupiael. Der] elfte ist Archir-[Adonein]. Der zwölfte [ist Belias. Diese] sind es, die über die Unterwelt [und das Chaos] (ge-setzt) sind. Und nach der Einrichtung [der Welt] sprach Sakla zu seinen [Engeln:] Ich, (ja) ich bin ein [eifersüchtiger] Gott, und ohne mich ist nichts [entstanden, wo-bei er] *(p.59)* auf seine Natur [vertraute].	... *(p.70)* ... den alle Geschlechter] der Menschen „die Sonne" nennen. [Der sie-bente ist Abel]. Der achte [Akiressina], der neunte Joubel, [der zehnte Harmoupiael], der [elfte ... *(Rest der Seite zerstört)*

Das himmlische Abbild und die Entstehung der Buße

Da kam eine Stimme aus der Höhe und sagte: Der Mensch existiert und der Sohn des Menschen.

Auf Grund der Herabkunft des Abbil-des oben, das seiner Stimme in der Höhe entspricht, (auf Grund der Herabkunft) des Abbildes, das erblickt wurde, (und) durch das Erblicken des Abbildes oben wurde das erste Gebilde gebildet, dieses, um dessentwillen die Buße entstand.

Sie empfing ihre Vollendung und ihre Kraft durch den Willen des Vaters und sein Wohlgefallen, das er hatte an dem

NHC III,2	NHC IV,2
großen, unvergänglichen, nicht wanken-den Geschlecht der großen, starken Men-schen des großen Seth, auf daß er es säe in die hervorgebrachten Äonen, damit durch sie (sing., sc. die Buße) der Mangel erfüllt werde. Denn sie war von oben her-ausgekommen hinab in die Welt, die der Nacht gleicht. Als sie kam, rief sie sowohl nach dem Samen des Archonten dieses Äons und nach <den> Mächten, die aus ihm entstanden waren, nach jenem besu-delten, dem Verderben geweihten (Sa-men) des Dämonen hervorbringenden Gottes, als auch nach dem Samen *(p.60)* Adams, der der Sonne und dem großen Seth gleicht.	...] *(p.71)* der es säte in die erdgeborenen Äonen, damit durch sie (sing., sc. die Bu-ße) die Mängel erfüllt werden. [Denn] je-ne, die herabkam aus der Höhe in die nachtgleiche Welt [...], kam, [um] sowohl nach dem Samen [des] Archonten dieses Äons und denen, die [aus] ihm (stam-men), jenem besudelten und [verdorbe-nen] (Samen) des [...] Gottes, [als auch nach] dem Samen [Adams, (dem) der Sonne und (dem) des großen Seth, (fle-hentlich) zu rufen].

Der Same Seths

Dann kam der große Engel Hormos, um durch die Jungfrauen des besudelten Sa-mens dieses Äons in einem logosgezeugten, durch den heiligen Geist heiligen Gefäß Vorbereitungen zu treffen <für> den Samen des großen Seth.	Dann kam [der große] Engel Hormos [heraus], um [durch] die Jungfrauen [des] besudelten [Samens] dieses Äons [in ei-nem] wortgezeugten, durch den [heiligen] Geist [heiligen] Gefäß Vorbereitungen zu treffen [für den] Samen [des] großen [Seth.
Dann kam der große Seth und brachte seinen Samen. Und er wurde in die her-vorgebrachten Äonen gesät, deren Zahl das Maß von Sodom ist.	Dann] kam der große Seth [und brachte seinen] Samen. Und er säte [ihn in die] erd[geborenen] Äonen, [deren Maß] ein un[zählbares (Maß) von] Sodom [ist.
Manche sagen, daß Sodom der Weide-platz des großen Seth ist, welcher Gomor-ra ist; manche aber, daß der große Seth seine Pflanzung aus Gomorra wegnahm und ihn (sc. seinen Samen) an dem zwei-ten Ort einpflanzte, den er Sodom nannte.	Man nannte] sie (plur.) [aber: Sodom des großen] Seth, welches Gomorra [ist. Der große Seth brachte den Samen aus der] Quelle von [Gomorra] und er [pflanz-te ihn in den] zweiten [Ort ein] an [einem Weideplatz; ihn nannte man:] Sodom.
Dies ist das Geschlecht, das durch Edokla hervorkam. Sie brachte nämlich durch das Wort die Wahrheit und Gerech-tigkeit hervor, den Ursprung des existie-renden Samens des ewigen Lebens und derer, die sich auf Grund der Erkenntnis	Dies [ist das Geschlecht, das] *(p.72)* durch Edokla in Erscheinung trat. Sie brachte nämlich durch ein Wort Wahrheit und Gerechtigkeit hervor, was der Anfang eines Samens des ewigen Lebens ist und eines jeden, der sich durch die Erkenntnis

NHC III,2	NHC IV,2
ihrer (plur.) Emanation in Geduld fassen werden.	ihrer (plur.) Emanation in Geduld fassen wird.
Dies ist das große, unvergängliche Geschlecht, das durch drei *(p.61)* Welten (hindurch) herauskam in die Welt.	Dies ist das große und unvergängliche [Geschlecht], das durch drei [Welten (hindurch) in Erscheinung trat].

Gefährdungen der Sethianer

Und die Sintflut wurde zu einem Muster für das Ende des Äons. Diese (kommende Sintflut) aber wird über die Welt gesandt werden wegen dieses Geschlechts.	Und [die] Sintflut wird zu einem [Muster werden für das] Ende des Äons [und] in die Welt [kommen wegen dieses] Geschlechtes.
Ein (Welten-)Brand wird über die Erde kommen, während die Gnade dank der Propheten und Wächter, die über das Leben des Geschlechtes wachen, mit denen sein wird, die zu dem Geschlecht gehören – während Hungersnöte und Seuchen um dieses Geschlechtes willen kommen werden. Diese aber werden wegen dieses großen, unvergänglichen Geschlechtes kommen und um dieses Geschlechtes willen werden Versuchungen kommen – eine Täuschung durch Lügenpropheten.	(Welten-)Brände werden über die Erde kommen [...] die Gnade [wird entstehen durch die] Propheten und [die Wächter dieses lebendigen] Geschlechtes. [Wegen dieses Geschlechtes] werden [Plagen] und Hungersnöte [kommen. All dies] wird geschehen [wegen] dieses [großen] und [unvergänglichen] Geschlechtes, und um dieses [Geschlechtes] willen [werden Versuchungen und] Täuschungen [der Lügen]-propheten kommen.

Seths Voraussicht

Dann sah der große Seth die Wirkung des Teufels und dessen Vielgestaltigkeit und dessen Absichten, die über sein unvergängliches, nicht wankendes Geschlecht kommen würden, und die Verfolgungen durch dessen Kräfte und Engel und deren Täuschung, weil sie sich gegen sich selbst wandten.	[Dann sah der] große Seth [die] Wirkung [des Teufels] *(p.73)* und seine Schlauheit und seine Absicht, die er über dieses [nicht] wankende Geschlecht bringen wird, und die Verfolgung [durch seine] Kräfte und seine Engel – [und seine Täuschung], weil er sich [gegen sich] (selbst) wenden wird.
Dann pries der große Seth den großen, unanrufbaren, jungfräulichen Geist und die männliche *(p.62)* Jungfrau, die Barbelon, und das dreifach männliche Kind:	Dann brachte der große Seth dem großen, [unvergänglichen], unsichtbaren, [unbenennbaren], jungfräulichen [Geist des Vaters] und der männlichen Jungfrau Barbelo und dem männlichen Kind Lobpreis dar:

NHC III,2	NHC IV,2
Telmaël Telmaël Heli Heli Machar Machar Seth, die wahrlich wahrhaftig lebendige Kraft, und die männliche Jungfrau Jouël und Esephech, der die Herrlichkeit umfaßt, und die Krone seiner Herrlichkeit und den großen Doxomedon-Äon samt den Thronen in ihm und die Kräfte, die sie umgeben und das ganze Pleroma, wie ich zuvor gesagt habe. Und er erbat Wächter für seinen Samen. Da kamen 400 luftartige Engel aus den großen Äonen hervor und mit ihnen der große Aërosiël und der große Selmechel, um über das große, unvergängliche Geschlecht, seine Frucht und die großen Menschen des großen Seth zu wachen vom Zeitpunkt und Augenblick der Wahrheit und Gerechtigkeit an bis zum Ende des Äons und seiner Archonten, die die großen Richter (bereits) zum Tode verurteilt haben.	Telmaël Telmachaël Eli Eli Machar Machar Seth, [die] wahrlich wahrhaftig lebendige Kraft, der männlichen Jungfrau Jouël [und] Esephech, dem Inhaber [der Herrlichkeit], und der Krone seiner Herrlichkeit und dem großen, Herrlichkeit [spendenden] Äon und den Thronen, die in ihm sind und den Größen, die sie umgeben samt Herrlichkeiten und Unvergänglichkeiten und [dem] ganzen Pleroma, das ich zuvor genannt habe. [Und] er erbat zunächst Wächter seines Samens. Da kamen aus den großen Äonen 400[000 Luft-Engel] und mit [ihnen] *(p.74)* Aërosiël und der große Selmelchel, die Wächter des großen, unvergänglichen Geschlechtes und [seiner] Frucht und der großen Menschen des großen Seth [vom] Zeitpunkt und Augenblick der [Wahrheit] und Gerechtigkeit an bis zum Ende dieser Äonen und ihrer Archonten, [und (zwar) jener, die] die großen [Richter] (bereits) zum Tode verurteilt haben.

Seths Sendung

Dann wurde der große Seth von den vier Lichtern ausgesandt nach dem Willen des Autogenes *(p.63)* und des ganzen Pleroma nach der <Maßgabe> und dem Ratschluß des großen unsichtbaren Geistes und der fünf Siegel und des ganzen Pleroma. Er durchmaß die drei Ankünfte, von denen ich zuvor gesprochen habe, sowohl die Sintflut als auch den (Welten-)Brand als auch die Verurteilung der Archonten und Kräfte und Gewalten, zu retten jenes	Dann wurde der [große Seth] von den [vier] großen Erleuchtern ausgesandt [nach] dem Willen des Autogenes [und ihres] ganzen Pleroma nach Maßgabe von ihm und Zustimmung [des] großen unsichtbaren Geistes und der fünf Siegel und des ganzen Pleroma. <Er> durchschritt die drei Ankünfte, [von denen ich] zuvor gesprochen habe, und zwar [die Sintflut] und den (Welten-)Brand und die Verurteilung der Archonten und Gewalten und Kräfte, zu

NHC III,2	NHC IV,2
irregeleitete (Geschlecht) durch das Abtöten der Welt und die Taufe, (d.h.) durch einen logosgezeugten Leib, den sich der große Seth geheimnisvoll bereitet hat aus der Jungfrau, damit die Heiligen mittels des heiligen Geistes (wieder)geboren würden durch verborgene, unsichtbare Zeichen in einem Abtöten der Welt wider die Welt, durch die Absage an die Welt und den Gott der dreizehn Äonen und (durch) die Anrufungen der Heiligen und der Unsagbaren und der Unvergänglichen \<im\> Schoß \<des\> großen Lichtes des Vaters, der zuvor entstanden war mit seiner Voraussicht (Pronoia). Und er setzte durch sie (sing.) die heilige, den Himmel übertreffende Taufe ein vermittels des unvergänglichen *(p.64)* Logosgezeugten, und (zwar) des lebendigen Jesus, und (zwar) dessen, den der große Seth angezogen hatte.	retten jenes verirrte (Geschlecht) durch Welt-Abtötung und die [Taufe eines] Leibes, (d.h.) durch [den] wortgezeugten (Leib), den der große Seth geheimnisvoll bereitet hat aus der Jungfrau zur Wiedergeburt der [Heiligen] durch [den] heiligen [Geist] *(p.75)* und unsichtbare und verborgene Zeichen, durch Abtöten von Welt wider Welt, durch Absage an Welt und den Gott der dreizehn Äonen, durch Anrufung durch die Heiligen und die Unsagbaren und die Unvergänglichen im Schoße des großen Lichtes, des zuvor in Voraussicht (Pronoia) entstandenen. Und er setzte durch sie (sing.) die Heilige ein, und (zwar) die die Himmel überragende Taufe durch den Heiligen und Unvergänglichen, und (zwar) Jesus, den durch ein lebendiges Wort Gezeugten, den der große Seth angezogen hatte.
Und er nagelte die Kräfte der dreizehn Äonen an. Und er setzte durch sie (sing., sc. die Taufe) die Wandelnden und die Heimkehrenden ein und rüstete sie mit einer Erkenntnisrüstung dieser Wahrheit (und) mit einer unbesiegbaren Kraft der Unvergänglichkeit.	Und er nagelte die Kräfte der dreizehn Äonen an und machte sie dadurch untätig. Sie werden (weg)gebracht und sie werden (zurück)geholt[180]. Sie werden ausgerüstet mit einer Erkenntnisrüstung der Wahrheit, mit einer unvergänglichen und unbesiegbaren Kraft.

Das sethianische Taufbekenntnis

Ihnen offenbarte der große Beistand:	Und [du] offenbartest mir die großen Beistände:
(den) Jesseus-Mazareus-Jessedekeus, das lebendige Wasser, und die großen Heerführer: Jakobus, den Großen, und Theopemptos und Isaouel,	(den) Jesseus-Mazareus-Jessedekeus, das lebendige Wasser, und die großen [Heerführer]: den großen Jakobus und Theopemptos *(p.76)* und Isaouel,

---

[180] Von hier an ist m.E. von den Täuflingen die Rede. Wegbringen und Zurückholen meint vielleicht das Mitsterben und Auferstehen in der Taufe.

NHC III,2	NHC IV,2
	und den, der über das Erbarmen gesetzt ist: Mep[...]el,
sowie die, die über die wahre Quelle (gesetzt) sind:	und die, die über die Quellen der Wahrheit gesetzt sind:
Micheus und Michar und Mnesinous,	Micheus und Michar und Mnesinous,
sowie den, der über die Taufe der Lebendigen (gesetzt) ist, und die Reiniger und Sesengenpharanges	sowie den, der über die Taufe der Lebendigen gesetzt ist, den Reiniger: Sesengenbarpharanges,
und die, die über die Tore der Wasser (gesetzt) sind: Micheus und Michar,	und die, die über die Tore [der] Wasser des Lebens gesetzt sind: Micheus [und] Michar,
und die, die über die Auferstehung (gesetzt) sind: Seldao und Elainos,	und die, die über die Auferstehung gesetzt sind: Seldao und Elainos,
und die Empfänger des großen, unvergänglichen Geschlechtes <der> starken Menschen <des> großen Seth, die Diener der vier Lichter (, als da sind): der große Gamaliel, der große Gabriel, der große Samblo und der große *(p.65)* Abrasax	und die Empfänger des heiligen Geschlechtes, und (zwar) der unvergänglichen und unbesiegbaren Menschen des großen Seth, die Diener der vier Erleuchter (, als da sind): der große Gamaliel, der große Gabriel, der große Samblo und der große Abrasax
und die, die über die Sonne (gesetzt) sind, (über) ihren Aufgang: Olses und Hypneus und Heurymaious,	und die, die über den Sonnenaufgang gesetzt sind: Olses und Hymneos und Heurymaious,
sowie die, die über ihren (Nieder-)Gang zur Ruhe des ewigen Lebens (gesetzt) sind: die Prytanen Mixanther und Michanor,	und die, die über den (Nieder-)Gang zur Ruhe des ewigen Lebens gesetzt sind: Phritanis und Mixanther und Michanor,
und die Wächter über die Seelen der Erwählten: Akramas und Strempsouchos,	und die [Wächter] der getöteten Seelen: *(p.77)* Akramas und Strempsouchos,
und die große Kraft: Heli Heli Machar Machar Seth,	und die große Kraft: Telmachaël Telmachaël Eli Eli Machar Machar Seth,
und den großen, unsichtbaren, unanrufbaren, unbenennbaren, jungfräulichen Geist und das Schweigen	und den großen, unsichtbaren und unvergänglichen Unbenennbaren, welcher <...> in Geist und Schweigen,
und das große Licht Harmozel, den Ort des lebendigen Autogenes, des Gottes der Wahrheit und <dessen>, der bei ihm ist, der unvergängliche Mensch Adamas,	und den großen Erleuchter Harmozel, den [Ort], an dem der lebendige Autogenes ist, der Gott in Wahrhaftigkeit, bei dem der unvergängliche Mensch Adamas ist,

NHC III,2	NHC IV,2
das zweite (große Licht), Oroiaël, den Ort des großen Seth und Jesu, der dem Leben gehört und (doch) kam und gekreuzigt wurde für den, der unter dem Gesetz ist,	und Oroiaël, den Ort, [wo] der große Seth ist mit dem [Jesus] des Lebens, der kam und gekreuzigt wurde für den, der unter dem Gesetz ist,[181]
das dritte (große Licht), Daveithe, den Ort der Kinder des großen Seth,	den dritten (Erleuchter), [Daveithe, den Ort], an dem die Kinder des großen Seth sich ausruhen,
das vierte (große Licht), Eleleth, den Ort, an dem die Seelen der Kinder sich ausruhen,	den vierten (Erleuchter), Eleleth, [den] Ort, [an dem ...
das fünfte (Siegel) Joël, der über den Namen desjenigen (gesetzt) ist, dem es gewährt werden wird, getauft zu werden mit der heiligen, den Himmel übertreffenden Taufe, dem (dann) unvergänglichen.	*(Zeile 20 bis Seitenende zerstört oder beschädigt)*

Die Wirkung der Taufe

Aber von nun an (gilt) *(p.66)* auf Grund des unvergänglichen Menschen Poimaël und derjenigen, die würdig sind zu Anrufung (und) Absage (und) der fünf Siegel in der Quell-Taufe: Diese, wenn sie ihre Empfänger erkennen werden, wie sie über sie belehrt werden und sie von ihnen erkannt werden, werden sie den Tod nicht schmecken.

(p.78) ...] auf Grund jenes Heiligen und Unvergänglichen, Poimaël, und jener, die würdig sind der Taufen der Absage und der unaussprechlichen Siegel [ihrer] Taufe: Diese haben [ihre] Empfänger erkannt, als sie über sie belehrt wurden, nachdem sie durch sie erkannt hatten – und sie werden den Tod nicht [schmecken].

Hymnus

O Jesseus!

ιη ιεγc εω ογ ηω ωγλ
   Wahrlich, wahrlich!
O Jesseus-Mazareus-Jessedekeus!
O lebendiges Wasser!
O Kind des Kindes!
O herrlicher Name!
   Wahrlich, wahrlich!

[οη]ω ηογω ωγλ
   Wahrlich in Wahrheit!
O Jesseus-Mazareus-Jessedekeus!
O lebendiges Wasser!
O Kind des Kindes!
O Name aller [Herrlichkeiten!
Wahrlich] in [Wahrheit]!

---

181 Andere mögliche Übersetzung: „der kam und den kreuzigte, der unter dem Gesetz ist."

NHC III,2	NHC IV,2

NHC III,2:

O seiender Äon!

ιιιι ΗΗΗΗ ЄЄЄЄ ΟΟΟΟ ΥΥΥΥ ωωωω
αααα{α}

Wahrlich, wahrhaftig!

ΗΙ αααα ωωωω

O Seiender, der die Äonen sieht!

Wahrlich, wahrhaftig!

α

Є Є

Η Η Η

ι ι ι ι

Υ Υ Υ Υ Υ Υ

ωωωωωωωω

O ewiglich ewig Seiender!

Wahrlich, wahrhaftig!

ΙΗΑ ΑΙω

In der Stille[182] (zu rezitieren:)

O Seiender!

ΥΑЄΙ ЄΙΣΑЄΙ

ЄΙΟЄΙ ЄΙΟΣЄΙ[183]

Dieser, dein großer Name, ist auf mir, o mangelloser Autogenes, der du nicht außerhalb von mir bist.

Ich sehe dich, der du einem jeden unsichtbar bist.

Denn wer ist es, der dich erfassen kann?

Mit anderer Stimme (zu rezitieren:)

Nun, *(p.67)* da ich dich erkannt habe, habe ich mich mit dem vereinigt, der sich nicht wandelt.

NHC IV,2:

O ewig Seiender!

ιιιι ΗΗΗΗ ЄЄЄЄ ΟΟΟΟ [ΥΥΥΥ]
ωωωω αααα

[Wahrlich in Wahrheit!]

ΟΗΙ [ααα ...

(Zeile 20 bis Seitenende zerstört)

... der (?)] *(p.79)* Ewige, der existiert.

In [der Stille] (zu rezitierten:)

O Ewiger!

Υ[ΑЄΙ ЄΙΣΑЄΙ]

Є[ΙΟ] ЄΙЄΙ ΟΣЄ[ι

...] ein Teil [... *(eine Zeile beschädigt)* ...

O Un]endlicher, der [selbst]gezeugt ist, der [vollmächtig aus] sich selbst heraus ist, der unsichtbar ist außer [für mich, der] unsichtbar ist für [einen jeden].

Denn wer ist es, der [dich] <erfaßt>?

[Mit anderer] Stimme, und (zwar mit) Lobpreis, (zu rezitieren:)

[Nachdem] ich [dich] nun [erkannt habe], habe ich mich [mit deiner] Beständigkeit vereinigt.

---

[182] Wörtl.: „im Sinn / Herzen".

[183] Die beiden Buchstabenreihen lassen sich auch als griechischer Text verstehen: Υ ἀεὶ εἰς ἀεί / εἶ ὃ εἶ εἶ ὅς εἶ. „Ypsilon für immer und immer / du bist, was du bist, du bist, wer du bist."

NHC III,2	NHC IV,2
Ich habe mich mit einer Licht-Rüstung gerüstet und bin Licht geworden.	Und ich [habe mich gerüstet] und geriet in eine [Rüstung der] Gnade und des [Lichtes und bin Licht geworden].
Die Mutter war nämlich an jenem Ort, um der schönen Schönheit der Gnade willen.	
Deshalb habe ich meine beiden Hände ausgestreckt.	Und deshalb [habe ich] meine [beiden] Hände [ausgestreckt.
Ich habe Gestalt angenommen im Kreise des Reichtums des Lichts, da es in meinem Schoß ist und Gestalt verleiht den Vielfältigen im Licht, das kein Vorwurf je erreicht.	Und ich habe] Gestalt [angenommen ...], eine Hülle [des] Reichtums, der [...] umgibt [...], ein [Mutterleib ...] in einem Abbild [... *(eine Zeile zerstört)* ...]
Wahrlich, ich werde deine Herrlichkeit verkünden, da ich dich erfaßt habe!	in [Wahrheit, da ich] dich erfaßt habe], o Jesus des [...]
ⲥⲟⲩ ⲓⲏⲥ ⲓⲁⲉ ⲁⲉⲓⲱ ⲁⲉⲓⲉ ⲟⲓⲥ[184]	ⲏⲉⲉ ⲁⲓⲉⲉ ⲟⲓⲥ [... *(p.80)* ...]
O Äon, Äon, Gott des Schweigens!	heilige [...], der Gott [des Schweigens ...
Ich begehre dich ganz!	
Du bist mein Ruheort!	Du] bist [...] Ruhe[ort des] Sohnes
O Sohn!	
ⲏⲥ ⲏⲥ ⲟ ⲉ	
O Gestaltloser, der unter den Gestaltlosen wohnt, seiend, den Menschen erweckend,	[...], der in [... existiert ...] das Zeichen, der [Ort ...] einen Menschen.
durch den du mich reinigen wirst zu deinem Leben gemäß deinem unvergänglichen Namen!	Du hast [mich durch ihn gereinigt] in deinem Leben [gemäß deinem] unvergänglichen [Namen.
Deshalb ist der Duft des Lebens in mir.	Deshalb existiert] ein [Duft des] Lebens darin,
Ich habe ihn mit Wasser vermischt als Muster aller Archonten, damit ich bei dir im Frieden der Heiligen lebe, du ewiglich Seiender! *(p.68)*	nachdem er gemischt wurde mit Tauf[wasser aller] Archonten, [auf daß ich] bei dir im [Frieden der Heiligen lebe, o] Ewiger,
Wahrlich, wahrlich!	[der wahrlich] in Wahrheit [existiert.

---

[184] Auch diese Reihe läßt sich als griechischer Text verstehen. Bentley Layton (The Gnostic Scriptures. London 1987, 119) übersetzt: "(It is) yours, O Jesus! Behold, O eternally omega, O eternally epsilon, O Jesus!"

NHC III,2	NHC IV,2

Die Abfassungsverhältnisse

(I)

Dies ist das Buch, das der große Seth geschrieben und auf einem hohen Gebirge niedergelegt hat, über dem die Sonne nicht aufging, noch dies (überhaupt) möglich ist.

Und seit den Tagen der Propheten, Apostel und Verkündiger ist nicht einmal der Name ihnen in den Sinn gekommen, noch ist das (überhaupt) möglich; und ihre Ohren haben ihn nicht vernommen.

Dieses Buch hat der große Seth] geschrieben, [und] er hat es auf [einem] hohen [Berg] niedergelegt, [über dem die Sonne nicht aufgeht], noch [...].

Und [seit den Tagen der] Propheten [und der ... und der] Apostel [... *(zwei Zeilen weitgehend zerstört)* ... und ihre Ohren haben] es [nicht vernommen].

Die Abfassungsverhältnisse

(II)

Dieses Buch schrieb der große Seth Buchstabe für Buchstabe in 130 Jahren und legte es auf dem Gebirge nieder, das Charaxio genannt wird, damit er (erst) in den letzten Zeiten und Gelegenheiten nach dem Willen des göttlichen Autogenes und des ganzen Pleroma und entsprechend der Maßgabe des unerforschlichen, unausdenkbaren väterlichen Ratschlusses, wenn er hervorkommt, sich diesem unvergänglichen, heiligen Geschlecht des großen Erlösers samt denen, die bei ihnen in Liebe wohnen, offenbare, samt dem großen, unsichtbaren, ewigen Geist und seinem eingeborenen Sohn und dem ewigen Licht *(p.69)* und seiner großen, unvergänglichen Paargenossin und der unvergänglichen Sophia und der Barbelon mit aller Fülle (Pleroma) in Ewigkeit.
Amen.

Dieses Buch] schrieb der große *(p.81)* Seth Buchstabe für Buchstabe [...] und legte es nieder auf [...

*(Rest der Seite zerstört; von **p.82** ist nur ein unbeschriebenes Fragment erhalten) ...]*

NHC III,2	NHC IV,2

Kolophon

Das ägyptische Evangelium. Das göttlich verfaßte, heilige, verborgene Buch.

Gnade, Einsicht, Erkenntnis, Verständigkeit sei mit dem Schreiber, dem geliebten Eugnostos im Geist – im Fleisch ist mein Name Concessus –, und mit meinen Lichtgenossen in Unvergänglichkeit.

Jesus Christus, Sohn Gottes, Erlöser.
ιχθγc

Das göttlich verfaßte heilige Buch des großen unsichtbaren Geistes. Amen.

Das heilige Buch des großen unsichtbaren Geistes. Amen.

Eugnostos (NHC III,3; V,1) und die Weisheit Jesu Christi (NHC III,4; BG 3)

Judith Hartenstein

Literatur

Barry, Catherine, 1993: La Sagesse de Jésus-Christ (NH III,4; BG 3). Texte établi, traduit et commenté. (BCNH.T 20.) Québec.

Broek, van den, Roelof, 1992: Jewish and Platonic Speculations in Early Alexandrian Theology. Eugnostos, Philo, Valentinus, and Origen. In: Pearson, Birger A./ Goehring, James E. (ed.): The Roots of Egyptian Christianity. Philadelphia, 190-203.

Painchaud, Louis, 1995: The Literary Contacts between the Writing without Title On the Origin of the World (CG II,5 and XIII,2) and Eugnostos the Blessed (CG III,3 and V,1). JBL 114, 81-101.

Parrott, Douglas M., 1991: Nag Hammadi Codices III,3-4 and V,1 with Papyrus Berolinensis 8502,3 and Oxyrhynchus Papyrus 1081. Eugnostos and the Sophia of Jesus Christ. (NHS 27.) Leiden.

Pasquier, Anne, 2010: Eugnoste (NH III, 3 et V,1). Lettre sur le dieu transcendant. Commentaire. (BCNH.T 33.) Leuven.

Till, Walter C./ Schenke, Hans-Martin, 1972: Die gnostischen Schriften des koptischen Papyrus Berolinensis 8502. (TU 60.) 2., erw. und bearb. Aufl. Berlin.

Wurst, Gregor, 2010: Das Problem der Datierung der Sophia Jesu Christi und des Eugnostosbriefes. In: Frey, Jörg / Schröter, Jens (Hg.): Jesus in apokryphen Evangelienüberlieferungen. (WUNT 254.) Tübingen, 373-386.

Einleitung

Eug und SJC sind zwei je für sich eigenständige Schriften. Ihnen ist aber der größte Teil des Textes gemeinsam: Belehrungen über das himmlische Lichtreich, den völlig transzendenten obersten Gott und seine Emanationen. Sie werden einmal als philosophische Abhandlung in Briefform (Eug) und einmal als Gespräch Jesu mit seinen Jüngerinnen und Jüngern nach der Auferstehung geboten. Es ist Konsens, daß die SJC die Überarbeitung des Eug ist. In NHC III folgen die Abschriften von Eug und SJC direkt nacheinander.

Eugnostos

Die Fassungen von Eug in NHC III und die leider schlecht erhaltene in NHC V unterscheiden sich nicht nur in der Übersetzung, sondern an einigen Stellen auch inhaltlich: Eug NHC V ist länger und an einigen Stellen stärker systematisiert, wohl eine weiterentwickelte Fassung der Schrift. Eug ist vermutlich in die erste Hälfte des 2. Jh. zu datieren, es gibt aber auch frühere und spätere Ansätze, die durch die jeweilige theologische Einordnung bedingt sind. Abfassungsort ist Ägypten, da Eug ein 360-Tage-Jahr voraussetzt.

Eug greift jüdische und platonische Vorstellungen auf und verbindet sie zu seiner Beschreibung der himmlischen Welt. Eindeutig christliche Elemente enthält die Schrift dagegen nicht, ein christlicher Hintergrund ist trotzdem denkbar. Auch der gnostische Charakter von Eug ist strittig, da der typische Weltentstehungsmythos fehlt – Eug behandelt nur die oberen Himmel. Die engen Verbindungen zwischen Eug und UW lassen aber vermuten, daß beide Schriften ursprünglich als zusammengehörig verfaßt wurden. Eug behandelt dann nur einen Ausschnitt im Rahmen eines umfassenden gnostischen Weltbildes.

SJC

Die beiden koptischen Abschriften der SJC (NHC III,4 und BG 3) differieren nur geringfügig, weitgehend durch die unabhängigen Übersetzungen bedingt. Es existiert zudem ein griechisches Fragment (PapOxy 1081). Die SJC ist m.E. um die Mitte des 2. Jh. oder in seiner ersten Hälfte entstanden und ein frühes Beispiel der Verbindung von christlichen und gnostischen Gedanken. Häufig wird die Schrift aber auch später datiert.

Gegenüber Eug ist in der SJC der Briefrahmen entfallen, aber eine Rahmenerzählung zugefügt, in der der auferstandene Jesus seinen Jüngerinnen und Jüngern erscheint. Die Ausführungen sind durch Fragen unterbrochen sowie an einigen Stellen ausführlicher, an anderen kürzer als in Eug. Die Veränderungen in SJC gegenüber Eug beinhalten einerseits eine Christianisierung, da der Inhalt des Eug jetzt von Jesus an seine Jüngerinnen und Jünger verkündigt und er auch mit Gestalten der himmlischen Welt identifiziert wird. Andererseits erweitert SJC Eug aber auch um spezifisch gnostische Elemente: Der Mythos vom Fall der Sophia wird zumindest knapp angerissen (BG p.118,1-121,13 par.) und an anderen Stellen deutlich vorausgesetzt. In SJC besteht eine Situation der Erlösungsbedürftigkeit, der durch eine Offenbarung „von oben" – nicht durch philosophisch-rationale Überlegungen – begegnet wird. Die SJC setzt dabei die Lehre im wesentlichen als bekannt voraus und hat eine bestätigende und vergewissernde Absicht.

Übersetzung

Eug NHC V	Eug NHC III

Übersetzung

SJC NHC III	SJC BG
(p.90,14) Die Weisheit Jesu Christi.	*(p.77,8)* Die Weisheit Jesu Christi.

Die Erscheinung Jesu

Nach seiner Auferstehung von den Toten blieben ihm seine zwölf Jünger und sieben Frauen Jünger und Jüngerinnen, wobei sie nach Galiläa kamen, auf den Berg, *(p.91)* der ‚Weissagung und Freude‘ genannt wird. Als sie sich zusammen versammelt hatten und ratlos waren über das Wesen des Alls und den Heilsplan und die heilige Vorsehung und die Vortrefflichkeit der Mächte und über alles, was der Erlöser mit ihnen macht im Geheimnis des heiligen Heilsplanes,

(da) erschien der Erlöser, nicht in seiner früheren Gestalt, sondern in unsichtbarem Geist. Sein Aussehen aber war wie ein großer Lichtengel. Seine Art aber werde ich nicht beschreiben können. Kein sterbliches Fleisch wird sie empfangen können, sondern nur ein reines, vollkommenes Fleisch, wie er sich uns zeigte auf dem Berg, der ‚Ölberg‘ genant wird, in Galiläa.

Und er sagte: „Friede sei mit euch! Meinen Frieden gebe ich euch.“

Sie wunderten sich alle und fürchteten sich. Der Erlöser *(p.92)* lachte. Er sagte zu ihnen: „Über was denkt ihr nach, seid ihr ratlos? Wonach sucht ihr?“

Philippus sagte: „Über das Wesen des Alls und den Heilsplan.“

Nach seiner Auferstehung von den Toten, als seine zwölf Jünger und sieben Frauen, die ihm Jüngerinnen waren, nach Galiläa kamen, auf den Berg, der *(p.78)*, Weissagung und Freude‘ genannt wird, wobei sie nun ratlos waren über das Wesen des Alls und den Heilsplan und die heilige Vorsehung und die Vortrefflichkeit der Mächte (und) über alles, was der Erlöser mit ihnen macht im Geheimnis des heiligen Heilsplanes,

da erschien ihnen der Erlöser, nicht in seiner früheren Gestalt, sondern in unsichtbarem Geist. Sein Aussehen aber war das Aussehen eines großen Lichtengels. *(p.79)* Seine Art aber werde ich nicht beschreiben können. Kein sterbliches Fleisch wird sie tragen können, sondern nur ein reines, vollkommenes Fleisch, wie er sich uns zeigte auf dem Berg, der ‚Ölberg‘ genannt wird, in Galiläa.

Er sagte: „Friede sei mit euch! Meinen Frieden gebe ich euch.“

Und sie wunderten sich alle und fürchteten sich. Der Erlöser lachte. Er sagte zu ihnen: „Über was denkt ihr nach? Worüber seid ihr ratlos? Wonach sucht ihr?“

Philippus sagte: *(p.80)* „Über das Wesen des Alls und den Heilsplan des Erlösers.“

Eug NHC V	Eug NHC III
(p.1) [...] Seid gegrüßt!	*(p.70)* Eugnostos der Selige an die Seinen: Seid gegrüßt!

Die Notwendigkeit der Belehrung

Ich will, [daß ihr erfahrt,] daß alle Menschen, die von der Gründung der Welt an bis jetzt auf der Erde [geboren] wurden, nach Gott [suchen], wer er ist und welcher Art er ist. Und sie haben ihn nicht gefunden.	Ich will, daß ihr erfahrt, daß alle Menschen, die von der Gründung der Welt an bis jetzt geboren wurden, Staub sind. Obwohl sie nach Gott suchen, wer er ist und welcher Art er ist, haben sie ihn nicht gefunden.
Die aber unter ihnen, die sich für weise halten, (schließen) aus der Sorge für die Welt: In ihnen ist die Wahrheit nicht.	Die besonders Weisen unter ihnen haben aus der Ordnung der Welt auf die Wahrheit geschlossen, aber der Schluß hat die Wahrheit nicht getroffen.
Denn über die Einrichtung des Äons wird auf drei Arten durch sie gelehrt; deshalb stimmen sie nicht [mit] einander überein. [...	Denn über die Ordnung werden drei Lehren von allen Philosophen gelehrt; deshalb stimmen sie nicht überein. Denn einige von ihnen sagen über die Welt, daß sie durch sich selbst geführt wurde, andere, daß es Vorsehung ist, (wieder) andere, daß es Schicksal ist. Aber es ist keines von diesen. Keine der drei Meinungen, die ich gerade genannt habe, *(p.71)* gehört also zur Wahrheit.
(Text lückenhaft)	
	Denn das, was durch sich selbst ist, führt ein nichtiges Leben. Die Vorsehung ist Torheit, das Schicksal unverständig.

SJC NHC III	SJC BG
Der Erlöser sagte zu ihnen:	Er sagte:

Die Notwendigkeit der Belehrung

„Ich will, daß ihr erfahrt, daß alle Menschen, die von der Gründung der Welt an bis jetzt auf der Erde geboren wurden, Staub sind. Obwohl sie nach Gott suchen, wer er ist und welcher Art er ist, haben sie ihn nicht gefunden.

Aber die besonders Weisen unter ihnen haben aus der Ordnung der Welt und der Bewegung Schlüsse gezogen, aber ihr Schluß hat die Wahrheit nicht getroffen.

Denn über die Ordnung wird von allen Philosophen auf drei Arten gelehrt, wie sie geführt wird; deshalb stimmen sie nicht überein. Denn einige von ihnen sagen über die Welt, daß sie durch *(p.93)* sich selbst geführt wird. Andere aber, daß es Vorsehung ist. (Wieder) andere aber, daß es Schicksal ist. Aber es ist keines von diesen. Keine der drei Meinungen, die ich gerade genannt habe, ist also der Wahrheit nahe, sondern (sie sind) von Menschen.

Ich aber, ich kam aus dem unendlichen Licht, ich bin hier. Folglich kenne ich es, so daß ich euch die genaue Wahrheit sage.

Das, was durch sich selbst ist, führt ein schmutziges Leben. Die Vorsehung enthält keine Weisheit und das Schicksal versteht nicht.

„Ich will, daß ihr alle erfahrt, daß diejenigen, die von der Gründung der Welt an bis jetzt auf der Erde geboren wurden, nachdenken und nach Gott suchen: Wer er ist und welcher Art er ist. Sie haben ihn nicht gefunden.

Aber die Weisen unter ihnen haben aus der Ordnung der Welt und der Bewegung Schlüsse gezogen, aber ihr Schluß hat die Wahrheit nicht getroffen.

Denn über die Ordnung wird *(p.81)* von allen Philosophen auf drei Arten gelehrt, wie sie geführt wird; deshalb stimmen sie nicht überein. Denn einige von ihnen sagen, daß es ein heiliger Geist durch sich selbst ist. Andere aber, daß es Vorsehung ist. (Wieder) andere aber, daß es Schicksal ist. Aber es ist keines von diesen. Diese drei Meinungen, die gerade genannt wurden, sind also von Menschen, die auf der Erde geboren wurden. Keine von ihnen ist aus der Wahrheit.

Ich aber, ich kam aus dem unendlichen Licht, ich kenne *(p.82)* es, so daß ich euch die genaue Wahrheit verkünde.

Denn das, was durch sich selbst ist, führt ein schlechtes Leben. Die Vorsehung ist nicht weise und das Schicksal versteht nicht.

Eug NHC V	Eug NHC III
(p.2) *(Text lückenhaft)* ...], er wird übereinstimmen in allem, was ihn betrifft, und er ist [unsterblich]. Obwohl er aber unsterblich ist, existiert er [inmitten von] sterblichen Menschen.	Wer nun fähig ist, unabhängig von diesen drei Meinungen, die ich gerade genannt habe, (zur Wahrheit) zu gelangen und durch eine andere Meinung (zu ihr) zu gelangen, und den Gott der Wahrheit zu offenbaren und übereinzustimmen in allem, was ihn betrifft, dieser ist unsterblich, obwohl er inmitten von sterblichen Menschen existiert.

Der oberste Gott

Der alle Zeit Seiende ist [nun] unbeschreibbar. Herrschaften und Mächte kannten ihn nicht, weder die, die anordnen, noch irgendeine Naturordnung, nur [er kennt] sich selbst.	Der Seiende ist unbeschreibbar. Keine Herrschaft kannte ihn, keine Macht, keine Unterordnung, keinerlei Naturordnung von der Gründung der Welt an, nur er sich selbst.
Denn jener ist ewig, weil keine Göttlichkeit über ihm ist. Weil er ewig ist, wird er nicht geboren. Weil er aber ein Ungeborener ist, <hat er> nicht [seinesgleichen].	Denn jener ist unsterblich und ewig, weil er keine Geburt hat. Denn jeder, der geboren ist, wird vergehen. Er ist ein Ungewordener, der keinen Anfang hat. Denn jeder, der einen Anfang hat, hat ein Ende.
	Niemand herrscht *(p.72)* über ihn. Er hat keinen Namen, denn wer einen Namen hat, ist das Geschöpf eines anderen. Er ist unbenennbar.

SJC NHC III	SJC BG
Euch aber ist es erlaubt zu wissen. Und denen, die des Wissens würdig sind, wird es gegeben werden: Denen, die nicht hervorgebracht wurden aus dem Samen des schmutzigen Treibens, sondern in dem Ersten, der gesandt wurde, denn dieser ist unsterblich inmitten von sterblichen Menschen."	Euch aber ist es erlaubt zu wissen. Und denen, die des Wissens würdig sind, wird es gegeben werden: Denen die nicht hervorgebracht wurden aus dem Samen des schmutzigen Treibens, sondern aus dem Ersten, der gesandt wurde, denn dieser ist unsterblich inmitten von sterblichen Menschen."

Der oberste Gott

(p.94) Matthäus sagte zu ihm: „Herr, niemand wird die Wahrheit finden können außer durch dich. Verkünde uns also die Wahrheit!" Der Erlöser sagte: „Der Seiende ist unbeschreibbar. Keine Herrschaft kannte ihn, keine Macht, keine Unterordnung, keinerlei Naturordnung von der Gründung der Welt an bis jetzt, nur er sich selbst und der, dem er von jetzt an offenbaren will durch den, der aus dem ersten Licht ist. Ich bin der große Erlöser.	Matthäus sagte zu ihm: *(p.83)* „Christus, niemand wird die Wahrheit finden können außer durch dich. Verkünde uns also die Wahrheit!" Der Erlöser sagte: „Der Seiende, der Unbeschreibbare existiert, wobei ihn keine Herrschaft kannte. Keine Macht, weder Unterordnung noch Kraft noch Naturordnung kannte ihn von der Gründung der Welt an bis jetzt, nur er sich selbst und der, dem er <sich offenbaren> will durch mich, der aus dem ersten Licht kam. Von jetzt an wird er euch offenbaren durch mich. Ich bin der große Erlöser.
Denn jener ist unsterblich und ewig. Ewig ist er aber, weil er keine Geburt hat. Denn jeder, der geboren ist, wird vergehen. Er ist ein Ungewordener, der keinen Anfang hat. Denn jeder, der einen Anfang hat, hat ein Ende. Niemand herrscht über ihn. Er hat keinen Namen, denn wer einen Namen hat, ist das Geschöpf eines anderen.	*(p.84)* Denn jener ist unsterblich (und) ewig. Ewig ist er aber, weil er keine Geburt hat. Denn jeder, der geboren ist, wird vergehen. Der Ungewordene aber hat keinen Anfang. Denn jeder, der einen Anfang hat, hat ein Ende. Und niemand herrscht über ihn. Er hat keinen Namen, denn wer einen Namen hat, ist das Geschöpf eines anderen. Er ist unbenennbar.

Eug NHC V	Eug NHC III
[Weil] er aber nicht seinesgleichen hat, empfängt er keine [Gestalt]. Denn wer eine [Gestalt empfängt, ist ...](br)(br)*(Text lückenhaft)*	Er hat keine menschliche Gestalt, denn wer eine menschliche Gestalt hat, ist das Geschöpf eines anderen.(br)Er hat ein eigenes Aussehen. Nicht wie das Aussehen, das wir empfangen oder das wir gesehen haben, sondern es ist ein fremdes Aussehen, das jeder Sache völlig überlegen und besser ist als alles. Er blickt in alle Richtungen und sieht sich selbst durch sich selbst.(br)Er ist unendlich.(br)Er ist unerreichbar.(br)Er ist bleibend unvergänglich.(br)Er ist einer, der mit nichts Ähnlichkeit hat.(br)Er ist unveränderlich gut.(br)Er ist makellos.(br)Er ist einer, der bleibt.(br)Er ist selig.
(p.3)	Er ist unerkennbar, der sich selbst kennt.(br)Er ist unermeßlich.(br)Er ist unaufspürbar.(br)Er ist vollkommen und ohne Makel.(br)*(p.73)* Er ist unvergänglich selig.(br)Er wird der ,Vater des Alls' genannt.

Der Beginn des Erscheinens

...] Bevor aber [etwas] erschien von [den Erschienenen], (nämlich) Kräfte und Mächte, umfaßt nun der Seiende [dauerhaft] sie alle vollständig in sich, er aber wird von nichts umfaßt.	Bevor etwas erschien unter den Erschienenen, sind die Größe und die Mächte in ihm, weil er alles vollständig umfaßt, und nichts ihn umfaßt.

SJC NHC III	SJC BG
	Er hat keine menschliche Gestalt, denn wer eine menschliche Gestalt hat, ist das Geschöpf eines anderen.
Er hat aber ein *(p.95)* ihm eigenes Ausse-hen. Nicht wie ihr es gesehen habt oder wie ihr es empfangen habt, sondern es ist ein fremdes Aussehen, das jeder Sache überlegen und besser ist als alles. Er blickt in alle Richtungen und sieht sich durch sich selbst,	Er hat aber ein ihm eigenes Aussehen. *(p.85)* Nicht wie ihr es gesehen habt oder wie ihr es empfangen habt, sondern es ist ein fremdes Aussehen, das jeder Sache überlegen und besser ist als alles. Er[185] blickt in alle Richtungen und sieht sich durch sich selbst.
wobei er kein Ende hat.	Er aber ist unendlich.
Er ist bleibend unerreichbar.	Er ist unvergänglich. Er ist unerreichbar und einer, der bleibt, und es gibt nichts, was ihm ähnlich ist.
Er ist unvergänglich, der mit nichts Ähn-lichkeit hat.	
Er ist unveränderlich gut.	Er ist gut und verändert sich nicht.
Er ist makellos.	Er ist makellos.
Er ist ewig.	Er ist ewig.
Er ist selig.	Er ist selig.
Der nicht erkannt wird, kennt sich selbst.	Er ist unerkennbar. Er allein kennt sich selbst.
Er ist unermeßlich.	Er ist unermeßlich. *(p.86)*
Er ist unaufspürbar.	Er ist unaufspürbar.
Er ist vollkommen und ohne Makel.	Er ist vollkommen und ohne Makel.
Er ist unvergänglich selig.	Er ist unbefleckt selig.
Er wird der ‚Vater des Alls‘ genannt.“	Er wird der ‚Vater des Alls‘ genannt.“

Der Beginn des Erscheinens

Philippus sagte: „Herr, wie erschien er nun den Vollkommenen?“	Philippus sagte: „Christus, wie erschien er nun den Vollkommenen?“
Der vollkommene Erlöser sagte zu ihm: „Bevor etwas erschien von den Erschie-nenen, sind in ihm die Größe und die Macht *(p.96)*, weil er alles vollständig umfaßt, während nichts ihn umfaßt.	Der vollkommene Erlöser sagte: „Bevor etwas erschien <von> den Er-schienenen, sind in ihm die Größe und die Mächte, weil er alles vollständig umfaßt, während nichts ihn umfaßt.

---

[185] Wörtl.: „Es“ (sc. das Aussehen).

Eug NHC V	Eug NHC III
Dieser ist Verstand und Einsicht, Nachdenken und Klugheit und Überlegung und das, was über Überlegung (hinausgeht) und Kraft. Alle diese Kräfte sind seine, weil er die Quelle von ihnen allen ist.	Denn jener ist ganz Verstand, Einsicht und Nachdenken, Klugheit, Überlegung und Kraft. Sie alle sind gleiche Kräfte. Sie sind die Quellen von allem. Und ihr ganzes Geschlecht existiert bis zu ihrem Ende im Vorwissen des Ungewordenen,

(keine Parallele in Eug NHC V)

denn sie waren noch nicht in das Erschienene gekommen.
Ein Unterschied existierte aber zwischen den unvergänglichen Äonen.

Der Weg zum Unvergänglichen

Laßt es uns nun so verstehen:

SJC NHC III	SJC BG
Denn jener ist ganz Verstand, und er ist Einsicht und Klugheit und Nachdenken und Überlegung und Kraft. Sie alle sind gleiche Kräfte. Sie sind die Quellen von allem. Und ihr ganzes Geschlecht war vom Anfang bis zu ihrem Ende im Vorwissen des unendlichen, ungewordenen Vaters."	Denn jener ist ganz Verstand, er ist Nachdenken, er ist Einsicht und Klugheit, er ist Überlegung *(p.87)* und Kraft. Sie alle sind einander gleich in der Kraft der Quelle von allem. Und alles, was entstand, war vom Anfang bis zu <ihrem Ende> im Vorwissen des unendlichen, ungewordenen Vaters."
Thomas sagte zu ihm:	Thomas sagte zu ihm:
„Herr, Erlöser, weshalb entstanden diese? Und weshalb traten sie in Erscheinung?"	„Christus, Erlöser, weshalb entstanden diese? Und weshalb traten sie in Erscheinung?"
Der vollkommene Erlöser sagte:	Der vollkommene Erlöser sagte:
„Ich kam aus dem Unendlichen, damit ich euch alle Dinge sage.	„Ich kam aus dem Unendlichen, damit ich euch über alle Dinge belehre.
Der Geist, der ist, war ein Hervorbringer, der eine Kraft hat, ein hervorbringendes *(p.97)*, gestaltgebendes Wesen, damit der große Reichtum, der in ihm verborgen ist, erscheine. Wegen seiner Güte und seiner Liebe wollte er von sich selbst Früchte hervorbringen, damit er nicht (nur) sich selbst in seiner Güte <genieße>, sondern andere Geister aus dem Geschlecht, das nicht wankt, Leib und Frucht, Glanz und Ehre in Unvergänglichkeit und seiner unendlichen Gnade hervorbrächten, damit seine Güte erscheine durch den selbstentstandenen Gott, den Vater jeder Unvergänglichkeit und derer, die nach diesen entstanden sind.	Der Geist, der ist, war ein Hervorbringer, mit einer Wesen hervorbringenden, gestaltgebenden Kraft, damit der große *(p.88)* Reichtum, der in ihm ist, erscheine. Wegen seiner Güte und seiner Liebe wollte er von sich selbst Früchte hervorbringen, damit er nicht allein seine Güte genieße, sondern andere Geister aus dem Geschlecht, das nicht wankt, Leib und Frucht, Glanz und Unvergänglichkeit und seine unendlichen Gnade hervorbrächten, damit seine Güte erscheine durch den ungewordenen Gott, den Vater jeder Unvergänglichkeit, und derer, die nach diesen entstanden sind.
Aber sie waren noch nicht in das Erschienene gekommen.	Aber sie waren noch nicht in das Erschienene gekommen. *(p.89)*
Es gibt aber einen erheblichen Unterschied zwischen den Unvergänglichen."	Es existiert aber ein erheblicher Unterschied zwischen den Unvergänglichen."

Der Weg zum Unvergänglichen

Er rief und sagte: „Wer Ohren hat über die Unvergänglichen zu hören, möge hören!" Und „Ich redete mit den Wachen." Er fuhr noch fort *(p.98)* und sagte:	Er aber rief: „Wer Ohren hat zu hören, möge über die Unvergänglichen hören! Ich werde mit den Wachen reden." Er fuhr noch fort und sagte:

Eug NHC V	Eug NHC III
Denn alles das, was [aus dem] Vergänglichen entsteht, wird zunichte. [...	Alles, was aus dem Vergänglichen entstand, wird vergehen, weil es aus dem Vergänglichen entstand.
	Was *(p. 74)* aus der Unvergänglichkeit entstand, wird nicht vergehen, sondern wird unvergänglich werden, weil es aus der Unvergänglichkeit entstand.
(Text lückenhaft)	Daher irrte eine Menge Menschen und erkannte diesen Unterschied nicht, das heißt, sie starben.
	Und es genügt bis hierher, denn es gibt keine Möglichkeit, die Angemessenheit der Worte zu bestreiten, die ich gerade über den seligen, unvergänglichen, wahren Gott gesagt habe.
(p. 4)	Wenn also jemand die Worte glauben will, die (hier) vorliegen,
	(dann) soll er vom Verborgenen bis zum Ende des Erschienenen wandern, und diese Einsicht wird ihn lehren, wie der Glaube an die (Dinge), die nicht erschienen sind, durch das Erschienene gefunden wurde.
...] Denn [dieser Gedanke wird] ihnen verkünden. Denn [der] höhere [Glaube] ist: Die, die nicht [erschienen] sind, sind die Erschienenen.	

Der selbstentstandene Vater

Dies aber [ist ein Anfang] des Wissens: Der Herr des [Alls] wird in Wahrheit nicht ‚Vater' genannt, sondern ‚Vorvater', denn der Vater ist der Anfang derer, die durch ihn kommen. Der anfangslose Unendliche aber ist der Vorvater – damit wir ihm Gnade erweisen mögen durch seinen Namen, denn (eigentlich) wissen wir nicht, wer er ist.	Dies ist ein Wissensanfang: Der Herr des Alls wird in Wahrheit nicht ‚Vater' genannt, sondern ‚Vorvater', denn der Vater ist der Anfang *(p. 75)* dessen, was erscheint. Jener ist folglich der anfangslose Vorvater.

SJC NHC III	SJC BG
„Alles was aus dem Vergänglichen entstand, wird vergehen, weil es aus dem Vergänglichen entstand. Aber das, was aus der Unvergänglichkeit entstand, vergeht nicht, sondern wird unvergänglich. So irrte eine Menge Menschen; weil sie diesen Unterschied nicht erkannten, starben sie."	„Alles was aus dem Vergänglichen entstand, wird vergehen, weil es aus dem Vergänglichen entsteht. Aber das, was aus der Unvergänglichkeit entstand, vergeht nicht, sondern wird unvergänglich, weil es aus der Unvergänglichkeit ist. So irrte eine Menge Menschen; weil sie diesen Unterschied nicht erkannten, starben sie."
Maria sagte zu ihm: „Herr, wie werden wir nun diese (Dinge) erkennen?" Der vollkommene Erlöser sagte: „Kommt von den Nicht-Erschienenen bis zum Ende der Erschienenen, und die Ausströmung der Einsicht wird euch offenbaren, wie der Glaube an die (Dinge), die nicht erschienen sind, durch die Erschienenen gefunden wurde, die zum ungewordenen Vater gehören.	*(p.90)* Maria sagte zu ihm: „Christus, wie wird dies erkannt werden?" Der vollkommene Erlöser sagte: „Kommt von den Nicht-Erschienenen bis zum Ende der Erschienenen, und die Ausströmung der Einsicht wird euch offenbaren, wie der Glaube an die (Dinge), die nicht erscheinen, durch die Erschienenen des ungewordenen Vaters gefunden wurde.

Der selbstentstandene Vater

Wer Ohren hat zu hören, möge hören! Der Herr des Alls wird nicht ‚Vater‘ genannt, sondern ‚Vorvater‘, <denn der Vater ist> der Anfang derer, die erscheinen werden. Aber *(p.99)* jener ist der anfangslose Vorvater.	Wer Ohren hat zu hören, möge hören! Der Herr des Alls wird nicht ‚Vater‘ genannt, sondern ‚Vorvater‘, *(p.91)* denn der Vater ist der Anfang derer, die erscheinen werden. Aber jener ist der anfangslose Vorvater.

Eug NHC V	Eug NHC III
In sich aber begreift er sich allezeit wie in einem Bild, das [erscheint] und ihm ähnlich ist. Sein [Abbild] aber wird ‚sich selbst [hervorbringender Vater, der vor seinem Angesicht Anwesende‘, genannt], denn in [seinem Abbild erschien er zuerst] dem Ungewordenen. [Er ist nicht gleich alt] wie das [Licht vor ihm], weil er es [zuerst] nicht kannte. [Aber es gab keine] Zeit, in der er nicht [existierte, weil er] immer [in ihm war. Und einige meinen], daß er [ihm an Kraft nicht] gleich ist. [...	In sich sieht er sich selbst wie in einem Spiegel, wobei er sich ähnlich erschien als Selbst-Vater, das ist der Selbsthervorgebrachte, und als Gegenüber, weil er dem zuerst-seienden Ungewordenen vor Augen ist. Er ist zwar gleich alt wie der, der vor ihm ist, aber an Kraft gleicht er ihm nicht.
(Text lückenhaft) *(p.5)* ...] die ‚[das Geschlecht] über das keine Herrschaft [von den] vorhandenen Herrschaften ist‘ [genannt] wird.	Nach ihm offenbarte er eine Menge von gegenübertretenden Selbstentstandenen, gleich alt (und) gleich stark, voll Glanz (und) unzählbar, die ‚das Geschlecht, über das keine Herrschaft von den vorhandenen Herrschaften ist‘ genannt werden.
Aber [die ganze Menge] der Herrschaftslosen wird ‚[Kinder] des Ungeborenen und des selbst Hervorgetretenen‘ genannt.	Aber die ganze Menge an dem Ort, über den keine Herrschaft ist, wird ‚Kinder des ungewordenen Vaters‘ genannt.
Der Unerkennbare aber ist erfüllt von jedem unvergänglichen Glanz und unbeschreiblicher Freude. Deshalb finden auch alle seine Kinder Ruhe in ihm, wobei sie sich fortwährend freuen über ihren unveränderlichen Glanz, und solch unermeßlicher Jubel wurde noch nie gehört und war unbekannt in allen ihren Welten und ihren Äonen.	Er aber, der Unerkennbare, *(p.76)* ist [erfüllt] von jedem unvergänglichen Glanz und unbeschreiblicher Freude. In ihm ruhen sie alle, wobei sie sich fortwährend freuen in unbeschreiblicher Freude über den unveränderlichen Glanz und (in) unermeßlichem Jubel, der noch nie gehört wurde und unbekannt war in allen Äonen und ihren Welten.
	Und es genügt bis hierher, damit wir nicht endlos fortfahren.

SJC NHC III	SJC BG
Indem er sich selbst in sich in einem Spiegel sieht, erschien er, sich selbst gleichend. Aber sein Abbild erschien als ein Gott, Vater durch sich selbst, und Gegenüber {...} dem zuerst-seienden, ungewordenen Vater.	Indem er sich selbst in sich in einem Spiegel sieht, erscheint er, sich selbst gleichend. Aber sein Abbild erschien als Vorvater, Gottvater und Gegenüber, weil es vor dem Angesicht des Zuerst-Seienden, des ungewordenen Vaters, ist.
Er ist zwar gleich alt wie das Licht, das vor ihm ist, aber an Kraft gleicht er ihm nicht.	Er ist zwar gleich alt wie das Licht, das vor ihm ist, aber an Kraft gleicht er ihm nicht.
Aber nach ihm erschienen eine Menge von allen gegenübertretenden Selbstentstandenen, gleich alt und gleich stark, voll Glanz (und) unzählbar, deren Geschlecht ,das Geschlecht, über das keine Herrschaft ist' genannt wird, aus dem ihr selbst erschienen seid, aus jenen Menschen.	Aber nach ihm erschienen eine Menge *(p.92)* von allen gegenübertretenden Selbstentstandenen, gleich alt und gleich stark, voll Glanz (und) unzählbar. Das ist sein Geschlecht, das ,das Geschlecht, über das keine Herrschaft ist' genannt wird, dieses, in dem ihr erschienen seid.
Aber jene ganze Menge, über die keine Herrschaft ist, wird *(p.100)* ,Kinder des ungewordenen Vaters, Gott, Erlöser, Sohn Gottes, dessen Abbild mit euch ist' genannt.	Von jenen Menschen vom Ort, über den keine Herrschaft ist, wird er der ,Ungewordene, Gott, Erlöser der Kinder Gottes, dieser, der ohnegleichen ist bei euch' genannt.
Er aber ist der Unerkennbare, erfüllt von jedem unvergänglichen Glanz und unbeschreiblicher Freude.	Er aber, der Unerkennbare, ist erfüllt von jedem Glanz und Unvergänglichkeit und *(p.93)* unbeschreiblicher Freude.
Sie alle ruhen in ihm, wobei sie sich fortwährend freuen in unbeschreiblicher Freude an seinem unveränderlichen Glanz, und (in) unermeßlichem Jubel, der noch nie gehört wurde und unbekannt war in allen Äonen und ihren Welten bis jetzt."	Sie alle aber ruhen in ihm, wobei sie sich fortwährend freuen in unbeschreiblicher Freude an seinem unveränderlichen Glanz, und (in) unermeßlichem Jubel, der noch nie gehört wurde und unbekannt war in allen Äonen und ihren Welten bis jetzt."

Eug NHC V	Eug NHC III

Der unsterbliche Mensch und die große Weisheit

Aber aus dem selbst Hervortretenden tritt ein anderer Anfang aus [seinem] selbst[gewordenen], eingeborenen [Wort] gänzlich hervor.

Denn der, [der] vor dem All im unendlichen [Äon erschien], der Vater, [der] sich selbst [..., der der] Anfang ist und [in] dem das Wort existiert, erfüllt von [leuchtendem, unbeschreibbaren] Licht. [...

(Text lückenhaft)
(p.6)
... als unsterblicher] androgyner Äon.
[Die] Männlichkeit [wird] ‚hervorbringender Verstand, der sich selbst vollendet' genannt, seine Weiblichkeit [aber] ‚Einsicht, der alle Weisheit gehört, [die Gebärerin] der Weisheiten'.
[Sie] wird ‚Wahrheit' genannt – denn sie sind gleich stark wie ihre Voreltern.
Sie ist die unumstrittene Wahrheit, weil sie sich in sich im Verborgenen [kennt], obwohl sie den Irrtum hat, der gegen sie kämpft.

Dies ist ein anderer Wissensanfang durch das Gewordene:

Der erste, der vor dem All im Unendlichen erschien, ist ein selbstgewachsener, selbstgeschaffener Vater, erfüllt von leuchtendem, unbeschreibbaren Licht.

Dieser dachte am Anfang, daß sein Abbild zu einer großen Kraft werde. Sofort erschien der Anfang jenes Lichtes als ein unsterblicher, androgyner Mensch.
Sein *(p.77)* männlicher Name [heißt ‚Hervorbringen], vollendeter [Verstand]', sein weiblicher Name [aber] ‚all-weise Gebärerin Weisheit'. Es heißt auch, daß sie ihrem Bruder und Gefährten gleicht.

Sie ist unumkämpfte Wahrheit. Die Wahrheit unten nämlich wird vom Irrtum, der mit ihr existiert, bekämpft.

SJC NHC III	SJC BG

Der unsterbliche Mensch und die große Weisheit

Matthäus sagte zu ihm: „Herr, Erlöser, wie erschien der Mensch?"

Der vollkommene Erlöser sagte: „Ich will, daß ihr alle erfahrt:

Der vor dem All in der Unendlichkeit erschien, ist der selbstgewachsene, *(p.101)* selbstgeschaffene Vater, erfüllt von leuchtendem Licht und unbeschreibbar.

Am Anfang dachte er, damit sein Abbild zu einer großen Kraft werde. Sofort erschien der Anfang jenes Lichtes als ein unsterblicher, androgyner Mensch,

damit sie durch diesen unsterblichen Menschen das Heil erlangen und aus dem Vergessen erwachen durch den Erklärer, der gesandt wurde; dieser ist mit euch bis zum Ende der Armut der Räuber.
Seine Gefährtin aber ist die große Weisheit, die von Anfang an durch den selbstentstandenen Vater zu einer Vereinigung in ihm bestimmt war.

Matthäus sagte zu ihm: „Wie erschien der Mensch?"

Der vollkommene Erlöser sagte: „Ich will, daß ihr alle erfahrt:

Der vor dem All in der Unendlichkeit erschien, *(p.94)* ist der selbstgewachsene, selbstgeschaffene Vater, erfüllt von leuchtendem Licht und unbeschreibbar.

Am Anfang dachte er, damit sein Abbild zu einer großen Kraft werde. Sofort erschien das Licht jenes Anfangs in einem unsterblichen, androgynen Menschen,

damit sie durch diesen unsterblichen Menschen das Heil erlangen und aus dem Vergessen erwachen durch den Erklärer, der gesandt wurde; dieser ist mit euch bis zum Ende der Armut der Räuber.
Seine Gefährtin ist die *(p.95)* Weisheit, die Große, die von Anfang an durch den selbstentstandenen Vater zu einer Vereinigung in [ihm] bestimmt war.

Eug NHC V	Eug NHC III
Durch den unsterblichen Menschen erschien zuerst der Name der Göttlichkeit und der Herrschaft und des Königtums und derer, die nach ihnen aus ihnen (entstanden). Der aber, [der] ‚Vater, Mensch der Tiefe, Vater aus sich‘ genannt wird, der dies offenbarte, er brachte für sich einen großen Äon hervor [für] die Größe, die ihm eigen ist.	Durch den unsterblichen Menschen erschien eine erste Benennung: Göttlichkeit und Herrschaft. Denn der Vater, der ‚Selbst-Vater Mensch‘ genannt wird, offenbarte dies.
	Er schuf sich einen großen Äon für seine Größe.
Es gibt [einen Gefährten], der in Verbindung (mit ihm) existiert, [dem gab] er große Vollmacht. Er herrschte [über] sie, nachdem er für [sich] abertausende, unzählige dienstbare [Götter] und Erzengel geschaffen hatte.	Er gab ihm große Vollmacht. Er herrschte über alle Geschöpfe. Er schuf sich abertausende[186], unzählige dienstbare Götter und Erzengel und Engel.

Weitere Emanationen

Aus diesem also nahmen die [Göttlichkeit] und die Herrschaft [und das Königtum] und die, die [ihnen] folgen, ihren Anfang. [Deshalb] nannten sie [ihn ... *(p. 7)* *(Text lückenhaft)*	Von jenem Menschen nahm also die *(p. 78)* Göttlichkeit [und die Herrschaft] ihren Anfang. Deshalb bekam er den Namen ‚Gott [der Götter], König der Könige‘. Der erste Mensch ist der Glaube für die, die nach diesen entstehen werden.
... Er aber hat] Verstand und [Einsicht] und Willen, auch Nachdenken [und Klugheit] und Überlegung und [das, was] über Überlegung (hinausgeht), und Kraft: vollkommene und unsterbliche Glieder.	Er hat in sich einen eigenen Verstand, Einsicht – er ist Einsicht – Nachdenken und Klugheit, Überlegung und Kraft. Alle existierenden Glieder sind vollkommen und unsterblich.
An Unvergänglichkeit nun sind sie [denen] gleich, die sie hervorbringen, [an Kraft] aber sind sie verschieden: Wie Vater und Sohn verschieden sind, der Sohn von Einsicht (verschieden ist), die Einsicht [aber] übertrifft alle übrigen.	An Unvergänglichkeit sind sie zwar gleich, (aber) in der Kraft gibt es einen Unterschied, wie der Unterschied von Vater zu Sohn und von Sohn zu Einsicht und von der Einsicht zum Übrigen.

---

[186] Wörtl.: „zehntausende“.

SJC NHC III	SJC BG
Aus dem unsterblichen Menschen, der zuerst erschien und Göttlichkeit und Herrschaft. Denn der Vater, der *(p.102)* ‚Mensch, Selbst-Vater' heißt, offenbarte dies.	Durch den unsterblichen Menschen nun sind wir zuerst erschienen in Göttlichkeit und Herrschaft. Denn der Vater, der ‚Mensch, Selbst-Vater' heißt, dieser erschien.
Er schuf sich einen großen Äon, dessen Name ‚Achtheit' ist, für seine Größe. Ihm wurde große Vollmacht gegeben. Er herrschte über die Schöpfung der Armut. Er schuf sich abertausende[187], unzählige dienstbare Götter und Engel (und) Erzengel aus jenem Licht und dem dreifach männlichen Geist, der der Weisheit, seiner Gefährtin, gehört.	Er schuf sich einen großen Äon, dessen Name ‚Achtheit' ist, für seine Größe. Er gab ihm aber große Vollmacht. Er herrschte über die Geschöpfe der Armut. Er schuf sich abertausende, *(p.96)* unzählige dienstbare Götter und Engel und Erzengel aus jenem Licht und dem dreifach männlichen Geist, der der Weisheit, seiner Gefährtin, gehört.

Weitere Emanationen

Von diesem Gott nun nahm die Göttlichkeit und die Herrschaft ihren Anfang. Deshalb wurde er ‚Gott der Götter, König der Könige' genannt.	Von diesem Gott nun nahm die Göttlichkeit und die Herrschaft ihren Anfang. Und deshalb preist er sich als Gott der Götter und König der Könige.
Der erste Mensch hat einen ihm eigenen Verstand in sich und Einsicht – er ist Einsicht – Klugheit, Nachdenken, Überlegung (und) *(p.103)* Kraft. Alle existierenden Glieder sind vollkommen und unsterblich. An Unvergänglichkeit sind sie zwar gleich, (aber) an Kraft sind sie verschieden: wie der Unterschied von Vater zu Sohn <und von Sohn> zu Einsicht und von der Einsicht zum Übrigen.	Der erste Mensch hat einen ihm eigenen Verstand in sich und Einsicht – er ist Einsicht – Nachdenken und Klugheit, Überlegung und Kraft. Alle *(p.97)* [existierenden] Glieder sind [vollkommen] und unsterblich. An Unvergänglichkeit sind sie zwar gleich, aber an Kraft sind sie verschieden: wie der Unterschied von Vater zu Sohn und von Sohn zu Einsicht und von Einsicht zum Übrigen.

---

[187] Wörtl.: „zehntausende".

Eug NHC V	Eug NHC III
Und so ist unter den Ungewordenen die Einheit (Monade)	Wie ich gerade gesagt habe, ist unter den Hervorgebrachten die Einheit (Monade) zuerst.
und die Zweiheit (Dyade) bis zu [den Zehnern] (Dekaden). Die Zehner aber beherrschen die Hunderter, die Hunderter aber beherrschen die Tausender, die Tausender aber beherrschen die Zehntausender. Dieses Muster gilt also unter den Unsterblichen.	Ihr folgt die Zweiheit (Dyade) und die Dreiheit (Triade) bis hinauf zu den Zehnteln. Die Zehntel aber beherrschen die Hundertstel, die Hundertstel beherrschen die Tausendstel, die Tausender beherrschen Zehntausende. Dies ist das Muster <unter den> Unsterblichen.
Die Einheit (Monade) aber und die Einsicht gehören dem [unsterblichen] Menschen. Die Gedanken entstanden für die Dekaden, die Hunderter aber sind die [Klugheiten, die Tausender] aber sind die Überlegungen, die Zehntausender [aber sind] die Kräfte.	Der erste Mensch: so ist seine Monade [...
Diese [aber, die entstehen aus] den [... sie] existieren mit ihren [... in] allen Äonen [...	*(p. 79/80 fehlen)*
(p.8) ... Die Einsicht erschien am Anfang aus] dem Verstand mit den Gedanken. [Und aus den] Gedanken die Klugheiten, [aus den Klugheiten] die Überlegungen, [aus den Überlegungen] eine Kraft.	
Nach allen [Gliedern] aber erschien aus [seinen Kräften] dies alles, was offenbart wurde. Und aus dem, [was] geschaffen [wurde], erschien das, was [geformt] wurde. Und das, was Gestalt bekam, erschien aus dem, was [geformt] wurde; das, was benannt wurde, erschien aus dem, was Gestalt bekam,	
wobei der Unterschied zwischen den Hervorgebrachten aus dem erschien, was benannt wurde, vom Anfang bis zum Ende gemäß der Kraft von allen Äonen.	

SJC NHC III	SJC BG
Wie ich gerade gesagt habe, ist unter den Hervorgebrachten die Einheit (Monade) zuerst.	Wie ich gerade gesagt habe, ist die Einheit (Monade) nicht unter den zuerst Hervorgebrachten.

<Als> letztes von allen Dingen erschien das, was alles offenbart wurde, aus seiner Kraft. Und aus dem, was geschaffen wurde, erschien alles, was gebildet wurde; aus dem, was gebildet wurde, erschien das, was Gestalt empfing; aus dem, was Gestalt empfing, das, was benannt wurde.

Deshalb entstand der Unterschied zwischen den Ungewordenen vom Anfang bis zu ihrem Ende.

Die letzten von allen Dingen offenbarte er, der alles offenbarte, aus seiner Kraft. Und aus dem, was er alles schuf, erschien alles, was gebildet wurde; aus dem, was gebildet wurde, *(p.98)* [erschien] das, was Gestalt empfing; aus dem, was Gestalt empfing, das, was benannt wurde.

Daraus entstand der Unterschied zwischen den Ungewordenen vom Anfang bis zu ihrem Ende.

Eug NHC V	Eug NHC III

Der unsterbliche Mensch aber ist erfüllt von jedem unvergänglichen Glanz und unbeschreiblicher Freude. Sein ganzes Reich jubelt in sich in ewigem Jubel, der noch nie gehört wurde und in keinem Äon, [der] danach entstand, [und] seinen [Welten] bekannt war.

Der Menschensohn und die Liebe-Weisheit

Danach entstand ein [weiterer Anfang] aus dem unsterblichen [Menschen], der ‚sich [selbst] vollendender [Hervorbringer‘ genannt] wird.
[Als er Übereinstimmung fand] mit seiner [Gefährtin, der großen Weisheit], offenbarte [er] jenes [erstgeborene Androgyne, *(p.9)* das] ‚erstgeborenes [Kind Gottes‘ genannt wird]. Seine Weiblichkeit (heißt) ‚[erstgeborene] Weisheit, [die Mutter des Alls‘], die einige ‚Liebe‘ [nennen].

[Aber der] Erstgeborene schuf sich, weil [er seine] Vollmacht von [seinem Vater] hat,
einen großen [Äon] für seine Größe, wobei [er] sich abertausende, unzählige dienstbare Engel [schuf].
Die ganze Menge der Engel wird ‚Versammlung (Ekklesia) der Heiligen‘ genannt. Dies sind die Lichter und die Schattenlosen. Wenn diese Engel nun einander küssen, dann [werden] ihre Küsse zu Engeln, die [ihnen] gleichen.

...] *(p.81)* Er schuf sich abertausende, unzählige dienstbare Engel.

Die ganze Menge jener Engel wird ‚Versammlung (Ekklesia) der heiligen schattenlosen Lichter‘ genannt. Wenn sie nun einander küssen, werden ihre Küsse zu Engeln, die ihnen gleichen.

SJC NHC III	SJC BG

Der Menschensohn und die Liebe-Weisheit

Da sagte Bartholomäus zu ihm: „Warum wird im *(p.104)* Evangelium der ‚Mensch‘ und der ‚Menschensohn‘ genannt? Wessen (Sohn) ist nun dieser Sohn?“
Der Heilige sagte zu ihm:
„Ich will, daß ihr erfahrt, daß
der erste Mensch ‚Hervorbringer, vollkommener Verstand durch sich selbst‘ genannt wird.
Dieser überlegte mit der großen Weisheit, seiner Gefährtin, und offenbarte sein erstgeborenes androgynes Kind. Sein männlicher Name heißt ‚erstgeborener Sohn Gottes‘, sein weiblicher Name ‚erstgeborene Weisheit, die Mutter des Alls‘, einige nennen sie ‚Liebe‘.

Der Erstgeborene aber wird Christus genannt. Von seinem Vater hat er Vollmacht.
Er schuf sich eine Menge Engel *(p.105)*, unzählige, dienstbare (Engel), aus dem Geist und dem Licht.“

Da sagte Bartholomäus zu ihm: „Warum wird er im Evangelium der ‚Mensch‘ und der ‚Menschensohn‘ genannt? Wessen (Sohn) ist dieser Sohn?“
Der Heilige sagte:
„Ich will, daß ihr erfahrt, daß
der erste Mensch ‚Hervorbringer, selbstvollkommener Verstand‘ genannt wird.

(p.99) [Dieser überlegte] mit [der großen] Weisheit, seiner Gefährtin und offenbarte sein erstgeborenes androgynes Kind. Sein männlicher Name heißt ‚Erstgeborener, Sohn Gottes‘ – das ist Christus –, sein weiblicher Name ‚Erstgeborene, Weisheit, die Mutter des Alls‘, diese nennen einige ‚Liebe‘.
Von seinem Vater nun hat der Erstgeborene, der Christus genannt wird, Vollmacht.
Er schuf sich eine Menge Engel, unzählige, *(p.100)* [dienstbare] (Engel), aus dem Geist und dem Licht.“

Eug NHC V	Eug NHC III

Ihr erstgeborener [...

Der erstgeborene Vater wird ‚Adam des Lichtes' genannt.

(Text lückenhaft)

(p.10)

Aber das Reich des Menschensohnes ist erfüllt von unbeschreiblicher Freude und unwandelbarem Jubel, wobei sie sich andauernd ergötzen in unbeschreiblicher Freude über ihren unvergänglichen Glanz, von dem noch nie gehört wurde und der nicht erschien in allen Äonen, die entstanden, und ihren Welten.

Der Erlöser und die Glaube-Weisheit

...] Danach entstand [...] aus dem [Menschensohn]. Als er [mit der Weisheit, seiner] Gefährtin übereinstimmte, [offenbarte] er einen großen, androgynen Lichtglanz, dessen [männlicher Name ‚Erlöser], Hervorbringer [von allem]' genannt wird.

Der Menschensohn stimmte also überein mit der Weisheit, seiner Gefährtin und offenbarte ein großes [androgynes] Licht. *(p.82)* [Sein] männlicher Name wird ‚Erlöser, Hervorbringer aller Dinge' genannt.

SJC NHC III	SJC BG
Seine Jünger und Jüngerinnen sagten zu ihm: „Herr, offenbare uns über den, der ‚Mensch' genannt wird, damit auch wir seine Herrlichkeit genau erfahren."	Seine Jünger und Jüngerinnen sagten zu ihm: „Christus, lehre uns über den Vater, der ‚Mensch' genannt wird, damit auch wir seine Herrlichkeit genau kennen."
Der vollkommene Erlöser sagte: „Wer Ohren hat zu hören, möge hören!	Der vollkommene Erlöser sagte: „Wer Ohren hat zu hören, möge hören!
Der erstgeborene Vater wird ‚Adam, [das] Auge des Lichtes' genannt, denn er kam aus dem leuchtenden Licht [und] seine heiligen, unbeschreibbaren, schattenlosen Engel ergötzen sich andauernd und freuen sich in ihrem Nachdenken, das sie von ihrem Vater empfingen.	Der erstgeborene Vater wird ‚Adam, das Auge des Lichtes' genannt, denn er kam aus dem Licht. Sein ganzes Reich gehört dem leuchtenden Licht und seine heiligen, *(p.101)* [unbeschreibbaren, schattenlosen] Engel ergötzen sich andauernd und freuen sich in ihrem Nachdenken, das sie von ihrem Vater empfingen.
Das ganze Reich des Menschensohnes, der ‚Sohn Gottes' heißt, ist erfüllt von unbeschreiblicher, schattenloser Freude und unwandelbarem Jubel. Sie ergötzen sich an seinem unvergänglichen Glanz, *(p.106)* von dem bis jetzt noch nie gehört wurde und der nicht erschien in den Äonen, die danach entstanden, und ihren Welten.	Aber das Reich des Menschensohnes, der ‚Christus' heißt, ist erfüllt von unbeschreiblicher, schattenloser Freude <und> unwandelbarem Jubel. Sie ergötzen sich unablässig an seinem unvergänglichen Glanz, von dem bis jetzt noch nie gehört wurde und der nicht erschien in den Äonen, die danach entstanden, und *(p.102)* ihren Welten.
Ich kam vom Selbstentstandenen und dem ersten unendlichen Licht, damit ich euch alles kundtue."	[Ich] kam [vom Selbstentstandenen] und dem ersten Licht des Unendlichen, damit ich euch dieses alles lehre."

Der Erlöser und die Glaube-Weisheit

Wieder sagten seine Jünger und Jüngerinnen: „Lehre uns deutlich, wie sie von den Nicht-Erschienenen herabkamen, vom Unsterblichen in die sterbliche Welt."	Wieder sagten seine Jünger und Jüngerinnen: „Christus, lehre uns deutlich, <wie> er von den Nicht-Erschienenen, die existieren, herabkam, von den Unsterblichen in die sterbliche Welt."
Der vollkommene Erlöser sagte: „Der Menschensohn stimmte überein mit der Weisheit, seiner Gefährtin und offenbarte ein großes androgynes Licht. Sein männlicher Name wird ‚Erlöser, Hervorbringer aller Dinge' genannt.	Der vollkommene Erlöser sagte: „Der Menschensohn stimmte überein mit der Weisheit, seiner Gefährtin und offenbarte sich in einem *(p.103)* [großen androgynen Licht]. Seine Männlichkeit wird ‚Erlöser, Hervorbringer aller Dinge' genannt,

Eug NHC V	Eug NHC III
Seinen weiblichen Namen nennen einige ‚[Glaube]-Weisheit'.	Sein weiblicher Name wird ‚Weisheit Allgebärerin' genannt, einige nennen sie ‚Glaube'.

Auflistung von Emanationen

Als der Erlöser nun mit seiner Gefährtin Glaube-Weisheit übereinstimmte, offenbarte er sechs androgyne Geistwesen, deren männliche Namen diese sind: Der erste ist der ungewordene <Vater von> allen, der zweite [ist] der Selbstgewordene, der [dritte] ist der Hervorgebrachte, [der vierte ist] der vom [Ersten] Hervorgebrachte, der fünfte [...

(Text lückenhaft)

(p.11)

...] Aber aus [ihrem] Übereinstimmen, von dem gerade gesprochen wurde, [erschienen] Einsichten [in Äonen], von denen gerade gesprochen wurde. [Aber aus] diesen Einsichten (erschienen) die Gedanken, [aus] den Gedanken [aber] die Klugheiten, [aus] den Klugheiten [aber] die Überlegungen, aus den Überlegungen aber die Willen, aus den Willen aber sind die Worte.

Der Erlöser stimmte also überein mit seiner Gefährtin, der Glaube-Weisheit und offenbarte sechs androgyne Geistwesen als Abbild derer, die vor ihnen sind. Ihre männlichen Namen sind diese: Der erste ist der Ungewordene, der zweite ist der Selbstgewordene, der dritte ist der Hervorgebrachte, der vierte ist der Erstgeborene, der fünfte ist der Allerzeuger, der sechste ist der Urerzeuger. Die Namen aber der Frauen sind diese: Die erste ist die all-weise Weisheit, die zweite ist die Allmutter Weisheit, die dritte ist die Allgebärerin Weisheit, die vierte ist die Erstgeborene Weisheit, die fünfte ist die Liebe-Weisheit, *(p.83)* die sechste ist die Glaube-Weisheit.

[Aus ihrem] Übereinstimmen, von dem ich gerade gesprochen habe, erschienen in den bestehenden Äonen die Einsichten. Aus den Einsichten (erschienen) die Gedanken, aus den Gedanken die Klugheiten, aus den Klugheiten die Überlegungen, aus den Überlegungen die Willen, aus den Willen die Worte.

SJC NHC III	SJC BG
Sein weiblicher Name ist ‚Allgebärerin Weisheit', einige nennen sie ‚Glaube'.	seine Weiblichkeit aber ‚Weisheit, Allgebärerin', einige nennen sie ‚Glaube'.

Eug NHC V	Eug NHC III
Sie haben aber auch andere Namen: Die Einsichten werden also die Götter genannt, die Gedanken aber die Herren, die Klugheiten sind die Engel, die Überlegungen sind die Engel, die [Willen sind] die Worte.	
Als [aber] die Zwölfheit der Kräfte, von der gerade [gesprochen] wurde, ihre [Übereinstimmung] erlangte, offenbarten sie jeweils [sechs geistige Kräfte ...	Die zwölf Kräfte, von denen ich gerade gesprochen habe, stimmten also miteinander überein und <sechs> Männliche und <sechs> Weibliche erschienen (jeweils), so daß sie 72 Kräfte machten. Die 72 offenbarten je fünf Geistwesen, das sind 360 Kräfte. Der Zusammenschluß von ihnen allen ist der Wille.
(Text lückenhaft)	
(p.12) ... Unser Äon] entstand nun als [Abbild] des [unsterblichen] Menschen. [Die Zeit] aber entstand als [Abbild] von [seinem] erstgeborenen [Sohn]. Das Jahr aber [entstand als Abbild] des Erlösers. Die [zwölf] Monate aber entstanden [als Abbild] der zwölf [Kräfte, die] aus dem Erlöser erschienen waren, das sind die Engel. Die 360 Tage des Jahres entstanden als ein Abbild der 360 Kräfte, die aus dem Erlöser erschienen waren. Als Abbild der unzähligen Engel aber, die aus diesen entstanden, entstanden die Tage und ihre Stunden und Momente.	Unser Äon entstand also als Abbild des unsterblichen Menschen. Die Zeit entstand als Abbild des Erstgeborenen, *(p.84)* seines Sohnes. [Das Jahr] entstand als Abbild des [Erlösers. Die] zwölf Monate entstanden als Abbild der zwölf Kräfte. Die 360 Tage des Jahres entstanden als Abbild der 360 Kräfte – diese erschienen aus dem Erlöser. Als Abbild der unzähligen Engel, die aus ihnen entstanden, entstanden ihre Stunden und ihre Momente.

SJC NHC III	SJC BG

Der Lichttropfen

Alle, die in die Welt kommen *(p.107)* wie ein Tropfen aus dem Licht, sind durch dieses gesandt in die Welt des Weltherrschers, damit sie durch es bewahrt werden. Und das Band seines Vergessens fesselte es (sc. das Licht) nach dem Willen der Weisheit, damit durch es die Sache <offenbar würde> in der ganzen Welt

Alle, die in die Welt kommen, sind durch dieses gesandt worden wie ein Tropfen aus dem Licht in die Welt des Weltherrschers, um es durch es zu bewahren. Und das Band seines Vergessens fesselte es (sc. das Licht) nach dem Willen der *(p.104)* Weisheit, [damit diese] Sache [offenbar] würde [in] der ganzen Welt in

Eug NHC V	Eug NHC III

SJC NHC III	SJC BG
der Armut – nämlich sein Hochmut und seine Blindheit und seine Unwissenheit, denn sie benannten ihn.	der Armut – nämlich sein Hochmut und seine Blindheit und seine Unwissenheit, denn sie benannten ihn.
Ich aber, ich kam von den Orten oben nach dem Willen des großen Lichtes, ich entkam aus jener Fessel. Ich zerbrach das Werk der Räuber. Ich weckte es (sc. das Licht), damit jener Tropfen, der durch die Weisheit gesandt wurde, viel Frucht trage durch mich und sich vollende und nun nicht mehr Mangel habe, sondern getrennt werde durch mich, den großen Erlöser. (Dies wirke ich), damit sein Glanz offenbar werde, damit auch die Weisheit von jenem Mangel gerechtfertigt werde, damit ihre *(p.108)* Kinder nun nicht mehr mangelhaft sein werden, sondern Ehre und Glanz erlangen und zu ihrem Vater hinaufgehen und die Worte des männlichen Lichtes erkennen.	Ich aber, ich kam von den Orten oben nach dem Willen des großen Lichtes, ich löste jene Schöpfung auf. Ich zerbrach das Werk des räuberischen Grabes. Ich weckte es (sc. das Licht), damit jener Tropfen, der durch die Weisheit gesandt wurde, viel Frucht trage durch mich und sich vollende und *(p.105)* nun nicht mehr mangelhaft sein werde, sondern verbunden werde durch mich – ich bin der große Erlöser. (Dies wirke ich), damit sein Glanz offenbar werde, damit auch die Weisheit von <jenem> Makel gerechtfertigt werde, damit ihre Kinder nun nicht mehr mangelhaft sein werden, sondern Ehre und Glanz erlangen und zu ihrem Vater hinaufgehen und den Weg der Worte des Lichtes erkennen.
Ihr aber wurdet gesandt durch den Sohn, der gesandt wurde, damit ihr erleuchtet werdet und euch losreißt vom Vergessen der Mächte und damit das schmutzige Treiben, das aus dem furchtbaren Feuer ist, das aus ihrer fleischlichen (Schöpfung) kam, durch euch nun nicht mehr erscheine. Tretet auf ihre Vorsehung!"	Ihr wurdet gesandt durch den Sohn, der gesandt wurde, damit ihr erleuchtet werdet *(p.106)* und euch losreißt vom Vergessen der Mächte und damit das schmutzige Treiben, das aus dem <Feuer> (ist), das mit ihm aus ihrer fleischlichen (Schöpfung) kam, durch euch nun nicht mehr erscheine. Und ihr werdet auf ihre Vorsehung treten!"

Die Äonen

Da sagte Thomas zu [ihm]: „Herr, Erlöser, wie viele Äonen derer, die die Himmel übertreffen, gibt es?" Der vollkommene Erlöser sagte:	Da sagte Thomas zu ihm: „Christus, Erlöser, wie viele Äonen übertreffen die Himmel?" Der vollkommene Erlöser sagte:

Eug NHC V	Eug NHC III

Die Äonen

Auf diese Weise wiederum schuf der Vater von denen, die erschienen waren, der Hervorbringer von diesen allen, für [sich] zuerst zwölf den zwölf (Kräften) [dienstbare Äonen ...

(Text lückenhaft)

(p.13)

...] Sie werden ‚[die 360 Himmel] der [ersten] Äonen‘ [genannt.
Diese alle aber] sind vollkommen und [gut. Und] so erschien [der] Makel der Weiblichkeit.

Als aber die, die ich genannt habe, erschienen, schuf der Allerzeuger, ihr Vater, für sie zuerst zwölf Äonen zum Dienst für die zwölf Engel.

Und in allen Äonen waren je sechs Himmel in einem jeden von ihnen, so daß es 72 Himmel der 72 Kräfte ergibt, die aus ihm erschienen waren. Und in allen Himmeln waren je fünf Firmamente, so daß es 360 *(p.85)* [Firmamente der] 360 Kräfte ergibt, [die] aus ihnen erschienen waren. Als die Firmamente vollendet waren, wurden sie benannt: Die 360 Himmel nach den Namen der Himmel vor ihnen.
Und alle diese sind vollkommen und gut. Und so erschien der Mangel der Weiblichkeit.

[Und der erste] Äonen gehört dem [unsterblichen] Menschen. Der zweite [gehört dem Menschensohn], der ‚Erstgeborener‘ genannt wird. Der dritte gehört dem Sohn des Menschensohnes, der ‚Erlöser‘ genannt wird.
Diese aber umgreift der Äon [von dem], über den keine Herrschaft ist, vom ewigen [Gott] und dem [...

Der erste Äon gehört also dem unsterblichen Menschen. Der zweite Äon gehört dem Menschensohn, der ‚Erstgeborener‘ heißt, der ‚Erlöser‘ genannt wird.

Diese umgreift der Äon, wo keine Herrschaft ist, vom ewigen, unendlichen Gott, der Äon der Äonen der Unsterblichen in ihm, oberhalb der Achtheit, die aus dem Chaos erschien.

SJC NHC III	SJC BG
„Ich lobe euch, denn ihr fragt nach den großen Äonen, weil euer Ursprung in den Unendlichkeiten ist. Als aber diese, die ich gerade genannt habe, erschienen, bereitete [... *(p.109/110 fehlen.)*	„Ich lobe euch, denn ihr fragt nach den großen Äonen, weil euer Ursprung in den Unendlichkeiten ist. *(p.107)* Als aber die, die ich gerade genannt habe, erschienen, schuf der selbsthervorgebrachte Vater zuerst für sich zwölf Äonen dienstbar für die zwölf Engel.

Diese alle sind vollkommen und gut. Durch sie erschien der Makel in der Frau.

Sie sagten zu ihm: „Wie viele Äonen sind es von den Unendlichkeiten der Unsterblichen an?"

Der vollkommene Erlöser sagte: „Wer Ohren hat zu hören, möge *(p.108)* hören! Der erste Äon gehört dem Menschensohn, der ‚Erstgeborener' genannt wird, der ‚Erlöser' genannt wird, der erschien. Der zweite Äon gehört dem Menschen, der ‚Adam, das Auge des Lichtes' genannt wird.

Diese umgreift der Äon, wo keine Herrschaft ist, vom ewigen, unendlichen Gott, der selbstentstandene Äon der Äonen der Unsterblichen in ihm, die ich gerade genannt habe, *(p.109)* oberhalb der Siebenheit, die aus der Weisheit erschien, die der erste Äon ist.

Eug NHC V	Eug NHC III
(Text lückenhaft) *(p.14)* ...] Diese [bekamen] ihren [Namen] vom [Anfang] und [der Mitte und dem] Unendlichen, das das [Ende ist: Der] erste Äon [und der zweite] und der dritte, [wobei der erste] von ihnen ,[der oberhalb] von der Einheit [und der Ruhe]' genannt wird. Ein jeder [hat seinen Namen]. Die Benennung aber des dritten [Äons] als ,Versammlung' (Ekklesia) ist veranlaßt durch die Menge, die in diesem Einen erschien, damit sie sich alle zusammen zu Einem versammeln und ihr Name ,Versammlung' sei nach der Versammlung über den [Himmeln]. Als die [Versammlung] der Achtheit erschien [... *(Text lückenhaft)*	Der unsterbliche Mensch aber offenbarte Äonen und Kräfte und Herrschaften. Er gab allen, *(p.86)* die [aus] ihm [erschienen] waren, die Vollmacht, zu machen, [was sie wollen], bis zu den Tagen jenseits des Chaos. Denn diese stimmten miteinander überein und offenbarten jede Größe und aus einem Geist eine Menge Lichter, die Glanz haben und unzählbar sind. Diese wurden am Anfang als ,die Erste', ,die Mitte' <und> ,das Ende' benannt; das ist der erste Äon und der zweite und der dritte. Der erste wurde ,die Einheit <und> die Ruhe' genannt. Weil ein jeder seinen Namen hat, wird der dritte Äon ,Versammlung' (Ekklesia) genannt: Aus der zahlreichen Menge erschien er im vielfältigen Einen[188]. Deshalb, weil die Menge sich sammelt und eine Einheit wird, heißt sie ,Versammlung' von der Versammlung, die den Himmel übertrifft. Deshalb wurde die Versammlung *(p.87)* der [Achtheit androgyn] offenbart. Sie [wurde] zum Teil männlich und zum Teil weiblich benannt. Das Männliche wurde ,Versammlung' genannt, das Weibliche ,Leben', damit sie offenbart, daß aus einer Frau das Leben in allen Äonen entstand.

---

[188] Möglicherweise ist in NHC III p.86,19f. ⲛ̄<ⲉⲓ> ⲟⲩⲁⲧⲟ zu emendieren: „Aus der zahlreichen Menge erschien eine Vielzahl im Einen."

SJC NHC III	SJC BG
	Der unsterbliche Mensch aber offenbarte Äonen und Kräfte und Herrschaften. Und er gab allen in ihm Erschienenen die Vollmacht, damit sie ihren Willen tun bis zu den letzten, die jenseits des Chaos sind. Denn diese stimmten miteinander überein. Er offenbarte jede Größe und aus dem Geist eine Menge Lichter, die Glanz haben und unzählbar sind.
	Diese *(p.110)* wurden am Anfang benannt als der erste Äon und der zweite und der dritte. Der erste wird ‚die Einheit und die Ruhe‘ genannt.
	Ein jeder hat seinen Namen. Deshalb wird der dritte Äon ‚Versammlung‘ (Ekklesia) genannt: Aus der zahlreichen Menge, die erschien, offenbarte sich eine Vielzahl in Einem. Weil sich aber die Mengen *(p.111)*
...] *(p.111)* und zu einer Einheit kommen, nennen wir sie ‚Versammlung der Achtheit‘.	versammeln und zu Einem werden, werden <sie> ‚Versammlung‘ genannt nach jener Versammlung, die den Himmel übertrifft.
	Deshalb wurde die Versammlung <der> Achtheit androgyn offenbart. Sie wurde zum Teil männlich und zum Teil weiblich
Sie erschien androgyn. Sie wurde zum Teil männlich und zum Teil weiblich benannt. Das Männliche erhält den Namen ‚Versammlung‘, das Weibliche aber erhält den Namen ‚Leben‘, damit er offenbart, daß durch eine Frau das Leben in allen Äonen entstand.	benannt. Das Männliche heißt ‚Versammlung‘, das Weibliche aber heißt ‚Leben‘, damit offenbar wird, daß aus der Frau das Leben *(p.112)* in allen Äonen entstand.

Eug NHC V	Eug NHC III

Weitere Emanationen

(p.15)

(Text lückenhaft)

...] Die Götter aber [offenbarten] in ihren Klugheiten [Herren von] Herren. Die [Herren aber der] Herren offenbarten [in ihren] Überlegungen Herren. [Die Herren] aber offenbarten in [ihren Kräften] Erzengel. Die [Erzengel] aber offenbarten in ihren Worten Engel. Und aus diesen erschienen Aussehen und Formen und Gestalten und alle Äonen und ihre Welten.

Alle Unsterblichen haben [Vollmacht aus der Kraft] des [unsterblichen Menschen ...

(Text lückenhaft)

Alle Namen wurden von Anfang an empfangen. Aus seinem Übereinstimmen mit seiner Einsicht erschienen die Kräfte, die Götter genannt werden. Die Götter aber offenbarten aus ihren Klugheiten göttliche Götter. Die Götter aber offenbarten aus ihren Klugheiten Herren. Die Herren der Herren aber offenbarten aus ihren Worten Herren. Die Herren aber offenbarten aus ihren Kräften Erzengel. Die Erzengel offenbarten Engel. Aus diesen erschien das Aussehen **(p.88)** und Form [und Gestalt], um [alle] Äonen zu benennen [und] ihre Welten.

Alle Unsterblichen, die ich gerade genannt habe, haben alle die Vollmacht aus der Kraft des unsterblichen Menschen und der Weisheit, seiner Gefährtin, die ‚Schweigen‘ heißt. ‚Schweigen‘ wurde sie genannt, weil sie in einem Nachdenken ohne Worte ihre Größe als Unvergänglichkeit vollendete.
Weil sie Vollmacht haben, bereiteten sie sich jeder große Reiche in allen unsterblichen Himmeln und ihren Firmamenten: Throne und Tempel für ihre Größe.

Einige sind in Wohnorten und Wagen von unbeschreiblichem Glanz, die nichts Natürliches aufnehmen und erfassen kann.

(p.16)

SJC NHC III	SJC BG

Weitere Emanationen

Alle Namen aber wurden von Anfang an empfangen. Denn aus seiner Zustimmung zu seiner Einsicht erschienen die ersten Kräfte, die Götter genannt wurden. [Die] Götter aber der Götter offenbarten aus ihrer Klugheit Götter. <Die Götter> offenbarten <aus> ihrer Klugheit Herren. Die Herren aber der Herren offenbarten in ihren Überlegungen Herren. Die Herren aber offenbarten in ihrer Kraft Erzengel. Die Erzengel offenbarten aus ihren Worten *(p.112)* Engel. Aus diesen erschienen Aussehen und Form und Gestalt und Name für alle Äonen und ihre Welten.

Alle Namen aber [wurden] von diesem Anfang empfangen. Denn aus seinem Wohlwollen und seiner Einsicht erschienen zuerst diese Kräfte, die Götter genannt werden. Die Götter aber der Götter offenbarten aus <ihrer> Klugheit <die> Götter. Die göttlichen Götter aber offenbarten aus ihrer Klugheit <Herren> der <Herren>. Die <Herren> aber der <Herren[189]> offenbarten <aus> Überlegungen <Herren>. Die <Herren> aber *(p.113)* offenbarten aus ihrer Kraft Erzengel. Die Erzengel aber offenbarten aus ihren Worten Engel. Und aus diesen erschienen <Aussehen> und Form und Gestalt und Name für alle Äonen und ihre Welten.

Die Unsterblichen aber, die ich gerade genannt habe, haben alle Vollmacht vom unsterblichen Menschen, der ‚Schweigen' heißt, weil ihre (sing.) ganze Größe sich in einem Nachdenken ohne Worte als Unvergänglichkeit vollendete.

Die Unsterblichen aber, die ich gerade genannt habe, haben Vollmacht aus der Kraft des unsterblichen Menschen, der ‚Schweigen' heißt. Durch ein Nachdenken ohne Worte *(p.114)* vollendete er seine ganze Größe.

Weil sie nun Vollmacht haben, schufen sie sich jeder ein großes Reich in der Achtheit, und Throne und Tempel und Firmamente für ihre Größe.

Weil die Unvergänglichen Vollmacht haben, schufen sie sich jeweils ein großes Reich [in] seiner Achtheit und seinem Firmament, Throne und Tempel für ihre Größe.

Denn diese alle entstanden nach dem Willen der Mutter des Alls."

Denn diese alle entstanden nach dem Willen der Mutter des Alls."

---

[189] Im Text steht jeweils Christus.

Eug NHC V	Eug NHC III

Das ganze Lichtreich

...] Sie schufen [sich] aber [Heere] von Erzengeln [und] Engeln, von [abertausenden], unzähligen, [dienstbaren und] verherrlichenden (Engeln) und [Jungfrauen und] Geistwesen, die unbeschreibbares [Licht] sind.

Denn [es gibt kein Leid] bei ihnen noch Kraftlosigkeit, sondern es ist allein Wille und er entsteht sofort.

Und so vollendete sich der Äon und der Himmel und das Firmament des unsterblichen Menschen [und] seiner Weisheit [...

(Text lückenhaft)

(p.17)

...] es genügt für euch bis hierher.

Sie bereiteten sich abertausende, unzählige dienstbare *(p.89)* und verherrlichende Engelheere, sogar unbeschreibbare jungfräuliche Lichtgeister.

Es gibt kein Leid bei ihnen und keine Kraftlosigkeit, sondern nur Willen. Er entsteht sofort.

So vollendeten sich die Äonen und ihre Himmel und die Firmamente im Glanz des unsterblichen Menschen und der Weisheit, seiner Gefährtin.

(Das ist) der Ort, <nach dessen Muster> alle Äonen und ihre Welten und die, die nach diesen entstanden, <gestaltet wurden>, um nach dem Vorbild jenes Ortes ihre Abbilder in den Himmeln des Chaos und ihrer Welten zu bereiten.

Die ganze Welt aber aus dem Unsterblichen, vom Ungewordenen bis zur Offenbarung des Chaos ist in leuchtendem, schattenlosen Licht und unbeschreiblicher Freude und unsagbarem Jubel. Sie ergötzen sich andauernd über ihren unwandelbaren Glanz und die unermeßliche Ruhe, die nicht beschrieben *(p.90)* und nicht begriffen werden kann in allen Äonen, die entstanden, und ihren Kräften.

Und es genügt bis hierher.

SJC NHC III	SJC BG

Das ganze Lichtreich

Da sagten die heiligen Apostel und Apostelinnen zu ihm: „Herr, Erlöser, nenne uns die, die in den Äonen sind, denn für uns ist es nötig, nach ihnen zu fragen."

Der vollkommene *(p.113)* Erlöser sagte: „Wenn ihr nach irgendeiner Sache fragt, werde ich sie euch sagen.
Sie schufen sich abertausende, unzählige dienstbare und sie verherrlichende Engelheere. Sie schufen unbeschreibbare, unwandelbare, jungfräuliche Lichtgeister.

Denn es gibt kein Leid bei ihnen und keine Kraftlosigkeit, sondern es ist Wille.

So vollendeten sich schnell die Äonen und die Himmel und die Firmamente im Glanz des unsterblichen Menschen und der Weisheit, seiner Gefährtin.
(Das ist) der Ort, nach dessen Muster alle Äonen und Welten und die, die nach diesen entstanden, bei ihrer Schöpfung zu Abbildern in den Himmeln des Chaos und ihren Welten gestaltet sind.

Aber die ganze Welt von der Offenbarung des Chaos an ist in leuchtendem, schattenlosen Licht und unbeschreiblicher Freude und unsagbarem Jubel. Sie freuen sich andauernd über ihren *(p.114)* unwandelbaren Glanz und die unermeßliche Ruhe, die nicht beschrieben werden kann in allen Äonen, die nach diesen entstanden, und allen ihren Kräften.

Da sagten die heiligen Apostel und Apostelinnen zu ihm: „Christus, Erlöser, offenbare uns die, die in den Äonen sind, denn für uns ist es nötig, nach ihnen zu fragen."

Der vollkommene *(p.115)* Erlöser sagte: „Wenn ihr nach irgendeiner Sache fragt, werde ich sie euch sagen.
Sie schufen sich abertausende, unzählige dienstbare und verherrlichende Engelheere. Sie schufen auch unbeschreibbare und schattenlose jungfräuliche Lichtgeister.

Denn es gibt kein Leid bei ihnen und keine Kraftlosigkeit, sondern es ist nur Wille und sie entstanden sofort.

So vollendeten sich die Äonen und die Himmel und das Firmament im Glanz des unsterblichen Menschen *(p.116)* und der Weisheit, seiner Gefährtin.
(Das ist) der Ort, [nach dessen] Vorbild alle Äonen und Welten, die nach diesen entstanden, gestaltet sind. Sie sind gestaltet nach dem Vorbild jenes Ortes um ihre Abbilder zu schaffen: die Himmel und das Chaos und ihre Welten.

Aber jede Welt[92] seit der Offenbarung des Chaos ist in leuchtendem, schattenlosen Licht, sie sind in unbeschreiblicher Freude und unsagbarem Jubel. Sie ergötzen sich andauernd *(p.117)* an ihrem unwandelbaren Glanz und ihrer unermeßlichen Ruhe. Sie können nicht beschrieben werden in allen Äonen, die nach diesen entstanden, und allen ihren Kräften.

Eug NHC V	Eug NHC III
[Aber dieses alles], was [euch] gerade [gesagt] wurde, habe ich [so] gesagt, daß [ihr alle] es aufnehmen könnt, bis das Wort, das nicht belehrt wird, aus euch hervortritt. Und es wird euch dies erklären in einem einzigen reinen Wissen. Denn wer hat, [dem] wird mehr hinzugefügt werden.	Aber dieses alles, was ich dir gerade gesagt habe, habe ich in der Art gesagt, die du ertragen können wirst, bis der Unbelehrte erscheinen wird in dir. Und dieses alles wird er dir sagen in Freude und reinem Wissen.
[Eugnostos]	Eugnostos der Selige

SJC NHC III	SJC BG
Dieses alles aber, was ich euch gerade gesagt habe, habe ich gesagt, damit ihr mehr als diese im Licht leuchtet."	Dieses, was ich gerade gesagt habe, habe ich euch gesagt, damit ihr noch mehr als diese im Licht leuchtet."

Das Licht in der Welt des Chaos – die Entstehung der Menschen

Maria sagte zu ihm: „Heiliger Herr, woher kamen deine Jüngerinnen und Jünger und wohin gehen sie und was werden sie an diesem Ort tun?"	Maria sagte zu ihm: „Heiliger Christus, woher kamen deine Jüngerinnen und Jünger und wohin werde sie gehen und was tun sie an diesem Ort?"
Der vollkommene Erlöser sagte zu ihnen: „Ich will, daß ihr erfahrt, daß die Weisheit, die Mutter des Alls und die Gefährtin, aus sich selbst wollte, daß diese entstehen ohne ihren männlichen (Gefährten). Aber (dies geschah) durch den Willen des Vaters des Alls,	Der vollkommene *(p.118)* Erlöser sagte zu ihnen: „Ich will, daß ihr erfahrt, daß die Weisheit, die Mutter des Alls
damit seine unerdenkliche Güte erscheinen möge.	seine Güte offenbaren wird. Sie wird erscheinen mit seinem Erbarmen und seiner Unaufspürbarkeit.
Er schuf diesen Vorhang zwischen den Unsterblichen und denen, die nach diesen entstanden sind, damit das Nachfolgende nachfolgt [...	Er schuf diesen Vorhang zwischen den Unsterblichen und denen, die nach diesen entstanden sind, damit das, was werden soll, allen Äonen und dem Chaos folgt, damit der Makel der Frau <erscheint> und entsteht, daß der Irrtum mit ihr kämpft.
(p.115/116 fehlen)	Diese aber wurden *(p.119)* der Vorhang eines Geistes. Von den Äonen oberhalb der Ausströmungen von Licht kam, wie ich gerade gesagt habe, ein Tropfen aus dem Licht und dem Geist herab zu den

SJC NHC III	SJC BG
	unteren Regionen des Weltherrschers über das Chaos, damit er ihre Formen aus jenem Tropfen offenbare als ein Gericht für den Urerzeuger, der Jaldabaoth heißt.
	Jener Tropfen offenbarte ihre (plur.) Formen durch den Hauch als eine *(p.120)* lebendige Seele. Er wurde kalt und schlief, weil die Seele vergaß.
	Als er heiß wurde durch den Hauch vom großen Licht des Männlichen, da dachte er Gedanken, und die, die in der Welt des Chaos sind und alles, was in ihr ist, wurden alle benannt durch jenen Unsterblichen, als der Hauch in ihn blies.
	Als aber das geschah nach dem Willen der <Mutter> Weisheit, damit *(p.121)* der unsterbliche Mensch die Kleider an diesem Ort zu einem Gericht für die Räuber zusammenfüge, da begrüßte <er> das Wehen von jenem Hauch.
	Weil er aber ein Seelischer ist, konnte er jene Kraft nicht in sich aufnehmen, bis die Zahl des Chaos erfüllt ist, wenn nämlich die Zeit erfüllt ist, die durch den großen Engel gezählt ist.

Die Wirkung der Belehrung

SJC NHC III	SJC BG
	Ich aber, ich habe euch über den unsterblichen Menschen belehrt, und ich habe die Fesseln der Räuber von ihm gelöst. Ich habe die Tore der *(p.122)* Unbarmherzigen vor ihnen zerbrochen.
	Ich habe ihre Vorsehung gedemütigt, und sie haben sich alle geschämt und sind von ihrem Vergessen aufgestanden.
...] *(p.117)* und Hauch und damit sie aus Zweien zu Einem werden, wieder wie (es) von Anfang an (war). (Ich kam), damit ihr	Deswegen kam ich also hierher, damit sie sich mit diesem Geist und Hauch verbinden und damit sie aus Zweien zu einem Einzigen werden, wie (es) von Anfang an (war). (Ich kam), damit ihr viel Frucht

SJC NHC III	SJC BG
viel Frucht bringt und zu dem, der von Anfang an ist, hinaufgeht in unbeschreiblicher Freude und Glanz und [Ehre und] Gnade vom [Vater des Alls].	bringt und zu dem, der von Anfang an ist, hinaufgeht mit unbeschreiblicher Freude und Glanz und Ehre und Gnade *(p.123)* vom Vater des Alls.
Wer [also den Vater in reinem] Wissen kennt, [der wird] zum Vater [weggehen und ruhen im] ungewordenen [Vater].	Wer also den Vater in heiligem Wissen kennt, wird zum Vater gehen und wird ruhen im ungewordenen Vater.
[Wer ihn] aber [mangelhaft kennt], wird weggehen [zum Mangel und] der Ruhe [der Achtheit].	Wer ihn aber mangelhaft kennt, wird im Mangel entstehen und in der Achtheit ruhen.
Wer [aber den] unsterblichen [Geist] des Lichts in Schweigen durch das Nachdenken und das Wohlwollen (Eudokia) wahrhaftig kennt, möge mir Zeichen des Unsichtbaren bringen, und er wird zu Licht im Geist des Schweigens werden.	Wer aber den unsterblichen Geist, der das Licht ist, in Schweigen durch das Nachdenken und das Wohlwollen (Eudokia) wahrhaftig kennt, möge mir Zeichen des Unsichtbaren bringen, und er wird zu Licht im Geist des *(p.124)* Schweigens werden.
Wer den Menschensohn in Wissen und Liebe kennt, möge mir ein Zeichen *(p.118)* vom Menschensohn bringen, und er wird weggehen zu den Orten mit denen, die in der Achtheit sind.	Wer den Menschensohn in Wissen und Liebe kennt, möge mir ein Zeichen vom Menschensohn bringen, und er wird an jenem Orten mit denen, die in der Achtheit sind, sein.
Siehe, ich habe euch den Namen des Vollkommenen, den ganzen Willen der Mutter der heiligen Engel offenbart, damit sich die männliche [Menge] an diesem Ort vollende, damit [die Unendlichen in den Äonen erscheinen und] die, die [im Reichtum] der Unaufspürbaren [vom großen] unsichtbaren [Geist entstanden] sind, [damit sie] alle [aus seiner Güte] und dem Reichtum [ihre Ruhe empfangen, über] die es keine [Herrschaft] gibt.	Siehe, ich habe euch über den Namen des Vollkommenen, den ganzen Willen der heiligen Engel und die Mutter belehrt, damit sich die männliche Menge an diesem Ort vollende, damit sie in allen Äonen von *(p.125)* den Unendlichkeiten bis zu denen, die im unaufspürbaren Reichtum vom großen unsichtbaren Geist entstanden sind, erscheinen, damit sie alle aus seiner Güte und dem Reichtum, über den es keine Herrschaft gibt, ihren Ruheort empfangen.
Ich kam [vom Ersten], der gesandt wurde, damit ich euch den offenbare, der von Anfang an ist, wegen des Hochmuts des Urerzeugers und seiner Engel, denn sie sagen über sich, daß sie Götter sind. Ich aber kam, um sie von ihrer Blindheit zu entfernen, damit ich einem jeden von Gott sage, der über dem All ist.	Ich aber kam vom Ersten, der gesandt wurde, damit ich euch offenbare, was von Anfang an ist, wegen des Hochmuts des Urerzeugers und seiner Engel, denn sie sagen über sich, daß sie Götter sind. Ich aber *(p.126)* kam, um sie von ihrer Blindheit zu entfernen, damit ich einen jeden über Gott belehre, der über dem All ist.

SJC NHC III	SJC BG
(p.119) Ihr also, tretet auf ihre Gräber, demütigt ihre Vorsehung und zerbrecht ihr Joch und richtet das Meine auf! Ich habe euch Vollmacht über alles gegeben als Kinder des Lichts, damit ihr mit [euren] Füßen auf ihre Kraft tretet."	Ihr also, tretet auf ihre Gräber und demütigt ihre Vorsehung und zerbrecht ihr Joch und richtet auf, was mein ist! Denn ich habe euch Vollmacht über alles gegeben als Kinder des Lichts, mit euren Füßen auf ihre Kraft zu treten."

Abschluß

Dies ist es, was der [selige] Erlöser [sagte. Er] entschwand von ihnen.	Dies sagte der selige Erlöser und er *(p.127)* entschwand von ihnen.
Da gerieten [alle Jüngerinnen und Jünger] in [großen, unbeschreiblichen Jubel] im [Geist]. Von jenem Tag an begannen [seine Jüngerinnen und Jünger], [das] Evangelium von Gott, dem unsichtbaren, ewigen [Geist], zu predigen. Amen.	Sie gerieten in große, unbeschreibliche Freuden im Geist. Von jenem Tag an begannen seine Jüngerinnen und Jünger das Evangelium von Gott, dem ewigen Vater der in Ewigkeit Unvergänglichen (plur.), zu predigen.
Die Weisheit Jesu	Die Weisheit Jesu Christi

Der Dialog des Erlösers (NHC III,5)

Silke Petersen / Hans-Gebhard Bethge

Literatur

Emmel, Stephen (ed.), 1984: Nag Hammadi Codex III,5. The Dialogue of the Saviour. (NHS 26.) Leiden.

Koester, Helmut, 1992: Ancient Christian Gospels. Their History and Development. 3. Aufl. London.

Krause, Martin, 1977: Der Dialog des Soter in Codex III von Nag Hammadi. In: Ders. (ed.): Gnosis and Gnosticism. Papers Read at the Seventh International Conference on Patristic Studies (Oxford, September 8th-13th 1975). (NHS 8.) Leiden, 13-34.

Létourneau, Pierre, 2003: Le dialogue du sauveur (NH III,5). (BCNH.T 29.) Québec / Louvain.

Petersen, Silke, 1999: „Zerstört die Werke der Weiblichkeit!" Maria Magdalena, Salome und andere Jüngerinnen Jesu in christlich-gnostischen Schriften. (NHMS 48.) Leiden [u.a.].

Einleitung

Die einzige uns überlieferte Fassung des Dial aus NHC III,5 ist nur lückenhaft erhalten. Die Ursprache dürfte Griechisch gewesen sein. Äußere Anhaltspunkte für die Datierung, Lokalisierung und Verfasserschaft fehlen.

Der Dial ist der einzige uns bekannte christlich-gnostische Text, der sich selbst als Dialog bezeichnet, sich dabei aber in wichtigen Punkten von anderen gnostischen Dialogen unterscheidet, in denen eine Erscheinung des Auferstandenen die Gespräche rahmt. Der Text des Dial dagegen beginnt und endet unvermittelt. In vielen Passagen werden kurze, apophthegmatische Frage-Antwort-Einheiten aneinandergereiht. Die Fragenden sind die aus dem Neuen Testament bekannten Jünger/innen Matthäus, Judas (Thomas) und Maria (Magdalena). Sie stellen kurze Fragen, die der Erlöser, fast immer mit „Herr" angeredet, ebenfalls kurz beantwortet. Neben den Dialogpassagen enthält der Text auch Ausführungen über die Schöpfung, eine Aneinanderreihung von Weisheitslogien und eine apokalyptische Vision. Trotz der formalen Unterschiedlichkeit dieser Passagen wird durch ein gemeinsames Thema eine relative Einheit der Schrift hergestellt: Dieses Thema ist die Erlösung aus dem „Ort des Mangels"; gesucht wird der Weg zum Finden der Ruhe.

Der Dial ist eindeutig eine christlich-gnostische Schrift. Die Christlichkeit erweist sich durch die auftretenden Jünger/innen und die Bezugnahmen auf andere christliche Texte. Der gnostische Charakter zeigt sich an der ausgeprägten Weltfeindschaft, der Darstellung der Archonten als feindlicher Mächte, der Sehnsucht nach Ruhe und Erlösung sowie der entscheidenden Rolle der Erkenntnis.

Mehrfach begegnen im Dial Bezugnahmen auf synoptische Evangelien. Dabei ist eine Herkunft der Zitate aus dem Mt am wahrscheinlichsten. Zusammen mit den Parallelen zu dem bei Clemens von Alexandrien überlieferten Fragmenten des Ägypterevangeliums verweist dies auf eine Entstehungszeit im 2. Jh. Mehrfach zeigen sich thematische Berührungen mit dem EvThom und dem Joh. Zwar wird keine der beiden Schriften zitiert, aber es begegnen verwandte Motive und eine ähnliche Ausdrucksweise. Diese Berührungen sowie die Erwähnung von Judas (Thomas) als Jünger lassen an Syrien als Entstehungsort des Dial denken.

Übersetzung

Titel (p.120,1)

Der Dialog des Erlösers

Einleitung: Rede des Erlösers (p.120,2-124,22)

(1) Der Erlöser sagte zu seinen Jünger/innen: „Schon ist der Zeitpunkt gekommen, Geschwister, auf daß wir unser Leiden hinter uns lassen (und) fest stehen in der Ruhe. Denn wer fest stehen wird in der Ruhe, wird ruhen in Ewigkeit. Ich aber, ich sage euch: Seid erhaben über jegliche Zeit [...] Zeit ... [... Ich sage] euch [: ...] Nicht sollt ihr euch] fürchten vor [ihnen ...] euch. Ich [sage euch aber]: Der Zorn ist fürchterlich [und der, der] den Zorn erregen [wird], [ist] ein [furchtbarer Mensch]. Sondern wie ihr (bisher) [ertragen] habt, (so) [mögen] aus [euch] entstehen [...]." – Sie empfingen diese Worte in bezug auf ihn (sc. den Zorn) mit Furcht und Zittern. – „Und er (sc. der Zorn) brachte sie (plur.) (zusammen) mit den Archonten ins Dasein. Denn aus ihm (sc. dem Zorn) entkam (bisher) niemand. Aber als ich kam, eröffnete ich den Weg. Ich belehrte sie über den Übergang, den die Erwählten und die Einzelnen passieren werden. *(p.121)* Sie haben den Vater erkannt, weil sie der Wahrheit geglaubt haben.
(2) Und allen Lobpreis, <den> ihr darbietet – wenn ihr nun Lobpreis darbietet, (dann) tut es so: (Er)höre uns, Vater, wie du deinen einziggeborenen Sohn erhört hast und ihn zu dir aufgenommen hast. [Du hast] ihm Ruhe verliehen aus vielen [Leiden. Du] bist [der], dessen Kraft [unbesiegbar ist, weil deine] Waffen [unbesiegbar sind] Licht [...] ... lebendig [...] unberührbar [... lebendig]. Das [wahre] Wort [brachte] den Sinneswandel zum Leben, [das] aus dir [gekommen ist]. Du bist [der] Gedanke und die völlige Gelassenheit der Einzelnen.
Wiederum (sollt ihr beten): Erhöre uns, wie du erhört hast deine Erwählten. Durch dein Opfer werden diese (deine Erwählten) eingehen (in den Ort der Ruhe); durch ihre guten Werke haben diese (deine Erwählten) ihre Seelen schon befreit aus den blinden Gliedern, damit sie Bestand haben *(p.122)* bis in (alle) Ewigkeit. Amen.
(3) Ich werde euch belehren. Wenn der Zeitpunkt der Auflösung herankommt, wird die erste Kraft der Finsternis auf euch treffen. Fürchtet euch nicht (und) sagt: Siehe, der

Zeitpunkt ist gekommen. Aber wenn ihr ein und denselben Stab seht, der ... [...] ist. Dieser, der ... [...] ... [...] ... [...] ... [...] erfahren, daß [...] aus der Sache [...] und die Archonten [...] treffen auf euch [...] Wahrlich, die Furcht ist die Kraft [der Finsternis]. Wenn ihr nun Furcht vor dem habt, was auf euch treffen wird, wird es euch verschlingen. Denn es gibt nicht einen unter ihnen, der euch schonen wird oder sich euer erbarmen wird. Vielmehr so: Schaut auf den, [der] in ihm [ist], weil ihr jegliches Wort auf der Erde besiegt habt. Er *(p.123)* [ist es, der] euch mitnehmen [wird] zu dem [Ort] – dahin, wo es keine Herrschaft [und keine] Tyrannen gibt. Wenn ihr [...] die sehen werdet, die, die [...] ... sie, und ihr [werdet sie] auch [hören. Ich] lasse euch wissen, daß [...] der Gedanke [... Der] Gedanke [existiert ... am Ort] ... der Wahrheit. [...] ... sondern sie [...] Ihr aber [...] der Wahrheit. Dieser [aber existiert – im] lebendigen [Verstand]. [Deshalb ... und] eure Freude [...] ... nun, damit [...] eure Seelen [...] damit nicht [...] das Wort [...] sie brachten [sie] dar [...] [... und] sie konnten [es] nicht [erkennen] ... [Blickt auf] euer [Inneres] und [euer Äußeres]! Macht es [zu ein und demselben]! Was den Ort des *(p.124)* Überquerens betrifft – er ist nämlich furchterregend vor [eurem] Angesicht. Ihr aber, ohne zu zweifeln geht vorüber an ihm! Seine Tiefe nämlich ist groß. [Seine] Höhe [ist] sehr groß. [Seid] ein und desselben Sinnes [...] Und das Feuer, [das ...] Tauwasser [...] alle Kräfte [...] euch. Sie werden [...] Und [alle] Kräfte [...] Sie [...] Vorderseite. Ich lasse [euch] wissen [...] die Seele ... [...] werden ... [...] in einem jeden [...] ihr seid [...] und daß ... [...] der Schlaf nicht [...] die Kinder [...] und ihr [...] ... [...] ihr [...] ... [...]."

Erster Teil des Dialogs (p.124,23-127,19)

(4) Matthäus sagte[: „In] welcher Weise [...] *(p.125)* [...]?"

(5) Der Erlöser sagte [: „Wenn du das nicht in Ordnung bringst], was in dir ist, wird [zwar dein Werk] übrigbleiben. Du [selbst aber wirst zugrunde gehen]."

(6) Judas [sagte]: „Herr, [ich will begreifen alle] Werke [dieser] Seelen, diese, [die existieren in] diesen Kleinen. Wenn [...] wo werden sie sein? [...] [...] ... denn der Geist [...]."

(7) Der Herr [sagte (zu) ihm: „...] ... [...] empfangen sie. Die einen sterben nicht [und die anderen] werden nicht zerstört, weil sie [ihre] (Paar)genossen erkannt haben und den, der sie bei sich [empfangen] wird. Die Wahrheit nämlich sucht [nach] dem Weisen und dem Gerechten."

(8) Der Erlöser [sagte] : „Die Leuchte [des] Leibes ist der Verstand. Solange [das, was in] dir [ist], in Ordnung ist, das heißt [dein Glaube], sind eure Leiber [Licht]. Solange euer Herz [finster] ist, ist euer Licht, das ihr *(p.126)* erwartet, [fern von euch]. Ich habe [euch zu mir] gerufen, weil ich im Begriff bin zu gehen, [damit ihr] mein Wort unter [euch aufnehmt. Siehe,] ich sende [es] zu [euch]!"

(9) Seine Jünger/innen [sagten: „Herr,] wer ist es, der sucht oder [wer ist es wiederum, der] enthüllt?"

(10) [Der Herr] sagte: „Der, der sucht [– er ist es auch, der] enthüllt. [Der Sehende ist es!]"

(11) Matthäus [sagte zu ihm: „Herr, wenn] ich [dich höre] (und) spreche, wer ist es, der [spricht oder wer] ist es, der hört?"

(12) Der [Herr] sagte: „Der, der spricht – er ist auch der, der [hört]. Und der zu sehen fähig ist – er ist es auch, [der] enthüllt."

(13) Maria sagte: „Herr, siehe, [wenn ich] den Leib trage, woher (kommt es), [daß ich] weine oder woher, daß ich [lache]?"

(14) Der Herr sagte: [„Der Leib] weint wegen seiner Werke [und dem, was] übrig bleibt, und der Verstand lacht [über] *(p.127)* [die Früchte des] Geistes. Wenn jemand [nicht in der] Finsternis [steht], wird er [das Licht][190] sehen können. Ich belehre euch nun, [daß, was kein] Licht [hat], die Finsternis ist. [Und wenn jemand nicht] in [der Finsternis] steht, [wird er] das Licht [nicht] sehen [können]. [Die Kinder aber der] Lüge wurden (weg)genommen aus [...] ... [nach] ihr, werdet ihr [euch bekleiden mit Licht,] und [so] existiert [ihr] in Ewigkeit. [...] ... [Wenn ihr] einem [gleicht], [der] niemals [existiert hat], dann werden euch die Kräfte [mißhandeln], [alle], die oben sind und die, die unten sind. An jenem Ort [wird] Weinen und [Knirschen] der Zähne sein über das Ende von dem [allen]."

Erster Abschnitt des Schöpfungsmythos' (p.127,19-128,23)

(15) Judas sagte: „Sage [uns,] Herr, bevor [der Himmel und] die Erde entstanden, was war es, [das existierte]?"

(16) Der Herr sagte: „Finsternis war (da) samt Wasser und *(p.128)* Geist über dem [Wasser. Ich] aber, ich sage [euch: Wahrlich] [was] ihr sucht und wonach [ihr] fragt – siehe [es ist] unter euch [und besitzt] die Kraft und das Geheimnis [des] Geistes, denn aus [ihm] [ist es. Aber] die Bosheit kam [hinein, um zu verderben] den [wahren] Verstand [in Ewigkeit.] Siehe, [deshalb hatte die Bosheit] nicht [Bestand]."

(17) [Judas] sagte [zu ihm :] „Herr, sage uns [: Die Seele –] wo hat sie ihren Stand, und der wahre [Verstand] – woher stammt er?"

(18) Der Herr [sagte]: „Das Feuer des Geistes entstand [inmitten] der zwei. Deshalb entstand die [Bewegung]. Es entstand unter ihnen der wahre Verstand. [Wenn] ein Mensch [die] Seele in die Höhe versetzt, dann [wird er] hoch sein."

Zweiter Teil des Dialogs (p.128,23-129,16)

(19) Matthäus aber fragte [ihn:] *(p.129)* „[Ist nicht die Beschneidung], die der [wahre Verstand] empfing, [gültig]?"

(20) Der Herr [sagte]: [Seine Beschneidung ist] nützlicher als euer [Werk. Werft] das von euch, was in der Lage ist, euch zu folgen und alle Dinge [in] eurem Herzen. (In dem Maße,) wie nämlich eure Herzen [beschnitten sind], [werdet ihr] die Möglichkeit [finden], zu überwinden die Kräfte [oben] und unten. [Ich aber,] ich sage euch: [Wer]

---

[190] Die Textlücke erlaubt auch eine andere Ergänzung: „... wird er [das Licht nicht] sehen können", vgl. 34 (p.133,23-134,1).

Macht [hat], soll [auf sie] verzichten [und] umkehren. Und wer [versteht], soll suchen, finden (und) [sich freuen]."

(21) Judas sagte: „Siehe, [ich] sehe, daß alle Dinge [genau so] sind wie die Zeichen auf [der Erde]. Deshalb sind sie in dieser Weise entstanden."

Zweiter Abschnitt des Schöpfungsmythos' (p.129,16-131,18)

(22) Der Herr [sagte]: „Als der [Vater] den Kosmos errichtete, [ließ er] Wasser aus ihm [sammeln]. [Da] kam [der] Logos von ihm. *(p.130)* Er geriet in viele [Mühen, aber] er war (doch) höher als [jeglicher] Weg, [der] die ganze Erde [umgibt]." Und [er fügte hinzu:] „Das gesammelte Wasser [oben] existierte außerhalb von ihnen (sc. den Sternen). [Und außerhalb] des Wassers <gibt es> ein großes Feuer, das sie [umgibt] wie Mauern, und zwar [viele] Male, nachdem vieles sich getrennt hatte von [dem, was] drinnen ist. Als der [Logos] auftrat, blickte er [herab]. Er (sc. der Vater) sagte zu ihm: Geh (und) [sende etwas aus] von dir, damit nicht [sc. die Erde] in Not sei von Geschlecht zu Geschlecht [und] von Ewigkeit zu Ewigkeit. [Dann] sandte er aus von sich [Quellen] von Milch und [Quellen von] Honig und Öl und [Wein] und [gute] Frucht und süßen Geschmack und gute Wurzeln, [damit] sie (die Erde) keinen Mangel habe von Geschlecht [zu] Geschlecht und von Ewigkeit [zu] Ewigkeit."

(23) „Er aber ist oberhalb ... [...] *(p.131)* [...] da trat auf [und zeigte] seine Schönheit. [...] ... Und außen [gab es ein großes] Licht, das [kräftiger] war [als] das, was ihm gleicht, denn er [ist es, der alle] Äonen beherrscht, [oben] und unten. Aus dem Feuer [wurde][das Licht] genommen. Es wurde ausgebreitet am [Firmament] oben und unten. Alle Dinge, [die] von ihnen abhängen – sie sind es [die existieren] über dem Himmel oben [und über] der Erde unten. [Von] ihnen hängen alle [Dinge] ab."

(24) Als [Judas aber] dieses hörte, beugte er sich nieder, [warf sich zu Füßen] (und) gab dem Herrn die Ehre.

Dritter Teil des Dialogs (p.131,19-133,21)

(25) Maria fragte ihre Brüder[:] „Diese Dinge, wonach ihr den Sohn [des Menschen] fragt, wo werdet ihr sie lassen?"

(26) [Der] Herr [sagte] zu ihr: „Schwester, [niemand] wird danach fragen können [ausgenommen] der, der (einen) Platz hat, *(p.132)* sie in sein Herz zu legen, [und vermag] [aus der Welt] herauszukommen (und) hineinzugehen zum Ort [des Lebens], so daß [er] nicht niedergehalten wird [in] dieser armseligen Welt."

(27) Matthäus sagte: „Herr, ich will jenen Ort des Lebens [sehen], [wo] es keine Bosheit gibt, sondern reines [Licht] ist."

(28) Der Herr sagte: „Bruder Matthäus, du wirst ihn nicht sehen können, solange [du] Fleisch trägst."

(29) Matthäus sagte: „Herr, [wenn ich] ihn [auch nicht] sehen [kann], laß mich [ihn (wenigstens) erkennen!]"

(30) Der Herr sagte: „Ein jeder, der sich selbst erkannt hat, hat [ihn] gesehen [in] jeglicher Sache, die (nur) ihm selbst zu tun gegeben ist. Und (so) ist er ihm (sc. dem Ort) gleich geworden in dessen Güte."

(31) Judas antwortete (und) sagte: „Sage mir, Herr, [dieses Erdbeben], das die Erde bewegt, wie bewegt [es] sich?"

(32) Der Herr nahm einen Stein. [Er] umschloß ihn mit seiner Hand. [Er] *(p.133)* [sagte zu ihm: „Was] ist es, das ich mit meiner Hand halte?"

(33) Er sagte: „Ein Stein [ist es.]"

(34) Er sagte zu ihnen: „Der die [Erde] trägt – er ist (auch) der, der den Himmel trägt. Wenn ein Wort von der Größe herkommt, wird es über den kommen, der Himmel und Erde trägt. Die Erde nämlich wankt nicht. Wenn sie wanken würde, dann würde sie fallen. Aber (das tut sie nicht,) damit das Ur-Wort nicht eitel sei. Denn es (sc. das Wort) ist es, das den Kosmos errichtet hat. Und (so) entstand er (sc. der Kosmos) durch es (sc. das Ur-Wort). Und er (sc. der Kosmos) empfing Geruch durch es (sc. das Ur-Wort). Jegliche [Sache] nämlich, die nicht wankt – ich [verkünde] sie euch, allen Kindern der Menschen. [Denn] ihr stammt von [jenem] Ort. Die, die aus Freude und Wahrheit sprechen – in ihren Herzen existiert ihr. Aber wenn es (sc. das Wort) aus [dem] Leib des Vaters kommt, durch Menschen, [und] wird bei ihnen nicht empfangen, wendet es sich zurück zu seinem Ort."

Weisheitssprüche (p.133,21-134,24)

„Wer [die Sache] der Vollkommenheit [nicht] erkennt, [kennt] nichts. Wenn jemand nicht in der Finsternis steht, wird er das Licht nicht sehen können. *(p.134)*

(35) Wenn jemand nicht [versteht, wie] das Feuer entstand, wird er in ihm verbrennen, weil er seine Wurzel nicht kennt. Wenn jemand nicht zuerst das Wasser versteht, kennt er nichts. Denn welcher Nutzen ist es (dann), wenn er in ihm die Taufe empfängt? Wenn jemand nicht versteht, wie der wehende Wind entstand, wird er wegwehen mit ihm. Wenn jemand nicht versteht, wie der Körper, den er trägt, entstand, wird er [zugrunde gehen] mit ihm. Und der, der [den Sohn] nicht kennt, wie wird er den [Vater] erkennen? Und der, der nicht die Wurzel aller Dinge erkennen wird – für ihn bleiben sie verborgen. Der, der nicht die Wurzel der Schlechtigkeit erkennen wird, ist kein Fremder für sie. Der, der nicht verstehen wird, wie er gekommen ist, wird nicht verstehen, wie er gehen wird, und ein Fremder ist er nicht für diese Welt, die [sich erhöhen wird], (und) die erniedrigt werden wird."

Szenenwechsel: Apokalyptische Vision (p.134,24-137,3)

(36) Dann [nahm] er Judas und Matthäus und Maria, *(p.135)* [um das Ende] der Vollendung des Himmels [und] der Erde [zu zeigen]. [Und] nachdem er seine [Hand] auf sie gelegt hatte, hofften sie, daß sie es [sehen] würden. Judas hob seine Augen auf, (und) er sah einen Ort, der sehr erhaben war. Und er sah den Ort der Tiefe, der unten war. Judas

sagte zu Matthäus: „Bruder, wer ist es, der zu dieser Höhe hinaufgehen können wird oder (hinab) zum Boden der Tiefe? Denn es gibt dort ein großes Feuer und einen großen Schrecken." In jener Stunde kam ein Logos aus ihm hervor. Während er (sc. Judas) so dastand, sah er ihn (sc. den Logos), wie er [herab]kam. Da sagte er zu ihm: „Warum bist du herabgekommen?"

(37) Und der Sohn des Menschen begrüßte sie und sagte zu ihnen: „Ein Saatkorn aus einer Kraft war mangelhaft und kam herab zur Tiefe der Erde. Und die Größe erinnerte sich [seiner], und er sandte den Logos zu ihm. Er brachte es hinauf vor [sein Ange-sicht], damit das erste Wort nicht nutzlos sei." *(p.136)* [Da gerieten seine] Jünger/innen in Erstaunen über alle [Dinge, die] er ihnen sagte. Sie nahmen sie an in Glauben. Und sie begriffen, daß es also nutzlos ist, auf die Bosheit zu schauen.

(38) Da sagte er zu seinen Jünger/innen: „Habe ich euch nicht gesagt: ‚Wie eine Stimme und ein Blitz, die gesehen werden, so werden die Guten hinaufgenommen zum Licht'?"

(39) Dann erwiesen seine Jünger/innen alle ihm Ehre (und) sagten: „Herr, bevor du dich offenbart hast an diesem Ort, wer war es, der dir Ehre erwies? Denn alle Ehre existiert [durch] dich. Oder wer ist es, der [dich] preisen wird? Denn aller Preis kommt von dir."

(40) Während sie (so da)standen, sah er zwei Geister, die nahmen eine einzige Seele mit sich in einem gewaltigen Blitz. Und ein Wort kam vom Sohn des Menschen, das sagte: „Gebt ihnen ihr Kleid!" [Und] der Kleine wurde wie der Große. Sie [glichen] de-nen, die angenommen waren. *(p.137)* [Es gab keinen Unterschied] untereinander. Dann [überzeugten die Worte die] Jünger/innen, diese, die er [gesprochen hatte].

Vierter Teil des Dialogs (p.137,3-146,20)

(41) Maria [sagte zu ihm: „Siehe, ich] sehe [das] Böse, [das] sie von Anfang an [be-rührt,] wenn sie beieinander sind."

(42) Der Herr sagte [zu ihr]: „Als du sie gesehen hast, [wurde dein Verstand] groß. Sie werden [dort] nicht bleiben. Wenn du aber den siehst, der in Ewigkeit existiert – jenes ist die große Erscheinung."

(43) Dann sagten alle zu ihm: „Belehre uns darüber!"

(44) Er sagte zu ihnen: „Worin wollt ihr sie sehen? [In einer] Erscheinung, die nichts taugen wird, oder einer ewigen Erscheinung?" Wiederum sagte er: „[Kämpft] und rettet den, [der mir] folgen kann und sucht nach ihm (und) redet durch ihn, damit jegliche [Sache], nach der ihr sucht, mit euch übereinstimme. Denn ich [sage] euch: Wahrhaftig [ist] in euch der Gott, *(p.138)* der lebendig ist, [wie auch ihr (lebendig) seid] in ihm."

(45) Judas [sagte:] „Wahrhaftig, ich wünsche, [alles zu erfahren]."

(46) Der [Herr sagte] zu ihm [: „Der] lebendige [Gott] wohnt [nicht an diesem] gan-zen [Ort] des Mangels."

(47) Judas [sagte]: „Wer ist es, der [über uns herrschen wird?]"

(48) Der Herr sagte [: „Siehe, es sind] alle Werke, die [zusammen mit] dem Rest existieren. Sie sind es, über die ihr [herrscht]."

(49) Judas sagte: „Siehe, die Archonten sind über uns. Sind sie es nun, die Herr sein werden über uns?"

(50) Der Herr sagte: „Ihr seid es, die Herr sein werden über sie! Aber (erst) wenn ihr den Neid von euch wegnehmt, dann werdet ihr euch kleiden mit Licht (und) eingehen in den Hochzeitssaal."

(51) Judas sagte: „Wie werden uns unsere (hochzeitlichen) Kleider gebracht?"

(52) Der Herr sagte: „Einige sind es, die (sie) euch bringen werden [und] andere, die [sie] (euch) nehmen werden. *(p.139)* Sie nämlich sind es, [die] euch eure Kleider [geben werden]. Denn wer [ist es, der] jenen Ort erreichen [wird], der [die] Würde ist? Ja, die Kleider des Lebens wurden dem Menschen gegeben, denn er kennt den Weg, auf dem er gehen wird. Denn ja auch für mich selbst ist es schwer, ihn zu erreichen."

(53) Maria sagte: „So (verhält es sich) im Hinblick auf ,das tägliche Übel', und ,der Arbeiter ist seiner Nahrung würdig', und der Jünger gleicht seinem Lehrer <nicht>."[191] Dieses Wort sagte sie als eine Frau, die vollständig verstanden hatte.

(54) Die Jünger/innen sagten zu ihm: „Was ist die Fülle und was ist der Mangel?"

(55) Er sagte zu ihnen: „Ihr stammt aus der Fülle und ihr seid (doch) an dem Ort, wo der Mangel ist. Und siehe, ihr (sc. der Fülle) Licht ist ausgegossen über mich."

(56) Matthäus sagte: „Sage mir, Herr, wie sterben die Toten [und] wie kommen die Lebendigen zum Leben?" *(p.140)*

(57) Der Herr sagte [: „Du hast] mich gefragt nach einem [wahren] Wort, (nämlich) [diesem], (von dem es heißt:) ,was ein Auge nicht gesehen hat'. Und ich habe es auch nicht gehört, außer von dir. Ich aber sage euch: Wenn das entzogen wird, was den Menschen bewegt, wird er ,der Tote' genannt werden. Und wenn das, was lebendig ist, das, was tot ist, verläßt, wird (es) ,das Lebendige' genannt werden."

(58) Judas sagte: „Weshalb denn, um der Wahrheit willen, töten sie und leben sie?"

(59) Der Herr sagte: „Wer aus der Wahrheit stammt, stirbt nicht. Wer aus der Frau stammt, stirbt."

(60) Maria sagte: „Sage mir, Herr, weshalb bin ich zu diesem Ort gekommen – um zu gewinnen oder um zu verlieren?"

(61) Der Herr sagte: „Du zeigst das Übermaß des Erklärers."

(62) Maria sagte zu ihm: „Herr, gibt es einen Ort, der brach liegt oder dem es an Wahrheit mangelt?"

(63) Der Herr sagte: „Der Ort, an dem ich nicht bin!"

(64) Maria sagte: „Herr, du bist einer, der fürchterlich und wunderbar ist *(p.141)* und (wie) ein [verzehrendes Feuer] für die, die [dich] nicht kennen."

(65) Matthäus sagte: „Weshalb begeben wir uns nicht zugleich zur Ruhe?"

(66) Der Herr sagte: „Wenn ihr niederlegt diese Lasten!"

(67) Matthäus sagte: „Auf welche Weise schließt sich das Kleine an das Große an?"

(68) Der Herr sagte: „Wenn ihr die Werke hinter euch laßt, die euch nicht folgen können, dann werdet ihr euch zur Ruhe begeben."

---

[191] Vgl. Mt 10,25 und Joh 13,16. Mit dem bekannten Mt-Wortlaut stimmt Dial hier nicht völlig über-ein, so daß, auch im Hinblick auf den problematischen Konjunktiv in p.139,11 möglicherweise eine Textverderbnis vorliegt. Eine andere Übersetzungsmöglichkeit wäre: „und (damit) der Jünger seinem Lehrer gleiche."

(69) Maria sagte: „Ich will jegliches Werk verstehen, [wie] es ist."

(70) Der [Herr] sagte: „Der, der nach dem Leben suchen wird <...>. [Dies] nämlich ist ihr Reichtum. Denn der [Genuß] dieser Welt ist [trügerisch] und ihr Gold und Silber verführerisch."

(71) Seine Jünger/innen sagten zu ihm: „Was sollen wir tun, auf [daß] unser Werk vollkommen werde?"

(72) Der Herr [sagte] zu ihnen: „[Seid] auf alles vorbereitet! Wohl dem Menschen, der gefunden hat *(p.142)* den [Krieg und] den Kampf(platz) [sah] mit seinen Augen. [Weder] tötete er noch wurde [er] getötet, aber doch ging er hervor als Sieger."

(73) Judas sagte: „Sage mir, Herr, was ist der Anfang des Weges?"

(74) Er sagte: „Liebe und Güte. Wenn nämlich eines von diesen bei den Archonten gewesen wäre, wäre niemals Bosheit gekommen."

(75) Matthäus sagte: „Herr, du hast gesprochen über das Ende des Alls ohne Unterlaß."

(76) Der Herr sagte: „Alle Dinge, die ich euch gesagt habe, habt ihr begriffen, und ihr habt sie empfangen im Glauben. Wenn ihr sie erkannt habt, dann sind sie euer. Wenn nicht, dann sind sie euer nicht."

(77) Sie sagten zu ihm: „Wie beschaffen ist der Ort, zu dem wir gehen werden?"

(78) Der Herr sagte: „Der Ort, [zu dem] ihr gelangen könnt, dort steht!"

(79) Maria sagte: „Ist alles, [was] geordnet ist, in dieser Weise sichtbar?"

(80) Der Herr sagte: „Ich habe euch gesagt[:] ‚(Nur) der Sehvermögen besitzt, der ist es, der enthüllt.'"

(81) Es fragten ihn seine Jünger, die zwölf: „Lehrer, [in] *(p.143)* Gelassenheit [...] lehre uns, [ob ...]."

(82) Der Herr sagte: „[Wenn ihr begreift] jegliche Sache, die ich [euch gesagt] habe, werdet ihr [unsterblich] sein, denn ihr [werdet] jegliche Sache [bewahren]."

(83) Maria sagte: „Ein einziges Wort ist es, was ich dem Herrn sagen will. Was das Mysterium der Wahrheit betrifft: In diesem stehen wir, aber sind wir den kosmischen (Wesen) sichtbar?"

(84) Judas sagte zu Matthäus: „Wir wollen wissen, welche Art Kleidung es ist, mit der wir bekleidet werden, wenn wir aus der Zerstörung des [Fleisches] herausgehen."

(85) Der Herr sagte: „Die Archonten [und] die Verwalter haben vergängliche Kleidung, die sie geben, die nicht bleibt. Ihr [aber] als Kinder der Wahrheit bekleidet euch nicht mit der vergänglichen Kleidung! Vielmehr sage ich euch: Ihr werdet selig sein, wenn ihr euch auszieht. Denn es ist keine große Sache, *(p.144)* [das, was] äußerlich [ist, abzulegen]."

(86) [Judas (?)] sagte [:] „Rede ich (und) empfange (?) ich [...]"

(87) Der Herr sagte: „Ja, [der, der] euren Vater [als Gedanken bei sich empfangen wird]."

(88) Maria sagte [: „Welcher] Art ist das Senfkorn? Ist es vom Himmel oder von der Erde?"

(89) Der Herr sagte: „Als der Vater den Kosmos für sich errichtete, ließ er viel übrig durch die Mutter des Alls. Deshalb sät er und handelt."

(90) Judas sagte: „Du hast uns dies gesagt aus der Gesinnung der Wahrheit. Wenn wir beten, auf welche Weise sollen wir beten?"

(91) Der Herr sagte [:] „Betet an dem Ort, [wo] keine Frau ist."

(92) Matthäus sagte: „Indem er uns sagt: ‚Betet an dem Ort, wo [keine Frau] ist' (meint er): Zerstört die Werke der Weiblichkeit, nicht weil es (eine) andere [Geburt] gibt, sondern weil sie aufhören werden zu [gebären]."

(93) Maria sagte: „Werden sie nicht zerstört werden in Ewigkeit?" (94) Der Herr sagte: „[Du] bist es, die weiß, daß sie [wieder] aufgelöst werden *(p.145)* und daß [wieder zerstört] werden [die Werke] der [Weiblichkeit an diesem Ort]."

(95) Judas sagte zu Matthäus: „Die Werke der [Weiblichkeit] werden aufgelöst werden. [Dann werden] die Archonten [ihre Orte anrufen]. So werden wir für sie bereit sein."

(96) Der Herr sagte: „Werden sie [euch] denn etwa sehen? Werden [sie etwa] die sehen, die [euch] empfangen? Siehe, ein [wahres] Wort wird kommen vom Vater [zur] Tiefe mit Schweigen, mit einem Blitz, der gebiert. Sehen sie ihn oder vermögen sie (etwas) dagegen? Sondern ihr [seid es] vielmehr. [Ihr habt] [den Weg] erkannt, den [weder Engel] noch Mächte [erkannt haben]. Vielmehr der (Weg) des Vaters und des Sohnes [ist es], denn [die] zwei sind ein [einziger]. [Und] ihr [werdet] gehen auf [dem Weg], [den] ihr [erkannt] habt. Selbst wenn die Archonten groß [werden], werden [sie] ihn nicht erreichen können. [Aber siehe,] ich [sage] euch [:] Schwer ist es auch [für mich] selbst, ihn zu [erreichen]." *(p.146)*

(97) [Maria] sagte [zum] Herrn: „Wenn die Werke [aufgelöst werden], [was ist es], das ein [Werk] auflöst?"

(98) [Der Herr sagte]: „Du weißt ja: [an dem Tag], wenn ich [jenes] auflöse, wird [der Mensch] zu seinem Ort gehen."

(99) Judas sagte: „Worin ist der Geist sichtbar?"

(100) Der Herr sagte: „Worin [ist] das Schwert [sichtbar]?"

(101) Judas sagte: „Worin ist das Licht sichtbar?"

(102) Der Herr sagte: „[Es ist sichtbar] in sich in Ewigkeit."

(103) Judas sagte: „Wer ist es, der wessen Taten vergibt? Sind es die Taten, die der Welt [vergeben]? [Oder ist es die Welt], die den Taten vergibt?"

(104) Der Herr [sagte]: „Wer ist [es? Fürwahr,] der um die Werke weiß! (Denn) seine Aufgabe ist [es], den [Willen] des Vaters [zu] tun.

Abschluß: Rede des Erlösers (p.146,20-147,22)

Ihr aber sollt kämpfen, um den [Zorn] und den [Neid] von euch zu werfen. Und ihr sollt euch von euren [Werken] entblößen und ihr sollt nicht [...] *(p.147)* [...] [...] [...] [...] [...] [...] [...] [...] ... [...] ... [...] aber [...] ... ich ... [...] ... [...] [werden euch] tadeln, denn ich sage [euch, daß] ihr [nicht] empfangen [werdet] ... [...] ... viele ... [... der,] der gesucht hat, als er [das wahre Leben fand]. Dieser wird [zur Ruhe gelangen, und] er wird leben in [Ewigkeit. Ich] aber sage euch [: Hütet euch,] daß ihr nicht [eure] Geister und eure Seelen in die Irre führt."

Subscriptio (p.147,23)

[Der Dialog] des Erlösers

Die Apokalypse des Paulus (NHC V,2)

Uwe-Karsten Plisch

Literatur

Böhlig, Alexander / Labib, Pahor, 1963: Koptisch-gnostische Apokalypsen aus Codex V von Nag Hammadi im Koptischen Museum zu Alt-Kairo. WZ(H), Sonderband, 15-26.

Kaler, Michael, 2008: Flora Tells a Story. The Apocalypse of Paul and Its Contexts. (ESCJ 19.) Waterloo, Ont.

Murdock, William R./ MacRae, George W., 1979: The Apocalypse of Paul. In: Parrott, Douglas M. (ed.): Nag Hammadi Codices V,2-5 and VI with Papyrus Berolinensis 8502,1 and 4. (NHS 11.) Leiden, 47-63.

Rosenstiehl, Jean-Marc / Kaler, Michael, 2005: L'Apocalypse de Paul (NH V,2). (BCNH.T 31.) Québec / Louvain.

Einleitung

Erst durch den Handschriftenfund von Nag Hammadi wurde bekannt, daß es neben der geläufigen, vielfach bezeugten und überlieferten Apokalypse des Paulus in der Alten Kirche noch eine weitere Schrift gleichen Namens, die mit jener weder identisch noch verwandt ist, gegeben hat. Überliefert ist dieser so kurze wie anspruchslose Text in einer einzigen, besonders zu Anfang stärker beschädigten Handschrift als zweite Schrift in Nag-Hammadi-Codex V. Die ApcPl bietet ihren Titel gleich zweimal, sowohl am Anfang als auch am Ende der Schrift. Wie alle Texte in Codex V ist auch dieser einzige Zeuge für die ApcPl in einem oberflächlich sahidisierten Bohairisch geschrieben.

Als Ursprache der ApcPl wird für gewöhnlich das Griechische angenommen, ohne daß der verhältnismäßig kurze Text dafür sichere Indizien lieferte. Auf Grund der religionsgeschichtlichen Verortung im Valentinianismus (s.u.) und speziell wegen des durch Irenäus (IrenHaer II,30,7) für valentinianische Kreise bezeugten Interesses an einer Ausdeutung von 2 Kor 12,2ff., haben Murdoch / MacRae eine Abfassung im 2. Jh. erwogen. Doch wird man kaum mehr sagen können, als daß das 2. Jh. als frühestmöglicher Abfassungszeitraum in Frage kommt. Eine zeitliche Obergrenze ist nur durch die Herstellung von Codex V etwa Mitte des 4. Jh. gegeben. Mit Sicherheit jedoch ist unser Text älter als die oben erwähnte altkirchliche Paulusapokalypse. Dadurch erklärt sich auch zwanglos, wie die so unscheinbare ApcPl eine zeitlang neben diesem umfangreicheren und literarisch stärker ausgearbeiteten, theologisch freilich ebenfalls wenig tiefschürfenden Text hat existieren können. Der Entstehungsort und der tatsächliche Verfasser der pseudepigraphischen Schrift sind unbekannt.

Die ApcPl ist zum größten Teil ein aus der Notiz in 2 Kor 12,2-4 herausgesponnener Visionsbericht des Paulus über eine Himmelsreise, die er mit einem Geist bzw. „heiliger Geist" genannten Begleiter unternimmt. Dem eigentlichen Visionsbericht im Munde des Paulus ist noch ein kurzer Vorbericht vorangestellt, der die Begegnung des Paulus mit seinem späteren Begleiter auf dem Weg (von Damaskus) nach Jerusalem bei Jericho schildert sowie den Aufstieg auf den „Berg von Jericho", von dem aus die Entrückung stattfindet. Die eigentliche Himmelsreise beginnt im dritten Himmel (vgl. aber 2 Kor 12,2) und führt Paulus bis in den zehnten. Nachdem Paulus zunächst im vierten und fünften Himmel dem Gericht über die Seele beigewohnt hat, liegt der dramaturgische Höhepunkt des Textes in der Begegnung des Paulus mit dem Demiurgen im siebenten Himmel. Nach einem Gesprächsgang überwindet Paulus die Sphäre des Demiurgen mittels Paßformeln und Zeichen. Der Durchgang in den achten, neunten und zehnten Himmel wird anschließend nur noch ganz knapp und kunstlos nachgetragen.

Gemessen an seiner Länge, bietet der Text eine ziemliche Fülle von Auffälligkeiten und Problemen. Der vorgeschaltete Situationsbericht beginnt in der dritten Person, wechselt (p.19,10) kurzzeitig in die Ich-Perspektive, die aber sogleich (p.19,18) wieder aufgegeben wird. Erst ab p.20,5, dem Beginn des eigentlichen Visionsberichtes, wird dann die Ich-Perspektive wieder aufgenommen und bis zum Ende durchgehalten. Eigenartig mutet der Gebrauch des Verbs ΟΥѠϢΒ̄ (antworten) an, das häufig gebraucht wird, ohne daß zuvor eine Frage gestellt wurde oder auch nur ein Gespräch stattgefunden hat. Nicht selten macht ApcPl den Eindruck eines verstümmelten oder irgendwie brüchigen Textes. Ein eigenes Problem stellt die Rolle und Verortung der zwölf (namenlosen) Mitapostel des Paulus in der ApcPl dar. Nach der Schilderung in p.20,1-4 ist die wahrscheinlichste Annahme, daß Paulus während seiner Vision gelegentlich zu seinen Mitaposteln auf der Erde („in der Schöpfung") hinabblickt.

Wegen des Interesses an Paulus und wegen der bei Irenäus bezeugten Ausdeutung von 2 Kor 12,2-4 in valentinianischen Kreisen, ist versucht worden, ApcPl in den Valentinianismus einzuordnen. Dazu ist zu bemerken, daß sich dieselben Phänomene (Interesse an Paulus, Ausmalung von 2 Kor 12,2-4) auch bei der altkirchlichen Paulusapokalypse finden. Auch trägt der – freilich recht knappe – Text der ApcPl keine spezifisch valentinianischen Züge. Allerdings enthält insbesondere die Szene im siebenten Himmel mit der Interpretation des Greises aus Dan 7,9f. als des untergeordneten Demiurgen deutliche gnostische Elemente, die ApcPl insgesamt als gnostischen Text ausweisen.

Übersetzung

(*p.17*) [Die Apokalypse des Paulus] ... *(Rest der Seite weitgehend zerstört)* [...] (*p.18*) [...]

Paulus auf dem Weg nach Jerusalem. Gespräch mit dem Heiligen Geist als kleinem Kind (p.18,2-19,20)

(...) aber [... auf] dem Weg. Und [er entgegnete ihm] und sagte: [„Auf welchem] Wege [komme ich] hinauf nach Jerusalem?" Das kleine Kind [entgegnete ihm und sagte]: „Sage deinen Namen, damit ich dich über den Weg [unterrichte]!" [Das kleine Kind] wußte (freilich), [wer Paulus ist]. Es wollte durch seine Worte mit ihm [ins Gespräch] kommen, damit es einen Vorwand finde, mit ihm zu sprechen. Das kleine Kind entgegnete und sagte: „Ich weiß, Paulus, wer du bist (und) daß du es bist, der von Mutterleib an gesegnet worden ist, denn ich habe dich [gesehen]. Damit du [hinaufgehst nach Jerusalem] zu deinen Mit[aposteln (...)], darum wurdest [du berufen. Und] ich bin der [Geist, der] dich [begleitet]. Erwecke [deinen Geist, Paulus,] und [... *(6 Zeilen fehlen)* ...]

(p.19) denn [...] unter den Mächten [und] diesen Gewalten [samt] Erzengeln und Kräften und dem ganzen Geschlecht der Dämonen. [Erkenne] jenen, der Leiber für einen seelischen Samen bereitet!" Und nach Beendigung seiner Rede entgegnete er und sagte zu mir: „Erwecke deinen Geist, Paulus! Und siehe, daß dieser Berg, den du betrittst, der Berg von Jericho ist –, damit du das, was im Sichtbaren verborgen ist, erkennst! Die zwölf Apostel aber, zu denen du gehen willst <...>. Denn sie sind auserwählte Geister. Und sie sind im Begriff, dich zu grüßen." Er hob seine Augen auf (und) sah, wie sie ihn grüßten.

Beginn der Himmelsreise (p.19,20-p.20,5)

Darauf entrückte ihn der Heilige [Geist], der mit ihm gesprochen hatte, hinauf in die Höhe bis in den [dritten] Himmel. Und er ging weiter hinauf bis in den vierten [Himmel]. Der [Heilige] Geist entgegnete ihm und sagte: „Schau und sieh dein Ebenbild auf der Erde!" Und er [schaute] hinab und sah jene, [die auf] der Erde waren. Er blickte [und sah] die, die auf der [...] waren. [Dann] *(p.20)* blickte [er hinab (?) und] sah die zwölf Apostel [zu] seiner Rechten [und] zu seiner Linken in der Schöpfung. Der Geist aber ging ihnen voran.

Augenzeugenbericht des Apostels (p.20,5-p.24,8)

a) Vierter Himmel: Gericht über die Seele

Ich sah aber im vierten Himmel gemäß (ihrer) Art <...>. Ich sah aber göttergleiche Engel; Engel, wie sie eine Seele aus dem Lande der Toten brachten. Sie setzten sie im Tor des vierten Himmels ab. Und die Engel züchtigten sie. Die Seele entgegnete und sagte: „Welche Sünde ist es, die ich in der Welt getan habe?" Der im vierten Himmel sitzende Zöllner entgegnete und sagte: „Du warst nicht berechtigt, alle diese Gesetzlosigkeiten zu begehen, die in der Welt der Toten (üblich) sind." Die Seele entgegnete und sagte: „Bring Zeugen bei und laß sie dich [unterrichten], in welchem Leibe ich Unrecht beging!" (Der Zöllner antwortete:) „[Ich] will ein Buch bringen (lassen), um aus ihm [vorzulesen]."

Und es kamen die drei Zeugen. Der erste entgegnete und sagte: „Geriet ich [etwa] nicht in die Leiblichkeit? Zur zweiten Stunde [des Tages] erhob ich mich gegen dich *(p.21)* bis [du] in Wut, Zorn und Eifersucht [gerietest]."

Und der zweite entgegnete und [sagte]: „Bin ich's etwa nicht, der in der Welt war? Und ich kam hinein zur fünften Stunde und ich sah dich und begehrte dich. Und nun siehe, jetzt verklage ich dich wegen der Morde, die du begangen hast."

Der dritte entgegnete und sagte: „Kam ich etwa nicht zu dir zur zwölften Stunde des Tages, als die Sonne im Begriff war unterzugehen? Ich gab dir Dunkelheit, bis du deine Sünden vollendet hattest."

Diese Dinge hörte die Seele und blickte betrübt zu Boden. Und dann blickte sie auf und ward zu Boden geworfen. Die Seele, die zu Boden geworfen wurde, [kam zu ei-nem] Leib, der [für sie] bereitet worden war. Und siehe, ihre (sing. fem., d.h. die gegen sie gerichteten) Zeugen(aussagen) waren (somit) vollständig.

b) Fünfter Himmel: Fortsetzung des Seelengerichts

[Ich aber, ich blickte] auf und [sah den Geist], während er [zu mir sagte:] „Paulus, komm, wende [dich zu] mir!" Ich aber [ging], und das Tor öffnete sich, [und] ich kam hinauf zum fünften Himmel. Ich sah aber meine Mit[apostel mit mir gehen], *(p.22)* während der Geist mit uns ging. Und ich sah einen großen Engel im fünften Himmel, der einen eisernen Stab in seiner Hand hielt und drei andere Engel waren bei ihm. Und ich blickte in ihr Antlitz. Sie aber, sie wetteiferten miteinander, indem sie mit Peitschen in den Händen die Seelen zum Gericht trieben.

c) Sechster Himmel

Ich aber ging mit dem Geist (weiter), und das Tor öffnete sich mir. Dann kamen wir hinauf zum sechsten Himmel. Und ich sah meine Mitapostel mit mir gehen. Und der Heilige Geist führte mich vor sie. Und ich blickte in die Höhe und sah ein großes Licht, das hinunter bis in den sechsten Himmel leuchtete. Ich entgegnete und sagte dem Zöll-ner, der im sechsten Himmel ist: „[Öffne] mir!" Und der [Heilige] Geist, [der vor mir war], öffnete [mir].

d) Siebter Himmel: Gespräch mit dem Demiurgen

[Dann kamen wir] in den siebten [Himmel, und ich sah inmitten] des Lichts einen Greis in einem weißen Gewand. [Sein Thron], der im siebten Himmel war, war [sieben]mal heller als die Sonne. *(p.23)* Der Greis entgegnete und sagte zu [mir]: „Wohin willst du gehen, Paulus, du Gesegneter und von Mutterleib an Ausgesonderter?" Ich aber, ich schaute zu dem Geist und er bewegte sein Haupt und sagte zu mir: „Sprich mit ihm!" Und ich entgegnete und sagte zu dem Greis: „Zu dem Ort will ich gehen, von dem ich gekommen bin." Und der Greis entgegnete mir: „Woher bist du?" Ich aber entgegnete und sagte: „Ich will hinabgehen in die Welt der Toten, damit ich die Gefangenen gefan-gennehme, jene, die gefangengenommen wurden in der Gefangenschaft Babylons." Der Greis entgegnete mir und sagte: „Wie wirst du dich von mir entfernen können? Schau und sieh diese Mächte und Gewalten!" [Der] Geist entgegnete und sagte: „Gib ihm das Zeichen, das in deiner Hand ist, und [er wird] dir öffnen!" Und dann gab ich [ihm] das

Zeichen. Er wandte sein Antlitz nach unten, hinab zu seiner Schöpfung und seinen Gewalten.

e) Achter, neunter und zehnter Himmel

Und dann öffnete sich der <siebte> Himmel und wir kamen hinauf [in die] *(p.24)* Achtheit. Ich sah aber die zwölf Apostel und sie grüßten mich.

   Und wir kamen hinauf in den neunten Himmel. Ich grüßte all jene, die im neunten Himmel waren.

   Und wir kamen in den zehnten Himmel. Und ich grüßte meine Geistesgenossen.

Subscriptio (p.24,9)

Die Apokalypse des Paulus

Die (erste) Apokalypse des Jakobus (NHC V,3)

Imke Schletterer / Uwe-Karsten Plisch

Literatur

Böhlig, Alexander / Labib, Pahor, 1963: Koptisch-gnostische Apokalypsen aus Codex V von Nag Hammadi im Koptischen Museum zu Alt-Kairo. WZ(H), Sonderband, 29-55.

Kasser, Rodolphe / Wurst, Gregor, 2007: The Gospel of Judas. Together with the Letter of Peter to Philip, James, and a Book of Allogenes from Codex Tchacos. Critical Edition. Washington, D.C., 115-176.

Schoedel, William R., 1979: The (First) Apocalypse of James. In: Parrott, Douglas M. (ed.): Nag Hammadi Codices V, 2-5 and IV with Papyrus Berolinensis 8502, 1 and 4. (NHS 11.) Leiden, 65-103.

Veilleux, Armand, 1987: La première apocalypse de Jacques (NH V,3). La seconde apocalypse de Jacques (NH V,4). Texte établi et présenté. (BCNH.T 17.) Québec.

Yoo, Byung Woo, 1998: Die erste Apokalypse des Jakobus (Nag-Hammadi-Codex V,3). Dissertation, eingereicht an der Humboldt-Universität zu Berlin.

Einleitung

Die sowohl im Nag-Hammadi-Corpus als auch im Codex Tchacos überlieferte 1ApcJac liegt hier in einem oberflächlich sahidisierten Bohairisch (nördlicher koptischer Dialekt) vor. Die Ursprache des Textes war sicher Griechisch. Das Manuskript weist vor allem an seinem Ende starke Schäden auf. Eine gewisse zeitliche Einordnung ergibt sich aus dem im Text vorausgesetzten valentinianisch-gnostischem System. Die 1ApcJac dürfte somit frühestens gegen Ende des 2. Jh. abgefasst worden sein. Auch starke inhaltliche Parallelen zu Irenäus (IrenHaer 1,21,5 par. p.33,11-35,25) führen in diese Richtung. Die Erwähnung des Addai (p.36,15) macht einen Abfassungsort in Ostsyrien denkbar. In bezug auf die Frage nach dem Verfasser ist ein judenchristlicher Hintergrund jedoch unwahrschein-lich. Trotz des (nachgetragenen) Titels „Apokalypse" ist die Schrift nicht dieser Gattung zuzuordnen. Mit den vorherrschenden dialogischen Partien weist die Schrift Merkmale des gnostischen Dialogs bzw. des Dialogevangeliums auf. Das zentrale Thema der 1ApcJac ist das Leiden des Gnostikers in der Welt und seine Erlösung daraus. Der Text zerfällt in zwei große Gesprächsdurchgänge, die sich um den Mittelteil, der die Passion Jesu thematisiert (p.30,12-31,1), ranken. Im ersten Gesprächsteil (p.24,11-30,11) wird neben Jesu Abstammung vom Präexistenten (p.24,11-26) vor allem das sowohl Jesus als auch Jakobus bevorstehende Leiden in der Welt und der daran anschließende Aufstieg zum Seienden beschrieben. Im zweiten Gesprächsteil (p.31,2-42,19) belehrt der Auferstandene Jakobus konkret über den Vorgang von dessen Aufstieg in das Pleroma. Den Abschluß bildet eine Zurechtweisung der Jünger durch Jesus in Jerusalem.

Die Parallelversion im Codex Tchacos – dort heißt der Text nur „Iakkobos" – weist zum Teil erhebliche Unterschiede auf. Die hiesige Übersetzung folgt der Version in NHC V, einzelne Lücken wurden nach der Parallelversion ergänzt.

Übersetzung

Titel der Schrift (p.24,10)

(p.24,10) Die Apokalypse des Jakobus

Karwochengespräch zwischen Jesus und Jakobus (p.24,11-30,11)

Der Herr aber ist es, der mit mir geredet hat: „Siehe nun die Vollendung meiner Erlösung! Ich habe dir diesbezüglich ein Zeichen gegeben, Jakobus, mein Bruder – denn nicht umsonst habe ich dich ‚mein Bruder' genannt, obwohl du nicht mein leiblicher Bruder bist, und doch bin ich keineswegs unwissend über dich –, damit <du>, wenn ich dir ein Zeichen gebe, Bescheid weißt. Und (nun) höre! Nichts existierte außer dem Seienden. Er ist unbenennbar und unaussprechlich. Auch ich bin ein Unbenennbarer aus dem Seienden. Wie man mir [eine] Vielzahl von Namen [gegeben] hat, <so ...> in zweien aus dem Seienden. Ich aber, [ich] existiere vor dir. Da du nach der Weiblichkeit gefragt hast, (so höre weiterhin:) Die Weiblichkeit existierte, aber die Weiblichkeit war nicht zuerst da. Und [sie] bereitete sich göttliche Mächte. [Sie] existierte aber (noch) nicht, [als] ich hervorkam, *(p.25)* denn ich bin ein Abbild des Seienden. Ich brachte aber [sein] Abbild hervor, damit die Kinder des [Seienden] erkennen, was das Ihrige und was das Fremde ist. Siehe, ich werde dir alle Aspekte dieses Geheimnisses offenbaren, denn ich werde übermorgen ergriffen werden, aber meine Erlösung wird nahe sein."

Jakobus sprach: „Rabbi! Du hast gesagt: ‚Ich werde ergriffen werden.' Was aber kann ich tun?"

Er sprach zu mir: „Fürchte dich nicht, Jakobus! Auch du wirst ergriffen werden. Aber trenne dich von Jerusalem. Denn diese (Stadt) ist es, die den Kelch der Bitternis allezeit den Kindern des Lichts gibt. Sie ist Wohnort für viele Archonten. Aber deine Erlösung wird (dich) von ihnen erlösen. Damit du erkennst, wer sie sind [und] von welcher Art sie sind, sollst du [fliehen]. Und (nun) höre: Nicht [alle] Dinge, vielmehr [Erstlings]gaben. Die zwölf [Archonten ... *(4 Zeilen stark beschädigt)* ...] *(p.26)* auf seine Hebdomas."

Jakobus sprach: „Was nun, Rabbi, sind es zwölf Hebdomaden und also nicht sieben, wie sie es in den Schriften sind?"

Der Herr sprach: „Jakobus! Der, welcher mittels dieser Schrift geredet hat, hat (nur) bis dahin verstanden. Ich aber werde dir offenbaren, was aus dem Unzählbaren hervorkam und ihre (plur.) Zahl bezeichnen. Was aus dem Unmeßbaren hervorkam – ihr (plur.) Maß werde ich bezeichnen."

Jakobus sprach: „Was nun, Rabbi <...>? Siehe, ich habe ihre Zahl erfaßt, es sind zweiundsiebzig <Paargenossen>.

Der Herr sprach: „Dies sind die zweiundsiebzig kleinen Himmel, die ihnen untergeben sind. Das sind die Kräfte all ihrer Herrschaft. Und sie wurden von ihnen aufgestellt. Es sind jene, die auf alle Orte verteilt sind, die unter der [Gewalt] der zwölf Archonten stehen. Die geringe Kraft, die in ihnen ist, [brachte] sich Engel [und] unzählige Heere [hervor. Dem Seienden] aber, [ihm] wurden [...] gegeben [...] wegen [...] Seiende [...] sind unzählige. (p.27) Wenn du sie jetzt zählen willst, wirst du es nicht vermögen – bis du den blinden Verstand von dir abwirfst, diese dich umgebende Fessel des Fleisches. Dann wirst du zu dem Seienden gelangen. Und du wirst nicht mehr Jakobus sein, sondern du bist (dann) jener, der existiert. Und alle Unzählbaren werden benennbar sein."

<Jakobus sprach: „Was nun>, Rabbi, wie soll ich zu dem Seienden gelangen, da all diese Kräfte und Heere gegen mich gerüstet sind?"

Er sprach zu mir: „Diese Kräfte sind nicht nur gegen dich gerüstet, sondern sie sind auch gegen einen anderen gerüstet. Gegen mich sind diese Kräfte gerüstet. Und sie sind mit [keiner] weiteren [Kraft] gerüstet, vielmehr sind sie (nur) [mit] einem Gericht gegen mich gerüstet, in welchem mir kein [...] gegeben wurde [...] von ihnen [...] hier [...] Leiden. Ich werde [...] (p.28) noch werde ich sie überführen. In mir wird Schweigen sein und ein verborgenes Geheimnis. Aber ich habe Angst vor ihrem Zorn."

Jakobus sprach: „Rabbi, wenn sie sich (auch) gegen dich rüsten werden, so gibt es doch keinen Grund zur Anklage.

Du bist mit Erkenntnis gekommen,
    damit du ihr Vergessen bloßstellst.
Du bist mit Erinnerung gekommen,
    damit du ihre Unwissenheit bloßstellst.
Aber ich bin <nicht> besorgt um dich.
Denn du bist in große Unkenntnis gekommen,
    aber du hast dich nicht darin befleckt.
Du bist in Gedankenlosigkeit gekommen,
    doch blieb die Erinnerung in dir.
Du bist in Schlamm gewandelt,
    und deine Kleider wurden nicht befleckt.
Du gingst nicht unter in ihrem Schmutz,
    noch wurdest du ergriffen.
Und ich war (zwar) nicht wie sie, aber ich habe alles von ihnen angezogen.
In mir ist Vergessen,
    doch erinnere ich mich dessen, was nicht das Ihre ist.
In mir ist [...],

und doch bin ich in ihrer [...].
Ich fand Erkenntnis,
    [...] nicht für ihre Leiden [...].
Aber ich fürchtete mich [vor] ihnen, da sie Gewalt ausüben. – Was *(p.29)* werden sie tun? Was werde ich sagen können? Oder welches Wort werde ich sagen können, um ihnen zu entkommen?"

Der Herr sprach: „Jakobus, ich lobe deinen Verstand und deine Furcht – wenn du dich weiterhin bemühst. Kümmere dich um nichts weiter als um deine Erlösung. Denn siehe, ich werde dieses Los auf der Erde vollenden, wie ich es aus den Himmeln (vorher)gesagt habe. Und (dann) werde ich dir deine Erlösung offenbaren."

Jakobus sprach: „Rabbi, wie das denn? Danach kannst du uns (doch) nicht mehr erscheinen! Nachdem sie dich ergriffen haben werden und du dieses Los vollendet haben wirst, wirst du (doch) zu dem Seienden hinaufgehen!"

Der Herr sprach: „Jakobus! Danach werde ich dir alles offenbaren – nicht allein um deinetwillen, sondern (auch) wegen der Ungläubigkeit der Menschen, damit [Glaube] unter ihnen entstehe. Denn viele werden zum Glauben [gelangen, und] sie werden wachsen in [ihm], bis [sie zum Wissen gelangen]. *(p.30)* Und danach werde ich erscheinen zur Überführung der Archonten und werde ihnen offenbaren, daß Er unbezwinglich ist. Wenn Er Gewalt erleidet, dann gewinnt Er Gewalt über einen jeden. Nun aber bin ich im Begriff zu gehen. Gedenke dessen, was ich gesagt habe und laß es in dein Inneres dringen!"

Jakobus sprach: „Herr, ich werde eilen, wie du gesagt hast."

Abschied und Warten (p.30,11-31,1)

Der Herr küßte ihn zum Abschied und brachte zu Ende, was nötig war. Als Jakobus von seinen Leiden hörte, wurde er sehr betrübt. Sie warteten auf das Anzeichen seines Kommens. Er kam aber nach einigen Tagen. Jakobus wandelte auf dem Berg, der Gaugela genannt wird, mit denen seiner Jünger, die auf ihn hörten, [da sie] bedrückt waren. Und sie hatten ihn als Tröster [und] sagten: „Dieser ist [der] zweite [Lehrer]."

[Da] zerstreute sich [die] Menge. Jakobus aber blieb [dort zurück in inbrünstigem] Gebet, wie *(p.31)* er es gewohnt war.

Erscheinung des Herrn. Ostergespräch: Belehrung und Beauftragung des Jakobus (p.31,2-42,19)

Und der Herr erschien ihm. Er aber ließ ab vom Gebet, umarmte und küßte ihn und sagte: „Rabbi, ich habe dich gefunden. Ich habe von den Leiden gehört, die du ertragen hast und war sehr betrübt, du kennst ja mein Mitleid. Deshalb wünschte ich, als ich nachdachte, daß ich dieses Volk künftig nicht mehr sehen will. Es soll gerichtet werden für das, was sie getan haben. Denn das, was sie getan haben, ist jenseits dessen, was sich gehört."

Der Herr sprach: „Jakobus, kümmere dich nicht um mich und nicht um dieses Volk. Ich bin jener, der zu aller Zeit in mir war. Ich habe in keiner Weise gelitten, noch wurde ich gequält. Und dieses Volk hat mir nichts Böses getan. Vielmehr war dies einem Abbild der Archonten auferlegt, und es hatte es verdient, daß es von ihnen [vernichtet] wurde. [...] aber die Archonten [...] der [...] aber [...] erzürnt über [dich ...] gerechten [...] *(p.32)* diente ihm. Deshalb hast du diesen Namen: ‚Jakobus der Gerechte‘. Du <sollst> sehen, wie du nüchtern werden wirst. Als du mich gesehen hattest, hast du von diesem Gebet abgelassen, denn du bist ein Gerechter Gottes. Und nun hast du mich umarmt und geküßt. Wahrlich, ich sage dir: Du hast viel Zorn und Wut auf dich gezogen, aber (dies geschah), damit auch das andere geschehe."

Jakobus aber war verzagt und weinte. Er war sehr betrübt. Und sie setzten sich zu zweit auf einen Felsen. Der Herr sprach zu ihm: „Jakobus, diese Leiden werden also über dich kommen. Aber bemitleide dich nicht. Denn das Fleisch ist verzagt – es wird empfangen, was ihm bestimmt ist. Du aber sei nicht verzagt, und fürchte dich nicht." Der Herr [hörte auf].

Als [aber] Jakobus dies hörte, wischte er die Tränen, die in [seinen Augen] standen, ab und war sehr erleichtert [von der Traurigkeit], die in ihm war. Der Herr [sprach] zu [ihm: „Jakobus], siehe ich werde *(p.33)* dir deine Erlösung offenbaren. Wenn [du] ergriffen wirst und diese Leiden über dich kommen werden, wird sich eine Menge gegen dich rüsten, um dich zu ergreifen. Vor allem aber werden drei von ihnen dich ergreifen, die als Zöllner dasitzen und nicht nur Zoll fordern, sondern auch die Seelen gewalttätig wegnehmen. Wenn du nun in ihre Hände fällst, wird einer von ihnen, der einer ihrer Wächter ist, zu dir sagen: ‚Wer bist du und woher stammst du?‘ Du sollst zu ihm sagen: ‚Ich bin ein Sohn und ich stamme vom Vater.‘ Er wird zu dir sagen: ‚Was für ein Sohn bist du, und von welchem Vater stammst du?‘ Du sollst zu ihm sagen: ‚Ich stamme vom prä[existenten] Vater und bin ein Sohn, der im Präexistenten ist.‘ Er [wird] zu dir [sagen]: ‚[...]?‘ Du sollst [zu ihm sagen: ‚Ich bin gekommen vom Präexistenten], damit ich [zu den Meinigen gehe und zu den Fremden.‘ Er wird zu dir sagen: ‚Warum denn *(p.34)* zu] den Fremden?‘ Du sollst zu ihm sagen: ‚Sie sind nicht ganz fremd, sondern sie stammen von Achamoth, die das Weib ist. Und diese (plur.) hat sie (sing.) geschaffen, als sie das Geschlecht vom Präexistenten herabbrachte. Folglich sind sie nicht Fremde, sondern die Unsrigen. Einerseits sind sie die Unsrigen, weil die, die über sie herrscht, vom Präexistenten stammt. Andererseits sind sie Fremde, nämlich deshalb, weil der Präexistente keinen Verkehr mit ihr hatte, als sie dabei war, sie zu schaffen.‘ Er wird weiterhin zu dir sagen: ‚Wohin willst du gehen?‘ Du sollst zu ihm sagen: ‚Zu dem Ort, von dem ich gekommen bin, dorthin will ich auch gehen.‘ Wenn du aber dies sagst, wirst du ihren Angriffen entgehen. Wenn du aber in die Hände [der] drei Greifer kommst, [die] die Seelen an jenem Ort gewalttätig wegnehmen [– an jenem Ort wird ein großer Kampf sein –, zu] diesen sollst du [sagen: ‚Ich] bin ein Gefäß, [das] mehr [wert ist] als [das Weib, Achamaoth, das *(p.35)* euch geschaffen hat] und die eure [Mutter ist. Da] sie nun [unwissend] ist über ihre (sing.) Wurzel, werdet auch ihr nicht [wieder] nüchtern werden. Ich aber werde die unvergängliche Erkenntnis anrufen, d.h. [die] Sophia, die im Vater existiert, die die Mutter der Achamoth ist. Kein Vater wurde Achamoth zuteil, auch kein männlicher Paargenosse, sondern sie ist ein Weib von einem Weibe. Sie schuf euch ohne Mann, als sie allein war und unwissend über die, die [durch] ihre Mutter lebendig sind, und dachte, daß sie allein es ist, die existiert. Ich aber werde zu ihrer Mutter emporschreien.'

Und dann werden sie in Verwirrung geraten und ihre Wurzel und das Geschlecht ihrer Mutter anklagen. Du [aber] sollst hinaufgehen zu [den] Deinigen. [... *(4 Zeilen zerstört oder beschädigt)* ...] *(p.36)* den [Präexistenten und das] Urbild der zwölf Jünger und der zweiund[siebzig] Paargenossen [und das Weib] Achamoth, die übersetzt wird mit ‚Sophia‘, und (darüber), wer ich bin, und (wer) die unvergängliche Sophia (ist), durch die du erlöst werden wirst samt allen Kindern des Seienden. Was sie erkannt und in sich verborgen haben, sollst (auch) du in dir verbergen. Und du sollst schweigen. Addai aber sollst du es enthüllen.

Wenn du herauskommst, wird sogleich mit diesem Land Krieg geführt werden. [Beweine] also den, der in Jerusalem wohnt! Addai aber soll es in sich aufnehmen. Im zehnten Jahr soll Addai sich hinsetzen und es aufschreiben. Und wenn er es aufgeschrieben hat, [soll es von ihm genommen und an Manael] weitergegeben werden. [...] er hat den [... *(3 Zeilen zerstört oder beschädigt)* ...] *(p.37)* [... *(4 Zeilen zerstört oder beschädigt)* ...] der [...] er wird Levi genannt. Dann soll er [...] Wort hervorbringen [...] aus [dem, was ich] vorher gesagt [habe. Er soll sich] ein Jerusalemer Weib [nehmen] aus <seinem> [Stamm und] er soll [zwei] Kinder mit ihr zeugen. [Sie sollen] diese Dinge erben. [Und] der Verstand des älteren wird sich erheben. Und aus seinem Nous sollen [diese Dinge] weggenommen werden. Der Jüngere aber von ihnen wird größer werden. Und diese Dinge sollen ihm zuteil werden und in ihm verborgen bleiben, bis [er] zum Alter von siebzehn Jahren kommt. [Dann wird das Land] Krieg [führen *(4 Zeilen zerstört oder beschädigt)* ...] *(p.38)* [... *(2 Zeilen zerstört oder beschädigt)* ... in vielen] Eparchien [...]. Er wird sehr durch seine Mit[brüder?] verfolgt werden. Er wird durch sie verkündigt werden. Und dieses Wort [wird er] verkündigen. [Dann wird es] zu einem Samen [der Erlösung] werden."

Jakobus sprach: „[Ich wurde] zufriedengestellt [in allen diesen Dingen] und sie sind [wohlverwahrt in] meiner Seele. Ich frage dich noch die andere [Sache]: Wer sind [die sieben] Frauen, die dir zu Jüngerinnen [geworden] sind? Und siehe, jede Frau preist dich. Ich meinerseits wundere mich, wie [kraft]lose Gefäße durch Wahrnehmung, die in ihnen war, stark wurden."

[Der] Herr [sprach]: „Vortrefflich [...] du [... *(5 Zeilen zerstört oder beschädigt)* ...] *(p.39)* [... *(2 Zeilen zerstört oder beschädigt)* ...] Geist [des ... Geist des] Verstehens, [Geist] des Rates [...] Geist [...], Geist der Erkenntnis, [Geist] der Furcht.

Als wir damals durch [die] Gegend dieses Archonten zogen, der Adonaios genannt wird, [da ging ich hin] zu ihm und er war unwissend. [Denn] als ich dort hervortrat, [dachte er], daß ich [ein] Sohn von ihm sei. Er war [mir] seinerzeit gnädig wie seinem Sohn. Und dann, bevor <ich> hier erschien, <wurden> sie in [dieses] Volk geworfen. Aus dem [...] aber haben die Propheten nicht [... *(6 Zeilen zerstört oder beschädigt)* ...] *(p.40)* [... *(2 Zeilen zerstört oder beschädigt)* ...] auf dich."

Jakobus [sprach:] „Rabbi, [du hast mich zufriedengestellt bezüglich] dieser Dinge. Die [sieben (Frauen), die (bisher)] gemeinsam [dargestellt wurden] – welche von ihnen [ist vorzüglicher] als die anderen?"

Der Herr sprach: „Jakobus, ich lobe dich, [denn du fragst] bis ins Kleinste und hast [kein einziges unnützes] Wort [gesagt]. Du bist [deiner Wurzel] wahrhaft würdig. Denn [du hast den] Becher, d.h. die Bitternis, von [dir] abgeworfen. Keiner [der Archonten wird] nämlich gegen dich standhalten [können]. Denn [du hast begonnen, ihre Wurzeln] von Anfang bis Ende zu verstehen. Wirf ab von dir jegliche Freveltat! Und gib acht, daß sie dich nicht erreichen, wenn du die Worte dieser Wahrnehmung] aussprichst! Sei zufrieden mit diesem [Wort]. Salome, Maria [Magdalena], Arsinoe – [diese werde ich] dir [darstellen als des Seienden würdig ...] *(p.41)* [... *4 Zeilen zerstört oder beschädigt)* ...] Der [Priester dieser Welt] empfängt [Erstlingsgaben, und] diese [bringt er dar in] Brandopfern und in [Speiseopfern]. Ich aber [werde] nicht so [handeln], sondern Erstlinge von den Un[reinen empfange ich und führe sie] empor [als Reines], damit die Kraft [der Wahrheit] offenbar [werde]. Das Vergängliche ist zum Unvergänglichen aufgestiegen, und das Werk der Weiblichkeit ist hinaufgelangt zum Werk dieser Männlichkeit."

Jakobus sprach: „Rabbi, diese drei (fem.) also haben ihre [Arbeit] weggeworfen? Denn sie wurden geschmäht und verfolgt [... *(6 Zeilen zerstört oder beschädigt)* ...] *(p.42)* [... *4 Zeilen zerstört oder beschädigt)*[192] ...] Siehe, [ich] habe [dir] alle Dinge [offenbart, und ich habe] in keiner Hinsicht (etwas) [ausgelassen ...]. Denn du hast [die Erstlingsgabe] an Erkenntnis empfangen, und [du weißt] jetzt, was das [Deinige] ist. Wandle [..., dann] wirst du [auch das übrige finden]. Ich aber werde [weg]gehen. Und ich werde (ihnen) [erscheinen], weil sie dir geglaubt haben, [damit sie] zufrieden sein werden – ihnen zum Segen und Heil – und damit diese Offenbarung geschehe."

Zurechtweisung der Jünger. Konflikt in Jerusalem (p.42,20-44,8)

Und er[193] ging seinerzeit sogleich und wies die Zwölf zurecht. Und er senkte [in] sie eine Überzeugung [und einen Ausfluß] von Erkenntnis. [... *(5 Zeilen zerstört oder beschädigt)* ...] *(p.43)* [... *3 Zeilen zerstört oder beschädigt)* ...] dorthin [...] Die Mehrheit aber von [ihnen ...], als sie sahen, [daß] keine Sache gegen [ihn] vorlag, [ließen sie] ihn los. Die anderen [und] das Volk [ergriffen ihn und] sagten [zu denen, die sich erhoben]: „[Laßt uns diesen] von der Erde [wegnehmen], denn [er ist] des Lebens nicht wert."

Diese fürchteten sich nun, erhoben sich und sagten: „Wir haben nicht teil an diesem Blut. Denn ein gerechter Mann wird durch Ungerechtigkeit zugrunde gehen."

Jakobus ging, damit [... *(7 Zeilen zerstört oder beschädigt)* ...] *(p.44)* [... *(5 Zeilen zerstört oder beschädigt)* ... „Mein] Vater [in den Himmeln, vergib] ihnen, denn [sie wissen] nicht, was [sie tun]."

Subscriptio (p.44,9f.)

Die Apokalypse des Jakobus

---

[192] In diesen Zeilen hat ein Sprecherwechsel stattgefunden, im folgenden spricht also wieder Jesus.
[193] „Er": Jesus oder Jakobus? Die Mehrzahl der Ausleger plädiert für Jakobus.

Die (zweite) Apokalypse des Jakobus (NHC V,4)

Ursula Ulrike Kaiser / Uwe-Karsten Plisch

Literatur

Brown, Kent S., 1975: Jewish and Gnostic Elements in the Second Apocalypse of James (CG V,4). NT 17, 225-237.

Funk, Wolf-Peter, 1976: Die zweite Apokalypse des Jakobus aus Nag-Hammadi-Codex V. Neu hg., übers. und erkl. (TU 119.) Berlin.

Funk, Wolf-Peter, 1990: Die zweite Apokalypse des Jakobus. In: NTApo I⁶, 264-275.

Hedrick, Charles W., 1979: The (Second) Apocalypse of James. In: Parrott, Douglas M. (ed.): Nag Hammadi Codices V,2-5 and VI with Papyrus Berolinensis 8502,1 and 4. (NHS 11.) Leiden, 105-149.

Veilleux, Armand, 1987: La première apocalypse de Jacques (NH V,3). La seconde apocalypse de Jacques (NH V,4). Texte établi et présenté. (BCNH.T 17.) Québec.

Einleitung

Die vorliegende „Apokalypse des Jakobus", die den gleichen antiken Titel wie die im Codex vorangehende Schrift NHC V,3 trägt, ist nur in dieser einen Version aus dem Handschriftenfund von Nag Hammadi überliefert. Der Erhaltungszustand ist partiell schlecht. Neben nicht mehr zu rekonstruierenden Textlücken ist auch ein möglicher Personen- und Situationswechsel innerhalb des Textes nicht immer deutlich und muß u.U. aus inhaltlichen Gegebenheiten rekonstruiert werden.

Die 2ApcJac ist, wie fast alle anderen NH-Texte auch, vermutlich aus dem Griechischen übersetzt worden. Aufgrund der im Text verarbeiteten Jakobustraditionen (s.u.) kann man vom syrisch-palästinensischen Raum als mutmaßlichem Entstehungsort ausgehen. Die Entstehungszeit ist unbekannt, muß aber mit Sicherheit vor der Mitte des 4. Jh. n. Chr. – dem Zeitpunkt der Fertigstellung des fünften Codex von Nag Hammadi – gelegen haben.

Zentrum der Schrift ist eine Offenbarungsrede Jesu an Jakobus, die dieser zu einem nicht näher genannten Zeitpunkt im Beisein seiner Mutter, Maria, empfing (p.50,4-57,19). Vorangestellt sind weitere Worte des vorösterlichen Jesus, die Jakobus berichtet, und eine doppelte Rahmung, in der der Schreiber bzw. Verfasser der 2ApcJac (p.44,15f.), Marim, niederschreibt, was ein (namenloser) Priester und weitläufiger Verwandter des Jakobus dessen Vater Theudas über die Rede des Jakobus auf den Stufen des Tempels berichtet hat.

Die Schrift endet mit einem kurzen und gegenüber dem vorangehenden Text eher distanzierten Bericht über das Martyrium des Jakobus in Jerusalem, wobei weder das „Ich" des erzählenden Priesters noch die anfangs eilig herbeigeholten Eltern des Jakobus nochmals begegnen. Möglicherweise ist dies ein Hinweis auf die Zusammenarbeitung zweier verschiedener Schriften: einer Jakobusapokalypse und eines Martyriumsberichtes (vgl. Funk 1976, 193-198, Funk 1990, 266, Hedrick 107 und Veilleux 14. 179). Innerhalb des Martyriumsberichtes fällt das Sterbegebet des Jakobus als ein eigenes Traditionsstück auf, das keinen festen Bezug zum konkreten Schicksal des Jakobus aufweist und auch keineswegs nur im Moment des unmittelbar bevorstehenden Todes verortet werden muß (vgl. Funk 1976, 211f., mit einer Rekonstruktion des hier möglicherweise verarbeiteten ursprünglichen Sterbegebetes).

2ApcJac stellt ein wichtiges Zeugnis innerhalb der vielfältigen Jakobustraditionen der frühen Christenheit dar. Singulär sind die dargestellten Verwandtschaftsverhältnisse, nach denen Jesus der Bruder bzw. Verwandte (CON) von Jakobus' Vater, Theudas, und zugleich der Milchbruder des Jakobus sei. Jakobus wird durch die Offenbarungsrede seines „Bruders" Jesus zum Erkenntnisvermittler einer gnostisch ausgerichteten Erlösungslehre. Angespielt wird dabei mehrfach auch auf gnostische Mythen (vgl. v.a. p.53 und 54, aber auch den Übergang von p.56 zu p.57), ohne daß eine nähere Ausführung erfolgt – die Inhalte konnten bei den Rezipienten der Schrift offensichtlich als bekannt vorausgesetzt werden. Einer bestimmten gnostischen Richtung sind sie nicht mit Sicherheit zuzuordnen. Die wiederholte Bezeichnung des Jakobus als „der Gerechte" weist ferner auf eine gewisse Nähe zu judenchristlichen Traditionen.

Übersetzung

Titel der Schrift (p.44,11f.)

(p.44) Die Apokalypse des [Jakobus]

Einleitung: Anfang des Priesterberichtes (p.44,13-45,26(ff.?)[194])

Dies ist [die] Rede, die Jakobus [der] Gerechte in Jerusalem gehalten [hat] – die, die Marim aufgeschrieben [hat].

Einer der Priester berichtete sie Theudas, dem Vater des „Gerechten", weil er ein Verwandter von ihm war; und er sagte: [Beeile] dich! Komm mit [Maria], deiner Frau, samt deinen Verwandten! [... *(ca. 5 Zeilen zerstört oder beschädigt) (p.45) (5 Zeilen zerstört oder beschädigt)* ...] Eile also! Vielleicht [wird er, wenn] du selbst uns zu ihm führst, zur Vernunft kommen. Denn siehe, viele sind erregt über seine [Verleumdung

---

[194] Der Übergang vom Priesterbericht zur nachfolgend wiedergegebenen Rede des Jakobus kann wegen der Textlücke am Ende der Seite nicht genau nach Zeile angegeben werden.

(?)] und sind entbrannt [gegen ihn in] großem Zorn. [Denn er sprach]: Man betet [nicht (?) ...]. Diese Worte sagte er nämlich oftmals und andere auch.

Diese Worte sagte er, während die Menge der Völker dasaß. Er kam aber herein und setzte sich <nicht> dorthin, wo er sonst saß, sondern er setzte sich auf die fünfte Stufe, den Ehrenplatz. Unser ganzes Volk [... *(4 Zeilen zerstört oder beschädigt)* ...

Die Rede des Jakobus (p.46,1(?)[195]-60,23)

... *(p.46)* Selig] ist der [Mensch, der ...] heraus aus [... kommt] zu [...], daß er ein [...] ist.

Ich bin jener, dem Offenbarung zuteil wurde aus dem Pleroma [der] Unvergänglichkeit, der zuvor berufen wurde durch den Großen und gehört hat auf den [Herrn], der die Welten [unerkannt] durchschritten hat, der [herabkam, nachdem er] sich [selbst] entkleidet [hatte und] nackt wandelte, der gefunden wurde in Vergänglichkeit und hinaufgeführt werden sollte in die Unvergänglichkeit.

Ebendieser Herr [kam] als Sohn, der sehend ist, und als Bruder. Er wurde verworfen (?) als er unterwegs war zu [dem, den der Vater] gezeugt hat, damit [...] und damit er [ihn] überzeuge, sich zu befreien [von den Fesseln des Todes. ... *(p.47)* ... der] zu [mir] gekommen ist [in Treue und ... *(3 Zeilen zerstört oder beschädigt)* ...]. Jetzt wiederum bin ich reich durch Erkenntnis (Gnosis). Und ich habe einen einzigen [Erlöser], den, der allein von oben gezeugt wurde und als [erster ge]kommen ist aus einem [...]. Ich bin der [... zu dem Vater], den ich [erkannt] habe. Der mir offenbar wurde (sc. Gott), war vor allen verborgen, doch wird er (ihnen) offenbar werden durch ihn (sc. den Erlöser). Die zwei, die sehend sind – ich <...>[196]. Es wurde vorhergesagt durch jene [:] Man wird ihn mit [den Ungerechten] richten. Der gelebt hat [ohne] Lästerung, ist gestorben unter [Lästerung]. Der verworfen wurde, [ist erhöht worden (?) ...]. Der [... wurde, ... ist ... *(p.48)* ... der gesagt hat: *(Beginn des Jesus-Zitats)* ... *(3 Zeilen zerstört oder beschädigt)* ...] Fleisch. [Und] ich werde herauskommen aus dem Fleisch durch Erkenntnis (Gnosis).[197] Ich bin es, der des Todes stirbt – aber ich werde lebendig erfunden werden. Ich kam hinein, damit [ich] gerichtet würde [und ich] werde hinausgehen [...].<Ich> richte nicht [und bringe nicht Verwirrung (?)] über die Diener seines [Willens], die ich zu befreien mich beeile. Und ich will sie über den hinausführen, der über sie herrschen will, wenn [ich] ihnen helfe. Ich bin auf heimliche [Weise] der Bruder, der diesen [unbarmherzigen ... verschmähte ... *(3 Zeilen zerstört oder beschädigt)* ...] *(p.49)* und ein [...] herr[schen. Ich bin der ... der] Unvergänglichkeit [und der] erste unter [...][198]. Ich [bin der] erste [Sohn], der gezeugt wurde und der [ihrer] aller Herr[schaft] auflösen wird. Ich [bin] der Geliebte. Ich bin der Gerechte. Ich bin der Sohn des [Vaters]. Ich rede, wie

---

[195] Siehe die vorherige Anmerkung.

[196] An dieser Stelle scheint Text ausgefallen zu sein. Vielleicht ist etwa das Folgende zu ergänzen: „ich <bin es, der ihnen das Licht gab>." Unklar bleibt, wer mit den „zwei" gemeint ist: Zwei Menschen (nach einer Blindenheilung)? Das Augenpaar?

[197] Funk 1976 liest statt ϩ[ⲚⲚ ⲞⲨⲦ]Ⲛⲱⲥⲓⲥ (so wir mit Hedrick) ϩ[Ⲛ ⲞⲨⲦⲈⲀ]ⲓⲱⲥⲓⲥ „in [Voll]endung", ebenso Veilleux.

[198] Funk 1990, 270: „unter [denen, die auferstehen werden (?)]".

[ich] gehört habe. Ich gebiete, wie ich das Gebot [empfangen] habe. Ich unterweise
euch, wie ich [gefunden] habe. Siehe, ich rede, damit ich herauskomme. Gebt acht auf
mich, damit ihr mich seht. Wenn ich wurde – wer bin ich? Denn ich bin gekommen, wie
ich [nicht] bin, und ich werde mich nicht so offenbaren, wie ich bin. Denn ich war (auf
der Erde nur) für kurze Zeit [und] hatte nicht [... *(3 Zeilen zerstört oder beschädigt)* ...
(p.50) ...] weil [...] und [... *(Ende des Jesus-Zitats)*

Und] als [ich] einstmals dasaß und nachdachte, öffnete jener, den ihr gehaßt und verfolgt habt, [die] Tür und kam herein zu mir. Er sprach zu mir: Sei gegrüßt, mein Bruder.
Mein Bruder, sei gegrüßt. Als ich mein [Gesicht] erhob, um ihn anzublicken, sprach die
Mutter zu mir: Erschrick nicht, mein Sohn, daß er zu dir gesagt hat: Mein Bruder. Denn
ihr wurdet mit ein und derselben Milch aufgezogen, deshalb sagt er zu mir: Meine Mutter. Denn er ist bei uns kein Fremder – er ist der Verwandte dein[es] Vater[s...] Nachdem sie (sing.) [... *(3 Zeilen zerstört oder beschädigt)* ... Er (sc. Jesus) sprach] *(p.51)* zu
mir: Mein (?) [...] diese Worte [... *(3 Zeilen zerstört oder beschädigt)* ... Diejenigen] die
ich [finden] werde, werden heraus[kommen]. Ich [aber bin] der Fremde und keiner erkennt mich mit [seinen] Gedanken, denn man kennt mich (nur) an [diesem Ort (?)], aber
es wäre nötig, daß andere durch dich Einsicht gewinnen. Dir sage ich: Höre und verstehe! Denn viele werden, wenn sie hören, furchtsam werden. Du aber, verstehe so, wie
ich es dir sagen kann! Dein Vater ist nicht mein Vater. Aber mein Vater ist [dir] zum
Vater geworden. (Wie) diese Jungfrau, von der du hörst, so [erwähltest] du [dir] die
Ruhe, [indem du entranntst]. Als ich [... Jungfrau ... *(p.52)* ...] die Jungfrau. [Ich habe
verstanden], wie [sie zurückkehrte. Er (sc. Jesus) sprach] zu mir: [Gib acht! Wer] meine
[Verheißung] erschüttert, [handelt] nicht so, wie ich will. Denn diese (Verheißung) ist
es, der [du dich] zuwenden sollst, und sie ist es auch, die dir nützt. Dein Vater, von dem
du meinst, er sei reich, wird dir alles zu erben geben, was du siehst. Ich verkündige dir,
dir das zu geben, was ich sage, wenn du (denn) hörst. Nun also öffne deine Ohren und
verstehe! Und wandle (entsprechend)! [Wenn] sie deinetwegen kommen, angetrieben
von dem, der „herrlich" ist, und sie Verwirrung stiften wollen und Gewalt, [so achte du
nicht auf sie], sondern [...] und [... *(p.53)* hatte] er Hand an [etwas] gelegt, das [er] nicht
[verstand], auch [jene] nicht, die durch ihn ausgesandt worden waren, damit sie [diese
Schöpfung (?)] vollbringen, wie sie hier ist. Danach, wenn [er] zuschanden gemacht
wird, wird er [bestürzt sein], daß seine Arbeit, die von den Äonen (so) weit entfernt ist,
ein Nichts ist. Und sein Erbe wird sich als gering erweisen – das, dessen Größe er sich
gerühmt hatte. Seine Gaben aber sind ungut, und seine Verheißungen sind schlechte
Ratschläge. Du nämlich stammst nicht aus seiner „Barmherzigkeit", sondern er zieht
gewaltsam Vorteil aus dir. Er will uns Unrecht tun. Und für einen ihm zugemessenen
Zeitraum wird er herrschen, aber verstehe und erkenne den Vater, der die (wahre)
Barmherzigkeit besitzt, – den, dem kein Erbe gegeben wurde, da es (sc. sein Erbe) unbegrenzt ist und kein zeitliches Maß hat, sondern ein ewiger [Tag] ist und [Licht], da es
existiert [... *(p.54)* ... die] er [selbst nicht] wahrnehmen [kann]. Und er gebrauchte [sie
(nur)], denn er stammt nicht aus ihnen. Deshalb [...] er und deshalb rühmt er sich, damit
er nicht durchschaut werde. Deshalb nämlich ist er erhaben über die Unteren, jene, auf
die herabgeblickt wird, um sich durch sie zu vervollkommnen. Nachdem er die vom
Vater Stammenden gefangengenommen hatte, ergriff er sie und gestaltete sie so, daß sie

ihm glichen. Sie aber existieren (so) bei ihm. Ich habe die, die entstanden sind, aus der Höhe gesehen. Und ich habe beschrieben, wie sie entstanden sind. Und sie wurden besucht, während sie in anderer Gestalt waren. Und während ich Ausschau hielt, [habe ich] in denen, die ich (als die Meinen) erkenne, die Art erkannt, in der ich existiere. Vor den Entstandenen werden sie einen [Auszug (?)] vollführen – da ich weiß, [daß] jeder, den man sich angeschickt hatte, an diesen Ort [hinabzubringen], *(p.55)* zu [mir] kommen wird wie die Kindlein. [Und] ich will [ihm] offenbar werden durch dich und den [Geist der] Kraft und er (sc. der Geist) soll (sich) [den] Deinen offenbaren, und die, die hineingelangen wollen, sollen durch dich die gute Tür öffnen. Und sie kehren um, damit sie auf dem Weg wandeln, der vor dieser Tür liegt und dir [folgen] und hineingelangen [und du] sie hineinführst und jedem den Lohn gibst, der ihm zukommt. Denn du bist nicht der Erlöser und Helfer von Fremden. Du bist Erleuchter und Erlöser der Meinen – jetzt auch der Deinen. Du sollst offenbaren und ihnen allen Gutes bringen. Dich [sollen sie] bewundern wegen [aller] (deiner) Krafttaten. Du bist es, den die Himmel selig preisen. Auf dich soll der eifersüchtig sein, [der sich] den Namen „der [Eifersüchtige"] gegeben hat. Du [... *(3 Zeilen zerstört oder beschädigt)* ... *(p.56)* die] mit [dir] darüber belehrt werden. Um deinetwillen werden [sie darüber] belehrt werden und zur Ruhe kommen. Um deinetwillen werden sie herrschen [und] König sein. Um [deinet]willen wird [man] sich derer erbarmen, deren man sich [erbarmen] wird. Du nämlich, wie du dich als erster bekleidet hast, so bist du auch der erste, der sich entkleiden wird. Und du wirst werden, wie du warst, bevor du dich entkleidet hast.

Und er (sc. Jesus) küßte mich, umarmte mich und sagte: Mein Geliebter! Siehe, ich werde dir enthüllen, was [die] Himmel nicht wußten noch ihre Archonten. Siehe, ich werde dir offenbaren, was jener nicht erkannte, der sich rühmte, [indem er sagte]: [Ich bin Gott und ist kein *(p.57)* anderer] außer mir. Ich bin [...] lebendig, da (?) ich ein Vater bin. Habe ich [nicht Macht] bezüglich aller Dinge? Siehe, ich werde dir alle Dinge enthüllen. Mein [Geliebter, verstehe] und erkenne sie, [damit] du aus diesem Leib herauskommst [so wie] ich! Siehe, ich werde dir den enthüllen, der [verborgen] ist. Nun aber strecke deine [Hand] aus und umarme mich jetzt!

[Und] sogleich streckte ich meine [Hände] aus und fand ihn nicht so, wie ich dachte. Aber danach hörte ich ihn sagen: Verstehe! Und umarme mich! Da verstand ich. Und ich geriet in Furcht und (zugleich) freute ich mich außerordentlich.

Deshalb sage ich euch: Die ihr richtet – ihr seid gerichtet worden. Ihr habt euch nicht zurückgehalten, aber euch hat man geschont. Werdet nüchtern! Und [erkennt ... *(3 Zeilen zerstört oder beschädigt)* ...] *(p.58)* Ihr habt nicht erkannt. Er war jener, den der nicht [sehen konnte], der den Himmel und die Erde geschaffen hat und darin wohnte. Er war der, der das Leben ist. Er war das Licht. Er war der, der sein wird. Und wiederum wird er zu Ende bringen, [was] angefangen hat, und anfangen, was zu Ende gehen wird. Er war der Heilige Geist und der Unsichtbare, der nicht auf die Erde herabkam. Er war die Jungfrau. Und das, was er will, geschieht ihm. Ich habe ihn gesehen: Nackt war er und trug kein Gewand. Was ihm gefällt, wird ihm zuteil. [... *(3 Zeilen zerstört oder beschädigt)* ...] *(p.59)* Verlaßt diesen beschwerlichen Weg, den vielgestaltigen! [Und] wandelt dem gemäß, der will, [daß] ihr [mit] mir freie Menschen werdet, nachdem ihr jegliche [Herr]schaft überwunden habt. Denn er wird (euch) nicht [richten] für das, was ihr getan habt, sondern wird sich euer erbarmen. [Denn] nicht ihr habt es getan, sondern [euer] Herr ist es. Er war kein zürnender, sondern ein gütiger Vater. [Ihr] aber, ihr habt euch gerichtet. Und deshalb werdet ihr in ihren Fesseln bleiben. Ihr habt euch selbst belastet und werdet bereuen – und nichts gewinnen. Seht auf den, der redet, und sucht nach dem der schweigt! Erkennt den, der hierher kam, und versteht den, der wegging! Ich bin der Gerechte, doch richte ich <nicht>. Ich bin also kein Herr, sondern ich bin ein Helfer. Er wurde verworfen, bevor er seine Hand ausstreckte. Ich [... *(4 Zeilen zerstört oder beschädigt)* ...] *(p.60)* Und er läßt mich hören. Eure Trompeten und eure Flöten – spielt sie samt euren Harfen [für] dieses Haus! Der Herr ist es, der euch gefangengenommen hat {...} und er verschloß eure Ohren damit sie den Klang meiner Rede nicht hören. Doch werdet ihr aufmerksam werden in eurem Sinn [und] ihr werdet mich „der Gerechte" nennen. Deshalb sage ich euch: Siehe, ich habe euch euer Haus gegeben (?), – das, von dem ihr sagt, Gott habe es geschaffen, und in dem der, der darin ist, euch ein Erbteil zu geben verheißen hat. Dieses werde ich niederreißen zur Vernichtung und Verhöhnung derer, die in Unwissenheit sind.

Ende des Priesterberichtes (p.60,23-61,15)

Denn siehe, die, die richten, beraten, um [... *(3 Zeilen zerstört oder beschädigt)* ... *(p.61)* an] jenem Tag. Das ganze Volk war verwirrt samt der Menge, und es war ihnen anzusehen, daß sie nicht überzeugt waren. Und er stand auf und ging weg, nachdem er [so] geredet hatte.

Neulich aber kam er wieder hin und redete einige Stunden. Ich aber war bei den Priestern und enthüllte (ihnen) nichts von dem Verwandtschaftsverhältnis, weil sie alle einstimmig sagten: Kommt, laßt uns „den Gerechten" steinigen!

Das Martyrium des Jakobus (p.61,15-63,32)

a) Die Ermordung des Jakobus (p.61,15-62,16)

Und sie standen auf und sagten: Auf, laßt uns diesen Menschen töten, auf daß er aus unserer Mitte weggenommen werde! Denn er wird uns nicht im geringsten nützlich sein. Sie waren aber dort und fanden ihn bei der Zinne des Tempels stehen, bei dem mächtigen Eckstein. Und sie beschlossen, ihn hinabzustürzen aus der Höhe – und sie stürzten ihn hinab. Sie aber, [sie ... und sahen ... *(2 Zeilen zerstört oder beschädigt)* ...] *(p.62)* Sie griffen ihn und verhöhnten ihn, während sie ihn auf der Erde schleiften. Sie streckten ihn aus, wälzten einen Stein auf seinen Bauch, traten ihn alle mit Füßen und sagten: Du Abtrünniger! Wiederum richteten sie ihn, da er noch lebte, auf, ließen ihn eine Grube ausheben und stellten ihn aufrecht hinein. Nachdem sie ihn bis zum Bauch zugeschüttet hatten, steinigten sie ihn so. Er aber streckte seine Hände aus und sprach dieses Gebet – (und zwar) nicht das, das er gewöhnlich zu sprechen pflegte:

b) Das Sterbegebet des Jakobus (p.62,16-63,29)

Mein Gott und mein Vater!
   Der du mich gerettet hast aus dieser Hoffnung, da sie tot war!
   Der du mich lebendig gemacht hast durch ein Geheimnis deines Wohlgefallens!
Laß mir die Tage dieser Welt nicht zu lang werden,
   sondern den Tag deines Lichtes, in [dem kein Rest von Nacht] bleibt,
   [laß ...
...] *(p.63)* Erlösung
   und befreie mich aus dieser Fremde!
Laß deine Gnade nicht in mir verkümmern,
   sondern laß deine Gnade rein werden!
Errette mich aus einem bösen Tod!
Bring mich lebendig aus dem Grabe,
   denn lebendig ist in mir deine Gnade,
   die Lust, am Werk der Vollendung mitzuwirken.
Errette mich aus sündigem Fleisch,
   denn dir hab' ich vertraut mit meiner ganzen Kraft,
   denn du bist das Leben des Lebens!
Errette mich vor einem demütigenden Feind,
   gib mich nicht in die Hand eines strengen Richters!
<Errette mich> aus der Sünde!
   Vergib mir alle meine Schuld der Tage,
   denn ich bin in dir lebendig,
   in mir lebt deine Gnade!
Alles habe ich verleugnet,
   dich aber habe ich offen bekannt.
Errette mich aus böser Bedrängnis!
   Jetzt ist die Zeit, und die Stunde ist da.
Heiliger Geist, sende [mir] Erlösung!
   Licht [vom] Lichte, [bekränze mich] mit [unvergänglicher ...] Kraft!

c) Schluß (p.63,30-32)

Nachdem er geredet hatte, verstummte [er. Sein] Wort [aber wurde] danach [aufge-schrieben. Dies ist] der Logos [...]

Die Apokalypse des Adam (NHC V,5)

Walter Beltz

Literatur

Beltz, Walter, 1970: Die Adamapokalypse von Nag Hammadi. Jüdische Bausteine in gnostischen Systemen. Theol. Habilitationsschrift. Berlin.

Böhlig, Alexander / Labib, Pahor, 1963: Koptisch-gnostische Apokalypsen aus Codex V von Nag Hammadi im Koptischen Museum zu Alt-Kairo. WZ(H), Sonderband, 86-117.

Hedrick, Charles W., 1980: The Apokalypse of Adam. (SBL.DS 46.) Ann Arbor.

MacRae SJ, George W., 1996: The Apocalypse of Adam (V.5). In: Robinson, James M. (ed.): The Nag Hammadi Library in English. 4th rev. ed. Leiden / New York / Köln, 256-264.

MacRae, George W., 1979: The Apocalypse of Adam. In: Parrott, Douglas M. (ed.): Nag Hammadi Codices V,2-5 and VI with Papyrus Berolinensis 8502,1 and 4. (NHS 11.) Leiden, 151-195.

Morard, Françoise, 1985: L'Apocalypse d'Adam. (BCNH.T 15.) Québec.

Einleitung

Die Adamsapokalypse (ApcAd) wurde vom Schreiber des Codex V von Nag Hammadi mit anderen Apokalypsen zusammengestellt und gehört in den Kontext der altkirchlichen Adamsliteratur. Sie beansprucht als Offenbarung höchste Glaubwürdigkeit. Der Codex ist in der Mitte des 4. Jh. entstanden, als es im Orient noch keine organisatorische Trennung der einzelnen christlichen Gruppen gab, da die byzantinische Reichskirchenpolitik sich in Ägypten nicht durchgesetzt hatte. Auch Gnostiker verstanden sich als Christen.

Der koptische Text ist bis auf einzelne Bruchstellen an unteren Seitenrändern gut erhalten und bereitet keine Verstehensschwierigkeiten. Der religionsgeschichtliche Ort der ApcAd ist das exilische Judentum, das schon als zweite Umgangssprache mehrheitlich Griechisch sprach, vor allem in Alexandria, wo die Vorlage des koptischen Textes entstanden ist. Eindeutig christliche Bezüge lassen sich nicht herstellen, denn die Taufe wurde auch von anderen spätantiken orientalischen Religionsgemeinschaften geübt, vermutlich auch im gnostischen Sethianismus, zu dem die ApcAd gezählt werden kann. In dieser gnostischen Schule spielt der Adamssohn Seth die wichtige Rolle des Offenbarungs- und Heilsmittlers, der auch in der übrigen apokryphen Literatur als Empfänger einer Offenbarung seines Vaters bezeugt ist. Beziehungen zwischen diesen Offenbarungstraditionen und der ApcAd lassen sich nur vermuten, aber nicht nachweisen.

Formal ist die ApcAd eine Vision vom Ablauf der Weltgeschichte unter Rückgriff auf biblische Topoi, wobei sie als Antitopoi verwendet werden, denn Sintflut oder die Episode von Sodom und Gomorra dienen als Zeichen der Rettung der Gnostiker, nicht die Nachkommen Sems, sondern die Nachkommen Seths werden gerettet. Der Text gibt p.85,19-29 die Erklärung der ApcAd und bestimmt den Text als Einführungs- oder Gründungsbericht der Sethianer, denn gnostische Arkana werden nicht mitgeteilt. Ein Lehrtext ist auch der Abschnitt p.77,27-82,19 über die Lehren verschiedener Königreiche, denn nur die königlose Generation als Adressat der ApcAd erfährt die rettende Gnosis. Die Aufzählung der verschiedenen Königreiche sollte nicht als historische Abfolge mißdeutet werden, sie spiegelt vielmehr die Koexistenz verschiedener Heilslehren in unterschiedlichen Gruppen wider.

Gattungsmäßig ist die ApcAd deshalb vor allem eine Einführungsschrift in die Gnosis für Anfänger, die mit jüdischen und anderen gleichzeitigen religiösen Traditionen vertraut sind, zu denen auch manichäische und zoroastrische Lehren gehören. Gegen diese wie auch gegen andere spätantike Heilsmysterien sind die polemischen Passagen in den Königreichsprüchen gerichtet. Apologetik und Polemik sind nun in der antiken Literatur Indikatoren für die Gattung der Lehrschrift. Der Gattung entspricht auch, daß im Text, etwa im Gegensatz zu den Versionen des Apokryphon Johannes, keine kosmogonischen Details enthalten sind.

Übersetzung

(p.64) Die Apokalypse, die Adam seinen Sohn Seth im siebenhundertsten Jahre wissen ließ, indem er sagte:

Höre auf meine Worte, mein Sohn Seth. Als Gott mich aus der Erde erschaffen hatte, samt deiner Mutter Eva, da wandelte ich mit ihr in Herrlichkeit, die sie in jenem Äon erkannt hatte, aus dem wir entstanden waren. Sie ließ mich ein Wort der Gnosis des ewigen Gottes wissen. Und wir glichen den großen ewigen Engeln, denn wir waren über den Gott erhaben, der uns erschaffen hatte, und über jene Kräfte bei ihm, die wir nicht kannten. Da trennte uns Gott, der Archont der Äonen und jener Kräfte, im Zorne. Da wurden wir zu zwei Äonen. Und es verließ uns jene Herrlichkeit, die in unserem Herzen war, mich und deine Mutter Eva, mitsamt jener ersten Gnosis, die in uns wehte. Und sie entfloh von uns und ging hinein in [...] große (?) [...] und [...] die *(p.65)* entstanden war, nicht aus diesem Äon, aus dem wir entstanden waren, ich und deine Mutter Eva, sondern hinein in den Samen großer Äonen, <der der Same des großen Geschlechtes ist, beziehungsweise von dem (er stammt)>. Deswegen habe ich dich auch mit dem Namen jenes Menschen benannt. {...} Nach jenen Tagen war die ewige Gnosis des Gottes der Wahrheit fern von mir und deiner Mutter Eva. Seit jener Zeit empfingen wir Kenntnis über tote Werke wie Menschen. Da erkannten wir den Gott, der uns geschaffen hatte, denn seinen Kräften waren wir nicht fremd, und wir dienten ihm in Furcht und Knechtschaft. Danach wurden wir finster (i.e. blind) in unserem Herzen.

Ich aber schlief in dem Denken meines Herzens. Denn ich sah drei Männer vor mir, deren Gestalten ich nicht erkennen konnte, denn sie gehörten nicht zu den Kräften des Gottes [der uns geschaffen] hatte. Sie waren erhabener als [...] Herrlichkeit und [...] Menschen [...] *(p.66)* [indem sie] mir sagten: „Erhebe dich von diesem Todesschlaf,

Adam, und höre über den Äon und den Samen jenes Menschen, zu dem das Leben gekommen ist, der aus dir und deiner Paargenossin Eva hervorgegangen ist." Da, nachdem
ich diese Worte von jenen großen Männern gehört hatte, die vor mir standen, da seufz-
ten wir, ich und Eva, in unserem Herzen. Und der Herr, der Gott, der uns geschaffen
hatte, trat vor uns hin und sagte zu uns: „Adam, weshalb habt ihr geseufzt in eurem
Herzen? – Wißt ihr nicht, daß ich der Gott bin, der euch geschaffen hat? Und ich habe
euch einen Geist des Lebens eingeblasen zu einer lebendigen Seele." Da wurde es finster über unseren Augen.

Da schuf der Gott, der uns geschaffen hatte, einen Sohn aus sich mit deiner Mutter
Eva [...] aus [...] *(p.67)* [...] in dem Gedanken meines [...]. Ich erkannte eine süße Begierde nach deiner Mutter. Da verließ uns die Kraft unserer ewigen Erkenntnis und
Schwäche verfolgte uns. Deshalb auch wurden die Tage unseres Lebens verkürzt. Ich
erkannte nämlich, daß ich unter die Macht des Todes geraten war.

Nun also, mein Sohn Seth, werde ich dir offenbaren, was mir jene Männer offenbart
haben, die ich früher vor mir (stehend) gesehen habe:

Nachdem ich die Zeiten dieses Geschlechtes vollendet habe und zu Ende gegangen
sein werden [die] Jahre [dieser Generation], dann [...] Diener [...] *(p.69)* Denn es werden Regengüsse [Gottes], des Pantokrators, hervorbrechen, [damit] er [alles] Fleisch
{...} von der Erde vernichte durch jene, nach denen es sucht zusammen mit denen aus
dem Samen jener Menschen, zu denen [das] Leben der Gnosis gelangt war, das von mir
und deiner Mutter Eva ausgegangen war. Diese waren ihm nämlich fremd. Danach
werden große Engel in hohen Wolken kommen. Sie werden jene Menschen an den Ort
bringen, wo der Geist des [ewigen] Lebens ist [... *ca. 4 Zeilen fehlen*) ...] *(p.70)* [...]
von Herrlichkeit [...] jene(r) [...] kommen vom Himmel bis zur Erde. [Dann] wird die
ganze [Menge] des Fleisches zurückgelassen werden in den [Wassern]. Dann wird Gott
von seinem Zorne ruhen, und er wird seine Kraft auf die Wasser werfen. Und [er wird]
seinen Söhnen und ihren Frauen Kraft geben durch die Arche, zusammen mit den Tieren, an denen er Gefallen gefunden hatte, und den Vögeln des Himmels, die er benannt
hatte. Er setzte sie (plur.) auf das Land. Und Gott wird zu Noah, den die Generationen
Deukalion nennen werden, sagen: „Siehe, ich habe dich in der Arche bewahrt, mitsamt
deiner Frau, mit deinen Söhnen und ihren Frauen und ihrem Vieh und den Vögeln des
Himmels, die du benannt und [auf das Land gesetzt hast ... *ca. 4 Zeilen fehlen*) ...].
(p.71). Deshalb werde ich dir die Erde geben, dir und deinen Söhnen. Königlich wirst
du über sie herrschen, du und deine Söhne. Und aus dir soll keine Nachkommenschaft
von jenen Menschen hervorgehen, die nicht in einer anderen Herrlichkeit vor mich treten werden."

Dann werden jene Menschen, die durch die Gnosis jener großen Äonen und jener
Engel hervorgebracht wurden, wie die Wolke des großen Lichtes sein und kommen und
vor Noah und jene Äonen hintreten. Dann wird Gott zu Noah sagen: „Weshalb bist du
von dem abgewichen, was ich dir gesagt habe? Du hast ein anderes Geschlecht erschaffen, damit du meine Macht beschimpfst." Dann wird Noah sagen: „Ich werde bei deiner
Macht bezeugen, daß das Geschlecht dieser Menschen nicht durch mich noch [durch
meine Söhne] entstanden ist [... *ca. 4 Zeilen fehlen*) ...] *(p.72)* [... die] Gnosis. Und [er]
wird jene Menschen [...] und sie in ihr Land bringen, das (ihrer) würdig ist, und ihnen

einen heiligen Wohnort bauen. Und man wird sie mit jenem Namen rufen, und sie werden dort sechshundert Jahre im Wissen der Unvergänglichkeit wohnen. Und bei ihnen werden Engel des großen Lichtes sein und keine verabscheuenswürdige Sache wird in ihrem Herzen sein, nur allein die Gnosis Gottes."

Dann wird Noah die ganze Erde unter seine Söhne Ham, Japhet und Sem aufteilen. Er wird zu ihnen sagen: „Meine Söhne, hört auf meine Worte. Siehe, die Erde habe ich unter euch verteilt. Nun denn, dient ihm (sc. dem Pantokrator) in Furcht und Dienstbarkeit alle Tage eures Lebens. Niemals soll sich euer Same abwenden vom Antlitz Gottes, des Pantokrator. [...] ich und euer [... *ca. 4 Zeilen fehlen*) ...] (p. 73) [... der] Sohn Noahs: „Mein Same wird Gefallen finden vor dir und deiner Kraft. Versiegele ihn mit deiner starken Hand in Furcht und Gebot, denn der ganze Same, der aus mir hervorgegangen ist, wird sich nicht von dir und Gott, dem Pantokrator, abwenden, sondern demutsvoll und gewissensfürchtig dienen."

Dann werden andere aus dem Samen Hams und Japhets sich aufmachen, 400 000 Menschen, und werden in ein anderes Land gehen und bei jenen Menschen wohnen, die aus der großen ewigen Gnosis entstanden sind, denn der Schatten ihrer Kraft wird diejenigen, die bei ihnen Zuflucht gesucht haben, vor allen bösen Werken und allen schmutzigen Begierden bewahren.

Dann wird der Same Hams und Japhets zwölf Königreiche bilden. Und auch ihr Same wird in das Königreich eines anderen Volkes gehen. [Dann] werden beraten [die ...] Äonen zu [...] (p. 74) [...] die tot sind, der großen Äonen der Unvergänglichkeit. Und sie werden zu ihrem Gott Saklas gehen. Sie werden zu den Kräften hineingehen, um die großen Menschen anzuklagen, die in ihrer Herrlichkeit sind. Sie werden zu Saklas sagen: „Was ist die Kraft dieser Menschen, die vor dich getreten sind, die aus dem Samen von Ham und Japhet genommen sind? Es werden 400 <000> Menschen sein. Sie wurden in einen anderen Äon gebracht, (als den), aus dem sie entstanden sind. Und sie haben die ganze Herrlichkeit deiner Kraft und der Herrschaft deiner Hand pervertiert. Denn der Same des Noah erfüllte in seinem Sohne (sc. Sem) deinen ganzen Willen und aller Kräfte in den Äonen, über die deine Macht zur Herrschaft gekommen ist. Und jene Menschen und die, die Beisassen ihrer Herrlichkeit sind, haben deinen Willen nicht getan, sondern deine ganze Schar abspenstig gemacht." Da wird der Gott der Äonen ihnen von denen geben, die ihm dienen [...] und sie werden über jenes Land kommen, (p. 75) wo die großen Menschen sein werden, die sich nicht verunreinigt haben noch sich verunreinigen werden durch irgendwelche Begierde, weil ihre Seele nicht durch eine unreine Hand entstanden, sondern auf das große Geheiß eines ewigen Engels entstanden ist.

Dann werden sie Feuer, Schwefel und Asphalt auf jene Menschen werfen und Feuer und Rauch werden über jene Äonen kommen. Die Augen der Kräfte der Erleuchter werden dunkel werden, daß die Äonen in jenen Tagen nicht durch sie sehen können.

Und große Lichtwolken werden herabkommen, auf sie werden andere Lichtwolken aus den großen Äonen kommen. Abrasax, Sablo und Gamaliel werden herabkommen, daß sie jene Menschen aus dem Feuer und vor dem Zorn wegbringen, damit sie sie oberhalb der Äonen und der Mächte der Kräfte (unter)bringen. Sie werden sie herausbringen [...] von Leben [...] und sie werden sie herausbringen [...] der Äonen [...]

Wohnort *(p. 76)* der großen [...] dort und der heiligen Engel und der Äonen. Diese Menschen werden jenen Engeln gleich sein, weil sie ihnen nicht fremd sind, sondern sie wirken durch den unvergänglichen Samen.

Wiederum – zum dritten Male – wird der Erleuchter der Gnosis vorübergehen in großer Herrlichkeit, damit er von dem Samen des Noah und den Söhnen Hams und Japhets einen Rest erhalte und sich fruchtbringende Bäume übrig lasse. Und er wird ihre Seelen am Tage ihres Todes retten, denn alle Geschöpfe, die aus der toten Erde entstanden sind, werden unter die Macht des Todes kommen. Die aber die Gnosis des ewigen Gottes in ihrem Herzen denken, die werden nicht vergehen, weil sie den Geist nicht aus diesem gleichen Königreich erhalten haben, sondern sie haben (ihn) empfangen von einem [...] ewigen Engel [...] die Erleuchter [...] werden kommen über [... die] tot sind [...] *(p.77)* [...] des Seth und er wird Zeichen und Wunder tun, damit er die Kräfte und ihren Archonten beschämt. Dann wird der Gott der Kräfte verstört sein, indem er sagt: „Was ist die Kraft dieses Menschen, der höher ist als wir?" Dann wird er einen großen Zorn gegen jenen Menschen erregen.

Und die Herrlichkeit wird ihren Platz wechseln und in heiligen Häusern wohnen, die sie sich erwählt hat. Und die Kräfte werden sie mit ihren Augen nicht sehen, noch werden sie den Erleuchter sehen. Dann werden sie das Fleisch des Menschen bestrafen, auf den der heilige Geist gekommen ist.

Dann werden die Engel und alle Geschlechter der Kräfte diesen Namen irrtümlich benutzen, indem sie sagen: „Woher stammt er (sc. der Irrtum), oder woher sind die lügnerischen Reden gekommen, die alle Kräfte nicht gefunden haben?" Das erste Königreich nun [sagt über ihn:] „Er stammt ab [von ... *(2 Zeilen stark zerstört) ...*] *(p.78)* ein Geist [...] zum Himmel. Man ernährte ihn in den Himmeln. Er empfing die Herrlichkeit von jenem und die Kraft. Er kam an die Brust seiner Mutter, und so kam er auf das Wasser." Das zweite Königreich aber sagt von ihm: „Er stammt ab von einem großen Propheten. Und ein Vogel kam, nahm den Knaben, als er geboren war, brachte ihn zu einem hohen Berg. Und man ernährte ihn durch den Vogel des Himmels. Ein Engel kam von dort. Er sagte zu [ihm]: ‚Stehe auf, Gott hat dir Herrlichkeit verliehen.' Er empfing Herrlichkeit und Stärke. Und so kam er auf das Wasser." Das dritte Königreich sagt über ihn: „Er entstammt einem jungfräulichen Leib. Man vertrieb ihn und seine Mutter aus seiner Stadt und brachte ihn an einen einsamen Ort und er ernährte sich dort. Er kam und empfing Herrlichkeit und Kraft. Und so kam er auf das Wasser." Das vierte Reich sagt über ihn: „Er stammt von einer Jung[frau, ... Salomo] *(p.79)* suchte sie, er selbst und Phersalo und Sauel und seine Heere, die man ausgesandt hatte. Salomo aber sandte sein Dämonenheer aus, um die Jungfrau zu suchen. Und die sie suchten, fanden sie nicht, sondern sie brachten die Jungfrau, die man ihnen gegeben hatte. Salomo nahm sie. Die Jungfrau wurde schwanger. Sie gebar den Knaben an jenem Ort. Sie ernährte ihn in einer Schlucht der Wüste. Als er ernährt worden war, empfing er Herrlichkeit und Kraft von jenem Samen, durch den er gezeugt war. Und so kam er auf das Wasser." Das fünfte Königreich aber sagt über ihn: „Er stammt von einem Himmelstropfen ab. Man warf ihn in das Meer. Der Abgrund nahm ihn auf. Er gebar ihn. Er brachte ihn zum Himmel. Er empfing Herrlichkeit und Kraft. Und so [kam] er auf [das Wasser]." Das sechste Königreich aber sagt: „Eine [...] herab zu dem Äon *(p.80)*, der unten war, damit er Blumen [pflückte]. Sie wurde schwanger durch die Begierde der Blumen. Sie gebar ihn an jenem Ort. Die Engel des Blumengartens ernährten ihn. Er empfing Herrlichkeit und Kraft an jenem Ort. Und so kam er auf das Wasser." Das siebente Königreich aber sagt über ihn: „Er ist ein Tropfen. Er kam vom Himmel auf die Erde. Drachen brachten ihn in Höhlen. Er wurde ein Kind. Ein Geist kam über ihn. Er brachte ihn zu der Höhe, an den Ort, woher der Tropfen geworden war. Er empfing Herrlichkeit und Kraft an jenem Ort und so kam er auf das Wasser." Das achte Königreich sagt aber über ihn: „Eine Wolke kam auf die Erde. Sie hüllte einen Felsen ein. Er entstand aus ihm. Die Engel, die auf [der] Wolke sind, ernährten ihn. Er [empfing] Herrlichkeit und Kraft [an jenem] Ort, und [so] kam [er auf das Wasser]." *(p.81)* [Das] neunte Königreich aber sagt über ihn: „Von den neun Musen trennte sich eine. Sie kam auf einen hohen Berg. Sie verbrachte Zeit, indem sie dort saß, so daß sie nach sich selbst Begehren empfand, daß sie mannweiblich würde. Sie erfüllte ihre Begierde. Sie wurde schwanger von ihrer Begierde. Er wurde geboren. Die Engel, die über der Begierde stehen, ernährten ihn. Und er empfing an jenem Ort Herrlichkeit und Kraft. Und so kam er auf das Wasser." Das zehnte Königreich sagt über ihn: „Sein Gott liebte eine Wolke der Begierde. Er zeugte ihn in seiner Hand. Und er warf von dem Tropfen zur Wolke hin, die fern von ihm war. Und er wurde geboren, er empfing Herrlichkeit und Kraft an jenem Ort. Und so kam er auf das Wasser." Das elfte Königreich aber sagt: „Der Vater begehrte seine eigene Tochter, sie wurde selbst schwanger von ihrem Vater, sie warf [...] ein Grab *(p.82)* draußen in der Wüste. Der Engel ernährte ihn an jenem Ort. Und so kam er auf das Wasser." Das zwölfte Königreich sagt über ihn: „Er entstammt zwei Erleuchtern. Sie ernährten ihn dort. Er empfing Herrlichkeit und Kraft, und so kam er auf das Wasser." Das dreizehnte Königreich aber sagt über ihn: „Jedes Gebären ihres Archonten [ist] ein Logos. Und dieser Logos hat an jenem Ort einen Befehl erhalten. Er empfing Herrlichkeit und Kraft. Und so kam er auf das Wasser, damit die Begierde dieser Kräfte befriedigt würde." Die königlose Generation aber sagt: „Gott hat ihn erwählt aus allen Äonen. Er hat in ihm eine Gnosis vom Unbefleckten der Wahrheit entstehen lassen. Er, der große Erleuchter, sagte, daß er aus einem fremden Luftreich gekommen sei, [aus einem] großen Äon. Und [er] *(p.83)* [ließ die] Generation jener Menschen erleuchten, die er sich erwählt hat, so daß sie den ganzen Äon erleuchten."

Dann wird der Same die Kraft bekämpfen, sie (alle), die seinen Namen auf dem Wasser annehmen werden und den von ihnen allen. Und eine finstere Wolke wird über sie kommen. Dann werden die Völker mit lauter Stimme schreien und sagen: „Heil der Seele jener Menschen, daß sie Gott in einer Gnosis der Wahrheit erkannt haben. Sie werden leben bis zu den Äonen der Äonen, weil sie nicht verdorben wurden durch ihre Begierde mit den Engeln und auch nicht die Werke der Kräfte taten, sondern sie stehen vor ihm in einer Gnosis Gottes wie ein Licht, das aus Blut und Feuer herausgekommen ist. Wir aber haben in Unwissenheit alle Werke der Kräfte getan. Wir haben uns der Übertretung aller unserer Werke gerühmt. Wir haben geschrieen gegen [den Gott] der [Wahrheit], weil alle seine Werke [...] *(p.84)* ewig ist. Erbarmt euch unserer Geister! Wir haben nämlich jetzt erkannt, daß unsere Seelen den Tod sterben werden." Da kam eine Stimme zu ihnen, <indem> Micheus, Michar und Mnesinous, die über der Taufe und dem lebendigen Wasser eingesetzt sind, sagten: „Weshalb habt ihr zu dem lebendigen Gott mit unerlaubtem Geschrei und gesetzlosen Zungen geschrieen, mit Seelen, die voll sind von Blut und unreinen Werken? Ihr seid voll von Werken, die nicht die der Wahrheit sind, sondern eure Wege sind voll von Frohlocken und Jubel, nachdem ihr das Wasser des Lebens besudelt habt, und habt es unter den Willen der Kräfte gezogen, in deren Hände ihr gegeben seid, damit ihr ihnen dient. Und euer Denken gleicht nicht dem jener Menschen, die ihr verfolgt [habt ...] Begierde [...]. *(p.85)* Ihre Frucht wird nicht vergehen. Sondern man wird sie kennen bis zu den großen Äonen: Denn die Worte des Gottes der Äonen, die sie bewahrt haben, wurden nicht in ein Buch gebracht, noch sind sie (anderswo) geschrieben, sondern Engelartige werden sie bringen, die alle Generationen der Menschen nicht kennen werden. Sie werden nämlich auf einem hohen Berge, auf einem Felsen der Wahrheit sein. Deshalb wird man sie nennen die Worte der Unvergänglichkeit [und] der Wahrheit derer, die den ewigen Gott in einer Weisheit der Gnosis und einer Lehre der ewigen Engel kennen. {Denn er weiß alle Dinge.}[199]

Dies sind die Offenbarungen, welche Adam seinem Sohn Seth offenbart hat, <denn er weiß alle Dinge>, und sein Sohn hat seinen Samen darüber unterrichtet: Das ist die verborgene Gnosis Adams, die er Seth gegeben hat, das ist die heilige Taufe derer, die die ewige Gnosis durch die Logosgeborenen und die unvergänglichen Erleuchter kennen, die hervorgegangen sind aus dem heiligen Samen, Jesseus, Mazareus, Jessedekeus, [das lebendige] Wasser.

Subscriptio (p.85,32)

Die Apokalypse des Adam

---

[199] Dieser Satz gehört vermutlich erst zum folgenden und wurde vom Schreiber versehentlich schon hier plaziert.

Die Taten des Petrus und der zwölf Apostel (NHC VI,1)

Hans-Martin Schenke

Literatur

Molinari, Andrea, Lorenzo, 2000: The Acts of Peter and the Twelve Apostels. Allegory, Ascent, and Ministry in the Wake of the Decian Persecution. (SBL.DS 174.) Atlanta.

Schenke, Hans-Martin, 1989: Die Taten des Petrus und der zwölf Apostel. In: NTApo I[6], 368-380.

Wilson, Robert McL./ Parrott, Douglas M., 1979: The Acts of Peter and the Twelve Apostles. In: Parrott, Douglas M. (ed.): Nag Hammadi Codices V,2-5 and VI with Papyrus Berolinensis 8502,1 and 4. (NHS 11.) Leiden, 198-229.

Einleitung

Für die kurze Schrift mit dem seltsamen Titel „Die Taten des Petrus und der zwölf Apostel" gibt es keinerlei äußere Zeugnisse in der altchristlichen Literatur. Sie war uns bis zur zufälligen Entdeckung ihres Textes selbst völlig unbekannt. Dieser wiederaufgefundene Text ist freilich nur eine koptische Übersetzung (der Dialekt ist ein Sahidisch mit nördlichem Hintergrund) und ist auch nur in einer einzigen Kopie erhalten. Die koptische Sprache, in der die ActPt zufällig erhalten sind, kann nicht die Sprache sein, in der der Text ursprünglich abgefaßt worden ist. Es handelt sich vielmehr um eine Übersetzung aus dem Griechischen.

Die Frage, wo der Prototyp von ActPt entstanden sein mag, ist zur Zeit kaum zu beantworten. Der Text enthält keinerlei direkten Hinweis auf seinen Ursprungsort. Aber vielleicht gibt es irgendwelche anderen Spuren, die die ursprüngliche Heimat im Text zurückgelassen hat, nur daß wir sie noch nicht „lesen" können. In dieser Hinsicht sind vielleicht drei Sachverhalte bedenkenswert: a) Nach dem Inhalt und der Tendenz des Textes fällt es schwer, ihn als Produkt der (werdenden) Großkirche zu verstehen. Viel näher liegt die Vorstellung, daß er zu einer ganz bestimmten Spielart des Christentums gehört und innerhalb einer relativ kleinen, geschlossenen Gruppe entstanden ist. Die besondere Art, wie in ActPt das Ideal der Armut vertreten wird, läßt unwillkürlich an Ebionitentum denken. b) Die wichtigste Spur ist vielleicht die den Text beherrschende Gestalt des Lithargoël, falls nämlich Lithargoël eigentlich und ursprünglich die Schlüsselfigur einer ganz bestimmten, bisher noch kaum greifbaren, von Hause aus jüdischen Tradition ist. c) Die Weise, in der der Text die Askese propagiert, erinnert an das syrische Wanderasketentum und lenkt damit unsere Vorstellung in den weiten Raum Syriens. Andere Spuren weisen allerdings nach Alexandria.

Auch für die Beantwortung der Frage nach der Abfassungszeit von ActPt findet sich im Text kaum ein brauchbarer Hinweis. So gibt es nur Schätzungen; und die laufen ganz global auf das 2. und / oder 3. Jh. hinaus. Man sollte jedoch ernsthaft damit rechnen, daß die ActPt schon im 2. Jh. entstanden sein können. Auf jeden Fall ist es für die Datierungsversuche wichtig, wie in ActPt auf das Neue Testament Bezug genommen wird. Es ist nämlich auffällig, daß der direkte und eindeutige Bezug auf bestimmte Stellen des Neuen Testaments ganz selten bzw. kaum vorhanden ist. Die Quellen, aus denen die ActPt im wesentlichen Ideen und Stoff beziehen, sind offenbar nicht Schriften des Neuen Testaments, sondern irgendwelche apokryphen Traditionen.

Die ActPt sind ein überaus seltsamer Text. Was erzählt wird, scheint halb Wirklichkeit zu sein und halb Traum, halb Geschichte und halb Märchen, halb Apostellegende und halb Visionsschilderung bzw. Allegorie; auch Paränese und Kirchenordnung sind im Spiel. Die Schilderung ist unorganisch, von Dubletten, Widersprüchen und Ungereimtheiten durchzogen. Und dennoch vermag die Komposition wie eine in sich geschlossene Einheit zu wirken. Die ActPt gehören wohl gar keiner wirklich vorhandenen und natürlichen Textsorte an, sondern sind ein hybrider Großtext, der durch die unorganische Zusammenstellung von Einzeltexten, die zu je ganz verschiedenen Textsorten gehören, zustande gekommen ist. Daß die ActPt etwa ein isoliert überliefertes Stück des verlorengegangenen ersten Drittels der alten Petrusakten sind, ist unwahrscheinlich.

Die ActPt sind ein christlicher Text. Die Frage ist nur, ob der Text als christlich-gnostisch bezeichnet werden muß oder ob er der werdenden Großkirche zuzurechnen ist, also sozusagen orthodox bzw. vulgärchristlich ist. Aber auch, wenn es allein richtig ist, daß ActPt nicht gnostischen Ursprungs und Wesens sind, muß das nicht automatisch heißen, daß sie von Anfang an immer der ganzen Kirche gehört haben. Es ist schon ein spezielles – wenn auch kein gnostisches – Christentum, das sich hier artikuliert. Aber da es keine häretischen Lehren vertrat, dürfte sein literarisches Produkt wohl schnell zum Erbauungsbuch einer größeren kirchlichen Öffentlichkeit geworden sein – ehe es auch für die christliche Gnosis interessant wurde. Der Schrift geht es um die durch Jesus oben im Himmel erfolgende Beauftragung des Petrus und der übrigen Apostel mit einem in aller Welt zu verkündigenden und zu praktizierenden Evangelium für die Armen und wie es dazu kam. Die ActPt dürften durch Kombination von drei verschiedenen Texten zustande gekommen sein, von denen jeder zu einer anderen Textsorte gehörte. Der erste Text war die legendäre Erzählung einer wunderbaren Seefahrt des Petrus und der übrigen Apostel, die sie aus Raum und Zeit heraus zu einer imaginären kleinen Inselstadt bringt, die die Welt bedeutet und auch entsprechend symbolisch und geheimnisvoll heißt. Das ursprüngliche Ende dieses Textes (mit dem Stichwort „Himmelreich") dürfte in p.7,18 noch deutlich erkennbar sein. Der zweite Text ist dem ersten nicht angefügt, sondern in ihn hineingeschoben worden. Er könnte gedeutet werden als die Schilderung einer Vision (des Petrus?) von dem Auftreten eines geheimnisvollen Perlenverkäufers namens Lithargoël in einer fremden Stadt und der Reaktion von Reich und Arm auf sein Angebot; und das alles (durchsichtig wie eine Allegorie) als Symbol für die Heilsverkündigung Jesu und ihren Erfolg in der Welt. Der dritte Text verrät seinen ursprünglichen Charakter durch die Häufung von Motiven, wie man sie sonst nur aus Ostergeschichten kennt. Man kann sich gut vorstellen, daß dieser Text als eine Oster- und Pfingst-Geschichte vor einem der Tore des wirklichen Jerusalem spielte, wo die elf Jünger unter Leitung des Petrus den auferstandenen Jesus treffen sollten. Aber statt Jesus kommt ein Arzt nebst Gehilfe, der sich erst als Lithargoël vorstellt, aber schließlich nach Ablegen des Arztgewandes mittels der auf die Wunden hinweisenden Leichentücher, die er darunter trägt, als der gekreuzigte und auferstandene Jesus zu erkennen gibt.

Übersetzung

(p.1) [... Worte (?)], die [... den] Anlaß [...] folgendermaßen: Es geschah, [als] wir aus[ge ... wurden] zur Apostel[...], daß [wir ...] und zu Schiff fuhren, indem wir [...] des Leibes mit anderen [...], die sich Sorge machten in [ihrem Herzen]. Und wir waren sogleich einer [Meinung] und kamen überein, den Dienst, zu dem uns der Herr bestimmt hatte, auszuführen. Wir trafen eine Verabredung miteinander und brachen zum Meer auf zu einem günstigen Zeitpunkt, der durch den (Ratschluß des) Herrn für uns eingetreten war. Wir fanden ein Schiff am Ufer vor Anker liegen, das zum Auslaufen bereit war. Und wir sprachen mit den Matrosen des Schiffes, um mit ihnen an Bord zu gehen. Sie aber waren uns gegenüber sehr freundlich – wie es vom Herrn (vorher) bestimmt war.

Es geschah aber, nachdem wir ausgelaufen waren, daß wir einen Tag und eine Nacht lang gute Fahrt machten. Danach erhob sich ein Sturm gegen das Schiff und trieb uns zu einer kleinen Stadt, die mitten im Meer lag.

Ich aber, Petrus, fragte bei einigen Leuten aus jenem Ort, die am Kai standen, nach dem Namen dieser Stadt. Es antwortete *(p.2)* [einer] von [ihnen und sagte: „Der Name] dieser [Stadt lautet: ‚Wohne' – das] heißt: Gründe dich [auf Geduld!] So [wird] dein Herrscher, der in [dir] ist [..., indem er] den Palmzweig [...] an der Spitze [des ...]".

Es geschah aber, als wir [mit dem] Gepäck an Land gegangen waren, daß ich [die] Stadt betrat und den [...] nach einer Herberge durchforschte. Da trat ein Mann hervor, bekleidet mit einem Linnentuch, das ihm um die Lenden gebunden und um [das] ein goldener Gürtel geschnallt war, während noch ein Schweißtuch um [seine] Brust gewickelt war, das (zugleich) um seine Arme gelegt war und (auch) sein Haupt und seine Hände bedeckte.

Ich starrte diesen Mann an, denn er war schön von Gestalt und Haltung. Vier Teile sind es, die ich von seinem Körper sah: seine Fußsohlen, ein Stück seiner Brust, seine Handflächen und sein Antlitz. Diese (Teile) sind es, die ich sehen konnte.

Zugleich hielt er ein Buchfutteral nach Art der Beamten in seiner linken Hand und einen Stab von Styrax-Holz in seiner rechten Hand. Seine Stimme hallte wider, als er langsam sprechend in der Stadt ausrief: „Perlen (sind hier zu haben)! Perlen (sind hier zu haben)!"

Ich freilich dachte, er sei ein Mann [aus] jener Stadt, und sprach zu ihm: „Mein Bruder und mein Freund!" *(p.3)* [Er antwortete] mir aber [und sagte:] „Das hast du [schön] gesagt, [o, (du) *mein* Bruder und] *mein* Freund! Was willst [du] von mir [wissen]?" Ich sprach zu ihm: „[Ich möchte] dich [nach] einer Herberge [fragen] für mich selbst [und] auch für meine Brüder, weil wir hier fremd sind." Er sprach [zu] mir [: „Des]wegen habe auch [ich] vorhin (zu *dir*) gesagt: ‚Mein Bruder und mein Freund', (nämlich) weil ich selbst eben solch ein Fremdling bin wie du." Nachdem er das aber gesagt hatte, rief er (wieder): „Perlen (sind hier zu haben)! Perlen (sind hier zu haben)!"

(Zuerst) hörten die Reichen jener Stadt seinen Ruf. Sie kamen aus ihren verborgenen Gemächern hervor: Die einen blickten (durch die Tür) aus den Gemächern ihres Hauses, die anderen blickten aus ihren oben gelegenen Fenstern. Und sie sahen nichts bei ihm, denn es war (ja) kein Ranzen auf seiner Schulter und auch kein Bündel in seinem

Linnentuch und (in) dem Schweißtuch. Wegen ihrer Menschenverachtung aber fragten sie ihn nicht einmal, wer er sei; von sich aus aber gab er sich ihnen nicht zu erkennen. So kehrten sie wieder in ihre Gemächer zurück und sagten: „Macht dieser Mann sich einen Scherz mit uns?"

Und (schließlich) hörten die Armen *(p.4)* jener [Stadt seinen Ruf. Und sie kamen zu] dem Menschen, [der diese Perle feilbot], und [sprachen zu ihm:] „Nimm die Mühe auf dich und [zeig' uns die] Perle, auch wenn [wir] sie nur mit den Augen [sehen können], denn wir sind [arm] und haben nicht diese [große Summe], um sie damit zu bezahlen. Aber [zeig' (sie) uns], damit wir unseren Freunden sagen können, [daß wir] eine Perle mit eigenen Augen [gesehen haben]."

Er antwortete und sagte zu ihnen: „Wenn es möglich ist, so kommt zu meiner Stadt, auf daß ich sie nicht nur euren Augen zeige, sondern euch zum Geschenk mache."

Das hörten aber die Armen jener Stadt, und sie sagten: „Da wir Bedürftige sind, wissen wir auch, daß niemand einem Bedürftigen eine Perle gibt, daß es vielmehr ein Brot und ein Statêr ist, was sie empfangen. Darum also ist die Gnade, die wir von dir empfangen möchten, daß du die Perle unseren Augen zeigst, auf daß wir unseren Freunden stolz sagen können, daß wir mit eigenen Augen eine Perle gesehen haben, denn sie befindet sich nie im Besitz von Armen, und schon gar nicht im Besitz von solchen Bettlern (wie wir es sind)."

Er antwortete und sprach zu ihnen: „Wenn es möglich ist, so sollt ihr zu meiner Stadt kommen, auf daß ich sie euch nicht nur zeige, sondern euch zum Geschenk mache." Da freuten sich die Armen und die Bettler über *(p.5)* den, [der solche] Geschenke [macht].

Da [fragten die] Leute [Petrus nach] den Mühen. Petrus antwortete [und teilte] ihnen die (Dinge) [mit], von [denen] er auf [dem] Wege gehört hatte, weil sie [ja] selbst [Dulder von] Mühen waren in ihrem Dienst.

Er [sprach] zu dem Mann, der seine Perle feilbot: „Ich möchte deinen Namen wissen und die Mühen des Weges zu deiner Stadt. Denn wir sind Fremde und Diener Gottes. Wir müssen das Wort Gottes gehorsam ausbreiten, (und zwar) in jeder Stadt."

Er antwortete und sprach: „Wenn du nach meinem Namen fragst, ‚Lithargoël' ist mein Name, dessen Übersetzung ‚der leichte Glanzstein' lautet. Und auch hinsichtlich des Weges zu dieser Stadt, nach dem du mich gefragt hast, will ich dir Mitteilung machen: Niemand vermag auf jenem Weg zu gehen, wenn er nicht all seinem Besitz entsagt und täglich fastet von einem Nachtquartier bis zum nächsten. Denn zahlreich sind die Räuber und die wilden Tiere, die auf jenem Wege sind. Wer sich Brot auf den Weg mitnimmt, den töten die schwarzen Hunde wegen der Brote. Wer sich ein kostbares irdisches Gewand mitnimmt, den töten die Räuber *(p.6)* [wegen des] Gewandes. [Wer] Wasser [mit sich nimmt, den töten die] Wölfe wegen [des Wassers, nach] dem sie dürsteten. [Wer sich] mit [Fleisch] und Gemüse versorgt, den [fressen] die [Löwen] wegen des Fleisches; wenn er den Löwen entkommt, zerstampfen ihn [die] Stiere wegen des Gemüses."

Als er mir das gesagt hatte, seufzte ich bei mir selbst und sagte: „O, ihr großen Mühen auf dem Weg! O, daß doch Jesus uns Kraft gäbe, daß wir auf ihm wandeln könnten!"

Er bemerkte, wie ich mit traurigem Gesicht seufzte, und sprach zu mir: „Weshalb seufzt du, wenn du doch diesen Namen ‚Jesus' kennst und an ihn glaubst? Er ist eine Kraft, die groß genug ist, um Kraft zu geben. Denn auch ich glaube an den Vater, der ihn gesandt hat."

Ich fragte ihn wiederum: „Wie lautet der Name des Ortes, zu dem du gerade gehst und der deine Stadt ist?" Er sprach zu mir: „Das ist der Name meiner Stadt: ‚In *neun* Toren laßt uns Gott preisen, bedenkend, daß das *zehnte* das Haupttor ist'." Danach schied ich von ihm in Frieden, um zu gehen und meine Gefährten zu rufen.

Ich sah, wie Wogen und gewaltige hohe Mauern (von Wasser) die Ufer der Stadt umgaben und staunte über diese Wunder, die ich sah. Ich sah einen greisen Mann dasitzen und fragte ihn nach dem Namen der Stadt, ob wirklich ihr Name *(p.7)* [der sei, den] er [ihr gegeben hatte, als er sie] ‚Wohne [auf Geduld!' nannte.] Er sprach zu mir: „[...] wahrhaftig. Hier [wohnen] wir, weil [wir] geduldig sind."

Ich aber antwortete und sprach: „Mit Recht [...] haben die Menschen sie (sc. die Geduld) ‚[die Erste (Tugend)]' genannt. Denn alle, [die] ihre Versuchungen in Geduld bestehen werden, (von denen) sind Städte bewohnt und aus denen entsteht ein herrliches Reich, weil sie inmitten der Wogen und der Bedrängnisse durch Stürme geduldig ausharren. Und das dient zum Gleichnis dafür, daß die Stadt eines jeden, der die Last seines Glaubensjoches trägt, bewohnt sein wird und er zum Himmelreich gerechnet werden wird."

Ich ging schnell hin und rief meine Gefährten, damit wir aufbrächen zu der Stadt, zu der uns Lithargoël gewiesen hatte. Gebunden im Glauben entsagten wir allen Dingen, so, wie er es gesagt hatte. Wir entkamen den Räubern, denn sie fanden kein Kleid für sich bei uns. Wir entkamen den Wölfen, denn sie fanden bei uns nicht das Wasser, nach dem sie dürsteten. Wir entkamen den Löwen, denn sie fanden bei uns nicht das Fleisch, auf das sie gierig waren. *(p.8)* [Wir entkamen den Stieren, denn ..., fanden sie kein] Gemüse. [Da kam über uns] große Freude [und] Unbesorgtheit in [Frieden ... in (?)] unserem Herrn. Wir [rasteten] am Tor. [Und] wir unterhielten uns miteinander; das war nicht eine Unterhaltung über diese [Welt], sondern wir waren beständig im eifrigen Gespräch über den Glauben, wobei wir uns die Wegelagerer, denen wir entkommen waren, vergegenwärtigten.

Siehe, da kam Lithargoël heraus, in einer anderen Gestalt als der, die wir kannten, (nämlich) in der Gestalt eines Arztes, der ein Arzneikästchen unter der Achsel trug und dem ein Schüler mit einem Koffer voller Arznei folgte. Doch wir erkannten ihn nicht. Da ergriff Petrus das Wort und sprach zu ihm: „Wir bitten dich um die Freundlichkeit, uns, weil wir hier fremd sind, zum Hause des Lithargoël zu führen, bevor es Abend wird." Er sprach: „Ich werde es euch aufrichtigen Herzens zeigen. Aber ich wundere mich darüber, daß ihr diesen guten Menschen kennt. Denn er zeigt sich keineswegs jedermann, weil er selbst der Sohn eines großen Königs ist. Rastet ein wenig; ich will inzwischen hingehen und diesen Mann (, zu dem ich gerade unterwegs bin,) gesund machen; dann komme ich zurück." Und er beeilte sich und kam schnell *(p.9)* zurück.

Er sprach zu Petrus: „Petrus!" Petrus aber erschrak darüber, daß er seinen Namen ‚Petrus' kannte. Petrus antwortete dem Erlöser: „Woher kennst du mich, daß du mich beim Namen rufen konntest?" Da antwortete Lithargoël: „Ich will dich (etwas) fragen:

Wer hat dir diesen Namen ‚Petrus' gegeben?" Er sprach zu ihm: „Jesus Christus war es, der Sohn des lebendigen Gottes; er hat mir diesen Namen gegeben." Er antwortete und sprach: „Ich bin es! Erkenne mich, Petrus!" Er entledigte sich des Gewandes, das er trug und durch das er sich uns unkenntlich gemacht hatte.

Als er uns (auf diese Weise) wahrhaftig enthüllt hatte, daß er es sei, warfen wir uns zu Boden und erwiesen ihm Verehrung – wir waren elf Jünger. Er streckte die Hand aus und ließ uns aufstehen. Wir sprachen mit ihm demütig. Unsere Köpfe waren schamhaft zu Boden gesenkt, als wir sagten: „Was du willst, das wollen wir tun! Aber gib uns auch die nötige Kraft, um allezeit zu tun, was dir wohlgefällt."

Er überreichte ihnen das Medizinkästchen und den Koffer, den der Schüler hatte, und gab ihnen folgende Anweisung *(p.10)* mit den Worten: „Kehrt zurück [zu der] Stadt, aus der ihr gekommen seid, die da heißt ‚Wohne (und) weile auf Geduld!', und lehrt alle, die zum Glauben an meinen Namen gekommen sind, daß (auch) ich geduldet habe in Mühsalen des Glaubens. Ich selbst werde euch euren Lohn geben. Den Armen jener Stadt sollt ihr geben, was sie zum Leben brauchen, bis ich ihnen jenes bessere (Gut) gebe, wovon ich <ihnen> gesagt habe: ‚Ich werde es euch zum Geschenk machen'."

Da antwortete Petrus und sprach zu ihm: „Herr, du hast uns gelehrt, der Welt und allen ihren Gütern zu entsagen. Wir haben sie aufgegeben um deinetwillen. Die Nahrung eines einzigen Tages ist es, für die wir sorgen. Wo können wir das Nötige finden, das du uns aufträgst, den Armen zu geben?" Der Herr antwortete und sprach: „Petrus, es wäre nötig, daß du das Gleichnis begreifst, das ich dir (einst) gesagt habe! Weißt du nicht (mehr), daß mein Name, den du lehrst, mehr wert ist als aller Reichtum und (daß) die Weisheit Gottes mehr wert ist als Gold, Silber und Edelsteine?"

Er überreichte ihnen den Koffer mit den Arzneien und sagte: „Heilt alle Kranken dieser Stadt, die [an] meinen *(p.11)* Namen glauben!" Petrus scheute sich, ihm zum zweiten Mal einen Einwand [zu] machen. Er gab dem, der ihm am nächsten stand, das war Johannes, ein Zeichen: „Sprich du diesmal!"

Da antwortete Johannes und sprach: „Herr, wir scheuen uns vor dir zu sehr, um viele Worte zu machen. Aber du verlangst von uns, daß wir diese Kunst ausüben. Wir sind nicht in ihr ausgebildet worden, um als Arzt wirken zu können. Wie also sollen wir die Fertigkeit haben, an Körpern Heilungen zu vollziehen, wie du es uns aufgetragen hast?"

Er antwortete ihm: „Vortrefflich hast du, Johannes, (einmal) gesagt: ‚Ich weiß, daß die Ärzte der Welt (nur) die weltlichen (Krankheiten) heilen, die Ärzte der Seelen aber das Herz heilen.' Heilt also zuerst die Körper, damit auf Grund dieser aufweisbaren Wunder der Heilung ihres Leibes, (die) ohne Arznei aus diesem Äon (erfolgt), sie euch glauben, daß ihr die Vollmacht habt, auch die Krankheiten der Herzen zu heilen."

„Die Reichen dieser Stadt aber, diejenigen nämlich, die es nicht einmal für nötig hielten, mich zu fragen, wer ich bin, sondern sich an ihrem Reichtum und ihrer Menschenverachtung ergötzen – mit solchen Leuten nun *(p.12)* sollt ihr nicht einmal in [ihren] Häusern zusammen speisen und sollt überhaupt keine Gemeinschaft mit ihnen haben, [so wird] es euch nicht unterlaufen, sie zu bevorzugen; viele haben nämlich (schon) die Reichen bevorzugt! Denn (wo es Reiche) in den Kirchen (gibt,) sündigen sie selbst und verleiten auch andere zu sündigen. Ihr sollt sie vielmehr in Lauterkeit richten, damit euer Dienst gepriesen werde und (damit) auch mein Name gepriesen werde in den Gemeinden!"

Da antworteten die Jünger und sprachen: „Ja, wahrhaftig! Das ist es, was getan werden muß." Sie warfen sich zu Boden und erwiesen ihm Verehrung. Er ließ sie aufstehen und schied von ihnen in Frieden. Amen.

Die Taten des Petrus und der zwölf Apostel

Die Brontê – Vollkommener Verstand (NHC VI,2)

Uwe-Karsten Plisch

Literatur

MacRae, George W., 1979: The Thunder: Perfect Mind. In: Parrott, Douglas M. (ed.): Nag Hammadi Codices V,2-5 and VI with Papyrus Berolinensis 8502,1 and 4. (NHS 11.) Leiden, 231-255.

Poirier, Paul-Hubert, 1995a: Le Tonnerre, intellect parfait (NH VI,2). (BCNH.T 22.) Québec.

Einleitung

Der Text mit dem zweiteiligen Titel „Die Brontê (bzw. Der Donner) – Vollkommener Verstand" (abgekürzt: Brontê) war bis zu seiner Entdeckung im Rahmen des Handschriftenfundes von Nag Hammadi vollkommen unbekannt. Überliefert ist er nur in einer einzigen, recht gut erhaltenen Handschrift als zweiter Text von Codex VI. Die Sprache dieser überkommenen Abschrift ist Sahidisch.

Als Ursprache des Textes wird in Analogie zu den meisten übrigen Nag-Hammadi-Schriften im allgemeinen das Griechische angenommen, allerdings lassen sich für diese Annahme keine zwingenden Gründe beibringen. Für die Bestimmung der Entstehungszeit der Schrift lassen sich einige sprachliche und sachlich-inhaltliche Beobachtungen heranziehen. Das in Brontê gebrauchte Lehnwort ⲔⲎⲘⲎⲦⲎⲢⲒⲞⲚ = ⲕⲟⲓⲙⲏⲧⲏⲣⲓⲟⲛ (Ruhestätte, Friedhof, Schlafgemach) ist in griechischen literarischen Texten außer bei dem Alexandriner Athenäus (Ende 2. Jh.) praktisch nur bei Autoren der Alten Kirche (Johannes Chrysostomos, Euseb, Epiphanius, Origenes), also verhältnismäßig spät belegt. Hinzu kommen einige Belege in nichtliterarischen Papyri und zahlreiche auf christlichen Grabsteinen. In Nag-Hammadi-Texten erscheint das Wort nur hier. Die Tatsache, daß Brontê gnostische Mythen (wie den Fall und die Errettung der Sophia) und mythische (weibliche) Gestalten nicht nur voraussetzt, sondern auch auf hohem Niveau reflektiert und zusammenbindet, macht ebenso wie der sprachliche Befund eine eher späte Entstehung der Schrift (3. Jh.) wahrscheinlich, ungeachtet des Sachverhaltes, daß Brontê keinerlei christliche Einflüsse aufweist. Brontê ist zwar ein nichtchristlicher Text, aber sicher kein vorchristlicher.

Was den Entstehungsort angeht, so bietet der Text eine Reihe von Indizien, die – zwar nicht jedes für sich, aber doch im Bündel – die Erwägung zulassen, der Text sei möglicherweise in Ägypten entstanden. Zu Beginn von p.16 wird Ägypten erwähnt und faktisch mit den Griechen – als Gegensatz zu den Barbaren – gleichgesetzt, zudem läßt sich die merkwürdige Schreibweise des schon erwähnten Lehnwortes κοιμητήριον (ⲔⲎⲘⲎⲦⲎⲢⲒⲞⲚ) als Wortspiel mit ⲔⲎⲘⲈ Ägypten deuten. Auch die Spuren, die die Gestalt der Göttin Isis im Text hinterlassen hat, sprechen für Ägypten. Über die Verfasserin oder den Verfasser des Textes wissen wir nichts.

Brontê ist die Offenbarungsrede einer weiblichen göttlichen Gestalt, wobei sich nicht mit Sicherheit feststellen läßt, ob die Brontê ihr Name (bzw. einer ihrer Namen) ist, oder ob der Donner nur einen – nicht so ungewöhnlichen – Begleitumstand der himmlischen Offenbarungsrede (bzw. die Art ihrer Wahrnehmung durch Außenstehende) bezeichnet. Die beiden Hälften des Titels: „Der Donner – Vollkommener Verstand" erscheinen innerhalb des Textes nur einmal (p.18), sofern die dort vorgenommenen Lückenergänzungen richtig sind.

Bestimmt wird die Offenbarungsrede einerseits durch paradoxe, antithetisch formulierte Selbstprädikationen der Offenbarerin, die sich, entsprechend Laytons gründlicher Analyse, am besten als Rätselrede verstehen lassen (s.u.), andererseits durch immer wieder eingeflochtene Aufforderungen an die Hörerinnen und Hörer, häufig ebenfalls antithetisch formuliert. Innerhalb der Nag-Hammadi-Texte hat Brontê ihre stärkste formale Entsprechung in NHC XIII,1 Protennoia, wie Brontê eine Offenbarungsrede einer weiblichen Gestalt. Die Ich-bin-Prädikationen wiederum erinnern an Isis-Aretalogien, zum Beispiel die von Kyme (Cumae).

Eine religionsgeschichtliche Einordnung der Schrift ist einigermaßen schwierig. Offensichtlich sind in der Offenbarerin von Brontê mehrere Figuren miteinander verschmolzen. Neben den Bezügen zur ägyptischen Isis weist Brontê etliche Bezüge zu sethianischen Texten und Traditionen auf. In p.14,10 gibt sich die Offenbarerin als Epinoia zu erkennen, die als Gestalt auch in Protennoia (p.35,13; p.39,19.30) und vor allem in AJ eine Rolle spielt. Dort (etwa NHC II, p.22) dient die Epinoia, die sich in Adam verbirgt, unter anderem dem ersten Archonten als Vorbild für die Erschaffung der Eva. Auf Eva wiederum, die fleischliche, die aus Adam genommen wurde, wie auch die himmlische (der in AJ eben die Epinoia entspricht), verweisen Teile der Rätselrede in Brontê, etwa das Ende von p.13 und der Anfang von p.14, p.16,11ff sowie p.19,15ff. Die Beschreibung des irdischen Schicksals der Offenbarerin berührt sich eng mit dem Geschick der gefallenen Seele, wie es in etlichen gnostischen Texten teils beschrieben, teils vorausgesetzt wird. In p.16 schließlich nennt sich die Sprecherin selbst die Sophia der Griechen und die Gnosis der Barbaren. Die offensichtlichen Berührungen und Querverbindungen zu sethianischen Texten haben Layton veranlaßt, Brontê ebenfalls für einen sethianischen Text anzusehen, oder, genauer, den Text in das einzuordnen, was in seiner Terminologie „classic gnostic scripture" heißt. Allerdings sind ihm dabei die Spezialisten für den Sethianismus wie Schenke, Turner oder Poirier nicht gefolgt. Vielmehr bleibt festzuhalten, daß die festgestellten Querverbindungen sich hauptsächlich auf mythologische weibliche Gestalten beziehen, zentrale sethianische Inhalte dagegen fehlen. Zudem wirkt Brontê einerseits ausgesprochen künstlich, nämlich hinsichtlich der Zusammenführung so verschiedener Figuren, andererseits ausgesprochen künstlerisch, was die Durchführung dieser Synthese betrifft, die man wohl virtuos und elegant nennen darf, zumal sie auf hohem Reflexionsniveau geschieht. Brontê ist Literatur im engeren Sinne des Wortes, ein klassischer "Sitz im Leben" dürfte sich für diesen Text schwerlich ausmachen lassen.

Übersetzung

(p.13) Brontê

Von [der] Macht bin ich ausgesandt worden
  und zu denen, die an mich denken, bin ich gekommen.
  Und ich ward gefunden in denen, die nach mir suchen.

Seht auf mich, die ihr an mich denkt!
  Und ihr Hörer, hört auf mich!

Die ihr mich erwartet – nehmt mich bei euch auf!
  Und vertreibt mich nicht aus euren Augen!
  Und laßt nicht eure Stimme und euer Gehör mich verabscheuen!

Seid nirgendwo und nirgendwann unwissend über mich!
Hütet euch, seid nicht unwissend über mich!

Denn ich bin die Erste und die Letzte.
Ich bin die Geehrte und die Verachtete.
Ich bin die Hure und die Hehre.
Ich bin das Weib und die Jungfrau.
Ich bin die Mutter und die Tochter.
Ich bin die Glieder meiner Mutter.
Ich bin die Unfruchtbare –
  und (doch) sind ihre Kinder zahlreich.
Ich bin die, die häufig heiratet –
  und (doch) habe ich keinen Gatten bekommen.
Ich bin die Hebamme und die, die nicht gebären kann.
Ich bin der Trost meiner Wehen.
Ich bin die Braut und der Bräutigam.
  Und mein Mann ist es, der mich gezeugt hat.
Ich bin die Mutter meines Vaters und die Schwester meines Mannes.
  Und er ist mein Sprößling.
Ich bin die Sklavin dessen, der mich bereitet hat.
Ich bin die Herrin *(p.14)* meines Sprößlings.

Er ist es, der [mich gezeugt] hat
  vor der Zeit in einer Frühgeburt.
  Und er ist mein Sprößling zur (rechten) Zeit.
  Und meine Kraft stammt aus ihm.

Ich bin das Zepter seiner Macht in seiner Kindheit.
  [Und] er ist der Stecken meines Alters.
  Und das, was er will, geschieht mir.

Ich bin das unerreichbare Schweigen
  und der Gedanke (Epinoia), an den man sich oft erinnert.
Ich bin die laute Stimme
  und der vielfältige Logos.
Ich bin das Aussprechen meines Namens.

Die ihr mich haßt, warum liebt ihr mich
  und haßt die, die mich lieben?
Die ihr mich verleugnet – bekennt mich!
  Und die ihr mich bekennt – verleugnet mich!
Die ihr (die) Wahrheit sagt über mich – lügt über mich!
  Und die ihr über mich gelogen habt – sagt die Wahrheit über mich!
Die ihr mich erkennt – seid unwissend über mich!
  Und die mich nicht erkannt haben, sollen mich erkennen!

Denn ich bin die Erkenntnis und die Unkenntnis.
Ich bin die Scham und die Freizügigkeit.
Ich bin schamlos,
  ich bin beschämt.
Ich bin stark
  und ich bin furchtsam.
Ich bin der Krieg und der Friede.
Gebt acht auf mich:
  Ich bin die Verdammte und die Große.
Gebt acht auf meine *(p.15)* Armut und auf meinen Reichtum!

Seid nicht hochmütig mir gegenüber,
  wenn ich daliege auf der Erde!
  [Und] ihr werdet mich finden in den Kommenden.
Wenn ich daliege – seht nicht [auf] mich im Kot
  und geht und verlaßt mich nicht!
  Und ihr werdet mich finden in den Königreichen.
Und wenn ich unter die Verdammten und in die niedrigsten Orte geworfen bin,
  seht nicht auf mich und verspottet mich nicht!
  Und werft mich nicht in Strenge unter die Ausgestoßenen!

Ich aber, ich bin barmherzig
  und ich bin hartherzig.

Hütet euch! Haßt nicht meinen Gehorsam
  und liebt meine Enthaltsamkeit!
In meiner Schwachheit vergeßt mich nicht
  und fürchtet euch nicht vor meiner Macht!
Warum verachtet ihr denn meine Furcht
  und verflucht meinen Stolz?
Ich aber bin es, die in allen Ängsten ist
  und (bin doch) die Kühnheit unter Zittern.

Ich bin die, die schwach ist,
und (doch) bin ich heil an einem Freudenort.
Ich bin unverständig
und ich bin weise.

Warum habt ihr mich gehaßt in euren Überlegungen?
Weil ich schweigen werde unter den Schweigenden?
Doch ich werde (mich) offenbaren und reden.
(p.16) Ihr Griechen, warum nur habt ihr mich gehaßt?
Weil ich eine Barbarin bin unter [den] Barbaren?
Ich nämlich bin die Weisheit (Sophia) [der] Griechen
und die Erkenntnis (Gnosis) [der] Barbaren.
Ich bin das Gesetz [der] Griechen und der Barbaren.
[Ich] bin die, deren Abbild in Ägypten zahlreich ist
und die kein Abbild unter den Barbaren hat.
Ich bin die, die überall gehaßt wurde,
und die, die überall geliebt wurde.
Ich bin die, die „das Leben" genannt wird –
und ihr habt (mich) „der Tod" genannt.
Ich bin die, die „das Gesetz" (Nomos) genannt wird –
und ihr habt (mich) „die Ungesetzlichkeit" genannt.
Ich bin die, die ihr verfolgt habt,
und ich bin die, die ihr ergriffen habt.
Ich bin die, die ihr zerstreut habt –
und (doch) habt ihr mich eingesammelt.
Ich bin die, vor der ihr euch geschämt habt –
und (doch) wart ihr mir gegenüber schamlos.
Ich bin die, die keine Feste feiert,
und ich bin die, deren Feste zahlreich sind.
Ich, (ja) ich bin gottlos,
und ich bin die, deren Gott vielfältig ist.
Ich bin die, an die ihr gedacht habt,
und (doch) habt ihr mich geschmäht.
Ich bin ungelehrt,
doch durch mich wird man belehrt.
Ich bin die, die ihr verachtet habt,
und (doch) denkt ihr an mich.
Ich bin die, vor der ihr euch verborgen habt,
und (doch) seid ihr mir offenbar.

Wenn ihr euch aber verbergt,
werde ich selbst mich offenbaren.
(p.17) [Wenn] ihr nämlich [euch zeigt,
werde] ich selbst mich vor euch [verbergen].

Ihr, die ihr [mich verlassen] habt durch [euer Tun]
   aus Un[verstand und aus ...],
hebt mich auf [in Einsicht] aus Zerknirschung
   und nehmt mich [bei] euch auf aus Einsicht [in] Zerknirschung
und nehmt mich bei euch auf aus verdammten Orten
   und im Hervorbringen (von Gutem)
und ergreift (etwas) vom Guten
   selbst in Verdammnis!
Aus Scham nehmt mich bei euch auf in Schamlosigkeit
   und aus Schamlosigkeit und Scham!
Schmäht meine Glieder unter euch
   und sucht mich auf –
   ihr, die ihr mich kennt,
   und ihr, die ihr meine Glieder kennt –
   und errichtet die großen unter den kleinen Erstlingsgeschöpfen!
Sucht die Kindschaft auf
   und haßt sie nicht, weil sie gering ist und klein!
Schließt auch nicht Stück für Stück auf Großes aus dem Kleinen,
   denn aus dem Großen wird das Kleine erkannt!
Warum verflucht ihr mich
   und ehrt mich (zugleich)?
Ihr habt verletzt
   und ihr habt euch erbarmt.
Trennt mich nicht ab von den ersten *(p.18)*, die [ihr erkannt habt,
   noch] werft irgend jemanden [hinaus
   und] wendet niemanden ab [...
   ...] wendet euch ...
   ...kennt] ihn nicht. [...
   ...] die die Meine [ist ...]

Ich, (ja) ich kenne die [Ersten],
   und die, die nach diesen (kommen), kennen mich.
Ich aber bin der [vollkommene] Verstand (Nous)
   und die Ruhe des [Donners].
Ich bin das Erkennen für mein Suchen
   und das Finden für die, die nach mir suchen,
   und der Befehl für die, die mich bitten;
   und die Macht
      für die Mächte – durch meine Erkenntnis (Gnosis),
      für die Engel, die ausgesandt wurden – durch mein Wort (Logos),
      für die Götter unter Göttern – durch meinen Rat.
Bei mir sind die Geister (Pneumata) aller Männer,
   und in mir sind die Frauen.
Ich bin die Geehrte und die, die gepriesen wird,
   und die, die in Schande verachtet wird.

Ich bin der Friede,
   und um meinetwillen ward der Krieg.
Ich bin sowohl eine Fremde
   als auch eine Einheimische.
Ich bin das Wesen
   und die, die kein Wesen hat.

Die aus dem Zusammensein mit mir stammen, kennen mich nicht,
   und die <nicht> aus dem <Zusammen>sein mit mir stammen, sind es, die mich kennen.
Die mir nahe sind, haben mich nicht erkannt,
   doch die, die weit entfernt sind von mir, sind es, die mich erkannt haben.
Dann, wenn ich *(p.19)* [euch] nahe bin,
   bin [ich] weit entfernt [von euch].
[Und] dann, wenn ich [weit entfernt bin von euch],
   bin [ich] euch [nahe].
[Ich bin das Anzünden der] Leuchte des Verstandes
   und [das Erleuchten der] (verschiedenen) Naturen.
Ich bin [...] der Schöpfung der Geister (Pneumata)
   [und die] (Ein-)Forderung der Seelen.
[Ich] bin das Ergreifen und das Nicht-Ergreifen.
Ich bin die Vereinigung und die Auflösung.
Ich bin das Bleiben
   und ich bin das Lösen.
Ich bin das Herabkommen –
   und zu mir kommt man herauf.
Ich bin das Urteil und das Freilassen.
Ich, (ja) ich bin sündlos –
   und die Wurzel der Sünde stammt aus mir.
Ich bin die Begierde in (begehrlichem) Blick –
   und in mir ist die Beherrschung des Sinnes.
Ich bin das Hören, das einem jeden wohlgefällig ist,
   und das Reden, das man nicht fassen kann.
Ich bin stumm und kann nicht reden,
   doch groß ist meine Beredsamkeit.

Hört auf mich in Milde
   und laßt euch belehren über mich in Härte!
Ich bin es, die schreit,
   und auf die Erdoberfläche werde ich geworfen.
Ich bin es, die das Brot und <...> bereitet
   <und ...> meinen Verstand (Nous) hinein.
Ich bin die Erkenntnis meines Namens.
Ich bin es, die ruft,
   und ich bin es, die vernimmt.

(p.20) Ich bin sichtbar
    und [ich bin die, die im Verborgenen] wandelt
    [und das] Siegel meiner [Mutter ...
    ... das Zeichen] des [...]
Ich bin [der Richter.
    Ich] bin die Verteidigung [...]
Ich bin die, die „die Wahrheit" genannt wird
    und: „das Unrecht".
[Warum] ehrt ihr mich als [...]
    und verleumdet [mich]?
Die Besiegten – richtet sie, ehe ihr gerichtet werdet![200]
    Denn der Richter und das Begutachten (?) sind unter euch.
Wenn ihr von diesem verdammt werdet,
    wer ist es (dann), der euch freilassen wird?
Beziehungsweise: wenn ihr von ihm freigelassen werdet,
    wer ist es (dann), der euch (noch) wird ergreifen können?

Denn der, der in euch ist, ist der, der außerhalb von euch ist.
Und der, der außerhalb von euch gestaltet –
    innerhalb von euch hat er sich ausgebildet.
Und das, was ihr außerhalb von euch seht,
    das seht ihr innerhalb von euch.
Es ist sichtbar –
    und ist eure Umhüllung.

Hört auf mich, ihr Hörer,
    und ihr, die ihr mich kennt, laßt euch belehren über meine Worte!
Ich bin das Hören, das in jeder Hinsicht angenehm ist.
    Ich bin das Reden, das man nicht fassen kann.
Ich bin der Name der Stimme
    und die Stimme des Namens.
Ich bin das Zeichen der Schrift
    und die Offenbarung der Trennung.
Und ich *(p.21)* *(3 Zeilen fehlen)*
[...] das Licht [...]
[...] und die [...]
[...] Hörer [...]
[...] zu euch. Er ist [...]
[...] die große Kraft.
Und der [...] wird den Namen nicht erschüttern.
[Der Stehende] ist es, der mich geschaffen hat.
Ich aber, ich werde seinen Namen aussprechen.
Seht nun auf seine Worte
    und auf alle Schriften, die vollendet wurden!

---

[200] Oder: „... ehe sie euch richten!"

Gebt nun acht, ihr Hörer,
> und auch ihr, ihr Engel und Gesandten,
> und ihr von den Toten auferstandenen Geister (Pneumata):
> Ich bin es, der allein existiert,
> und ich habe keinen, der mich richten wird!

Viele süße Verlockungen gibt es nämlich in zahlreichen Sünden.
> Und Zügellosigkeiten und schlimme Leidenschaften
> und kurzlebige Lüste sind es, die sie gefangennehmen
> bis sie nüchtern werden
> und zu ihrer Ruhestätte hinaufeilen.

Und sie werden mich finden an jenem Ort und leben
> und hinfort nicht sterben.

Authentikos Logos (NHC VI,3)

Katharina Heyden / Cornelia Kulawik

Literatur

Funk, Wolf-Peter, 1973: Authentikos Logos. Die dritte Schrift aus Nag-Hammadi-Codex VI. ThLZ 98, 251-259.

MacRae, George W./ Parrott, Douglas M., 1996: Authoritative Teaching. In: Robinson, James M. (ed.): The Nag Hammadi Library in English. 4th rev. ed. Leiden / New York / Köln, 304-310.

Ménard, Jaques-É., 1977: L'Authentikos Logos. Texte établi et présenté. (BCNH.T 2.) Québec.

Einleitung

Der am Ende der Schrift erscheinende Titel „Authentikos Logos" („Ursprüngliche Lehre") spiegelt den Anspruch der Schrift, gegenüber einer anderen – verfälschten – Lehre über die Seele die ursprüngliche, unverfälschte zu präsentieren. AuthLog ist erst durch den Fund von Nag Hammadi bekannt geworden und sonst nicht bezeugt. Die Schrift ist in recht gutem Zustand überliefert. Lediglich auf den ersten sieben Codexseiten (p.22-28) fehlen jeweils die ersten drei Zeilen ganz und die folgenden sechs bis sieben Zeilen teilweise. AuthLog ist eine im sahidischen Dialekt des Koptischen angefertigte Übersetzung eines griechischen Originals.

AuthLog ist ein relativ frühes Zeugnis der Auseinandersetzung mit gnostischer Verkündigung im Umkreis christlicher Gemeinden. Die Schrift ist noch keinem gnostischen System zuzuordnen, da ein ausgeprägter Mythos fehlt. Ähnlich wie Silv und ExAn kann AuthLog deshalb in das Ende des 2. Jh. datiert werden. Über den Abfassungsort kann nur spekuliert werden. Eine gewisse Nähe zu neupythagoräischen Ideen könnte auf Alexandrien hindeuten.

AuthLog ist eine homiletisch-didaktische Abhandlung über die Herkunft der Seele, ihre irdische Existenz und ihre Heimkehr in das Lichtreich. Das Thema wird in assoziativ aufeinander folgenden Gleichnissen und Metaphern sowie ihren Auslegungen, in polemischen Passagen und an die Leser gerichteten Aufrufen behandelt. Im Mittelpunkt steht dabei das Motiv des Kampfes, in den die Seele in der irdischen Welt hineingestellt ist.

Während der erste Hauptabschnitt (p.22-25,27) eher den Charakter eines theoretischen Traktates über die Herkunft und den jetzigen Zustand der Seele hat, ist der folgende Teil (p.25,27-Ende) stärker situationsbezogen und homiletisch ausgerichtet. Die polemischen Passagen (p.27,1-25; 33,4-34,32) lassen auf Auseinandersetzungen der Trägergruppe sowohl mit ihrer paganen als auch mit der kirchlichen Umwelt schließen.

Der Text stellt sich als Konglomerat aus verschiedenen Elementen dar, die je nach Gewichtung zu einer Einordnung des Textes in den Umkreis des Mittelplatonismus, des Simonianismus oder der Hermetik geführt haben. Die beiden wichtigsten Fragen sind, ob und inwiefern AuthLog zum einen als gnostische und zum anderen als christliche Schrift bezeichnet werden kann. Die Absicht des Verfassers scheint zu sein, das gnostische Anliegen des Strebens nach Erkenntnis mit dem christlichen Erlösungsglauben zu vereinbaren. AuthLog kann daher als ein Zeugnis christlicher, oder besser: verchristlichter Gnosis bezeichnet werden.

Übersetzung

1. Die Herkunft der Seele und ihr Zustand im irdischen Leib (p.22-25,27)

1.1. Der himmlische Ursprung der Seele (p.22,1-22)

(p.22) [... *(3 Zeilen fehlen vollständig)* ...] im Himmel [...] in ihm [...] die verborgenen [...] Himmel, [...] in Erscheinung getreten waren die unsichtbaren, unaussprechlichen Welten.

Aus diesen ist die unsichtbare Seele der Gerechtigkeit hervorgegangen und ist nun sowohl Gefährtin der Glieder und Gefährtin des Leibes als auch Gefährtin des Geistes. Ob sie sich nun in der Erniedrigung oder ob sie sich im Pleroma befindet – sie ist nicht von ihnen (sc. den Himmlischen) getrennt. Sondern sie sehen auf sie herab und sie blickt zu ihnen hinauf in der Kraft des unsichtbaren Logos.

1.2. Der Logos als Speise und Heilmittel für die Seele (p.22,22-23,4)

Insgeheim hat ihr Bräutigam ihn gebracht und ihn ihr in den Mund gelegt, damit sie ihn esse wie eine Speise. Und er hat ihr den Logos auf die Augen gelegt wie ein Heilmittel, auf daß sie mit ihrem Verstand sehen möge, ihre Verwandten erkenne und Wissen über ihre Wurzel erlange; damit sie sich (wieder) mit ihrem Zweig verbinden möge aus dem sie früher hervorgegangen ist; damit sie das Ihrige empfange, die [Materie] hinter sich lasse *(p.23)* [... *(3 Zeilen fehlen vollständig)* ...]

1.3. Gleichnis von der falschen und der rechten Erbschaft (p.23,4-25,12)

Wie [nun, wenn ein Mann eine Frau], die schon Kinder hat, [geheiratet] hat, die wirklichen Kinder [des Mannes] – die nämlich, die aus seinem [Samen entstanden] sind – die Kinder der Frau „unsere Brüder" nennen, so wurde auch die geistige Seele, als sie in den Leib hinabgeworfen wurde, zum Bruder der Begierde, des Hasses und des Neides – kurzum (zum Bruder) der materiellen Seelen. Vorausgesetzt nämlich, der Leib ist aus der Begierde hervorgegangen und die Begierde aus dem materiellen Wesen, so ist folglich die Seele ihnen (sc. den materiellen Seelen) zum Bruder geworden. Gleichwohl sind sie Stiefkinder; sie können nicht den Mann beerben, sondern werden allein ihre Mutter beerben.

Wenn aber die Seele mit den Stiefkindern erben will – denn das Erbgut dieser Stiefkinder sind die hochmütigen Leidenschaften, die Sinneslüste des Lebens, haßerfüllter Neid, Prahlerei, Geschwätzigkeit, anklagende Reden (...)

(p.24) [... *(3 Zeilen fehlen vollständig)* ... – , (so wird sie sich damit trennen von ihrem eigenen) Erbe]. [Wenn nun] eine (Seele), [die unverständig ist,] sich einen [Geist] der [Prostitution erwählt], so schließt er [sie] aus [und wirft] sie ins Bordell. Denn [er brachte] ihr die [Lasterhaftigkeit], [weil sie] die Sittsamkeit [ablegte].

Denn der [Tod] und das Leben liegen vor einem jeden: Welches von diesen beiden man also will, wird man für sich erwählen. Jene (Seele) nun wird sich lasterhaft in Weinsaufen ergehen. Denn das Lasterhafte ist der Wein. Sie kann sich ihrer Brüder und ihres Vaters nicht (mehr) erinnern, denn die Sinneslust und die süßen Gewinne täuschen sie. Nachdem sie die Erkenntnis hinter sich ließ, ist sie dem Tierischen verfallen. Denn ein Unverständiger befindet sich im Tierischen, denn er weiß nicht, was man sagen muß und was man nicht sagen kann.

Der besonnene Sohn aber beerbt gern seinen Vater, während sein Vater sich seiner freut, weil er seinetwegen von jedem gerühmt wird. Er (sc. der Sohn) sucht auch danach, wie sich das, was er erhalten hat, vervielfältige.

Denn die Stiefkinder *(p.25)* [... *(3 Zeilen fehlen vollständig)* ... (sind nur begierig auf die Erbschaft). Ihre Begierde kann] sich [aber nicht] mit der [Enthaltsamkeit] vermischen.

Denn wenn (auch nur) ein Gedanke [der Begierde in] einen jungfräulichen Menschen eindringt, hat er (sc. der Gedanke den Menschen) [schon] verunreinigt. Und ihre (sc. der Begierde) Gefräßigkeit kann sich nicht mit der Mäßigung vermischen.

1.4. Gleichnis vom Weizen und der Spreu (p.25,12-27)

Denn wenn sich die Spreu mit dem Weizen vermischt, ist es nicht die Spreu, die verunreinigt wird, sondern der Weizen. Wenn sie aber miteinander vermischt sind, wird niemand ihren Weizen kaufen, da er verunreinigt ist.

Aber sie werden ihn (sc. den Händler) schmeichelnd überreden: „Gib uns diese Spreu!" – wenn sie den Weizen sehen, der mit ihr vermischt ist; bis sie (sc. die Spreu) genommen und mit all der anderen Spreu (zusammen)geworfen wird, und jene Spreu sich mit der ganzen anderen Materie vermischt.

Reine Saat dagegen bewahrt man in Scheunen auf, die sicher sind.

Dies alles haben wir nun gesagt.

2. Der Kampf als irdische Existenzweise der Seele (p.25,27-29,3)

2.1. Die Einsetzung des Kampfes durch den himmlischen Vater (p.25,27-26,33)

Bevor überhaupt etwas entstanden ist, ist es der Vater allein, der existiert. Bevor die himmlischen Welten oder die irdische Welt erschienen, oder eine Herrschaft, eine

Macht oder die Kräfte *(p.26)* [... *(3 Zeilen fehlen vollständig)* ... (existierte allein der, der nicht entstanden ist. Als es ihm wohlgefiel, da traten sie in Erscheinung auf seinen Befehl hin)] (5) und [sie brachten andere hervor].

Nichts [aber] ist ohne seinen Willen entstanden.

Er nun, der Vater, [gewillt], seinen [Reichtum] und seine Herrlichkeit zu offenbaren, setzte diesen großen Kampf in dieser Welt ein, weil er wollte, daß die Kämpfer sich zeigten; daß alle Kämpfenden durch eine erhabene unfaßbare Erkenntnis das Entstandene hinter sich lassen und es verachten und sich in das Seiende flüchten sollen; und daß wir die Unwissenheit derer, die als gegen uns streitende Widersacher mit uns kämpfen, durch unser Wissen besiegen sollen – die wir jenen Unerforschlichen, aus dem wir hervorkamen, schon kennen und wir nichts in dieser Welt haben, auf daß nicht etwa die entstandene Macht der Welt uns fessele in den himmlischen Welten, in denen der allumfassende Tod herrscht, der umgeben ist von den besonderen *(p.27)* (...)

2.2. Die Abkehr von dieser Welt (p.27,1-25)

[... *(3 Zeilen fehlen vollständig)* ... (Wir widerstehen allen Verlockungen) seitens der] weltlichen [Mächte, die uns entgegenstehen].

Wir [wurden] nun beschämt [in den] Welten, aber wir nehmen es uns wegen ihnen nicht zu Herzen, wenn sie uns [verleumden]. Wir kümmern uns nicht um sie. Wenn sie uns verfluchen und uns beschämen ins Angesicht, blicken wir sie nur an, ohne etwas zu sagen.

Denn diese betreiben ihr Werk, wir aber wandeln unter Hunger und Durst und sehnen uns nach unserem Wohnort, nach dem Ort auf den unser (öffentliches) Verhalten und unser Gewissen ausgerichtet sind. Wir binden uns nicht an das Entstandene, sondern wir wenden uns von ihm ab, denn unser Sinn ist auf das Seiende ausgerichtet. Wir sind krank, schwach und leidend, und doch ist eine große Stärke in unserem Inneren verborgen.

2.3. Der Logos heilt die Blindheit der Seele (p.27,25-28,22)

Wahrlich, unsere Seele ist krank, denn sie wohnt in einem armseligen Gehäuse, und die Materie schlägt ihre Augen mit dem Wunsch, sie blind zu machen. Deshalb eilt sie dem Logos nach und legt ihn sich auf die Augen wie ein Heilmittel, wobei sie sie <öffnet> und wirft von sich *(p.28)* [die Blindheit. ... *(3 Zeilen fehlen vollständig)* ... (Denn wie sich einem Unverständigen die Dämonen nahen), um sein Sehvermögen mit] Blindheit zu [schlagen], und jener dann, [wenn] er sich in Unwissenheit befindet, in vollständiger [Dunkelheit] und Materie ist, so [empfängt] die Seele jederzeit einen Logos, um ihn wie ein Heilmittel sich auf die Augen zu legen, damit sie sehen möge und ihr Licht die Feinde überflute, die mit ihr kämpfen; auf daß sie sie blende mit ihrem Licht und sie gefangen nehme in ihrer Gegenwart, sie zu Fall bringe durch Unermüdlichkeit und freimütig handle durch ihre Stärke und ihr Zepter.

2.4. Die Seele findet Schutz in ihrer Schatzkammer (p.28,22-29,3)

Während ihre Feinde ihr beschämt nachblicken, flieht sie nach oben in ihre Schatz-kammer – in der ihr Verstand (Nous) wohnt – und (in) ihre Scheune, die sicher ist; und niemand von denen, die (entstanden) sind, konnte sich ihrer bemächtigen, noch nahm sie einen Fremden in ihr Haus auf. Denn zahlreich sind ihre Hausgeborenen, die sie be-kämpfen bei Tag und Nacht, und sie haben keine Ruhe *(p.29)* bei [Tag] noch bei Nacht, weil ihre (plur.) Begierde sie quält.

3. Die Täuschung dieser Welt als vernichtende Gefahr für die Seele (p.29,3-31,24)

3.1. Aufruf zur Wachsamkeit gegenüber feindlichen Netzen (p.29,3-17)

Deshalb nun schlafen wir nicht, noch vergessen wir [die] Netze, die im Verborgenen ausgeworfen sind und auf uns lauern, um uns zu fangen. Denn wenn wir (auch nur) von einem einzigen Netz gefangen werden, wird es uns mit seinem Rachen verschlingen, während das Wasser uns überspült, wenn es uns entgegenschlägt. Und wir werden hin-ab zum Schleppnetz gezogen werden, und können von ihm nicht mehr nach oben kom-men, da die Wasser hoch über uns sind. Sie ergießen sich vom Himmel bis zum Grund und versenken unseren Sinn im Schlamm des Schmutzes. Und wir können ihnen nicht entfliehen.

3.2. Gleichnis vom Fischer und seinen Speisen (p.29,17-30,4)

Denn Menschenfresser sind es, die uns packen und mit Lust verschlingen werden, wie ein Fischer, der im Wasser (seinen) Haken auswirft. Denn er wirft vielfältige Nahrung ins Wasser, weil jeder einzelne Fisch seine besondere Nahrung hat, die er riecht und de-ren Geruch er folgt. Wenn er sie nun frißt, erfaßt ihn der Haken, der im Inneren der Nahrung verborgen ist und bringt ihn mit Gewalt empor aus tiefen Wassern. Kein Mensch aber wäre in der Lage, sich jenes Fisches unten in tiefen Wassern zu bemächti-gen, *(p.30)* es sei denn durch die List, die der Fischer gebrauchte. Unter dem Vorwand der Nahrung brachte er den Fisch am Haken herauf.

3.3. Auslegung des Gleichnisses (p.30,4-30,25)

Genau in dieser Weise existieren wir in dieser Welt – wie die Fische.

Der Widersacher bewacht uns und lauert uns auf wie ein Fischer – in der Absicht, uns mit Lust zu packen, um uns zu verschlingen. Denn [er wirft] viele Speisen vor unse-re Augen, (Dinge), die dieser Welt angehören, weil er hofft, wir mögen eine von ihnen begehren, nur ganz wenig davon kosten und er könne uns (so) packen mit seinem ver-borgenen Gift, uns der Freiheit berauben und uns in Knechtschaft stoßen. Denn wenn er uns mit einer einzigen Speise fängt, müssen <wir> wahrlich auch den anderen Rest be-gehren. Am Ende jedoch erweisen sich dergleichen als Speisen zum Tode.

3.4. Die Speisen zum Tode (p.30,26-31,24)

Dies nun sind die Speisen, mit denen uns der Teufel auflauert: Zunächst wirft er Traurigkeit in dein Herz, bis du tief betrübt bist, und wegen einer Kleinigkeit dieses Lebens packt er uns mit seinen Giften. Und darauf (folgt) die Begierde auf ein Gewand, und du brüstest *(p.31)* dich mit ihm; und (darauf folgt) Geldgier, Prahlerei, Hochmütigkeit, Neid, der anderen Neid beneidet, ein schöner Körper, Menschenraub; das Schlimmste von all diesen (Dingen) ist (jedoch) die Unwissenheit und die Bequemlichkeit. Alle diese (Speisen) aber bereitet so der Widersacher schön zu, verstreut sie vor dem Leib und hofft, daß die Seele sich mit ihrem Sinn einem von ihnen zuwende und er sie überwältige.

Wie ein Angelhaken zieht er sie gewaltsam in Unwissenheit und täuscht sie, bis sie das Böse empfängt, Früchte der Materie gebiert und öffentlich in der Beschmutzung auftritt, wobei sie vielen Begierden in Lüsternheit nachläuft und das fleischliche Vergnügen sie in Unwissenheit zieht.

4. Die Erkenntnis als Rettung für die Seele (p.31,24-33,3)

4.1. Die Speisen zum Leben (p.31,24-32,16)

Diejenige Seele aber, die diese (Speisen) gekostet hatte, erkannte, daß süße Leidenschaften vergänglich sind. Sie gewann Erkenntnis über das Schlechte und löste sich von ihnen. Sie gelangte zu einem neuen Verhalten.

Von nun an verachtet sie dieses Leben, weil es vergänglich ist, und sucht nach jenen Speisen, die sie ins (wahre) Leben hineinführen werden, *(p.32)* wendet sich von den trügerischen Speisen ab und gewinnt Erkenntnis über ihr Licht, indem sie wandelt, entkleidet von dieser Welt, und das wahre Gewand umhüllt sie – in ihrem Innern; und mit ihrem Brautkleid angetan – in Herzensschönheit, nicht in Fleischeshochmut; und sie gewinnt Erkenntnis über ihre Höhe und eilt in ihren Stall hinein, wo ihr Hirte an der Tür steht. Für alle Schande und Verachtung aber, der sie in dieser Welt ausgesetzt war, empfängt sie zehntausendmal soviel an Gnade und Ruhm.

4.2. Der wahre Hirte (p.32,16-33,3)

Den Leib übergab sie denen, die ihn ihr gegeben hatten, und die (nun) beschämt waren, so daß die, die mit den Leibern Handel trieben, dasaßen und weinten. Denn sie konnten mit jenem Leib kein Geschäft (mehr) machen und fanden auch außerhalb seiner keine (andere) Ware.

Sie hatten große Mühen auf sich genommen, bis sie den Leib dieser Seele geformt hatten und trachteten danach, die unsichtbare Seele niederzuwerfen.

Sie wurden aber durch ihr Werk beschämt. Sie verloren das, für welches sie (solche) Mühen auf sich genommen hatten. Sie wußten nicht, daß sie einen geistigen, unsichtbaren Leib hat und meinten: „Wir sind ihr Hirte, der sie weidet". Denn sie wußten nicht, daß sie *(p.33)* einen anderen Weg kennt, der ihnen verborgen ist, den ihr wahrer Hirte ihr durch Erkenntnis gezeigt hat.

5. Die Hoffnungslosigkeit des unverständigen Menschen und der Aufstieg der verständigen Seele (p.33,4-35,22)

5.1. Die Unverständigen sind schlimmer als die Heiden (p.33,4-34,32)

Diejenigen jedoch, die unwissend sind, suchen weder nach Gott noch forschen sie nach ihrem (wahren) Wohnort, der sich in der Ruhe befindet, sondern sie sind wie Tiere. Jene sind schlimmer als die Heiden. Denn zum einen forschen sie nicht nach Gott, denn ihre Herzensverschlossenheit ist es, die sie dazu treibt, ihre Grausamkeit auszuüben. Und des weiteren nun, wenn sie einen anderen finden, der nach seinem Heil sucht, ist ihre Herzensverschlossenheit jenem Menschen gegenüber wirksam. Hört er nun nicht auf zu fragen, so töten sie ihn wegen ihrer Grausamkeit und meinen, daß sie etwas Gutes für sich getan hätten. Gleichwohl sind sie Kinder des Teufels!

Denn selbst die Heiden üben Barmherzigkeit und wissen, daß der himmlische Gott existiert, der Vater des Alls, der erhaben über ihre Götzen ist, die sie anbeten. *(p.34)* Aber sie haben den Logos nicht vernommen, so daß sie nach seinen Wegen forschen könnten.

So nun ist der unverständige Mensch: Er hört zwar die Berufung, ist aber unwissend darüber, wohin er berufen wurde. Und in der Predigt fragte er nicht: „Wo ist der Tempel zu dem ich gehen und meine Hoffnung anbeten soll?" Wegen seiner Unverständigkeit aber ist er schlimmer als ein Heide, denn die Heiden kennen den Weg, um zu ihrem Steintempel zu gehen, der zerstört werden wird, und beten ihren Götzen an, während sie ihre Herzen zu ihm wenden; denn er ist ihre Hoffnung. Diesem Unverständigen aber wurde der Logos verkündigt und er wurde belehrt: „Suche und forsche nach den Wegen, auf denen du gehen sollst, da es nun keine Sache gibt, die so gut ist wie diese Sache." Denn damit das Wesen der Herzensverschlossenheit seinem Verstand Schläge versetzt – mit der Kraft der Unwissenheit und dem Dämon des Irrtums –, lassen sie nicht zu, daß sein Verstand sich erhebe, daß er sich abmühe, suchen und seine Hoffnung erkennen könnte.

5.2. Der Aufstieg der verständigen Seele in den Ort der Ruhe (p.34,32-35,22)

Die verständige Seele aber, *(p.35)* die sich abmühte und suchte, sie gewann Erkenntnis über Gott. Sie mühte sich ab und forschte, sie litt im Leib und lief sich die Füße wund, (um) zu den Predigern (zu gelangen) und gewann Erkenntnis über den Unerforschlichen. Sie fand ihren Aufstieg. Sie kam zur Ruhe in dem Ruhenden. Sie legte sich in das Brautgemach und aß von dem Mahl, nach welchem sie gehungert hatte. Sie empfing von der unsterblichen Speise. Sie fand das, wonach sie gesucht hatte. Sie empfing Ruhe wegen ihrer Mühen, während das Licht, das über ihr scheint, nicht sinkt. Diesem ist die Herrlichkeit und die Kraft und die Offenbarung bis in alle Ewigkeit. Amen.

6. Subscriptio (p.35,23f.)

Authentische Lehre

Das Verständnis unserer großen Kraft (NHC VI,4)

Hans-Martin Schenke

Literatur

Cherix, Pierre, 1982: Le Concept de Nôtre Grande Puissance (CG VI,4). Texte, remarques philolo-giques, traduction et notes. (OBO 47.) Fribourg / Göttingen.

Cherix, Pierre, 1993: Concordance des textes de Nag Hammadi. Le Codex VI. (BCNH.C 2.) Sainte-Foy / Louvain / Paris.

Williams, Francis E./ Wisse, Frederik / Parrott, Douglas M., 1996: The Concept of Our Great Power (VI,4). In: Robinson, James M. (ed.): The Nag Hammadi Library in English. 4th rev. ed. Leiden / New York / Köln, 311-317.

Williams, Francis E., 2001: Mental Perception. A Commentary on NHC VI,4, The Concept of Our Great Power. (NHMS 51.) Leiden / Boston / Köln.

Einleitung

Die Schrift NHC VI,4 (Noêma) war, bevor sie in den Codices des Fundes von Nag Hammadi entdeckt wurde, völlig unbekannt. Die eine uns erhaltene Kopie ist in einem überaus stark oberägyptisch ge-färbten Sahidisch geschrieben. Angefertigt wurde diese Kopie frühestens um die Mitte des 4. Jh. in Oberägypten. Daß die vorliegende Kopie nur die Übersetzung einer griechischen Vorlage ist und Griechisch wohl auch als Ursprache von Noêma zu gelten hat, geht nicht so sehr aus bestimmten Äu-ßerlichkeiten hervor als aus dem Textcharakter als solchem. Der koptische Text ist streckenweise so unverständlich, ja korrupt, daß man seinen mutmaßlichen Sinn oft nur durch den Rückschluß auf eine mißverstandene griechische Vorlage erraten kann.

Im Unterschied zur Frage der Ursprache läßt sich über den mutmaßlichen Ursprungsort und die Ur-sprungszeit kaum etwas sagen. Für die Frage des Entstehungsortes ist die Stelle p.44,2-4 das einzige mögliche Indiz, insofern als diese Worte, wenn sie denn vom Autor stammen, den Entstehungsort von Noêma westlich von Palästina und östlich von Rom vermuten lassen. Und das ließ Williams vermu-tungsweise auf Kleinasien kommen (NHS XI, 292; NHLE[4], 312). Die Abfassungszeit ist unbekannt.

Es liegt nicht nur am offensichtlich partiell korrupten Text unserer koptischen Übersetzung, daß wir von dem Inhalt der Schrift wenig verstehen. Einigermaßen klar ist nur der alleräußerste Rahmen. Danach ist Noêma eine Art Apokalypse, in der drei Weltperioden aufeinander folgen, der vergangene Äon des Fleisches, der bis zur Sintflut dauerte, der gegenwärtige Äon der Seele, in dessen Mittelpunkt die Wirksamkeit Jesu steht und der mit einem eschatologischen Feuergericht beendet werden wird, und schließlich der erhoffte, selige Äon des Geistes. Relativ klar sind auch viele Einzelaussagen, von deren Inhalt die Vorstellung von Jesus als einem Noah redivivus wohl am bemerkenswertesten ist. Was unverständlich bleibt, ist der Zusammenhang des Ganzen, das Verhältnis der Teilstücke zueinander und ihre Stelle bzw. ihr Stellenwert im Gesamtrahmen. Erkennbar sind auch bestimmte Schichten des Textes. Man hat den Eindruck, daß rein jüdischen (bzw. samaritanischen) Stücken und Partien sekundär christliche Lichter aufgesteckt sind. Und während man einerseits hinter den jüdischen Partien manchmal auch Heidnisches erahnen mag (vgl. Ausführungen über die Elemente Wasser und Feuer), zeigen die christlichen Partien zum Teil deutlich christlich-gnostischen Charakter. Verwirrend ist auch der Stil. Der in der Hauptsache offenbar delokutive (3. Pers.) Text wird immer wieder von interlokutiven Elementen unterbrochen, sei es durch Offenbarungsworte in der 1. Pers. sing., durch bekenntnisartige Formulierungen in der 1. Pers Pl., oder ermahnende Anreden in der 2. Pers. plur., oder durch die sporadische und völlig rätselhafte Anrede oder Apostrophierung eines männlichen Wesens in der 2. Pers. sing.

Cherix hat eine Gliederung des Inhalts von Noêma versucht. Danach besteht die Schrift, abgesehen von einer Einleitung (p.36,3-27), aus zwei großen Abschnitten (p.36,27-43,2 und p.43,3-48,13), deren jeder mit einer Gruppe von Fragen beginnt, auf welche in jedem Abschnitt in zwei Abteilungen geantwortet wird, die jeweils im Schema der zwei Äonen gehalten sind, wobei erst der fleischliche dem psychischen Äon gegenübersteht, dann der psychische dem zukünftigen Äon. Für Cherix ist Noêma eine in sich geschlossene didaktische Darlegung und nichts würde die Behauptung rechtfertigen, daß wir es mit einem aus Quellen zusammengesetzten Text zu tun hätten (1982: 4 mit Anm. 3). Williams dagegen hält den Text an zahlreichen Stellen für so korrupt, daß man den vorliegenden koptischen Wortlaut nur durch eine Serie von Mißverständnissen, nicht nur bei der Übersetzung aus dem griechischen Original, sondern auch noch im Rahmen der dann folgenden koptischen Überlieferung, erklären könne. Was die Frage der Textsorte anbelangt, so ist der Text nach Williams' sorgfältig erarbeiteter Theorie eine apokalyptische Komposition auf der Basis einer nicht-christlichen Grundschrift (p.36,1-40,23; 43,3-11; 45,27-48,14), in die zwei lange Blöcke mit christlichem Material eingefügt worden sind (p.40,24-42,19; 43,29-44,10), wozu dann noch längere oder kürzere Interpolationen kommen.

Die Weiterentwicklung der Sicht des Berliner Arbeitskreises ist nicht ohne den Einfluß von Williams entstanden. Wir hielten Noêma für den apokalyptischen Abriß einer universalen gnostischen Heilsgeschichte, deren Bauteile offenbar variabel sind und auch anders geordnet werden könnten. Wenn man nun die Teile dieses "Baukasten-Systems" als noch kleiner ansetzt, den Gedanken einer sinnvollen Reihenfolge von ihnen überhaupt aufgibt und die offenbare Dunkelheit des Ganzen und seiner Einzelteile für beabsichtigt hält, ergibt sich die Idee, daß Noêma vielleicht einfach die Übersetzung einer griechischen Orakelsammlung ist. Und wenn die ursprünglichen Orakel, wie die sibyllinischen oder die chaldäischen, in Hexametern abgefaßt gewesen wären, dürfte man schon Verständnis dafür aufbringen, daß die koptischen Übersetzer ihre liebe Not damit hatten.

Für das Verständnis und die Übersetzung des Titels schließlich, sei es des doppelten (am Anfang), sei es des einfachen (am Ende), habe ich nicht einmal eine Idee anzubieten, wohl aber zwei Fragen. Die erste betrifft das Possessivum „unserer" im Titel und zielt darauf, ob es auch möglich ist, in diesem „wir" gar nicht die Empfänger und Verwalter dieser Orakel zu sehen, sondern ihre Spender; die „wir" wären die verschiedenen Propheten oder Prophetinnen, in denen die große Kraft sich verständlich zu machen sucht. Die zweite Frage ist vielleicht nur sinnvoll, wenn die vorhergegangene Erwägung falsch ist. Und so oder so führt sie auch sogleich in ein Dilemma. Denn meines Wissens ist die „große Kraft" nur im Simonianismus ein zentraler Begriff. Innerhalb von Noêma sind aber keine eindeutigen (positiven) simonianischen Züge zu entdecken (gegen Williams). Man würde ja Simon Magus als Nachfolger Jesu und Vollender seiner Mission erwarten. Sollte es doch eine Verbindung geben? Oder ist der Gedanke von vornherein auszuschließen, daß christliche Gnostiker in einer simonianischen Orakelsammlung das typisch Simonianische nachträglich getilgt haben könnten?

Übersetzung

(p.36) Die einsichtige Wahrnehmung.
Das Verständnis <unserer> großen Kraft.

Und wer unsere große Kraft erkennen wird, wird unsichtbar werden. Und kein Feuer wird ihn verbrennen können. Doch es wird reinigen. Und es wird vertilgen alles, was ihr besitzt.

Denn jeder, in dem meine Gestalt sichtbar werden wird, wird erlöst werden – von sieben Tagen an bis zu hundertzwanzig Jahren, denen diese Verpflichtungen auferlegt sind, den gesamten Verlust und die Buchstaben unserer großen Kraft zu sammeln, damit sie deinen Namen in unser großes Licht schreibt, und (damit) ihre Gedanken und ihre Werke vollendet werden, damit sie gereinigt und zerstreut werden und (damit) sie vernichtet und gesammelt werden an dem Ort, den niemand in ihm sieht.

Und ihr werdet mich sehen und werdet euren Wohnort bereiten in unserer großen Kraft.

Erkennt, wie der Dahingegangene gewesen ist, damit ihr erkennt, <wie> der Lebendige sein <wird>.

Denn wie (sonst) <wollt ihr> erkennen, von welcher Erscheinung jener Äon ist, oder *(p.37)* von welcher Beschaffenheit, oder wie [er] kommen [wird].

[Warum] fragt ihr nicht, wie ihr sein werdet, [oder] aber, wie ihr ins Dasein gekommen seid?

Bedenkt, von welchem Ausmaß das Wasser ist, daß es unermeßlich und unfaßbar ist! Es hat weder Anfang noch Ende. Es trägt die Erde; es weht in der Luft, in der die Götter und Engel sind. Und in ihm, das über alles erhaben ist, befinden sich der Schrecken und das Licht. Und meine Buchstaben sind in ihm sichtbar.

Ich habe sie zum Dienst an der Schöpfung des Fleisches dahingegeben. Denn es ist unmöglich, daß etwas ohne jenes Bestand hat, und es ist auch unmöglich, daß der Äon ohne es leben kann.

Man besitzt das, was in ihm ist, wenn man auf reine Weise erkennt.

Dann betrachtet den Geist und erkennt, woher er stammt!

Er gab ihn den Menschen, damit sie durch ihn täglich belebt werden.

Er besitzt sein Leben in sich und schenkt (es) allen.

Dann empfing die Finsternis zusammen mit dem Abgrund das Feuer.

Und, was mein ist, wird es aus ihr herauslösen.

Seine Augen konnten mein Licht nicht ertragen.

Dadurch, daß die Winde und die Wasser sich bewegten, *(p.38)* entstand sowohl alles Übrige als auch der ganze Äon der Schöpfung.

Und aus ihren Tiefen entstand [das] Feuer.

Die Kraft entstand inmitten der Kräfte.

Und die Kräfte begehrten, mein Bild zu sehen.

Und die Seele entstand als dessen Prägung.

Das ist die Sache, die stattgefunden hat. Seht, von welcher Art sie ist. Denn bevor sie stattgefunden hat, kann man (sie) nicht sehen.

Weil der Äon des Fleisches mit den Riesenleibern entstand, wurden ihnen auch lange Lebenszeiten in der Schöpfung zugeteilt.

Denn als sie sich besudelten, nachdem sie in das Fleisch eingegangen waren, da vollzog der Vater des Fleisches, das Wasser, sein ihm entsprechendes Gericht.

Denn, als er fand, daß Noah fromm und (der Rettung) würdig war, da <...> der Vater des Fleisches <...>, wobei er den Engeln untertan war. Und er (Noah) predigte die Frömmigkeit hundertzwanzig Jahre lang. Doch niemand hörte auf ihn. Und er baute eine hölzerne Arche. Und was er (der Rettung würdig) fand, ging (mit ihm) in sie hinein. Da kam die Sintflut. *(p.39)* Und so wurde Noah gerettet samt seinen Söhnen.

Denn wenn es keine Arche gegeben hätte, daß man in sie hineingehen konnte, wäre dann etwa das Wasser der Sintflut nicht gekommen?

So plante und gedachte er zu retten.

Die Götter samt den Engeln und die Kräfte, <die> Größe von diesen allen und die <Nahrung> und die Lebensweise <...> und, indem er sie in dem Äon ändert, indem er sie auf Dauer am Leben erhält.

Und das Gericht über das Fleisch hörte auf. Das einzige Werk der Kraft blieb bestehen.

Dann, jetzt, auch der seelische Äon: Er ist klein in seiner Verflechtung mit den Körpern, einer, der (es) in den Seelen hervorbringt und besudelt. Denn die erste Besudelung der Schöpfung gewann Macht.

Und er brachte jede Wirkung hervor: viele Wirkungen von Wut, den Zorn, den Neid, die Mißgunst, Haß, Verleumdung, Verachtung und Krieg, die Lüge und böse Ratschlä-

ge, Betrübnisse und Lüste, Schändlichkeiten und Befleckungen, Arglisten und Krankheiten, ungerechte Gerichtsurteile, die (es) darlegen nach ihren Wünschen.

Noch schlaft ihr *(p.40)* und träumt Träume. Wacht auf, kehrt zurück, kostet und eßt die
wahre Speise!

Teilt das Wort und das Wasser des Lebens aus!

Laßt ab von jenen bösen Begierden und jenen Wünschen und jenen Dingen, die eurem
Wesen nicht entsprechen! (Das sind) böse Neigungen, die keine Basis haben.

Und die Mutter der Flamme vermochte es nicht. Sie brachte das Feuer auf die Seele und
das Land. Und sie verbrannte alle Häuser, die auf ihm waren. Und ihr verzehrendes
Wüten hörte auf. Und wenn sie nichts mehr zum Verbrennen findet, wird sie sich selbst
verzehren.

Und es wird unkörperlich werden und die Materie verbrennen, bis es alles gereinigt hat
und die ganze Schlechtigkeit. Denn wenn es nichts mehr zum Verbrennen findet, wird
es sich gegen sich selbst wenden, bis es sich selbst zerstört hat.

Dann wird in eben diesem seelischen Äon der Mensch auftreten, das ist der, der die
große Kraft erkennt. Er wird (es) empfangen und mich erkennen. Er wird trinken von
der Milch der Mutter des Werkes. Er wird in Gleichnissen reden und den kommenden
Äon verkündigen, *(p.41)* wie er im ersten Äon des Fleisches in Noah geredet hat. Und
was seine Reden, die er hielt, betrifft, so sprach er in ihnen allen in zweiundsiebzig
Sprachen. Und er öffnete die Tore der Himmel durch seine Worte. Und gab den Unterweltsherrscher der Schande preis. Er erweckte die Toten, und seine Herrschaft löste er
auf.

Dann entstand eine große Unruhe. Die Herrscher erhoben ihren Grimm gegen ihn. Sie
wollten ihn dem Unterweltsherrscher übergeben.

Dann wurde einer von seinen Gefolgsleuten erkannt. Feuer ergriff seine Seele. Er lieferte ihn aus, weil niemand ihn kannte.

Sie taten (es), sie ergriffen ihn. Sie richteten sich selbst. Und er wurde an den Unterweltsherrscher ausgeliefert, und er wurde übergeben an Sasabek und Beroth.

Er hatte sich zugerüstet, um hinabzusteigen und sie zu überführen.

Dann nahm der Unterweltsherrscher ihn in Empfang. *(p.42)* Und die Beschaffenheit
seines Fleisches fand er nicht heraus, so daß er ihn hätte festhalten können, um ihn den
Herrschern zu zeigen. Vielmehr sagte er: „Wer ist das? Was für einer ist es?"

Sein Wort löste das Gesetz des Äons auf.

Er stammt aus dem Wort der Kraft des Lebens. Und er war stärker als der Befehl der
Herrscher. Und sie waren nicht in der Lage, über ihr Werk zu herrschen.

Die Herrscher suchten nach dem, der entstanden ist. Sie erkannten nicht, daß dieser das
Zeichen ihrer Auflösung ist und (daß) er die Veränderung des Äons ist.

Die Sonne ging unter am Tage; der Tag wurde finster. Die Dämonen zitterten.

Und danach wird er sichtbar aufsteigen.

Und das Zeichen des kommenden Äons wird sichtbar werden. Und die Äonen werden zerschmelzen.

Und diejenigen werden selig sein, die das verstehen, worüber mit ihnen geredet wird. Und es wird eintreten. Ja, sie werden selig sein; denn sie werden die Wahrheit verstehen.

Denn ihr habt Ruhe gefunden <...> hinauf zu den Himmeln.

Dann werden viele ihm nachfolgen. Und sie werden in den Gegenden, wo sie geboren sind, wirken. *(p.43)*

Sie werden hingehen und seine Worte nach ihrem Gutdünken darbieten.

Seht, daß eben diese Äonen vergangen sind! (Seht,) von welchem Ausmaß das Wasser jenes zerschmolzenen Äons ist! (Seht,) von welchem Ausmaß Äonen sind! (Seht,) wie sich die Menschen zurüsten werden, ihren Stand nehmen werden und sich in unvergängliche Äonen verwandeln werden!

Zuerst aber nach seiner Verkündigung, verkündigend den zweiten Äon und den ersten, <...>.

Und der erste Äon muß durch die Zeit dahinschwinden.

Er verbrachte den ersten Äon, in ihm wandelnd, bis zu dessen Untergang, verkündigend im Verlaufe von hundertzwanzig Jahren an Zahl; das ist die vollkommene, sehr erhabene Zahl.

Er machte den Saum des Westens wüst und zerstörte den Osten.

Dann <...> dein Same und die, die unserem großen Logos und seiner Verkündigung nachfolgen wollen, <...>.

Dann entbrannte die Wut der Herrscher. Sie waren beschämt über ihre Auflösung.

Und sie verzehrten sich im Zorn gegen das Leben. Die Städte wurden zerstört, die Berge verschwanden.

Der Herrscher zog herauf, zusammen mit den *(p.44)* Herrschern des Westens, bis zum Osten; denn jener Ort ist es, wo der Logos zuvor in Erscheinung getreten war.

Dann bebte die Erde, und die Städte schwankten.

Dann fraßen die Vögel sich satt an ihren Leichen.

Die Erde klagte, zusammen mit dem bewohnten Land. Sie wurden wüst.

Dann, als die Zeiten sich erfüllten, da erhob sich die Bosheit sehr und bis zur äußersten Grenze der Berechnung.

Dann erhob sich der Herrscher des Westens; und von Osten aus wird er ein Werk tun und die Menschen seine Bosheit lehren, und (zwar) in der Absicht, jede Lehre, die Weisheitsworte der Wahrheit, aufzulösen, weil er die lügnerische Weisheit liebt.

Denn er richtete seinen Angriff gegen das Alte mit der Absicht, die Bosheit einzuführen und sich mit Ehrbarkeit zu bekleiden. Er vermochte (es) nicht, weil seine Besudelung und <die> seine<r> Kleider (zu) schlimm war.

Dann geriet er in Zorn. Er trat öffentlich in Erscheinung, wollte aufsteigen und zu jenem Ort überwechseln.

Dann kam die Zeit. Sie kam heran und ändert die Anordnungen.

Dann kam die Zeit <...>, bis das kleine Kind groß geworden war. Als es zum Mann herangewachsen war, *(p.45)* da sandten die Herrscher den Nachahmer zu jenem Menschen, auf daß sie unsere große Kraft erkennen. Und sie erwarteten von ihm, daß er ihnen ein Zeichen tue. Und er bewirkte große Zeichen.

Und er wurde König über die ganze Erde und über alle, die unter dem Himmel sind. Er setzte seinen Thron über das Ende der Erde.

Denn: „Ich will dich zum Gott der Welt machen."

Er wird Zeichen und Wunder tun.

Dann werden sie sich von mir abwenden und in Irrtum fallen.

Dann werden jene Menschen, die ihm nachfolgen werden, die Beschneidung einführen. Und er wird die, die in der Unbeschnittenheit sind, verurteilen, das heißt das Volk <von ...>.

Denn er hatte ja zuvor viele Boten ausgesandt, die von ihm gekündet haben.

Wenn er die Zeit vollendet hat, die <ihm> für die Herrschaft über die Erde bestimmt war, <...>.

Dann wird die Reinigung der Seelen kommen, weil die Bosheit stärker geworden ist als ihr.

Die Kräfte werden zittern. Alle Meere werden austrocknen. Und das Firmament wird keinen Tau mehr herabfließen lassen. Die Quellen werden versiegen.

Die Ströme werden nicht mehr *(p.46)* zu ihren Quellen zurückfließen. Und die Wasser der Quellen der Erde werden versiegen.

Dann werden die Abgründe eben werden und sich öffnen.

Die Sterne werden zunehmen, und die Sonne wird abnehmen.

Und ich werde zurückkehren mit jedem, der mich erkennen wird.

Und sie werden in das unermeßliche Licht eingehen, ohne daß irgendein(e) <...> des Fleisches sie zurückhalten kann, nicht einmal ein Übermut des Feuers. Sie werden leicht und rein sein, so daß niemand sie hinabziehen kann. Ich bedecke sie mit meiner Hand, und sie besitzen die heiligen Gewänder, solche, die kein Feuer berühren kann.

Danach: Finsternis, Wind und ein Augenblick, (so kurz,) daß man (nur einmal) die Augen schließen kann.

Dann wird es kommen, um alles zu vernichten.

Und sie werden bestraft werden, bis sie rein sind.

Dann <...> ihre Zeit, die ihnen zum Herrschen gegeben war, die ihnen auf vierzehnhundertachtundsechzig Jahre berechnet war, <...>.

Wenn das Feuer alles verbrannt hat und nichts mehr zum Verbrennen findet, dann wird es durch sich selbst verlöschen.

Dann wird *(p.47)* das [Gericht des Feuers,] welches die [zwei]te Kraft [ist,] sich vollenden.

[Dann] wird das Erbarmen kommen [...] durch die Sophia [...].

Dann [werden] die Firmamente in den Abgrund hinab[stürzen].

Dann werden [die] Kinder der Materie zugrunde gehen und werden von diesem Augenblick an nicht mehr sein.

Dann werden die Seelen in ihrer ganzen Reinheit sichtbar werden durch das Licht der Kraft, die erhabener ist als alle Kräfte, die unermeßliche, die universale.

Ich und alle, die mich erkennen werden <...>.

Und sie werden in dem Äon der Schönheit sein, <...> des Äons des Brautgemachs, bräutlich geschmückt durch die Sophia.

Nachdem sie den in unerreichbarer Einzigkeit Befindlichen gepriesen haben, sehen sie ihn nun auch wegen seines Wohlgefallens an ihnen.

Und sie wurden alle zu Abbildern in seinem Licht. Sie fingen alle an zu leuchten. Sie fanden Ruhe in seiner Ruhe.

Und die Seelen, die bestraft werden, wird er auslösen, und sie werden in (dem Ort) der Reinigung sein.

Und sie werden die Heiligen sehen. Sie werden ihnen zuschreien: „Erbarm' dich unser, o Kraft, die du oberhalb aller Kräfte bist." Denn *(p.48)* [...] und an dem Baum [von] Ungerechtig[keit], der existiert [...] zu ihm ihre Augen.

[Und sie] suchen nicht nach ihm, [weil] sie nicht nach uns suchen, [noch] glauben sie uns. Vielmehr handelten sie gemäß der Schöpfung der Herrscher und auch (gemäß) ihren Herrschern. Und wir handelten gemäß unserer Entstehung. <...> des Fleisches der Schöpfung der Herrscher, sofern es Gesetze erläßt. Wir aber sind es, die in dem unwandelbaren Äon entstanden sind.

Das Verständnis unserer großen Kraft

Platon, Politeia 588A-589B (NHC VI,5)

Hans-Martin Schenke

Literatur

Brashler, James, 1979: Plato, Republic 588b-589b. In: Parrott, Douglas M. (ed.): Nag Hammadi Codices V,2-5 and VI with Papyrus Berolinensis 8502,1 and 4. (NHS 11.) Leiden, 325-339.

Jackson, Howard M./ Brashler, James / Parrott, Douglas M., 1996: Plato, Republic 588A-589B (VI,5). In: Robinson, James M. (ed.): The Nag Hammadi Library in English. 4th rev. ed. Leiden / New York / Köln, 318-320.

Matsagouras, E. G., 1976: Plato Copticus, Republic 588B-589B: Translation and Commentary, M. A. Thesis, Dalhousie University.

Painchaud, Louis, 1983: Fragment de la République de Platon (NH VI,5). (BCNH.T 11.) Québec, 109-161.

Einleitung

Der an fünfter Stelle in NHC VI überlieferte titellose Text ist eine ungenügende koptische Übersetzung einer bekannten und schon in der Antike, besonders bei den Neuplatonikern, hochgeschätzten Stelle aus dem neunten Buch von Platons Staat. Der koptische Dialekt ist Sahidisch. Die uns vorliegende einzelne Kopie dieses koptischen Platon-Textes stammt, wie der gesamte Nag-Hammadi-Fund, etwa aus der ersten Hälfte des 4. Jh. Ob die Abweichungen unserer koptischen Übersetzung vom griechischen Original sich einfach aus der mangelhaften Übersetzung erklären, oder ob eine gnostische Bearbeitung mit im Spiel ist, oder ob etwa beides sich gar nicht ausschließt, das ist tatsächlich ein zentrales Problem, wenn man sich eine Vorstellung machen will von dem langen Weg unseres Textes aus den gesammelten Werken Platons heraus, über die spätantiken Anthologien (der gleiche Ausschnitt findet sich bei Eusebius und Stobäus), bis schließlich in unseren Codex VI hinein. Auf diesem Wege ist das Mißgeschick der koptischen Übersetzung jedenfalls ein Fixpunkt. Ein weiterer Fixpunkt ist die Erkenntnis, daß diese koptische Übersetzung (entgegen früheren Erwägungen) als ein Einzeltext Einzug in Codex VI gehalten haben dürfte. Das ergibt sich nämlich aus dem überaus unterschiedlichen Sahidisch der Bestandteile dieses Codex.

Was man noch wissen möchte, ist aber vor allem, wann und wie auf diesem Wege eigentlich in Vergessenheit geriet, daß es sich um einen Platon-Text handelt. Wenn man nun nach der „natürlichsten" Antwort auf diese Frage sucht, kann man leicht auf den Gedanken kommen, daß es nach dem ersten Mißgeschick einfach noch ein zweites gegeben hat: Erst wäre in der Schule einer an einer Platon-

Übersetzung gescheitert, und den ausrangierten Übungspapyrus hätte dann ein anderer entdeckt und darin eine „Offenbarung" gesehen.

Der Inhalt des Platon-Textes ist eine mit einem Gleichnis illustrierte Summe der platonischen Anthropologie. Die Seele des Menschen wird mit einer aus drei Wesen bestehenden hybriden Kreatur verglichen, einem vielgestaltigen und vielköpfigen Untier (= niedere Begierde), einem Löwen (= höhere Begierde) und einem Menschen (= Verstand), die aber menschliches Aussehen hat. Es kommt nun (zum Erlangen der Gerechtigkeit) darauf an, daß das menschliche Element die Oberhand behält und so für Harmonie in der Seele sorgt. Übrigens scheinen sich auch anderswo im Corpus der Nag-Hammadi-Texte Reflexe dieser Plato-Stelle zu finden, nämlich in EvThom Log 7 und EvPhil Spruch 40a.b.

Übersetzung

„Nachdem wir in der Untersuchung zu diesem Punkt gelangt sind, wollen wir nun die ersten (Dinge), die uns gesagt worden sind, wiederaufnehmen; und wir werden finden, daß er sagt: ‚Gut ist der, dem vollkommen Unrecht getan wurde; er wird mit Recht gepriesen.' Wurde er nicht auf diese Weise zurechtgewiesen?"

„So allerdings geziemt es sich."

Ich sagte aber: „Jetzt nun haben wir das Wort ergriffen, weil er gesagt hat, daß der, der Unrecht tut, und der, der Gerechtigkeit übt, jeweils eine ihm eigentümliche Kraft hat."

„In welcher Weise denn?", sagte er.

(Ich sagte): „Ein ungestaltetes Bild ist das Wort der Seele, damit der zur Erkenntnis komme, der *(p.49)* das gesagt hat."

Er [sagte: „Ist] denn [der ...], derjenige, der [... zustande bringt], oder nicht? Wir [...] mir gehört."

„(Nein!) Sondern alle [Mythen], die [die] Ersten erzählt haben, die nun sind es, die zu Geschöpfen wurden, und (zwar) die Chimäre, der Kerberos und alle übrigen, von denen erzählt wurde: Sie erreichten es alle, daß sie (viele) Erscheinungen und Gestalten hervorbrachten; und sie wurden alle zu einer einzigen Gestalt."

„Man sagt es", (sagte er).

(Ich sagte): „Jetzt aber ans Werk! Eine einzige Gestalt ist es allerdings, (nämlich) diese, die entstand als die Gestalt eines Tieres, das mannigfaltig und vielköpfig ist. Manchmal ist es zwar wie die Gestalt eines wilden Tieres. Danach kann es die erste Gestalt abwerfen; und diese alle, die schwierigen und mühevollen Bildungen, sie erwachsen aus ihm in einem Werk."

„Weil die, die jetzt schön gebildet werden, und alle übrigen, die ihnen gleichen, jetzt durch das Wort bilden."

„Denn jetzt ist es eine einzige Gestalt. Denn die Gestalt des Löwen ist eine Sache, und die Gestalt des Menschen ist eine andere Sache. *(p.50)* [Eine] einzige [...] ist [...] verbindet. Und diese [ist es, die] viel mannigfaltiger ist als [die erste]; und die zweite [...]."

„Es wurde gebildet.“

„Verbindet sie nun miteinander und macht sie zu einer einzigen – es sind ja drei –, so daß sie alle miteinander (zusammen)wachsen und in einer einzigen Gestalt erstehen, mit dem äußeren Bilde des Menschen, wie es auch für einen ist, der nicht sehen kann, was in seinem Inneren ist, sondern nur das Äußere sieht. Und es wird sichtbar, in welchem Lebewesen seine Gestalt ist.“

Und (er sagte): „Er wurde in menschlicher Gestalt gebildet.“

„Ich sagte aber zu dem, der gesagt hatte, daß das Unrechttun dem Menschen nützlich sei: Wer aber [...] Unrecht tut, dem ist es nicht nützlich, und er hat keinen Vorteil. Sondern, was ihm nützlich ist, ist dies: alle Gestalten des bösen Tieres niederzuwerfen und sie zu Boden zu treten samt den Gestalten des Löwen. Der Mensch aber ist in solcher Schwachheit, und alles, was er tun kann, ist schwach, so daß sie ihn dahin ziehen, wo er zuvor mit ihnen war, *(p.51)* und er [...] Gewöhnung [...] für sich in [...], sondern er macht [...] die Feindseligkeiten unter [sich]. Und mit Kampf fressen sie <...> einander unter sich.“

„Ja, das alles sagte er einem jeden, der das Unrechttun lobt.“

„Nützt es nun nicht auch dem, der auf gerechte Weise spricht? Und wenn er diese (Worte) tut und in ihnen spricht, greifen sie im Inneren des Menschen sicher zu. Deswegen strebt er um so mehr danach, für sie zu sorgen, und versorgt er sie, wie auch der Landmann seine Pflanzung täglich versorgt, die wilden Tiere jedoch sie am Gedeihen hindern.“

„Über die Achtheit und Neunheit" (NHC VI,6)

Karl-Wolfgang Tröger

Literatur

Colpe, Carsten/ Holzhausen, Jens, 1997: Das Corpus Hermeticum Deutsch. Bd. 1-2. Stuttgart.

Dirkse, Peter A./ Brashler, James / Parrott, Douglas M., 1979: The Discourse on the Eighth and Ninth. In: Parrott, Douglas M. (ed.): Nag Hammadi Codices V,2-5 and VI with Papyrus Berolinensis 8502,1 and 4. (NHS 11.) Leiden, 341-373.

Eckart, Karl-G./Siegert, Folker, 1999: Das Corpus Hermeticum einschließlich der Fragmente des Stobaeus. Münster.

Mahé, Jean-Pierre, 1978: Hermès en Haute-Égypte. Bd. 1: Les textes hermétiques de Nag Hammadi et leurs parallèles grecs et latins. (BCNH.T 3.) Québec.

Van der Kerchove, Anna, 2012: La voie d'Hermès. Pratiques rituelles et traités hermétiques. (NHMS 77.) Leiden.

Einleitung

Der Text von NHC VI,6 ist relativ gut erhalten. Zusammen mit dem schon bekannten Gebet (NHC VI,7) und Asclepius 21-29 (NHC VI,8) bildet er einen sachlich zusammenhängenden Komplex in Codex VI. Da ein originaler Titel fehlt, wurde mit „De Ogdoade et Enneade"/ „Über die Achtheit und Neunheit" ein Titel gewählt, der zwei zentrale Begriffe enthält, die schon in den ersten Zeilen begegnen. Die Sammlung der Codices von Nag Hammadi lag um die Mitte des 4. Jh. vor, wie Briefe und Quittungen aus den Einbanddecken belegen. Somit war auch Codex VI mit dem in Sahidisch abgefaßten Traktat VI,6 um 350 n. Chr. vorhanden.

Zahlreiche hermetische Schriften sind im 2./3. Jh. entstanden, waren im 3./4. Jh. in Nordafrika verbreitet und Theologen wie Laktanz, Cyrill von Alexandrien und Clemens Alexandrinus bekannt. Vieles in OgdEnn weist auf ein ägyptisches Milieu und zeigt, wie eng diese Hermetiker ägyptischen Traditionen verbunden waren. Die bearbeitete griechische Vorlage des koptischen Textes kann auf das 2./3. Jh. datiert werden.

Es ist anzunehmen, daß Texte wie NHC VI,6 in hermetischen Konventikeln oder Gemeinden entstanden und in Gebrauch waren. Diese Gruppen kannten auch Riten, wie den heiligen Kuß bzw. Bruderkuß und heilige Mahlzeiten, vor allem aber gemeinsame Gesänge (Hymnen) und Gebete. Diese „geistigen Opfer" zeigen zugleich den hohen Grad von Spiritualisierung an.

NHC VI,6 gehört zum literarischen Genus des gnostischen Dialogs. Dialogpartner sind Hermes (Trismegistos) und sein „Sohn", der in Corpus Hermeticum XIII Tat heißt, hier aber keinen Namen trägt. Die Schrift ist zum einen ein Lehrgespräch, das dem Schüler geheimes und erlösendes Wissen (Gnosis) vermitteln soll, zum andern ein von religiöser Leidenschaft und mystischer Sehnsucht durchdrungener Dialog über die göttliche Schau (Epoptie) und das Erleben der Göttlichkeit durch Lehrer/Mystagoge und Schüler/Myste. Als „Lesemysterium" soll die Schrift beim geistbegabten Leser Anamnese und Erkenntnis bewirken und ihn zum Identitätserlebnis führen.

Bei der Analyse von NHC VI,6 ergeben sich vielfältige Parallelen zu anderen hermetischen Traktaten, besonders zu CorpHerm XIII und zum „Poimandres" (CorpHerm I). Einfluß haben sowohl Gnosis und Mysterienglaube als auch Magie, Astrologie und Philosophie, vor allem griechische und ägyptische Traditionen.

Die Gliederung markiert einen klaren Gesprächsverlauf zwischen Hermes Trismegistos und seinem „Sohn", d.h. dem Empfänger von Mysterien-Wissen und göttlicher Geburt. Sie läßt auch den Gedankengang und Handlungsfortschritt deutlich erkennen, was der komprimierte Text, in dem es ja um die Mysterien-Geheimnisse geht, nicht gleich offenlegt.

1. Prolog: Das Versprechen (p.52,2-13)
2. Unterweisung und Einführung in die spirituellen Geheimnisse (p.52,13-55,2)
    2.1. Die pneumatische Zeugung (p.52,13-27)
    2.2. Über geistliche Brüder, Mütter und den Vater (p.52,27-53,27)
    2.3. Das rechte Gebet und Fortschritte auf dem spirituellen Weg (p.53,27-55,2)
3. Gebet, Schau und Lobpreis (p.55,2-61,17)
    3.1. Die Gebetsanliegen (p.55,2-55,23)
    3.2. Das Gebet (p.55,24-57,25)
    3.3. Die Schau (p.57,26-58,22)
    3.4. Gebet und Lobpreis im Schweigen (p.58,22-59,22)
    3.5. Schau des Tat (p.59,23-60,1)
    3.6. Lobpreis und Dank (p.60,1-61,17)
4. Anweisungen für „dieses Buch" (p.61,18-63,22)
    4.1. Herstellung und Aufstellung der Stelen (p.61,18-62,22)
    4.2. Über die Eidesformel auf dem Buch und die geistigen Qualitäten der Leser (p.62,22-63,15)
    4.3. Der Schwur und seine Folgen (p.63,15-63,31)
5. Schlußbemerkung (p.63,31-32)

Eine weitere koptische Bezeugung einer hermetischen Schrift enthält der 2007 erstmalig publizierte Codex Tchacos, wo sich ein CorpHerm XIII entsprechender Text als fünfte Schrift findet. Nachdem zunächst nur sehr wenig Material zur wissenschaftlichen Erschließung zur Verfügung stand, hat sich die Situation auf Grund der seit 2009 ermöglichten Zusammenführung des bisherigen handschriftlichen Materials und den bis dahin noch nicht erschließbaren restlichen Fragmenten des Codex deutlich verändert. Nach der Publikation des gesamten Materials wird es möglich sein, Näheres über die koptische Textüberlieferung von CorpHerm XIII zu sagen.

Übersetzung

(ohne Titel)

1. Prolog: Das Versprechen (p.52,2-13)

*Tat: **(p.52)*** „[Mein Vater], du hast [mir] gestern versprochen, mein Denken in die Achtheit ein[zuführen] und mich danach (auch) in die Neunheit einzuführen. Du hast gesagt: Das ist die Ordnung der Überlieferung."

Hermes: „Mein Sohn, dies ist zwar die Ordnung; das Versprechen aber erfolgte gemäß der menschlichen Natur. Ich sagte es dir ja, als ich mit der Verheißung begann; ich sagte es, wenn du dich erinnerst, auf jeder einzelnen Stufe."

2. Unterweisung und Einführung in die spirituellen Geheimnisse (p.52,13-55,2)

2.1. Die pneumatische Zeugung (p.52,13-27)

Hermes: „Als ich den Geist empfing durch die Kraft, erzeugte ich dir die Wirksamkeit, wobei das Begreifen in dem Maße in dir (wirksam) war, wie in mir die Kraft zeugungskräftig gewesen ist. Denn als ich zeugungskräftig war durch die Quelle, die (in) mir fließt, zeugte ich (dich)."

Tat: „Mein Vater, du hast mir jedes Wort vortrefflich gesagt. Ich wundere mich aber über dieses Wort, das du soeben gesprochen hast. Du hast nämlich gesagt: Die Kraft, die in mir ist."

Hermes: „Er sagte: Ich habe sie (für dich) gezeugt, wie man Kinder zeugt."

2.2. Über geistliche Brüder, Mütter und den Vater (p.52,27-53,27)

Tat: „Mein Vater, dann habe ich also viele Brüder, wenn ich zu den Geschlechtern (der Erlösten) hinzugefügt <werde>."

Hermes: „Vortrefflich, mein Sohn. Dies Gut wird zugewiesen durch ***(p.53)*** [... *Zeile 1-2 fehlt; Zeile 3-4 stark zerstört ...*] (...) jederzeit.

Deswegen, mein Sohn, mußt du deine Brüder erkennen und sie recht ehren, wie es sich geziemt, da sie ein und demselben Vater entstammen. Denn jedes Geschlecht habe ich herbeigerufen; ich habe ihm einen Namen gegeben, da sie Gezeugte sind wie diese (irdischen) Kinder."

Tat: „Mein Vater, haben sie denn auch Mütter?"

Hermes: „Mein Sohn, geistliche (Mütter) sind es. Denn es sind Wirkkräfte; sie lassen auch die Seelen wachsen. Deswegen sage ich: sie sind unsterblich."

Tat: „Deine Rede ist Wahrheit, man kann ihr nicht widersprechen. Nun aber, mein Vater, beginne mit der Rede über die Achtheit und Neunheit; und füge auch mich meinen Brüdern hinzu."

2.3. Das rechte Gebet und Fortschritte auf dem spirituellen Weg (p.53,27-55,2)

Hermes: „Laß uns beten, mein Sohn, zum Vater des Alls im Chor deiner Brüder, die meine Söhne sind, damit er den Geist gebe, auf daß ich reden kann."

Tat: „Wie betet man, mein Vater, wenn man zu den Geschlechtern (der Erlösten) gehört? Ich möchte gehorchen, mein Vater *(p.54)* [... *Zeile 1-2 fehlt* ...]"

Hermes: „[(Das der Seele gegebene Gebot zu beten ist nicht ...)], sondern [...]; es [ist] auch kein Gesetz, sondern ruht [in] ihr, [wenn sie] es [liebt]. Und Liebe ist es, [was] dich deinen Fortschritt an Weisheit unter den Geschlechtern (der Erlösten) wird bedenken lassen.

Mein Sohn, vergleiche dich dem ersten Lebensalter; in der Weise, wie die kleinen (Kinder fragen), hast du die törichten und unverständigen Probleme aufgeworfen."

Tat: „Mein Vater, der mir jetzt zuteil gewordene Fortschritt und die Vorsehung, die mir hinsichtlich der Geschlechter (der Erlösten) zuteil ward, sind über den Mangel erhaben, <der> vorher in mir <war>."[201]

Hermes: „Mein Sohn, wenn du die Wahrheit deiner Rede erkennst, wirst du finden, daß deine Brüder, die meine Söhne sind, mit dir beten."

Tat: „Mein Vater, ich erkenne nichts außer der Schönheit, die mir in den Geschlechtern zuteil wurde."

Hermes: „Das, was du ‚die Schönheit' der Seele nennst, (ist) die Erbauung, die du Schritt für Schritt erlangt hast. Möge dir (auch) die(se) Einsicht geschenkt werden, dann wirst du (selbst) lehren."

Tat: „Ich habe jedes einzelne der Geschlechter erkannt, mein Vater; erst recht aber die [Materie ?] *(p.55)*, (und ich habe erkannt,) [wie sie] waren."

3. Gebet, Schau und Lobpreis (p.55,2-61,17)

3.1. Die Gebetsanliegen (p.55,2-55,23)

Hermes: „Mein Sohn, [es wird gebetet] vor [ihnen] mit Lobgesängen [von] denen, um [die] sie vermehrt [wurden]."

Tat: „Mein Vater, die Kraft des Wortes, das [du] gesprochen [hast], werde ich von dir empfangen, so wie es gesagt wurde. Zu zweit laß uns beten, mein Vater."

Hermes: „O mein Sohn, wir müssen mit unserem ganzen Denken und unserem ganzen Herzen und unserer Seele zu Gott beten und ihn um die Gabe der Achtheit bitten, daß sie zu uns gelange und jeder durch ihn das Seine empfange; deine Sache ist es zu

---

[201] D.h. Mangel an Wissen und Erkenntnis. Im folgenden wird mehrmals die zunehmende Erkenntnis des Einzuweihenden betont.

begreifen, meine Sache aber, aus der Quelle, die mir fließt, die Kraft zu erlangen, um das Wort sagen zu können."

Tat: „Laß uns beten, mein Vater."

3.2. Das Gebet (p.55,24-57,25)

Hermes: „Ich rufe dich an, der du über dem Reich der Kraft herrschst, dessen Wort zur Licht-Geburt wird, dessen Worte unsterblich, ewig und unwandelbar sind, dessen Wille das Leben erzeugt in den Abbildern an jedem Ort, dessen Natur dem Sein Gestalt gibt, aus dem hervorkommen *(p.56)* die Seelen [und die Kräfte und] die Engel. [...], die existieren. Seine Vorsehung reicht zu jedem; [seine Emanation?] erzeugt jeden. Er, der den Äon [aufgeteilt] hat unter Geister: Er hat alles geschaffen. Er, der sich selbst in sich hat, trägt (d.h. umsorgt) alle(s) – er ist die Fülle. Du unsichtbarer Gott, den man im Schweigen anruft, dessen Bild bewegt wird, indem man es pflegt, und das gepflegt wird, <indem man es bewegt>. Du Starker an Kraft, der du erhabener bist als (jede) Größe, der du herrlicher bist als (alle) Herrlichkeiten: Zoxathazo a ōō ee ōōō ēēē ōōōō <iiii> ōōōōō{ō} ooooo ōōōōōō uuuuuu ōōōōōōō ōōōōō ōōō Zōzazōth.

Herr, gib uns Weisheit aus deiner Kraft, die bis zu uns reicht, damit wir uns berichten können die Schau der Achtheit und Neunheit. Wir sind schon bis zur Siebenheit gelangt, weil wir fromm sind und in deinem Gesetz wandeln. Deinen Willen erfüllen wir jederzeit. Wir traten ja auf *(p.57)* [deinen Weg]. [Wir] ließen [unsere Kindheit] zurück, um deine [Schau] zu erlangen. Herr, gewähre uns die Wahrheit im Bilde, gewähre uns, daß wir kraft des Geistes die Gestalt des Bildes sehen, das keinen Mangel hat. Nimm von uns an den Typus des Pleroma durch unseren Lobpreis. Erkenne (an) den Geist, der in uns ist. Denn durch dich ist das All beseelt worden. Denn aus dir, dem Ungezeugten, ist das Gezeugte entstanden. Die Erzeugung des Selbstgezeugten geschieht durch dich, (der du bist) die Erzeugung von allem Gezeugten, das es gibt. Nimm von uns an die geistigen Opfer, die wir zu dir emporsenden aus unserem ganzen Herzen, unserer [ganzen] Seele und unserer ganzen Kraft. Erlöse den, der in uns ist, (und) gib uns unsterbliche Weisheit."

3.3. Die Schau (p.57,26-58,22)

Hermes: „Laß uns einander küssen, mein Sohn, in Liebe! Freue dich darüber! Denn schon kommt von ihnen (sc. den spirituellen Mächten) die lichte Kraft zu uns."

Tat: „Ja, ich sehe; ich sehe Tiefen, die unaussprechlich sind."

Hermes: „Wie soll ich dir sagen, *(p.58)* mein Sohn, [ob du] seit damals [angefangen hast, die sieben] Orte [zu sehen]? Wie [siehst du] das All? Ich bin der Nous, [und ich] sehe einen anderen Nous, der die Seele bewegt."

Tat: „Ich sehe den, der mich bewegt durch heilige Vergessenheit (sc. Ekstase). Du gibst mir Kraft. Ich sehe mich selbst. Ich will reden, (doch) Furcht hält mich zurück. Ich habe den Ursprung der Kraft gefunden, die über allen Kräften ist (und) die keinen Ursprung hat. Ich sehe eine Quelle, die in Leben(skraft) sprudelt."

Hermes: „Ich habe gesagt, mein Sohn, daß ich der Nous bin."

Tat: „Ich habe geschaut, (was) das Wort (allein) nicht zu offenbaren vermag."

Hermes: „Ja, die ganze Ogdoas, mein Sohn, samt den Seelen, die in ihr sind, und den Engeln singt Lobpreis im Schweigen. Ich aber, der Nous, verstehe (ihn)."

3.4. Gebet und Lobpreis im Schweigen (p.58,22-59,22)

Tat: „Auf welche Weise kann man (dir) Lobpreis singen?"
 Hermes: „Du bist nunmehr einer, dem man nichts mehr zu sagen braucht!"
 Tat: „Ich schweige (also), mein Vater. Ich will dir schweigend Lobpreis singen."
 Hermes: „Ja, sage ihn, denn ich bin (ja) der Nous."
 Tat: „Ich erkenne den Nous, o Hermes, (dich) den (sc. dessen Namen) man nicht übersetzen kann, weil er in sich ruht. Ich freue mich aber, mein Vater, weil ich dich lächeln sehe. Und auch das All *(p.59)* [freut sich]. Deswegen gibt es kein Geschöpf, das deiner Lebenskraft ermangeln wird. Denn du bist der Herr der Bürger an jedem Ort. Deine Vorsehung behütet. Ich nenne dich ‚Vater', ‚Äon der Äonen', der (selbst) göttlicher Geist ist und es durch Geist regnen läßt über jedem. Was sagst du mir, mein Vater Hermes?"
 Hermes: „Darüber sage ich nichts mehr, mein Sohn; denn es ziemt sich vor Gott, daß wir über das Verborgene schweigen."
 Tat: „O Trismegistos, laß meine Seele nicht die göttliche Schau entbehren. Denn du hast Macht über alle Dinge als Gebieter des ganzen Ortes (sc. des Universums)."
 Hermes: „Wende dich zum <Lobpreis>, mein Sohn, und sage es schweigend! Erbitte, was du willst, im Schweigen."

3.5. Schau des Tat (p.59,23-60,1)

Als er (sc. Tat) mit dem Lobpreis zu Ende war, rief er aus:
 Tat: „Vater Trismegistos: Was soll ich sagen? Wir haben dieses Licht empfangen, und ich selbst sehe dieselbe Schau in dir. Und ich sehe die Achtheit samt den Seelen, die in ihr sind, und den Engeln, wie sie die Neunheit und ihre Kräfte lobpreisen. Und ich sehe, wie er mit ihrer aller Kraft *(p.60)* im Geist schafft."

3.6. Lobpreis und Dank (p.60,1-61,17)

Hermes: „Es ist nützlich, daß wir von [jetzt an] schweigen. Sprich von jetzt an nicht mehr voreilig über die Schau. (Doch) ziemt es sich, dem Vater bis zu dem Tage zu lobsingen, wo man den Leib verläßt."
 Tat: „Was du sagst, mein Vater, will auch ich sagen. Ich lobsinge in meinem Herzen."
 Hermes: „Da du Ruhe gefunden hast, hab' Muße zum Lob. Denn du hast gefunden, wonach du gesucht hast."
 Tat: „Wie aber kann ich geziemend loben, mein Vater, der ich in meinem Herzen (so) erfüllt bin?"
 Hermes: „Was sich ziemt, ist dein Lob, das du zu Gott hinanrufen sollst, und sie sollen es schreiben in dieses unvergängliche Buch."

Tat: „Ich werde das Lob emporsenden in meinem Herzen, indem ich anrufe das Ende des Alls und den Anfang des Anfangs, die Frage des Menschen (und) die unsterbliche Antwort, den Schöpfer des Lichtes und der Wahrheit, den Sämann des Logos, die Liebe des unsterblichen Lebens. Ein verborgener Logos kann nicht reden mit dir, Herr. Deswegen will dich mein Nous täglich lobpreisen. Ich bin das Instrument deines Geistes; der Nous ist dein Plektrum[202]; dein Ratschluß aber spielt auf mir. Ich sehe *(p.61)* mich. Ich habe von dir Kraft empfangen, denn deine Liebe hat uns getroffen."

Hermes: „Vortrefflich, mein Sohn!"

Tat: „O Gnade! Nach alledem danke ich dir, indem ich dir lobsinge. Denn ich habe das Leben von dir empfangen, als du mich weise machtest. Ich preise dich. Ich rufe deinen Namen an, der in mir verborgen ist: a ō ee ō ēēē ōōō iii ōōōō ooooo ōōō ōō uuuuuu ōō ōōōō ōōōōō ōō ōōōōōōō ōō. Du bist es, der mit dem Pneuma existiert. Ich lobsinge dir in Göttlichkeit."

4. Anweisungen für „dieses Buch" (p.61,18-63,22)

4.1. Herstellung und Aufstellung der Stelen (p.61,18-62,22)

Hermes: „O mein Sohn, schreibe dieses Buch für den Tempel von Diospolis in Schriftzeichen der Schreiber des Lebenshauses, (und) wenn du die Achtheit benennst, offenbart sie die Neunheit."

Tat: „Ich werde es tun, mein< Vater>, wie du es jetzt befiehlst. Mein Vater, <soll ich> den Inhalt d(ies)es Buches auf die blaugrün schillernden Stelen schreiben?"

Hermes: „(Ja), mein Sohn, dieses Buch muß aufgeschrieben werden auf blaugrün schillernde Stelen in Schriftzeichen der Schreiber des Lebenshauses. Denn der Nous selbst ist zum Aufseher für sie geworden. *(p.62)* Deswegen befehle ich, diese Rede in Stein zu schneiden. Stelle ihn in meinem Tempel so auf, daß acht Wächter und das große Gefolge des Helios ihn bewachen, die männlichen froschgesichtigen rechts, die weiblichen katzengesichtigen links. Lege aber einen viereckigen Milch-Stein unter die blaugrün schillernden Tafeln und schreibe den Namen auf die Tafel von Saphir-Stein in Schriftzeichen der Schreiber des Lebenshauses. Mein Sohn, du sollst diesen (Stein) aufstellen, wenn ich mich in (d.h. im Sternbild) der Jungfrau befinde – zusammen mit der Sonne, (und zwar) in der halben Entfernung des Tages, nachdem fünfzehn Grade mich passiert haben."

Tat: „O mein Vater, jedes Wort, das du sagst, werde ich freudig ausführen."

4.2. Über die Eidesformel auf dem Buch und die geistigen Qualitäten der Leser (p.62,22-63,15)

Hermes: „Schreibe aber eine Eidesformel auf das Buch, damit nicht diejenigen, die das Buch lesen werden, diesen (heiligen) Namen in böser Absicht verwenden und (damit)

---

[202] Der Schlagstab des Kitharaspielers.

gegen die Werke der Heimarmene streiten[203]. Sie sollen (vielmehr) dem Gesetz Gottes folgen, ohne es je übertreten zu haben, sondern in Reinheit Gott um Weisheit und Erkenntnis bitten. Und wer nicht *(p.63)* zuvor in Gott gezeugt wird, ist in den allgemeinen und gewöhnlichen Worten befangen (und) wird nicht lesen können, was in diesem Buch geschrieben steht. (Wer aber in Gott gezeugt ist,) dessen Gewissen ist ihm gegenüber rein; er tut nichts Schändliches (und) stimmt ihm (sc. solchem Tun) (auch) nicht zu, sondern wandelt Schritt für Schritt, (und) wird so auf den Weg der Unsterblichkeit gelangen. Und so wird er zur Erkenntnis der Achtheit kommen, die (ihrerseits) die Neunheit offenbart."

Tat: „So werde ich es machen, mein Vater."

4.3. *Der Schwur und seine Folgen (p.63,15-63,31)*

Hermes: „Das ist der Schwur: Ich lasse den, der dieses heilige Buch lesen will, beim Himmel, bei der Erde, beim Feuer und Wasser, bei den sieben Beherrschern des Seins, bei dem Schöpfer-Geist, der in ihnen ist, bei dem <un>gezeugten Gott, dem selbstgezeugten und dem gezeugten, schwören, daß er das bewahrt, was Hermes gesagt hat. Die den Schwur halten werden, mit denen wird Gott sich verbinden samt allen, die wir namentlich angerufen haben. Die aber den Schwur brechen werden, über <die> wird der Zorn eines jeden (dieser Götter) kommen."

5. Schlußbemerkung (p.63,31f.)

Hermes: „Dies ist der wirklich vollkommene <Logos>, mein Sohn."

---

[203] Von der Heimarmene, dem unentrinnbaren Schicksal, von den tyrannischen Gestirnen und Dämonen suchten sich die spätantiken Menschen durch Zauber und Magie, Mysterien und Erlösungslehren freizumachen.

„Ein (hermetisches) Dankgebet" (NHC VI,7)

Karl-Wolfgang Tröger

Literatur

Colpe, Carsten / Holzhausen, Jens, 1997, Das Corpus Hermeticum Deutsch. Bd. 1-2. Stuttgart.
Dirkse, Peter A./ Brashler, James, 1979: The Prayer of Thanksgiving. In: Parrott, Douglas M. (ed.):
    Nag Hammadi Codices V,2-5 and VI with Papyrus Berolinensis 8502,1 and 4. (NHS 11.) Leiden,
    375-387.
Mahé, Jean-Pierre, 1982: Hermès en Haute-Égypte. Bd. 2: Le fragment du Discours Parfait et les défi-
    nitions hermétiques Arméniennes. (BCNH.T 7.) Québec.
Parrot, Douglas M., 1979: The Scribal Note VI,72. In: Ders. (ed.): Nag Hammadi Codices V, 2-5 and
    VI with Papyrus Berolinensis 8502,1 and 4. (NHS 11.) Leiden, 389-393.

Einleitung

Die drei Seiten von NHC VI,7 (p.63-65) sind sehr gut erhalten und weisen nur geringfügige Lücken auf. Die Schrift beginnt mit der Formulierung „Dies ist das Gebet, das sie sprachen", was an den Satz „Das ist der Schwur" in der vorangehenden Schrift NHC VI,6 (p.63,15f.) erinnert. Bei NHC VI,7 ist ein solches Incipit zum Titel geworden.

NHC VI,7 ist ein Gebet mit liturgischen Ausdrucksformen und Formeln („wir danken dir..., wir freuen uns..., wir haben dich erkannt"). Als Beter kommen im Blick auf NHC VI,6 Hermes Trismegistos und sein Sohn/Schüler, im weiteren Sinne eine hermetische Bruderschaft in Frage. Den Rahmen bilden der Titel und die Schlußbemerkungen mit der Erwähnung ritueller Praktiken (Kuß / Bruderkuß, Einnahme einer reinen Speise) – ein Hinweis darauf, daß die Hermetiker trotz aller Spiritualisierung (des Opfers usw.) verschiedene Riten pflegten (vgl. NHC VI,6).

Eine Gliederung des Gebets läßt sich wie folgt vornehmen:
1. Titel (Incipit) (p.63,33)
2. Dank und Anrufung des göttlichen Namens (p.63,34-64,3)
3. Aufzählung der göttlichen Gaben: Nous, Logos, Gnosis-Erkenntnis, Erleuchtung,
   Vergottung; Dankhymne (p.64,4-29)
4. Bitte um Bewahrung in der Gnosis und vor Gefahren im Leben (p.64,29-65,2)
5. Bruderkuß und heilige Mahlzeit (p.65,2-7)

Das Gebet rückt die Erkenntnis (Gnosis) in den Mittelpunkt. Nous, Logos und Gnosis gelten als Geschenk, um Gott erkennen zu können. Wer sich auf den gnostisch-mystischen Heilsweg begibt, erlangt die Erleuchtung und Vergottung im spirituellen Mysterium. Das paßt gut zu NHC VI,6.

Das Gebet ist mehrfach überliefert, jedoch in unterschiedlichen Versionen. Eine lateinische Version findet sich am Schluß des Asclepius in Kapitel 41, eine griechische im Papyrus Mimaut (Paris, Louvre, Pap. 2391). Übereinstimmungen und Unterschiede lassen sich damit erklären, daß die koptische Version einerseits, die lateinische und griechische andererseits letztlich auf eine gemeinsame ältere hermetische Quelle zurückgehen. So gesehen ist NHC VI,7 eine eigenständige Fassung gegenüber Ascl 41 und Pap. Mimaut.

Die „Schreibernotiz" ist engzeilig und klein geschrieben und durch eine Umrahmung hervorgehoben. Sie steht zwischen dem Gebet und den Asklepios-Kapiteln und scheint sich auf das Vorangegangene zu ·beziehen, meint aber wohl NHC VI,8. Offensichtlich hatte der Schreiber Probleme, weitere Texte unterzubringen und wollte das seinem Auftraggeber auf schonende Weise mitteilen.

Übersetzung

Dies ist das Gebet, das sie sprachen.

Wir danken dir! Jede Seele und (jedes) Herz sind ausgestreckt zu dir; o Name, dem man nicht zur Last fällt, *(p.64)* der herrlich ist in der Benennung Gottes und gepriesen wird in der Benennung des Vaters. Denn zu jedem und zu allem (kommt) das Wohlwollen des Vaters, die Liebe und die Zuneigung. Und wenn es eine süße und einfache Lehre gibt, so schenkt sie uns den Nous, den Logos und die Gnosis. Den Nous, damit wir dich begreifen, den Logos, damit wir dich erklären, die Gnosis aber, damit wir dich erkennen. Wir freuen uns, nachdem wir erleuchtet wurden durch deine Gnosis. Wir freuen uns, daß du dich uns gezeigt hast. Wir freuen uns, daß du uns, die wir noch im Leibe sind, vergottet hast durch deine Gnosis. Der Dank des Menschen, der zu dir gelangt, ist (nur) der eine: daß wir dich erkennen. Wir haben dich erkannt, o geistig wahrnehmbares Licht. O Leben des Lebens, wir haben dich erkannt. O Mutterschoß jeglicher Kreatur wir haben dich erkannt. O Mutterschoß, der du empfängst durch die Natur des Vaters, wir haben dich erkannt. O ewige Dauer des zeugenden Vaters, so haben wir verehrt dein Gut. Es ist ein einziger Wunsch, den wir erbitten: wir möchten bewahrt bleiben in der Gnosis. Es ist eine einzige Bewahrung, die *(p.65)* wir erstreben: daß wir nicht straucheln in diesem so beschaffenen Leben.

Nachdem sie diese (Worte) im Gebet gesagt hatten, küßten sie einander und gingen, um ihre heilige (reine), kein Blut enthaltende Speise zu essen.

Schreibernotiz (p.65,8-14)

(p.65,8) Diese eine Abhandlung von ihm habe ich nun abgeschrieben. Es sind freilich viele in meine Hände gelangt. Ich habe sie nicht (alle) abgeschrieben, weil ich annahm, daß sie (auch) in eure Hände gelangt sind. Auch habe ich Bedenken, diese für euch ab-

zuschreiben, da sie vielleicht (schon) zu euch gelangt sind und die Sache euch belasten könnte, denn die Abhandlungen von jenem[204], die in meine Hände gelangt sind, sind ja (doch) zahlreich.

---

[204] Gemeint ist Hermes Trismegistos.

„Asklepios" (NHC VI,8)

Jens Holzhausen

Literatur

Colpe, Carsten / Holzhausen, Jens, 1997: Das Corpus Hermeticum Deutsch. Bd. 1-2. Stuttgart.
Dirkse, Peter A. / Parrott, Dougles M., 1979: Asclepius 21-29. In: Parrott, Douglas M. (ed.): Nag Hammadi Codices V,2-5 and VI with Papyrus Berolinensis 8502,1 and 4. (NHS 11.) Leiden, 395-451. (Übersetzung wieder abgedruckt in: Robinson, James M. (ed.): The Nag Hammadi Library in English. 4th rev. ed. Leiden / New York / Köln, 332-338.).
Mahé, Jean-Pierre, 1982: Hermès en Haute-Égypte. Bd. 2: Le fragment du Discours Parfait et les définitions hermétiques arméniennes. (BCNH.T 7.) Québec, 45-144.145-272.
Nock, Arthur D./ Festugière, André-Jean, 1983: Corpus Hermeticum. 4 Bde. 4. Aufl. Paris, Bd. 2, 322-335 und 376-386.

Einleitung

Der achte Text im sechsten Codex von Nag Hammadi (p.65-78) enthält ein Exzerpt aus einer wahrscheinlich vollständigen koptischen Übersetzung der „Vollkommenen Lehre" (Λόγος τέλειος). Der gesamte griechische Traktat ist in einer lateinischen Übersetzung unter den Werken des Apuleius mit dem Titel „Asclepius" überliefert. Die in der Bibliothek von Nag Hammadi erhaltene koptische Übersetzung entspricht im lateinischen „Asclepius" den Kapiteln 21-29.

Es ist unzweifelhaft, daß der erhaltene koptische Text eine Übersetzung eines griechischen Originals darstellt. Die Sprache ist ein besonders stark oberägyptisch gefärbtes Sahidisch. Das griechische Original der „Vollkommenen Lehre" muß spätestens am Ende des 3. Jh. n. Chr. entstanden sein. Die koptische Übersetzung und die vorliegende Abschrift könnten zwischen 340 und 370 n.Chr. vorgenommen worden sein. Der Entstehungsort des griechischen Originals und der koptischen Übersetzung ist sicherlich Ägypten. Die lateinische Übersetzung ist wohl ebenfalls im 4. Jh., vielleicht in Nordafrika entstanden.

Das Wesen des Exzerpts wird vor allem deutlich am Beginn des Textes und durch einen Verweis auf eine Erörterung über die Seele, die sich außerhalb unseres Exzerpts findet. Das Exzerpt setzt an mit der Erläuterung von Gottes Doppelgeschlechtlichkeit, die im voranstehenden Gebet gepriesen wurde. Die Voranstellung des Schlußgebetes aus der „Vollkommenen Lehre" (Ascl 41) vor das Exzerpt aus dessen Mitte dürfte also auch durch diesen inhaltlichen Bezug verständlich werden. Wie das

Exzerpt aus Platons Staat hat der Text keinen Titel. Untersuchungen am Papyrus haben gezeigt, daß auch die voranstehende Schreibernotiz nicht einen zuerst vorhandenen Titel verdrängt hat.

Die „Vollkommene Lehre" ist ein Lehrgespräch zwischen Hermes Trismegistos und seinen Schülern Asklepios, Tat und Ammon (p.72,30f.). Der Gattung nach handelt es sich um einen Dialog, in dem Hermes seine Gesprächspartner über Gott und seine Schöpfung von Welt und Mensch belehrt. Der apokalyptische Abschnitt am Ende setzt recht unvermittelt ein und geht sehr fließend wieder in die Erörterung verschiedener anderer Themen über. Insofern versucht der Autor wohl, einen stilistischen Bruch zu vermeiden. Dennoch bleibt Hermes' Zukunftsvision ein Fremdkörper innerhalb des Textes, der sich folgendermaßen gliedern lässt.

Das Mysterium der Fortpflanzung (p.65,15-66,2)
Unwissenheit und Schlechtigkeit der Menschen (p.66,3-66,25)
Allein der Mensch kann Wissen und Erkenntnis besitzen (p.66,26-68,20)
Die Verwandtschaft zwischen Göttern und Menschen. Der Mensch schafft Götter (p.68,20-70,2)
Die Apokalypse: der Untergang der ägyptischen Religion und das Altern der Welt (p.70,3-73,22)
Die Wiederherstellung der Welt nach Gottes Willen (p.73,23-74,32)
Der gute Kosmos und die irdischen Götter (Ende der Apokalypse) (p.74,33-76,2)
Der Tod und das künftige Schicksal der Seelen (p.76,3-78,43)

Übersetzung

Hermes: *(p.65,15)* „Wenn du aber das Wesen dieses Geheimnisses[205] erfassen willst, dann betrachte auch das wunderbare Abbild des Beischlafs, den Mann und Frau vollziehen. Wenn der Mann zum Höhepunkt kommt, springt der Samen heraus. In jenem Augenblick empfängt die Frau die Kraft des Mannes und der Mann empfängt die Kraft der Frau, wie wenn der Samen dies bewirkt. Deswegen vollzieht man das Geheimnis des Beischlafs im Geheimen, damit die beiden Geschlechter sich nicht schämen müssen vor den vielen, die in jener Sache nicht erfahren sind. Denn jeder von ihnen gibt seinen Anteil zur Zeugung. Denn denen, die unwissend sind über diese Sache, <erscheint> sie, wenn sie vor ihnen geschieht, lächerlich und unglaubhaft. Vielmehr aber sind es heilige Geheimnisse von Worten und Taten; man darf sie nicht nur nicht hören, sondern auch nicht sehen. Deswegen *(p.66)* sind solche Menschen Lästerer, Gottlose und Unfromme. Menschen aber von jener (anderen) Art gibt es nicht viele; sondern wenige sind es, wenn man die Frommen zählt. Deswegen entsteht die Schlechtigkeit in vielen, wenn sie das Wissen über das, was unveränderlich ist, nicht haben. Denn die Erkenntnis dessen, was in Wahrheit feststeht, ist die Heilung von den Leidenschaften der Materie. Deswegen stammt das Wissen aus der Erkenntnis. Wenn aber Unkenntnis vorliegt und Wissen in der Seele des Menschen fehlt, bleiben die Leidenschaften in ihr, ohne daß es eine Heilung gibt. Und auch die Schlechtigkeit begleitet sie in Form einer Wunde, für die es keine Heilung gibt. Die Wunde aber frißt an der Seele, so daß sie verfault durch diese

---

[205] Gemeint ist das Geheimnis des Schöpfungsaktes Gottes, der beide Geschlechter in sich vereint.

Wunde der Schlechtigkeit und stinkt. Gott aber ist daran unschuldig, da er den Menschen die Erkenntnis und das Wissen gesandt hat."

Asklepios: „Trismegistos, hat er sie den Menschen allein gesandt?"

Hermes: „Ja, Asklepios, zu ihnen allein hat er sie gesandt. Und es ist recht, daß ich es dir sage, warum er allein den Menschen die Erkenntnis und das Wissen geschenkt hat als (ihren) Anteil an seinem Gut. Höre jetzt also! Gott, der Vater und Herr, schuf den Menschen nach den Göttern. Und er nahm ihn aus *(p.67)* dem Bereich der Materie. [Da er] die Materie [zu gleichen Teilen wie seinen Geist] in die Schöpfung [gegeben hat], entstehen die Leidenschaften durch sie. Aus diesem Grund pflegen sie sich über seinen Körper hin auszubreiten. Denn ein solches Lebewesen könnte nicht anders bestehen, als daß es diese (materielle) Nahrung zu sich nimmt. Da er (sc. der Mensch) sterblich ist, ist es unvermeidlich, daß er auch etlichen Begierden unterworfen ist, die lästig und schädlich sind. Da die Götter nämlich aus reiner Materie entstanden sind, benötigen sie nämlich kein Wissen und keine Erkenntnis. Denn die Unsterblichkeit der Götter entspricht dem Wissen und der Erkenntnis. Da sie aus der reinen Materie entstanden sind, nahm sie (sc. die Unsterblichkeit) bei ihnen notwendigerweise die Stelle von Erkenntnis und Wissen ein. Den Menschen grenzte er ab, er ließ ihn Wissen und Erkenntnis haben. Aus diesem Grunde, den ich schon am Anfang nannte, machte er (sc. Gott) sie (sc. Wissen und Erkenntnis) vollkommen, damit er (sc. der Mensch) sich durch sie der irdischen Leidenschaften und Laster nach Gottes Willen enthalte. Seine sterbliche Existenz führte er zur Unsterblichkeit, damit er gut und unsterblich werde. Denn Gott schuf ihm, wie ich gesagt habe, zwei Naturen, die unsterbliche und die sterbliche. Und so geschah es nach dem Willen *(p.68)* Gottes, daß der Mensch den Göttern überlegen ist; während die Götter zwar unsterblich sind, sind allein die Menschen unsterblich und sterblich. Daher wurde der Mensch den Göttern verwandt. Und sie kennen genau voneinander ihr Wesen und Tun, da die Götter das der Menschen und die Menschen das der Götter kennen. Ich rede aber, Asklepios, über die Menschen, die Wissen und Erkenntnis erlangt haben. Über die, die es entbehren, ziemt es sich nicht, etwas Schlechtes zu sagen; denn wir sind dem Göttlichen ergeben und wenden uns nur heiligen Worten zu.

Da wir dahin gelangt sind, über die Gemeinschaft von Menschen und Göttern zu sprechen, so verstehe nun, Asklepios, worin die Fähigkeit des Menschen besteht. Denn wie der Vater, der Herr des Alls, Götter schafft, so schafft auch der Mensch, dieses irdische und sterbliche Lebewesen, das Gott aber auch gleicht, seinerseits Götter. Nicht nur empfängt er Kraft, sondern gibt auch Kraft. Nicht nur wird er vergöttlicht, sondern schafft auch Götter. Wunderst du dich Asklepios? Bist auch du ungläubig, wie viele (andere)?"

Asklepios: *(p.69)* „Trismegistos, [ich weiß nicht], was ich sagen soll; ich vertraue zwar deinen Worten, aber ich bin auch über das verwundert, was du da sagst; und ich halte den Menschen für glückselig, weil er diese große Kraft erlangt hat."

Hermes: „Und wirklich verdient der, der größer ist als alle (Wesen), Asklepios, Bewunderung. Es ist uns nun klar hinsichtlich des Geschlechts der Götter, und wir bekennen es wie alle anderen, daß es aus reiner Materie entstanden ist und ihre Körper nur Köpfe sind. Was aber die Menschen schaffen, ist (nur) Abbild der Götter: entstanden aus dem untersten Teil der Materie und aus dem letzten Abbild des Menschen. Sie (sc.

die geschaffenen Götter) sind nicht nur Häupter, sondern sie haben auch alle anderen Teile des Körpers und zwar nach ihrem (sc. der Menschen) Bild. So wie Gott wollte, daß der innere Mensch nach seinem Ebenbilde geschaffen werde, so schafft auch der Mensch auf der Erde Götter nach seinem Bilde."

Asklepios: „Trismegistos, du sprichst doch nicht über Standbilder?"

Hermes: „Asklepios, du bist es, der von Standbildern spricht. Du siehst, wie auch du, Asklepios, meinen Worten nicht glaubst. Du nennst Wesen, die Seele und Pneuma besitzen, Standbilder; sie, die so große Werke vollbringen. Du nennst die, die Prophezeiungen geben, Standbilder, die, die *(p.70)* [Krankheiten] verursachen [und] sie heilen, die, die auch Seuchen [schicken].

Weißt du nicht, Asklepios, daß Ägypten Abbild des Himmels ist, oder vielmehr der Aufenthaltsort für den Himmel und all die Kräfte, die im Himmel sind. Wenn wir die Wahrheit sagen sollen: Unser Land ist Tempel des Kosmos. Du mußt aber (auch) wissen, daß eine Zeit kommen wird, in der sich zeigen wird, daß die Ägypter sich um Frömmigkeit vergeblich bemüht haben und all ihre Anstrengung um die Religion mißachtet sein wird. Denn alle Götter werden Ägypten verlassen und in den Himmel zurückkehren, und Ägypten wird verwitwet sein und von den Göttern verlassen sein. Denn fremde Völker werden nach Ägypten kommen und es beherrschen. Ägypten, oder vielmehr die Ägypter wird man hindern, ihren Gottesdienst auszuüben. Und mehr noch, man wird sie sehr streng bestrafen, nämlich alle diejenigen von ihnen, die man ertappt, daß sie Gott dienen und ihn verehren.

Und in jener Zeit wird das Land, das alle Länder an Frömmigkeit überragt, unfromm werden. Es wird nicht mehr voller Tempel, sondern voller Gräber sein, und es wird nicht von Göttern erfüllt sein, sondern von Leichen. Ägypten, Ägypten, <deine Frömmigkeit> wird ins Reich der Fabeln gehören, und deinem Gottesdienst (plur.) *(p.71)* wird man keinen Glauben schenken, [weder] den wunderbaren Werken noch (den) heiligen Worten, selbst wenn deine wunderbaren Worte zu Steinen geworden sind. Und die Barbaren werden dich übertreffen, Ägypter, in ihrer Frömmigkeit, sei es nun ein Skythe, die Inder oder ein anderer von dieser Art.

Und was sage ich über die Ägypter? Sie werden Ägypten nämlich nicht verlassen. Wenn nun die Götter das ägyptische Land verlassen haben und in den Himmel zurückgekehrt sind, dann werden alle Ägypter sterben, und Ägypten wird verödet sein von den Göttern und seinen Bewohnern.

Und für dich, (lieber) Fluß, wird ein Tag kommen, an dem du mehr Blut als Wasser führen wirst. Und die (Haufen der) toten Leiber werden höher sein als die Dämme. Und sie werden den Lebenden mehr beweinen als den Toten. <Und wer am Leben bleibt, den> wird man zwar für einen Ägypter halten wegen seiner Sprache, andererseits – Asklepios, weswegen weinst du? – wird er wie ein Fremder erscheinen, was sein Verhalten angeht.

Das göttliche Ägypten wird (noch) Schlimmeres erdulden müssen als dies. Das von den Göttern geliebte Ägypten, der göttliche Aufenthaltsort, die Schule der Frömmigkeit wird ein Bild der Gottlosigkeit bieten.

Und an jenem Tage wird man die Welt nicht mehr bewundern, *(p.72)* [...] und Unfrömmigkeit; und man wird sie nicht mehr verehren [...], und wovon wir sagen (müssen), daß es nicht gut (und nicht) schön ist, ist nun weder etwas Einmaliges, noch etwas, was schön anzusehen ist, sondern steht in Gefahr, zu einer Last zu werden für alle Menschen. Deswegen wird man es verachten, die herrliche Welt Gottes, das unvergleichliche Werk, das Produkt seiner Wirkkraft, das Vollkommenheit besitzt, (die Welt,) die den Anblick so vieler Formen bietet, die ohne Mißgunst mit allem ausgestattet ist und jeden Anblick ermöglicht. Und man wird die Finsternis dem Licht vorziehen und den Tod dem Leben vorziehen. Niemand wird zum Himmel hinaufblicken. Der Fromme wird für verrückt gehalten, der Gottlose aber wird geehrt werden wie ein Weiser. Den Feigling wird man für tapfer halten und den Guten wie einen Bösen bestrafen. Was aber die Seele und das mit ihr Zusammenhängende betrifft, und was die Unsterblichkeit und alles andere angeht, worüber ich zu euch sprach, Tat, Asklepios und Ammon, all das wird man nicht nur verlachen, sondern auch Schindluder damit treiben. Aber glaubt mir, diese (sc. die Gläubigen) werden in die äußerste Gefahr für ihr Leben geraten, und ein neues Gesetz wird aufgerichtet werden *(p.73)*

[...] und es werden [weggehen] die guten [Dämonen], allein die bösen Engel werden übrigbleiben und mit den Menschen zusammensein und sie verleiten zu bösen Taten voller Frechheit und zu Gottlosigkeiten, Kriegen und Raub, indem sie ihnen Widernatürliches beibringen.

In jenen Tagen wird die Erde nicht feststehen, und man wird weder auf dem Meer fahren können noch wird man die Sterne am Himmel erkennen können – jede heilige Stimme, die Gottes Wort verkündet, wird darüber schweigen – und die Luft wird krank werden. Dies ist das Greisenalter der Welt: Gottlosigkeit, Ehrlosigkeit und Verachtung aller guten Worte.

Wenn dies aber geschehen ist, Asklepios, dann nimmt der Herr, der Vater und Gott, der Schöpfer des ersten alleinigen Gottes, nachdem er auf die Dinge, die geschehen sind, herabgeblickt hat, – und sein Entschluß, der das Gute ist, widersetzt sich der Unordnung – den Irrtum von dort hinweg. Und er beseitigt die Schlechtigkeit: Manchmal läßt er sie untergehen in Wasserfluten, manchmal verbrennt er sie in einer Feuersbrunst, manchmal vernichtet er sie in Kriegen und in Seuchen, bis er bringt *(p.74)* [...]. [...] dieses Werkes[206]. Und das ist die Geburt der Welt. Die Wiederherstellung der Natur der Frommen und Guten wird innerhalb eines zeitlichen Umlaufes stattfinden, der niemals einen Anfang genommen hat. Denn der Wille Gottes hat keinen Anfang, wie auch seine Natur, die sein Wille ist; denn die Natur Gottes ist Wille, und sein Wille ist das Gute."

Asklepios: „Trismegistos, entsprechen sich Entschluß und Wille?"

Hermes: „Ja, Asklepios, denn sein Wille ist in seinem Entschluß enthalten. Denn was er besitzt, will er nicht aufgrund eines Mangels. Als die Fülle jeden Ortes will er das, was er (bereits) in Fülle besitzt. Und alles, was gut ist, will er, und was er will, besitzt er; und er besitzt das Gute (ἀγαθόν), was er will. Folglich besitzt Gott alles und will, was er will. Folglich hat Gott alles und will, was er will. Und die gute Welt ist Abbild des Guten."

Asklepios: „Trismegistos, ist die Welt gut?"

---

[206] Aus dem lateinischen Paralleltext kann man als ungefähren Inhalt rekonstruieren: „Und so wird Gott als Erneuerer und Urheber dieses Werkes von den Menschen gepriesen."

Hermes: „Asklepios, sie ist gut, wie ich dich belehren werde. Denn wie *(p. 75)* [Gott ... Geist, Seele und] Leben [verteilt, so bringt der Kosmos aus] der Materie das Gute hervor: den Wechsel des Klimas, das Wachstum und das Reifen der Früchte und alles Ähnliche. Deswegen herrscht Gott über die Höhe des Himmels; er ist überall und überblickt alles. Aber wo er sich befindet, gibt es keinen Himmel, auch keine Sterne oder etwas Körperliches. Der Demiurg aber beherrscht den Raum zwischen Erde und Himmel; ihn nennt man Zeus, was ,Leben' bedeutet. Zeus Plutonius ist der, der Herr ist über die Erde und das Meer (θάλασσα); und nicht er hat Nahrung (τροφή) für alle sterblichen (θνητός) Lebewesen (ζῷον); denn es ist Kore, die die Frucht (καρπός) hervorbringt (φορεῖν). Diese Kräfte (ἐνέργεια) wirken alle Zeit rings um die Erde und die der anderen †alle Zeit (...)† des Seienden.

Die Herren der Erde werden sie (sc. die Kräfte) aber wegbringen und ansiedeln in einer Stadt, die sich am obersten Rand Ägyptens befindet. Man wird sie dort bauen, wo die Sonne untergeht. Alle Menschen werden in sie hineingehen, sei es, daß sie vom Meer kommen, sei es vom Land."

Asklepios: „Trismegistos, wo werden sie sich dann niederlassen?"

Hermes: „Asklepios, in der großen Stadt im Wüstengebirge *(p. 76)* [Libyens ...].

[...]²⁰⁷ wie ein großes Übel in Unkenntnis der (wahren) Verhältnisse. Der Tod ist nämlich, wenn er eintritt, die Auflösung der Leiden des Körpers, und was die Zahl betrifft (tritt der Tod ein), wenn er die Zahl des Körpers vollendet hat. Die Zahl ist nämlich die Zusammenfügung des Körpers. Der Körper aber stirbt, wenn er nicht mehr in der Lage ist, den (inneren) Menschen zu tragen. Und das ist der Tod: die Auflösung des Körpers und die Zerstörung der körperlichen Sinneswahrnehmungen. Und man darf sich weder vor dem einen noch vor dem anderen fürchten, sondern vor dem, wovon niemand weiß und woran niemand glaubt."

Asklepios: „Wovon weiß niemand und woran glaubt niemand?"

Hermes: „Höre, Asklepios. Es gibt einen großen Dämon. Gott in seiner Größe (und Macht) hat ihn als Aufseher oder Richter über die menschlichen Seelen eingesetzt. Gott setzte ihn in die Mitte der Luftregion zwischen Himmel und Erde. Wenn nun die Seele den Körper verläßt, muß sie zwangsläufig diesem Dämon begegnen; sogleich wird er diesen (inneren Menschen) zu sich kommen lassen und die Art und Weise seines Wandels im Leben prüfen. Wenn er aber finden wird, daß er alle seine Werke, deretwegen er in die Welt gekommen ist, in Frömmigkeit getan hat, dann wird er ihn lassen *(p. 77)* [...] ihn wenden [...]. [Wenn] er aber [sieht und unwillig wird] über einen, der sein Leben in bösen Werken verbracht hat, pflegt er ihn zu ergreifen, wenn er auf seinem Weg nach oben ist, und wirft ihn nach unten, so daß er zwischen Himmel und Erde hängt und mit einer großen Strafe bestraft wird. So kommt es, daß er seine Hoffnung verlieren und in großer Betrübnis sein wird. Und jene Seele hat weder auf der Erde noch im Himmel einen Platz gefunden, sondern gelangte in das kosmische Luftmeer, an den Ort, wo es großes Feuer, zu Eis gefrorenes Wasser, Feuerrinnen und großen Tumult gibt, weil diese Elemente, die einander nicht gleichen, in Unruhe sind. Bald werden sie (sc. die See-

---

²⁰⁷ Stobaios, Anthologia 14,52,47 zitiert für p.76,2-15 das griechische Original. Im ausgefallenen Stück steht: „Jetzt müssen wir über den Tod sprechen. Denn der Tod schreckt die meisten wie das größte Übel."

len) ins reißende Wasser geworfen, bald ins Feuer hinein gestoßen, damit es sie verzehre. Und ich werde nicht behaupten, daß das der Tod der Seele ist – denn so würde sie von den Übeln befreit -, sondern es ist eine dem Tod gleichwertige Strafe.

Asklepios, an diese Dinge muß man glauben, diese muß man fürchten, damit sie uns nicht treffen. Denn die Ungläubigen sind die, die unfromm sind und Sünden begehen. Später wird man sie zwingen zu glauben, wobei sie nicht nur Worte hören, sondern die Sache selbst erfahren werden. Denn hätten sie geglaubt, würden sie dies nicht erdulden (müssen).

[*Asklepios:*] Nicht nur *(p. 78)* [...]

[*Hermes:*] Zuerst nun, [Asklepios,] pflegt alles Irdische zu sterben und alles Körperliche zu vergehen. [...] [...] böse [...] mit jenen so beschaffenen. Denn das Hiesige gleicht nicht dem Dortigen. Wie die Dämonen [...] der Menschen [...] sie verachten [...] dort. So ist es nicht, sondern in Wahrheit werden die Götter, die an jenem Ort sind, denjenigen, der hier verborgen blieb, alle Tage dort noch strenger bestrafen."

Asklepios: „Trismegistos, von welcher Art ist der Frevel in ihnen?"

Hermes: „Bist du nicht der Auffassung, Asklepios, daß einer, wenn er etwas aus einem Tempel stiehlt, gottlos ist? Denn ein solcher Mensch ist ein Räuber und Dieb. Und diese Tat bekümmert Götter und Menschen. Vergleiche aber das, was hier geschieht, nicht mit dem, was dort geschieht. Und ich will dir folgendes als Geheimnis sagen, was man keinesfalls glauben wird: Wenn die Seelen ganz von Schlechtigkeit erfüllt sind, werden sie sich nicht im Bereich der Luft aufhalten, sondern werden an den Orten der Dämonen weilen, die voller Pein sind und allezeit von Blut und Mord erfüllt sind, und ihre Nahrung ist Weinen, Seufzen und Stöhnen."

Asklepios: „Trismegistos, wer sind diese (Dämonen)?"

Hermes: „Asklepios, manche werden Erwürger genannt, und manche wälzen die Seelen die Hügel hinab und manche geißeln sie und werfen sie ins Wasser und ins Feuer und fügen den Menschen Pein und Qual zu. Denn die so beschaffenen bestehen nicht aus einer göttlichen Seele und nicht aus einer vernünftigen menschlichen Seele, sondern sind solche (Seelen), die aus böser Schlechtigkeit bestehen.

Die Paraphrase des Sêem (NHC VII,1)

Hans-Martin Schenke

Literatur

Bertrand, Daniel Alain, 1975: Paraphrase de Sem et Paraphrase de Seth. In: Ménard, Jaques-É. (ed.): Les textes de Nag Hammadi. Colloque du Centre d'Histoire des Religions (Strasbourg, 23-25 Octobre 1974). (NHS 7.) Leiden, 146-157.

Roberge, Michel, 2000a: La Paraphrase de Sem (NH VII,1). (BCNH.T 25.) Québec / Louvain / Paris.

Roberge, Michel, 2010: The Paraphrase of Shem (NH VII,1). Introduction, Translation, and Commentary. (NHMS 72.) Leiden / Boston.

Wisse, Frederik, 1996: The Paraphrase of Shem. Introduction, Text, Translation, and Notes. In: Pearson, Birger A. (ed.): Nag Hammadi Codex VII. (NHMS 30.) Leiden / New York / Köln, 15-127.

Einleitung

Die Schrift NHC VII,1 (ParSem) war vor der Entdeckung der Nag-Hammadi-Papyri unbekannt. Diese Behauptung gilt freilich nur unter der Voraussetzung, daß sie mit der von Hippolyt am Ende seines Sethianer-Referats (Ref 5,22,1) genannten Schrift, die einen zum Verwechseln ähnlichen Titel („Die Paraphrase des *Seth*") hat, nicht identisch ist. Die uns von diesem Text durch den Zufallsfund von Nag Hammadi erhalten gebliebene Kopie einer Übersetzung ist in einem oberägyptisch gefärbten Sahidisch geschrieben, das dem des sogenannten Zentral-Corpus von Codex II (= Traktat 2-6) besonders nahe kommt. Diese Kopie ist frühestens um die Mitte des 4. Jh. in Oberägypten hergestellt worden.

Daß die vorliegende sahidisch-koptische Kopie die Übersetzung einer griechischen Vorlage ist, kann an den stehengebliebenen Endungen mancher griechischer Lehnwörter oder Eigennamen noch deutlich abgelesen werden. Ob nun Griechisch auch schon als die Ursprache des Textes angesehen werden darf, ist im Falle von ParSem vielleicht nicht so sicher wie bei den meisten anderen Nag-Hammadi-Schriften. Dieser Zweifel hängt mit dem beziehungsarmen „Sonderstatus" von ParSem im Kreise der Nag-Hammadi-Texte und im Rahmen der Gnosis überhaupt zusammen, der sie von der eigentlichen Gnosis weg und in die Nähe des Manichäismus rückt. Sie wird jedenfalls am ehesten verständlich, wenn man ihren Ursprungsort weit im Osten, etwa in Mesopotamien, sucht. Wie den Ursprungsort, so kann man auch die Entstehungszeit nur raten. Aber die erwähnte „manichäische" Spur führt uns zu einem leidenschaftlich antitäuferischen „Manichäismus vor Mani", und das würde auf eine Entstehungszeit für ParSem am Ende des 2. oder am Anfang des 3. Jh. hinauslaufen.

Das Corpus von ParSem läßt den Text im ganzen als eine von der Kosmogonie bis zur Eschatologie reichende Offenbarung erscheinen, die ein himmlisches Wesen mit dem fremden Eigennamen „Derdekeas" dem aus der Welt zeitweilig entrückten Urmenschen „Sêem"[208] gewährt und die dieser nun selbst berichtet. Mit dieser Bestimmung der Textsorte steht nun aber nur der zweite Teil des zweigliedrigen Incipit in Übereinstimmung, der da lautet: „Was Derdekea<s> mir, Sêem, nach dem Willen der Größe, geoffenbart hat". Und die große Frage ist, in welchem Verhältnis dazu der Gattungsbegriff der Paraphrase („Umschreibung") steht, wie er sich im ersten Teil des Incipit („[Die] Paraphrase, die über den ungezeugten Geist gegeben wurde") und im Titel findet. Denn eine Umschreibung ist keine Offenbarung! Zu dem Problem gehört auch das Wiederauftauchen des Begriffs der Paraphrase mitten in Text (p.32,27), in der für alle Exegeten schwer zu erklärenden Wendung: „Das ist die Paraphrase." Nun kann man ja vielleicht den eigentlichen Buchtitel als eine aus dem Incipit sekundär abgeleitete, unsachgemäße Kurzfassung desselben erklären: Der Begriff der Paraphrase würde aus dessen erstem Glied stammen, der Name des Sêem als des (angeblichen) Autors dieser Paraphrase aus dessen zweitem Glied. Aber es bleibt die Dunkelheit über dem Verhältnis der beiden, wie es scheint, ungleichen Glieder des Incipit. Dunkel ist freilich auch das erste Glied in sich. Es enthält keine Angabe über den Autor der „Umschreibung", und die Angabe des Gegenstandes der „Umschreibung" (der ungezeugte Geist) ist im Vergleich zum Inhalt des Buches merkwürdig beschränkt. Zwar liegt innerhalb der Lehre des Buches von den drei Wurzeln (Finsternis, Geist, Licht) auf dem mittleren Glied tatsächlich das eigentliche Gewicht, aber vom Stoff her gesehen ist die Behandlung des Geistes nur ein Teil des Inhalts. Bei näherem Hinsehen zeigt es sich, daß der Text wohl am besten als das Endstadium einer ziemlich langen Traditionsgeschichte zu verstehen ist. Es ist weniger ein Text als eine Summe von Texten. Der Hauptgrund dafür ist eine auffällige, von vielen deplazierten Wiederholungen bzw. Variationen geprägte Unordnung der einzelnen Episoden. Diese Unordnung ist, wenigstens teilweise, vielleicht einfach das Ergebnis einer redaktionellen Kürzung des Stoffes durch Streichung von dialogischen Elementen und Zusammenziehung mehrerer Offenbarungen in eine einzige. Ein wesentliches Element der Vorgeschichte von ParSem könnte eine Paraphrase über den ungezeugten Geist gewesen sein, das heißt: die Umschreibung des Inhalts eines Textes, der den Titel „Der ungezeugte Geist" trug. Im ersten Element des Incipit hätte sich dann der Titel einer Quelle des jetzigen Buches erhalten. Und in der vielumrätselten Wendung „Das ist die Paraphrase" (p.32,27) wäre auch noch das Ende dieser Quelle sichtbar.

Der Inhalt von ParSem ist trotz einiger schöner und einleuchtender Passagen oder Sätze im ganzen noch dunkel. Eine Erhellung könnte von zwei Seiten her kommen. Da ist zunächst die „Parallele" bei Hippolyt. Denn auch wenn unsere ParSem nicht die von Hippolyt benutzte Paraphrase des Seth sein kann, so sind doch die mythologische Matrix und die Metaphorik des in beiden Schriften vorausgesetzten bzw. entwickelten Drei-Prinzipien-Systems identisch und kann sich das von Hippolyt in Ref 5,19-22 aus dieser Paraphrase des Seth exzerpierte Material für die Einzelinterpretation dunkler Stellen in ParSem als fruchtbar erweisen.

---

[208] Es ist vielleicht die einfachste Erklärung der analogielosen Namensform Sêem, daß dieser Name weder den Noah-Sohn Sem meint noch eine Verwechslung oder Kontamination mit Seth darstellt, sondern ein Kryptogramm für „Adam" ist bzw. ein aus östlicher Mythologie kommender Eigenname für den Urmenschen. Welche Person man unter diesem „Sêem" zu verstehen hat, wird ja auch gleich am Anfang durch die Anrede „du bist der Erstentstandene auf der Erde" (p.1,20f.) geradezu definiert. Und auch die andere „Identifikationsstelle" (p.26,20ff.) setzt in Wirklichkeit voraus, daß Sêem selbst noch zur vor-noachitischen Menschheit gehört.

Es ist besonders die Kosmogonie, die weithin dunkel bleibt. Gleichwohl kann man wenigstens die „Koordinaten", innerhalb deren hier kosmologisch gedacht wird, erkennen. Das Bewegungsprinzip, nach dem die Welt entsteht und vergeht, ist die Mischung und Entmischung von Licht und Finsternis (über das Zwischenglied des Geistes hinweg). Auch das Ziel der Bewegung ist klar. Was bei dem Prozeß der Mischung herauskommen soll, ist eben die wirkliche Welt. Das heißt auf der anderen Seite: Es sind die Motivationen der Einzelprozesse, die dunkel bleiben. Entsprechend ist auch die Kosmologie eher zu fassen als die Kosmogonie. Die Grundkonzeption der unteren Welt als „Mutterschoß" nebst „Nachgeburt" und „(Jungfern-)Häutchen" ist nur eine besondere Ausprägung der Vorstellung von der „Mutter Erde". Die Stelle der Archonten vertreten in ParSem im wesentlichen die aus und nach dem Bilde der Urmutter und der Finsternis (als dem Urvater) entstandenen Winde und Dämonen, wobei die Winde ihrerseits einen Mutterschoß besitzen, also weiblich gedacht sind, während die Dämonen an ihrem unreinen πρόσθεμα („Zusatz": Ausdruck für das männliche Glied) als männlich erkannt werden (vgl. p.21,22-22,16). Die häufig vorkommende, νοῦς (Verstand) oder Auge der Finsternis genannte Wesenheit meint wohl die Sonne (bzw. den Sonnengott) und entspricht funktional dem bußfertigen Sabaoth von HA und UW bzw. dem erlösungsfähigen Demiurgen der Valentinianer. Daß die himmlischen Sphären „Wolken" heißen, verbindet unsere Schrift mit entsprechenden Vorstellungen der Mandäer. Der merkwürdige Zug von der Rettung des (namentlich nicht genannten) Noah vor der Sintflut durch einen Turm (p.25,7-35) dürfte mindestens vorbereitet sein durch eine Auffassung von Noah als dem Erbauer des Turms zu Babel, wie sie Eusebius in PraepEv 9,17 und 18,2 zitiert.

Wie in der Kosmogonie und Urgeschichte die Tradition des Judentums vorausgesetzt erscheint, so verhält es sich auch mit dem Christentum. Die Existenz des Christentums und seiner Traditionen ist vorausgesetzt, wenn auch merkwürdig wenig Gebrauch davon gemacht wird. Was speziell die Verfremdung und Umwertung Johannes des Täufers und Jesu anbelangt, so wird gelehrt: Derdekeas hat zu einer bestimmten Zeit im Dämon Soldas (wohl ein Demiurgen-Name für Jesus) Wohnung genommen und ist so unter den Menschen erschienen, um den Glauben zu verkünden. In dieser Situation hat er zum Gegenspieler einen anderen Dämon, der die Menschen durch eine Taufe mit schmutzigem Wasser, die angeblich die Vergebung der Sünden bewirkt, verführt. Beim Kommen des Soldas zur Taufe des Wassertäufers kommt es unter Wunderzeichen zur offenen Konfrontation. Nach der Kreuzigung des Soldas, mit dem griechischen Verb πήσσειν angedeutet (p.39,30f.), und dem Entweichen des Derdekeas aus ihm tritt eine Tochter des Täufers namens Rebouel auf die Seite des von Derdekeas vertretenen wahren Glaubens; und sie ist es, die enthauptet und so zur Blutzeugin für den Glauben wird (p.29,33-30,36; 31,13-22; 32,5-18; 39,28-40,31). Was den aktuellen Bezugspunkt des auffälligen literarischen Kampfes der ParSem gegen die Johannes-Taufe anbelangt, so ist die nächstliegende Annahme, daß dies das Taufsakrament der Großkirche sei, nicht wirklich plausibel. Wenn man unseren Text beim Wort nimmt, müßte man die Haltung der ParSem zur Taufe vielmehr einerseits in der Verlängerung einer Linie sehen, die mit der Täuferpolemik des Johannes-Evangeliums beginnt, und auf eine noch im 2. Jh. lebendige, sich auf Johannes den Täufer berufende Taufbewegung, wie etwa die der Mandäer, beziehen, und andererseits das Feuer der antitäuferischen Polemik mit der radikalen manichäischen Ablehnung der Taufe vergleichen, wie sie besonders im Kölner Mani-Codex ihren Ausdruck findet.[209] Manche Partien von ParSem können uns vielleicht auch Wesentliches über das Selbstverständnis ihrer Trägergruppe verraten. Denn die gesamte Rebouel-Episode, in Inhalt und *Ton*, hat nur Sinn, wenn die Trägergruppe in der Person dieser Rebouel als einer Art Lieblingsjüngergestalt ih-

---

[209] Eine vergleichbar radikale Ablehnung der Taufe findet sich sonst nur noch in TestVer NHC IX,3 p.30,18-31,5; 69,7-22.

ren historischen Ursprung sieht. Und die spezifische Art, wie in ParSem von Sodom und den Sodomiten die Rede ist, muß man wohl so verstehen, daß die Trägergruppe in den Sodomiten ihre mythischen Vorfahren gesehen hat, ob sich ihre Glieder auch selbst „die Sodomiten" genannt haben oder nicht.

Auf eine Schrift, die so deutlich zeigt, daß ihr Inhalt schon eine Geschichte hinter sich hat, dürfen oder müssen die Methoden der Literarkritik und der Formgeschichte angewendet werden. Unter diesem Gesichtspunkt sei hier schließlich noch auf folgende Sachverhalte aufmerksam gemacht. Das „Herz" der ParSem sind sicherlich jene Passagen, die „die Erinnerung" (p.31,4-13; 46,4-12) und „das Zeugnis" genannt werden (p.31,22-32,5; 46,13-47,5). „Die Erinnerung" und „das Zeugnis" haben kultischen Charakter und sind so etwas wie Paßworte für den Seelenaufstieg. Und das heißt, sie dürften älter als ihr jetziger Kontext sein. Einen ähnlichen Eindruck von „Präexistenz" macht auch das schöne Stück p.36,2-19, das man ein Erlöserlied nennen könnte. Auch heben sich manche Sätze (wie z.B. p.38,13-16; 47,14-20) von ihrem jetzigen Kontext ab, als wären es ursprünglich selbständige Logien. Von allergrößter literarkritischer Relevanz ist ein zunächst ganz unscheinbares Phänomen des Textes, daß nämlich die überaus häufig gebrauchte Konjunktion γάρ „denn" auffällig oft gar keine begründende Funktion hat. Ähnlich omnipräsent ist eine andere Erscheinung, nämlich der ständige Hinweis darauf, daß das betreffende Geschehen oder die betreffende Handlung dem Willen des obersten Gottes oder des von ihm gesandten Erlösers entsprach. Wenn solches Reden nicht bloß eine Manie des letzten Redaktors ist, müßte man fragen, in welch einer konkreten Situation der Trägergruppe eine solch maßlose Betonung der göttlichen Vorherbestimmung ihren Sinn hätte.

Um die folgende Übersetzung leichter lesbar zu machen, sind eine Reihe der Pronomina, deren unklare Beziehung ein wesentlicher Grund für die Dunkelheit des Textes ist, durch das mutmaßliche Beziehungswort ersetzt worden. Solche, im koptischen Text in Wirklichkeit gar nicht vorhandenen Nomina sind durch ein Sternchen* kenntlich gemacht. Außerdem wurden die problematische Konjunktion „denn" und die stereotypen Hinweise auf den göttlichen Willen durch *Kursivdruck* bzw. umgekehrt, wo die Umgebung kursiv ist, durch (partielle) Aufhebung des Kursivdrucks markiert.

Übersetzung

(p.1) Die Paraphrase des Sêem

[Die] Paraphrase, die über den ungezeugten Geist gegeben wurde. Was Derdekea<s> mir, Sêem, *nach dem Willen der Größe*, geoffenbart hat.

Mein im Leibe eingeschlossenes Denkvermögen[210] hatte mich aus meinem Geschlecht entrückt und nach oben geführt bis zum Gipfel der Schöpfung, (zu einem Ort) nahe jenem Licht, das über dem ganzen Erdkreis aufgegangen war. An jenem Ort sah ich nichts, was Irdischem ähnlich war; er besteht vielmehr (nur) aus Licht. Und mein Denkvermögen trennte sich vom Leib der Finsternis, als ob ich im Schlafe wäre, und ich hörte, wie eine Stimme zu mir sagte:

---

[210] Der allgemeine Ausdruck „Denkvermögen" wird in dieser Übersetzung *stereotyp* als Übersetzungsäquivalent für das koptische Nomen ⲙⲉⲉⲩⲉ verwendet. Von diesem Prinzip wird nur abgewichen, wenn ⲙⲉⲉⲩⲉ durch den Kontext in seiner Bedeutung anderweitig festgelegt erscheint (z.B. als „Gedanke").

„Sêem, da du von einer unvermischten Kraft abstammst und du es bist, der zuerst auf Erden entstand, sollst du hören und erkennen, was ich dir sagen will:

Die Offenbarungen des Derdekeas

Zuerst, was die großen Kräfte betrifft, sie, die im Anfang, bevor ich mich geoffenbart habe, da waren: Es gab Licht und Finsternis; und es gab Geist zwischen ihnen. Da deine Wurzel ins Vergessen gefallen ist, er, der als ungezeugter Geist existierte, erkläre ich dir die Kräfte in allen Einzelheiten. Das Licht existierte als Denkvermögen, erfüllt von Hören und Reden. Sie waren zu einer einzigen Form verbunden. Und die Finsternis war *(p.2)* ein Wind in Wassern, sie, die den Verstand, eingehüllt von unruhigem Feuer, besaß. Und der Geist zwischen ihnen war ein freundliches, bescheidenes Licht. Das sind die drei Wurzeln. Sie herrschten in sich selbst – und sie waren voreinander verborgen – jede mit ihrer Kraft. Weil das Licht aber eine (besonders) große Kraft besaß, erkannte es die Unterlegenheit der Finsternis und ihre Unordnung, (die darin besteht,) daß die Wurzel nicht gerade war. Die Ungleichheit der Finsternis war aber verständnislos, <weil sie dachte,> daß es niemanden gäbe, der ihr überlegen ist.

Als die Finsternis* aber ihre Bosheit <nicht> mehr zu tragen vermochte – die Finsternis* war im Wasser verborgen –, da geriet das Wasser* in Wallung. Und von dem Rauschen erschrak der Geist. Er stieg zu seinem (angemessenen) Platz auf. Und er sah ein gewaltiges, finsteres Wasser. Und es ekelte ihn. Und das Denkvermögen des Geistes blickte herab. Es sah das grenzenlose Licht (sich im Wasser spiegeln). Es wurde aber von der bösen Wurzel nicht beachtet. Aber, *nach dem Willen des großen Lichtes*, teilte sich das finstere Wasser und stieg die Finsternis, umhüllt von der bösen Unwissenheit, (aus ihm) auf. Damit aber der Verstand sich von ihr trenne, <...,> weil sie sich seiner gerühmt hatte. Nachdem das Wasser* aber in Wallung geraten war, offenbarte *(p.3)* sich der Finsternis* das Licht des Geistes. Als sie es sah, verwunderte sie sich. Sie wußte nicht, daß eine andere Kraft über ihr war. Als sie aber sah, daß ihre Gestalt finster war im Vergleich mit dem Geiste, schmerzte es sie. Und in ihrem Schmerz hob sie ihren Verstand hinauf bis zum Gipfel der Glieder der Finsternis, ihn, der das Auge der Bitterkeit der Bosheit war. Sie ließ ihren Verstand in einem Gliede der Teile des Geistes Gestalt annehmen, weil <sie> dachte, daß er, auf ihre Bosheit blickend, dem Geiste gleich werden könnte. Aber er konnte es nicht. *Denn* sie wollte ein unmögliches Unternehmen durchführen; und es glückte nicht.

Damit aber der Verstand der Finsternis, der das Auge der Bitterkeit der Bosheit ist, nicht zunichte gemacht werde, <...>. Da er teilweise in Ähnlichkeit versetzt worden war, stieg er auf und leuchtete mit feurigem Licht über der ganzen Unterwelt, damit die Gleichheit des mangellosen Lichtes in Erscheinung trete. *Denn* der Geist zog Nutzen aus jeder Gestalt der Finsternis, weil er sich in seiner Größe offenbarte.

Und da erschien das erhabene und grenzenlose Licht. *Denn* es befand sich in großer Freude. Es wollte sich dem Geist zeigen. Und das Bild des erhabenen Lichtes offenbarte sich dem ungezeugten Geist.

(p.4) Ich offenbarte mich, ich, der Sohn des unbesudelten, grenzenlosen Lichtes. Ich offenbarte mich in dem Bilde für den Geist. *Denn* ich bin der Strahl des universalen Lichtes. Und seine Offenbarung wird kommen, damit der Verstand der Finsternis nicht

in der Unterwelt zurückbleibe. *Denn* die Finsternis machte sich ihrem Verstand in einem Teil der Glieder gleich.

Als ich, o Sêem, mich in dem Bilde* offenbarte, damit die Finsternis sich selbst verfinstere, *nach dem Willen der Größe,* (und) damit die Finsternis aus allen Formen jener Kraft, die sie besaß, heraus wirkungslos werde, zog der Verstand das unruhige Feuer, das von den Kräften* umhüllt war, an sich, zwischen der Finsternis und dem Wasser.

Und aus der Finsternis heraus wurde das Wasser zu einer Wolke. Und aus der Wolke wurde der Mutterschoß gestaltet. Jenes unruhige Feuer, das als Verirrung existierte, begab sich dorthin. Als aber die Finsternis den Mutterschoß* sah, verfiel sie in unreines Begehren. Und als die Finsternis* das Wasser in Wallung versetzte, traf es den Mutterschoß. Ihr Verstand löste <...> in die Tiefen der Natur hinab. Er verband sich mit der Kraft der Bitterkeit der Finsternis. Und das Auge der Natur* zerbrach in der Schlechtigkeit, damit sie den Verstand nicht noch einmal hervorbrächte. *Denn* er war *(p.5)* der Sproß der Natur aus der finsteren Wurzel. Und als die Natur den Verstand durch die finstere Kraft an sich genommen hatte, wurde jede Art in ihr geformt.

Und als die Finsternis sich das Bild des Verstandes angeeignet hatte, machte es sich dem Geist ähnlich. *Denn* die Natur erhob sich, um es abzuwerfen. Sie war dagegen machtlos, weil sie keine Gestalt aus der Finsternis besaß.

Denn sie erzeugte es in der Wolke. Die Wolke aber leuchtete. Ein Verstand offenbarte sich in ihr wie ein furchtbares, schädliches Feuer. Er stieß mit dem ungezeugten Geist zusammen, da er ein Bild aus ihm besaß, damit die Natur ausgeleert werde.

Das unruhige Feuer <...> und sofort teilte sich die Natur in vier Teile. Sie wurden zu verschiedenartigen Wolken. Sie wurden ‚Hymen', ‚Nachgeburt', ‚Kraft' und ‚das Wasser' genannt. Das Hymen, die Nachgeburt und die Kraft waren unruhige Feuer, und zwar solche, die den Verstand zwischen der Finsternis und dem Wasser herauszogen – denn er hatte seinen Platz zwischen der Natur und der finsteren Kraft –, damit sich die schädlichen Wasser nicht an ihn hängen.

(p.6) Zu dem Zweck wurde die Natur, *nach meinem Willen,* geteilt, daß der Verstand zu seiner Kraft zurückkehre, die ihm die finstere Wurzel, die sich mit ihm verbunden hatte, entrissen hatte.

Und die finstere Wurzel* offenbarte sich in dem Mutterschoß. Und bei der Teilung der Natur trennte sie sich von der finsteren Kraft, weil sie etwas von dem Verstand besaß. Er wandelte in der Mitte der Kraft, er, der (selbst) als Mitte der Natur existierte.

Der lichte Geist aber wunderte sich, als der Verstand ihn belastete. Die Kraft seiner Verwunderung aber warf die Last ab. Und der Verstand* kehrte zu seiner Fracht zurück. Er bekleidete sich mit dem Licht des Geistes. Und nachdem die Natur aus der Kraft des Lichtes des Geistes im Wallung geraten war, kehrte die Last zurück. Aber die Verwunderung des lichten <Geistes> warf die Last (wieder) ab. Sie hängte sich an die Wolke des Hymen. Und alle Wolken der Finsternis, sie, die sich von der Unterwelt wegen der fremden Kraft getrennt hatten, schrien auf. Der lichte Geist ist es, der unter sie gekommen ist. Und, *durch den Willen der Größe,* blickte der Geist zu dem grenzenlosen Licht auf, damit sein Licht Erbarmung finde. Und das Bild wurde aus der Unterwelt heraufgebracht.

Und als der Geist (es) gesehen hatte, floß ich *(p. 7)* heraus, ich, der Sohn der Größe, wie eine Woge von Licht. Und wie ein geistiger, unsterblicher Wirbelwind {...} blies ich von der Wolke des Hymen aus auf die Verwunderung des ungezeugten Geistes. Die Wolke* teilte sich und ließ ihr Licht auf die (anderen) Wolken scheinen; (auch) diese teilten sich, damit der Geist zurückkehre. Deswegen wurde der Verstand gestaltet. Seine Ruhe wurde beendet.

Denn das Hymen der Natur war eine unfaßbare Wolke; es ist ein großes Feuer. Ebenso ist die Nachgeburt der Natur die Wolke des Schweigens; sie ist ein ehrwürdiges Feuer. Und die Kraft, die mit dem Verstand verbunden ist, auch diese war eine Wolke jener Natur, die mit der Finsternis vermischt worden war, die ihrerseits die Natur zu unreiner Begierde erregt hatte. Das finstere Wasser aber war eine furchtbare Wolke. Und die unten befindliche Wurzel der Natur war krumm, da sie schwer und schädlich war. Und die(se) Wurzel war blind gegenüber dem fesselnden, unergründlichen und vielgestaltigen Licht.

Ich aber bekam Mitleid mit jenem Licht des Geistes, das der Verstand empfangen hatte, und kehrte zu meiner Stellung zurück, um das erhabene, grenzenlose Licht *(p.8)* zu bitten, daß die Kraft des Geistes sich über dem Platz vermehre und sich ohne finstere Besudelung fülle. Und zwar sprach ich reinen Herzens so:

‚Du bist die Wurzel des Lichtes. Deine verborgene Gestalt hat sich (in mir) geoffenbart. Erhabener! Grenzenloser! Laß alle Kraft des Geistes sich ausbreiten und laß sie sich mit ihrem Licht füllen!'

(Glosse:) Das grenzenlose Licht kann sich nicht mit dem ungezeugten Geist vereinen; und die Kraft der Verwunderung kann sich nicht mit der Natur verbinden.

Nach dem Willen der Größe wurde mir mein Gebet abgenommen, und man konnte hören, wie die Stimme des Wortes, *veranlaßt durch die Größe*, zu dem ungezeugten Geist sagte:

‚Siehe, die Kraft hat sich vollendet. Der, der sich durch mich offenbarte, ist erschienen im Geist.'

Noch einmal werde ich, Derdekeas, der Sohn des unbesudelten, grenzenlosen Lichtes in Erscheinung treten.

Das Licht des grenzenlosen[211] Geistes kam für eine kurze Zeit zu einer schwachen Natur herab, (nämlich) bis die ganze Unreinheit der Natur ausgeleert sein würde. Damit aber die Finsternis der Natur zuschanden gemacht würde, zog ich mein Gewand an, nämlich das Gewand des Lichtes der Größe – (und dieses Licht der Größe) das bin ich (selbst). Ich gelangte in den Gesichtskreis *(p.9)* des Geistes, um mich um all jenes Licht, das in den Tiefen der Finsternis war, zu kümmern, *nach dem Willen der Größe*, damit der Geist sich durch das Wort mit seinem Licht fülle, ohne direkte Einwirkung der Kraft des grenzenlosen Lichtes. Und *genauso, wie ich es gewollt hatte*, erhob sich der Geist in seiner Kraft. Ihm wurde seine Größe (wieder)geschenkt, auf daß er sich mit seinem ganzen Licht fülle und er der ganzen Last der Finsternis entkomme. *Denn*, was nun dahinten lag, war ein finsteres, schnaubendes Feuer, das auf dem Geist lastete. Und der Geist freute sich, daß er vor dem furchtbaren Wasser bewahrt worden war. Aber

---

[211] Man erwartet „ungezeugt(en)". „Grenzenlos" ist in ParSem stereotypes Epitheton von Licht.

sein Licht war nicht (dem) der Größe gleich. Das aber, was ihm durch das grenzenlose Licht geschenkt worden war, hatte zum Zweck, daß er, in all seinen Gliedern, als eine einzige Gestalt von Licht in Erscheinung trete. Und als der Geist von dem Wasser aufstieg, wurde (auch) dessen schwarze Gestalt sichtbar. Und der Geist pries das erhabene Licht (mit den Worten):

‚Wahrhaftig, du allein bist es, der grenzenlos ist, weil du oberhalb von jedem Ungezeugten bist! (Ich danke dir,) daß du mich vor der Finsternis bewahrt hast. Ja, du brauchtest nur zu wollen, und schon stieg ich von der finsteren Kraft auf.'

Und damit nichts vor dir, Sêem, verborgen bleibe, (füge ich hinzu:) Der Gedanke, den der Geist, *auf Veranlassung der Größe,* dachte, wurde Wirklichkeit.

(p.10) Weil nun die Finsternis ihre Bosheit nicht in Schranken halten konnte, <...>. Aber als der Verstand* sich offenbarte, wurde erkannt, wie die drei Wurzeln im Anfang waren. Wenn es der Finsternis gelungen wäre, ihre Bosheit zu tragen, hätte sich der Verstand nicht von ihr getrennt (und) hätte sich keine andere Kraft geoffenbart. Aber seit der Verstand* sich geoffenbart hatte, wurde ich, der Sohn der Größe, gesehen, damit das Licht des Geistes nicht stumpf werde und die Natur keine Gewalt über ihn bekomme. Als nun die Finsternis* mich so anstarrte – *und zwar nach dem Willen der Größe* –, zeigte sich meine Geradheit, auf daß kund werde, wie es sich mit der Kraft verhält. (Denn so habe ich gesprochen:)

‚Du bist die große Kraft, die ins Dasein getreten ist. Und ich bin das vollkommene Licht, das sich oberhalb des Geistes und der Finsternis befindet, und das die Finsternis wegen des Verkehrs der unreinen Übung zuschanden gemacht hat.'

Denn durch die Teilung der Natur, *wie (es) die Größe will,* kommt es dazu, daß sie mit Ehre überschüttet wird bis zum Gipfel des Denkvermögens des Geistes. Und der Geist fand Ruhe in seiner Kraft. *Denn* das Bild des Lichtes ist untrennbar von dem ungezeugten Geist. Und die Gesetzgeber haben ihn nicht nach irgendeiner Wolke der Natur benannt, noch ist es möglich, ihn (so) zu benennen. *(p.11) Denn* jedes Bild, das die Natur geteilt hat, existiert als Kraft des unruhigen Feuers; das ist der materielle Same. Der Empfänger der Kraft der Finsternis hat sie inmitten ihrer Glieder eingeschlossen – *und zwar nach dem Willen der Größe* –, damit der Verstand und das ganze Licht des Geistes vor aller Last samt der Plage der Natur bewahrt würden.

Eine Stimme kam von seiten des Geistes über die Wolke des Hymen. Und das Licht der Verwunderung begann mit der ihm gegebenen Stimme zu jubeln. Und der große, lichte Geist, der in der Wolke des Hymen war, pries das grenzenlose Licht und das universale Bild, das ich (selbst) bin, der Sohn der Größe, indem <er> sagte:

‚Anasses Dyses, du bist das grenzenlose Licht, das, nach dem Willen der Größe, gegeben worden ist, um jedes Licht des Geistes an dem (sc. seinem) Platz aufzurichten und den Verstand von der Finsternis zu trennen. Denn das wäre unziemlich, daß das Licht des Geistes in der Unterwelt bliebe. Denn du brauchtest nur zu wollen, *und schon stieg der Geist auf, um deine Größe zu sehen.'*

Denn die Dinge, die ich zu dir gesagt habe, Sêem, (haben zum Ziel,) daß du begreifst, *(p.12)* daß mein Bild, der Sohn der Größe, aus meinem grenzenlosen Denkvermögen stammt, während ich für ihn als universales, untrügerisches Bild existiere. Ich bin über jede Wahrheit erhaben und bin der Anfang des Redens. Seine Offenbarung (er-

folgt) in meinem herrlichen Lichtkleid, welches die Stimme des unmeßbaren Denkvermögens ist. Wir sind ein und dasselbe selbstentstandene Licht.

Er offenbarte sich in einer anderen Wurzel, damit die Kraft des Geistes aus der
schwachen Natur erweckt werde. *Denn, weil das große Licht es so wollte*, bin ich aus
dem erhabenen Geist zu der Wolke des Hymen ohne mein universales Kleid herabgestiegen. Und das Wort nahm mich bei sich, durch den Geist, in der ersten Wolke – (der)
des Hymen – der Natur, auf. Und ich zog es mir an, nämlich das (Kleid), dessen die
Größe und der ungezeugte Geist mich würdig gemacht hatten. Und es offenbarte sich
das <Drittel> meines Gewandes in der Wolke, *durch den Willen der Größe*, zu ein und
derselben Gestalt. Und mein Bild wurde mit dem Licht meines Gewandes bedeckt. Die
Wolke aber geriet in Unruhe und konnte mein Bild nicht ertragen. Sie ließ die erste
Kraft, die sie von dem Geist empfangen hatte, die <sie> von Anfang an erleuchtet hatte,
ausfließen, bevor <ich> mich im Wort dem Geiste offenbarte. Die Wolke *(p.13)* hätte
nicht beide (zugleich) tragen können. Das Licht aber, das aus der Wolke gekommen
war, schritt durch das Schweigen hindurch, bis es in die Mitte kam. Und, *weil das der
Wille der Größe war*, verband sich das (vollkommene) Licht mit ihm. Der Geist, der im
Schweigen existiert, der von dem lichten Geist abgeteilt worden war, wurde von dem
Licht durch die Wolke des Schweigens getrennt.

Die Wolke geriet in Unruhe. Er war es, der der feurigen Flamme Ruhe gewährt hatte.
Er demütigte den finsteren Mutterschoß, damit er nicht einen anderen Samen aus der
Finsternis in Erscheinung treten lasse. Er hielt sie (alle) in der Mitte der Natur zurück,
für ihre Stellung, er, der in der Wolke war. Sie gerieten in Unruhe, da sie nicht wußten,
wo sie waren. *Denn* noch besaßen {...} sie das universale Trachten des Geistes nicht.

Nachdem ich aber zu dem grenzenlosen Licht gebetet hatte, ich, <der Sohn> der
Größe, daß die unruhige Kraft des Geistes sich hin und her bewege, und daß der finstere
Mutterschoß unfruchtbar werde, und daß mein Bild in der Wolke des Hymen erscheine,
wie ich mit dem Lichte des Geistes, das vor mir her gewandelt ist, bekleidet bin, da,
nach dem Willen der Größe und infolge des Gebetes, gelangte ich in die Wolke, damit
durch mein Gewand <... erlöst werde>, er, der von der geistigen Kraft *(p.14)* der Fülle
des Wortes stammte, von den Gliedern her, die ihn in der Finsternis festhielten. *Denn*
ihretwegen offenbarte ich mich an diesem geringsten Ort. *Denn* ich bin ein Helfer für
jeden, der einen Namen besitzt. *Denn* als ich mich in der Wolke offenbarte, begann das
Licht des Geistes, sich (selbst) aus dem schrecklichen Wasser und (aus) den feurigen
Wolken, die sich aus der finsteren Natur getrennt hatten, zu befreien. Und ich gab ihnen
Ehre in Ewigkeit, damit sie nicht wieder mit der schmutzigen Übung in Verbindung treten. Das Licht aber, das in dem Hymen war, geriet infolge meiner Kraft in Unruhe und
durchschritt meine Mitte. Es wurde von dem universalen Denkvermögen erfüllt. Und
durch das Wort des Lichtes des Geistes kehrte es nach oben zu seiner Ruhe zurück. Es
wurde in seiner Wurzel (neu) geprägt. Es leuchtete, weil es (nun) makellos war. Das
Licht aber, das mit ihm im Schweigen herausgekommen war, wandelte in der Mitte. Es
kehrte zu dem (ihm eigenen) Platz zurück. Und die Wolke leuchtete. Und aus ihr kam
ein unauslöschliches Feuer. Der Teil aber, der sich von der Verwunderung <ge>trennt
<hatte>, bekleidete sich mit dem Vergessen; er wurde durch das finstere Feuer ge-

täuscht. Und die Unruhe <...> seiner Unruhe warf die Last der *(p.15)* Wolke von sich. Die Last* war böse, weil sie nicht rein war.

Und das Feuer verband sich mit dem Wasser, damit die Wasser schädlich würden. Und die niedergerissene Natur erhob sich eilends aus den untätigen Wassern. *Denn ihr Aufsteigen war eine Schande.* Die Natur aber nahm die feurige Kraft auf. Sie wurde stark wegen jenes Lichtes des Geistes, das in der Natur war. Ihr Bild zeigte sich unten im Wasser in der Gestalt eines furchtbaren, vielgesichtigen, gekrümmten Tieres. Ein Licht kam zu dem Chaos herab, angefüllt mit Nebel und Staub, um der Natur Schaden zuzufügen. Jenes Licht der Verwunderung aber, das in der Mitte war, kam zu ihm, nachdem es die Last der Finsternis von sich abgeworfen hatte. Es freute sich, als der Geist aufstieg, – *denn* es blickte aus den Wolken auf die finsteren Wasser herab – über jenes Licht, das in den Tiefen der Natur war.

Zu dem Zweck offenbarte ich mich, daß ich einen Anlaß hätte, in den Tartaros zu dem belasteten Licht des Geistes hinabzusteigen, um es vor der Bosheit der Last zu behüten.

Und infolge seines Herabblickens auf die finstere Stellung kam das Licht wieder *(p.16)* herauf, damit auch, sobald der Mutterschoß in dem Wasser heraufkommt, <...>. Der Mutterleib* kam (tatsächlich) herauf, *(und zwar) nach meinem Willen.* Hinterlistig öffnete sich das Auge. Und das Licht, das aus der Mitte erschienen war, dasjenige, das sich von der Verwunderung getrennt hatte, kam zur Ruhe und begann, über dem Mutterschoß* zu leuchten. Und der Mutterschoß sah Dinge, die er noch nie gesehen hatte, und ergötzte sich voller Jubel an dem Licht, obgleich ihm dieses, das da inmitten {...} seiner Bosheit in Erscheinung getreten war, um über ihm zu leuchten, gar nicht gehörte. {...}[212] Und er wurde (wieder) auf das Wasser hinuntergebracht. Er dachte, daß er die lichte Kraft erreicht hatte. Und er wußte nicht, daß seine Wurzel nutzlos war gegenüber dem Bild des Lichtes und gegenüber der (Kraft), zu der er hingeeilt war.

Das Licht, das in der Mitte war, dasjenige, das der Anfang und das Ende war, geriet in Verwunderung. Deswegen richtete sich sein Denkvermögen eilends nach oben zu dem erhabenen Licht. Und es schrie auf und sprach:

,Herr, erbarme dich meiner. Denn *mein Licht und mein Bemühen haben sich verirrt.* Denn *wenn deine Güte mich nicht erreicht,* <bin ich verloren>. Denn *ich weiß nicht, wo ich bin.'*

Als aber die Größe es hörte, erbarmte sie sich seiner. Und ich offenbarte mich in der Wolke des Hymen, schweigend *(p.17)* und ohne mein heiliges Gewand. *Weil ich es so wollte,* pries ich mein dreigestaltiges Gewand von der Wolke des Hymen aus. Das Licht aber, das im Schweigen existiert, dasjenige, das aus der jubelnden Kraft stammt, nahm mich bei sich auf. Ich trug es. Und seine zwei Teile offenbarten sich in einer einzigen Gestalt. Seine anderen Teile offenbarten sich wegen des Feuers nicht. Ich wurde unfähig, in der Wolke des Hymen zu reden. *Denn* sein Feuer war etwas Fürchterliches, da es, ohne nachzulassen, aufloderte. Damit sich aber meine Größe und das Wort offenbaren, legte ich in ähnlicher Weise mein anderes Gewand in der Wolke des Schweigens ab. Dann betrat ich die Mitte und zog das in ihr befindliche Licht an, das vergessene,

---

[212] Der Text hat hier noch einmal „Und der Mutterschoß sah Dinge, die er noch nie gesehen hatte." Offenbar nur eine Dittographie!

das vom staunenden Geist getrennte. *Denn* es hatte die Last von sich abgeworfen. *Als ich es wollte,* offenbarte sich ihm kein sterbliches Ding; sondern lauter unsterbliche Dinge sind es, die der Geist ihm schenkte. Und er sprach im Denkvermögen des Lichtes:

‚ai eis ai ou phar dou ia ei ou‘ (das bedeutet):

*‚Ich bin (schon) zu großer Ruhe gelangt. <Und nun soll der ...>, um (auch noch) mein Licht in seiner Wurzel zur Ruhe zu bringen und es aus **(p.18)** der schädlichen Natur zu befreien.‘*

Dann zog ich, *nach dem Willen der Größe,* mein Lichtgewand aus und zog ein anderes, gestaltloses Feuergewand an, etwas, das aus dem Verstand der Kraft stammt, das mir zugeteilt und für mich, *nach meinem Willen,* in der Mitte zubereitet war. *Denn* die Mitte bedeckte es mit einer finsteren Kraft, damit ich komme und es anziehe. Ich stieg in das Chaos hinab, um das ganze Licht aus ihm zu erretten. *Denn* ohne die finstere Kraft hätte ich nicht gegen die Natur kämpfen können. Als ich in die Natur kam, konnte sie meine Kraft nicht ertragen; sondern ich ließ mich nieder auf ihrem starrenden Auge, das Licht vom Geist war. *Denn* es war mir durch den Geist als Gewand und Ruheort zubereitet worden. Durch mich öffnete er seine Augen (und sah) hinab in die Unterwelt. Er überließ der Natur seine Stimme für kurze Zeit. Mein Feuergewand aber stieg, *nach dem Willen der Größe,* zu dem Starken hinab und zu dem unreinen Teil der Natur, demjenigen (Teil), den die finstere Kraft bedeckte. Und mein Gewand quälte die Natur in ihrer Hülle. Und ihre unreine Weiblichkeit wurde stark; und der traurige Mutterschoß kam hoch. **(p.19)** Er ließ den Verstand vertrocknen, etwa wie einen Fisch, der einen Tropfen von Feuer und eine Kraft von Feuer besitzt. Als aber die Natur den Verstand von sich geworfen hatte, geriet sie in Unruhe und begann zu weinen. Als sie (so) Schmerz empfand und in ihren Tränen <war>, warf sie die Kraft des Geistes von sich. Diese Kraft* blieb wie ich, der ich das Licht des Geistes angezogen hatte. Und zwar ruhte ich nebst meinem Gewande auf der Sehkraft des Fisches.

Und damit die Werke der Natur verurteilt würden, weil sie blind ist, kamen viele Gestalten von Tieren aus ihr hervor, nach der Zahl der geflügelten Winde. Sie entstanden alle in der Unterwelt, auf der Suche nach dem Licht des Gestalt empfangenden Verstandes. Sie waren nicht fähig, ihm zu widerstehen. Ich freute mich über ihre Unwissenheit.

Ich, der Sohn der Größe, wurde vor dem vielgestaltigen Mutterschoß erfunden. Ich zog das Tier an und legte ihm eine große Bitte vor, nämlich, daß Himmel und Erde entstehen mögen, damit das ganze Licht nach oben steige. *Denn* sonst hätte die Kraft des Geistes nicht von der Fessel erlöst werden können, nämlich, wenn ich mich ihm nicht in einer tierischen Gestalt gezeigt hätte. Deshalb willfuhr mir der Mutterschoß*, **(p.20)** als ob ich sein Sohn wäre. Und wegen meiner Bitte stieg die Natur empor, da sie (etwas) von der Kraft des Geistes nebst der Finsternis und dem Feuer besaß. *Denn* sie hatte ihre Gestalten ausgezogen. Nachdem sie sich umgedreht hatte, blies sie auf das Wasser; und so wurde der Himmel geschaffen. Und aus dem Schaum des Himmels(meeres) entstand die Erde. Und, *auf meinen Wunsch hin,* brachte die Erde* alle Arten von Futter hervor – entsprechend der Zahl der Tiere. Und sie brachte aus den Winden Tau hervor, euretwegen und derentwegen, die zum zweitenmal auf der Erde geboren werden sollen. *Denn* die Erde besaß eine Kraft unruhigen Feuers. Deshalb brachte sie alle Samen hervor.

Und nachdem Himmel und Erde geschaffen waren, stieg mein Feuergewand inmitten der Wolke der Natur empor. Es begann über der ganzen Schöpfung zu leuchten; (und tut das,) bis die Natur entleert sein wird. Die Finsternis, die der Erde* als Kleid diente, wurde in die schädlichen Wasser geworfen. Und die Mitte wurde von der Finsternis gereinigt. Der Mutterschoß aber trauerte wegen des Geschehenen; er blickte auf denjenigen von seinen Teilen, der als Wasser existiert, wie auf einen Spiegel. Als er (es) gesehen hatte, wunderte er sich, wie es entstanden sei. Er blieb nun eine Witwe. Auch das Wasser* *(p.21)* wunderte sich, <daß> es nicht (mehr) in dem Mutterschoß* war. *Denn* die Gestalten besaßen noch eine Kraft von Feuer und Licht. Diese Kraft* mußte es ertragen, in der Natur zu bleiben, bis alle Kräfte von ihr genommen sein würden. *Denn* wie das Licht des Geistes in drei Wolken vollendet wurde, <so> wird sich notwendigerweise auch die Kraft, die in der Unterwelt ist, der festgesetzten Zeit gemäß vollenden.

Denn ich strahlte für die Natur* zum zweitenmal aus dem Wasser auf, wegen der Gnade der Größe. *Denn* mein Gesicht war es, das ihr gefiel. Auch ihr Gesicht war froh. Und ich sagte zu ihr:

‚Es komme aus dir Same und Kraft auf der Erde hervor.'
Sie aber gehorchte *dem Willen des Geistes*, damit sie zunichte werde.

Als aber ihre Gestalten sich umdrehten, rieben sie ihre Zungen aneinander, vereinigten sich und erzeugten (so) Winde und Dämonen, (zusammen) mit der Kraft, die aus dem Feuer, der Finsternis und dem Geist stammt. Die Gestalt aber, die allein geblieben war, warf das Tier von sich ab. Sie hatte keinen Verkehr, sondern sie war es, die sich selbst rieb. Und sie erzeugte (so) einen Wind, der eine Kraft aus dem Feuer, der Finsternis und dem Geist besaß. Damit aber auch die Dämonen *(p.22)* nutzlos würden hinsichtlich der Kraft, die sie aus dem unreinen Verkehr besaßen, entstand ein Mutterschoß bei den Winden in einer wäßrigen Gestalt. Und ein unreiner ‚Zusatz' entstand bei den Dämonen nach dem Vorbild der Finsternis. Und (alles geschah noch einmal) so, wie die Finsternis* den Mutterschoß im Anfang gerieben hatte.

Und nachdem die Gestalten der Natur sich miteinander verbunden hatten, trennten sie sich voneinander. Sie warfen die Kraft weg, voller Verwunderung über die List, die ihnen gegenüber angewendet worden war. Sie begannen zu trauern in einer Trauer, die ewig währen sollte. Sie bedeckten sich mit ihrer Kraft.

Und nachdem ich sie zuschanden gemacht hatte, stieg ich mit meinem Gewand in der Kraft und <dem ...>, die dem Tier überlegen und leuchtend sind, empor, um die Natur öde zu machen.

Der Verstand, der sich in der finsteren Natur geoffenbart hatte, er, der das Auge des Herzens der Finsternis war, kam, *sobald ich es wollte*, zur Herrschaft über die Winde und die Dämonen. Und ich gab ihm eine Gestalt von lichtem Feuer, dazu die Fähigkeit zu hören und etwas von argloser Rede. Daß ihm (etwas) von der Größe gegeben wurde, geschah zu dem Zweck, daß er in seiner (eigenen) Kraft stark sei ohne die Kraft und ohne das Licht des Geistes und (ohne) finsteren Verkehr, damit er in der letzten Zeit, wenn *(p.23)* die Natur zerstört werden wird, an dem Ehrenplatz Ruhe finde. *Denn* er wird als treu erfunden werden, nachdem es ihn vor der Unreinheit der Natur und der Finsternis geekelt hatte. Die starke Kraft des Verstandes entstand aus dem Verstand und aus dem ungezeugten Geist.

Die Winde aber, die <aus ... stammen, und> die Dämonen, <die> aus Wasser, Feuer, Finsternis und Licht <stammen>, hatten einen zum Verderben führenden Verkehr. Und bei diesem Verkehr empfingen die Winde in ihrem Mutterschoß einen Schaum aus dem ‚Zusatz' der Dämonen. Sie wurden (auch) in ihrem Mund, infolge der Atmung, mit einer (gewissen) Kraft schwanger. Die Mutterschöße der Winde schlugen gegeneinander, bis die Zeiten der Geburt kamen. Sie stiegen hinab zum Wasser. Was die (erwähnte) Kraft aber betrifft, so wurde sie, infolge der Atmung, inmitten der Übung, die die Erzeugung in Gang setzt, erzeugt. Und jede Art der Erzeugung erhielt ihr Gepräge von ihr. Als sich die Zeiten der Geburt näherten, versammelten sich alle Winde aus dem der Erde nahegelegenen Wasser. Sie gebaren jede Unreinheit. Und überall, wo der einzelne Wind hinkam, verband er sich mit der Unreinheit und entstanden aus ihm unfruchtbare Frauen und unfruchtbare Männer. *(p.24) Denn* wie die Kinder* geboren werden sollen, so zeugen die Eltern*.

Um euretwillen offenbarte sich das Bild des Geistes auf der Erde und im Wasser. *Denn* ihr gleicht dem Licht. *Denn* ihr besitzt einen Teil der Winde und der Dämonen und Denkvermögen von dem Licht der Kraft der Verwunderung. *Denn* alles, was das Bild des Geistes* aus dem Mutterschoß auf der Erde erzeugte, gedieh dem Mutterschoß* nicht zum Guten. Sein Seufzen aber und sein Schmerz (erfolgen) wegen des Bildes, das in euch aus dem Geist erschienen ist. *Denn* ihr seid erhaben in eurem Herzen.

Es bedeutet aber Seligkeit, Sêem, wenn einem ein Anteil gegeben wird und (wenn) der Betreffende aus der Seele auszieht (und) eingeht in das Denkvermögen des Lichtes. *Denn* die Seele ist eine Last der Finsternis. Und die, die wissen, woher die Wurzel der Seele stammt, vermögen auch nach der Natur zu suchen. *Denn* die Seele ist ein Werk der Unreinheit und eine Schändung des lichten Denkvermögens.

Denn ich bin derjenige, der den ganzen Umfang des Ungezeugten geoffenbart hat. Damit aber die Sünde der Natur voll werde, machte ich den niedergerissenen Mutterschoß schön – o blinde Weisheit! –, damit ich (die Sünde) zunichte machen könnte.

Und, *nach meinem (p.25) Willen*, ersann die Sünde* mit dem finsteren Wasser und mit der Finsternis einen Plan, wie sie jede Art eures Sinnes verwunden könnten. Nachdem sie euch, *nach dem Willen des Lichtes des Geistes*, umzingelt hatten, fesselten sie euch mit einem Glauben. Ihr Plan sollte aber zunichte werden! Sie sandte einen Dämon, damit der Plan ihrer Bosheit verkündigt würde, daß sie eine Sintflut bringen und euer Geschlecht ausrotten würde, um das Licht wegzunehmen und zu behalten – auf Grund des Glaubens.

Ich aber verkündigte eilends durch den Mund des Dämons, daß ein Turm entstehen solle bis zum Geruch[213] (?) des Lichtes, der unter den Dämonen und ihrem Geschlecht

---

[213] Das hier und p.34,7; 35,3 vorkommende feminine Nomen ϣⲁⲙⲉ war bisher unbekannt. Seine Ableitung und Bedeutung sind problematisch. Auf „Geruch" kommt man, wenn man das Wort von ϣⲱⲗⲙ „riechen" ableitet. Eine alternative Ableitung von dem Homonym ϣⲱⲗⲙ „ziehen" läßt andere die Bedeutung „Partikel" vermuten.

übriggeblieben war, derjenige (Turm), der (dann) <in> den Wassern stand, damit der Dämon vor dem in Aufruhr befindlichen Chaos bewahrt würde. Diese Dinge aber plante der Mutterschoß, *nach meinem Willen*, damit er ganz ausflösse. Ein Turm entstand durch die Dämonen. Die Finsternis geriet durch ihren Mangel in Wallung und löste die Sehnen des Mutterschoßes. Doch der Dämon, der in den Turm hineinging, wurde bewahrt, damit die Geschlechter bestehen bleiben mögen und der Bestand durch ihn (noch einmal) hervorgebracht würde. *Denn* er besaß Kraft von jeder Art.

Kehre jetzt zurück, *(p.26)* o Sêem, und sei [sehr] froh über dein Geschlecht und [den] Glauben! Denn ohne Leib und Zwang wird es vor jedem finsteren Leib bewahrt, während es die heiligen Dinge der Größe bezeugt, das, was sich ihnen in ihrem Denkvermögen, *nach meinem Willen*, offenbarte. Und sie werden in dem ungezeugten Geist ruhen, ohne zu trauern. Du aber, Sêem, bist zu dem Zweck im Körper außerhalb der Lichtwolke geblieben, daß du mit dem Glauben ausharrst. Und der Glaube wird zu dir kommen. Sein Sinn wird (ihm) weggenommen und dir gegeben werden – in einem erleuchteten Gewissen. Diese Dinge lehrte ich dich zum Nutzen deines Geschlechts aus der Lichtwolke.

Und was ich dir in gleicher Weise über alle Dinge sagen will, werde ich dir bis zum Ende offenbaren, damit du sie denen offenbarst, die zum zweitenmal auf der Erde sein werden.

O Sêem, die Bewegung, die *durch meinen Willen* erfolgt ist, ist erfolgt, damit die Natur leer werde. *Denn* der Zorn der Finsternis ist zur Ruhe gekommen. O Sêem, der Mund der Finsternis wurde geschlossen. Nicht mehr ist das Licht in der Schöpfung sichtbar, das ihr geleuchtet hat, *nach meinem Willen*. Und nachdem die Natur in prahlerischer Unwissenheit gesagt hatte, daß ihr Wunsch erfüllt worden sei, da wurden alle Arten von den Wassern verschlungen.

(p.27) Sie wandte ihren finsteren Mund und spie mit ihm die Feuerkraft aus, die sich in ihr von Anfang an auf Grund der Reibung der Finsternis befunden hatte. Das Feuer* stieg empor und begann, über der ganzen Schöpfung anstelle des Gerechten zu leuchten. Und alle Gestalten der Natur* sandten ihre Kräfte wie Feuerflammen aus, bis zum Himmel hinauf, als eine Hilfe für das besudelte Licht, das sich emporgeschwungen hatte. *Denn* sie waren Glieder des unruhigen Feuers. Und die Natur* erkannte nicht, daß sie sich selbst schadete. Als sie die kräftige Kraft wegwarf, streute sie sie in die Pflanzungen. Der Dämon, der ein Verführer ist, ist es, der den Mutterschoß zu allen Gestalten anregte. Und in seiner Unwissenheit, als ob er eine große Sache täte, schenkte der Mutterschoß* den Dämonen und den Winden je einen Stern. *Denn* ohne Winde und Sterne wird nichts auf der Erde entstehen. *Denn* die Erde* wird durch alle Kräfte erfüllt, nachdem sie losgelassen wurden aus der Finsternis, dem Feuer, der Kraft und dem Licht. *Denn* wo sich ihre Finsternis und ihr Feuer miteinander verbanden, wurden Tiere erzeugt. Und (an) dem Ort der Finsternis, des Feuers, der Kraft *(p.28)* des Verstandes und des Lichtes entstanden die Menschen aus dem Geist. Das Denkvermögen des Lichtes, mein Auge, ist nicht in jedem Menschen vorhanden. *Denn* bevor die Sintflut durch die Winde und die Dämonen zustande kam, wurde den Menschen ...[214] zuteil, (und

---

[214] Das Subjekt dieses Satzes ist ein „nacktes" ⲍⲟⲟⲩ; vermutlich keine Textverderbnis, sondern ein bisher unbekanntes Homonym von ⲍⲟⲟⲩ „Tag" und ⲍⲟⲟⲩ „böse sein".

zwar,) damit noch die Kraft, die im Turm ist, erzeugt würde und auf der Erde zur Ruhe käme.

Dann wollte die niedergerissene Natur dem Samen, der nach der Sintflut auf der Erde sein sollte, Schaden zufügen. Es wurden Dämonen mit einer Verirrung der Winde zu ihnen gesandt und eine Last der Engel und ein fürchterlicher Prophet, Verurteilung durch Worte. (Das sage ich,) um dich, o Sêem, zu belehren, vor welcher Blindheit dein Geschlecht bewahrt wird.

Wenn ich dir alles geoffenbart haben werde, was gesagt worden ist, dann wird der Gerechte über der Schöpfung mit meinem Gewand aufstrahlen. Und die Nacht und der Tag werden getrennt werden. *Denn* ich werde zu der Schöpfung hinabsteigen, um an jenem Ort das Licht, das der Glaube besitzt, wegzunehmen. Und ich will mich denen offenbaren, die sich das Denkvermögen des lichten Geistes erwerben sollen. *Denn* ihretwegen hat sich meine Größe geoffenbart.

Wenn meine Größe* sich auf der Erde offenbart, o Sêem, [an] dem Ort, der *(p.29)* Sodom genannt werden wird, dann beschütze die Kenntnis, die ich dir geben werde. *Denn* es werden sich bei dir diejenigen versammeln, die das reine Herz haben, wegen des Wortes, das du offenbaren sollst. *Denn* wenn du dich in der Schöpfung offenbarst, wird die finstere Natur sich gegen dich in Bewegung setzen, zusammen mit den Winden und ihren Dämonen, um die Kenntnis auszulöschen. Du aber verkündige schnell den Sodomiten deine universale Lehre. *Denn* sie sind deine Glieder. *Denn* der menschengestaltige Dämon wird sich von jenem Ort trennen, da er, *durch meinen Willen*, unwissend ist. Es wird dieses Gerücht bewahren. Die Sodomiten aber werden, *entsprechend dem Willen der Größe*, das universale Zeugnis ablegen. Sie werden zur Ruhe kommen mit einem reinen Gewissen an dem Ort ihrer Ruhe, welcher der ungezeugte Geist ist. Wenn aber diese Dinge geschehen sein werden, wird Sodom ungerechterweise durch eine böse Natur verbrannt werden. *Denn* das Böse wird nicht zur Ruhe kommen, damit deine Größe sich an jenem Ort offenbare.

Dann *(p.30)* wird der Dämon mit dem Glauben aufbrechen. Und dann wird er sich in den vier Teilen der Schöpfung offenbaren. Wenn aber der Glaube sich in der letzten Gestalt offenbart, dann wird seine Offenbarung offenkundig werden.

Denn der Dämon ist der ‚Erstgeborene‘, er, der sich in der Harmonie der Natur in vielen Gestalten geoffenbart hat, damit der Glaube sich in ihm offenbare. *Denn* wenn er sich in der Schöpfung offenbart, werden schlimme Zornausbrüche, Erdbeben, Kriege, Hungersnöte und Lästerungen geschehen. *Denn* seinetwegen wird der ganze Erdkreis zerstört werden.

Denn er wird nach der Kraft des Glaubens und des Lichtes suchen und sie nicht finden.

Denn zu jener Zeit wird sich der andere Dämon an dem Fluß offenbaren, um mit einer unvollkommenen Taufe zu taufen, und die Welt mit einer Fessel von Wasser in Unruhe setzen. Was mich aber betrifft, so ist es notwendig, daß ich mich in den Gliedern des Denkvermögens des Glaubens offenbare, um das Große meiner Kraft zu enthüllen. Ich will dies Denkvermögen durch den Dämon, der Soldas heißt, ausbreiten. Und das Licht, welches er von dem Geist besitzt, werde ich mit meinem unbesiegbaren Gewand verbinden.

Und das, was ich in der Finsternis *(p.31)* offenbaren werde, (geschieht) um deinet-willen und um deines Geschlechtes willen, das vor der bösen Finsternis bewahrt werden soll.

Wisse, o Sêem, daß ohne Elorchaios und Amoi<ai>as und Strophaias und Chelkeak und Chelkea <und Chelke> und Elaios niemand diese böse Stellung wird passieren können. *Denn* das ist meine ‚Erinnerung‘. <Wisse>, daß ich mit ihr siegreich über die böse Stellung war und das Licht des Geistes aus dem furchtbaren Wasser wegnahm.

Denn wenn die Tage kommen, die für den Dämon, der mit Verirrung taufen wird, festgesetzt sind, dann will ich mich in der Taufe des Dämons offenbaren, um durch den Mund des Glaubens für die, die zum Glauben* gehören, ein Zeugnis bekanntzumachen (nämlich das folgende): ‚*Ich lege Zeugnis ab für dich, du Funke, der nicht verlischt, Osei, du Erwählter des Lichtes, du Auge des Himmels, und du Glaube, der erste und der letzte, und Sophia und Saphaia und Saphaina, und du, gerechter Funke und besudeltes Licht. Und du, Aufgang und Untergang und Norden und Süden, Äther und Luft und alle Kräfte und Mächte, (p.32) ihr, <die> ihr in der [Natur] seid, und du, Molychtha<s>, und <Es>soch, (die ihr) von jedem Werk und jedem schmutzigen Leiden der Natur (stammt)!‘*

Dann werde ich durch den Dämon zu dem Wasser herabkommen. Und Wasserstrudel und Feuerflammen werden sich gegen mich erheben. Dann werde ich von dem Wasser (wieder) aufsteigen, nachdem ich das Licht des Glaubens und das unauslöschliche Feu-er angezogen habe, damit, *auf meine Veranlassung hin*, die Kraft des Geistes, die durch die Winde, die Dämonen und die Sterne in die Schöpfung eingesät werden wird, hinüberschreite. Und in ihnen wird alle Unreinheit angefüllt werden.

Im übrigen, o Sêem, beurteile dich selbst und wachse im Denkvermögen des Lichtes. Laß dein Denkvermögen keine Gemeinschaft mit dem Feuer und dem finsteren Leib, der ein unreines Werk war, haben! Die (Dinge), die ich dich lehre, sind gerecht.

Das ist die Paraphrase.

Denn, was das Firmament betrifft, so hast du dich nicht daran erinnert, daß dein Ge-schlecht vor ihm bewahrt worden ist.

* * *

Kommentar zur ‚Erinnerung‘

Elorchaios ist der Name des großen Lichtes, der Ort, aus dem ich gekommen bin, das unvergleichliche Wort. Und das Bild ist mein herrliches Gewand. Und Derde{...}keas [ist] der [Name] seines Wortes *(p.33)* in der Stimme des Lichtes. Und Strophaia ist die gepriesene Schau, welche der Geist ist. Und Chelkeach – das ist mein Gewand – ist es, der aus der Verwunderung hervorging, er, der in der Wolke des Hymen war und sich als dreigestaltige Wolke geoffenbart hat. Und Chelkea ist mein zweigestaltiges Gewand, er, der in der Wolke des Schweigens war. Und Chelke ist mein Gewand, das ihm aus jeder Region gegeben worden war, (das) ihm als eine einzige Gestalt von der Größe gegeben wurde, er, der in der Wolke der Mitte war.

Kommentar zum ‚Zeugnis'

Und der erwähnte Stern des Lichtes ist mein unbesiegbares Gewand, das ich in der Unterwelt trug, welches das Erbarmen ist, das über das Denken hinausgeht und (über) das Zeugnis derer, die bezeugen sollen. Und das erwähnte Zeugnis, das erste und das letzte, der Glaube, der Verstand des finsteren Windes und Soph<ia und Saph>aia und Saphaina sind in der Wolke derer, die von dem unruhigen Feuer getrennt wurden. Und der gerechte Funke ist die Lichtwolke, die in eurer Mitte geleuchtet hat. *Denn* in ihr wird mein Gewand zum Chaos hinabsteigen. Das besudelte *(p.34)* Licht aber existiert als Kraft, (als) der, der in der Finsternis erschienen ist, (als) der, der zur finsteren Natur gehört. Der Äther aber und die Luft, die Kräfte und die Mächte, die Dämonen und die Sterne, diese sind es, die einen Geruch (?) von Feuer und Licht aus dem Geist besitzen. Und Molychthas ist ein Wind – denn ohne ihn wird nichts auf der Erde erzeugt –, der eine Schlangen- und Einhorngestalt besitzt. Was aus ihm hervorgeht, sind Flügel von jeglicher Gestalt. Der Rest aber ist der niedergerissene Mutterschoß.

* * *

Du bist selig, Sêem; denn dein Geschlecht ist vor dem finsteren, vielgestaltigen Wind bewahrt worden – und sie werden das universale Zeugnis ablegen – und vor der unreinen Übung der <Natur>[215]. Und sie werden erhabenen Sinnes sein durch die ‚Erinnerung' des Lichtes.

O Sêem, niemand, der den Leib trägt, kann dies (von sich aus) erfüllen; aber durch eine ‚Erinnerung' kann einer es erlangen, damit, wenn sein Denkvermögen sich von dem Leibe trennt, dann die (Verheißungen), die zugunsten deines Geschlechts geoffenbart wurden, sich (auch) an ihm als wahr erweisen.

O Sêem, es ist schwierig für jemanden, der einen Leib trägt, [diese Dinge] zu erfüllen, [die] ich dir gesagt [habe]. *(p.35)* Und eine kleine Anzahl ist es, die sie erfüllen wird, (nämlich) die, die den Geruch (?) des Verstandes und das Denkvermögen des Lichtes des Geistes besitzen. Ihr Denkvermögen wird vor der schmutzigen Übung bewahrt werden.

Denn viele sind in dem Geschlecht der Natur; sie werden nach der Sicherheit der Kraft suchen und werden sie nicht finden noch wird es ihnen gelingen, den Willen des Glaubens zu tun. *Denn* sie sind der Same der universalen Finsternis.

Und die, die in vielen Leiden erfunden werden, auf die werden die Winde und Dämonen ihren Haß richten. Die Fessel des Leibes aber ist hart. *Denn* (er ist) der Ort, wo die Winde, die Sterne und die Dämonen säen. Aus der Kraft des Geistes werden sich über ihnen die Buße und das Zeugnis offenbaren. Und das Erbarmen wird ihnen den Weg zu dem ungezeugten Geist zeigen.

Die aber, die die Buße und den Glauben besitzen, werden zur Zeit der Vollendung an dem Platz des Hymen ruhen. Das ist der Glaube, der den Platz, zu dem sie sich durchgegraben haben, füllen wird.

---

[215] Der Text hat hier (aus Versehen) ⲡⲓⲥⲧⲓⲥ statt ⲫⲩⲥⲓⲥ.

Die aber, die nichts von dem lichten Geist und dem Glauben besitzen, werden aufgelöst werden in der Finsternis, dem Ort, *(p.36)* wo keine Buße hinkam.

Ich bin es, der die Tore, die von Anfang an verschlossen waren, für immer geöffnet
hat (und) der sie denen, die nach dem Gipfel des Lebens begehren, und denen, die der
Ruhe würdig sind, gezeigt hat. Ich habe den Verständnisvollen Verständnis gegeben.
Ich eröffnete ihnen alle Einsichten und die Lehre der Gerechten. Und ich wurde ihnen
in keiner Hinsicht zum Feind. Als ich aber dem Zorn der Welt ausgesetzt war, war ich
siegreich (über ihn). Es gab keinen von ihnen, der mich erkannte. Es öffneten sich über
mir die Tore des Feuers und des grenzenlosen Rauches. Alle Winde erhoben sich gegen
mich.

Donner und Blitze werden sich für kurze Zeit gegen mich erheben und werden ihren
Zorn über mich bringen. Und <...> um meinetwillen nach dem Fleisch, über die wird,
Stamm für Stamm, geherrscht werden.

Viele aber werden, von den Winden und den Dämonen getrieben, zu den schädlichen
Wassern hinabsteigen, die (nämlich), die Fleisch tragen und (deswegen) in die Irre gehen; und sie sind (dann) mit dem Wasser gefesselt. Doch das Wasser* wird ihnen nur
nutzlose Heilung gewähren. Es wird die Welt verführen und fesseln. Und die, die den
Willen der Natur tun, deren Los wird sein [...] *(p.37)* zweimal täglich bei Wasser und
den Gestalten der Natur; und es wird ihnen nicht gewährt werden.

Wenn der Glaube sie niederreißt, um den Gerechten zu sich zu nehmen, o Sêem,
dann ist es für sie notwendig, das Denkvermögen durch das Wort anzurufen, damit die
Fessel der Kraft des Geistes aus dem furchtbaren Wasser errettet werde.

Es bedeutet aber Seligkeit, wenn jemandem gegeben ist, seinen Sinn auf das Erhabene zu richten und die erhabene Zeit und die Fessel zu erkennen. *Denn* das Wasser ist ein
ganz geringer Körper. Und die Menschen kommen nicht los, weil sie mit dem Wasser
gefesselt sind, wie seit dem Anfang das Licht des Geistes gefesselt ist, o Sêem. Sie
werden durch viele Gestalten der Dämonen verführt, daß sie denken, daß in der Taufe
der Unreinheit mit einem Wasser, das ja finster, schwach, unnütz (und) zerstörerisch ist,
dies Wasser* die Sünden wegnimmt, und nicht wissen, daß das, was aus dem Wasser
kommt und zu dem Wasser führt, die Fessel ist, die Verirrung, die Unreinheit, der Neid,
der Mord, der Ehebruch, das falsche Zeugnis, Spaltungen, Diebstähle, Begierden, Prahlerei, Zorn, Bitterkeit, [Streit, ...] *(p.38)* Deshalb gibt es viele Todesnöte, solche, die ihr
Denkvermögen belasten.

Denn ich sage es denen, die Verstand besitzen, vorher: Sie werden mit der unreinen
Taufe aufhören; und solche, die Verstand aus dem Licht des Geistes besitzen, werden
keinen Anteil an der unreinen Übung haben. Und ihr Verstand wird nicht schwinden.
Sie werden nicht einmal die Bösen* verfluchen. Jedoch <dem> Wasser werden sie keinen Lobpreis geben. Wo der Fluch ist, dort ist der Mangel. Und Blindheit ist da, wo der
Lobpreis ist. *Denn*, wenn sie sich mit den Bösen verbunden haben, dann sind sie (auch
schon) im finsteren Wasser entleert. *Denn*, wo das Wasser genannt wurde, dort ist die
Natur und der Eid und die Lüge und der Schaden. *Denn* nur im ungezeugten Geist, wo
das erhabene Licht zur Ruhe kam, wurde das Wasser nicht genannt, und kann es nicht
genannt werden.

Denn das ist meine Offenbarung. *Denn* wenn ich die Zeiten, die mir auf Erden bemessen sind, erfüllt habe, dann werde ich von mir werfen [...] und *(p.39)* mein einzigartiges Gewand wird über mir aufleuchten und alle meine anderen Gewänder, die ich mir in allen Wolken angezogen habe, die ja aus der Verwunderung des Geistes stammen. *Denn* die Luft wird sich für mein Gewand spalten. *Denn* es wird leuchten und alle Wolken bis hinauf zu der Wurzel des Lichtes spalten. Der Verstand ist <meine> Ruhe und mein Gewand. Und meine übrigen Gewänder – die zur Linken und die zur Rechten – <...>. Und sie werden hinten leuchten, damit sich das Bild des Lichtes offenbare. *Denn* meine Gewänder, die ich in den drei Wolken angezogen habe und die aus ungezeugten, makellosen Geistern bestehen, werden, auf Grund der Zerteilung der Wolken, am letzten Tage in ihrer Wurzel Ruhe finden. Deshalb offenbarte ich mich als makellos, nämlich wegen der Wolken, da sie nicht gleich sind, (und) damit die Bosheit der Natur voll werde.

Denn zu jener Zeit wollte die Natur* mich fangen. Sie war gerade dabei, Soldas, das ist die finstere Flamme, anzunageln, ihn, der hintrat zu dem [Gipfel ...] Verirrung, *(p.40)* um mich zu fangen. (Dabei) hatte sie, in ihrer eitlen Herrlichkeit, (nur) ihren Glauben im Sinn.

Und zu jener Zeit war das Licht dabei, sich von der Finsternis zu trennen; und es wird eine Stimme in der Schöpfung gehört werden, die sagt:

‚Selig ist das Auge, das dich gesehen hat, und der Verstand, der sich mit deiner Größe belastet hat‘ – nach meinem Willen.

Es wird von oben aus gesagt werden:

‚Selig ist (allein) Rebouel unter allen Geschlechtern der Menschen; denn du allein bist es, die gesehen hat!‘

Und sie wird (es) hören. Und jene Frau, die die Kenntnis besitzt, die du auf der Erde offenbaren wirst, wird enthauptet werden. Und, *nach meinem Willen*, wird sie Zeugnis ablegen, danach Ruhe finden von allen unnützen Mühen der Natur und des Chaos. *Denn* die Frau, die zu jener Zeit enthauptet werden wird, ist der Bestand der Kraft des Dämons, der den finsteren Samen mit der Härte taufen wird, damit er sich mit der Unreinheit verbinde. – Er hatte ein weibliches Wesen gezeugt; und das wurde Rebouel genannt.

Siehe, o Sêem, daß alles, was ich dir gesagt habe, in Erfüllung gegangen ist. Und [...] und das, woran du *(p.41)* (noch) Mangel hast, wird dir, *nach meinem Willen*, an jenem Ort auf der Erde (= Sodom?) geoffenbart werden, damit du enthüllst, wie es sich damit verhält. Laß dein Denkvermögen keine Gemeinschaft mit dem Leib haben!

Denn ich habe dir diese Dinge durch die Stimme des Feuers gesagt, weil ich mitten durch die Wolken hindurch eingetreten bin und in der Sprache eines jeden gesprochen habe. Das ist meine Sprache, <in der> ich zu dir gesprochen habe. Und sie wird von dir genommen werden. Und du wirst mit der Stimme der Welt auf der Erde sprechen. Und diese Stimme* wird sich dir in jener Person, die die(se) Stimme hat, offenbaren. Und was all die Dinge betrifft, die ich dir gesagt habe, von jetzt an (sollst du sie verkündigen und) sollst du wandeln mit dem Glauben, der in den Tiefen der Schöpfung leuchtete.“

Ende der Offenbarungen des Derdekeas

Ich, Sêem, aber erhob mich wie von einem tiefen Schlaf. Ich wunderte mich, als ich die Kraft des Lichtes und sein ganzes Denkvermögen erhielt. Und ich begann, mit dem Glauben zu wandeln, der mit mir leuchtete. – „Und der Gerechte folgte uns mit meinem unbesiegbaren Gewand."[216]

Und alle Dinge, von denen er mir gesagt hatte, daß sie auf der Erde geschehen würden, geschahen. Die Natur wurde dem Glauben ausgeliefert, damit er sie niederreiße und er sich in der Finsternis behaupte. Er erzeugte bei den Seelen eine [Bewegung], die *(p.42)* sich bei Nacht und am Tage, ohne Ruhe zu finden, nach rückwärts richtet. Diese (Seelen) vollendeten des Glaubens* Werke. Da freute ich mich in dem Denkvermögen des Lichtes. Ich verließ die Finsternis, (wo) ich im Glauben gewandelt war, den Ort, wo die Gestalten der Natur sind, (und stieg) auf zu dem Gipfel der Erde, zu den Dingen, die (dort für mich) bereitet sind.

* * *

1. Nachtrag von Offenbarungen des Derdekeas

„Dein Glaube hat auf der Erde den ganzen Tag (und die Nacht) über Bestand. *Denn* die ganze Nacht und den Tag über wendet er die Natur um, damit sie den Gerechten empfange. – *Denn* die Natur ist unter einer Last und ist unruhig. – *Denn* niemand ist in der Lage, die Gestalten des Eingangs zu öffnen, außer dem Verstand, dem allein ja anvertraut worden war, wie sie aussehen. *Denn* schrecklich ist ihr blindes Aussehen für die zwei Gestalten der Natur. Die aber, die ein freies Gewissen haben, entfernen sich von der Schwätzerei der Natur. *Denn* sie werden das universale Zeugnis ablegen. Sie werden die Last der Finsternis ausziehen und das Wort des Lichtes anziehen. Und sie werden nicht gehindert werden *(p.43)* am geringsten Ort. Und was sie von der Kraft des Verstandes besitzen, das werden sie dem Glauben geben. Sie werden unbekümmert aufgenommen werden. Und das unruhige Feuer, das sie besitzen, werden sie in der Mitte der Natur ablegen. Und sie werden aufgenommen werden durch meine Gewänder, die in den Wolken sind. Sie sind es, die ihre Glieder führen. Sie werden ohne Leid im Geist ruhen. Deswegen aber offenbarte sich der vorher festgesetzte Glaube auf der Erde für eine kurze Zeit, bis die Finsternis von ihm genommen und sein Zeugnis, das durch mich enthüllt worden ist, sich zeigen würde. Die als aus seiner Wurzel stammend erfunden werden, werden die Finsternis samt dem unruhigen Feuer ausziehen und das Licht des Verstandes anziehen. Und sie werden Zeugnis ablegen. *Denn* alle Dinge, die ich gesagt habe, müssen geschehen.

Nachdem mein Aufenthalt auf der Erde zum Ende gekommen ist und ich zu meiner Ruhe aufgestiegen bin, wird eine große, schlimme Verirrung über die Welt kommen, und viele Bosheiten nach der Zahl der Gestalten *(p.44)* der Natur. Schlimme Zeiten werden kommen. Und wenn die Zeit der Natur ihrem Ende nahe ist, wird Finsternis auf der Erde herrschen. Die Zahl <der Tage> wird klein werden.

---

[216] Dieser Satz wirkt wie ein deplaziertes Fragment der Offenbarungen des Derdekeas.

Und ein Dämon von Feuergestalt wird in der Kraft (von ...) herabkommen. Er wird den Himmel spalten und sich in der Tiefe des Ostens niederlassen. *Denn* die ganze Schöpfung wird erschüttert werden; und die verirrte Welt wird in Unruhe geraten. Viele Orte werden wegen des Neides der Winde und der Dämonen versinken.

Solche, die einen törichten Namen haben: Phorbea, Chloerga, sind es, die mit ihrer Lehre die Welt verwalten. Und sie verführen viele Herzen infolge ihrer Unordnung und ihrer Unreinheit. Viele Orte werden mit Blut bespritzt werden. Und es gibt fünf Geschlechter durch sie allein; sie werden ihre Kinder fressen.

Die Regionen des Südens aber werden das Wort des Lichtes annehmen. Die aber, die aus der Verirrung der Welt stammen und <...> aus dem Osten.

Ein Dämon wird aus dem Leib des Drachens kommen, *(p.45)* der an einem einsamen Ort verborgen war. Er wird viele Wunder tun. Viele wird es vor ihm ekeln. Ein Gluthauch – in einer weiblichen Gestalt, die Abalphe genannt werden wird – wird aus seinem Rachen kommen. Er wird über die Welt herrschen vom Osten bis zum Westen.

Dann wird eine letzte Zeit für die Natur kommen. Und die Sterne werden aufhören am Himmel (zu scheinen). Der Mund der Verirrung wird geöffnet werden <...>, damit die böse Finsternis zunichte und ihr Mund geschlossen werde.

Und am letzten Tage werden die Gestalten der Natur und die Winde und alle ihre Dämonen ausgelöscht werden. Sie werden zu einem finsteren Klumpen werden, wie sie (es) im Anfang waren. Und die süßen Wasser, die durch die Dämonen belastet worden waren, werden versiegen. *Denn* wo die Kraft des Geistes hingegangen ist, dort sind meine süßen Wasser. Auch die Werke der Natur werden nicht mehr zu sehen sein; sie werden sich mit den finsteren, grenzenlosen Wassern verbinden. Und alle ihre Gestalten werden aufhören (,) in der Mitte (zu sein)."
(Ende des 1. Nachtrags)

      * * *

Ich, Sêem, habe diese Dinge vollendet, und mein Verstand begann, sich von dem finsteren Leibe zu trennen. Meine *(p.46)* Zeit erfüllte sich. Und mein Verstand bekleidete sich mit der unsterblichen „Erinnerung". Und ich sprach:

„Ich habe Wohlgefallen an deiner ‚Erinnerung‘, die du mir geoffenbart hast, Elorchaios, und du, Amoiaias, und du, <Derde>keas, – und (an) deine(r) Unschuld, Strophaias, – und du, Chelkeak, und du, Chelkea, und Chelke und Elaios. Ihr seid die unsterbliche ‚Erinnerung‘.

Ich bezeuge dich, (du) unauslöschbarer Funke, der du das Auge des Himmels und die Stimme von Licht bist, und Soph{...}ia und Saphaia und Saphaina und du, gerechter Funke, und du, Glaube, der erste und der letzte, und du, Äther, und du, Luft, {...}²¹⁷ und ihr Kräfte und ihr Mächte alle, die ihr in der Schöpfung seid, und dich, du besudeltes Licht, und auch dich, du Osten, und du, Westen, und du, Süden, und du, Norden, die ihr die Gegenden (p.47) des Erdkreises seid, und auch dich, Molychthas, und Essoch, die ihr die Wurzel des Übels und jedes schmutzigen Werkes und Leides der Natur seid!"

Diese (Worte) sind es, die ich beim Bezeugen vollendete.

---

²¹⁷ Längere Dittographie im Manuskript.

Ich, Sêem, am Tage, als ich im Begriffe war, aus dem Körper zu scheiden – als mein Denkvermögen noch im Leibe weilte –, erhob ich mich wie aus einem tiefen Schlaf. Und nachdem ich mich gleichsam unter der Last meines Leibes erhoben hatte, sagte ich:

„Wie die Natur gealtert ist, so ist es auch der Tag der Menschheit. Selig sind die, die, als sie schliefen, erkannt haben, in welcher Kraft ihr Denkvermögen ruht."

Und als die Pleiaden sich teilten, sah ich Wolken, durch die ich hindurchschreiten werde. *Denn* die Wolke des Geistes ist wie ein reiner Beryll. Und die Wolke des Hymen ist wie ein leuchtender Smaragd. Und die Wolke des Schweigens (ist) wie ein glänzender Amarant. Und die Wolke der Mitte (ist) wie ein reiner Hyazinth.

* * *

2. Nachtrag von Offenbarungen des Derdekeas

„Und als der Gerechte sich in der Natur offenbarte, da <durchschritt er den Himmel>. Als die Natur zornig wurde, empfand sie Schmerz und gewährte *(p.48)* dem Morphaias, daß er den Himmel (auch) durchschreite, (und zwar) – während der Gerechte (ihn) im Verlauf von zwölf Zeiten durchschreitet –, daß er die zwölf Zeiten* in einer einzigen Zeit durchschreite, damit seine Zeit sich eilends vollende und die Natur zunichte werde.

Selig sind die, die sich vor dem Unterpfand des Todes hüten, das ist das finstere, belastete Wasser. *Denn* sie können in kurzen Zeiten nicht besiegt werden, da sie sich beeilen, der Verirrung der Welt zu entkommen. Und wenn sie (doch) besiegt werden, werden sie daran gehindert werden und werden sie in der Finsternis gequält werden bis zu der Zeit der Vollendung. Wenn die Vollendung kommt und die Natur zerstört wird, dann wird ihr Denkvermögen, das die Natur für kurze Zeit belastet hat, sich von der Finsternis trennen und gestaltlos im unaussprechlichen Licht des ungezeugten Geistes sein. Und so verhält es sich mit dem Verstand, wie ich es von Anfang an gesagt habe.

Von nun an wandle, o Sêem, in Gnade und bleib im Glauben auf der Erde. *Denn* alle Licht- und Feuerkräfte werden durch mich vollendet werden *(p.49)* um deinetwillen. *Denn* ohne dich werden sie nicht enthüllt werden, (sondern sie bleiben verborgen), bis du sie öffentlich ausgesprochen hast. Wenn du aufhörst auf der Erde (zu sein), werden sie den Würdigen gegeben werden. Abgesehen von dieser Enthüllung aber laß sie von dir auf der Erde sagen (was sie wollen), nachdem sie das leichte und passende Land genommen haben werden."

(Ende des 2. Nachtrags)

Der zweite Logos des großen Seth (NHC VII,2)

Silvia Pellegrini

Literatur

Bethge, Hans-Gebhard, 1975: Zweiter Logos des großen Seth. Die zweite Schrift aus Nag-Hammadi-Codex VII. Eingel. u. übers. vom Berliner Arbeitskreis für koptisch-gnostische Schriften. ThLZ 100, 97-110.

Krause, Martin, 1973: Der zweite Logos des Großen Seth. In: Altheim, Franz / Stiehl, Ruth (ed.): Christentum am Roten Meer. Bd. 2. Berlin / New York, 106-151.

Painchaud, Louis, 1982: Le deuxième Traité du Grand Seth (NH VII, 2). Texte établi et présenté. (BCNH.T 6.) Québec.

Riley, Gregory J., 1996: Second Treatise of the Great Seth. In: Pearson, Birger A. (ed.): Nag Hammadi Codex VII. (NHMS 30.) Leiden / New York / Köln, 129-199.

Einleitung

2LogSeth liegt in Codex VII in einer einzigen vollständigen Kopie vor. Die Schrift wird von den Kirchenvätern weder direkt zitiert noch als Quelle benutzt. Allein Epiphanius spricht in Haer 39,5,1 allgemein von Schriften mit dem Namen Seth. Diese Information bietet aber keine Anhaltspunkte für eine Identifikation dieser Schrift. Trotz des Titels der Schrift, „Zweiter Logos des großen Seth" (griechische Subscriptio p.70,11f.), läßt sich diese Schrift, die zweite des Codex VII, in keinerlei Verbindung weder mit der ersten Schrift des Codex („Die Paraphrase des Seem", NHC VII,1) noch mit anderen Schriften Nag Hammadis stellen: Eine eventuelle Schrift „Erster Logos" von Seth bleibt rein hypothetisch, sie ist aber sicher nicht mit der ParSem zu identifizieren.

Der Text ist trotz einiger offenkundig korrupter Stellen sehr gut erhalten, er ist im sahidischen Dialekt verfaßt, als koptische Übersetzung eines griechischen Originals. Die Schrift bietet keine direkte Angabe zu Entstehungszeit und -ort und zum Verfasser, wobei ihr harter polemischer Ton eine christlich-gnostische Tendenz beweist, die vermutlich das Christentum im Alexandria des 3. Jh. n.Chr. betraf. Wegen der Schwierigkeiten, die eine präzise Datierung dieser Schrift verhindern, erschwert sich auch in unüberwindlichem Maß die Aufgabe, überprüfbare Trajektorien der benutzten Traditionen bzw. Quellen zu beschreiben.

Abgesehen von einer kurzen Ouvertüre (p.49,10-50,1) und einem kurzen Epilog (p.69,21-70,10) mit Subscriptio (p.70,11f.) läßt sich 2LogSeth in zwei fast gleich große Hauptteile gliedern: Ein erster Teil der Offenbarungsrede des Erlösers stellt den Heilsplan kurz dar (p.50,1-60,6), der zweite Hauptteil (p.60,7-69,20) ist eine polemische Sektion, die einen ausgesprochen homiletischen Charakter zeigt, indem sie Inhalte und Wirkungen der Erlösung schildert und emphatisch betont.

Besonders wegen des zweiten, homiletischen Teils kann man die pragmatische Funktion dieser Schrift in einer polemischen Ansprache innerhalb einer gnostischen Gemeinde vermuten: Der Autor will seine Darstellung der Wahrheit und der Offenbarung vielmehr verteidigen als sie katechetisch erklären und möglicherweise verkündigen.

2LogSeth ist in keines der uns bekannten gnostischen Systeme einzuordnen und bietet seinerseits kein ausgeprägtes eigenes System. Der gnostische „dogmatische" Bezugsrahmen ist also eher eklektisch. Hier sind v.a. der Dualismus, der Doketismus, die Polemik gegen die christliche und jüdische „Orthodoxie" und eine intensive Intertextualität in Gespräch mit jüdischen, christlichen sowie gnostischen Texten, aus denen der Autor oft Anlaß und Argumente für seinen eigenen Diskurs schöpft, als die wichtigsten Merkmale zu erwähnen. Dabei schildern die doketische Erklärung des Todes Christi und die Polemik gegen die „Großkirche" das Proprium dieser Schrift innerhalb der Nag-Hammadi-Schriften. Keine Merkmale des gnostischen Sethianismus sind in 2LogSeth vorhanden: Als „sethianisch", wie man aufgrund der Subscriptio zunächst annehmen könnte, kann diese Schrift also keinesfalls bezeichnet werden.

Alle bisherigen wissenschaftlichen Äußerungen kennzeichnen den Grundcharakter dieser Schrift als „christlich-gnostisch". Es soll aber klar gesagt werden, daß diese Schrift außer einer gemeinsamen terminologischen Färbung eine ganz andere Auffassung des Christentums vertritt, als die, die sich später als „Orthodoxie" verbreitete. 2LogSeth ist eine gnostische Schrift, die christliche Elemente völlig umwandelt. Der Doketismus, als Höhepunkt der Polemik gegen die „Orthodoxie", zeigt die grundsätzlich weite Entfernung des hier vertretenen gnostischen Denksystems von der anderen christlichen Lehre der „Großkirche".

Übersetzung

1. Ouvertüre

Der Ursprung: Die vollkommene Größe (Vater-Mutter), der Vollkommene (Christus) und die Gnostiker (p.49,10-19)

(p.49) Die vollkommene Größe ruht in dem unaussprechlichen Licht, in Wahrheit, der Mutter von diesen allen und von euch allen. Weil ich allein vollkommen bin, sind jene zu mir gelangt wegen des Wortes. Ich bin nämlich (zusammen) mit der ganzen Größe des Geistes, welcher (ein) Gefährte für uns ist und ebenso für Gefährten seinesgleichen.

Das Wort des Christus und das Zeichen des Wassers (die Taufe) (p.49,20-35)

Denn ich habe ein Wort zur Ehre unseres Vaters – durch seine Güte und unvergängliches Denken – hervorgebracht, nämlich das Wort, das in ihm ist. Es ist eine Knechtschaft (zu sagen): „Wir werden mit Christus sterben (, ausgestattet) mit einem unvergänglichen und unbefleckten Denken". Ein unbegreifliches Wunder (ist aber) die Schrift über das unaussprechliche Wasser, wovon wir reden: „Ich bin es, der in euch ist, und ihr seid in mir, wie der Vater in mir <und in> euch ist – ohne Bosheit".

2. Der Heilsplan

Der Heilsplan und der mythologische Hintergrund (Sophia) (p.50,1-51,19)

(p.50) „Laßt uns eine Ekklesia an einem Ort versammeln! Laßt uns die Schöpfung von ihm erforschen! Laßt uns einen (Boten) von ihm aussenden, wie er (auch) <die> Ennoiai (in) den unteren Teilen erforschet hat!"

Diese (Worte) sprach ich aber vor der ganzen Menge der zahlreichen Ekklesia der jubelnden Größe. (Und) das ganze Haus des Vaters der Wahrheit jubelte. Da ich ihnen gehöre, äußerte ich eine Meinung betreffs der Ennoiai, die aus dem unbefleckten Geist herauskamen, betreffs des Herabkommens dieser unteren Teile auf das Wasser. Und eine einzige Ennoia wurde ihnen allen zuteil, weil sie aus einem Einzigen stammt. Sie bestimmten mich, weil ich (es) wollte. Ich zog aus, um die Herrlichkeit meinen Artgenossen und meinen geistlichen Gefährten zu offenbaren.

Die nämlich, die in der Welt waren, wurden durch (den) Willen der Sophia, unserer Schwester, vorbereitet, die wegen (ihrer) Arglosigkeit eine Pro<u>nikos geworden war. Sie wurde weder gesandt noch hatte sie etwas vom All und (von) der Größe der Ekklesia und (vom) Pleroma erbeten, als sie zuvor herauskam, um Wohnungen und Orte für den Sohn des Lichtes vorzubereiten. **(p.51)** Und die Mitarbeiter nahm sie von den unten befindlichen Stoicheia zur Erbauung ihrer leiblichen Häuser. Da sie aber in einer eitlen Herrlichkeit existierten, wurden sie vollendet zum Verderben in diesen Häusern, in die sie gelangt waren, weil sie von der Sophia bereitet wurden. Sie sind bereit, für sich das lebendig machende Wort zu empfangen über die unsagbare Einheit (Monas) und über die Größe der Ekklesia aller derer, die in Erwartung sind, und deren, die (schon) in mir sind.

Das Herabkommen des Erlösers (Christus) (p.51,20-52,9)

Ich betrat ein leibliches Haus. Ich warf jenen heraus, der vorher in ihm war, und ich ging (selbst) hinein. Und die ganze Menge der Archonten geriet in Unruhe. Und die ganze Materie der Archonten zusammen mit den Zeugungskräften der Erde war in Erschütterung, als sie das Bild der Gestalt sah, die beigemischt war. Ich aber bin der, der in ihm war, (und) der doch nicht jenem glich, der vorher in ihm war. **(p.52)** Denn jener war ein irdischer Mensch, ich aber, ich war ein (Wesen) aus den Regionen oberhalb der Himmel. Ich verleugnete mich ihnen gegenüber zwar nicht, auch nicht, daß ich ein Christus würde, aber ich offenbarte mich ihnen nicht in der Liebe, die von mir ausgehen sollte. Es war offenbar, daß ich ein Fremder für die unteren Regionen war.

Verwirrung und Feindlichkeit der unteren Welt (die Archonten) (p.52,10-54,13)

Es gab eine große Unruhe am ganzen irdischen Ort mit Verwirrung und Flucht und die Versammlung der Archonten.

Einige aber waren überzeugt, als sie die Krafttaten sahen, die durch mich vollbracht wurden. Und alle, die mit jenem Geschlecht herabgekommen waren, fliehen weg von dem, der seinerseits vor dem Thron geflohen war, hin zur Sophia der Hoffnung. Denn sie hatte zuvor ein Zeichen gegeben uns betreffend und all die, die mit mir sind: Diese (stammen) aus dem Geschlecht des Adonaios.[218]

Andere wiederum flohen weg, dementsprechend wie jegliche Bestrafung durch den Kosmokrator und (durch) die, die zu ihm gehören, über mich gebracht wurde. Und es gab eine Flucht ihres Verstandes (betreffs dessen), was sie über mich beschließen sollten, weil sie dachten, daß es die ganze Größe ist, und weil sie falsches Zeugnis auch über den Menschen und über die ganze Größe der Ekklesia gaben. *(p.53)* Sie konnten sie nicht erkennen, nämlich den Vater der Wahrheit, den Menschen der Größe. Jene aber sind es, die jenen Namen (nämlich Mensch) (weg)genommen haben zur Befleckung und Unwissenheit, zur Verbrennung mit einem Gerät, das sie zum Verderben Adams bereitet haben, den sie erschaffen haben, damit sie gleichermaßen das Ihrige verbergen.

Aber sie, die Archonten, die zum Ort des Jaldabaoth gehören, offenbaren den Umlauf der Engel[219] – nach dem die Menschheit (schon immer) suchte –, damit sie den Menschen der Wahrheit nicht kennen. Diesen offenbarte ihnen (sc. den Archonten) Adam, der, den sie (selber) erschaffen hatten. Eine fürchterliche Bewegung aber ergriff ihr (sc. der Archonten) ganzes Haus – damit die Engel, die sie (sc. die Archonten) umkreisen, bloß nicht aus der Bahn geraten. Denn für die, die Lobpreis darbrachten, bin ich gestorben, (aber) nicht in Wirklichkeit, damit ihr Erzengel nicht (mehr) eitel sei. Und dann kam ein Ruf vom Kosmokrator an die Engel: „Ich bin Gott, und es gibt keinen anderen außer mir!" Ich lachte aber freudig, als ich seinen eitlen Ruhm wahrnahm. Er aber sagte überdies: *(p.54)* „Wer ist der Mensch?" Und das ganze Heer seiner Engel, die Adam und seine Behausung gesehen hatten, lachte über seine Kleinheit. Und so wurde ihre (sc. der Engel) Ennoia weggewandt von der Größe der Himmel – d.h. von dem Menschen der Wahrheit, dessen Namen sie gesehen hatten –, weil er in einem kleinen Wohnort war. Weil sie gering waren, töricht in ihrer eitlen Ennoia, war ihr Gelächter eine Beschmutzung für sie.

Der Erlöser und sein Kampf (p.54,14-55,15)

Die ganze Größe der Vaterschaft des Geistes ruhte in seinen Orten. Und ich bin es, der bei ihm war. Weil ich eine Ennoia von einer einzigen Emanation aus den Ewigen und

---

[218] In dieser dreifachen Einteilung der Menschheit repräsentiert hier Adonaios die Mittelstufe: Im Vergleich zur Jaldabaoths Gruppe, die gegen den Erlöser kämpft, ist das Geschlecht des Adonaios von den Krafttaten des Erlösers überzeugt. Es gehört noch nicht der Gruppe der Vollkommenen an, aber bringen kein falsches Zeugnis gegen den Erlöser: Insofern steht Adonaios in Verbindung mit der Sophia der Hoffnung.

[219] Gemeint sind hier die Planeten.

aus den unbefleckten und unermeßlichen Unerkennbarkeiten besaß, legte ich sie nieder in der Welt, d.h. die kleine Ennoia, als ich sie (plur.) in Unruhe brachte und die ganze Menge der Engel zusammen mit ihrem Archonten in Furcht versetzte. Ich ging durch sie alle hindurch mit Feuer und Flamme aufgrund meiner Ennoia. Und jegliche Tat, (die) von ihnen (ausging), bewirkten sie um meinetwillen. Aufregung und Kampf entstanden aber im Kreis der Seraphim und Cherubim, als sich ihre Herrlichkeit und Mischung aufzulösen begannen, die Adonaios zu beiden Seiten umgibt – *(p.55)* mit ihrem Haus bis zum Kosmokrator und zu dem, der sagte: „Laßt uns ihn wegnehmen!" Andere (sagten) auch: „Daß bloß nicht der (Heils)plan gelinge!" Mich nämlich erkennt Adonaios aufgrund von Hoffnung. Ich aber war im Löwenrachen. Und der mich betreffende Plan, hinsichtlich dessen sie durchschaut wurden, (führt) zur Auflösung ihres Irrtums und ihrer Torheit. Ich gab mich ihnen nicht hin, wie sie geplant hatten. Ich war doch überhaupt nicht dem Leiden unterworfen.

Kein Tod am Kreuz (p.55,16-56,19)

Jene bestraften mich, doch ich starb nicht wirklich, sondern (nur) dem Anschein nach, damit ich nicht durch sie zuschanden gemacht würde, denn sie sind ein Teil von mir. Ich trennte ab von mir die Schande und fürchtete mich nicht vor dem, was mir durch sie widerfahren sollte. <...>, wäre ich zum Sklaven der Angst geworden. Ich aber litt (nur) ihrer Vorstellung und ihrer Meinung nach, damit es keine Gelegenheit mehr gibt, jemals ein Wort über sie zu sagen. Denn dieser Tod von mir, von dem sie denken, daß er um ihretwillen eingetreten sei, (fand nur) in ihrem Irrtum und in ihrer Blindheit (statt), denn sie nagelten ihren Menschen an(s Kreuz) – zu ihrem Tod. Ihre Gedanken nämlich sahen mich nicht, *(p.56)* denn sie waren Taube und Blinde. Dadurch, daß sie das aber tun, richten sie sich (selbst): Was mich allerdings betrifft – sie sahen mich (und) bestraften mich –, (aber) ein anderer, ihr Vater, war jener, der die Galle und den Essig trank. Ich war es nicht: Sie schlugen mich mit dem Rohr. Ein anderer war es, der das Kreuz auf seiner Schulter trug, nämlich Simon. Ein anderer war es, dem die Dornenkrone aufs Haupt gesetzt wurde. Ich aber ergötzte mich in der Höhe an dem ganzen Reichtum der Archonten und dem Samen ihres Irrtums, ihres eitlen Ruhmes, und ich lachte über ihren Unverstand.

Der Sieg des Erlösers (p.56,20-57,26)

Alle ihre Kräfte aber machte ich zu Sklaven. Als ich im Herabkommen war, sah mich niemand, denn ich veränderte meine Gestalten, indem ich das Aussehen (jeweils) wechselte. Und deswegen, als ich bei ihren Pforten war, nahm ich ihr Aussehen an: Denn leise zog ich an ihnen vorüber. Und ich sah die Orte und fürchtete mich nicht und wurde nicht zuschanden, denn ich war unbefleckt. Und ich redete mit ihnen, weil ich mit ihnen durch das Meinige verbunden war, und ich zertrat das, was für sie hart war *(p.57),* und den Neid. Und das Feuer löschte ich. Dies alles aber tat ich wegen meines Willens, um das zu vollenden, was ich nach dem Willen des Vaters oben wollte, und um den Sohn der Größe, der im unteren Bereich verborgen war, zur Höhe zu bringen, wo ich bis in alle Ewigkeit bin, die (sc. die Höhe) keiner gesehen noch erkannt hat – das ist die

Hochzeit, nämlich (das Anlegen) des Hochzeitsgewandes, das neu und nicht alt ist (und) das nicht vergeht. Denn ein neues Brautgemach (stammt) vom Himmel und ist vollkommen, wobei ich von ihm offenbart habe, daß es aus drei Räumen besteht. Ein im Geiste unbeflecktes Mysterium dieses nicht zu Ende gehenden Äons (ist es): Weder ist es etwas Bruchstückhaftes noch etwas Beschreibbares, sondern es ist etwas Unteilbares, Allgemeines und Bleibendes.

Die Zukunft der Seele (p.57,27-58,12)

Denn die Seele, die aus der Höhe stammt, wird nicht reden unter (der Wirkung) des Irrtums, der hier herrscht, und nicht <kann sie> aus diesen Äonen entweichen. Sie wird herausgeführt werden, wenn sie frei wird, und wenn sie von (ihrer) edlen Abkunft Gebrauch macht in dieser Welt. *(p.58)* Sie tritt vor den Vater ohne Mühe. Und sie wird übergeben werden, wenn sie allezeit mit dem Nous verbunden ist, als Kraft eines Urbildes. Sie werden auf mich blicken allerorten ohne Haß.

Weil sie mich sehen, werden sie gesehen, (...) sind sie mit ihnen verbunden. Ich wurde nicht beschämt, sie wurden (auch) nicht beschämt. Ich (...) vor mir hatten sie keine Furcht.

Sie werden jedes Tor ohne Furcht passieren, und sie werden in der dritten Herrlichkeit vollendet werden.

Die vom Erlöser bewirkte Befreiung (p.58,13-59,18)

Ich bin es, von dem gilt: Die Welt konnte seinen offenbaren Aufstieg in die Höhe, seine dritte Taufe in unverhüllter Gestalt nicht ertragen, so daß ihn die Flamme der sieben Gewalten verfolgte. Und die Sonne ging unter für die Kräfte der Archonten, Finsternis umfing sie, und die Welt wurde arm. Mit vielen Banden wehrlos gemacht, war er ans Holz genagelt worden, befestigt mit vier Bronzenägeln. Den Vorhang seines Tempels zerteilte er mit eigenen Händen. Zittern ergriff das Chaos der Erde, denn es wurden erlöst die Seelen, die sich unten im Schlaf befanden. Und sie wurden erweckt: Sie wandelten öffentlich umher, *(p.59)* nachdem sie unverständigen Eifer und Unkenntnis bei den toten Gräbern abgelegt hatten, den neuen Menschen angezogen und erkannt hatten jenen seligen und vollkommenen (Sohn) des ewigen, unerreichbaren Vaters und des grenzenlosen Lichtes – welcher ich bin.

Als ich zu den Meinigen kam und mich mit ihnen verband, <verbanden sie sich?> mit mir, ohne daß es vieler Worte bedurfte. Denn unsere Ennoia war mit ihrer Ennoia. Deswegen verstanden sie alles, was ich sagte: Wir faßten nämlich einen Beschluß über die Auflösung der Archonten. Und dementsprechend führte ich den Willen des Vaters aus, d.h. ich.

Das Schicksal der Gegner (p.59,19-60,6)

Nachdem wir unser Haus verlassen hatten und wir zu dieser Welt herabgekommen waren, waren wir in dieser Welt, in den Körpern. Wir wurden gehaßt und verfolgt, nicht nur <von> denen, die unwissend sind, sondern auch von denen, die denken, daß sie reich durch den Namen Christi sind, obgleich sie (doch) arm sind infolge von Unwissenheit, weil sie – wie stumme Tiere – (auch) nicht wissen, wer sie sind. (Auch) die, die durch mich frei gemacht worden sind, verfolgten sie voller Haß. (Diese sind) die, welche – wenn das Tor geschlossen wird – weinen werden unter nutzlosem Seufzen, *(p.60)* denn sie haben mich nicht vollkommen erkannt, sondern haben zwei (und sogar) vielen Herren gedient. Aber ihr werdet immerdar siegreich sein: in Krieg und in Kämpfen, in einer Spaltung, die Neid und Wut verursacht.

3. Polemische Sektion

Polemik (p.60,7-62,1)

Aber in der Geradheit unserer Liebe sind wir fehllos, lauter und gut, weil wir eine Erinnerung an den Vater in einem unaussprechlichen Mysterion besitzen.

Ja, zum Lachen war es! Ich bin es, der bezeugt, daß es zum Lachen war. Weil die Archonten nicht wissen, daß (die Gnosis?) eine unaussprechliche Verbindung der unbefleckten Wahrheit ist – wie sie (nur) unter den Kindern des Lichtes existiert –, von der sie eine Nachäffung schufen, indem sie eine Lehre eines Toten und Lügen aussandten, um die Freiheit und die Lauterkeit der vollkommenen Ekklesia nachzuahmen und sie zu töten durch ihre Lehre, (die führt) zu Furcht und Knechtschaft und irdischen Satzungen und zu einem verworfenen Kult, sind sie gering, unwissend. Weil sie die edle Abstammung aus der Wahrheit nicht empfangen haben, hassen sie den, in dem sie sind, und lieben den, in dem sie nicht sind.

(p.61) Denn sie haben die Erkenntnis der Größe nicht begriffen, nämlich daß sie aus der Höhe und aus einer Quelle der Wahrheit stammt und nichts zu tun hat mit Knechtschaft und Neid und Furcht und Liebe zur irdischen Materie. Denn das, was ihnen nicht gehört, und das, was ihnen gehört, benutzen sie ohne Angst (und) in Freiheit: Sie unterliegen der Begierde nicht, weil sie Vollmacht haben; und ein inneres Gesetz bestimmt das, was sie wollen werden. Aber die, welche es nicht haben, sind arm, nämlich die, denen es nicht gehört und (die) es (doch) haben wollen. Und sie verführen die, die bei ihnen sind, damit, daß sie sich den Anschein derer, die die Wahrheit besitzen, nämlich ihre Freiheit, geben: Als ob wir unter das Joch gebracht wären und unter dem Zwang der (Gesetzes-)Beobachtung und (Gottes-)Furcht. Dieser (eine Typ von Menschen) ist in Knechtschaft. Der (andere Typ von Menschen) aber, der mit hartem Zwang und Drohung (zum Heil) gebracht wird, wird von Gott bewahrt. Aber der ganze edle (Same) der Vaterschaft bedarf keiner Bewahrung, weil er selber schützt, was sein ist, ohne Wort und Zwang, (und) weil er übereinstimmt mit seinem Willen, dem der alleinigen Ennoia der Vaterschaft, damit sie vollkommen und unaussprechlich werde durch das lebendige Wasser.

Zukunft der Vollkommenen (p.62,1-26)

(p.62) Seid weise untereinander, nicht nur im Wort, das man hört, sondern auch im Tun und im ausgeführten Wort. Denn so sind die Vollkommenen würdig, sich einzurichten

und sich mit mir zu verbinden, damit sie nicht an irgendwelcher Feindschaft teilhaben. In guter Freundschaft tue (auch) ich alles im Guten. Denn das ist die Vereinigung (mit) der Wahrheit, damit ihnen kein Widersacher erstehe. Alles aber, was trennt und nicht die Zustimmung aller finden wird – weil es trennt und kein Freund ist –, das ist feindlich für sie alle. Was aber unter Zustimmung und Freundschaft, Bruderliebe, zustande gekommen ist – natürlich und nicht künstlich, vollkommen und nicht stückweise –, das ist wahrlich der Wille des Vaters. Das ist das Universale und die vollkommene Liebe.

Die Figuren des Alten Testaments (p.62,27-64,17)

Zum Lachen war Adam, der in Fälschung als Abbild eines Menschen geschaffen wurde durch den Siebenten, als ob er (dadurch) mich und meine Brüder überwältigt hätte, die wir doch schuldlos bei ihm sind und nicht gesündigt haben.

Zum Lachen war auch Abraham samt Isaak und Jakob, insofern als sie in Fälschung „die Väter" genannt wurden durch den Siebenten, *(p.63)* als ob er (dadurch) mich und meine Brüder überwältigt hätte, die wir doch schuldlos bei ihm sind und nicht gesündigt haben.

Zum Lachen war David, insofern als sein Sohn „der Menschensohn" genannt wurde, welches bewirkt wurde durch den Siebenten, als ob er (dadurch) mich und meine Artgenossen überwältigt hätte, die wir doch schuldlos bei ihm sind und nicht gesündigt haben.

Zum Lachen war Salomo, insofern als er, in der Meinung, er sei ein Christus, hochmütig wurde auf Veranlassung des Siebenten, als ob er (dadurch) mich und meine Brüder überwältigt hätte, die wir doch schuldlos bei ihm sind und nicht gesündigt haben.

Zum Lachen waren auch die zwölf Propheten, insofern als sie in Fälschung auftraten als Abklatsch der wahren Propheten auf Veranlassung des Siebenten, als ob er (dadurch) mich und meine Brüder überwältigt hätte, die wir doch schuldlos bei ihm sind und nicht gesündigt haben.

Zum Lachen war Mose, nach gottlosem Zeugnis ein treuer Knecht, der „der Freund (Gottes)" genannt wurde, – der mich nie erkannt hat, weder er noch die, die vor ihm waren.

Von Adam bis Mose und Johannes dem Täufer hat niemand von ihnen mich erkannt noch meine Brüder. *(p.64)* Denn eine von Engeln (gegebene) Lehre war es, was sie hatten, zur Beachtung von Speis(evorschrift)en und eine bittere Knechtschaft. Nie haben sie die Wahrheit erkannt, und (nie) werden sie sie erkennen. Denn eine große Täuschung liegt auf ihrer Seele, so daß sie niemals in der Lage sind, einen Gedanken der Freiheit zu finden und ihn zu erkennen, bis sie den Menschensohn erkennen. Wegen meines Vaters aber bin ich jener, den die Welt nicht erkannte; und deswegen erhob sie sich gegen mich und meine Brüder, die wir doch schuldlos bei ihm sind und nicht gesündigt haben.

Der Archont (p.64,18-65,2)

Ja, zum Lachen war dieser Archont selbst, da er sagte: „Ich bin Gott, und es gibt keinen, der größer ist als ich. Ich allein bin der Vater, der Herr; und es gibt keinen anderen außer mir. Ich bin ein eifersüchtiger Gott, der ich bringe die Sünden der Väter über die Kinder bis zu drei und vier Generationen" – als ob er (dadurch) mich und meine Brüder überwältigt hätte, die wir doch schuldlos bei ihm sind und nicht gesündigt haben. Und so überwanden wir seine Lehre, weil er befangen ist in eitlem Ruhm und nicht übereinstimmt mit unserem Vater. Und so – durch unsere Freundschaft – hielten wir seine Lehre nieder, weil er aufgeblasen ist in eitlem Ruhm und nicht übereinstimmt mit unserem Vater.

Ja, zum Lachen war es, ein (Selbst-)Gericht und falsche Prophetie.

Die Blinden (p.65,2-17)

(p.65) Oh, ihr Nicht-Sehenden, ihr seht nicht eure Blindheit! Denn <ich> bin jener, der nicht erkannt wurde noch jemals erkannt oder begriffen worden ist, über den man zuverlässige Botschaft nicht hören wollte. Dessentwegen war man emsig in betrügerischem Gericht und gegen ihn erhob man die schmutzigen und mörderischen Hände, als ob man in die Luft schlüge. Doch die Unverständigen und Blinden sind unverständig allezeit, sind Knechte allezeit, im Gesetz und irdischer Furcht.

4. Die Erlösung

Christus und die Gemeinde (p.65,18-32)

Ich bin Christus, der Menschensohn, der aus euch Stammende. Ich bin unter euch. Ich werde geschändet um euretwillen, damit auch ihr den Unterschied vergeßt. Werdet auch nicht zu Weibern, damit ihr nicht Bosheit gebiert samt de(re)n Brüdern: Neid und Spaltung, Zorn und Wut, Furcht und Zweifel, und eitle nichtige Begierde. Ich bin aber für euch ein unaussprechliches Mysterium.

Jesus und das Mysterium der himmlischen Hochzeit (p.65,33-66,31)

Noch vor der Grundlegung der Welt versammelte sich die ganze Menge der Ekklesia oberhalb der Orte der Ogdoas *(p.66)* (und) hielt Rat. Sie feierten eine geistliche Hochzeit, die in einer Vereinigung besteht. Und so wurde sie (sc. die Hochzeit) in den unsagbaren Orten durch ein lebendiges Wort vollzogen, während die unbefleckte Hochzeit durch die Vermittlung Jesu vollzogen wird, der in allen wohnt und alle umfängt, (er) der (seinerseits) von einem unteilbaren und wirksamen Willen umfangen ist. Und dieser, der ihn umgibt, enthüllt sich ihm aber als Einheit von diesen allen: Denken und Vater.

Er ist der, der einer ist und zu allen tritt, der allein zu vollem Glanz erstrahlt ist, der Leben ist (und) aus dem Vater der unsagbaren und vollkommenen Wahrheit hervorgegangen ist – (Vater) derer, die dort sind –, Einheit des Friedens und Freund von Gutem und ewiges Leben und unbefleckter Jubel, in reicher Erlangung von Leben und Glauben durch ein ewiges Leben von Vaterschaft und Mutterschaft, Schwesterschaft und vernünftiger Weisheit.

Die Vollkommenen (p.66,32-68,15)

Sie hatten einen Nous erlangt, der ausgestreckt ist (und) sich in jubelnder Vereinigung ausstrecken wird und der erprobt ist *(p.67)* und der im Glauben auf einen (einzigen) hört. Und dieser ist es in Vaterschaft und Mutterschaft, vernünftiger Bruderschaft und Weisheit. Und dies ist eine Hochzeit der Wahrheit und unvergängliche Ruhe im Geist der Wahrheit in jedem Nous und ein vollkommenes Licht in einem unnennbaren Mysterium.

In Teilung und in Trennung von Frieden ist dies aber nicht (möglich) und wird unter uns auch nicht sein – auch nicht teilweise oder örtlich begrenzt –, sondern es ist eine Vereinigung und eine Einwohnung von Liebe, wobei alle in dem Seienden vollkommen sind, nachdem sie (sc. die Liebe) auch zu den Orten, die unterhalb des Himmels sind, zu einer Versöhnung mit ihnen gelangt war. Diese, die mich in Unversehrtheit und Ungetrenntheit erkannt hatten, und die, die zur Ehre des Vaters und der Wahrheit lebten, die nahmen Wohnung in dem Einen durch das lebendige Wort, nachdem sie sich (von der Welt) getrennt hatten.

Und zwar existiere ich im Geist und in der Wahrheit der Mutterschaft, weil ich an jenem Ort so war, daß ich unter denen wohnte, die allezeit in Freundschaft von Freunden verbunden sind, *(p.68)* wobei sie weder Feindschaft noch Bosheit überhaupt kennen, sondern verbunden sind durch meine Erkenntnis, im Wort und Frieden, der in Vollkommenheit bei jedem und in allen ist. Und die, die nach meinem Bild gestaltet wurden, werden auch nach meinem Wort gestaltet werden. Fürwahr, sie werden aufstrahlen in ewigem Licht und (in) Freundschaft miteinander im Geist, weil sie in jeder Hinsicht und ungeteilt erkannt haben, daß es nur Einen gibt, der existiert, und (daß) alle Einer sind. Und so werden sie über den Einen belehrt werden, wie (schon auch) die Ekklesia und die, die in ihr wohnen.

Der Vater (p.68,16-24)

Denn der Vater von allen ist unermeßlich und unwandelbar, Nous und Wort, ohne Trennung, ohne Neid und Flamme. Ganz (und gar) Einer ist er aber, der als Ganzer bei allen ist in einer einzigen Lehre, weil alle durch einen einzigen Geist existieren.

Ruf zu den Blinden und polemisches Schlußwort zu den Archonten (p.68,25-69,19)

Oh, ihr Nicht-Sehenden! Warum habt ihr das Mysterium in Wahrheit nicht erkannt?

Ungehorsam waren aber die Archonten in der Umgebung des Jaldabaoth wegen der Ennoia, die zu ihm von deren Schwester, der Sophia, herabgekommen war. Sie schufen sich selber eine Vereinigung mit denen, die sich mit ihnen im Gemisch einer Feuerwolke befanden, welche Eifersucht bedeutete, *(p.69)* (und) mit (Hilfe der) anderen, die durch ihre Gebilde hervorgebracht wurden, als ob sie dadurch die edle Lust der Ekklesia ausgelöscht hätten. Und deswegen ließen sie aus Unwissenheit (und) in Verfälschung eine Mischung von Feuer und Erde und Mörderischem in Erscheinung treten, weil sie gering und uneinsichtig sind (und) keine Erkenntnis haben. Als sie sich dazu erdreisteten, da wußten sie nicht, daß Licht sich (nur) mit Licht verbindet, und Finsternis mit Finsternis, und das Befleckte mit dem Vergänglichen, und das Unvergängliche mit dem Unbefleckten.

5. Epilog

Die Autorität der Offenbarung (p.69,20-26)

Dieses habe ich euch mitgeteilt – ich, Jesus Christus, der Menschensohn, der über dem Himmel thront, o (ihr) Vollkommenen und Unbefleckten – über das unbefleckte und vollkommene und unsagbare Mysterium,

Eschatologische Funktion der Offenbarung beim eschatologischen Wiederaufstieg (p.69,26-34)

und zwar zur Erinnerung, daß wir sie vor der Grundlegung der Welt bestimmt haben, damit wir, wenn wir aus den Orten der Welt herauskommen, jene Zeichen der Unvergänglichkeit aus der geistlichen Vereinigung zur Erkennung geben.

Verabschiedung (p.70,1-10)

(p.70) Ihr kennt ihn (sc. den Vater?) nicht, weil die fleischliche Wolke euch beschattet. Ich allein aber bin der Freund der Sophia. Ich war im Schoß des Vaters von Anfang an, an dem Ort der Kinder der Wahrheit und der Größe. Geht also ein zur Ruhe mit mir, meine geistlichen Freunde und ewigen Brüder!

6. Subscriptio (p.70,11f.)

Zweiter Logos des großen Seth

Die Apokalypse des Petrus (NHC VII,3)

Henriette Havelaar

Literatur

Brashler, James, 1996: Apocalypse of Peter. Text, Translation and Notes. In: Pearson, Birger A. (ed.): Nag Hammadi Codex VII. (NHMS 30.) Leiden / New York / Köln, 218-247.

Havelaar, Henriette W., 1999: The Coptic Apocalypse of Peter (Nag-Hammadi-Codex VII,3). (TU 144.) Berlin.

Einleitung

Die koptisch-gnostische Apokalypse des Petrus (ApcPt) hat mit der griechisch-äthiopischen Apokalypse des Petrus nichts gemeinsam außer dem Titel. Der Text wird in der frühchristlichen Literatur nicht erwähnt oder zitiert. ApcPt ist, wie auch die anderen Nag-Hammadi-Schriften, aller Wahrscheinlichkeit nach aus der griechischen Sprache übersetzt worden.

Eine genaue Datierung des Originals ist nicht möglich. Aber wenn mit der Nennung des Namens Hermas (p.78,18) auf die Schrift „Hirt des Hermas" referiert wird, so haben wir einen inhaltlichen Ansatzpunkt für eine Datierung post quem: die Mitte des 2. Jh. Die zahlreichen Hinweise auf neutestamentliche Texte lassen jedoch eher an das 3. Jh. denken. Offensichtlich hatten die neutestamentlichen Texte große Autorität für den Autor. Das Fehlen von Bezügen auf das Alte Testament bestätigt diese Datierung. Schließlich ist auch die Polemik gegen orthodoxe Autoritätsansprüche eine Indikation für die Datierung in das 3. Jh. Die koptische Übersetzung kann jedenfalls nicht später entstanden sein als in der Mitte des 4. Jh. Aus paläographischen Untersuchungen läßt sich diese Periode ziemlich genau feststellen.

Hinsichtlich ihrer Heimat läßt die ApcPt nichts Eindeutiges erkennen. Ein möglicher Entstehungsort ist Syrien. Die zentrale Rolle des Petrus, die Bevorzugung des Matthäusevangeliums und die mit anderer Petrusliteratur verwandte doketische Christologie sind Anhaltspunkte für diese Annahme. Der Verfasser der ApcPt ist uns nicht bekannt.

Die ApcPt ist ihrem Titel zufolge eine Apokalypse, und viele typisch apokalyptische Züge sind tatsächlich im Text nachweisbar. Formal und inhaltlich ist der Text als gnostische Apokalypse zu charakterisieren, nicht als ein Offenbarungsdialog. Viele Elemente einer Apokalypse finden sich im Text. Petrus ist der auserwählte Empfänger und Vermittler der Offenbarung. Der Erlöser ist der *angelus interpres,* der Petrus mittels Visionen und Auditionen die wahre Bedeutung der Kreuzigung enthüllt. Diese in gnostische Richtung interpretierte Passionsgeschichte bildet den Rahmen der Schrift. Im Mittelteil (p.73,14-80,23) finden wir einen langen Monolog des Erlösers, der eine Polemik gegen das kirchliche Christentum enthält. Die beiden Teile sind aber nicht unabhängig voneinander zu verstehen. Der Text ist bewußt so konstruiert, daß Passion und Polemik einander gegenseitig erhellen. Die gnostische Interpretation des Kreuzestodes Jesu ist permanent anwesend, aber die Funktion dieser Geschichte wird erst richtig deutlich, wenn man sie mit der Polemik gegen die proto-orthodoxe Kirche verbindet. Die ApcPt hat alle Kennzeichnen eines Programms einer neugebildeten gnostischen Gruppe, die sich von der größeren Kirche abgespalten hat. Die literarische Konstruktion reflektiert unverkennbar die elementaren Stufen der Gruppenbildung: Differenzierung der Lehre und Rechtfertigung des Schismas. Die Differenzierung findet man in der Interpretation der Passionsgeschichte; die Rechtfertigung der Abzweigung in der Arroganz und Aggression der Proto-Orthodoxie. Diese Thematik ist in der Form einer Apokalypse gestaltet, wodurch der Text eine sehr starke Aussagekraft bekommen hat.

Der Autor hat verschiedene neutestamentliche Texte gekannt und verarbeitet. Vor allem das Matthäusevangelium, aber auch den Text des Lukasevangeliums scheint er benutzt zu haben (p.75,7-76,8). Das Markus- und Johannesevangelium sind in ApcPt nicht eindeutig nachweisbar. Es ist auch kaum festzustellen, ob der Autor die paulinischen und petrinischen Briefe gekannt hat. Eine Ausnahme ist p.79,39 wo 2 Pt 2,17 zitiert wird. Es ist weiterhin unmöglich festzustellen, welche Texttradition der Autor benutzt hat. Das hängt natürlich damit zusammen, daß der originale griechische Text der ApcPt nicht bewahrt geblieben ist. Außerdem sind die „Zitate" nirgendwo wörtlich und eher als gnostisch gefärbte Allusionen zu charakterisieren. Diese Art von Textverarbeitung ist übrigens nicht typisch gnostisch, aber allgemein apokalyptisch. Jüdische, christliche und gnostische Apokalypsen demonstrieren in gleicher Weise eine umfangreiche, aber ungenaue Verarbeitung von traditionellem Material. Diesen Beobachtungen soll noch hinzugefügt werden, daß für den Autor der ApcPt die neutestamentlichen Texte in gewisser Hinsicht heilige Schrift waren. Nur denjenigen, die „Kenntnis" haben, ist es gegeben, die im Text enthaltenen Geheimnisse unverhüllt zu erkennen (p.82,18f.). Die Passionsgeschichte der Synoptiker beschreibt nur die äußere Manifestation der inneren Bedeutung. Dasselbe kann von den Worten Jesu gesagt werden. Der Autor der ApcPt muß sein Material interpretieren, um so die für ihn wirkliche Bedeutung der neutestamentlichen Geschichten ans Licht zu bringen.

Obwohl viele gnostische Elemente im Text enthalten sind, ist die ApcPt kein typischer Repräsentant der gnostischen Literatur. Zentrale Themen wie die Beschreibung des Pleromas, der Mythos der Sophia und die bekannte gnostische Interpretation der alttestamentlichen Schöpfungsgeschichte fehlen. Nichts im Text verrät eine Kenntnis der großen Systeme beispielsweise der Valentinianer. Es gibt jedoch gewisse Elemente in der ApcPt, die in diesem Kontext nicht anders als gnostisch gedeutet werden können: das Auftreten der Archonten; die endgültige Rückkehr der lebendigen Seelen zu ihrem Ursprung; der Doketismus, der das Leiden des himmlischen Soter verneint und es ausdrücklich seinem „Sarkikon" zuweist, und die Notwendigkeit, „Gnosis" zu erwerben. Das Fehlen eines explizit gnostischen Mythos macht die Frage nach der Weltanschauung, die dem Text zugrunde liegt, jedoch um so wichtiger. Kurz gesagt kann man sie umschreiben als eine dualistische Position, der weithin Form gegeben ist mit christlichen und gnostischen Konzepten. Es wird eine absolute Spaltung durchgeführt zwischen oben und unten, guten und schlechten Menschen, Demiurg und Gott, lebendigen und toten Seelen. Mit diesen Vorstellungen korrespondiert eine im wesentlichen dualistische Christologie. Gleichzeitig ist die Passionsgeschichte nach Matthäus der strukturgebende Hintergrund des ganzen Textes, und der Apostel Petrus genießt offensichtlich große Autorität. Diese Beobachtungen führen auch zu einem bestimmten Bild der Leserschaft der ApcPt. Die Leser müssen sowohl mit gnostischen als auch mit christlichen Vorstellungen vertraut gewesen sein. Entsprechendes gilt für den Autor – beide Bereiche haben ihn beeinflußt.

Die deutlichste Beschreibung der Christologie ist ApcPt p.82,21-83,15. Auf ziemlich systematische Weise werden hier die verschiedenartigen „Naturen" des Erlösers aufgeführt. Obwohl in diesem Abschnitt manche Andeutungen einander überschneiden, scheint die folgende Stufung die komplizierte Christologie adäquat aufzulisten. Es gibt drei spirituelle Aspekte: 1) ein geistiges Pleroma, 2) einen heiligen Geist und 3) einen lebendigen Erlöser, der identisch ist mit einem leiblosen Leib. Dieser dreiteilige Erlöser ist verbunden mit einem vierten Element, einem Fleischesleib. Nichts wird gesagt über die Weise, wie der Erlöser mit diesem irdischen Leib verbunden ist. Aber es ist klar, daß der Autor diesen Leib sehr negativ bewertet. Der Fleischesleib ist nur Imitation und Ersatz für den pleromatischen Leib. Im Wesen handelt es sich um eine dualistische Christologie, die gestaltet ist in einem Doketismus, der das Leiden des himmlischen Erlösers verneint und es ausschließlich seinem „Sarkikon" zuweist.

Übersetzung

Titel (p.70,13)

Apokalypse des Petrus

Einführung (p.70,14-72,4)

Als der Erlöser im Tempel saß im dreihundertsten <...> der Errichtung und der Freude der zehnten Säule und als er ruhte auf der Zahl der lebendigen und unbefleckten Größe, sprach er zu mir: „Petrus, gesegnet sind diejenigen, die zum Vater gehören – weil sie oberhalb der Himmel sind –, der das Leben geoffenbart hat an denen, die aus dem Leben stammen, durch mich, da ich (sie) daran erinnert habe – die gebaut werden auf dem, was stark ist –, daß sie auf meine Worte hören und daß sie unterscheiden werden zwischen Worten der Ungerechtigkeit und Gesetzeswidrigkeit und (Worten der) Gerechtigkeit – weil *(p.71)* sie von oben stammen – <und> allen Worten dieses Pleromas der Wahrheit, denn sie waren voll Freude erleuchtet von dem, den die Mächte suchen und nicht finden konnten, der auch von keinem Prophetensproß genannt worden war, während er jetzt in diesen erschienen ist: in dem Geoffenbarten – das ist der Menschensohn, der über den Himmeln thront – (und) in einer <Menge> Personen gleichen Wesens. Du auch, Petrus, werde vollkommen, entsprechend deinem Namen, genauso wie ich, der ich dich erwählt habe; denn mit dir habe ich einen Anfang gemacht für die übrigen, die ich zur Erkenntnis berufen habe. Sei also stark, bis der Nachahmer der Gerechtigkeit, dessen, der dich früher berufen hat <...> – er hat dich berufen, damit du ihn auf richtige Weise kennen würdest, wegen des Abstandes zu ihm, die zu ihm gelangt ist, und der Nerven seiner Hände und Füße und (hinsichtlich) der Krönung durch jene (Wesen) der Mitte und seines strahlenden Leibes. In der Hoffnung auf *(p.72)* einen Dienst wird er gebracht für einen Ehrenlohn. So wird er dich dreimal in dieser Nacht tadeln."

Visions- und Auditionsbericht (p.72,4-73,10)

Als er dies sagte, sah ich die Priester und das Volk gegen uns mit Steinen anrücken, um uns zu töten. Ich fürchtete, daß wir sterben würden.

Und er sagte zu mir: „Petrus, ich habe dir viele Male gesagt, daß sie Blinde sind, die keinen Führer haben. Wenn du ihre Blindheit verstehen willst, lege deine Hände auf die Augen deines Leibes und sage, was du siehst."

Als ich dies getan hatte, sah ich aber nichts.

Ich sagte: „Niemand sieht (auf diese Weise)."

Wiederum sagte er zu mir: „Tu das noch einmal."

Da überkam mich frohgemut Furcht, denn ich sah ein neues Licht, heller als Tageslicht. Danach kam es herab auf den Erlöser. Und ich erzählte ihm, was ich gesehen hatte.

Und er sagte wieder zu mir: „Hebe deine Hände hoch und höre auf das, was *(p.73)* die Priester und die Volksmengen sagen." Und ich hörte auf die Priester, während sie mit den Schriftgelehrten beisammen saßen. Und die Volksmassen schrien mit ihrer Stimme.

Als er dies von mir gehört hatte, sagte er zu mir: „Spitze die Ohren deines Kopfes und höre auf das, was sie sagen."

Und ich hörte wiederum (und sagte:) „Du wirst gepriesen, während du thronst."

Monolog des Erlösers und Reaktion des Petrus (p.73,10-81,3)

Und als ich dies erzählt hatte, sagte der Erlöser: „Ich habe dir gesagt daß diese Blinde und Taube sind. Höre jetzt auf das, was dir gesagt wird in einem Mysterium und bewahre es. Sage es nicht den Kindern dieses Äons. Denn du wirst verflucht werden in diesen Äonen – weil sie dich nicht kennen –, während du gepriesen wirst in der Erkenntnis. Denn viele werden teilhaben an dem Anfang unseres Wortes, aber sie werden sich wieder abwenden gemäß dem Willen des Vaters ihres Irrtums, weil sie das getan haben, was er wollte. Und er wird sie in seinem Gericht zur Schau stellen, (nämlich) die Diener des Wortes. Welche aber *(p.74)* mit ihnen vermischt wurden, werden zu ihren Gefangenen werden, weil sie ohne Wahrnehmung sind. Sie drängen den lauteren guten Reinen dem Henker entgegen. Und bis zu ihrer Herrschaft wird Christus gepriesen in Wiederherstellung, aber die Leute der falschen Verkündigung werden gepriesen, jene die nach dir kommen werden. Und sie werden dem Namen eines Toten anhangen. Während sie denken, daß sie rein gemacht werden, werden sie sich (noch) mehr beschmutzen, und sie werden einem Namen der Irrung verfallen und in die Hand eines schlechten Betrügers geraten, der eine vielgestaltige Lehre hat, während sie durch Spaltung beherrscht werden: Denn einige von ihnen werden die Wahrheit lästern und böse Worte sprechen, und sie werden Böses gegeneinander reden. Einige werden sich selbst nach einem Mann und einer nackten vielgestaltigen Frau, die viel gelitten hat, nennen; denn sie stehen unter der Macht der Archonten. Und die, *(p.75)* die diese Sachen verkünden, werden nach Träumen fragen. Wenn sie sagen, daß ein Traum von einem Dämon stammt, der ihrem

Irrtum angemessen ist, wird ihnen Vernichtung statt Unsterblichkeit gegeben werden. Denn es ist nicht möglich, daß das Böse gute Frucht bringt: Denn der Ort, aus dem jeder stammt, erzeugt, was ihm (sc. dem Ort) gleicht. Denn weder stammt jede Seele aus der Wahrheit noch aus der Unsterblichkeit, denn jede Seele dieser Äonen wird zum Tod gerechnet, unserer Meinung nach. Darum ist sie für immer eine Dienerin, die geschaffen ist für ihre Begierden und für deren ewige Vernichtung, worin sie sind und woraus sie sind, weil sie die Geschöpfe der Materie lieben, die mit ihnen erschienen ist. Die unsterblichen Seelen sind nicht wie diese, Petrus. Jedoch, solange die Stunde nicht gekommen ist, wird sie der Toten gleichen, aber sie wird ihre Natur nicht offenbaren, nämlich daß sie allein die *(p. 76)* Unsterbliche ist, die nachdenkt über Unsterblichkeit, und die glaubt und begehrt, diese zu verlassen. Denn weder sammelt man Feigen von Dornen oder Dornsträuchern – wenn man weise ist – noch Trauben von Disteln. Denn einerseits bleibt etwas immer in dem (Zustand), woraus es stammt. Wenn es aus etwas Schlechtem stammt, wird das zur Vernichtung für es und zum Tod werden. Andererseits bleibt jene in dem Ewigen, in dem, was zum Leben gehört und zur Unsterblichkeit des Lebens, dem sie gleichen. Alles also, was nicht existiert, wird sich auflösen in das, was nicht existiert. Genauso wie Taube und Blinde sich nur mit ihresgleichen vertragen. Andere aber werden sich umwenden, aus bösen Worten und Mysterien, die Leute verführen. Manche Leute, die kein Mysterium kennen, reden über Dinge, von denen sie nichts wissen. Aber sie werden sich brüsten, daß das Mysterium der Wahrheit exklusiv bei ihnen ist. Und hochmütig *(p. 77)* werden sie anfangen, {...} neidisch zu sein auf die unsterbliche Seele, die zur Geisel geworden ist. Denn jede Gewalt, Macht und Kraft dieser Äonen wünscht bei diesen in der Schöpfung der Welt zu sein, damit die, die nicht existieren, durch die, die existieren, Ehre erwiesen bekommen, obwohl sie sich selbst vergessen haben. Ohne von ihnen gerettet oder auf den Weg gebracht worden zu sein, begehren sie allezeit, selbst zu Unauflöslichen zu werden. Denn wenn die unsterbliche Seele Kraft empfängt durch einen intellektuellen Geist, bewegen sie sich sofort in Richtung auf diesen, der zu denjenigen gehört, die sie in die Irre geführt haben. Andere aber, die zahlreich sind und der Wahrheit widerstehen – diese sind die Boten des Irrtums –, werden ihren Irrtum und ihr Gesetz einsetzen gegen meine reinen Gedanken, da sie, von einer (Stelle) aus blickend, denken, daß die Guten und die Bösen aus ein und demselben (Ort) stammen. Sie treiben Handel mit *(p. 78)* meinem Wort – und sie werden ein hartes Schicksal festsetzen, wovor das Geschlecht der unsterblichen Seelen vergeblich zu fliehen versucht bis zu meiner Wiederkunft, denn sie werden aus ihnen hervorgehen – und (mit) meiner Vergebung ihrer Übertretungen, in die sie gefallen sind durch die Widersacher, deren Erlösung aus der Sklaverei, in der sie sich befanden, ich bewirkt habe, um ihnen Freiheit zu geben. Denn sie werden eine weitere Nachahmung schaffen im Namen eines Toten – das ist Hermas – (im Namen) des Erstgeborenen der Ungerechtigkeit, damit die Kleinen nicht an das echte Licht glauben. Diejenigen von solcher Art sind die Arbeiter, die in die äußerste Finsternis geworfen werden, außerhalb der Kinder des Lichtes. Denn weder werden sie (selbst) hineingehen noch werden sie die hineinlassen, die nach oben gehen zu ihrer Zustimmung, zu ihrer Erlösung. Wieder andere von ihnen aber, weil sie das Leiden haben, denken, daß sie erfüllen werden *(p. 79)* die Weisheit der Bruderschaft, die wahrhaft existiert – welche die geistliche Gemeinschaft mit denen ist, die dieselbe Wurzel haben – in einer Gemeinschaft, aus der die Hochzeit der Unsterblichkeit erscheinen wird. Aber das ähnliche Geschlecht der Schwesternschaft wird erscheinen als Nachahmung. Dies sind diejenigen, die ihre Brüder bedrücken, indem sie ihnen sagen: ‚Hierdurch hat unser Gott Erbarmen; da Rettung hierdurch zu uns kommt.' Sie kennen nicht die Strafe für die, die sich erfreuen, zusammen mit denen, die das den Kleinen angetan haben, die neidisch zugeschaut haben und die sie gefangen genommen haben. Da werden aber andere sein, von denen, die sich außerhalb unserer Zahl befinden, die sich selbst Bischof nennen – und auch Diakone – als ob sie ihre Autorität von Gott empfangen hätten, während sie unter das Urteil der ersten Plätze fallen. Das sind die Kanäle ohne Wasser."

Ich aber sagte: „Ich fürchte mich wegen der Dinge, die du mir gesagt hast, daß *(p.80)* nur wenige, nach unserer Meinung, den Anforderungen gewachsen sind, während es viele gibt, die viele der Lebendigen verführen werden, indem sie sie in ihrer Mitte zugrunde richten. Und wenn sie deinen Namen aussprechen, wird ihnen geglaubt werden"

Der Erlöser sagte: „Eine (bestimmte) Zeit ist für sie festgelegt. Mit einer Zahl, die in Übereinstimmung ist mit ihrem Irrtum, werden sie über die Kleinen herrschen. Und nach dem Ende des Irrtums wird das nichtalternde <Geschlecht> der unsterblichen Einsicht jung werden, und sie werden herrschen über die, die über sie herrschen. Er wird die Wurzel ihres Irrtums ausreißen, und er wird ihn zuschanden machen, so daß er offenbar wird in jeder Freiheit, die er sich angeeignet hat. Und diejenigen, die von dieser Art sind, werden unwandelbar sein, Petrus. Komm nun, laß uns zur Erfüllung der Zustimmung (zum Willen) des unbefleckten Vater gehen! Denn siehe, diejenigen die das Urteil über sich selbst bringen, kommen (jetzt). Sie machen sich selbst zuschanden. Mich können sie nicht berühren. Du aber, Petrus, wirst mitten unter ihnen stehen. Habe keine Angst wegen deiner Furchtsamkeit. *(p.81)* Ihre Einsicht wird verschlossen werden, denn der Unsichtbare hat sich ihnen gegenüber aufgestellt."

Visionsbericht (p.81,3-82,17)

Nachdem er dies gesagt hatte, sah ich ihn, als ob er von ihnen ergriffen würde, und ich sagte: „Was sehe ich, Herr? Bist du es selbst, den sie festnehmen, und greifst du nach mir? Oder wer ist der, der heiter ist und lacht neben dem Holz, und schlagen sie einem anderen auf die Füße und auf die Hände?"

Der Erlöser sagte zu mir: „Der, den du heiter und lachend neben dem Holz siehst, das ist der lebendige Jesus. Der aber, in dessen Hände und Füße sie die Nägel schlagen, das ist sein Fleischesleib, der Ersatz. Sie machen (nur) das zuschanden, was nach seinem Bild entstanden ist. Aber sieh ihn und mich doch an."

Als ich aber gesehen hatte, sagte ich: „Herr, niemand sieht dich, laß uns von diesem Ort fliehen."

Aber er sagte zu mir: „Ich habe dir gesagt, laß Blinde in Ruhe. Und du, sieh, wie sie nicht wissen, was sie reden. *(p.82)* Denn den Sohn ihrer Herrlichkeit haben sie anstelle meines Dieners zuschanden gemacht."

Ich aber sah einen, der dabei war sich uns zu nähern, und der ihm, und dem, der lachte oben auf dem Holz, glich. Er war gewebt in heiligem Geist, und er ist der Erlöser. Und es gab ein großes unaussprechliches Licht, das sie umgab, und die Menge unaussprechlicher und unsichtbarer Engel, die sie priesen. Und ich sah, daß der, der verherrlicht, offenbart wurde.

Abschluß (p.82,17-84,13)

Er aber sagte zu mir: „Sei stark, weil du es bist, dem diese Mysterien gegeben sind, um sie öffentlich zu erkennen, daß jener, der angenagelt war, der Erstgeborene und das Haus der Dämonen ist; und der Steinkrug, in dem sie wohnen <...> – des Elohim, des Kreuzes, unter dem Gesetz. Aber jener, der in seiner Nähe steht, ist der lebendige Erlöser, der zuvor in ihm war, in dem, den sie ergriffen, und er wurde freigelassen, während er heiter dasteht, weil er sieht, daß die, die ihn gewalttätig behandelt haben, untereinander zerspalten sind. *(p.83)* Deswegen: Er lacht über ihr Unvermögen zu sehen. Denn er weiß, daß sie Blindgeborene sind. Der Leidende nun sei verflucht, weil sein Leib eine Art von Ersatz ist. Der aber, der freigelassen wird, ist mein leiblicher Leib. Ich <bin> der vernünftige Geist, der erfüllt ist von strahlendem Licht. Der, den du auf mich zukommen sahst, ist unser vernünftiges Pleroma, das das vollkommene Licht verbindet mit meinem heiligen Geist. Also sollst du die Dinge, die du gesehen hast, den Fremden geben, die nicht aus diesem Äon stammen. Denn es wird keine Ehre geben in einem sterblichen Menschen, sondern nur für diejenigen, die erwählt sind aus einer unsterblichen Substanz, die gezeigt hat, daß sie den, der seinen Überfluß gibt, fassen kann. Darum habe ich gesagt: ‚Wer hat, dem wird gegeben werden, und er wird Überfluß haben. Wer aber nicht hat – das ist der Mensch dieses Ortes, der ganz tot ist, der aus der natürlichen Neigung zur Fortpflanzung stammt, *(p.84)* der, wenn einer aus der unsterblichen Substanz erscheint, denkt, daß sie ihn greifen können – dem wird es weggenommen werden und es wird dem Existierenden hinzugefügt werden.‘ Du nun, sei stark und fürchte nichts, denn ich werde bei dir sein, damit keiner deiner Feinde dich verletzen wird. Friede sei mit dir, sei stark!"

Als er diese Dinge gesagt hatte, kam er (sc. Petrus) wieder zu sich.

Subscriptio (p.84,14)

Apokalypse des Petrus

Die Lehren des Silvanus (NHC VII,4)

Hans-Martin Schenke / Wolf-Peter Funk

Literatur

Funk, Wolf-Peter, 1975: „Die Lehren des Silvanus". Die vierte Schrift aus Nag-Hammadi-Codex VII. ThLZ 100, 7-23.

Janssens, Yvonne, 1983: Les Leçons de Silvanos (NH VII,4). (BCNH.T 13.) Québec.

Peel, Malcolm / Zandee Jan, 1996: The Teachings of Silvanus. Introduction, Text and Notes by Malcolm Peel, Translation by Malcolm Peel and Jan Zandee. In: Pearson, Birger A. (ed.): Nag Hammadi Codex VII. (NHMS 30.) Leiden / New York / Köln, 249-369.

Zandee, Jan, 1991: The Teachings of Sylvanus (Nag Hammadi Codex VII,4). Text, Translation, Commentary. (Egyptologische Uitgaven 6.) Leiden.

Einleitung

Die vierte Schrift von NHC VII, die in einer Überschrift ausdrücklich als „Die Lehren des Silvanus" bezeichnet wird, war bis zur Entdeckung der Nag-Hammadi-Papyri unbekannt. Wir besitzen sie also, wenigstens als ganze, nur in der Kopie einer koptischen Übersetzung. Diese Kopie stammt nach Ausweis der Urkundenfragmente aus dem Einband des ganzen Codex, frühestens aus der ersten Hälfte des 4. Jh. Ein Kapitel des Buches (Kap. 6) findet sich freilich noch anderswo überliefert. Es handelt sich um das Stück Silv p.97,9-21 + 97,30-98,22. Diese von Funk entdeckte Parallele findet sich auf der Vorderseite eines einzelnen Pergamentblattes der British Library: BL Or. 6003 (und ist in deutscher Übersetzung unten parallel mit abgedruckt). Die Worte des späten koptischen Pergaments finden sich, mit einigen Abweichungen, noch einmal in den Spiritualia documenta regulis adjuncta des Antonius, die in einer arabischen Handschrift des 8. oder 9. Jh. zusammen mit anderen pseudoantonianischen Schriften überliefert sind (bei Migne PG 40, 1073-1080, in der lateinischen Übersetzung des Maroniten Abraham Echellensis). Die beiden parallelen koptischen Textstücke repräsentieren verschiedene koptische Übersetzungen eines griechischen Originals. Rückschlüsse aus dem komplizierten Beziehungsgeflecht der Texte auf den Prozeß der Entstehung und Überlieferung des Silv sind schwierig.

Der dem Text des Silv in NHC VII folgende, von drei mal drei magischen Zeichen eingerahmte, Kolophon: „Jesus Christus, Sohn Gottes, Erlöser. Unbeschreibliches Wunder" (obgleich hier das Buch noch gar nicht zu Ende ist, sondern als letzte Schrift noch StelSeth kommt) muß nicht unbedingt zum Text des Silv gerechnet werden. Vielleicht hat der Schreiber von NHC VII als Vorlage für Silv ein insgesamt viel christlicheres Buch gehabt, in dem dieser Text wirklich am Ende stand, und den dortigen Buchschluß versehentlich mit abgeschrieben.

Hinsichtlich des mutmaßlichen Entstehungsortes von Silv gibt es in der Forschung nur eine Meinung: Alexandria. Silv erweist sich in seinen theologisch relevanten Passagen so eindeutig als ein Vertreter der typisch alexandrinischen Theologie, daß hier nie ein Zweifel aufkommen konnte. Um so mehr ist es die Frage, an welcher Stelle Silv in einer denkbaren „Entwicklungslinie" alexandrinischer Theologie einzuordnen wäre. Und damit ist gegeben, daß die Frage der mutmaßlichen Abfassungszeit ziemlich unterschiedlich beantwortet wird.

Während es in der Frage nach Ort und Zeit klare Antworten oder wenigstens klare Alternativen gibt, tappen wir bei der Verfasserfrage völlig im Dunkeln. Denn falls der Name Silvanus echt ist, können wir diesen Namen nicht plausibel mit einer bekannten Person der Theologie- oder Kirchengeschichte verbinden. Und sollte der Name Silvanus pseudepigraph sein, haben wir über den wirklichen Verfasser gar nichts in der Hand. Allerdings ist das bei einer Schrift des Typs, den Silv repräsentiert, vielleicht sogar normal. Weisheitslehren sind nicht das geistige Eigentum einzelner, sondern gehören allen. Jedenfalls gilt das, wenn man, wie es meist geschieht, Silv für ein wenig geordnetes und vielschichtiges Sammelwerk hält, dessen letzter Bearbeiter nur ein Redaktor, und eben kein Autor war. Um auf die Frage der Datierung zurückzukommen – zu welchem, auch für die Wertschätzung wichtigen, Ergebnis man dabei kommt, hängt von der Perspektive ab, in der man Silv sieht, ob es etwa die Perspektive eines Neutestamentlers der religionsgeschichtlichen Schule ist oder die Perspektive eines Patristikers. Auf der einen Seite wird man geneigt sein, in den Parallelen, besonders denen aus dem NT selbst, nicht immer gleich Zeichen für literarische Abhängigkeit, sondern auch oder eher Zeugnisse von demselben Geist zu sehen, und wird man den im Silv bezeugten Traditionsstrom im Wachsen und in der Bewegung befindlich verstehen und entsprechend an der frühestmöglichen Abfassungszeit einer etwaigen Grundschrift gegen Ende des 2. Jh. interessiert sein, die ja durchaus noch spätere Zusätze erhalten haben kann. Zu der anderen Perspektive gehört, daß man sich an dem wirklich vorliegenden und abgeschlossenen Endstadium des Textes orientiert und ihn nach dessen spätesten Elementen in den Anfang des 4. Jh. datiert.

Silv ist eine christianisierte Weisheitslehre des hellenistischen Judentums (vom Typ des biblischen Ecclesiastes) und in ihren theologischen, besonders in der zweiten Hälfte sich häufenden Aussagen, wie schon gesagt, ein Zeugnis typisch alexandrinischer Theologie. Als Weisheitslehre, der es in erster Linie um die Didaktik des rechten Verhaltens gegenüber Gott und den Menschen geht, gehört Silv zur Textsorte der Sammlungen von paränetischem Traditionsgut. Dieser Text ist „gewachsen, nicht geschaffen". Seinem Charakter entsprechend ist ihm auch ein deutlich erkennbarer Aufbau ganz fremd. Aber natürlich kann man größere und kleinere Blöcke voneinander absetzen.

Ein besonderes Problem ist nun die genauere Bestimmung der christlichen Elemente oder Partien dieser ursprünglich oder eigentlich hellenistisch-jüdischen Sammlung von Weisheitssprüchen und Weisheitslehren. Die Verchristlichung hat das Wesen der ursprünglichen Schrift nicht verwandelt. Für ein Durchspielen der Möglichkeiten einer Erklärung sind nun vielleicht zwei Aspekte von Wichtigkeit. Die Verchristlichung dieser Weisheit muß man sich wohl so vorstellen, daß sie ein natürliches Ergebnis des Gebrauchs durch Christen war. Und so betrachtet, ist es dann wohl auch wahrscheinlich oder wenigstens möglich, daß die resultierende Verchristlichung nicht in einem Akt erfolgt sein muß, sondern daß das auch stufenweise vorstellbar ist. In dieser Optik ist es, um noch einmal auf die Verfasserfrage zurückzukommen, wohl das Nächstliegende, daß der Silvanus des Titels doch der Paulusgefährte sein soll und daß erst derjenige christliche Bearbeiter der Schrift diese Lehren dem Silvanus zugeschrieben hat, der den Paulus-Aspekt in den Text eingetragen hat.

Man könnte die Verchristlichung des Silv in einer gewissen Analogie dazu sehen, wie man sich die „Taufe" des LibThom vorstellen kann. Was im Falle des LibThom die unvollkommene christliche Dialog-Rahmung der hellenistisch-jüdischen Grundschrift ist, sind im Silv vielleicht nur christliche Interpolationen, vor allem einfach ad vocem Logos. Das mutmaßlich hellenistisch-jüdische Substrat des Silv könnte sich für derartige „Übermalungen" geradezu angeboten haben. Der Logos-Mythos dieser Weisheitslehre könnte schon solche gnostischen Züge gehabt haben, in denen die christlichen Benutzer ohne weiteres ihren Erlöser Christus wiedererkannt hätten. Vielleicht hängen die im Silv noch erkennbaren gnostischen Spuren damit zusammen und wären die stufenweise christliche Adaption dieser Weisheitslehre und das Wegschneiden unbrauchbarer gnostischer „Triebe" als Elemente ein und desselben Prozesses zu begreifen.

Die Quellenfrage wird besonders akut an den Stellen, an denen es so aussieht, als gäbe es in dieser, zwar von Gnostikern benutzten, aber selbst nicht gnostischen, Schrift Überbleibsel gnostischer Gedanken bzw. Stellen, denen man noch ansieht, daß hier eine gnostische These herausgebrochen ist. Es handelt sich vor allem um Kap. 4,9 (= p.92,22f.). Hier scheint in der aus dem Valentinianismus bekannten dreistufigen Anthropologie einfach die höchste Menschenstufe der Pneumatiker durch eine alberne Floskel über Gott (sehr künstlich) ersetzt zu sein.

Bei der Frage nach Quellen und Traditionen gilt das Interesse freilich nicht so sehr der bloßen Existenz von irgendwelchen Quellen und deren Identität, sondern der großen Frage, ob bestimmte Auffälligkeiten uns nicht jeweils einfach nur kurze Blicke auf Besonderheiten der einen Hauptquelle des Silv gewähren, die der Silv selbst ist, nämlich in seiner hellenistisch-jüdischen Grundform, die allerdings gar nicht unter dem Namen des Silvanus gelaufen sein muß.

Für die religionsgeschichtliche Einordnung ist schon das Wichtigste gesagt, daß nämlich Silv keine gnostische Schrift (mehr) ist, genauer gesagt, keine solche Weisheitslehre, der hin und wieder, besonders in den theologischen Partien, gnostische Lichter aufgesteckt wären.

Von den Einzelmotiven des Silv, die besondere Relevanz besitzen, sei zunächst auf die Häufigkeit, den Umfang und die Konkretheit der Behandlung des Themas vom Descensus ad inferos noch einmal ausdrücklich aufmerksam gemacht. Als ein zweiter hervorhebenswerter theologischer Schwerpunkt des Silv darf wohl seine Betonung des Ideals der Demut gelten, die ihren vollkommensten Ausdruck in dem großen Demutshymnus von Kap. 13 (= p.110,14-111,20) findet.

Übersetzung

Die Lehren des Silvanus

1 ¹Mach aller Kindheit ein Ende, erwirb dir die Stärke des Nous und der Seele und verstärke den Kampf gegen allen Unverstand, ²(der da liegt) in den Leidenschaften des Eros, der schlimmen Bosheit, der Ruhmsucht, der Streitsucht, dem leidvollen Eifer, der Wut, dem Zorn und der habsüchtigen Gier! ³Bewacht euer Heerlager mit Schilden und Speeren! ⁴Rüste dich mit allen Soldaten, das sind die Logoi, und den Befehlshabern, das sind die Ratschläge, und deinem *(p.85)* (seelen)leitenden Nous!

[5]Mein Sohn, wirf alle Räuber zu deinen Toren heraus! [6]Behüte alle deine Tore mit Fackeln, das sind die Logoi, und du wirst mit alledem ein ruhiges Leben erlangen. [7]Wer jedoch diese (seine Tore) nicht behütet, dem wird es ergehen wie einer Stadt, die verwüstet ist, (und die,) nachdem sie eingenommen wurde, lauter (wilde) Tiere niedergetrampelt haben. [8]Denn bösartige Tiere sind die Gedanken, die nicht gut sind. [9]Und deine Stadt wird voller Räuber sein, und du kannst dir keinen Frieden erwerben, sondern nur lauter wilde Tiere. [10]Der Böse, der ein Tyrann ist, ist Herr über diese (Tiere). [11]Während er diesen (Vorgang) steuert, befindet er (selbst) sich im großen Schlamm (der Unterwelt). [12]Die ganze Stadt, das ist deine Seele, wird untergehen.

[13]Zieh dich von alledem zurück, o du unglückliche Seele! Nimm deinen Führer <und> deinen Lehrer in dich auf – der Führer ist der Nous, der Lehrer aber ist der Logos –, und sie werden dich aus dem Verderben und den Gefahren herausführen!

[14]Höre, mein Sohn, auf meinen Rat! [15]Biete deinen Feinden nicht fliehend deinen Rücken dar, sondern verfolge diese vielmehr wie ein Starker! *(p.86)* [16]Sei kein (gutmütiges) Haustier, das sich von den Menschen jagen läßt, [17]sondern sei ein Mann, der die bösartigen Tiere jagt, damit sie dich nicht besiegen und dich zertrampeln wie einen Toten und du durch ihre Bosheit zugrunde gehst. [18]O du unglücklicher Mensch, was willst du tun, wenn du in ihre Hände fällst? [19]Gib auf dich selbst acht, damit du nicht in die Hand deiner Feinde gegeben wirst! [20]Gib dich in die Hand dieser beiden Freunde: des Logos und des Nous – und keiner wird dich besiegen. [21]Laß Gott in deinem Heerlager wohnen, sein Geist behüte deine Tore, und der Nous der Gottheit behüte die Mauern! [22]Laß den heiligen Logos zur Fackel deines Nous werden, die die Holzscheite verbrennt, das ist die ganze Sünde.

[23]Wenn du das aber tust, o mein Sohn, wirst du alle deine Feinde besiegen, [24]und sie werden nicht mehr mit dir Krieg führen können, noch werden sie aufrecht stehen oder dir (je wieder) in den Weg treten können. [25]Denn wenn du diesen begegnest, wirst du sie verachten wie Mücken. [26]Sie werden schmeichelnd und (um Gnade) bittend mit dir reden – nicht aus *(p.87)* Furcht vor dir, sondern aus Furcht vor denen, die in dir wohnen, das sind die Wächter der Frömmigkeit und der Lehre.

2 [1]Mein Sohn, nimm die Bildung und Lehre an! [2]Fliehe nicht vor der Bildung und der Lehre, sondern wenn du belehrt wirst, nimm mit Freuden an, und wenn du erzogen wirst in irgendeiner Sache, so tue, was recht ist! [3](Dann) wirst du deinem (seelen)leitenden (Nous) einen Kranz von Bildung flechten.

[4]Zieh die heilige Lehre wie ein Gewand an! [5]Adele dich durch den guten Wandel! [6]Erwirb dir die Strenge der Disziplin! [7]Beurteile dich selbst wie ein weiser Richter! [8]Gib meine Lehre nicht preis und erwirb dir nicht Ungelehrigkeit, damit du dein Volk nicht in die Irre führst! [9]Fliehe nicht vor dem Göttlichen und der Lehre, die in dir sind! [10]Denn er, der dich belehrt, hat dich sehr lieb. [11]Denn er wird dir angemessene Strenge angedeihen lassen.

[12]Die tierische Natur, die in dir ist, wirf aus dir heraus! [13]Und den schlechten Gedanken laß nicht zu dir ein. [14]Denn schön ist (die) Mündigkeit, wenn du (nämlich) so erkennst, wie ich (es) dich lehre. [15]Wenn es gut ist, das Sichtbare zu beherrschen, so wie du es siehst, um wieviel besser ist es dann, daß du *(p.88)* alle (unsichtbaren) Dinge beherrschst, indem du ein Großer über jede Gemeinde und jedes Volk bist, [16]und daß

<du> dich erhebst in jeder Hinsicht kraft eines göttlichen Logos, nachdem du Herr über alle seelentötenden Kräfte geworden bist.

[17]Mein Sohn, möchte etwa jemand Knecht sein? [18]Warum bringst du dich so übel in Verwirrung? [19]Mein Sohn, fürchte niemanden außer Gott, den Erhabenen, allein! [20]Die Tücke des Teufels wirf von dir! [21]Empfange das Licht für deine Augen und verbanne die Finsternis von dir! [22]Wandle in Christus, und du wirst dir einen Schatz im Himmel erwerben! [23]Werde nicht zu einer Hülle, die mit vielen nutzlosen Dingen gefüllt ist, [24]und werde nicht zum Wegbereiter für eine blinde Unwissenheit bei dir!

[25]Mein Sohn, höre auf meine gute und heilsame Lehre, und beende den Schlaf, der auf dir lastet! [26]Komm hervor aus dem Vergessen, das dich mit Finsternis erfüllt! [27]Denn wenn du nicht fähig wärst, etwas zu tun, würde ich nicht mit dir reden.

[28]Christus ist aber gekommen, um dir dieses Geschenk zu geben. [29]Warum läufst du der Finsternis nach, wo doch das Licht zu deiner Verfügung steht? [30]Warum trinkst du faules Wasser, wo du doch das frische zur Verfügung hast?

3 [1]Die Weisheit lädt [dich] ein, *(p.89)* doch du begehrst die Torheit. [2]Nicht nach deinem (eigenen) Willen tust du das, sondern die in dir befindliche tierische Natur ist es, die das tut. [3]Die Weisheit lädt dich ein in ihrer Güte und sagt: „Kommt her zu mir alle, o ihr Unverständigen, und empfangt als Geschenk die gute und auserlesene Verständigkeit!" [4]Ich gebe dir ein hohepriesterliches Gewand, das aus lauter Weisheit gewebt ist.

[5]Was sonst ist der schlimm(st)e Tod, wenn nicht die Unwissenheit? [6]Was sonst ist die schlimm(st)e Finsternis, wenn nicht, dem Vergessen zu verfallen? [7]Richte deine Sorge allein auf Gott! [8]Liebe nicht Gold und Silber, in denen kein Nutzen ist, sondern bekleide dich mit der Weisheit wie mit einem Gewand, und setze dir das Wissen wie eine Krone auf; [9]nimm Platz auf einem Thron von Verständnis! [10]Denn diese (drei) sind dein, du wirst sie von neuem wiedererlangen.

[11]Denn ein Tor bekleidet sich mit der Torheit wie mit einem Gewand – und wie ein Trauergewand legt er die Schande an! – [12]und krönt sich mit Unwissenheit und setzt sich auf einen Thron von Unkenntnis. [13]Denn da er [ohne] Logos ist, *(p.90)* führt er sich selbst irre. [14]Denn er wird von der Unwissenheit geleitet und geht die Wege der Begierde aller Leidenschaften. [15]Er schwimmt in den Begierden des Lebens – ja, er ist schon untergegangen –, wobei er freilich meint, er zöge Nutzen daraus, während er (doch) alle die Dinge tut, in denen kein Nutzen ist! [16]Der Unglückselige, der all das durchläuft, wird sterben, weil er den Nous nicht hat, den Steuermann; [17]vielmehr gleicht er einem Schiff, das der Wind hin und her wirft, [18]und (ist) wie ein Pferd, das (mitsamt dem Wagen) ohne (seinen) Wagenlenker durchgegangen ist. [19]Denn dieser (Mann) hätte den Wagenlenker gebraucht, das ist der Logos. [20]Denn der Unglückselige ist irregegangen, weil er keinen Rat (annehmen) wollte. [21]„Hin und her geworfen" wurde er durch die (folgenden) drei üblen Dinge: [22]Er erwarb sich den Tod als Vater, die Unwissenheit als Mutter, und die schlechten Ratschläge erwarb er sich als Freunde und Brüder. [23](Das sage ich,) damit du Tor um dich weinst!

[24]Von nun an also, mein Sohn, wende dich deiner Göttlichkeit zu! [25]Jene schlechten, betrügerischen Freunde verbanne von dir! [26][Nimm] Christus, [den wahren Freund], *(p.91)* als guten Lehrer an! [27]Verbanne den Tod von dir, der dir (erst nachträglich) zum Vater wurde. [28]Denn der Tod existierte nicht (am Anfang) und wird am Ende nicht mehr

sein. ²⁹Aber weil du Gott, den heiligen Vater, von dir verbannt hast – das wahrhafte Leben, die Quelle des Lebens –, ³⁰deshalb hast du dir den Tod als Vater erlost; und die Unwissenheit hast du dir als Mutter erworben, (nachdem) du der wahren Erkenntnis beraubt wurdest. ³¹Mein Sohn, wende dich wieder deinem ersten Vater, Gott, zu – sowie der Weisheit, deiner (wahren) Mutter, aus der du stammst von Anfang an –, damit du alle deine Feinde bekämpfst, die Kräfte des Widersachers.

³²Höre, mein Sohn, auf meinen Ratschlag! ³³Sei nicht hochmütig gegen irgendeinen guten Rat, sondern nimm den <Lehrer> der Frömmigkeit, den Logos, an! ³⁴Halte die heiligen Gebote Jesu Christi, und du wirst über jeden Ort der Erde herrschen! ³⁵Und du wirst gepriesen werden von den Engeln und den Erzengeln und wirst sie dir als Freunde und Mit-Diener gewinnen; ³⁶und du wirst [dir] Ehrenplätze oben im [Himmel] erwerben.

4 ¹Dem Göttlichen, das *(p.92)* in dir ist, bereite nicht Trauer noch Trübsal! ²Sondern du sollst es hegen und es bitten, daß du rein bleibest und enthaltsam seist an deiner Seele und deinem Leib – ³dann wirst du zum Thron der Weisheit und zum Vertrauten Gottes werden. ⁴Er wird dir durch sie großes Licht verleihen.

⁵Vor allen Dingen aber erkenne deine Abstammung! ⁶Erkenne, von welcher Substanz du bist bzw. aus welcher Wurzel du stammst bzw. von welchem Stamm! ⁷Erkenne doch, daß du aus drei Wurzeln entstanden bist: aus der Erde, aus dem „Bilden" und aus dem „Erschaffen". ⁸Aus der Erde, (das heißt) aus irdischer Substanz, entstand der Leib. ⁹Das „Bilden" aber hatte zum Ziel die Seele (und erfolgte) aus der Erinnerung an das Göttliche. ¹⁰Das „Erschaffen" aber betrifft den Nous, der nach dem Ebenbild Gottes entstanden ist. ¹¹Der göttliche Nous hat nun sein Wesen aus dem Göttlichen; die Seele dagegen ist es, was in ihnen selbst „gebildet" wurde. ¹²Denn ich meine, daß sie das Weib des ebenbildlich Entstandenen ist. ¹³Die Substanz des aus der Erde entstandenen Leibes aber ist die Materie.

¹⁴[Wenn] du dich vermischst, so wirst du [dir] (eines) die(ser) *(p.93)* drei Lose erwerben, (nämlich) wenn du von der (Höhe der) Tugend in einen geringen Stand herabfällst.

¹⁵Wandle gemäß dem Nous!

  Denke nicht an das Fleischliche!

¹⁶Erwirb dir die Stärke!

  Denn der Nous ist stark.

¹⁷Wenn du von dieser anderen (sc. der Tugend) abfällst, so bist du mannweiblich geworden. ¹⁸Wenn du aber das Wesen des Nous, das ist das Verstehen, von dir abwirfst, so hast du das Männliche abgeschnitten und dich allein dem Weiblichen zugewandt. ¹⁹Du bist (dann) zum Psychiker geworden, da du (nur) die Substanz des „Bildens" empfangen hast. ²⁰Wenn du auch den letzten Rest davon noch abwirfst, so daß du dir kein menschliches Los mehr erwirbst, sondern das Denken und das Ebenbild des Tieres angenommen hast – dann bist du zum Sarkiker geworden, da du tierische Natur angenommen hast. ²¹Denn schwer zu finden ist (schon) ein Psychiker. ²²Um wieviel schwerer zu finden ist – der Herr; nach meiner Meinung ist nämlich Gott der (einzige) Pneumatiker.

²³Aus der Substanz Gottes hat der Mensch Gestalt gewonnen. ²⁴Die göttliche Seele hat teilweise Gemeinschaft mit ihm (sc. Gott). ²⁵Weiterhin hat die Seele teilweise Gemeinschaft mit dem Fleisch. ²⁶Die schlechte Seele schwankt hin und her.

²⁷[Was] meint (nun) die Wahrheit? ²⁸Für dich ist es [besser], o Mensch, *(p.94)* dich dem Menschen zuzuneigen, als der tierischen Natur – der fleischlichen, meine ich. ²⁹Wohin du dich neigen wirst, dessen Bild wirst du annehmen.

³⁰Ich will dir (o Mensch) noch ein Wort sagen. ³¹Abermals, worum willst du dich bemühen?

³²Hast du (o Seele) etwa zum Tier werden wollen, als du in diese so beschaffene Natur gerietest? ³³Lieber doch teilhaben an wahrer Lebensnatur!

³⁴Die Tierheit wird dich (o Mensch) zu (ihrer) Wurzel, der Erde, führen; ³⁵die intelligible Natur aber wird dich (hinauf) zu intelligiblen Gestalten führen. ³⁶Neige dich der intelligiblen Natur zu und wirf die erdgeborene Natur von dir ab!

³⁷O du trotzige Seele! Werde nüchtern und schüttle deine Trunkenheit ab, die das Werk der Unwissenheit ist. ³⁸Wenn du darauf beharrst und deinen Lebenswandel leiblich führst, wohnst du in der Roheit. ³⁹Als du in eine leibliche Zeugung eingingst, wurdest du geboren. ⁴⁰<Als du wiedergeboren wurdest,> gelangtest du in das Innere des Brautgemachs und fingst an zu leuchten im Nous.

5 ¹Mein Sohn, fange nicht an, in irgendwelchem Wasser zu schwimmen, und laß dich nicht mit fremden Erkenntnissen beschmutzen! ²Weißt du etwa nicht, [daß] *(p.95)* des Widersachers Pläne nicht wenige sind und die Gaukeleien, die er bereithält, verschiedenartig? ³Der <un>verständige Mensch ist in besonderer Weise der Klugheit der Schlange beraubt worden. ⁴Denn es ist nötig, daß du an {...} d(ies)en beiden teilhast: an der Klugheit der Schlange und an der Unschuld der Taube, ⁵damit er (sc. der Widersacher) nicht in der Gestalt des Schmeichlers – scheinbar ein wahrer Freund, der sagt: „Ich rate dir Gutes" – in dich eindringe, ⁶während du aber dessen Betrügereien nicht erkannt hast, wenn du ihn (tatsächlich) als wahren Freund bei dir aufgenommen hast.

⁷Denn die bösen Gedanken wirft er dir ins Herz, als wären es gute; ⁸die Heuchelei unter der Maske beständiger Klugheit; ⁹die Habgier unter der Maske gesunder Verwaltung; ¹⁰die Ruhmsucht unter der Maske des Ehrenhaften; ¹¹die Prahlerei und den Hochmut unter der Maske großer Strenge; ¹²die Gottlosigkeit, als wäre es [besondere] Frömmigkeit. *(p.96)* ¹³Denn wer sagt: „Ich habe viele Götter", ist gottlos. ¹⁴Und das unsichere Wissen wirft er dir ins Herz unter der Maske geheimnisvoller Worte. ¹⁵Wer vermag seine Gedanken und seine verschiedenen Kunstgriffe zu erfassen? ¹⁶Wo er doch „der Große Nous" ist für all jene, die ihn als König annehmen wollen!

¹⁷Mein Sohn, wie kannst du die Gedanken von diesem oder sein seelentötendes Vorhaben erfassen? Denn seine Kunstgriffe und die Pläne seiner Bosheit sind zahlreich. ¹⁸Und (wie kannst du) seine Zugangswege erkennen, nämlich auf welche Weise er sich Zutritt zu deiner Seele verschafft und unter welcher Verkleidung er zu dir eingeht? ¹⁹Nimm Christus an, der Macht hat, dich zu erlösen, und der sich die Kunstgriffe von jenem zu eigen machte, um ihn durch diese mit List zu vernichten! ²⁰Denn dieser ist der König, der dir zukommt und der allezeit unbesiegbar ist. ²¹Der, gegen den keiner zu kämpfen oder auch (nur) ein Wort zu sagen vermag, – dieser ist dein König und dein

Vater. ²²Denn es gibt keinen, der ihm gleicht! ²³Der göttliche Lehrer ist mit [dir] *(p.97)* allzeit und ein Helfer. ²⁴Er begegnet dir aber wegen des Guten, das in dir ist!

6 ¹Laß kein böses Wort in deinem Spruch enthalten sein! ²Denn jeder böse Mensch schadet sich selbst. ³Denn nur ein Tor geht seinem eigenen Verderben entgegen.

(Exzerpt aus Lehren des Apa Antonius)

⁴Ein Weiser aber kennt seinen Weg.

[*Nur*] ein Weiser kennt seinen [Weg].

⁵Ein Tor aber vermag keine Geheimnisse zu bewahren.

Ein Tor vermag kein [Geheimnis] zu bewahren.

⁶Ein Weiser spricht nicht jedes Wort aus, sondern er wird sich die Zuhörer genau ansehen.

Ein Weiser spricht nicht *leichthin* jedes [Wort] aus, sondern gibt acht auf [diejenigen, die] es [hören].

⁷Sprich nicht jedes Wort aus in der Nähe von Leuten, die du nicht kennst!

Tue nicht jedes Wort kund [vor] Leuten, *die es* nicht verstehen!

⁸Mach dir viele zu Freunden, aber nicht zu Ratgebern!

Mach dir *alle* zu [Freunden], aber *mach sie dir* nicht zu Ratgebern!

⁹Prüfe deinen Ratgeber zuvor!

Er (sc. dein Ratgeber) werde zuvor von dir geprüft!

¹⁰Denn jeglichen Schmeichler darfst du nicht in Ehren halten! ¹¹Ihr Wort ist zwar süß wie Honig, ihr Herz aber ist voller Nieswurz. ¹²Denn sobald sie meinen, sie hätten sich fest (mit dir) befreundet, werden sie sich mit Tücke gegen dich wenden und dich in den Schlamm hinabwerfen. ¹³Vertraue dich keinem Freunde an!

Vertraue dich keinem Freunde an!

¹⁴Denn tückisch ist diese ganze Welt geworden, und [umsonst] sind alle Menschen in Unruhe.

Denn diese ganze Welt besteht in [Tücke]; und alle Menschen sind umsonst *und sinnlos* in Unruhe.

¹⁵Die Dinge [der] *(p.98)* Welt sind alle nicht nützlich, sondern sie laufen leer.

¹⁶Es gibt keinen <Freund> und es gibt keinen Bruder; nach seinem (eigenen) Vorteil strebt ein jeder.

Es gibt keinen Freund {...} und es [gibt] keinen Bruder über seinen (eigenen) Vorteil hinaus.

¹⁷Mein Sohn, mach dir nicht jeden Menschen zum Freund!

O mein Sohn, mach dir nicht jeden Menschen zum Freund!

¹⁸Wenn du dir aber einen (Freund) erwirbst, so gib dich nicht in seine Hand!

Wenn du dir aber (einen zum Freund) machst, so vertraue dich ihm nicht an!

¹⁹Gib dich in die Hand Gottes allein als Vater und als Freund!

Setz dein Vertrauen allein auf Gott als Vater und Freund!

²⁰Denn in Tücke wandeln alle Menschen.

Alle Menschen wandeln in Tücke;

²¹Von Plagen und Leiden – nutzlosen Dingen! – ist die ganze Erde voll.

und die ganze Erde ist voll von Plagen, Leiden *und Nichtigkeit.*

²²Wenn du dein Leben in Ruhe fristen willst, so schließe dich niemandem an!

²³Und selbst wenn du dich jemandem anschließt, so sei, als ob du es nicht tust!

²⁴Sei Gott wohlgefällig, und es wird dir an nichts mangeln! ²⁵Wandle mit Christus, und er wird dich erretten!

Wenn du dein Leben in Ruhe verbringen willst, so schließe dich niemandem an! Wenn du dich aber (einem) anschließt, so gib dir den Anschein, als ob <du> es nicht getan hättest! *Strebe danach*, Gott wohlgefällig zu sein, und es wird dir an nichts mangeln! Wandle mit Christus, und er wird dich erretten!

7 ¹Denn er ist das wahre Licht und die Sonne des Lebens. ²Denn wie die sichtbare Sonne die Augen des Fleisches erleuchtet, so erleuchtet Christus jeden Nous und das Herz.

³Denn ein leiblich (Augen-)Kranker – das bedeutet (schon) einen schlimmen Tod; um wieviel mehr noch einer, dessen Nous blind ist! ⁴Denn jeder Blinde ist auf [Dauer unfähig], sie (sc. die Sonne) zu sehen. ⁵[Eben]so *(p.99)* kann auch einer, dessen Nous nicht gesund ist, nicht mit Freuden das Licht Christi erwerben, das der Logos ist.

⁶Denn alles Sichtbare ist ein Abdruck des Unsichtbaren. ⁷Denn wie ein Feuer, das an einem (bestimmten) Ort brennt, (in seiner Wirkung) nicht auf (den) Ort beschränkt ist, so erstrecken sich auch sämtliche Strahlen der Sonne, die am Himmel steht, bis zu den Orten auf der Erde. ⁸Ebenso hat auch Christus nur eine Substanz und erleuchtet (doch) jeden Ort.

⁹In gleicher Weise redet er auch von unserem Nous im Bilde einer Lampe, die brennt und den Ort beleuchtet: <(Selbst nur) befindlich> in einem Teil der Seele, leuchtet er (doch) für alle Teile.

¹⁰Ferner werde ich etwas noch Erhabeneres sagen: Gemäß der Substanz ist der Nous an einem Ort, nämlich im Leibe. ¹¹Gemäß dem Denken dagegen ist der Nous nicht an einen Ort gebunden. ¹²Denn wie soll er an einem Ort sein, wo er doch alle Orte überschaut?

¹³Wir können aber etwas noch Erhabeneres sagen! Denn denke nicht bei dir selbst, daß Gott [in einem] Raum sei. ¹⁴Wenn du den [Herrn des Alls] in einem *(p.100)* Raum ansetzt, dann mußt du ja einräumen, daß der Raum erhabener ist als der, der in dem Raum wohnt. ¹⁵Denn das Umgreifende ist erhabener als das Umgriffene. ¹⁶Denn es gibt keinen Raum, der „unkörperlich" genannt werden könnte. ¹⁷Es wäre nun aber nicht angemessen, wenn wir sagten, Gott sei körperlich. ¹⁸Denn die Folgerung wäre, daß wir Wachsen und Schwinden des Körpers zugeben (müßten). ¹⁹Wer aber nun solches erleidet, wird nicht mehr unvergänglich sein.

8 ¹Zwar ist es nicht schwer, den Schöpfer aller Geschöpfe zu erkennen; ²unmöglich aber ist es, seine (eigentliche) Gestalt zu erfassen. ³Denn nicht nur für die Menschen ist es schwer, Gott zu erfassen, sondern das ist (auch) schwer für alle göttlichen Wesen: die Engel und die Erzengel.

⁴Es ist (nun aber) notwendig, Gott so zu erkennen, wie er ist. ⁵Du kannst Gott durch niemanden erkennen außer durch Christus, der das Abbild des Vaters hat. ⁶Denn dieses

Abbild offenbart die wahre Gestalt auf sichtbare Weise: ⁷Man erkennt (ja) einen König nicht ohne Bild.

⁸Erkenne doch, daß Gott in jedem Raum ist, und zugleich in keinem Raum! ⁹[Gemäß der Kraft] *(p.101)* ist er in jedem Raum, gemäß der Gottheit jedoch ist er in keinem Raum. ¹⁰Denn auf diese Weise kann man Gott ein wenig erkennen. ¹¹Gemäß seiner Kraft erfüllt er jeden Raum, in der Höhe seiner Göttlichkeit dagegen kann ihn nichts umfassen. ¹²Alle Dinge sind in Gott, Gott aber ist in keinem (Ding). ¹³Was aber heißt Gott erkennen? Alles, was an der Wahrheit teilhat, ist Gott.

¹⁴Es ist aber (genauso) unmöglich, Christus zu schauen (,) wie (es unmöglich ist,) die Sonne (zu schauen).

¹⁵Gott sieht jeden, (aber) keiner schaut ihn.

¹⁶Christus aber nimmt und gibt ohne Neid. ¹⁷Und er ist das Licht des Vaters – neidlos spendet er Licht: So erleuchtet er jeden Ort.

¹⁸Christus aber ist das All – er, dem das All zugeteilt wurde von dem Seienden. ¹⁹Denn das All ist Christus – abgesehen von der Unvergänglichkeit.

²⁰Denn wenn du die Sünde erkennst, ist sie nichts Wirkliches.

²¹Denn das Begreifen der Unvergänglichkeit ist (das Begreifen von) Christus. ²²Und das Licht ist er, das unbefleckt scheint.

²³Denn die Sonne ist (mit ihrem Licht) an jedem unreinen Ort, und er befleckt (sie doch) nicht. ²⁴So ist auch Christus, selbst wenn er sich im Mangel befindet, doch ohne Mangel. ²⁵Und selbst wenn [er gezeugt] wurde, *(p.102)* ist er doch ungezeugt. ²⁶So ist Christus, auch wenn er ergriffen wird, in seiner Substanz doch ungreifbar.

²⁷Christus ist das All. Wer das All nicht besitzt, kann Christus nicht erkennen.

²⁸Mein Sohn, erkühne dich nicht, über diesen zu reden! ²⁹Und beschränke den Gott des Alls nicht auf innere Bilder! ³⁰Denn wird nicht der, der verurteilt, <ver>urteilt werden von dem, der verurteilt? ³¹Es ist wahrhaft gut, zu forschen und zu erkennen, wer Gott ist. ³²Logos und Nous sind männliche Namen. ³³Wer freilich darüber (etwas) wissen will, der soll in Stille und (Gottes-)Furcht forschen. ³⁴Denn es ist nicht wenig gefährlich, über diese Dinge zu sprechen, wie du ja weißt, daß du beurteilt werden wirst nach allem, was du sagst.

³⁵Sei aber dessen eingedenk, daß, wer in der Finsternis steht, nichts sehen kann – es sei denn, daß er das Licht bekommt und dadurch sehend wird. ³⁶Prüfe dich, ob du das Licht überhaupt hast, damit du, wenn du nach diesen Dingen forschst, erkennst, wie du entkommen kannst! ³⁷Denn viele suchen in der Finsternis: Sie tasten, in dem Wunsche zu erkennen, ohne daß ihnen das Licht zur Verfügung steht. ³⁸Mein *(p.103)* Sohn, laß deinen Nous nicht nach unten starren! ³⁹Laß ihn vielmehr im Licht auf die oberen Dinge schauen! ⁴⁰Denn das Licht kommt immer von oben. ⁴¹Wiewohl er auf der Erde ist, soll er danach trachten, den himmlischen Dingen nachzujagen! ⁴²Erleuchte deinen Nous mit dem Licht des Himmels, auf daß du in das Licht des Himmels versetzt werdest!

9 ¹Werde nicht müde, an die Tür des Logos zu klopfen, und höre nicht auf, auf dem Weg Christi zu wandeln! ²Wandle auf ihm, damit du Ruhe von deinen Plagen empfängst! ³Wenn du auf einem anderen (Weg) wandelst, so wird der Weg, den du gehst, ohne Nutzen sein. ⁴Denn diejenigen, die auf dem breiten Weg wandeln – ihr Ende wird es sein, daß sie in das Verderben des Schlammes hinuntergehen. ⁵Denn die Hölle ist weit geöffnet für die Seele, und der Ort des Verderbens ist breit. [6]Nimm Christus an, den schmalen Weg! Denn er gerät in Bedrängnis und erduldet Leiden wegen deiner Sünde.

[7]O du trotzige Seele, in welcher Unwissenheit bist du! [8]Wer führt dich denn (immer wieder) in die Finsternis hinein? [9]Wie viele Gestalten hat Christus um deinetwillen angenommen! [10]Obwohl er Gott war, wurde *(p.104)* er unter den Menschen als Mensch erfunden. [11]Er stieg in die Hölle hinab und erlöste die Kinder des Todes. [12]Es wurden „Wehen um sie gelitten" – wie die Schrift Gottes gesagt hat; und er versiegelte das Herz (noch) in ihr (sc. der Hölle). [13]Und ihre starken Torbögen zerbrach er gänzlich – alle Kräfte, als sie ihn sahen, flohen. [14](Das alles tat er,) um dich, du Unglückseliger, aus dem Abgrund herauszubringen und (um) für dich – als Lösegeld für deine Sünde – zu sterben. [15]Er hat dich gerettet aus der starken Hand der Hölle.

[16]Du aber, gib ihm endlich deine Zustimmung durch einen Schritt (des Entgegenkommens), damit er dich mit Freuden heraufführe. [17]Die Zustimmung aber ist die Opfergabe für Christus, und das ist die Demut des Herzens. [18]Das wohlgefällige Opfer ist ein zerknirschtes Herz.

[19]Wenn du dich demütigst, wirst du hoch erhöht werden,
und wenn du dich erhöhst, wirst du tief gedemütigt werden.

10 [1]Mein Sohn, hüte dich vor der Bosheit, und laß nicht den Geist der Bosheit dich hinunter in den Abgrund werfen! [2]Denn er ist rasend und bitter. [3]Etwas Grauenvolles ist er; und er wirft jeden hinunter in eine Grube des Schlammes.

[4]Ein großes und gutes Werk ist es, die Hurerei nicht zu lieben – und an die elende gar nicht erst zu denken! *(p.105)* [5]Denn schon an sie zu denken, bedeutet den Tod. [6]Es ist aber keinem Menschen zuträglich, in den Tod zu fallen. [7]Denn eine Seele, die im Tode gefunden wurde, wird ohne Logos sein. [8]Denn es ist besser, gar nicht zu leben, als ein Tier-Leben zu führen.

[9]Hüte dich, daß du nicht in den Flammen der Hurerei verbrennst! [10]Denn es gibt viele Pfeilschützen, die ihr zu Diensten sind. [11]Diese, die du nicht kennst, sind deine Feinde.

[12]O mein Sohn, das alte Kleid der Hurerei lege ab und zieh dir das reine, strahlende Gewand an! [13]Denn in ihm bist du schön. [14]Wenn du aber dieses Gewand hast, so behüte es wohl! [15]Entledige dich aller Fesseln, damit du dir Freiheit erwirbst. [16]Wenn du die Begierde von dir abwirfst, deren Tücken zahlreich sind, und dich frei machst von den Sünden der Lust, <dann wirst du ...>.

[17]Höre, Seele, auf meinen Rat! [18]Werde nicht zur Höhle <für> die Füchse und Schlangen, zum Loch für die Drachen und Ottern, zum Lager für die Löwen oder zur Zuflucht für die Basilisken! [19]Wenn dir diese Dinge widerfahren, o Seele, was willst du dann tun? [20]Denn dies sind die *(p.106)* Kräfte des Widersachers. [21]Durch diese werden alle toten Dinge in dich eingehen. [22]Denn ihre Nahrung ist alles Tote und alle Unreinheit. [23]Wenn diese also in dir sind, welches Lebendige sollte dann zu dir kommen? [24]Die lebendigen Engel werden dich verabscheuen. [25]Du warst ein Tempel und hast aus dir ein Grab gemacht! [26]Sei nicht länger Grab und werde (wieder) zum Tempel, damit Rechtschaffenheit und Frömmigkeit in dir Wohnung nehmen! [27]Entzünde das Licht, das in dir ist, und lösche es nicht (mehr) aus! [28]Denn niemand zündet eine Lampe für Tiere oder ihre Jungen an.

²⁹(Mein Sohn,) laß deine Toten – (das heißt deine lebendigen Glieder,) die gestorben sind – auferstehen! ³⁰Denn sie waren (dereinst) lebendig – um deinetwillen sind sie gestorben. ³¹Gib ihnen das Leben, und sie werden wieder leben! ³²Denn der Baum des Lebens ist Christus.

11 ¹Er ist die Weisheit. *Denn:*
²Er ist die Weisheit, er ist auch der Logos.
³Er ist das Leben und die Kraft und die Tür.
⁴Er ist das Licht und der Bote und der gute Hirte.

⁵Gib dich in die Hand dessen, der um deinetwillen zu alledem wurde! ⁶Klopfe bei dir selbst an wie an einer Tür! ⁷Und führe deinen inneren Wandel wie auf einer geraden Straße! ⁸Denn wenn du auf der Straße wandelst, kannst du dich nicht verirren. *(p.107)* ⁹Und wenn du bei dieser (sc. der Weisheit) anklopfst, so klopfst du an bei verborgenen Schätzen. ¹⁰Denn Weisheit ist er – er macht den Toren weise. ¹¹Ein heiliges Königtum ist sie, und ein strahlendes Gewand. ¹²Denn es ist ein goldreiches (Gewand), das dir großen Glanz verleiht.

¹³Die Weisheit Gottes wurde um deinetwillen zur törichten Gestalt,
    damit sie dich, du Tor, heraufführe und weise mache.
¹⁴Und das Leben ist um deinetwillen gestorben, als es kraftlos war,
    damit es dir, der du tot warst, durch seinen Tod das Leben gebe.

¹⁵Gib dich in die Hand des Logos und nimm Abstand von der Tierheit! ¹⁶Denn (wer) das Tier (ist), ist offenbar: einer, der keinen Logos hat. ¹⁷Denn viele meinen, sie besäßen den Logos. ¹⁸Wenn du sie dir aber genau ansiehst, ist ihre Rede tierisch.

12 ¹Erquicke dich an dem wahren Weinstock Christi! ²Trinke dich satt an dem wahren Wein, der weder trunken macht noch Bodensatz enthält! ³Denn bei ihm ist das Ende der Trinkens. ⁴Er wird von ihm bereitet, um die Seele und den Nous mit dem Geist Gottes zu erquicken. *(p.108)* ⁵Zügele aber zunächst deine Gedanken, bevor du von ihm trinkst!
⁶Durchbohre dich nicht mit dem Schwert der Sünde! ⁷Verbrenne dich nicht, o Unglücklicher, mit dem Feuer der Lust! ⁸Gib dich nicht wie ein Gefangener in die Hände der Barbaren und nicht in die Gewalt der wilden Tiere! ⁹Denn sie wollen dich zertrampeln. ¹⁰Denn sie sind wie die Löwen, die laut brüllen. ¹¹Werde nicht zu einem Toten, damit sie dich nicht zertreten! ¹²Du sollst Mensch sein! ¹³Durch die Vernunft bist du in der Lage, diese zu besiegen.
¹⁴Der Mensch, der nicht tut, <was Gott gegenüber angemessen ist,> ist des (Namens eines) vernünftigen Menschen nicht würdig. ¹⁵Der vernünftige Mensch ist es, der Gott fürchtet. ¹⁶Wer aber Gott fürchtet, der tut nichts Unverschämtes. ¹⁷Wer sich aber davor hütet, etwas Unverschämtes zu tun, der ist es, der seinen (seelen)leitenden (Nous) bewahrt – ¹⁸obgleich er ein Mensch ist, der sich auf der Erde befindet, macht er sich doch Gott ähnlich. ¹⁹Wer sich aber Gott ähnlich macht, ist es, der nichts tut, was Gott gegenüber <un>angemessen wäre. ²⁰Nach der Aussage des Paulus (ist das) derjenige, der „Christus ähnlich wurde". ²¹Denn wer könnte Gott verehren, ohne tun zu wollen, was Gott gefällt? ²²Denn die (rechte) Gottesverehrung ist diejenige, die aus *(p.109)* dem Herzen kommt. ²³Die Gottesverehrung aus dem Herzen aber betrifft jede Seele, die Gott

nahe ist. [24]Die gottverwandte Seele ist es, die rein bewahrt wird. [25]Die Seele nun, die mit Christus bekleidet ist, ist die (Seele), die geläutert ist und nicht (mehr) sündigen kann. [26]Wo Christus aber ist, dort wird die Sünde nichtig.

[27]Laß Christus allein in deine Welt eingehen und laß ihn alle Mächte, die über dich gekommen sind, zunichte machen! [28]Laß ihn eingehen in den Tempel, der in dir ist, damit er alle Händler herauswerfe! [29]Laß ihn Platz nehmen in dem Tempel, der in dir ist, und sei du ihm Priester und Levit, indem du in Reinheit hineingehst! [30]Wohl dir, Seele, wenn du diesen in deinem Tempel findest! [31]Wohl dir aber um so mehr, wenn du ihm Dienst tust!

[32]Wer aber den Tempel Gottes entweiht, den wird Gott vernichten. [33]Denn du bist (d.h.: Dein Verhalten ist) offenkundig, o Mensch, wenn du diesen aus deinem Tempel herauswirfst! [34]Denn wenn die Feinde nicht Christus in dir sehen, dann werden sie gerüstet in dich eindringen, um dich niederzuschlagen.

[35]O mein Sohn, ich habe dir (nun) betreffs dieser Dinge vielmals Weisung erteilt, *(p.110)* damit du deine Seele allzeit behüten mögest! [36]Nicht du bist es, der ihn aus dir herauswerfen wird, sondern er ist es, der dich (heraus)werfen wird. [37]Denn wenn du von ihm wegläufst, wirst du in große Sünde fallen. [38]Du wirst auch, wenn du von ihm wegläufst, zum Fraß für deine Feinde werden. [39]Denn alle untüchtigen (Sklaven) laufen von ihrem Herrn weg, und wer in der Tugend und der Weisheit untüchtig ist, läuft von Christus weg. [40]Denn jeder Mensch, der sich absondert, fällt den (wilden) Tieren in die Klauen.

13 [1]Erkenne, wer Christus ist, und mach ihn dir zum Freund! [2]Denn dieser ist der treue Freund. [3]Er ist auch Gott und der Meister. [4]Obwohl er Gott ist, wurde er Mensch um deinetwillen.

[5]Er ist es, der die eisernen Riegel der Hölle und die bronzenen Bolzen zerbrach;
[6]er ist es, der gewaltsam alle hochmütigen Tyrannen niederwarf;
[7]der von sich die Ketten (des Todes) abwarf, mit \<denen er\> gefesselt war;
    und die Armen aus dem Abgrund
    und die Betrübten aus der Hölle heraufbrachte;
[8]der die hochmütigen Kräfte demütigte und den Hochmütigen durch die Demut
                              zuschanden machte;
[9]der den Starken und den Menschenverächter durch die Schwachheit niederwarf;
[10]der *(p.111)* in seiner Verachtung das verschmähte, was für Ruhm erachtet wird,
    damit die Demut vor Gott besonders groß werde;
[11]der den Menschen anzog und (doch) Gott ist, der göttliche Logos;
[12]der allzeit den Menschen trägt
    und die Demut in dem Hochmütigen hervorbringen wollte;
[13]der den Menschen erhöhte – und er wurde Gott[220] ähnlich;
    nicht um Gott hinunter zum Menschen zu bringen,
    sondern um den Menschen Gott ähnlich werden zu lassen.

---

[220] Nach einigen Lehrmeinungen steht „Gott" hier fälschlich für „Mensch". Danach müsste die Zeile lauten: „der den Menschen erhöhte, wurde dem \<Menschen\> ähnlich."

¹⁴O solch große Güte Gottes!
¹⁵O Christus, König, der du den Menschen die große Frömmigkeit offenbart hast!
¹⁶König aller Tugend und König des Lebens!
¹⁷König der Äonen und Größter in den Himmeln!
¹⁸Erhöre meine Worte und vergib mir!

14 ¹Ferner (sage ich): Er (sc. Paulus) hat großen Frömmigkeitseifer offenbart! ²„Wo ist ein Weiser? Wo ein (zugleich) Mächtiger (und) Kluger? Wo ein Vielgewandter, der (zugleich) die Weisheit kennt? ³Laß ihn doch die Weisheit sagen und (nur) große Prahlerei hervorbringen! ⁴Denn jeder Mensch ist zum Narren geworden", sagte er (sc. Paulus) aus seinem Wissen heraus. ⁵„Denn er (sc. Christus) hat die Ratschläge der Vielgewandten verwirrt, und er fing die Weisen in ihrer Klugheit. ⁶Wer vermag den Rat des Allmächtigen zu finden oder die Gottheit zu beschreiben oder sie richtig auszusprechen?" *(p.112)* ⁷Wenn wir nicht einmal unsere gegenseitigen Ratschläge erfassen konnten, wer könnte da die Gottheit oder die Gottheiten in den Himmeln begreifen? ⁸Wenn wir kaum das finden, was auf der Erde ist, wer wollte da nach den himmlischen Dingen suchen?

⁹Der Welt ist erschienen große Macht und große Herrlichkeit und das himmlische Leben in der Absicht, das All zu erneuern – ¹⁰so daß es das Schwache und jede schwarze Gestalt abwirft und jeder einzelne in himmlischen Gewändern erstrahlt – ¹¹und zu offenbaren, wie überaus hell der Befehl des Vaters erstrahlt. ¹²Und um diejenigen zu krönen, die gut kämpfen wollen, ist Christus Kampfrichter – er, der einen jeden gekrönt hat. ¹³Er lehrt jeden zu kämpfen – er, der als erster kämpfte, die Krone empfing, als Sieger hervorging und, einem jeden Licht spendend, sich offenbarte. ¹⁴Und zwar ist alles neu gemacht worden durch den heiligen Geist und den Nous.

¹⁵Herr, Allmächtiger!
     Wieviel Lobpreis soll ich dir bringen?

¹⁶Keiner aber konnte (je) Gott so preisen, wie er ist.

¹⁷Du bist es, der seinen Logos verherrlicht hat,
     um jeden einzelnen zu retten,
     o du barmherziger Gott! –
¹⁸den, der aus deinem Munde gekommen
     und in deinem Herzen aufgestiegen ist,
¹⁹den Erstgeborenen,
     die Weisheit,
den Prototyp,
     das erste Licht!

²⁰Denn er ist ein Licht aus *(p.113)* der Kraft Gottes,
und er ist ein <lauterer> Ausfluß der Herrlichkeit des Allmächtigen,
²¹und er ist der reine Spiegel der Wirksamkeit Gottes,
und er ist das Abbild seiner Güte.

²²Denn er ist auch das Licht des Lichtes bis in Ewigkeit.
²³Er ist das Sehen, das auf den unsichtbaren Vater blickt.

²⁴Er dient allzeit und schafft durch den Willen des Vaters –
er, der allein durch das Wohlgefallen des Vaters gezeugt ist.

²⁵Denn er ist ein unfaßlicher Logos,
    und die Weisheit und das Leben ist er.
²⁶Alle Lebewesen und Kräfte ruft er ins Leben und ernährt sie –
    wie die Seele alle Glieder (des Leibes) belebt.
²⁷Er beherrscht alles durch die Kraft und belebt es.
    Denn er ist der Anfang und das Ende von allem.
²⁸Er wacht über alles und umfängt es.

²⁹Er müht sich aber um alle, und er freut sich und ist auch wieder betrübt. ³⁰Und zwar trauert er um diejenigen, die den Ort der Strafe erlost haben, ³¹müht sich aber um alle, die er mit Mühe zur Belehrung bringt, ³²und freut sich schließlich über alle, die in der Lauterkeit existieren.

15 ¹Hüte dich also, daß du nicht den Räubern in die Hände fällst! ²Gönne deinen Augen keinen Schlaf und laß deine Lider nicht zuklappen, ³damit du gerettet wirst wie eine Gazelle vor Fallen und wie ein *(p.114)* Vogel vor der Schlinge! ⁴Kämpfe den großen Kampf, solange der Kampf andauert, während alle Kräfte dir zuschauen – und zwar nicht nur [die] heiligen, sondern auch alle Kräfte des Widersachers. ⁵Wehe dir, wenn du besiegt wirst inmitten aller deiner Zuschauer! ⁶Wenn du den Kampf auskämpfst und über die Kräfte siegst, die gegen dich kämpfen, dann wirst du allen Heiligen große Freude bereiten, und deinen Feinden wirst du großen Schmerz zufügen. ⁷Dein {ganzer} Kampfrichter ist dir hilfreich, da er will, daß du siegst.

⁸Höre, mein Sohn, und sei nicht schwerfällig mit deinen Ohren! ⁹Erhebe dich wie ein Adler, nachdem du deinen alten Menschen hinter dir gelassen hast! ¹⁰Fürchte Gott in allen deinen Taten, und durch das gute Werk verherrliche Gott, ¹¹da du weißt, daß jeder Mensch, der Gott nicht wohlgefällig ist, ein Sohn des Verderbens ist – ¹²er wird in den Abgrund der Hölle hinabfahren!

16 ¹O Geduld Gottes,
    die du jeden erhältst!
²Die du willst, daß alle gerettet werden,
    die unter die Sünde geraten sind!

³Es kann doch niemand ihn hindern zu tun, was ihm gefällt! ⁴Denn wer ist stärker als er, daß er ihn hindern wollte? ⁵Wo er es doch ist, der die Erde berührt, daß sie zittert, und der auch die Berge rauchen läßt! ⁶Er, der das so große Meer *(p.115)* wie in einem Schlauch gesammelt und das ganze Wasser mit seiner hohlen Hand gemessen hat!
⁷Und die eine Hand des Herrn ist es, die alle Dinge geschaffen hat. ⁸Denn das ist Christus: die Hand des Vaters – und sie formt das All. ⁹Durch sie ist das All entstanden. ¹⁰Denn sie wurde zur Mutter des Alls. ¹¹Denn das ist er, sofern er allzeit als Sohn des Vaters existiert.
¹²Erkenne doch, daß Gott, der Allmächtige, der (es) allzeit ist, nicht allzeit König sein konnte, ohne (allzeit) des göttlichen Sohnes bedürftig zu sein! ¹³Denn alles wohnt in Gott, was entstanden ist durch den Logos, das ist der Sohn, als das Abbild des Vaters.

[14]Denn Gott ist nahe, und er ist nicht fern. [15]Wer ist seine Grenze? Die göttlichen Wesen sind Verwandte Gottes. [16]Wenn nun dieses Göttliche in einer Sache zum Teil mit dir in Einklang steht, so wisse, daß das ganze Göttliche mit dir übereinstimmt. [17]Nicht kann aber dieses Göttliche Gefallen finden an etwas Schlechtem. [18]Denn es belehrt alle Menschen über das Gute. [19]Dies ist es, was Gott dem Menschengeschlecht gegeben hat, damit um seinetwillen jeder Mensch herrlicher werde als alle Engel und Erzengel.

[20]Denn Gott hat es nicht nötig, irgendeinen Menschen zu prüfen. *(p.116)* [21]Er weiß alle Dinge, bevor sie geschehen. [22]Und er kennt die verborgenen (Gedanken) des Herzens. [23]Sie alle aber sind offenbar und armselig vor ihm. [24]Niemand soll je behaupten, Gott sei unwissend! [25]Denn es ist unangemessen, den Schöpfer aller Geschöpfe in Unwissenheit zu versetzen. [26]Denn sogar was in der Finsternis ist, ist vor ihm wie im Licht!

[27]Denn nichts sonst ist verborgen, es sei denn Gott selbst. [28]Er ist aber einem jeden offenbar und ist (zugleich) sehr verborgen. [29]Offenbar aber ist er deshalb, weil Gott am All erkannt <wird>. [30]Auch wenn (einige) das nicht zugeben wollen, werden sie doch durch ihr Herz überführt werden. [31]Verborgen ist er jedoch deshalb, weil keiner die Dinge Gottes begreift. [32]Denn er ist (zu) unaufspürbar und unerforschlich, (als daß man) den Ratschluß Gottes erkennen (könnte).

[33]Ferner (sage ich): es ist schwer, ihn aufzuspüren; und es ist schwer, Christus zu finden. [34]Denn er (Gott) ist es, der an jedem Ort und zugleich an keinem Ort wohnt. [35]Denn keiner, der es will, kann Gott so erkennen, wie er ist – [36]nicht einmal Christus oder den Geist oder den Chor der Engel oder die Erzengel *(p.117)* samt den Thronen der Geister und die erhabenen Herrschaften und „den Großen Nous". [37]Wenn du dich nicht selbst erkennst, wirst du auch nicht in der Lage sein, alle diese zu erkennen.

17 [1]Öffne dir die Tür, [damit] du den Seienden erkennst! [2]Klopfe bei dir selbst an, damit der Logos dir öffne! [3]Denn er ist die Tür des Glaubens und das scharfe Schwert, [4]nachdem er jedem alles geworden ist, weil er sich eines jeden erbarmen will.

[5]Mein Sohn, mach dich bereit, den Weltherrschern der Finsternis zu entfliehen und dieser Luft, die so beschaffen, daß sie voller Kräfte ist. [6]Wenn du aber Christus hast, wirst du diese ganze Welt besiegen. [7]Was du dir öffnen wirst, wirst du öffnen; wo du für dich anklopfen wirst, wirst du zu deinem eigenen Nutzen anklopfen. [8]Erwirb dir Nutzen, mein Sohn, indem du nicht dort wandelst, wo kein Nutzen ist!

[9]Mein Sohn, reinige dich zunächst hinsichtlich des äußeren Wandels, damit du (dann) den (Wandel) im Inneren reinigen kannst! [10]Und werde nicht zum Händler mit dem Worte Gottes! [11]Prüfe erst alle Worte, bevor du sie aussprichst! [12]Trachte nicht danach, die Ehren, die keinen Bestand haben, zu erwerben noch *(p.118)* die Überheblichkeit, die dich ins Verderben führt! [13]Nimm die Weisheit des geduldigen und freundlichen Christus an und bewahre diese, o mein Sohn, da du weißt, daß Gottes Weg allzeit von Nutzen ist.

Griechischer Kolophon (p.118,8f.)

Jesus Christus, Sohn Gottes, Erlöser
Unbeschreibliches Wunder

Die drei Stelen des Seth (NHC VII,5)

Hans-Martin Schenke

Literatur

Claude, Paul, 1983: Les Trois Stèles de Seth. Hymne gnostique à la Triade (NH VII,5). (BCNH.T 8.) Quèbec.

Goehring, James E./ Robinson, James M., 1996: The Three Steles of Seth (VII,5). In: Pearson, Birger A. (ed.): Nag Hammadi Codex VII. (NHMS 30.) Leiden / New York / Köln, 371-421.

Tardieu, Michel, 1973: Les Trois Stèles de Seth. Un écrit gnostique retrouvé à Nag Hammadi. RSPhTh 57, 545-575.

Wekel, Konrad, 1975: Die drei Stelen des Seth. Die fünfte Schrift aus Nag-Hammadi-Codex VII. Eingel. und übers. vom Berliner Arbeitskreis für koptisch-gnostische Schriften. ThLZ 100, 571-580.

Einleitung

Die Schrift StelSeth (NHC VII,5) war bis zur Entdeckung der Nag-Hammadi-Papyri unbekannt. Wir besitzen sie also nur in der Kopie einer koptischen Übersetzung, die frühestens aus der ersten Hälfte des 4. Jh. stammt. Der koptische Dialekt ist Sahidisch, aber die Eigenart, in der sich der Dialekt hier präsentiert, zeigt, daß die Übersetzung aus dem Norden Ägyptens stammen muß. Dieses „Sahidisch" ist eines der klarsten Beispiele für Krypto-Bohairisch innerhalb der Nag-Hammadi-Texte. Die Ursprache von StelSeth war Griechisch. Das geht nicht nur aus Einzelheiten wie stehengebliebenen griechischen Vokativen hervor, sondern auch und vor allem aus der speziellen griechischen Terminologie, sei es nun, daß der Text sie noch zeigt, sei es, daß sie ihm unterliegt. So klar nun die Sprache der Urfassung von StelSeth ist, um so schwieriger, wenn nicht unmöglich, ist die Bestimmung des Ortes und der Zeit ihrer Entstehung. Im Falle der Zeit geht es allerdings nur um die Frage, wie lange vor unserer Kopie, also wie lange vor 350 n. Chr., die Urschrift anzusetzen ist. Falls der Sethianismus in seiner literarisch fruchtbaren Phase eine lokal begrenzte Erscheinung gewesen sein sollte, müßte man in erster Linie die Region von Samaria bzw. überhaupt den Großraum Palästina / Westsyrien als Entstehungsort (auch) für StelSeth in Erwägung ziehen. Diskutiert wird in der Forschung auch die These, daß StelSeth in der ersten Hälfte des 3. Jh. in Alexandria entstanden ist.

StelSeth ist ein nicht-christlicher liturgischer Text der Sethianer, und zwar das Formular für den ekstatischen Aufstieg zur Gottesschau. Sein Kern ist eine dreiteilige Hymnologie, mit der die gnostischen Sethianer, in liturgischer und magischer Identifikation mit ihrem Stammvater und Erlöser Seth, die drei höchsten Gottheiten des sethianischen Systems anrufen, nämlich erstens den göttlichen Sohn, der der „Selbstentstandene" (αὐτογενής) heißt, zweitens die göttliche Mutter namens Barbelo, drittens den göttlichen Vater. Nach einer liturgischen Rubrik am Ende des Textes (p.127,17-21) sind die drei Teile beim Vollzug des Aufstiegsmysteriums in der Reihenfolge 1 2 3 – 3 2 1 zu rezitieren, während die schweigende Schau zwischen 3 und 3 stattfindet. Dieser Kern ist vorn und hinten mit Regieanweisungen (wie der gerade genannten) und mit Aussagen über die Wirkung der Hymnen „garniert". Außerdem ist er mehrfach gerahmt. Die wichtigste Rahmung erfolgt dadurch, daß im Inneren und durch den Haupttitel die drei Teile der Hymnologie als der Inhalt der aus der jüdischen Legende bekannten Stelen (der Söhne) des Seth ausgegeben werden (vgl. Jos Ant 1,69-71), deren Zahl dabei zwangsläufig von zwei auf drei erhöht wird. Am Schluß wird das Ganze durch einen Pseudo-Kolophon zu einem Buch, das Seth eigenhändig geschrieben habe, gemacht. Am Anfang gibt es sich jedoch als Offenbarung des berühmten und legendären samaritanischen Sektenstifters Dositheos. Dieser vordere Rahmen enthält (durch seine unausgesprochenen Voraussetzungen) mehr Informationen, als es auf den ersten Blick erscheint. Die Vorstellung ist, daß Dositheos vor kurzem die in der Urzeit geschriebenen und an unzugänglicher Stelle (man denkt am besten – wie es im ÄgEv und Allog erzählt wird – an einen hohen Berg) sicher deponierten Stelen auf wunderbare Weise und wohl unter himmlischer Führung entdeckt hat, daß er ihre archaische Schrift lesen und die alte Sprache verstehen, den Text also übersetzen konnte. Daß als solch wichtiges Glied der Überlieferungstradition nun gerade ein samaritanischer Sektenstifter ins Spiel gebracht wird, darf man nicht einfach als literarische Routine der Pseudepigraphie abtun, sondern es muß gute sachliche Gründe haben. Und der am nächsten liegende Grund dürfte die Verwurzelung der Sethianer in Samarien sein.

Trotz ihres liturgischen Charakters und trotz der scheinbaren Einfachheit des hier sichtbar werdenden mythologischen bzw. metaphysischen Hintergrundes ist die Schrift StelSeth ein Zeugnis der speziell philosophisch orientierten Spielart des gnostischen Sethianismus. Der Text gehört also, was das zugrunde liegende System betrifft, mit Zostr, Allog und Mar zusammen. Wenngleich die spezifische Terminologie, die dieses zeigt, wegen der Kürze des Textes dem Leser nicht sofort in die Augen springt, wie es bei den anderen Zeugen der Fall ist, so ist sie doch da und macht die Sache eindeutig. Das heißt aber, daß der seltsame kultische Vollzug eines mystischen Aufstiegs, für den StelSeth die Liturgie bietet, gar nicht *allgemein*-sethianisch zu sein braucht (und also nichts der Taufe Vergleichbares sein muß), sondern sich speziell im Bereich des philosophischen Sethianismus entwickelt haben und auf ihn beschränkt gewesen sein kann. Von solcher Entwicklung kann man vielleicht im Text selbst ja auch noch Spuren entdecken. Vielleicht hat die Literargeschichte von StelSeth so etwas wie eine parallel Laufende Traditionsgeschichte: Nicht nur die „Verpackung", sondern auch der Gebrauch der Hymnen könnte sich entwickelt und verändert haben; sie haben vielleicht ursprünglich einen ganz anderen Sitz im Leben gehabt. Man kann zu der hier übernommenen Auffassung kommen, daß die drei Stelen des Seth gar nicht aus *drei*, sondern eigentlich aus *sieben* Hymnen bestehen. Und damit ist dem Aufstieg ja eigentlich die „Leiter" (1 2 3 – 3 2 1) entzogen. Daß in der folgenden Übersetzung noch drei Zäsuren mehr erscheinen, liegt vorn an der Abtrennung des Lobpreises des Sohnes (Seth) für den Vater (Adamas) von dem eigentlichen Anfang des Hymnenbuches mit dem Hymnus auf den „selbstentstandenen" Gottessohn und daran, daß innerhalb von Hymnus 7 noch das Gebet des Seth (p.125,23-126,17) als ein auch aus Zostr (p.51,24-52,25; 86,13-24; 88,10-22), Allog (p.54,11-37) und einem griechischen Papyrus bekanntes, besonders altes Stück sethianisch-liturgischer Tradition von der Umgebung abgehoben werden mußte. Hinzu kommt die merkwürdige Art, wie in den Hymnen von der Erlösung gesprochen wird. Nach der mystischen Aufstiegsliturgie, wie sie uns jetzt unmittelbar vorliegt und von den philosophischen Sethianern praktiziert wurde, ist die Gottesschau mit der Erlösung identisch und kann die Erlösung also mehrfach erlangt werden. Verständlich ist das schon, besonders wenn man es als das Ergebnis einer „Umarbeitung" ansehen dürfte. Kurzum, die dem Leser mit auf den Weg gegebene Frage ist, ob die Einzelhymnen von StelSeth in einer ursprünglicheren Form vielleicht einmal ihren Sitz im Leben in einer sethianischen „Variante" des aus dem Valentinianismus bekannten Ritus der Erlösung (ἀπολύτρωσις) gehabt haben könnten.

Übersetzung

(p.118) Die Offenbarung des Dositheos von den drei Stelen des Seth, des Vaters des lebendigen und unerschütterlichen Geschlechts.

Die (Stelen), die er gesehen und verstanden hat, die er gelesen und behalten hat, überlieferte er auch genauso den Erwählten, wie sie an jenem Ort geschrieben waren.

Oftmals habe ich mich dem Lobpreis der Kräfte angeschlossen und bin durch sie der unmeßbaren Größen würdig geworden.

Und sie (sc. die Stelen) haben folgenden Wortlaut:

Die erste Stele des Seth

Ich preise dich, Vater, Piger-Adamas, ich als dein Sohn Emmacha Seth, den du in Ungeborenheit gezeugt hast zum Segen unseres Gottes. Denn ich (bin) dein Sohn, und du *(p.119)* bist mein Verstand, o mein Vater. Und ich habe gesät und hervorgebracht, du aber hast die Größen gesehen und deinen Stand so genommen, daß du unvergänglich bist. Ich preise dich, [o] Vater. Preise mich, o Vater! Ich existiere um deinetwillen, du existierst um Gottes willen, um deinetwillen existiere ich bei jenem. Du bist Licht, du siehst Licht, du offenbarest Licht. Du bist ein Mirotheas, du bist mein Mirotheos. Ich preise dich wie einen Göttlichen, ich preise deine Göttlichkeit.

Groß ist der gute Selbstentstandene, der seinen Stand genommen hat, der Gott, der zuerst seinen Stand genommen hat. Du kamst im Guten und offenbartest dich, und du offenbartest Gutes. Ich werde deinen Namen aussprechen, denn du bist ein erster Name. Du bist ungeboren. Du offenbartest dich, um die Ewigen zu offenbaren. Du bist der, der existiert. Deswegen offenbarest du die wirklich Existierenden. Du bist es, der ausgesprochen wird durch eine Stimme, aber durch einen Verstand wirst du verherrlicht. Du bist es, der überall Macht hat. Deswegen kennt dich auch [die] wahrnehmbare Welt; deinetwegen und deines Samens wegen. Du bist barmherzig. *(p.120)* Und du bist einer von einer anderen Art und <einer, d>er über einer anderen Art steht. Jetzt aber: {...} Du bist einer von einer anderen Art, weil du nicht ähnlich bist. Du bist aber barmherzig, weil du ewig bist. Du stehst aber über einer anderen Art, weil du alle hast wachsen lassen; und zwar um meines Samens willen, weil du es bist, der von ihm weiß, daß er in eine Zeugung gesetzt ist. Sie sind aber welche von anderen Arten, weil sie nicht ähnlich sind. Sie stehen aber über anderen Arten, weil sie ins Leben gesetzt sind. Du bist ein Mirotheos! Ich preise seine Kraft, die mir gegeben wurde.

O du, der die wirklich existierenden Männlichkeiten hat männlich werden lassen. Dreimal (zu sprechen)! O du, der in die Fünfheit geteilt wurde. O du, der uns in dreimaliger Mächtigkeit gegeben wurde. O du, der in Ungeborenheit gezeugt wurde. O du, der das Bessere verließ und um des Geringeren willen in die Mitte hinausgezogen ist. Du bist ein Vater durch einen Vater; (du bist) ein Wort aus einem Befehl. Wir preisen dich, du dreimal Männlicher; denn du hast alles durch alle vereinigt; denn du hast uns gestärkt. Du bist entstanden aus einem durch einen; du hast dich aufgemacht und bist gekommen zu einem. Du hast errettet, du hast errettet, du hast uns errettet, Bekränzter, Bekränzender. *(p.121)* Wir preisen dich in Ewigkeit. Wir preisen dich, nachdem wir errettet worden sind, als die einzelnen Vollkommenen, die Vollkommenen um deinetwillen, die, die mit dir vollkommen geworden sind, (mit dir,) der vollendet ist, der vollendet macht, du Vollkommener durch alle, der du überall gleich bist, du dreimal Männlicher. Du hast deinen Stand genommen, du hast zuerst deinen Stand genommen. Du wurdest überall zerteilt (und) bist doch einer geblieben. Und die, die du wolltest, hast du errettet. Du willst aber, daß alle, die würdig sind, errettet werden. Du bist vollkommen, du bist vollkommen, du bist vollkommen.

Die erste Stele des Seth

Die zweite Stele des Seth

Groß ist der erste Äon der männlichen, jungfräulichen Barbelo, die erste Herrlichkeit des unsichtbaren Vaters, sie, die „vollkommen" genannt wird. Du hast zuerst gesehen, daß der wirklich Präexistente substanzlos ist. Und aus ihm und durch ihn bist du in Ewigkeit präexistent geworden, du Substanzlose. Aus einem unteilbaren, dreimal mächtigen Einen heraus bist du dreimal mächtig (und) bist du [eine] große Einzigkeit. Aus [einer] reinen Einzigkeit heraus *(p.122)* bist du eine erwählte Einzigkeit, du erster Schatten des heiligen Vaters, Licht von Licht. [Wir] preisen dich, du Erzeugerin von Vollkommenen, du Spenderin von Äonen. Du hast gesehen, daß die Ewigen aus einem Schatten stammen. Und du hast (dich) zählbar gemacht. Und du hast einerseits gefunden, daß du eine geblieben bist; andererseits, während du (dich) zählbar machst, um geteilt zu werden, und so eine dreifache bist, bist du wahrhaftig dreimal soviel. Du bist fürwahr eine von dem Einen, und du stammst aus einem Schatten von ihm. Du bist ein Verborgener, du bist eine Welt der Erkenntnis, als eine, die weiß, daß die, die dem Einen gehören, aus einem Schatten stammen. Und diese hast du im Sinn. Es war um ihretwillen, daß du die Ewigen gestärkt hast durch die Substantialität, daß du die Göttlichkeit gestärkt hast durch die Lebendigkeit, daß du die Erkenntnisfähigkeit gestärkt hast durch die Güte. Durch die Seligkeit hast du die Schatten, die aus dem Einen fließen, gestärkt. Du hast den einen gestärkt durch die Erkenntnisfähigkeit, du hast einen anderen gestärkt durch eine Schöpfung. Du hast den gestärkt, der gleich ist, und den, der nicht gleich ist, den, der ähnlich ist, und den, der nicht ähnlich ist. Du hast gestärkt durch eine Zeugung und (durch) Formen im Existierenden bis zu anderen [...] und eine Zeugung [hast du] diese gestärkt. *(p.123)* Das ist jener im Herzen Verborgene. Und du bist hervorgekommen zu diesen und aus diesen. Du wirst verteilt auf sie und wirst zu einem zuerst erschienenen, großen, männlichen Verstand.

Du göttlicher Vater, du göttliches Kind, du Wesen, das Zahlen erzeugt in Entsprechung zu einer Aufteilung aller wirklich Existierenden! Du hast dich allen als ein Wort
geoffenbart, und du umfängst alle in Ungeborenheit und Ewigkeit ohne Verderben. Um
deinetwillen ist die Erlösung zu uns gekommen. Aus dir stammt die Erlösung. Du bist
Weisheit, du bist Erkenntnis, du bist die Wahrheit. Um deinetwillen gibt es das Leben.
Aus dir stammt das Leben. Um deinetwillen gibt es den Verstand. Aus dir kommt der
Verstand. Du bist ein Verstand, du bist eine Welt der Wahrheit. Du bist eine dreimal
Mächtige, du bist eine Dreifache, wahrhaftig bist du dreimal soviel, du Äon von Äonen.
Nur du bist es, die in Reinheit die ersten Ewigen und die Ungeborenen sieht, aber auch
die ersten Teilungen, wie du geteilt wurdest. Vereinige uns, wie du vereinigt wurdest.
Belehre uns [über] die, die du siehst. Stärke uns, damit wir *(p.124)* errettet werden zum
ewigen Leben. Denn was uns betrifft, wir sind ein Schatten von dir, wie auch du ein
Schatten des zuerst Präexistierenden bist. Erhöre uns zuerst! Wir sind Ewige. Erhöre
uns als die einzelnen Vollkommenen. Du bist der Äon von Äonen, die ganz Vollkommene, die zusammen ihren Bestand hat.

Du hast erhört, du hast erhört. Du hast errettet, du hast errettet. Wir sagen Dank, wir
preisen allezeit, wir werden dich verherrlichen.

Die zweite Stele des Seth

Die dritte Stele <des Seth>

Wir freuen uns, wir freuen uns, wir freuen uns. Wir haben gesehen, wir haben gesehen,
wir haben gesehen, daß der wirklich Präexistente wirklich existiert, daß er existiert
<als> der erste Ewige. Du Ungeborener, aus dir stammen die Ewigen und die Äonen,
die ganz Vollkommenen, die zusammen ihren Bestand haben, und die einzelnen Vollkommenen. Wir preisen dich, du Substanzloser, du Existenz vor Existenzen, du erste
Substanz vor Substanzen, du Vater der Göttlichkeit und Lebendigkeit, du Schöpfer des
Verstandes, du Geber des Guten, du Geber der Seligkeit. Wir preisen dich alle, du Wissender, mit [...] Lobpreis, den, *(p.125)* um dessentwillen alle sind [...] der, der dich erkennt durch dich allein. Denn es gibt niemanden, der vor dir wirkt. Du bist ein alleiniger und lebendiger Geist, und [du] erkennst einen; denn den einen, den du überall hast,
können wir nicht aussprechen. Ja, es leuchtet über uns dein Licht. Gewähre uns, daß wir
dich sehen, damit wir errettet werden. Deine Erkenntnis, sie ist unser aller Erlösung.
Gewähre es! Wann immer du es gewährtest, wurden wir errettet.

Wahrhaftig! Wir wurden errettet. Wir sahen dich im Verstand. Du bist mit allen identisch, denn du errettest alle, der du nicht durch sie errettet wurdest noch errettet hast.
Denn du hast es uns gewährt.

„Du bist einer, du bist einer, wie einer zu dir sagen wird, daß du einer bist. Du bist
ein einziger, lebendiger Geist. Wie sollen wir dich benennen? Es ist nicht unsere
Sache! Denn du bist das Sein von allen. Du bist das Leben von allen. Du bist der
Verstand von allen. Du [bist es, dem] alle zujubeln. *(p.126)* Du hast es allen gewährt, daß sie errettet werden durch dein Wort [...] sie. Du [...] Herrlichkeit, die
bei ihm ist. [Du] Verborgener! Du seliger Senaon, [der] aus sich selbst entstanden
ist, [Asi]neus, [...]euphneu(s), Optaon, Elemaon. Du Großer an Kraft, Emouniar,

Nibareus, Kandephoros, Aphredon, Deiphaneus. Du bist es, der Harmedon für mich ist. Du Krafterzeuger, Thalanatheus, Antitheus. Du bist es, der in dir selbst existiert. Du bist es, der vor dir selbst ist. Und nach dir ist niemand in die Lage gekommen zu wirken."

Als was sollen wir dich preisen? Wir können es nicht! Aber wir als die Geringeren danken dir, daß du als der Bessere es uns gewährt hast, dich so zu verherrlichen, wie wir es können. Wir preisen dich dafür, daß wir errettet wurden. Zu jeder Zeit verherrlichen wir dich. Deswegen werden wir dich verherrlichen, damit wir errettet werden zu ewiger Erlösung. Wir haben dich gepriesen, weil wir es können. Wir wurden errettet, weil du es wolltest. Zu jeder Zeit vollbringen wir dies alle, vollbringen wir dies alle [...] nicht(?) durch [...] *(p.127)* [...] der, der [...] wir und die, die errettet wurden.

Wer dieser gedenken und sie allezeit verherrlichen wird, der wird zu einem Vollkommenen werden unter den Vollkommenen und zu einem, der dem Leiden entnommen ist, außerhalb von allem. Denn sie alle preisen diese einzeln und zusammen. Und danach sollen sie verstummen. Und, wie es ihnen bestimmt ist, steigen sie auf; oder nach dem Schweigen kommen sie herab. Von der Dreiheit aus preisen sie die Zweiheit, danach die Einheit. Der Weg des Aufsteigens ist der Weg des Herabkommens.

Erkennt nun als die Lebendigen, daß ihr es erlangt habt, euch kundig gemacht zu haben über die Grenzenlosen. Bewundert die Wahrheit, die sich in ihnen befindet, und die Enthüllung.

Subscriptio (p.127,27)

Die drei Stelen des Seth

Kolophon (p.127,28-32)

Dies Buch gehört dem Geschlecht. Der Sohn ist es, der es geschrieben hat. Segne mich, o Vater! Ich segne dich, o Vater. In Frieden. Amen.

Zostrianus (NHC VIII,1)

Hans-Martin Schenke

Literatur

Barry, Cathrine / Funk, Wolf-Peter / Poirier, Paul-Hubert / Turner, John D., 2000: Zostrien (NH VIII,1). (BCNH.T 24.) Québec / Louvain.
Hadot, Pierre, 1996: „Porphyre et Victorinus". Questions et hypothèses. In: Tardieu, Michel: Recherches sur la formation de l'Apocalypse de Zostrien et les sources de Marius Victorinus. (Res Orientales IX.) Bures-sur-Yvette, 115-125.
Sieber, John H./ Layton, Bentley, 1991: NHC VIII,1: Zostrianos. (NHS 31.) Leiden [u.a.], 7-225.
Tardieu, Michel, 1996: Recherches sur la formation de l'Apocalypse de Zostrien et les sources de Marius Victorinus. (Res Orientales IX.) Bures-sur-Yvette.

Einleitung

Mit der Schrift NHC VIII,1 „Zostrianus" (Zostr) ist der Forschung ein ganz bedeutender Text zugänglich geworden, den man bisher nur dem Namen nach, und zwar als ἀποκάλυψις Ζωστριανοῦ, kannte. Es war dies eine der Quellen der gnostischen Gegner, die in Rom, in der Schule des Plotin, für erhebliche Unruhe sorgten und eine groß angelegte literarische Gegenoffensive bewirkten, in deren Rahmen auch die antignostische Schrift des Plotin selbst gehört (Enneaden 2,9 [= 33]). Der Gewährsmann für dies alles ist Porphyrius, der in seiner Vita Plotini (Kap. 16) darüber folgendes sagt:

> „Zu seiner (sc. Plotins) Zeit gab es viele Christen, aber auch andere (unter ihnen), Sektierer, die von der alten Philosophie ausgegangen waren, und zwar die Anhänger des Adelphios und Aquilinos, die zahlreiche Schriften des Alexander von Libyen, des Philokomos und des Demostratos von Lydien besaßen und Apokalypsen des Zoroaster, des Zostrianos, des Nekotheos, des Allogenes und des Messos und anderer solcher Leute vorwiesen. Sie täuschten viele und wurden selbst getäuscht, so als wäre Platon nicht in die Tiefe der intelligiblen Substanz eingedrungen. Daher hat er (sc. Plotin) viele Widerlegungen in den Lehrveranstaltungen vorgebracht und auch ein Buch geschrieben, welchem ich den Titel ‚Gegen die Gnostiker' gab. Er überließ es uns, das übrige der Kritik zu unterziehen. Ich, Porphyrius, aber habe häufig Widerlegungen gegen das Buch des Zoroaster vorgebracht, indem ich nachwies, daß die Schrift unecht und neu ist und von

den Gründern der Sekte angefertigt wurde, um den Anschein zu erwecken, daß es sich um die Lehren des alten Zoroaster handle, die sie hochzuhalten wünschten."[221]

Es ist nun zwar die gegenwärtige communis opinio, daß es sich um ein und dasselbe Buch handelt, aber das muß nicht unbedingt auch eine Identität im Wortlaut bedeuten. Es ist besser zu sagen, daß wir es mit einer bestimmten Version desselben Buches zu tun haben. Diese liegt uns als koptische Übersetzung und Kopie vor (wie der gesamte Nag-Hammadi-Fund), die frühestens aus der ersten Hälfte des 4. Jh. stammt.

Daß unser koptischer Text aus dem Griechischen übersetzt worden und Griechisch also wohl als die Ursprache von Zostr anzunehmen ist, wird an vielen Phänomenen des Textes deutlich. Die klarsten Hinweise liefern die stehengebliebenen Vokativformen von Eigennamen in Gebetsanrufungen und der Kolophon, der einen rein griechischen Text unter dem Deckmantel koptischer Kryptographie bietet. Der Ursprungsort ist unsicher. Alexandria wäre als Abfassungsort vorstellbar. War der Sethianismus in seiner literarisch fruchtbaren Phase eine lokal begrenzte Erscheinung, müßte man statt dessen die Region von Samaria bzw. den Großraum Palästina / Westsyrien als Entstehungsort von Zostr in Ansatz bringen.

Für die Entstehungszeit der griechischen Urgestalt von Zostr ist der terminus ante quem durch die Verbindung mit dem Leben und Werk Plotins gegeben. Nach Porphyrius war das Buch in Rom etwa zwischen 244 und 269 n.Chr. in Gebrauch. Wie lange vorher man seine Entstehung anzusetzen hat, ist nicht sicher. Wegen der Verwurzelung des Zostr im Mittelplatonismus und der Autorität, die das Buch beim Streit in Rom schon gehabt haben muß, kann man seine Entstehungszeit deutlich von der Zeit des römischen Konflikts abrücken und die letzte Hälfte des 2. Jh. favorisieren.

Der Text ist formal als eine pseudepigraphe Apokalypse zu bestimmen. Der wirkliche Verfasser versteckt sich hinter einer Gestalt der hellenistischen Magiertradition. Mit diesem fiktiven Autor namens Zostrianus verlegt der wirkliche Verfasser seine sethianisch-philosophische Botschaft in die verklärte Urzeit der persischen Religionsgeschichte zurück. Zostrianus gilt als Verwandter und Vorfahre des persischen Religionsstifters Zarathustra / Zoroaster; dabei wird Zoroaster speziell als Großenkel oder Großneffe des Zostrianus gesehen. Es ist schwer vorzustellen, wie denn dieser Text, der doch für die Sethianer bestimmt ist, überhaupt in deren Hände gelangt sein soll. Ein anderes mit der „persischen" Einkleidung zusammenhängendes Problem liegt in dem Kolophon beschlossen. Die Frage ist, welche Beziehung der Autor des Kolophons (sekundär) zwischen dem vorliegenden Buch des Zostrianus und der Person seines Nachkommens Zoroaster herstellen wollte. Ich kann die Sache eigentlich nur so verstehen, daß auch Zoroaster später dieselbe Lehre, die dem Zostrianus geoffenbart worden ist und die er in diesem Buch niedergelegt hat, vertreten und verkündigt haben soll.

Die Offenbarung erzählt von einer „Seelenreise", die Zostrianus bis in die höchsten Himmelsregionen bzw. Seinssphären führt. Aber dieser Aufstieg des Zostrianus hat nicht die Funktion eines mystischen Modells für entsprechende Erlebnisse anderer, sondern wird als Berufungsvision eines gnostischen Propheten verstanden. Zostrianus erfährt bei dieser himmlischen Berufung, sei es durch Belehrung seitens verschiedener Himmelswesen, sei es durch das, was er erlebt und was er sieht bzw. gezeigt bekommt, alles, was er danach sein Leben lang auf Erden verkündigen soll. Was dem Zostrianus in dieser Schrift angeblich geoffenbart wird bzw. die Lehre, die der Verfasser durch den Mund des Zostrianus verkündet, ist ein (nicht-christlicher) philosophisch orientierter gnostischer

---

[221] Übersetzung von Robert Haardt: Die Gnosis. Wesen und Zeugnisse. Salzburg 1967, 153 (Hervorhebungen: Schenke).

Sethianismus, wie er sich auch im „Allogenes", den „Drei Stelen des Seth" und dem Traktat „Marsanes" findet. Inhaltlich wirkt Zostr wie eine Kombination von AJ (besonders hinsichtlich der Lehre vom Fall der Sophia) und Allogenes. Wo sich Zostr mit Allog thematisch überschneidet, geht es auch im Zostr um die Metaphysik bzw. Ontologie der höchsten Sphäre der göttlichen Welt. Dabei wird die Spitze des sethianischen Pantheons: Unsichtbarer Geist, Barbelo mit ihrem Äon, und die drei Emanationsstufen καλυπτός, πρωτοφανής, αὐτογενής auf ihre philosophischen Implikationen hin ausgelegt. Der Unsichtbare Geist ist das Eine, das absolut transzendente wirklich Seiende. Barbelo und ihr Äon sind der in mehrfacher Hinsicht dreifaltige Bereich des göttlichen Verstandes (νοῦς) bzw. die Welt der Ideen. Besonders bemerkenswerte und identifizierbare philosophische Schulkonzeptionen, die dem mittleren Platonismus entlehnt sein dürften, sind dabei einerseits: die dreifache Modalität im Bereich des göttlichen Verstandes als Sein / Existenz (ὕπαρξις), Leben / Lebendigkeit, Erkenntnis / Erkenntnisfähigkeit (= Seligkeit); andererseits: die dreifache Gliederung bzw. Stufung von Kräften im Bereich des göttlichen Verstandes. Es wird unterschieden zwischen „den *wirklich* existierenden *ganz* Vollkommenen" (οἱ ὄντως ὄντες παντέλειοι; den paradigmatischen Ideen), „den *zusammen* existierenden *ganz* Vollkommenen" (οἱ ὁμοῦ; den mathematischen Ideen) und „den *einzeln* existierenden Vollkommenen" (καθ᾽ ἕνα ὄντες τέλειοι; den Ideen der Einzeldinge).

Die im Zostr sonst noch auffälligen Begriffe bzw. Konzepte: „gegenbildlich" (ἀντίτυπος), „Aufenthalt / Exil" (παροίκησις) und „Umkehr" (μετάνοια) sowie die Vorstellung einer „luftigen Erde" (γῆ ἀέριος), samt ihrer Anwendung und Entfaltung, sind insofern wichtig, als Plotin in seiner antignostischen Schrift (Enneaden 2,9) sich ausdrücklich darauf bezieht und damit auseinandersetzt. Dabei hängen „Aufenthalt" und „Umkehr" sicher mit dem Sophia-Mythos zusammen und meinen den Ort / Bereich der Verbannung der Sophia nach ihrem Fall bzw. den Ort / Bereich, der ihr nach der Einsicht ihres Fehlers (vorläufig) zugewiesen wurde. Das Konzept der Gegenbildlichkeit besagt, daß der ganze Äon der Barbelo, also das Reich des Verstandes oder die Welt der Ideen, noch ein unteres Spiegelbild hat, das zwischen der luftigen Erde einerseits und den Orten von Aufenthalt und Buße andererseits zu lokalisieren ist.

Die Aufnahme sethianischer und allgemein philosophischer Traditionen ist klar. Daneben finden sich zwei mutmaßliche Quellen. Zunächst ein bestimmtes Gebet bzw. Gebetsformular, das man das sethianische „Vaterunser" nennen könnte, während die Sethianer selbst es vielleicht „Gebet des Seth" genannt haben. Es kommt im Zostr dreimal vor, nämlich: p.51,24-52,25; 86,13-24; 88,10-22. Nun hat dieses Gebet so auffällige Parallelen in StelSeth (p.125,23-126,17) und Allog (p.54,11-37), daß wir es als vorgegebenes, geprägtes Gut anzusehen haben. Außerdem wurde kürzlich eine griechische Version oder Variante von diesem „Gebet des Seth" entdeckt und herausgegeben.

Außerdem gibt es für Zostr p.64,13-66,12 bzw. p.66,12-84,22, wo es um die philosophische Entfaltung der höchsten Stufe der Transzendenz geht, eine wörtliche bzw. sachliche Parallele in dem lateinischen Text des Marius Victorinus: Adversus Arium 1,49,9-50,21. Die besondere Art dieser Parallelität läßt sich nur so erklären, daß beide Texte hier ein und derselben (griechischen) Quelle folgen, die Zostr nur in dem ersten Stück, das der negativen Theologie gewidmet ist, wörtlich übernimmt, während es von der zweiten Hälfte mit der positiven Theologie, mit Ausnahme der allerletzten Worte, nur weit verstreute Paraphrasen gibt. Sachlich ist die Quelle als ein mittelplatonischer Text zu bestimmen.

Übersetzung

(p.1) [Das Buch] der [Herrlichkeit] der Worte [...] lebendig ist in Ewigkeit, jener (Worte), [die] ich, Zostrianus, [...] und Jolaos, [als] ich in der Welt war, [aufgeschrieben habe] für die, [die] in meinem Alter sind, und (für) [die], die nach mir kommen, (für) [die] lebendigen Erwählten.

Ich schwöre bei Gott, [daß ich] die Wahrheit [sage] in wahrhaftiger Wahrheit, Erkenntnis {...} und ewigem Licht.

Nachdem ich mich kraft des Verstandes von der in mir befindlichen körperlichen Finsternis getrennt hatte, auch von dem seelischen Chaos und von der in der Finsternis herrschenden begehrlichen Weiblichkeit, ohne diese je wieder ausgeübt zu haben, nachdem ich die Grenzenlosigkeit meiner Materie entdeckt und die in mir befindliche tote Schöpfung und den Gott, der die wahrnehmbare Welt beherrscht, überführt hatte, habe ich mit aller Kraft einen Schrei von alledem ausgestoßen für die, die etwas partikuläres Fremdes besitzen. Obgleich ich ihre Werke eine kurze Zeitlang erprobt hatte, wie die Notwendigkeit der Zeugung mich in die sichtbare Welt gebracht hatte, so haben sie mir doch nie gefallen. Ich habe mich vielmehr immer von ihnen zu trennen gesucht, weil ich aus einer heiligen und <un>vermischten [Geburt] stamme. Nachdem ich meine arglose Seele aufgerichtet und den verständigen *(p.2)* [...] gestärkt hatte [...] und [...] in dem [...] meines Gottes [...], während ich die [...] betrieb, erstarkte [ich] in heiligem Geist, [jenem], der übergöttlich ist. Und [er ...] über mich allein, weil ich aufrecht war. [Und] ich sah das vollkommene Kind. [...] ist es selbst und der, der bei ihm ist und mir oftmals und vielfach erschienen war, sofern [ein einziger] (es so) will, als ich nach dem männlichen Vater von allen Dingen suchte, [denen, die] in Denken und Wahrnehmung bestehen, in Form und Gattung, (in) Teil und Ganzem, (in) Umfassendem und Umfaßtem, (in) Körperlichem und Unkörperlichem, (in) Substanz und Materie, und (in) allem, was sie besitzen, und (nach) dem Sein, [das] ihnen beigemischt ist, und dem Gott dieses <...>, des verborgenen Ungeborenen, und der Kraft von ihnen allen und dem Sein, (mit der Frage): Wieso haben die Seienden, wenn sie aus dem Äon der Seienden stammen, aus einem unsichtbaren, unteilbaren und selbstentstandenen Geist, als drei[fache] Ungeborene, einen Ursprung, der vorzüglicher ist als das Sein, und präexistieren sie [vor] allem und sind doch zur [Welt] geworden? Oder wieso sind die, die gegen ihn sind, und alle *(p.3)* [...] gut, dieser [...] und als Vorwand? Und welches [ist der] Ort von jenem? Oder was für ein Ursprung ist es, den er hat? Oder in welcher Weise gehört ihm der aus im Stammende samt allem? Oder wieso ist er, wenn er etwas Einfaches ist, verschieden [von sich] selbst, indem er existiert als Sein, Form und Seligkeit und indem er eine Kraft spendet als einer, der kraft des Lebens lebendig ist? Oder in welcher Weise ist das nicht existierende Sein kraftvoll als existierend in Erscheinung getreten?

Während ich dies aber zu begreifen gedachte, opferte ich täglich, gemäß der Gewohnheit meines Volkes, dem Gott meiner Väter und zitierte den Lobpreis von ihnen allen. Denn meine Vorväter und meine Väter, die gesucht haben, haben auch gefunden. Ich aber bat unablässig um einen Ruheort, der meines Geistes würdig war, bevor ich in der wahrnehmbaren Welt gefesselt wurde. Und da, als ich wegen der Verzagtheit, die mich umgab, sehr betrübt und verzagt war, wagte ich es zu handeln und mich den Tieren der Wüste zum Zwecke eines grausamen Untergangs auszuliefern. Es trat zu mir der Engel der Erkenntnis des ewigen [Lichtes] und sagte zu mir: „Zostrianus, weswegen hast du so den Verstand verloren, daß du unwissend bist hinsichtlich der großen Ewigen, *(p.4)* die oben [...] sind, dich nicht [...]. Und [des]wegen [wurdest] du [...] gesandt, damit du jetzt gerettet wirst. [Bleib] doch [nicht] länger im Verderben! [Denke] auch nicht mehr an die, die du kennst, [damit] du andere erlöst, [nämlich solche, die] der Vater der Höhen erwählen wird! [Du] denkst noch daran, daß du der Vater von [deinem Geschlecht] bist oder daß Jolaos dein Vater ist? [Du hast] einen Engel Gottes, der dich [geführt hat] durch heilige Menschen. Komm, verlasse diese [Orte], zu denen du wieder zurückkehren wirst, um einem lebendigen Geschlecht zu predigen und um die zu retten, die (dessen) würdig sind, und um die Erwählten zu stärken, weil der Kampf des [Äons] groß ist und weil die Zeit dieses Ortes kurz ist."

Als er das aber zu [mir] gesagt hatte, stieg ich in großer Schnelligkeit und großer Freude mit ihm empor zu einer großen Lichtwolke. Ich [ließ] mein (körperliches) Gebilde auf der Erde [zurück], wo es von herrlichen Wesen bewacht wird. Und [wir] entkamen der ganzen Welt und den dreizehn Äonen, die in ihr sind, [und] ihren Engelschaften. Sie sahen uns nicht. Und ihr Archont geriet ins Wanken angesichts der Bahn [unseres Weges]. Denn die [Licht]wolke, *(p.5)* [die wir hatten ...] eine, die viel besser ist [als alles Weltliche], deren Schönheit unaussprechlich ist, die kraftvoll leuchtet, wenn sie heiligen Geistern den Weg weist, [die] ein lebendigmachender Geist [und] eine verständige Rede ist, [nicht] wie bei denen, die in der Welt sind, [...] einer veränderlichen Materie [und] einer drängenden Rede. Und da erkannte ich, daß die in mir befindliche Kraft, im Besitz des ganzen Lichtes, über die Finsternis gesetzt ist.

Ich empfing die Taufe an jenem Ort und nahm das Aussehen der dort befindlichen herrlichen Wesen an. Ich wurde wie einer von ihnen.

Ich verließ die luftige [Erde] und durchquerte die gegenbildlichen Äonen, wobei ich [an] jenen [Orten] siebenmal die Taufe [in] lebendigem [Wasser] empfing, entsprechend einem jeden [der] Äonen, ohne daß ich abließ, bis [ich] sie [alle auf] einmal [durchquert] hatte. [Und] ich stieg auf zu [dem wirklich] existierenden Aufenthalt. [Ich] empfing die Taufe und [verließ] die Welt.

Ich stieg auf zu der wirk[lich] existierenden Umkehr. [Und ich] empfing an jenem Ort [sechs]mal die Taufe. Ich durchquerte den *(p.6)* sechsten. [Ich empfing Kraft von] diesen [allen].

Und ich stieg [auf] zu den [selbstentstandenen] Äonen. Ich nahm dort meinen Stand und sah ein Licht der Wahrheit, das wirklich aus [einer] selbstentstandenen Wurzel von ihm stammte, [und] große Engel und [über die] Maßen herrliche Wesen.

Und ich empfing die Taufe auf den [Namen des] selbstentstandenen Gottes [durch] die Kräfte, die [über das] lebendige Wasser eingesetzt sind: Michar und Micheus. Und ich wurde gereinigt durch [den] großen Barpharanges. Und mir wurde [Herrlichkeit verliehen]. Ich wurde in die Herrlichkeit eingeschrieben. Ich [wurde] versiegelt durch die, die über diese Kräfte eingesetzt sind: [Michar,] Micheus, Seldao, Elainos und Zogenethlos. Und ich [wurde] zu einem gottschauenden Engel. Und ich nahm meinen Stand auf dem ersten, das ist der vierte Äon, wo die Seelen sind. Ich pries den

[selbst]entstandenen Gott, den [Vor]vater: Piger-Adamas, [ein Auge des] Selbstentstandenen, den ersten vollkommenen [Menschen], Seth Emmacha [Seth], den Sohn des Adamas und Vater [des nicht] wankenden Geschlechts, die [vier großen] Erleuchter: Harmozel,
[Oroiael, Daueithe und Eleleth], Mirothea, sie ist die Mutter [des Adamas], Prophania, [sie ist die Mutter] der Erleuchter, und [Plesithea] *(p. 7)*, die Mutter [der] Engel.

Und ich [empfing die Taufe] zum zweiten[mal] auf den Namen des selbstentstandenen Gottes durch dieselben Kräfte. Ich wurde zu einem Engel von männlicher Art {...}. Und ich nahm meinen Stand auf dem zweiten Äon, das ist der dritte, wo die Kinder des Seth sind. Ich pries dieselben.

Und ich [empfing] die Taufe zum drittenmal auf den Namen des selbstentstandenen Gottes durch dieselben Kräfte. [Ich] wurde zu einem heiligen Engel. Ich nahm meinen Stand auf dem dritten Äon, das ist der zweite. Ich pries dieselben.

Und ich empfing die Taufe [zum] viertenmal durch dieselben Kräfte. Ich wurde zu [einem] vollkommenen [Engel]. Und [ich nahm meinen Stand auf] dem vierten, das [ist der erste] Äon. Und ich [pries dieselben].

Da fragte ich [einen ...], der [...] ich sagte (?) [...] ich [...] von [...] ich [...] ihn [...:] „Weswegen [...] etliche [...] in der Kraft [...] hörte sie anders in den Nachrichten *(p.8)* der Menschen? Und sind diese ihre Kräfte oder sind sie es doch jene? Aber ihre Namen sind ja voneinander verschieden! Und ist eine Seele von der anderen verschieden? Und weswegen sind die Menschen verschieden voneinander? Worin oder auch wie zahlreich sind die Menschen?"

Und es sprach zu mir der große, die Höhe beherrschende Authrounios: „Wenn du wirklich nach denen suchst, die du durchquert hast, entweder betreffs dieser luftigen Erde, weswegen sie diese weltliche Prägung hat, oder betreffs der gegenbildlichen Äonen, wieviel es sind oder weswegen sie [nicht] bedrängt sind oder betreffs des Aufenthalts und [der] Umkehr und betreffs der Schöpfung von [Äonen] und der Welt, die [nicht] wirklich [existiert], so [werde ich] dich offen über [all die Dinge] belehren, nach [denen du] mich [fragst ...] auch nicht ein [Befehl ...] dir [...] unsichtbar [...] und die [Lehre ...] Eleleth (?) [...], der dir offenbaren [wird ...] und auch mit mir [..., die] ich durchquert habe."

(p.9) [Es] sprach [zu mir] der [große], die Höhe beherrschende Authrounios: „Die luftige Erde entstand zwar aus einem Wort, aber die Geschöpfe und alles Vergängliche läßt sie aus Unvergänglichkeit in Erscheinung treten. Was die Herabkunft der großen Richter betrifft, so sollten sie nicht von Wahrnehmungen kosten und nicht in der Schöpfung eingeschlossen werden. Nachdem sie aber auf diese herabgekommen waren und nachdem sie durch diese die Werke der Welt gesehen hatten, verurteil<t>en sie ihren Archonten zum Untergang, weil [das] finstere, vergängliche Geschöpf eine Prägung der Welt, eine [Substanz] und ein Ursprung der Materie ist. [Durch] diese aber, nachdem sie [sie] erblickt hatte, brachte die Sophia die Finsternis hervor, indem sie [...] die gestellt ist unter den [... weil es eine] Prägung der [...] ist [...] der Substanz von [... gestalt]lose Gestalt [...] weil es eine [formlose] Form [ist ...] Welt [...] das All [...] die Finsternis. [Er] säte (?) [durch sein] Wort, ohne daß es [dem Archonten] der [Schöpfung] möglich war, irgend jemanden von den Ewigen zu sehen. *(p.10)* Er sah ein Bild.

Und nach dem Bild, das er [gesehen] hatte und das in ihm war, schuf [er] die Welt. Und (zwar) ist es durch ein Bild von einem Bilde, daß er die Welt herstellte. Und auch das Bild der Erscheinung wurde ihm genommen. Nachdem aber der Sophia ein Ruheort als Entgelt für ihre Umkehr gegeben worden war, weil andererseits von dieser (Erscheinung) sich kein erstes Bild in ihr befindet, das rein in ihm präexistiert, oder nachdem sie schon durch ihn entstanden waren, machte er sich eine Vorstellung und stellte die übrigen her. Denn weil das Abbild [der] Sophia allezeit vergänglich ist [und] weil sie von trügerischem Gesicht ist, weil andererseits der Archont [ähnlich] war und zum Körper wurde, im Lauf nach [dem Abbild], wegen der Übersubstanz, [blickte er] herab auf die [..., die] ich gesehen hatte [...] in den Sinn von [...] von denen, die [...] nachdem er [...] Äon [...] mehr [...] vollkommen durch [...] den [...], ihn, den [die] luftige [Erde ...] durch ihn, nachdem sie *(p.11)* auf unveränderliche Weise den Untergang der Welt enthüllt hatte. Mit den gegenbildlichen Äonen aber verhält es sich folgendermaßen: Sie haben zwar nicht die ideale Beschaffenheit von ein und derselben Kraft erreicht; es sind aber ewige, herrliche Wesen, die sie besitzen, und sie sind Gerichtsorte für jede einzelne der Kräfte. Wenn aber die Seelen durch das in ihnen befindliche Licht erleuchtet werden samt der Prägung, die vielmals mühelos in ihnen entsteht, denkt sie, daß sie den wahren und ewigen [...] sieht in dem seligen [...] dieser einen einzigen [...] jede einzelne von [...] Licht, das [...] alle; und jene zwar [...] ganz, und jene [aber ...] und ein [...] und jene [...] jene, die [...] jene [...] ist [der Aufenthalt ...] Weise (?) der Umkehr, und Seelen *(p.12)* nehmen gemäß der Kraft, die in ihnen ist, ihren Stand. Und die demütigen Seelen üben sich durch die Gegenbilder, sie, die eine Prägung ihrer Seelen empfangen, solange sie noch in der Welt sind. Nach dem Weg des Herauskommens entstehen sie in Entsprechung zu jedem einzelnen der Äonen und werden sie verändert in Entsprechung zu jedem einzelnen: Von dem Gegenbild des Aufenthalts (gelangen sie) hinauf zu dem wirklich existierenden Aufenthalt, von dem Umkehr-Gegenbild hinauf zu der wirklich existierenden Umkehr [und] von [dem] gegenbildlichen Selbstentstandenen [hinauf] zu dem wirklich existierenden [Selbstentstandenen] nebst [allen] anderen [...]. Fürwahr, die Seelen der [...] sind in einem [...] sie alle durch [die gegen]bildlichen Äonen [... Sie] sehen zwar, wenn [...] und etliche [...] durch [...] der [...] außerhalb [...] Licht(?) [...] diese [alle, die] existieren als [...], indem [sie] *(p.13)* [den] Gott priesen, der oberhalb der [großen] Äonen ist, und den verborgenen [Ungeborenen] und den zuerst erschienenen, großen Männlichen und das vollkommene Kind, das übergöttliche (Wesen), und sein Auge: Piger-Adamas."

Und ich rief hinauf zum Kind des Kindes: Ephesech. Es trat zu mir und sprach: „O, du Bote Gottes, du Sohn des Vaters! [Du] bist der vollkommene Mensch. [Wes]wegen rufst du mich und suchst [nach] dem, was du kennst, als [wärst] du [unwissend] darüber?"

Ich [aber sagte:] „Ich suche nach dem Wasser (und möchte wissen), [wieso] es vollkommen macht und [eine Kraft] verleiht [oder] was für eine Kraft es [besitzt oder die Namen], auf [die] wir die Taufe empfangen, [oder weswegen diese] Namen sich [von ihnen] unterscheiden und weswegen [die Namen sich] voneinander unterscheiden. Sie sind [aber vollkommen] in der [...] aus anderen [...] die Menschen [...] sich unterscheiden [...]"

[...] *(p.14)*, und sagte: „Zostrianus, höre über [alle] diese! Denn es gibt drei prä[exi-stente] Ursprünge, die in Erscheinung getreten sind aus ein und demselben Ursprung, nämlich dem Äon der Barbelo, nicht wie Ursprünge und Kräfte, auch nicht wie aus ei-nem Ursprung und einer Kraft, während sie jeden Ursprung in Erscheinung treten ließen und jede Kraft mit Kraft versehen haben und in Erscheinung getreten sind [aus] dem, der [viel] besser als sie ist, welche sind: das Sein, [die] Seligkeit und das Leben. Diese [aber, während sie] miteinander [offenbar sind, sind in Erscheinung getreten] aus ein [und demselben] Ursprung [...] und deswegen [...], indem sie benannt wurden [...] ein vollkommener [...] aus einem [Ursprung ...], *(p.15)* und [es gibt] ein Wasser bei einer jeden von ihnen. Deswegen sind es [drei] vollkommene Wasser: Das Wasser des Le-bens, das ist das der Lebendigkeit, das, woraufhin du soeben die Taufe empfangen hast im Selbstentstandenen, das [Wasser] der Seligkeit [aber], das ist [das der] Erkenntnis, das, woraufhin du die Taufe empfangen wirst im zuerst Erschienenen, das Wasser des Seins aber, [das] das der Göttlichkeit ist, das ist das des Verborgenen. Und es [gibt] das Wasser [des Lebens in Verbindung zu] einer Kraft, das der Seligkeit in Verbindung zu einer Substanz, das [der Göttlichkeit] aber in Verbindung zu einem Sein. [Diese] alle aber [sind] Abbilder [des] dreifach Mächtigen und [... Sie] sind es, die man [... das] rei-ne Wasser [...] die gingen [...] männlich [...] dort [... das] *(p.16)* Sein, so wie [er] in ihm ist. [Er] verweilte nicht nur in einem Gedanken, sondern er [umfaßte] sie auch, denn so ist er das Werden: Er erlegte dem Existierenden etwas [Begrenztes] auf, damit es nicht unbegrenzt und gestaltlos sei, aber sie überquerten [es] in Wahrheit, weil es etwas Neu-es ist, auf daß [es] irgend etwas werde, das seinen [Wohnort hat], das Sein und das [Werden], während er seinen Stand bei ihm hat, mit ihm zusammen ist, ihn umgibt und ihn überall hinbringt. [...] aus dem [...] nehmen jenen, der [... prä]existiert [...] eine Wirksamkeit [...] offenbar, indem [...] auch sein Wort [...] sind diese [...] sie entstanden [... umfaßten] einen [...], *(p.17)* und es existiert die Kraft, die Substanz und das Sein des Werdens, sofern das Wasser existiert. Der Name aber, auf den hin die Taufe empfangen wird, ist ein Wort des Wassers. Nun [ist] das erste vollkommene Wasser des dreifach Mächtigen, <das> des Selbstentstandenen, Leben für die vollkommenen Seelen. Denn es ist ein Wort von dem vollkommenen Gott in seinem Werden, und zwar (von) jenem. Denn eine Quelle von diesen allen ist der unsichtbare Geist, deren andere aus der Er-kenntnis stammen, sofern sie Abbilder von ihm [sind. Jedoch] einer, der von ihm weiß, wie er ist, oder welches [ist ...] lebendig zugleich [... wird] leben in einem [Leben ...] ist das Wasser [...] leben. In dem Werden [...] wird grenzenlos [...] sein eigenes [Werden ...] und der Name [...], *(p.18)* der wirklich existiert, ist jener, den er begrenzt. Und jene werden auf das Wasser herabkommen in Entsprechung zu derselben Kraft und dem Bil-de der Ordnung. Und der zuerst erschienene, große, männliche, unsichtbare, vollkom-mene Verstand hat sein eigenes Wasser, wie du es, wenn du zu seinem Ort kommst, [sehen wirst]. Ebenso verhält es sich bei diesem verborgenen Ungeborenen.

Bei jedem einzelnen aber gibt es eine partikuläre und eine erste Form, damit sie so vollendet werden. Denn die selbstentstehenden Äonen sind vier vollkommene Einzelne von den ganz Vollkommenen, [die in] diesen für die einzelnen Vollkommenen existie-ren. Der fünfte Äon aber [enthält] den selbstentstandenen [Gott]. Denn [diese] alle stammen [aus dem vollkommenen dreifach] Männlichen [...]. Denn die Gesamtheit [...]

vollkommener Gott [... der] dreifach Männliche [... die vollkommenen] Einzelnen [...] in dem [... die ganz] *(p.19)* Vollkommenen, die, die existieren nach Form und Art, und etwas Ganzes und ein partikulärer Unterschied. Der übervollkommene Aufweg <...> und der Verborgene auch so. Der selbstentstandene Gott aber ist ein erster Archont seiner Äonen und der Engel, demgemäß, daß sie Teile von ihm sind. Denn jene, als die die vier einzeln existieren, gehören dem fünften Äon zusammen. Und es existiert der fünfte in einem. Die vier [sind], Teil für Teil, der fünfte. Diese [alle] aber sind einzeln vollkommen, [sofern] sie einen [Ursprung] haben. [So] ist auch [der dreifach] Männliche ein [vollkommener] Einzelner. Denn er ist [eine Kraft] des [selbstentstandenen] Gottes. Aber der [zuerst erschienene], unsicht[bare, vollkommene], männliche Verstand [ist ein ...] von [denen], die [zugleich] existieren [...] und [...] ein [... wie] *(p.20)* lebendige und vollkommene Teile. Das All aber und die ganz vollkommene Art sind bei jenem Übervollkommenen und Seligen. Der verborgene Selbstentstandene aber, da er ein präexistenter Ursprung des Selbstentstandenen ist, ein göttlicher und erster Vater, eine Ursache des zuerst Erschienenen, ein Vater seiner Teile, ein göttlicher Vater, der zuvor erkannt und nicht erkannt wird, <...>. Denn er ist eine Kraft aus sich und ein Vater aus sich selbst. Deswegen ist er vaterlos. Aber der unsichtbare dreimal Mächtige, der erste Gedanke [von diesen] allen, der unsichtbare Geist ist eine [Quelle von diesen] allen. Und [... eine] Substanz, die vor [ihnen ist, ...] und ein Sein [...] es gibt Seinsweisen [...] Erscheinung, die [Ursache ...] selig [...] der Größe [...] diese [alle ...] *(p.21)* existiert in ihnen [und] in anderen, sie [alle] durch sie alle an vielen Orten. Der Ort, den er geliebt hat, und der Ort, der ihm gefällt, sie sind an jedem Ort, und sie sind an keinem Ort. Und sie umfassen einen Geist. Denn sie sind unkörperlich, und sie sind besser als Unkörperliche; sie sind unteilbar und versehen mit lebendigen Gedanken. Und eine Kraft der Wahrheit ist bei den besonders Reinen von diesen, weil sie diesem zugewandt sind, wenn sie besonders rein sind; und nicht wie die Körper, die an ein und demselben Ort sind. Sie unterliegen überhaupt keiner Notwendigkeit, sei es im Ganzen, sei es teilweise. Nun ist [der] Weg des Aufstiegs zu der [...] eine Reinigung [...] jede einzelne [...] hinauf [...] selbst und [...] *(p.22)* die partikulären Äonen, und [sofern er weiß], wie er es vermag, eine ewige Prägung zu empfangen, dann erhält der Verständige Anteil an etwas Allgemeinem, wobei sich das selbstentstandene Wasser vollendet. Wenn er es aber erkennt mit diesen allen, ist es das zuerst erschienene Wasser. Wenn er sich aber mit ihm und diesen allen verbindet, ist es das (Wasser) des Verborgenen. Auch dieses Bild, das in den Äonen existiert, besteht darin, [diese] im einzelnen zu erkennen mit den vollkommenen Teilen. Die zum All Gehörigen, [da], wo das Erkennen ist [und] das, was erkannt wird, wurden getrennt, [und] eine Gemeinsamkeit, die sie untereinander hatten (hörte auf). Das All und [diese] alle, indem sie [... ist er] getauft worden auf die [selbstentstandene Taufe, indem] er [...] vollkommen [...] *(p.23)* dort, indem er [ihn] offenbart, das ist der, der erkannt hat, wie er ihm gehört, und Gemeinsamkeit für einander hat, ist er getauft worden auf die Taufe des zuerst Erschienenen. Wenn er aber den Ursprung von diesen erkennt, (nämlich) wie sie alle offenbar sind in ein und demselben Haupt, und wie sie alle verbunden sind und sich doch trennen, und wie sich wieder verbinden die, die sich getrennt hatten, und wie sich die Teile mit dem Ganzen verbinden und die Arten mit den [Gattungen] – wenn einer dies erkennt, ist er getauft worden auf die ver-

borgene Taufe. Und in Entsprechung zu jedem einzelnen [der] Orte besitzt er etwas Partikuläres der Ewigen und steigt er auf [...], wie er rein und einfach [wird], immer wenn
er hinaufkommt zu einem [so beschaffenen], immer wenn er rein und einfach ist. Er
füllt sich [mit der Erkenntnisfähigkeit], mit Sein, [Substanz] und heiligem Geist. Er hat
(p.24) nichts von ihm außer ihm. Er [sieht] nun: in einer vollkommenen Seele die der
Selbstentstandenen, im Verstand aber die des dreifach Männlichen, in heiligem Geist
aber die der zuerst Erschienenen. Er hört aber betreffs des Verborgenen durch die Kräfte des Geistes, die aus ihm hervorgegangen sind in einer besonders vorzüglichen Offenbarung des unsichtbaren Geistes, und zwar in dem Gedanken, dem, der jetzt in Schweigen existiert; in dem ersten Gedanken aber (hört er) betreffs des dreifach mächtigen,
unsichtbaren Geistes. Es gibt also ein Hören und die Kraft eines reinen Schweigens in
einem lebendigmachenden Geist, die Vollkommene und die ersten Vollkommenen und
die ganz Vollkommenen. Es existieren nun herrliche Wesen, die für diese als [Le-
bens]spender bestimmt sind, (für) die, die die wahre Taufe in Erkenntnis empfangen
haben. Und die einen, die würdig sind, bewahren sie; die anderen aber, die nicht aus
diesem Geschlecht [stammen, sind nichts (?)] und fahren [wieder] hinab zu ihrer [eige-
nen] Wurzel. [Der aber,] der aus dem fünften stammt, er [...] Gegenbild [entsprechend
jedem einzelnen] der Äonen; [dort existiert] eine [so beschaffene] Taufe. Wenn aber
[einer] die Welt auszieht, *(p.25)* und [die Natur] verläßt, <...>. Und der, der keinen
Wohnort und keine Kraft hat und Werken von anderen folgt, hat seinen Aufenthalt als
Fremdling. Der aber, der keine Sünde begangen hat, <dem> genügt Erkenntnis und der
braucht sich in keiner Weise um Umkehr zu kümmern. Taufen aber sind in diesen festgesetzt in ihrer Weise, und zwar als der Zugang zu den Selbstentstandenen: Die (Taufe),
mit der du jetzt getauft worden bist, wann immer es nötig war, die einzelnen Vollkommenen zu sehen, wobei es sich um eine Erkenntnis des Alls handelt, [die] von den Kräften der Selbstentstandenen ausgegangen ist; die (Taufe), der du dich unterziehen wirst,
wenn du die ganz vollkommenen Äonen durchschreitest; was aber die dritte Taufe betrifft, wenn du auf [sie] getauft wirst, wirst du die wirklich [Seienden] an [jenem] Ort
hören. Wegen dieser Namen aber sind sie so, und zwar daß einer ist [...] ist, wie [...]
wenn sie entstehen [...] existieren und [...] ein Wort von ihnen ist [...] *(p.26)* das ist ein
Name, der wirklich existiert, [wie] sie es sind. Und es existieren die Existierenden: in
erster Hinsicht in einem [Gedanken], der abbildet und dessen artgemäßes Bild sich in
dem Seinigen befindet; und zwar sieht er, erkennt er, geht er zum ihm ein und empfängt
er darin das Bild; in zweiter Hinsicht in einer Stimme, um es auszusprechen und zu hören; in dritter Hinsicht im Hören. Sie sind unfähig, sofern sie wahrnehmbar und körperlich sind. In dem Maße nun, in dem sie fähig werden, sie zu empfangen, empfangen sie
sie. Und zwar ist es ein unkenntlich gewordenes Bild. So entsteht [es] aus Wahrnehmung und Rede. Es ist zwar besser als [die] materielle Natur, aber geringer als die verständige Substanz. Aber betreffs des Unterschieds der Seelen wundere dich nicht. Wenn
sie aber bedenken, daß sie verschieden sind und nicht gleichen [...] sind von den Toten
[...] mit dem, der sich in einer [Seele] offenbart [und ganz] zerstört ist [...] Seele von ihnen und sie [... ihr] Leib. Jener aber [...] seiner Zeit, [offenbart] er [sich] zu einem Zeitpunkt, wo *(p.27)* ihre Seele sich [in] ihrem Leib befindet. Die, die ganz [zerstört] sind,
von denen gibt es vier [Arten]. Die aber, die zu einer gewissen Zeit neun betragen, von

denen hat jede einzelne ihre Art und ihre Gewohnheit. Und indem sie <...> gleichen,
sind sie verschieden, und indem sie getrennt sind, treten sie zusammen. Und es wohnen
zusammen mit allen diesen Seelen auch unsterbliche Seelen wegen der Sophia, die herabgeblickt hatte. Es gibt nämlich drei Arten der unsterblichen Seelen, und zwar bei denen, die Wurzel geschlagen haben auf dem Aufenthalt, ohne daß sie eine Zeugungskraft
aus sich selbst heraus haben und also den Werken von anderen folgen. Der aber, indem
er von ein und derselben Art ist und indem er es ist, der festgehalten wird <...>. Die
aber, die [ihren Stand auf der Umkehr haben], <die> nicht gezweifelt haben [zu] sündigen, denen genügt [eine] Erkenntnis, die etwas Neues ist [...] er hat aber [auch] Unterschiede. Es gibt [die, die] gesündigt haben, und [auch] andere, [die] *(p.28)* umgekehrt
sind, und andere, die aus sich selbst heraus [gewollt haben]. Denn [drei] Arten sind es,
die es bei [diesen] gibt, mit denen, die alle Sünden begangen haben und umgekehrt sind.
Entweder sind es Teile oder sie selbst, sofern sie aus sich selbst heraus gewollt haben.
Deswegen sind auch ihre Äonen sechs in Entsprechung zu dem Ort, der bis zu ihnen
reicht, in jeder einzelnen von ihnen. Die dritte (Art) aber ist die der Seelen der Selbstentstehenden, sofern sie ein unaussprechliches Wort der Wahrheit besitzen, das in Erkenntnis, eigener Kraft und ewigem [Leben] besteht, wobei sie [aber] vier Unterschiede
haben, wie es auch bei den Arten der Engel ist und bei denen, [die] die Wahrheit lieben,
und bei denen, die hoffen, und bei denen, die glauben, wobei sie [aber noch] die haben,
die verbunden sind. Und sie existieren [in ihnen]. Sie existieren als vier [Seiten] der
Selbstentstandenen: [Die] erste ist die eines [vollkommenen Lebens]; die zweite ist [die
einer Erkenntnisfähigkeit]; die [dritte aber ist] die einer [ewigen] Erkenntnis; die vierte
ist die [der] unsterblichen [Seelen]. *(p.29)* Ebenso gibt es [dort] auch vier Erleuchter;
[eingesetzt] über den ersten Äon [ist] Harmozel, ein Verlangen nach dem Gott der
Wahrheit und eine Verbindung mit einer Seele; eingesetzt über den zweiten ist Oroiael,
eine schauende Kraft der Wahrheit; eingesetzt über den dritten ist Daveithe, ein Schau-
en von Erkenntnis; und eingesetzt über den vierten ist Eleleth, ein Verlangen und ein
Wohnen unter der Wahrheit. Die vier aber existieren als Worte der Wahrheit und Erkenntnis. Sie gehören aber nicht zum zuerst Erschienenen, sondern zur Mutter, [sofern]
es ein Gedanke des vollkommenen Verstandes des Lichtes ist, auf daß die unsterblichen
Seelen eine Erkenntnis bei sich aufnehmen. [...] diese der selbstentstandene [Gott]:
Sorsoroas, eine Offenbarung von ihrer aller Kraft. Denn er ist ein verständiges und unaussprechliches Wort [der] Wahrheit, er, der [in einer] Offenbarung über den [voll-
kommenen] Verstand sagt, daß er [ein Ursprung] ist, [der] oben ist in Ungeteiltheit,
(p.30) [der] selbst verbunden ist durch eine Verbindung in ihm, in einem [verständigen]
Licht und einem Gedanken in einem [Äon] von ihm. Adamas aber, der vollkommene
Mensch, da er ein Auge des Selbstentstandenen ist, ist er eine Erkenntnis von ihm, sofern er (...[222]), daß der selbstentstandene Gott ein Wort des vollkommenen Verstandes
der Wahrheit ist. Der Sohn des Adamas aber (mit Namen) Seth wird zu jeder einzelnen
der Seelen herabkommen als einer von Erkenntnis, der diesen genügt. Und deswegen
entstand aus ihm [der] lebendige Same. Mirothea aber ist [die], in der der selbststan-
dene Gott [sich offenbarte], zusammen mit [Adamas], sofern er ein Gedanke des voll-

---

[222] Der koptische Text hat hier ⲉ ϥ ⲉ ⲗ ϥ, in dem das prädikative Element -ⲉ ⲗ ϥ vorerst undurchschaubar
und unverständlich ist.

kommenen Verstandes ist, wegen ihres Seins, was sie ist, oder wie sie existierte, und, ob sie existiert. Deswegen also ist der selbstentstandene Gott Wort und Erkenntnis. Und die Erkenntnis zwar [...] Wort. Deswegen [...] Adamas einfach [...] Kraft [...] der Einfachen, die sich [ihnen] geoffenbart hat, [und eine] Wandlung der Seelen [... sie] selbst ist es [...] vollkommen. Wegen der [Vollkommenen und] der Engelschaften *(p.31)* [...]. Wenn nun [... die weltliche] Seele [...] gegenbildlich [...] wirklich [... der] Aufenthalt, der [wirklich] existiert, [und] die Umkehr [...] hinauf zu diesem Ort, hinauf [zu den wirklich] existierenden, [selbstentstandenen] Äonen. Wenn [sie die Wahrheit findet] und liebgewinnt, hat sie ihren Stand auf [dem vierten] Äon, besitzt [sie] den Erleuchter Eleleth, und [wird sie] zu einem gottschauenden Gedanken werden. Wenn sie aber hofft und betrachtet, und zwar ein [Engel] von [männlichem] Geschlecht, [hat sie] ihren Stand auf [dem dritten, und] besitzt sie [den Erleuchter Daveithe]. Wenn [...] *(p.32)* [..., wenn] sie verbunden ist [...] hat sie ihren Stand [auf dem] ersten [Äon, und besitzt sie] den Erleuchter Harmozel. [Was dich betrifft, so sollst du] zu einem [Boten der verständigen] Welt werden. [Wenn du] auf[steigst] zu der Kraft [..., hast du] deinen Stand auf [...] dem Licht, das [...] und unermeßlich [...] groß ist der Äon. [Jedoch wenn du] nur jene erreichst, [wirst du] aus dem Vollkommenen heraus[fallen ...] jene Kraft, [wenn] es nicht möglich ist. Oder, wenn es möglich ist, daß einer jede [Art] seiner un[sterblichen] Seele [erreicht], nicht nur das Wahrnehmbare und Meßbare, sondern auch [die] unsagbaren, einzelnen [Vollkommenen ...] ohne daß es etwas gibt [...] ihn [...] den er [...] *(p.33)* und unkörperlich [...] auf einem jeden [...] einem jeden; [und] er ist [ein] gestaltloser [...] ungeschaffen und dieser [...] und diese Prägung [...] es gibt keinen [...] jemals, noch [...] der ein Ganzes [...] unvergänglich in diesem [...], indem er leicht ist [...], als er von ihm abgeschnitten wurde [...] der vollkommene Verstand [...] ungeteilt [...] vollkommenes Licht [...] er existiert aber im [...] Adamas. Und [... der] selbstentstandene [...] und er geht [... vollkommener] Verstand [...] der verborgene Gott [... zuvor] erkannt [...], sondern [...] Seele (?) [...] dort [...] *(p.34)* [...] Sein [...] heraus, indem sie sie haben [...] Wurzel [...] zweite [Kräfte] und [das] Sein; dritte aber [...] geoffenbart [...] es gibt ein [...] Seele [...] Ursache (?). Die Äonen aber [...] Wohnort [... etliche] Seelen und etliche [...] sind Götter [...] übergöttlich [...] der selbstentstandenen [...] dort den selbst[entstandenen ...] ersten [...] Engel [...] unsichtbar [...] heraus etliche [...] Seele und [...] Äonen [...] aber in bezug auf die Seele [...] Engel [...] Gestalt [...] Engel [...] *(p.35)* sie hat [...] ewig [oft]mals. Und [...] oft[mals indem] sie ihren Stand findet. Wenn aber eine Seele [..., wird sie] zu einem Engel werden. [Wenn] aber die weltlichen Dinge [und die] Engel und die heiligen [...], ist sie [noch] besser. [Der] Äon aber, der [ober]halb des Selbstentstandenen ist, hat [...] Wasser (?) [...] Archonten [...] indem sie haben [...] Unterschied, um [dessent]willen [...] dies ist nicht um zu sagen [...] männlich [...] vor ihm und [... selbstentstandene] Gott [...] der existiert [...] hört [...] selbstentstandene [...] *(p.36)* Prägung [...] hat [...] das Sein [...] ein Leben [...] existiert wegen [des] Wortes [...] das [vollkommene, dreimal] männliche Kind, da es eine Gestalt [des zuerst erschienenen] Verstandes ist [...] unsichtbarer Geist [...] in dem vollkommenen [...] stimmt überein [...] und ein Ursprung [...] von Liebe und eine [...] der Barbelo [...] heraus und ein [...] der vollkommene Verstand. Dies sind zweite [...] der Gedanke [...] aus dem [...] in der Barbelo [...]. Der Verborgene aber [...] diese alle [...] jungfräulich [...]

sie machte [...] in einem [...] und [...] *(p.37)* in jenem. Sie [stammt aus] der Kraft dessen, der [...] stammt aus dem, der [...], sondern [sie] stammt aus der Kraft von jenem, [indem sie] wirklich existiert, indem sie existiert [als ein Abbild] von ihm. Der [... indem] sie präexistieren, [stammen] sie [aus] jenem [allein]. Er aber, der un[...] er allein [...] gibt ihm das Angemessene [...] nicht werdend für ihn [...] alle. Wenn er gibt [...] durch die [....] Denn deswegen [sind] sie Teile von ihr, damit entstehe [...]. Und der, der [...] ihn [...] untrennbar [...] Barbelo [...]. Er machte [...,] damit entstehe [...] Seligkeit [...] alle [...] kam [...] vollkommen *(p.38)* [ist] eine [Prägung] des vollkommenen Verstandes [...] ist er, und indem er [...] vollkommener Geist [...] vollkommen, indem er ewig lebt [...] unsichtbar und [...] dieser, indem er existiert [...] des [vollkommenen Verstandes als ein] Wort aus [...], der existiert in [dem ...] sie besitzen diese alle als ewige. [...] existiert in dem dreimal [Mächtigen ...] existiert in dem [...] für die, die existieren [...] vollkommen [...] der zuerst erschienene [männliche] Verstand, sondern [...] rein [...] und jener [...] eines Bildes [...] geoffenbart [...] und der un[...] ist es [...] ihn [...] Prägung [...] *(p.39)* [...] seinetwegen, indem sie [..., indem] sie ihn markieren [...] er ist einfach [...] ist er nämlich [...] ihn, als ob er [allein] existiert, und, als ob es ein anderer [ist ...,] das heißt [...] abgeschnitten [wurde]. Wegen [...] dreimal männliche [von jenen, die] wirklich [existieren,] von [...] Verstand der Erkenntnis [...] in bezug auf jene, die [wirklich] existieren, [wie] er [den, der] wirklich existiert, besitzt [...] und ein [...] heraus. Und sie machte [...] die zweiten [...] vollkommen, die [...] geoffenbart [wurde ...] ihm als ein [...] der Verborgene [...] un[...] ein [...] un[...] Gestalt [...] für diese *(p.40)* [...] Gestalt, zwei [...] indem [er] eine Erkenntnis [von ihm ist, der] zuerst erschienene, [unsichtbare,] männliche, [vollkommene Verstand.] Er besitzt [...] Sein in [dem verborgenen] Ungeborenen , indem er ein [...] dritter [...] sofern [er die] Erkenntnis[fähigkeit] besitzt und sofern er [existiert bei denen, die] zusammen existieren, [damit sie] zu ganz vollkommenen [und] seligen werden, die keine [...] haben. [...] heraus. Aus [...] göttlich der [... nahm seinen] Stand bei ihm [...] ein und demselben [...] vollkommen [...] des [... der] Verborgene [...] *(p.41)* [...] das Wissen [...] von [... der] zuerst erschienene, [Männliche,] der vollkommene Verstand, [besitzt] die Kräfte [... des (?)] All in [...] und er existiert [...] diese Erkenntnis von göttlicher [...], der Selbstentstandene. [Der] selbstentstandene Gott aber ist [ein Haupt (?)] des vollkommenen, dreimal männlichen Kindes. Dieser Männliche [aber] ist [eine Prägung] und eine Gestalt [des] vollkommenen [Verstandes], sofern er [diese] nicht besitzt in ein und derselben Erkenntnis wie jenen. [Und] er ist ein Maß der einzelnen [als] ein und dieselbe Erkenntnis der einzelnen, [oder] gemäß der Gesamtheit und gemäß [einem] Vollkommenen. Der männliche, [vollkommene] Verstand [ist] aber eine Erkenntnis [des] Verborgenen. Der verborgene, [ungeborene] Gott [aber ist] ein Ursprung [und eine] Ursache und [ist] eine Kraft [und ein ...] von diesen allen. [...] wirklich [...] zuerst erschienene (?) [... zuerst] *(p.42)* erschienene [...] indem sie zusammen [existieren ...] gemäß der Gesamtheit [...] ungeboren [...] die Menschen [...] denn sie gehören [zu ... retten] und der, der [...], und der, der [umkehrt, und] der, der seinen Aufenthalt (als Fremder) hat, [und der, der] in der wahrnehmbaren [Welt] existiert, indem er lebt bei dem, der tot ist [...] alle, indem sie [...] Erlösung erlangen außer jenem, der tot ist. Diese alle aber bedurften keiner ersten Erlösung, sondern es ist eine übermäßige Rettung, sofern sie als Reine existieren. Und, was den toten

Menschen betrifft, so sind seine Seele, [sein] Verstand und sein Leib allesamt [tot]; sie sind [vergängliche] Leidende, Väter von materiellen [Dingen]; sie [sind Dämonen, die] das Feuer verzehrt. [...] *(p.43)* indem er sich verändert hat. Der zweite Mensch aber ist die unsterbliche Seele, die in denen existiert, die tot sind, als eine, die auf sich acht gibt. Denn dann vollbringt sie ein Suchen nach den Dingen, die nützlich sind, [gemäß] einem jeden von ihnen. [Und sie] nimmt das körperliche Leiden wahr. [Sie] wird auf böse Weise [...]. Und sie [vergißt, daß] sie [einen] ewigen Gott hat. Sie wohnt mit Dämonen zusammen. [Der] Mensch aber, der sich in dem Aufenthalt (als Fremder) befindet, wenn er ein Finden der Wahrheit in sich hat, ist er fern von den Werken anderer, die sich schlecht verhalten, solche, die ein Anstoß (sind). Der Mensch, der umkehrt, wenn er die, die tot sind, verläßt und die, die existieren, begehrt, dann wird der unsterbliche Verstand, zusammen mit der unsterblichen Seele, eilends ihretwegen kommen. Zuerst vollbringt er seinetwegen ein Suchen, nicht nach dem Tun, sondern nach den Werken. Denn [aus] diesem [empfängt] er einen [großen] Gedanken [...] und [jegliches] Erlangen [...] *(p.44)* Der Mensch aber, der gerettet wird, ist der, der nach sich und seinem Verstand sucht und von jedem einzelnen von ihnen herausfindet, wie viele Kräfte er hat. Der Mensch aber, der gerettet worden ist, ist der, der [allein] diese nicht erkannte, wie sie sind. Sondern er selbst ist in [dem] Wort, wie er ist [...] er empfing ihr Bild (?) [...] an jedem Ort, nachdem [er] zu etwas Einfachem und zu einem geworden war. Denn da wurde dieser gerettet und ist nun fähig, sich von [diesen] allen zurückzuziehen. Er wird selbst zu diesen allen. Wenn er will, dann trennt er sich wieder von diesen allen und kehrt selbst zu sich selbst zurück. Denn dieser wird zu Gott, nachdem er zu Gott zurückgekehrt ist."

Als ich das gehört hatte, brachte ich in Wahrheit dem lebendigen und ungeborenen Gott einen Lobpreis dar und dem verborgenen Ungeborenen, dem zuerst erschienenen, unsichtbaren, männlichen, vollkommenen Verstand, dem unsichtbaren, dreimal männlichen Kind und dem selbstentstandenen Gott. *(p.45)* Und ich sagte zu dem Kind des Kindes, das mir zugeordnet war, Ephesech: „Sende die Kräfte deiner Weisheit, um mich zu belehren über die Zerstreuung des Menschen, der gerettet wird, und darüber, wer die sind, die ihm beigemischt sind, und darüber, wer [die] sind, die ihn trennen, damit die lebendigen Erwählten zur Erkenntnis kommen!"

Und da sagte [mir, indem es] in Offenheit sprach, das Kind des Kindes Ephesech: „Wenn er sich zu sich selbst vielmals zurückzieht und in den Umkreis der Erkenntnis von anderen gelangt, dann kann der Verstand und der unsterbliche [Ursprung] nicht zur Erkenntnis kommen. Dann hat er einen Mangel. Denn er selbst dreht sich im Kreise, ohne etwas zu haben. Und er trennt sich von sich selbst, nimmt seinen Stand außerhalb und gerät in einen fremden [Drang]. Statt einer zu werden, trägt er also viele Gestalten. Und wenn er abweicht, kommt es dazu, daß er nach denen sucht, die nicht existieren. Und wenn er sie im Gedanken findet – und es ist nicht möglich, daß er sie anders erkennt, wenn er nicht *(p.46)* das Licht empfängt –, so wird er zur Natur. Und so kommt er herab zu einer Zeugung um dessentwillen, und er wird sprachlos wegen der Leiden und der Grenzenlosigkeit der Materie. Obgleich er eine ewige, unsterbliche Kraft besitzt, wird er durch die Kralle des Körpers gefesselt. Er wird weggenommen und für alle[zeit] gefesselt mit harten Fesseln, die ihn abtrennen, durch jeden bösen Hauch, bis er es wieder tut und wieder anfängt, zu sich zu kommen. Deswegen sind sie eingesetzt über die Erlösung von diesen. Und ebendiese Kräfte befinden sich an dem hiesigen Ort. Und in den Selbstentstandenen gemäß einem jeden der Äonen haben herrliche Wesen ihren Stand, damit der, der an dem hiesigen Ort ist, neben diesen gerettet werde. Die herrlichen Wesen aber sind vollkommene, lebendige Gedanken, die nicht zugrunde gehen können, weil [sie] Prägungen einer Erlösung [sind], die jeder einzelne empfangen muß, <damit> er zu ihnen hinauf gerettet werde. Und er empfängt Prägung, er empfängt Kraft durch ebendiese. Und indem er das herrliche Wesen als Helfer hat, passiert er so die Welt und jeden Äon. Und zwar *(p.47)* sind da die Wächter der unsterblichen Seele: Gamaliel und Strempsouchos, außerdem Akramas und Loel, außerdem Mnesinous, die unsterbliche Geister sind; Jesseus Mazareus Jessedekeus; [der] Feldherr [...], der das Kind ist; [der] Erlöser, das Kind des Kindes; außerdem der, der [...]. Hormos aber ist [der Grenzsetzer] über den lebendigen Samen. Kamaliel aber ist der Geistspender. Die aber, die ihren Stand vor ihnen haben, sind Isauel und Audael, außerdem Abrasax; die Myriaden Phaleris und Phalses, außerdem Eurios; die Wächter [des] herrlichen Wesens: Stetheus, Theopemptos, Eurymeneus und Olses. Die Helfer in jeder Sache aber sind Ba[...]mos, [.]son,[223] Eiron, Lalameus, Eidomeneus und Authrounios. Die Richter sind Symphthar, außerdem Eukrebos und Keilar. Der Aufnehmer: Samblo. Die Engel, die das wolkige Gewölk führen: Saphpho und Thouro."

Nachdem er das gesagt hatte, zeigte er mir alle, die in den selbstentstandenen Äonen existieren. Und sie leuchteten *(p.48)* alle ewiglich. Und die Vollkommenen sind vollendet als einzelne. Und ich sah in bezug auf jeden einzelnen der Äonen eine lebendige Erde, [ein] lebendiges Wasser, eine leuchtende Luft und ein nicht brennendes Feuer, wobei alle [diese] einfach und unveränderlich sind, und einfache und [ewige Tiere], die eine vielfältige Stimme haben, und vielfältige unvergängliche Bäume und auch Pflanzen von derselben Art, und alle diese mit einer unvergänglichen Frucht, und lebendige Menschen und jede Art und unsterbliche Seelen und jede Form und jede Art eines Verstandes und wahrhaftige Götter und Engel, die in großer Herrlichkeit sind, und einen unauflöslichen Körper [und] eine geburtslose Zeugung und eine unerschütterliche Wahrnehmung. Und es war dort auch der, der leidet, obgleich er leidensunfähig ist. Denn er war ein Mächtiger von einem Mächtigen *(p.49)* [...] veränderlich [...] unauflöslich [...] diese [...] alle [...] sie [...] durch sie alle [...] in [...], indem sie existieren [...] entstehen [...]

(Lücke: Rest der Seite)

(p.50) von [...] alle [...] einfach, vollkommen [...], indem er [...] ewig [...] der Äonen [...] und der [...] empfängt Kraft aus [...] und ihre (?) [...] in einer [...] denn [...] nicht [...]

(Lücke: Rest der Seite)

(p.51) [...] ihn in [...]thorsoes [...] in Schweigen [...] ihn ist es [...] ist Gott [...] wir priesen [...] und Piger-Adamas [und Mirothea, die] Mutter derer, [die verherrlicht werden]

---

[223] Dort wo es sich um *Namen* handelt, wird in der Wiedergabe dieses sehr fragmentarischen Textes von den sonst üblichen Konventionen dieser Edition abgewichen und die genaue Zahl der fehlenden Buchstaben durch die Anzahl der Punkte repräsentiert.

durch die Verherrlichende, [... und Prophania,] die Mutter [der Erleuchter,] und
Plesithea, [die Mutter] der Engel und [den Sohn] des Adamas: Seth Emmacha Seth, den
Vater des nicht wankenden Geschlechts, und [die vier] Erleuchter: Harmozel, Oroiael,
Daveithe und Eleleth.

[Wir aber] priesen, Name für Name, [den, der] sich selbst sieht, den, der die [Herr-
lichkeit] umfaßt, das dreimal [...], dreimal männliche Kind [...] Größe, indem wir sagten:

„Du bist einer, du bist [einer], du bist einer, o Kind *(p.52)* des [Kindes ...] o
Jatomenos [...] existiert [...], nachdem sie gekommen ist [...] dich [...] du bist einer,
du bist [einer ...] Semelel [...] Telmachael [...]omothem[...] männlich, der [... der]
Erzeuger [... der, der] die [Herrlichkeit] umfaßt, [der,] der geliebt werden muß,
der, der als ganz [vollkommener] bei allen ganz Vollkommenen ist: Akron [...], o
dreifach Männlicher: aaaaa ooooo, zwei drei [eins] (?), du bist Geist aus Geist, du
bist Licht aus Licht, du bist [Schweigen] aus Schweigen, [du bist ein] Gedanke aus
einem Gedanken, o [vollkommener] Sohn Gottes 7 80 400 (?) (Zauberzeichen)."

Laßt es uns sagen [...] *(p.53)* [...] ihn [...] ihn [... laßt es] uns sagen [...] Wort [...] die
große [...] und die große [...] göttlich aus [...] zugleich.

Wir priesen [...] den unsichtbaren [...] Barbelo [...] den un[...] den zuerst erschienenen, [dreifach] Männlichen und die allherrliche Jouel.

Und [nachdem ich] zum fünften [Mal] die Taufe auf den Namen des Selbstentstandenen empfangen hatte durch alle diese Kräfte, wurde ich zu einem Gott. [Ich nahm]
meinen Stand auf dem fünften Äon, als Wohnung von [diesen] allen. Ich sah alle, die zu
dem Selbstentstandenen gehören, [die], die wirklich existieren. Und ich empfing die
Taufe fünf*(p.54)*mal [...] und [...] von dem [... Jesseus] Mazareus [Jessedekeus] aus jenen [...] vollkommenen [...] und die große, herrliche [Jungfrau], die [all]herrliche, [die
von männlicher] Art [...] göttlich. Die [...] offenbarte sich [...] ganz doppelt vollkommen
[und] die allförmige [...] männliche, die, die die Herrlichkeit [umfaßt], die Mutter [der]
herrlichen Wesen: Jouel, und die vier Erleuchter [des] zuerst erschienenen, [vollkom-
menen] Verstandes: Selmen, und [die, die] ihm zugeordnet sind, die Gott[offenbarer]:
Zachthos und Iachthos, Setheus und Antiphantes, Seldao und Elainos [...] *(p.55)* [...] wir
kamen [...] zu dem [...], indem sie [...] glichen [...] existierten als [...] der Selbstentstandenen. Denn [ich] sah [etliche ...] Äonen, die glichen [...] über die Maßen [...]
Erleuchter [...] von übergroßer Herrlichkeit [...] diese sind es, in Entsprechung zu einem
[jeden] der Äonen: eine lebendige [Erde], ein [lebendiges] Wasser, eine leuchtende
Luft, ein strahlendes, nicht brennendes Feuer, Tiere, Bäume, Seelen, Wesen von Verstand, Menschen [und] alle, die [bei] ihnen sind; Götter aber, Kräfte und Engel nicht.
Denn alle diese *(p.56)* sind [etliche ...] und [...] und die [...] existieren [...] alle [...] alle,
indem [...] sie alle [...] sind es, indem sie [...] sind und indem sie [...] und [...] und die,
die [aus] dem Selbstentstandenen [stammen. Ich] wurde diesen gleich, [und] die Äonen
[des] Selbstentstandenen öffneten sich. Ein großes Licht strahlt [über mir] auf von den
vollkommenen, männlichen Äonen. Und sie wurden [verherrlicht. Aber] die vier Äonen
erstreckten sich in einem einzigen Äon wie ein einziger, allein existierender Äon. Und
dann [brachte] mich Ephesech, das Kind des Kindes [...] *(p.57)* [... nahmen] ihren Stand

[..., und zwar Jesseus] Mazareus Jessedekeus und [...] Kränze, sie [...] Siegel auf ihm [...] und Gabriel, [der Geistspender ...] es gibt vierfache Siegel [...] ihm.

[Und] es kam vor mich die herrliche, männliche und jungfräuliche Joel. Und [ich] erkundigte mich nach den Kränzen. Sie sprach zu mir: „Weswegen erkundigt sich dein Geist [nach] den Kränzen und den Siegeln, die auf ihnen sind? [Das] sind die Kränze, die jedem [Geist] und jeder Seele Kraft verleihen. [Diese] Siegel aber, die sich [auf] ihnen befinden, sind die dreifachen und [die] des unsichtbaren Geistes *(p.58)* [...] Jungfrau [...], die, [die ...] zwar [...] aber [...] Jungfrau [...] aber [...] kann bitten [...] in den [...] in ihnen [...] und [...] er verlieh [mir Kraft ...]. Die Siegel von [männlicher] Art aber sind die des Selbstentstandenen, des zuerst Erschienenen und des Verborgenen. Und der unsichtbare Geist ist einer von seelischer und verständiger Kraft, ein wissender und vorherwissender. Und zu dem Zweck ist er in der Zuständigkeit von Gabriel, dem Geistspender, daß er, wenn er einen heiligen Geist spendet, ihn mit dem Kranz siegelt und ihn bekränzt, versehen mit Göttern [und] *(p.59)* [...] eine Kraft [...] die Seite [...] die vier [großen] Erleuchter [...] sind Geister [...], denen sie [...], damit sie vollkommen [werden]. Sie sind [aber bei] ihnen, wenn auch nicht [in] ihnen, damit sie einfach und nicht [in] irgendeiner Weise doppelt werden. Und [diese] nun sind die einzelnen Einfachen und Vollkommenen. [Das] All und diese alle, [die] Äonen der Äonen, sind es, die ihn [vollenden]. Was [aber] diese alle betrifft, die an einem ganz vollkommenen Ort sind, so gehört eine große [Kraft] dazu, um sie zu sehen. Denn [der] unsichtbare, *(p.60)* zuerst erschienene [...] vollkommene [...] in dem Sein (?) [...] jede [Kraft ... wirklich] existiert [...] ist es nämlich, der [größer ist ...] auf ihn hören [...] und [...] in einem Gedanken [und] einem Erstgedanken [...] weil in einer Kraft [...] eine vollkommene ist es. [Sondern] du mußt über jede Sache predigen, sowohl über die Dinge, die du hören wirst durch einen Gedanken der Übervollkommenen, als auch über die, die du erkennen wirst in einer Seele [der] Vollkommenen."

Und nachdem sie das gesagt hatte, gewährte sie [mir] die Taufe *(p.61)* [...] groß [...] der erste [...] und ich empfing Kraft [...] und [...] und [ich] empfing Gestalt [...]. Und ich empfing ein Licht, [das] über meiner [Rede] war, [ich] empfing einen reinen Geist, [ich] wurde wirklich existierend. Und dann brachte sie mich in den großen Äon hinein, wo der dreifach männliche Vollkommene ist. Und ich sah [das] unsichtbare Kind in einem un[sicht]baren Licht. Dann gewährte [sie] mir wiederum die Taufe in *(p.62)* einem [lebendigen Wasser (?)...], indem sie [...] ihn [...] und ich machte [...] ich erstarkte [... gegenüber] den großen [...] und die vollkommenen [...].

Es sprach zu mir die all[herrliche] Joel: „Alle [Taufen], mit denen getauft [werden] muß, hast du [empfangen], und du bist vollkommen geworden zur Anhörung aller [dieser] (Dinge). Jetzt also [rufe] zu Salamex, [Semen] und der ganz vollkommenen Harme, den Erleuchtern des Äons der Barbelo und der unermeßlichen Erkenntnis. Und jene werden [dir] enthüllen *(p.63)* [... der] unsichtbare zuerst Erschienene, der [...], nachdem sie [...] ich bin es, der [...] die jungfräuliche Barbelo [und] den unsichtbaren, [dreimal] mächtigen Geist."

[Nachdem] die all[herrliche] Jouel mir das gesagt hatte, verließ sie [mich]. Sie ging und nahm ihren Stand vor dem zuerst Erschienenen. Dann hatte ich meinen Stand auf meinem Geist [und] bat die großen Erleuchter inständig in einem Gedanken. Ich rief zu

Salamex, Semen und der ganz vollkommenen Harme. Und ich sah übermächtige, herrliche Wesen. Und sie berührten mich. Ich erstarkte *(p.64)*, ich [...] in meinem [...] und
[...] gab mein [...] männlich [...] sie bedeckte sich [...] alle. [...] Salamex und [Semen],
die, die [mir] alles enthüllten, indem sie sagten:

„Zostrianus! [Höre] von den Dingen, nach denen du suchst! [Es] war einer, und er
war ein einziger, [der] vor [allen], die wirklich existieren, existierte, [ein] unermeßlicher
Geist und einer, der nicht unterscheidbar ist von etwas [anderen], in bezug auf alles,
was in ihm ist, was aus ihm ist und was nach ihm ist, indem er allein es ist, der sich
überschreitet als [etwas Begrenztes] *(p.65)* [...] ohne [..., ohne] Figur, ohne [...], ohne
[Erscheinung], ohne Form, ohne [Gestalt] für alle, als [ein erster] von allen, [als ein ers-
ter] Ursprung von [jedem Ursprung, als] ein erster Gedanke von jedem Gedanken, [als
eine Stärke] von jeder Kraft, [einer, der schneller ist] als das, was [sich bewegt], einer,
der fester ist als [ein] Bestehen, einer, der dichter ist als das, was eng zusammenkommt,
und ein Unbegrenzter und einer, der jedem Unzugänglichen überlegen ist, und einer, der
be[grenzt], einer, der größer ist als jeder Körper, [einer], der reiner ist als alles Unkörperliche, einer, der eindringlicher ist als jeder Gedanke und jeder Körper, [einer, der]
stärker ist als alle, jede Art und [jede] Form, einer, der etwas Umfassendes von ihnen
ist, *(p.66)* [der wirklich ganz] Existierende, und, [was die] wirklich Existierenden betrifft, so [ist] er identisch mit allen. Denn [er ist größer] als alles, und zwar das Körperliche und das Unkörperliche, einer, der etwas Partikuläres [von] allen Teilen [ist, die] in
einer [un]erkennbaren und [reinen Kraft existieren, er], aus dem alle wirklich Existierenden [stammen], aus dem der wirklich existierende Geist [stammt], der eine alleinige
– ‚denn die dreimal Mächtigen sind es‘ – in seiner Einheit; das [ganze] Sein ist das Leben und die Seligkeit. Und [in] dem Sein existiert er als einer, der einfach ist, ein Wort
seiner selbst und ein Urbild. Und wen er finden wird, den läßt er zu einem werden, der
existiert. In der Lebendigkeit aber lebt er und *(p.67)* [... in der Seligkeit ...] er, weil er
eine Erkenntnisfähigkeit hat [...], erkennt [er] alle [...] ist er, in bezug auf sich selbst
[...]. Denn [es gibt keinen] Gott, [der mit] irgend etwas [verbunden ist] außer mit [dem,
was ihm] allein [gehört]. Und er existiert [...] in sich [...]. Der einzige [...]. Denn er existiert [in] dem Seinigen, das existiert [als] ein Urbild eines Urbildes, [die] Einzigkeit der
Einheit, und er existiert als der [...], sofern er in sich ist, im Verstand. Und er ist in sich,
ohne zu irgendeinem Ort herauszukommen, sofern er ein einziger, vollkommener, einfacher Geist ist, [ein] Ort seiner selbst und [ein] Bewohner von sich und von allen. Und
[es] existiert auch der, der *(p.68)* [...] und Leben (?), außerdem ein Bewohner von sich.
Das Leben aber ist [eine] Wirksamkeit des substanzlosen Seins. Das [aber], das in [ihm]
existiert [...] existiert in ihm [...] existiert [seinet]wegen, Selig[keit] und Vollkommen[heit]. Und [...] was existiert in [...] was wirklich existiert. [Etwas] Seliges ist das
Urbild der existierenden Wirksamkeit. Wenn es das Sein empfängt, erstarkt es [zu] einer Vollkommenheit, die niemals abgetrennt werden kann. Dann existiert es als etwas
Vollkommenes. Deswegen existiert es als etwas Vollkommenes, weil es unabtrennbar
ist nebst seinem eigenen Bereich. Denn es gibt nichts, was vor ihm existiert, außer der
vollkommenen Einzigkeit, [... *(p.69/70 nicht vorhanden; p.71/72 unbeschrieben)* ...]

   (p.73) [die ein] Sein [seiner selbst ist, indem] sie Erlösung für alle ist und das, [was
nicht] gesagt werden kann und darf. Wenn es sich für sich befestigt, werden alle her-

vor[kommen]. Denn das, was gänzlich im Sein [von] diesem [existiert], existiert im Leben. In der Seligkeit aber erkennt es. Und wenn es zusammen mit allen empfängt, ist es
vollkommen. Wenn es aber mit zweien oder mit einem empfängt, ist es so beschaffen,
wie es von ihm empfängt. Dessentwegen existieren die, in denen eine Seele ist, und die
Seelenlosen, dessentwegen die, die gerettet werden sollen, dessentwegen die, die zugrunde gehen werden, wenn sie nicht von ihm [empfangen] haben. Dessentwegen gibt
es Materie und Körper. Dessentwegen gibt es Un*(p. 74)*[körperliches, das] geliebt werden muß. Dessentwegen gibt es welche, die aus einer Gesamtheit stammen. Wegen aller
[dieser] ist er es, der präexistiert, und zwar als ein reiner, als ein alleiniger und als ein
einfacher, [ein] einziger Geist, [der unbenennbar] ist, und [das] Sein, das Urbild, [das
Wort] seiner selbst, und gemäß [der] Wirksamkeit, die das Leben [seiner selbst] ist, und
gemäß der Vollkommenheit, die die verständige Kraft ist, als ein Licht [der] drei, das
[einer]seits seinen Stand hat und sich zugleich bewegt in jedem Ort und in keinem Ort,
das allen [Kraft verleiht] und wirksam ist, der unbenennbare Unaussprechliche. Die [...]
stammen aus ihm [...], der in seiner Vollkommenheit ruht, [ohne] aus [irgendeiner]
Form empfangen zu haben. *(p. 75)* Deswegen [... eine] Prägung [..., noch] gibt es irgendein [... von] denen, die [als Vollkommene] existieren und [...] der des Alls, [sofern
er] im Sein [existiert ...] existiert in der Lebendig[keit] des Lebens, in der Vollkommen[heit] und der Erkenntnisfähigkeit, <in der ... und> der Seligkeit. [Diese] alle aber
existierten [in der] Untrennbarkeit [des] Geistes. Die Erkenntnisfähigkeit aber ist es, um
[dessent]willen es gibt: die Göttlichkeit und die Substanzlosigkeit, die Seligkeit und das
Leben, die Erkenntnisfähigkeit und die Güte, eine Einheit und eine Einzigkeit, und
überhaupt diese alle. Was die Reinheit der Ungeborenheit betrifft, so präexistieren ihr
diese alle samt dem *(p. 76)* [...] in [...] Licht [...] ein Äon, eine Kraft [ist es, die] sich in
einem Teil [der] Ungeborenheit befindet. Denn während er allezeit existiert, [folgte] er
ihm, als er ihn sah [...] und wie er [als] ein Alleiniger und Einfacher existiert. Während
er Seligkeit in Vollkommenheit ist, war er einer, der vollkommen und selig ist. An diesem von jenem hat sie Mangel, weil sie Mangel an ihm hatte. Denn ihr war er gefolgt
war mit Verständnis und einer Erkenntnis von sich. Während [er] außerhalb von sich ist
und von dem, der nach ihm forscht, ist er in sich. Ein Bild und ein Abbild, *(p. 77)* [sie
hat] Mangel an [...] einfach [...] und [...]. Deswegen nahm sie [außerhalb] des Reiches
der Fülle Wohnung. [...], den sie selbst sich nicht gewünscht hatte, diesen versetzte sie
selbst außerhalb der Vollkommenheit und trennte sich. Denn sie ist [die] Ganzvoll-
kommen[heit von] einer Vollkommenheit, die als ein Forschen existiert. Und in bezug
auf jenen ist [jene] ein Geschöpf, das ihm folgt. Und was die aus der unaussprechlichen
Kraft von ihm Stammende betrifft, so besitzt sie eine erste Kraft und die erste
Ungeborenheit, die auf jenen folgt, weil gegenüber allen übrigen ein erster Äon *(p. 78)*
[ist ...,] die alle rein sind [...] un[...] Sein [...] und der, [der nicht] erkannt werden [kann],
weil er wirklich als ein Äon existiert, und er [...], und zwar in Wirksamkeit [und] Kraft.
Und ein Sein begann nicht zu [einer] Zeit, sondern es offenbarte sich in Ewigkeit. Während es in Ewigkeit seinen Stand vor ihm nahm, verdunkelte es sich durch die Größe
seiner [Freundlich]keit. Es nahm seinen Stand, ihn sehend, jubelnd und erfüllt von
Freundlichkeit. [Es trennte sich nicht (?)], sondern es wurde erfüllt *(p. 79)* von einem
[...] substanzlosen [...] existierend [...] erstes Sein [...] substanzlos, nach jenem. Es ge-

schieht durch den Untrennbaren, in Richtung auf [das] Sein und in Wirksamkeit, daß die verständige Vollkommenheit und das verständige Leben sich bewegen, was Seligkeit und Göttlichkeit war. Und der ganze, vollkommene, einfache und unsichtbare Geist, [nachdem] er zu einer Einzigkeit geworden war, in Sein und Wirksamkeit, und (zu) einem einfachen dreimal [Mächtigen], ein unsichtbarer [Geist], ein Abbild von jenem, der wirklich existiert, der eine *(p.80)* [...] den wirklich [Existierenden], während [sie] in einem [...] von dieser als ein Abbild existiert. [Sie entstand] in Eifersucht, mit deren Bild keine Verbindung möglich war, nachdem sie den Mangel [von] dem gesehen hatte, der [im Angesicht] der Ganzvollkommenheit [von] jenem existierte. Denn jener präexistiert und ist über alle eingesetzt als ein Präexistierender und einer, der als ein dreimal Mächtiger erkannt wird. Der unsichtbare Geist war, [ohne] (es) gewußt [zu haben], niemals unwissend, sondern existierte [als] Vollkommenheit [und] Seligkeit. [Jene aber,] *(p.81)* die unwissend wurde [...] und, indem sie [...] Körper und [...] anders [...] Licht [...] sie existierte [einzeln als] Ursache der Abweichung, damit sie nicht weiter hervorkäme und nicht fern von der Vollkommenheit sei. Sie erkannte sich und jenen. Und sie nahm selbst ihren Stand und breitete sich dessentwegen aus, und zwar, weil sie aus jenem wirklich Existierenden stammte {...}, zusammen mit allen jenen, um sich zu erkennen und um jenen Präexistierenden zu erkennen. Nachdem sie ihm gefolgt waren, kamen sie zur Existenz {...} und wurden sie offenbar durch jene, *(p.82)* die präexistieren. Und [...] durch die [...] nachdem sie sich geoffenbart hatten [...] zweite [...], offenbarten sie sich [...] jener, der sich vorher erkannte als ein ewiger Raum, nachdem er zu einer Zweiheit seiner Erkenntnis geworden war, wieder (zu) der Erkenntnis seiner Erkenntnis, das ist der verborgene Ungeborene, da nahmen auch [die] wirklich Existierenden ihren Stand auf diesem. Denn deswegen erkannte sie [ihn], damit die, die ihr folgen, in den Besitz eines Platzes kommen und damit jene, die hervorkommen werden, ihr nicht zuvorkommen, sondern heilig und einfach werden. Das ist die Wahrnehmung des *(p.83)* präexistierenden Gottes. [Sie] breitete sich [aus ...] zu dem einfachen [...] als eine Erlösung [... als] eine Erlösung [...]. Jener nun [...] Licht, das zuvor erkannt wird. Sie wurde durch [einen] Gedanken ‚die Barbelo‘ genannt, die dreiartige, männliche, vollkommene Jungfrau. Aber durch die Erkenntnis [von] dieser ist jene entstanden, damit sie nicht herabgezogen wird und damit sie nicht weiter hervorkommt durch die, die in ihr existieren, und die, die ihr folgen, sondern damit sie in einfacher Existenz fähig wird, den präexistenten Gott zu erkennen. Denn sie entstand als gute bei jenen, nachdem sie [...] aus *(p.84)* [...] eine Ungeborenheit [...] dritter [...] es gibt zwei unterschiedliche [...] von Äonen, die aber in solcher Weise verschieden sind [...] zwar [...] erster Äon und die [zweite] Ungeborenheit. [Die] Erkenntnis ist ein zweites Abbild. Sie nahm ihren Stand als [etwas] Erstes von dem wirklich anders Existierenden {...}. [Es ist] die Seligkeit des unsichtbaren Geistes, die Erkenntnis des ersten Seins in der Einfachheit des unsichtbaren Geistes, in der Einheit, wobei er sich gleich ist in der Einzigkeit, einer solchen, die rein und gestaltlos ist. Und es existiert der, der [...] *(p.85) (Lücke: Z. 1-5)* [...] erkennt aber [...] und die [...]heit und die Vollkommen[heit] [...] aber wirksam an ihm und [...] ihn, der erste Verborgene [...] sie alle, das Sein und die Wirksamkeit, die Göttlichkeit, die Art und die Form. Die Kräfte aber, sind sie einer? Und worin ist er denn einer, das heißt, nicht etwas Partikuläres, sondern die Dinge des Alls?

Was ist der eine, der die Einheit ist? Und ist es durch die Wirksamkeit ihrer selbst [und die] Lebendigkeit und [...] von [...]? Das All aber *(p.86)* [... *(Lücke: Z. 1-2)* ...] Kraft [...] wie [...] wahrnehmbar?"

[Jene] nun befindet sich in jenem ganz Vollkommenen, nachdem sie [preisend] gesagt hatte: „Du bist groß, Aphredon, du bist vollkommen, Neph[. . . .]," sagend zu seinem Sein:

„Du bist groß, Deiphaneus." Die Wirksamkeit von ihm und Leben und Göttlichkeit ist es. „Du bist groß, Harmedon, allherrlicher Epiphaneus." Seine Seligkeit aber und die Vollkommenheit der Einzigkeit, die zu einem ganz Alleinigen gehört, auf ein [...]

(p.87) [...] ewig [...] verständig [...] vollkommen, [die] jungfräuliche Barbelo, durch die Einfachheit der Seligkeit des dreimal mächtigen, unsichtbaren Geistes, die, die jenen erkannte, erkannte sich. Jener aber, indem er nach allen Seiten hin einer ist, indem er untrennbar ist, nachdem er [sie] für sich hervorgebracht hatte, damit sie [sich als] eine Wirksamkeit von ihm erkenne, (von) [ihm], der [sich nicht] erkannt [...], als eine Erkenntnis (?) [...] in einem anderen *(p.88)* [...] preisen [...]:

„O, Beritheus, [Erigenaor], Orimenios, Aramen, Alphleges, Elilioupheus, Lalameus, Noetheus! [Denn] groß ist dein Name und stark. Wer [dich] erkennt, erkennt alles. Du bist einer, du bist einer, Sious, E[. .], Aphredon. Du bist der Äon der Äonen des großen, Vollkommenen, des ersten Verborgenen der dritten Wirksamkeit."

Und [eine] Ruhe (?) ist es von [...] sein Bild [...] von ihm, indem er [...]
(p.89) (Lücke: Z. 1-3)
[...] Sein [...] und indem er [...] in [...] Herrlichkeit [...] Herrlichkeiten [...]. Ein [...] in [...] Äon [...]
(p.90) (Lücke: Z. 1-8)
[...] existiert [...] von [...] und [...]heit [...] selig [...] Leben (?) [...] wenn (?) [...]
(p.91) (Lücke: Z. 1-7)
[...] göttlich [...] heraus. [...] der Gedanke [des] Gedankens, [der] zuvor erkannt [wurde], und Kräfte, [einer], der den ganz Vollkommenen aufnimmt, [eine] Befestigung von [diesen] allen und eine Ursache von ihnen allen, als eine Vollkommenheit, und [die] Barbelo [...] in bezug auf ihn und [auf den], der in seiner [Freundlich]keit diese alle [in sich aufnahm], ohne etwas [zurück]zulassen, [...] entsteht [...], sondern
(p.92) (Lücke: Z. 1-7)
[...] aus [...] und [...] entsteht (?) [...] einzig [...] der, der [existiert] mit einer Menge [...] in einem [...] gemäß dem Gedanken, der wirklich existiert [...], als unbenennbarer und unerkennbarer, [eine] verborgene Einsicht [...] dreimal [...] sind es [...], sondern [... un]*(p.93)*benennbar, diese alle machen den Eindruck, als ob sie aus dem, der gering(er) ist, kommen würden. Wenn du aber verherrlichst, <...> um seinetwillen. Wenn du aber denkst, [daß er ein] Sein [ist, oder daß] der dreimal [Mächtige] sein Sein ist, [oder daß er ein] alleiniger, einfach [existierender] Geist [ist], so [...] ihn. [...] ihn [...] jener [...] ihn erkennen [...] aufrichten. In [...] vollkommen, indem er [... und] vollkommen ist, und [...] vollenden [...] sein (?) [...] ihn. [...] in bezug auf die [...]heit [...] jene, *(p.94)*

[ohne daß] er sie sehen konnte. Deswegen kann er nicht so in einer Reinheit der Größe angenommen werden, sofern er ein vollkommener einzelner von dem ist, der in einer Form des [...] ist, [...] den sie nicht erkennen [wollen] wegen [...] es sagen [...] auf einem [...] sie ganz, die [...]. Denn [...] uns [...] ihn sehen [...] existiert zusammen [...] aber [...] gemäß [... Unter]*(p.95)*schiede zwischen diesen und Engeln und Unterschiede zwischen diesen und Menschen und Unterschiede zwischen diesen [und] einem Sein, und substanz[lose] Substanzen [...] und [eine] Wahrnehmung [...] wirklich [...] und jene [...] wirklich [...]. Denn auch [...] die wahrnehmbare Welt [...] wie [...] ein Sein [...] denn [...] und [...] würdig [...]

(Lücke: Z. 20-24)

[Wer] *(p.96)* sich ihm in Erkenntnis nähern wird, der wird gekräftigt; und wer sich von ihm entfernen wird, wird erniedrigt."

Ich aber sagte[:] „Weswegen sind denn die Richter entstanden? [Oder:] Was ist das Leiden des [...]; denn [...] die [Un]kenntnis und [...], sondern [...] durch [...], der [in] das Leiden fällt [...] durch das [...] seine vier Äonen(?) [...] existieren [...], indem sie verweilt [...] trennen. [...]

(Lücke: Z. 22-26)

(p.97) männlich, als eine Erkenntnis des dreimal mächtigen, unsichtbaren, großen Geistes, das Abbild des [ersten] Verborgenen, die Seligkeit, [die] in dem unsichtbaren Geist existiert, ohne die un[...], un[...]; denn [...], indem er weiß [...] erste [...] un[...] füllen [...], indem sie offenbar ist [...] Erkenntnis [...] nimmt ihren Stand [...] in [...]

(Lücke: Z. 21-27)

(p.98) [...] eine vollkommene Einheit von einer erfüllten Einheit. Und nachdem sie sich zu dem All durch [das] All geteilt hatte, [...] Sein und [... und] die Gedanken [...] Wahrnehmung [...] der [...] jener [...]

(Lücke: Rest der Seite)

(p.99) [...], indem sie [ihren Stand] nahm [... das] Sein [...] in [dem ...], der [...] wissen [...] ihn. [...] sie preist [...], der [...] und [...]

(Lücke: Rest der Seite)

(p.100) [...] drei [...] Harmozel [...] die Barbelo [...] durch [...] Kraft [...] erster [...] heraus [...] erster [...]

(Lücke: Rest der Seite)

(p.101) [...] unsichtbar [...] sieht jenen [...] dieser ist ihr (?) [...] Erkenntnis [...] Form [...] ihr Sein [...] der Verborgene [...] ungeteilt [...] ihn [...] Gedanke [...]

(Lücke: Rest der Seite)

(p.102) der [...], der existiert [...] der andere [und der] einzige [...] und eine [...]heit ganz [...], indem er [...] und [...] etliche [...]

(Lücke: Rest der Seite)

(p.103) Ursprünge von [...], die wirklich existieren. [Die] aber, die existieren [...] Substanz [...] in [...] ist dieser. [...] die [...]heit [...] heraus [...] nicht [...] dieser [...] und [...]

(Lücke: Rest der Seite)

(p.104) [...], indem sie offenbart [...] von denen, die wohnen [...] von jenem und [...] dieser [...] Einsicht [...] un[...] heraus [...] er machte [...] wirklich [...] jener [...] aber [...] jener [...]

(Lücke: Rest der Seite)

(p.105) sind die, die [ihren Stand in] dem Äon von [...] haben [...] werden herabkommen und werden [...] sich verbinden [...] die existieren [...]. Jener zwar [...] von welcher Art [...]. Jener [aber...] einer [...] ein Ursprung [...] männlich [...] und [...] dieser [...] Materie [...] einzig [...] existiert [...], der [...] und [...]

(Lücke: Rest der Seite)

(p.106) der [...] und, indem er existiert [...] ist es, und untrennbar [...] Markierung eines [...] ein Ursprung [...] aber von den [...]ten [...]. Denn der, der [...] andere [...] und [...] Zahl(?) [...] Leben(?) [...] gemäß [...], welches [...] alle [...]

(Lücke: Rest der Seite)

(p.107) sie [in der] Grundlage. Und [...] ihr Sein [...] und der [...] existiert wie [...] eine Form [...] erster [...] erster [...] von den [...] dieser [...] drei [...] in [...] einer.

(Lücke: Rest der Seite)

(p.108) [...] nicht, indem sie ihnen geben in [...] der, der existiert aus [...] allen, und der, der [existiert in] vielen Gestalten [...] Schöpfung oder [...] und [...] aus [...] Ordnung [...] drei [...] in dem [...] diesen. [...] die ersten [...] offenbar [...] in [...]

(Lücke: Rest der Seite)

(Lücke: p.109-112)

(p.113) Engel und Dämonen, außerdem Wesen von Verstand und Seelen, außerdem Tiere, Bäume, (Pflanzen-)Körper und die, die vor diesen sind, die, die zu den einfachen Elementen der einfachen Ursprünge gehören, und die, die in [einer] Mischung und ungemischt existieren, Luft [und] Wasser, außerdem Erde und Zahl, außerdem Verbindung und Bewegung, außerdem Begrenzung und Ordnung, außerdem Hauch und alles übrige. Vierte Kräfte aber sind es, die [in] dem vierten Äon existieren, die, [die] existieren in den Ganzen, und [die] Vollendung von [diesen], die Kräfte [von] Kräften, Ganze von [den] Ganzen, Arten von [den Arten], Engel von [den] Engeln, Seelen [von den] Seelen, Tiere [von den] Tieren, Bäume von [den Bäumen], (Pflanzen-)Körper [von den (Pflanzen-)Körpern], und [...] *(p.114)* ihm eigen. Und es gibt welche gewissermaßen als Gezeugte und welche, die in einer ungeborenen Zeugung existieren. Und es gibt welche, die heilig sind und als ewige, und die Unveränderlichen im Veränderlichen, und Vergänglichkeit in Unvergänglichkeit. Und es gibt welche gewissermaßen als ganze. Es gibt welche als Arten und welche, die [in] Schmuck und Ordnung existieren. Es gibt welche in Unvergänglichkeit. Und es gibt die Ersten, die ihren Stand [haben], und die Zweiten, [in] diesen allen, jene alle, [die] aus diesen existieren, und jene, [die] in diesen und aus diesen existieren, sofern sie diesen folgen, und aus ihnen [...] diese [...], indem sie [...] und [sie] haben ihren Stand [auf dem] vierten Äon genommen [...], indem sie existieren [...], indem sie existieren [...] das All [...] *(p.115)* in ihnen als einer der zerstreut ist, und indem sie einander nicht einschränken, sondern auch selbst in sich lebendig sind, indem sie existieren und miteinander übereinstimmen als solche, die aus ein und demselben Ursprung stammen. Und sie existieren in Verbundenheit, weil sie alle in ein und demselben Äon des Verborgenen existieren [...] in Kraft als Getrennte. Denn in Entsprechung zu einem jeden der Äonen existieren sie, als solche, die ihren Stand in Entsprechung zu jenem haben, der zu ihnen reicht. [Obgleich] der Verborgene [aber] ein und derselbe Äon ist, hat [er] doch vier unterschiedliche (Aspekte) von Äonen. Und

in Entsprechung zu einem jeden der Äonen haben sie Kräfte, (aber) nicht wie Erste und
Zweite. Denn diese alle [sind] ewige, und sind doch verschieden [...] Ordnung und
Herrlichkeit [...] aber, die [im] vier[ten] Äon existieren, und [...], die präexistieren [...]
göttlich [...] sind es [...]. *(p.116)* Diese alle aber existieren in einem als solche, die zusammen existieren und in einer Gemeinsamkeit einzeln vollendet sind, und zwar nachdem sie den Äon, der wirklich existiert, erfüllt haben. Und es gibt welche unter ihnen,
die ihren Stand haben wie in einer Substanz existierend, und welche wie eine [Sub-
stanz] im Tun oder (im) Leiden, [wobei] sie in einem Zweiten existieren. Denn in ihnen
existiert die Ungeborenheit der wirklich existierenden Ungeborenheiten. Und nachdem
die Un[geborenen] entstanden sind, hat ihre Kraft einen festen Stand. Es befindet sich
dort [eine] unkörperliche und [eine] körperliche Substanz, die nicht vergeht. Es befindet
sich an jenem [Ort] der wirklich existierende Unwandelbare [und] der, der sich wandelt
[unter] Veränderung. Es hat seinen Stand bei [diesen] allen [das unbrennbare und] unvergängliche Feuer [...] nicht [...] *(p 117),* indem es seinen Stand hat. Es befinden sich
an jenem Ort alle Tiere als solche, die einzeln existieren und doch alle miteinander verbunden sind. Es befindet sich dort die Erkenntnis der Erkenntnis und eine Aufrichtung
der Unkenntnis. Es befindet sich dort ein Chaos und [ein vollendeter] und neuer Platz
von ihnen allen, und zwar ein wahres Licht, außerdem eine erleuchtete Finsternis und
der, der nicht wirklich existiert, [...] er existiert nicht wirklich, [und der] Nicht-
Werdende, der überhaupt nicht existiert. Er aber <ist> das [Gute], aus dem [das] Gute
und das Schöne stammen, [und] der Gott, aus [dem] der Gott und der [Übergöttliche],
der Große, stammen. Denn [...] in einem Teil [... eine] Form und der Gott, jener [...] und
der, [...] ein Gott [...] diese alle [...] arglos [...] er [...] *(p.118)* und eine Art. Und er hat
sich mit niemandem verbunden, sondern bleibt allein in sich und ruht in seiner unbe-
grenzten Begrenztheit. Dieser aber ist [der] Gott von denen, die wirklich existieren, einer, [der] sich selbst [sieht], und einer, der Gott offenbart."

Nachdem die Barbelo, der Äon, die [Erkenntnis] des unsichtbaren, dreimal mächtigen, vollkommenen Geistes, den [Aufrechten] gestärkt hatte, verherrlichte sie sich mit
den Worten: „Er [ist lebendig in] einem Leben. Ich bin lebendig in einem [Leben]. Du
bist lebendig, o Einer! Lebendig ist [der,] der drei ist. Du bist die drei Dreifachen [a a a]
e e e , der erste von sieben [...], die Dreiheit [...], der zweite von sieben [e e e] e e e e a a
a a a a a [...]. Dieser aber besitzt vier [...] die Erkenntnis [...] ihn [...] *(p.119)* ein Teil.
Welch ein Verstand! Und welch eine Weisheit! Und welch ein Verständnis! Oder welch
eine Lehre! Sie benennen aber seine Erleuchter: Der erste [ist] Aphredon mit seiner Gefährtin Aph[. . .]. Der zweite ist Diphaneus [mit] seiner Gefährtin Deiph[. . .]. Der dritte
ist Harmedon mit seiner Gefährtin [...]. Der vierte ist [Solmis] mit seiner Gefährtin
Olmis. [Und] es existiert der Verborgene, nachdem er sich mit seinem Urbild [verbun-
den] hat, und zwar [existiert er] als einer, der für diese [alle] unsichtbar ist, damit sie
alle durch ihn gestärkt werden, wobei <er> ein Göttlicher <ist>, der in [dem] ganz vollkommenen Äon existiert, wobei es vier[te] gibt, die [unter ihm] und dem ersten existieren. Die [vierten] aber reichen gemäß einer Verbindung zu ihm allein. [...] Barbelo folgt
[...] Erleuchter [... der, der] *(p.120)* ihn kennt, und der, der über einen zweiten eingesetzt
ist. Und zwar ist der erste der Äonen Harmedon, der herrliche Vater. Der zweite
Erleuchter aber <ist> der, den [er] nicht kennt, sondern alle einzelnen. Eine Weisheit

von [...] existiert in dem vierten [Äon]. Jener ist es, der sich aus [ihm] mit allen Herr-lichkeiten offenbarte. [Der] dritte Erleuchter aber <ist> der, der ihn nicht [sieht], als das Wort aller Gestalten und auch jener Herrlichkeit, das Verständnis, [das, das] sich in dem dritten [Äon] befindet. Es existieren vier in ihm: Malsedon und M[. . .]nios. Der vierte Erleuchter aber ist der, der [ihn] sieht, [der], dem alle Formen [die, die] zusam-men sind, gehören, sofern sie [in] einer Lehre, einer Herrlichkeit [und einer] Wahrheit der vier [...] existieren, Olmis [...] und der [...] auf [... der] *(p.121)* fünfte. Und der erste, der eben dieser zweite ist, er ist der ganz vollkommene Verborgene. Denn es existieren die vier Erleuchter. Der Verborgene aber ist es, der wieder geteilt worden ist. Und diese existieren zusammen. Und diese, die erkennen, sie, die alle als herrliche Wesen existie-ren, sie [alle] sind vollkommen. Dieser [ist es, der] als ein ganz vollkommener alle Din-ge von ihnen allen kennt, aus dem jede Kraft stammt, auch jedes Wesen und ihr ganzer Äon. Jener ist es, zu dem und aus dem alle kommen, die Kraft von allen, der Ursprung von allen. Wenn er [sich] erkennt, wird er zu einem [zwei]ten Äon und zu einer [zwei]ten Ungeborenheit, die noch andere Äonen [in] sich [haben. ...] sehen (?) [... er] *(p.122)* wird zu einer Barbelo, er wird zu einem ersten Äon, wegen der Ewigkeit des unsichtbaren Geistes, der zweiten Ungeborenheit. Alle diese herrlichen Wesen aber sind die unbegrenzbaren Aphredone, die Unsagbaren, die Offenbarer, die Unveränderlichen, die [...] alle, die Herrlichkeitsoffenbarer, die Marsedone, die vielfältig Offenbaren, die Solmise, die Unbegrenzbaren, die sich selbst Offenbarenden, die von Herrlichkeit Er-füllten, die auf Herrlichkeit Wartenden, die Segenspender, die Marsedone, die Verbor-genen, die Offenbarenden, die Begrenzten, [die, die] über den Begrenzten [existieren], [und die] Gedanken, die, die [über den] Gedanken existieren. Und indem er [sie] auf-stellt [... sie haben] *(p.123)* Zehntausende von Herrlichkeiten in sich. Deswegen ist er vollendete Herrlichkeit, damit er, wenn er sich verbinden kann und ergreift, vollkom-men wird. Deswegen, auch wenn er herabkommt zu einem Körper und zur Veränder-lichkeit einer Materie, empfangen sie wegen ihrer Ganz-Vollkommenheit nicht mehr Ehre (als die), aus der sie alle stammen, indem sie vollendet sind samt denen, die bei ihr sind. Denn auch jeder einzelne der Äonen hat Zehntausende von Äonen in sich, damit er, wenn er zusammen ist, zu einem vollkommenen Äon wird. Er existiert aber in der Selig[keit] des dreimal [mächtigen], vollkommenen, unsichtbaren [Geistes, vor] dem Schweigen des [Gottes], der zuvor [erkannt] wird, und der Erkenntnis [...] *(p.124)* ganz, ein Schweigen der zweiten Erkenntnis, der erste Gedanke in einer Zustimmung des dreimal Mächtigen, weil er ihr befohlen hatte, daß sie ihn erkenne, damit er ganz voll-kommen werde, und zwar als einer, der in sich vollkommen ist. Durch Einfachheit und Seligkeit wird er erkannt. [Er empfing] Güte durch denjenigen vom Äon der Barbelo, der in seinem Gefolge ist, (durch) den, der ihm das Werden gibt. Nicht sein Eigentum war die Kraft, sondern das Eigentum von jenem. Aber die Äonen, die wirklich existie-ren, existieren in Schweigen. Etwas Unwirksames war das Sein, und etwas Unaus-sprechliches war die Erkenntnis des Verborgenen [..., die] ihn aufstellt. Nachdem er [aus dem] vierten hervorgekommen war, der Gedanke [seines] Gedankens, der zuerst erschienene, männliche, vollkommene [Verstand ... als ein] *(p.125)* Abbild von ihm, das ihm in der Herrlichkeit und der Kraft gleich ist, während er ihm aber in einer Ordnung überlegen ist, und nicht in einem Äon. Wie jener besitzt er diese alle als solche, die lebendig sind und zusammen in einem existieren. Zusammen mit dem Äon, der in [den] Äonen ist, besitzt er einen Unterschied, der vier beträgt, und alle übrigen, die an jenem Ort existieren. Der Verborgene aber existiert wirklich, und zwar sofern die allherrliche Jouel, die herrliche, männliche Jungfrau, ihm zugeordnet ist, durch die alle ganz Vollkommenen gesehen wurden. Die aber, die ihren Stand vor ihm haben, sind die drei: [das göttliche] Kind, der dreimal [Männliche] und der selbstentstandene [Gott], und zwar indem er [drei] in einem besitzt, während es vier [sind]. Auch der, der den [...] umfaßt, wobei er eingesetzt ist über [...] *(p.126)* ist es von Zehntausendfachen. Der erste Äon aber, der in ihm existiert, aus dem der erste Erleuchter stammt, (ist) Solmis und der Gottoffenbarer als ein unbegrenzbarer nach der Prägung, die in dem verborgenen Äon und (in) Doxomedon existiert. Der zweite Äon (ist) Akremon, der unaussprechliche, als einer, der den zweiten Erleuchter besitzt: Zachthos und Jachthos. Der dritte Äon aber ist Ambrosios, der Jungfräuliche, als einer, der den dritten Erleuchter besitzt: Setheus und Antiphantes. Der vierte Äon aber ist der Segenspender, [der Drei]artige, als einer, der [den] vier[ten] Erleuchter besitzt: [Seldao] und Elainos. Sie [...] zwar ihn durch [...] Harmedon [...] *(p.127)* phoe zoe zeoe ze[oe] zosi zosi zao zeooo zesen zesen. Es sind lebendig die einzelnen und die vier, die achtfach sind. e o o o o e a e o. Du bist es, der vor ihnen ist, und du bist es, der in diesen allen ist. Und diese nun befinden sich in dem zuerst erschienenen, vollkommenen, männlichen Harmedon, die Wirksamkeit von diesen allen, die zusammen existieren. Weil alle einzelnen als vollkommene existierten, offenbarte sich auch die Wirksamkeit von allen einzelnen. Was den selbstentstandenen Gott betrifft, so hat er seinen Stand in einem Äon, als einer, in dem es vier unterschiedliche Dinge von Äonen der Selbstentstandenen gibt. Der erste Äon aber, der in ihm ist, (der Äon) des ersten Erleuchters Harmozel (ist:) Orneos Euthrounios; jener wurde [,...'] genannt. [Der] zwei[te Äon] aber [des] zwei[ten Erleuchters Oroiael (ist:) . . . . .]udas[.]os Ap[. .]*(p.128)*arros [...]. Der dritte aber des dritten Erleuchters Daveithe (ist:) Laraneus Epiphanios Eideos. Der vierte aber des vierten Erleuchters Eleleth (ist:) Kodere Epiphanios Allogenios. Alle anderen aber, die in der Materie existieren, sie alle blieben (dort). Und zum Zwecke der Erkenntnis einer Größe, eines Dranges und einer Kraft sind sie entstanden und haben sie sich geschmückt. Sofern sie in Unkenntnis über Gott geraten sind, werden sie aufgelöst werden.

Siehe, Zostrianus, du hast alle diese Dinge gehört, diese, über die die Götter in Unwissenheit sind und die für Engel grenzenlos sind."

Ich aber wagte zu sagen: „Ich suche noch hinsichtlich des dreimal mächtigen, unsichtbaren, vollkommenen Geistes danach, wie er für sich existiert und wie er die Ursache für diese alle ist und (für) die, die wirklich existieren, ohne [...] zu haben, [...] wie [...] oder [...] *(p.129)* sich (?) sehr." Sie verließen [mich] und gingen weg.

Und es kam vor mich Apophantes in Begleitung von Aphropais, dem jungfräulichen Licht, und er führte mich ein in den zuerst erschienenen, großen, männlichen, vollkommenen Verstand. Und ich sah alle, die dort sind, wie sie in einem existieren. Und ich verband mich mit ihnen allen. Ich pries den verborgenen Äon, die jungfräuliche Barbelo und den unsichtbaren Geist. Und ich wurde ganz vollkommen. Ich erstarkte. Ich wurde in die Herrlichkeit eingeschrieben. Ich wurde versiegelt. Ich empfing einen vollkommenen Kranz an jenem Ort.

Ich kam heraus zu den einzelnen Vollkommenen. Und sie fragten mich alle. Sie hörten von den Größen der Erkenntnis. Sie jubelten und erstarkten. Und ich bin es auch, der zu den Äonen der Selbstentstandenen herabgekommen ist. Ich nahm ein wahres, reines Aussehen an, das der Wahrnehmung angemessen ist. Ich kam herab [zu] den gegenbildlichen Äonen. Und ich kam dort heraus (und) *(p.130)* herab zu der luftigen [Erde]. Und ich schrieb drei Schreibtäfelchen und hinterließ sie zu einer Erkenntnis derer, die nach mir kommen werden, der lebendigen Erwählten. Und ich kam in die wahrnehmbare Welt herab und zog meine Statue an. Weil sie unwissend war, stärkte ich sie. Ich zog umher und predigte allen die Wahrheit. Weder die Engelschaften der Welt noch die Archonten hatten mich gesehen. Denn viele Verurteilungen, die mich dem Tode nahebrachten, machte ich zunichte. Viele Irrende aber weckte ich mit den Worten:

„Kommt zur Erkenntnis, ihr Lebendigen und du heiliger Same des Seth! Sie sollen mir nicht ungehorsam sein! Weckt euren Gott für Gott! Und die arglose und erwählte Seele sollt ihr stärken! Und hütet euch vor der hiesigen Veränderlichkeit, aber sucht nach der unveränderlichen Ungeborenheit! [Der] Vater von allem lädt euch ein und wartet nun auf euch. Und wenn ihr Unrecht erleidet, *(p.131)* wird er euch nicht verlassen. Taucht euch nicht unter im Tod, und übergebt euch nicht denen, die geringer sind als ihr, als wären es welche, die besser sind! Entflieht der Unsinnigkeit und der Fessel der Weiblichkeit und erwählt euch die Erlösung der Männlichkeit! Ihr seid nicht gekommen, [um] zu leiden, sondern ihr seid gekommen, um eure Fessel zu lösen. Macht euch los, so wird sich der, der euch gebunden hat, auflösen! Rettet euch, damit jene gerettet wird! Der gütige Vater hat euch den Erlöser gesandt und euch die Kraft gegeben. Weshalb zögert ihr? Ihr sollt suchen, wenn ihr gesucht werdet! (Und) wenn ihr eingeladen werdet, sollt ihr annehmen! Denn [die] Zeit ist kurz. Laßt euch nicht täuschen! Der Äon des Äons der Lebendigen ist lang, ebenso wie die Strafe derer, die sich nicht überzeugen lassen. Viele Fesseln umgeben euch nebst Bestrafenden. *(p.132)* Erreicht (es) in kurzer Zeit, ehe das Verderben euch erreicht! Seht auf das Licht und flieht aus der Finsternis! Laßt euch nicht täuschen zu (eurem) Verderben!‟

Zostrianus

Griechischer Kolophon in Kryptographie

Worte der Wahrheit des Zostrianus.
Gott der Wahrheit.
Worte des Zoroaster.

Der Brief des Petrus an Philippus (NHC VIII,2)

Hans-Gebhard Bethge

Literatur

Bethge, Hans-Gebhard, 1997: Der Brief des Petrus an Philippus. Ein neutestamentliches Apokryphon aus dem Fund von Nag Hammadi (NHC VIII,2). Hg., übers. und kommentiert. (TU 141.) Berlin.

Ménard, Jacques-É., 1978: La lettre de Pierre à Philippe. Texte établi et présenté. (BCNH.T 1.) Québec.

Meyer, Marvin W./ Wisse, Frederik, 1991: The Letter of Peter to Philip. In: Sieber, John H. (ed.): Nag Hammadi Codex VIII. (NHS 31.) Leiden, 227-251.

Einleitung

„Der Brief des Petrus an Philippus" (EpPt) gehört zu jenen Texten, die zuerst durch den Nag-Hammadi-Fund bekannt geworden sind. Die Schrift gehört zu den Nag-Hammadi-Texten, die – innerhalb oder außerhalb dieses Corpus – mehrfach bezeugt sind. In dem in sahidischem Dialekt des Koptischen geschrieben Codex Tchacos, der ein ähnliches Alter wie die Nag-Hammadi-Codices hat (1. Hälfte 4. Jh.), findet sich EpPt als erste Schrift neben einer Parallelversion der 1ApcJac, dem EvJud und weiteren Texten.

EpPt ist ursprünglich in griechischer Sprache abgefaßt und dann ins Koptische übersetzt worden. Ein griechisches Original ist nicht erhalten, und auch Bezeugungen von EpPt in anderen literarischen Werken sind nicht bekannt.

Die Bestimmung der Abfassungszeit von EpPt ist nur annäherungsweise möglich. Sie wird u.a. dadurch erschwert, daß es nicht eindeutig zu erkennen ist, ob die Schrift Resultat eines u.U. mehrstufigen und daher eine gewisse Zeit beanspruchenden Entstehungsprozesses ist oder ob sie ursprünglich in Inhalt und Form im Prinzip in einem Zuge so geschaffen wurde, wie sie in NHC VIII und in der Parallelversion vorliegt. In Anbetracht dieser Unklarheit und unter Berücksichtigung der Beobachtung, daß EpPt offenkundig auf eine akute Verfolgungssituation reagiert, wird man die Entstehung bzw. Abfassung der Schrift in einem Zeitraum vom Ende des 2. bis spätestens zur Mitte des 3. Jh. annehmen dürfen. Die unterschiedlichen in EpPt verarbeiteten bzw. die Schrift beeinflussenden Traditionen und das ambivalente Verhältnis zwischen gnostischem und nichtgnostischem Christentum lassen einen Ort vermuten, an dem dies möglich war. Und da wird z.B. an eine größere Stadt, etwa Alexandria, zu denken sein.

Auch wenn der Titel der Schrift diese als „Brief" bezeichnet, gehört EpPt nur sehr bedingt zur Briefliteratur, denn die im Manuskript hervorgehobene Überschrift ist lediglich für den Beginn der Schrift sinnvoll. Man erwartet danach und nach p.133,8-11 eigentlich eine andere Fortsetzung. Die Zuordnung zu einer bestimmten Textsorte ist auf Grund formaler Besonderheiten und inhaltlicher Unausgeglichenheiten und Spannungen für EpPt nur annähernd möglich, weil vergleichbare Schriften jeweils neben Gemeinsamkeiten auch z.T. große Unterschiede haben, etwa im Hinblick auf die Briefform.

Die Schrift steht mit ihrem ausführlichen dialogischen Teilen und der dazugehörenden Rahmenerzählung in der Nähe zu solchen Texten, die von Begegnungen und Lehrgesprächen des auferweckten Jesus Christus handeln. Auf Grund beträchtlicher Übereinstimmungen in Inhalt und Form kann man EpPt als Dialogevangelium ansehen.

Die Schrift hat freilich auch charakteristische Züge und Merkmale, die sie zum einen als Bestandteil der Wirkungsgeschichte der Apostelgeschichte des Lukas verdanken dürfte, die sie jedoch auch mit bekannten Zeugnissen der Acta-Literatur des 2. und 3. Jh. gemeinsam hat.

Die merkwürdige Form von EpPt, für die es direkte, konkrete Parallelen nicht gibt, wirft Fragen nach der Kohärenz der Schrift auf. Daß sie mit dem Anspruch, ein sinnvolles Ganzes zu sein, geschaffen wurde, ergibt sich zunächst schon einmal aus der Existenz der Parallelversion, deren Umfang dem von NHC VIII,2 bei nicht ganz identischem Wortlaut entspricht. Man kann ferner einen inhaltlichen Zusammenhang von zentralen Themen, nämlich einerseits Leiden und andererseits das dialektische Verhältnis bzw. die Spannung zwischen Trennung und Zusammenkommen, beobachten. Andererseits kann die merkwürdige Form von EpPt auch aus einem Entwicklungsprozeß resultieren, der als mehrstufiger mit einer Aufnahme verschiedener Quellen bzw. Traditionen vorstellbar ist und an deren Ende eine Epitome eines umfänglicheren Werkes steht.

EpPt basiert ohne Zweifel auf verschiedenen Quellen, von denen jedoch nur einige mit Sicherheit nachgewiesen werden können. Ganz offenkundig kennt der Autor das lukanische Doppelwerk, denn es liegt eine Vielzahl von Bezügen vor. Im Hinblick auf neutestamentliche Evangelien (Mt oder Joh) ist dies weniger klar. In der Forschung gibt es bislang keine Einigkeit im Hinblick auf die Frage, ob p.136,16-137,4 auf dem Hintergrund des johanneischen Prologs zu verstehen ist. Ob andere Quellen verarbeitet sind, läßt sich nur vermuten. Das umfängliche Lehr- bzw. Ölberggespräch (p.134,18-138,3) greift allerdings mit Sicherheit auf gnostische Traditionen zurück.

Die merkwürdige Form der Schrift macht es nicht leicht, EpPt insgesamt religionsgeschichtlich einzuordnen. Während das Lehrgespräch ganz eindeutig gnostisch geprägt ist, läßt sich dies für die Rahmenerzählung und den die Schrift einleitenden Brief so eindeutig nicht sagen. Innerhalb des Lehrgesprächs findet sich freilich mit p.135,8-136,15 eine Partie, die – in verkürzter Form – eine Form des gnostischen Sophia-Mythos bietet, der eine gewisse Nähe zu Teilen von AJ und SJC, aber auch HA und UW hat. Eine eindeutige Zuordnung zu einer bestimmten gnostischen Schulrichtung, etwa zum Sethianismus, ist allerdings nicht möglich.

Anlaß und damit zugleich gegebener inhaltlicher Schwerpunkt der EpPt sind das Leiden und die damit gegebene Verfolgung bzw. Bedrohung der sich in dieser Schrift artikulierenden und von ihr angesprochenen, in gleicher Lage befindlichen Christen. EpPt will einen Beitrag zur Bewältigung dieser Situation leisten, wenn diese zum einen ätiologisch (z.B. p.136,8-15; 139,22f.), zum anderen aber – nicht zuletzt unter Berufung auf neutestamentliche Traditionen (p.138,23-139,4) – als zur christlichen

Existenz notwendigerweise dazugehörend verstanden wird (p.138,19f.), wobei dies auch unter Berufung auf die Passion Jesu Christi zum Ausdruck gebracht wird, dessen real ertragenes Leiden vorbildlich im Hinblick auf die Christen (p.138,18 in Verbindung mit p.139,15-28), um ihretwillen also stattfindet, und nicht als stellvertretendes oder Sühne-Leiden angesehen wird.

EpPt liefert, von p.134,8f. abgesehen, keine konkreten Anhaltspunkte über Veranlassung, Umstände, Ort(e) und Zeitpunkt des Leidens bzw. der Verfolgung. Die zentrale Thematik der Schrift gehört in einen größeren Kontext, in dem sich nicht nur der Autor samt den Adressatinnen und Adressaten, sondern auch andere Christen im 2. und 3. Jh. befinden. Es finden sich keine Anzeichen, die in bezug auf das Leiden und die Verfolgung auf eine innerchristliche Konfrontation hinweisen.

Die Parallelversion im Codex Tchacos (CT p.1-9) weist teilweise erhebliche Unterschiede auf, deren wichtigste in Fußnoten benannt werden.

Übersetzung

Titel (p.132,10f.)

Der Brief des Petrus, den er an Philippus schickte

Der „Brief" (p.132,12-133,8)

„Petrus, der Apostel Jesu Christi, grüßt Philippus, unseren geliebten Bruder und Mitapostel samt den Brüdern, die bei Dir sind! Ich will Dich wissen lassen, unser Bruder, [daß] wir von unserem Herrn, dem Erlöser [der] ganzen Welt, Befehle empfangen haben, daß [wir] zusammenkommen, um zu lehren und zu predigen über die Erlösung, die uns verheißen wurde von *(p.133)* unserem Herrn Jesus Christus. Du aber hieltest Dich von uns gesondert und hast kein Wohlgefallen an unserem Zusammensein gehabt. Und (nun) sollen wir erfahren, wie wir uns verteilen sollen, um das Evangelium zu verkündigen. Wenn Du, Bruder, also bitte gemäß den Anordnungen unseres Gottes Jesus herkommen möchtest!"

Reaktion des Philippus auf den Brief (p.133,8-11)

Als Philippus dieses empfangen und gelesen hatte, begab er sich freudig und jubelnd zu Petrus.

Versammlung der Apostel auf dem Ölberg (p.133,12-134,9)

Da rief Petrus auch die übrigen (Apostel) zusammen. Sie gingen auf den Berg, der „der Ölberg" heißt, dorthin, wo sie sich gewöhnlich mit dem seligen Christus versammelten, als er noch im Leibe war.

Als dann die Apostel zusammengekommen waren, warfen sie sich auf die Knie, beteten und sprachen so: „Vater, Vater, Vater des Lichtes, der du die Unvergänglichkeiten[224] besitzt, erhöre uns, wie [du] Wohlgefallen gehabt hast an deinem heiligen Knecht, Jesus Christus! Denn er ist uns zum Erleuchter[225] geworden *(p.134)* in der Finsternis. Ja, erhöre uns!"

Und wiederum beteten sie und sprachen: „Sohn des Lebens, Sohn der Unsterblichkeit, der du im Licht bist, du Sohn, o Christus der Unsterblichkeit, unser Erlöser, gib uns Kraft, denn sie suchen nach uns, um uns zu töten."

Erscheinung Jesu Christi (p.134,9-18)

Da erschien ein großes Licht, so, daß der Berg durch die Erscheinung dessen, der sich offenbarte, erstrahlte. Und eine Stimme rief ihnen zu und sprach: „Hört auf meine Worte, damit ich euch sende! Was verlangt ihr nach mir? Ich bin Jesus Christus, der (doch) allezeit bei euch ist!"

Lehrgespräch des erhöhten Jesus Christus mit den Aposteln (p.134,18-138,3)

Katalog von Grundsatzfragen (p.134,18-135,2)

Da antworteten die Apostel und sprachen: „Herr, wir wollen den Mangel[226] der Äonen und ihre Erfüllung erkennen und wie wir an diesem Wohnort festgehalten werden, außerdem, wie wir hierher gekommen sind, außerdem, wie wir wieder gehen werden, außerdem, wieso wir eigentlich *(p.135)* die Vollmacht des Freimuts haben, außerdem, weswegen die Mächte gegen uns streiten."

Anfang der Antwortrede Jesu Christi (p.135,3-8)

Da wurde ihnen eine Stimme aus dem Licht zuteil,[227] die sprach: „Ihr selbst seid es, die bezeugen können, daß ich euch all das (bereits) gesagt habe. Aber wegen eures Unglaubens werde ich es noch einmal sagen!"

---

[224] CT 1 p.2,7f.: „Unbeflecktheiten".
[225] CT 1 p.2,11: „Licht"; so auch p.5,15.
[226] CT 1 p.3,3: „Schwäche"; so auch p.3,17; 4,1.
[227] CT 1 p.3,11f.: „[Da] kam eine Offenbarung (ⲁⲡⲟⲫⲁⲥⲓⲥ) aus dem Licht…"

Erste Antwort Jesu Christi (p.135,8-136,15)

„Was [den Mangel] der Äonen betrifft – dies [ist] der Mangel: <Als> aber der Ungehorsam und die Torheit der Mutter zutage traten in bezug auf den Befehl der Majestät des Vaters, da wollte sie Äonen errichten. Und als sie (das) aussprach, da <trat> der Authades auf den Plan. Als sie aber einen Teil verlor, da hielt ihn der Authades fest; und so wurde er mangelhaft. Dies ist der Mangel der Äonen.

Als der Authades nun einen Teil erlangt hatte, säte er ihn aus und setzte Kräfte und Mächte über ihn ein. Und er schloß ihn ein in die toten Äonen. Und alle Kräfte der Welt freuten sich darüber, daß sie hervorgebracht worden waren.

Sie *(p.136)* aber kennen nicht jenen, [der] präexistent [ist], weil sie ihm fremd sind. Vielmehr dieser ist es, dem Macht verliehen war.

Und sie dienten ihm und priesen ihn. Er aber, der Authades, wurde überheblich aufgrund des Lobpreises der Mächte. Er [wurde] ein Eifersüchtiger.

Und er [wollte] ein Bild erschaffen anstelle [eines Bildes] und eine Gestalt anstelle einer Gestalt. Er beauftragte aber die Mächte kraft seiner Vollmacht, tote[228] Körper zu bilden. Und sie entstanden in Unähnlichkeit, nur nach der äußeren Erscheinung."

Zweite Antwort Jesu Christi (p.136,16-137,4)

„Was aber die Erfüllung betrifft –
ich bin es.

Und ich wurde zu dem Leib gesandt
    wegen des verlorengegangenen Samens.
Und ich kam zu ihrem toten Gebilde.

Sie aber erkannten mich nicht.
Sie dachten von mir,
    daß ich ein toter Mensch sei.
Und ich redete mit dem Meinigen.
Er aber hat mir zugehört,
    wie auch ihr, die ihr heute gehört habt.
Und ich gab ihm die Vollmacht,
    in das Erbe seiner Vaterschaft einzugehen.
Und ich nahm *(p.137)* [ihn (?)][229]...]
Sie [wurden] erfüllt [mit ...] ...[230]
    durch seine Erlösung.

Weil er [aber] ein Mangelhafter war,
deswegen wurde er ein Erfüllter."

---

[228] CT 1 p.4,19f.: „sterbliche". Wo NHC VIII,2 von „tot" spricht, hat CT 1 fast immer „sterblich".

[229] Mögliche Ergänzung der Textlücke: „Und ich nahm [ihn hinauf zu meinem Vater.]"

[230] Mögliche Ergänzung der Textlücke: „Sie [wurden] erfüllt [mit Ruhe] durch seine Erlösung."

Dritte Antwort Jesu Christi (p.137,4-9)

„Betreffs dessen aber, daß ihr festgehalten werdet – (das ist so,) weil ihr die Meinigen seid. Wenn ihr das ablegen werdet, was dem Untergang geweiht ist, dann werdet ihr zu Erleuchtern unter toten Menschen werden."

Vierte Antwort Jesu Christi (p.137,10-13)

„Das aber, daß ihr es seid, die mit den Kräften streiten müssen – (das ist so,) weil sie keine Ruhe haben wie ihr, denn sie wollen nicht, daß ihr gerettet werdet."

Erneute Frage der Apostel und Antwort Jesu Christi (p.137,13-138,3)

Da fielen die Apostel wieder auf die Knie und sprachen: „Herr, lehre uns, wie wir mit den Archonten streiten sollen, denn [die] Archonten sind uns doch überlegen!"

Da rief ihnen [eine] Stimme (, ausgehend) von dem, der in Erscheinung getreten war, zu und sagte: „Ihr aber, ihr sollt mit ihnen folgendermaßen streiten – die Archonten streiten nämlich mit dem inneren Menschen – ihr [jedoch] müßt mit ihnen folgender-maßen streiten: Kommt zusammen und lehrt in der Welt die Erlösung durch Verhei-ßung! Und rüstet euch aus mit der Kraft meines Vaters! Und tut eure Bitte kund, so wird der Vater selbst euch helfen, wie er euch (schon) half, als er mich sandte. *(p.138)* Seid nicht [furchtsam (?)....,] wie ich es euch schon gesagt habe, als ich noch im Leibe war."

Ende der Erscheinung Jesu Christi (p.138,3-7)

Da kamen Blitz und Donner aus dem Himmel, und er, der ihnen an jenem Ort erschie-nen war, wurde in den Himmel entrückt.

Gespräch auf dem Weg und Audition (p.138,7-139,4)

Da dankten die Apostel dem Herrn mit jeglichem Lobpreis und machten sich auf den Rückweg nach Jerusalem.

Als [sie] aber hinabstiegen, redeten sie unterwegs miteinander über das Licht, das er-schienen war. Und es entwickelte sich ein Gespräch über den Herrn, und sie sprachen: „Wenn selbst unser Herr gelitten hat[231], wieviel denn nun wir?"

Petrus antwortete und sprach: „Er hat gelitten [unseret]wegen[232]; folglich ist es not-wendig, daß auch [wir] leiden – unserer Kleinheit wegen."[233]

---

[231] CT 1 p.6,26: „gestorben ist". CT 1 spricht überall von „sterben" bzw. „Tod", wo NHC VIII,2 „lei-den" bzw. „Leiden" hat.

[232] CT 1 p.7,1f. hat hier „gestorben unseretwegen"; vgl. die Textüberlieferung von 1 Petr 3,18.

[233] Anders CT 1 p.7,2f.: „Es ist nötig, daß auch wir sterben – der Menschheit wegen."

Da wurde ihnen eine Stimme zuteil, die sagte: „Ich habe euch oftmals gesagt, daß ihr leiden müßt (, und zwar mit den Worten:) Es ist nötig, daß ihr in Synagogen und zu Statthaltern gebracht werdet, auf daß ihr leidet. Wer aber nicht leiden wird, *(p.139)* [wird (?)] auch nicht [... mein] Vater [...] ... damit er [...]"

Summarium (p.139,4-9)

Die Apostel aber freuten sich [sehr], und sie gingen hinauf [nach] Jerusalem.

Und sie gingen hinauf zum Tempel und lehrten (dort) Erlösung im Namen [des] Herrn Jesus Christus.

Und sie heilten viele.

Worte des Petrus an die Mitjünger (p.139,9-13)

[Pe]trus aber öffnete seinen Mund und sagte zu seinen (Mit-)Jüngern: „[Wahrlich], unser Herr Jesus [hat] uns, als er im Leibe war, alles angedeutet. Denn er selbst [ist] ja herabgekommen."

Rede des Petrus (p.139,13-140,1)

Einleitung (p.139,13-15)

„Meine Brüder, hört auf meine Stimme!"

[Und] er wurde von heiligem Geist erfüllt, (und) er sprach so:

1. Teil: Wiedergabe des Jesus Christus betreffenden Kerygmas (p.139,15-21)

„Unser Licht, Jesus, [kam] herab
und wurde (ans Holz) gehängt.
Und er trug eine <Dornen>krone,
und er bekleidete sich mit einem Purpurgewand.
Und er wurde ans Holz [gehängt]
und in [einem] Grabe bestattet.
Und er erstand auf von den Toten."

2. Teil: Interpretation des Kerygmas (p.139,21-28)

„Meine Brüder, Jesus ist diesem Leiden fremd!
Vielmehr sind wir es, über die das Leiden gekommen ist aufgrund der Übertretung der Mutter (Eva).
Und deswegen tat er alles in gleicher Weise unter uns.

Denn der Herr Jesus, der Sohn der Herrlichkeit des unermeßlichen Vaters, er ist der Urheber unseres Lebens."

3. Teil: Paränetische Konsequenzen (p.139,28-140,1)

„Meine Brüder, laßt uns also nicht auf die Gesetzlosen hören und nicht wandeln in **(p.140)** [...]"[234]

Gebet, Wundertaten und Trennung der Apostel (p.140,1-13)

[Da versammelte] Petrus [die anderen Apostel] und sprach [: „Unser Herr Jesus] Christus, du Urheber [unserer] Erquickung, gib uns den Geist des Verständnisses, damit auch wir Wunder vollbringen!"

Da wurden Petrus und die übrigen Apostel sehend und wurden erfüllt [mit] heiligem Geist. Und jeder einzelne (von ihnen) vollbrachte Heilungen. Und sie trennten sich, um den Herrn Jesus[235] zu verkündigen.

Gemeinsames Gebet (p.140,13-15)

Und (zuvor) versammelten sie sich miteinander, küßten sich [und] sagten: „Amen!"

Christophanie und Verheißung (p.140,15-23)

Da erschien Jesus und sprach zu ihnen: „Friede sei mit euch [allen] und jedem, der an meinen Namen glaubt. Wenn ihr aber gehen werdet, so werden euch Freude, Gnade und Kraft zuteil werden. Seid aber nicht furchtsam! Siehe, ich bin bei euch in Ewigkeit."

Abschluß der Schrift (p.140,23-27)

Da verteilten sich die Apostel auf „die vier Worte", um zu verkündigen. Und sie gingen in der Kraft Jesu in Frieden.

---

[234] Mögliche Ergänzung der Textlücke: „[Furcht vor ihnen allen.]"
[235] CT 1 p.8,25: „den seligen Herrn Jesus".

Melchisedek (NHC IX,1)

Hans-Martin Schenke

Literatur

Funk, Wolf-Peter / Mahé, Jean-Pierre / Gianotto, Claudio 2001: Melchisédek (NH IX,1). Oblation, baptême et vision dans la gnose séthienne. (BCNH.T 28.) Québec / Louvain / Paris.

Pearson, Birger A./ Giversen, Søren, 1981: Melchizedek (IX,1). In: Pearson, Birger A. (ed.): Nag Hammadi Codices IX and X. (NHS 15.) Leiden, 19-85.

Pearson, Birger A., 1975: The Figure of Melchizedek in the First Tractate of the Unpublished Coptic-Gnostic Codex IX from Nag Hammadi. In: Bleeker, Claas Jouco [u.a.] (ed.): Proceedings of the XIIth International Congress of the International Association for the History of Religions (Stockholm, 1970). (SHR 31.) Leiden, 200-208.

Sevrin, Jean-Marie, 1986: Le dossier baptismal séthien. Études sur la sacramentaire gnostique. (BCNH.É 2.) Québec, 222-246.

Einleitung

Der Traktat Melchisedek (Melch) ist eine sehr fragmentarisch erhaltene Schrift, die sich an erster Stelle in Nag-Hammadi-Codex IX findet. Vor der Entdeckung dieses Codex als eines Bestandteils des Nag-Hammadi-Fundes waren Name, Existenz und Inhalt dieses Traktats völlig unbekannt. NHC IX stammt, wie alle übrigen NH-Codices, etwa aus der Mitte des 4. Jh. Die koptische Sprachform, in der alle drei Schriften des Codex IX geschrieben sind, gehört zu den Spielarten eines südlichen Sahidisch. Koptisch kann aber nicht die Sprache sein, in der diese Schrift ursprünglich abgefaßt worden ist. Daß die Ursprache auch hier, wie bei den meisten Stücken der koptischen Literatur, und wie auch für Melch allgemein angenommen, Griechisch gewesen ist, kann man hier sogar sehen, vor allem an dem stehengebliebenen Genetiv des Eigennamens ΜΙΡѠХΕΙΡΟѲΕΤΟΥ (p.6,8f.). Was den Ort anbelangt, an dem das griechische Original von Melch ursprünglich einmal abgefaßt worden ist, so denkt Pearson (1981, 39f.) an Ägypten. Da diese Lokalisierung aber mit seiner Gesamtauffassung von Melch zusammenhängt (zu der es gehört, Melch im Kontext der in Ägypten zu findenden Sekte der Melchisedekianer entstanden zu denken) und da Pearsons (allgemein herrschende) Auffassung hier gerade durch eine ziemlich gegenteilige ersetzt werden soll, muß die Frage vorerst offen bleiben. Natürlich kann Ägypten nicht mit Sicherheit ausgeschlossen werden. Aber im Lichte dessen, was hier folgen soll, spricht auch nichts mehr für Ägypten als für alle anderen in Frage kommenden Gegenden des östlichen Mittelmeerraumes. Demgegenüber ist gegen Pearsons Datierung von Melch in das späte 2. oder frühe 3. Jh. (1981, 40) nichts einzuwenden.

Der Titel „Melchisedek" ist nur eine Kurzform dessen, was eigentlich „Die Apokalypse des Melchisedek" heißen müßte. Der Text besteht aus zwei dem Melchisedek widerfahrenen Offenbarungen (p.1,1-14,15; p.18 unten bis 27,10) und einem Zwischenstück (p.14,15 bis 18 unten), das die Reaktion des Melchisedek auf die erste Offenbarung enthält. Als Mittler der ersten Offenbarung fungiert Gamaliel (p.5,18), der große Engel des ersten Erleuchters Harmozel. Diese scheint unvermittelt mit einer Anrede Gamaliels an Melchisedek eingesetzt zu haben, in der dieser Himmelsbote sich als von Jesus Christus, dem Sohne Gottes, herabgesandt ausweist und seinen Abstieg kurz schildert. Als Vermittler oder Zeugen der zweiten Offenbarung werden „Brüder" genannt, von deren Rückkehr in den Himmel am Ende des Textes die Rede ist (p.27,6-10). Im Unterschied zur ersten, durch Gamaliel vermittelten, Offenbarung, die eine Vorhersage ist (mit dem dafür typischen Tempus des Futur) ist die zweite, von den heiligen Brüdern begleitete, eine Vorherschau (mit Einschluß der Vision des Urteilens Jesu beim Endgericht), in deren Rahmen das Zukünftige eben auch im Perfekt zur Sprache kommen kann. Der Zwischenakt handelt von der durch eine Taufe erfolgenden Bekehrung des Priesters Melchisedek zum wahren Priestertum, das Gott nicht Tiere durch Schlachtung, sondern andere Menschen durch die weitergeübte und weitergegebene Taufe darbringt. So fungiert das Mittelstück auch als Ätiologie einer speziellen (von der hinter dem Text stehenden Gruppe geübten) Taufe. Der „getaufte Täufer" Melchisedek wird verstanden als der Vorläufer Jesu Christi. Jesus Christus ist es, der als der eigentliche Bringer dieser, die erlösende Erkenntnis bringenden, Taufe gilt. Melchisedek wirkt wie ein weit in die Vorzeit zurückverlegter „Johannes der Täufer".

Melch ist ein christlich-gnostischer Text. Er ist dem Sethianismus zuzuordnen, wie aus dem Vorkommen charakteristischer Figuren und Namen des sethianischen Pantheons (vor allem: Barbelo, Doxomedon, vier Erleuchter, Pigeradamas) eindeutig hervorgeht. Die Apokalypse des Melchisedek ist doch nichts anderes als eine Prophezeiung des Kommens und des gesamten Heilswerkes des Erlösers Jesus Christus. In dem Zusammenhang bietet Melch dann auch eine ausgeprägte Christologie. Und diese hat ihrerseits eine unübersehbare antidoketistische Spitze. Wo sich aber nun in solcher Klarheit Christentum und sethianische Gnosis zusammengebracht finden, wird das Verhältnis der beiden Größen notwendigerweise zum Problem. Im Koordinatensystem des neuen Gesamtbildes vom Sethianismus scheint die einfachste Lösung die Annahme zu sein, daß in Melch der Grad der sekundären Verchristlichung der sethianischen Gnosis eine solche Stärke erreicht hat, daß es zu einer kategorialen Grenzüberschreitung gekommen ist und der Sethianismus hier seinen gnostischen Charakter verloren hat. Das heißt, Melch würde einen verchristlichten Sethianismus repräsentieren, der überhaupt nicht mehr gnostisch ist.

Melch läßt – abgesehen von dem breiten gnostisch-sethianischen Traditionsstrom, von dem er getragen wird – gewisse Rückschlüsse auf besondere, in ihm verarbeitete Quellen oder Traditionen zu. Auf der einen Seite müssen wir mit einer christlichen Quelle rechnen, nämlich damit, daß der Autor von Melch (schon) den neutestamentlichen Hebräerbrief kannte. Ohne den Einfluß von Hebr läßt sich die Beziehung zwischen Melchisedek und Christus, die Melch voraussetzt und entfaltet, nicht erklären. Hebr liefert aber nur die Kategorien für das Melchisedekbild von Melch. Die Anschauung selbst muß von einer anderen Seite gekommen sein, nämlich aus jüdischen bzw. samaritanischen Traditionen. Ein Blick durch die „Brille" der AscJes auf Melch läßt das allgemein nicht-christliche Substrat sichtbar werden, das wie eine jüdische Melchisedek-Legende erscheint. Die syrische Schatzhöhle (samt der von ihr abhängigen Literatur) und den Melchisedek-„Appendix" von slHen dazu genommen, wird das

Bild konkreter und zeigt einen jüdischen Legendenkranz, innerhalb dessen man Melchisedek als einen integrierenden Bestandteil derselben (semi-)jüdischen Tradition findet, die weithin sowieso als der wesentliche nicht-gnostische Hintergrund bzw. als die Basis des gnostischen Sethianismus angesehen werden muß.

Um einen so fragmentarischen Text überhaupt in einer Übersetzung präsentabel zu machen, sind in der folgenden Darbietung einige der sonst in diesem Buch geltenden Prinzipien vorübergehend außer Kraft gesetzt: Ergänzungsklammern schließen hier auch Wortteile ein, die Zeilen sind gezählt und die in den Lücken pro Zeile fehlenden Buchstaben durch Punkte symbolisiert (die Buchstabenzahl pro Zeile entspricht den durchschnittlich zwanzig Buchstaben je Zeile im koptischen Original).

Übersetzung

(p.1) Melchis[edek] |

„Jesus Christus, der So[hn Got]|[tes . . . . . .] aus [. . . . .] | [. . . . .
. . . . .] *(5)* [. . . . . . . der] Äonen, (damit) ich alle | Äonen [durchschreite (?)], un[d] | (damit) [ich] | in jedem einzelnen der Äonen [die] | Natur des (betreffenden) Äons [finde (?)], von welcher [Art] | er ist, und (damit) ich mi[ch] *(10)* in Kindschaft und [G]üte | kleide , o Bruder [, der (du) in (?)] | [. . . . .] | [. . . . .
. . . . .] | [. . . . .] *(15)* [. . . . .] | [. . . . .
. . . .] | [. . . . . .] und [. . . . .] | [. . . . .] | [. . . . ih]r Ende ent[hüllen . . . .] *(20)* [. . .] und er wird [ihnen] | die Wahrheit [offen]baren. [. . . . .
. .] | [. . . . .] | [. . . .] | [. . . . .] in der U[nterwelt (?)] *(25)* . . . . in (?) Sp]rüch[en . . . .] | [. . . . .] | [.
. . . .] | [. . . . .] *(p.2)* [. . . . zu]erst in Gleichnisse[n] | [und R]ätseln [. . . . .] | [. . . . .] | [. . . . . . . (wenn (?) er)] sie *(5)* [ver]kündigt, wird der Tod in Un[ru]he | und Zorn geraten; aber nicht nu[r] | [e]r [s]elbst, sondern auch seine [Gefährten:] | [der] Weltherrscher, die Archonten, | Mächte und Gewalten, die weiblich[en] *(10)* und die männlich[en] Gött[er], | [ne]bst den [Erz]engeln. Und die [. . . . . .] | [. . . . .] | [. . . . . . .
. . . .] | [. . . . .] *(15)* [. . . . .] | [. . . .
. . . . a]lle [. . . . .] | [des W]eltherrschers [. . . . .] | [. . . . a]lle und die [. . . . . . .
.] | [. . . . . al]le und die [. . . . . . .] *(20)* [a]lle werden sage[n . . . . in bezug] | [a]uf ihn und in bezug auf [. . . . . . .] | [. . . . . . .] und [. . . . .] | [. . . . .] | [. . . . .] *(25)* [. . . . .] sie werden [. . . . . . . die Ge]|[h]eimnis[se], die verbor[gen] sind [. . . . . .] | [. . . . .] | [. . . . .
. .] *(p.3)* [. . . . .] | [. . . . .] | [. . . . . . Är-ger]nis(?) durch | [den . . . .] d[es] All[s]. Sie werden [. . .] *(5)* [. . . . .] Des[wegen(?) werden] die Gerech|[ten] ihn eilig begraben. | [Sie werden] ihn einen [go]ttlosen, | dem Gesetz ungehorsamen [und unre]inen Men[schen] | nennen. Doch [am] drit*(10)*[ten] Tage [wird] er [auferstehen] | [von den To]ten [. . . . .] | [. . .
. . . .]

(Lücke: Rest der Seite)
(p.4) [. . . .] | und [. . . . .] | sie [. . . . . seine]
heil[igen] | [Jü]nger[. Und] der Erlöser *(5)* [wird] ihnen [die Rede], | die dem [Al]l das
Leben schenkt, | [offen]baren. Es redeten [aber durch diese] | Rede (alle), die im [Him-
mel], | auf der Erd[e und] *(10)* unter der Erde sind. [. . . . .] | [. . . . . und [.
. . . . . .] | [. . . . .] | [. . . . .] ihnen [. . . . .] | [. . . . .
. . . .]
(Lücke: Rest der Seite)
(p.5) [was] geschehen wird in seinem Namen. <Und> | sie werden [a]uch von ihm sa-
gen, er sei

einer, der nicht | als Mensch geboren wurde,
   obgleich er doch als Mensch geboren worden ist,
einer, der nicht | ißt,
   obgleich er doch ißt,
einer, der nicht trinkt,
   (5) obgleich er doch trinkt,
einer, der keine Beschneidung kennt, |
   obgleich er doch beschnitten worden ist,
einer, der kein Fleisch | trägt,
   obgleich er doch im Fleisch Wohnung genommen hat,
einer, der nicht | dem Leiden unterworfen war,
   obgleich er doch dem Leiden unterworfen wurde, |
einer, der nicht von den Toten aufzuerstehen *(10)* brauchte,
   obgleich er doch von den Toten auferstanden | ist.

[Es wer]den [nicht so] reden | all die Stä[mme und a]ll [die] | [Völk]er, wenn sie von
[dir] | selbst, o [Melchise]*(15)*d[ek], du hei[l]iger H[oher]|[pr]iester, [sei]ne vollkom-
m[ene] Hoffnung | [auf] das Leben empfangen.
   I[ch bin] | [Gamal]iel, der [ich aus]gesandt wurde, | um zu [enthül]len, daß die Kirche
d[er] *(20)* Kin[der] des Seth oberhalb von | tau[sendmal] tausend un[d zehntausend]|mal
zehntausend [Ä]onen ist – b[is in alle Ewigkeit.] | A[men.

[Du W]esen eines [jeden] Ä[on]s: |
   [A]ba[ba Ai]aiai Ababa;
du *(25)* göttlicher A[utogen]es [all]er | [Äonen;]
du Bewe[gung einer jeden Na]tur, |
[du Mutter] der Äonen:
   [B]arb[elon;] |
[du] Ers[t]ling der [Ä]on[en]:
   (p.6) Aithops Doxomedon Dom[edon]; |
du Besitzer jener Herrlichkeiten:
   Jesus Christus;
ihr Ar[chi]|strat[ege]n der Erleuchter, ihr [Kräfte]: |
   (H)armozel, Oroiael, Dau[eithe,] *(5)* Elel[eth];
und du leuchtender, | unsterblicher Äon:

Piger-Adama[n]a; |
und du guter Gott | der wohlgestalteten Welten:
    Mirocheiro|thetou –
(euch alle rufe ich an) durch Jesus Christus, den Sohn *(10)* Gottes.

Diesen verkündige | ich demgemäß, w[ie] | [darauf Be]dacht genommen hat d[er, de]r wahrlich i[s]t, | [gegenüber dem, w]as [fälschlich] ist, de[r das Sein hat gegenüber] | [dem] Nicht[se]ienden: Abel Boro[uch], *(15)* [daß d]ir die Erkenntnis [der Wahrh]eit | [als Charisma gegeben werde], daß er (Jesus Christus) a[us] | [dem Ge]schlecht des Hohen[p]riest[e]rs stammt, | [der] ober[halb] von tau[sendmal tau]send und | [zehntausend]mal zehntausend Äo[n]en ist. [E]s [sind] *(20)* [un]wissend über ihn die [f]eindlichen | [Geister] ebenso wie über ihren | [U]ntergang. Nicht nur (das, sondern) ich bin gekommen, um | dir [die] Wahrheit, [die un]ter [den Brü]dern | herrscht, zu enth[üllen]. Er (sc. Jesus Christus) schloß *(25)* [sich] selbst ein [in das] lebendige | [O]pf[er], [jedoch] zusammen mit deiner Nachkom[menschaft]. Er [brach]|te sie dar als Op[fer für] | [das] All. [Denn nicht] Tie[re sind es,] | [die] du darbringen sollst [we]*(p.7)*gen der Ungläubigke[it]en [und wegen] | [der] Unwissenheiten un[d aller] | bösen [Taten], die sie [begehen werden. Sie sind tot] | [u]nd gelangen [nicht hinauf] *(5)* [zum V]ater des Alls. [. . . . . . .] | [. . . . . .] den Glaub[en . . . . . .] | [. . . . .] | [. . . . .] | [. . . . .] Das Ihrige ist es [. . . . .] *(10)* [. . . . .]
    (Lücke: Z. 11-24)
(25) [. . . . . W]el[t . . . .] | [. . . . . We]lt [. . . . .] | [. . . . .], um die T[aufe] zu empfangen [. . . . .] | [in den W]assern. Du [(sollst) (?) . . . .] *(p.8)* Denn [(, was) die] ober[en Wass]er (anbelangt,) | [jeder, d]er die Taufe [in ihnen] empfängt, | [wird zur Höhe aufstei]gen (?). Aber [du] sollst die Ta[u]|[fe] in den [unte(?)]ren W[a]ssern empfangen *(5)* [. . . . .] wenn er kommen wird zu (?) [. . .] | [. . . . .] der M[ühen(?) . . . . . .] | [. . . . . . . gro]ße [. . . . .] | [. . . . .] | [. . . . . Tau]fe, wobei sie [. . . . .] *(10)* [. . . . . ü]ber [. . . . .]
    (Lücke: Z. 11-24)
(25) [. . . . .] | [. . . . .] durc[h . . . .] | [. . . . .] von dem [. . . . .] | [. . . . .]. Bete für [. . . . . . . der] *(p.9)* [Ar]chonten und [all]er Engel und | [des] Samens <, der (?)> herausgeflossen ist [aus] | [dem Vate]r des Alls! H[eile (?) den] ganzen | [Sam]en von [der . . . . !] *(5)* Die G[ötter, die Eng]el, | die Mensch[en und die Dämonen wurden] hervorgebracht | [a]us dem Sa[men,] alle | [Wesen], die im [Himmel,] | auf der Erde und [un]ter *(10)* de[r Er]de sind. [. . . . .]
    (Lücke: Z. 11-15)
[. . . . .] | [. . . . .] | [. . . .] | [. . . . .] *(20)* [. . . . .] | hinauf [. . . .] | [. . . . .] | [. . . . .] | [. . . . . . .] | Hab' [nicht (?)] Gefa[llen (?) daran (?)] *(25)* [und an der (?)] Natur des Weiblichen [. . . . .] | [. . . . .] unter denen, die in der [. . . . . .] sind | [. . . . .] sie [wurden] gefesselt mit vie[len (?) . . . . .] | [Dies aber] ist [nicht] der wahr[e] Adam *(p.10)*, [auch nicht] die wahr[e] Eva. [De]nn | a[ls sie] vom Bau[m der] | [Erkenntnis aß]en, zer-

tr[a]ten sie [die] | [Cherubi]m und die Seraphi[m] *(5)* [und das flam]mende [Schwert. Der] | [We]ltherrscher u[nd seine Archonten] | gelan[gten (?) zur Bra]ut (?) Adams, [die bei ihm] | [war.] Sie [wu]rden dur[ch sie] | [verun]rei[nigt (?). N[achdem sie [nun] *(10)* Produkte der Archonten nebst [ihren] | [welt]liche[n (Eigenschaften)] hervorgebracht hatten, [sol]che, die zugehörig sind zu |

(Lücke: Z. 12-16)

[. . . . .,] son|[dern . . . .,] wobei sie | [. . . . . . .] sind [. . . . .] *(20)* [. . . . .] | [. . . . .]

(Lücke: Z. 22-24)

(25) [. . . . . . Li]cht [. . . . .] | [u]nd [alle (?)] weiblichen und män[nlichen] (Wesen), | [d]ie bei ih[m] waren, [werden] | sich [ver]bergen vor jeder Natur; [und es werden] | sich [lo]s[sage]n von den Archo[nten (alle), die] *(p.11)* von ihm ihre (?) [. . . . .] empfangen. | Denn [sie wurden] für würdig befunden [un]sterblicher | [. . . . .] und g[roßer . . . .] | [. . . . .] und g[roßer . . . . .] *(5)* [und] großer [. . . . .] | [. . . . .] Söhne der Me[nschen . . . .] | [. . . . . J]ü[ng]er [. . . . .] | [. . . . . . Ab]bil[d] und [. . . . .] | [. . . . . a]us dem Li[cht] *(10)* [. . . . .] heiligen [. . . . .] | [. . . . . . D]enn [. . . . . . .] von | [Anfang] an [. . . . . . .] ein Sa|[me . . . .]

(Lücke: Rest der Seite)

(p.12) [. . . . .] Ich werde aber schweigen | [. . . . .]. Denn wir sind [die] | [. . . . ., die] herabgestiegen [sin]d au[s] | [den] lebendigen [. . . . . .]. Es werden [di]r *(5)* Offen[barungen (?)] enthü[llt (?)] werden | durch (?) die [erwähl]ten (?) [Söhne (?)] Adams, [nämlich] | [durch Abe]l, Henoch, N[oah . . .] | [. . . . .]chei[. . . . . . .] *(10)* [di]r Melchised[ek, dem Priester] | des [höchsten] Gottes [. . . . .] | diejeni- gen, die für w[ürdig befunden (?)] worden sind [, ...] | die Frauen [. . . . .] | Un[. . . . . .]heit [. . . . .] *(15)* [. . . . .]

(Lücke: Rest der Seite)

(p.13) Diese beiden, die erwählt wurden, | werden nicht [zu] jeder Zeit und nicht | [an] jedem [O]rt hervorgebr[acht] | werden. Wenn sie hervorgebrac[ht] werden *(5)* [durch] Feinde und Freunde, | [au]s Fremden und [Eige]|nen, bei Gottlo[sen] | und Frommen, wer[den] | [si]ch a[lle entgegen]gesetzten *(10)* Naturen [. . . . .], [die] | [sicht]baren ebenso wie die | un[sichtbare]n, und die | im Himmel, die [auf] | der Erde [u]nd die un- [ter] *(15)* der Erde [sin]d. Sie werden Kri[eg] | führen [, wobei sie (?)] gegen (?) einen jeden [. . . . . .]. Denn | [sie sin]d entweder in dem [hei]ligen | [. . . . .] samt den [. . . .] | [. . . . .] von [. . . . . . .] *(20)* [. . . . .] | [. . . . .] sie sind [za]hlreich [. . . .] | [. . . . . . .] a]us (?) einem [. . . . . .] | [. . . . . zu] ihnen [. . . . .] | [. . . . .] *(25)* [. . . . .]; diese aber in dem [. . . .] | [. . . . eines] jeden werden sie [. . . . .] | [. . . . . .] sie. Diese wer[den . . . .] | [. . . . . m]it jedem Schlag [und in] *(p.14)* Schwachheiten. Die einen werden in | and[ere] Gestalten eingesperrt [und] | gepeinigt werden. [Jene] | [nu]n wird der Erlöser befre[ien,] *(5)* und sie werden über alles erhaben sein – [nicht] | du[rch] den Mund und Worte, | wohl aber durch die [Ta][t]en (?), die für [sie] getan werden. [Er wird] | den Tod vernichten. –

[Diese (Dinge) nun,] *(10)* von [den]en mir befoh[len] ist, | sie (dir) zu [off]enbaren, die sollst auch du offen[baren, so wie ich es getan habe! Das] | aber, was verborgen ist, [off]enbare | niemand[em], auß[er] wenn es dir (zu tun) *(15)* geoffe[nba]rt wird!"

Und sogl[eich] | erhob [ich] mich, i[ch], Mel[chise]|[dek, u]nd begann, [den] h[öch-sten] | Gott zu [preisen . . . .] | [. . . . .], um mich zu erfreu[en . . . .] *(20)* [. . . . .] wird [. . . . .] | [. . . . .] wirken[d . . . .] | [. . . . . d]er lebendig ist [. . . . .] | [Ich spra]ch: „Ich [. . . . .] | [. . . . . u]nd ich [. . . . .] *(25)* [. . . . .] hinauf als [Opfer (?) . . .] | [und ich] werde nicht (davon) ablassen von [nun] an | [bis in Ewigkei]t, o Vater des [Alls,] | [we]il du dich m[ei]ner erbarmt hast un[d] *(p.15)* [deinen] lichten [Eng]el | [Gamaliel (?)] aus deinen | Ä[onen geschickt hast, damit er mir] | [. . . . .] offenbare. Dieser, als er gekommen war, [ver]*(5)*[anlaßte] er, [daß ich] aus der Un|[wi]ssenheit und dem Zustand, wo ich | dem To[d]e Fru[ch]t brachte, zum Leben erhob[en wur]de. | Denn ich habe einen Namen. | Ich bin [Melch]isedek, der Prie*(10)*ster des höchsten [Gott]es. Ich | [wei]ß, daß ich wahrlich (nur) | [das Bild (?)] vom wahren Hohenpriester | [des] höchsten Go[ttes] bin und | [das] H[aupt (?) der] Welt. Denn *(15)* es ist k[eine] geringe [Sach]e, [was] | Gott [. . . . .] an dem [. . . . . .] | [. . . . . dies], wobei er [. . .] | Und [. . . . . Eng]el si[ch befin]|dend a[uf der] Erde [. . . . .] *(20)* [. . . . .] | [. . . . .] | ist das Schl[achtop]fer (?) der [. . . . .,] | den der [T]od verführte. | Als [er star]b, fesselte er [s]ie *(25)* [an] die Naturen, die [sie] ver|[füh]ren. Er brachte noch da[r] *(p.16)* Opfe[r . . . .] | der (?) Tier[e. . . . .] | übergab ich sie dem To[de . . . .] | [u]nd [den Enge]ln und den [. . . . .] *(5)* [. . . . . . den D]ämo[nen. . . . . . .] | lebendige Opfer [. . . . . . .,] | habe ich mich und die Meinigen | dir als O[pf]er dargebracht, dir, | der du allein der Vater des Alls bist, zusammen mit *(10)* denen, die du liebst, d[ie] aus dir | hervorgega[n]gen sind, den heilige[n und leben]digen. Und <nach> | den vollkom[menen] Gesetzen werde ich | [m]einen Namen aussprechen, indem ich die Ta[u]fe empfange, | [je]tzt und immerdar, (als Namen) unter den [leben]digen *(15)* und heiligen Na[men], und (zwar) in den [Was]|sern. Ame[n."

„H]ei[lig,] | [he]ilig, heilig bis du,
   o Va[ter] | [des Alls], der du wahrlich bist | [gegenüber (?)
  denen, die ni]cht sind:
     Ab[el Bor]ou[ch,] *(20)* [. . . .
b]is in alle [Ew]igkeit. [Am]en. |
[He]ilig, [he]ili[g, he]ilig bist du, |
   [o Vater, der du seiend bi]st (?) vor der [. . . . . . .] | [. . .:
     Zaraz]az (?),
bi[s in alle Ewig]keit. | [Amen.
H]eil[ig, h]eilig, *(25)* [heilig bist du,
   o M]utter [der] Äonen: |
     Ba[r]belon, |
[bis i]n alle Ewigkei[t. A]men. |
[H]ei[lig], heilig, heilig bist du, |
   [o Er]stling der Äonen:

[Do]|[xo]medon [. . . . .] *(p.17)* [. . . . .
bis in all]e Ewigkeit. Amen. |
[Heilig, heilig,] heilig bist du, |
   [. . . . .] | [. . . . . :
    Akra]man (?),
(5) [bis in alle Ewigkei]t. Amen. |
[Heilig, heili]g, heilig bist du, |
   [o Archistratege], | [Erleuchter im er]sten Äon: |
    [Harmozel,
bis in a]lle Ewigkeit. *(10)* [Amen.
Hei]lig, heilig, | [heilig bist du,
   o St]ratege, Erleuch|[ter der Äonen:]
    Or<o>iael,
bis in | [alle Ewigkeit.] Amen.
Hei[lig] | [heilig, heilig bist du,
   o] Stra[te]*(15)*[ge der Äonen], du Erleuch|[ter:
    Daueithe,]
bis in alle | [Ewigkeit. Am]en.
Heilig, | [heilig, hei]lig bist du,
   o Arch[istr]a[tege:
    Eleleth,
 . . . .] *(20)* [. . . . . der] Äo[nen.
[. . .] | [. . . . .] | [. . . . .] | [. . . . .] der
Ar[chistrate]|[gen (?):
    Pigerada]man[a (?), bis]
(25) [in alle Ewigkeit.] Am[en.] |
[Heilig, h]eilig, h[eilig] bist du, |
   [o g]uter]Gott der] *(p.18)* [wohlgestalte]ten Welten [. . . . . :] |
    Mirochei[rothetou,
bis in] | alle Ewigkei[t. Amen.] |
Hei[lig, heilig, heilig bist du,]
   (5) o Archis[tratege des Al]ls: |
    Jesus Christus,
[bis in alle Ewigkeit.] | Amen."

U[nd das Wort (?) der Prophe]|tie (?) und [der Offenbarung (?) –] | wohl [dem, der in
diesem Bekennt]nis *(10)* [bleibt (?)]! A[ber wer] es [nicht] | [beke]nnen [wird . . . .
 . . . .] | [. . . . .] soglei[ch . . . .] | also geschieht es i[hm (?) . . . . .] | [. . . .]
Furcht un[d . . . .] *(15)* Furcht und [. . . . .] | U[n]ruhe [. . . . .
 . . . .] | ihn (?) umgebend [. . . . .] | an dem Ort, w[o] große | Finsternis
[herrscht . . . .] *(20)* und viele [. . . . .] | sichtbar wer[den . . . . .
 . . . .] | dort. [. . . . .] | [. . . . . .] au[s (?) . . . .] | [. . . . .
 . . . .] *(25)* [. . . . .] | [. . . . .] | [.
 . . . .] | [. . . . .] *(p.19)* [. . . . .].
Und | [. . . . . di]e bekleidet waren mit | [. . . . .] ganzen [. . . . .] und | [. . . . .

. . . . ha]tten *(5)* [. . . . .]. Und | [. . . . .] sind
wie | [. . . . .] sie | [. . . . .] | [. . . . .
. . . . . .] *(10)* [. . . . .] Bewegungen; sie g[a]ben | [mir Gelegenheit,] ihre Worte
[zu hören;] | [. . . . . . . u]nd sie sagten zu mir | [: „Sei gegrüßt (?), Mel]chis[ed]ek, | [du
Priester] des [höchsten] Gottes!“ *(15)* [Sie] rede[te]n, als ob [. . . . .] | [. . . . .
. ih]re Münde[r . . . .] | [. . . . .] im All [. . . . .] | [. . . . . u]nd [.
. . . .] | [. . . . .] deine [. . . . .] *(20)* [. . . . .] | [. . . . .
. . . .] | [. . . . .] | [. . . . .] | [. . . . .
er hat] ir[re]geführt *(25)* [. . . . .] er hat ge[- . . . . .] | [. . . . .
. . .] | [. . . . .] | [. . . . .] *(p.20)* und seine [Op-
fer (?) und seine] | Verehrungen un[d seine . . . . . . und seine] | Gelübd[e] un[d seine . .
. . . . und] | seine Gebete. Un[d . . . . . die Tie]*(5)*re (?). Un[d . . . .] |
die [S]einig[en . . . .] | zuerst [. . . . . ge]|tan (?).“ I[c]h ab[er hör-
te (?)] | s[ie sagen (?): „Die . . . .] *(10)* hab[en] sich keine Sorgen darüber ge-
macht, daß [das Priester]|tum, [das] du ausübst (und) | das aus dem [. . . . . . .] stammt [
. . .] | [. . . . .] | | [durch die listigen An]schläge *(15)* [des] Satans, um
[es (?)] zusammen [mit dir (?)] | [a]uszu[tilgen (?). Jedes Op[fer] | [. . . . . . . nach (?)]
seinen Leh[ren . . . . .] | [. . . .] gegenüber deinen Überleg[ungen . . . .] | [. . . . .
. . . .] *(20)* [d]ieses Äo[ns . . . .] | [. . . . .] | [
. . . .] | [. . . . .] | [. . . . .]
(25) [der] i[n . . . .] existiert [. . . . . .] | [. . . . .] führt ir[re . . . .] | [. . . .
. . . .] | [. . . . .] *(p.21)* [. . . . .] und
einige | [. . . . .]. U[n]d [. . . . .] | [. . . . .] nicht (?). E[r (?) . . . . .
. . .-]te | [. . . . .] er g[a]b sie [. . . .] *(5)* [. . . . . u]nd [. . . . .] | [. . . .
. . . . un]d du wirst [. . . . .]
    (Lücke: Rest der Seite)
    . . . ich (?)] *(p.22)* werfe ih[n . . . .,] | [d]ami[t] du [. . . . .
. .] | [. . . . .] | [De]nn (?) sogleich [. . . . .] *(5)* [du]rch
ih[n . . . .] | [un]ten. Der [. . . . .]
    (Lücke: Rest der Seite und p.23)
(p.24) [D]enn [. . . . .] aus [. . . . .] | [o]berha[lb . . . .]
    (Lücke: Rest der Seite)

    „. . . . . .
    (p.25) [ihr habt] mich [. . . . .].
Und | [ihr habt mich . . . .;]
    ihr [habt mich] | [mit dem Rohr (?)] geschlagen;
    ihr habt mich | [in die Grube zu den (?)] Leichen geworfen.
Und *(5)* [ihr habt mich an(s Kreuz) gehängt]
    von der drit[ten] | Stunde [des] Sabbat[vortages]
    bis | [zur neu]nten [Stunde].
Un[d d]a|[nach bin ich aufer]standen von den | [Toten.“

Mein Den]ken (?) k[a]m au[s der] *(10)* [Höhe] zu mir (zurück). [. . . . .] | [. . . . .
. . . . .] Meine Augen begannen [wieder] | zu se[hen; aber sie] f[a]nden kein[en . . . .] | [
. . . .] hin[ab . . . . . .] | [. . . . . m]ich [. . . . .]
  (Lücke: Rest der Seite)
. . . . Sie] *(p.26)* umarmten mi[ch . . . . und] | [sa]gten zu mir: „Sei sta[rk, o
Melchi]|[s]edek, du großer [Hoherpriester] | des [höchsten] Gottes! [Denn die
Ar]*(5)*chonten, die deine [Feinde sind, haben Kri]eg (gegen dich) | geführt. Du hast [sie]
besie[gt und] | nicht haben s[ie] di[ch] besiegt. [Und du warst] | ausd[a]uernd un[d hast]
deine | Fein[de vern]ichtet [. . . . .] *(10)* Ju[be]le (?) in [großer Freude! Denn du]
| wirst [R]uhe finden an kein[em (anderen) Ort außer] | [jenem] lebendigen und hei-
l[igen,] gegen [den] | sich [niemand] erheben [kann] i[n der . . . . .] | [. . . . des
F]leisches. [. . . . .] *(15)* [. . . . .]
  (Lücke: Rest der Seite)
[(Heil einem jeden) . . . .] *(p.27)* in den Opfergaben, wirkend für das | Gute und
beharrlich | fastend. –

Enthülle diese Offen|barungen niemandem, (5) der im Fleisch ist – da es nichts Fleisch-
liches ist –, | außer wenn eine (diesbezügliche) Offenbarung an dich ergeht!" |

Als die Brüder, die zu den Geschlechtern des | Lebens gehören, diese (Worte) ausge-
sprochen hatten, | wurden sie (wieder) emporgehoben zu dem Ort, der oberhalb *(10)* al-
ler Himmel liegt. [A]men.

„Die Ode über Norea" (NHC IX,2)

Ursula Ulrike Kaiser / Uwe-Karsten Plisch

Literatur

Kaiser, Ursula, Ulrike, 2006: Die Ode über Norea (NHC IX,2). Textedition, Übersetzung und grammatsches Register. In: Dies., 2006: Die Hypostase der Archonten (Nag Hammadi Codex II,4). Neu herausgegeben, übersetzt und erklärt. (TU 156.) Berlin/New York 2006, 393-408.

Myszor, Wincenty, 1986: Oda o Norei (NHC IX,2). Wstęp, przekład z języka koptyjskiego, komentarz. STV 24, 197-203.

Pearson, Birger A./ Giversen, Søren, 1981: NHC IX,2: The Thought of Norea. In: Pearson, Birger A. (ed.): Nag Hammadi Codices IX and X. (NHS 15.) Leiden, 87-99.

Roberge, Michel, 1980: Noréa (NH IX,2). (BCNH.T 5.) Québec / Louvain.

Einleitung

Die zweite Schrift aus Nag-Hammadi-Codex IX ist mit einem Umfang von nur 52 Zeilen von bemerkenswerter Kürze und trägt keinen Titel. Vermutlich ist sie, wie andere NH-Schriften auch, aus dem Griechischen ins Koptische übersetzt worden und wohl spätestens in der zweiten Hälfte des 3. Jh. n. Chr. entstanden. Hauptfigur ist Norea, über deren Aufnahme ins Pleroma der Text in komprimierter Sprache und strenger Struktur erzählt. Weder über den Entstehungsort der „Ode über Norea" läßt sich Genaueres sagen, noch wer diesen Text geschrieben hat, noch wer ihn ursprünglich lesen sollte. Die anspielungsreiche (und für uns heute oft auch unklare) Kürze läßt aber darauf schließen, daß es sich nicht um „gnostische Anfänger" gehandelt hat. Die Zuordnung von OdNor zum gnostischen Schrifttum beruht vor allem auf Vergleichen mit anderen Texten, wo gleiche Namen (Norea, Adamas, Vater des Alls) und vergleichbare Sachverhalte (Pleroma, vier heilige Helfer, Mangel, Ruhe etc.) begegnen. Einen ausgeprägten gnostischen Mythos bietet OdNor nicht, jedoch scheint Norea mit ihrer Aufnahme ins Pleroma eine der Sophia in anderen Texten vergleichbare Erhöhung zu erfahren. Ist sie mit der Norea identisch, die in der HA als jungfräuliche Tochter Evas und Offenbarungsvermittlerin begegnet (anders Roberge 154f.), dann kommt dies ihrer Aufnahme in den gnostischen Götterhimmel gleich, zu dem sie ursprünglich nicht gehörte (anders als die Sophia, die nach ihrem Fall nur wiederhergestellt werden muß). Diese Vorstellung ist singulär. Die Verweise auf ein „Erstes Buch der Noraia" und einen „Ersten Logos der (N)Oraia" in NHC II,5 (p.102,10f.24f.) sowie auf ein Buch „Noria" bei Epiphanius (Haer 26,1,3) tragen weder zur weiteren Klärung bei noch sind sie mit OdNor zu identifizieren.

Übersetzung

(p.27,11)
Vater des Alls!
[Ennoia] des Lichts!
Nous, [der] unter denen wohnt,
    die erhaben sind über die Niedrigen![236]
Licht, das [in den] Höhen wohnt![237]
Stimme der Wahrheit!
Aufrechter Nous!
Unberührbarer Logos und
unsagbare Stimme!
[Unerreichbarer] Vater!

Norea ist es, die zu ihnen aufschreit.
[Sie] wurde erhört
und für immer an ihren (sing.) Ort gebracht.
Ihr ward gegeben der Vater des Nous, Adama(s),
und auch die [zwei][238] Stimmen der Heiligen,
(p.28) damit sie Ruhe finde
    in der unsagbaren Epinoia,
damit <sie> teilhaftig werde
    des Ersten Nous[239], den <sie> empfing,
und Ruhe finde im göttlichen Autogenes
und sich selbst hervorbringe,
    wie sie auch teilhaftig ward des lebendigen Logos,
und sich verbinde mit allen Unzerstörbaren
und [spreche] durch den Nous des Vaters,
[damit sie] spreche mit den Worten des [Lebens],
um zu verweilen in der Gegenwart des Erhabenen,
indem sie [ergreift], was sie empfangen hatte,
ehe die Welt ward.

---

[236] Oder: „Nous, [der] in den Höhen wohnt über den Niederungen" (so Pearson / Giversen) bzw. „Nous, [der] unter den Erhabenen wohnt, über den Niedrigen!" Die substantivierten Relativsätze im koptischen Text lassen sich verschieden wiedergeben, auch ist die Hierarchie der Satzglieder nicht eindeutig.

[237] Oder: „Licht, das [unter / in den] Erhabenen wohnt!" Vgl. Anm. 236. Der Text ist, als poetischer Text, offenbar gewollt mehrdeutig.

[238] Ergänzung nach Funk: ⲙⲛ̄ ⲧⲕⲉⲥⲙⲏ [ⲥ]ⲛ̄|ⲧⲉ ⲛ̄ⲧⲉ ⲛⲉⲧⲟⲩⲁⲁⲃ. Diese Ergänzung findet sich auch schon als Erwägung bei Roberge im Apparat.

[239] ⲛ̄ϣⲟⲣⲡ̄ ⲛ̄ⲛⲟⲩⲥ = ὁ πρῶτος νοῦς. Vgl. Albinus: Didascalicos 10,3 und 5; Alexander v. Aphrodisias: In Aristotelis metaphysica commentaria 698f.; 711-715; Plot Enn 3,8,8; 5,3,5; 5,5,1.

Sie hat den großen Nous [jener (plur.)] Unsichtbaren,
[und sie] verherrlicht ihren (plur.) Vater.
[Und sie] wohnt in denen, die im Pleroma [...].
[bis] sie das Pleroma schaut[240] –
eines Tages wird sie das Pleroma [schauen]
und wird ohne Mangel sein.
Sie hat die vier heiligen Helfer,
die für sie beim Vater des Alls vermitteln.
Adama(s) ist es, *(p.29)*
    der sich innerhalb aller Adame befindet,
der die Einsicht Noreas hat,
die über die zwei Namen spricht,
die auf einen einzigen Namen hin wirken.

---

[240] Ich ergänze [ϢⲀⲚⲦ]Ⲥ̄ⲚⲀⲨ (Limitativ). Das von Pearson / Giversen ergänzte [ⲀⲨⲰ Ⲛ̄]ⲤⲚⲀⲨ (Konjunktiv) ist aus syntaktischen Gründen nicht möglich und auch formal nicht wahrscheinlich (in diesem Text steht der Supralinearstrich bei Konjunktiv stets über dem Ⲛ, nicht – wie hier – über dem Pronomen). Denkbar wäre auch die Ergänzung eines circumstantialen negativen Kompletivs: [Ⲙ̄ⲠⲀⲦ]Ⲥ̄ⲚⲀⲨ mit etwas anders nunciertem Sinn: „... noch ehe sie das Pleroma schaut".

„Das Zeugnis der Wahrheit" (NHC IX,3) („Testimonium Veritatis")

Uwe-Karsten Plisch

Literatur

Funk, Wolf-Peter, 1997: Concordance des textes de Nag Hammadi. Les Codices VIII et IX. (BCNH.C 5.) Sainte-Foy.

Mahé, Annie / Mahé, Jean-Pierre, 1996: Le Témoignage Véritable (NH IX,3). Gnose et Martyre. (BCNH.T 23.) Québec.

Pearson, Birger A./ Giversen, Søren, 1981: NHC XI,3: The Testimony of Truth. In: Pearson, Birger A. (ed.): Nag Hammadi Codices IX and X. (NHS 15.) Leiden, 101-203.

Einleitung

Der dritte Text aus Nag-Hammadi-Codex IX, das sogenannte Testimonium Veritatis, ist mit beinahe 50 Papyrusseiten der umfangreichste Text des Codex. Diese einzige erhaltene Kopie der Schrift, überliefert im sahidischen Dialekt des Koptischen, ist nun allerdings stellenweise stark beschädigt, manche Seiten fehlen ganz, darunter die Seite(n) mit dem Schluß des Textes. Nach der Schätzung von Pearson (1981, 101) sind bis zu 45% des Textes vollständig verloren. Sofern das Ende der Handschrift einen Titel aufwies, ist dieser nicht erhalten; der heute gebräuchliche ist nach einem Zentralbegriff des Textes sekundär gebildet. Als Ursprache des Textes wird allgemein und wohl zu recht das Griechische angenommen, auch wenn der koptische Text dafür keine sicheren Hinweise liefert. Nicht zuletzt wegen des zu vermutenden Milieus, in dem die Schrift entstanden sein wird (s.u.), ist diese Annahme jedoch sehr wahrscheinlich.

Für die Entstehungszeit kommt zunächst der Zeitraum zwischen 180 und 313 in Frage. Der Verfasser hat einerseits eine schon recht verzweigte christliche Gnosis im Blick, andererseits deutet die umfängliche Polemik des Verfassers gegen die Martyriumssehnsucht mancher katholischer Christen (p.31-p.34) auf eine Zeit realer Christenverfolgungen hin. Als zeitliche Obergrenze kann daher das Ende der Christenverfolgungen im Römischen Reich angenommen werden. Als früheste Abfassungszeit kommt das Ende des 2. Jh. in Frage, andererseits gibt es auch keinen Grund, den Text später als in die Zeit der ersten oder zweiten Schülergeneration Valentins zu datieren.

Zur geographischen Herkunft von TestVer wird in der Forschung bisher nur die Entstehung von TestVer in alexandrinischem Milieu ernsthaft erwogen und diskutiert. Wer der Verfasser von TestVer gewesen ist, muß offen bleiben.

Das Testimonium Veritatis ist eine gnostisch-christliche Homilie stark polemischen Inhalts. Bereits in der Einleitung wird der radikal-enkratitische Ton angeschlagen und argumentativ untersetzt, der schließlich die gesamte Schrift durchzieht. Die enkratitische Haltung des Verfassers ist denn auch das wichtigste Kriterium, nach dem andere Auffassungen beurteilt werden. Als Prototyp des wahren Gläu-bigen erscheint der „Menschensohn", dem als Antitypus Johannes der Täufer gegenübergestellt ist, womit zugleich ein Anknüpfungspunkt für die Polemik von TestVer gegen die großkirchliche Tauf-auffassung und -praxis gegeben ist, denn die Johannestaufe gilt dem Verfasser als das Urbild der kirchlichen Taufe. Die weitere Polemik gegen die frühkatholische Kirche, die einen breiten Raum im erhaltenen Text von TestVer einnimmt, richtet sich gegen die Martyriumssehnsucht mancher Christen, gegen die großkirchliche Auffassung von der (fleischlichen) Auferstehung, gegen das Festhalten an der Einheit von Schöpfer- und Erlösergott und gegen das damit verbundene positive Verhältnis zum Alten Testament sowie gegen die, ebenfalls am mosaischen Gesetz (Gen 1,28) festgemachte Haltung der Großkirche zu Ehe und Sexualität. Geringeren Raum nimmt die Polemik gegen (andere) gnosti-sche Schulen ein, denen der Autor theologisch erheblich näher steht. Hauptkritikpunkt ist hier neben der auch bei den Ketzerbestreitern anzutreffenden Konstatierung der fehlenden Übereinstimmung in der Lehre, vor allem die fehlende ethische Entsprechung zu der durchaus zugestandenen Erkenntnis. Neben der Tatsache, daß einige Gnostiker selbst Kinder zeugen, statt sich aller Befleckung zu enthal-ten, wird auch das Verhältnis zu irdischem Besitz gerügt – ja, Mammon und Geschlechtsverkehr gehö-ren untrennbar zusammen (p.68). Der wahre Gläubige „ist langmütig gegen jeden und macht sich je-dem gleich. Und doch trennt er sich von ihnen", womit ein Hauptkritikpunkt der großkirchlichen Ketzerbekämpfer, die mangelnde „Faßbarkeit" der Gnostiker, hier als positive Maxime erscheint.

Die Bedeutung von TestVer besteht zunächst darin, daß wir es hier mit einem authentischen Ge-genstück zur kirchlichen Ketzerpolemik zu tun haben, dem wir auch die originalen gnostischen Argu-mentationen in ihrem natürlichen Zusammenhang entnehmen können. Ein weiterer Teil der Bedeutung von TestVer besteht darin, daß sich das gnostische Christentum, das TestVer repräsentiert, nicht ohne weiteres einer bestimmten Schule zuweisen läßt, vielmehr zeigt TestVer eine Komplexität, die sich aus verschiedenen Quellen speist. Auch neutestamentliches, insbesondere paulinisches und johanneisches, aber auch synoptisches Gut hat in TestVer Eingang gefunden, sei es als Anspielung, sei es als Zitat. Gleichzeitig bemüht TestVer neben alttestamentlichen auch außerbiblisch-jüdische Traditionen wie die vom Martyrium Jesajas oder von Salomos Macht über die Dämonen beim Bau des Jerusalemer Tempels – jeweils in polemischer Absicht zur Entlarvung des alttestamentlich-jüdischen Gottes als eines „mißgünstigen Neiders". TestVer ist mithin ein wichtiges Zeugnis für innerchristliche Diskussi-onsprozesse am Ende des 2./Anfang des 3. Jh.

Übersetzung

Antinomistische Einleitung (p.29,6-30,18)

(p.29,6) Ich aber werde zu denen reden, die zu hören verstehen – nicht mit den Ohren des Leibes, sondern mit den Ohren des Verstandes. Denn viele haben nach der Wahrheit gesucht und sie (doch) nicht finden können, weil [der] alte Sauerteig der Pharisäer und Gesetzesgelehrten über sie Macht gewonnen hatte. Der Sauerteig aber ist die irregeleitete Begierde der Engel, Dämonen und Sterne. Die Pharisäer aber und Schriftgelehrten sind es, die zu den Archonten gehören, insofern sie mächtig sind. Denn es gibt niemanden, der unter dem Gesetz ist, der zur Wahrheit seine Augen emporheben kann. Denn sie können nicht zwei Herren dienen. Denn die Befleckung des Gesetzes ist offenbar, *(p.30)* zum Licht aber gehört die Unbeflecktheit. Das Gesetz fordert einerseits, einen Gatten zu nehmen (beziehungsweise) eine Frau zu nehmen und zu zeugen, um sich wie der Sand des Meeres zu vermehren; die ihnen süße Leidenschaft andererseits hält die Seelen der Gezeugten hier zurück – die der Befleckenden und die derer, die befleckt werden –, damit das Gesetz durch sie (oder: dadurch) erfüllt werde. Und es ist offenbar, daß sie der Welt helfen. Und sie [wenden] sich (oder: sie) ab vom Licht – sie, denen es unmöglich ist, den Archonten der Finsternis zu passieren, bis sie den letzten Pfennig bezahlt haben.

Über das Erscheinen und Wirken des Menschensohnes (p.30,18-31,22)

Der Menschensohn aber [stammt] aus der Unvergänglichkeit [als einer, der] der Befleckung fremd ist. Er kam [in die] Welt über [dem Fluß] Jordan und sogleich [wich] der Jordan zurück. Johannes [aber] legte Zeugnis ab von dem Abstieg Jesu. Denn er [allein] ist es, der die [Kraft] gesehen hat, die über dem Fluß Jordan hinabkam. Denn er erkannte, daß die Herrschaft der fleischlichen Zeugung zu Ende ging. Der Fluß Jordan aber, er ist die Kraft des Leibes, d.h. die Empfindungen *(p.31)* der Lüste. Das Wasser des Jordans aber ist die Begierde des Geschlechtsverkehrs. Johannes aber ist der Archont des Mutterleibes.

Dies aber ist es, was uns der Menschensohn offenbart: Es ziemt sich für euch, das Wort der Wahrheit aufzunehmen, wenn einer es in Vollkommenheit aufnehmen kann. Für einen aber, der [in] der Unwissenheit ist, ist es schwierig, seine [finsteren] Taten, die er getan hat, zu vermindern. Die aber die Unvergänglichkeit erkannt haben, vermochten [Leidenschaften] zu bekämpfen. [... *(1 Zeile fehlt)* ...]

Ich habe [euch gesagt]: Baut nicht, noch sammelt euch (etwas) an dem Ort, in den die Räuber einbrechen, sondern bringt Frucht hinauf zum Vater!

Wahres und falsches Christentum (p.31,22-39,22)

Indem die Unverständigen meinen [in] ihrem Sinn, [daß], wenn sie bekennen: Wir sind Christen! – im Wort nur, nicht in der Kraft – und sich selbst der Unwissenheit ausliefern, einem (typisch) menschlichen Tod, da sie nicht wissen, wohin sie gehen, *(p.32)* noch wissen, wer Christus ist – und (also) meinen, daß sie leben werden, wobei sie sich irren, jagen sie (nur) den Mächten und Gewalten nach und fallen diesen in die Hände wegen der Unwissenheit, die in ihnen ist. Denn wären Zeugnis ablegende Worte allein (schon) heilsam, würde die ganze Welt sich dieser Sache unterziehen und sie (sc. die Menschen der Welt) wären gerettet – aber dieserart Irrtum haben sie sich selbst [zugezogen ... *(3 Zeilen zerstört oder beschädigt)* ...

Sie wissen] nicht, daß sie sich selbst [zerstören werden]. Wollte [Gott] ein menschliches Opfer, so wäre er voll hohler Herrlichkeit. Denn der Menschensohn zog ihre Erstlingsgaben an (und) ging hinab zur Unterwelt. Und er vollbrachte viele Kraft(taten) und erweckte die Toten in ihr. Und die Weltherrscher *(p.33)* der Finsternis waren eifersüchtig auf ihn, weil sie keine Sünde an ihm fanden. Vielmehr beseitigte er ihre anderen Werke unter den Menschen, wie er zum Beispiel den Krüppeln, den Blinden, den Lahmen, den Stummen, den von Dämonen Besessenen Heilung schenkte. Und er wandelte auf den Wassern des Meeres. Deshalb [zerstörte] er sein Fleisch durch [...]. Und er [wurde ...] Heil [... *(6 Zeilen zerstört oder beschädigt)* ...]

Wie viele sind sie?! Blinde [Führer sind sie wie die Jünger]. Sie stiegen [ins Boot. Nach etwa dreißig] Stadien (Fahrt) [sahen] sie [Jesus auf dem Meer wandeln. Diese] sind die [nichtigen] Zeugen, da sie nur über sich selbst Zeugnis ablegen – freilich sind sie krank und vermögen sich nicht selbst zu erheben. *(p.34)* Und wenn sie voll von Leidenschaft sind,[241] ist dies der Gedanke, den sie in sich hegen: Wenn wir uns um des Namens willen dem Tode ausliefern, werden wir gerettet werden. So aber verhält es sich nicht, sondern auf Grund der Irrsterne sagen sie, daß sie ihren nichtigen Lauf vollendet haben. Und [sie] haben [..., wenn sie] sagen: [... *(10 Zeilen zerstört oder beschädigt)* ...

Sie] aber gleichen [... Und] sie haben den [lebendig machenden] Logos nicht. [Aber] einige sagen: Am Jüngsten Tage werden wir gebührlich auferstehen *(p.35)* [in der] Auferstehung. Sie wissen nicht, [was] sie sagen! Denn der Jüngste Tag ist da, wenn die zu Christus Gehörenden [...] Erde, die [...] ist. Als aber die Zeit erfüllt war, beseitigte er ihren (plur.) Archonten der [Finsternis ...] Seele [... *(12 Zeilen zerstört oder beschädigt)* ...]

Sie untersuchten, was es ist, woran sie gefesselt wurden und wie sie sich selbst (davon) lösen müssen. Und sie haben selbst erkannt, [wer sie sind], beziehungsweise wo sie [jetzt] sind und welches der Ort ist, *(p.36)* an dem sie [sich] ausruhen werden von ihrer Unwissenheit, [wenn sie] zur Gnosis gelangt sind. [Diese (plur.)] wird Christus [in die] Höhen hinaufbringen, da sie die Unwissenheit hinter sich gelassen und sich auf den Weg zur Gnosis gemacht haben. Die aber, die die Gnosis haben, [... *(11 Zeilen zerstört oder beschädigt)*

---

[241] Gemeint ist die Sehnsucht (mancher Christen) nach dem Martyrium.

...] groß [... die Auferstehung ... er] erkannte [den Menschensohn] – [dieser ist es, der sich selbst] erkannt [hat. Dies aber] ist das vollkommene Leben, daß der Mensch [sich selbst] erkennt durch das All. [Erwarte] nun daher nicht die fleischliche [Auferstehung], *(p.37)* die (doch) die Zerstörung [ist. Und die] Irrenden, [die] eine nichtige [Auferstehung] erwarten, werden nicht von ihm (sc. dem Fleisch) entblößt], da [sie] die Kraft [Gottes] nicht [erkennen], noch [die Auslegung] der Schriften verstehen [auf Grund ihrer] Doppeldeutigkeit. [Das Geheimnis], das [der Menschensohn verkündet hat ...] damit [...] zerstör[... *(2 Zeilen zerstört oder beschädigt)*

...] Mensch, der [...] geschriebene [Buch ...] denn [sie] haben [... *(2 Zeilen zerstört oder beschädigt)*

...] in [ihnen. Und sie leben] vor [Gott unter dem leichten Joch. Die] aber [den] lebendig machenden [Logos nicht] in ihrem [Sinn] haben, [werden sterben]. Und in ihrem Denken [sind sie dem Menschen[sohn] offenbar gemäß [der Art ihres] Handelns und ihres [Irrtums. *(p.38)* ...] so [...] er trennt den [...] Und sie verstehen [nicht, daß der] Menschen[sohn] von ihm (her) kommt. [Als sie] bis zum [...] kamen, [... Opfer] und sterben [auf] (typisch) menschliche Weise und [liefern] sich selbst [aus. ... *(7 Zeilen zerstört oder beschädigt)*

...] sie sind zahlreich [...] jeder [...] Nutzen [... ihr] Sinn. [Die] ihn aber [unverzüglich] und in [Kraft und] jeglicher Gnosis bei sich [aufnehmen, sind die, die] er [in die] Höhen hinaufbringen wird zum ewigen [Leben]. Die ihn [aber] in Unwissenheit bei sich aufnehmen, da die unreinen *(p.39)* Lüste über [sie] herrschen – jene sind es, die sagen: Gott hat uns [Glieder] zum Gebrauch geschaffen, damit wir uns [in] Unreinheit vermehren (und) [damit [wir uns selbst] genießen. Und sie machen (so) [Gott] zu ihrem Komplizen [in solchen] Dingen. Weder sind sie standhaft [auf] der Erde, [noch werden sie] zum Himmel [gelangen], sondern [...] Ort [... *(9 Zeilen zerstört oder beschädigt)*

Interpretationen der Taufe Jesu und des Martyriums Jesajas (p.39,23-41,4)

...] über [...] Als er zu [Johannes] kam [zu] dem Zeitpunkt, da er [getauft wurde, kam] der [heilige] Geist auf ihn herab [wie eine] Taube. [...] zu uns nehmen, denn [er] wurde von einer Jungfrau geboren [und] nahm Fleisch an (und) [...] *(p.40)* empfing Macht. Sind [auch wir] aus einem jungfräulichen Zustand heraus geboren worden oder durch den Logos gezeugt? [Vielmehr sind] wir durch [den Logos] wieder[geboren worden]. Laßt uns nun uns bestärken im jungfräulichen [...], in männlichen [...]. Sie wohnen [...] die Jungfrau [...] durch [...] im Wort [...] Der Logos aber [...] und Geist [... *(4 Zeilen zerstört oder beschädigt)*

...] der Vater ist [...] denn der Mensch [... *(1 Zeile fehlt)* ... wie Jesaja, der mit einer Säge] zersägt und zweigeteilt wurde. [So aber scheidet] uns [der] Menschen[sohn] durch [das Wort (Logos) vom] Kreuz wie es [den Tag] von der Nacht [scheidet] und [das Licht von der] Finsternis und das [Vergängliche] von der Unvergänglich[keit] und wie es die Männer von den Frauen [scheidet. Jesaja] aber ist der Typus *(p.41)* des Leibes. Die Säge ist der Logos des Menschensohnes, der uns von der Verirrung der Engel scheidet.

Der wahre Gläubige (I) (p.41,4-45,6)

Keiner aber kennt den Gott der Wahrheit außer dem Menschen allein, der im Begriff ist, alle Werke der Welt hinter sich zu lassen, nachdem er allem entsagt und den Saum seines Gewandes ergriffen hat. Er hat sich aufgerichtet in Kraft. Er hat die Begierde an jeder [Stelle] in sich verstummen lassen. Er hat [sich männlich gemacht], und er hat sich sich selbst zugewandt [...], nachdem er selbst (sich) geprüft hat [...] im Sein der [...] Verstand und [er hat ... aus] seiner Seele [...] dort [... *(2 Zeilen zerstört oder beschädigt)* ...]

Wie [...] das Fleisch, [...] wie [...] aus ihr und wie viele [Kräfte er hat] und wer es ist, der ihn gebunden hat, beziehungsweise wer es ist, der ihn (er)lösen wird. Wer aber ist das Licht? Und wer ist die Finsternis? Wer aber ist es, der [die Erde (?) geschaffen] hat? Wer ist Gott? [Wer aber] *(p.42)* sind die Engel? Was ist Seele und wer ist Geist? Und wo(her) ist die Stimme? Wer aber ist es, der redet, und wer, der hört? Wer ist es, der Schmerz bereitet, und wer, der leidet? Und wer ist es, der das vergängliche Fleisch geschaffen hat? Und wie lautet der Heilsplan? Warum sind einige Krüppel, einige aber [blind], einige [...] und einige [...], einige reich, einige aber arm? Und warum sind einige [elend und einige] Räuber?

[...] noch [... *(2 Zeilen zerstört oder beschädigt)* ...] Werke [...] nachdem er [...] wenn er fortfährt [...] wenn er kämpft gegen Gedanken der Archonten, Gewalten und Dämonen, da er ihnen keinen Platz sich auszuruhen gab. [Vielmehr] bekämpfte er ihre Leidenschaften [...] er verurteilte *(p.43)* ihre Verirrung. Er reinigte seine Seele von den Übertretungen, die er durch fremde Hand begangen hatte. Er hat sich erhoben, da er in sich selbst aufrecht ist, denn er existiert in allem und hat in sich den Tod wie das Leben. In der Mitte von beidem existiert er ja. Als er die Kraft empfing, wandte er sich zur rechten Seite. Und er gelangte zur Wahrheit, nachdem er alle (Dinge) zur Linken hinter sich gelassen hatte und mit Weisheit, Rat, Verständigkeit und Klugheit und mit einer ewigen Kraft gefüllt worden war. [Und] er hat seine <Fesseln> geöffnet; und [die, die] den ganzen Ort gebildet hatten, verurteilte [er. Diese aber] fanden [den ...] nicht, da [er] in seinem Innern verborgen war. [Und er nahm es] selbst [in die Hand] und [begann], sich selbst zu erkennen und mit seinem [Verstand (Nous), der] der Vater der Wahrheit ist, [über] die ungezeugten Äonen und die Jungfrau, die (Subjekt) das Licht gezeugt hat, zu sprechen, und zwar, indem er über die Kraft nachdachte, [die] über den ganzen Ort ausgegossen ist *(p.44)* und ihn ergreift. Und als Schüler seines männlichen (d.h. vollkommenen) Verstandes (Nous) hat er begonnen, in sich selbst zu schweigen bis zu dem Tag, da er würdig sein wird, oben aufgenommen zu werden, wenn er sich vielfältigem Geschwätz und Streitereien verweigert und in jeder Hinsicht geduldig ist und sie erträgt und gelassen ist in allen Übeln. Er ist langmütig gegen jeden und macht sich jedem gleich. Und doch trennt er sich von ihnen. Und was jemand begehrt, [bringt er] ihm, [damit] er vollkommen und [heilig] werde. Nachdem der [... *(1 Zeile stark beschädigt)* ... er hat ihn] ergriffen, nachdem er ihn gebunden hatte auf [...]. Und er hat sich [mit Weisheit] gefüllt und für die Wahrheit Zeugnis abgelegt. [Er wird seine] Kraft [nehmen] und eingehen in die Unvergänglichkeit – den Ort, aus dem [er] heraus[kam] –, nachdem er die Welt hinter sich gelassen hat, die die Gestalt der [Nacht] hat [und] (die Gestalt) derer, die [darin (d.h. in der Welt)] die Sterne bewegen.

Dies ist das *(p.45)* wahrhaftige Zeugnis: Wenn der Mensch sich selbst und Gott, der über der Wahrheit ist, erkennt – dieser wird gerettet werden und sich mit dem immergrünen Kranz krönen.

Elisabeth-Maria-Typologie sowie Paraphrase und Auslegung des Sündenfalls (p.45,6-55)

Johannes wurde vom Wort gezeugt durch ein Weib: Elisabeth. Und Christus wurde vom Wort gezeugt durch eine Jungfrau: Maria. Was ist das für ein Geheimnis, daß Johannes durch einen Mutterleib geboren wurde, der alt und verbraucht war, Christus aber durch einen jungfräulichen Mutterleib hindurchging? Nachdem sie schwanger geworden war, gebar sie den Erlöser – wiederum ward sie als Jungfrau erfunden. Warum nur [irrt] ihr und sucht nicht nach diesen Geheimnissen, die um unsretwillen vorgebildet wurden? Im Gesetz steht darüber geschrieben: Als Gott Adam gebot: Von jedem [Baum] sollst du essen. Vom Baum in der Mitte des Paradieses aber iß nicht! Denn am Tage, da du von ihm essen wirst, wirst du gewiß sterben. Die Schlange aber war klüger *(p.46)* als alle Lebewesen im Paradies. Und sie überzeugte Eva und sagte: An dem Tag, da ihr von dem Baum in der Mitte des Paradieses essen werdet, werden sich die Augen eures Verstandes öffnen. Eva aber wurde überzeugt. Und sie streckte ihre Hand aus und nahm von dem Baum und aß und gab auch ihrem Mann, (der) bei ihr (war). Und sogleich erkannten sie, daß sie nackt waren. Und sie nahmen Feigenblätter und zogen sie als Schurz an. Gott aber kam zur [Abend]zeit und wandelte inmitten [des] Paradieses. Als Adam ihn aber sah, verbarg er sich. Und er sprach: Adam, wo bist du? Er aber antwortete und sprach[: Ich] geriet unter den Feigenbaum. Und in diesem Moment [erkannte] Gott, daß er von dem Baum gegessen hatte, von dem er ihm geboten hatte: Iß nicht von ihm! Und er sprach zu ihm: Wer ist es, der *(p.47)* dich aufgeklärt hat? Adam antwortete aber: Die Frau, die du mir gegeben hast. Und die Frau sprach: Die Schlange ist es, die mich aufgeklärt hat. Und er verfluchte die Schlange und nannte sie Verleumder (Diabolos). Und er sprach: Siehe, Adam ist geworden wie einer von uns, (fähig,) zu erkennen das Böse und das Gute. Er sprach nun: Laßt uns ihn aus dem Paradiese werfen, damit er nicht (noch) vom Baum des Lebens nehme und esse und ewig lebe.

Was ist das für ein Gott? Zuerst mißgönnte [er] Adam vom Baum der Erkenntnis (Gnosis) zu essen und zweitens sprach er: Adam, wo bist du? Gott aber hat keine Voraussicht, das heißt, jener wußte zuerst nicht Bescheid. [Und] danach sprach er (noch): Laßt uns ihn [aus] diesem Ort hinauswerfen, damit er nicht vom Baum des Lebens esse und ewig lebe. So hat er sich selbst als mißgünstiger Neider offenbart.

(p.48) Was ist dieser (also) für ein Gott? Groß nämlich ist die Blindheit derer, die lesen und es nicht verstanden haben. Und er sprach: Ich bin der eifersüchtige Gott. Ich will die Sünden der Väter über die Kinder bringen bis zu drei und vier Generationen. Und er sprach: Ich will ihre Herzen verhärten und ihren Verstand erblinden lassen, da-

mit sie nicht verstehen noch begreifen, was gesagt wird. Aber (eben) das ist es, was er denen gesagt hat, die an ihn glauben [und] ihn verehren!

Und [an] <einer> Stelle schreibt Mose: [Er] schuf den Verleumder (Diabolos) als Schlange <für> [die], die er in seinem Geschlecht hat. [In] dem anderen Buch, das Exodus genannt wird, steht es so geschrieben: Er kämpfte gegen die [Zauberer]. Als [der] Ort sich aufgrund ihrer [Bosheit] mit [Schlangen] füllte [und der Stab] in der Hand Moses zur Schlange wurde, verschlang er die Schlangen der Zauberer. Wiederum steht geschrieben: Er schuf eine bronzene Schlange und hob sie auf eine Stange. *(p.49)* [... *(2 Zeilen zerstört oder beschädigt)*

...] denn (?) den, [der zu dieser] bronzenen [Schlange fliehen wird, wird] niemand [verderben]. Und wer [an] diese bronzene Schlange [glaubt, wird gerettet werden]. Denn dies ist Christus. [Diejenigen, die] zum Glauben an ihn gekommen sind, haben [Leben empfangen]. Diejenigen, die nicht zum Glauben gekommen sind, [werden sterben].

Was nun ist dieser [Glaube? Sie] dienen nicht [... *(ca. 18 Zeilen zerstört oder beschädigt)* ...]

(p.50) Ihr erkennt [Christus nicht auf geistliche Weise, wenn ihr sagt:] Wir [glauben] an [Christus]. Denn [so schreibt] Mose Buch für Buch. Das [Buch des] Geschlechtes Adams [ist geschrieben für die], die zum [Geschlecht des Gesetzes] gehören. Sie folgen dem [Gesetz und] gehorchen ihm. [Und ... *(ca. 19 Zeilen zerstört oder beschädigt*

(p.51-p.54 weitestgehend zerstört)

(p.55) ... die] Ogdoas, das heißt die Achtheit. Und an jenem [Ort] werden wir das Heil empfangen, [während sie] nicht wissen, was <das> [Heil] ist, sondern ins [Unheil] geraten und in ein [...] zum Tod in den [Wassern]. Das [ist] die Taufe [des Todes (?)], die sie [vollziehen ... *(ca. 20 Zeilen zerstört oder beschädigt)*

Polemik gegen verschiedene Schulen (p.56-68,26)

... nachdem] *(p.56)* Valentinos den Lauf vollendet hatte. [Auch] er selbst redet über die Ogdoas, [seine] Schüler aber sind den Schülern des Valentinos gleich. Sie selbst wiederum [...], verlassen das Gute, [... haben] eine [Anbetung der Götzenbilder ... *(ca. 7 Zeilen zerstört oder beschädigt)* ...]

Er sprach [viele Worte und] schrieb viele [Bücher ...] Worte [... *(ca. 11 Zeilen zerstört oder beschädigt)*

(p.57) ... sie] sind offenbar durch [die] Verwirrung, in der sie sich befinden, (d.h.) in der Täuschung der Welt. Denn [sie] gehen zu jenem Ort mit ihrem nichtigen Wissen. Auch Isidor, [sein Sohn], glich [Basilides]. Auch er [...] viele [... *(2 Zeilen zerstört oder beschädigt)*

...] anderer Schüler [... *(ca. 18 Zeilen zerstört oder beschädigt)* ...]

(p.58) Sie stimmen [nicht] miteinander überein. Die Simonianer nämlich heiraten und zeugen Kinder. Die [...]aner aber enthalten sich ihrer Natur [...] zu einer [Leidenschaft ...] (Sperma?-)Tropfen [...] schmieren [sie ... *(1 Zeile beschädigt)* ... stimmen] aber miteinander [überein ... *(ca. 18 Zeilen zerstört oder beschädigt)*

(p.59) ... Gericht ...] diese, wegen [...] sie [...] die Häretiker [...] Spaltung [...] samt den Männern [...] Menschen sind sie. [...] sie [Archonten der] Finsternis werden [... *(3 Zeilen zerstört oder beschädigt)*

...] sie haben [... *(3 Zeilen zerstört oder beschädigt)*

...] richten [sie ... Die ...]ianer aber [...] reden [... *(ca. 11 Zeilen zerstört oder beschädigt)* ...] *(p.60)* reden, wenn sie [...] werden, wenn sie als [...] existieren in einem [...] Feuer, wenn [sie] bestraft werden. [Diese aber], die [aus dem Geschlecht] des [Menschen]sohnes stammen, [...] in [...] allen [... *(2 Zeilen zerstört oder beschädigt)*

... es ist] aber [schwierig] zu [finden ... und] zu finden [einen aus tausend] und zwei [aus zehntausend ... *(2 Zeilen zerstört oder beschädigt)*

...] denn der [Erlöser sagte zu seinen] Jüngern: [... *(ca. 13 Zeilen zerstört oder beschädigt)*

(p.61) ... und] er hat [große] Weisheit und [Verständigkeit und] Klugheit und [Einsicht] und Gnosis [und Kraft] und Wahrheit. [Und er hat ...] von oben. [...] der Ort, der [...] der [Menschensohn ... *(1 Zeile weitgehend zerstört)* ...] Kraft [...] bewahren [... *(ca. 17 Zeilen zerstört oder beschädigt)* ...]

(p.62) er kennt [... be]greift [...] und zum [All...] seiner würdig [...] wahr[...] fremd [... Petrus] aber hat nicht [...] Übel in [... *(2 Zeilen zerstört oder beschädigt)*

...] er wurde ge[tauft ...] und die, die [... *(ca. 18 Zeilen zerstört oder beschädigt)*

(p.63 und 64 fehlen vollständig)

(p.65) ... in] einem Traum [...] Silber [...] aber [reich ...] in den [Mächten... *(1 Zeile weitgehend zerstört)* ...]der sechzigste aber [...] so [...] Welt [...] aber, sie [...] Gold [... *(ca. 17 Zeilen zerstört oder beschädigt)*

...] unser (?) [... sie] meinen [... *(1 Zeile weitgehend zerstört)* ...] wir haben uns *(p.66)* vom Fleisch gelöst [... *(1 Zeile weitgehend zerstört)* ...] wendet sich nicht [...] Jesus [...] aber [...] Herrschaft [...] ein Kind [... *(2 Zeilen zerstört oder beschädigt)*

...] der Typus [... Licht ... *(ca. 16 Zeilen zerstört oder beschädigt)*

...] aus [...] besudelt [... damit] sie [... sie] lästern nicht [...] *(p.67)* sie nicht. Weder gibt es irgendeine [Lust] noch Begierde, noch [was] sie zügeln [wird]. Es ist [aber] nötig, daß sie Unbefleckte werden, damit [einem] jeden [offenbar] wird, daß [sie aus] dem [Geschlecht des] Menschensohnes [stammen]. Über [sie] hat der Erlöser Zeugnis abgelegt. Die [aber] aus [dem] Samen [Adams stammen], sind durch ihre [Taten, die] ihr [Werk sind], offenbar, [nachdem] sie [von der schlimmen Begierde] nicht gelassen haben. [...] aber [...] die Hunde [...] die Engel [...] denn [... Hunde (?)] die gezeugt werden [...] und ihre [... *(ca. 9 Zeilen zerstört oder beschädigt)*

...] bewegen, wenn sie [...] an dem Tag, da sie [Kinder] zeugen werden. (Und) nicht allein dies, sondern sie haben (sogar) Verkehr, wenn sie stillen. *(p.68)* Andere werden im [...] Tode ergriffen; sie lassen sich überallhin [treiben]; erfreuen sich am [ungerechten] Mammon; sie leihen gegen [Zins]; sie [vergeuden Zeit] und arbeiten nicht. Der [Vater des Mammons ist] aber (zugleich) der Vater des Geschlechtsverkehrs. Wer ihnen [zu] entsagen vermag, stammt offenkundig aus dem [Geschlecht des Menschen]sohnes, da er [Macht] hat, [ihn] anzuklagen. [... er] aber zügelt [...] Teil (oder: Gegend) in einem [...] in Schlechtigkeit. [Und er macht] die Außen[seite] wie die [Innen]seite [und gleicht] einem Engel, da er [... *(7 Zeilen zerstört oder beschädigt)* ...]

Der wahre Gläubige (II) (p.68,27-69,32)

Und nachdem er sich [dorthin] zurückgezogen hatte, schwieg er – nachdem er von Geschwätzigkeit und Streitereien abgelassen hatte. *(p.69)* Wer aber den [lebensspendenden Logos] gefunden hat [und wer den Vater der Wahrheit] erkannt hat, [ist zur Ruhe gelangt] und hat abgelassen [zu suchen] – nachdem er [gefunden] hat. Als er gefunden hatte, hat er geschwiegen. Weniges aber ist es, was er den [...] sagt in ihrem verständigen, [...] Sinn.

Es gibt einige, die zum Glauben kommen, indem sie eine Taufe, die „das [Siegel]" genannt wird, [empfangen], gewissermaßen als Heilshoffnung, da sie nicht [wissen], daß die Väter der Welt dort (d.h. in der Taufe) offenbar sind. [Aber] er selbst [weiß, daß] er versiegelt wird. Denn [der Menschen]sohn hat keinen seiner Jünger getauft. [...] würden aber [die], die getauft werden, zum Leben gelangen, würde [die] Welt sich (bald) leeren. Und die Väter der Taufe wären besudelt.

Etwas anderes aber ist die Taufe der Wahrheit! Durch die Absage [an die Welt] wird sie gefunden. [Aber die, die nur] mit dem Munde bekennen, [daß sie ihr] absagen, [lügen] und kommen an den schrecklichen [Ort]. Weiterhin sind sie darin verachtet. Denen entsprechend, die [ihnen] gegeben haben, [werden sie], nachdem sie verurteilt wurden, etwas empfangen. Sie werden schlecht durch ihr Tun.

Legende vom Tempelbau und Auslegung (p.69,32-72,2)

Einige aber von ihnen fallen ab *(p.70)* zum Götzen[dienst]. [Andere aber] haben [Dämonen] bei sich wohnen [wie] König David. Er ist es, der den Grundstein Jerusalems gelegt hat und [sein Sohn] Salomo, den er durch [Ehebruch] gezeugt hat, ist es, der Jerusalem durch die Dämonen erbaut hat, denn (dazu) hatte er [Macht]. Als er [mit Bauen fertig war, sperrte] er die Dämonen [in den] Tempel und [schloß sie] in sieben [Wasserkrüge ein. Sie blieben] lange Zeit [in den] Wasserkrügen eingeschlossen. Als die Römer nach [Jerusalem hinaufzogen], öffneten sie die Wasserkrüge. [Und in] jenem Moment flohen die [Dämonen] aus den Wasserkrügen wie solche, die dem Gefängnis entrannen. Und die Wasserkrüge waren (nun wieder) rein. [Und] seit jenen Tagen [wohnen sie] bei den Menschen, die unwissend sind und [sie blieben auf] der Erde.

Wer nun ist [David] oder wer ist Salomo? [Oder] was ist der Grundstein oder was ist die Mauer, die Jerusalem umgibt? Oder wer sind die Dämonen oder was sind die Wasserkrüge? Oder wer sind die Römer? Das aber sind Geheimnisse *(p.71)* [... *(ca. 11 Zeilen zerstört oder beschädigt)*

...] siegreich über [... der] Menschen[sohn ... *(6 Zeilen zerstört oder beschädigt)* ...]

Denn groß ist [... *(1 Zeile weitgehend zerstört)* ...] diese Natur [... *(2 Zeilen zerstört oder beschädigt)*

...] ganz [...] selig und sie [...] ein Salamander. [Er] geht in den Feuerofen, [der] außerordentlich brennt und stürzt sich in den [Ofen *(p.72)* ... *(ca. 13 Zeilen zerstört oder beschädigt)*

...] Ofen [... *(1 Zeile zerstört)* ...] die Grenzen [...] sie werden sehen [...] und die Stärke. [...] Opfer. Groß ist das [Opfer ... *(5 Zeilen zerstört oder beschädigt)*

Der Menschensohn (p.72,25-p.76?)

...] der Menschen[sohn]. Und [er hat] sich offenbart durch die [un]sterbliche sprudelnde Quelle *(p.73)* [... *(1 Zeile weitgehend zerstört)* ...] ist rein. [...] ist [...] Ein Freier [aber] ist nicht mißgünstig und ist getrennt von allen, von aller Unverschämtheit und Mißgunst, denn groß ist ihre [Macht (?) ...] ist Jünger [...] Gesetzesform [... *(4 Zeilen zerstört oder beschädigt)*

...] sie setzten ihn unter ein [...] eine Lehre [... *(1 Zeile weitgehend zerstört)* ... seine] Lehre, [wenn] sie sagen: Auch wenn ein [Engel] vom Himmel kommt und predigt euch anders als wir euch gepredigt haben, sei er verflucht. Wenn sie nicht die [...] setzen, [...] die Seelen, die [...] Freiheit [...] denn noch sind sie gering [...] vermögen nicht, das Gesetz zu [halten (?)], das durch diese Häresien wirkt. Nicht sie aber sind es, (die wirken,) sondern die Kräfte Sabaoths. Durch *(p.74)* [sie ...] die Lehren [...] nachdem sie eifersüchtig wurden auf [...] Gesetz in Christus. Die [aber] in der Lage sein werden, erreichen [alle] Leiber und [...] die [...] [...] Wasser [...] die [unsterbliche] Quelle [... *(3 Zeilen zerstört oder beschädigt)*

...] damit [... *(3 Zeilen zerstört oder beschädigt)*

...] gut [...] den ganzen Ort. [...] die Feinde. Er taufte ihn. Und der [...] er wurde göttlich, eilte [hinauf] und wurde nicht ergriffen. [...] die Feinde [...] unmöglich, [daß sie] ihn noch einmal hinab[brachten ...] sie ergreifen ihn [in] Unwissenheit und hängen denen an, die in den Winkeln lehren mit eindringlichen und bestrickenden Künsten. Sie werden nicht [...] können [... *(Der erhaltene Text bricht hier ab. Der Text endete ursprünglich auf den nicht mehr erhaltenen p.75 oder p.76.)*

Marsanes (NHC X)

Wolf-Peter Funk

Literatur

Funk, Wolf-Peter / Poirier, Paul-Hubert / Turner, John D., 2000: Marsanès (NH X). (BCNH.T 27.) Québec / Louvain-Paris.

Pearson, Birger A., 1981: Introduction to Codex X. NHC X,1: Marsanes. Codex X: Fragments. In: Ders. (ed.): Nag Hammadi Codices IX and X. (NHS 15.) Leiden, 211–352.

Einleitung

Aus dem Referat des Epiphanius über die von ihm so genannten „Archontiker" weiß man seit langem, daß bei dieser Gruppierung von Gnostikern – wie es scheint – ein Propheten-Duo, „ein gewisser Martiades und ein Marsianos", die eine dreitägige Himmelsreise absolviert haben sollen, in hohem Ansehen standen. Es handelt sich dabei um die gleiche Gruppierung, von der auch der Besitz der Allogenes-Bücher berichtet wird; sie standen demnach in einer gewissen sethianischen Tradition. Der dort an zweiter Stelle genannte Marsianos (oder auch die Doppelperson) wird in der Forschung allgemein mit dem Seher Marsanes gleichgesetzt, den die im Codex Bruce enthaltene sethianische Schrift (UAW) mit höchster Verehrung im Zusammenhang mit der Offenbarung des „Dreikräftigen" nennt. In keiner dieser Quellen wird ausdrücklich gesagt, daß die Gruppe Schriften besaß, die unter seinem Namen umliefen, doch erscheint dies aus der Art der Erwähnung durchaus plausibel. Der Name „Marsanes" wurde Anfang der 70er Jahre des 20. Jh. als die wahrscheinlichste Lesung und Rekonstruktion des Namens, der auf der letzten Seite des Codex X in der Dekoration des Schlußtitels erscheint, von Birger A. Pearson identifiziert.

Man geht heute allgemein davon aus, daß der Codex nur diesen einen Traktat enthielt. Aufgrund des schlechten Erhaltungszustands kann diese Annahme aber nicht als gesichert gelten. Zwischen den fünf jeweils mit hoher Wahrscheinlichkeit als kontinuierlich anzusetzenden Seitenfolgen der Handschrift (p.1-10; 13-22; 25-46; 55-58; 61-68) ist eine unbestimmte Anzahl von Blättern verloren gegangen. Die heute übliche Seitenzählung ist nur für die Seiten 1 bis 10 gesichert, in den übrigen Teilen stellt sie eine hypothetische Minimalzählung dar. Dabei ist es wahrscheinlich, daß die Anzahl verlorener Blätter um einiges höher ist, als es die übliche Zählung erkennen läßt.

Die Originalsprache von Marsanes war vermutlich das Griechische, und diese generelle Annahme wird im speziellen Fall von Mar noch durch die im Text enthaltenen Laut- und Buchstabenspekulationen gestützt, die sich auf Gegebenheiten und Traditionen des Griechischen beziehen. Wie viele von den evidenten textuellen Mängeln und Ungereimtheiten schon in dem griechischen Text, der dem Übersetzer vorlag, enthalten waren oder erst durch mangelhafte Übersetzung (und / oder spätere Abschriften) zustande kamen, läßt sich nicht mit Gewißheit sagen.

Als *terminus post quem non* kommt für Mar nur die Herstellung der Handschrift, also die Zeit um die Mitte des 4. Jh., in Betracht. Wie weit man von diesem Datum aus zurückzugehen geneigt ist, hängt wesentlich von der Einordnung des Traktats in die geistesgeschichtliche Entwicklung ab, wahrscheinlich führt dies nicht weiter zurück als bis zum Ende des 3. Jh. Über den Ort der Abfassung ist nichts Konkretes bekannt; manche Indizien deuten vielleicht auf den (syrisch-)palästinensischen Raum hin, wo jedenfalls Epiphanius die Gruppe, in deren Zusammenhang er den Seher Marsianos erwähnt, ansiedelt; doch kommen auch andere Orte (wie etwa der Umkreis von Alexandria) in Frage. Was den Verfasser oder Pseudo-Verfasser Marsanes angeht, so ist in diesem Fall nicht einmal klar, ob es sich um eine pseudepigraphisch benutzte Gestalt aus der grauen Vorzeit oder um eine historische Persönlichkeit handelt. So oder so wissen wir über diese Person doch nicht mehr als das, was aus den oben genannten Quellen (UAW und Epiphanius) hervorgeht.

Mar wird im allgemeinen der Literaturgattung der „Apokalypsen" zugeordnet, was hier – ganz ähnlich wie im Falle von Zostr und Allog – im Sinne einer Offenbarungsschrift oder Offenbarungsrede zu verstehen ist, deren wesentlichen Inhalt der Bericht von einer (oder mehreren) Himmelsreise(n) bildet. Innerhalb des ersten Teiles kann sich diese Einschätzung auf eindeutige Anhaltspunkte und erhaltene wichtige Schaltstellen stützen, wenngleich hier häufiger von Meditation und meditativer Vision, seltener von Entrückung die Rede ist. Das Vorhandensein von paränetischen Stücken und Verheißungen – und zwar nicht bloß am Ende der Schrift, sondern in auffälliger textueller Verflechtung innerhalb verschiedener Abschnitte – fügt sich wohl ohne weiteres in dieses Bild ein, verleiht dabei jedoch dem Ganzen ein sehr persönliches Gepräge und eine stets und unmittelbar auf praktische Anwendung orientierte Zielstellung.

Von ausschlaggebender Bedeutung für die Beurteilung der literarischen Form von Mar ist wohl vor allem die Frage, wie man die beiden im Mittelteil über längere Strecken auftretenden Einzelpersonen („ich" und „du") interpretiert. Wenn der ganze Codex wirklich nur *eine* Schrift enthielt und die Auffälligkeiten der ersten Seite nicht ausreichen, um einen brieflichen Rahmen zu postulieren, dann kann der Sprecher hier nicht Marsanes sein, sondern es muß sich bei dieser Rede um eine an Marsanes gerichtete Offenbarung handeln. Dies bedeutet automatisch, daß die großen traktathaften Partien des Mittelteils (p.25-42 und weiter) durchweg als Bestandteil einer an ihn gerichteten Offenbarungsrede zu verstehen sind, und als Sprecher kommt vom erhaltenen Text her am ehesten die „dritte Kraft" des Dreikräftigen in Frage, die bereits vorher als Offenbarer auftrat. Diese mysteriöse Person wäre damit die in Mar absolut vorherrschende Offenbarergestalt, und vielleicht läßt sich von dieser besonderen Rolle aus sogar eine direkte Verbindungslinie zu der in UAW erwähnten und in der Formulierung ebenfalls recht auffälligen „Kraft, welche in Marsanes ist", ziehen.

Unter dieser Voraussetzung – bei wie auch immer gearteter literarischer Rahmung – zerfällt die Hauptmasse des Textes von Mar, soweit erkennbar, in drei ungleich lange Teile. Der erste Teil (vom Anfang bis p.18,14) bietet eine relativ kurze, möglicherweise bewußt abgekürzte, Übersicht über ältere Einsichten und Offenbarungen des Verfassers. Der zweite Teil (von p.18,14: „nach vielen Jahren", bis zu einem nicht genau bestimmbaren Punkt, wohl zwischen p.57 und 63) enthält sehr lange und auf verschiedene Wissensgebiete übergreifende Belehrungen. Der dritte Teil (von kurz vor p.63 bis zum Ende) berichtet von visionären Erlebnissen mehr traditioneller Art, deren Gegenstand allem Anschein nach die Erlösung der Seelen ist. Man wird wohl nicht fehlgehen, wenn man den langen Mittelteil als das Proprium der Schrift ansieht.

Wenngleich sich keine literarische Abhängigkeit von bestimmten Quellen nachweisen läßt, ist doch deutlich, daß Mar in der Tradition der „platonisierenden" sethianischen Texte (Zostr, Allog, StelSeth) steht.

Doch nehmen hier noch ganz andere Traditionen einen großen Raum ein, und zwar im Zusammenhang der den ganzen Mittelteil durchziehenden platonischen Seelenlehre des Mar. Es handelt sich vor allem um Traditionen der Astrologie und Geometrie, sowie solche der antiken *ars grammatica*, speziell bestimmte Phonetik- und Grammatik-Theorien. Für die erhaltenen Teile der Schrift nehmen die spekulativen Lehren von den Lautbuchstaben, ihrer hierarchischen Ordnung und ihren Verbindungen, den weitaus größten Raum ein. In diesen Teilen finden sich auch sehr enge Berührungspunkte mit Markus dem Magier, ohne daß sich jedoch eine direkte Abhängigkeit von diesem nachweisen ließe.

Als Ansatzpunkt für eine gewisse „historische" Einordnung von Mar kann zunächst der allgemeine Eindruck dienen, daß hier wesentliche, aus Zostr und Allog bekannte, Ordnungsprinzipien speziell des Barbelo-Äons wie auch der höchsten Wesen überhaupt vorausgesetzt und weiterentwickelt werden. Doch bietet der Traktat wahrscheinlich auch Möglichkeiten des Vergleichs mit mancherlei Informationen, die von neuplatonischen (nach-plotinischen) Denkern überliefert sind. In dem Maße etwa, wie Turners Beschreibungen der metaphysischen „Neuerungen" eines Iamblichos und eines Theodors von Asine einleuchtend sind, und wie das Wesentliche dieser Neuerungen (auf rein struktureller Ebene, nicht terminologisch explizit) mit feststellbaren Besonderheiten der Metaphysik von Mar als parallel laufend erkannt werden kann, wird man mehr oder weniger geneigt sein, Marsanes als einen Zeitgenossen der beiden Genannten anzusehen und damit etwa in die erste Hälfte (vielleicht schon gegen Anfang) des 4. Jh. zu datieren. Wenn man dagegen berechtigt ist anzunehmen, daß er von Nikotheos gelesen wurde (vgl. UAW), und dieser von Porphyrius, dann müßte Mar schon einige Jahrzehnte eher existiert haben.

Übersetzung

Einleitende Ansprache (p.1,1 - 2 Anfang)

(p.1) [... *(Anfang nicht erhalten: es fehlen ca. 2-3 Sätze)* ... materielle (?) ...] und eine [Kraft]. Und sie fanden ihn mit reinem Herzen und nicht durch Böses beschwert. Diejenigen, welche euch aufnahmen, denen wird eine erlesene Belohnung zuteil werden für ihre Ausdauer, und [sie] werden standhalten gegenüber [dem] Bösen.

Keiner von uns soll betrübt sein und [in] seinem Herzen denken, daß der höchste Vater un[beteiligt] sei. Denn er läßt seinen Blick schweifen über das All [und] sorgt für alle. Und [er] hat ihnen seinen [Befehl] kundgetan [... *(p.2)* ...].

Bericht über die Struktur des Alls (p.2 Anfang - 18,14)

[... *(mehrere Sätze fehlen)* ... diejenigen], welche [ich] oben [erwähnt] habe. Das dreizehnte Siegel habe ich niedergelegt mit [der] Begrenzung der Gnosis und der Befestigung der Anapausis.

Liste der dreizehn Siegel (p.2,16-4,24)

Das erste, [das] zweite und das [dritte] (Siegel) – sie gehören zum Kosmischen und Materiellen. Ich habe euch über sie belehrt, damit ihr eure Leiber [in acht nehmt]. Fürwahr, eine wahrnehmbare Kraft wird diejenigen, die sich zur Ruhe begeben wollen, verbergen (?) und man wird sie [vor den] Leidenschaften und der Teilung des Zusammengefügten bewahren.

Das vierte [und das] fünfte (Siegel), die (weiter) oben sind, – sie [sind es], wovon ihr erkannt habt, [daß sie] göttlich sind. [Und zwar betrifft das vierte (Siegel) das], *(p.3)* was nach dem [Körper (?)] und der körperlichen Natur existiert, das heißt, was dreigeteilt ist. Ihr seid unterrichtet worden über [...] in den drei [...] durch diese [zwei]. Ihr seid [darüber] unterrichtet [worden, daß] er unkörperlich ist [...] und nach [...] jeder [...], der [... und] die, welche [sich in ihnen befinden]. Das [fünfte (Siegel)] betrifft dagegen die Metanoia [derer], die sich in ihm befinden, und es betrifft die, die dort wohnen.

Das sechste (Siegel) betrifft die Selbstgezeugten, es betrifft das unkörperliche Wesen, <diejenigen>, die einzeln existieren, und diejenigen, die in der Wahrheit des Alls existieren (in Hinblick) auf Wissen und Gewißheit.

Das siebente (Siegel) betrifft die selbstgezeugte Kraft, das heißt, [den] dritten vollkommenen [Verstand], das zweite [... bis *(p.4)* zur (?)] vierten – um des Heils willen, durch Weisheit.

Das achte (Siegel) betrifft den männlichen Verstand, der sich zu Anfang offenbarte, sowie das [un]körperliche Wesen und die [intelligible] Welt.

Das neunte (Siegel) [betrifft das ...] der Kraft, [die sich] zu [Anfang] offenbarte.

[Das] zehnte (Siegel) betrifft [Barbelo, die männliche] Jungfrau, welche ‚der Äon‘ ist.

[Das elfte] und das zwölfte (Siegel) – [sie] handeln von dem Unsichtbaren, dem Dreikräftigen, und dem Geist, der wesenlos ist und der ersten ungezeugten (Kraft?) zugeordnet ist.

Das dreizehnte (Siegel) handelt von dem Schweigenden, der nicht erkannt wurde, und von der Grundlegung [dessen, was] nicht unterschieden wurde.

Typen von Seiendem (p.4,24-6,16)

Ich bin es, der [durchdacht] hat das, was wahrhaft existiert – sei es einzeln, sei es im Ganzen. Durch Unterscheidung [habe ich begriffen (?)], daß sie von [Anfang] an [im] ewigen All existieren, *(p.5)* alle (Dinge), die entstanden sind – sei es ohne Wesen, sei es in Wesen(heit): die Ungezeugten und die göttlichen Äonen und die Engel sowie die in Einfalt existierenden Seelen und die Seelen[kleider(?)], die [den] Einfältigen gleichen. Und später haben sie sich vereinigt mit denen, die von ihnen getrennt waren. Wiewohl [das] ganze [sinnlich wahrnehmbare] Wesen dem [intelligiblen Wesen] und dem Wesenlosen gleicht, habe [ich] doch die ganze Verderbtheit des ersteren und die Unsterblichkeit des letzteren erkannt. Ich habe Unterscheidungen vorgenommen und bin bis an das Ende der sinnlich wahrnehmbaren Welt gelangt.

Im Einzelnen <durchforschte er (o.ä.)> den ganzen Bereich des unkörperlichen Wesens, und er erkannte die intelligible Welt, während er zu entscheiden suchte, ob diese sinnlich wahrnehmbare Welt unbedingt wert sei, als ganze gerettet zu werden.

[Und] ich habe unablässig [über die (?)] Selbstgezeugten geredet, damit [niemand unwissend] bleibe *(p.6)* im einzelnen über das All.

Er kam herab – er kam wiederum herab! – aus dem ungezeugten Wesenlosen, welches der Geist ist. Dieser, der vor allem existiert, erstreckt sich [bis zu den] selbstgezeugten Göttern. Der, welcher [Wesen (?)] besitzt, überschaut das [All], und er existiert als [All], und er gleicht [...], und aus [...] indem sie trennen [...]. Daher (?) wurde ich [...] für viele, wobei offenbar ist, daß er eine Menge gerettet hat.

Der Dreikräftige *(p.6,17-8,14)*

Nach all diesen Dingen erforsch(t)e ich das Reich des Dreikräftigen, das keinen Anfang hat, (und zwar um zu begreifen):

> woher es in Erscheinung trat und wirksam wurde, um das All mit seiner Kraft zu erfüllen;
> in welcher Weise die Ungezeugten entstanden, ohne gezeugt zu werden;
> welche Unterschiede zwischen den Äonen bestehen;
> wie viele Ungezeugte [es gibt] und worin [sie sich] voneinander [unterscheiden].

(p.7) Als ich diese Fragen untersuchte, wurde mir klar, daß Er vom Schweigen her wirksam wurde. Er existiert seit den Anfängen dessen, was wahrhaft existiert und zum Seienden gehört. Es gibt noch einen anderen, der seit den Anfängen existiert und der zu dem gehört, was das Schweigende aktiviert. Und das Schweigen [dessen, der] ihm nach[folgt], ist wirksam. Solange wie Dieser [wirksam ist], wirkt [auch] Jener. Das Schweigen, [das zum Unge]zeugten gehört, befindet sich (?) in [den] Äonen, [und] es ist [von] Anfang [an wesen]los. Die Wirksamkeit Jenes <ist> der Dreikräftige, †der Ungezeugte, vor dem Äon†, ohne Wesen zu besitzen. Die Höhe des Schweigens des Schweigenden – es ist der Höhe der Wirksamkeit des Dreikräftigen möglich, sie zu sehen.

Und der schweigende Seiende, der jenseits der [Wesenlosigkeit (?)] ist, hat den Dreikräftigen offenbart, [den ersten] Vollkommenen. Als [er] *(p.8)* den Kräften [sichtbar wurde], jubelten sie. Die in mir befindlichen und auch alle übrigen (Kräfte) vervollkommneten sich, und sie priesen alle einzeln den Dreikräftigen, das heißt, den ersten Vollkommenen, wobei sie ihn in Reinheit [priesen] – so daß das [All] den Herrn pries, der vor dem All [existierte], den Dreikräftigen. [...] Huldigung [...] auch ich [...].

Die (erste) Offenbarung der dritten Kraft *(p.8,14-18,14 (?))*

[Ich fuhr aber] fort, [danach zu] forschen, wieso sie schwiegen. Ich war im Begriff, eine Kraft zu meditieren, die ich in Ehren halte: die dritte Kraft des Dreikräftigen. Nachdem sie (sic)²⁴² ihn meditiert hatte, sprach sie zu mir: „Schweig still, daß du nicht etwa, wenn du begreifst, dich aufmachst und bis zu mir heraufkommst! Bedenke vielmehr, daß Dieser schweigend war, und ertrage den Gedanken."

[Die Kraft weist] mir nun weiterhin den Weg hin [zum Äon, welcher] Barbelo ist, [die] männliche [Jungfrau]. *(p.9)* Die Jungfrau wurde deshalb männlich, weil sie sich vom Männlichen getrennt hatte. Die Gnosis hält sich abseits von ihm, obwohl sie zu ihm gehört. Die Seiende aber, die geforscht hat, sie besitzt so, wie der Dreikräftige besitzt. Sie hat sich von diesen zwei Kräften zurückgezogen. Wenngleich (?) sie [abseits von] diesem Großen existiert, sieht sie [doch den, der] jenseits von [ihr] ist, [den vollkommenen] Schweigenden, [der] dieses [Gebot hat: daß] er schweige. Seine Gnosis, seine Existenz und seine Wirksamkeit – diese sind es, was die (dritte?) Kraft des Dreikräftigen aussagte.

Wir zogen uns alle zurück und verfielen in Schweigen. [Und] als wir [selbst] erkannten, [daß es] der Drei[kräftige war, da] fielen wir nieder und [verherrlichten und] priesen ihn. [Er seinerseits verlieh] uns [die große] Offen[barung (?)].

[Der] *(p.10)* Unsichtbare [Geist] lief [wiederum] hinauf zu seinem Ort. Das All enthüllte sich, das All entfaltete sich, bis es den oberen Raum erreichte.

Wiederum trat er hervor und veranlaßte das All aufzuleuchten, und das All leuchtete auf. Und er verlieh mir ein Drittel [des Geistes] der Kraft dessen, der die drei [Kräfte] besitzt. Heil [dem Äon!]

Er sprach: „O <Marsanes>! Was diejenigen betrifft, die hier [wohnen], so ist es nötig, [daß du] Dinge [meditierst], die jenseits von ihnen liegen, und daß du sie den Kräften (weiter)sagst. Denn du wirst [am] Ende der Zeit erwählt sein unter den Erwählten. Nach oben strebt der Unsichtbare Geist, und [auch] ihr sollt mit ihm [nach oben] streben und euch [die] große [Strahlen-]Krone aneignen. An [jenem] Tage werdet [ihr] sehen [und (?) eilends (?) mit ihm zusammen (?)] nach oben streben. Und [auch] die sichtbaren wahrnehmbaren (Kräfte) [werden ...], und sie *(p.11)* [werden ...

(es fehlen mindestens zwei Codexseiten)

(p.*13) ...] das Begreifen. Er existiert ewiglich und wesenlos in (?) dem Seienden, der schweigend ist, dem uranfänglich Seienden, der kein Wesen hat. [...] Teil [...] unteilbar [...] Denken aus [...] neunte [...]. Denn [... *(p.*14)* ... *(es fehlen mehrere Sätze)* ...] ... wohnte ich in den Äonen, die gezeugt worden waren. Da man es mir gestattete, nahm ich Wohnung in den ungezeugten (Äonen). Und zwar wohnte ich in dem [großen] Äon, indem ich von ihm getrennt war. Und [ich sah die] drei Kräfte dessen, der die drei Kräfte besitzt. Die [erste] Kraft ... *(es fehlen ein bis zwei Sätze)* ... *(p.*15)* den] Schweigenden und den Dreikräftigen [sowie (?) den], der keinen Hauch hat.

Wir stellten uns [...] und wir [...] wir gingen hinein [...] die intelligible [Welt (?) ... *(es fehlen mehrere Sätze)* ... den Geist, *(p.*16)* der] keinen Hauch hat, [denn (?) er] existiert in [Unerkenn]barkeit. Und ich sah [durch (?)] ihn die große [Kraft, die nicht] erkannt werden [kann. ... die, welche keine] Grenze hat. [...] Und ich [sah den] allein

---

²⁴² „Sie" vielleicht zu korrigieren: „Nachdem ich ihn (sc. den Dreikräftigen) meditiert hatte, sprach sie (sc. die dritte Kraft) zu mir" usw.

[Existierenden (?) ... *(es fehlen mehrere Sätze)* ... *(p.*17)* ...] wirksam ist [...]. Warum [gibt es keine] Erkenntnis [bei den] Unwissenden? Und [...] wagt er [...], daß er [...] werde [...] und [...] wegen [...] in [...] jene, die man nicht [...] kann. Es ist aber nötig, daß [jeder, der] kein Ebenbild aufweist, [ähnlich werde (?)] denen, die zu dem [Selb-] Einen gehören, [welcher] existiert vor [...] Gedanke, [der] uranfänglich [entstanden ist (?) ...] der, welcher [...]. *(p.*18)* Diese [sind die ..., welche ich] sah in neun kosmischen Hebdomaden [...] an einem [einzigen] ewigen Tag. [...] dreißig [...].

Hauptteil – Zweite Offenbarung: Nomenklatur und Ordnung der kosmischen und seelischen Kräfte (p.18,14 - 62 Mitte (?))

Und [wiederum] nach vielen Jahren, als ich den [...] sah, [da erkannte ich] ihn, und [ich (?) ...] viele [...] individuell / teilweise (?) [...] ewig(e) [...] die materiellen [...] kosmischen [...] oben [...] weiterhin (?) [... *(p.*19)* ...*(es fehlen mehrere Sätze)* ...] ... von den [...] hin zu denen, welche [...]. Benennt [sie entsprechend] ihrer Nomenklatur, so daß man [sie erkennt. Ihr] seid geringer als [ihre ...] und ihre Existenz. Weiterhin, um [zu ... *(p.*20)* *(es fehlen mehrere Sätze)* ...] ..., welche(r) verborgen ist [...] dritte Kraft.

Das selige Oberhaupt sprach [zu mir:] „Unter diesen soll nicht [verherrlicht werden (?)] die, welche keine (sc. Herrlichkeit) besitzt! Denn es gibt keine Herrlichkeit [...], auch nicht der, welcher [...], denn der, welcher [keine Herrlichkeit (?) besitzt], ist [...], denn [...] ...

Die Bedeutung der Tierkreiszeichen (p.21 Anfang (?) - 25,21)

[... *(p.*21)* ... *(es fehlen mehrere Sätze)* ...] und die Tierkreiszeichen [...] und die [...] welche nicht haben [...] gezeugt (?) [...] Umdrehung [... Die] Seele hingegen, [welche auch (?) diesen] so gearteten Körper hat, [... die] Seele des Himmels (?), [welche den Kosmos (?)] umgibt, [...] Figur [...], indem sie [...] ist [... *(p.*22)* ... *(es fehlen mehrere Sätze)* ...] Diejenigen aber, welche [... haben, ...]. Die, welche [...] die [Form ...] alle Ebenbilder, von [denen ich] geredet [habe]. [...] alle Formen [...] Figur(en), so daß den [Elementen] selbst [eine Form] zuteil wird, mit [den Nicht-Aspiraten] und den Aspiraten, [...] die Tiere [...] und die [...

(es fehlen mindestens zwei Codexseiten)

(p.*25) ...] Aber ihre Kräfte, das heißt die Engel, haben die Gestalt von Tieren und Lebewesen. Einige von ihnen sind [viel]gestaltig und widernatürlich. Sie haben gewisse [Laute] in bezug auf (?) ihre Namen; das heißt, sie sind [geschieden] und [unterschiedlich] in [ihrer äußeren Erscheinung (?)] und [sie haben] zweierlei [Form]. Diejenigen aber, die zu einem Drittel (?) stimmgleich sind, stammen aus einem (einzigen) Wesen. Diesbezüglich sind all die Dinge, von denen wir gesprochen haben, ausreichend. Denn diese Unterscheidung gilt auch in den vorliegenden Fällen (?), wie wir bereits eingangs gesagt haben.

Die Seelenfiguren in Alphabetmystik (p.25,21-32,7)

Es hat aber nun auch die Seele ihre Figur, und zwar von unterschiedlicher Art. Die Figur der Seele, die von selbst entstanden ist, existiert in [dieser (d.h. der nachfolgend angegebenen?)] Form. Die Figur ist aber [ein zweiter (?)], *(p. *26)* kugelförmiger Teil, um welchen sich der erste (Teil) herumlegt: (das heißt zunächst) ε η ι ο υ, (und) für die selbstgezeugte Seele: α ε η ι ο υ ω. [Die] zweite Figur – ε η ι ο υ – (kommt zustande?) durch die Diphthonge; die erste, die sich um sie (plur.) herumlegt, ist [das ...]ιου. Und [das ...] euch (?) [...] in [...] des Lichtes. Seid aufnahmebereit, empfangt den unvergänglichen Samen und bringt Frucht! Und bleibt nicht an dem haften, was ihr besitzt! Begreift vielmehr, daß die ‚Erhabenen‘ sich unter den Vokalen befinden; und die Diphthonge (sind es), die diesen gegenüberstehen. Die kurzen dagegen sind schwach, ebenso auch die [übrigen] Laute, die aus ihnen hervorgehen. Die [... dagegen] befinden sich in der Mitte.

Unter [den Kon]sonanten sind [die ‚Halb]klänge‘ *(p. *27)* den ‚Klanglosen‘ überlegen. Die ‚Doppelten‘ wiederum sind denjenigen ‚Halbklängen‘ überlegen, die sich nicht verändern. Was die Aspiraten betrifft, so sind sie besser als die ‚Einfachen‘ (unter denen), die klanglos sind. Die ‚Mittleren‘ sind vielfältig hinsichtlich der Kombination, in welcher sie vorkommen. Sie sind unwissend [in bezug auf] das Gute und verknüpfen sich mit den ‚Mittleren‘, die schwach sind. Nach <dem> Vorbild (?) der Nomenklatur der Götter und der Engel (ist es auch hier) nicht der Fall, daß sie sich in beliebiger Weise miteinander vermischen, sondern (sie verbinden sich) nur so, daß eine günstige Wirkung erzielt wird.

Es kam nicht dazu, daß ihre Absicht sich enthüllte. Sündige nun hinfort nicht mehr, und wage nicht, dich der Sünde zu bedienen!

[Ich] rede zu dir [über die] drei [Figuren der Form] der Seele. [Die] dritte [Figur der Seele] ist [eine Kugel (?); und] *(p. *28)* etwas Kugelförmiges ist es, das sie umkreist. Ausgehend von den einfachen Vokalen: εεε, ιιι, οοο, υυυ, ωωω, sind die Diphthonge gegeben wie folgt: αι, αυ, [ε]ι ευ, ηυ, ου, ωυ, οι ηι, [υ]ι ωι, αυ ει, ευ ηυ, οι ου, – [3-3-]3 3-3-3 3-3-3 – αι αυ, [ει ευ], ηυ, οι ου, ωυ – 3-3-3 [3-3-3] – αυ ει ευ, οι ου, ηυ – dreimal (zu sprechen?) im Falle (?) einer männlichen Seele. Die dritte Figur ist kugelförmig. Die zweite Figur, sie umgebend, hat zwei Laute. Die dritte Figur der männlichen Seele (ist gegeben) durch die einfachen Vokale: [αα]α, εεε, ηηη, ιιι, οοο, [υ]υυ, ωωω, ωωω, ωωω. Diese Figur ist [zwar] verschieden von der ersten, doch [ähneln] sie einander [und] bilden gewöhnliche [Laute dieserart: αεη]οω. Und *(p. *29)* durch die Diphthonge (sind) gleichermaßen auch (gegeben) die vierte und die fünfte (Figur). Was sie betrifft, so wurde <mir> nicht erlaubt, alles zu enthüllen, sondern bloß das Evidente.

Ihr wurdet über sie belehrt, damit ihr sie versteht – daß man nur suche und finde! – (nämlich): [wer] sie alle sind, sei es durch sich selbst, sei es durch einander – oder um Grenzen aufzuzeigen, die schon seit Anbeginn festgelegt sind – sei es mit sich selbst, sei es miteinander, so wie (?) sie miteinander in einem Laut existieren, sei es individuell oder ideell, sei es präfigiert [oder] suffigiert; oder daß ihr Einzel(aspekt) hervorgebracht ist (?), und (andererseits) gemäß der Idealform; sei es, (daß sie gegeben sind) durch [die] langen (Vokale), sei es durch die mit [zweierlei] Längen, oder sei es durch die kurzen (Vokale), die reduziert sind. [...] *(p. *30)* sei es die langen, sei es die mittleren, sei es die kurzen. Und <die> Konsonanten existieren (nur) zusammen mit den Vokalen, und zwar als Einzelwesen; sie sind ihnen vorangestellt, und sie sind (ihnen) nachgestellt. Sie dienen als Benennung für die Engel. [Die] Konsonanten existieren nur einzeln (?) und unterschieden; und <sie> sind den verborgenen Göttern vorgeordnet und nachgeordnet, (und zwar) durch Taktschlag, Rhythmus, Pause und Einsatz. Sie rufen die Halbklänge; (und) diese werden alle einem einzigen [Klang] untergeordnet. Denn allein die unveränderlichen doppelten (Konsonanten) befinden sich bei den Halbklängen. Die Aspiraten [und die] Nicht-Aspiraten und die [mittleren] bilden [die] Klang[losen]. Auf wider[natürliche] Weise sind [sie] [miteinander] verbunden und voneinander *(p.*31)* getrennt, und werden sie präfigiert und suffigiert, wobei sie sinnlose (?) Benennungen darstellen. Und sie ergeben eins oder zwei oder drei oder vier oder fünf oder sechs, bis zu sieben, wenn sie einen einfachen Vokal aufweisen. Die Diphthonge <...> an der Stelle (?) der sieb[zehn] Konsonanten. [Unter] den zuvor (genannten) Benennungen sind einige schwach und so, als ob sie kein Wesen haben, oder als ob sie Ähnlichkeit [mit dem] Wesen haben, [oder] als ob sie die gute Natur von der schlechten scheiden – [jener,] die in der Mitte liegt.

Du sollst nun zusammennehmen die, welche Affinität (?) zueinander haben: die Vokale [und] die Konsonanten. Einerseits so:

βαγαδ[α]ζ[αθα]
βεγεδεζ[ε]θε
[βηγηδη]ζηθη
β[ιγιδιζιθι]
[βογο]δοζοθο
[βυγυδυζυθυ]
βωγωδω[ζωθω]

und so weiter. [Andererseits so:]

βα[βεβηβιβοβυβω],

(p.*32) wobei aber die übrigen (davon) zu unterscheiden (?) sind. (Ich sage:) αβεβηβιβοβ, damit du sie zusammenhältst und (sie) von den Engeln unterscheidest; und (so) werden gewisse Wirkungen eintreten.

Arithmologisches, Zeichenlehre und andere Analogien (p.32,7-35,4)

Der beste Ausgangspunkt liegt in der Drei(heit). Sie [...zu (?) dem], was des [...] bedarf [...] erfaßt (?) [...] eine Figur. <Die> Zweiheit und die Einheit haben nicht ihresgleichen, sondern sie sind ursprünglich. Da die Zweiheit [eine Abspaltung] von der Einheit darstellt, gehört sie zur Existenz. Die Vier(heit) dagegen weist Elemente auf, und die Fünfheit weist die Harmonie (?) auf. Die Sechsheit ist durch sich selbst vollkommen. Die [Sieben]heit besitzt Schönheit. [Die] Acht[heit hat [ihre] Genossen [mit dem, was] bereitet ist, [in Einklang gebracht]. Die Neunheit] wird überaus [hoch geschätzt]. *(p.*33)* Die Zehnheit ihrerseits hat alle Dinge [enthüllt (?)]. Die Elfheit und die Zwölfheit haben den Übergang zum [Grenzen]losen vollzogen; letzteres ist [aber] über die Sieben[heit], welche Grenzen aufweist, erhaben. [... *(es fehlen mehrere Sätze)* ...] Engel [...] Namen [...] Verheißung, denn (?) [die Unterscheidungsmerkmale (?)] beginnen, sie zu trennen (?) – durch ein Zeichen [und] einen Punkt, durch das geradlinige und das gekrümmte (Zeichen). Solcherart ist [das ...] des Wesens [...], sie stammen aus [den ...] der Elemente. Aus einem [...] aber [..., welches] *(p.*34)* rein ist, oder gemäß Vereinigung, für sich existierend, und auf einander hin existierend, (entweder) durch Hervorbringung, oder [durch ...] gemäß [ihrer] Hervorbringung (?). [...] sie haben nicht [... *(es fehlen mehrere Sätze)* ..., indem] er [das] Rätsel ansagt. So wie etwa in [der] wahrnehmbaren Welt der Tempel besteht, [der] siebenhundert [Ellen] mißt, und ein Fluß, der [...], (so) sind in [der] Ewig[keit ...] drei [...] vier [...] Siegel [...] die Wolken *(p.*35)* [und die] Gewässer und die Bilder [der] Wachsfiguren [und] smaragdene Bilder.

Onomasiologische Analogien (p.35,4-39,19)

Auch über die übrigen Dinge werde ich [dich] belehren.

Folgendermaßen verhält es sich mit [der] Erzeugung [der] Namen: Die (Wesenheit?), welche ungezeugt ist [... von] Anbeginn [... *(es fehlen mehrere Sätze)* ...] bezüglich [...] dreimal, gleichsam eingeschlossen, gleichsam ausgestreckt, gleichsam [vermindert]. Es existiert der sanfte Logos, und es gibt noch einen anderen Logos, der nahe bei der [freien (?)] Wesenheit ist, solchermaßen redend [...] und er [offenbart] den Unterschied [zwischen ...] und [...] *(p.*36)* des Alls und [...] einer ungeteilten Wesenheit. Und [jene] Kraft weist Gemeinschaft auf mit [der] Freude, getrennt und [...], sei es [... *(es fehlen mehrere Sätze)* ...] möglich [...] befindet sich überall [...] zu jeder Zeit, [indem es] bei den Körperlichen und bei den Unkörperlichen ist.

Folgendermaßen verhält es sich mit dem Reden von (?) der Existenz – damit man es so [begreife]. Wenn (?) [man] nicht mit[einander] redet, [wie] soll es dann [denen] helfen, [die] darüber beunruhigt sind? [...] ist offenbar [...]. Wenn man *(p.*37)* ihn erkennt, ruft man ihn (mit Namen). Nun gibt es bestimmte Wörter, die paarweise auftreten; andere dagegen sind [für] sich [allein. Diejenigen, welche] zur Wesenheit [gehören, ... *(es fehlen mehrere Sätze)* ...] oder diejenigen, welche [...] gemäß [dem, was bleibt (?)] oder gemäß denjenigen (Lauten?), die Dauer aufweisen. Und zwar sind diese entweder unterschieden von [ihnen], oder sie sind untereinander oder mit sich selbst verbunden, seien es Diphthonge oder seien es einfache Vokale, sei es jedweder [...] oder [...] oder [...] existieren wie [... sie stammen] aber aus [...]. Die Konsonanten [ihrerseits] *(p.*38)* existieren solange für sich, bis sie getrennt und (wieder) zusammengefügt werden. Einige besitzen die Fähigkeit [hervorzubringen] gemäß den Elementen [der] Konsonanten. [...] Unterschied [... *(es fehlen mehrere Sätze)* ... sie existieren] für sich allein [oder] paarweise und zu dreien entsprechend den Vokalen oder paarweise entsprechend den Konsonanten und in Einzigkeit entsprechend dem All und in Unwissenheit entsprechend [dem, was] der Veränderung unterliegt. [Und diejenigen], die [aus] ihnen (?) entstanden sind, und das [...] des Letzten. Und sie alle [...]. Zwar existierten sie *(p.*39)* auf verborgene Weise, doch wurden sie öffentlich ausgesprochen. Man hat weder aufgehört, sie zu offenbaren, noch hat man aufgehört, die Engel zu benennen.

Die Vokale sind nun mit den Konsonanten [entweder] äußerlich [oder] innerlich verknüpft. ... [...] gesagt [wurde ... dich (?)] unterrichten [...]. Wiederum nach [dieser] Art:

[Sie] wurden vierfach gezählt und wurden dreifach geboren, und so wurden sie zwölf-
fach. Über diese Dinge haben wir nun hinreichend gehandelt.

Ethische Einblendung (p.39,19-41,22)

Es ist nämlich nötig, daß ein jeder sich die Fähigkeit aneignet, Frucht zu bringen, und
daß wir den Mysterien niemals mit Mißachtung begegnen. [...] ist das [...] welches ist
[...] Seele. [... die] Sternbilder [...] *(p.*40)* eine neue Existenz. Der Lohn, der für einen
derartigen (Menschen) bereitgestellt wird, ist das Heil; was dem Sünder zuteil wird, ist
das Gegenteil. [Der] Sünder allein [...] wird in [...] sein [...], damit du, bevor du prüfst,
was einer an den anderen weitergibt, [dir] eine erhabene Kraft [zu eigen machst] sowie
göttliche Erkenntnis und eine Macht, gegen die man nicht ankommen kann. Du sollst
aber prüfen, was für Leute würdig sind, sie zu offenbaren; wobei du weißt, daß man [...]
wird hinunter bis zu dem [Geschlecht (?) der] Sünder. [... *(es fehlen ein bis zwei Sätze)*
...] *(p.*41)* das, was sich ziemt.

   Trachtet nicht danach, der wahrnehmbaren Welt Kraft zu verleihen, indem ihr mich
unbeachtet laßt, der ich das Heil von seiten der intelligiblen Welt empfangen habe. Hütet euch, diese <Worte> an [jeder]mann [weiterzugeben ... *(es fehlen ein bis zwei Sätze)*
... sie zu] begreifen, und daß er [sie von] dort wegnehme.

   Was die übrigen Dinge betrifft, so werde ich von ihnen [sprechen am] Ende [meiner]
Rede, damit nicht [der] sündige [Mensch sie an] andere [weitergebe]. Sie haben sie
nicht verstanden – weder die Seelen, die im Körper sind, die sich auf der Erde befinden,
noch die, welche außerhalb des Körpers sind, die sich im Himmel befinden (und die)
zahlreicher sind als die Engel.

Astrologische Demonstration (p.41,22-43,?)

Die Sache, über die wir in [jeder] Rede [gehandelt] haben, diese Dinge [...] die Sterne
[...] sagen [...] sei es, daß schon [...] diejenigen, welche [...], *(p.*42)* sei es, daß er die
beiden (Gestirne) beobachtet, sei es, daß er die sieben Planeten beobachtet, oder auch
die zwölf Sternbilder oder die sechsunddreißig Dekane [...] welches die zwölf Him-
melsteile sind, die (insgesamt) [dreihundertsechzig] Einzelkonstellationen ergeben [...]
bis zu den Orten des [...] und diese(r) Zahlen, seien es [die himmlischen], seien es die
irdischen, wie auch die unterirdischen, entsprechend den Plänen und Zuteilungen, die
daraus hervorgehen, und allem übrigen. Die [dreihundertsechzig] Grade jeglicher Arten
und Formen, [... sie] werden [sich] unter[ordnen, da] sie die Fähigkeit besitzen [...]
oberhalb [... existieren] für sich allein *(p.*43)* [...] die Zeit [... *(es fehlen mehrere Sätze)*]
...

Unbestimmbare Themen (p.43-62)

... die (k)einen Körper [haben ...] gemeinsam. ... [... die] göttliche Barbelo [...] intelligible (?) ... [... *(p.*44)* ...] sie offenbaren. [...] dieser Art [... *(es fehlen mehrere Sätze)*
...] intelligible Engel (?). Es ... intelligible ... [...] retten (?) [...] sie (plur.) [...], während (?) das [... *(p.*45)* ...] Welt [...]. Und [...] Welt [... *(es fehlen mehrere Sätze)* ...] ...

(unübersetzbare Reste) ... [... *(p.*46)* ...] indem er [...] ist wie [... *(es fehlen mehrere Sätze)* ...] der Schall / Laut [...] Name(n), und [... in] Ewigkeit (?) [...] Name(n) [...]

(es fehlen mindestens acht Codexseiten)

[*(p.*55)* ... Nach einer (gewissen Zeit o.ä.), während der] ich schwieg, [sagte ich:] Belehre mich [darüber,] welches die Kraft ist [...] reinwaschen wird [... das] ganze [Geschlecht] (?) [... *(es fehlen mehrere Sätze)* ... *(p.*56)* ...] allein (?). Der ... [...], indem er nicht der erste [...] ist. Und [der] ganze [...] des [...], aber / sondern [... *(es fehlen mehrere Sätze)* ... *(p.*57)* ...] Erkenntnis [...] bleiben [...] des (?) großen [...], denn ich wurde [... *(es fehlen mehrere Sätze)* ... *(p.*58)* ...] Knochen [...]. Doch [...] in den Kosmischen [...]

(es fehlen mindestens zwei Codexseiten)

[*(p.*61)* ...] für (?) eure Töchter; sie [...] ebenso wie [... das] Reich [des Dreikräftigen (?)]. Und dieser [... *(es fehlen mehrere Sätze)* ...] *(p.*62)* reden über das, was ihr nicht kennt. [Und ...]. Denn [der ...] ist es, der [...] das / den, dessen ...] ihr kennt.
Ich sagte: Mein (?) [...] teilweise ... [... *(es fehlen mehrere Sätze)* – *Ende des Offenbarungsdialogs?* –

Abschließende Visionen und Paränese (p.62 bis Ende)

... *(p.*63)* ...und die] übrigen bis [hin zur] Erde. Und sie redeten wie Engel, wobei der eine wie ein wildes [Tier] aussah. Und er sagte: [...] in Ewigkeit [...] Tier [...] Tier [...] ... meine Seele [...]. Ich sah [einen ...], der [...] stand und dessen [Aussehen] schrecklich war und [dessen] Antlitz [...] war [... *(es fehlen mehrere Sätze)* ...] *(p.*64)* Ich [fürchtete mich (?)], denn ich [sah], daß alle Lichter, <die> mich umgaben, feurig loderten. [Ich sah] mich in ihrer Mitte [... *(es fehlen mehrere Sätze)* ...] Engel, die bei mir standen.
[Und ...] der eine [...] Gamaliel, jener, der über [die ...] Geister (gesetzt) ist [... *(es fehlen mehrere Sätze)* ... *(p.*65)* ... Die großen] Engel, [das heißt jene], die alle (sc. Seelen) in Empfang nehmen [...] und die, welche [...]. Und er führte mich [...] und er [...] mich [...] ihre (fem. sing.) Glieder ...] der Unsicht[bare (?) ...] Gericht [...] alle [..., die] (ein)gesetzt sind [...] nicht [versiegende] Quelle lebendigen [Wassers. ...] die beiden [...] göttlich (?) [... *(es fehlen mehrere Sätze)* ...] *(p.*66)* sie (fem. sing.) reinwaschen [von ...]. Wer [mit ihm versiegelt] wurde, [der] wurde [mit dem] Siegel des Himmels ausgezeichnet. [... *(es fehlen mehrere Sätze)* ...] großer [...].
Und ich sah [...] unvermischte (?) [...], diejenigen, [deren ...] nicht bis [... *(es fehlen mehrere Sätze)* ... *(p.*67)* ...] sie werden sein [...] Gott [...] eine Frau [...] während sie in Wehen liegt, [...] während die Geburt [... *(es fehlen mehrere Sätze)* ...] alle [...] Sache [...] Menschen. Und [...] Frauen [und] Männer [dieser] Art [...] noch andere.
Erkennet, daß diejenigen, welche [auf der] Erde sind, [...] jede(s) (?) [...] für diese und die Hausgeborenen, denn diese werden [imstande sein], Gott [zu er]kennen [...]

Äon. [... *(es fehlen mehrere Sätze)* ...] *(p. *68)* und diejenigen, welche [...] Gott [...] von Anbeginn [...] in meinem [...] schrecklich (?) [...] Geheimnis [...] rufen (?) [...] ist geoffenbart [...] diejenigen, die zur Erkenntnis kommen werden.

Subscriptio (p.68,18)

[M]arsanes

Die Auslegung der Erkenntnis (NHC XI,1)

Uwe-Karsten Plisch

Literatur

Funk, Wolf-Peter / Painchaud, Louis / Thomassen, Einar, 2010: L'interprétation de la Gnose. (NH XI,1). (BCNH. T 34.) Leuven.

Pagels, Elaine H./ Turner, John, D., 1990: The Interpretation of Knowledge. Introduction, Transcription and Translation. Notes. In: Hedrick, Charles W. (ed.): Nag Hammadi Codices XI, XII, XIII. (NHS 28.) Leiden, 21-88.

Plisch, Uwe-Karsten, 1996: Die Auslegung der Erkenntnis (Nag-Hammadi-Codex XI,1). Hg., übers. und erkl. (TU 142.) Berlin.

Einleitung

Die Auslegung der Erkenntnis, abgekürzt Inter (nach dem im deutschen Sprachraum ebenfalls gebräuchlichen Titel Interpretation der Gnosis), war bis zu ihrer Entdeckung im Rahmen des Handschriftenfundes von Nag Hammadi gänzlich unbekannt. Weder Erwähnungen des Titels noch Anspielungen auf den oder Zitate aus dem Inhalt der Schrift in patristischer oder ähnlicher Literatur lassen sich nachweisen. Erhalten ist von Inter nur eine einzige Abschrift, eben der erste Text in Nag-Hammadi-Codex XI, deren Erhaltungszustand allerdings ziemlich betrüblich ist. Die Beschädigung der Papyrusblätter ist dabei nicht gleichmäßig, vielmehr am Anfang der Schrift besonders stark, gegen Ende der Schrift wird der Erhaltungszustand der Blätter dann tendenziell besser. Dennoch ging, grob geschätzt, etwa die Hälfte des Textbestandes verloren. Der südliche Dialekt des Koptischen, in dem Inter überliefert ist, ist das Lykopolitanische (*L6*). Die Ursprache der Auslegung der Erkenntnis ist sicher das Griechische, wie u.a. zwei stehengebliebene griechische Dative zeigen.

Der Ursprungsort von Inter ist unbekannt. Wegen der Vorliebe des Verfassers für die echten Paulusbriefe sowie die Deuteropaulinen Kol und Eph könnte man immerhin Kleinasien als Herkunftsort erwägen, auch scheint der Verfasser die Ignatiusbriefe und den allerdings schwer zu lokalisierenden 2 Clem gekannt zu haben, was zumindest nicht gegen Kleinasien spricht. Da der Verfasser mit einer Vielzahl von Schriften, darunter die später kanonischen Evangelien, vertraut ist, dürfte er wohl in einer Metropole zu Hause gewesen sein.

Mit der Verfertigung der Nag-Hammadi-Codices um die Mitte des 4. Jh. n.Chr. ist auch für die Entstehung von Inter eine zeitliche Obergrenze gegeben. Auf Grund der besonderen Nähe zum Evangelium Veritatis (NHC I,3) könnte eine gleichartige Entstehungszeit anzunehmen sein: Mitte 2. Jh.

Diese Datierung beruht freilich ihrerseits auf einer hypothetischen Datierung des Evangelium Veritatis. Stärker wirkt das Argument, daß die vorausgesetzten Gemeindeverhältnisse, eventuell Gnostiker als führender Teil einer christlichen Gesamtgemeinde, zu einer Frühdatierung gut passen. Auf der Basis der paulinischen und deuteropaulinischen Leib-Christi-Vorstellung sowie der paulinischen Vorstellung von der Verteilung der Charismen behauptet der Verfasser von Inter eine charismatische Verfaßtheit der Gemeinde, die, je später man sie ansetzt, in einer von Ämterordnung geprägten kirchlichen Umwelt desto anachronistischer gewirkt haben muß.

Inter ist eine gnostisch-christliche Homilie – gnostisch-christlich so verstanden, daß sich hier ein gnostisch beeinflußtes Christentum artikuliert. Im ersten Teil befaßt sich der Autor vor allem mit der Lehre und dem Heilswirken des Erlösers, verwoben mit Schriftauslegung, so werden etwa das Gleichnis vom Sämann oder das Gleichnis vom barmherzigen Samariter ausgelegt. Im hinteren (besser erhaltenen) Drittel der Schrift bemüht sich der Verfasser, als Teil der Gemeinde, um die Beilegung von Streitigkeiten innerhalb der Gemeinde, die sich vor allem an der Frage der Wertigkeit der verschiedenen Geistesgaben entzündet haben. Der Grundkonflikt ist – aus der Sicht der Schrift – daß die Gemeindesituation vom Neid der geringer mit Geistesgaben ausgestatteten Gemeindeglieder auf die höher begabten geprägt ist.

Der Titel der Schrift „Die Auslegung der Erkenntnis", der zweimal, einmal auf dem Vorsatzblatt und einmal am Ende der Schrift, erscheint, wirkt für eine Homilie merkwürdig hochtrabend und – auch wegen seiner Unschärfe – nicht recht angemessen. Er dürfte sekundär hinzugefügt worden sein, als die Homilie für wert befunden wurde, als Einzeltext weiterüberliefert zu werden. Beide Begriffe des Titels, „Auslegung" und „Erkenntnis" erscheinen zumindest im erhaltenen Textbestand von Inter nicht.

Unstrittig ist, daß es sich bei Inter um einen gnostisch-christlichen Text handelt. Beispielsweise ist der Mythos vom Fall der Seele deutlich vorausgesetzt, ohne ausdrücklich entfaltet zu werden. Die gnostische Weltsicht des Verfassers wird auch schön an seiner Auslegung des Gleichnisses vom barmherzigen Samariter deutlich. Spätestens seit der Edition des Textes durch Pagels / Turner hat sich die Einordnung von Inter in die valentinianische Gnosis als scheinbare communis opinio verfestigt. Die Einordnung in den Valentinianismus beruft sich zum einen auf die Nähe von Inter zum Evangelium Veritatis – nur ist die religionsgeschichtliche Einordnung von EV eben ein Problem eigener Ordnung –, zum anderen auf bestimmte Begriffe wie πλήρωμα, μέγεθος, αἰών oder „Haupt" als Christustitel, die auch im Valentinianismus eine Rolle spielen. Eindeutig valentinianische Begriffe oder Vorstellungskomplexe lassen sich indes nicht ausmachen. Auch die gänzlich andersgeartete Aufnahme des Gleichnisses vom barmherzigen Samariter im Philippusevangelium (Spruch 111b), einem wirklich valentinianischen Text, spricht zumindest nicht für eine Einordnung von Inter in den Valentinianismus. Scheinbar ist diese communis opinio insofern, als sie von etlichen – allerdings stillschweigend – nicht geteilt wird. Es scheint daher ratsam, es zunächst und weiterhin bei der Feststellung zu belassen, daß wir es in Inter mit einem aufregenden weil eigenständigen Stück gnostischchristlicher Paulusrezeption und -tradition zu tun haben.

Zu den theologisch interessantesten Momenten in Inter gehört neben der eigenständigen Rezeption der paulinischen und deuteropaulinischen Leib-Christi-Vorstellung und Charismenlehre sowie dem damit verbundenen Einblick in wirkliche Gemeindeverhältnisse zweifellos die in Inter waltende und geradezu allgegenwärtige eigentümliche theologia crucis, die, ganz im Gefolge des Paulus, Kreuzigung und Erlösung in einer Weise eng zusammenschaut, die für eine gnostisch-christliche Schrift ganz unerhört ist. Wo immer der Erlöser in Inter spricht, scheint er dies direkt vom Kreuz aus zu tun. Die reale Niedrigkeit des Erlösers wird in Inter nicht nur nicht geleugnet, sondern geradezu betont (p.10,27-38).

Übersetzung

Über den Glauben

(p.1) (Zeilen 1-12 zerstört oder beschädigt)
[... Er glaubte nicht] auf Grund [irgendwelcher Zeichen und vermeintlicher] Wunder [und Krafttaten], die geschehen waren. [Nicht] auf Grund [jener ist es, daß er] ihm [nachfolgte], sondern auf Grund von [Spott] und Verachtung. Ehe [...] ein Schauspiel [... ehe] sie ihn gehört hatten, [...] Er wurde gekreuzigt [wegen dieses] Geschlechts. Er ist (schon) auf dem Wege [ehe sie ihn ...]. Denn Christus [kam, damit] unser Glaube heilig und rein werde. [...] ihn [nicht], indem er wirkt, sondern [...] ihn, indem er gepflanzt ist in [uns]. Sagt [nicht]: „Auf Grund einer [Lästerung] hängt die Geduld am [Kreuz]." Denn jeder setzt seine Zuversicht [auf das], was er glaubt. Wenn einer [nicht glaubt], dann vermag er (auch) keine Zuversicht zu haben. Eine große Sache ist es für einen Menschen, wenn er den Glauben hat. Er ist nicht im Unglauben, der [die Welt] ist. Die Welt [aber ist der Ort des] Unglaubens [und der Ort des Todes]. Der Tod aber [ist]

(p.2) (Zeilen 1-14 zerstört oder beschädigt)
[... Gleich]heit [und] sie werden [... Etwas] Heiliges ist der Glaube [an die Gleichheit]. Das Gegenteil ist [der Unglaube an die Gleichheit]. Die, denen er [Glauben] geben wird, [wird er (auch) tragen]. Es wäre (sonst) unmöglich [für sie], die Unvergänglichkeit [zu erlangen ...] werden sein [... und er wird] offenbaren [... *(eine Zeile fehlt)* ... die, die] gesät wurden in [...
...] Denn dem Bedrängten wird [man wieder glauben]. Er vermag hervorzubringen [eine große] Kirche, die gesammelt ist aus Klein[heit]. Er wurde zum Vor[läufer ...] Denn einige sagen auch: „Man ergreift [ihn durch seine Spur]." Dieser Bestand [vermag seine] Abbilder [nicht zu erkennen], aber Gott [erkennt] (stets) seine Glieder. [Er kannte sie], bevor sie gezeugt wurden, [und sie werden] ihn [erkennen]. Und der, der jeden [kannte] von [Anfang, er wird in] ihnen [bleiben]. Er wird [... bis in Ewigkeit]. Es ist nämlich [nötig, daß jeder]

Der Erlöser und seine Paargenossin[243]

(p.3) (Zeilen 1-25 zerstört oder beschädigt)
[... der] Erlöser entfernte [sich] von dort. Indem sie [über sich] aufklärt, erkennt [er sie] zwar, aber [nicht] auf fleischliche [Weise]. Der Logos ist es, den [sie empfing] zum Gatten. [Er] aber ist es, der [so] existiert, daß [er] auch [...]. Er [...] und jene [ist es, die]

---

[243] Darunter ist wohl in erster Linie die ursprünglich himmlische und dann gefallene Seele (ψυχή) zu verstehen. Vgl. NHC II,6 ExAn. Auch der Aspekt der ἐκκλησία (als der Versammlung der zu erlösenden Einzelseelen) spielt hinein.

uns [... Sie] läßt ihn aber erkennen: Sie ist der Mutterleib. Dies [ist] eines ihrer Wunder, [daß] sie uns die Geduld übertreffen läßt. [...] das Wunder [...

...]. Er liebt [sie. Er erlaubte] zuvor einer Jungfrau [zu lieben.] Es ist nötig, zuvor ihre Schönheit [zu] [begreifen. Und er entäußerte sich] bis zum Tod, [ja, bis zum Kreuzes-tod. Es ist nötig], sich zu bemühen

(p.4) (Zeilen 1-25 zerstört oder beschädigt)
er hat schon zuvor unser jungfräu[liches] Auge [verhüllt, wie (das) jedes Ungläubigen hier. Jetzt aber] erkennen wir. [Wenn] sie tot ist, [ermangelt sie] einer [Schau ...] des-sen, der ein Zeichen hat. Jene Tote [...] diese großen [Mächte] werden es geben [...] un-ten [... dieses] kleine Kind [...] seinetwegen. Sie hat [...] er wurde zu [...] im [...] Wort, das den [Äon] [offenbart [...

...] Er ließ [... nicht straucheln ...]

Das Gleichnis vom Sämann / Deutung von Leiden und Tod des Erlösers

(p.5) (Zeilen 1-15 zerstört oder beschädigt)
kamen hier heraus. [Einige fielen] auf den Weg. Andere [fielen auf den Fels]. Andere aber [säte] er [in die Dornen]. Andere wiederum [brachten Korn ... *(eine Zeile fehlt)* ...] und der Schatten. Siehe, [... *(3 Zeilen fehlen)* ...] diese [... das] Wesen [ewiglich] ehe die Seelen herauskommen aus [denen, die] getötet werden. Aber er blieb, während er ver-folgt wurde an jenem Ort, in der Spur, die hervorgebracht worden war durch den Erlö-ser. Er wurde aber gekreuzigt und starb – nicht seinen eigenen Tod, [denn] er verdiente den Tod nicht, – [wegen] der Kirche der Sterblichen. Er wurde [aber] angenagelt – da-mit er ergriffen werde in der Kirche, [die] er [belehrt hatte] –, unter Spott, so daß er auf diese Weise in das Leiden [kam], das er [erduldete]. Denn er, Jesus, ist für uns ein Vor-bild, wegen

Deutung des Gleichnisses vom barmherzigen Samariter[244]

(p.6) (Zeilen 1-15 zerstört oder beschädigt)
[... die] ganze [Bildung] und [... die große] Bitterkeit der Welt [... gleicht] uns und [...] durch Räuber. [Als er ausging aus] Jerusalem [... hinab] nach Jericho [...] sie nahmen [... *(eine Zeile fehlt)* ...] denn indem sie [...] hinunter zum [Leibe]. Seht ihn an, wie der ganze Mangel [ihn] ergreift bis zur letzten Habe, die die unentreißbare ist. Nachdem er uns nach unten gebracht und uns gebunden hatte in Fesseln des Fleisches, VACAT[245] ist der Leib eine Herberge, die die Mächte und [Gewalten] als Wohnstätte haben. Nachdem der innere [Mensch] eingesperrt worden war in die Bildung, [geriet er] in [jegliches

---

[244] Vgl. Lk 10,30-36. Der barmherzige Samariter wird hier als negative Figur interpretiert.
[245] Die mit VACAT bezeichneten Stellen kennzeichnen unbeschriebene Bereiche des Papyrus.

Leiden], weil [er] gezwungen wurde, [ihnen] zu dienen und gewaltsam genötigt wurde, den Kräften dienstbar zu sein. Sie spalteten die Kirche, um Anteil zu erhalten an

(p.7 und p.8 sind übermäßig beschädigt)

Der Lehrer der Unsterblichkeit und seine Lehre

(p.9) (Zeilen 1-9 zerstört oder beschädigt)
hinein [... Er] hat sie (plur.), indem sie [...] er [... Jeder wird] würdig sein [...] ihn empfangen und [...
bedrängt. ...] Kinder [... einen] Lehrer. Wenn er sich verbirgt, da er göttlich ist, wird er [seine] Werke zusammenrollen und vernichten. Denn indem [er] mit der Kirche redete, [wurde] er für sie zum Lehrer der Unsterblichkeit. [Er vernichtete] den [dreisten] Lehrer, der sie (sing.) lehrte zu sterben. [Und dieser Lehrer gründete eine] Schule [des Lebens, während jener Lehrer nämlich] eine andere Schule hat. [Er] lehrte [uns] einerseits die Buchstaben [des Himmels], er veranlaßte andererseits, daß wir uns von den [Buchstaben] der Welt entfernen, durch die wir über unseren Tod belehrt wurden. Seine Lehre aber ist diese: „Nennt niemanden Vater auf der Erde! Einer ist euer Vater, der in den Himmeln ist. Ihr seid das Licht der Welt. Meine Brüder und meine Genossen sind (die), die den Willen des Vaters tun. Was denn für ein Gewinn ist es, wenn du (mask.) die Welt gewinnst und Schaden nimmst an deiner Seele?" Denn als wir in der Finsternis waren, nannten wir viele Vater, während wir unwissend waren über den wahren Vater, und das ist die größte [aller] Sünden.

(p.10) (Zeilen 1-8 zerstört oder beschädigt)
[...] Lust, indem wir geben [... *(eine Zeile fehlt)* ...] Seele [...] denken [...] dich (fem.) [...] der Ort des [Himmels. Was] aber ist der [Glaube, den der lebendige] Lehrer [uns] gab? Er [...] die Unwissenheit und Finsternis [des un]verständigen Auges. Er veranlaßte es, sich der Güter [des Vaters] und des Geschlechtes zu erinnern. Denn er sprach: „[Weise] die Welt [zurück]! Die deine nämlich ist sie nicht. [Mögest du die Üppigkeit] in ihr [nicht achten] als Gewinn, sondern als [unnütz] und als Strafe." Empfange aber die [Lehre dessen, der] verspottet wurde – [ein] Gewinn und [ein ...] ist es, o Seele! Und empfange (fem.) die [Gestalt dieser] Erscheinung, die existiert [angesichts des Vaters]! Der Logos und die Höhe ist es, was du kanntest, bevor du irregeleitet wurdest, als du als Fleisch der Verdammnis existiertest. Ebenso: „Ich wurde überaus klein, damit durch meine Erniedrigung ich dich (fem.) hinaufbrächte in die große Höhe, zu dem Ort, aus dem du herausgefallen bist (und) gebracht wurdest in diese Grube. Wenn du nun an mich glaubst, bin ich es, der dich nach oben bringen wird durch diese Erscheinung, die du siehst. Ich bin es, der dich auf den Schultern tragen wird. Gehe ein durch die Seite – den Ort, aus dem du herauskamst – und hüte dich vor den Tieren! Die Last, die du jetzt trägst – die deine ist sie nicht. Wenn [du] gehst

Weib und Vater – Vater und Sohn[246]

(p.11) *(Zeilen 1-14 zerstört oder beschädigt)*
[...] aus seiner Herrlichkeit [...] von Anfang an. Weil er zum Weibe [gehörte, brachte] der Schlaf [die Arbeit] und den Sabbat – [das ist die] Welt. Denn weil [er zum] Vater [gehörte, brachte der] Schlaf [...] und [das Entrinnen] aus der [Welt der Tiere. Etwas, das] aus der [Lust (stammt) ist nämlich die Welt], und etwas [Tierisches] ist sie. Deshalb ist [jener], der irregeleitet ist, [nicht] arglistig. Von [dem Tier] aber, das herausgekommen war, wurde [ihm ein] Kleid der Verdammnis aufgelegt. [Das] Weib nämlich [hatte kein] anderes Gewand, [es] seinem Samen [aufzulegen], außer dem, was es zuvor (selbst) getragen hatte am Sabbat. Denn es gibt kein Tier im Äon. Der Vater nämlich hält den Sabbat nicht, sondern wirkt für den Sohn und durch den Sohn. Außerdem übergab er ihm die Äonen. Der Vater hat lebendige geistige Elemente, von denen er ihm die [Äonen] als Gewänder anzieht. Der Mensch

Die Heilstat des Erlösers

(p.12) *(Zeilen 1-12 zerstört oder beschädigt)*
[...] ist der Name [... Er] entäußerte sich [selbst und] er entäußerte seinen [Namen (?)] – er, der Spott auf sich nahm anstelle des Namens. Um unsert[willen] aber [kam er auf diese] Weise zum Spott. Er [offenbarte sich] im Fleisch und [...] Er bedarf der Herrlichkeit [nicht, die nicht die seine] ist. Er hat seine eigene [Herrlichkeit] bei dem [Vater], welche die Sohnschaft ist. Er kam aber, damit wir zu Trägern [jeglicher] Herrlichkeit werden. Er wurde verachtet, [als er] in den [Orten] war, die verachtet wurden. Durch ihn aber – ihn, der Spott auf sich nahm – empfangen wir die [Vergebung] der Sünden. Durch ihn aber, der verspottet worden war und der erlöst worden war, empfangen wir die Gnade. Aber wer ist derjenige, der den, der verspottet worden war, erlöste? Die Emanation des Namens ist es. Denn wie das Fleisch eines Namens bedarf, so (auch) dieses Fleisch. Ein Äon ist es, den die Sophia ausgesandt hat und er empfing die(se) Größe, die herabkommt, damit der Äon eingehe in den, der verspottet worden war, auf daß wir entrinnen der Schande des Fells und wiedergeboren werden im Fleisch [und im] Blut

(p.13) *(Zeilen 1-8 zerstört oder beschädigt)*
[... das Schicksal]. Er [...] und die Äonen [...
Sie] nahmen den Sohn bei sich auf, [der] ein gänzliches Mysterium [war ...] Jedes seiner Glieder [...] von Gnade. [Als er schrie], wurde [jene] abgetrennt von der Kirche wie im [Anfang] die Finsternis von der Mutter. Seine Füße aber bereiteten ihm Spuren. Und [diese] versengten den Weg des [Auf]stiegs zum Vater. Was aber ist [dieser Weg]? Auf diese Art und die Weise wurde sie ihnen zum [...]: Sie machte aber den Ort [..., und brachte] das Licht [hervor für jene], die in ihm wohnen, damit [sie] sehen, [wie] die Kirche [aufsteigt]. Denn aus der Grube zog sie (sing.) das Haupt hinauf, als [es] sich

---

[246] „Weib" steht hier für den Demiurgen, „Vater" für den obersten Gott und „Sohn" für den Erlöser.

neigte oben am Kreuz. Und [es] blickte hinab zum Tartaros, damit die, die unten sind, nach oben blicken. Denn wie zum Beispiel, wenn jemand in einen Brunnen blickt, das Gesicht dessen, der hinabblickte nach oben blickt, so gingen, als das Haupt aus der Höhe auf seine Glieder blickte, die Glieder nach oben, (zu) dem Ort, wo das Haupt war. Das Kreuz seinerseits aber diente dazu, die Glieder anzunageln, und allein, damit sie in der Lage seien

(p.14) (Zeilen 1-7 zerstört oder beschädigt)
[...] hat [...] denn sie brachten [...
...] Sklave. Die Vollendung [... der, den] sie bezeichnete [wird vollendet werden] durch die, [die ihn] bezeichnete. Die Samen aber, [die] übrig sind, [werden standhalten], bis das All ausgesondert wird und Gestalt annimmt. Und so wird die Verkündigung sich vollenden. Denn wie die [...]Frau, die geehrt wird bis zum Tod, den Gewinn der Zeit [hat], (so) [wird sie] auch [selbst] gebären. Diese aber gebiert, [nachdem sie das Gebilde] empfangen hat, [das] ihr zukommt. [Und wenn] sie [vollendet worden ist], hat es [ein neidloses Wesen, denn] der Sohn Gottes wohnt [in ihm]. Wenn aber [einer] sich alles erworben hat, wird das, was er hat, vertilgt werden durch das Feuer, weil er überaus verspottet (und) verachtet hat VACAT[247] des Vaters. Als nun der älteste Sohn gesandt wurde zu seinen jüngeren Brüdern, entrollte er die Anordnung des Vaters und verlas sie, wobei er allem widerstand. Und er hob den alten Schuldschein auf, den der Verdammnis. Dies aber ist die Anordnung, die bestanden hatte. Die, die zu Sklaven gemacht worden waren und verdammt wurden in Adam, wurden aus dem Tode herausgeführt, empfingen Vergebung ihrer Sünden und wurden erlöst durch

Über den Umgang mit Charismen und deren Trägern

(p.15) (Zeilen 1-9 zerstört oder beschädigt)
[...] indem wir [würdig sind ...] und [...] ich aber sage [... *(eine Zeile fehlt)* ...] und diese [... der, der] nämlich würdig ist zu [...] Gott und der [Vater ...] Christus. Er hat sich entfernt [von diesen] allen, sofern er [seine Glieder] von ganzem Herzen liebt. [Der, der neidisch ist, bringt] seine Glieder gegen [einander auf. Wenn] er [nicht] neidisch ist, [wird er nicht] entfernt sein von einem anderen [Glied. Nehmt an das] Gute, das wir sehen. [Wir haben einen] Bruder – [er] achtet uns, [als ob er] selbst es wäre –, der den verherrlicht, [der uns] die Gnade [gibt]. Es ziemt sich also für jeden von uns, daß er sich das Geschenk zunutze mache, das er von [Gott] empfangen hat und daß wir nicht neidisch seien, wissend, daß der Neidische ein Anstoß ist für seinen [Bruder], oder einer, der sich selbst zerstört bezüglich der Gabe und unwissend ist über Gott. Es ziemt sich für ihn, sich zu freuen [und zu] frohlocken und teilzuhaben an der Gnade und dem Geschenk. Da hat einer prophetische Gabe. Habe teil an ihr ohne zu zweifeln! Bedränge nicht deinen Bruder in Neid, noch

(p.16) (Zeilen 1-8 zerstört oder beschädigt)

---

[247] Die unbeschriebene Stelle unterbricht den Zusammenhang. Vielleicht ist zu ergänzen: „... verachtet hat <die Anordnung / den Willen> des Vaters.“

[... erwählt], indem sie [...] leer, während sie [fliehen entfernt] von ihrer [...] sind unwissend darüber, daß [...

...] so [...] sie [in ...] damit sie [...] sie gering werden. An das, was du haben [möchtest], daran [denke], wenn [einer] dir gegenüber [...]. Dein Bruder – [wenn er] die Gnade [der ... hat], verkleinere dich [nicht], sondern [freue dich über] eben diese Geistesgabe. Bete für jenen, [damit] du an der Gnade teilhabest, die in ihm [ist]! Achte [es] nicht als etwas dir Fremdes, sondern als etwas, das dir gehört. Das, was jedes deiner Mit-Glieder empfangen hat, wirst (auch) du [empfangen]. Denn das Haupt, das jene haben, hast du auch, von dem diese Emanationen der Gaben unter deinen Brüdern stammen. Da macht aber einer Fortschritte in der Rede. Nimm keinen Anstoß daran! Sage nicht: „Warum kann dieser reden, ich aber kann nicht reden?" Das, was dieser nämlich sagt, ist etwas, das (auch) dir gehört. Und der, der die Rede versteht und der, der redet – ein und dieselbe Kraft ist es. Die Rede

(p.17) (Zeilen 1-12 zerstört oder beschädigt)
[denn nicht ein Auge] oder eine [Hand allein, sondern sie existieren] als [ein und derselbe] Leib, [der unser] aller [ist], indem sie [dem Haupt gemeinsam] dienen. Jedes der [Glieder hält] es für ein Glied. [Sie können] nicht alle [gänzlich zum Fuß] werden, oder gänzlich zum Auge, [oder gänzlich zur Hand]. Diese Glieder [können allein nicht leben], sondern sind tot. Wir [wissen, daß sie] sich (selbst) töten. Warum aber [liebst du] die Glieder noch, die tot sind, [statt derer, die] lebendig sind? Woher weißt du, [ob nicht du] es bist, der unwissend ist über die Brüder? [Du] nämlich bist unwissend, wenn du [sie haßt] und wenn du neidisch bist gegen sie. [Du wirst nicht] die Gnade empfangen, die in [ihnen] ist, – solange du sie nicht in Übereinstimmung mit dem Geschenk des Hauptes sehen willst. Es ziemt sich für dich, für die Glieder zu danken und zu [bitten], daß auch dir die Gnade gegeben werde, die jenen gegeben wurde. Reich nämlich ist der neidlose Logos und gütig. Er verteilt hier die Geschenke an seine Leute ohne neidisch zu sein gemäß

(p.18) (Zeilen 1-11 zerstört oder beschädigt)
[... offenbart ... Jedes] der Glieder [...

...] sich selbst [und ...] ohne zu streiten [miteinander] wegen des Unterschieds [untereinander, sondern] indem sie [miteinander] sich mühen, wirken [sie] miteinander. [Und wenn] eines von ihnen [krank ist], sind sie mit ihm krank. Und [wenn eines] (wieder) gesund ist, sind sie [zugleich] gesund. Wenn nun die, die der Harmonie entgegenstehen, so daß sie [unstimmig ist], fähig sind teilzuhaben an der Gleichgestimmtheit, um wieviel mehr müssen sich [die, die] aus der [alleinigen] Einheit stammen, miteinander in Übereinstimmung bringen! Klage nicht dein Haupt an, daß es dich nicht zum Auge bestimmt hat, sondern daß es dich zum Finger bestimmt hat! Sei auch nicht neidisch dem gegenüber, der jeweils bestimmt ist zum Auge oder zur Hand oder zum Fuß! Danke aber dafür, daß du nicht außerhalb des Leibes existierst, sondern dasselbe Haupt hast, um dessentwillen das Auge existiert und die Hand und der Fuß und die übrigen Teile. Warum haßt du *(p.19)* den, der bestimmt ist zum [... das Haupt] wollte [...] du verleumdest [den ... du] umfängst [ihn] nicht [...] un[befleckte Leib ...] ist erwählt [... *(Zeilen 7-12 zerstört oder beschädigt) ...*

...] des Äons [...] Ab[stieg ...] VACAT aber [... riß] uns heraus aus [jedem Äon, um uns einzupflanzen an] jenem Ort, [so daß viele Pflanzen] in der [Kirche] sind, [die (dort) wachsen], die, welche existieren [...] Menschen. [Öffentlich] aber predigen sie [...] das Pleroma des [... Es gibt] aber die einen, die sind [in] der Kirche wegen [des Hauptes, so daß sie] laufen. Sie gehören diesem [allein], andere aber dem Leben. Deshalb sind sie Liebhaber vieler Lebensgüter. [Und] jeder der übrigen [empfängt] durch seine eigene Wurzel. Er bringt die Frucht hervor, die ihm gleicht. Weil die Wurzeln eine Verbindung zueinander haben, sind auch ihre Früchte ungeteilt, die (plur.) von jedem, der erwählt ist. Sie haben sie so, daß sie ihnen miteinander gehören. Laßt uns den Wurzeln ähnlich werden, die wir gleich sind *(p.20)* [...] sind, in uns als [...] jener Äon [...] die, die nicht die Unsrigen [sind ...] über [... er]greifen ihn [... *(Zeilen 7-12 zerstört oder beschädigt)* ...]

weil [...] deine Seele, und er wird [...

wenn du] dich ihm gibst als [...] Wenn du [dich] reinigst, [wirst du innerlich stark sein]. Wenn du [es] nicht [tust, gehörst du dem] Teufel. Wenn du seine Wirkungen [nicht tötest], die [..., wird er] dir beiwohnen. [Wenn] nämlich [sie (sc. die Wirkungen) lebendig sind], ist sie (sc. die Seele) noch tot. Die Mächte und Gewalten haben sie [begehrt]. Was ist es nun, das du denkst? Existieren [sie] als Pneuma? [Warum] sonst verfolgen sie die Menschen auf diese Weise bis zum Tod? Sind sie etwa nicht darauf aus, mit der Seele zu sein? [Und] sie suchen nach ihr. Ihnen wird nämlich jeder Ort verschlossen durch die Leute Gottes, solange sie im Fleische sind. Und während sie sie nicht sehen können, wenn sie im Pneuma wandeln, reißen sie auseinander, was sichtbar ist, als ob sie sie so finden könnten. Aber was ist der Gewinn für sie? Sie sind verrückt in Verstandlosigkeit. Sie zerstören ihre Umgebung. Sie durchgraben die Erde

(p.21) (Zeilen 1-17 zerstört oder beschädigt)
nach Gott [...] ergreifen uns [...] sondern indem wir wandeln [... Wenn] nämlich die Sünden [...] jetzt (um so) mehr der [Neid in der Kirche] des Erlösers. Denn dieser [...] vermochte nicht [...] aufgrund der Übertretung. [Wie es bei einem Kämpfer] und einem Ungeübten ein und dieselbe Kraft ist, die sie haben. Und wir sind Kämpfer [des] Logos. Wenn wir sündigen [wider ihn], sündigen wir mehr als die Heiden. Wenn wir aber jegliche Sünde überwinden, werden wir die Krone des Sieges empfangen wie unser Haupt, das verherrlicht worden ist durch den Vater.

Subscriptio

Die Auslegung der Erkenntnis

„Valentinianische Abhandlung" (NHC XI,2)

Wolf-Peter Funk

Literatur

Funk, Wolf-Peter, 2000: Concordance des textes de Nag Hammadi. Les Codices X et XIa. (BCNH.C 6.) Sainte-Foy / Louvain-Paris.

Turner, John D., 1990: NHC XI,2: A Valentinian Exposition, with 2a: On the Anointing, 2b,c: On Baptism A and B, 2d,e: On the Eucharist A and B. Transcription and Translation. In: Hedrick, Charles W. (ed.): Nag Hammadi Codices XI, XII, XIII. (NHS 28.) Leiden [u.a.], 106-151.

Einleitung

Die Identität der zweiten Schrift des Codex XI ist mehr von außen als von innen her bestimmt. Man rechnet dazu alles, was nach dem Schlußtitel von XI,1 folgt und noch von der gleichen Hand geschrieben ist (also bis einschließlich p.44, bevor auf p.45 mit einem neuen Traktat auch eine andere Hand einsetzt). In dem damit eingegrenzten Teil der Handschrift findet sich nirgends ein Titel, dafür sind aber verschiedentlich (zum ersten Mal am Ende von p.39) mit Koroniden verbundene Zierleisten gesetzt, durch welche verschiedene Texte voneinander abgegrenzt sind. Demnach handelt es sich bei XI,2 zunächst um einen 18 Seiten langen Text, die eigentliche „Abhandlung", an den auf den restlichen fünf Seiten mehrere sehr kurze Texte angehängt sind (wahrscheinlich fünf). Dieser „Anhang" wird nicht gesondert gezählt.

Falls der Traktat mit einem Titel versehen war, stand dieser höchstens am Anfang; andernfalls – und das ist wohl wahrscheinlicher – war die Schrift titellos. Ihrem Inhalt entsprechend hat sich allgemein der Titel „Valentinianische Abhandlung" bzw. „Expositio valentiniana" (ExpVal) eingebürgert.

Die Seiten 22 bis 44 des Codex XI befinden sich in sehr schlechtem Zustand. Von der Textmasse ist weit weniger als die Hälfte erhalten, und selbst das, was sich mit einiger Wahrscheinlichkeit rekonstruieren läßt, macht kaum mehr als die Hälfte aus. Soweit erkennbar, ist die Abschrift jedoch von guter Qualität; wenngleich der Text an mehreren Stellen dunkel erscheint, hat man nur selten den Eindruck, daß er tatsächlich verderbt oder unvollständig sein könnte.

ExpVal ist vermutlich aus dem Griechischen übersetzt worden und liegt uns nun – ebenso wie der vorangehende Traktat – in dem Dialekt des Koptischen vor, den man heute als L6 bezeichnet. Für die Abfassungszeit von ExpVal kommt der gesamte Zeitraum zwischen der Mitte des 2. Jh. (Auftreten Valentins) und dem Anfang des 4. Jh. in Frage. Alle bisherigen Interpreten tendieren dazu, die Entstehung des Textes relativ früh innerhalb dieses Zeitraums zu vermuten, also noch im 2. Jh. Über den Ort und den Verfasser ist uns nichts bekannt; auch im einstmals lückenlosen Text der vorliegenden koptischen Handschrift blieb der Verfasser vermutlich anonym.

Wenn man von dem, was die Papyruslücken uns zur Lektüre übriglassen, jeweils auf das Ganze schließen darf, handelt es sich bei den Anhang-Stücken A, D und E formal um Gebete, bei den Stücken B und C dagegen um konzise Lehrstücke, die sich jedoch ebenfalls liturgischem Gebrauch zuweisen lassen. Der Inhalt aller fünf Stücke ist zweifellos sakramental, doch die genauere Bestimmung der einzelnen Sakramente, denen sie zuzuordnen sind, ist teilweise umstritten. Da es sich bei den Anhang-Texten immerhin eindeutig um Stücke handelt, die in sakramentaler Liturgie zu Hause sind und also vermutlich ‚zelebriert' wurden, hat man versucht, auch dem Haupttext einen ähnlichen ‚Gebrauchswert' zuzuordnen. Derartige praktische Zwecke sind wohl nicht auszuschließen, haben jedoch keinen direkten Anhalt im Text.

Was sich aus dem Text selbst erheben läßt, ist zunächst sein Charakter als Lehrtext. Allem Anschein nach wendet sich ein Lehrer an seine Schüler, und über weite Strecken klingt dies wie ein Katechismus. Darüber hinaus ist ein gewisser polemischer Charakter festzustellen, wenngleich die Darlegungen offensichtlich für Anhänger bestimmt und nicht an die Gegner gerichtet sind. Sichtbar wird die Polemik natürlich nur an den (wenigen) Stellen, wo rhetorische Antithesen geboten oder spezielle Begründungen gegeben werden, oder wenn ausdrücklich andere Meinungen zitiert werden („sie sagen" u.ä.). Wieviel von dem sonstigen, scheinbar bloß narrativ Dargebotenen ebenfalls polemisch oder zumindest korrigierend gemeint war, läßt sich für uns, die wir die im Text vorausgesetzte Situation nicht kennen, schwerlich genauer bestimmen. Viele Partien sind wohl auch nur erklärend, verdeutlichend und vertiefend gemeint. Doch muß man angesichts des teilweise recht deutlichen Argumentationscharakters davon ausgehen, daß nicht erst hinter vielen der Aussagen selbst, sondern schon hinter der Auswahl der behandelten Themen solche Absichten gezielter Richtigstellung der Lehre stehen. Einzig die Schilderungen des Anfangs und des Endes lassen sich vielleicht davon ausnehmen: sie liefern einfach den der Bedeutung der Lehre angemessenen Rahmen. Argumentative Rede, wenn auch nicht quantitativ vorherrschend, scheint doch das besonders prägende Element des Textes zu sein, den man daher ganz zu recht als „Abhandlung" bezeichnet.

Wenn man voraussetzt, daß die liturgischen Stücke bereits vom Verfasser der „Abhandlung" selbst dieser angehängt wurden, wird man sich zu fragen haben, in welchem Umfang er dabei auf ihm vorliegende Quellen zurückgriff. Hat er überhaupt bloß die bei ihm gebräuchlichen Texte kopiert, um sie bekannt zu machen, oder hat er stärker in den Wortlaut eingegriffen? Hat er die Texte als Gegenstücke konzipiert, die bestehende Formulare ersetzen sollten – womit er selbst zum Redaktor oder gar Verfasser der Texte würde? Wenn unsere Quellen zur sakramentalen Liturgie der Valentinianer wesentlich reicher flössen, als sie es zur Zeit tun, könnte man nach einer begründeten Antwort auf diese Fragen suchen. Die wenigen bei den Kirchenvätern überlieferten Zitate reichen dazu keinesfalls aus.

Es ist jedoch ebenso gut möglich, daß die Stücke überhaupt erst zu einem späteren Zeitpunkt der Überlieferung – etwa bedingt durch die spezielle Interessenlage des Auftraggebers einer Handschrift – an die „Abhandlung" angehängt wurden. Die Interpreten sind sich darin einig, daß die Lehre der Anhang-Stücke mit der Lehre der „Abhandlung" kompatibel ist. Doch die Ähnlichkeiten betreffen überwiegend Gemeinplätze; nach Anhaltspunkten dafür, daß ganz spezielle Anliegen des Verfassers der „Abhandlung" in den liturgischen Stücken ihren Niederschlag finden, sucht man bisher vergebens.

Da die gesamte „Abhandlung" von valentinianischer Denkart geprägt ist, überrascht es auch nicht, daß gelegentlich gewisse Punkte paulinischer (bzw. deuteropaulinischer) Tradition aufgegriffen werden, insbesondere in soteriologischen Zusammenhängen.

Übersetzung

1. Die Wurzel des Alls (p.22,[1]-23,32)

(p.22) [... *(Anfang nicht erhalten: Es fehlen mehrere Sätze)* ...] ... mein Geheim[nis ... denen (?), die] zu mir gehören und [denen (?), die (in Zukunft) zu] mir [gehören werden]. Diese nun sind es, [die den] Seienden [erkannt haben (?)].

Der Vater, welcher [die Wurzel] des Alls [ist], der Un[beschreibliche], wohnt in der Monade, [wobei Er] im Schweigen [für sich selbst existiert]. [Und] das Schweigen ist die Ruhe. Da (?) Er nun als Einheit [existierte] und es [keinen] gab, der vor Ihm da war, so existiert Er (doch?) [in der] Zweiheit und in der Paarung. Und Sein Paargenosse ist das Schweigen. Er besaß alle Dinge, und sie waren in Ihm. Dazu noch der Wille und das Sein, die Liebe und das Bleiben. Diese nun sind ungezeugt.

Der Gott kam hervor, der Sohn, der Nous des Alls; das heißt, daß auch *sein* Gedanke aus der Wurzel des Alls stammt. Diesen besaß Er im Nous. Denn um des Alls willen faßte Er einen fremden Gedanken – denn es war keiner vor Ihm da – (und) von dort her ist Er es, der sich bewegte *(p.23)* [... *(es fehlen mehrere Sätze)* ...] zu (?) [einer] sprudelnden [Quelle].

Das also [ist die] Wurzel [des] Alls, und sie ist Einheit und keiner ist vor ihr da. Die Zweiheit aber [...], während er im Schweigen existiert und mit sich selbst redet. Und die [...]heit (ist so?), wie Er sich selbst [in (?) der] Vierheit begrenzt [hat]. Existierend in der Dreihundertsechzig[keit] brachte Er [sich] selbst hervor. Und in der Zweiheit offenbarte [Er] Seinen Willen, [und] in der Vierheit breitete Er sich selbst aus.

Soweit über die Wurzel des Alls.

2. Zur Rolle des Sohnes: der Monogenes-Nous und der Horos (p.23,32-28,[29])

Laßt uns nun über[gehen] zu Seiner Offenbarung und Seiner Güte und Seiner Herabkunft und allem (übrigen), das heißt, zum Sohn, dem Vater des Alls und dem Nous des Geistes. Denn diesen besaß Er bereits, bevor *(p.24)* [überhaupt irgend etwas (?) ... *(es fehlen mehrere Sätze)* ...] jene [...]. Eine Quelle [ist] dieser, [welche] die Offenbarung [im] Schweigen ist, und ein Nous für das All, [welcher] in der Zweiheit und [im Leben] existiert. Denn er ist der Hervorbringer des Alls und die Hypostase [des Gedankens (?)] des Vaters, welches ist die En[noia ...] und sein Herabführen [von dort nach] unten.

Als der Urvater (es) wollte, offenbarte Er sich in ihm. Denn um Seinetwillen ist die Offenbarung dem All zuhanden – das All nenne ich aber „Wille des Alls" – und er faßte den so gearteten Gedanken um des Alls willen – den Gedanken aber nenne ich „Monogenes". Denn das Schauen auf den Gott der Wahrheit besteht darin, die Wurzel des Alls zu verherrlichen. Deswegen war Er es, der sich selbst in dem Monogenes offenbarte, und in ihm offenbarte Er das (?) Unbeschreibliche. *(p.25)* [... *(es fehlen mehrere Sätze)*

... den Vater (?) der] Wahrheit. Er wurde gesehen, in der Monade [sitz]end – und in der Zweiheit und in der Vierheit – [und] hervorbring[end] den Monogenes und den Horos.

Und der Horos [... trennte] das All ab, [... *(es fehlen mehrere Sätze)* ...] den [Sohn (?)]. Er ist gänzlich unbeschreiblich für das All, und (er ist) die Befestigung und [die] Hypostase des Alls, der Vorhang von Schweigen, der wahre Hohepriester [ist er], der, welcher das Recht [hat], in das Allerheiligste einzutreten.

Einerseits offenbart er die Herrlichkeit der Äonen, andererseits führt er den Überfluß heraus zu einer guten (?) ... Der Osten *(p.26)* [... *(es fehlen mehrere Sätze)* ...] in [ihm (?). Er ist es (?), der sich] offenbarte als (?) das alte [...] und der Schatz des Alls, und [als] das All umfassend – [jener], der höher als [das] All ist.

Diese (plur.) nun [...] der Christus [...] so wie es gegeben wurde [...] die Väter [... *(es fehlen mehrere Sätze)* ...] Er ist für [sie] un[sicht]bar, indem er [...] den Horos. Und er besitzt vier Kräfte: eine trennende und eine befestigende, eine Form gebende und eine [Substanz erzeugende. All dies (?)] ist wahr – sofern wir (nur) ihre Personen (richtig) bedenken und den Zeitraum und die Orte, welche die Abbilder festsetzten, denn [sie wurden] geschaffen (?) *(p.27)* [... *(es fehlen mehrere Sätze)* ...] von dort (?) [...]. Die Liebe [...] ausgegossen (?) [... das] ganze Pleroma [...] ... allzeit ausharren. Und [...], denn aus [...] Zeit [...] diesen Überfluß [...] die Erweisung seiner [...].

Warum aber heißt es: ein Trenner und ein Befestiger, und ein Substanz-Erzeuger und ein Formgeber – wie andere sagen? Denn sie sagen von dem Horos, er [besäße] zwei Kräfte: eine trennende und eine befestigende – denn sie trennt [den] By[thos] von den Äonen, damit *(p.28)* [... *(es fehlen mehrere Sätze)* ...] Diese nun [...] den [Bythos ...], denn [das ist] die Form [...] den Vater der [Wahrheit (?) ...] sagen: Christus [... sagen (?)]: der Geist [...] den Monogenes [...] welcher (?) besitzt [... *(es fehlen ein oder zwei Sätze)* ...]

3. Zur Vermehrung der Äonen-Welt (p.28,29-32,36)

Es ist notwendig, daß wir mit noch größerer Sorgfalt [...] in den Schriften nach[forschen] und die Gedanken zum Ausdruck bringen. Aus diesem Grunde nämlich sagen die Alten: „Von Gott wurden sie gesandt". Laßt [uns] aber seinen unergründlichen Reichtum begreifen! Er wollte *(p.29)* [... *(es fehlen mehrere Sätze)* ...] Knechtschaft (?) [...] er wurde [nicht (?) ...] führen ihr Leben [... sie blicken] fleißig [in das Buch (?)] der Erkenntnis [... blicken] einander ins [Angesicht].

Jene Vier[heit brachte nun noch eine andere Vierheit] hervor, [nämlich die] von Logos und Leben [und Anthropos und] Ekklesia. [Der Unge]schaffene brachte [den] Logos und [das] Leben hervor – den Logos zur Ehre [des] Unbeschreiblichen, das Leben zur Ehre des Schweigens, den Anthropos zu seiner eigenen Ehre, und die Ekklesia [zur] Ehre der Wahrheit. Das also ist die Vierheit, welche nach dem Vorbild der ungezeugten (Vierheit) erzeugt wurde. Und [diese] Vierheit, sie wird erzeugt *(p.30)* [... *(es fehlen mehrere Sätze)* ... die Zehnheit, nämlich die] von [Logos und Leben (?)], und die [Zwölfheit, nämlich die von] Anthropos und [Ekklesia. Sie wurden zu (?) einer] Dreißigkeit.

Es ist nun [das ... der Dreißigkeit (?)] der Äonen [...] bringt hervor (?) [...] geht hinein (?) [...] kommt heraus (?) [... von (?)] den Äonen und [den Unbegreif]lichen. [Und
als (?)] diese Un[begreiflichen den Nous (?) erblickten, da verherrlichten sie ihn], denn
er ist unbegreiflich [und] wohnt im Pleroma.

[Die Zehnheit] – jene aus Logos und Leben – brachte ihrerseits noch Zehnheiten hervor, so daß das Pleroma zu einer Hundertschaft wurde. Und die Zwölfheit – jene aus
Mensch und Ekklesia – brachte hervor und [gab] Dreißigkeit(en) – so daß dreihundertsechzig entstanden, als Vollzahl des Jahres. Und das Jahr des Herrn *(p.31)* [... *(es fehlen
mehrere Sätze)* ... vollkom]men (?) [...] vollkommen [... Und] gemäß dem [Horos (?) ...]
Horos. Und [...] Horos [...] Größe, welche, [...] solche Güte [...] das Leben [...] erleiden
[...] durch den [...]. Denn im Angesicht des P[leromas, so wie (?)] er wollte [... Und] er
wollte [heraus]gehen [aus] der Dreißigkeit, weil er [Gesandter (?)] war für den
Anthropos und die Ekklesia – das heißt, für (?) die Sophia – um über [die Dreißig (?)]
hinauszugehen [und] das Pleroma zu führen (?) *(p.32)* [... *(es fehlen mehrere Sätze)* ...]
und sie [...]. Denn [...] des Alls (?) [...] Ho[ros (?) ...] sie machten [...] sie (plur.) selbst
[...] das All [...] ihn. Und er [...] er machte [...] Gedanke und die (plur.) [...] Pleroma
durch den Logos (?) [...] sein(es) Fleisch(es). Dies also [sind die Äonen (?), die] ihnen
gleichen (?).

4. Die Erlösung der Sophia (p.32,36-35,[10])

Als der [Logos] zu ihr hinkam – wie [ich] oben bereits sagte und (wie) es das [...] zu
dem Unfaßbaren ist – da [brachte (?) er] hervor *(p.33)* [... *(es fehlen mehrere Sätze)* ...]
bevor sie [...] verbarg [er] sich vor [...] des (?) Paargenossen, und [...] die Bewegung
und [die ...]. Der Christus [wurde] ausgesandt [...] und die Spermata. Jesus [...] das
Holz (?), denn (?) [... Eindruck] des Nagelschlages [...] Vollkommenheit [...] vollkommene Form.

[Ihr Sohn (?)] ging hinauf ins Pleroma, [denn] er wollte sich nicht mit dem Leiden
zufrieden geben. Er [wurde aber] gehindert und wurde [ge-...] durch den Horos, das
heißt durch den Paargenossen. Denn die Korrektur sollte durch niemand sonst geschehen als durch Seinen eigenen Sohn, dem die Fülle der Gottheit ganz zu eigen ist.

Es gefiel Ihm (sc. dem Vater), die Kräfte (des Pleroma allesamt) in ihm zu verkör-
pern. Und (so ausgerüstet) ging er (sc. der Sohn) hinab.

Diese Dinge (?) widerfuhren der Sophia, nachdem ihr Sohn von ihr weg nach oben
geeilt war. Denn (?) sie erkannte, daß sie sich in [...] befand *(p.34)* [... *(es fehlen mehrere Sätze)* ...]

[Die Sophia sprach: „... durch (?)] Vereinigung (?). Und [die ...] haben aufgehört, ihre [... jedoch blieb bestehen (?)]. [...] der Spermata (?) [...] ich war (?) [außerhalb (?)]
von ihnen [...] ich wurde [...] auch sie [... Mein (?) Erwägen] hat aufgehört, doch seine
[...] blieb bestehen."

Dann [weinte sie (?) und] sprach: „[...] sahen mich (?). Diese [...], welche ich erwog
[...], sie alle haben aufgehört, ihre [... aber] blieb bestehen."

Sie tat Buße [und] bat den Vater der Wahrheit [mit den Worten]: „Zugegeben, ich habe meinen Paargenossen verlassen, deswegen [bin ich nun] auch außerhalb der Festigkeit. Ich bin der Dinge, die ich erleiden mußte, würdig. Ich war einst im Pleroma, wo ich Äonen hervorbrachte und mit meinem Paargenossen Frucht brachte." Und sie erkannte, was sie (früher) gewesen war und was aus ihr geworden war.

Sie litten also beide. Sie sagen / sagten: „Sie lacht, weil sie allein geblieben ist und sich dem Unfaßbaren gleichstellte." Er sagt / sagte: „Sie [lacht] aber, weil sie sich von ihrem Paargenossen abgespalten hat." *(p.35)* [... *(es fehlen mehrere Sätze)* ...]

5. Die Schöpfung weiterer himmlischer Welten (p.35,[10]-36,38)

[Jesus und die] Sophia enthüllten (?) die [Schöpfung]. Weil nun aber die Spermata [der] Sophia unvollkommen und ungeformt sind, ersann Jesus eine derartige Schöpfung und [schuf] es (?) aus den Spermata, wobei [die] Sophia mit ihm zusammenwirkte. Denn weil es sich um Spermata handelte und sie keine [Form] hatten, stieg er herab und [enthüllte ihnen] dieses Pleroma. [Er] belehrte sie hienieden [über das Un]geschaffene. Alle Dinge [(machte, formte?) er] nach dem Typus des Pleroma und des Vaters, des Unbegreiflichen. Das Ungeschaffene [...] Typus des Ungeschaffenen [...]. Denn aus dem Ungeschaffenen bringt der Vater hervor (und bringt das Hervorgebrachte) hinein in die Form; und das Geschaffene ist das Schattenbild des Präexistenten.

Dieser also, Jesus, schuf die Schöpfung und verrichtete sein Handwerk unter Verwendung der Leidenschaften, die die Spermata umgaben. Er trennte sie voneinander: Die guten Leidenschaften leitete er in das Pneuma über, die schlechten dagegen in die Sarkika. Zunächst aber [...] aus all jenen Leidenschaften *(p.36)* [... *(es fehlen mehrere Sätze)* ...]

[Weil (?) nun] die Vorsehung [die] Korrektur angab – (nämlich?) Schattenbilder und Abbilder hervorzubringen in bezug auf das Präexistente, das Jetzt-Seiende und das Zukünftige – (so) ist dies nun die Oikonomia, welche Jesus anvertraut [wurde]. Deshalb schrieb er in das All [...] und Abbilder und [Schattenbilder]. Als aber Jesus produzierte, da produzierte er [sie] alle (?) – die (Wesen) des [Pleroma (?)] und des Paargenossen, das heißt die Engel.

Zu gleicher Zeit (?) brachte ihr Paargenosse im Einklang mit dem Pleroma die Engel hervor, weil es so dem Willen des Vaters entsprach. Denn dies ist der Wille des Vaters: daß keiner im Pleroma ohne Paargenossen bleibe. Der Wille des Vaters besteht also darin, allzeit hervorzubringen und Frucht zu tragen. Daß sie (sing.) nun Leiden erduldete, das war nicht der Wille des Vaters. Denn sie war für sich allein, ohne ihren Paargenossen.

6. Die Schöpfung der unteren Welt (p.36,38-39,22)

Laßt uns *(p.37)* [nun kommen zu ... *(es fehlen mehrere Sätze)* ...] einen anderen [...] die Zweiheit [...] den Sohn eines anderen. [Das] ist die Vierheit des Kosmos. [Und] diese

Vierheit brachte noch eine [Dreiheit] hervor, so daß das Pleroma des Kosmos in einer Siebenheit besteht.

[Es] gelangten nun [Bilder] und [Abbilder] (in es) hinein, [und] Engel und Erzengel, [Götter] und [...]. Als aber all [diese Dinge] durch die Vorsehung geschahen, [da ...] Jesus, indem er [...] die Spermata [...] den Monogenes. [...]

Bei ihnen handelt es sich einerseits um [Pneuma]tika und andererseits um Sarkika, die im Himmel befindlichen und die auf der Erde befindlichen. Er schuf ihnen einen derartigen (Wohn-?)Ort und eine derartige Schule, zu (ihrer) Belehrung und zur Form(ung).

Es machte sich nun dieser Demiurg daran, einen Menschen zu schaffen, (und zwar) einerseits nach seinem (eigenen) Bilde, andererseits nach dem Abbild der Präexistenten. Ein derartiger Wohnort ist es, dessen sich [dieser ...] bediente für die Spermata *(p.38)* [... *(es fehlen mehrere Sätze: Einführung des Teufels)* ...] trennen (?) [...] Gott, als sie [...] wegen des Menschen. Der Teufel ist zwar eines von den Wesen Gottes, doch ist er abtrünnig geworden. Ja, er hat die ganze Schar der [Engel] entführt [und auch] seine eigene Wurzel aus jenem Ort [herausgerissen], in [...] und [...]. Denn er (sc. der Teufel) hatte [den Menschen] Gottes (d.i. Adam) verwirrt, und die [Beschädigung (?) verdarb (?)] ihn. Deswegen wurden [ihm] Söhne geboren, die einander [erzürnten (?)]. Und Kain [tötete] Abel, seinen Bruder, denn [der Teufel (?)] hatte [ihm] sein Pneuma eingehaucht.

Es [kam] nun [zu] Zwist und Abfall unter den Engeln und bei der Menschheit: die Rechten mit den Linken, die im Himmel mit denen auf der Erde, die Pneumata mit den Sarkika, und der Teufel im Angesicht Gottes. So kam es, daß die Engel die Menschentöchter begehrten und sich hinunter ins Fleisch begaben – so daß Gott (schließlich) eine Sintflut veranstaltete, und beinahe reute es ihn, daß er die Welt geschaffen hatte.

(p.39) [... *(es fehlen mehrere Sätze)* ... der Paar]genosse (?) und die Sophia [und ihr] Sohn und die Engel und [die Sper]mata. Der Paargenosse der [Sophia], sowie die Sophia und Jesus, und [die Engel] und die Spermata, das sind Abbilder des Pleroma. Der Demiurg nun [ist (?) ein] Schattenbild (?) [des] Paargenossen und des Pleroma, und (von?) Jesus und Sophia und (von?) den Engeln und den Spermata. Der [Paargenosse] der Sophia [jedoch] ist das Abbild [des Vaters] der Wahrheit.

7. Eschatologie (p.39,22-39)

[Am Ende] werden dann [die] Sophia und Jesus [hinauf]eilen [zu] dem Monogenes, [und (ebenso werden hinaufeilen?) die Engel] der Männlichen und [auch die Spermatika] der Weiblichen, [sowie] alle Pleromata.

Wenn nun die Sophia ihren Paargenossen (wieder)erlangt, und Jesus den Christus annimmt – und die Spermata mit den Engeln – dann wird das Pleroma mit Freuden die Sophia aufnehmen, und das All wird in Vereinigung und Apokatastasis bestehen.

Denn damit werden die Äonen den Überfluß (wieder)erlangt haben, und sie werden erkannt haben, daß sie, selbst wenn sie sich wandeln, doch unwandelbar bleiben.

Anhang: Liturgische Stücke

A. Gebet zur Salbung (?) (p.40,[1]-29)

(p.40) [... *(Anfang nicht erhalten: Es fehlen mehrere Sätze)* ...] entsprechend [...] Typus [...] ihn sehen.

Jetzt ist es nötig, daß [du] deinen Sohn Jesus Christus sendest und er uns salbe, damit wir die [Schlangen] zertreten und die Skorpione [aus]löschen können, mitsamt der [ganzen] Macht des Teufels – durch den Erzhirten Jesus Christus! Durch ihn haben wir dich erkannt.

Und wir preisen dich:

Ruhm sei dir,
 Vater im [Äon (?)],
 [Vater (?)] im Sohne,
 Vater (?) [in der] heiligen Kirche,
 mitsamt den heiligen Engeln.
Von [Anbeginn] ist Er bis in [Ewigkeit],
 [in dem] Wohlklang der Äonen,
 von den Ewigkeiten bis in die unergründlichen Ewigkeiten der Äonen.
Amen.

B. Lehrstück zur Ersten Taufe (p.40,30-41,38)

[Dies] ist die Fülle des Hauptstücks der Gnosis; dieses, was uns offenbart wurde durch unseren Herrn Jesus Christus, den Monogenes. Dies sind die sicheren und notwendigen (Gegebenheiten), in denen wir wandeln sollen.

Und dies sind die (Punkte) der Ersten Taufe, *(p.41)* [... *(es fehlen mehrere Sätze)* ... die Erste (?)] Taufe. [Dies ist (?) die Vergebung] der Sünden.

[...] der, der gesagt hat: „[Ich (?) taufe (?)] euch zur [Vergebung] eurer Sünden." Dieser [...] ist Typus für das [... Werk (?)] des Christus. [...] gleich den [...] durch (?) ihn [...]. Denn das [Werk] Jesu [...].

Die Erste Taufe nun, das ist die [Ver]gebung [der Sünden (?)]. [Durch jene] werden [wir] geführt von [denen zur Linken] zu denen zur Rechten, von [dem Verderben] zur [Unvergänglich]keit – [welches (?)] ist der Jordan, [...] dieser Ort ist das [... der] Welt (?). Wir wurden also aus der Welt heraus zum Äon geführt – denn die Auslegung von ‚Johannes' ist der Äon, die Auslegung von jenem aber, welcher der Jordan ist, ist der Abstieg, welcher der [Aufgang] ist, welches ist das Heraus[gehen] aus der Welt, [hin] zum Äon.

C. Weiteres zur Taufe (d.h. zur Zweiten Taufe?) (p.42,[1]-43,19)

(p.42) [... *(Anfang nicht erhalten: es fehlen mehrere Sätze)* ... aus der] Welt [hin zum Jordan (?)], und aus [den Werken] der Welt [hin zur Wahrheit (?)] Gottes,

aus [dem Fleischlichen] hin zum Geist[lichen],
aus dem Physischen [hin zur] Engelschaft,
aus [der Schöpfung] hin zum Pleroma,
aus der Welt hin zum Äon,
aus den [... (plur.)] hin zur Sohnschaft,
aus den Verwirrungen hin [zur Ordentlichkeit],
aus [der Fremde in] unsere Heimat,
aus [der Kälte (?)] in die Wärme (?),
[aus ...] in [...].
[Laßt uns ...] und [...] hin [zu] den [...].

Auf [diese] Weise wurden wir geführt [von der] Sperma-[Gestalt ...] zu einer vollkommenen Form. Das Bad nun, es ist das [...] Typi[kon], das, wodurch der Christus uns
erlöst hat, (nämlich) durch die [Gabe (?)] seines Geistes. Und zwar [führte er] uns heraus <aus ... zu ...>, welches [kommen wird (?)].

Von jetzt an [werden] die Seelen [zu] vollkommenen Geistern [werden].

[Was] uns [durch die Erste] Taufe zuteil wurde, es *(p.43)* [... *(es fehlen mehrere Sätze)* ... das unsichtbare ..., welches] ihm zu eigen ist, denn [wir (?) sind] Ewige (?) geworden [...], wir haben [die Erlösung (?) des Christus (?) empfangen].

D. Gebet zur Eucharistie (?) (p.43,20-38)

[Wir] danken [dir, wir sagen] Dank (?), o Vater, [...] deinen Sohn [... und sie werden (?)] herauskommen [... zu (?) dem] unsichtbaren [...] deinen Sohn [...] seine Liebe
[... *(es fehlt mindestens ein ganzer Teilsatz)* ...] ... zur Gnosis. Sie tun deinen Willen,
[durch den] Namen Jesu Christi, [und sie werden] deinen Willen [...] allzeit tun, vollendet [in] jeglicher Gnade und [jeglicher] Reinheit.

Ruhm sei dir, durch deinen erstgeborenen Sohn, Jesus Christus, von jetzt an bis in
Ewigkeit. Amen.

E. Gebet zur Eucharistie (p.44,1-37)

(p.44) [... *(Anfang nicht erhalten: es fehlen mehrere Sätze)* ...] wir (?) erlangen (?) ...
[...] den Logos, [unterhalb (?) des] heiligen [... diese (?)] Speise und [diesen (?)
Trank (?) ... deinen] Sohn, indem du [...] Speise des [vollkommenen (?) ...] uns [...] im
Leben [...] er ist [...] welches ist [der ... der (?)] Kirche [...] du (?) reinigst (?) [für (?)]
dich.

Du, o Herr, wenn du in [Rein]heit stirbst, wirst [du] Reinigung bewirken (?) – so daß
ein jeder, der von ihm empfängt zu Speise [und Trank, leben] wird.

Ruhm sei dir in Ewigkeit. Amen.

Allogenes (NHC XI,3)

Wolf-Peter Funk

Literatur

Funk, Wolf-Peter / Poirier, Paul-Hubert / Scopello, Madleine / Turner, John D., 2004: L' Allogène (NH XI,3). (BCNH.T 30.) Québec / Louvain.

King, Karen, 1995: Revelation of the Unknowable God, with Text, Translation, and Notes to NHC XI,3 Allogenes. (California Classical Library.) [Santa Rosa].

Turner, John D., 1990: NHC XI,3: Allogenes. Transcription and Translation (with Orval S. Wintermute). Notes to Text and Translation. In: Hedrick, Charles W. (ed.): Nag Hammadi Codices XI, XII, XIII. (NHS 28.) Leiden, 192-267.

Einleitung

Allog ist uns in einer einzigen Textkopie überliefert, als dritte Schrift von NHC XI (p.45,1-69,20). Die Erfassung des Textverlaufs wird durch erhebliche Lücken behindert: nur die Seiten 59-64 sind einigermaßen vollständig erhalten bzw. rekonstruierbar. Der am Schluß (p.69,20) erhaltene Titel des Traktats lautet „Der Allogenes", wäre also etwa als „Der Fremdstämmige" zu übersetzen; doch wird diese Bezeichnung im Innern der Schrift, namentlich in Anreden, wie ein Eigenname gebraucht, so daß sich auch für den Namen des Traktats der Titel „Allogenes" eingebürgert hat.

Texte dieses Namens sind in zwei verschiedenen antiken Quellen bezeugt. Porphyrius erwähnt Apokalypsen „des Allogenes und des Messos" in einer Reihe mit anderen Titeln als von christlichen Sektierern produzierte und in Rom im Kreise Plotins bekannt gewordene Werke. Epiphanius spricht im Panarion zweimal von mehreren „Allogeneis betitelten Büchern", die er den von ihm so genannten Sethianern und Archontikern zuschreibt. Es gibt zwar keine absolut zwingenden Gründe, diese beiden Nachrichten als direkte Testimonia für Allog NHC XI,3 anzusehen, doch spricht vieles dafür, daß hier tatsächlich ein Zusammenhang besteht. Im Falle der Notiz des Porphyrius sind es vor allem inhaltliche Gesichtspunkte und das enge Verhältnis zwischen Allog (NHC XI,3) und Zostr (NHC VIII,1), die die Identität plausibel erscheinen lassen. Im Falle des Epiphanius ist die behauptete Mehrzahl von Büchern dieses Namens bemerkenswert, die sehr gut zu der Schlußnotiz des uns vorliegenden Textes paßt.

Das Original dieses Buches war zweifellos griechisch abgefaßt. Dafür gibt es keine strikten Beweise, doch lassen sich viele Ungereimtheiten des koptischen Textes kaum anders denn durch Probleme des Übersetzungsvorgangs erklären und die griechische Abfassung ist für einen Text dieser Art ohnehin das Normale.

Der Verfasser von Allog ist unbekannt, ebenso der Ort der Abfassung des Originals. Für die Zeit kommt wohl nur das 3. Jh. in Frage; doch eine nähere Eingrenzung der mutmaßlichen Abfassungszeit läßt sich nur spekulativ auf dem Hintergrund von Erwägungen zur ideengeschichtlichen Einordnung geben.

Allog wird im allgemeinen als ‚Apokalypse' eingestuft, hier im Sinne eines Berichtes über Visionen und Auditionen, die im Verlaufe des Aufstiegs in höhere Sphären erlebt wurden. Der Umstand, daß dieser Bericht als Hinterlassenschaft des pseudepigraphischen Verfassers an seinen Sohn stilisiert ist, hat zu Vergleichen mit dem Briefformular geführt, doch bietet der erhaltene Text außer den mehrfachen Anreden an den Sohn keine konkreten Anhaltspunkte für einen Briefstil.

Die Gliederung des Textes ist relativ einfach: Es lassen sich deutlich zwei fast gleichlange Teile unterscheiden, die sowohl zeitlich (durch einen Abstand von einhundert Jahren) als auch räumlich (durch die jeweils vorgestellten Standorte des Erzählers) getrennt wie auch durch unterschiedliche Personenbesetzung gekennzeichnet sind.

Den ersten Teil bilden fünf Gesprächsgänge, in denen Allogenes von der himmlischen Offenbarergestalt Juël über die höchsten Dinge belehrt wird, namentlich über Einzelheiten der Struktur des Barbelo-Äons, aber auch über den Unsichtbaren Geist, das „dreikräftige" Prinzip und allgemeine Bedingungen der Erkenntnis dieser Dinge.

Im zweiten Teil tritt als Lehrer und Visionsmittler die für den Barbelo-Äon zuständige Dreiheit von Erleuchtern Salamex – Semen – Armê auf, die sich durch nicht näher bestimmte „Kräfte" vertreten lassen. Diese Kräfte begleiten den aus der Welt entrückten Allogenes von der „Seligkeit" über die „Lebenskraft" bis zur höchsten Stufe der Dreikräftigkeit, der „Existenz", wo sie ihm Offenbarung über den unerkennbaren Einen zuteil werden lassen, die mehrfach mit Warnungen vor zu weit gehendem Erkenntnisdrang verbunden sind.

Beschlossen wird der Traktat durch eine Anweisung zur Niederschrift des Erlebten.

Im Hinblick auf verarbeitete Quellen und Traditionen muß an erster Stelle der doxologische Hymnus p.54,6(?)-55,11(?) genannt werden, von dem uns ein Stück aus dem Schlußteil jetzt auch in einem fragmentarischen griechischen Papyrus vorliegt, so daß sein literarisches Eigenleben als belegt gelten kann. Der Hymnus, der sich in unterschiedlichen Auszügen und Varianten in Allog, Zostr und StelSeth eingearbeitet findet, repräsentiert offenbar ein Stück traditioneller sethianischer Liturgie zum Lobpreis von Aspekten des Barbelo-Äons, unter Nennung einer großen Anzahl künstlich gebildeter Namen, die an die Zauberpraxis erinnern. Seine Einarbeitung in Allog ist besonders bemerkenswert nicht nur angesichts des sonst stark philosophisch geprägten Inhalts, sondern auch angesichts der Abwesenheit, wie es scheint, jedweder Taufpraxis in diesem Traktat.

Das relativ streng in Thesen geformte Kernstück der negativen Theologie (p.62,27-63,25) scheint ebenfalls aus älteren sethianischen Quellen zu stammen, da es sich – mit einigen Varianten und etwas weniger vollständig, doch auch frappierender Übereinstimmung in Details – bereits in das AJ eingearbeitet findet. Hier wie dort wird dieses Traditionsstück, das überwiegend Antithesen und Weder-Noch-Aussagen in kondensierter Form kettenartig aneinander reiht, durch weitere Belehrungen negativ-theologischen Inhalts eingerahmt.

Quellenmäßig weniger deutlich abgehoben, doch ohne Zweifel Traditionen aufnehmend, die sich von wenig bekannten Autoren des mittleren Platonismus zum Neuplatonismus hin entwickeln, sind Lehrstücke und Listen.

Aus sethianischer Tradition stammen schließlich auch die Namen bzw. Personen, die in Allog als die entscheidenden Offenbarungsmittler fungieren: sowohl Juël als auch die drei „Erleuchter" des Barbelo-Äons: Salamex, Semen und Armê.

Mit der zweiteiligen Gliederung der Schrift sind zugleich ihre beiden vorherrschenden Themen gegeben: (1) die Dreikräftigkeit und das Verhältnis des „Dreikräftigen" zu den höchsten Wesenheiten, (2) die Erkenntnisbedingungen und die in Form negativer Theologie ausgeführte Umschreibung des „Unerkennbaren". Der zweite Komplex erscheint weniger problematisch als der erste.

Trotz aller (scheinbarer oder wirklicher) Unausgeglichenheit und aller (beabsichtigten oder unbeabsichtigten) Widersprüche ist Allog – ebenso wie Zostr – ältester uns erhaltener Zeuge für einige Punkte späterer neuplatonischer (nachplotinischer) Standardlehre und damit indirekt auch Zeuge für die lange Entwicklung, die allem Anschein nach von vorplotinischen Lehren über die mit Plotins Wirksamkeit verbundenen Diskussionen zu den späteren Formulierungen hinführt. Die genauere Bestimmung des Standortes, den Allog in dieser Entwicklung einnimmt, bleibt jedoch vorläufig unklar. Der Traktat gehört zweifellos in den Kontext des 3. Jh. und in die um die Mitte dieses Jahrhunderts stattfindende sehr weitgehende Aneignung von sich entwickelnden Elementen platonischer Metaphysik durch sethianische Kreise. Während man früher geneigt war, ihn in dieser Entwicklung an den Anfang zu setzen, scheint jetzt eher einiges dafür zu sprechen, daß er eine ‚reifere' Stufe der Auseinandersetzung mit dem Platonismus repräsentiert und daher eher in die Zeit nach der Mitte des Jahrhunderts gehört.

Übersetzung

1. Belehrung des Allogenes durch die allherrliche Juël (p.45,[1]-58,8)

1.1. Erster Redegang: Anknüpfung und weiterführende Belehrung (p.45,[1]-50,17)

1.1.1. Der Barbelo-Äon (p.45,[1]-47,7)

(p.45) [... (Anfang fehlt) ...] sind einzeln [vollkommen], und sie existieren alle gemeinsam vereint. Der [Verstand], der Hüter, den ich [dir] verliehen habe, hat dich belehrt, und die Kraft, die in dir ist, hat [sich aus]gestreckt. Denn vielmals [hast du schon ge]jubelt (?) über (?) das Dreikräftige, das allen [wahrhaft] Seienden [eignet], das Unmeßbare, das ewige Licht der offenbar gewordenen Gnosis.

Männlich-jungfräuliche [Glorie]!
[Erster] Äon, aus einem einzigen drei[fältigen Äon] stammend!
[Wahrhaft seiendes] Dreikräftiges!

Denn nachdem er [sich zusammengezogen (?)] hatte, [breitete er] sich aus, und [er streckte (?)] sich und wurde vollkommen. Er kräftigte sich [in] allen, [sich] begreifend [... den (?) vollkommenen] Unsichtbaren [Geist], und er [konstituierte sich als] Äon. [Sich selbst (?)] begreifend, begriff sie (sc. Barbelo?) jenen [und] wurde (ein) Kalyptos(-Wesen): wirkend in denen, die sie kennt. Er (sc. ihr Äon) ist vollkommener Protophanes, unsichtbarer Verstand, Harmêdôn. Den Einzeln-Existierenden Kraft verleihend, ist sie dreimännlich; und für sich seiend (p.46) [ist sie ... (es fehlen mehrere

Sätze) ...] und [daß (?), was die Gemein]sam-[Existierenden betrifft (?), sie deren]
‚Existenz' ist, und sie sie alle sieht, wahrhaft Seiende. Sie enthält (in sich) den göttlichen Autogenes. Nachdem sie ihrer eigenen Existenz innegeworden, und als sie ihren
Standort auf diesem (sc. dem Autogenes) bezog, sah <sie> all jene, die einzeln existieren, (und zwar) so, wie sie sind. Wenn sie nun (gänzlich) er wird, so wird sie den dreimännlichen Gott sehen, die Kraft höher als Gott; [das ist] der Gedanke all derer, die
gemeinsam existieren. Wenn er [sie erforscht (?), so] erforscht [er den] großen, männlichen [Protophanes](-Äon), [den ...] Verstand. [Er ist] das [Voranschreiten] (?) dieser
Wesen. Wenn [er] sie sieht, [so sieht er auch die wahr]haft [Seienden, während (?)
sie (?) das] Voranschreiten [für die] Gemeinsam-Existierenden ist.

Als nun jener diese Wesen sah, da sah er den Kalyptos(-Äon). Wenn er nun das Eine
(die Einheit?) der Kalyptos(-Wesen) sieht, so sieht [er] den Äon Barbelo, mithin das
ungeborene Erzeugnis von Jenem. Wenn einer sieht, in welcher Weise er lebendig ist,
(p.47) [... *es fehlen mehrere Sätze*) ... Was die ... betrifft, so hast du nun] zuverlässig
[über die] Vortrefflichkeit eines jeden von ihnen [gehört].

1.1.2. Unsichtbarer Geist und Dreikräftigkeit (p.47,7–50,17)

Höre (nun) über den dreikräftigen Unsichtbaren Geist! [Er] existiert als Einer und unsichtbar, unfaßbar für alle und alle in sich enthaltend, denn um [seinet]willen existieren
[sie] alle. Er ist vollkommen und [mehr] als vollkommen. Er ist selig und Einer allzeit,
und doch existiert er in allen, unaussprechlich und unbenennbar. Er ist Einer und existiert doch durch alle. Von ihm gilt: [Wenn] einer ihn denkt, [so kann er sich nicht] etwas wünschen, was eher als er existiert – unter denen, [welche] Existenz [besitzen (?)].
Denn [er] ist die Quelle, aus [welcher alle hervorgebracht wurden (?) ...] vollkommen (?), wobei [er eher als jede] Gottheit ist und eher als jede Seligkeit, sorgend für alle
Kräfte. Und <er ist> ein Wesen, das wesenlos ist; ein Gott, der keine Gottheit aufweist;
er, der seine (eigene) Größe und die Schönheit überschreitet (?); *(p.48)* [... *(es fehlen*
mehrere Sätze) ...] Kraft. Es ist [ihnen nicht unmöglich], eine Offenbarung dieser Dinge
zu erlangen, vorausgesetzt daß sie zusammenkommen. Denn für die Einzelnen besteht
keine Möglichkeit der Erreichung alles dessen, was höher als vollkommen ist. Sie haben jedoch Anteil durch ein vor(läufiges) Denken, (doch) nicht entsprechend dem Sein.

Aber (?) er bietet das Sein mit dem (Aspekt des) Verborgenen der Existenz in Für-
sorge für alle Dinge. Denn jener seinerseits entsteht dann, wenn er sich (selbst) denkt.
Dieser ist etwas, das besteht als [wahre (?) Ursache] und Quelle, ja (als) immaterielle
[Materie], zahllose [Zahl], art[lose Art], form[lose Form, kraftlos an] Kraft, wesen[loses
Wesen, ..., nicht]wirk[ende Wirksamkeit. Und er existiert (?) als] Fürsorger der Fürsorge und als Gottheit der Gottheit. [Doch (?)] wenn man (an ihm?) Anteil hat, hat man
Anteil an der ersten Lebenskraft und an unteilbarer Wirksamkeit, einer Seinsweise der
ersten (sc. Kraft) des wahrhaft seienden Einen. Eine zweite *(p.49)* Wirksamkeit [... *(es*
fehlen mehrere Sätze) ... er] besitzt (?) Seligkeit und Güte. Denn wenn er gedacht wird
[als (?) einer, der] die Grenzenlosigkeit des Unsichtbaren Geistes, [welcher sich] in ihm
befindet, überschreitet, so wendet sie ihn zu [sich], damit sie erkenne, was es ist, [das
sich] in ihm befindet, und auf welche Weise es (er?) existiert. Und dies (dieser?) wird
zum Heil für alle werden, sofern er die Ursache der wahrhaft Seienden darstellt. Denn

durch dieses (diesen?) richtete sich seine Erkenntnis darauf, daß er es ist, der weiß, was es (er?) ist. Dabei haben diese jedoch nichts außer sich selbst hervorgebracht – weder eine Kraft noch eine Rangstufe noch eine Glorie noch einen Äon – denn sie sind alle Ewige.

Lebenskraft, Denkkraft und Seiendes – das ist er. Demnach umfaßt letzteres (d.h. das Seiende) permanent seine Lebenskraft und die Denkkraft {und das Leben}, während die Lebenskraft die Wesenlosigkeit und die Denkkraft umfaßt, und die Denkkraft das Leben und das Seiende umfaßt. Und so sind diese drei eins, wenngleich sie einzeln genommen drei sind."

Nachdem ich diese Dinge gehört hatte, mein Sohn *(p.50)* [Messos], fürchtete [ich mich], und [ich wandte mich der] Menge [zu ...] denkt (?) [...] Kraft, [damit sie (?)] diese Dinge zu begreifen vermögen, [vermittels] einer größeren Offenbarung. Ich meinerseits wurde (so) instand gesetzt, obgleich [ich] mit Fleisch bekleidet war, diese Dinge von <ihr> zu hören. Aufgrund der in ihnen enthaltenen Wissenschaft vermochte das in mir befindliche Denken, die über die Maßen erhabenen Dinge von (?) den unerkennbaren zu unterscheiden. Daher befürchte ich, daß meine Wissenschaft etwas Ungebührliches betrieben hat.

1.2. Zweiter Redegang: Die drei Abbildstufen des Barbelo-Äons (p.50,17-52,13)

Dann, mein Sohn Messos, sprach wiederum (?) die allherrliche Juël zu mir; sie offenbarte sich mir und sagte:

„Nicht jeder vermag diese Dinge zu hören, sondern nur die großen Kräfte. O Allogenes, du bist mit einer großen Kraft bekleidet worden, mit welcher der Vater des Alls, der Ewige, dich bekleidete, bevor du hierher kamst, damit du das schwer Unterscheidbare unterscheidest und das für die Menge Unerkennbare erkennst und so zu deinem Eigentlichen hin erlöst wirst, nämlich dem, was von Anfang an erlöst ist und daher keiner (weiteren) Erlösung bedarf. *(p.51)* [... (*es fehlen mehrere Sätze*) ...] dir [eine] Form und [eine Offenbarung (?)].

Was den drei[kräftigen] Unsichtbaren Geist betrifft, so [befindet sich] außerhalb von ihm eine ewige unteilbare und unkörperliche Gnosis. Wie es für alle Äonen gilt, ist auch der Barbelo-Äon so beschaffen,

daß er die Typen und Formen der wahrhaft seienden Wesen enthält, (als) das Abbild des Kalyptos;

daß er den diese denkenden Logos enthält, indem er als Abbild den männlichen Verstand Protophanes trägt und (so) in den Einzelwesen wirkt – sei es durch Kunst, sei es durch Wissenschaft, sei es durch eine besondere Natur;

daß er (schließlich) als Abbild den göttlichen Autogenes enthält und (so) jedes einzelne von diesen (Wesen?) begreift, teilweise und fallweise wirkt und darauf ausgerichtet ist (?), die aus der Natur hervorgehenden Fehltritte zu korrigieren.

Er (d.h. der Barbelo-Äon?) enthält den dreimännlichen Gott, zum Heil für alle, sowie den Unsichtbaren Geist. Er ist ein aus einem Entschluß hervorgegangener Logos, das vollkommene Kind. Und diese Hypostase *(p.52)* [... (*es fehlen mehrere Sätze: Ende der Rede*) ...]."

[Nachdem ich diese Dinge gehört hatte (o.ä.), ... wurde meine] Seele mutlos. Ich machte mich davon [und war] sehr verstört. Ich wandte mich zu mir selbst und sah das Licht, das mich umgab, und das Gute, das in mir war. Ich wurde göttlich.

1.3. Dritter Redegang: Die Dreikräftigkeit (p.52,13-55,17)

Die allherrliche Juël kam mir wiederum nahe und verlieh mir Kraft. Sie sagte:

„Nachdem deine Wissenschaft sich vervollkommnet hat und du das Gute, das in dir ist, begriffen hast, höre nun über das Dreikräftige – Dinge, die du in größtem Schweigen und größter Geheimhaltung für dich behalten wirst, denn solches darf nicht jedermann mitgeteilt werden, sondern nur denen, die (dieser Dinge) würdig sind und denen es möglich ist, (sie) zu hören. Auch ziemt es sich nicht, sie einem unverständigen Geschlecht mitzuteilen, denn dies alles ist höher als vollkommen. Du besitzt nun <die (entsprechende) Fähigkeit. Höre also:>

Was das Dreikräftige betrifft, das in Seligkeit und Güte existiert, das der Urquell aller Dinge ist und große Weite umfaßt, so ist es Eines, in *(p.53)* [... (*es fehlen mehrere Sätze*) ...] der [ersten ...], nicht wie (?) [...] in Erfassen [und Erkennt]nis und Wissenschaft. In dem, was lenkt, bewegte sich jenes (sc. Dreikräftige) bewegungslos, um nicht durch eine andere Wirksamkeit des Begreifens in das Grenzenlose einzutauchen. Und es ging in sich selbst ein und manifestierte sich als All-Begrenzung. Alles, was höher als vollkommen ist, liegt jenseits (?) der Erkenntnis, und so (hörst du darüber) auch nicht von meiner Seite. Denn es ist nicht möglich, daß man zum vollkommenen Erfassen gelangt. Soweit dazu.

Was das dritte Schweigen der Denkkraft betrifft, sowie die zweite untrennbare Wirksamkeit, die sich im Ersten Gedanken, das heißt dem Barbelo-Äon, manifestiert hat sowie die unteilbare scheinbare Teilung, sowie das Dreikräftige mitsamt der wesenlosen Existenz und der Kraft – es manifestierte sich durch ein stilles und schweigendes Wirken und ließ nur so verlauten: ‚zza zza zza'. Als sie (?) die Kraft hörte und sich [mit ...] füllte, *(p.54)* [... (*es fehlen mehrere Sätze*) ...]" ...]

„Du bist [groß, Deïphane]us!
Solmis, [du bist groß]!
    Gemäß der Lebenskraft, [die du] hast,
    [ja] dem ersten Wirken, das aus der Gottheit hervorgeht.
Du bist groß, Armêdôn!
Du bist vollkommen, Epiphaneus!
    Gemäß dem Wirken, das du hast,
    der zweiten Kraft, {und} der Denkkraft,
    aus welcher die Seligkeit hervorgeht.

Autoêr!
Bêritheus! Êrigenaôr! Ôrmenios! Aramen!
Alphleges! Hêliupheus! Lalameus! Jetheus! Noêtheus!
Du bist groß!

Wer dich begreift, begreift alles.
Du bist Einer! Du bist Einer! Der Gute, Aphrêdôn!
Du bist der Äon der Äonen, der allzeit Seiende!"

Dann pries sie den All-Einen mit den Worten:

„Lalameus! Noêtheus! Sênaôn!
Asineus! Hôriphanios! Mellephaneus!
Elemaôn! Ismûn! Optaôn!
Seiender, du bist der Seiende, der Äon der Äonen!
Der Ungezeugte, höher als die Ungezeugten, Iatomenos!
   Du allein bist es, dem alle Ungeborenen hervorgebracht wurden!
Unbenennbarer! *(p.55)* [...
(es fehlen mehrere Sätze)
...] Denk[kraft (?)].‟

[Als ich] diese Dinge vernommen hatte, [verherrlichte (?) ich meinerseits] die Einzel-[Vollkommenen] und die All-Vollkommenen, welche gemeinsam [existieren], sowie die [Ganzheiten (?), welche] eher als die Vollkommenen existieren.

1.4. Vierter Redegang: Das Dreikräftige und die Seinsklassen (p.55,17-34)

[Wiederum] sprach zu mir [die mit den großen] Herrlichkeiten, Juël: „[Allogen]es, wisse mit Gewißheit, daß das [Drei]kräftige existiert [vor]:
[den] Nichtseienden,
den Seienden, die [nicht wahrhaft] sind,
den Seienden,
[und den] wahrhaft Seienden.
[Dabei] ist es [in Göttlichkeit, Selig]keit [und] Existenz, [ja in] Wesenlosig[keit] und seinsloser [Existenz], daß [alle diese] sind.‟

1.5. Fünfter Redegang: Ankündigung der Schau (p.55,31-58,8)

[Dann] bat ich darum, daß mir [eine Offenbarung] zuteil werden möge. [Daraufhin] sprach zu mir Juël, die Allherrliche:
„[Selbst]gezeugt [ist das Drei]männliche, [nicht etwas] Wesenhaftes. Vielmehr ist wesen[los] das *(p.56)* [... *(es fehlen mehrere Sätze)* ...] diejenigen, welche [im Verband] mit (?) dem [Geschlecht der] wahrhaft Seienden existieren. Die Selbst[gezeugten] existieren bis hin zu (?) dem [Dreimännlichen].
Wenn du [mit] vollkommener Forschung [forschst], dann wirst du das [Gute] begreifen, das in dir ist – dann wirst du dich selbst begreifen, (und zwar als) einen, der [aus] dem wahrhaft [präexistenten] Gotte [stammt]! Nach [einhundert] Jahren [nämlich] soll [dir] eine Offenbarung [jenes (präexistenten Gottes?) zuteil werden], und zwar durch [Salamex], Semen und [Armê, die] Erleuchter des Barbelo[-Äons]. Und [...] ziemt es sich für dich, zunächst [ihn (?) zu erkennen (?)], damit [du ...] Gattung [...]. Wenn [du jedoch ...], dann <...>. Wenn [du dir] eine gedankliche Vorstellung [von Jenem machst,

so] wirst [du (?) durch] den Logos zur [Vollkommenheit] vollendet, und wirst dann [vergottet und vervollkommnet]. ... [... *(p.57)* ... (*es fehlen mehrere Sätze*) ...] das Erforschen (?) [...] ‚Existenz' [...]. Wenn sie irgend etwas [festhält (?)], so wird sie (ihrerseits) von jenem und von dem, was erfaßt wird, was dasselbe ist, festgehalten. Und demnach ist das, was erfaßt und begreift, größer als das, was erfaßt und begriffen wird. Wenn es sich jedoch auf seine Natur zurückzieht, wird es geringer. Denn die unkörperlichen Naturen haben keinerlei Anteil an der (Eigenschaft der) Größe; sie besitzen vielmehr diesen Vorzug, daß sie überall und nirgends sind, größer als jede Größe und kleiner als jede Kleinheit."

Nachdem die allherrliche Juël diese Dinge gesagt hatte, trennte sie sich von mir und verließ mich. Ich aber kam nicht los von den Worten, die ich gehört hatte. Ich rüstete mich mit ihnen und überlegte bei mir selbst hundert Jahre lang. Ich freute mich sehr darüber, daß ich mich in so großer Erleuchtung und auf einem so glücklichen Wege befand. Denn das, was ich zu sehen gewürdigt worden war, sowie auch das, was ich zu hören gewürdigt worden war – Dinge, die *(p.58)* [zu sehen und zu hören (o.ä.)] nur den größten Kräften zukommt – [... (*es fehlen mehrere Sätze*) ...] des [Gottes.]

2. Hundert Jahre später: Vision, Aufstieg und höchste Belehrung (p.58,8 - 68 Anfang)

2.1. Zusammengefaßte Vision der Pentade (p.58,8-26)

[Als das Ende] jener hundert Jahre [nahe war, wurde] mir die Seligkeit der ewigen Hoffnung, voll von Freundlichkeit, [zuteil]. Ich sah:
   den guten göttlichen Autogenes und Erlöser,
      welcher das Dreimännliche Vollkommene Kind ist,
   und dessen Güte,
      den vollkommenen Verstand Protophanes Harmêdôn,
   und die Seligkeit des Kalyptos
   und den Uranfang der Seligkeit,
      den Äon Barbelo, voller Göttlichkeit,
   und den Uranfang des Anfanglosen,
      den dreikräftigen Unsichtbaren Geist,
      die mehr als vollkommene Ganzheit.

2.2. Entrückung, Vorbereitung des Aufstiegs und Selbsterkenntnis (p.58,26-60,18)

Als <ich> entrückt wurde – mit Hilfe des ewigen Lichtes, mit Hilfe des Gewandes mit dem ich angetan war –, versetzte man mich an einen heiligen Ort, dessengleichen in der Welt nicht vorfindlich ist. Dann sah ich vermittels großer Seligkeit all jene, die ich gehört hatte. Ich pries sie alle und *(p.59)* [stellte] mich fest auf meine Gnosis.

[Ich wandte] mich hin zur Gnosis der Ganzheiten, des Äons Barbelo. Durch Vermittlung der Erleuchter der männlich-jungfräulichen Barbelo sah ich [heilige] Kräfte, die [zu mir sagten]:

„O große Kraft!

O Name, der in der Welt entstanden ist, Allogenes!

Sieh die Seligkeit, die du gleichsam wie in Schweigen besitzt, und durch die du dich (selbst) begreifen <sollst> so wie du bist!

Dich selbst suchend, steige auf zu der Lebenskraft, die du in Bewegung befindlich sehen wirst! Auch wenn du nicht zu stehen vermagst, fürchte dich nicht!

Doch wenn du zu stehen bestrebt bist, so steige auf zur Existenz! Du wirst sie stehend und still finden, nach dem Ebenbild dessen, der wahrhaft still ist, und der schweigend und nicht-wirkend alle umfaßt.

Wenn dir eine Offenbarung dieses Besagten zuteil werden sollte – (etwa) durch eine Erstoffenbarung des Unerkennbaren – (so wisse) dies: Wenn du ihn begreifst, sollst du nicht-begreifend sein! Und wenn du dich etwa fürchtest an jenem Ort, so ziehe dich wegen der (möglichen) Auswirkungen (von dort wieder) zurück.

Wenn du an jenem Ort vollkommen wirst, so verhalte dich still! Ausgehend von dem, was dir eingeprägt ist, mach dir auch klar, *(p.60)* daß dies sich in gleicher Gestalt bei [allen] findet. Setz dich nicht noch mehr der Zerstreuung aus, [damit] du (noch) zu stehen vermagst! Versuche auch nicht zu wirken, damit du nicht gänzlich [von] dem [in dir] befindlichen Nicht-Wirkenden des [Un]erkennbaren abfällst. Du sollst ihn nicht [begreifen], denn das ist unmöglich. Falls du ihn aber aufgrund einer erleuchtenden gedanklichen Vorstellung doch begreifen solltest, so sieh zu, daß du ohne Begriff von ihm bleibst."

Während ich diese Dinge hörte und jene zu mir sprachen, war in mir schweigende Stille. Ich hörte die Seligkeit, durch welche ich mich (selbst) so begriff, wie <ich bin>.

2.3. Aufstieg zu Lebenskraft und Existenz (p.60,19-61,22)

Dann stieg ich auf zu der Lebenskraft und beschäftigte mich mit ihr; und gemeinsam mit ihr ging ich in sie ein und blieb stehen – nicht fest, aber still. Ich sah eine unteilbare gedankliche ewige Bewegung, die allkräftig ist, formlos und nicht durch Begrenzung eingegrenzt.

Und als ich danach strebte zu stehen, gelangte ich hinauf zur Existenz, die ich stehend und in sich ruhend vorfand – bildlich und gleichnishaft für (?) das, womit ich bekleidet war. Durch eine Offenbarung des Unteilbaren und In-sich-Ruhenden wurde ich von Offenbarung erfüllt. Durch eine Erstoffenbarung *(p.61)* des Unerkennbaren begriff ich ihn – [gleichsam] ohne ihn zu begreifen; und ich wurde durch ihn gekräftigt, und empfing ewige innere Stärke. Ich erkannte das, was in mir ist, sowie das Dreikräftige und die Offenbarung des Unerreichbaren, das ihm eignet. Und durch eine Erstoffenbarung des ersten für alle Unerkennbaren, des mehr als vollkommenen Gottes, sah ich ihn mitsamt dem Dreikräftigen, das in allen existiert. Ich suchte nach dem unbeschreiblichen Gott, dem Unerkennbaren – dem, von dem gilt: wenn einer ihn begreift, so ist er völlig ohne Begriff von ihm –, nach dem Mittler (?) des Dreikräftigen, der still und schweigend existiert und unerkennbar ist.

2.4. Belehrung über den Unerkennbaren (p.61,22-p.68 Anfang)

Als ich in diesen Dingen gefestigt war, sprachen die Kräfte der Erleuchter zu mir:

„Zur Genüge hast du nun das Nicht-Wirkende, das in dir ist, in der Sorge um die unfaßbaren Dinge der Zerstreuung ausgesetzt. Statt dessen höre über ihn so, wie es aufgrund von Erstoffenbarung und Offenbarung möglich ist.

Existiert er denn so wie etwas, das ‚existiert'? Oder ist er etwa im Werden? Oder wirkt er? Oder begreift er, (oder) ‚lebt' er? Wo er doch weder Denken noch Leben noch Existenz aufweist, auch nicht das Nichtexistente, unfaßbarerweise.

(p.62) Und existiert er etwa als etwas zusammen mit dem, was ihm zu eigen ist? Wo er doch nicht in irgendeiner Form übriggelassen wird, so, als ob er etwas (ab)gäbe, was geprüft oder gereinigt wird, [oder] (überhaupt als ob) er empfängt oder gibt.

Auch [kann] er nicht in irgendeiner Form eingeschränkt werden – [weder] durch sein eigenes Begehren noch dadurch, daß er durch einen anderen gibt oder empfängt. Auch hat er überhaupt keinerlei Begehren – (weder) aus sich selbst heraus noch so, daß es von einem anderen her über ihn käme. Aber er gibt auch nicht irgend etwas von sich weg, so daß er etwa in einer anderen Form eingeschränkt würde. Aus diesem Grund bedarf er weder einer Denkkraft noch einer Leben(skraft), noch überhaupt irgendeiner Sache. Er ist (selbst) den Ganzheiten überlegen durch die Bedürfnis<losig>keit, die ihm zu eigen ist, sowie die Unerkennbarkeit, das heißt nichtseiende Existenz. Denn ihm sind zu eigen Schweigen und Stille, so daß er (auch) nicht durch das Unbeschränkbare eingeschränkt wird.

Er ist weder eine Gottheit noch Seligkeit noch Vollkommenheit,
     sondern etwas Unerkennbares.
Nicht das, was ihm zu eigen ist,
     sondern (er existiert) vielmehr so, daß er etwas anderes ist,
     das besser als Seligkeit und Gottheit und Vollkommenheit ist.
Auch ist er nicht etwas Vollkommenes,
     sondern (er existiert) so, daß er *(p.63)* etwas anderes, Besseres ist.
Er ist auch nicht unbegrenzt,
     noch wird er durch einen anderen begrenzt,
     vielmehr (existiert er) als etwas, das besser ist.
Er ist weder körperlich noch unkörperlich,
     weder groß noch klein,
     weder Quantität noch <Qualität>.
Auch ist er nicht etwas, das vorhanden ist
     (und) das einer begreifen kann,
     sondern (er existiert) so, daß er vielmehr etwas anderes, Besseres ist,
     etwas, von dem es nicht möglich ist, daß einer es begreift.
Auch wenn Uroffenbarung und Gnosis von ihm bestehen,
     ist es doch er allein, der sich begreift.
Denn er ist nichts von dem, was ist,
     sondern (existiert) als etwas anderes, das besser als das Beste ist,
     selbst im Verhältnis zu dem was ihm zu eigen ist

und dem, was ihm nicht zu eigen ist.
Weder hat er Anteil an Ewigkeit,
    noch hat er Anteil an Zeit(lichkeit),
    noch empfängt er irgend etwas von einem anderen.
Weder (existiert er) so, daß er eingeschränkt wird,
    noch so, daß er etwas einschränkt,
    noch ist er unbeschränkbar.
Vielmehr ist er sein eigenes Erfassen,
    gleichsam etwas Unerkennbares,
    gleichsam besser als das Gute,
    in Unerkennbarkeit.

Auch wenn (?) er Seligkeit und Vollkommenheit und Schweigen umfaßt, <ist er doch> nicht der Selige – auch nicht Vollkommenheit oder Stille –, sondern er ist etwas, das <besser> ist, etwas, von dem es unmöglich ist, daß einer *(p.64)* es begreift, und das in sich ruht. Aber das sind Dinge, die für alle unerkennbar sind. Er ist auch in der Schönheit erhaben über alles Gute, und solchermaßen unerkennbar für alle in jeglicher Form. Durch alle ist er in allen. Nicht nur (ist es) unerkennbare Gnosis, was ihm gemäß ist, er ist auch verbunden mit der Unerkennbarkeit, die ihn schaut.

    <Ob nun einer sieht,> in welchem Ausmaß er unerkennbar ist, oder ob einer ihn so sieht, wie er ist, in jeglicher Form, oder ob einer etwa sagt, daß er so etwas wie Gnosis ist – so hat der Betreffende gegen ihn gefrevelt und ist zu verurteilen, weil er Gott nicht erkannt hat. Nicht, daß er etwa von Jenem verurteilt wird – dem, der sich nicht um irgend etwas kümmert und dem keinerlei Begehren zu eigen ist –, vielmehr ist er (verurteilt) durch sich selbst, weil er den wahrhaft seienden Ursprung nicht gefunden hat. Er wurde blind, (weil er) sich außerhalb des in sich ruhenden Auges der Offenbarung (befand), welches aktiviert wird (?) und welches aus dem Dreikräftigen des Erstgedankens des Unsichtbaren Geistes stammt. Dieser existiert daher aus *(p.65)* [... (*es fehlen mehrere Sätze*) ...] irgend etwas [... in (?)] stiller Schönheit und [Ersterscheinung] (?), in Schweigen und Stille und unergründlicher Größe wurde er offenbar.

    Er bedarf keines Zeitraumes und ent<stammt> (?) auch nicht der Ewigkeit, sondern er ist aus sich selbst, auf unergründliche Weise unergründlich, nicht wirkend – auch nicht an sich selbst, so daß er in sich ruhend bleibt. Auch ist er keine ‚Existenz‘, so daß er etwa bedürftig würde. In räumlicher Hinsicht ist er zwar ein Körper, doch in eigentlicher Hinsicht ist er unkörperlich. Er gehört zu allem, <und alles ist> auf ihn <gerichtet>, ohne daß er irgendein Begehren hätte. Vielmehr ist er ein Höchstmaß an Größe. Er überbietet sogar sein Schweigen, so daß *(p.66)* [... (*es fehlen mehrere Sätze*) ... der Un]sicht[bare Geist] (?) gab (?) [allen...], obwohl Jener sich [um] nichts kümmert. Auch wenn einer an ihm Anteil nimmt, wird er (sc. Jener?) nicht gestärkt. Entsprechend der (ihm eigenen) in sich ruhenden Einzigkeit kann ihn nichts aktivieren. Denn er ist unerkennbar, ein hauchloser Ort der Unergründlichkeit. Da er unergründlich, kraftlos und seinslos ist, spendet er auch kein Sein. Vielmehr enthält er alles in sich selbst, in sich ruhend und stehend.

    Aus dem allzeit Stehenden manifestierte sich ewiges Leben – (das heißt aus dem, welcher ist) der dreikräftige Unsichtbare Geist, der Eine, der in allem Seienden ist, der alles einschließt, während er über alles erhaben ist. Ein Schatten *(p.67)* [... *(es fehlen mehrere Sätze)* ...] er [wurde von Kraft erfüllt und] stand vor diesen (Wesen). Als er allen Kraft spendete, füllte er sie alle.

Über alle diese Dinge hast du nun mit Gewißheit gehört. Suche nicht nach weiterem, sondern geh! Wir wissen nicht, ob der Unerkennbare Engel oder Götter (zur Verfügung) hat, oder ob der In-sich-Ruhende überhaupt irgend etwas hat außer eben jener Stille. Denn er <...>, so daß er sich auch nicht einschränken läßt. Es ist nun auch nicht angemessen, sich noch weiter zu verbreiten, indem du etwa noch öfter suchst. Allein (?) angemessen wäre, daß ihr begreift, und daß man <nicht> mit anderen (darüber) spricht. Vielmehr sollst du sie führen (?) *(p.68)* [... *(es fehlen mehrere Sätze)* ...]"

3. Schluß (p.68 Anfang - 69,19)

[... und er] sprach [zu mir]: „Schreib nieder, was ich dir [sagen] werde – als Memorandum für jene, die nach dir würdig sein werden. Hinterlaß dieses Buch auf einem Berg und beschwöre den Hüter (des Berges mit den Worten): ‚Komm, du Schrecklicher!'‟
Nachdem er dies gesagt hatte, trennte er sich von mir.

Ich wurde von Freude erfüllt und schrieb dieses Buch. Es ist mir bestimmt, mein Sohn Messos, daß ich die Dinge, die mir ins Angesicht {...} verkündigt wurden, dir enthülle. Zunächst (?) nahm ich sie in tiefem Schweigen auf, nahm einen (festen) Stand ein, soweit es mir möglich war (?), und rüstete mich zu.

Das ist das, was mir enthüllt wurde, mein Sohn *(p.69)* [Messos, ... *(es fehlen mehrere Sätze)* ... und] verkündige [es], mein Sohn Messos!

[Das] Siegel aller Bücher des Allogenes.

Subscriptio (p.69,20)

Der Allogenes

Hypsiphrone (NHC XI,4)

Wolf-Peter Funk

Literatur

Funk, Wolf-Peter / Poirier, Paul-Hubert, 2002: Concordance des textes de Nag Hammadi. Les codices
    XIb, XII, XIII. (BCNH.C 7.) Québec / Louvain-Paris, 323f.
Turner, John D., 1990: NHC XI,4: Hypsiphrone. In: Hedrick, Charles W. (ed.): Nag Hammadi
    Codices XI, XII, XIII. (NHS 28.) Leiden [u.a.], 269-279.

Einleitung

Über eine Schrift mit dem Titel „Hypsiphrone" ist außerhalb von NHC XI nichts bekannt. Innerhalb
dieses Codex füllt der Text die letzten – entweder 3½ oder 5½ – Seiten, die in sehr schlechtem Zustand erhalten sind. Den Namen der Titelfigur hat man wohl als ein künstlich gebildetes Femininum zu
dem Adjektiv ὑψίφρων „hochmütig" zu verstehen, das aber als Eigenname sonst nicht geläufig ist.
Deutlichere Assoziationen lassen sich für den Namen der zweiten Hauptfigur herstellen: Phainops ist –
wenn man sich die hier vorliegende Schreibform mit Omega als eine bloße Variante zu Φαῖνοψ (mit
Omikron) vorstellen darf – nicht nur als Name belegt, sondern kommt interessanterweise auch als
astrisches Epitheton („klarsichtig, lichtäugig") in astrologischen Texten des 4. Jh. vor. Wenn man will,
kann man den Text also auch „Die Hochmütige und der Lichtäugige" nennen.

Was Textsorte und Inhalt betrifft, so läßt sich mit Gewißheit nicht viel mehr sagen, als daß der Text
eindeutig narrativen Charakter hat – hauptsächlich, doch nicht durchgängig, in der 1. Person (=
Hypsiphrone) formuliert – und wesentlich durch eine Vielzahl von Dialogen geprägt ist. Sein Thema
wird im Incipit mit vielversprechender Klarheit angegeben: „das, was Hypsiphrone gesehen hat" (d.h.
offenbar ihre Erlebnisse auf einer Reise in die Welt), ohne daß sich jedoch auf den erhaltenen Fragmenten allzu vieles fände, was diesem Anspruch gerecht wird. Statt dessen begegnet man wiederholt
„Belehrungen", deren Sprecher und Adressaten wechseln und deren Gegenstand – aufgrund der Textlücken – so gut wie nirgends klar wird. Neben der Figur des Phainops treten wohl auch Gruppen von
Personen in Erscheinung (speziell die „Brüder" der Hypsiphrone) und daneben noch mindestens eine
andere männliche Einzelfigur (als Gesprächspartner in p.71,28).

Was sich von den Bruchstücken inhaltlich erheben läßt, ist durch wenige wiederholt vorkommende
und dabei sehr massive Vorstellungen geprägt. Da ist zum einen der Ausgangspunkt von
Hypsiphrones Reise: „der Ort ihrer Jungfrauschaft", während der Bestimmungsort weitgehend in den
Lücken untergegangen ist. Zum anderen ist in auffälliger Weise von „Blut" und „Feuer" die Rede,

wobei die Gegenstände dessen, was sie „gesehen hat", darin wohl entweder direkt zur Sprache kommen oder irgendwie mit diesen Dingen in Zusammenhang stehen. Das „Blut" kennzeichnet zum einen die Mannesgestalt, mit der sie wohl in Berührung kommt, und begegnet zum anderen in einer „Blut-Quelle". Nimmt man dazu noch die Tendenz der Fragen und Antworten, wie sie sich zum Teil erschließen lassen, sowie das Versteckspiel mit einem möglichen Liebhaber oder Bräutigam, so kann man – bei aller gebotenen Zurückhaltung gegenüber einem so lückenhaft erhaltenen Text – doch wohl annehmen, daß die Geschichte thematisch mit Fragen der Sexualität und/oder der Fortpflanzung zu tun hatte. Inwiefern einer solchen Geschichte – wie man es von einem Nag-Hammadi-Traktat erwartet – auch eine religiöse Dimension zu eigen war (oder zugeschrieben werden konnte), ist aus den Bruchstücken nicht ersichtlich.

Übersetzung

(p.69) Hypsiphrone

Das Buch [der Dinge], die Hypsiphrone sah und die (?) [...] am / vom (?) Ort ihrer Jungfrauschaft. [...] ihre Brüder [...] Phainops und [...] während (?) sie [im Geheimen] miteinander sprachen. Mich aber [...] sie (plur.) [...] *(p.70)* [... *(es fehlen mehrere Sätze)* ... verließ] ich [den Ort] meiner [Jungfrau]schaft und ging hinaus in die [Welt].[248]

Dann unterrichteten [ihn] jene, die am Ort meiner Jungfrauschaft blieben, [über (?)] jene Dinge (?) und (darüber, daß ?) ich [in die Welt] gegangen war. Und sie sagten zu [ihm: „...] Hypsiphrone hat sich außerhalb des Ortes [ihrer] Jungfrauschaft [begeben]." Als nun Phainops (dies) hörte, hauchte (?) er [...] in [...] ein und sprach: „[Ich bin (?)] Phainops [..." ...].

(p.71) [... *(es fehlen mehrere Sätze)* ...] irreführen / irregehen (?) [...] Begierde [... die] Zahl (?) der übrigen Menschen? Oder werde ich einen Menschen[249] von Blut-Gestalt sehen? [...] Feuer und ein [Gewand (?) in] seinen Händen. Darauf sprach ich zu ihm: „Ph[ainops] ist nicht auf mich ge[stiegen],[250] er ist nicht irregegangen."

[...] sah [ich (?)] einen Menschen [... *(es fehlen mehrere Sätze)* ...] *(p.72)* [... *(es fehlen mehrere Sätze)* ...] Denn [was] er gesagt hatte [...] Phainops. Das, [was ...], ich sah es.

---

[248] Turner versteht „und ging hinunter in die Welt", setzt also einen himmlischen Ausgangspunkt voraus und verleiht damit der ganzen Geschichte eine kosmisch-mythische Geographie. Doch das hier (und in Zeile 20f.) gebrauchte kopt. Verb (ⲃⲱⲕ ⲉϩⲣⲁⲓ̈) bedeutet normalerweise entweder „hinaufgehen" oder „auf die Reise gehen"; nur in seltenen Ausnahmefällen scheint es auch für „hinabgehen" zu stehen. Einen solchen Ausnahmefall hier anzunehmen, verbietet sich angesichts der mangelhaften Kenntnis des Zusammenhangs. Vorausgesetzt, daß die ergänzte Zielangabe „Welt" überhaupt zutreffend ist, dürfte es sich dennoch nicht um ein mythologisches „in die Welt hinabsteigen" handeln, sondern eher um ein ganz irdisches „in die Welt hinausgehen".

[249] Im Zusammenhang vielleicht präziser „einen *Mann* von Blut-Gestalt".

[250] Der teilweise restituierte koptische Ausdruck gibt vermutlich griech. ἀναβαίνειν (ἐπί) wieder, in metaphorischer Bedeutung (mit prägnant sexueller Konnotation).

Und [er sprach] zu mir: „Hypsiphrone, warum [hast du dich] vor mir [verborgen]? Folge [mir nach,] und ich werde dich unterrichten [...]." Und ich folgte [ihm nach], denn
[ich] war [in großer] Furcht.

Er unterrichtete [mich] über eine Blut-Quelle, die [... und] Feuer spendet [...]. Er sagte
[zu mir]: „[... *(Rest verloren)* ...]

Fragmente[251]

Fragment 1

(horizontal) [...] in diesen Gewändern [...]. Und ich unterrichtete sie [über die Dinge],
die [ich] gesehen hatte [... in (?)] großer [...]

(vertikal) [...] die Dinge, die ich ge[sagt (?) hatte ...]. Und ich sah [...] Brüder [und ...]

Fragment 2

(horizontal) [...] ich wurde hinauf(?)geführt [...]. Und sie sprachen [zu mir:
„Hypsiphro]ne[252], siehe [...]

(vertikal) [...] Rat [...] Wolke [...] die Wolke [...] Ich freute (?) mich [...]

Fragment 4[253]

(horizontal) [...] Ich aber [...] sie [...] suchen / fragen (?) [...]

(vertikal) [...] Und [...] erste(r) [...] lief weg [...]

---

[251] Die Zuordnung der drei Fragmente (nur 1, 2 und 4, da 3 unbeschriftet ist) zu Hyps beruht hauptsächlich auf dem Eindruck, den man von den Bruchstücken *inhaltlich* gewinnt (am ehesten überzeugend wohl für Fragment 1: στολή und die „Unterrichtung" über „Gesehenes"), ist also nicht
kodikologisch gesichert. Zu bemerken ist auch, daß das, was man auf Fragment 1 (horizontal) vom
Inhalt zu verstehen glaubt, eher *hinter* als *vor* p.72 zu gehören scheint. Nach kodikologischen Kriterien ist das Blatt mit p.71 und 72 als letztes Blatt des Codex anzusehen; dennoch ist es nicht ganz
auszuschließen, daß noch ein weiteres Blatt (ohne Gegenstück am Anfang des Codex) angefügt
war, und daß das Fragment 1 der einzig erhaltene Rest dieses Blattes ist (und demnach p.73 und 74
repräsentiert). Dies wird auch dadurch nahegelegt, daß es aufgrund der Faserstruktur und Farbe
des Papyrus schwierig – wenn nicht unmöglich – ist, das Fragment im oberen Teil von p.71/72 zu
plazieren.

[252] Die Rekonstruktion des Namens „Hypsiphrone" auf Fragment 2 ist unsicher, doch leichter vorstellbar als eine zu Allog (NHC XI,3) passende Formel. Daher stellt man sich dieses Fragment –
seit der Erstausgabe – im verlorenen oberen Teil der Seiten 71 und 72 vor.

[253] Für die Zuordnung von Fragment 4 zu Hyps XI,4 (anstelle von Allog NHC XI,3) gibt es keinerlei
Anhaltspunkte.

Die Sextussprüche (NHC XII,1)

Uwe-Karsten Plisch / Hans-Martin Schenke

Literatur

Edwards, Richard A./ Wild, Robert A., 1981: The Sentences of Sextus. Edited and Translated. (SBLTT 22. ECLS 5.) Chico, Ca.

Funk, Wolf-Peter / Poirier, Paul-Hubert, 2002: Concordance des textes de Nag Hammadi. Les Codices XIb, XII, XIII. (BCNH.C 7.) Québec / Louvain.

Poirier, Paul-Hubert, 1983: Les Sentences de Sextus (NH XII,1). (BCNH.T 11.) Québec, 12-94.

Poirier, Paul-Hubert, 1980: A propos de la version copte des Sentences de Sextus (Sent. 320). LTP 36, 317-320.

Poirier, Paul-Hubert, 1981: Le texte de la version copte des Sentences de Sextus. In: Barc, Bernard (ed.): Colloque international sur les textes de Nag Hammadi (Québec, 22-25 août 1978). (BCNH.É 1.) Québec, 383-389.

Einleitung

Unter den Nag-Hammadi-Schriften fand sich zur Überraschung ihrer Erforscher auch der Rest einer (bisher nicht bekannten) koptischen Übersetzung der weit verbreiteten und seit der Zeit der Alten Kirche bei den Christen so hochgeschätzten Sextussprüche. Wie alle Nag-Hammadi-Texte dürfte auch diese uns erhalten gebliebene Kopie der Sextussprüche frühestens in der ersten Hälfte des 4. Jh. geschrieben worden sein. Da aber nach allgemeiner Meinung die Kompilation der Sextussprüche in ihrer griechischen Urgestalt im Alexandria des späten 2. Jh. entstanden ist, kann man den Vorgang der Übersetzung in die Landessprache und somit den Ursprung der uns durch die Kopie bezeugten koptischen Version der Sextussprüche erheblich früher ansetzen. Aber auch schon die Kopie selbst ist der älteste Textzeuge der Sprüche überhaupt, viel älter als die beiden Zeugen des griechischen Urtextes (10. bzw. 14. Jh.), aber auch älter als die bisher ältesten Zeugen der lateinischen, syrischen, armenischen, georgischen und äthiopischen Übersetzungen. Die Spielart der koptischen Sprache ist ein Sahidisch von wesentlich südlichem Charakter.

Bei dem uns erhalten gebliebenen Rest der koptischen Sextussprüche handelt es sich des näheren um große Fragmente von fünf Blättern, die, bis auf das erste, im ursprünglichen Codex in direkter Folge gestanden haben. Und zwar findet sich auf dem ersten Blatt, das übrigens am wenigsten gut erhalten ist, der Text der Sprüche 157-180, auf den anderen vier der Text der Sprüche 307-397. Die Ordnung der Sprüche auf den erhaltenen Seiten läßt nun vermuten, daß der Codex XII ursprünglich als erste Schrift den ganzen Text der Sextussprüche in ihrem ursprünglichen Umfang von 451 Sentenzen enthielt. Auf der Grundlage dieser Hypothese sind auch die mutmaßlichen Seitenzahlen der erhaltenen Blätter (15*/16* und 27*/28*; 29*/30*; 31*/32*; 33*/34*) und des ganzen ursprünglichen Codex errechnet worden. Die 451 Sextussprüche hätten danach die Codexseiten 1* bis 39* ausgefüllt.

Die Ursprache der Sextussprüche ist Griechisch. Als Abfassungsort und -zeit wird – wegen der vielen Bezüge zu zeitgenössischem alexandrinischen Gedankengut – allgemein das Alexandria des späten 2. Jh. (etwa 180-200 n.Chr.) angenommen.

Von einem Verfasser im engeren Sinne läßt sich angesichts des Spruchsammlungscharakters der Sextussprüche schlecht sprechen, allenfalls könnte man von einem konkreten Kompilator / Redaktor ausgehen, der die Sammlung in dieser Form zusammengestellt hat. Über dessen Identität ist jedoch weiter nichts bekannt. Daß er Sextus geheißen habe, ist nicht unmöglich. Die Σέξτου γνῶμαι werden schon bei Origenes (Comm in Mt 15,3; Cels 8,30) unter eben diesem Titel erwähnt, ihren „Verfasser" nennt Origenes „weise und gläubig". Seit dem 4. Jh. wurden die Sextussprüche dann als Werk des römischem Bischofs und Märtyrers Sixtus (oder Xystus) II. (257-258) angesehen.

Die Sentenzen des Sextus sind eine lockere Spruchsammlung philosophisch-weisheitlicher Provenienz. Einflüsse verschiedener antiker philosophischer Schulrichtungen lassen sich namhaft machen, so finden wir neben einer gewissen Vorliebe für stoische Begriffe und Lehren auch (neu-pythagoreisches Gedankengut und eine besondere Bevorzugung des platonischen Gottesbildes. Parallele heidnisch-philosophische Gnomologien, die der Kompilator seiner Zusammenstellung zu Grunde gelegt hat, sind in Form der Pythagoräer-Sentenzen und der Clitarch-Sentenzen belegt. Neben allgemeinen Maximen zu allen Bereichen der Lebensführung, wie sie für die Zeit typisch sind, fällt besonders der rigorose enkratitische Zug, der die Sextussprüche durchzieht, ins Auge. Ein Teil der Bedeutung der Sextussprüche liegt ohne Zweifel darin begründet, vor Augen zu führen, wie zwanglos populäres heidnisch-antikes Bildungsgut am Ende des 2. Jh. n.Chr. in christlichen „Besitz" überführt werden konnte. Angereichert mit christlichen Elementen erfreute sich die Spruchsammlung außerordentlicher Beliebtheit und wurde erst durch das Decretum Gelasianum (5,4,11) als apokryph eingestuft – letztlich wohl weniger aus inhaltlichen Gründen als wegen der Berufung häretischer Kreise auf die Autorität der Sextussprüche. Der Wert des koptischen Zeugen NHC XII,1 für die Textkritik und die Textgeschichte der Sextussprüche wird mit Recht als sehr hoch eingestuft. Gelegentlich variiert zwar auch bei ihm die Reihenfolge einzelner Sentenzen, oder es fehlt eine ganz oder teilweise, auch bietet er variae lectiones (mit oder ohne Rückendeckung durch andere Zeugen). Aber mit alledem fügt er sich nur, und zwar vorzüglich, in das bisherige Bild ein.

Übersetzung

(Die Sentenzen 1-156 fehlen)

(157)   [(Langrednerei)] *(p.15*)* ist [der] Begleiter(?) der Unwissenheit.

(158)   [Liebe] die Wahrheit!

(159)   Und die Lüge [behandle] wie Gift!

(160)   Der rechte Zeit[punkt soll] deinen Worten voran[gehen]!

(161) [Rede], wenn [du] nicht [schweigen] darfst!

(162a) [...]

(162b) [Über] das hingegen, [was] du weißt, [rede] dann, [wenn] es sein muß!

(163a) [Eine Rede] zu unpassender Zeit [ist ein Beweis] übler Gesinnung.

(163b) [Wenn es] zu handeln gilt, [bediene dich] nicht [der] Rede!

(164a) Wünsche dir nicht, in [der Versammlung als erster zu reden]!

(164b) Wiewohl (?) es eine Kunst [ist zu reden], ist es auch [eine] Kunst [zu schwei-gen].

(165a) Es ist [besser], daß du unterliegst, [weil du die Wahrheit sagst], als daß du [durch Täuschung] obsiegst.

(165b) Wer durch Täuschung siegt, wird durch die Wahrheit [besiegt].

(165c) [Lügenreden] werden zu [Zeugen der] Schlechten.

(165d) Ein großer Not[fall...], daß die Lüge [...].

(165e) [...] hättest du gesagt [...], und wenn [...].

(165f) Täusche [niemanden, besonders aber (nicht)] den, der des [Rates] bedarf!

(165g) [Wenn du] nach [vielen redest, wirst du] den Vorteil [besser sehen].

(166) [Nur (?) ein Gläubiger] ist es, der zu allen guten [Taten] anführt. *(p.16*)*

(167) Die Weisheit geleitet [die Seele] zum Orte [Gottes].

(168) [Nichts] ist verwandt mit der [Wahrheit außer] der Weisheit.

(169) Eine [gläubige] Natur kann [un]möglich [auch] trug[liebend sein].

(170) Eine furchtsame [und] unfreie Natur kann [nicht Anteil haben am] Glauben.

(171a) Sofern du [gläubig] bist, [schätze nicht] das, was zu sagen nötig ist, [höher ein] als das Zuhören!

(171b) Wenn du [dich aber] unter Gläubigen [befindest, so wünsche lieber zu hören] als zu reden!

(172) Ein [genußsüchtiger] Mensch ist unbrauchbar [in jeder Hinsicht].

(173) (Nur) wenn [du] keine [Sünde hast, darfst du] in jeder Hinsicht von [Gott] her [reden].

(174) [Die Sünden] derer, die unwissend sind, [bedeuten] eine Schande für die, die [sie gelehrt haben].

(175) [Die]jenigen, um derentwillen [der Name Gottes] geschmäht wird, sind [tot] vor Gott.

(176) Ein [weiser Mensch ist] ein Wohltäter nächst Gott.

(177)   [Dein Leben soll] deine [Worte] bestätigen [vor den] Zuhörern!

(178)   Was [man nicht tun darf, das] beabsichtige auch nicht [zu tun]!

(179)   [Was du nicht] willst, daß es [dir geschehe, das tue] auch selbst [nicht]!

(180)   [Was zu tun] schändlich [ist, das ist auch schändlich,] (wenn man es anderen aufträgt.)

(Die Sentenzen 181-306 fehlen)

(307)   *(p.27*)* [Ein weiser Mensch] – er ist es, [der Gott] den Menschen nahe[bringt].

(308)   [Gott] aber denkt bei seinen [Werken] am höchsten über den Weisen.

(309)   [Nächst] Gott ist keiner so [frei] wie der weise Mensch.

(310)   [(Alles,) was] Gott sich erworben [hat, das besitzt] auch der Weise.

(311)   Der weise Mensch hat Anteil an der [Herr]schaft Gottes.

(312)   Ein schlechter Mensch will nicht, daß die Vorsehung Gottes geschieht.

(313)   Eine schlechte Seele flieht vor Gott.

(314)   Jede üble Sache ist der Feind Gottes.

(315)   Was in dir denkt, sage in deinem Herzen, daß das der Mensch ist!

(316)   Wo dein Denken ist, dort ist dein Gut.

(317)   Suche nicht Gutes im Fleisch!

(318)   Was der Seele [nicht] schadet, das schadet auch nicht dem [Menschen].

(319)   Nächst Gott halte (am meisten) einen [weisen] Menschen in Ehren! [Denn er] ist der Diener [Gottes]!

(320)   Den Leib deiner [Seele] für belastend zu halten, ist [Hoch]mut; jedoch imstande zu sein, ihn mit Sanftmut gehen zu lassen, *(p.28*)* wenn [es sein muß, das ist] Glückseligkeit.

(321)   [Sei nicht] Verursacher [deines] eigenen [Todes]; dem (aber), der dich [des Leibes] beraubt und dich tötet, [dem zürne] nicht!

(322)   Wenn einer [den Weisen] gewalt[sam] des Leibes beraubt, so tut er ihm dennoch etwas Gutes. [Denn] er wurde aus Fesseln erlöst.

(323)   Die Furcht vor [dem Tode] quält den Menschen infolge (seiner) Unkenntnis von der Seele.

(324)   <Es wäre am besten> für dich, wenn [das] männermordende [Schwert] gar nicht erst entstanden wäre. Nachdem es aber entstanden ist, sage in deinem Herzen, daß es nicht <für dich> da ist!

(325)   Einer, der sagt: „Ich glaube", wird, selbst wenn er lange Zeit in Verstellung lebt, nicht bestehen, sondern wird fallen.

(326a) Wie dein Herz ist, so wird dein Leben sein.

(326b) Ein frommes Herz läßt ein glück[liches] Leben entstehen.

(327) Wer Böses sinnt gegen einen anderen, [ist auch] der erste, um [Böses zu] kosten.

(328) Ein undankbarer Mensch [darf] dich [nicht] davon abbringen, [Gutes] zu tun!
(p.29*)

(329) [Sage nicht in] deinem Herzen, daß etwas [von] dem, worum du gebeten wirst [und das du] sofort gibst, mehr (wert) sei als [der, der] es empfangen wird!

(330) Du wirst [ein] großes Vermögen brauchen, wenn du den [Bedürftigen] bereitwillig gibst.

(331) Einen Bruder, [der un]verständig handelt, bewege dazu, nicht unverständig [zu] handeln; wenn er [rasend] wird, halte ihn unter Kontrolle!

(332) Ringe darum, alle Menschen an Verständigkeit zu übertreffen!

(334) Bewahre dir deine Genügsamkeit!

(333) Du kannst keinen Verstand erlangen, es sei denn, du sieht zuvor ein, daß du keinen hast. Dieses Wort gilt auch in jeder (anderen) Beziehung.

(335) Die Teile des Leibes sind denen zur Last, die von ihnen keinen Gebrauch machen.

(336) Anderen zu dienen ist besser, als andere dir dienen zu lassen.

(337) Wen Gott nicht vom Körper befreit, der soll nicht unzufrieden sein.

(338) Einen Grundsatz, der nicht dazu angetan ist, den Bedürftigen zu geben, mach dir nicht nur nicht zu eigen, höre ihn nicht [einmal] an!

(339) Wer irgend etwas [ohne] Respekt gibt, der frevelt [gegen Gott (?)].

(340) Wenn du dich [um die] Waisen kümmerst, wirst du [ein] Vater vieler Kinder und *(p.30*)* gottgefällig sein.

(341) Wem [du] um [Ruhmes] willen [gedient hast], (dem) [hast du] gegen Lohn gedient.

(342) [Wenn] du [... gibst], um dich berühmt zu machen [..., so hast du] (es) nicht einem Menschen gegeben, sondern deinem (eigenen) Vergnügen hast [du (es) gegeben.]

(343) [Reize] nicht den Zorn der Menge!

(344) [Erkenne also,] was es ist, das der Reiche [tun] muß!

(345) Es ist besser zu sterben, als die Seele um [der] Unbeherrscht[heit] des Bauches willen zu blenden.

(346) Sage in [deinem] Herzen, daß der Leib das Gewand deiner Seele [ist]; bewahre ihn also rein und sündlos!

(347) Was die Seele tun wird, während sie im Leibe ist, das hat sie zum Zeugnis, wenn sie auffährt zum Gericht.

(348) Unreine Dämonen werden einer befleckten Seele zugesprochen.

(349) Eine gläubige und gute Seele da<gegen> können <die> bösen <D>ämonen nicht hindern auf dem Wege Gottes.

(350) Das Wort Gottes gib nicht jedem!

(351) Für die durch den Ruhm Verdorbenen bedeutet es nicht Sicherheit, von Gott zu [hören].

(352) Es ist keine geringe [Gefahr] für uns, [die Wahr]heit über Gott zu [sagen].

(353) [Sage] *(p.31*)* [nichts über] Gott, [bevor du] (es) von Gott gelernt hast!

(354) Sprich [nicht] mit einem Gottlosen [über] Gott!

(356) Wenn du [nicht rein bist] von den befleckten Werken, sprich [nicht] über Gott!

(357) [Die] wahre [Rede] über Gott ist [die] Rede Gottes.

(355) Halte die Rede über Gott, als ob du sie vor Gott hältst!

(358) Wenn sich dein Herz zuvor davon überzeugt hat, daß du gottgefällig warst, dann rede, zu wem du willst, über Gott!

(359) Deine gottgefälligen Werke sollen jeder Rede über Gott vorangehen!

(360) Wünsche dir nicht, vor einer Menge über Gott zu reden!

(361) Mit einer Rede über Gott sei sparsam<er als mit der> über eine Seele!

(362) Es ist besser, eine Seele preiszugeben, als unnütz ein Wort über Gott auszusprechen.

(363a) Du bringst zwar den Leib des Frommen hervor, über seine Rede aber kannst du keine Macht gewinnen.

(363b) Wie der Löwe Macht hat über den Leib des Weisen, so hat auch der Tyrann Macht nur [über diesen (Leib)].

(364) Wenn ein [Tyrann] *(p.32)* dir droht, [dann] erinnere [dich besonders] an Gott!

(365) Wer die Rede von Gott [vor solchen hält, (zu) denen] es nicht gestattet ist, der ist der [Verräter] Gottes.

(366) [Es ist] besser, [daß du] die Rede von [Gott] verschweigst, als daß du in Voreilig[keit] redest.

(367) Wer Lügen über Gott verbreitet, der belügt Gott.

(368) Ein Mensch, der nichts Wahres über [Gott] zu sagen hat, ist von Gott verlassen.

(369)   [Es ist nicht] möglich, daß du Gott erkennst, solange du ihn nicht verehrst.

(370)   Ein Mensch, der einem (anderen) Unrecht tut, kann Gott nicht verehren.

(371)   Der Ursprung der Frömmigkeit ist die Menschenliebe.

(372)   Wer sich <um> die Menschen sorgt und für alle betet – das ist die Wahrheit Gottes.

(373)   Sache Gottes ist es, zu retten, wen er will.

(374)   Sache des Frommen dagegen ist es, zu Gott zu beten, einen jeden zu retten.

(375)   Wenn du um eine Sache betest und sie dir von Gott gewährt wird, dann sage in deinem Herzen, daß [du Macht] *(p.33*)* [hast bei Gott]!

(376a)   [Ein] Mensch, der Gottes würdig ist, der ist Gott unter den [Menschen].

(376b)   Es gibt (außer Gott) auch den Sohn Gottes: Es existiert das Größte, und es existiert (zugleich) das, was dem Größten nahesteht.

(377)   Es ist besser, daß der Mensch ohne Besitz sei, als daß er viel Besitz habe und nicht den Bedürftigen (davon) abgebe.

(378)   <...>, wird auch Gott, wenn du ihn bittest, dir nicht geben.[254]

(379)   Wenn du von ganzem Herzen dein Brot denen gibst, die hungrig<er> sind, so ist das Geben zwar etwas Kleines, die Bereitwilligkeit aber ist etwas Großes vor Gott.

(380)   Wer der Meinung ist, daß nichts vor Gott von Bedeutung ist, der ist nicht geringer als der Gott<lose>.

(381)   Wer sein Herz nach Kräften Gott gleich macht, der ist es, der Gott am meisten verehrt.

(382)   Gott ist in keiner Weise bedürftig, er freut sich aber über die, welche den Bedürftigen geben.

(383)   Die Gläubigen machen nicht viele Worte, ihre Werke aber [sind] zahlreich.

(384)   Ein lerneifriger Gläubiger ist der Arbeiter der Wahrheit. *(p.34*)*

(385)   [Richte dich auf die Not]fälle ein, damit [du] nicht [betrübt wirst]!

(386)   [Wenn du] niemandem Unrecht tust, wirst du niemanden zu fürchten haben.

(387)   Der Tyrann kann den Reichtum von dort nicht wegnehmen.

(388)   Was man tun muß, das tue freiwillig!

(389a)   Was man nicht tun darf, das tue in keinerlei Weise!

---

[254] Ohne die Protasis <Wenn du denen, die dich bitten, nicht gibst, obwohl du es kannst> ist der Text hier unverständlich.

(389b) Versprich alles lieber, als daß du sagst: „Ich bin weise"!

(390)   Was du recht tust, davon sage in deinem Herzen, daß Gott es ist, <der> es tut!

(391)   Kein Mensch, der herab<blickt> auf die Erde und auf (gefüllte) Tische, ist weise.

(392)   Der Philosoph, der (es) körperlich, (nur) nach außen hin, ist, nicht er ist es, der verehrungswürdig ist, sondern <der> Philosoph (, der es) nach dem inneren Menschen (ist).

(393)   Hüte dich zu lügen! Es gibt den, der täuscht, und es gibt den, der getäuscht wird.

(394)   Wer Gott ist, erkenne; und erkenne, wer es ist, der in dir denkt!

(395)   Ein guter Mensch ist das gute Werk Gottes.

(396)   Unglücklich sind die, um derentwillen das [Wort] geschmäht wird.

(397)   Der Tod kann [nicht] zugrunderichten (die Seele, sondern das kann nur ein schlechtes Leben).

(Die Sentenzen 398-451 fehlen)

Die dreigestaltige Protennoia (NHC XIII,1)

Gesine Schenke Robinson

Literatur

Janssens, Yvonne, 1978: La Prôtennoia Trimorphe (NH XIII,1). Texte établi et présenté. (BCNH.T 4.) Québec.

Paul-Hubert Poiroir, 2006: La Pensée Première à la Triple Forme (NH XIII,1). Texte établi, traduit et présenté. (BCNH.T 32.) Québec.

Schenke, Gesine, 1984: Die dreigestaltige Protennoia (Nag-Hammadi-Codex XIII). Hg., übers. u. komm. (TU 132.) Berlin.

Turner, John D., 1990: NHC XIII,1: Trimorphic Protennoia. In: Hedrick, Charles W. (ed.): Nag Hammadi Codex XI, XII, XIII. (NHS 28.) Leiden [u.a.], 359-454.

Einleitung

Die Schrift ist eine göttliche Offenbarungsrede, in der die Protennoia, der „erste Gedanke", mit vielfachen Selbstprädikationen ihre Identität und ihre Rolle bei der Schöpfung und Errettung der Welt unter immer wieder neuen Aspekten deutlich macht, erweitert durch eingesprengte erzählende Partien mit gängigen Topoi gnostischer Kosmologie, Eschatologie und Soteriologie. Die Aretalogien bilden den rhetorischen Rahmen für eine Komposition poetischen Charakters, in der die dem gnostischen Mythos eigenen entscheidenden Stationen des Fall- und Erlösungsdramas zusammengefaßt sind.

Die dreiteilige Struktur ist bestimmt von der wesenhaften Dreiheit der Protennoia, die außer sich selbst als Mutter auch den Vater und den Sohn repräsentiert. Dreimal steigt sie in jeweils einer der drei Erscheinungsformen der göttlichen Trias herab in die Welt, um ihren Kindern die heilsbringende Gnosis zu vermitteln. Das soteriologische Walten der Protennoia ist so auf die drei Reden verteilt, daß in der ersten vor allem die Entstehung des Alls und zugleich ihre erste Epiphanie als Gestalt des Vaters zur Sprache gebracht wird. In ihrer Uroffenbarung erweist sie sich sowohl als Lebensprinzip als auch als Erkenntnisprinzip der Welt. Die zweite Rede hat vorwiegend die Eschatologie zum Gegenstand und handelt von ihrer zweiten Parusie als Mutter, die im Sinne der kontinuierlichen Offenbarung ihre Kinder über Vergehen und Ende der Welt belehrt. In der dritten Rede wird vorrangig die Soteriologie zur Sprache gebracht, und ihre Erscheinung im Sohn als ihre dritte Parusie geschildert. Als Logos teilt

sie hier ihren Brüdern die Geheimnisse mit, die für den erfolgreichen Wiederaufstieg der Seele heils-
notwendig und also unerläßlich sind.

Die Stufendramatik in Gesamtaufbau ist noch einmal in der dritten Rede selbst reflektiert, die von
der Perspektive des Logos aus die dreifache Offenbarung der Protennoia als Erlöser artikuliert (p.47,5-
15) und damit in metaphorischer und phänomenologischer Hinsicht außerordentlich eng verwandt mit
dem Johannesprolog ist: Bei ihrer ersten Epiphanie bezeugt sie sich in der Schöpfungsoffenbarung als
präexistenter Weltschöpfer und -erhalter (vgl. Joh 1,1-5); beim zweiten Mal macht sie in kontinuierli-
cher Offenbarung jene zu Gotteskindern (Ebenbildlichkeit), die sie annehmen (vgl. Joh 1,9-13); beim
dritten Mal lebt sie selbst in Menschengestalt unter den Menschen (vgl. Joh 1,14).

Diese kurze Passage läßt ebenfalls die metaphorische Ausweitung des für die Gnosis so zentralen
Rufes zur Erkenntnis anklingen, durch Identifikationen, mit denen sich die Protennoia wiederholt prä-
diziert hatte, nämlich als *der* Ruf ihres der Welt zugewandten Gedankens in ihrem männlichen Aspekt,
als *die* Stimme des Rufes in ihrem weiblichen und nun als rationaler Inhalt (Logos) in ihrem Aspekt
der Gottessohnschaft. Das Erkennen des Erlösers (an der Stimme) signalisiert die Bereitschaft zur Annahme der Offenbarung, dessen Inhalt die Erlösung bringende Erkenntnis ist, nämlich die Erinnerung
an die wahre Herkunft (p.41,28-32). Die Annahme der Erkenntnis ist die Frucht, die als „Steuer" bei
der Taufe bezahlt wird (p.37,1-3). Die Gnostiker werden mitunter sogar direkt angesprochen (im Ihr-
Stil) und antworten ihrerseits auf die Offenbarungen in gläubigem Bekenntnis (Wir-Stil).

Da der Offenbarungsinhalt anscheinend identisch ist mit der vorliegenden Schrift, die demnach zugleich als Liturgie fungiert haben könnte, ist als Sitz im Leben eine Kultfeier anzunehmen, bei der die
gegebene Verheißung immer wieder neu realisiert wird. Zu denken ist dabei am ehesten an die sethianische Taufe, gemessen an der herausragenden Rolle, die diese als Instrument der Erlösung innerhalb
der sethianischen Kultpraxis zu spielen schien. Mit seinem geheimen und unerkannten Abstieg durch
die ihm feindlichen Archontensphären bereitet der Erlöser den Weg für den künftigen Wiederaufstieg
der Seelen der einzelnen Gnostiker, die denselben Weg nehmen müssen. Für diesen werden sie ausgerüstet mit den vier Himmelsgaben (p.45,12-20; 48,15-30), die auch sie ungreifbar machen (p.49,32-34)
und so den reibungslosen Aufstieg garantieren. Im Akt der Versiegelung erfahren sie ferner die fünf
geheimsten Namen (Siegel), die sie Passworten gleich beim Aufstieg anrufen können (p.48,30-35;
49,22-28). Zur Mitteilung genau dieser Geheimnisse kam der Erlöser herab und hat so das Sakrament
eingerichtet, das die gnostische Gemeinde nun nachvollziehen kann in der irdischen Taufe, die verstanden ist als Vorwegnahme dessen, was sich einst beim Aufstieg des erlösten Geistes ereignen wird.
Damit wird die Taufideologie zum tatsächlichen Taufritus.

Abfassungszeit und -ort des griechischen Originals, von dem wir hier nur die koptische Übersetzung in einer Kopie des 4. Jh. haben, sind unsicher. Da die Schrift jedoch eine vom Christentum noch
fast unberührte Gnosis darstellt, die Identifikation des göttlichen Autogenes mit Christus durch bloßes
Hinzufügen von XP (p.38,22; 39,7) und die offensichtlich sekundären Interpolationen (p.49,5-22 +
50,12-15) aber schon von Auseinandersetzungen mit frühchristlichen Traditionen zeugen, mag das
Werk seine endgültige Form gegen Ende des 1. Jh. im palästinensisch-syrischen Raum erreicht haben.

Übersetzung

1. Die Rede von der Protennoia (p.35,1-42,3)

(p.35)
[Ich] bin die Protennoia,
    [der] Gedanke, der da ist im [Vater.]
[Ich] bin die Bewegung, die da waltet im [All],
    [und die,] in [der] das All Bestand hat.
(Ich bin) [die] Erstgeburt unter den Gewordenen,
    [und die, die] vor dem All da ist,
        genannt die Dreinamige, weil allein vollkommen.

Ich bin unsichtbar im Denken des Unsichtbaren,
    und doch bin ich sichtbar in den Unmeßbaren, den Unsagbaren.
Ich bin ungreifbar, die ich im Ungreifbaren bin,
    und doch bin ich umgetrieben in jedem Geschöpf.

Ich bin das Leben kraft meiner Epinoia
    (und) die, [die] ewiglich waltet
        in jeder Kraft und in jeder Bewegung,
        in unsichtbaren Lichtern und in Archonten, Engeln und Dämonen,
        in jeder Seele im Tartaros und in jeder hylischen Seele;
    die ich vorhanden bin in (all) den Gewordenen,
        wirkend in einem jeden und doch ruhend in allen,
        zielgerecht wandelnd und weckend die, die da schlafen.
Ja, ich bin das Sehvermögen derer,
            die (jetzt noch) im Schlafe sind.
Ich bin der unsichtbar (Waltende) im All.
Ich bin es, der das Verborgene bedenkt,
        wissend um alles, was in ihm ist.

Ich bin eine (Menge),
    die keiner zählen kann.
Ich bin eine unsagbare (Größe),
    die keiner messen kann.
Wenn ich aber [will, werde ich] mich selbst offenbaren.

Ich [bin das Haupt des] Alls,
    die ich vor [dem All] da bin;
[ja,] ich bin (selbst) das All,
    [die ich walte in einem] jeden.

Ich bin ein Ruf [von] sanftem [Klang],
    die ich ruhe seit [Urbeginn] im Schweigen.
[Ich bin der (Raum),]

in [dem] jeder [Ruf] (erklingt). *(p.36)*
Ja, der verborgene [Ruf], der in mir ruht,
     (ruht) [im] unerreichbaren, unmeßbaren [Denken]
     [im] unermeßlichen Schweigen.

Ich bin es,
  der [herabstieg in die] Mitte der Unterwelt
  und leuchtend aufging [über der] Finsternis.
Ich bin es,
  der das [Wasser] hervorsprudeln ließ.
Ich bin es,
  der in [leuchtenden] Wassern verborgen ist.
Ich bin es,
  der dem All aufgegangen ist,
     · einem nach dem anderen, kraft meines Gedankens.
Ich bin es,
  der voller Ruf ist.

Durch mich ist es, daß Gnosis aufbricht,
  die [ich] wohne unter den Unsagbaren und Unerkennbaren.
Ich bin die Erkenntnis und das Wissen,
  die ich einen Ruf aussende kraft eines Gedankens.
Ich bin der wahre Ruf,
  die ich rufe in einem jeden.
Ja, sie werden [mich] an ihr (sc. der Stimme) erkennen,
     sofern ein Same (von mir) in [ihnen] ist.

Ich bin der Gedanke des Vaters,
  und durch mich erscholl [der] Ruf
     – er, der die Erkenntnis des Unendlichen ist.
Ich bin der Gedanke des [Alls],
  die ich verbunden bin
     mit dem unerkennbaren und unerreichbaren Denken.

Ja, ich offenbarte mich allen,
  die mich erkannten.
Denn ich bin es,
  der verbunden ist mit einem jeden
     durch den verborgenen Gedanken und einen hehren Ruf.

(Antwort der Gemeinde)
(Akklamation)
„Ja, ein Ruf aus dem unsichtbaren Denken
  und unermeßlich im Unermeßlichen ist er.
Ein [unbegreifliches] Mysterium
  aus [dem Unerreichbaren] ist er.

Unsichtbar ist er [für alle],
   [obgleich er] sichtbar ist im All.
[Licht ist er,]
   [das da] wohnet im Lichte."

(Konfession)
„Wir allein sind [es,]
   [die du erlöst hast von] der sichtbaren [Welt].
Wir [sind errettet]
   [kraft des] verborgenen [Menschen in unserem] Herzen
   [durch den] *(p.37)* unsagbaren und unermeßlichen [Gedanken].
Ja, der in uns verborgene (Mensch)
   zahlt mit seinen Früchten die Steuern
   dem Wasser des Lebens."

Da nun offenbarte der allseits vollkommene Sohn, der durch den Ruf entstandene Logos
– als er den Namen in sich tragend und leuchtend in der Höhe erschienen war – das Un-
endliche <nebst dem ersten Gedanken>.
   Und alles Unerkannte
         wurde erkannt;
   und das schwer Deutbare und Verborgene
         enthüllte er;
   und denen, die im Schweigen harren {...},
         predigte er;
   und denen, die in der Finsternis sitzen,
         offenbarte er sich;
   und denen, die im Abgrund liegen,
         teilte er sich mit;
   und denen, die in den verborgenen Gewölben hocken,
         sagte er die unaussprechlichen Mysterien;
         und die einmaligen Lehren verkündete er allen,
   die (alsdann) zu Kindern des Lichtes wurden.

Der Ruf aber,
   der aus meinem Gedanken kam,
         wohnt in drei (Himmels-)Räumen
         <gestaltet wie drei Quadrate □□□ >:
         (dem) des Vaters, (dem) der Mutter und (dem) des Sohnes.
(Er hat) eine Stimme,
         die wahrnehmbar ist.
Er trägt ein Wort in sich,
         voll von Herrlichkeit.
Er hat auch drei Männlichkeiten, drei Kräfte und drei Namen {...},
         verborgen im Schweigen des Unaussprechlichen.

[Diesen] allein, der (so) entstanden ist, nämlich [den Logos],
habe ich gesalbt
    mit der Herrlichkeit [des] unsichtbaren [Geistes] (und) mit [Güte].
[Den Dritten] also [allein]
habe ich eingesetzt
    [in] ewiger [Kraft] über [die Äonen der] lebendigen [Erleuchter].
Er [ist der über dem All eingesetzte Gott]. *(p.38)*
Er, der aufstrahlen ließ das Licht den hehren Äonen,
    und (sie ansiedelte) in gleißendem Lichte von beständiger Dauer,
    und der sich in sein eigenes Licht stellte, das ihn umgibt,
er, das Auge des Lichtes,
  das mich beleuchtet mit Glanz,
er schuf Äonen dem Vater aller Äonen,
der ich bin,
  der Gedanke des Vaters als die Protennoia,
(ich,) Barbelo, die [vollkommene] Herrlichkeit,
    unsichtbar, verborgen und [unermeßlich].
Ich bin die (sichtbare) Gestalt
  des unsichtbaren Geistes,
  und das All wurde gestaltet
durch mich.

(Glosse)
Und das Licht, das die Mutter als jungfräuliches eingesetzt hat, heißt Meirothea, der unerreichbare Mutterschoß, der ungreifbare, unermeßliche [Ruf].
Da zeigte sich der vollkommene Sohn seinen Äonen, die durch ihn entstanden waren. Er ließ (auch) sie sichtbar werden, verlieh ihnen Glanz und verlieh ihnen Throne. Er (selbst) stellte sich mitten in den Glanz, mit dem er sich umglänzt hatte.

(Lobpreis der himmlischen Äonen)
(Da) priesen sie (alle) den vollkommenen Sohn, den Christus, den von selbst entstandenen Gott. Sie verherrlichten <ihn> und sprachen:
    „Er ist wahrhaftig, er ist wahrhaftig,
    der Sohn Gottes, der Sohn Gottes,
    ja er, der wahrhaft Seiende,
    der Äon der Äonen,
    überschauend die Äonen, die er hervorgebracht hat."
„Wahrlich, du hast (uns) hervorgebracht durch deinen eigenen Willen.
Deswegen preisen wir dich: ,MA MO O O O EIA EI ON EI'!
O du Äon der [Äonen]!
[O du] Äon, der sich verherrlicht hat!"

Da verlieh der Gott, [der] (durch sich selbst) hervorgebracht [worden war], ihnen eine Kraft, die [niemand besiegen kann].

Und (als solche Kraft) setzte [er sie] ein [an ihren Ort:]
      [Über den ersten] Äon setzte er ein
    [den] ersten (Erleuchter)   Armedon Nousanios [Harmozel];
    [den] zweiten (Erleuchter) Phaionios Ainios Oroiael
       setzte er ein [über den zweiten Äon]; *(p.39)*
    den dritten (Erleuchter)   Mellephaneus Loios Daueithai
       (setzte er ein) über den dritten Äon;
    den vierten (Erleuchter)   Mousanios Amethes Eleleth
       (setzte er ein) über den vierten (Äon).

Die Äonen nun – die hervorgebracht worden sind von dem (durch sich selbst) hervorgebrachten Gott, dem Christus –, denen Glanz verliehen worden war, diese spendeten (nun) auch ihrerseits Glanz. Sie traten in Erscheinung, erhaben in ihrem Denken, und jeder einzelne Äon versprühte Myriaden von Glanz in großartigen, unnahbaren Lichtern. Und sie priesen alle miteinander den vollkommenen Sohn, den Gott, der (durch sich selbst) hervorgebracht worden ist.

Da ging ein Wort aus von dem großen Erleuchter Eleleth, und er sprach:
   „Ich bin der König (des Alls)!
   Wer ist der (König) des Chaos, und
   wer ist der (König) der Unterwelt?"
Und im selben Augenblick kam sein Licht strahlend und die Epinoia mit sich bringend hervor, ohne daß die Kräfte der Kräfte ihn (darum) gebeten hatten. Und sogleich trat auch der große Dämon in Erscheinung, der da herrscht über die Tiefe der Unterwelt und des Chaos, der weder Gestalt hat noch vollkommen ist, vielmehr die Gestalt der „Herrlichkeit" derer hat, die in der Finsternis geboren wurden. Dieser heißt Saklas, und zugleich Samael (bzw.) Jaltabaoth, er, der eine Kraft an sich gerissen hat, die er der Arglosen raubte, nachdem er sie überwältigt hatte – nämlich der Epinoia des Lichtes, die herabgestiegen war, und aus der er (ja selbst) zu Anfang entsprungen war.

[Als] nun die Epinoia des [Lichtes] erkannte, daß [sie] ihn (sc. Eleleth) um ein anderes (als das ursprünglich gewollte) [Geschöpf] gebeten hatte, [das] (nun) geringer war als sie, sprach sie (flehend):
   „Komm [mir zu Hilfe, um] mich [aufzurichten],
   [denn ich bin] in [schlimme] Unordnung geraten."
[Und die] ganze [Gemeinschaft des] Hauses der *(p.40)* Herrlichkeit [war] zufriedengestellt durch ihr Wort (der Einsicht). Sie brachten Segen über sie, und die hehre Ordnung vergab ihr.

Und der große Dämon begann Äonen zu schaffen nach dem Vorbild der wahren Äonen. Er schuf sie aber (nur) aus seiner eigenen Kraft.

(Protennoia an die Archontenwelt)
Da offenbarte ich mich selbst auf geheimnisvolle Weise durch meinen Ruf und sprach:
   „Haltet ein, haltet ein,
   o ihr, die ihr die Hyle bewohnt!
   Denn siehe, ich werde herabkommen in die Welt der Sterblichen

meines (verlassenen) Teiles wegen, das dort (zurückgeblieben) ist,
seit die arglose Sophia, die herabgestiegen war, überwältigt wurde,
auf daß ich zunichte mache ihr (sc. der Archonten) Ziel,
das der festsetzt, der sich mit ihm (sc. diesem Ziel) bloßlegt."

Da erzitterten alle, die <nicht> im Hause des unerkennbaren Lichtes wohnen, und der Abgrund bebte. Und der Archigenetor der Unwissenheit, <der> König war über das Chaos und die Unterwelt, schuf einen Menschen nach meinem Bilde, ohne aber zu wissen, daß jener ihm zu einem vernichtenden Gericht werden würde, und ohne die Kraft zu kennen, die in ihm (sc. dem Menschen) ist.

Jetzt aber stieg ich herab,
gelangte zum Chaos
und war dort [bei] den Meinen.
Ich war in ihnen [verborgen],
verlieh [ihnen] Kraft [und] verlieh ihnen Ebenbildlichkeit.

Ja, [vom ersten] bis zum [letzten] Tage
    [stärke ich] die Meinen;
[und ich werde mich verbinden mit] denen,
    die [auf dieses Wort] gehört haben, *(p.41)*
        mit den Kinder des Lichtes,
deren Vater ich bin.

(Protennoia an die Gnostiker)
„Ja, ich will euch ein von keinem Munde aussprechbares und verkündbares Mysterium mitteilen:
    Alle Ketten
        habe ich gelöst für euch;
    und die Fesseln der Dämonen der Unterwelt,
            die gebunden sind um meine geschlagenen Glieder,
        habe ich zerschnitten;
    und die hohen Mauern der Finsternis
        habe ich niedergerissen;
    und die starken Tore der Unbarmherzigen
        habe ich aufgestoßen;
    und ihre Riegel
        habe ich zerbrochen;
    und die teuflische Gewalt,
    und den, der euch schlägt,
    und den, der euch bedrängt,
    und den Tyrannen und Widersacher,
    und den, der König ist,
    und den eigentlichen Feind
        (habe ich vernichtet)."

All dies nun habe ich wissen lassen die Meinen,
   sie, die die Kinder des Lichtes sind,
      auf daß sie all diese (Mächte) vernichten,
      erlöst werden aus all diesen Fesseln
      und eingehen zu dem Ort, an dem sie zuvor waren.

Ich bin es, der als erster herabkam,
   wegen meines verlassenen Teiles,
      das der Geist ist, der in der Seele wohnt,
      der (von neuem) entstanden ist
      durch das Wasser des Lebens und durch die Mysterientaufe.

Ich sprach zwar mit Archonten und Mächten in ihrer Sprache,
denn ich stieg (durch ihre Regionen) zur Tiefe herab,
doch meine Mysterien teilte ich (nur) den Meinen mit,
(denn es ist ja) ein verborgenes Mysterium.
(So) lösten sie die Fesseln
   und das von Ewigkeit her bestehende Vergessen.
Und ich brachte in ihnen Frucht hervor,
   die da ist die Erinnerung an den unwandelbaren Äon,
   ja, an mein Haus und (das) ihres Vaters.

Ich kam herab
   [zu denen, die] mein sind von Anbeginn,
und ich [machte die] früheren Schandtaten [wieder gut],
   die [an ihnen] begangen wurden.
   [Da] begann zu leuchten ein jeder,
[der] in mir ist,
und *(p.42)* ich machte zu einer (einzigen) Gestalt
   die unaussprechlichen Lichter
in mir.
Amen.

Die Rede von der Protennoia, [(Teil) 1]

2. Die Rede von der Heimarmene (p.42,4-46,4)

Ich bin der Ruf,
   der ertönte kraft meines Gedankens.
Ja, ich bin der Paargenosse,
   sofern ich „der Gedanke des Unsichtbaren" genannt werde;
   sofern ich „die unwandelbare Stimme" genannt werde,
heiße ich „die Paargenossin".

Ich bin eine Einzige,
   die ich unberührt bin.

Ich bin die Mutter des Rufes,
   die ich in vielerlei Weisen redend das All erfülle.
Ja, in mir (allein) liegt Erkenntnis,
      die Erkenntnis des Unendlichen.

Ich bin es,
   der redet in jedem Geschöpf,
      und ich wurde erkannt durch das All.

Ich bin es,
   der den Ruf erschallen läßt
      in den Ohren derer, die mich erkannt haben,
         die da sind die Kinder des Lichtes.

Ich kam aber zum zweiten Mal, (nun) in weiblicher Gestalt,
   und redete mit ihnen.
Ja, ich will sie belehren
   über das kommende Ende des (bestehenden) Äons;
und ich will sie wissen lassen
   den Anfang des kommenden Äons, der da unwandelbar ist.

(Responsion)
„Ja, der (Äon), in dem unser Aussehen gewandelt wird dadurch, daß wir gereinigt werden."

Im Laufe dieser Äonen,
   in denen ich mich offenbarte durch den Gedanken
      – als der Erscheinungsform meiner Männlichkeit –,
ließ ich mich nieder in denen,
   die (dessen) würdig sind
      kraft der Erinnerung an den unwandelbaren Äon.

(Protennoia an die Gnostiker)
„Ja, ich will euch mitteilen
   ein Geheimnis über diesen Äon
und euch belehren
   über die Kräfte, die in ihm wirken:
      Das Erzeugte ruft [nach dem Erzeugten]:
         [Die] Stunde erzeugt die Stunde;
         der Tag [gebiert den] Tag;
         die Monate taten den Monat kund;
         [die Zeit] umlief [die Zeit].
      Gerade [so] *(p.43)* hat sich dieser Äon erfüllt.
         Ja, er wurde berechnet,
         und er ist (nur noch) klein.

> Denn Glied nach Glied hat sich gelockert,
> und Kette nach Kette wurde gelöst."

Als nun [die] großen Mächte erkannten, daß die Zeit der Vollendung erschienen war –
so plötzlich wie die Wehen derer, die gebären soll, setzte der Untergang ein –, da begannen auf einen Schlag alle Elemente durcheinander zu geraten, und die Fundamente
der Unterwelt samt den Überdachungen des Chaos gerieten ins Wanken. Eine große
Flamme schlug mitten unter ihnen hervor, und Felsen und Erde schwankten, wie Rohr
im Winde schwankt. Und die Lose der Heimarmene und die, die die (Himmels-)Woh-
nungen durchmessen, erschütterten mächtig von gewaltigem Donner. Auch die Throne
der Kräfte gerieten ins Wanken und stürzten um. Sogar ihr König verfiel in Furcht. Und
die Trabanten der Heimarmene ließen ihre unzähligen (Himmels-)Räder allein weiter-
laufen und sagten zu den Kräften:

> „Was ist das für eine Erschütterung und für ein Beben, das da über uns gekommen ist
> durch einen Ruf von hehrer Stimme, so daß unser ganzes Haus ins Wanken geriet,
> und die ganze Bahn unseres Abstiegs von Zerstörung betroffen wurde, und (auch) die
> Bahn, die uns hinaufführt zum Urheber unserer Entstehung, für uns unsicher gewor-
> den ist?"

Da antworteten die Kräfte und sprachen:

> „Wir haben auch keine Erklärung dafür, denn wir konnten nicht ausmachen, von
> wem er (sc. der Ruf) stammt. Aber auf, laßt uns zum Archigenetor hinaufgehen und
> ihn fragen!"

So versammelten sich alle Kräfte und gingen hinauf zum Archigenetor und [sagten zu]
ihm:

> „Was ist nun mit deinem [ständigen] Rühmen?
> Haben wir [dich] nicht [sagen hören]:
>> ,Ich bin Gott', [und:]
>> ,[Ich bin] euer Vater', *(p.44)* und:
>> ,Ich bin es, der euch hervorgebracht hat', und:
>> ,Es gibt keinen anderen außer mir'?
> Doch siehe, jetzt ist erschollen [ein] Ruf mit unsichtbarer Stimme, (von) der
> [wir] nicht wissen, (zu wem sie gehört,) – wir wußten ja [nicht einmal], zu wem
> wir selbst gehören!
> Ja, jener Ruf, den wir gehört haben, ist uns fremd, und wir begreifen ihn nicht
> und konnten nicht ausmachen, woher er stammt. Er kam und brachte Furcht in
> unsere Mitte und Lähmung unserer Arme."

(Weil der Archigenetor ihnen keine Auskunft geben konnte, sprachen die Trabanten der
Heimarmene untereinander:)

> „So laßt uns denn weinen und unendlich trauern. Laßt uns im übrigen aber unseren
> ganzen Umlauf fortsetzen, solange wir noch nicht gewaltsam eingeschlossen und
> herabgebracht worden sind in den Schoß der Unterwelt.
> Denn schon ist nahe herbeigekommen
> die (Zeit der) Loslösung unseres Bandes

– ja, die Zeiten sind abgeschnitten,
und (nur) wenige Tage sind geblieben;
unsere Zeit hat sich vollendet,
und das Weinen über unseren Untergang ist da –,
wo wir gebracht werden sollen zu dem Ort,
den wir <nicht> kennen.

Denn der Baum, aus dem wir hervorwuchsen,
hat Unwissenheit als Frucht,
und selbst in seinen Blättern wohnt der Tod,
und Finsternis ist der Schatten seiner Zweige.
Ja, getäuscht pflückten wir begierig von diesem,
durch den das unwissende Chaos
uns zum Wohnort wurde.

Denn siehe, selbst der Urheber unserer Entstehung, dessen wir uns rühmen, hat die
Stimme nicht erkannt."

(Protennoia an die Gnostiker)
„So hört denn auf mich, ihr Kinder der Einsicht! (Hört) auf die Stimme der Mutter, die
sich euer erbarmt, denn ihr seid gewürdigt worden, das von Ewigkeit her (bestehende,)
verborgene Mysterium zu empfangen:
Ja, das Ende dieses Äons [und] des ungerechten Lebens
        ist [angebrochen;]
        [und es ist erschienen] *(p.45)*
[der] Anfang des [künftigen Äons],
        der sich nicht [wandeln] wird
[bis in] Ewigkeit.

Ich bin mannweiblich;
[ich bin Mutter (und) ich] bin Vater;
        bei mir selbst [wohnend];
        mit mir [selbst verbunden]
        [und] mich [selbst] liebend.
Durch mich allein hat das All [Bestand].
Ich bin der Mutterschoß [im Innern] des Alls,
        gebärend das Licht, das [erstrahlt in] Glanz.
Ich bin der [künftige] Äon.
[Ich bin] die Erfüllung des Alls.
(Ich bin) Meirothea, die Herrlichkeit der Mutter,
        die ich eine [laute] Stimme erschallen lasse
        in den Ohren derer, die mich erkennen.

Ja, ich lade euch ein in das vollkommene, hehre Licht.
Wenn ihr denn in dieses eingeht,
        werdet ihr Glanz empfangen
                von denen, die Glanz verleihen;

und es werden euch Throne geben
  die, die Throne verleihen;
ihr werdet Gewänder empfangen
  von denen, die Gewänder verleihen;
und es werden euch taufen
  die Täufer;
und ihr werdet voller Herrlichkeit sein.
Dies (ist das Licht), in dem ihr zu Anfang wart,
als ihr (noch) Licht wart."

Ich verbarg mich in einem jeden
  und offenbarte [mich] in ihnen (allen);
und es verlangte nach mir jegliches Denken,
  weil (alle) nach mir suchen.
Denn ich bin es,
  der Ebenbildlichkeit gab allen,
  <die> keine Gestalt besaßen;
und ich verwandelte ihre Gestalten
  von einer Gestalt in die andere,
  bis zu der Zeit, da allen (unwandelbare) Gestalt zuteil wird.

Von mir ist der Ruf ausgegangen;
  und den (Lebens-)Odem
habe ich in die Meinen gehaucht,
  und den heiligen, ewigen Geist
habe ich über sie ausgegossen.
So stieg ich (wieder) nach oben
  und begab mich (zurück) in mein Licht.
[Ich flog (wieder) hinauf] auf meinen Zweig
  und ließ mich nieder [inmitten der] Kinder des [reinen] Lichtes.

[Ich kehrte] aber [zurück] an ihren Wohnort. *(p.46)*
  der [... *(drei Zeilen weitgehend zerstört)*...]
Amen.

[Die (Rede) von der] Heimarmene, [(Teil) 2]

3. Die Rede von der Epiphanie (p.46,5-50,21)

Ich bin der Logos,
  der [im] unaussprechlichen [Lichte] wohnt.
Ich ruhe im unberührten [Schweigen],
  und ein Gedanke [machte mich] wahrnehmbar
      durch [eine laute] Stimme der Mutter;
      und ein männliches Geschöpf [sorgte dafür],

daß ich (als Fundament) niedergelegt werde,
>während sie (sc. die Mutter selbst) von Anbeginn
>in den Fundamenten des Alls vorhanden war.

(Deutung)
Es gibt nämlich ein Licht, verborgen in der Stille; es [trat] in Erscheinung, während sie (sc. die Mutter) selbst jedoch schweigsam bleibt.

Ich allein bin der Logos,
>unaussprechlich, unberührt, unermeßlich und undenkbar.

(Responsion)
„Ein verborgenes Licht ist es, das lebendige Frucht hervorbringt und lebendiges Wasser hervorquellen läßt aus der unsichtbaren, unberührten, unermeßlichen Quelle."

Ich bin der Ruf
>der undeutbaren Herrlichkeit der Mutter,
>die Herrlichkeit der Zeugung Gottes,
>männlich-jungfräulich,
>aus einem verborgenen Verstand.
Ich bin das Schweigen,
>verborgen vor dem All und undeutbar,
>ein unermeßliches Licht,
>die Quelle des Alls,
>die Wurzel des ganzen Äons,
>die Grundlage, die jede Bewegung der Äonen trägt,
>(und) die zu der starken Herrlichkeit gehört,
>die Grundlegung jeder Grundlage,
>der Odem der Kräfte,
>das Auge der drei Räume,
erklingend als Ruf aus einem Gedanken,
und ein Logos, (wahrnehmbar) durch die Stimme,
>der ausgesandt wurde zu erleuchten die,
>die da wohnen in der Finsternis.

Siehe nun, ich [will] euch [jedwede Geheimnisse] offenbaren,
>denn ihr seid meine [Brüder, die] alles erfahren [sollen,]
>[(damit)...] *(p.47)* [... *(vier Zeilen fehlen)*]...

(Zum ersten Mal kam ich...)].
Ich belehrte [sie alle über das Mysterium],
>das in [den unerkennbaren und] unsagbaren [Äonen] liegt.
Ich belehrte [sie über dieses Mysterium] durch den [Ruf],
>[der entstanden war] in einem vollkommenen Verstand.
[Ja, ich] wurde zur Grundlegung des Alls und [verlieh] ihnen Kraft.

Zum zweiten Mal kam ich in der [Stimme] meines Rufes.
Ich verlieh Ebenbildlichkeit denen,
    die Ebenbildlichkeit annahmen,
    (eine Ebenbildlichkeit, die wirksam ist) bis zu ihrer Vollendung.

Zum dritten Mal offenbarte ich mich ihnen
    in ihren Wohnungen,
waltend als Logos.

(Bei meinem Abstieg)
zeigte ich mich (den Mächten) in ihrer Gestalt;
ja, ich trug ihrer aller Kleidung.
Ich verbarg mich unter ihnen,
        und [sie] erkannten nicht den, der <ihnen> Kraft gibt;
    doch ich bin vorhanden
        in allen Mächten und Gewalten,
        in den Engeln
        und in jeder Bewegung, [die] es in der ganzen Hyle gibt.
Ja, ich verbarg mich unter ihnen,
    bis ich mich meinen Brüdern offenbart haben werde.
        Und niemand von ihnen erkannte mich,
        [obgleich] ich es bin, der in ihnen wirkt;
        vielmehr dachten [sie], daß das All durch [sie] geschaffen wäre,
        weil sie unwissend sind
        und nicht einmal [ihre] Wurzel erkennen,
        aus der sie (selbst) hervorgewachsen sind.

[Ich] bin das Licht,
    das das All erleuchtet.
Ich bin das Licht,
    das sich freut [in meinen] Brüdern.

Ja, ich kam herab in die Welt [der] Sterblichen
    wegen des [in ihr] zurückgelassenen Geistes,
        der (dort) hinab [gelangt] war,
        als er hervorgegangen war aus der [arglosen] Sophia.

[Ich kam] und [legte] nieder
    [mein lebendiges (Gewand)...]
und [legte ab] *(p.48)*
    [(meine göttliche Herrlichkeit.
Und ich zog an
    das finstere Chaos und den vergänglichen Leib
und erlöste so den in der Finsternis sitzenden Menschen)]
    durch [die Aufrichtung des Gedankens,]
    den er seit [Anbeginn] besaß
        – [ihm darreichend] vom Wasser [des Lebens],

[das] ihn entledigt des Chaos,
  das zu der tiefsten [Finsternis gehört],
  die im gesamten [Abgrund] wohnt – ,
 der da ist der Gedanke
 der geistigen und psychischen [Kraft].

All dies zog ich an;
 ihm aber zog ich es aus
 und bekleidete ihn mit strahlendem Licht,
 das da ist die Erkenntnis des Gedankens der Vaterschaft.
Und ich übergab ihn denen,
 die Gewänder vergeben:
  Jammon, Elasso, Amenai;
 und sie bekleideten ihn
 mit einem Gewand <von> den Gewändern des Lichtes.
Und ich übergab ihn den Täufern,
 und sie tauften ihn:
  Micheus, Michar, Mnesinous;
 und zwar tauften sie ihn
 in der Quelle des Wassers des Lebens.
Und ich übergab ihn denen,
 die Throne [vergeben]:
  Bariel, Nouthan, Sabenai;
 sie [gaben] ihm einen Thron
 von dem Throne der Herrlichkeit.
Und ich übergab ihn denen,
 die Glanz vergeben:
  Ariom, Elien, Phariel;
 sie gaben ihm Glanz
 vom Glanze der Vaterschaft.
Und [wiederum] entrückten ihn
 die Entrücker:
  Kamaliel, [...]anen, Samblo,
  die Diener <der> großen Erleuchter;
 sie versetzten ihn in den lichten Ort seiner Vaterschaft.
Und [er empfing] die fünf Siegel
 durch [das Licht] der Mutter, der Protennoia;
 und sie [ließen] ihn empfangen
 von [dem Mysterium] der Erkenntnis.
Und [er wurde zu Licht] im Lichte.

Nun also [...] *(p.49)* [... *(fünf Zeilen fehlen)*...]
[war ich] (mitten) unter ihnen,
[nachdem ich angelegt hatte die Art eines] jeden:

[Die Archonten] dachten,
[daß ich] ihr Christus wäre.
      Ich [bin] zwar [in einem] jeden,
      aber (nur) für die, in die [ich eine] Lichtkraft
      [zur Demütigung] der Archonten [gelegt] hatte,
bin ich der Geliebte.
Denn an jenem Ort legte ich an die [Art des]
    Sohnes des Archigenetors
      und ward ihm gleich bis zum Ende des Gesetzes,
      das da ist (das Ende) der Unwissenheit des Chaos.
Unter den Engeln
    zeigte ich mich in ihrer Gestalt,
und unter den Kräften,
    als ob ich einer von ihnen wäre;
unter den Menschensöhnen aber,
    als ob ich ein Menschensohn wäre,
    obgleich ich (doch) der Vater eines jeden bin.
Ich verbarg mich unter allen,
    bis ich mich in meinen eigenen Gliedern offenbart haben werde.

Und ich belehrte sie
über die unaussprechlichen Bestimmungen
    und über die Brüder.
      Sie sind aber (nur) unaussprechbar für
      jedwede Gewalt und jedwede archontische Macht,
      doch nicht für die Kinder des Lichtes,
(denn es) sind ja die Bestimmungen des Vaters.
Dies sind die Herrlichkeiten,
    erhabener als jede Herrlichkeit;
sie, die da sind [die] fünf vollkommenen Siegel,
    (erkannt) durch Verstand.
Wer die fünf Siegel dieser Namen besitzt,
    der hat ausgezogen <die> Gewänder der Unwissenheit
    und hat angezogen strahlendes Licht;
      so wird [er] für niemanden sichtbar sein,
      der zu den Mächten der Archonten gehört.
In solchen (Menschen)
    wird sich die Finsternis auflösen,
    und wird die [Unwissenheit] sterben;
und der in der Schöpfung [zerteilte] Gedanke
    [wird] (wieder) zu einer Einheit gestaltet sein;
und [das finstere Chaos]
    wird aufgelöst werden;
und *(p.50)* [... *(fünf Zeilen weitgehend zerstört)*...

... (Und niemand wird mich erkennen,)]
bis ich mich offenbart haben werde
  [in der Kraft meiner Herrlichkeit,]
und bis ich versammelt habe alle [meine] Brüder
  in meinem [ewigen Reich].
Ja, ich verkündigte ihnen die [fünf] unaussprechlichen Siegel,
  damit [ich] in ihnen sei,
  und auch sie in mir.

Ich lud Jesus auf mich,
trug ihn fort von dem verfluchten Holz
und versetzte ihn in die Wohnungen seines Vaters.

Und nicht erkannten mich die,
die da wachen über ihre Wohnungen,
denn ich bin ungreifbar samt meinem Samen.
Ja, meinen Samen werde ich überantworten
dem lauteren Licht in unerreichbarem Schweigen.
Amen.

Die Rede von der Epiphanie, (Teil) 3

Subscriptio (p.50,22)

Die dreigestaltige Protennoia, 3 (Teile)

Griechischer Kolophon (p.50,23f.)

Heilige Schrift, vom Vater geschrieben in vollkommener Erkenntnis

Das Evangelium nach Maria (BG 1)

Judith Hartenstein

Literatur

de Boer, Esther, 2004: The Gospel of Mary. Beyond a Gnostic and a Biblical Mary Magdalene. (JSNT.S 260.) London [u.a.]

Hartenstein, Judith / Petersen, Silke, 1998: Das Evangelium nach Maria. Maria Magdalena als Lieblingsjüngerin und Stellvertreterin Jesu. In: Schottroff, Luise / Wacker, Marie-Theres (ed.): Kompendium Feministische Bibelauslegung. Gütersloh, 757-767.

King, Karen L., 2003: The Gospel of Mary of Magdala. Jesus and the First Woman Apostle. Santa Rosa, Ca.

Lührmann, Dieter, 2000: Fragmente apokryph gewordener Evangelien in griechischer und lateinischer Sprache. Hg., übers. und eingel. in Zusammenarbeit mit Egbert Schlarb. (MThSt 59.) Marburg, 62-71.

Tuckett, Christopher, 2007: The Gospel of Mary. (Oxford Early Christian Gospel Texts.) Oxford.

Einleitung

Der Text des EvMar ist nur knapp zur Hälfte erhalten, obwohl es Reste von drei Handschriften gibt. Die koptische Abschrift im BG umfaßt acht Seiten, während zehn weitere verloren sind. Die beiden griechischen Fragmente (PapOxy 3525 und PapRyl 463) bieten keinen zusätzlichen Text. Der Titel „Evangelium nach Maria" ist am Ende der Abschrift des BG (p.19,3-5) erhalten. Das EvMar wurde im 2. Jh auf Griechisch verfaßt; ich vermute in der zweiten Hälfte, es gibt aber auch frühere Datierungen. Als Abfassungsort sind Ägypten oder Syrien im Gespräch.

Durch den Titel wird das EvMar unter die Autorität von Maria – gemeint ist Maria Magdalena – gestellt. In der Schrift lehrt sie neben Jesus. Das EvMar hat so einen zweiteiligen Aufbau: Der erhaltene Text setzt in einem Gespräch zwischen Jesus und seinen Jüngerinnen und Jüngern ein, das vermutlich (auf den verlorenen ersten Seiten) mit einer Erscheinung des Auferstandenen begann. Nach seinem Weggehen spielt Maria eine besondere Rolle als Vertreterin Jesu: Sie tröstet die Verzagten und berichtet ihnen dann von einer Vision und einem Gespräch mit Jesus. Zu den Worten Jesu, die Maria weitergibt, gehört auch die Beschreibung eines Aufstiegs einer Seele (hierbei fehlen wieder einige Seiten).

Das EvMar endet mit einem Streit um Maria und ihre Worte, der von Andreas und Petrus auf der einen, Maria und Levi auf der anderen Seite geführt wird. Der Angriff des Petrus, der Maria keine

Rolle als maßgebliche Lehrerin zugestehen will, weil sie eine Frau ist, wird zurückgewiesen. Das EvMar erhebt im ganzen für Maria einen Leitungsanspruch, zu dem sie durch ihre besonders enge Beziehung zu Jesus befähigt ist. Sie hat für das EvMar eine ähnliche Bedeutung als Garantin der Überlieferung wie der geliebte Jünger im Johannesevangelium.

Das zentrale Thema und Anliegen des EvMar ist die Vergewisserung über die Erlösung. Philosophische, allgemeinchristliche (Sprüche Jesu) und gnostische (Seelenaufstieg) Materialien werden herangezogen und miteinander verbunden, um das Thema von verschiedenen Seiten zu beleuchten. Insgesamt scheint eine optimistische Sicht vorzuherrschen, bestimmend ist der Gedanke einer Rückkehr.

Übersetzung

(p.1-6 fehlen)

Gespräch Jesu mit seinen Jüngerinnen und Jüngern (p.7,1-8,11)

(p.7) ...] Wird also die [Materie zerfallen] oder nicht?" Der Erlöser sprach: „Alle Kreatur, alle Gebilde, alle Geschöpfe existieren in- und miteinander. Und sie werden wieder aufgelöst werden (und) zu ihrem eigenen Ursprung[255] (zurückkehren), denn die Natur der Materie löst sich auf (und kehrt zurück) zu dem, was ihrer eigenen Natur entspricht. Wer Ohren hat zu hören, möge hören!"

Petrus sprach zu ihm: „Weil du uns alle Dinge verkündigt hast, sage uns auch dieses eine: Was ist die Sünde der Welt?" Der Erlöser sprach: „Es existiert keine Sünde, sondern ihr macht die Sünde, wenn ihr die (Dinge) macht, die dem Wesen der Unzucht gleichen, die ‚die Sünde' heißt. Deshalb kam das Gute in eure Mitte zu denen aller Natur, um sie in ihren Ursprung einzusetzen."

Dann fuhr er fort und sprach: „Deshalb seid ihr [krank] und sterbt, weil [ihr liebt, *(p.8)* was euch betrügen] wird. Wer versteht, möge verstehen! [Die] Materie [brachte] Leidenschaft ohnegleichen [hervor], die aus Widernatürlichem kam. Dann entsteht ein Aufruhr im ganzen Leib. Deshalb habe ich euch gesagt: Seid euch gewiß und wenn ihr keine Gewißheit habt, seid gewiß angesichts der verschiedenen Gestalten der Natur! Wer Ohren hat zu hören, möge hören!"

Abschließende Anordnungen Jesu (p.8,11-9,4)

Als der Selige dies gesagt hatte, küßte er sie alle und sprach: „Friede sei mit euch! Bringt euch meinen Frieden hervor! Paßt auf, daß niemand euch irreführt, indem er sagt: ‚Siehe hier' oder ‚siehe dort'. Denn in eurem Innern existiert der Menschensohn. Folgt ihr ihm nach! Die nach ihm suchen, werden ihn finden. Geht also und predigt das

---

[255] Wörtl.: „Wurzel".

Evangelium vom Reich! Legt keine *(p.9)* Regel fest über das hinaus, was ich euch angeordnet habe, und erlaßt kein Gesetz wie der Gesetzgeber, damit ihr nicht dadurch ergriffen werdet."

Jesu Weggang und Marias Trost (p.9,5-20)

Als er dies gesagt hatte, ging er. Sie aber waren traurig und weinten sehr und sagten: „Wie sollen wir zu den Völkern gehen und das Evangelium vom Reich des Menschensohnes predigen? Wenn jener nicht verschont wurde, wie sollen wir verschont werden?"

Da stand Maria auf, küßte sie alle und sprach zu ihren Geschwistern: „Weint nicht und seid nicht traurig und zweifelt auch nicht! Denn seine Gnade wird mit euch allen sein und euch beschützen. Vielmehr laßt uns seine Größe preisen, denn er hat uns vorbereitet[256] und uns zu Menschen gemacht."

Maria übermittelt Worte Jesu (p.9,20-17,7)

Als Maria dies gesagt hatte, wandte sie ihr (plur.) Herz[257] zum Guten, und sie begannen, über die Worte des [Erlösers] zu diskutieren.

(p.10) Petrus sprach zu Maria: „Schwester, wir wissen, daß der Erlöser dich mehr liebte als die übrigen Frauen. Sage uns die Worte des Erlösers, an die du dich erinnerst, die du kennst, wir (aber) nicht, und die wir auch nicht gehört haben."[258]

Maria antwortete und sprach: „Was euch verborgen ist, werde ich euch verkündigen."[259] Und sie begann, ihnen diese Worte zu sagen: ‚<Ich>", sprach sie, „ich sah den Herrn in einer Vision. Und ich sagte zu ihm:[260] ,Herr, ich sah dich heute in einer Vision.' Er antwortete und sprach zu mir: ,Selig bist du, weil du nicht wankst, wenn du mich siehst! Denn wo der Verstand ist, dort ist der Schatz.' Ich sprach zu ihm: ,Herr, jetzt (sage mir): Wer die Vision sieht, sieht er sie <mit> der Seele <oder> dem Geist?' Der Erlöser antwortete und sprach: ,Er sieht sie nicht mit der Seele und nicht mit dem Geist, sondern der Verstand, der in der Mitte von diesen beiden ist, er ist es, der die Vision sieht und er ist es, der ...

(p.11-14 fehlen)

(p.15) Und die Begierde sprach: ,Ich habe dich nicht gesehen, als du herabkamst, jetzt aber sehe ich dich, wie du hinaufsteigst. Wieso aber lügst du, die du zu mir gehörst?' Die Seele antwortete und sprach: ,Ich habe dich gesehen, (aber) du hast mich

---

[256] PapOxy: „verbunden".

[257] PapOxy: „Verstand".

[258] PapOxy: „Sage uns also [die Worte] des Erlösers, die [du kennst], die wir nicht gehört haben."

[259] PapOxy: „[Maria antwortete und sprach: ,Was] euch verborgen ist und ich erinnere, [werde ich euch verkündigen'.]"

[260] PapOxy: „Als ich einmal [den Herrn] in einer Vision sah, [sagte ich:] ..."

nicht gesehen und mich nicht bemerkt. Ich war dir ein Kleid, und du hast mich nicht erkannt.' Als sie dies gesagt hatte, ging sie mit noch mehr Jubel.

Wieder kam sie zu der dritten Gewalt, die ‚Unwissenheit' heißt. Sie fragte die Seele, indem sie sagte: ‚Wohin gehst du? In Schlechtigkeit wurdest du ergriffen, und zwar wurdest du beim Richten ergriffen.' Und die Seele sprach: ‚Was richtest du mich, obwohl ich nicht gerichtet habe? Ich wurde ergriffen, obwohl ich nicht ergriffen habe. Ich wurde nicht erkannt, ich aber habe erkannt, daß alles aufgelöst wird, sowohl die irdischen *(p.16)* als auch die himmlischen Dinge.'

Nachdem die Seele die dritte Gewalt vernichtet hatte, ging sie nach oben. Und sie sah die vierte Gewalt. Sie hatte sieben Gestalten. Die erste Gestalt ist die Finsternis, die zweite die Begierde, die dritte die Unwissenheit, die vierte ist der Eifer des Todes, die fünfte ist das Reich des Fleisches, die sechste ist die närrische, fleischliche Klugheit, die siebte ist die jähzornige Weisheit. Diese sind die sieben Gewalten des Zorns, die die Seele fragten: ‚Woher kommst du, Menschenmörderin? Und wohin gehst du, Ortevernichterin?' Die Seele antwortete und sprach: ‚Was mich ergriff, wurde getötet, und was mich umgab, wurde vernichtet, und meine Begierde endete, und die Unwissenheit starb. In einer Welt wurde ich *(p.17)* von einer Welt erlöst und in einer Gestalt von einer oberen Gestalt. Und die Fessel des Vergessens existiert so für begrenzte Zeit. Von dieser Zeit an werde ich Ruhe von der Zeit, dem Augenblick, dem Äon erlangen in Schweigen.'"

Gespräche unter den Jüngerinnen und Jüngern und Abschluß (p.17,7-19,2)

Als Maria dies gesagt hatte, schwieg sie, so daß der Erlöser bis hierher mit ihr gesprochen hatte.

Andreas aber antwortete und sprach zu den Geschwistern: „Sagt, was ihr meint über das, was sie gesagt hat![261] Ich nämlich glaube nicht, daß der Erlöser dies gesagt hat, denn diese Lehren sind wahrhaftig andere Gedanken[262]!"

Petrus[263] antwortete und sprach über diese derartigen Dinge; er fragte sie (plur.) wegen des Erlösers: „Hat er etwa mit einer Frau heimlich vor uns gesprochen und nicht öffentlich? Sollen auch wir umkehren und alle auf sie hören? Hat er sie mehr als uns erwählt?"[264]

(p.18) Da weinte Maria, sie sprach zu Petrus: „Mein Bruder Petrus, was denkst du? Denkst du, daß ich mir dies allein in meinem Herzen ausgedacht habe und daß ich über den Erlöser lüge?"

---

[261] PapRyl: „Andreas sprach: ‚Geschwister, was meint ihr über das Gesagte?'"

[262] PapRyl: „denn es scheint seiner Denkweise zu widersprechen."

[263] Die Redeeinleitung für Petrus fehlt im PapRyl, sie ist aber vorausgesetzt, weil er später angesprochen wird.

[264] PapRyl: „Hat der Erlöser heimlich mit einer Frau gesprochen und <nicht> öffentlich, damit [wir] alle hören? [Wollte er sie etwa] als würdiger als uns [zeigen?]"

Levi antwortete und sprach zu Petrus: „Petrus, schon immer bist du jähzornig. Jetzt sehe ich dich, wie du gegen die Frau streitest wie die Feinde[265]. Wenn der Erlöser sie aber würdig gemacht hat, wer bist dann du, sie zu verwerfen[266]? Sicherlich kennt der Erlöser sie ganz genau, deshalb hat er sie mehr als uns geliebt. Vielmehr laßt uns uns schämen und den vollkommenen Menschen anziehen, ihn uns hervorbringen, wie er uns aufgetragen hat, und das Evangelium predigen, ohne eine andere Regel oder ein anderes Gesetz zu erlassen als das, was der Erlöser gesagt hat[267]."

Als *(p.19)* [Levi aber dies gesagt] hatte, da begannen sie zu gehen, um zu verkündigen und zu predigen.[268]

Subscriptio (p.19,3-5)

Das Evangelium nach Maria

---

[265] PapRyl: „ihr Feind".

[266] PapRyl: „verachten".

[267] PapRyl: „wie der Erlöser sagte".

[268] PapRyl: „[ging] er und begann, [das Evangelium zu predigen]".

Die Tat des Petrus (BG 4)

Hans-Martin Schenke

Literatur

Brashler, James / Parrott, Douglas M., 1979: The Act of Peter. In: Parrott, Douglas M. (ed.): Nag Hammadi Codices V,2-5 and VI with Papyrus Berolinensis 8502,1 and 4. (NHS 11.) Leiden, 473-493.

Molinari, Andrea Lorenzo, 2000: 'I Never Knew The Man'. The Coptic Act of Peter (Papyrus Berolinensis 8502.4). Its Independence from The Apokryphal Acts of Peter, Genre and Legendary Origins. (BCNH.É 5.) Québec / Louvain / Paris.

Tardieu, Michel, 1984: Écrits Gnostiques: Codex de Berlin. (Sources Gnostiques et Manichéennes 1.) Paris, 67-72.217-222.403-410.

Till, Walter C. / Schenke, Hans-Martin, 1972: Die gnostischen Schriften des koptischen Papyrus Berolinensis 8502. Hg., übers. und bearb. von Walter C. Till. 2. erw. Aufl. bearb. von Hans-Martin Schenke. (TU 60.) Berlin, 296-319.

Einleitung

Wir besitzen den Text des ActusPt nur in der einen koptischen Kopie, die an vierter und letzter Stelle im Papyrus Berolinensis 8502 steht. Diese Kopie stammt, wie der ganze Codex, wahrscheinlich aus dem frühen 5. Jh. Und die Spielart der koptischen Sprache, in der diese Kopie geschrieben wurde, ist wohl als ein leicht südlich gefärbtes Sahidisch zu bestimmen. Daß BG 4 aber eine Übersetzung aus dem Griechischen ist, und somit Griechisch wahrscheinlich auch als die Ursprache des Textes anzusetzen ist, geht besonders klar schon aus der Formulierung des Anfangs, sowie aus zwei stehengebliebenen Vokativen hervor. Dieses Hauptzeugnis wird noch ergänzt durch einige weitere Überlieferungen: Bei Augustin, contra Adimantum 17,5 und in ActPhil 36 [142] finden sich Anspielungen bzw. Bezugnahmen auf das im ActusPt enthalten gewesene Motiv von der auf das Gebet ihres Vaters hin erfolgten Lähmung der Tochter des Petrus, während sich im Kapitel 15 der Akten des Nereus und des Achilleus der Inhalt des ActusPt, aber in einer anderen und in Richtung auf das Apokryphe hin weiterentwickelten Version wiedergegeben findet.

Die Frage nach der mutmaßlichen Entstehungszeit des ActusPt kann man in sehr verschiedener Weise stellen und bekommt, bzw. findet in der Literatur, entsprechend auch verschiedene Antworten – je nachdem ob man nach der (mündlichen) Vorgeschichte oder nach der literarischen Endgestalt fragt. Das Spektrum der Möglichkeiten zur Datierung, bzw. der konkreten Vorschläge, reicht dann vom Ende des 1. Jh. (Tardieu 1984: 72, für die mündliche Vorform, die erste Verschriftlichung stellt er sich in den ersten Jahrzehnten des 2. Jh. in syrischer Sprache vor) bis zum Anfang des vierten. Wer den ActusPt noch für einen Text halten kann, der einmal Bestandteil der ActPt gewesen ist, für den muß unser Text auf jeden Fall im Jahrzehnt von 180-190, das ja als Abfassungszeit der ActPt gilt, vorhanden gewesen sein. Die Hoffnung auf eine plausible Beantwortung der Frage nach dem mutmaßlichen Entstehungsort von ActusPt besteht wahrscheinlich nur, wenn man dabei auf die eigentliche Heimat abzielt, also den Ort meint, wo die Geschichte als eine mündliche Überlieferung entstand. Diesen kann man sich am besten im syrisch-palästinensischen Raum vorstellen. Umgekehrt ist die Frage der Verfasserschaft wohl nur wirklich sinnvoll, wenn man dabei den fertigen Text, wie er uns jetzt vorliegt, vor Augen hat. Denn dieser Text verrät durch seine Komposition, nach der ja die Ereignisse dem Leser oder Hörer sozusagen „verkehrt herum" zur Kenntnis gebracht werden, das Geschick eines Menschen, der auch komplizierte Zusammenhänge eindrucksvoll darzustellen vermag.

Der Titel des ActusPt ist nach wie vor Schlüssel und Rätsel zugleich. Einerseits kommt man nicht umhin, in dem sich im BG als Untertitel findenden Ausdruck „Die Tat des Petrus" eine Beziehung, welcher Art auch immer, zu dem Titel der „Taten des Petrus" (ActPt), nämlich πράξεις Πέτρου, zu sehen. Andererseits ist unser Text in dem, was von den ActPt erhalten ist, also praktisch in den Acti Vercellenses, die aber nur etwa die letzten zwei Drittel des ursprünglichen Gesamtwerkes abdecken, während der Anfang mit dem ersten Drittel fehlt, nicht enthalten. Es gibt nun zwei andere Texte, die, wenn auch nicht zur Lösung, so doch wenigstens zum besseren Verständnis unseres hiesigen Problems beitragen könnten. Das ist einerseits der Pap. Copt. Utrecht 1, der nachweisbar ein Stück der Andreasakten bietet und als Untertitel „Die Tat des Andreas" hat; das ist andererseits die sich in NHC VIII und einem noch unedierten Papyrus-Codex zu findende Schrift, die zwar den Titel: „Der Brief des Petrus an Philippus" trägt, der Sache nach aber (auch) als: „Die (erste) Tat des Philippus" verstanden werden kann, in der man also den selbständig gewordenen Anfang von alten Philippusakten sehen könnte. Es scheint also auf jeden Fall so zu sein, daß, wie die Apostelakten aus ursprünglich selbständigen Stücken zusammengewachsen sind, manche solcher Stücke daneben auch selbständig weiterexistiert haben bzw. auch wieder aus ihrem neuen Kontext herausgelöst werden konnten. Und im Falle des ActusPt wäre es eben die einfachste Erklärung für seinen Titel, wenn man sich vorstellen dürfte, daß die wirklichen alten ActPt wie andere Apostelakten auch, schon in einzelne πράξεις unterteilt gewesen wären, die dann aus den ActPt auch wieder herausgelöst werden konnten.

Daß ActusPt, ein Text, der ja in sich selbst offensichtlich nicht gnostisch ist, obgleich er am Ende eines Codex steht, der sonst nur gnostische Schriften enthält, irgendwie zur Textsorte der apokryphen Apostellegenden gehört, steht außer Frage. Dabei ist das kurze Textstück in sich eigenständig. Es gibt keine Vor- oder Rückverweise, die es als nur einen Ausschnitt aus einem umfangreicheren Text bietend entlarven würden. Die innere Geschlossenheit dieses Textes kommt auch darin zum Ausdruck, daß all das in ihm Erzählte den Verlauf eines Sonntagsgottesdienstes wiedergeben könnte (mit Predigt auf Anfrage).

Bei der Frage nach der Verarbeitung von Quellen oder der Aufnahme und Umgestaltung von Traditionen dominiert die Ansicht, daß der ActusPt aus drei Teilen besteht: 1. aus einer Wunderheilungsgeschichte (p.128,1-131,14), 2. aus einem *exemplum*, das in diesem Fall die Geschichte vom Versuch eines Vaters, die Keuschheit seiner Tochter zu bewahren, ist (p.131,15-139,17), 3. aus abschließenden homiletischen Bemerkungen (p.139,18-141,6). Dabei habe der Autor die zugrundeliegende geradlinige Heilungswundergeschichte (durch eigenmächtige Hinzufügung der Rückgängigmachung der Heilung (p.130,18-131,14) „umgedreht" und das zur *species* der Keuschheitsgeschichten gehörige *exemplum* durch eine christianisierende Umformung der römischen Vergina-Legende gewonnen. Und das Ganze habe als Predigtmotiv den Gedanken, daß Gott auch in den dunkelsten Situationen zu unserem Besten wirksam ist (p.131,12-14; 139,18-140,6).

Die begründete *communis opinio*, die in dem ActusPt ein Stück aus dem verlorenen ersten Drittel der alten Petrusakten sieht, ist durchaus einer ausführlichen und sorgfältigen Kritik unterzogen worden. Mit einer Fülle guter Gründe wurde gezeigt, daß sie keineswegs so sicher ist, wie sie scheint. Wenn ich dennoch, bei höchstem Respekt vor aller Kritik, die Hypothese der *communis opinio* nicht gleich in Bausch und Bogen aufgeben möchte und sie immer noch für eine hilfreiche Vorstellung halte, so hat das in der Hauptsache zwei Gründe. Der erste besteht in dem Sachverhalt des Titels nebst dessen Parallele in dem Utrechter Actus Andreae. Der andere ist die Augustinstelle, wo neben dem Bezug auf Thomas (ActThom 6-9) die beiden Bezüge auf Petrus (durch Gebet gelähmte eigene Tochter; durch Gebet getötete Tocher eines Gärtners) sich doch am besten so erklären, daß Augustin dabei die bei den Manichäern so geschätzte Sammlung der fünf großen Apostelakten vor Augen hat.

Übersetzung

(p.128) Am ersten (Tag) der Woche aber, das ist der Herrentag, versammelte sich eine Menge, (und) man brachte zu Petrus viele Kranke, damit er sie heile.

Einer aber aus der Menge erkühnte sich, zu Petrus zu sagen: „Petrus, siehe, vor unseren Augen hast du gemacht, daß viele Blinde wieder sehen können, und hast du gemacht, daß die Tauben hören, und hast du gemacht, daß die Lahmen gehen, und hast du den Schwachen geholfen (und) ihnen Kraft gegeben! Weswegen hast du deiner eigenen jungfräulichen Tochter, die zu einem schönen (Mädchen) herangewachsen und *(p.129)* (auch) an den Namen Gottes gläubig geworden ist, nicht geholfen? Siehe doch, ihre eine Seite ist völlig gelähmt, und (so) liegt sie hingestreckt dort in der Ecke, ohne sich fortbewegen zu können! Man sieht die (vielen), die du heilst; hast du deine eigene Tochter vergessen?"

Petrus aber lächelte und sprach zu ihm: „Mein Sohn, Gott allein ist es offenbar, weswegen ihr Körper nicht gesund ist. Wisse also, daß nicht (etwa) Gott (zu) schwach oder unvermögend wäre, (auch) meiner Tochter seine Gabe zu gewähren. Damit aber deine Seele überzeugt werde und die Anwesenden noch mehr glauben, (gebt acht)!"

(p.130) Er blickte nun seine Tochter an und sprach zu ihr: „Erhebe dich von deinem Platz, ohne daß dir jemand hilft außer Jesus allein, gehe vor den Augen aller dieser (Leute) gesund umher und komm her zu mir!"

Sie aber erhob sich (und) ging zu ihm hinab. Die Menge jubelte über das, was geschehen war.

(Da) sprach Petrus zu ihnen: „Siehe, euer Herz ist (nun) überzeugt, daß Gott nicht unvermögend ist hinsichtlich aller Dinge, um die wir ihn bitten."

Da freuten sie sich noch mehr (und) priesen Gott.

Petrus sprach *(p.131)* zu seiner Tochter: „Geh zu deinem Platz (zurück), setze dich hin und sei wieder in deiner Krankheit! Denn das ist es, was dir und mir dienlich ist."

Das Mädchen lief wieder hin, setzte sich an seinen Platz und wurde wieder (krank) wie vorher. Die ganze Menge weinte und bat Petrus, daß er es gesund mache.

Petrus sprach zu ihnen: „Ich schwöre bei dem Herrn, daß dieser (jetzige Zustand) ihr und mir dienlich ist. An dem Tage nämlich, an dem sie mir geboren wurde, sah ich ein Gesicht und sagte der Herr zu mir: ‚Petrus, dir ist heute eine große Heimsuchung *(p.132)* geboren worden. Dieses (Mädchen) wird nämlich viele Seelen verwunden, wenn sein Leib gesund bleibt.' Ich aber dachte, daß das Gesicht mich (bloß) necken wolle. Als das Mädchen (jedoch) zehn Jahre alt geworden war, wurde es vielen zur Anfechtung. Und ein Mann, reich an Vermögen, mit Namen Ptolemäus, als der das Mädchen mit seiner Mutter beim Baden gesehen hatte, schickte er nach ihm, um es sich zur Frau zu nehmen; (doch) seine Mutter ließ sich nicht überreden. Er schickte oftmals nach ihm; er konnte nicht mehr bleiben in (…)

[... *(ein Blatt mit p.133 und p.134 fehlt)*[269] ...]

(… brachten Leute des) *(p.135)* Ptolemäus das Mädchen, legten es an der Tür des Hauses nieder und gingen wieder fort. Als aber ich und seine Mutter es bemerkten, gingen wir nach unten und fanden, daß die eine Seite vom Körper des Mädchens von den Zehen bis zum Kopf ganz gelähmt und verdorrt war. Wir trugen es (zu uns hinauf) und priesen den Herrn, der seine Dienerin vor Befleckung, Schändung und Verderben bewahrt hat. Das ist der Grund dafür, daß das Mädchen in diesem Zustand [geblieben] ist bis zum heutigen Tag.

Jetzt aber sollt ihr auch die Schicksale des Ptolemäus erfahren. *(p.136)* Er fing an, sich zu grämen und zu trauern, in der Nacht und am Tage, über das, was ihm widerfahren war. Und infolge der vielen Tränen, die er vergoß, wurde er blind. (Und) als er im Begriff war aufzustehen und sich zu erhängen, siehe, um die neunte Stunde jenes Tages – er war aber allein in seinem Schlafgemach –, da sah [er] ein großes Licht, das das ganze Haus erleuchtete, und hörte eine Stimme zu ihm *(p.137)* sagen: ‚Ptolemäus, Gott hat (euch) seine Gefäße (das heißt die Frauen) nicht zum Verderben und zur Schändung gegeben. (Und) was dich selbst betrifft, du hättest, nachdem du zum Glauben an mich gekommen warst, meine Jungfrau nicht zu beflecken suchen dürfen, sie, die du als deine Schwester erkennen sollst, weil ich (doch) beiden von euch als ein und derselbe Geist zuteil geworden bin. Aber auf, gehe eilends zu dem Haus des Apostels Petrus, so wirst du meine Herrlichkeit schauen; er soll dir (nämlich) die Augen öffnen für die(se) Sache.' Ptolemäus aber zögerte nicht, seinen Leuten zu befehlen, *(p.138)* ihn zu führen und ihn zu mir zu bringen. Als er aber zu mir heraufkam, berichtete er alles, was ihm widerfahren war. <…> durch die Kraft Jesu Christi, unseres Herrn.' Da konnte er wieder sehen mit den Augen seines Fleisches und den Augen seiner Seele. Da setzten (auch) viele (andere Kranke) ihre Hoffnung auf Christus; und der erwies ihnen Wohltaten, das heißt gewährte ihnen die (Gesundheit als) Gabe Gottes.

---

[269] Der Inhalt dürfte etwa folgender gewesen sein: Ptolemäus kann es nicht mehr aushalten, läßt das Mädchen entführen und sucht es zu *verführen*. Petrus verhindert das aber durch ein Gebet aus der Ferne, durch das die Tochter gelähmt und also für die Liebe unbrauchbar wird. Daraufhin läßt der Entführer sie zurückbringen. (Irgendwie muß auch erzählt worden sein, daß Ptolemäus durch die Petrustochter zum Glauben gekommen ist.)

Danach entschlief Ptolemäus; er schied aus d(ies)em Leben und ging zu seinem Herrn. *(p.139)* Als [er] aber sein Testament [rechtskräftig machte], verschrieb er ein Stück Acker dem Namen meiner Tochter, weil er durch sie zum Glauben an Gott gekommen und (so) gerettet worden war. Ich aber habe dessen Verwaltung, die mir anvertraut war, mit Sorgfalt geführt. Ich habe den Acker (schließlich) verkauft. Gott allein weiß es: Weder ich, noch meine Tochter <... (haben dabei etwas Unrechtes getan) ...>. Ich habe (also) den Acker verkauft und nichts von dem Erlös des Ackers unterschlagen, sondern das ganze Geld an die Notleidenden verteilt.

So sei nun gewiß, du Diener Christi Jesu, daß Gott *(p.140)* [die] Seinigen [wohl leitet] und einem jeden bereitet, was ihm dienlich ist; wir aber denken, daß Gott uns vergessen hat. Jetzt aber, ihr Brüder, laßt uns trauern, wachsam werden und beten, so wird die Güte Gottes auf uns herabsehen; und wir sehen ihr entgegen."

Und noch allerlei andere Reden hielt Petrus vor ihnen allen. Er pries den Namen *(p.141)* des Herrn Christus und gab ihnen allen von dem Brot. Als er es ausgeteilt hatte, erhob er sich und ging hinauf in sein Haus.

Subscriptio (p.141,7)

Die Tat des Petrus

Kolophon (p.142,1-3)

O Gott der [Götter]
O Gott der Götter
O Herr der Herren
O König der Könige

Das Evangelium des Judas (CT 3)

Gregor Wurst

Literatur

DeConick, April D. (ed.), 2009: Codex Judas Papers. Proceedings of the International Congress on the Tchacos Codex Held at Rice University, Houston, Texas, March 13th -16th, 2008. (NHMS 71.) Leiden.

Jenott, Lance, 2011: The Gospel of Judas. (STAC 64.) Tübingen.

Kasser, Rodolphe / Wurst, Gregor (ed.), 2007: The Gospel of Judas. Together with the Letter of Peter to Philip, James, and a Book of Allogenes from Codex Tchacos. Critical Edition. Washington, D.C.

Kasser, Rodolphe / Meyer, Marvin W.,/ Wurst, Gregor (ed.), 2008: The Gospel of Judas from Codex Tchacos. 2nd rev. and augmented edition. Washington, D.C.

Popkes, Enno Ezard / Wurst, Gregor (Hg.), 2012: Judasevangelium und Codex Tchacos. Studien zur religionsgeschichtlichen Verortung einer gnostischen Schriftensammlung. (WUNT 297.) Tübingen.

Einleitung

Das in nur einer Kopie und nur in koptischer Übersetzung erhaltene „Evangelium des Judas", wie der Titel in der nachgestellten *subscriptio* lautet, ist seit 2006 durch die Publikation des koptischen Codex Tchacos bekannt, der seinen Namen seiner früheren Besitzerin, der schweizerischen Antikenhändlerin Frédérique Nussberger-Tchacos verdankt. Das Evangelium des Judas steht als die dritte Schrift auf den Seiten 33-58 in diesem Codex, der darüber hinaus noch koptische Versionen der Epistula Petri ad Philippum (vgl. NHC VIII,2), der (ersten) Apokalypse des Jakobus (vgl. NHC V,3), einer bislang unbekannten Schrift über die Figur des Allogenes sowie die ebenfalls bislang noch unbekannte koptische Übersetzung des 13. Traktates des Corpus Hermeticum enthält. Seit der Publikation der ersten kritischen Edition des Codex Tchacos im Jahr 2007 sind zahlreiche neue Fragmente des Manuskripts aufgetaucht, die sich heute in Ägypten befinden und derzeit nicht zugänglich sind. Insgesamt sind mehr als 95% des Textes des Judasevangeliums erhalten.

Das koptische Evangelium des Judas ist zweifelsohne die Übersetzung eines griechischen Originals, das zuerst von Irenäus von Lyon in seinem Werk Adversus haereses 1,31,1 um 180 n. Chr. bezeugt ist. Demnach zirkulierte ein „Iudae evangelium" innerhalb einer bestimmten Gruppe von „Gnostikern", die die spätere häresiologische Tradition als „Kainiten" bezeichnete (vgl. PsTert 2,5; EpiphHaer 38,1,5). Obwohl Irenäus das Judasevangelium selbst kaum gelesen haben wird, kann prinzipiell von einer Identität der beiden Texte ausgegangen werden, so dass das griechische Original des Judasevangeliums in das dritte Viertel des 2. Jahrhunderts zu datieren sein wird.

Das koptische Judasevangelium gehört zur Gattung der Dialogevangelien, wobei der Hauptempfänger der Offenbarung hier der Verräter Judas Iskariot ist. Er ist der einzige, der ein Anfangswissen über die wahre Herkunft Jesu „aus dem unsterblichen Äon der Barbelo" hat; er bekennt sich als nicht würdig, den Namen dessen auszusprechen, der Jesus gesandt habe (p.35,17-21); und schließlich ist es allein Judas, dem Jesus das Wissen um die Kosmogonie offenbart, die ihren Ausgangspunkt beim „großen, unsichtbaren Geist" nimmt und mit der Erschaffung des ersten Menschenpaares endet.[270]

Die verschiedenen Dialoge Jesu, die das Judasevangelium enthält, sind eingebettet in einen erzählerischen Rahmen, der von den Abschnitten p.33,6-21 und p.58,9-26 gebildet wird. Der erste dieser beiden Abschnitte charakterisiert in sehr knappen Worten das Leben Jesu, d.h. seine „Erscheinung" auf Erden und seine Wundertätigkeit zum Heil der Menschen sowie die Erwählung der zwölf Apostel; der zweite schildert hingegen die Situation des „Verrats". Innerhalb dieses Rahmens ist von mehreren Gesprächen Jesu mit den Jüngern insgesamt oder mit Judas allein die Rede, die sich an drei (aufeinander folgenden?) Tagen abgespielt haben: Der erste Tag umfaßt den Abschnitt p.33,22-36,10, der zweite p.36,11-37,20 und ein weiterer beginnt auf p.37,20. Innerhalb dieses ausführlich geschilderten dritten Tages, bei dem es sich um den Gründonnerstag handelt (vgl. p.56,6-8), sind weitere Szenenwechsel zu konstatieren, so p.42,22-24 und p.44,13-15, wo Jesus sich – zusammen mit Judas – von den Jüngern entfernt. Zu beachten ist jedoch, daß hier nicht der Beginn eines weiteren Tages festgestellt wird.

Übersetzung

(p.33) Das geheime Wort der Offenbarung[271], mit welchem Jesus mit Judas Iskariot gesprochen hat, während acht Tagen, drei Tage, bevor er das Pascha gefeiert hat[272].

Als er auf der Erde erschienen war, hat er Zeichen und große Wunder getan für das Heil der Menschheit. Und da zwar einige auf dem Weg der Gerechtigkeit [wandelten] und andere in ihrer Übertretung wandelten, wurden die zwölf Jünger berufen. Er fing an, mit ihnen über die innerweltlichen Geheimnisse zu sprechen sowie über die Dinge, die am Ende geschehen werden. Mehrmals aber zeigte er sich seinen Jüngern nicht, sondern als Kind (?)[273] findet <man> ihn in ihrer Mitte.

Und eines Tages war er in Judäa bei seinen Jüngern, und er fand sie, wie sie versammelt dasaßen und sich in der Frömmigkeit übten[274]. Als er seine Jünger getroffen hatte, *(p.34)* wie sie versammelt dasaßen und Dank sagten[275] über dem Brot, lachte er.

---

[270] Zum sethianischen Hintergrund der Kosmogonie vgl. M. Meyer, in: Kasser / Meyer / Wurst, 125-154.

[271] Oder: „Verkündigung", „Darlegung", „Erklärung"; griech.: ἀπόφασις.

[272] Oder: „... bevor er gelitten hat."

[273] Die genaue Bedeutung dieses Ausdrucks ist unklar.

[274] Oder: „... und über göttliche Dinge disputierten."

[275] Hier und im folgenden: εὐχαριστεῖν, εὐχαριστία.

Die Jünger [aber] sprachen zu ihm: „Meister, warum lachst du über [unsere] Danksagung? Oder was haben wir getan? [Dies] ist es (doch), was sich ziemt (zu tun)!"

Er antwortete und sprach zu ihnen: „Über euch lache ich nicht, ihr tut dies (ja) auch nicht aus eurem (eigenen) Willen, sondern (weil) dadurch euer Gott Lobpreis [empfangen wird]."

Sie sprachen: „Meister, Du bist [...] der Sohn unseres Gottes."[276]

Jesus sprach zu ihnen: „Woran erkennt ihr mich? Amen, ich sage euch: Kein Geschlecht wird mich erkennen von den Menschen, die unter euch sind."

Als seine Jünger aber dies gehört hatten, begannen sie sich zu erregen und zu zürnen und ihn zu lästern in ihrem Herzen.

Als Jesus aber ihr Unverständnis sah, [sprach er] zu ihnen: „Weshalb hat die Aufregung den Zorn herbeigeführt? Euer Gott, der in euch ist, und [seine ...][277], *(p.35)* sie haben sich zusammen mit euren Seelen aufgeregt. Wer von euch [stark (genug)] ist von den Menschen, [der soll] den vollkommenen Menschen auftreten lassen und sich vor mein Angesicht stellen."

Und sie sagten alle: „Wir sind stark (genug)." Ihr Geist aber konnte es nicht wagen, sich vor sein Angesicht zu stellen, bis auf Judas Iskariot. Er konnte sich zwar vor sein Angesicht stellen, aber er konnte ihm nicht in seine Augen blicken, sondern er wandte sein Gesicht ab.

Judas sprach zu ihm: „Ich weiß, wer du bist und von welchem Ort du gekommen bist. Du bist aus dem unsterblichen Äon der Barbelo gekommen; und derjenige, der dich gesandt hat, ist es, dessen Namen auszusprechen ich nicht würdig bin."

Da Jesus aber wußte, daß er an das übrige Erhabene dachte, sprach er zu ihm: „Trenne dich von ihnen, und ich werde dir die Geheimnisse des Königreiches sagen, nicht damit du dort hin gehst, aber du wirst mehr[278] seufzen. *(p.36)* Denn ein anderer wird an deinem Platz sein, damit die zwölf [Jünger] wieder vollendet werden durch ihren Gott."[279]

Und Judas sprach zu ihm: „An welchem Tag wirst du mir dies sagen, und (wann) wird der große Tag des Lichts dem [...] Geschlecht erscheinen?"

Als er aber dies gesagt hatte, entfernte sich Jesus von ihm.

Als es aber Morgen geworden war, zeigte er sich seinen Jüngern (erneut), und sie sprachen zu ihm: „Meister, wohin bist du gegangen, und was hast du getan, als du dich von uns entfernt hast?"

Jesus sprach zu ihnen: „Zu einem anderen großen, heiligen Geschlecht bin ich gegangen."

Seine Jünger sprachen zu ihm: „Herr, was für ein großes Geschlecht ist das, das erhabener ist als wir und heilig(er), und das jetzt nicht in diesen Äonen ist?"

Und als Jesus dies gehört hatte, lachte er und sprach zu ihnen: „Weshalb denkt ihr in eurem Herzen über das starke und heilige Geschlecht nach? *(p.37)* Amen, ich sage

---

[276] Es kann sich auch um einen Fragesatz handeln. Die Lakune läßt sich nicht eindeutig ergänzen.
[277] Erg. zu: „[seine Mächte]" oder ähnlich.
[278] Oder: „sehr". – Man könnte auch übersetzen: „aber (damit) du mehr / sehr seufzen wirst."
[279] Vgl. Apg 1,23-26.

euch: Kein Geschöpf dieses Äons wird jenes [Geschlecht] sehen, und es wird keine Engelsheerschar der Sterne herrschen über jenes Geschlecht, und es wird kein Geschöpf sterblicher Menschen mit ihm gehen können, denn jenes Geschlecht stammt nicht aus [...] der[280] entstanden ist, [...] das Geschlecht der Menschen, [die] unter [euch sind], sondern es stammt aus dem Geschlecht der großen Menschen, das [keine (?)] mächtige Gewalt [...] und keine Kraft dieser Äonen, durch die ihr herrscht."

Als seine Jünger dies gehört hatten, erschraken sie in ihrem Geist, jeder einzelne. Sie fanden nichts mehr zu sagen.

An einem anderen Tag kam Jesus (wieder) zu ihnen.

Sie sprachen zu ihm: „Meister, wir haben dich in einem Traum gesehen, denn wir haben große Träume gesehen [in dieser] vergangenen Nacht."

[Er sprach:] „Weshalb habt [ihr ... und] habt euch versteckt?"

(p.38) Sie aber [sprachen: „Wir haben] ein großes [Haus gesehen, in dem sich ein] großer Altar [befindet, und] zwölf Menschen – wir (würden) sagen, daß es Priester sind –, und ein Name <...>[281]. Eine Menge (Menschen) aber harrt aus an jenem Altar, [bis] die Priester [die Darbringung] der Opfer [vollendet haben.] Wir aber harrten aus."

J[esus sprach:] „Von welcher Art sind [...[282]?]"

Sie aber [sagten:] „Einige nun fasten zwei Wochen lang. Andere aber opfern ihre eigenen Kinder, andere ihre Frauen, sich segnend und in gegenseitiger Demut; andere schlafen mit Männern, andere sind dabei zu morden, wieder andere begehen viele Sünden und Ungerechtigkeiten. Und die Menschen, die an dem Altar stehen, rufen deinen [Namen] an. *(p.39)* Und während sie [in] all den Werken ihrer Opferung (befangen) sind, füllt sich jener [Altar (mit Opfergaben)][283]."

Und nachdem sie dies gesagt hatten, schwiegen sie vor Verwirrung.

Jesus sprach zu ihnen: „Weshalb seid ihr in Verwirrung geraten? Amen, ich sage euch: Alle die Priester, die bei jenem Altar stehen, rufen meinen Namen an. Und wiederum sage ich euch: Mein Name wurde auf dies [...][284] der Geschlechter der Sterne [von] den Geschlechtern der Menschen geschrieben. [Und sie haben] in meinem Namen fruchtlose Bäume gepflanzt, und (zwar) in Schande."

Jesus sprach zu ihnen: „Ihr seid es, die die Opfer auf jenem Altar darbringen, den ihr gesehen habt. Jener ist der Gott, dem ihr dient; und die zwölf Menschen, die ihr gesehen habt, das seid ihr; und die Tiere, die hereingeführt werden, sind die Opfer, die ihr gesehen habt, das heißt die vielen (Menschen), die ihr in die Irre führt *(p.40)* an jenen Altar.

---

[280] Oder: „das".

[281] Hier ist eventuell etwas ausgefallen durch einen Fehler des Kopisten; vielleicht ist zu lesen: „und ein Name <wurde angerufen von / war geschrieben auf ...> (vgl. Z. 26 und p.39,10-13).

[282] Erg.: „die Priester" oder „die Menschen" bzw. „die Menge".

[283] Oder: „verbrennen die [Opfergaben] jener [Menge]"; die singularische Lesung des Konjugationspräfixes ist paläographisch jedoch wahrscheinlicher.

[284] Erg. vielleicht: „diese [Schrift]" oder ähnlich; die Ergänzung „dieses [Haus]" ist paläographisch unwahrscheinlich.

Es wird sich hinstellen [der …][285], und auf diese Weise wird er meinen Namen benutzen, und <die> Geschlechter der Frommen werden bei ihm ausharren. Nach ihm wird ein anderer Mensch [von den Hurern] auftreten; und noch ein anderer von den Kindermördern wird auftreten, ein anderer aber von denjenigen, die mit Männern und mit Enthaltsamen schlafen, und auch von den übrigen (Menschen) von Unreinheit und Gottlosigkeit und Irrtum sowie von jenen, die sagen: ‚Wir sind Engelsgleiche‘[286] – und sie sind die Sterne, die alles vollenden. Denn den Geschlechtern der Menschen wurde gesagt: ‚Seht, Gott hat euer Opfer angenommen aus den Händen eines Priesters‘[287], der der Diener des Irrtums ist. Der Herr aber, der befiehlt, ist es, der Herr über das All ist. Am letzten Tag werden sie zuschanden werden."

(p.41) Jesus sprach [zu ihnen]: „Hört auf, [Tiere] zu opfern! Auf dem Altar habt ihr [sie dargebracht], und (jetzt) sind sie auf euren Sternen mit euren Engeln, wo sie schon vollendet worden sind. Also sollen sie nichtig für euch sein, und sie sollen [euch] offenbar sein."

Seine Jünger [sprachen: „Herr,] reinige uns von unseren [Sünden], die wir getan haben in der Verirrung der Engel."

Jesus sprach zu ihnen: „Nicht ist es möglich, daß Flüsse (?) […]; noch ist es [möglich, daß] ein Brunnen [das Feuer] der ganzen Welt auslöscht; [noch] einer Quelle in einer [Stadt] ist es möglich zu [sättigen (?)] alle Geschlechter, außer für das große (Geschlecht), das (dazu) bestimmt ist; und ein einzelner Leuchter wird nicht allen Äonen leuchten können, außer dem zweiten Geschlecht; und nicht kann ein Brotbäcker die ganze Schöpfung nähren, *(p.42)* die unter [dem Himmel ist."]

Und [als die Jünger diese (Worte) gehört hatten], sprachen sie zu ihm: „[Meister (?)][288], hilf uns und errette uns."

Jesus sprach zu ihnen: „Hört auf, mit mir zu streiten. Jeder einzelne von euch hat seinen Stern, [und ein jeder] von den Sternen wird […] das Seinige. […], nicht zu dem vergänglichen Geschlecht bin ich gesandt worden, sondern zu dem starken und unvergänglichen Geschlecht. Denn jenes Geschlecht hat kein Feind (je) beherrscht, noch irgend ein Stern. Amen, ich sage euch: Die feurige Säule wird schnell fallen, und jenes Geschlecht wird nicht bewegt werden durch die Sterne."

Und nachdem Jesus dies gesagt hatte, ging er fort und [nahm] Judas Iskariot mit sich. Er sprach zu ihm: „Das Wasser, das von dem hohen Berg […], stammt *(p.43)* aus der [Quelle (?) …]. Nicht ist es gekommen, um (?) […] Quelle des Baumes [… Zeit (?)] dieses Äons [… nach] einer Zeit […]; sondern es ist gekommen, um das Paradies Gottes zu tränken und das [Geschlecht], das bleiben wird; denn [es] wird nicht beflecken

---

[285] In der Lücke ist ein Ausdruck zu rekonstruieren, der mit einem griechischen Wort auf -μος, -νος oder -πος endet. Man könnte an „[der Archon dieses Kosmos]" (vgl. Joh 12,31; 14,30; 16,11) denken, aber ebenso gut auch an einen Repräsentanten des „Tempelkultes", also der inkriminierten Großkirche, so daß vielleicht an einen mit διάκονος oder ἐπίσκοπος gebildeten Ausdruck zu denken wäre.
[286] Vgl. Lk 20,36.
[287] Oder: „aus den Händen der Priester".
[288] Oder: „[Herr (?)]".

den [Wandel] jenes Geschlechts, sondern [es wird existieren] von Ewigkeit zu Ewigkeit."

Judas sprach zu ihm: „[…][289], was für eine Frucht ist es, die dieses Geschlecht hat?"

Jesus sprach: „Die Seelen eines jeden menschlichen Geschlechts werden sterben. Diese aber, wenn sie die Zeit des Königreiches vollendet haben werden und der Geist sich von ihnen trennen wird, (dann) werden ihre Leiber zwar sterben, ihre Seelen aber werden lebendig gemacht und hinauf genommen werden."

Judas sprach: „Und was werden die übrigen Geschlechter der Menschen tun?"

Jesus sprach: „Es ist unmöglich, *(p.44)* (etwas) auf einen [Fels] zu säen und (von diesen Samen) ihre Früchte zu ernten. [Dies] ist auch die Art, dass es unmöglich ist [zu …] das [befleckte] Geschlecht und die vergängliche Weisheit [und] die Hand, die sterbliche Menschen geschaffen hat, so daß ihre Seelen hinaufgehen zu den Äonen in der Höhe. Amen, ich sage euch: [Weder] Archonten noch Engel [noch] Kräfte werden jene [Orte] sehen können, welche [dieses große,] heilige Geschlecht [sehen wird]."

Nachdem Jesus dies gesagt hatte, ging er.

Judas sprach: „Meister, wie du sie alle angehört hast, höre nun auch mich an! Denn ich habe eine große Vision gesehen."

Als Jesus es aber gehört hatte, lachte er und sprach zu ihm: „Warum bemühst du dich (so), du 13. Dämon? Aber sprich nur, ich ertrage (auch) dich!"

Judas sprach zu ihm: „Ich habe in der Vision gesehen, wie die zwölf Jünger mich steinigten und *(p.45)* [mich sehr] verfolgten. Und ich kam auch zu dem Ort, der [...] nach dir. Ich sah [ein Haus …], und meine Augen werden sein Maß nicht [messen] können. Große Menschen aber umringten es. Und jenes Haus <hatte>[290] ein einziges Dach. Und in der Mitte des Hauses ist eine Menge [… *(2 Zeilen weitgehend zerstört)* (sagend):] ‚Meister, empfange auch mich zusammen mit den Menschen!'"

Jesus antwortete und sprach: „Dein Stern hat dich getäuscht, o Judas", und (weiter sprach er): „Nicht ist das sterbliche Geschöpf irgendeines Menschen würdig, in das Haus einzutreten, das du gesehen hast. Denn jener Ort ist den Heiligen vorbehalten, dort, wo die Sonne und der Mond nicht herrschen werden, auch nicht der Tag, sondern sie allzeit in dem Äon stehen werden mit den heiligen Engeln. Siehe, ich habe dir die Geheimnisse des Königreiches gesagt, *(p.46)* und ich habe dich belehrt [über die] Verirrung der Sterne; und [...] schicken [...] auf die zwölf Äonen."

Judas sprach: „Meister, ist vielleicht auch mein Same den Archonten unterworfen?"[291]

Jesus antwortete und sprach zu ihm: „Komm, damit ich [...] dich [... *(eine Zeile fehlt)* …] aber du wirst mehr seufzen, wenn du das Königreich und sein ganzes Geschlecht sehen wirst."

Als Judas dies hörte, sprach er zu ihm: „Was ist der Vorteil, den ich empfangen habe? Denn du hast mich getrennt von jenem Geschlecht."

Jesus antwortete und sprach: „Du wirst der Dreizehnte sein, und du wirst verflucht sein von den anderen Geschlechtern, und du wirst zur Herrschaft über sie kommen. In

---

[289] Erg. zu: „[Rabbi]" oder „[Zeige mir]".

[290] Aus grammatisch-syntaktischen Gründen ist hier mit dem Ausfall eines Verbums zu rechnen.

[291] Oder: „… vielleicht unterwirft aber mein Same die Archonten?"

den letzten Tagen <werden> sie <...>[292] dir und du wirst nicht zur Höhe gehen *(p.47)* zu dem heiligen Geschlecht."

Jesus sprach: „[Komm,] damit ich dich belehre über die […] sie (plur.) sehen wird das menschliche [Geschlecht].[293] Denn es existiert ein großer und unendlicher Äon, dessen Maß (noch) kein Engelsgeschlecht gesehen hat, [in] dem der große, unsichtbare Geist ist,

> *den kein Engelsauge je gesehen*
> *und kein Herzensgedanke je erfaßt hat*
> *und der mit keinem Namen je benannt worden ist.*"[294]

Und es offenbarte sich an jenem Ort eine Lichtwolke. Und er (sc. der Geist) sprach: „Es möge ein Engel entstehen zu meinem Beistand."

Und ein großer Engel kam heraus aus der Wolke, der Autogenes, der Gott des Lichts, und es entstanden seinetwegen vier weitere Engel aus einer anderen Wolke. Und sie entstanden zum Beistand des Engels Autogenes.

Und *(p.48)* der Autogenes sprach: „Es möge […][295] entstehen". Und es geschah, [wie er gesagt hatte]. Und er erschuf den ersten Erleuchter, um über ihn zu herrschen. Und er sprach: „Es mögen Engel entstehen zu seiner Verehrung." Und es entstanden [zehntausende] ohne Zahl. Und er [sprach]: „Es möge entstehen ein lichter Äon!" Und er entstand. Er errichtete den zweiten Erleuchter, um über ihn zu herrschen, und zehntausende von Engeln ohne Zahl zur Verehrung. Und auf diese Weise hat er die übrigen Äonen des Lichts erschaffen und ließ sie über sie herrschen. Und er erschuf für sie zehntausende von Engeln ohne Zahl zu ihrer Unterstützung.

Und Adamas war in der ersten Wolke des Lichts, welche kein Engel je gesehen hat unter all jenen, die „Gott" genannt werden. Und er hat *(p.49)* […] jenes […nach] dem Bild […] und nach dem Gleichnis [dieses] Engels[296] offenbarte er[297] das unvergängliche [Geschlecht] des Seth den zwölf mann-weiblichen [Erleuchtern. Und danach] offenbarte er 72 Erleuchter in dem unvergänglichen Geschlecht nach dem Willen des Geistes. Die 72 Erleuchter aber offenbarten 360 Erleuchter in dem unvergänglichen Geschlecht nach dem Willen des Geistes, damit ihre Zahl fünf für jeden einzelnen sei. Und ihr Vater sind die zwölf Äonen der zwölf Erleuchter, und für jeden Äon sechs Himmel, so daß 72 Himmel für die 72 Erleuchter entstehen, und für jeden einzelnen *(p.50)* [von ihnen fünf] Firmamente, [so daß] 360 [Firmamente entstehen.] Ihnen wurde Macht gegeben und eine [große] Heerschar von Engeln ohne Zahl zu Ruhm und Unterstützung, und [auch] noch jungfräuliche Geister zu Ruhm und [Unterstützung] für all die Äonen und die Himmel mitsamt ihren Firmamenten.

---

[292] Hier scheint aufgrund zweier gleich lautender Zeilenanfänge etwas ausgefallen zu sein. Die anzunehmende Lücke umfaßt wohl mindestens eine, eventuell aber auch mehrere Zeilen.

[293] Eventuell ist eine Negation ausgefallen.

[294] Vgl. 1 Kor 2,9; EvThom 17; PrecPl NHC I,1 A 25-29.

[295] Erg. zu: „[Adamas]" oder „[ein Äon]".

[296] Oder: „[dieser] Engel".

[297] Von hier an bis p.50,11 vgl. Eug NHC III,3 p.83f. und 88f. bzw. V,1 p.11f. und 15f. sowie SJC NHC III,4 p.113 und BG 3 p.115.

Die Menge aber jener Unsterblichen wird „Kosmos", das heißt „Verderben", genannt durch den Vater und die 72 Erleuchter, die bei ihm, dem Autogenes, und seinen 72 Äonen sind, dort, wo sich der erste Mensch mitsamt seinen unvergänglichen Kräften offenbart hat. Den Äon aber, der sich mit seinem Geschlecht offenbart hat, in welchem sich die Wolke der Erkenntnis sowie der Engel (befinden), ihn nennt man *(p.51)* Êl (?). [... *(mehr als eine Zeile weitgehend zerstört)* ...] Äon [... Danach][298] sprach [...]: „Es mögen entstehen zwölf Engel, [um zu] herrschen über das Chaos und die [Unterwelt]."

Und siehe, es erschien ein [Engel] aus der Wolke, dessen Gesicht Feuer sprühte, seine Gestalt aber war von Blut befleckt, wobei er den Namen „Nebro" trug, welchen man mit „Abgefallener" übersetzt hat, andere aber mit „Jaldabaoth". Und noch ein weiterer Engel namens Saklas kam aus der Wolke.

Nebro also erschuf sechs Engel, und Saklas (tat ebenso?), zum Beistand. Und diese brachten zwölf Engel in den Himmeln hervor, und sie empfingen jeder ihren Teil in den Himmeln.

Und die zwölf Archonten sprachen mit den zwölf Engeln: „Möge ein jeder von euch *(p.52)* [...] und mögen sie [...] Geschlecht [..." ... fünf] Engel:

> Der erste [ist Seth (?)], den man „Christus" nennt;
>
> der zweite ist Harmathoth, das [bedeutet (?) ...];
>
> der [dritte ist] Galila;
>
> der vierte ist Jobel;
>
> der fünfte ist Adonaios.

Dies sind die fünf Engel, die zur Herrschaft kamen über die Unterwelt und zuerst über das Chaos. Daraufhin sprach Saklas zu seinen Engeln: „Laßt uns einen Menschen erschaffen nach dem Gleichnis und dem Bild."[299] Und sie formten Adam und seine Frau Eva. In der Wolke aber wird sie „Zωή" genannt. Unter diesem Namen nämlich suchen alle Geschlechter nach ihm (sc. Adam), und ein jeder (sic!) von ihnen benennt sie (sc. Eva) mit ihren (eigenen) Namen. Saklas aber hat nicht *(p.53)* befohlen [...] Geschöpf (?) außer [...] unter den Geschlechtern [...], welche diese (sing. fem.) [...]. Und es sprach zu ihm (sc. Adam) der Engel: „Dein Leben währe eine gewisse Zeit mit deinen Kindern."

Judas aber sprach zu Jesus: „Was ist das Mehr, das der Mensch leben wird?"

Jesus [sprach:] „Warum wunderst du dich, daß Adam mit seinem Geschlecht seine Zeit in solcher Anzahl empfangen hat an dem Ort, an dem er seine Herrschaft empfangen hat {in solcher Anzahl}[300] mit seinem Archonten?"

Judas sprach zu Jesus: „Ist der menschliche Geist sterblich?"

Jesus sprach: „Es ist so, daß Gott dem Michael befohlen hat, die Geister der Menschen ihnen als Leihgabe zu geben zur Unterstützung. Der Große aber hat dem Gabriel befohlen, die Geister dem großen, königslosen Geschlecht zu geben, (und zwar) Geist und Seele. Deshalb [werden] die übrigen Seelen *(p.54)* der [Menschen sterben (?)].[301]

---

[298] Von hier an bis p.52,17 vgl. ÄgEv NHC III,2 p.56,22-58,14.

[299] Vgl. Gen 1,26.

[300] Wohl eine fehlerhafte Wiederholung von Z. 13.

[301] Die Ergänzung ist unsicher. – Im folgenden spricht Jesus wiederum eine Mehrzahl von Personen an (vgl. p.54,5 und 16f. „euch" sowie p.57,23f. „diejenigen, die auf der Erde standen"). Eventuell

...] Licht [... das] Chaos [...] suchen nach dem Geist in euch, den ihr in diesem, aus den Geschlechtern der Engel (stammenden) Fleisch habt wohnen lassen. Gott aber hat die Gnosis dem Adam bringen lassen und denen, die bei ihm sind, damit die Könige des Chaos und der Unterwelt sie nicht beherrschen werden."

Judas [aber] sprach zu Jesus: „Was also werden jene Geschlechter tun?"

Jesus sprach: „Wahrlich, ich sage euch: Über diesen allen vollenden es die Sterne. Wenn aber Saklas seine Zeiten vollenden wird, die ihm bestimmt worden sind, wird ihr erster Stern mit den Geschlechtern kommen, und sie vollbringen, was gesagt wurde. Dann werden sie in meinem Namen huren, und sie werden ihre Kinder töten,[302] *(p.55)* und sie werden [...] böse und [... *(ca. 2,5 Zeilen zerstört)* ...] Äonen, indem sie ihre Geschlechter (herbei)bringen und sie dem Saklas darbringen. Und danach wird [Israel] kommen, und er wird die zwölf Stämme Israels aus [Ägypten][303] herausführen, und alle [Geschlechter] werden dem Saklas dienen, indem sie [wiederum] sündigen in meinem Namen. Und dein Stern wird über den dreizehnten Äon [herrschen]."

Danach aber [lachte] Jesus.

[Judas] sprach : „Meister, warum [lachst du?"]

[Jesus] antwortete [und sprach:] „Ich lache [nicht über euch, sondern] über die Verirrung der Sterne, denn diese sechs Sterne irren mit diesen fünf Kämpfern[304] umher, und diese alle werden zugrunde gehen mit ihren Geschöpfen."

Judas aber sprach zu Jesus: „Was nun werden diejenigen tun, die in deinem Namen getauft worden sind?"

Jesus sagte: „Wahrlich, ich sage [dir]: Diese Taufe *(p.56)*, die (?) [... in] meinem Namen [... *(ca. 3 Zeilen zerstört)* ...] er wird das ganze Geschlecht Adams, des irdischen Menschen, austilgen. Derjenige, der mich trägt, wird morgen gequält werden. Amen, ich [sage] euch: Nicht [wird] eine Hand eines sterblichen Menschen sich an mir [vergehen]. Wahrlich, [ich] sage dir, Judas: [Diejenigen, die] dem Saklas Opfer darbringen, [werden] alle [...], denn [...] auf [...] alle [...] alle schlechten Dinge. Du aber wirst sie alle übertreffen. Denn du wirst den Menschen, der mich trägt, opfern.

 Dein Horn ist schon erhoben,[305]
 und dein Zorn ist entbrannt,[306]
 und dein Stern ist vorbeigezogen,
 und dein Herz [...][307].

(p.57) Wahrlich, [ich sage dir,] deine letzten [...] und [...] geschehen [... die Diener (?)][308] des Äons wurden [überwältigt], und die Könige sind schwach geworden, und die

---

ist in den ersten, weitgehend zerstörten Zeilen dieser Seite mit einem erneuten Szenenwechsel zu rechnen. Dafür könnte auch eine Buchstabenfolge am Ende von Z. 1 sprechen, die wohl entweder als „Berg" oder als absolutes Personalpronomen „sie" (3. Pers. plur.) zu lesen ist.

[302] Vgl. oben p.40,8-11.

[303] So mit L. Painchaud.

[304] Griech.: πολημίστης.

[305] Vgl. 1 Sam 2,1.

[306] Vgl. Ps 2,12.

[307] Für die Rekonstruktion „[wurde stark]" ist die Lücke zu klein.

[308] Oder: „[Throne (?)]".

Geschlechter der Engel haben geseufzt, und das Böse (plur.), das sie [gepflanzt] haben, wird vertilgt, [und] der Archon wird vertilgt. [Und] dann wird der [Typos] des großen Geschlechts des Adam erhöht werden, denn vor dem Himmel und der Erde und den Engeln existiert jenes aus den Äonen (stammende) Geschlecht.

Siehe, alles wurde dir gesagt. Richte deinen Blick empor und sieh die Wolke und das Licht, das in ihr ist, und die Sterne, die sie umkreisen; und der Stern, der vorangeht, ist dein Stern."

Judas aber richtete seinen Blick nach oben und sah die lichte Wolke; und er (sc. Jesus) ging in sie hinein. Diejenigen, die auf der Erde standen, hörten eine Stimme, die aus der Wolke kam und sagte: *(p.58)* „[... das] große [Geschlecht ...] Bild [...] und [...]."

Und Judas hörte auf, Jesus zu sehen. Sogleich aber entstand eine große Verwirrung unter den Juden, mehr als [...].

Es murrten [aber] [ihre (?)] Hohepriester, weil [sie][309] in das Gemach[310] hineingegangen waren für sein Gebet. Es waren dort aber einige unter den Schriftgelehrten, die darauf lauerten, daß sie ihn während des Gebets ergriffen. Denn sie fürchteten sich vor dem Volk, weil er bei ihnen allen als Prophet galt.

Und sie machten sich an Judas heran und sprachen zu ihm: „Was tust du an diesem Ort? Du bist (doch) der Jünger Jesu!"

Er aber antwortete ihnen gemäß ihrem Willen. Judas aber empfing Geld und überlieferte ihn an sie.

Das Evangelium
des Judas

---

[309] Oder, jedoch weniger wahrscheinlich, „[er]", vgl. die folgende Anm. Vom *plot* der Erzählung her gesehen setzt auch die verwunderte Frage der Schriftgelehrten in Z. 21 voraus, daß die Jünger mit Jesus zusammen sind.

[310] Griech. κατάλυμα, vgl. Mk 14,11; Lk 22,11, also der Ort, wo Jesus mit den Jüngern das Pascha feiern wollte (vgl. das Incipit p.33,4-6). Jesu „Gebet" ist dann das Mahlgebet über Brot und Wein bzw. die Einsetzungsworte.

[Buch des Allogenes] (CT 4)

Gregor Wurst

Literatur

Brankaer, Johanna / Bethge, Hans-Gebhard, 2007: Codex Tchacos. Texte und Analysen. (TU 161.) Berlin [u.a.], 373-417.

Kasser, Rodolphe / Wurst, Gregor, 2007: The Gospel of Judas. Together with the Letter of Peter to Philip, James, and a Book of Allogenes from Codex Tchacos. Critical Edition. Washington, D.C., 253-279.

Wurst, Gregor, 2012: Weitere neue Fragmente aus Codex Tchacos. Zum „Buch des Allogenes" und zu Corpus Hermeticum XIII. In: Ders./ Popkes, Enno Ezard (Hg.): Judasevangelium und Codex Tchacos. Studien zur religionsgeschichtlichen Verortung einer gnostischen Schriftensammlung. (WUNT 297.) Tübingen, 1-12.

Einleitung

Als vierte Schrift enthält der koptische Codex Tchacos auf den Seiten 59-66 den fragmentarischen Anfang einer bislang unbekannten Schrift, von deren vorangestelltem Titel auf p.59,1f. nur der bestimmte Artikel sowie ein Buchstabensest des folgenden Nomens erhalten ist. Aufgrund der prominenten Rolle des Allogenes (Ἀλλογενής) in den erhaltenen Textpartien wird die Schrift provisorisch als „[Buch des Allogenes]" bezeichnet. Die einzelnen Seiten sind nur fragmentarisch erhalten, wobei ein nicht unerheblicher Teil der Fragmente derzeit nicht zugänglich ist.[311]

Die Figur des Allogenes ist in der gnostischen Literatur gut belegt. In NHC XI,3 ist ein sethianisches Werk unter dem Titel Allogenes überliefert, das von diesem „[Buch des Allogenes]" klar zu unterscheiden ist. Letzteres könnte jedoch zu den am Ende von NHC XI,3 genannten „Büchern des

---

[311] In der hier vorliegenden Übersetzung ist zudem ein Fragment (p.59,3-7; 60,3-7) eingearbeitet, das von Alin Suciu in der Bibliothek des Lafayette Colleges in Easton, Pennsylvania, entdeckt wurde, worüber er zuerst auf der Jahrestagung der Association pour l'étude de la littérature apocryphe chrétienne (AELAC) in Dole, Frankreich, im Juni 2012 berichtet hat (vgl. auch http://alinsuciu.com/2012/10/10/newly-found-fragments-of-codex-tchacos/); außerdem ist der Text im Vergleich zu Wurst 2012 auf p.65,18-25 durch eine weitere Identifikation eines Fragments nochmals modifiziert.

Allogenes" (p.69,17-19) oder zu den von Epiphanius bei den Sethianern bezeugten, „Ἀλλογενεῖς genannten Büchern" gehören (EpiphHaer 39,5,1; vgl. 40,2,1).

Die Schrift ist offenbar eine Übersetzung aus dem Griechischen, obwohl es eindeutige philologi-
sche Indizien dafür nicht gibt. Terminus ad quem ist die Zeit der Herstellung des Codex Tchacos, der
traditionell-paläographisch etwa in die Mitte des vierten Jahrhunderts, mittels naturwissenschaftlicher
Methoden (C14-Datierung) eventuell einige Jahrzehnte früher zu datieren ist. Ist somit für das griechische Original ein Entstehungsdatum vor 300 n. Chr. anzunehmen, so weisen die vom Verfasser verarbeiteten Traditionen insgesamt eher in das dritte als in das zweite nachchristliche Jahrhundert. Denn
das „[Buch des Allogenes]" scheint sowohl die Verführung Jesu durch Satan als auch seine Verklärung auf dem Berg Tabor zu lokalisieren, wobei insbesondere die zweite Tradition nicht vor Eusebius
(Psalmenkommentar zu Ps 88,13) bezeugt ist. Der Verfasser des Textes und der Ort seiner Entstehung
sind gänzlich unbekannt.

Da die ersten drei Zeilen des Textes stark zerstört sind, wird der literarische Rahmen, in dem die
folgenden Erzählungen stehen, nicht deutlich. Trifft die Ergänzung „Mein S[ohn]" zu Beginn des Textes zu, wäre als Rahmenhandlung und damit als literarisches Genus wohl eine Lehrrede an einen Schüler anzunehmen.

Es folgt zunächst eine Erzählung in der dritten Person, in der Allogenes zusammen mit mehreren
Personen auf den Berg Tabor steigt. Zweimal werden dabei die vor allem durch Clemens von Alexandrien bekannten gnostischen Fragen nach Herkunft und Bestimmung des Menschen gestellt, woraufhin Satan erscheint, der Allogenes für sich gewinnen will und ihm allerlei weltliche Güter ver-
spricht. Allogenes weist ihn zurück (vgl. Mt 4,10), so dass hier eindeutig auf die Perikope von der
Versuchung Christi angespielt wird, Allogenes also in persona Christi auftritt. Damit scheint der Verfasser eine judenchristliche Tradition vorauszusetzen, die ihre Version der Versuchungsgeschichte auf
dem Berge Tabor lokalisiert (vgl. EvHebr, Frg. 3).

Auf p.62,9 wechselt die Erzählperspektive unvermittelt von der dritten in die erste Person, und
Allogenes berichtet von einer „lichten Wolke", in der er sich vorgefunden und aus der heraus ihm ein
„Wort" die Verkündigung der „Frohbotschaft" in Aussicht gestellt habe. Es ist anzunehmen, dass da-
mit auf eine Transfiguration (vgl. Mt 17,1-8) des Allogenes-Christus, wohl ebenfalls auf dem Berge
Tabor, angespielt werden soll. Auf den p.63,9-66,1 folgt die Beschreibung eines Seelenaufstieges, wo-
bei sich zu den verschiedenen Mächten, die Allogenes dabei passieren muss, eine enge Parallele in
EvMar p.15-16, besonders p.16,4-11 findet. Danach wird der Text sehr fragmentarisch.

Der allgemein gnostische Charakter des Textes liegt auf der Hand, für einen sethianischen Hintergrund könnte vor allem die Figur des Allogenes selbst sprechen, da Seth nach Gen 4,25 LXX ein „anderes Geschlecht" (σπέρμα ἕτερον) bildet (vgl. auch EpiphHaer 40,7,2).

Übersetzung

(p.59) Das [Buch des Allogenes (?)]

Mein [Sohn ... *(ca. 2,5 Zeilen weitgehend zerstört)* ...: „...] zum Vater der Äonen all, damit er uns einen Geist der Erkenntnis zur Offenbarung der Geheimnisse sende, so dass wir uns erkennen, und zwar: Woher wir gekommen [sind], und wohin wir gehen werden, und was wir tun sollen, damit [wir] leben."[312]

Und sie kamen heraus und gingen auf einen Berg, der ‚Thambor‘[313] genannt wird. Und sie beugten die Knie, beteten und sprachen: „Herr, Gott, der oberhalb all der großen Äonen ist und keinen Anfang und (auch) kein Ende hat, gib uns einen Geist der Erkenntnis für die Offenbarung deiner Geheimnisse, so dass wir uns erkennen, und zwar: Woher wir gekommen sind, und wohin wir gehen werden, und was wir tun sollen, damit wir leben."

Nach diesen Worten, die Allogenes gesprochen hatte, offenbarte sich *(p.60)* [Satan] auf der Erde, indem er [...]. Er sprach:

[„ ...] und [...] indem du auf diesem Berg wandelst. Wenn du nämlich (etwas) suchst, wirst du nichts finden. Doch komm und empfange die Dinge, die in meiner Welt sind, und iss von meinen guten Dingen[314], und empfange das Silber und das Gold und die Kleider."

Allogenes aber antwortete und sprach:

„Weiche von mir, Satan![315] Denn dich suche ich nicht, sondern meinen Vater, der vorzüglicher ist als all diese großen Äonen. Denn man nennt mich ‚Allogenes‘, weil ich aus einem anderen Geschlecht bin. Ich bin nicht aus deinem Geschlecht."[316]

Daraufhin sprach zu ihm derjenige, der die Welt beherrscht[317]:

„Wir *(p.61)* selbst [...] dort [...] komm [...] in meine Welt."

Allogenes [antwortete] und sprach zu ihm:

„Weiche von mir, Satan! Zieh dich zurück! Denn ich gehöre nicht (zu) dir."

Daraufhin wich Satan zurück, nachdem er ihn viele Male erzürnt hatte. Und er war nicht imstande, [ihn][318] zu täuschen. Nachdem er aber besiegt war, zog er sich sehr beschämt an seinen Ort zurück.

Da rief Allogenes mit lauter Stimme hinauf und sprach:

„Gott, der in diesen großen Äonen ist, höre meine Stimme und erbarme dich meiner und erlöse mich von jeglichem Bösen. Schau herab auf mich und erhöre mich, während ich an diesem wüsten Ort bin. Jetzt also möge dein unaussprechliches [Licht] mich er-

---

[312] Vgl. ClAl ExcTheod 78,2; EpPt NHC VIII,2 p.134,18-135,2.
[313] Der heilige Berg Tabor, vgl. Jes 46,18; Ps 89,13.
[314] Im koptischen Text hier das Lehnwort ἀγαθόν.
[315] Vgl. Mt 4,10; EvHebr, Frg. 3, wo der Berg Tabor der Ort einer Versuchungsgeschichte ist.
[316] Vgl. StelSeth p.120,1-5.
[317] Koptisch für ὁ ἄρχων τοῦ κόσμου τούτου; vgl. Joh 16,11.
[318] Oder: „[sie (plur.)]".

leuchten *(p.62)* [… *(ca. 5 Zeilen weitgehend zerstört)* …] dein Licht. Wahrlich, Herr, hilf mir! Denn ich kenne keinen anderen [Herrn[319]] außer (?) […] in alle Ewigkeit."

Während ich dies aber sagte, siehe, da umgab [mich] eine lichte Wolke, und ich konnte nicht in das Licht hinein schauen, das sie (sing.) umgab, (so hell) wie es schien. Und ich hörte ein Wort aus der Wolke und dem Licht, und es leuchtete auf mich herab, während es sprach:

„Allogenes, die Stimme deines Gebets wurde erhört, und ich wurde zu dir an diesen Ort gesandt, um dir die Frohbotschaft[320] zu sagen, bevor du aus [diesem Ort] herauskommst, damit *(p.63)* du hörst […] offenbaren [… *(ca. 4 Zeilen weitgehend zerstört)* …] Leib (?) löst sich auf (?) […] der [Geist (?) …] des [Him]mels.

Wenn[321] du aber kommst, kommst du zur ersten Macht, welche die Kraft der Begierde ist. Und jene wird dich festhalten und dich fragen: ‚Wohin willst [du] gehen, Allogenes?‘ Du aber sage: ‚Der mich festhält, wurde getötet, und ich wurde freigelassen. Ich werde hinaufgehen zu meinem Vater, dieser, der über all diesen großen Äonen ist.‘ Und jene wird dich freilassen.

Danach kommst du zur zweiten Macht, welche die Kraft der Finsternis ist. Und jene wird [dich] festhalten und *(p.64)* [dich fragen:] ‚Wohin [willst du gehen, Allogenes?]‘ Du aber [sage: ‚…] dieser, [der über all den großen] Äonen [ist.‘ Danach wird jene] dich freilassen [… (?)]

[Und du] kommst zur [dritten] Macht, diese, welche ‚Unwissenheit‘ genannt wird. Jene wird dich festhalten; sie wird dir sagen: ‚Wohin gehst du, Allogenes?‘ Du aber sage [ihr]: ‚Der [mich] festhält, wurde getötet; ich wurde freigelassen. Ich aber werde hinaufgehen zu meinem Vater, der über all den großen Äonen ist.‘ Danach wird jene dich freilassen.

Und du kommst zur vierten Macht, welche der [Eifer (?)] des Todes ist. [… *(p.65)* … *(8 Zeilen zerstört)* …]

[Und du kommst zur fünften] Macht, [welche das] Königreich [des] Fleisches ist. [Und sie wird] dir sagen: [‚Wohin] willst du [gehen,] Allogenes?‘ Du [aber sage:] ‚Der mich [festhält,] wurde getötet; ich wurde freigelassen. Jetzt also [werde] ich hinaufgehen [zu meinem Vater], dieser, [der] über all [den] großen Äonen ist.‘ [Und sie wird] dich freilassen.

Und du kommst zur [sechsten] Macht, die die Klugheit [der] Großen (sing.) ist. Und sie wird dir sagen: ‚Wohin willst du gehen, Allogenes?‘ Du aber sage [ihr:] ‚Der mich festhält, wurde getötet; [ich] wurde [freigelassen.] Danach [werde ich] *(p.66)* [hinaufgehen …‘]

[… *(8 Zeilen zerstört)* …] durch […]. Und du wirst […] auf […] Engel […] zehntausend [heilige] Engel. […] Engel […] böse […]. Sei nicht verzagt […] die, welche […]. Sieg [und Heil dir], Allogenes, denn du […]; fürchte dich nicht […], die gesagt haben […][322].

---

319 So mit U.-K. Plisch.
320 Koptisch für εὐαγγέλιον.
321 Zu p.63,9-66,1 vgl. EvMar p.15-16.
322 Wie viele Seiten noch fehlen, ist unbekannt.